Curso Sistematizado de Direito Processual Civil

Cassio Scarpinella Bueno é Advogado formado pela Faculdade de Direito da Pontifícia Universidade Católica de São Paulo (PUC-SP), instituição na qual obteve os títulos de Mestre (1996), Doutor (1998) e Livre-docente (2005) em Direito Processual Civil, todos com a nota máxima, e onde exerce as funções de Professor Doutor de Direito Processual Civil nos cursos de Graduação, Especialização, Mestrado e Doutorado. Foi *Visiting Scholar* da Columbia University (Nova York) no ano acadêmico de 2000/2001.

Vice-Presidente do Instituto Brasileiro de Direito Processual (IBDP) nos triênios 2016/2018 e 2019/2021, é também membro do Instituto Ibero-americano de Direito Processual (IIDP) e da Associação Internacional de Direito Processual (IAPL).

Foi um dos quatro integrantes da Comissão Revisora do Anteprojeto do novo Código de Processo Civil no Senado Federal e participou dos Encontros de Trabalho de Juristas sobre o mesmo Projeto no âmbito da Câmara dos Deputados.

É autor de 22 livros, dentre os quais destacam-se, além do presente *Curso*, os seguintes, todos publicados pelo selo Saraiva Jur: (1) *Manual de direito processual civil*; (2) *Comentários ao Código de Processo Civil: liquidação e cumprimento da sentença*, v. X; e (3) *Novo Código de Processo Civil anotado*.

Escreveu mais de 100 livros em coautoria, sendo sua a coordenação dos *Comentários ao Código de Processo Civil* em 4 volumes do selo Saraiva Jur, e mais de 95 artigos científicos, alguns publicados em revistas estrangeiras. Desenvolve intensa atividade acadêmica em todo o território nacional, como palestrante e conferencista, e tem participado ativamente dos mais variados encontros de processualistas, inclusive no exterior.

Desenvolve intensa atividade acadêmica em todo o território nacional, como palestrante e conferencista, e tem participado ativamente dos mais variados encontros de processualistas, inclusive no exterior.

Cassio SCARPINELLA Bueno

volume

3

Curso Sistematizado de Direito Processual Civil

10ª edição
revista, atualizada e ampliada
2021

Tutela Jurisdicional Executiva

saraiva EDUCAÇÃO | saraiva jur

Av. Paulista, 901, 3º andar
Bela Vista – São Paulo – SP – CEP: 01311-100

SAC | sac.sets@somoseducacao.com.br

Direção executiva Flávia Alves Bravin
Direção editorial Renata Pascual Müller
Gerência de projetos e produção editorial Fernando Penteado

Planejamento Josiane de Araujo Rodrigues

Novos projetos Sérgio Lopes de Carvalho
Dalila Costa de Oliveira

Edição Clarissa Boraschi Maria (coord.)
Daniel Pavani Naveira

Produção editorial Daniele Debora de Souza (coord.)
Luciana Cordeiro Shirakawa

Arte e digital Mônica Landi (coord.)
Camilla Felix Cianelli Chaves
Claudirene de Moura Santos Silva
Deborah Mattos
Guilherme H. M. Salvador
Tiago Dela Rosa

Projetos e serviços editoriais Daniela Maria Chaves Carvalho
Kelli Priscila Pinto
Laura Paraíso Buldrini Filogônio
Marília Cordeiro
Nicoly Wasconcelos Razuk

Diagramação e revisão Kalima Editores
Capa Danilo Zanott / Aero Comunicação
Produção gráfica Marli Rampim
Sergio Luiz Pereira Lopes
Impressão e acabamento Gráfica Paym

DADOS INTERNACIONAIS DE CATALOGAÇÃO NA PUBLICAÇÃO (CIP)
ANGÉLICA ILACQUA CRB-8/7057

Bueno, Cassio Scarpinella
Curso sistematizado de direito processual civil: tutela jurisdicional executiva – vol. 3 / Cassio Scarpinella Bueno. – 10. ed. – São Paulo: Saraiva Educação, 2021.
720 p.

Bibliografia
ISBN 978-65-5559-386-0 (impresso)

1. Processo civil – Brasil. 2. Tutela jurisdicional. 3. Execução (Direito civil) - Brasil. I. Título.

CDD 344.6
20-0739 CDU 347.9(81)(094)

Índice para catálogo sistemático:

1. Brasil : Leis : Processo civil

Data de fechamento da edição: 4-1-2021

Dúvidas? Acesse www.editorasaraiva.com.br/direito

CL 606905 CAE 751003

“Aquilo que hoje está provado não foi outrora mais do que imaginado.”

William Blake

À minha esposa e à *nossa* filha e ao *nosso* filho.

Sem *Ela*, as edições anteriores deste *Curso* não teriam sido.

Sem *Ela* e sem *Eles*, as novas edições deste *Curso* não teriam razão de ser.

Sumário

Parte II

Aspectos gerais da concretização da tutela jurisdicional executiva

Capítulo 2

Capítulo 3

Capítulo 4

Capítulo 4

Capítulo 6

Capítulo 7

Capítulo 8

Parte IV
Técnicas executivas relativas à obrigação de fazer e de não fazer

Parte V

Técnicas executivas relativas à obrigação de entrega de coisa

Capítulo 1

Capítulo 2

PARTE VI
Defesas do executado

Nota introdutória às novas edições após o CPC de 2015

Após um longo período de estudo e de reflexão, após mais de cinco centenas de aulas, de palestras e de cursos, alguns intensivos, com dezenas de horas de duração, que ministrei ao longo de todo o país e em não poucas localidades do exterior sobre o CPC de 2015, entendi que era chegada a hora de retomar o meu *Curso sistematizado de direito processual civil*.

Os anos de 2015 a 2017 foram marcados pela elaboração de dois livros totalmente novos, o *Novo Código de Processo Civil anotado* e o *Manual de direito processual civil*. Convenci-me de que aquelas empreitadas, ao longo do exercício do magistério em todos os níveis superiores de ensino, aliado às inúmeras aulas e palestras já noticiadas, eram necessárias para meu próprio amadurecimento intelectual sobre o tema.

No *Novo Código de Processo Civil anotado*, as comparações do CPC de 2015 com o CPC de 1973, levando em conta o histórico do seu *processo* legislativo, permitiram externar as minhas primeiras reflexões (*anotações*) a cada um dos artigos, listando a rica produção intelectual de variados encontros de estudiosos que o novo Código acabou por motivar. Nele alcancei uma visão crítica do todo, dando o devido arremate ao produto de pesquisas anteriores que culminaram, ainda em 2014, com a publicação de outro livro de estudos e de reflexão para o desenvolvimento do então em andamento processo legislativo que resultou na Lei n. 13.105/2015, o *Projetos de novo Código de Processo Civil comparados e anotados*.

No *Manual de direito processual civil*, consegui fazer o que nunca havia tentando antes, em função das edições anteriores do *Curso* e de sua proposta: aliar o máximo de didatismo com a informação exata e precisa para viabilizar o estudo sistemático do direito processual civil tendo como guia de exposição o Código de Processo Civil. Tudo o que desenvolvi durante quase uma década de edições e reedições do *Curso* está lá, inclusive – e nem vejo como poderia ser diverso – o modelo constitucional do direito processual civil e a revisitação dos institutos fundamentais do direito processual civil em direção ao *neoconcretismo*, mas da maneira mais direta e didática possível. Fosse para homenagear obras de grandes processualistas do passado,

Pereira e Sousa, José Maria Frederico de Souza Pinto e o mais recente deles, Moacyr Amaral Santos (um dos livros que tive como referência básica ao longo do meu próprio curso de graduação na PUC-SP, por indicação do meu Professor José Roberto de Moraes), eu o chamaria *Primeiras linhas de direito processual civil*. Não o fiz. Chamei-o e continuo a chamar de *meu Manual*.

A acolhida daqueles dois livros e de suas sucessivas reedições, todas, invariavelmente, revistas, atualizadas e (muito) ampliadas, não poderia ser melhor e mais gratificante. Foi o que precisava para retomar de vez o meu *Curso sistematizado de direito processual civil*. Até porque, desde sempre, achei que o que nele propus desde 2007, quando veio a público a 1ª edição de seu volume 1, dedicado exclusivamente à teoria geral do direito processual civil, ainda se fazia necessário, verdadeiramente indispensável, para compreender não só o CPC de 2015, mas, muito mais do que ele, o direito processual civil como um todo, ainda que tendo o Código como referência expositiva. É o que de variados modos, sotaques e línguas externei desde a primeira das cinco centenas de oportunidades que tive para enaltecer a necessidade de o CPC de 2015 ser analisado, interpretado e aplicado com a consciência de que ele não é um trabalho pronto e acabado. Que ele precisa, para usar o adjetivo que intitula desde sempre este *Curso*, ser *sistematizado* para o devido atingimento daquelas finalidades.

E, mais do que isso, sempre me mostrei muito satisfeito com a forma de exposição e, sobretudo, a ordem dos volumes das edições anteriores deste *Curso*: partia de uma teoria geral do direito processual civil, toda ela construída a partir do "modelo constitucional", para estudar o direito processual civil como um todo tendo como pano de fundo o então em vigor CPC de 1973, com suas dezenas de modificações (v. 1), dando destaque nos dois volumes seguintes às etapas do processo, a de conhecimento (v. 2) e a de cumprimento e, mais amplamente, às múltiplas formas de *concretização* da tutela jurisdicional (v. 3), sem descurar – e nem poderia ser diferente naquele momento do direito positivo brasileiro – da tutela antecipada ao lado do processo cautelar (v. 4) e dos recursos e processos e incidentes de competência originária nos Tribunais (v. 5). Os tomos do volume 2 se justificavam para permitir a análise detalhada, ao lado dos procedimentos comuns de então, o ordinário e o sumário (tomo I), dos procedimentos especiais do próprio Código (tomo II) e os da legislação extravagante que diziam respeito ao direito processual público, expressão que cunhei nos finais dos anos 1990 e que está, ao lado das suas variantes, a mais difundida delas, Poder Público em Juízo, consagrada na literatura processual brasileira, e ao direito processual coletivo (tomo III).

A exposição linear da metodologia que adotei originalmente para desenvolver o *Curso* que ocupa o parágrafo anterior é proposital: ela é capaz de revelar que o que lá pregava foi adotado, desde o Anteprojeto, como linha condutora básica do novo Código de Processo Civil. Se isso é mera coincidência ou não é questão que não importa. O que interessam são os fatos e a consagração legislativa do que, desde aquela época, este *Curso* já acentuava: é a proposta nele exposta, nenhuma outra, a mais adequada para estudar o direito processual. O art. 1º do CPC de 2015, a propósito, deixando de lado toda a sua inocuidade normativa, é suficientemente eloquente a respeito do assunto e da indispensabilidade do "modelo constitucional" para a finalidade última do estudo do direito processual civil.

Após meditar, escrever, descartar e testar – e estaria mentindo se dissesse que concordo com o que se atribui a Thomas Edison, sobre o processo criativo ser muito mais transpiração do que inspiração –, entendi que era importante para o *Curso* vir reformulado do começo ao fim, mormente porque, neste momento, ele tem um irmão mais jovem, o *Manual*, e um primo, o *Novo Código de Processo Civil anotado*, que, junto com ele, querem disseminar o conhecimento de direito processual civil, compartilhando idênticas premissas teóricas, todas elas construídas a partir da mesma teoria geral do direito processual civil, embora de formas diversas, mas conscientemente complementares.

Uma reformulação, contudo, que não só aproveita, mas também que desenvolve as conquistas das edições anteriores e de cada um de seus volumes, sendo certo que nem haveria razão para ser de outro modo diante das premissas já estabelecidas, sobretudo da teoria geral proposta pelo *Curso*. A ideia é de *continuidade*, a despeito do CPC de 2015, que é refletida inclusive na numeração das novas edições de cada volume.

O que há de mais diferente é a exteriorização do *Curso* em três volumes: O volume 1 é dedicado à teoria geral do direito processual civil e à Parte Geral do Código de Processo Civil; o volume 2, ao procedimento comum e aos processos nos Tribunais e meios de impugnação das decisões judiciais; o volume 3, por fim, volta-se à *concretização* da tutela jurisdicional executiva nas suas duas acepções codificadas, o cumprimento de sentença e o (impropriamente) chamado "processo de execução".

Antes que se pergunte onde estão os demais volumes, importa esclarecer que, à exceção dos dedicados aos procedimentos especiais, todo o conteúdo anterior, amplamente desenvolvido, está nos seus devidos lugares. O correto é entender que os novos volumes 1 e 2 contêm mais de um volume das edições anteriores, enquanto o volume 3, pioneiro a seu tempo, continua a se dedicar ao exame da concretização da tutela jurisdicional *executiva*, independentemente de seu fundamento ser título executivo judicial ou extrajudicial, lado a lado. A decisão não foi fácil, mas se mostra a melhor e a mais afinada com o propósito do Código de Processo Civil.

Justamente por força de seu pioneirismo é que o plano de trabalho deste volume 3 é muito próximo do das suas edições anteriores ao CPC de 2015, com uma importante ressalva: a liquidação, que era tratada, até então, no âmbito dos "Aspectos gerais da tutela e a atividade jurisdicional executiva", acabou ganhando uma parte só para ela. A iniciativa, que ocupa em dois Capítulos a Parte I deste volume, para além do caráter didático que ostenta, quer destacar a necessidade de a liquidação ser compreendida como (mais) uma etapa do processo que *não se confunde* com a etapa de conhecimento nem com a etapa de cumprimento de sentença. Até porque aquela etapa (de liquidação) pode se justificar no "processo de execução" por inúmeras razões.

A Parte II, dividida em cinco Capítulos, trata dos "aspectos gerais da concretização da tutela jurisdicional executiva". Os três primeiros querem dialogar com a teoria geral do direito processual civil apresentando as peculiaridades da tutela jurisdicional executiva e das técnicas predestinadas à sua concretização. O quarto Capítulo volta-se ao exame dos títulos executivos e o quinto ao chamado cumprimento provisório da sentença. A preservação do exame deste instituto ao lados dos demais "aspectos gerais" – como já era a proposta feita pelas edições anteriores ao CPC de 2015 deste *Curso* – quer evidenciar a sua importância e sua aplicação a quaisquer modalidades obrigacionais, ainda que não seja mais possível sustentar sua aplicação para as hipóteses em que o pedido de concretização da tutela jurisdicional executiva tome como base um título executivo *extrajudicial* dada a insubsistência de regra como a do art. 587 do CPC de 1973, com a redação que lhe deu a Lei n. 11.382/2006.

A Parte III examina as técnicas executivas relativas à obrigação de pagar quantia certa. Os dois primeiros capítulos examinam as peculiaridades dos chamados "cumprimento de sentença" e "processo de execução", voltando-se os quatro seguintes à responsabilidade patrimonial, à penhora, aos mecanismos expropriatórios e à satisfação do crédito. Os Capítulos 7 e 8 fecham aquela Parte, examinando as peculiaridades da concretização da tutela jurisdicional executiva daquela modalidade obrigacional quando se tratar de verba alimentar e quando o devedor for o Poder Público.

Observando o mesmo raciocínio, as Partes IV e V voltam-se ao exame das técnicas executivas relativas à obrigação de fazer e de não fazer e de entrega de coisa, respectivamente. Seguindo os passos do CPC de 2015, há capítulos diferentes para o exame dos pedidos que se fundamentam em títulos executivos judiciais e extrajudiciais.

Por fim, a Parte VI tem como objetivo a análise das defesas do executado, trazendo, para tanto, quatro capítulos: impugnação, embargos à execução, a moratória do art. 916, voltando-se o último ao exame de outros meios disponíveis (e atípicos) para o exercício daquele direito pelo executado.

O volume 3, o último da coleção desta total reformulação pela qual passou o *Curso sistematizado de direito processual civil*, deve ser compreendido (e isto não é mera coincidência) como o encerramento de um ciclo, plenamente harmônico, faço questão de frisar, com o *neoconcretismo* que ele próprio propõe como forma de pensar e compreender o direito processual civil na atualidade. Isso porque ele se volta ao estudo da *concretização* da tutela jurisdicional executiva, iniciativa que se justifica ou porque o reconhecimento de quem faz jus à tutela jurisdicional não é suficiente para a satisfação de seu destinatário (quando, para este *Curso*, a hipótese deve ser compreendida como de tutela jurisdicional *não executiva*), ou porque a parte que devia adotar *espontaneamente* algum comportamento para satisfazer o que é devido não o faz. Sem este exame, de *resultado*, mediante o emprego dos devidos *fins*, não há razão para estudar direito processual civil em um Estado Constitucional. É o que, com caráter didático, anuncia o art. 4º do próprio Código de Processo Civil: "As partes têm o direito de obter em prazo razoável a solução integral do mérito, incluída a atividade satisfativa".

Na reconstrução do *Curso*, entendi que era o caso de passar a usar notas de rodapé preservando o modelo de exposição direta sem citações das edições anteriores para o *Manual* e para o *Novo CPC anotado*. As possibilidades expressivas e de conteúdo que a técnica permite são incalculáveis, inclusive no seu aspecto didático, a começar pela maior fluidez do texto. Fosse para fazer um paralelo muito caro para mim, diria que neste *Curso* executo o repertório renascentista e barroco com violões de oito, dez e onze cordas, no lugar das seis tradicionais. O resultado é revelador. Basta ouvir para quem gosta das músicas daquele período. Espero que o leitor o perceba ao ler o que, doravante, está escrito para sentir a diferença para melhor.

As notas de rodapé querem em grande escala *ilustrar* certas passagens do *Curso* com posicionamentos doutrinários, jurisprudenciais e tomados por encontros de processualistas, viabilizando maior verticalização de variados temas e assuntos. Querem também reafirmar posições anteriores deste *Curso* e que foram acolhidas, às centenas, pelo CPC de 2015, razão pela qual há diversas remissões às edições anteriores deste *Curso*, sempre com a indicação do número respectivo em que o tema é tratado para permitir que o leitor, qualquer que seja a edição que possua, acesse a informação. Como escrevi, a ideia é de *continuidade*.

Para este *Curso*, muito do que se acentua ser *novidade* do Código de Processo Civil é muito menos que isto, é mera forma *textual* de expressar o que para alguns, inclusive para suas edições anteriores, já estava suficientemente claro. É uma questão de saber ler para além do que está escrito. Não ler de forma descompromissada com os valores do sistema jurídico, como se o Direito fosse um jogo de preferências pessoais e dos critérios de "razoabilidade" de cada um de seus intérpretes. É uma questão de saber *interpretar* o que está escrito, a partir das devidas fontes e dos devidos valores, todos normativos que, felizmente, correspondem aos do Estado Constitucional brasileiro, todo ele construído em torno da dignidade da pessoa humana. Por isso, a sistematização, sempre ela, que se fazia necessária ontem, continua a ser necessária ainda hoje. O direito processual civil vai muito além do Código de Processo Civil.

Quero agradecer aqui a certas pessoas, porque a Deus e a Nossa Senhora o faço sempre e invariavelmente.

Da Saraiva, agradeço aqui e sempre ao Dr. Antonio Luiz de Toledo Pinto, que, desde o meu *Execução provisória e antecipação da tutela*, me apresentou àquela casa editorial, ainda, felizmente, das mais tradicionais do país, e com a qual, desde então, passados vinte anos e vinte e um livros, tenho o privilégio de atuar. Foi ele, aliás, junto com o Luiz Facchini, que nunca perdeu a oportunidade de me convencer a escrever também um *Manual*. A ambos meu muito obrigado! Também agradeço ao Luiz Roberto Curia e à Thais de Camargo Rodrigues, que tanto contribuíram para as últimas edições do *Curso* e para as primeiras edições do *Manual* e do *Novo Código de Processo Civil anotado*. Ao time atual, Roberto Navarro, Kelli Priscila Pinto e, mais ainda, Daniel Pavani Naveira, meu "editor", quero externar um agradecimento especial por terem viabilizado a nova cara deste *Curso*. Literalmente.

Da minha equipe de trabalho, agradeço imensamente à advogada Fabiana Torre de Santiago Collucci e ao acadêmico de direito Renato Pessoa Martorelli, pelo auxílio na pesquisa e na leitura (e nos comentários) de largos trechos dos originais, e à Maria Cristina Simi pela digitação de boa parte da bibliografia e pela catalogação e digitalização de um sem-número de fontes de pesquisa lá indicadas e que eu ainda guardava nas minhas "pastas vermelhas".

Da minha família, agradeço aos meus pais, que não mediram esforços para me ensinar tudo o que sabiam em todos os campos do saber e por terem me passado seus próprios valores, que são (e sempre foram) meus guias todos os dias. À minha esposa, à *nossa* filha e ao *nosso* filho, meu muito obrigado carinhoso pelo apoio incondicional ao longo da produção de (mais) este trabalho.

Durante toda a produção do *Curso*, fiz uma pergunta – "*Der schwer gefasste entschluss*" – a mim mesmo: "*Muss es sein?*". A resposta, afirmativa e enérgica, foi invariavelmente uma só: "*Es muss sein!*". Na conclusão dos trabalhos, no fecho de mais um ciclo, quero acrescentar: "*Von Herzen – möge es wieder zu Herzen gehen!*".

Cassio Scarpinella Bueno

São Paulo, novembro de 2018

Nota prévia às edições de 2021 do *Curso sistematizado*

O ano de 2020 foi tão atípico para todos nós que, no mesmo momento em que acabamos de vivê-lo, não há necessidade de maiores considerações a seu respeito, a não ser o desejo, confessado, de que tudo possa passar e que possamos, aprendendo as lições do isolamento social forçado, nos tornar pessoas melhores em todos os aspectos.

No período de exercício do magistério não presencial, pela necessidade de afastamento das salas de aula da graduação (onde passo a maior parte das minhas manhãs nos dias de semana), dos pequenos e dos grandes auditórios, dos eventos, dos mais intimistas aos mais grandiosos, manter a rotina do estudo e das aulas mostrou-se essencial, ainda que em ambiente diverso e até então muito pouco utilizado por mim. Até como forma de alegrar dias tristes, verdadeiramente sombrios, de um incerto amanhã. Encontrei conforto nas palavras de Paulo Freire: "A alegria não chega apenas no encontro do achado, mas faz parte do processo da busca. E ensinar e aprender não pode dar-se fora da procura, fora da alegria.".

Dediquei-me, por isso, a retomar diversos textos meus e a revisar com cuidado meu *Curso sistematizado de direito processual civil*.

Não obstante a situação excepcionalíssima de 2020, não houve nesse ano nenhuma lei ou emenda constitucional que alterasse diretamente o Código de Processo Civil. O que houve de mais próximo dessa realidade foram os arts. 15 e 16 da Lei n. 14.010, de 10 de junho de 2020, que estabelece o "Regime Jurídico Emergencial e Transitório das relações jurídicas de Direito Privado" no período da pandemia do coronavírus. Aqueles artigos, ainda que indiretamente, estabelecem regras (que querem ser transitórias) para o cumprimento da prisão civil por dívidas alimentares e para os inventários e partilhas.

A observação não deixa de ser paradoxal em um ano em que a quantidade de atos normativos das variadas espécies acabou tratando de tantos e tão variados temas importantes, justamente por causa da pandemia, a começar pelo Decreto legislativo n. 6, de 20 de março de 2020, que "Reconhece, para os fins do art. 65 da Lei Complementar n. 101, de 4 de maio de 2000, a ocorrência do estado de calamidade pública, nos termos da solicitação do Presidente da República encaminhada por meio da Mensagem n. 93, de 18 de março de 2020".

Apesar de tal constatação, o verdadeiro paradoxo é perceber que a prática do foro foi alterada por completo em função da necessidade do distanciamento social e da transferência das atividades físicas para o ambiente virtual. E isso, repito, sem nenhuma *lei* que disciplinasse o assunto; apenas atos infralegais, os mais diversos, de todos os Tribunais e do Conselho Nacional da Justiça, tratando dessa (inevitável) migração de ambientes para (tentar) viabilizar o prosseguimento das atividades forenses enquanto não se mostrasse seguro voltar ao dia a dia *presencial* do foro.

A questão é saber se o que veio por força da pandemia será permanente e em que extensão. Saber se o "*novo* normal" do processo incorporará tais avanços tecnológicos e em que medida é questão que ocupa este *Curso* de maneira pontual, na exata proporção em que seu enfrentamento se fez importante para fins da exposição dos institutos nele estudados. Não há apostas para o futuro. Para ele, a questão não é saber se chega, porque chegará. É saber quando e como isso se dará: qual é o "novo" futuro que nos é reservado?

O que é certo – e este *Curso* não consegue vislumbrar nenhuma razão para abrir mão de tal percepção –, é que quaisquer alterações de paradigma, por mais relevantes (e urgentes) que sejam, precisam ser feitas de acordo com o "modelo constitucional do direito processual civil", inclusive na perspectiva das "normas de concretização de direito processual civil". Assim, além de serem garantidas em *substância* as conquistas do devido processo *constitucional*, a *forma* das novas (e necessárias) regulamentações também deve seguir o que, desde a Constituição, *deve ser* observado. Sim, porque a fórmula do devido processo *constitucional* em si mesma considerada constrange qualquer regulamentação a ela inferior (inclusive na perspectiva *legal*) tanto em *forma* como em *conteúdo*.

Neste compasso de espera, a opção foi a de destacar as Resoluções do CNJ que se ocuparam do tema, em diversas passagens do *Curso*, mormente, mas não só, ao ensejo do exame dos atos processuais que, até então, vinham sendo realizados nos fóruns e nos Tribunais, e que passaram a (precisar) ser realizados em ambiente virtual, ainda que preferencialmente de modo síncrono. Mais que isso é não só precipitação no tempo, mas também – e o principal – dar a entender que as inovações até aqui implementadas são bem-vindas, apenas porque necessárias, dando de ombros à forma e à substância que decorrem do modelo constitucional.

O receio, confesso-o e insisto, é tratar tais alterações, provisórias e momentâneas, como se elas tivessem que ficar para sempre nas nossas vidas, esquecendo-nos (e distanciando-nos) de sua origem; acabar nos permitindo a legitimar aquele estado de coisas, ao arrepio do modelo constitucional do direito processual civil; conformando-nos. Algo como, vendo "o lado bom das coisas", entender a pandemia como o "empurrão que faltava" para a migração massiva para o "processo eletrônico" e para a prática de atos processuais telepresencialmente. Mas será mesmo um caminho sem volta? Será que o que precisou ser feito é o melhor que pode ser feito? O que foi feito observou a *forma* para tanto? E sempre a principal preocupação:

há exclusão do acesso à Justiça em tempos de processo digital e de atividades feitas única e exclusivamente com base em tecnologia nem sempre acessível a boa parte da população e dos profissionais do direito?

Por isso, fico (uma vez mais e sempre) com Fernando Pessoa: "Conformar-se é submeter-se e vencer é conformar-se, ser vencido. Por isso toda a vitória é uma grosseria. Os vencedores perdem sempre todas as qualidades de desalento com o presente que os levaram à luta que lhes deu a vitória. Ficam satisfeitos, e satisfeito só pode estar aquele que se conforma, que não tem a mentalidade do vencedor. Vence só quem nunca consegue.".

Além dos acréscimos e das reflexões derivados da situação acima descrita, senti necessidade de discutir um pouco mais a forma pela qual a tecnologia vem influenciando, cada vez mais, o direito processual civil. As reflexões que me parecem necessárias para tanto estão inseridas, principalmente, no n. 2.5 do Capítulo 2 da Parte I do volume 1. Também entendi oportuno abrir um novo item (o n. 4.3.4) no Capítulo 2 da Parte I do volume 2 para tratar mais demoradamente do juízo negativo de admissibilidade da petição inicial e extinção parcial do processo, analisando, lado a lado, as hipóteses dos arts. 330 a 332 e do parágrafo único art. 354 do CPC.

O *Curso* está também devidamente atualizado com as seguintes inovações legislativas: Lei n. 13.709/2018, na redação da Lei n. 13.853/2019, a chamada "Lei Geral de Proteção de Dados Pessoais (LGPD)"; Lei n. 13.964, de 24 de dezembro de 2019, que "aperfeiçoa a legislação penal e processual penal"; Lei n. 13.944, de 24 de abril de 2020, que "Altera a Lei n. 9.099, de 26 de setembro de 1995, para possibilitar a conciliação não presencial no âmbito dos Juizados Especiais Cíveis"; Lei n. 13.988, de 14 de abril de 2020, que "Dispõe sobre a transação nas hipóteses que especifica; e altera as Leis ns. 13.464, de 10 de julho de 2017, e 10.522, de 19 de julho de 2002"; a já mencionada Lei n. 14.010, de 10 de junho de 2020, que "Dispõe sobre o Regime Jurídico Emergencial e Transitório das relações jurídicas de Direito Privado (RJET) no período da pandemia do coronavírus (Covid-19)"; Lei n. 14.057, de 11 de setembro de 2020, que "Disciplina o acordo com credores para pagamento com desconto de precatórios federais e o acordo terminativo de litígio contra a Fazenda Pública e dispõe sobre a destinação dos recursos deles oriundos para o combate à Covid-19, durante a vigência do estado de calamidade pública reconhecido pelo Decreto Legislativo n. 6, de 20de março de 2020; e altera a Lei n. 7.689, de 15 de dezembro de 1988, e a Lei n. 8.212, de 24 de julho de 1991" e a Lei n. 14.112, de 24 de dezembro de 2020, que "Altera as Leis ns. 11.101, de 9 de fevereiro de 2005, 10.522, de 19 de julho de 2002, e 8.929, de 22 de agosto de 1994, para atualizar a legislação referente à recuperação judicial, à recuperação extrajudicial e à falência do empresário e da sociedade empresária".

Além disso, tudo o que se decidiu no âmbito dos Tribunais Superiores para os fins do art. 927 do CPC foi incorporado, bem como inúmeros julgados daqueles mesmos Tribunais e do Tribunal de Justiça do Estado de São Paulo. Não porque a maior parte dos julgados que continuam a ser produzidos cotidianamente pelos nossos Tribunais possa ser subsumida ao precitado art. 927, evidentemente que não. A iniciativa quer *ilustrar*, *aprofundar*, *problematizar* e *ampliar* as possibilidades interpretativas de um sem-

-número de situações que fazem este *Curso*, desde sua 1ª edição, ser o que ele é: expositivo, crítico e o mais completo possível para estudantes, estudiosos e profissionais. Afinal, "Ler fornece ao espírito materiais para o conhecimento, mas só o pensar faz nosso o que lemos" (John Locke).

Por fim, como já é praxe nas notas às novas edições, meus agradecimentos ao advogado Renato Pessoa Martorelli, pelas novas pesquisas que resultaram em inúmeras inclusões no texto final, ao Daniel Pavani Naveira, da Saraiva, pelo zelo na produção dos originais e, em especial, aos estudantes e estudiosos do direito processual civil que acolheram e continuam acolhendo o *Curso* para trilhar seus caminhos no e pelo direito processual civil.

Cassio Scarpinella Bueno

Nota prévia às edições de 2020 do *Curso sistematizado*

É sempre uma alegria ímpar redigir a nota que antecede as novas edições que chegam ao mercado.

No caso do meu *Curso sistematizado de direito processual civil*, o sentimento é ainda maior considerando a generosa acolhida de professores, profissionais, estudantes e estudiosos do direito processual civil dos três volumes que se seguiram, em 2018 (o volume 1) e em 2019 (os volumes 2 e 3), à promulgação e à entrada em vigor do CPC de 2015.

Tal generosidade foi mais que suficiente para confirmar o acerto da minha opção, cumpridamente justificada nas edições imediatamente anteriores, de que não havia necessidade (não mesmo!) de correr para revisar e atualizar o *Curso* à luz do novo Código. A uma, porque muito e de maneira substancial do que nele já sustentava foi acolhido pela nova codificação; a duas, e naquilo que não foi objeto de sintonia com a vontade do(s) legislador(es), fazia-se (e sempre se faz) necessária reflexão para apresentar as razões de discordância e estabelecer, como sói se fazer no ambiente acadêmico e na (re)construção de um pensamento científico coerente, o indispensável diálogo crítico.

Preservando todas as conquistas das edições posteriores ao CPC de 2015, na preparação das novas edições daqueles três volumes para o ano de 2020 – a décima para o volume 1 e a nona para os volumes 2 e 3 –, tive o cuidado de revisar o texto sempre em busca das (inevitáveis) imperfeições de escrita e/ou de digitação.

No que tange à inafastável necessidade de atualização legislativa, destaco o diálogo que mantive, mais ou menos intensamente conforme a necessidade de cada tema, com os seguintes diplomas:

- Emenda Constitucional n. 103, de 12-11-2019, que "Altera o sistema de previdência social e estabelece regras de transição e disposições transitórias".
- Lei n. 13.793, de 3-1-2019, que "Altera as Leis n. 8.906, de 4 de julho de 1994, 11.419, de 19 de dezembro de 2006, e 13.105, de 16 de março de 2015 (Código de Processo

Civil), para assegurar a advogados o exame e a obtenção de cópias de atos e documentos de processos e de procedimentos eletrônicos".

- Lei n. 13.827, de 13-5-2019, que "Altera a Lei n. 11.340, de 7 de agosto de 2006 (Lei Maria da Penha), para autorizar, nas hipóteses que especifica, a aplicação de medida protetiva de urgência, pela autoridade judicial ou policial, à mulher em situação de violência doméstica e familiar, ou a seus dependentes, e para determinar o registro da medida protetiva de urgência em banco de dados mantido pelo Conselho Nacional de Justiça".
- Lei n. 13.869, de 5-9-2019, que "Dispõe sobre os crimes de abuso de autoridade; altera a Lei n. 7.960, de 21 de dezembro de 1989, a Lei n. 9.296, de 24 de julho de 1996, a Lei n. 8.069, de 13 de julho de 1990, e a Lei n. 8.906, de 4 de julho de 1994; e revoga a Lei n. 4.898, de 9 de dezembro de 1965, e dispositivos do Decreto-Lei n. 2.848, de 7 de dezembro de 1940 (Código Penal)".
- Lei n. 13.874, de 20-9-2019, que "Institui a Declaração de Direitos de Liberdade Econômica; estabelece garantias de livre mercado; altera as Leis n. 10.406, de 10 de janeiro de 2002 (Código Civil), 6.404, de 15 de dezembro de 1976, 11.598, de 3 de dezembro de 2007, 12.682, de 9 de julho de 2012, 6.015, de 31 de dezembro de 1973, 10.522, de 19 de julho de 2002, 8.934, de 18 de novembro 1994, o Decreto-Lei n. 9.760, de 5 de setembro de 1946, e a Consolidação das Leis do Trabalho, aprovada pelo Decreto-Lei n. 5.452, de 1º de maio de 1943; revoga a Lei Delegada n. 4, de 26 de setembro de 1962, a Lei n. 11.887, de 24 de dezembro de 2008, e dispositivos do Decreto-Lei n. 73, de 21 de novembro de 1966; e dá outras providências", seja no que ela dialoga com o "incidente de desconsideração da personalidade jurídica" disciplinado pelos arts. 133 a 137 do CPC, seja no que ela traz de novo com relação à disciplina dos negócios processuais do art. 190 do mesmo Código.
- Lei n. 13.875, de 20-9-2019, que "Altera o § 2º do art. 63 da Lei n. 8.906, de 4 de julho de 1994, que dispõe sobre o Estatuto da Advocacia e a Ordem dos Advogados do Brasil (OAB), para tratar dos prazos de exercício da profissão para participação nas eleições dos membros dos órgãos da OAB".
- Lei n. 13.876, de 20-9-2019, que "Dispõe sobre honorários periciais em ações em que o Instituto Nacional do Seguro Social (INSS) figure como parte e altera a Consolidação das Leis do Trabalho (CLT), aprovada pelo Decreto-Lei n. 5.452, de 1º de maio de 1943, a Lei n. 5.010, de 30 de maio de 1966, e a Lei n. 8.213, de 24 de julho de 1991", que traz polêmica alteração ao art. 15 da Lei n. 5.010/66, a "Lei da Justiça Federal" na perspectiva do acesso à Justiça.
- Lei n. 13.894, de 29-10-2019, que "Altera a Lei n. 11.340, de 7 de agosto de 2006 (Lei Maria da Penha), para prever a competência dos Juizados de Violência Doméstica e Familiar contra a Mulher para a ação de divórcio, separação, anulação de casamento ou dissolução de união estável nos casos de violência e para tornar obrigatória a informação às vítimas acerca da possibilidade de os serviços de assistência judiciária

ajuizarem as ações mencionadas; e altera a Lei n. 13.105, de 16 de março de 2015 (Código de Processo Civil), para prever a competência do foro do domicílio da vítima de violência doméstica e familiar para a ação de divórcio, separação judicial, anulação de casamento e reconhecimento da união estável a ser dissolvida, para determinar a intervenção obrigatória do Ministério Público nas ações de família em que figure como parte vítima de violência doméstica e familiar, e para estabelecer a prioridade de tramitação dos procedimentos judiciais em que figure como parte vítima de violência doméstica e familiar".

Ao longo dos três volumes, tive o cuidado de ilustrar os mais diversos pontos de vista, bem assim desmembrá-los e aprofundá-los a partir de incontáveis julgados principalmente do STF e do STJ. Para além da pesquisa (e atualização) dos "indexadores jurisprudenciais" idealizados pelo art. 927 do CPC, a iniciativa com a menção de julgados diversos daqueles Tribunais que têm apelo didático e oferecem fonte de pesquisa segura e contextualizada para ulteriores reflexões do leitor e do estudioso do direito processual civil, inclusive daquele que se vale deste *Curso* para fins profissionais.

Quero externar de público, por fim, meus agradecimentos ao Daniel Brajal Veiga, ao Mario Henrique de Barros Dorna e ao Thomas Ubirajara de Arruda pelas leituras das edições anteriores e pela indicação de aprimoramentos em diversas de suas passagens. Também à advogada Fabiana Torre de Santiago Collucci e ao advogado Renato Pessoa Martorelli na revisão dos originais.

Ao Maurilio Casas Maia, agradeço em especial pelo incentivo na propagação de que a Defensoria Pública é e deve atuar na qualidade de *custos vulnerabilis*, sem prejuízo (muito pelo contrário, aliás) da atuação do Ministério Público na qualidade de *custos iuris*, e também por diversos acórdãos enviados para exame que cuidam do assunto e que estão mencionados ao longo do trabalho, em especial no n. 4.4.1 do Capítulo 3 da Parte I do v. 1.

Ao Edson Bonfim Soares, meu sincero e renovado agradecimento pelo enorme entusiasmo na elaboração e na divulgação das novas edições a partir do CPC de 2015 – e fui eu com o meu *Curso sistematizado de direito processual civil*, que tive o privilégio de fazer o primeiro lançamento de livro na nova, magnífica e imperdível sede da *A Casa do Livro Jurídico* – e pelo mesmo apoio para as renovadas edições que, assim, espero, serão justificadas a partir de 2020.

À equipe da Saraiva, meus agradecimentos de sempre, na pessoa do Daniel Pavani Naveira que vem encabeçando de maneira exemplar a equipe editorial de meus trabalhos junto a uma das mais prestigiadas casas editoriais do Brasil.

Críticas e sugestões são sempre muito bem-vindas. Para tanto, o e-mail cassio@scarpinellabueno.com.br está à disposição de todos os interessados.

Cassio Scarpinella Bueno

Abreviaturas

AASP – Associação dos Advogados de São Paulo
AC – Ação cautelar
ADCT – Ato das Disposições Constitucionais Transitórias
ADI – Ação direta de inconstitucionalidade
ADIs – Ações diretas de inconstitucionalidade
AgInt no AREsp – Agravo interno no agravo em recurso especial
AgInt no REsp – Agravo interno no recurso especial
AgInt no RMS – Agravo interno no recurso em mandado de segurança
AgInt nos EDcl no REsp – Agravo interno nos embargos de declaração no recurso especial
AgRg no AgRg no Ag – Agravo regimental no agravo regimental no agravo
AgRg no AgRg no REsp – Agravo regimental no agravo regimental no recurso especial
AgRg no AREsp – Agravo regimental no agravo em recurso especial
AgRg no REsp – Agravo regimental no recurso especial
AgRg no RMS – Agravo regimental no recurso em mandado de segurança
AgR-RE – Agravo regimental no recurso extraordinário
AI – Agravo de instrumento
AI-AgR – Agravo regimental no agravo de instrumento
ARE – Agravo regimental no recurso extraordinário
ARE-AgR – Agravo regimental no recurso extraordinário com agravo
ARE-AgR-ED-EDv – Embargos de divergência nos embargos de declaração no agravo regimental no recurso extraordinário com agravo
ARE-AgR-EDv – Embargos de divergência no agravo regimental no recurso extraordinário com agravo
ARE-RG – Repercussão geral no recurso extraordinário com agravo
art. – artigo(s)
CC – Código Civil (Lei n. 10.406, de 10 de janeiro de 2002)
CC – Conflito de competência
CDA – certidão de dívida ativa
CE – Corte Especial
CEAPRO – Centro de Estudos Avançados de Processo
CF – Constituição Federal (Constituição da República Federativa do Brasil, de 5 de outubro de 1988)
CJF – Conselho da Justiça Federal
CLT – Consolidação das Leis do Trabalho (Decreto-lei n. 5.452, de 1º de maio de 1943)

CNJ – Conselho Nacional de Justiça
CNPJ – Cadastro Nacional da Pessoa Jurídica
Coord. – coordenador(a/es/as)
CP – Código Penal (Decreto-lei n. 2.848, de 7 de dezembro de 1940)
CPC de 1973 – Código de Processo Civil de 1973 (Lei n. 5.869, de 11 de janeiro de 1973)
CPC de 2015 – Código de Processo Civil de 2015 (Lei n. 13.105, de 16 de março de 2015)
CPF – Cadastro de Pessoa Física
CPP – Código de Processo Penal (Decreto-lei n. 3.689, de 3 de outubro de 1941)
CTN – Código Tributário Nacional (Lei n. 5.172, de 25 de outubro de 1966)
Des. – Desembargador(a)
DJ – *Diário da Justiça*
DJe – *Diário da Justiça Eletrônico*
EAOAB – Estatuto da Advocacia e da Ordem dos Advogados do Brasil (Lei n. 8.906, de 4 de julho de 1994)
EAREsp – Embargos de divergência em agravo em recurso especial
EC – Emenda Constitucional
ECT – Empresa Brasileira de Correios e Telégrafos
EDcl na Rcl – embargos de declaração na reclamação
ENFAM – Escola Nacional de Formação e Aperfeiçoamento de Magistrados
EREsp – Embargos de divergência em recurso especial
esp. – especialmente
FPPC – Fórum Permanente de Processualistas Civis
HC – *Habeas corpus*
IAC – Incidente de assunção de competência
IBDP – Instituto Brasileiro de Direito Processual
IN – Instrução Normativa
j. – julgamento
j. m. v. – julgamento por maioria de votos
j. un. – julgamento unânime
LA – Lei de alimentos (Lei n. 5.478, de 25 de julho de 1968)
LEF – Lei de execução fiscal (Lei n. 6.830, de 22 de setembro de 1980)
LINDB – Lei de Introdução às Normas do Direito Brasileiro (Decreto-lei n. 4.657, de 4 de setembro de 1942, renomeada pela Lei n. 12.376/2010).

Min. – Ministro(a)
n. – número
OAB – Ordem dos Advogados do Brasil
Org. – organizador(a/es/as)
p. – página(s)
p./ acórdão – para o acórdão
QO no REsp – Questão de ordem no recurso especial
Rcl – reclamação
RE – Recurso extraordinário
RE-AgR – Agravo regimental no recurso extraordinário
RE-AgR-ED-EDv – Embargos de divergência nos embargos de declaração no agravo regimental no recurso extraordinário
RE-ED – Embargos de declaração em recurso extraordinário
RE-ED-EDv – Embargos de divergência nos embargos de declaração no recurso extraordinário
rel. – relator(a)
REP*DJe* – republicação do Diário da Justiça eletrônico
REsp – Recurso especial
RHC – Recurso ordinário em *habeas corpus*
RMS – Recurso ordinário em mandado de segurança
RPV – requisição de pequeno valor
STF – Supremo Tribunal Federal
STJ – Superior Tribunal de Justiça
TJDFT – Tribunal de Justiça do Distrito Federal e Territórios
TJMG – Tribunal de Justiça do Estado de Minas Gerais
TJSP – Tribunal de Justiça do Estado de São Paulo
TRF4 – Tribunal Regional Federal da 4ª Região
TST – Tribunal Superior do Trabalho
v. – ver
v.g. – *verbi gratia*

Parte I

Liquidação

Capítulo 1

Liquidação como etapa de processo

1. CONSIDERAÇÕES INICIAIS

A sentença, como regra, deve ser líquida (art. 491, *caput*), tanto quanto o pedido deve ser certo e determinado (art. 324). Trata-se de inequívoca manifestação do "princípio da vinculação do juiz ao pedido", derivado infraconstitucionalmente dos arts. 2º e 492.

Ainda quando é permitida a formulação de pedido *genérico*, o referido *caput* do art. 491 impõe ao magistrado o *dever* de proferir, desde logo, sentença líquida, desenvolvendo-se, ainda na etapa de conhecimento do processo, atividade cognitiva em busca não só do *an debeatur*, isto é, do *que* é devido, mas também do *quantum debeatur*, vale dizer, do *quanto* é devido. É correto concluir, por isso, que o proferimento de sentença ilíquida é medida excepcional, admitida apenas nas hipóteses dos dois incisos do art. 491[1]. Trata-se, em última análise, da concretização do princípio da *eficiência*, derivada, portanto, do modelo constitucional, e que já encontrava eco seguro no CPC de 1973[2].

Pode ocorrer, contudo, que não haja como adiantar na etapa de conhecimento aquelas atividades – é imaginar, por exemplo, que as consequências do ato ilícito que dá fundamento ao pedido indenizatório ainda não sejam conhecidas (art. 324, § 1º, II) –, e, nesse sentido, não há como a sentença, desde logo, apontar a expressão econômica do pedido. Em tais casos, põe-se a necessidade de a sentença ser *liquidada*, no que é expresso, verdadeiramente didático, o § 1º do art. 491. Se tal ocorrência se verificar em virtude do segmento recursal que decorrer da sentença, idêntica diretriz deve ser observada em função do § 2º do mesmo art. 491.

---

1 Referindo-se à hipótese da sentença ilíquida como "residual", v. as considerações de Rodrigo Mazzei, Liquidação de sentença: breve ensaio a partir do CPC/15, p. 252. Heitor Vitor Mendonça Sica (A nova liquidação de sentença e suas velhas questões, p. 211-215) tem entendimento diverso, sustentando a viabilidade da liquidação para além daquelas hipóteses, então alcançadas pelo art. 286 do CPC de 1973.

2. Era demonstração para a qual, a partir do § 3º do art. 475-A do CPC de 1973, trazendo à tona a Súmula 318 do STJ ("Formulado pedido certo e determinado, somente o autor tem interesse recursal em arguir o vício da sentença ilíquida" se voltava o n. 4 do Capítulo 5 da Parte I do v. 3 das edições anteriores ao CPC de 2015 deste *Curso*. Manifestando concordância com o entendimento é a lição de Heitor Vitor Mendonça Sica, A nova liquidação de sentença e suas velhas questões, p. 215-217.

A respeito do quanto escrito até aqui, cabe indicar que a liquidação, tal qual disciplinada pelos arts. 509 a 512, circunscreve-se à identificação do *quantum debeatur*, isto é, à identificação da expressão monetária do pedido de tutela jurisdicional. Essa limitação, que, para o direito anterior às reformas empreendidas desde os anos 1990 no CPC de 1973, soa restritiva, é clara no CPC de 2015, como se deve extrair dos *capi* de seus arts. 491 e 509: a liquidação é instituto vocacionado a dar valor a obrigações de pagar quantia para viabilizar seu cumprimento, já que, para esse fim, as obrigações devem ser, além de *certas* e *exigíveis*, *líquidas* (art. 783). Quando se tratar de obrigações de fazer, de não fazer ou de dar coisa diversa de dinheiro, é pertinente a liquidação quando houver pedido do autor para convertê-las em perdas e danos, inclusive quando não for possível a sua tutela específica ou, quando menos, a obtenção de seu resultado prático equivalente (art. 499). Também aqui, o que falta à obrigação é a sua expressão monetária (liquidez) no sentido já evidenciado.

Não há como negar que em outras hipóteses o sistema processual civil aceita a formulação de pedido genérico (no CPC de 2015, elas estão nos três incisos do § 1º do art. 324), e, por isso, pode ser necessária a prática de atividade cognitiva (em contraditório) para a individuação do bem da vida para viabilizar o cumprimento da sentença. Tais atividades, contudo, não são alcançadas e nem disciplinadas pelos arts. 509 a 512, mas por regramento diverso, que lhes seja próprio, ou, na sua falta, na realização de contraditório seguido de decisão do magistrado, o que decorre suficientemente do modelo constitucional[3].

É lembrar, para ilustrar suficientemente a afirmação do parágrafo anterior, do art. 812 quando se tratar de execução de obrigação de dar coisa incerta e uma das partes questionar a escolha feita pela outra. O incidente cognitivo lá disciplinado não guarda nenhuma semelhança, sequer do ponto de vista procedimental, com a *etapa* de liquidação que é objeto dos arts. 509 a 512, não sendo suficiente a referência lá feita a "perito" para emprestar à hipótese a regência da liquidação por *arbitramento* (art. 510)[4]. O que ocorre naquela hipótese não se relaciona à pesquisa sobre a *liquidez* da obrigação, mas, bem diferentemente, à sua *certeza*, que, em rigor, a precede[5].

---

3. Acerca do assunto, cabe lembrar que o original art. 603 do CPC de 1973 previa a liquidação não somente "quando a sentença não determinar o valor" mas também quando "não individuar o objeto". A regra não subsistiu às modificações introduzidas pela Lei n. 11.232/2005 e, tampouco, ao CPC de 2015.

4. No mesmo sentido do texto: Dorival Renato Pavan, *Comentários ao Código de Processo Civil*, v. 2, p. 533-535; Daniel Amorim Assumpção Neves, *Manual de direito processual civil*, p. 858, e *Novo Código de Processo Civil comentado*, p. 884 (compreendendo na liquidação, contudo, a hipótese do art. 324, § 1º, I); José Miguel Garcia Medina, *Novo Código de Processo Civil comentado: com remissões e notas comparativas ao CPC/1973*, p. 787; Marcelo Abelha, *Manual de execução civil*, p. 443-444. De maneira mais ampla, englobando na liquidação a individuação da obrigação, manifestaram-se: Luiz Rodrigues Wambier, *Breves comentários ao novo Código de Processo Civil*, p. 1456-1457, e *Comentários ao novo Código de Processo Civil*, p. 785-786; Araken de Assis, *Manual da execução*, p. 437; José Rogério Cruz e Tucci, *Comentários ao Código de Processo Civil*, v. VII, p. 236, e Fredie Didier Jr., Leonardo Carneiro da Cunha, Paula Sarno Braga e Rafael Alexandria de Oliveira, *Curso de direito processual civil*, v. 5, p. 218-220.

5. Não subsiste, com efeito, regra como a do *caput* do art. 603 de CPC de 1973 (que já havia sido revogada pela Lei n. 11.232/2005), pela qual "procede-se à liquidação, quando a sentença não determinar o valor ou não

Mesmo no âmbito da "ação de dissolução parcial de sociedades", uma das novidades trazidas pelo CPC de 2015 no campo dos procedimentos especiais, importa assinalar que a liquidação dos haveres nela estabelecida observará regras próprias, no que é expresso o § 2º do art. 603[6].

2. NATUREZA JURÍDICA

É clássica a questão sobre a natureza jurídica da liquidação.

Antes mesmo das profundas reformas implementadas no CPC de 1973 ao longo da década de 1990, Antonio Carlos Matteis de Arruda, em célebre monografia sobre o assunto, defendia que se tratava de ação própria a ser exercida em processo próprio; uma ação de liquidação exercida em um processo de liquidação, portanto. Eis suas palavras: "O processo de liquidação da sentença é instaurado, através de um pedido de tutela jurisdicional autônomo e específico, denominado ação de liquidação da sentença"[7].

Luiz Rodrigues Wambier, autor de outra importante monografia sobre o assunto, entende que há também uma ação de liquidação de cunho cognitivo. Forte nas modificações implementadas pela Lei n. 11.232/2005, o processualista paranaense já defendia que aquela ação era exercida no *mesmo* processo em que proferida a sentença[8].

Para Alexandre Freitas Câmara, a liquidação é mera fase do processo, mero incidente processual, de natureza cognitiva, entre o módulo processual de conhecimento condenatório (onde se produziu o título) e o módulo processual executivo[9].

Marcelo Abelha Rodrigues sustenta que a liquidação é um "incidente processual de processos sincréticos" e, destacando seu caráter cognitivo, um "incidente processual cognitivo incrustado no processo"[10].

---

individuar o objeto da condenação". Para essa discussão, levando em conta, inclusive, peculiaridades das obrigações de dar coisa e as obrigações alternativas, v. Teori Albino Zavascki, *Processo de execução*, p. 352-381.

6. Concordando com a afirmação é o entendimento de Ricardo Collucci nos seus comentários àquele dispositivo, *Comentários ao Código de Processo Civil*, v. 3, p. 163-164, destacando a incompatibilidade de procedimentos. Erasmo Valladão e Novaes França e Marcelo Vieira von Adamek, *Da ação de dissolução parcial de sociedade*, p. 56, sustentam que a distinção dá-se porque, em verdade, não se trata de liquidação mas de *apuração dos haveres*. O autor deste *Curso* também se voltou ao tema sublinhando a necessária distinção quando analisou aquele procedimento especial em *Tratado de direito comercial*, v. 8, p. 399 e 412-413.
7. *Liquidação de sentença*, p. 58-59. Era também a compreensão de Pontes de Miranda, como se pode ver de seus *Comentários ao Código de Processo Civil*, tomo IX, esp. p. 378-381.
8. *Sentença civil: liquidação e cumprimento*, p. 79. O entendimento foi reiterado sob a vigência do CPC de 2015 nos seguintes escritos: *Breves comentários ao novo Código de Processo Civil*, p. 1459; *Comentários ao novo Código de Processo Civil*, p. 786, e *Comentários ao Código de Processo Civil*, p. 736.
9. *Lições de direito processual civil*, v. 2, p. 244-251. Mais recentemente, em seu *O novo processo civil brasileiro*, p. 353, o autor refere-se à liquidação como "mero incidente processual".
10. *Manual de execução civil*, p. 446.

Segundo Araken de Assis, atribuir natureza de "incidente" ou de "fase" de procedimento não esclarece a real natureza da liquidação. Para o doutrinador, a liquidação é ação, com citação inicial e sentença com carga constitutiva. Embora a sentença tenha eficácia constitutiva, há produção de coisa julgada material (com eficácia externa), visto que o resultado do processo tornará indiscutível a questão[11].

Dorival Renato Pavan refere-se à hipótese como "ação incidental de conhecimento com o desiderato de se obter um provimento jurisdicional que torne certo o que é incerto, sentença com conteúdo declaratório, portanto, e integrativa do título judicial, dando-lhe a necessária completude, a saber, a liquidez, para que possa ser objeto de cumprimento previsto na etapa seguinte do processo de conhecimento"[12].

Fredie Didier Jr., Leonardo Carneiro da Cunha, Paula Sarno Braga e Rafael Alexandria de Oliveira distinguem a liquidação em "três técnicas processuais": ela pode ser "fase de liquidação", quando ocorre dentro de um processo já existente. Pode haver também "processo de liquidação", quando for processo autônomo nos casos do § 1º do art. 515 ou, ainda quando se tratar de liquidação de sentença genérica proferida em processos coletivos. Por fim, reconhecem que pode haver "liquidação incidental", mero incidente processual no bojo do cumprimento de sentença ou do processo de execução[13].

Luciano Vianna Araújo, na vitoriosa tese com a qual conquistou o Título de Doutor em Direito Processual Civil perante a Faculdade de Direito da PUCSP, sustenta que a liquidação é manifestação de flexibilização procedimental que resulta na bifurcação da etapa de conhecimento para permitir primeiro o reconhecimento do direito e depois sua quantificação. Seja por necessidade legal (art. 491, I), por interesse das partes (art. 491, II) ou, ainda, como decorrência de negócio processual (art. 190)[14].

Não obstante a rica divergência sobre o assunto – com as inegáveis consequências dela decorrentes, que são debatidas a propósito dos arts. 509 a 512[15] –, mostra-se mais correto entender – e isto desde a Lei n. 11.232/2005 – que a liquidação, tal qual disciplinada pelos

11. *Manual da execução civil*, p. 432-434. É também o entendimento manifestado por Antonio Adonias Aguiar Bastos, *Comentários ao Código de Processo Civil*, p. 624-626.

12. *Comentários ao Código de Processo Civil*, v. 2, p. 532.

13. *Curso de direito processual civil*, v. 5, p. 222-226.

14. Na versão comercial da obra, intitulada *A liquidação do título executivo judicial*, p. 103-109.

15. Apenas para ilustrar a afirmação, cabe trazer à tona o quanto decidido pela 1ª Seção do STJ no REsp repetitivo n. 1.336.026/PE, rel. Min. Og Fernandes, j. un. 28-6-2017, *DJe* 30-6-2017, que, destacando as alterações estruturais introduzidas no ordenamento jurídico brasileiro desde a introdução do § 1º do art. 604 do CPC de 1973 pela Lei n. 10.444/2002 e a abolição da liquidação por cálculo pela Lei n. 11.232/2005 (o que é preservado no CPC de 2015), analisou seu impacto na consumação do prazo prescricional para o início da etapa do cumprimento de sentença. A tese então alcançada é a seguinte: "6. Tese firmada: A partir da vigência da Lei n. 10.444/2002, que incluiu o § 1º ao art. 604, dispositivo que foi sucedido, conforme Lei n. 11.232/2005, pelo art. 475-B, §§ 1º e 2º, todos do CPC/73, não é mais imprescindível, para acertamento de cálculos, a juntada de documentos pela parte executada ou por terceiros, reputando-se correta a conta apresentada pelo exequente, quando a requisição judicial de tais documentos deixar de ser atendida, injustificadamente, depois de transcorrido o prazo legal. Assim, sob a égide do diploma legal citado, incide o lapso prescricional, pelo prazo respectivo da demanda de conhecimento

referidos dispositivos, é inequivocamente uma (mais uma) *etapa* do processo (que é sempre e invariavelmente um só) e que nela não há uma *ação* própria ou diferente daquela que justifica a tutela jurisdicional pretendida a final pelo liquidante. A *ação* também é uma só – direito fundamental de romper a inércia da jurisdição e de atuar ao longo do processo para concretização da tutela jurisdicional –, alterando-se e sucedendo-se as posições processuais desempenhadas pelas partes (e por eventuais terceiros) para aquele fim ao longo do (mesmo) processo.

Embora o "processo" possa ter início com a formulação do pedido de liquidação na forma e para o fim do § 1º o art. 515 ou, até mesmo, quando se tratar de atuação individual a partir da "sentença genérica" proferida nos moldes do art. 95 da Lei n. 8.078/90 – e somente neste caso é que questões relativas à competência serão relevantes, aplicando-se o disposto no inciso III do art. 516 –, é incorreto entender que há, na iniciativa, um "processo de liquidação" no qual há uma "ação de liquidação"[16]. O que há é o início de um processo (sem nenhuma adjetivação) em que o autor formulará pedido de tutela jurisdicional, que será, muito provavelmente, consistente na satisfação do direito que lhe é reconhecido por um dos títulos executivos judiciais referidos naquele dispositivo ou no precitado art. 95 do Código do Consumidor. O autor exercerá, neste caso, *ação*, é certo que sim. Mas não uma "ação de liquidação", no sentido de merecer ser distinguida uma "pretensão de liquidar" de uma "pretensão de pagar". Exercerá ação (sem adjetivação) no sentido de exercer o direito fundamental de romper a inércia jurisdicional para obter a concretização da tutela jurisdicional *reconhecida* em seu favor. E, como o processo (sem adjetivação) tem início naquele instante, é necessária a *citação* da parte contrária para "integrar a relação processual" na (péssima) dicção do art. 238, não sendo suficiente sua *intimação*, tal qual a exigida pelos arts. 510 e 511, que pressupõe, por definição, processo preexistente (art. 269, *caput*).

Ainda que, por hipótese, se queira imaginar uma situação em que o interesse de agir fosse limitado à identificação do *quantum debeatur* e, mesmo assim, não haveria nem "processo" e nem "ação" de liquidação. Haveria pedido de tutela jurisdicional fundado em um afirmado direito material, que se circunscreveria àquela finalidade seguindo-se, após o devido processo, decisão reconhecendo ou não a tutela jurisdicional respectiva.

Por idênticas razões é que se mostra também incorreto entender a liquidação como "incidente". Ela, em última análise, sempre se desenvolverá (quando for necessária, evidentemente) em meio a um processo (meio indispensável de e para a atuação do Estado-juiz), e, nesse sentido, ela sempre é (e será) *incidental*. E mais: há diversos outros incidentes ao longo do processo que não guardam nenhuma relação com a liquidação. Se assim é, o critério não tem serventia para distinguir institutos totalmente diversos entre si.

(Súmula 150/STF), sem interrupção ou suspensão, não se podendo invocar qualquer demora na diligência para obtenção de fichas financeiras ou outros documentos perante a administração ou junto a terceiros".

16. Para as hipóteses de liquidação a partir da "sentença genérica" do art. 95 da Lei n. 8.078/90, o Código do Consumidor, prevalecem as regras específicas, em especial a de seu art. 93.

Destarte, embora seja irrecusável reconhecer algum apelo *didático* em eventuais distinções sobre a liquidação ser etapa (fase) ou processo autônomo, este *Curso* prefere ser coerente com o que vem sustentando desde suas primeiras edições e que não foi modificado, muito pelo contrário, com o advento do CPC de 2015. Até porque, fazendo-o, evita a comuníssima omissão quanto à análise do mesmíssimo fenômeno – produzir prova para a quantificação do valor devido – quando aquela atividade se desenvolve em meio à fase instrutória da etapa de conhecimento do processo. Haveria uma "ação *de liquidação*" nestes casos, diversa, quiçá cumulada sucessivamente, à "ação de cobrança" que havia sido exercida com a petição inicial? A resposta é negativa.

Ademais, a robustecer esse entendimento, a expressa admissão de julgamentos *parciais* de mérito pelo art. 356 convida a renovadas reflexões sobre a questão[17].

Para cá importa entender que a liquidação não só pode, mas também merece ser compreendida como mais uma *etapa* do processo que se justifica *excepcionalmente* diante das hipóteses dos incisos do art. 491 e somente diante delas. Não fosse pela impossibilidade de determinar, de modo definitivo, o montante devido na própria etapa de conhecimento (inciso I) ou pela necessidade de realização de prova demorada ou excessivamente dispendiosa, que poderia comprometer a eficiência daquela mesma etapa (inciso II), não haveria razão para *cindir* o julgamento do processo para, primeiro, reconhecer se há, ou não, *an debeatur*, e, depois, dedicar-se à pesquisa sobre o *quantum debeatur*. O "reconhecimento na sentença" daquelas duas circunstâncias, que consta expressamente do inciso II do art. 491 mas que, por identidade de motivos, alcança também a hipótese do inciso I do mesmo dispositivo, não pode ser desconsiderado: é o próprio magistrado que deve reconhecer e justificar, caso a caso, ser a cisão do julgamento relativo ao *an* e ao *quantum debeatur* a forma mais eficiente de lidar com o processo em curso[18].

3. NOMENCLATURA

O CPC de 2015 emprega a expressão "liquidação da sentença", referindo-se a "sentença" como sinônimo de título executivo judicial. Contudo, não é somente a sentença em sentido estrito – o ato identificado como tal pelo § 1º do art. 203 – que é passível de ser liquidada. Decisões interlocutórias, decisões monocráticas proferidas no âmbito dos Tribunais, acórdãos e demais títulos executivos judiciais, ainda que não tenham sua origem no "processo civil",

17. Proposta que já fazia Heitor Vitor Mendonça Sica em seu *A nova liquidação de sentença e suas velhas questões*, p. 221-226, embora escrevendo sob a vigência do CPC de 1973.

18. Luciano Vianna Araújo, Professor de Direito Processual Civil da PUC-Rio, dedicou sua tese de doutorado, defendida com pleno êxito na PUCSP, à revisitação do assunto na perspectiva que, para este *Curso*, parece ser a mais adequada. O título do trabalho é o seguinte: "A natureza jurídica da liquidação do título executivo judicial a partir do modelo sincrético de processo".

também o são. Para tanto, é bastante que eles atestem as *certezas* objetiva e subjetiva da obrigação[19] e sua *exigibilidade*, ainda que careçam de *liquidez* (art. 783).

A nomenclatura dada ao instituto pelo CPC de 2015 não pode ser compreendida como se um título executivo *extrajudicial* não pudesse ou não devesse ser liquidado, observando-se as regras dos arts. 509 a 512. Mercê do contido no *caput* do art. 771, aquelas regras são aplicáveis, subsidiariamente, à execução fundamentada em título executivo extrajudicial. Assim, embora a doutrina costume negar que títulos executivos extrajudiciais sejam passíveis de liquidação[20], ela é plenamente viável também naquela sede[21]. Basta, para tanto, supor a necessidade de identificação de perdas e danos quando frustrada a execução (específica) das obrigações de fazer (art. 816, parágrafo único; art. 819, parágrafo único, e art. 821, parágrafo único) ou não fazer (art. 823) ou das de dar coisa (arts. 807, 809 e 810). Em tais casos, a correspondência monetária da obrigação deve ser *liquidada* observando-se, necessariamente, a disciplina aqui comentada[22]. Ainda quando se tratar de obrigação de pagamento de quantia as mesmas considerações têm plena aplicabilidade: tanto que a petição inicial da execução deve ser instruída com "memória de cálculo" (art. 798, I, *b*, e respectivo parágrafo único), cabendo ao executado questionar eventual excesso de execução em sede de embargos à execução (art. 917, III).

Mesmo em tais hipóteses – e ainda que se queira acentuar o caráter excepcional da conversão em pecúnia das obrigações de fazer, não fazer e de dar coisa diversa de dinheiro –, liquidação há, inclusive – e se for o caso –, como *etapa* do processo. Pode ser que a doutrina em geral, ao ainda acentuar o descabimento da liquidação do título executivo extrajudicial, esteja, mesmo inconscientemente, supondo que não pode haver atividade cognitiva no "processo de execução". No modelo do processo *sincrético*, que este *Curso* destacou desde a Introdução, contudo, a observação é incorreta e não corresponde às escolhas que vêm sendo feitas, *de lege lata*, pelo legislador processual civil brasileiro.

Destarte, também para a nomenclatura empregada para o CPC de 2015 neste particular são pertinentes as observações que este *Curso* reserva para o cumprimento provisório e definitivo da *sentença*: na verdade, a liquidação é de todo e qualquer *título executivo* (judicial ou

---

19. Para essa dicotomia, v. o n. 2 do Capítulo 4 da Parte I das edições anteriores ao CPC de 2015 deste *Curso*.

20. Para essa discussão, v. Araken de Assis, *Manual da execução*, p. 438-439; Alexandre Freitas Câmara, *O novo processo civil brasileiro*, p. 351; Marcelo Abelha, *Manual de execução civil*, p. 436; Luiz Dellore, *Processo de conhecimento e cumprimento de sentença*, p. 667; Artur César de Souza, *Código de Processo Civil anotado, comentado e interpretado*, v. II, p. 942; Cândido Rangel Dinamarco, *Instituições de direito processual civil*, v. IV, p. 714-715, e Nelson Nery Junior e Rosa Maria de Andrade Nery, Comentários ao Código de Processo Civil, p. 1247. Para o CPC de 1973: Alcides de Mendonça Lima, Comentários ao Código de Processo Civil, v. VI, p. 511.

21. Já era o posicionamento defendido pelo n. 1 do Capítulo 5 da Parte I do v. 3 das edições anteriores ao CPC de 2015 deste *Curso*.

22. Em sentido similar, v. Fredie Didier Jr., Leonardo Carneiro da Cunha, Paula Sarno Braga e Rafael Alexandria de Oliveira, *Curso de direito processual civil*, v. 5, p. 221.

extrajudicial), não apenas da sentença. Trata-se de verdadeira *metonímia*, mais precisamente uma *sinédoque*, consagradíssima nos meios e usos forenses[23].

4. LOCALIZAÇÃO DO INSTITUTO

O CPC de 2015, preservando em grande parte as modificações que haviam sido incorporadas ao CPC de 1973 pela Lei n. 11.232/2005, disciplina a "liquidação de sentença" como um dos Capítulos (o décimo quarto e último) do "procedimento comum", que corresponde ao Título I do Livro I da Parte Especial, que se estende do art. 509 ao art. 512. Trata-se, nesse sentido, do Capítulo que acabou "encerrando" a disciplina codificada do "procedimento comum".

Não obstante a expressa opção legislativa, o entendimento que parece ser o mais correto é no sentido de que a liquidação não é uma fase do próprio procedimento comum. Mais que uma fase, é ela uma etapa própria – por isso a correção de ela ser chamada de "*etapa* de liquidação" – que, quando necessária (ela pode não ser e o CPC de 2015 quer que ela não seja), mais comumente *intermediará* a etapa cognitiva e a de cumprimento de sentença.

Pode até acontecer que a etapa de liquidação se justifique independentemente de prévia etapa cognitiva no âmbito do processo civil e, consequentemente, na perspectiva do próprio CPC de 2015, independentemente de qualquer procedimento comum. É o que ocorre com as hipóteses previstas no § 1º do art. 515 já referidas e que são objeto de análise mais detida no n. 4.1 do Capítulo 4 da Parte II.

Em outros casos, pode ocorrer de a liquidação justificar-se *concomitantemente* à etapa de conhecimento, como se verifica, por exemplo, quando o cumprimento de tutela provisória liminar pressupuser prévia identificação do *quantum debeatur*. Similarmente, pode-se estar diante da situação prevista no art. 512 e da "liquidação *provisória*" nele disciplinada: enquanto a sentença reconhecedora da tutela jurisdicional aguarda sua confirmação (ou não) em sede de apelo, tem início atividade judicial destinada à pesquisa sobre o *quantum debeatur*.

Há, até mesmo, a hipótese em que a liquidação não se corporifica em *etapa* do processo porque ela se perfaz com a prática de um *ato* processual, como dispõem o § 2º do art. 509 e o art. 524.

Por tais razões, é preferível compreender, não obstante a localização do instituto tal qual efetuada pelo CPC de 2015, que a liquidação não é (e nem tem como ser) uma fase do

---

23. Alexandre Freitas Câmara (*O novo processo civil brasileiro*, p. 351) identifica, no caso, a ocorrência de *elipse*. "Afinal", escreve ele, "não é a sentença, mas a obrigação, que deve ser revestida de liquidez. Mas apropriado, então, seria falarem *liquidação da obrigação reconhecida na sentença* (ou, ainda mais propriamente, no título judicial). Liquidação de sentença é, porém, expressão muito tradicional do Direito Processual Civil brasileiro, não havendo motivo para criticar o seu emprego" (os itálicos são do original).

procedimento comum. Teria sido mais adequado, forçoso reconhecer, que a liquidação estivesse disciplinada em Título próprio (o que se harmonizaria com as considerações que reputo mais importantes para o tema, como quis evidenciar desde a Introdução) ou, quando menos, que estivesse inserida no contexto do art. 491, mormente diante da previsão de seu § 1º: "Nos casos previstos neste artigo, seguir-se-á a apuração do valor devido por liquidação".

O que importa sublinhar, contudo, é que a decisão final do legislador sobre em que lugar a liquidação merecia ser disciplinada não conduza a doutrina, a jurisprudência e a prática a quaisquer enganos ou desvios de reflexão.

Não obstante, embora discorde da alocação da disciplina codificada, parece que, ainda assim, ela revela com clareza suficiente a tendência legislativa experimentada desde a década de 1990 de que as alterações empreendidas no CPC de 1973, para além de mais adequadas e eficientes soluções procedimentais, impactavam na compreensão dos institutos. Defender que a liquidação faz parte do procedimento comum e sustentar, ao mesmo tempo, que há uma *nova* (e diversa) *ação* (ou demanda) para ela[24] é que, com as vênias de estilo, não parece – e já não parecia, mesmo antes do CPC de 2015 – correto.

Até porque, sem receio de este *Curso* ser repetitivo, a liquidação pode ser desnecessária diante de eventual determinação de produção de prova também sobre o *quantum debeatur* na fase instrutória da etapa de conhecimento, o que é francamente incentivado – e de maneira expressa – pelo *caput* do art. 491. Alguém sustentará que, ao se desincumbir do ônus probatório, a parte (ou o terceiro) estará exercendo uma "ação de liquidação" ou uma (nova) demanda, diversa daquela manifestada na petição inicial? A resposta, renovadas as vênias, continua a ser negativa.

24. Aventando, inclusive, como fazem Fredie Didier Jr., Leonardo Carneiro da Cunha, Paula Sarno Braga e Rafael Alexandria de Oliveira em seu *Curso de direito processual civil*, v. 5, p. 231-232, questões relativas à ocorrência da prescrição da pretensão respectiva. Eventual prescrição, com o devido respeito, será a relativa à pretensão de direito material, detectável inclusive ao longo do processo ("prescrição *intercorrente*"), não à liquidação em si mesma considerada. Tratando do tema na perspectiva das decisões ilíquidas e da liquidação por arbitramento e pelo procedimento comum (quando reconhecem a viabilidade de ocorrer a prescrição intercorrente), v. as considerações de Beclaute Oliveira Silva e José Henrique Mouta Araújo, A prescrição no cumprimento de sentença no novo Código de Processo Civil, p. 119-122.

Capítulo 2

Modalidades e regime jurídico

1. CONSIDERAÇÕES INICIAIS

O CPC de 2015, seguindo os passos do CPC de 1973, distingue, com nitidez, duas modalidades de liquidação. A "liquidação por *arbitramento*" e a que foi agora chamada de "liquidação pelo *procedimento comum*" para substituir o *nome* – mas não a *substância* – da que, no CPC de 1973, era chamada de "liquidação por *artigos*".

A liquidação por arbitramento, de acordo com o inciso I do art. 509, será realizada "quando determinado pela sentença, convencionado pelas partes ou exigido pela natureza do objeto da liquidação"; a liquidação pelo procedimento comum é a disposição do inciso II do art. 509 quem o estabelece, "quando houver necessidade de alegar e provar fato novo".

Essas duas modalidades correspondem à *etapa* do processo referida no n. 2 do Capítulo 1, porque se desenvolvem em consonância com um *procedimento* preestabelecido em franco contraditório *prévio* entre as partes, que, ao lado do magistrado, desenvolverão atividades *cognitivas* voltadas à identificação da expressão econômica (*quantum debeatur*) daquilo (*quid debeatur*) que a decisão exequenda (que o CPC de 2015 limita-se a chamar de "sentença") reconheceu ser devido (*an debeatur*) por quem (*quis debeat*) e a quem (*cui debeatur*)[1]. Nestes casos, cabe frisar, o contraditório para identificação daquele valor é *prévio*, seguindo-se, a seu respeito, uma decisão do magistrado que fixa o quanto é devido. Com o valor, o

---

1. A construção toma como base a lição imorredoura de Teori Albino Zavascki em seu *Processo de execução*, p. 393, *verbis*: "Considerando-se título apto a ensejar a tutela executiva o que traz representação documental de uma norma jurídica concreta da qual decorra uma relação obrigacional, há de haver nele afirmação a respeito de (a) ser devido (*an debeatur*), (b) a quem é devido (*cui debeatur*), (c) quem deve (*quis debeat*), (d) o que é devido (*quid debeatur*); e, finalmente, (e) em que quantidade é devido (*quantum debeatur*). A iliquidez a que se refere o art. 603 [do CPC de 1973, que já havia sido revogado pela Lei n. 11.232/2005, correspondente, em largas linhas, ao art. 491, *caput*, do CPC de 2015] é aquela em que está ausente apenas o elemento (e), ou seja, o montante da prestação". No mesmo sentido em seus *Comentários ao Código de Processo Civil*, v. 8, p. 338.

interessado poderá requerer o início da etapa de cumprimento da sentença, que pressupõe obrigação *líquida*.

É possível (e comuníssimo), todavia, que a pesquisa em torno do valor devido limite-se à elaboração de cálculos aritméticos que não oferecem maiores dificuldades mesmo a bacharéis de direito.

Em tais casos, o § 2º do art. 509 autoriza que o *credor* (que é o nome que o CPC de 2015 dá indistintamente ao *autor* e ao *exequente*) promova, desde logo, o cumprimento da sentença. Disso se poderia pensar que não se trata de liquidação porque é o próprio dispositivo quem está a viabilizar que se passe da etapa de conhecimento para a etapa de cumprimento, sem nada a intermediá-las, isto é, independentemente do desenvolvimento da prévia etapa de liquidação.

A afirmação, frequentíssima na doutrina brasileira desde o advento da Lei n. 8.898/94, que trouxe regra similar para o art. 604 do CPC de 1973, posteriormente aperfeiçoada pela já mencionada Lei n. 11.232/2005 e o art. 475-B daquele Código, é correta em termos: ela acerta quando afirma a desnecessidade de uma *etapa de liquidação* na qual a pesquisa em torno da expressão econômica do que é devido seja feita em *prévio* contraditório, conduzindo o magistrado ao proferimento de decisão que o fixe. Ela erra, contudo, quando afirma que, por isso, não há liquidação. Liquidação há. O que *não* existe é uma *etapa* para que atividades cognitivas com ela relacionadas, em busca do *quantum debeatur*, desenvolvam-se em *prévio* contraditório. A *liquidez* de uma sentença que imponha ao réu o pagamento de determinada quantia em dinheiro com correção monetária de acordo com tal índice e com juros de tantos por cento ao ano desde a citação, por exemplo, é relativa. A *atual* expressão monetária daquele valor precisa ser demonstrada. E, para tanto, a *liquidação* é necessária. Contudo, pela simplicidade daquela demonstração, o que se altera é a *forma de realizá-la*. Porque se trata de mero cálculo aritmético (atualização monetária do valor já fixado e cômputo dos juros moratórios no exemplo dado), é suficiente que seja apresentada uma planilha com a indicação das contas respectivas. Algo que, por sua simplicidade e por razões de maior eficiência processual, dispensa *prévio* contraditório. O contraditório, nesses casos, será feito *a posteriori* porque, apesar de o cálculo ser de simples elaboração, ele pode estar errado. As ciências exatas por detrás daqueles cálculos, destarte, permitem maior racionalidade ao processo, com a eliminação de uma *etapa* destinada à liquidação. Não eliminam – e nem o poderiam sem atritar com o "modelo constitucional" – o contraditório, que é meramente *postergado* nestes casos. Há, destarte, atividade cognitiva a ser desenvolvida para indicação do *quantum debeatur*. É que ela, por sua própria singeleza, acarreta alteração sensível no plano do processo e do procedimento com inversão do ônus do contraditório.

É essa a razão pela qual este *Curso* sempre entendeu que mesmo a elaboração de cálculos é – e continua a ser, mesmo no CPC de 2015 – uma forma de liquidação. Uma liquidação que não exige, para seu desenvolvimento, uma etapa própria; que dispensa prévio contraditório; que não é *procedimentalizada*, mas, assim mesmo, liquidação. É uma "liquidação-*ato*", em contraposição a uma "liquidação-*procedimento*", claramente visualizada, até mesmo no nome a elas dado pelo CPC de 2015: "liquidação por arbitramento" e "liquidação pelo *procedimento* comum"[2].

A circunstância de o § 2º do art. 509 autorizar o início do cumprimento de sentença desde logo quando a apuração do valor depender de mero cálculo aritmético e a circunstância de o art. 524, que disciplina a escorreita apresentação daquele cálculo, já estar inserido no Título II da Parte Especial, dedicado ao "cumprimento da sentença", são de nenhuma importância em relação a isso. Aquela memória de cálculo *é* a liquidação, embora ela se resuma naquele instante à produção de um *ato* processual (a própria memória, que observará as exigências legais) já com a petição, que significará, para todos os fins, o *início* da etapa de cumprimento de sentença. Por essa razão, este *Curso* insiste: liquidação-*ato*, porque dispensa prévia etapa liquidatória, diferentemente do que ocorre com as precitadas duas outras modalidades[3].

O que se verifica da devida análise do art. 524 diante do § 2º do art. 509 é sua coerência e complementação. Este permite, nos casos em que a identificação do valor depender apenas de cálculo aritmético, que o interessado dê início imediato à etapa de cumprimento de sentença. Aquele, o art. 524, trata de exigir no requerimento que inaugura aquela etapa a apresentação do demonstrativo de crédito com as exigências por ele impostas, que viabilizarão o oportuno desenvolvimento do contraditório relativo à identificação daquele valor. O que *não há*, nestes casos, é uma *etapa de liquidação* intermediando a etapa de conhecimento e a etapa de cumprimento ou, consoante o caso, antecedendo-a. Pesquisa e contraditório, ainda que postergado, sobre o valor encontrado há. E, mesmo naqueles casos, pode haver incidente cognitivo interferente na identificação do valor, como se verifica das hipóteses regradas nos §§ 1º e 2º (valor excessivo) e nos §§ 3º a 5º (necessidade de elementos em mãos do executado ou de terceiro para identificação do valor), todos do mesmo art. 524. Nessas hipóteses, é irrecusável o estabelecimento de prévio contraditório na prática daqueles atos que, em última análise, querem identificar o correto valor a ser perseguido na etapa de cumprimento pelo exequente.

Mais que o incidente cognitivo dos parágrafos do art. 524, importa lembrar o inciso V do § 1º do art. 525, que reserva à *impugnação* a discussão sobre eventual excesso de execução[4],

---

2. A referência é feita aos n. 1 e 1.1 do Capítulo 5 da Parte I e ao n. 7 do Capítulo 5 da Parte I do v. 3 das edições anteriores ao CPC de 2015 deste *Curso*. Ainda que voltada ao CPC de 1973 antes das reformas dos anos 1990, chama a atenção a doutrina de Amílcar de Castro (*Comentários ao Código de Processo Civil*, v. VIII, p. 122), que destacava a importância dos aspectos *procedimentais* das modalidades de liquidação (inclusive a "liquidação por cálculo do então art. 604 do CPC de 1973") diante da necessidade da manifestação de ambas as partes (contraditório) e da decisão a ser proferida pelo magistrado.

3. Em sentido mais ou menos conforme, admitindo a liquidação por cálculo no CPC de 2015, v. as considerações de Luiz Dellore, *Liquidação no novo Código de Processo Civil*, p. 68-69 e 75-76.

4. Embora tratando do tema na perspectiva do CPC de 1973, cabe destacar o quanto decidido pela 3ª Turma do STJ no REsp 1.538.235/DF, rel. Min. Nancy Andrighi, j. un. 14-5-2019, *DJe* 29-5-2019.

que pode ser exemplificado, para esse momento da exposição, como a exigência de um valor acima daquele suportado pelo título executivo[5]. Em tal situação, vê-se com clareza que a discussão em contraditório sobre o *quantum debeatur* foi *postergada* para a etapa de cumprimento de sentença, confundindo-se com as atividades cognitivas nela exercitáveis. Por isso, só por isso, não é correto falar em *etapa* de liquidação em nome da eficiência processual já evidenciada. Mas há, em pleno contraditório, atividade cognitiva em busca da identificação do valor devido; há, pois, liquidação em plena etapa de cumprimento.

Também não desautoriza o entendimento aqui exposto o disposto no parágrafo único do art. 786: "A necessidade de simples operações aritméticas para apurar o crédito exequendo não retira a liquidez da obrigação constante do título". Sem dúvida que não retira, justamente porque já há, na hipótese, expressão monetária do crédito exequendo[6]. Isso não significa, contudo, que sua *atual* expressão monetária não precise ser trazida à tona. A *forma*, para tanto, é a "liquidação-ato", que se perfaz na apresentação da memória de cálculo já anunciada e que pode ensejar discussão específica, em pleno contraditório, em sede de impugnação ao cumprimento de sentença (art. 525, § 1º, V) ou, em se tratando de execução fundada em título extrajudicial, em embargos à execução (art. 917, III).

2. REQUERIMENTO PARA INÍCIO

O *caput* do art. 509 exige requerimento do credor ou do devedor para início da liquidação.

Credor e devedor estão no lugar do que seria mais correto, *exequente* e *executado*, pela necessária dissociação, em tais situações, entre os planos material e processual: é só imaginar que aquele identificado como *credor* no título executivo não o seja, mercê do provimento do recurso interposto pelo que nele era indicado como devedor. Até se poderia propor que aquele que toma a iniciativa de promover a liquidação mereceria o pomposo nome de *liquidante*, em contraposição ao *liquidado*, que encontra eco parcial no art. 512. A questão, contudo, é de menor importância. Interessa mais a questão do requerimento.

A primeira conclusão a ser alcançada é a de que a liquidação não pode ser iniciada de ofício. Ela pressupõe iniciativa do interessado. É mais comum que o credor a tome. Não há como negar, contudo – e o CPC de 2015 admite-a expressamente justamente no artigo ora comentado –, que o devedor o faça. É o que ocorrerá, por exemplo, quando a etapa de liquidação for necessária para a identificação do *quantum debeatur* para os fins do art. 526 ou, até mesmo, quando o devedor quiser identificar o valor respectivo com o objetivo de propor ao

---

5. Idêntico raciocínio pode ser feito quando se tratar de execução fundada em título extrajudicial, levando em conta o disposto no inciso III do art. 917 para os embargos à execução.

6. Essa demonstração já havia ocupado a doutrina anterior suficientemente. A esse respeito, v. Cândido Rangel Dinamarco, *Execução civil*, p. 495-497 e 537, e Luiz Rodrigues Wambier, *Sentença civil: liquidação e cumprimento*, p. 213-221.

autor um acordo para fins de pagamento, o que é plenamente harmônico com as diretrizes do § 3º do art. 3º[7].

A exigência quanto à iniciativa do interessado para a liquidação da condenação de "pagamento de quantia ilíquida" feita pelo *caput* do art. 509 coaduna-se àquela feita pelo § 1º do art. 513. Não obstante, aquele dispositivo merece ser interpretado amplamente para impor o ônus da iniciativa para o cumprimento de sentença de qualquer modalidade obrigacional, não apenas para aquelas de "pagar quantia".

Cabe lembrar, ainda, o disposto no § 1º do art. 113, que permite ao magistrado (de ofício ou em observância de pedido da parte contrária) *limitar* o número de litigantes na liquidação "quando este comprometer a rápida solução do litígio ou dificultar a defesa ou o cumprimento da sentença". Nesse caso, o requerimento relativo à limitação do litisconsórcio *interrompe* o prazo para a manifestação da parte contrária, que começará a fluir (integralmente) da intimação da decisão que o acolher ou o rejeitar (art. 113, § 2º). A permissão não traz nenhuma peculiaridade quando veiculada em sede de liquidação, sendo de destacar, contudo, a pertinência de sua previsão expressa, no que inova (ao menos textualmente) o CPC de 2015[8].

3. LIQUIDAÇÃO PARCIAL

A sentença – sempre entendida de maneira ampla – pode ser líquida em parte e ilíquida em outra, ou, de maneira mais técnica, conter capítulo líquido e capítulo ilíquido. Neste caso, o § 1º do art. 509 autoriza que seja iniciada a etapa de cumprimento da sentença em relação à parte líquida concomitantemente ao desenvolvimento da etapa de liquidação para apurar o *quantum debeatur* da parte ilíquida. Trata-se de mais uma das múltiplas aplicações e compreensões derivadas do "processo sincrético". No âmbito do julgamento antecipado *parcial* de mérito, a conjugação dos §§ 1º e 2º do art. 356 no que aqui interessa permite alcançar a mesma conclusão.

A menção a "autos apartados" (um novo caderno processual) feita por aquele dispositivo não pode ser entendida como exigência formal, nem para os autos físicos nem para os autos eletrônicos. O que o dispositivo quer evitar é que a diferença substancial da prática de atos *satisfativos* (os da etapa de cumprimento) e de atos *cognitivos* (os da etapa de liquidação) a serem praticados concomitantemente crie quaisquer embaraços, nulificando ou relativizando o afã de maior *eficiência* autorizada expressamente pela regra. Assim, mesmo que as atividades acabem se desenvolvendo nos *mesmos* autos, não decorre disso nenhum vício para o processo e, tampouco, para os atos individualmente considerados.

---

7. Tangenciando a questão é o Enunciado n. 485 do FPPC, assim redigido: "É cabível conciliação ou mediação no processo de execução, no cumprimento de sentença e na liquidação de sentença, em que será admissível a apresentação de plano de cumprimento da prestação".

8. Para o acerto dessa afirmação, v. as considerações de Lia Carolina Batista Cintra em *Comentários ao Código de Processo Civil*, v. 1, p. 496-498.

4. CÁLCULO ARITMÉTICO

O CPC de 2015 associa a liquidação às hipóteses em que ela se desenvolva por arbitramento (art. 510) e pelo procedimento comum (art. 511). Quando a identificação do *quantum debeatur* depender de meros cálculos aritméticos – é o que se pode extrair do § 2º do art. 509, máxime quando lido, como deve ser, ao lado do art. 524 –, já se está na etapa de cumprimento de sentença, o que tem levado a maior parte da doutrina a rechaçar a compreensão de que se está, em tais hipóteses, diante do mesmo fenômeno.

Contudo, cabe reiterar, o que *não há* nos casos alcançados pelo § 2º do art. 509 é uma *etapa* de liquidação. Liquidação há, contudo. O que existe em tais hipóteses é uma "liquidação-ato", em que o contraditório relativo ao valor será realizado *a posteriori* ao longo da etapa de cumprimento da sentença, o que viabiliza maior racionalização nos atos processuais, concretizando adequadamente o princípio da eficiência processual. O que não há, cabe repetir, é uma *etapa* de liquidação ou uma *liquidação-procedimento*. Ela, a liquidação, em casos que tais, limita-se à prática de um só ato, a apresentação da memória de cálculo, sendo eventual seu questionamento com a realização do contraditório em sede de impugnação (art. 525, § 1º, V).

A despeito dessa compreensão, atento à sistemática deste trabalho, o exame dessa hipótese é feito ao ensejo do exame daqueles dispositivos, não obstante importe observar que a "memória de cálculo" pode se justificar (e na prática do foro justifica-se) mesmo nos casos em que o valor tenha sido identificado em sede de liquidação por arbitramento ou pelo procedimento comum. Basta, para tanto, imaginar a hipótese em que se faça necessária a atualização monetária do valor encontrado em complexa prova pericial que tenha justificado o desenvolvimento de liquidação por arbitramento para que ele expresse o valor atual do débito no instante em que o exequente requerer o início da etapa de cumprimento da sentença.

4.1 Atualização financeira e CNJ

De acordo com o § 3º do art. 509, "O Conselho Nacional de Justiça desenvolverá e colocará à disposição dos interessados programa de atualização financeira".

O objetivo do dispositivo é o de generalizar (e uniformizar) prática louvável disponibilizada (gratuitamente) por diversos tribunais brasileiros em suas respectivas páginas eletrônicas. Não obstante, é difícil reconhecer que o CNJ, na perspectiva do modelo constitucional, tenha competência para tanto e, consequentemente, de onde a regra ora comentada, embora bem-intencionada, retira seu fundamento de validade[9].

9. É o que extrai do § 4º do art. 103-B da CF, incluído pela EC n. 45/2004 e ampliado pela EC n. 103/2019, que tem a seguinte redação: "§ 4º Compete ao Conselho o controle da atuação administrativa e financeira do Poder Judiciário e do cumprimento dos deveres funcionais dos juízes, cabendo-lhe, além de outras atribuições que lhe forem conferidas pelo Estatuto da Magistratura: I – zelar pela autonomia do Poder Judiciário e pelo cumprimento

Questão importante neste particular diz respeito a quais os critérios a serem utilizados para aquele fim, já que, em rigor, saber que índice de atualização financeira deve ser aplicado é fundamentalmente questão de índole *jurisdicional* e não meramente administrativa ou correicional. Que o digam os inúmeros casos que versam sobre essa questão e que aguardam decisão nos Tribunais Superiores sob o manto de recursos repetitivos.

5. LIMITES COGNITIVOS DA LIQUIDAÇÃO

A liquidação é voltada a descobrir o *quantum debeatur* da decisão, que já atesta, por definição, os demais elementos da obrigação, sob pena de comprometer sua higidez como título executivo (art. 783). Trata-se de atividade eminentemente *cognitiva*. Não obstante, ela não é predestinada – e nem pode ser – a *rediscutir* o que já está discutido e que rendeu ensejo à formação do título executivo, seja ele, o título, provisório ou não.

Assim, ainda quando a liquidação é autorizada na pendência do recurso (art. 512), é o recurso interposto e pendente que quererá modificar a decisão liquidanda, ao *transferir* ao órgão julgador competente a matéria objeto da impugnação. A liquidação, nesse sentido, é vinculada, necessariamente, ao que foi e ao que está decidido no instante em que ela é iniciada e que, embora não tenha transitado em julgado, surte seus regulares efeitos. Se não houver recurso, a hipótese será de preclusão, de coisa julgada formal (com eficácia interna) ou de coisa julgada material (com eficácia externa) da decisão liquidanda. Neste caso, a forma adequada de alterar o título executivo é a ação rescisória, observando-se as peculiaridades de seu regime jurídico, a começar pelas suas hipóteses de cabimento (art. 966) e pelo prazo de sua propositura (art. 975).

É correto acentuar, portanto, que a liquidação não é – e nem pode ser – pensada como mecanismo de controle ou de contraste da decisão liquidanda. Sua atividade cognitiva é

---

do Estatuto da Magistratura, podendo expedir atos regulamentares, no âmbito de sua competência, ou recomendar providências; II – zelar pela observância do art. 37 e apreciar, de ofício ou mediante provocação, a legalidade dos atos administrativos praticados por membros ou órgãos do Poder Judiciário, podendo desconstituí-los, revê-los ou fixar prazo para que se adotem as providências necessárias ao exato cumprimento da lei, sem prejuízo da competência do Tribunal de Contas da União; III – receber e conhecer das reclamações contra membros ou órgãos do Poder Judiciário, inclusive contra seus serviços auxiliares, serventias e órgãos prestadores de serviços notariais e de registro que atuem por delegação do poder público ou oficializados, sem prejuízo da competência disciplinar e correicional dos tribunais, podendo avocar processos disciplinares em curso, determinar a remoção ou a disponibilidade e aplicar outras sanções administrativas, assegurada ampla defesa; IV – representar ao Ministério Público, no caso de crime contra a administração pública ou de abuso de autoridade; V – rever, de ofício ou mediante provocação, os processos disciplinares de juízes e membros de tribunais julgados há menos de um ano; VI – elaborar semestralmente relatório estatístico sobre processos e sentenças prolatadas, por unidade da Federação, nos diferentes órgãos do Poder Judiciário; VII – elaborar relatório anual, propondo as providências que julgar necessárias, sobre a situação do Poder Judiciário no País e as atividades do Conselho, o qual deve integrar mensagem do Presidente do Supremo Tribunal Federal a ser remetida ao Congresso Nacional, por ocasião da abertura da sessão legislativa".

vocacionada, pura e simplesmente, à descoberta do *quantum debeatur*. Ela não pode desconsiderar, como já destacado, o *an*, nem o *quid* ou o *cui debeatur* e, tampouco, o *quis debeat*.

É o § 4º do art. 509 que alberga esse entendimento. Segundo o dispositivo, "na liquidação é vedado discutir de novo a lide ou modificar a sentença que a julgou".

Importa, para a devida compreensão do dispositivo, entender *lide* como o *mérito* do processo ou, se se preferir, seu *objeto litigioso* (embora carente de liquidação), e, nesse sentido, como o reconhecimento de quem deve receber o quê de quem a título de tutela jurisdicional já reconhecida[10], e *sentença* como qualquer decisão, inclusive a *interlocutória* que comporte liquidação (é o caso de lembrar, por exemplo, da hipótese de julgamento antecipado *parcial* do mérito do art. 356, § 1º). Trata-se de regra que bem se afina ao comando do *caput* do art. 494 e do "princípio da invariabilidade da sentença", nele agasalhado. Coerentemente, a doutrina refere-se à diretriz hoje insertada no precitado § 4º do art. 509 como "regra da fidelidade da liquidação ao título"[11] ou como "princípio da fidelidade ao julgado"[12].

Assim, por exemplo, se houve julgamento sobre o *critério* de juros moratórios ou de correção monetária a ser aplicado em determinado caso, deve prevalecer, na liquidação, o quanto decidido, sob pena de atrito com a vedação constante do § 4º do art. 509[13]. Se o título executivo afastou a pertinência de laudo pericial elaborado durante a etapa de

---

10. Curioso notar, tendo presente o *processo legislativo* que resultou no CPC de 2015, que o Parecer n. 1.099/2014 (Adendo ao Parecer n. 956/2014) do Senado Federal (v. do autor deste *Curso* o seu *Novo Código de Processo Civil anotado*, p. 176 e 178-179, e seus Comentários ao art. 1º em *Comentários ao Código de Processo Civil*, v. 1, p. 53-56) determinou, em sua revisão final, que a palavra "lide" fosse removida do texto, o que, tendo presente o texto final que entrou em vigor, só se deu parcialmente, como se verifica do dispositivo ora comentado, ao qual podem ser somados o inciso I do art. 113, o art. 303, o art. 305 e o art. 505, além da denunciação da lide, disciplinada nos arts. 125 a 129.

11. Assim, Cândido Rangel Dinamarco, *Execução civil*, p. 543-544.

12. É a proposta feita por Teori Albino Zavascki, *Processo de execução: parte geral*, p. 404-405.

13. "PROCESSUAL CIVIL. TRIBUTÁRIO. RECURSO ESPECIAL REPRESENTATIVO DE CONTROVÉRSIA. ART. 543-C, DO CPC. EXECUÇÃO DE TÍTULO JUDICIAL. SENTENÇA EXEQUENDA PROFERIDA APÓS A VIGÊNCIA DA LEI N. 9.250/95. CORREÇÃO MONETÁRIA E JUROS. INCLUSÃO DA TAXA SELIC NOS CÁLCULOS DA LIQUIDAÇÃO. OFENSA À COISA JULGADA. 1. A fixação de percentual relativo aos juros moratórios, após a edição da Lei n. 9.250/95, em decisão que transitou em julgado, impede a inclusão da Taxa Selic em fase de liquidação de sentença, sob pena de violação ao instituto da coisa julgada, porquanto a referida taxa engloba juros e correção monetária, não podendo ser cumulada com qualquer outro índice de atualização. Precedentes (...). 2. *In casu*, a sentença trânsita em julgado (datada de 12-5-2006, consoante voto condutor, às fls. e-STJ 263) determinou, simultaneamente, a atualização monetária do indébito, com acréscimo de juros de mora de 1% ao mês, contados do trânsito em julgado, complementando que, 'em homenagem ao princípio da isonomia, os índices de atualização monetária deverão corresponder àqueles utilizados pela Fazenda Nacional para atualização de seus créditos'. 4. O acórdão recorrido, a seu turno, determinou a exclusão dos juros moratórios, para correção do valor exequendo pela Taxa Selic, ao fundamento de que a sentença fora contraditória. 5. A interpretação da sentença, pelo Tribunal *a quo*, de forma a incluir fator de indexação nominável (Selic), afastando os juros de mora, implica afronta à coisa julgada, não obstante tenha sido determinada a atualização da condenação pelos mesmos índices da correção dos débitos tributários, quando em vigor a Lei n. 9.250/95. 6. (...). 7. Recurso especial provido. Acórdão submetido ao regime do art. 543-C do CPC e da Resolução STJ 08/2008" (STJ, 1ª Seção, REsp repetitivo n. 1.136.733/PR, rel. Min. Luiz Fux, j. un. 13-10-2010, *DJe* 26-10-2010).

conhecimento do processo para apuração do valor devido, não pode o magistrado, em sede de liquidação, determinar, que o *quantum debeatur* seja apurado pelo contador judicial a partir daquele trabalho[14]. Também se já houve decisão anterior acerca da aplicação ou não do art. 354 do Código Civil[15] acerca da imputação do pagamento[16].

Aspecto diverso é admitir na liquidação a inclusão de juros e/ou de correção monetária que, até então, não foram incorporados a título executivo, o que encontra arrimo na Súmula 254 do STF[17] e, superiormente, no § 1º do art. 322. Idêntico raciocínio deve ser aplicado com relação à imputação do pagamento *quando não houver* decisão anterior a seu respeito[18]. Ainda que a consideração daquela matéria não viole a vedação do § 4º do art. 509, é mister que ela seja precedida do devido contraditório entre as partes.

A orientação é correta ainda que se trate de processo coletivo e do proferimento da chamada "sentença genérica" disciplinada pelo art. 95 da Lei n. 8.078/90, o Código do Consumidor[19].

A respeito do § 4º do art. 509, importa destacar também a Súmula 344 do STJ, cujo enunciado é o seguinte: "A liquidação por forma diversa da estabelecida na sentença não ofende a coisa

14. Assim, v.g.: STJ, 3ª Turma, REsp 1.757.915/PI, rel. Min. Marco Aurélio Bellizze, j. un. 18-9-2018, *DJe* 21-9-2018.

15. O dispositivo tem a seguinte redação: "Havendo capital e juros, o pagamento imputar-se-á primeiro nos juros vencidos, e depois no capital, salvo estipulação em contrário, ou se o credor passar a quitação por conta do capital".

16. É tese fixada pela Seção Cível do TJPR no IRDR 0042848-25.2016.8.16.0000, rel. Des. Octavio Campos Fischer, j. un. 17-8-2018, *DJe* 17-9-2018.

17. Nesse sentido é o entendimento de Antonio Adonias Aguiar Bastos, *Comentários ao Código de Processo Civil*, p. 629-630.

18. É a tese fixada pela Seção Cível do TJPR no precitado IRDR: "em sede de liquidação/cumprimento de sentença aplica-se o instituto previsto no art. 354 do Código Civil, mesmo que tal matéria não tenha sido objeto de discussão no processo de conhecimento, desde que: (a) não exista acordo entre as partes em sentido contrário ou (b) desde que o credor não passe a quitação por conta do capital".

19. É o que decidiu corretamente a Corte Especial do STJ em sede de recurso especial repetitivo assim ementado: "DIREITO PROCESSUAL. RECURSO REPRESENTATIVO DE CONTROVÉRSIA (ART. 543-C, CPC). DIREITOS METAINDIVIDUAIS. AÇÃO CIVIL PÚBLICA. APADECO X BANESTADO. EXPURGOS INFLACIONÁRIOS. EXECUÇÃO/LIQUIDAÇÃO INDIVIDUAL. FORO COMPETENTE. ALCANCE OBJETIVO E SUBJETIVO DOS EFEITOS DA SENTENÇA COLETIVA. LIMITAÇÃO TERRITORIAL. IMPROPRIEDADE. REVISÃO JURISPRUDENCIAL. LIMITAÇÃO AOS ASSOCIADOS. INVIABILIDADE. OFENSA À COISA JULGADA. 1. Para efeitos do art. 543-C do CPC: 1.1. A liquidação e a execução individual de sentença genérica proferida em ação civil coletiva pode ser ajuizada no foro do domicílio do beneficiário, porquanto os efeitos e a eficácia da sentença não estão circunscritos a lindes geográficos, mas aos limites objetivos e subjetivos do que foi decidido, levando-se em conta, para tanto, sempre a extensão do dano e a qualidade dos interesses metaindividuais postos em juízo (arts. 468, 472 e 474, CPC, e 93 e 103, CDC). 1.2. A sentença genérica proferida na ação civil coletiva ajuizada pela Apadeco, que condenou o Banestado ao pagamento dos chamados expurgos inflacionários sobre cadernetas de poupança, dispôs que seus efeitos alcançariam todos os poupadores da instituição financeira do Estado do Paraná. Por isso descabe a alteração do seu alcance em sede de liquidação/execução individual, sob pena de vulneração da coisa julgada. Assim, não se aplica ao caso a limitação contida no art. 2º-A, *caput*, da Lei n. 9.494/97. 2. Ressalva de fundamentação do Ministro Teori Albino Zavascki. 3. Recurso especial parcialmente conhecido e não provido" (REsp repetitivo n. 1.243.887/PR, rel. Min. Luis Felipe Salomão, j. m. v. 19-10-2011, *DJe* 12-12-2011).

julgada". Embora se trate de diretriz editada sob a égide do CPC de 1973, sua orientação é correta e subsiste no CPC de 2015. Isto porque as *técnicas* a serem empregadas para a pesquisa do *quantum debeatur* – as modalidades de liquidação – podem, consoante as necessidades que se mostrem à época de sua adoção, *variar* sem que isso agrida o que o precitado dispositivo codificado quer proteger, em última análise, a incolumidade do título quanto ao *an debeatur*.

A Lei n. 11.719/2008, ao dar nova redação ao parágrafo único do art. 63 e ao inciso IV do art. 387 do Código de Processo Penal, impõe que o magistrado, ao proferir a sentença, fixe, desde logo, um "valor *mínimo* para reparação dos danos causados pela infração, considerando os prejuízos sofridos pelo ofendido" (o itálico é da transcrição). A liquidação a ser feita no âmbito do "processo *civil*", com observância do disposto nos arts. 509 a 512 do CPC de 2015, terá como finalidade "a apuração do dano efetivamente sofrido".

Diante da expressa previsão legislativa – expressa quanto a ser *mínima* a fixação do valor pela reparação dos danos –, não há como sustentar que a identificação de *quantum debeatur* diverso no âmbito do processo civil, tendo presente a executividade da sentença penal condenatória (art. 515, VI), contrarie a vedação do § 4º do art. 509. É correto entender, por isso mesmo, lembrando inclusive do § 1º do art. 509, que se deve admitir a prática concomitante da atividade executiva voltada a satisfazer o valor previamente fixado no âmbito do processo penal, sem prejuízo do início e desenvolvimento da atividade cognitiva destinada à identificação da real extensão do dano, no âmbito do processo civil.

Os dispositivos do CPP, destarte, pretendem impor maior celeridade na reparação do dano à vítima[20], verdadeiro "efeito anexo" da sentença penal condenatória[21], sem, contudo, negar o direito do ofendido de identificar, de acordo com a disciplina aqui estudada, o real *quantum debeatur* perante o juízo do cumprimento de sentença[22].

---

20. "PROCESSO PENAL. AGRAVO REGIMENTAL NO RECURSO ESPECIAL. DANO MORAL CAUSADO PELA INFRAÇÃO PENAL. ART. 387, INCISO IV, DO CPP. FIXAÇÃO. POSSIBILIDADE. 1. Considerando que a norma não limitou e nem regulamentou como será quantificado o valor mínimo para a indenização e considerando que a legislação penal sempre priorizou o ressarcimento da vítima em relação aos prejuízos sofridos, o juiz que se sentir apto, diante de um caso concreto, a quantificar, ao menos o mínimo, o valor do dano moral sofrido pela vítima, não poderá ser impedido de faze-lo (REsp 1585684/DF, Rel. Ministra Maria Thereza de Assis Moura, Sexta Turma, julgado em 09.08.2016, *DJe* 24.08.2016). 2. Agravo regimental não provido" (STJ, 5ª Turma, AgRg no REsp 1.612.912/SC, rel. Min. Reynaldo Soares da Fonseca, j. un. 11-10-2016, *DJe* 21-10-2016).

21. Efeito anexo no sentido de derivar diretamente do sistema normativo, independentemente de pedido (e, portanto, da vontade) das partes, de terceiros e/ou do magistrado, como já sustentava o n. 3 do Capítulo 5 da Parte I do v. 3 das edições ao CPC de 2015 deste *Curso*. Há, contudo, julgados da 6ª Turma do STJ que exigem que a vítima (ou, se o caso, o Ministério Público) formule pedido para autorizar a fixação do *quantum debeatur* mínimo na sentença penal condenatória, como forma de observar o princípio da ampla defesa. Trata-se do AgRg no REsp 1.206.643/RS, rel. Min. Nefi Cordeiro, j. un. 12-2-2015, *DJe* 25-2-2015, e do AgRg no AREsp 352.104/RJ, rel. Min. Sebastião Reis Júnior, j. m. v. 19-11-2013, *DJe* 6-12-2013.

22. Para uma visão exaustiva do assunto, v., de Antonio do Passo Cabral, seu *A fixação do valor mínimo da indenização cível na sentença condenatória penal e o novo CPC*, esp. p. 408-426. Pertinentíssimo, outrossim, o trabalho de Guilherme Antunes da Cunha e Jessica Zimmer da Silva intitulado *Os efeitos civis da fixação de valor preparatório aos prejuízos da vítima na sentença criminal: a reforma do Código de Processo Penal, a interpretação conforme a Constituição e o contraditório no novo Código de Processo Civil*.

A propósito do tema, cabe destacar o inciso I do art. 4º da Lei n. 13.869/2019, conhecida como "Lei do Abuso de Autoridade", segundo o qual, naquilo que diz respeito ao desenvolvimento deste *Curso*: "Art. 4º São efeitos da condenação: I – tornar certa a obrigação de indenizar o dano causado pelo crime, devendo o juiz, a requerimento do ofendido, fixar na sentença o valor mínimo para reparação dos danos causados pela infração, considerando os prejuízos por ele sofridos".

A diferença que existe entre a previsão genérica do CPP e da nova lei é que esta exige o pedido do "ofendido" para que o mínimo de reparação seja fixado na sentença, o que afasta, por definição, a compreensão de se tratar de "efeito anexo" nos termos acima aventados. Não obstante, como a previsão é de fixação de valor *mínimo*, é correto entender que, perante o juízo competente, o valor possa ser aumentado observada alguma das modalidades de liquidação, sem prejuízo de o valor originariamente fixado ser objeto de cumprimento, desde logo.

5.1 A "liquidação-zero"

Questão clássica, conhecida das doutrinas estrangeira e brasileira[23], versa a juridicidade e a possibilidade da chamada "liquidação-zero". Nesse sentido, a descoberta de que o dano *não* possui expressão monetária (por isso é equivalente a zero) seria uma forma de infirmar a vedação do § 4º do art. 509?

Em primeiro lugar, até mesmo diante do precitado § 4º do art. 509, cabe dar razão a Nelson Nery Junior e a Rosa Maria de Andrade Nery quando sustentam que a liquidação-zero só é viável na liquidação pelo procedimento comum porque nela, diante da necessidade de ser provado fato *novo*, diferentemente do que ocorre na liquidação por arbitramento, não há nenhuma valoração judicial sobre a existência do *quantum debeatur*[24].

O tema já foi expressamente enfrentado pela 1ª Seção do STJ em sede de recurso especial repetitivo, que admitiu a viabilidade jurídica de a liquidação concluir pela inexistência de dano, sem que isso infirme o quanto julgado na etapa de conhecimento do processo[25].

---

23. Para esse panorama, v. Cândido Rangel Dinamarco, *Instituições de direito processual civil*, v. IV, p. 729; Teori Albino Zavascki versa o tema na perspectiva da "liquidação sem resultado positivo" em seu *Processo de execução*, p. 401-403, e em seus *Comentários ao Código de Processo Civil*, v. 8, p. 364-366; Luiz Rodrigues Wambier, *Sentença civil: liquidação e cumprimento*, p. 163-172; e Heitor Vitor Mendonça Sica, A nova liquidação de sentença e suas velhas questões, p. 230-232. Sob a égide do CPC de 2015, manifestaram-se expressamente sobre o tema e pela sua viabilidade: Dorival Renato Pavan, *Comentários ao Código de Processo Civil*, v. 2, p. 555-558; Alexandre Freitas Câmara, *O novo processo civil brasileiro*, p. 353-354; Fredie Didier Jr., Leonardo Carneiro da Cunha, Paula Sarno Braga e Rafael Alexandria de Oliveira, *Curso de direito processual civil*, v. 5, p. 244-250, e Araken de Assis, *Manual da execução*, p. 439-440 e Luciano Vianna Araújo, *A liquidação do título executivo judicial*, p. 190-211.

24. *Comentários ao Código de Processo Civil*, p. 1251-1252.

25. Trata-se do REsp repetitivo n. 1.347.136/DF, rel. Min. Eliana Calmon, j. un. 11-12-2013, *DJe* 7-3-2014, assim ementado: "ADMINISTRATIVO E PROCESSUAL CIVIL. INTERVENÇÃO NO DOMÍNIO ECONÔMICO.

Aquela conclusão, correta, merece ser enaltecida na perspectiva do CPC de 2015, que, expressamente, aceita julgamentos *parciais* de mérito em seu art. 356. O que parece ocorrer na hipótese, longe de maiores abstrações, é verdadeira *cisão* entre a pesquisa sobre o *an debeatur* e o *quantum debeatur*. Cisão que deve ser considerada excepcional, até para evitar dificuldades como a aqui exposta. Mas que, não obstante, pode ocorrer justamente porque é o próprio CPC de 2015 que admite que a liquidação *após* o proferimento da sentença é justificável ou, até mais que isso, necessária.

Destarte, uma coisa é proferir sentença que reconhece, para os devidos fins, o *an debeatur* e, posteriormente, proferir decisão relativa ao *quantum debeatur*, justamente pela inviabilidade ou impossibilidade de aquelas duas atividades cognitivas serem desenvolvidas na etapa de conhecimento do processo. A circunstância de não se conseguir provar valor algum relativo ao que já foi julgado não é suficiente para infirmar a vedação decorrente do § 4º do art. 509. Trata-se, muito pelo contrário, de um dos dois resultados possíveis ínsitos à desincumbência do ônus da prova (art. 373) e que, não fosse a *cisão* de julgamento aqui ventilada, desenvolver-se-ia sem maiores questionamentos e dúvidas ao longo da etapa de conhecimento, não despertando quaisquer questionamentos a circunstância de o pedido do autor, à falta de provas, vir a ser julgado *improcedente*.

Disso segue que, nesse caso, a liquidação será julgada *improcedente*? A resposta mais adequada é a positiva, aceitando, inclusive, que a decisão respectiva tende a transitar em

---

RESPONSABILIDADE CIVIL. SETOR SUCROALCOOLEIRO. INSTITUTO DO AÇÚCAR E DO ÁLCOOL – IAA. FIXAÇÃO DE PREÇOS. LEI 4.870/65. LEVANTAMENTO DE CUSTOS DE PRODUÇÃO. FUNDAÇÃO GETÚLIO VARGAS – FGV. RESPONSABILIDADE OBJETIVA DO ESTADO. ART. 37, § 6º, DA CF/88. COMPROVAÇÃO DO DANO. NECESSIDADE. APURAÇÃO DO *QUANTUM DEBEATUR*. LIQUIDAÇÃO POR ARBITRAMENTO. CABIMENTO. INDENIZAÇÃO. NATUREZA JURÍDICA. LIQUIDAÇÃO COM 'DANO ZERO' OU 'SEM RESULTADO POSITIVO'. POSSIBILIDADE. EFICÁCIA DA LEI 4.870/65. RECURSO ESPECIAL. MATÉRIA REPETITIVA. ART. 543-C DO CPC E RESOLUÇÃO STJ 8/2008. RECURSO REPRESENTATIVO DE CONTROVÉRSIA. 1. A União Federal é responsável por prejuízos decorrentes da fixação de preços pelo governo federal para o setor sucroalcooleiro, em desacordo com os critérios previstos nos arts. 9º, 10 e 11 da Lei 4.870/65, uma vez que teriam sido estabelecidos pelo Instituto do Açúcar e Álcool – IAA, em descompasso do levantamento de custos de produção apurados pela Fundação Getúlio Vargas – FGV. Precedentes. 2. Tratando-se de hipótese de responsabilidade civil objetiva do Estado, prevista no art. 37, § 6º, da Constituição Federal, necessária a demonstração da ação governamental, nexo de causalidade e dano. 3. Não é admissível a utilização do simples cálculo da diferença entre o preço praticado pelas empresas e os valores estipulados pelo IAA/FGV, como único parâmetro de definição do *quantum debeatur*. 4. O suposto prejuízo sofrido pelas empresas possui natureza jurídica dupla: danos emergentes (dano positivo) e lucros cessantes (dano negativo). Ambos exigem efetiva comprovação, não se admitindo indenização em caráter hipotético, ou presumido, dissociada da realidade efetivamente provada. Precedentes. 5. Quando reconhecido o direito à indenização (*an debeatur*), o *quantum debeatur* pode ser discutido em liquidação da sentença por arbitramento, em conformidade com o art. 475-C do CPC. 6. Não comprovada a extensão do dano (*quantum debeatur*), possível enquadrar-se em liquidação com 'dano zero', ou 'sem resultado positivo', ainda que reconhecido o dever da União em indenizar (*an debeatur*). 7. A eficácia da Lei 4.870/65, que previa a sistemática de tabelamento de preços promovida pelo IAA, estendeu-se até o até o advento da Lei 8.178/91, que instituiu nova política nacional de congelamento de preços. 8. Resolução do caso concreto: inexistência de ofensa ao art. 333, I, do CPC, na medida em que o autor não comprovou a ocorrência de efetivo dano, necessário para fins de responsabilidade civil do Estado, por descumprimento dos critérios estabelecidos nos arts. 9º e 10 da Lei 4.870/65. 9. Recurso especial não provido. Acórdão submetido ao regime do art. 543-C do CPC e da Resolução 8/2008 do STJ".

julgado se não interpostos ou quando esgotados os recursos cabíveis. À hipótese tem aplicação, ainda que por analogia, o disposto no inciso I do art. 487, justamente diante da cisão de julgamentos operada.

Superada a questão, o certo é que, quando a hipótese for de não comprovação dos danos que, de acordo com o título executivo, existiriam, resta inviabilizado o início da etapa de cumprimento de sentença.

Para longe das (importantes) discussões acadêmicas, contudo, cabe acentuar que importa incentivar as partes (e eventuais terceiros) a se desincumbirem adequada e suficientemente de seus ônus probatórios na etapa de conhecimento, sempre respeitadas, evidentemente, as peculiaridades de cada caso concreto, levando em conta os referenciais dos incisos do art. 491, não só com relação ao *an debeatur* mas também com relação ao *quantum debeatur*. Tudo para evitar desperdício de atividade jurisdicional e situações que, embora juridicamente sustentáveis e explicáveis, geram, não há como negar, certa perplexidade fática. Trata-se, em suma, de medida que bem concretiza a *eficiência* processual, decorrente do inciso LXXVIII do art. 5º da CF e bem evidenciada pelo art. 4º do CPC de 2015.

6. LIQUIDAÇÃO POR ARBITRAMENTO

A liquidação por arbitramento justifica-se quando a decisão liquidanda determina sua realização por tal método, quando convencionado pelas partes[26], ou quando o justificar a natureza do objeto. É o que expressamente dispõe o inciso I do art. 509.

Em rigor, o *arbitramento* referido pelo precitado dispositivo é significativo da necessidade de conhecimentos técnicos para a apuração do *quantum debeatur*. Nesse sentido, tal modalidade liquidatória nada mais é do que a realização de uma *perícia* (com todas as vicissitudes do CPC de 2015 acerca do desenvolvimento dessa modalidade probatória) especificamente voltada para aquela finalidade, verdadeiramente postergada no processo, uma vez fixada suficientemente a existência do direito, isto é, o *an debeatur*. A pertinência de sua realização, destarte, repousa também na adequada interpretação do § 1º do art. 464, dispositivo que indica os casos em que a prova pericial não se justifica[27].

---

26. Trazendo à tona a propósito dessa previsão a viabilidade genérica dos negócios processuais *ex vi* do art. 190, é a lição de Rodrigo Mazzei, *Liquidação de sentença: breve ensaio a partir do CPC/15*, p. 255.

27. É correto, nesse sentido, o entendimento da Corte Especial do STJ firmado no REsp repetitivo 1.147.191/RS, rel. Min. Napoleão Nunes Maia Filho, j. un. 4-3-2015, *DJe* 24-4-2015, de que a complexidade dos cálculos diante das peculiaridades do caso concreto, levando em consideração, inclusive o transcurso do lapso temporal e de seus corolários sobre a questão jurídica relativa à correção monetária, pode ser indicativa da necessidade de a liquidação desenvolver-se por arbitramento. Da ementa do julgado, lê-se, de pertinente: "3. A liquidez da obrigação é pressuposto para o pedido de cumprimento de sentença; assim, apenas quando a obrigação for líquida pode ser cogitado, de imediato, o arbitramento da multa para o caso de não pagamento. Se ainda não liquidada ou se para a apuração do *quantum* ao final devido forem indispensáveis cálculos mais elaborados,

É incorreto entender, portanto, que o *arbitramento* que justifica essa etapa de liquidação possa ser confundido com um "palpite" a ser dado pelo magistrado, ainda que secundado pelas partes e por eventuais intervenientes sobre o valor efetivamente devido. Arbitrar aqui deve ser entendido como *necessidade* de prova *técnica* para apuração do *quantum debeatur* e não como mera avaliação "subjetiva" ou "por equidade" daquele valor. Fosse este o caso e a etapa de liquidação seria desnecessária, bastante que o magistrado, na etapa de conhecimento, desenvolvesse o raciocínio devido para, de pronto, fixar o *quantum debeatur*.

É a situação bem ilustrada pela Súmula 261 do STJ, assim enunciada: "A cobrança de direitos autorais pela retransmissão radiofônica de músicas, em estabelecimentos hoteleiros, deve ser feita conforme a taxa média de utilização do equipamento, apurada em liquidação".

O início da etapa de liquidação por arbitramento será requerido (e devidamente justificado) pelo credor ou pelo devedor, no que é claro o *caput* do art. 509. Poderá apresentar desde pronto – e nisso o art. 510 não é claro – pareceres ou documentos elucidativos. Ao admitir o requerimento, o magistrado *intimará* a parte contrária para se manifestar sobre o pedido e, querendo, apresentar pareceres ou documentos elucidativos, no prazo que vier a ser fixado. No silêncio, prevalecem os cinco dias (úteis) previstos no § 3º do art. 218. Nos casos do § 1º do art. 515, a parte contrária será *citada* porque, em tais hipóteses, tem início o *processo* perante o juízo cível competente. Nos demais, é suficiente a *intimação* exigida pelo dispositivo em comento porque o processo é (continua a ser) o mesmo, apenas em etapa nova.

Se os pareceres ou documentos não forem suficientes para a formação da convicção do magistrado sobre o *quantum debeatur*, será determinada a realização de prova pericial, nomeando-se, para tanto, perito e observando-se, no mais, o procedimento daquele meio de prova (arts. 464 a 480), inclusive no que diz respeito à possibilidade de nomeação de assistentes técnicos e formulação de quesitos. Tudo como se lê do art. 510.

É interessante a hipótese de incidência dessa modalidade liquidatória. Em rigor e de forma harmônica com as inovações trazidas pelo próprio CPC de 2015 para a própria prova pericial – por isso, aliás, a ressalva que fiz de início –, a ideia é que a realização daquele meio de prova seja *dispensada*, no sentido de ela se mostrar desnecessária diante do material de conteúdo

---

com perícia, como no caso concreto, o prévio acertamento do valor faz-se necessário, para, após, mediante intimação, cogitar-se da aplicação da referida multa. 4. No contexto das obrigações ilíquidas, pouco importa, ao meu ver, que tenha havido depósito da quantia que o devedor entendeu incontroversa ou a apresentação de garantias, porque, independentemente delas, a aplicação da multa sujeita-se à condicionante da liquidez da obrigação definida no título judicial. (...) 6. O caso concreto refere-se à condenação ao pagamento de diferenças de correção monetária de empréstimo compulsório, tendo ficado assentado nas decisões precedentes a iliquidez do título judicial; a apuração do montante devido, nessas hipóteses, não prescinde de certa complexidade, dado o tempo passado desde cada contribuição, as alterações monetárias e a diversidade de índices de correção monetária aplicáveis ao período, tanto assim que tem sido necessária perícia contábil mais elaborada em inúmeros, senão em todos os casos, como se observa dos diversos processos submetidos à apreciação da Primeira Seção desta Corte; a sentença, nesses casos, não pode ser considerada líquida no sentido que lhe empresta o Código, como bem salientou o acórdão *a quo*, pois sequer existe um valor básico sobre o qual incidiriam os índices de correção monetária e demais acréscimos".

técnico (laudos contábeis e de auditoria, por exemplo) trazido pelas partes ao conhecimento do magistrado e submetido ao contraditório. Somente na hipótese de esse aporte informativo não ser bastante para viabilizar o proferimento da decisão relativa ao *quantum debeatur* pelo magistrado é que terá início a prova pericial. E, mesmo nessa hipótese, nada há que impeça as próprias partes de se valerem do art. 471 e, de comum acordo, escolher o perito que conduzirá os trabalhos dali em diante. Até porque é o próprio inciso I do art. 509 que autoriza a observância desse procedimento liquidatório quando "convencionado pelas partes".

À avaliação da prova pericial produzida aplica-se o mesmo regime geral do CPC de 2015. O magistrado não fica adstrito ao laudo (art. 479) e, se for o caso, pode determinar que o produzido seja esclarecido (art. 469) ou que se produza nova perícia (art. 480). Também aqui a circunstância de a liquidação desenvolver-se por arbitramento não traz nenhuma peculiaridade ao sistema genérico da prova pericial.

A decisão a ser proferida pelo magistrado é *interlocutória*, o que decorre da devida interpretação do § 2º do art. 203: o ato não encerra a etapa de conhecimento (que já está encerrada pela sentença) e nem a de cumprimento de sentença (ou de execução). Ela conclui etapa diversa, a de liquidação, e, por isso – porque não se amolda à descrição de *finalidade* do § 1º do art. 203 –, ela só pode ser, consoante a tipologia estabelecida pelo próprio CPC de 2015, decisão *interlocutória*. O tema convida a reflexões sobre o impacto recursal, o que ocupa o n. 8, *infra*.

7. LIQUIDAÇÃO PELO PROCEDIMENTO COMUM

A liquidação pelo procedimento comum corresponde à chamada liquidação por artigos do CPC de 1973. Ela se justifica quando há necessidade de alegar e provar fato novo relativo à identificação do *quantum debeatur*. É o que, com clareza, dispõe o inciso II do art. 509.

"Fato novo" deve ser entendido como todo aquele que, por qualquer razão, não foi levado em conta na decisão que se pretende liquidar, isto é, cujo *valor* correspondente se pretende obter perante o Estado-juiz. Não se trata, necessariamente, de fato que tenha ocorrido depois da apresentação da petição inicial – fatos supervenientes, portanto –, porque é possível que esses fatos tenham sido, legitimamente, levados para o plano do processo e considerados pelo Estado-juiz na formação de sua convicção e no proferimento da decisão que se pretende liquidar. São fatos *novos* porque se relacionam com a pesquisa relativa à identificação do *valor* devido e que ainda não foram considerados no processo. São, por isso mesmo, novos em relação ao processo e à sua discussão (sempre em contraditório) no e para o processo no que diz respeito à pesquisa sobre o *quantum debeatur*; não em relação à sua própria existência[28].

---

28. Por força do inequívoco caráter *cognitivo* de tais fatos, a 3ª Turma do STJ entendeu admissível (e de modo correto) a intervenção de *assistente* na etapa de liquidação. Trata-se do REsp 1.798.937/SP, rel. Min. Nancy Andrighi, j.un. 13-8-2019, *DJe* 15-8-2019. Na doutrina, aceitando aquela modalidade de intervenção, é o entendimento de Luciano Vianna Araújo, *A liquidação do título executivo judicial*, p. 129-131.

É o típico caso, por exemplo, em que as consequências do ato ilícito cuja responsabilidade já foi carreada ao réu precisam ser trazidas (e discutidas em amplo e prévio contraditório) ao processo ou, até mesmo, quando as perdas e danos derivados da impossibilidade de efetivação da tutela específica ou, quando menos, seu resultado prático equivalente (art. 499) pressupuserem a comprovação de fatos novos[29].

---

29. É ilustrativo da pertinência dessa modalidade liquidatória o quanto decidido pela 1ª Seção do STJ no REsp repetitivo n. 959.338/SP, rel. Min. Napoleão Nunes Maia Filho, j. un. 29-2-2012, *DJe* 8-3-2012, assim ementado: "RECURSO ESPECIAL. PROCESSUAL CIVIL E TRIBUTÁRIO. INEXISTÊNCIA DE OFENSA AO ART. 535 DO CPC. AÇÃO DECLARATÓRIA DE DIREITO A APROVEITAMENTO DE CRÉDITO-PRÊMIO DE IPI SUSPENSO ILEGALMENTE COM PEDIDO DE RESSARCIMENTO (ART. 1º DO DL 491/69). SENTENÇA QUE JULGOU PROCEDENTE O PEDIDO PARA DECLARAR A EXISTÊNCIA DO DIREITO DA AUTORA DE USUFRUIR DO DENOMINADO CRÉDITO-PRÊMIO DO IPI NO PERÍODO DE 07.12.79 A 31.03.81, BEM COMO CONDENOU A FAZENDA NACIONAL AO RESSARCIMENTO DO BENEFÍCIO COM CORREÇÃO MONETÁRIA E JUROS DE MORA A PARTIR DO TRÂNSITO EM JULGADO. LIMITAÇÃO DA CONDENAÇÃO, EM REMESSA OFICIAL, ÀS GUIAS DE IMPORTAÇÃO JUNTADAS COM A INICIAL. AUSÊNCIA DE CONTRADITÓRIO SOBRE A QUESTÃO OU DE DECISÃO DO JUIZ SINGULAR A RESPEITO DA SUFICIÊNCIA DA DOCUMENTAÇÃO. EFEITO TRANSLATIVO DA REMESSA NECESSÁRIA QUE ENCONTRA LIMITES NO PRINCÍPIO DO CONTRADITÓRIO. PRECEDENTES. DOCUMENTOS INDISPENSÁVEIS À PROPOSITURA DA AÇÃO. COMPROVAÇÃO DA LEGITIMIDADE *AD CAUSAM*. POSSIBILIDADE DE JUNTADA DO RESTANTE DA DOCUMENTAÇÃO COMPROBATÓRIA DO *QUANTUM DEBEATUR* POR OCASIÃO DA LIQUIDAÇÃO DA SENTENÇA, QUE DEVERÁ SER FEITA POR ARTIGOS, NOS TERMOS DA PACÍFICA ORIENTAÇÃO DESTA CORTE. JUROS DE MORA DEVIDOS A PARTIR DO TRÂNSITO EM JULGADO. APLICAÇÃO, *IN CASU*, TÃO SOMENTE, DA TAXA SELIC. PRECEDENTES. SUCUMBÊNCIA TOTAL DA FAZENDA NACIONAL. HONORÁRIOS ADVOCATÍCIOS FIXADOS EM 10% DO VALOR DA CONDENAÇÃO. RECURSO ESPECIAL PROVIDO. ACÓRDÃO SUJEITO AO REGIME DO ART. 543-C E DA RES. 08/STJ. 1. (...). 2. Verifica-se dos autos que a recorrente, empresa exportadora de produtos manufaturados, propôs ação declaratória c/c com pedido condenatório, objetivando a declaração de seu direito ao incentivo fiscal previsto no art. 1º do Decreto-Lei 491/69 e o ressarcimento de créditos-prêmio de IPI indevidamente suprimidos pela Portaria 960 do Ministério da Fazenda, com os consectários legais, inclusive juros de mora de 1% ao mês a partir do dia seguinte de cada exportação, sobre o montante daquelas realizadas entre 7-12-1979 a 31-3-1981. Em contestação, a FAZENDA NACIONAL sustentou tão somente a constitucionalidade da supressão do referido incentivo fiscal pela Portaria Ministerial. Julgado procedente o pedido, com juros de mora fixados a partir do trânsito em julgado, em sua apelação, a recorrida limitou-se a reiterar os termos da contestação. 3. A remessa necessária, expressão do poder inquisitivo que ainda ecoa no ordenamento jurídico brasileiro, porque de recurso não se trata objetivamente, mas de condição de eficácia da sentença, como se dessume da Súmula 423 do STF e ficou claro a partir da alteração do art. 475 do CPC pela Lei 10.352/2001, é instituto que visa a proteger o interesse público; dentro desse contexto, é possível alargar as hipóteses de seu conhecimento, atribuindo-lhe mais do que o efeito devolutivo em sua concepção clássica (delimitado pela impugnação do recorrente), mas também o chamado efeito translativo, quando se permite ao órgão judicial revisor pronunciar-se de ofício, independentemente de pedido ou requerimento da parte ou interessado, em determinadas situações, como, por exemplo, para dirimir questões de ordem pública. 4. Esse efeito translativo amplo admitido pela doutrina e pela jurisprudência não autoriza a conclusão de que toda e qualquer questão passível de ofender, em tese, o interesse público deva ou possa ser examinada, de ofício, pelo Tribunal *ad quem*. O reexame necessário nada mais é do que a permissão para um duplo exame da decisão proferida pelo Juiz Singular em detrimento do ente público, a partir das teses efetivamente objeto de contraditório ou de pronunciamento judicial anterior, sendo que o Tribunal somente pode conhecer de ofício daquelas matérias que também poderiam sê-lo pelo Julgador solitário. 5. A questão da suficiência da documentação acostada com a inicial para fins de deferimento do pedido deveria ter sido objeto de contraditório, uma vez que envolve a exegese dos arts. 283 e 284 do CPC. 6. É dispensável que na inicial da ação de conhecimento se exiba toda a documentação alusiva ao crédito prêmio de IPI, das operações realizadas no período cujo ressarcimento é pleiteado, uma vez que essa prova não diz respeito, propriamente, ao direito da parte, que, nesse momento, deve comprovar, apenas a sua legitimidade *ad causam* e o seu interesse.

Bem ilustram a pertinência da liquidação pelo procedimento comum, justamente pela (muito provável) necessidade da alegação e da prova de *fato novo* no sentido colocado em evidência, as hipóteses em que há responsabilização fixada no ou pelo processo, como ocorre, *v.g.*, na hipótese de litigância de má-fé (art. 81, § 3º), na insubsistência de tutela provisória anteriormente concedida (art. 302, parágrafo único, e art. 519)[30] na desconstituição da hipoteca judiciária (art. 495, § 5º)[31], no cumprimento provisório da sentença (art. 520, II), no reconhecimento da indevida averbação da execução ou seu não cancelamento nos moldes do § 5º do art. 828[32] e na conversão em perdas e danos das obrigações de dar coisa (arts. 809, § 2º, e 810, *caput*), fazer (art. 816, parágrafo único) e não fazer (art. 823, parágrafo único). Até mesmo a responsabilização do devedor pela diferença apurada sobre a insuficiência do depósito ínsita à consignação em pagamento pode justificar liquidação a ser processada, se for o caso, pelo procedimento comum (art. 545, § 2º)[33].

Importa observar, de qualquer sorte, que tais fatos, ainda que novos, não podem pretender infirmar o que é considerado devido (o *an debeatur*), prática expressamente vedada pelo § 4º do art. 509. É essa a razão pela qual é mais correto entendê-los como *novos* em relação

---

7. A jurisprudência desta Corte Superior já se manifestou pela possibilidade de juntada da prova demonstrativa do *quantum debeatur* em liquidação de sentença: REsp 685.170/DF, Rel. Min. João Otávio de Noronha, *DJe* 10-8-2006; REsp 894.858/DF, Rel. Min. Eliana Calmon, *DJe* 1º-9-2008; REsp 980.831/DF, Rel. Min. Luiz Fux, *DJe* 29-6-2009; AgRg no REsp 1.067.126/DF, Rel. Min. Humberto Martins, *DJe* 7-6-2010; REsp 1.185.202/DF, Rel. Min. Herman Benjamin, *DJe* 13-9-2011; REsp 1.111.003/PR, Rel. Min. Humberto Martins, julgado sob o rito do art. 543-C do CPC, *DJe* 25-5-2009. 8. Na oportunidade da liquidação da sentença, por se tratar de reconhecimento de crédito-prêmio de IPI, a parte deverá apresentar toda a documentação suficientes à comprovação da efetiva operação de exportação, bem como do ingresso de divisas no País, sem o que não se habilita à fruição do benefício, mesmo estando ele reconhecido na sentença. 9. Os juros de mora incidem a partir do trânsito em julgado da decisão definitiva e, a partir de 01.01.96, início da vigência da Lei 9.250/95, aplica-se somente a taxa SELIC, que compreende correção monetária e juros de mora; assim, para as demandas ainda em curso, aplica-se tão somente a SELIC. Precedentes: EDcl no REsp 465.097/RS, Rel. Min. Mauro Campbell Marques, *DJe* 8-9-2009; REsp 931.741/SP, Rel. Min. Eliana Calmon, *DJe* 18-4-2008. 10. Honorários advocatícios fixados em favor da recorrente em 10% do valor da condenação (art. 20, § 4º do CPC). 11. Recurso Especial provido. Acórdão submetido ao regime do art. 543-C do CPC e da Res. 8/STJ".

30. A propósito do tema, cabe lembrar do Enunciado n. 499 do FPPC: "Efetivada a tutela de urgência e, posteriormente, sendo o processo extinto sem resolução do mérito e sem estabilização da tutela, será possível fase de liquidação para fins de responsabilização civil do requerente da medida e apuração de danos".

31. Para o trato lado a lado dos institutos, v. as considerações de Rodrigo Mazzei, *Liquidação de sentença: breve ensaio a partir do CPC/15*, p. 274-275, relacionando, pertinentemente, a "liquidação provisória" do art. 512 com a imediata constituição da hipoteca judiciária com fundamento no disposto no art. 495, em especial o inciso I de seu § 1º.

32. A propósito, cabe lembrar do Enunciado n. 642 do FPPC: "A decisão do juiz que reconhecer o direito a indenização, decorrente de indevida averbação prevista no art. 828 ou do não cancelamento das averbações excessivas, é apta a ensejar a liquidação e o posterior cumprimento da sentença, sem necessidade de propositura de ação de conhecimento". A menção à vetusta "ação de conhecimento" deve ser compreendida e interpretada com as considerações críticas deste *Curso*.

33. As ressalvas feitas no parágrafo justificam-se porque pode ocorrer, diante das vicissitudes de cada caso concreto, que não haja fato novo a ser provado, razão suficiente para o descarte da liquidação pelo procedimento comum. Não há como negar aprioristicamente que seja bastante para a apuração do *quantum debeatur* a liquidação por arbitramento ou até mesmo – no que é eloquente o precitado § 2º do art. 545 – a elaboração de memória de cálculos para os fins do § 2º do art. 509 e do art. 524. É discussão que atrai a diretriz da já mencionada Súmula 344 do STJ.

à atividade cognitiva relacionada ao *quantum debeatur* e não a quaisquer outros elementos da obrigação, já constantes do título executivo.

Em se tratando de liquidação pelo procedimento comum, o credor ou o devedor requererão o início da etapa de liquidação declinando, desde logo, no que consiste o fato novo de cujo conhecimento depende a apuração do valor devido. Admitido o requerimento, a parte contrária será *intimada* para apresentar *contestação* no prazo de quinze dias e não para comparecer a audiência de conciliação ou de mediação, no que é expresso o art. 511 a excepcionar o *caput* do art. 334. Aliás, em rigor, é o que bastaria para evitar que a esse *procedimento* de liquidação fosse dado o nome "pelo procedimento comum", justamente porque ele se afasta, por especialização, daquele procedimento[34].

Apresentada ou não a contestação, observar-se-á, a partir de então, o procedimento *comum*, que conduzirá o magistrado, após ou independentemente de fase instrutória, a proferir *decisão* interlocutória que revelará o *quantum debeatur*, da qual cabe *agravo de instrumento* pelas idênticas razões indicadas no n. 2 do Capítulo 1, e mais bem desenvolvidas no número seguinte.

Sobre eventual necessidade de desenvolvimento da fase instrutória, muito se discute sobre a viabilidade de, diante do silêncio da parte contrária, serem considerados verdadeiros os fatos alegados pelo liquidante por aplicação do art. 344[35], autorizando, até mesmo, o julgamento antecipado do mérito em consonância com o inciso II do art. 355. A resposta é positiva na medida em que não se esteja diante de nenhuma exceção do sistema sobre o direito probatório, por exemplo, a decorrente do art. 345. Inexistem, para o caso, regras diferenciadas acerca do requerimento, da admissão, da produção e da valoração da prova, aplicando-se, por isso, a disciplina geral. Como pontua pertinentemente Luciano Vianna Araújo, contudo, "Na liquidação do título executivo judicial, o princípio da fidelidade da liquidação (art. 509, § 4º, do CPC/2015) restringe muito os efeitos da revelia, uma vez que a decisão de liquidação encontra limite na próxima decisão liquidanda."[36].

8. NATUREZA DA DECISÃO E RESPECTIVO RECURSO NA LIQUIDAÇÃO

A decisão que encerra a etapa de liquidação é *interlocutória* diante da inviabilidade de se amoldar ao conceito codificado de sentença do § 1º do art. 203, restando, para ela, a residual previsão do § 2º do mesmo dispositivo.

34. A especialização expressada pelo art. 511, contudo, não impede que o magistrado ou as próprias partes não possam ou não queiram entabular tratativas para chegar a alguma solução autocompositiva para o conflito, o que traz à mente não só o genérico § 3º do art. 3º do CPC, mas também o inciso I do art. 139 e o já mencionado Enunciado n. 485 do FPPC.

35. Para essa discussão, v. Daniel Amorim Assumpção Neves, *Novo Código de Processo Civil comentado*, p. 887-888; Dorival Renato Pavan, *Comentários ao Código de Processo Civil*, v. 2, p. 562-566; Luiz Rodrigues Wambier, em seus comentários ao art. 511, *Comentários ao novo Código de Processo Civil*, p. 788-789, e *Comentários ao Código de Processo Civil*, p.739-740, e Marcelo Abelha, Manual de execução civil, p. 452-453.

36. *A liquidação do título executivo judicial*, p. 218-219.

Há, contudo, acesa controvérsia doutrinária sobre o tema, máxime quando se trata da liquidação pelo procedimento comum, que se harmoniza, coerentemente, com a discussão aventada desde o n. 2 do Capítulo 1[37].

Assim, *v.g.*, há aqueles, como Araken de Assis[38] e Fredie Didier Jr., Leonardo Carneiro da Cunha, Paula Sarno Braga e Rafael Alexandria de Oliveira[39], que sustentam que se trata de *sentença* (art. 203, § 1º) e, como tal, *apelável* (art. 1.009, *caput*). A apelação em tais casos, sustentam esses autores[40], ostenta efeito suspensivo, uma vez que não prevalece, no CPC de 2015, regra símile à do inciso III do art. 520 do CPC de 1973, que já havia sido revogada expressamente desde a Lei n. 11.232/2005, que passou a se referir expressamente ao cabimento do agravo de instrumento contra as decisões proferidas em sede de liquidação no então introduzido art. 475-H[41].

Daniel Amorim Assumpção Neves tem visão particular do assunto, afirmando que, nos casos em que a liquidação (por artigos e pelo procedimento comum) se faz necessária, a decisão respectiva, uma *sentença*, é agravável de instrumento, postergado o cabimento da apelação à decisão que encerrar a etapa de liquidação, que, na sua percepção (e pela literalidade do CPC de 2015), é tratada como fase do procedimento comum[42].

Entendendo que se trata de mais uma etapa do processo, inconfundível com a do procedimento comum, a despeito do que se pode querer aferir da alocação feita pelo CPC de 2015, não há espaço para identificar a hipótese subsuntiva do precitado § 1º do art. 203 a descartar, consequentemente, o ato aqui examinado como sentença. Assim, ainda que não se negue que, por aproximação, a decisão que julga a liquidação acolha (ou, se assim entender o magistrado, rejeite) o pedido (art. 487, I) – o que lhe daria, pelo *conteúdo*, o color de sentença –, a sua *função* é bastante para afastar sua natureza sentencial e, consequentemente, a pertinência do recurso de apelação para seu contraste perante o Tribunal competente nos termos do *caput* do art. 1.009. Seu objetivo é o de extinguir a etapa de liquidação e não a etapa cognitiva, afastando, pois, a incidência do disposto no precitado § 1º do art. 203. São etapas

37. Para a controvérsia sob a égide do CPC de 1973, consultar, com proveito, o trabalho de Heitor Vitor Mendonça Sica, *A nova liquidação de sentença e suas velhas questões*, p. 232-236.

38. *Manual da execução*, p. 465, referindo-se expressamente à liquidação pelo procedimento comum. Quando se tratar de liquidação por arbitramento, o prestigiado processualista entende cabível o agravo de instrumento (*Manual da execução*, p 462).

39. *Curso de direito processual civil*, v. 5, p. 251-252.

40. *Curso de direito processual civil*, v. 5, p. 252, destacando que se trata de retrocesso diante da ausência de efeito suspensivo ao agravo de instrumento interponível com fundamento no art. 475-H do CPC de 1973.

41. Para essa discussão à época, v., do autor deste *Curso*, *A nova etapa da reforma do Código de Processo Civil*, v. 1, p. 68-72.

42. É ler o seguinte trecho de seu *Manual de direito processual civil*, p. 863: "A decisão que julga a liquidação fixando valor devido é mais problemática. Conforme devidamente analisado no Capítulo 23, item 23.1, se os conceitos de sentença e de decisão interlocutória consagrados nos §§ 1º e 2º do art. 203 do Novo CPC forem levados a sério, a decisão ilíquida que decide o *an debeatur* será uma decisão interlocutória (recorrível por agravo de instrumento) e a decisão que declara o *quantum debeatur* uma sentença (recorrível por apelação)".

diversas, embora se desenvolvam no mesmo processo. Está-se, destarte, diante de decisão interlocutória (art. 203, § 2º).

O raciocínio exposto no parágrafo anterior parece o correto ainda que se trate da chamada "liquidação-zero". A decisão (interlocutória) que se revelar o valor zero colocará fim à etapa de liquidação e conduzirá o processo para a etapa de cumprimento de sentença, porque é inquestionável que haverá verbas de sucumbência a seguir, devidas ao menos pela etapa de conhecimento. Satisfeitas essas verbas, o processo será extinto nos moldes do inciso II do art. 924 e proferida sentença com fundamento no art. 925. Na cerebrina hipótese de não haver verbas de sucumbência, o malogro da etapa de liquidação (porque não descoberto o *quantum debeatur*) deverá conduzir ao término do processo nos moldes dos mesmos dispositivos, com a devida ressalva na fundamentação do magistrado de que o faz diante de obrigação que já está satisfeita.

A decisão interlocutória que encerra a etapa de liquidação é agravável de instrumento. É o que se extrai com clareza suficiente do parágrafo único do art. 1.015. Embora seja comum para o direito processual civil brasileiro do CPC de 1973 que interlocutórias e recursos de agravo de instrumento andassem lado a lado, já poderia existir, não há como negar aprioristicamente, exceção criada pela lei[43]. Não é o que se dá no caso em exame, contudo. O que quis o parágrafo único do art. 1.015 foi estabelecer a recorribilidade imediata (por agravo de instrumento) de *todas* as interlocutórias proferidas na etapa de liquidação, a mais relevante delas, não há como negar, a que encerra aquela *etapa*, independentemente de ela se desenvolver nos moldes de uma liquidação por arbitramento ou pelo procedimento comum[44].

Crítica que poderia ser feita à conclusão do parágrafo anterior é a de que haveria incongruência no parágrafo único do art. 1.015 porque ele admitiria agravo de instrumento de decisões interlocutórias proferidas na etapa de liquidação, que, se fossem proferidas na etapa de conhecimento, não seriam agraváveis de instrumento. É lembrar, suficientemente, do indefe-

---

43. É o que sustentava, por exemplo, Luiz Rodrigues Wambier para o direito anterior (*Sentença civil: liquidação e cumprimento*, p. 172-174), que entendia agravável de instrumento a *sentença* que julgava a liquidação por expressa dicção legislativa. Dorival Renato Pavan entende ser esse o caso (*Comentários a Código de Processo Civil*, v. 2, p. 532). O CPC de 2015, por seu turno, aceita com absoluta tranquilidade, em rigor, apelação das decisões interlocutórias *não agraváveis de instrumento*, como se pode constatar dos §§ 1º e 2º do art. 1.009. Não é, contudo, este o caso aqui examinado.

44. Sustentaram a pertinência do agravo de instrumento para a decisão que encerra a etapa de liquidação os seguintes autores: Alexandre Freitas Câmara, *O novo processo civil brasileiro*, p. 353 e 354; Luiz Rodrigues Wambier, *Comentários ao novo Código de Processo Civil*, p. 788; *Comentários ao Código de Processo Civil*, p. 739-740; José Rogério Cruz e Tucci, *Comentários ao Código de Processo Civil*, v. VII, p. 244; Nelson Nery Junior e Rosa Maria de Andrade Nery, *Comentários ao Código de Processo Civil*, p. 1255-1256; Dorival Renato Pavan, *Comentários ao Código de Processo Civil*, v. 2, p. 559; Luiz Guilherme Marinoni, Sérgio Cruz Arenhart e Daniel Mitidiero, *Novo Código de Processo Civil comentado*, p. 521; Rodrigo Mazzei, Liquidação de sentença: breve ensaio a partir do CPC/15, p. 272-273; Theotonio Negrão, José Roberto F. Gouvêa, Luis Guilherme A. Bondioli e João Francisco N. da Fonseca, *Novo Código de Processo Civil e legislação processual em vigor*, p. 546, e Luciano Vianna Araújo, *A liquidação do título executivo judicial*, p. 235-237.

rimento de uma prova que se justifique para a apuração do *quantum debeatur* na percepção de uma das partes. Ela não é agravável de instrumento na fase instrutória que se desenvolve na etapa de conhecimento, diante da falta de previsão dos incisos do art. 1.015, que se limita a admitir, em seu inciso XI, o agravo de instrumento da decisão interlocutória que "versar sobre a redistribuição do ônus da prova nos termos do art. 373, § 1º". Mas aquela mesma decisão, que *indefere* a produção de prova requerida por uma das partes, é agravável de instrumento quando proferida na etapa de liquidação, mercê do parágrafo único do mesmo dispositivo.

Bem compreendida a crítica, contudo, ela não é dirigida à compreensão aqui defendida. Ela é mais ampla e coloca em xeque a escolha feita pelo legislador mais recente de reduzir a todo custo o cabimento do agravo de instrumento na etapa de conhecimento, sem se preocupar com seus reflexos na etapa de liquidação, no cumprimento de sentença ou na execução fundada em título extrajudicial ou, indo além, em boa parte dos procedimentos especiais, que, justamente em face de sua especialidade, não podem aguardar confortavelmente o proferimento da sentença para viabilizar o reexame de todas as interlocutórias até então proferidas, ao estilo dos §§ 1º e 2º do art. 1.009. Muito além, destarte, do "processo de inventário" expressamente excepcionado pelo referido parágrafo único do art. 1.015[45].

Há dois caminhos a serem trilhados diante da observação: um é cumprir a opção do legislador no sentido de que, na etapa de liquidação (é o que interessa discutir nessa sede), *qualquer* decisão interlocutória é agravável de instrumento; outro é não admitir agravos de instrumento na etapa de liquidação (justamente por sua índole cognitiva) nos mesmos casos em que hipótese símile não comportaria aquele recurso na etapa de conhecimento, aplicando-se, por analogia, os §§ 1º e 2º do art. 1.009 ao recurso de agravo de instrumento interponível da decisão que põe fim àquela etapa do processo.

O primeiro caminho é o mais correto: deve-se dar ampla aplicação ao parágrafo único do art. 1.015 no sentido de que *toda* decisão interlocutória proferida na etapa de liquidação, ainda que não seja amoldável aos incisos do *caput* (como se dá no exemplo do indeferimento da prova, situação totalmente diversa da redistribuição do ônus para os fins do art. 373, § 1º, a que se refere o inciso XI do art. 1.015), é imediatamente agravável. Não faz sentido restringir o que o legislador (respeitados os limites do modelo constitucional) não restringiu[46].

Ainda que se queira optar pelo segundo caminho, reduzindo, diante dos incisos do *caput* do art. 1.015, o alcance da recorribilidade imediata autorizada pelo parágrafo único do dis-

45. Crítica similar é feita por Luis Guilherme Aidar Bondioli em seus *Comentários ao Código de Processo Civil*, v. XX, p. 132, pugnando, em futura revisão do CPC de 2015, "... que o parágrafo único do art. 1.015 não mais contemple as decisões interlocutórias proferidas no curso da liquidação de sentença, cuja recorribilidade deveria seguir a regra geral". Ainda no mesmo sentido: Luiz Rodrigues Wambier e Eduardo Talamini, *Curso avançado de processo civil*, p. 541-542.

46. Admitindo a recorribilidade imediata de decisão que deferiu a reserva de honorários advocatícios contratuais em liquidação pelo procedimento comum, v. STJ, 3ª Turma, REsp 1.798.937/SP, rel. Min. Nancy Andrighi, j. un. 13-8-2019, *DJe* 15-8-2019.

positivo, importa verificar que a decisão que *encerra* a etapa de liquidação, interlocutória que é, é agravável de instrumento, justamente por força do próprio parágrafo único. É como se a regra, ela própria, regulamentasse o inciso XIII do art. 1.015, que se refere a "outros casos expressamente referidos em lei".

E, ainda que esteja convencido do acerto do primeiro caminho, a existência do segundo e de seus argumentos, é fator bastante para que eventual apelo seja admitido como agravo de instrumento e vice-versa, o que decorre do princípio da fungibilidade recursal, absolutamente harmônico ao sistema do CPC de 2015, a despeito da inexistência de qualquer texto expresso a seu respeito[47].

Superado esse questionamento, apresenta-se outro problema, sofisticadíssimo. A decisão que encerra a etapa de liquidação é interlocutória de mérito. Seria o caso, diante disso, de emprestar ao agravo de instrumento dela interponível o mesmo regime de um recurso de apelação, como, por exemplo, a regra do efeito suspensivo *ope legis* (art. 1.012, *caput*), a interposição na primeira instância sem juízo de admissibilidade prévio (art. 1.010, *caput* e § 3º) e o direito de serem sustentadas oralmente as razões na sessão de julgamento (art. 937, I)?

Embora os questionamentos sejam importantes, a melhor resposta é a negativa para as duas primeiras indagações e uma ressalva para a terceira. Para aquelas, deve prevalecer o quanto decidido pelo legislador para a espécie, embora a dicotomia agravo/apelação faça mais sentido do ponto de vista histórico do que na atualidade do CPC de 2015 e sua rica palheta de interlocutórias de mérito[48]. A ressalva se dá com relação à sustentação oral, já que ela pode ser prevista em Regimento Interno (art. 937, IX), merecendo guarida o entendimento que a admite a partir de uma interpretação ampla do precitado inciso I do art. 937.

De qualquer sorte, os paradoxos indicados nos dois últimos parágrafos parecem ser suficientes para conduzir os estudiosos a pensar, em uma próxima alteração do sistema recursal, sobre a abolição da dualidade recursal das decisões proferidas na primeira instância iniciativa, que, embora aventada em mais de uma reunião realizada quando o Projeto ainda tramitava na Câmara dos Deputados, acabou sendo desconsiderada.

Importa destacar, contudo, que o agravo de instrumento interposto de decisões interlocutórias de mérito – que é o caso da decisão que encerra a etapa de liquidação – está sujeito ao colegiamento do art. 942, por expressa disposição do inciso II do § 3º do art. 942, desde que – a ressalva é também expressa naquele dispositivo – o julgamento unânime acarrete a reforma do quanto decidido na primeira instância[49].

---

47. Enfática quanto ao ponto é a lição de Theotonio Negrão, José Roberto F. Gouvêa, Luis Guilherme A. Bondioli e João Francisco N. da Fonseca, Novo Código de Processo Civil e legislação processual em vigor, p. 546.

48. Para a discussão nessa perspectiva, v., com proveito: Carlos Silveira Noronha, Do agravo de instrumento, esp. p. 163-235, e Teresa Arruda Alvim Wambier, Os agravos no CPC *brasileiro*, p. 50-83.

49. Nesse sentido é a lição de Alexandre Freitas Câmara, *O novo processo civil brasileiro*, p. 355.

9. COISA JULGADA

A circunstância de se tratar de decisão interlocutória não significa que a decisão não seja ou não possa ser de mérito, justamente nos moldes do precitado inciso I do art. 487[50]. Inclusive quando se tratar de liquidação por arbitramento.

Ademais, porque fundada em cognição exauriente, a decisão é apta a transitar materialmente em julgado, desde que não interpostos ou quando esgotados os recursos cabíveis[51]. É cabível contra ela, portanto, ação rescisória, conquanto seja indicada a ocorrência de, ao menos, uma das hipóteses autorizadoras constantes do art. 966[52].

10. DESPESAS E CUSTAS

O regime das despesas processuais[53] incidentes na etapa da liquidação não oferta nenhuma peculiaridade, devendo-se observar, consequentemente, as regras gerais constantes dos arts. 82 e seguintes do CPC de 2015. Assim, aquele que requerer a prática do ato deve *antecipar* o pagamento das despesas respectivas, no que é claro o *caput* do art. 82.

Quando existir na decisão liquidanda, contudo, responsabilização pelo pagamento das despesas (o que é comuníssimo diante do disposto no § 2º do mesmo art. 82), é correto entender que, na etapa de liquidação, aquela responsabilização deve afetar o responsável pelo próprio *adiantamento* do numerário respectivo. Trata-se de orientação alcançada pela 2ª Seção do Superior Tribunal de Justiça em sede de recurso especial repetitivo que, embora proferida no regime do CPC de 1973, subsiste para o CPC de 2015. É a seguinte a sua ementa:

> "RECURSO ESPECIAL REPRESENTATIVO DA CONTROVÉRSIA. PROCESSUAL CIVIL. TELEFONIA. CONTRATO DE PARTICIPAÇÃO FINANCEIRA. COMPLEMENTAÇÃO DE AÇÕES. LIQUIDAÇÃO DE SENTENÇA. HONORÁRIOS PERICIAIS. ENCARGO DO VENCIDO.

---

50. Nesse sentido: Luiz Rodrigues Wambier, *Comentários ao Novo Código de Processo Civil*, p. 789, e *Comentários ao Código de Processo Civil*, p. 740; Dorival Renato Pavan, *Comentários ao Código de Processo Civil*, v. 2, p. 558-559; Luiz Guilherme Marinoni, Sérgio Cruz Arenhart e Daniel Mitidiero, *Novo Código de Processo Civil comentado*, p. 522; Nelson Nery Junior e Rosa Maria de Andrade Nery, *Comentários ao Código de Processo Civil*, p. 1.255-1.256; Marcelo Abelha, *Manual de execução* civil, p. 454; Alexandre Freitas Câmara, *O novo processo civil brasileiro*, p. 354, e José Miguel Garcia Medina, *Novo Código de Processo Civil comentado*, p. 785 785 e Luciano Vianna Araújo, *A liquidação do título executivo judicial*, p. 243-246.

51. É também o entendimento de Dorival Renato Pavan, em Comentários ao Código de Processo Civil, v. 2, p. 558-559; Alexandre Freitas Câmara, O novo processo *civil brasileiro*, p. 354-355, e Araken de Assis, *Manual da execução*, p. 443-445.

52. Concordando expressamente com esse entendimento é a lição de Luciano Vianna Araújo, *A liquidação do título executivo judicial*, p. 247-248.

53. Assim compreendidas, com fundamento no art. 84, "as custas dos atos do processo, a indenização de viagem, a remuneração do assistente técnico e a diária de testemunha".

1. Para fins do art. 543-C do CPC: (1.1) 'Na liquidação por cálculos do credor, descabe transferir do exequente para o executado o ônus do pagamento de honorários devidos ao perito que elabora a memória de cálculos'. (1.2) 'Se o credor for beneficiário da gratuidade da justiça, pode-se determinar a elaboração dos cálculos pela contadoria judicial'. (1.3) 'Na fase autônoma de liquidação de sentença (por arbitramento ou por artigos), incumbe ao devedor a antecipação dos honorários periciais'.

2. Aplicação da tese 1.3 ao caso concreto.

3. RECURSO ESPECIAL DESPROVIDO"[54].

Sobre a tese 1.2 daquele julgado repetitivo, cabe dar destaque, com total pertinência ao assunto tratado neste momento, ao inciso VII do § 1º do art. 98, segundo o qual "A gratuidade da justiça compreende: (...) o custo com a elaboração de memória de cálculo, quando exigida para instauração da execução"[55]. É correto entender que a menção a "execução" feita pelo dispositivo compreende também o início do cumprimento de sentença, trazendo à mente, não por acaso, o § 2º do art. 509 e o *caput* do art. 524.

Nada há que impeça, contudo, que eventuais despesas, por exemplo, os honorários periciais devidos pela realização de liquidação por arbitramento, sejam *adiantadas* por quem requer o início da etapa da liquidação, que, na etapa de cumprimento, deverá ser reembolsado em atenção ao quanto disposto no título executivo. É a típica situação, aliás, em que aquele valor será acrescido ao *quantum debeatur* por mero cálculo aritmético, bem ao estilo dos já lembrados § 2º do art. 509 e *caput* do art. 524.

Com relação especificamente às custas processuais de natureza tributária, as chamadas "taxas judiciárias", deve-se observar o que dispõem os respectivos diplomas legislativos, federais e estaduais, sobre ser ou não a prática de algum ato para ou durante a etapa de liquidação hipótese de incidência tributária. Importa discernir, de qualquer sorte, consoante o disposto na decisão liquidanda, o responsável pelo *adiantamento* do numerário do responsável pelo seu *pagamento* a final.

11. HONORÁRIOS ADVOCATÍCIOS

O CPC de 2015 convida a uma renovada reflexão sobre a fixação de honorários advocatícios na etapa de liquidação.

Antes dele, era majoritária a compreensão de que eram devidos honorários advocatícios na liquidação por artigos, doravante denominada "pelo procedimento comum", e, embora

54. STJ, 2ª Seção, REsp repetitivo n. 1.274.466/SC, rel. Min. Paulo de Tarso Sanseverino, j. un. 14-5-2014, *DJe* 21-5-2014.

55. A esse respeito, cabe lembrar do Enunciado n. 91 da I Jornada de Direito Processual Civil promovida pelo CJF: "Interpreta-se o art. 524 do CPC e seus parágrafos no sentido de permitir que a parte patrocinada pela Defensoria Pública continue a valer-se da contadoria judicial para elaborar cálculos para execução ou cumprimento de sentença".

com maior hesitação, na liquidação por arbitramento, destacando-se que a incidência da verba justificava-se diante do litígio experimentado naquela etapa do processo[56].

No atual sistema processual civil, contudo, impressiona o disposto no § 1º do art. 85, assim redigido: "§ 1º São devidos honorários advocatícios na reconvenção, no cumprimento de sentença, provisório ou definitivo, na execução, resistida ou não, e nos recursos interpostos, cumulativamente".

Inexiste, como se vê, autorização para que haja responsabilização de honorários pela atividade dos advogados a ser desenvolvida na etapa de liquidação, sendo indiferente a existência, ou não, de controvérsia naquelas situações para a fixação da honorária, no que, quanto à execução, aliás, há ressalva expressa. Não que o trabalho respectivo não mereça ser remunerado, evidentemente que não. Só não há espaço para que ele seja ponderado especificamente para aquela etapa, devendo ser considerado antes (na decisão liquidanda, portanto) ou depois, já na etapa de cumprimento de sentença, no que, aliás, é claríssima a parte final do § 1º do art. 523, que, no particular, bem se harmoniza com o precitado § 1º do art. 85[57].

Assim, sempre que a atividade cognitiva sobre a identificação do *quantum debeatur* desenvolver-se na fase de conhecimento, a sentença deverá levá-la em conta para a fixação do percentual dos honorários advocatícios na própria sentença, justificando, inclusive, que a verba seja fixada para além dos *mínimos* legais dos §§ 2º e 3º do art. 84. Caso contrário, será na etapa de cumprimento de sentença que aqueles fatos deverão ser avaliados para balizar a fixação dos honorários advocatícios. Nesse caso, é certo que a atitude que se espera do magistrado é a de que sejam fixados honorários para *além* do piso codificado[58].

---

56. Para essa demonstração, com a indicação de diversos julgados do STJ, v. o n. 6.4 do Capítulo 5 da Parte I do v. 3 das edições anteriores ao CPC de 2015 deste *Curso*. Àqueles cabe somar, pelo interesse, os seguintes: STJ, 4ª Turma, AgRg no REsp 1155885/SP, rel. Min. Marco Buzzi, j. un. 16-2-2016, *DJe* 24-2-2016; STJ, 3ª Turma, REsp 1.602.674/SP, rel. Min. Paulo de Tarso Sanseverino, j. un. 13-9-2016, *DJe* 21-9-2016; STJ, 3ª Turma, AgInt no REsp 1.367.363/DF, rel. Min. Paulo de Tarso Sanseverino, j. un. 1º-9-2016, *DJe* 9-9-2016, e STJ, 3ª Turma, AgRg no AREsp 532.835/RS, rel. Min. Nancy Andrighi, j. un. 21-8-2014, *DJe* 3-9-2014.

    Pertinente trazer, a propósito, a lição de Teori Albino Zavascki (*Processo de execução*, p. 410-411), para quem: "... caracterizada, na liquidação, sucumbência que poderia ter ocorrido na demanda condenatória, cabível será a imposição de honorários advocatícios, a serem calculados mediante apreciação equitativa do juiz, com base no § 4º do art. 20 do Código. Há de se tomar cuidado, é certo, para que o valor global da verba advocatícia, consideradas as duas demandas (condenatória e liquidatória) não importe duplicidade de condenação, nem extrapole os limites do § 3º do art. 20 do Código. Recomenda-se, para evitar excessos, que o juiz, em sua *apreciação equitativa*, tenha presente as duas demandas como se fossem uma só, e fixe os honorários levando em consideração os já impostos pela sentença liquidanda".

57. No mesmo sentido é o entendimento de Luciano Vianna Araújo, *A liquidação do título executivo judicial*, p. 226-228.

58. Discordando do entendimento manifestaram-se os seguintes autores: Dorival Renato Pavan, *Comentários ao Código de Processo Civil*, v. 2, p. 548-549, 562-563; Luiz Dellore, *Processo de conhecimento e cumprimento de sentença*, p. 665, e Liquidação no novo Código de Processo Civil, p. 80; Araken de Assis, *Manual da execução*, p. 447, e Luiz Henrique Volpe Camargo, *Breves comentários ao novo Código de Processo Civil*, p. 342. Concordando em parte, entendendo que não se justifica mais a imposição dos honorários advocatícios na liquidação por *arbitramento*. É o entendimento de Rodrigo Mazzei, Liquidação de sentença: breve ensaio a partir do CPC/15, p. 258 e 261.

Ademais, importa destacar que, não obstante a crítica anterior, o CPC de 2015 entende a liquidação como uma das fases do procedimento comum, embora posterior ao proferimento da sentença, a sugerir, na sua própria perspectiva, que o trabalho a ser desenvolvido pelos advogados àquele respeito não deve ser considerado como algo diverso para fins de fixação dos honorários.

Com relação à Fazenda Pública, é pertinente fazer uma ressalva diante do que dispõem os incisos I e II do § 4º do art. 85, que postergam a fixação dos honorários devidos pela etapa de conhecimento para "quando liquidado o julgado" quando a sentença for ilíquida.

Aqui, a hipótese é de fixação dos honorários na decisão que encerrar a etapa de liquidação e não na que encerrar a etapa de conhecimento, diante da expressa disposição legal contida no inciso II do § 4º do art. 85. Tanto assim que, nesta hipótese, o valor do salário mínimo a ser adotado para a fixação dos percentuais constantes do § 3º do art. 85 será aquele "que estiver em vigor na data da decisão de liquidação" (art. 85, § 4º, IV). Essa orientação deve ser observada, ademais, para evitar que o advogado daquele que litiga em face da Fazenda Pública nada receba a título de honorários nas hipóteses em que o cumprimento de sentença contra a Fazenda ensejar expedição de precatório não impugnada, nos termos do § 7º do art. 85. Coerentemente, aliás, eventual sentença *ilíquida* proferida contra a Fazenda Pública está sujeita à remessa necessária, não se aplicando a ela – justamente em face de sua *iliquidez* – a dispensa prevista no § 3º do art. 496, cujo texto faz expressa ressalva quanto à "condenação ou o proveito econômico obtido na causa for de valor certo e *líquido* inferior" aos valores indicados em seus incisos (o itálico é da transcrição)[59].

Questão interessante diz respeito a eventual majoração dos honorários advocatícios em sede recursal inaugurada na etapa de liquidação, atraindo a incidência do § 11 do art. 85.

Aquele dispositivo só encontra hipótese de aplicação na etapa de liquidação quando ela se realizar em processos envolvendo a Fazenda Pública nos casos alcançados pelo inciso II do § 4º do art. 85. Nos demais, os honorários já terão sido fixados (e eventualmente majorados) ao ensejo do recurso julgado da decisão liquidanda, proferida ao fecho da etapa de conhecimento, ou o serão a partir do segmento recursal instaurado com a impugnação ou, ainda, consoante o caso, o encerramento da própria etapa de cumprimento de sentença.

12. NOS CASOS DE MEMÓRIA DE CÁLCULO

Dúvida pertinente é saber se também no âmbito da "liquidação-ato" a que se refere o § 2º do art. 509 as discussões que ocupam os números anteriores têm aplicação.

59. Nesse exato sentido é o entendimento de Mirna Cianci (*Comentários ao Código de Processo Civil*, v. 2, p. 462) e de João Francisco N. da Fonseca (*Comentários ao Código de Processo Civil*, v. IX, p. 96-97), que trazem à colação, pertinentemente, a Súmula 490 do STJ, assim enunciada: "A dispensa de reexame necessário, quando o valor da condenação ou do direito controvertido for inferior a sessenta salários mínimos, não se aplica a sentenças ilíquidas". A respeito do assunto, v. também as considerações de Luiz Paulo da Silva Araújo Filho, *Comentários ao novo Código de Processo Civil*, p. 745, e de Eduardo José da Fonseca Costa, *Comentários ao Código de Processo Civil*, p. 608-609.

A resposta é negativa, com exceção do que, a propósito do art. 524, deve ser evidenciado em relação às despesas processuais.

Naquele caso, justamente pela ausência de uma *etapa* de liquidação, não há espaço para identificar uma decisão que a encerre para discutir qual a sua natureza jurídica e, consequentemente, qual é o recurso dela cabível. O que há em tais situações é o início imediato da etapa de cumprimento de sentença (independentemente de prévia etapa de liquidação), seguindo-se o proferimento de diversas decisões interlocutórias até que – é o que se espera – o magistrado possa proferir a sentença do art. 925, ostentando um dos conteúdos dos incisos do art. 924. Todas as interlocutórias até então – inclusive as proferidas no bojo da impugnação – são agraváveis de instrumento, diante do parágrafo único do art. 1.015. Sobre a sentença a ser proferida com fundamento no art. 925, não custa enfatizar, sem prejuízo do que se discute ao longo deste *Curso*, que ela é *apelável*, em virtude do *caput* do art. 1.009, e que aquele recurso, a apelação, à falta de regra expressa em sentido contrário, possui efeito suspensivo *ope legis*, isto é, impede que a sentença produza de imediato seus efeitos.

Destarte, não há mais como sustentar a subsistência da Súmula 118 do STJ[60], que se justificava à época de sua edição para distinguir as decisões (interlocutórias) proferidas ao longo da então (etapa de) liquidação por cálculo do contador da própria decisão (sentença) que a julgava. Esta, apelável diante do então vigente art. 520, III, do CPC de 1973; aquelas, agraváveis de instrumento em função do *caput* do então art. 522.

O que pode ocorrer sob a égide do CPC de 2015 é que, na etapa de cumprimento de sentença, haja necessidade de serem atualizados ou recompostos os cálculos apresentados anteriormente para os fins do art. 524 e que eventual discussão a seu respeito enseje o proferimento de alguma decisão na primeira instância. A decisão é interlocutória porque ela, nesse caso, não tem nem o conteúdo e nem a função de uma sentença (art. 203, § 1º), e é agravável de instrumento por causa do parágrafo único do art. 1.015. Nenhuma relação, destarte, com a discussão que está por trás do precitado enunciado sumular.

13. LIQUIDAÇÃO PROVISÓRIA

O art. 512 do CPC de 2015 preserva inovação trazida ao CPC de 1973 pela Lei n. 11.232/2005 ao admitir o que acabou sendo conhecido com o nome de "liquidação *provisória*", em harmonia com o que, no CPC de 2015, foi chamado de "cumprimento provisório da sentença" e, antes dele, também era chamado no direito brasileiro de "execução provisória"[61].

60. Cujo enunciado é o seguinte: "O agravo de instrumento é o recurso cabível da decisão que homologa a atualização do cálculo da liquidação".

61. O autor deste *Curso* valeu-se daquela nomenclatura desde a primeira vez que se predispôs a estudar o então novo instituto em seu *A nova etapa da reforma do Código de Processo Civil*, v. 1, p. 47-48, que foi adotada desde

A despeito da consagração da nomenclatura, importa evidenciar que nada há de *provisório* na liquidação admitida pelo art. 512: o que é há – tanto quanto no chamado "cumprimento *provisório*" – é o *adiantamento* de atos processuais destinados à identificação do *quantum debeatur*.

Trata-se da possibilidade de a etapa de liquidação desenvolver-se a despeito da existência de recurso interposto e pendente de julgamento contra a decisão que se pretende liquidar. A admissibilidade desse verdadeiro *adiantamento* da etapa de liquidação, em absoluta harmonia com a eficiência processual, confirma a interpretação proposta para o § 4º do art. 509: uma coisa é desenvolver atividade de conhecimento voltada à identificação do valor devido; outra, bem diversa, é questionar a decisão liquidanda, objeto do recurso, que, por causa da regra ora comentada, não é óbice para o início da etapa de liquidação.

O melhor entendimento, nesses casos – e, quanto a isso, a disciplina do art. 512 afasta-se, por completo, do cumprimento provisório da sentença –, é que, a despeito do efeito suspensivo do recurso de apelação (que continua a ser a [lamentável] regra no CPC de 2015, como se pode verificar do *caput* de seu art. 1.012), a liquidação pode ter início, dando-se início à realização de sua etapa respectiva, desenvolvendo-se por arbitramento ou pelo procedimento comum, consoante o caso.

Quando a *etapa* de liquidação não se justifica, isto é, quando a hipótese não é de liquidação por arbitramento ou pelo procedimento comum, não há espaço para a incidência do art. 512. É que a opção do CPC de 2015 de tratar da apresentação da memória de cálculo como *ato* a ser praticado com e para o início da etapa de cumprimento de sentença (arts. 509, § 2º, e 524) pressupõe que a eficácia do título executivo (decisão liquidanda) esteja liberada, e, nesse caso, o que terá início é a etapa de cumprimento, ainda que provisório, da sentença.

É, destarte, indiferente que o recurso interposto da decisão que se pretende liquidar ostente efeito suspensivo *ope legis* ou *ope judicis*. A viabilidade da liquidação deve ser compreendida como verdadeiro efeito anexo daquela decisão criado pela lei e que, nessa exata medida, está imunizado da vedação ou da suspensão de seus demais efeitos. Até porque, fosse a hipótese de a decisão comportar recurso despido de efeito suspensivo, seria inegável a viabilidade de ser promovido, desde logo, seu cumprimento provisório e, consoante o caso, a *necessidade* de ela ser liquidada, em atenção ao disposto no *caput* do art. 523[62].

---

a 1ª edição do v. 3 deste *Curso*, como se pode verificar do n. 3 do Capítulo 5 da Parte 1 do v. 3 das suas edições anteriores ao CPC de 2015.

62. É o que o autor deste *Curso* vem defendendo desde sua primeira análise às modificações introduzidas pela Lei n. 11.232/2005 (*A nova etapa da reforma do Código de Processo Civil*, v. 1, p. 47-50), entendimento que posteriormente desenvolveu no n. 3 do Capítulo 5 da Parte I do v. 3 das edições anteriores ao 2015 deste *Curso*. Luiz Rodrigues Wambier, em seu *Sentença civil: liquidação e cumprimento*, p. 148, chegou a sustentar entendimento oposto, modificando-o posteriormente. Com o advento do CPC de 2015, o prestigiado professor paranaense conservou seu último entendimento, como se pode verificar de *Breves comentários ao novo Código de Processo Civil*, p. 1462, e de *Comentários ao novo Código de Processo Civil*, p. 789.

Em se tratando de autos físicos, enquanto estes estarão no Tribunal para julgamento do recurso, haverá "autos apartados" (um novo caderno processual, que bem pode ser chamado de "carta de liquidação"[63]) perante o juízo competente para que nele sejam praticados os atos cognitivos relativos à liquidação. Nada há de errado em serem criados arquivos diversos em se tratando de autos eletrônicos, caso a prática do foro mostre nessa iniciativa alguma utilidade ou necessidade. O que não faz sentido é entender que a não criação de "autos apartados", como faculta o art. 512, seja capaz de gerar algum tipo de nulidade, de resto, total e completamente suprível, porque de cunho meramente formal.

Como a liquidação depende de iniciativa da parte (art. 509, *caput*), o requerente instruirá o pedido – pressupondo que os autos sejam físicos – com as "peças processuais pertinentes", que serão, ao menos, a decisão que se pretende liquidar, a comprovação da pendência do recurso (sendo indiferente, vale repetir, que ele tenha efeito suspensivo) e todos os elementos dos autos que sejam significativos para a apuração do *quantum debeatur*. Se outros elementos estranhos ao que está, até então, documentado nos autos do processo mostrarem-se necessários – e é o que ocorrerá, por definição, quando se tratar de liquidação pelo procedimento comum (art. 509, II) –, eles deverão ser trazidos também com esse mesmo requerimento para que sejam submetidos ao contraditório.

A falta de qualquer elemento, por mais importante que possa ser, para a pesquisa relativa ao *quantum debeatur* não gera nenhuma nulidade na liquidação provisória. Será bastante que o magistrado de ofício, ou atendendo a requerimento da parte contrária, determine sua apresentação ou complementação, submetendo-o ao contraditório prévio a qualquer decisão sua. É decorrência inquestionável dos arts. 6º, 9º e 10.

Eventual provimento ao recurso interposto da decisão liquidanda, total ou parcial, impactará necessariamente na atividade desenvolvida ao ensejo da liquidação provisória, que será considerada ineficaz na exata medida em que a liquidação não se compatibilizar com a decisão então proferida.

Ocorrendo essa hipótese, a responsabilização daquele que promoveu a liquidação provisória por eventuais danos experimentados pela parte contrária (ou eventuais terceiros) é inquestionável. À falta de regras diferenciadas, tem aplicação aqui, em sua plenitude, o disposto nos incisos I a III do art. 520, que disciplinam o assunto na perspectiva do cumprimento provisório da sentença e que envolvem, necessariamente, a *liquidação* de eventuais danos. Tanto quanto lá, a responsabilidade é *objetiva*[64].

---

63. É nomenclatura que o autor deste *Curso* vem propondo desde o seu *A nova etapa da reforma do Código de Processo Civil*, v. 1, p. 48-49 e que já constavam também desde a 1ª edição do v. 3 deste *Curso*.

64. Expressa quanto ao ponto é a lição de Antonio Adonias Aguiar Bastos, *Comentários ao Código de Processo Civil*, p. 632.

Parte II

Aspectos gerais da concretização da tutela jurisdicional executiva

Capítulo 1

Classificação e princípios

1. CONSIDERAÇÕES INICIAIS

A tutela jurisdicional executiva que ocupa a maior parte deste volume deve ser compreendida na perspectiva da classificação apresentada no n. 4.5 do Capítulo 5 da Parte I do v. 1 deste *Curso*.

Trata-se do estudo anunciado desde então das técnicas jurisdicionais a serem adotadas para a transformação da realidade com vistas à satisfação do direito reconhecido em título executivo, tenha ele se formado judicial ou extrajudicialmente. Da *concretização* da tutela jurisdicional, portanto, quando é insuficiente o reconhecimento judicial ou extrajudicial de quem faz jus a ela.

Para tanto, a "tutela jurisdicional *executiva*" depende da prática de diversos atos jurisdicionais *no* plano do processo, atos jurisdicionais que, em última análise, buscam a satisfação do exequente, em conformidade com o direito que é retratado no título executivo, independentemente de sua origem, isto é, seja ele judicial ou extrajudicial. Tais atos são chamados, ao longo do volume, de "atividade jurisdicional executiva" para destacar que a sua prática é correlata à concretização da espécie de tutela jurisdicional nele examinada.

A etapa de conhecimento do processo, estudada na Parte I do v. 2, a partir do procedimento comum como paradigma de exposição, se volta ao estudo dos atos *jurisdicionais* que são praticados para o *reconhecimento* do direito e, portanto, para reconhecer quem faz jus à tutela jurisdicional. Trata-se do estudo da *formação* de títulos executivos judiciais.

Ao longo deste v. 3 a ênfase de análise recai na análise dos atos que, partindo pressuposto de que já se sabe quem é merecedor da tutela jurisdicional, devem praticados para sua concretização.

Um aspecto do direito processual civil é analisar como fazer jus ao reconhecimento daquela classe de tutela jurisdicional (a *executiva*), que significa, em última análise, o transporte de um conflito de direito material para o plano do processo para que o Estado-juiz reconheça, sempre em conformidade com o modelo constitucional do direito processual civil, quem tem e quem não tem direito, assim entendido quem faz jus, ou não, à tutela jurisdicional. Outro, é atuar para obter concretamente a tutela jurisdicional, para tirá-la do plano do processo e *atuá-la* no plano material, atuar em busca da percepção sensível dos seus efeitos, do tipo de proteção que ela é apta a produzir; é atuar para *concretizar* um direito já suficiente e previamente reconhecido como existente. É esta a dicotomia que está, respectivamente, por trás da matéria estudada na Parte I do v. 2 e que anima, doravante, o desenvolvimento deste v. 3.

Importa frisar a respeito que nem sempre o reconhecimento da tutela jurisdicional apresenta os problemas aqui enfrentados. Pode ser ela que seja *não executiva* e que, por definição, o reconhecimento do direito feito pelo magistrado é suficiente para a satisfação de seu beneficiário, não havendo necessidade, ao menos para *esse* direito, de praticar quaisquer atos voltados à sua concretização. Mesmo em tais hipóteses, é comuníssima a necessidade de intervenção jurisdicional para concretizar capítulos da decisão que pressupõem atividade jurisdicional, tais quais os que impõem a responsabilidade pelo pagamento de custas processuais, honorários advocatícios e eventuais multas aplicadas em função da improbidade processual.

Quando o direito já é suficiente e previamente reconhecido pelo ordenamento jurídico independentemente da *prévia* atuação do Estado-juiz, que é o que ocorre no caso dos títulos executivos *extrajudiciais*, a primeira (embora não *única*) preocupação que se põe é a busca da satisfação do direito lá reconhecido, isto é, a prática dos “atos jurisdicionais executivos”, voltados à satisfação do exequente. Não se trata de saber quem faz, ou quem não faz, jus à tutela jurisdicional, mas, pressupondo a resolução desta questão no próprio título executivo, atuar para prestá-la àquele que é destinatário de seus efeitos.

As regras relativas ao procedimento comum não são de *concretização* da tutela jurisdicional, mas, bem diferentemente, de verificação de quem faz jus a ela; são regras relativas ao reconhecimento, pelo Estado-juiz, de quem deve ser tutelado jurisdicionalmente, de quem faz jus à proteção jurisdicional sobre direito seu. São, nesse sentido, atos precipuamente *intelectuais*, de *cognição* do direito. Tanto que pode ocorrer de o Estado-juiz tutelar *suficientemente* alguém independentemente da produção de quaisquer efeitos *externos* ao processo, como se dá nos casos em que este *Curso* chama de tutelas jurisdicionais *não executivas*.

Nos casos, contudo, em que a *proteção* a ser dada ao jurisdicionado não se circunscreve ao *reconhecimento* jurisdicional da existência de seu direito, faz-se indispensável o exame dos atos jurisdicionais que se podem fazer necessários para *satisfazer* aquele direito, para *concretização* da tutela jurisdicional *executiva*, atos, destarte, precipuamente *materiais*, de *realização* do direito.

Como, por definição, a tutela jurisdicional *executiva* precisa ser *complementada*, põe-se a necessidade de estudar os atos que a complementam, que a concretizam no plano exterior do processo; que transformam em *ser* o *dever-ser* retratado no título executivo. Assim, a *atividade* jurisdicional executiva viabiliza, em última análise, a concretização da *tutela* jurisdicional executiva, como verdadeira relação de causa e efeito. Este volume analisa uma e outra, *atividade* e *tutela*, embora a ênfase recaia no *resultado* da *atividade*, na implementação da *tutela*, portanto, na proteção efetiva, concreta daquele que tem direito.

Como se trata de atividade *jurisdicional*, mesmo quando o reconhecimento do direito dá-se independentemente dela, é inegável analisá-la da perspectiva da *necessidade* da atuação jurisdicional. Se o direito, tal qual reconhecido, for satisfeito independentemente da atuação do Estado-juiz, não há lugar para os problemas enfrentados ao longo do volume. Não cabe confundir, contudo, as técnicas que a lei processual civil reconhece ao magistrado de *compelir* o devedor/executado a satisfazer o direito tal qual reconhecido no título executivo com o cumprimento que independe de qualquer atividade jurisdicional, repousando, única e exclusivamente, na vontade do próprio devedor/executado.

Pode ocorrer que uma *ordem* judicial seja acatada e que a obrigação, suficientemente reconhecida no título executivo, seja adimplida. O acatamento de uma *ordem* judicial deve ser entendido como *técnica* executiva, assunto que diz respeito à atuação jurisdicional e, consequentemente, é assunto para o qual se volta o presente volume. É tanto mais importante fazer a observação na medida em que muitas das técnicas executivas adotadas pelo CPC de 2015, consolidando e desenvolvendo os avanços ocasionados pelas amplas reformas legislativas que, desde meados dos anos 1990, tomaram conta do CPC de 1973, são *coercitivas* no sentido de ser serem voltadas a compelir o executado a cumprir a obrigação retratada no título executivo, por ato seu, não por ato jurisdicional substitutivo da sua vontade, sub-rogatório, portanto. A hipótese é referida, ao longo deste *Curso*, como "cumprimento *voluntário*", expressão que difere do "cumprimento *espontâneo*", justamente em função deste elemento, de *jurisdicionalização* do cumprimento, de determinação *judicial* para que alguém pague o valor devido, que faça o que deve fazer, que não faça o que não deve fazer ou para que entregue o que é devido. Aquelas *ordens* judiciais são emitidas para estimular o devedor/executado a satisfazer o direito documentado no título executivo, funcionando quase que como uma última possibilidade de cumprimento por ato do próprio devedor/executado antes da prática de atos concretos a serem tomados pelo Estado-juiz em *substituição* à sua vontade. Nessa perspectiva, a dualidade entre técnicas *coercitivas* e *sub-rogatórias*, fica bem evidenciada.

A dicotomia encontra eco no texto do inciso IV do art. 139, segundo o qual compete ao magistrado "determinar todas as medidas indutivas, coercitivas, mandamentais ou sub-rogatórias necessárias para assegurar o cumprimento de ordem judicial, inclusive nas ações que tenham por objeto prestação pecuniária". Os termos "indutivas, *coercitivas* e mandamentais" empregados pelo dispositivo merecem ser compreendidos em contraposição ao que é chamado de medida sub-rogatória. Técnicas *indutivas* são aquelas que querem sensibilizar o executado a adotar certo comportamento; as *coercitivas* e as *mandamentais* são aquelas em que a tônica de convencimento repousa na possibilidade de aplicação de consequências mais gravosas para o executado na não observância da determinação judicial. Todas, contudo – e aqui a distinção com as técnicas sub-rogatórias – pressupõem que o comportamento (pagar, fazer, não fazer e/ou entregar) é desempenhado pelo próprio executado e não por terceiro ou pelo próprio aparato jurisdicional. O *dever-poder geral* consagrado naquele dispositivo encontra na *concretização* da tutela jurisdicional executiva seu contexto adequado de aplicação, sendo indiferente que o pedido tenha fundamento em título executivo judicial ou extrajudicial[1].

Tradicionalmente, toda a temática relativa à concretização da tutela jurisdicional executiva atrela-se única e exclusivamente a *sentenças* e a *acórdãos* ou, quando menos, a determinados *atos* ou *fatos* a eles equiparados expressamente pelo legislador, os títulos executivos *extrajudiciais*, cujo rol referencial hoje está o art. 784[2].

O CPC de 2015, consolidando as profundas reformas pelas quais atravessou o CPC de 1973, rompe de vez com aquela tradição, ao reconhecer (textualmente) como títulos executivos *judiciais quaisquer decisões jurisdicionais* que reconheçam a exigibilidade de obrigações nas suas diversas modalidades, sendo indiferente que se trate, como propõe este *Curso*, de tutela jurisdicional *preventiva* ou *repressiva*; *antecipada* ou *ulterior*; *provisória* ou *definitiva* ou, ainda, *satisfativa* ou *conservativa*. É suficiente que se trate, como já evidenciado, de tutela jurisdicional *executiva*.

Por todas essas considerações, a palavra "execução", ainda empregada com enorme frequência pela doutrina e pela jurisprudência, e também ao longo do Código de Processo Civil – que a adotada até nominar o "processo" disciplinado pelo Livro II de sua Parte Especial –, merece ser compreendida como sinônimo de *concretização* da tutela jurisdicional executiva.

Está superada, em função da evolução do direito positivo brasileiro que teve início, para o que aqui interessa, com a Lei n. 8.952/94, a correlação clássica e tradicional entre os efeitos *executivos* de uma determinada e específica classe de decisões jurisdicionais, as chamadas "condenatórias" à execução e, mais propriamente naquela perspectiva, ao "processo de execução". Também as chamadas decisões "executivas *lato sensu*" e as "mandamentais" carecem de atividade jurisdicional que lhes complemente, mesmo que por técnicas diferenciadas. Tanto quanto os títulos executivos *extrajudiciais*. É essa a razão pela qual este *Curso* opta por agrupar todos esses fenômenos na perspectiva da tutela jurisdicional executiva que merecem ser estudados, de acordo com suas respectivas variantes, naquele idêntico contexto.

De qualquer sorte, não há nada de errado em compreender a palavra "execução" de maneira ampla, no sentido de *efetivação* e *realização*, *concretização* em suma, da tutela jurisdicio-

1. Em sentido similar é o Enunciado n. 48 da ENFAM: "O art. 139, IV, do CPC/2015 traduz um poder geral de efetivação, permitindo a aplicação de medidas atípicas para garantir o cumprimento de qualquer ordem judicial, inclusive no âmbito do cumprimento de sentença e no processo de execução baseado em títulos extrajudiciais". Para o tema, sem prejuízo das considerações do n. 5.1.4 do Capítulo 3 da Parte II do v. 1, v., com proveito, os seguintes trabalhos: *Poder geral de coerção*, de Olavo de Oliveira Neto, com que conquistou o título de livre-docente da Faculdade de Direito da PUC-SP (a versão comercial com preservação do título foi publicada pela *Revista dos Tribunais* em 2019) e *Medidas executivas atípicas*, obra coletiva coordenada por Eduardo Talamini e Marcos Youji Minami.

2. O *caput* do art. 771 chega a admitir, a esse respeito, que as técnicas disciplinadas ao longo da Parte II da Parte Especial do CPC sejam empregadas dar concretude "... aos efeitos de atos ou fatos processuais a que a lei atribuir força executiva".

nal executiva. A significar, em última análise, a necessidade da atuação jurisdicional para a *satisfação* de um direito já suficientemente reconhecido (judicialmente ou não) e apto a produzir de imediato seus efeitos: prática de atividade jurisdicional *executiva* com vistas à concretização da tutela jurisdicional *executiva*, portanto.

Não obstante, importa assinalar que o CPC de 2015 quer estabelecer, ao menos em termos de nomenclatura, a dicotomia entre "cumprimento de sentença" e "processo de execução", vinculando essa expressão para os casos em que a concretização da tutela jurisdicional executiva tem como fundamento um título executivo *extrajudicial* e aquela para as hipóteses que se fundamentam em título executivo *judicial*. A nomenclatura não infirma o que é mais importante para o presente momento da exposição que é o de sublinhar que se trata de um mesmo fenômeno a ser estudado, ainda que levando em conta perspectivas diversas. Tanto assim que a exposição adotará, fiel àquelas opções, a dicotomia, sempre com as ressalvas e a complementariedade necessárias.

Em suma, mais do que o estudo da tutela jurisdicional executiva na perspectiva de seu *conteúdo* e dos meios pelos quais ela deve ser alcançada, o objetivo deste volume é o de analisá-la na perspectiva do que se faz necessário para a *concretizar*, isto é, quais são as técnicas disponibilizadas pelo sistema processual civil pensado (e aplicado) invariavelmente desde o modelo constitucional do direito processual civil para aquela tornar o *dever-ser* contido no título executivo, qualquer que seja ele, em *ser*, dando àquele que é reconhecidamente o credor o *seu* direito, exatamente aquilo que ele tem direito, lembrando da feliz colocação de Chiovenda, segundo a qual o processo deve dar a quem tenha um direito tudo aquilo e exatamente aquilo que ele tenha direito de conseguir[3].

1.1 Plano de trabalho

São diversas as decorrências das considerações iniciais apresentadas no número anterior. Para cá interessa destacar que a apresentação da matéria neste volume, diferentemente do que se deu na Parte I do volume 2, não toma como base as diversas *fases* do "procedimento".

Para o estudo das *atividades* jurisdicionais executivas voltadas à concretização da *tutela* jurisdicional executiva, mostra-se mais adequada e mais didática a descrição pormenorizada dos próprios atos (a própria atividade) de cada um dos *procedimentos* que o Código de Processo Civil reconhece para a satisfação do direito reconhecido ao exequente, consoante as *modalidades* obrigacionais, independentemente da descrição, em cada um deles, de "fases ideais", tais as que propunha Liebman tendo em vista as execuções de quantia[4].

3. Para a discussão no contexto do neoconcretismo, v. o n. 2 do Capítulo 5 da Parte I do v. 1 deste *Curso*.

4. A referência é feita à "fase de proposição", à "fase de instrução" e à "fase de "entrega do produto" propostas por Enrico Tullio Liebman em seu clássico *Processo de execução*, esp. p. 60-61 e 118.

Até porque não há um procedimento padrão (*comum*) para a concretização da tutela jurisdicional executiva. O Código de Processo Civil disciplina diversos *procedimentos* voltados àquela finalidade, que variam consoante diversos fatores: a circunstância e o título executivo ser judicial ou extrajudicial, a modalidade obrigacional, os sujeitos envolvidos na relação de direito material e, até mesmo, a razão pela qual determinado valor deve ser pago. A circunstância de um procedimento, consoante as vicissitudes ocorridas no plano material e no plano processual, acabar se convertendo em outro não abala essa constatação; pelo contrário, confirma-a.

A ênfase do estudo, destarte, recai nos próprios *procedimentos* disciplinados pelo Código de Processo Civil para a concretização da tutela jurisdicional executiva levando em conta, como deve ser, as variantes indicadas e com a necessária ênfase, em cada caso, das técnicas disponibilizadas pelo sistema processual civil para a "satisfação" do exequente.

É essa a razão pela qual, fixadas as considerações genéricas que ocupam a Parte II e expostas as considerações sobre a liquidação e seu papel na Parte I, as Partes III, IV e V voltam-se ao exame dos procedimentos executivos destinados à realização jurisdicional de obrigações de pagar, fazer e não fazer e entregar coisa, respectivamente, sempre com a apresentação da dicotomia de se tratar o título executivo *judicial* ou *extrajudicial*. A Parte VI, por fim, descreve os comportamentos defensivos que podem ser assumidos pelo executado e que podem (e devem) ser entendidos como fases de um mesmo processo, de uma mesma e contínua manifestação necessária da atuação do Estado-juiz.

2. CLASSIFICAÇÃO

Importa apresentar de plano algumas classificações usualmente empregadas para tratar da tutela jurisdicional executiva e da atividade jurisdicional que lhe é correlata com vistas à sua *concretização*.

Como sói acontecer em se tratando de quaisquer classificações, importa destacar qual é o *critério* empregado para a classificação sugerida e frisar que a sua única razão de ser é a de conhecer melhor o objeto em estudo, criando condições de, por intermédio de suas *partes*, viabilizar uma mais adequada e aprofundada compreensão do *todo*.

2.1 Quanto à origem do título executivo

Quanto à origem do título executivo, cabe distinguir a tutela jurisdicional executiva que é concretizada a partir de títulos *judiciais* e a que se baseia em títulos *extrajudiciais*.

O CPC de 2015, consolidando a mutação experimentada no CPC de 1973 desde o advento da Lei n. 8.952/94, passando pela Lei n. 10.444/2002 e pela Lei n. 11.232/2005 e chegando à Lei n. 11.328/2005, estabelece dicotomia que existia de forma bastante acentuada no CPC de 1939, e que havia sido superada em larga escala na forma original do CPC de 1973, residindo a distinção entre um e outro caso apenas no rol dos títulos executivos e na matéria a ser alegada pelo executado nos seus "embargos à execução".

A distinção do CPC de 2015, tal a que voltou a existir como *resultado* dos precitados diplomas legislativos desde meados dos anos 1990, reside não só na apresentação dos títulos executivos e na resistência do executado, formal e substancialmente considerada, mas também no procedimento e nos próprios atos executivos que serão praticados a partir dos títulos *judiciais* ou dos títulos *extrajudiciais*.

No sistema do CPC de 2015 faz diferença, desde a forma de provocação inicial da jurisdição, apresentar-se ao Estado-juiz munido de título executivo *judicial*, cuja referência é o art. 515, ou munido de título executivo *extrajudicial*, que encontra no art. 774 seu rol básico. Não se trata só de uma distinção entre quais são os títulos judiciais e extrajudiciais, mas dos próprios atos processuais que poderão ser praticados, em um e em outro caso, pelo exequente e pelo executado e da sua própria organização, isto é, o *procedimento*.

A distinção aqui enunciada fundamenta, em cada instante do desenvolvimento deste volume, as soluções dadas para um e para outro caso pelo direito processual civil vigente.

2.1.1 As regras de reenvio dos arts. 513, *caput*, e 771

A dualidade a que faz referência o número anterior não quer significar que haja uma total *distinção* entre a disciplina das execuções fundadas em títulos *judiciais* e *extrajudiciais*. Há pontos de contato entre ambas, no que são expressos o caput do art. 513 e o art. 771.

De acordo com aqueles dispositivos, a disciplina relativa ao "cumprimento de sentença" e ao "processo de execução" deve ser entendida conjuntamente naquilo que for necessário. É essa a melhor interpretação a ser dada àqueles dois dispositivos.

Embora muito da disciplina relativa à concretização da tutela jurisdicional baseada em títulos *judiciais* esteja no Título II do Livro I da Parte Especial do Código de Processo Civil, ela não é completa. Os arts. 513 a 538 não trazem, com efeito, todas as regras procedimentais suficientes para que o credor satisfaça integralmente o direito *reconhecido* no título. O que consta daquele dispositivo é, fundamentalmente, o *início* da etapa de cumprimento de sentença e a disciplina da defesa a ser apresentada pelo executado (a chamada *impugnação*).

A recíproca é verdadeira: o Livro II da *parte* Especial do Código de Processo Civil não é exaustivo a respeito da disciplina dos títulos executivos *extrajudiciais*.

Assim, a aplicação subsidiária do Título II do Livro I da Parte Especial ("do cumprimento") ao Livro II da Parte Especial ("do processo de execução"), e vice-versa, é *essencial* para que o Código de Processo Civil possa ser adequada e suficientemente interpretado e aplicado. A *comunicação* e o *inter-relacionamento* daquelas duas partes do Código de Processo Civil é irrecusável, mesmo que não houvesse, como há, e como os dispositivos destacados deixam claro que há, regras de *reenvio* de um para o outro.

Mas não só: como o parágrafo único do art. 771 evidencia com suficiente clareza, as regras contidas em todo o Livro I da Parte Especial do Código de Processo Civil, não apenas, as do cumprimento de sentença, se aplicam também ao "processo de execução".

2.2 Quanto à estabilidade do título executivo

Quanto à estabilidade do título executivo, a distinção que merece ser sublinhada se dá entre títulos *definitivos* e títulos *provisórios*. Trata-se da mesma distinção classificatória proposta pelo n. 4.3 do Capítulo 5 da Parte I do v. 1 na perspectiva da tutela jurisdicional.

O Código de Processo Civil, contudo, trata do assunto em seus arts. 520 a 522 na perspectiva do *cumprimento provisório* de sentença contrapondo-o ao *cumprimento definitivo* de sentença. Não obstante a consagração das expressões, contudo, é mais correto entender que o que é *provisório* e *definitivo* não é o cumprimento, a "execução" e nem, mais amplamente, os atos executivos voltados à concretização da tutela jurisdicional executiva, mas, sim, o próprio título executivo.

Tutela jurisdicional *definitiva* é aquela cuja concretização se fundamenta em título executivo que não aceita mais qualquer alteração, que pressupõe, destarte, a estabilidade do próprio título. Tanto assim que o *cumprimento definitivo* não encontra, no sistema processual civil, nenhuma restrição ou óbice para a concretização do direito em prol do exequente. Os atos executivos são praticados com vistas à integral satisfação do exequente.

A tutela jurisdicional *provisória* é aquela que se baseia em título executivo que está sujeito à alteração ou a confirmação pelo Estado-juiz e que, consequentemente, impõe ao exequente, em regra, alguma limitação aos atos de satisfação de seu direito ou algum condicionante para tanto. É o que ocorre quando se tratar de concretização de decisões concessivas de tutela provisória (instáveis, por definição) e das mais variadas decisões ainda pendentes de recurso despidos de efeito suspensivo, que é a regra clara do *caput* do art. 995. A regra, em tais casos – e que aceita as exceções do art. 521 –, é que a satisfação do direito reconhecido no título executivo dependa de prévia prestação de caução pelo exequente.

2.3 Quanto à modalidade da obrigação

Cabe analisar a questão também na perspectiva do necessário e inafastável diálogo entre os planos material e processual.

Consoante seja a modalidade da obrigação retratada no título executivo, há, de acordo com a lei processual civil, regras apropriadas para a concretização do direito nele retratado, isto é, variam as atividades jurisdicionais que serão praticadas para a realização da tutela jurisdicional.

Assim, em se tratando de obrigações de *fazer* e *não fazer*, sua concretização se dará de acordo com os arts. 536 e 537 e 814 a 823, consoante sejam elas retratadas por títulos executivos judiciais ou extrajudiciais, respectivamente. Seu exame é feito na Parte IV.

Em se tratando de obrigações de dar coisa que não seja dinheiro, sua concretização deve observar os arts. 538 e 806 a 813, consoante elas sejam retratadas por títulos executivos judiciais ou extrajudiciais, respectivamente. É a Parte V que se volta à sua análise.

Por fim, sendo obrigações de dar dinheiro – obrigações de pagar –, sua concretização deve seguir a disciplina dos arts. 523 a 527 e 824 a 909, consoante elas sejam retratadas por títulos executivos judiciais ou extrajudiciais, respectivamente. São o objeto de estudo na Parte III.

2.3.1 Quanto à origem da dívida

A concretização da tutela jurisdicional que diga respeito às "obrigações de *pagar*" comporta duas subclassificações. A primeira delas, a que interessa para o número presente, leva em consideração a origem da dívida. Em ambos os casos, o Código de Processo Civil cria regras diferenciadas, verdadeiros "procedimentos especiais" para a prática dos atos executivos.

Se a dívida que se pretende executar tem origem *alimentar*, há normas especiais do Código de Processo Civil (arts. 528 a 533 e 911 a 913) e da legislação processual civil extravagante, ainda que bastante esvaziada pelo advento do Código, a Lei n. 5.478/68, a serem necessariamente observadas.

Por outro lado, se a dívida tem como origem alguma obrigação ou dever legal em que participe a Fazenda Pública, a sua forma de cobrança também é diferenciada. Quando a Fazenda Pública é, desde o plano material, *devedora*, o plano processual reserva para ela, desde o art. 100 da Constituição Federal, regras diferenciadas que, no Código de Processo Civil, encontram-se nos arts. 534, 535 e 910. Trata-se de um "procedimento jurisdicional constitucionalmente diferenciado, cujo exame é feito no Capítulo 8 da Parte III. Se, no plano material, a Fazenda Pública for *credora* da obrigação, os meios processuais de recuperação de seu crédito também são diferenciados, regidos por uma lei extravagante de direito processual civil, a Lei n. 6.830/80, que disciplina a chamada "execução fiscal", excepcionando-se a aplicação dessa lei quando a *origem* do crédito da Fazenda estiver no próprio processo jurisdicional, quando a Fazenda fará uso do disposto no art. 523 a 527.

2.3.2 Quanto à solvabilidade do devedor

Tendo em conta as "obrigações de pagar" cabe distinguir, outrossim, entre as execuções dirigidas a devedores solventes e insolventes.

A disciplina indicada no número anterior diz respeito às execuções dirigidas ao devedor *solvente*, isto é, aquele cujo patrimônio responde (ao menos em tese) suficientemente pelo pagamento de suas dívidas. Diferentemente, se se assume que o patrimônio do devedor não se mostra capaz de responder por todas as suas dívidas, a hipótese é de execução por quantia certa contra devedor *insolvente*, a chamada "insolvência civil", que ainda é disciplinada pelos arts. 748 a 786-A do CPC de 1973, preservados expressamente em vigor pelo art. 1.052 do CPC de 2015, até que nova lei venha regulamentar diferentemente a hipótese[5]. Aquela disciplina, importa destacar, não se confunde com a que é regida pela Lei n. 11.101/2005 (com as diversas modificações a ela incorporadas pela Lei n. 14.112/2020), que trata da recuperação judicial, extrajudicial e a falência do empresário e da sociedade empresária.

A distinção fundamental que reside entre a concretização da tutela jurisdicional de obrigações de pagar quantia promovida em face do devedor *solvente* e aquela promovida em face do devedor *insolvente* – seja o caso de insolvência civil, ainda regulada pelo CPC de 1973, ou de falência, regulada pela lei já mencionada – é que as execuções contra devedores *insolventes* são verdadeiras execuções *coletivas*, isto é, *concursais*. Busca-se, com sua promoção, não a satisfação do crédito de um único credor, mas, de maneira mais ampla, de todos e quaisquer credores de um mesmo devedor. A maior preocupação das regras que delas se ocupam, consequentemente, é com a arrecadação de todo o patrimônio do devedor e a verificação de todos aqueles que, pelos mais variados motivos, são credores do devedor comum para a constatação das condições efetivas da satisfação dos créditos existentes. Trata-se de situação, destarte, rigorosamente oposta àquela das execuções direcionadas a devedores *solventes*, para as quais tem plena aplicação o disposto no *caput* do art. 797[6].

2.4 Quanto aos efeitos

É bastante comum a distinção da tutela jurisdicional executiva pelos seus *efeitos* ou, o que é o mesmo, pela sua "adequação". Trata-se de critério classificatório que busca distinguir as diferentes *formas* de prestação da tutela jurisdicional executiva (e, por isto mesmo, dos atos que são praticados para dar satisfação ao exequente) e que distingue os chamados "efeitos *condenatórios*" dos "efeitos *executivos lato sensu*" dos "efeitos *mandamentais*".

Para este *Curso* todos esses "efeitos" não residem propriamente no plano ou no âmbito da tutela jurisdicional, mas sim nas diferentes *técnicas* que o Estado-juiz pode ou deve usar para

5. Prevaleceu no PLS n. 166/2010, o Projeto do Senado regra muito mais produtiva para a questão, de iniciativa de um dos membros da Comissão de Juristas que auxiliou o Relator-Geral, Senado Valter Pereira na revisão do Anteprojeto elaborado pela comissão de Juristas, o saudoso Ministro Athos Gusmão Carneiro. A referência é ao art. 1.007 daquele Projeto, que tinha a seguinte redação: "Caso qualquer dos credores alegue a insolvência do devedor, o juiz, ouvidos os demais credores concorrentes e o executado, determinará que o dinheiro, respeitadas as preferências legais, seja partilhado proporcionalmente ao valor de cada crédito". Infelizmente, a proposta não sobreviveu às alterações promovidas no âmbito da Câmara dos Deputados e também não prevaleceu quando do retorno do Projeto ao Senado para os fins do art. 65 da CF.

6. Considerando não só as distintas finalidades, mas também a incompatibilidade procedimental entre uma e outra, a 3ª Turma do STJ entendeu inviável postular a insolvência civil em meio a processo em que se buscava a concretização da tutela jurisdicional executiva em face de devedor solvente. Trata-se do REsp 1.823.944/MS, rel. Min. Nancy Andrighi, j.un. 19-11-2019, *DJe* 22-11-2019.

a satisfação daquele que faz jus à tutela jurisdicional. Como aqueles efeitos residem no plano *exterior* do processo, sua distinção não pode se dar *dentro* do processo, quando ainda significam a necessidade de que o Estado-juiz atue para a realização concreta, efetiva, do direito. Até porque o *reconhecimento* do direito pode se dar sem que o Estado-juiz reconheça previamente, ele próprio, a existência do direito. É o que ocorre com os títulos executivos *extrajudiciais*.

A possível distinção entre aquelas classes de *efeitos* da tutela jurisdicional é exposta suficientemente pelo n. 4.5 do Capítulo 5 da Parte I do v. 1. O que vale sublinhar para o momento presente da exposição é que aquela distinção nunca gerou maior consenso na doutrina e, mais do que isto, assume, à luz do CPC de 2015, cada vez menos importância, senão mero sabor histórico. O que cabe verificar é quais os limites e as abrangências das *técnicas* processuais que podem ser praticadas pelo Estado-juiz para a *concretização* da tutela jurisdicional – quais as *atividades* jurisdicionais que podem ou não ser prestadas para aquele fim – e não os *nomes* que podem ser dados àquelas mesmas técnicas, em inversão dogmática que deve ser, vez por todas, repudiada pela doutrina do direito processual civil.

Até porque, com a evolução do direito positivo processual civil brasileiro, fica cada vez mais inócuo verificar qual é o "nome" que pode ser dado ao prazo de quinze dias que o executado tem para *pagar* nos termos do *caput* do art. 513 e, passados aqueles dias, o "nome" a ser dado para designar as atividades jurisdicionais executivas que, a pedido do exequente, podem ter início, é ou pode ser o mesmo do anterior. A partir de uma concepção tradicional, a descrição do primeiro fenômeno como "mandamental" e o segundo como "condenatório" apresentava-se como de rigor. Seu emprego na atualidade, contudo, pode conduzir o estudioso do direito processual civil a indesejável sincretismo metodológico porque, bem pensada, a razão de ser da distinção não tomava como pano de exposição a própria prestação da tutela executiva mas, diferentemente, a atividade desempenhada pelo Estado-juiz para *reconhecer* o direito e admitir, de acordo com um padrão razoavelmente "fixo", os atos jurisdicionais a serem praticados, a partir daquele reconhecimento do direito, para a satisfação do exequente. E mais: atividades jurisdicionais aquelas, de *reconhecer* o direito aplicável e de *concretizá-lo*, que não poderiam realizar-se concomitantemente e, nem mesmo, em um mesmo "processo".

No sistema processual civil vigente – e isso é um crescente inevitável desde as reformas empreendidas no CPC de 1973 pela Lei n. 8.952/94 –, importa mais, de acordo com as premissas adotadas por este *Curso*, verificar em que condições os modelos executivos desenhados abstratamente pelo legislador podem (ou devem) ser *modificados* pelo magistrado à luz das necessidades de cada caso concreto. De que maneira a *tipicidade* dos atos executivos pode, legitimamente, sempre em conformidade com o modelo constitucional do direito processual civil, dar lugar à prática de atos *atípicos* para a *efetiva* prestação da tutela jurisdicional, no que é extremamente eloquente a prescrição do inciso IV do art. 139[7].

7. Por tal razão é que não há como aderir apriorística e generalizadamente ao entendimento de que a adoção de técnicas *atípicas*, nos moldes do art. 139, IV, pressupõe sempre e invariavelmente o esgotamento e o insucesso

É desse prisma de análise que as diversas técnicas que podem e que não podem ser empregadas pelo Estado-juiz devem ser analisadas, e não de qualquer outro. Os nomes a serem dados a essas técnicas – se é que há necessidade de dá-los – são *consequência* e não *causa* do estudo. Até porque, como se dá com qualquer *nome*, eles são diferentes porque pretendem descrever objetos suficientemente distintos entre si. Se os "objetos" foram alterados *substancialmente* pelas diversas leis que reformaram o CPC de 1973 e que acabaram sendo consolidadas no CPC de 2015, seria, quando menos de discutível acerto, insistir em adotar *acriticamente* os *mesmos* nomes e os *mesmos* critérios classificatórios usados (e, mesmo assim, sem consenso, vale a ênfase) para descrever realidades substancialmente *diversas*.

3. PRINCÍPIOS

Como nos demais temas do direito processual civil, também no que diz respeito à tutela jurisdicional executiva, há princípios específicos que devem ser levados em conta sem prejuízo dos princípios extraídos do modelo constitucional do direito processual civil.

Os números seguintes voltam-se à exposição dos princípios *infraconstitucionais* da tutela jurisdicional executiva. Na apresentação e análise dos diversos temas que ocupam este volume, eles serão sempre lembrados e utilizados para auxiliar a uma melhor e mais coesa interpretação com vistas à criação de um verdadeiro *sistema* processual civil.

O que merece ser sublinhado no limiar da exposição é que boa parte dos princípios está em verdadeiro processo de transformação, impulsionado não só pelo CPC de 2015, mas, mais corretamente, pela circunstância de este Código consolidar a tendência evolutiva iniciada com as Leis n. 8.952/94, 10.444/2002 e 11.232/2005 ainda ao tempo do CPC de 1973.

Por essa razão este *Curso* prefere em alguns casos – como já propunha desde suas primeiras edições[8] – enunciar não um princípio, mas buscar a síntese ideal entre dois opostos, verdadeiro fruto da evolução e da transformação do direito positivo brasileiro e da nova conformidade do sistema processual civil.

3.1 Do princípio da autonomia ao princípio do sincretismo

É comum fazer referência ao princípio da *autonomia* da tutela jurisdicional executiva no sentido de que a atividade jurisdicional desenvolvida para realizá-la exige um "processo" próprio, chamado de "processo de execução", que não se confunde nem pode ser

concretos das medidas *típicas* predispostas pelo legislador. Acentuando a subsidiariedade daquelas medidas, *v.g.*: STJ, 3ª Turma, REsp 1.864.190/SP, rel. Min. Nancy Andrighi, j.un. 16-6-2020, *DJe* 19-6-2020.

8. A referência é feita ao n. 3 do Capítulo 1 da Parte I das edições anteriores ao CPC de 2015 do v. 3 deste *Curso*.

confundido com outras modalidades de "processo", em especial com o chamado "processo de conhecimento".

O princípio da autonomia, assim compreendido, desempenhou papel importante até o advento das precitadas Leis que alteraram de forma tão substancial o CPC de 173. Trata-se de princípio de forte justificação doutrinária e teórica que busca distinguir, com nitidez, as atividades jurisdicionais voltadas ao *reconhecimento* do direito e as atividades jurisdicionais voltadas à *realização* daquele mesmo direito.

No CPC de 2015, contudo, não há mais espaço para entender a aplicação rígida daquele princípio. Pelo contrário, importa colocar em relevo ser cada vez mais frequente que as atividades jurisdicionais voltadas ao *reconhecimento* do direito desenvolvam-se *sucessivamente* e, muitas vezes, *concomitantemente*, às atividades direcionadas à *concretização* do direito. Não é equivocado, por isto mesmo, dar destaque a um princípio oposto ao da autonomia, que norteia a tutela jurisdicional executiva, o "princípio do *sincretismo*". Sincretismo no sentido de que um "mesmo" processo admite que atividades jurisdicionais cognitivas e executivas se realizem sem solução de continuidade, compreensão que se afina ao modelo constitucional do direito processual civil.

Embora o "princípio do sincretismo" seja ainda mais agudo nos casos em que a tutela jurisdicional executiva se fundamenta em título executivo *judicial*, não é menos certo que, nos casos em que ela se baseia em título executivo *extrajudicial*, a reunião, em um *mesmo* processo, de atividades executivas e cognitivas e de tutelas executivas e cognitivas também não pode ser olvidada. É o que *deve* guiar a compreensão do comportamento do executado naqueles casos, a despeito de o Livro II da Parte Especial do Código de Processo Civil ser (ainda) rotulado de "processo de execução".

3.2 Princípio do título executivo

De acordo com o princípio do título executivo, a tutela jurisdicional executiva depende sempre de sua prévia definição em um "título executivo", tenha ele origem *judicial* (art. 515) ou *extrajudicial* (art. 784). Sem título executivo, não há como concretizar a tutela jurisdicional executiva: é o que atesta antigo aforismo latino: *nulla executio sine titulo*.

O direito processual civil brasileiro acolhe o princípio, sendo prova mais que suficiente os dois mencionados dispositivos que indicam quais são os títulos executivos. A função do título executivo é a de definir a *certeza* (objetiva e subjetiva), a *exigibilidade* e a *liquidez* de um direito e autorizar, consequentemente, à luz desta mesma definição, a prática de atos jurisdicionais executivos, isto é, atos voltados à satisfação daquele que é indicado no título como credor da obrigação. Ainda que fazendo (equivocada) restrição ao título executivo *extrajudicial*, cabe lembrar, neste contexto, do inciso I do art. 803, segundo o qual: "É nula a execução se: (...) o título executivo extrajudicial não corresponder a obrigação certa, líquida e exigível".

O que ocorre, contudo, é que, como todo *princípio jurídico*, é impensável sustentar que a formulação tradicional do princípio aqui examinado tenha aptidão de manter-se incólume a tantas e tão profundas alterações experimentadas pelo direito processual civil desde meados dos anos 1990 e que foram consolidadas no CPC de 2015. A este *Curso* nunca pareceu que a noção fundamental do princípio possa, ainda hoje, ser colocada em dúvida. Destarte, sua *atual* compreensão impõe leitura mais ampla e sistemática dos precitados dispositivos para verificar que os títulos executivos nele previstos não são os únicos a legitimar a prestação da tutela jurisdicional executiva, sendo indiferente, para tanto, que a formação do título seja judicial ou extrajudicial.

O que importa é distinguir com vigor a ideia de que título executivo é (só pode ser) a *sentença* como se a concretização da tutela jurisdicional que se baseia em decisão concessiva de tutela provisória ou em decisão sujeita a recurso ou, até mesmo, nos diversos títulos executivos extrajudiciais que ocupam o direito processual civil brasileiro fossem algo estranho à realidade e ao contexto aqui analisados.

Nestas condições, pertinente ampliar o conceito de título executivo para que o plano infraconstitucional do direito processual civil não fique aquém do modelo constitucional do direito processual civil.

A não se entender a questão da forma proposta pelos parágrafos anteriores, a única solução que se apresentaria seria admitir execuções "sem" título e, consequentemente, um total rompimento ao princípio aqui enunciado, alternativa que não deveria causar qualquer questionamento, porque a doutrina jurídica tem que ser aderente ao direito positivo que descreve, devendo ser ajustada às mudanças de seu objeto de estudo.

O que parece mais acertado para este *Curso,* de qualquer sorte, é que, por força das considerações expostas, o CPC de 2015 consolidou profunda alteração legislativa ocorrida desde meados de 1990 sobre o pode ser compreendido por "título executivo" e não a compreensão, esta ainda vigente e atualíssima, de que o Estado-juiz, para praticar atos executivos voltados à concretização da tutela jurisdicional executiva, depende de *um título* que legitime o seu agir, título que preexista, mesmo que perfunctoriamente, à sua atividade.

Nesse sentido é bastante feliz a prescrição do inciso I do art. 515 que se refere, de maneira ampla, às "... *decisões* proferidas no processo civil que reconheçam a exigibilidade de obrigação de pagar quantia, de fazer, de não fazer ou de entregar coisa", comportando interpretação ampla o suficiente para albergar o entendimento, que sempre foi tido como correto por este *Curso*, de que *qualquer* decisão judicial, ainda que sujeita a recurso, não preclusa ou não transitada em julgado, podia constituir (e constitui) título executivo.

O que basta, portanto – e isso vale para os títulos executivos *extrajudiciais* também –, é que haja suficiente reconhecimento do direito apto a embasar a prática de atos voltados à *concretização* da tutela jurisdicional.

3.3 Princípio da patrimonialidade

O princípio da patrimonialidade, por vezes também tratado como princípio da "realidade da execução", deve ser entendido no sentido de que, no direito processual civil, a prática dos atos voltados à concretização da tutela jurisdicional executiva recai sobre o *patrimônio* (as coisas, por isto, *realidade*) do executado e não na sua *pessoa*, como ocorreu em determinados momentos da história do direito processual civil[9].

O Código de Processo Civil brasileiro é expresso quanto a esse princípio, como se verifica de seu art. 824: "A execução por quantia certa realiza-se pela expropriação de bens do executado, ressalvadas as execuções especiais".

As reformas de 1994 em diante e sua consolidação e desenvolvimento no CPC de 2015 buscaram (e conseguiram) mitigar de alguma maneira o princípio aqui noticiado admitindo a prática de atos jurisdicionais executivos voltados não ao patrimônio do executado, mas, diferentemente, à sua vontade, buscando criar para o executado uma situação tal que lhe pareça preferível cumprir as determinações judiciais do que se submeter à prática de atos sub-rogatórios praticados pelo magistrado e por seus agentes, é dizer, de atos que *substituam* a sua vontade e o seu comportamento com voltas à concretização da tutela jurisdicional.

O ponto culminante dessa realidade *normativa* está no inciso IV do art. 139, segundo o qual cabe ao magistrado "determinar todas as medidas indutivas, coercitivas, mandamentais ou sub-rogatórias necessárias para assegurar o cumprimento de ordem judicial, inclusive nas ações que tenham por objeto prestação pecuniária".

Aquelas técnicas, sem prejuízo de tantas outras espalhadas pelo Código de Processo Civil, buscam atuar sobre a *vontade* do executado buscando, com isto, o *acatamento* da determinação judicial ou, mais amplamente, do comando estampado no título executivo por ato seu, por ato *voluntário*. São, por isso mesmo, medidas inegavelmente *indutivas* ou *coercitivas*, historicamente designadas, justamente por causa do princípio da patrimonialidade, de "execução *indireta*" porque não sub-rogatórias no patrimônio do executado[10].

Essas técnicas executivas se, é certo, mitigam o princípio da patrimonialidade e seus consequentes métodos sub-rogatórios, não agridem – e nem poderiam – o inciso III do art. 1º da Constituição Federal, segundo o qual é fundante do Estado brasileiro, dentre outros valores, a dignidade da pessoa humana. O que o dispositivo mencionado, como tantos outros dispersos em todo o Código de Processo Civil e, mais amplamente, no sistema processual civil, buscam conseguir não é violar aquele princípio constitucional, mas, pelo contrário, atuar na *vontade* do executado, colocando para ele uma alternativa a ser esco-

9. Para a análise histórica do fenômeno, consultar Cândido Rangel Dinamarco, *Execução civil*, esp. p. 31-33, e 52.
10. Para esta discussão, inclusive na perspectiva histórica, cabe noticiar a obra de Marcelo Lima Guerra, *Execução indireta* p. 17-69.

lhida: sujeitar-se *voluntariamente* à jurisdição (que é *imperativa*) ou sujeitar-se a ela independentemente de sua vontade e, até mesmo, independentemente de sua colaboração porque a jurisdição é também *substitutiva*. Trata-se da dualidade entre "medidas *coercitivas*" (o inciso IV do art. 139 também se refere a elas como *indutivas* e *mandamentais*) e "medidas *sub-rogatórias*" mencionada no n. 1, *supra*.

Assim, como ocorre com quaisquer princípios jurídicos, essas outras técnicas devem ser entendidas como legítimas atenuações do princípio da patrimonialidade e que se afinam ao modelo constitucional do direito processual civil, em busca de uma tutela jurisdicional mais *eficiente*.

3.4 Princípio da disponibilidade

A tutela jurisdicional executiva não é e não pode ser prestada de ofício. Também aqui prevalece a *inércia* da jurisdição, ínsita ao modelo constitucional do direito processual civil.

O Estado-juiz, destarte, tem de ser devidamente provocado para que preste a tutela jurisdicional, qualquer que seja ela, com o rompimento do seu estado de inércia. O princípio da disponibilidade, nesse sentido, é decorrência irrecusável daquele outro princípio que, em última análise, busca assegurar, dentre outros valores do ordenamento jurídico, a imparcialidade do magistrado.

O § 1º do art. 513 é dispositivo que atesta, suficientemente, a subsistência, no sistema processual civil, do princípio da disponibilidade ao impor àquele é reconhecido como credor no título executivo (exequente) o ônus pelo início da atividade jurisdicional executiva destinada a satisfazer o seu direito, tal qual reconhecido no título executivo *judicial* constituído em seu favor.

Em outro extremo do Código de Processo Civil, no inciso V do art. 924, o reconhecimento expresso de que a prescrição *intercorrente* pode conduzir ao fecho do processo sem a concretização da tutela jurisdicional executiva é prova segura da disponibilidade aqui evidenciada.

Para os casos dos títulos executivos extrajudiciais, o princípio aqui examinado é tanto mais evidente. Como nestes casos não é o Estado-juiz que forma o título que atesta suficientemente a existência do direito, sequer houve atuação do Estado (processo) e, por isso mesmo, rompimento de sua inércia, para aquele fim. Irrecusável, destarte, que a inércia seja rompida para que o Estado-juiz preste a tutela jurisdicional executiva correspondente ao título.

Consequência expressa, para a tutela jurisdicional executiva, do princípio da disponibilidade é que o exequente pode desistir de sua concretização, total ou parcialmente, de acordo com o *caput* do art. 775, sendo certo, contudo, que a chamada "desistência da *execução*" não se confunde (e nem pode ser confundida) com a renúncia ao direito material subjacente ao pedido de prestação da tutela jurisdicional[11].

O parágrafo único daquele dispositivo regula as consequências da desistência manifestada pelo exequente tendo presente a hipótese de o executado ter apresentado defesa (impugnação ou embargos) contra o pedido de prestação de tutela jurisdicional do exequente. Se o executado já tiver apresentado impugnação ou embargos, eles serão extintos desde que versem exclusivamente sobre questões de cunho *processual*, arcando o exequente com as custas processuais e os honorários advocatícios (art. 775, parágrafo único, I). Quando a impugnação ou os embargos tratarem também (ou exclusivamente) de questões de cunho *material*, a extinção dependerá da concordância do executado (art. 775, parágrafo único, II). Na hipótese de a desistência da execução ser fundamentada na ausência de bens a penhorar, é correto entender que o exequente não deve ser responsabilizado pelas verbas de sucumbência, por analogia ao disposto no § 10 do art. 85, mitigando a regra do *caput* do art. 90[12].

É incorreto presumir o desinteresse do exequente na prestação da tutela jurisdicional executiva diante do art. 775. Assim, mesmo diante do silêncio ou aparente abandono do exequente, cabe ao juízo determinar a intimação pessoal da *parte* (não de seu advogado) para manifestar se subsiste interesse quanto ao prosseguimento do processo (art. 485, § 1º). A extinção, fundamentada no inciso III do art. 485 (aplicável à espécie por força do art. 771, parágrafo único), pressupõe o desatendimento daquela determinação[13].

O princípio da disponibilidade, por fim, não significa que, uma vez devidamente provocada a jurisdição – rompida a sua inércia, portanto –, o Estado-juiz não tenha o dever de atuar, até mesmo de ofício, com vistas à prestação da tutela jurisdicional executiva e, consequentemente, à satisfação do exequente pela prática dos atos que se justificarem em cada caso concreto. Desde que o exequente requeira ao Estado que lhe seja prestada tutela juris-

11. É o que já decidiu – em diretriz que subsiste para o CPC de 2015 – em sede de Recurso Especial Repetitivo tendo presente o art. 1º da Lei n. 9.469/97, a 1ª Seção do STJ no REsp 1.125.627/PE, rel. Min. Teori Albino Zavascki, j. un. 28-10-2009, *DJe* 6-11-2009. O acórdão foi assim ementado: "PROCESSUAL CIVIL. RECURSO ESPECIAL. EXECUÇÃO DE CRÉDITO REFERENTE A HONORÁRIOS ADVOCATÍCIOS. ART. 1º DA LEI 9.469/97. COMANDO DIRIGIDO À ADMINISTRAÇÃO PÚBLICA. EXTINÇÃO, DE OFÍCIO, DO PROCESSO EXECUTIVO: DESCABIMENTO. 1. Nos termos do art. 1º da Lei 9.469/97, 'O Advogado-Geral da União e os dirigentes máximos das autarquias, das fundações e das empresas públicas federais poderão autorizar (...) requerimento de extinção das ações em curso ou de desistência dos respectivos recursos judiciais, para cobrança de créditos, atualizados, de valor igual ou inferior a R$ 1.000,00 (mil reais), em que interessadas essas entidades na qualidade de autoras, rés, assistentes ou opoentes, nas condições aqui estabelecidas'. 2. Segundo a jurisprudência assentada pelas Turmas da 1ª Seção, essa norma simplesmente confere uma faculdade à Administração, não se podendo extrair de seu comando normativo a virtualidade de extinguir a obrigação, nem de autorizar o juiz a, sem o consentimento do credor, indeferir a demanda executória. 3. Recurso especial provido. Acórdão sujeito ao regime do art. 543-C do CPC".

12. Expresso nesse sentido: STJ, 4ª Turma, REsp 1.675.741/PR, rel. Min. Luis Felipe Salomão, j. un. 11-6-2019, *DJe* 5-8-2019.

13. Assim, *v.g.*: TJSP, 12ª Câmara de Direito Privado, Apelação Cível n. 0001636-36.2011.8.26.0480, rel. Des. Jacob Valente, j. un. 21-1-2014 em *Boletim AASP* 2892.

dicional, os *meios* existentes para aquele fim poderão e, até mesmo, deverão ser empregados pelo Judiciário independentemente de qualquer outro pedido específico. É o que o n. 3.7, *infra*, trata como "princípio do resultado" ou "princípio da máxima utilidade da execução".

3.5 Princípio da adequação

O princípio da adequação da tutela jurisdicional executiva deve ser compreendido levando em conta a distinção que a lei processual civil brasileira faz entre as diversas modalidades obrigacionais, isto é, às obrigações de fazer, não fazer, dar coisa e "pagar" e seus respectivos regimes processuais civis.

Trata-se da mesma questão sobre a qual já se voltou suficientemente o n. 1, *supra*, ao tratar da classificação da tutela jurisdicional executiva, apenas examinada de ângulo diverso. Suficientes, por isso mesmo, aquelas considerações sobre o assunto.

Não deixa de chamar a atenção a respeito do assunto, contudo, a regra contida no art. 785 segundo a qual: "A existência de título executivo extrajudicial não impede a parte de optar pelo processo de conhecimento, a fim de obter título executivo judicial". O tema merece as considerações críticas do n. 3 do Capítulo 2.

3.6 Do princípio da tipicidade ao da atipicidade dos atos executivos

De acordo com a formulação tradicional, o princípio da tipicidade dos atos executivos significa que os atos executivos a serem praticados pelo Estado-juiz são "típicos" no sentido de que eles são prévia e exaustivamente previstos pelo legislador. O magistrado oficiante no caso concreto não tem, nesta perspectiva de análise do princípio, nenhuma liberdade para alterar o *padrão* de atos processuais e, mais amplamente, de técnicas que lhe são reconhecidas como as únicas legítimas na lei por obra do legislador.

A razão da *tipicidade* dos atos executivos é justificada a partir de uma perspectiva tradicional da compreensão do princípio do devido processo. Busca-se, com a diretriz, restringir os *deveres-poderes* do magistrado para atuar em detrimento do executado e de seu patrimônio.

O princípio explica de forma suficiente o que se dá na grande maioria dos dispositivos que, ainda hoje, ocupam o Livro II da Parte Especial do Código de Processo Civil, mesmo com as variadíssimas modificações nele introduzidas desde as não menos importantes e profundas modificações que já haviam sido incorporadas pela Lei n. 11.382/2006 ao CPC de 1973. A disciplina relativa às "execuções" das obrigações de entrega de coisa (arts. 806 a 813), de fazer e não fazer (arts. 814 a 823) e para pagamento de quantia certa contra devedor solvente (arts. 824 a 909) é extremamente detalhista, verdadeiramente procedimentalizada ao extremo. São, neste contexto, meios executivos *típicos*.

Sem prejuízo, contudo, são inúmeros os dispositivos que o CPC de 2015 traz, consolidando e aperfeiçoando o que, a esse respeito, já trazia o CPC de 1973 com as suas sucessivas modificações, em que a *atipicidade* tende a ser o padrão a ser adotado pelo magistrado. É o que de forma muito clara decorre do art. 536 para as obrigações de fazer e de não fazer, do novel art. 773, segundo cabe ao magistrado, de ofício ou a requerimento, determinar as *medidas necessárias* ao cumprimento da ordem de entrega de documentos e dados[14], inclusive em face de terceiros (art. 772, III) e, de forma mais ampla (e não por acaso mais uma vez) do próprio inciso IV do art. 139.

A falta de previsão legislativa sobre determinada técnica executiva não pode e não deve inibir a atuação do Estado-juiz em prol da satisfação do direito suficientemente reconhecido no título executivo, mesmo que ao custo da sua prévia e expressa autorização *legal*. É legítimo e tanto quanto legítimo *necessário*, à luz do modelo constitucional do direito processual civil, que o magistrado, consoante as *necessidades* de cada caso concreto, crie os melhores meios executivos para a satisfação do exequente, para a realização concreta *adequada* do direito tal qual reconhecido no título executivo. Estas técnicas não previstas expressa e previamente pelo legislador representam o amplo papel que pode e deve ser desempenhado pelos meios *atípicos* de concretização da tutela jurisdicional executiva.

E mais: mesmo nos casos em que há previsão expressa daqueles mecanismos, não há como, à luz do modelo constitucional do direito processual civil deixar de reconhecer ao magistrado a necessidade de aplicar devidamente o "processo de *filtragem constitucional*" para, diante de cada caso concreto, verificar a plena compatibilidade entre os meios *típicos*, desejados em abstrato pelo legislador, e sua aptidão concreta (sua adequação) para atingir os *fins* que justificam e impõem a concretização da tutela jurisdicional executiva, isto é, os *meios*. Quando devidamente justificável e motivada a *necessidade* da *deformação* do meio típico, isto é, a adoção de meio *atípico* no lugar do meio idealizado pelo legislador, a iniciativa é irrecusável. O magistrado do caso concreto, portanto, consoante as *necessidades* devidamente constatadas (e devidamente *justificadas*), pode e *deve* criar os meios executivos mais *adequados* para a concretização do direito reconhecido no título, a partir do referencial estabelecido pela lei processual civil.

A *atipicidade* dos meios executivos tem cabimento, portanto, nos casos em que a lei não fez escolhas expressas quanto aos mecanismos de efetivação das decisões judiciais ou quando as escolhas existentes se mostrem, em cada caso concreto, *insuficientes* porque desconformes ao "modelo constitucional do processo civil".

Os "meios" a serem adotados para atingimento dos "fins" devem, todos eles, ser consoantes ao sistema de direito processual civil. A circunstância de não haver prévia autorização legislativa para o magistrado atuar, ou quando a preexistente se mostrar inadequada dadas

---

14. Se os dados recebidos forem sigilosos, o magistrado deverá adotar as medidas necessárias para assegurar sua confidencialidade. É a prescrição do parágrafo único do at. 773. Exemplo típico da hipótese é a decorrente do cumprimento da ordem de quebra de sigilo fiscal ou bancário do executado. Nesse sentido é o Enunciado n. 536 do FPPC: "O juiz poderá, na execução civil, determinar a quebra de sigilo bancário e fiscal".

as peculiaridades do caso concreto, não pode ser entendida como sinônimo de não haver limites à atuação jurisdicional. Todos os limites, expressos e não expressos, desde o modelo constitucional do direito processual civil, devem ser observados em qualquer situação.

É correto entender, destarte, que no CPC de 2015 convivem lado a lado técnicas típicas e atípicas voltadas, indistintamente, à concretização da tutela jurisdicional. O desafio que se apresenta ao intérprete e ao aplicador do direito processual civil é conjugá-las adequadamente, identificado, a cada caso, seus *limites*, sem ferir (e nem poderia ser de outro modo) o modelo constitucional do direito processual civil.

3.7 Princípios do resultado e da menor gravosidade ao executado: a concretização equilibrada da tutela jurisdicional executiva

De acordo com o princípio do resultado, que tem fundamento no art. 797, a tutela jurisdicional executiva e, consequentemente, a prática dos atos que se fazem necessários para a sua concretização devem ser pensadas com vistas à satisfação do exequente. O dispositivo é expresso, para o que aqui interessa, no sentido de que "... realiza-se a execução no interesse do exequente que adquire, pela penhora, o direito de preferência sobre os bens penhorados".

Parelho a esse princípio, cabe mencionar outro, geralmente enunciado como "máxima utilidade da execução", construído a partir do disposto nos arts. 772, 774 e 782, que expressamente reconhecem o múnus público do Estado-juiz para fins de concretização da tutela jurisdicional executiva, autorizando-o a tomar providências, até mesmo de ofício, para, a um só tempo, criar condições de prevalecimento do direito tal qual reconhecido no título – e, consequentemente, a satisfação plena do exequente – e reprimir quaisquer atos do executado (ou de terceiros) que, de alguma forma, busquem ilegitimamente frustrar aquela função.

No art. 782 reside novidade digna de destaque trazida pelo CPC de 2015. De acordo com seus §§ 3º e 4º, o exequente pode requerer ao magistrado que determine a inclusão do nome do executado em cadastro de inadimplentes até que a obrigação seja cumprida, ou garantida a execução ou, ainda, se ela for extinta por qualquer outro motivo (iniciativa que também se aplica às execuções de título judicial, isto é, de *cumprimento de sentença*, consoante se lê do § 5º). Há uma diferença importante entre a inscrição nos cadastros de inadimplentes aqui regulados e o protesto da sentença autorizada pelo art. 517 e, especificamente para os alimentos, pelo § 1º do art. 528. É que o cancelamento da inscrição nos cadastros, como se lê do § 4º do art. 782, dá-se pelo pagamento *ou* se garantida a execução *ou* se a execução for extinta por outro motivo. Lá, no âmbito do cumprimento de sentença, o cancelamento do protesto pressupõe "a satisfação integral da obrigação" (art. 517, § 4º)[15].

15. Embora a distinção no regime jurídico possa encontrar justificativas, não há como deixar de indicar que ela se deve ao extravasamento do Senado Federal na última etapa do processo legislativo, indo além do § 5º do art. 798 do Projeto da Câmara, que, ao se limitar à remissão ao § 3º do art. 798, equivalente ao § 3º do

O chamado "princípio da menor gravosidade ao executado", por sua vez, é expresso no art. 805: havendo alternativas à prestação da tutela jurisdicional executiva, aí compreendidas as atividades que a veiculam, o modo menos gravoso ao executado (quem *sofre* a tutela executiva) deve ser eleito. Trata-se de diretriz que, em última análise, deriva do princípio da ampla defesa, integrante do modelo constitucional. O parágrafo único do dispositivo, forte no comando do art. 5º, impõe ao executado o ônus de indicar outros meios mais eficazes e menos onerosos sempre que alegar que a técnica empregada é mais gravosa. Se não o fizer, devem ser preservados os atos executivos já determinados.

O conflito resultante dos princípios apresentados anteriormente tem, em última análise, fundamento constitucional bem claro, não obstante seu assento no modelo *infraconstitucional* do processo civil nos arts. 797 e 805, respectivamente: trata-se do mesmo conflito que se pode verificar entre o princípio da efetividade do direito material pelo e no processo e o princípio da ampla defesa.

Se, de um lado, a tutela jurisdicional executiva caracteriza-se pela produção de resultados materiais voltados à satisfação do exequente, a atuação do Estado-juiz não pode ser produzida ao arrepio dos *limites* que também encontram assento expresso no modelo constitucional do direito processual civil.

Daí a necessária observância de restrições e de garantias no plano do exercício da tutela jurisdicional executiva, por exemplo, a imposição de que os atos executivos recaiam sobre o patrimônio do devedor e não sobre sua pessoa ("princípio da patrimonialidade") e, mesmo assim, observadas as restrições da expropriação patrimonial com vistas à manutenção de uma vida digna ao executado e a seus familiares (arts. 789, 833 e 834, por exemplo), tudo com vistas a buscar o necessário e indispensável equilíbrio entre os referidos princípios, dando origem ao que este *Curso* propõe seja chamado de concretização equilibrada da tutela jurisdicional executiva.

A "concretização equilibrada" aqui examinada, destarte, merece ser compreendida como o verdadeiro resultado *desejável* da escorreita aplicação, em cada caso concreto, dos princípios do "resultado" e da "menor gravosidade ao executado".

3.8 Princípio da lealdade: os atos atentatórios à dignidade da justiça

O princípio da lealdade comporta análise no contexto da realização da tutela jurisdicional executiva. Trata-se do alcance que merece ser dado ao inciso II do art. 772 e ao art. 774 como um todo.

---

art. 782 do CPC de 2015, silenciava sobre o § 4º. Em rigor, destarte, trata-se de mais uma hipótese de atrito do processo legislativo aos limites impostos ao processo legislativo pelo parágrafo único do art. 65 da Constituição Federal.

De acordo com o inciso II do art. 772, cabe ao magistrado, em qualquer momento do processo, advertir o executado de que o seu comportamento (ou a falta dele) constitui "ato atentatório à dignidade da justiça". Tais atos e tais omissões, repudiados pelo sistema processual civil, são capitulados nos incisos do art. 774.

É atentatório à dignidade da justiça a conduta comissiva ou omissiva do executado que: (*a*) frauda a execução; (*b*) se opõe maliciosamente à execução, empregando ardis e meios artificiosos; (c) dificulta ou embaraça a realização da penhora; (*d*) resiste injustificadamente às ordens judiciais e (e) intimado, não indica ao magistrado quais são e onde estão os bens sujeitos à penhora e respectivos valores, nem exibe prova de sua propriedade e, se for o caso, certidão negativa de ônus.

A hipótese do inciso I do art. 774, a fraude à execução, comporta exame em separado, que ocupa o n. 3.3.7 do Capítulo 2 da Parte II, dedicado ao tema da responsabilidade patrimonial.

As situações previstas nos incisos II a IV buscam reprimir atos e omissões do executado que criem embaraços, de qualquer espécie, para a prática dos atos jurisdicionais. São, a bem da verdade, especificações do dever de probidade genérico do inciso IV do art. 80, qual seja, a resistência injustificada ao andamento do processo. Como a exposição deste volume demonstra nos momentos oportunos, muito do sucesso da atividade jurisdicional executiva depende, em maior ou em menor grau, da colaboração do executado e, até mesmo, de terceiros. É essa a razão pela qual o legislador processual civil, nos dispositivos mencionados, quis destacar aqueles comportamentos, tendo presente a execução, isto é, a concretização da tutela jurisdicional executiva.

De acordo com o inciso V do art. 774, cabe ao executado, quando intimado para tanto, indicar ao "... juiz quais são e onde estão os bens sujeitos à penhora e os respectivos valores, nem exibe prova de sua propriedade e, se for o caso, certidão negativa de ônus".

A regra não pretende dar a executado a prioridade na indicação dos bens a serem penhorados. Cabe ao exequente fazê-lo desde a petição em que requer o início da etapa de cumprimento de sentença (art. 524, VII) ou o "processo de execução" (arts. 798, II, *c*, e 829, § 2º). Não subsiste no ordenamento jurídico brasileiro, desde as Lei n. 11.232/2005 e Lei n. 11.328/2006, o *direito do executado* de indicar os bens a serem penhorados. A finalidade do dispositivo é eminentemente instrumental: haverá casos em que o exequente não tem condições de saber quais bens do executado podem ser indicados à penhora, caindo por terra o direito reconhecido ao exequente pelos precitados dispositivos. Da mesma forma, existirão casos em que o oficial de justiça não conseguirá localizar quaisquer bens do executado que se sujeitem à penhora. E não há por que omitir, são estes os casos que predominam no dia a dia do foro. É justamente em tais situações, em que não se sabe o que penhorar, que a regra tem incidência ampla. É fundamental, em tais casos, que o próprio executado revele ao Estado-juiz se existe e onde se encontra o seu patrimônio para que sobre ele recaiam os atos executivos. A indicação do seu valor e a apresentação das certidões de propriedade e de eventuais ônus que recaiam sobre o bem são providências voltadas a evidenciar a eficiência da penhora e, consequentemente, o prosseguimento dos atos executivos voltados à satisfação do direito do exequente. É regra que, em última análise, harmoniza-se com perfeição ao princípio da patrimonialidade.

O inciso V do art. 774 é silente quanto ao prazo para que o executado deva tomar as providências nele indicadas. O seu equivalente no CPC de 1973, o inciso IV do art. 600, prescrevia, para tanto, o prazo de cinco dias. A interpretação correta é a de exigir do magistrado, ponderando as peculiaridades de cada caso concreto, a fixação do prazo tido como suficiente para aquele fim. Eventual ampliação de prazo encontra autorização suficiente no inciso VI do art. 139, desde que requerido (justificadamente, mormente diante da previsão da *boa-fé* do art. 5º) antes de seu término. De qualquer sorte, na omissão, devem prevalecer os cinco dias (úteis) a que se refere o § 3º do art. 218.

O descumprimento dos deveres dos incisos do *caput* do art. 774 autoriza o magistrado a impor ao executado a sanção prevista no seu parágrafo único.

Trata-se de multa pecuniária de valor não superior a 20% do valor atualizado do débito em execução. Tal valor corresponde ao valor do "principal" (a dívida originária) atualizado monetariamente, remunerado pelos juros incidentes na espécie, custas processuais e os honorários de advogado já fixados[16]. Sua exigibilidade dá-se no *mesmo* processo, desnecessária uma "nova ação" ou um "novo processo" para persegui-la. Para todos os fins, é suficiente que, no momento do "pagamento ao credor", verifique-se o valor total devido pelo executado, discriminando-se a multa eventualmente imposta nos moldes do parágrafo único do art. 774, já que é o exequente o seu beneficiário. A sanção pecuniária aqui examinada, ainda é o mesmo dispositivo quem o determina expressamente, incide independentemente de outras sanções de natureza processual ou material.

O cumprimento parcial ou defeituoso desses deveres não deve afastar a sanção; quando muito, mitigá-la. Seu cumprimento extemporâneo, de outro lado, não deve ser impedido, dado o caráter instrumental do próprio art. 774. Não há razão para sustentar haver, na espécie, uma "preclusão" para o executado. Não há preclusão para alguém obedecer ao magistrado, comportar-se dignamente e fazer valer sua cidadania e seus direitos. O que deve haver, nestes casos, é uma reavaliação da sanção já imposta, diante do novo fato ocorrido.

3.8.1 Cobrança de multas ou indenizações pela litigância de má-fé

A propósito do "princípio da lealdade", importa fazer referência ao art. 777.

O dispositivo, que busca *racionalizar* a prática dos mais variados atos processuais, em perfeita aplicação do comando do inciso LXXVIII do art. 5º da Constituição Federal, permite que

16. O referencial do art. 826 merece ser observado na espécie.

"A cobrança de multas ou de indenizações decorrentes de litigância de má-fé ou de prática de ato atentatório à dignidade da justiça será promovida nos próprios autos do processo".

A regra está a autorizar expressamente que, independentemente da propositura de uma *nova* e diversa "ação" – que precisaria ser veiculada por um *novo* e diverso "processo" que, como todo processo, renderia ensejo à pesquisa em torno de qual o "procedimento" a ser seguido –, as multas e as indenizações fixadas em função da litigância de má-fé sejam perseguidas, desde logo, no *mesmo* processo. O significado das expressões em aspas é que a parte beneficiária das multas e das indenizações derivadas do reconhecimento da litigância de má-fé pode cobrar aqueles valores, sem necessidade de tomar qualquer providência *formal* a não ser a formulação de um *pedido* nesse sentido para o mesmo juízo do processo em que as multas e as indenizações foram fixadas.

O pedido deve apresentar o *quantum* perseguido pelo credor ou, se for o caso, ensejar a *intimação* da parte contrária para o início da *liquidação* por *arbitramento* (arts. 509, I) ou pelo procedimento comum (art. 509, II), consoante se façam presentes os pressupostos de uma e de outra.

O art. 777, diferentemente de seu sucesso, o art. 739-B do CPC de 1973, introduzido pela Lei n. 11.382/2006, não autoriza que a cobrança se dê "por compensação". A falta de repetição da regra, deve ser entendida como sua *vedação*. Eventual encontro de débitos e créditos entre as partes (e eventuais terceiros), destarte, pressupõe consenso, não podendo ser feita pelo magistrado e nem considerada de forma unilateral por quem quer que seja.

3.9 Princípio da responsabilidade

Também merece exame nesta sede o princípio da responsabilidade.

Aquele que requer a concretização a tutela jurisdicional executiva de modo infundado ou indevido responde pelos danos que causa ao executado.

Nos casos do chamado "cumprimento provisório", os mecanismos de responsabilização são disciplinados expressamente pelo inciso II do *caput* do art. 520 e pelo seu § 4º. Trata-se de responsabilidade *objetiva* daquele que toma iniciativa da concretização da tutela jurisdicional cujo título fundante ainda não transitou em julgado, isto é, a sua responsabilização independe de os danos sofridos pelo executado decorrerem de culpa sua. É bastante que eles tenham relação direta com a prática dos atos executivos que, a seu pedido e com vistas à satisfação de seu direito, foram praticados[17].

17. A respeito do assunto, v.: STJ, 3ª Turma, REsp 1.637.747/SP, rel. Min. 16-3-2017, *DJe* 22-3-2017;STJ, 4ª Turma, AgInt nos EDcl no REsp 1.562.668/RS, rel. Min. Antonio Carlos Ferreira, j. un. 1º-12-2016, *DJe* 12-12-2016; STJ, 2ª Turma, REsp 943.502/MA, rel. Min. Mauro Campbell Marques, j. un. 26-8-2008, *DJe* 24-9-2008.

O art. 776 também se volta àquele princípio. De acordo com ele, "O exequente ressarcirá ao executado os danos que este sofreu, quando a sentença, transitada em julgado, declarar inexistente, no todo ou em parte, a obrigação que ensejou a execução".

É a situação em que o título executivo do qual se valeu o exequente para concretizar a tutela jurisdicional executiva – ainda que definitiva – deixou de existir, total ou parcialmente. É o que se dá, por exemplo, nos casos em que a impugnação, os embargos à execução ou outras manifestações que o executado apresente após o instante procedimental adequado para aquelas alternativas são acolhidas para reconhecer a insubsistência do direito do exequente. Também quando o executado se sagra vitorioso em ação rescisória e desconstitui o título executivo.

Em todos estes casos, por força do art. 776, pode o executado pretender ver aquele que requereu a concretização da tutela jurisdicional executiva responsabilizado pelas perdas e danos (inclusive de ordem *moral*) que sofreu. Nestes casos, contudo, a responsabilização é *subjetiva* e, portanto, carente de demonstração da *culpa* daquele que requereu a concretização da tutela jurisdicional executiva, sem o que não há como reconhecer o dever de indenizar.

Não há por que, máxime diante da previsão ampla do art. 777, entender que o executado deverá se valer de "nova ação" ou de "novo processo" para perseguir a indenização com fundamento no art. 776. Será bastante que formule pedido nesse sentido, que o exequente seja intimado na pessoa de seu advogado, se tiver um constituído no processo, e que se desenvolva o devido contraditório com a produção das provas necessárias, em tudo assimilável à liquidação pelo procedimento comum[18].

---

18. Nesse sentido: STJ, 3ª Turma, REsp 1.513.255/SP, rel. Min. João Otávio de Noronha, j. un. 21-5-2015, *DJe* 5-6-2015 e STJ, 4ª Turma, REsp 1.090.635/PR, rel. Min. João Otávio de Noronha, j. un. 2-12-2008, *DJe* 18-12-2008.

Capítulo 2

O processo ao ensejo da concretização da tutela jurisdicional executiva

1. CONSIDERAÇÕES INICIAIS

É importante, ainda à guisa de considerações iniciais sobre a concretização da tutela jurisdicional executiva, trazer à tona, uma vez mais, o tema relativo à existência, ou não, de um "processo de execução".

A questão é tanto mais importante porque este *Curso* nega a existência de qualquer qualificativo para a palavra "processo". "Processo" é o método de atuação e de manifestação do Estado Constitucional, como é o caso do Brasil. É indiferente para "ser" processo o objetivo que se pretende com a atuação ou com a manifestação do Estado-juiz. O que, naquela perspectiva, varia de um "processo" para outro, é dizer, de um atuar estatal para outro, é o que se pretende ver tutelado pelo Estado-juiz. A *tutela jurisdicional*, não o "processo", é que pode reclamar classificações, as mais diversas, inclusive aquela relativa à sua eficácia, isto é, à sua aptidão de produzir ou deixar de produzir efeitos, dando ensejo ao que interessa de perto ao desenvolvimento da maior parte deste volume, a tutela jurisdicional *executiva*.

O objeto de investigação deste v. 3 é a tutela jurisdicional *executiva*, que, por definição, só poderá ser prestada em um *processo* jurisdicional, isto é, perante a atuação regular do Estado-juiz. Isto, contudo, não conduz à conclusão de existir uma classe de "processos", o "processo de execução", típico e inerente à prestação de uma tutela daquela espécie.

A doutrina tradicional, contudo, sempre se referiu a um "processo de execução" com o objetivo de identificar, dentre os "processos" concebíveis, um em que se pede ao Estado-juiz a prestação da tutela jurisdicional executiva ou, na linguagem mais tradicional, em que se exerce uma "ação de execução".

Não obstante todos os avanços do Código de Processo Civil, ele continua a se valer daquela expressão para rotular a íntegra do Livro II de sua Parte Especial, que compreende os arts. 771 a 925, sendo certo que a questão se mostra ainda mais interessante quando analisada, como deve ser ao lado, de outra nomenclatura também adotada pelo Código de Processo Civil, *cumprimento de sentença*, na perspectiva de apresentar um contraponto ao "processo de execução". Tanto assim que o Livro I da Parte Especial do Código de Processo Civil é intitulado "processo de conhecimento e cumprimento de sentença".

Sem necessidade de voltar ao tema na perspectiva da teoria geral do direito processual civil, tal qual propõe este *Curso* no n. 4.1 do Capítulo 4 da Parte I do v. 1, importa destacar que a linguagem codificada não pode conduzir a equívocos. "Processo de conhecimento e cumprimento de sentença" e "processo de execução" devem ser entendidos como verdadeiras "expressões idiomáticas" no sentido de que não há uma correlação necessária entre os termos que compõem as expressões[1].

Processo é método de atuação do Estado. O "conhecimento" descreve a atividade jurisdicional voltada ao *reconhecimento* de direitos, é dizer, ao reconhecimento de que alguém faz jus à prestação de uma dada tutela jurisdicional, inclusive a classificada como "executiva". "Cumprimento de sentença" é indicativo da necessidade da prática de atos voltados à concretização daquele direito quando *suficientemente* reconhecido. O processo de *conhecimento e de cumprimento de sentença* quer significar *o* processo (um só) em que se desenvolvem aquelas duas atividades (a *cognitiva* e a *satisfativa*).

"Execução", por sua vez, descreve (e sempre descreveu) a atividade jurisdicional voltada à *satisfação* do direito tal qual reconhecido, a concretização da tutela jurisdicional executiva.

Destarte, bem entendidos os termos componentes da expressão "processo de execução", amplamente consagrada pela doutrina, pela jurisprudência, pelo próprio Código de Processo Civil, pelas leis processuais civis extravagantes e, mais do que tudo, pelos usos e costumes forenses, ela só pode ser compreendida como a atuação do Estado-juiz voltada precipuamente à *satisfação* de um direito *previamente conhecido*, justamente o direito estampado no "título executivo".

Ocorre, contudo, que o sistema codificado da atualidade reserva o emprego da expressão somente para os casos de títulos executivos *extrajudiciais*, ou seja, aqueles casos em que o reconhecimento do direito não depende e não exige qualquer manifestação prévia do Estado-juiz acerca de sua existência.

Para esses títulos executivos, justamente em face dessa sua peculiaridade – que os caracteriza como tais –, a referência a um "processo de execução" só pode ser compreendida no sentido de que o Estado-juiz atuará precipuamente para satisfazer o direito reconhecido no título executivo. É para isso, para essa satisfação, que se rompe a inércia da jurisdição, exercendo o direito de *ação*, e se dá nascimento ao *processo*. Exata e rigorosamente, portanto, o sustenta este *Curso*: o processo não é de execução; é (só) processo no qual o portador do título

1. Para esta discussão, v., do autor deste *Curso*, suas considerações ao ensejo de seus *Comentários ao Código de Processo Civil*, v. X, esp. p. 77-83.

executivo extrajudicial (o exequente) pretende ver, por intermédio da prática de atos jurisdicionais, a satisfação de seu direito, é dizer, a concretização da tutela jurisdicional executiva.

Nos casos de títulos executivos *judiciais*, isto é, aqueles em que o reconhecimento do direito aplicável à espécie depende da prévia atuação do Estado-juiz (atividade cognitiva), o próprio Código de Processo Civil acabou por recusar a aplicação daquela nomenclatura, colocando as atividades jurisdicionais que serão praticadas para a concretização do direito tal qual reconhecido no título executivo a ser formado no "Livro I" de sua Parte Especial, rotulando, mais por força da tradição do que por qualquer outro motivo, o processo voltado àquelas duas finalidades como de conhecimento *e* cumprimento de sentença.

Daí, também por esse motivo, este *Curso* tratar, com insistência, do fenômeno "processo" como algo diverso do que ocorre dentro dele, do que justifica a atuação, a manifestação, a movimentação do Estado-juiz, e, apenas para fins didáticos, analisar o processo (o todo) em suas diversas partes, dentre elas a *etapa cognitiva* e a de *cumprimento* e, em cada uma dessas etapas, a possibilidade de serem descritas *fases*, cada uma delas – etapas e fases – caracterizando-se e distinguindo-se uma das outras pela atividade jurisdicional *preponderantemente* desempenhada.

Nesse sentido, a mera leitura do Livro I da Parte Especial do Código de Processo Civil permite a identificação de um único processo em que o *cumprimento* pressupõe o *reconhecimento* judicial do direito. As atividades jurisdicionais relativas ao *cumprimento de sentença*, contudo, não são ontologicamente diversas daquelas que serão desenvolvidas ao longo do processo de execução. Ambas buscam a mesma finalidade, que é a concretização da tutela jurisdicional *executiva*. O que distingue uma da outra são fatores de diversa ordem, precipuamente procedimentais.

De qualquer sorte, para extrair da nomenclatura adotada pelo Código de Processo Civil seu máximo rendimento, não há como recusar a compreensão de que a expressão "processo de execução", sempre com as ressalvas propostas por este *Curso* merece ser empregada para descrever o fenômeno que só ocorre nos casos dos títulos executivos *extrajudiciais*. Somente nesses casos, *por definição*, é que a inércia do Estado-juiz é rompida com vistas precipuamente à *satisfação* de um direito que se mostra suficiente e previamente reconhecido, mas não por atividade jurisdicional de qualquer espécie, dando ensejo, por isso mesmo, ao nascimento de um "processo", até então inexistente.

Nos casos de títulos executivos *judiciais*, justamente em função da *prévia* atuação do Estado-juiz com vistas ao *reconhecimento* do direito, não há lugar para conceber o surgimento e o desenvolvimento de um "novo" ou "distinto" *processo*. Trata-se, apenas e tão somente, do "mesmo" *processo* em que o Estado-juiz já reconheceu suficientemente um direito e que se põe, em algum momento, a praticar atos de outra qualidade para sua concretização.

Há uma ressalva importante a fazer: existem casos expressos no rol dos títulos executivos *judiciais* (incisos VI a IX do art. 515), em que sua criação é fruto da atuação de outros órgãos jurisdicionais – e, no caso das "sentenças *arbitrais*", parajurisdicionais –, diversos daqueles perante os quais se desenvolverão as atividades jurisdicionais *executivas*. Nestes casos, é irrecusável admitir a necessidade da criação de um "novo" e "distinto" processo perante a jurisdição *civil brasileira*. É esse o sentido do § 1º do art. 515, que exige nos casos colocados em destaque, a *citação* do executado para cumprimento do direito reconhecido no título.

A exceção não infirma a regra, contudo, só a confirma a demonstrar, como é a tônica de todo este volume, a necessidade de atuação jurisdicional para a *concretização* de tutela jurisdicional e a correlata indispensabilidade de um processo para tanto e que, não obstante a dualidade de nomenclatura empregada pelo Código de Processo Civil, a diversidade de regimes entre o "cumprimento de sentença" e o "processo de execução" é bem mais tênue do que pode parecer quando analisado de perspectiva diversa.

Assim é que importa sublinhar para a exposição presente que, em todos os casos acima indicados, independentemente do entendimento que se tenha sobre estar diante de uma *etapa* a mais de um *mesmo* processo ou de um *novo* processo que tem início, a atuação do Estado-juiz faz-se necessária e indispensável.

Independentemente de se tratar de algo novo ou não, *processo* há e, como tal, faz-se mister verificar em que medida a atuação jurisdicional *existe* juridicamente e pode se desenvolver *validamente*, surtindo seus regulares efeitos, isto é, em que medida estão devidamente preenchidos os pressupostos processuais.

É o que ocupam os números seguintes, na perspectiva da análise da competência e da petição inicial e de seus efeitos. Também é importante trazer para o mesmo contexto de exposição a análise das decisões a serem proferidas ao longo do processo enquanto voltado à concretização da tutela jurisdicional executiva e de seus respectivos recursos. Como todo *processo* pressupõe determinada organização de seus atos, o *procedimento*, há, como fecho, breve aceno ao tema, que conduz à razão de ser da proposta de trabalho das Partes III a V deste volume.

2. COMPETÊNCIA

A competência para a execução é regulada nos Livros I e II da Parte Especial do Código de Processo Civil, dando a impressão de existirem regras inconciliáveis, sobre o tema caso a concretização da tutela jurisdicional executiva se baseie em título executivo *judicial* (art. 516) ou em título executivo *extrajudicial* (art. 781). É importante entender tais regras como integrantes de um mesmo *sistema processual civil* e que, por isso mesmo, devem ser aplicadas em sua interpretação contextualizada, levando em conta, inclusive, o que a respeito do tema está disciplinado na Parte Geral do Código de Processo Civil. É o que decorre suficientemente da interpretação conjunta do *caput* do art. 513 e do art. 771.

A demonstração do acerto dessa afirmação convida à exposição separada de cada um daqueles dispositivos.

2.1 Competência na etapa de cumprimento de sentença

O art. 516 ocupa-se com a disciplina da competência para a etapa de cumprimento de sentença – e, em rigor, para a de liquidação –, alcançando as hipóteses que também justificam a *citação* do executado nos termos do § 1º do art. 515.

O requerimento a que alude o § 1º do art. 513, quando trata do cumprimento *definitivo* da sentença, tanto quanto o requerimento do inciso I do art. 520, que se refere ao cumprimento *provisório* da sentença, deve ser apresentado ao juízo competente, objeto da disciplina do art. 516.

O dispositivo não traz nenhuma alteração substancial quando comparado com seu antecessor, o art. 475-P do CPC de 1973, este sim, a seu tempo, quando introduzido pela Lei n. 11.232/2005, verdadeiramente inovador[2].

Segundo o art. 516, os Tribunais são competentes para o cumprimento de sentença nas causas de sua competência *originária* (art. 516, I), sendo indiferente a interposição (e julgamento) de eventuais recursos para outros Tribunais[3].

A mais comum das hipóteses, contudo, é a prevista no inciso II do art. 516: competente para a etapa de cumprimento de sentença é o juízo que decidiu a causa no primeiro grau de jurisdição, previsão que evidencia que a competência *recursal* eventualmente exercida pelos Tribunais com relação à decisão que fundamenta a etapa de cumprimento (o título executivo) não interfere no reconhecimento da sua competência *também* para aquela etapa, até porque se trata do *mesmo* processo[4].

O inciso III do art. 516 relaciona-se às hipóteses do § 1º do art. 515: em se tratando de cumprimento de sentença baseado em sentença penal condenatória (art. 515, VI), sentença arbitral (art. 515, VII) ou decisão estrangeira (art. 515, VIII e IX), competente é o juízo cível respectivo, devendo as regras genéricas que o Código de Processo Civil traz em seus arts. 42 a 66, que correspondem ao Título III do Livro II de sua Parte Geral, ser observadas para identificá-lo, sem prejuízo, evidentemente do *prévio* (e necessário) esgotamento dos casos em

---

2. Para essa constatação, v., contemporaneamente à Lei n. 11.232/2005, os seguintes autores: Arruda Alvim, Araken de Assis e Eduardo Arruda Alvim, *Comentários ao Código de Processo Civil*, p. 737, e Nelson Nery Junior e Rosa Maria de Andrade Nery, *Código de Processo Civil Comentado e legislação extravagante*, p. 939. O autor deste *Curso* voltou-se ao tema em seu *A nova etapa da reforma do Código de Processo Civil*, v. 1, p. 199.

3. Nesse mesmo sentido é a doutrina de Arruda Alvim, *Novo contencioso cível no CPC/2015*, p. 356, seguida por José Rogério Cruz e Tucci, *Comentários ao Código de Processo Civil*, v. VII, p. 271.

4. Expresso, no ponto, é o entendimento de José Rogério Cruz e Tucci, Comentários ao Código de Processo Civil, v. VII, p. 271. O autor deste também já havia se pronunciado nesse sentido em seu *Manual de direito processual civil*, p. 501-502, e em seu *Novo Código de Processo Civil anotado*, p. 497. Antes do CPC de 2015 era o entendimento sustentado pelo n. 2.1 do Capítulo 2 da Parte I do v. 3 das edições anteriores deste *Curso*.

que a própria Constituição Federal e as Constituições dos Estados estabeleçam regras de competência[5].

A esse respeito, cabe evidenciar que, no caso da decisão estrangeira, há a expressa previsão do inciso X do art. 109 da Constituição Federal, a impor a competência da justiça federal em detrimento da justiça estadual, sendo indiferente a ausência da União Federal ou de qualquer pessoa ou entidade federal em um dos polos do processo[6].

Uma última palavra acerca do *caput* do art. 516: o inciso III do dispositivo, ao tratar dos casos em que o processo terá início para o cumprimento de título executivo judicial formado em outro ambiente jurisdicional que não o cível, faz menção ao Tribunal Marítimo. A explicação é simples. O rol do art. 515 continha, originalmente, um décimo inciso, que previa os acórdãos proferidos por aquele Tribunal como títulos executivos judiciais. O dispositivo foi objeto de veto presidencial, tornando inócua, por isso, a previsão sobre a competência que o dispositivo aqui destacado a ele fazia[7].

2.2.1 Opções do exequente

O parágrafo único do art. 516 permite que o exequente opte por juízo diverso daqueles indicados pelos incisos II e III do *caput*.

As alternativas que lhe são apresentadas são as seguintes: o do atual domicílio do executado, o juízo do local onde se encontrem os bens sujeitos à execução ou, ainda, o juízo onde deva ser satisfeita a obrigação de fazer ou de não fazer.

Nestes casos, completa a parte final do dispositivo, a remessa dos autos do processo será solicitada ao juízo de origem. A solicitação deve ser feita pelo juízo que vier a apreciar o requerimento para início da etapa de cumprimento com base em uma das possibilidades do dispositivo formulado pelo exequente[8].

---

5. O estudo da competência, com efeito, não deve ter início no Código e nem nas leis processuais, mas na própria Constituição. É uma das diversas facetas do "modelo constitucional do direito processual civil". Para o tema, v. do Autor, as edições anteriores ao CPC de 2015 deste *Curso*, v. 2, t. I, n. 3, do Capítulo 1 da Parte I e, mais recentemente, seu *Manual de direito processual civil*, p. 143.
6. O Enunciado n. 440 do FPPC estendeu o dispositivo também para as hipóteses de execução de decisão interlocutória estrangeira após a concessão do *exequatur* à carta rogatória nos seguintes termos: "O art. 516, III e o seu parágrafo único aplicam-se à execução de decisão interlocutória estrangeira, após a concessão do *exequatur* à carta rogatória". A orientação merece ser prestigiada.
7. Welder Queiroz dos Santos (*Comentários ao Código de Processo Civil*, p. 746) refere-se àquela específica previsão como sem eficácia, recordando, pertinentemente, a impossibilidade constitucional do veto parcial de artigo, parágrafo, inciso ou alínea (art. 66, § 2º, da CF), que seria necessário para harmonizar o texto do dispositivo aqui comentado com o do inciso X do art. 515.
8. Nesse sentido: STJ, 2ª Seção, CC 101.139/DF, rel. Min. Fernando Gonçalves, j. un. 16-2-2009, *DJe* 4-3-2009, e STJ, 2ª Turma, REsp 1.119.548/PR, rel. Min. Castro Meira, j. un. 1º-9-2009, *DJe* 14-9-2009.

Nada impede, contudo, que o próprio exequente se manifeste perante o juízo de origem naquele sentido e requeira o envio dos autos para o juízo competente, indicando ocorrer ao menos uma das hipóteses previstas no parágrafo único do art. 516.

A regra, ao estabelecer a *concorrência eletiva de foros*, é altamente salutar porque, ao autorizar o exequente a pretender concretizar a tutela jurisdicional executiva em foro diverso do de origem, tem condições de colocá-lo mais perto do próprio executado ou, o que é mais importante, dado o princípio da *patrimonialidade* da execução, dos bens que responderão pela dívida. Com a remessa dos autos para outro juízo, dispensa-se a necessidade de expedição das sempre custosas e demoradas "cartas precatórias" (arts. 845 e 914)[9].

O dispositivo não viola a regra do art. 43, a chamada *perpetuatio jurisdictionis* porque a excepciona validamente. O parágrafo único do art. 516 é regra inspirada em ordem pública, de racionalizar as atividades executivas ao reconhecer competência *concorrente* aos juízos das localidades em que se encontram os bens a serem expropriados.

Não há como afastar aprioristicamente, em ambos os casos, que haja eventual conflito positivo ou negativo entre os juízos (art. 66) a ser solucionado com observância das regras dos arts. 951 a 959 perante o Tribunal competente para dirimi-lo, que também será identificado a partir da devida análise do modelo constitucional[10].

Eventual questionamento do executado à escolha do exequente, a ser apresentado em sede de impugnação (art. 525, § 1º, VI), repousa na não ocorrência dos fatos autorizadores da alteração permitida pelo parágrafo único do art. 516. Não deve ser aceito o questionamento porque o executado externa sua preferência sobre sofrer os atos voltados à concretização da tutela jurisdicional executiva em comarca ou seção judiciária diversa daquela escolhida, dentre as opções legais, pelo exequente. Desde que presente um dos elementos autorizadores da incidência da norma, o executado *deve* sujeitar-se à *escolha* do exequente, tanto quanto o órgão jurisdicional[11]. É este o significado de se criar, como a lei aqui, inequivocamente, criou, foros *concorrentes* para a etapa de cumprimento de sentença, diversos do juízo perante o qual se formou o título executivo judicial. A regra quer favorecer quem é beneficiário do título executivo, o exequente, e não quem sofre a prática dos atos executivos, o executado.

Em se tratando de critérios identificados à "competência relativa", é vedada a atuação oficiosa do juízo para infirmar a opção do exequente. Assim é que não compete ao juízo de origem recusar a remessa dos autos. A recusa só pode se justificar quando for impertinente ou infundado o requerimento formulado pelo exequente, isto é, quando o pedido for rejei-

---

9. Embora expedida à época do CPC de 1973, bem ilustra o acerto do quanto afirmado no texto a lembrança da Súmula 70 do TJSP, assim enunciada: "Em execução de alimentos, prevalece sobre a competência funcional do Juízo em que formado o título executivo judicial, a competência territorial do domicílio do credor da prestação alimentar excutida, com vistas à facilitação do acesso à justiça".

10. Nesse sentido: STJ, 1ª Seção, CC 159.326/RS, rel. Min. Assusete Magalhães, j.un. 13-5-2020, *DJe* 21-5-2020.

11. Nesse sentido: STJ, 3ª Turma, 1.776.382/MT, rel. Min. Nancy Andrighi, j.un. 3-12-2019, *DJe* 5-12-2019.

tado. Caso contrário, o juízo de origem deve determinar a remessa dos autos e o juízo de destino deve recebê-los, processando os atos executivos a partir daquele instante.

Havendo mais de um exequente, é correto entender que eventuais deslocamentos de competência com fundamento no parágrafo único do art. 516 dependem do consenso entre eles[12].

A qual domicílio se refere a lei? Ao domicílio residencial ou ao profissional, dada a distinção que, a esse respeito, faz o art. 72 do Código Civil? A leitura da regra civil dá a entender que só se pode cogitar do domicílio profissional (ou da pluralidade deles, consoante disciplina o parágrafo único do dispositivo) "quanto às relações concernentes à profissão". Se assim é, para os fins da lei *civil*, não há razão para ser diverso no plano do *processo civil*.

Uma outra indagação: é possível cogitar da aplicação do parágrafo único do art. 516 quando frustrada a localização de bens na comarca (ou seção judiciária) em que teve início a execução? A resposta é positiva, não obstante a salutar regra do § 1º do art. 845 que autoriza a realização da penhora (de imóvel) independentemente de carta precatória quando o exequente apresentar certidão atualizada de imóvel ao "juízo da execução". Nesse sentido, o envio dos autos ao juízo em que se localizam os bens a serem penhorados dispensa a expedição de ulterior "carta precatória" para avaliação e alienação por hasta pública. O envio, todavia, depende de prévio requerimento do exequente.

Nestas condições, o requerimento de envio dos autos para outro foro tem lugar desde que possam ter início os atos executivos com a penhora dos bens do executado. Os autos têm tudo para assumir verdadeiro caráter *itinerante*, a exemplo do que o art. 262 reserva para as "cartas precatórias", em busca de melhor realização do princípio da patrimonialidade da execução.

Outra dúvida diz respeito à fixação da competência para julgamento da "impugnação" ou dos "embargos à execução". À falta de regra diversa, deve prevalecer o disposto no § 2º do art. 914.

O parágrafo único do art. 516, compreendido na larga dinâmica proposta pelos parágrafos anteriores, deve ser aplicado *também* nos casos em que se verifica a *conversão* da tutela *específica* (de fazer, não fazer ou entregar coisa) em tutela *genérica*, meramente reparatória, legitimando-se o exequente a perseguir o valor das perdas e danos da obrigação. Como, nestes casos, há uma verdadeira alteração no *objeto mediato* da postulação, nada mais coerente que admitir, ao exequente, que requeira a remessa dos autos a um novo juízo para viabilizar uma mais racional execução sobre o patrimônio do executado.

2.2.2 Competência na execução fundada em título extrajudicial

O art. 781 trata da identificação do juízo competente para a execução. Ele espelha e desenvolve as regras de competência para o cumprimento de sentença, em especial as do

12. É o que consta do Enunciado n. 36 do TJMG, assim redigido: "O deslocamento de competência, na hipótese de haver mais de um exequente, somente será aplicado se houver consenso entre eles".

parágrafo único do art. 516, inclusive no que diz respeito à criação de foros concorrentes a serem escolhidos pelo exequente consoante o caso.

Assim é que: (i) a execução poderá ser proposta no foro de domicílio do executado, de eleição constante do título executivo extrajudicial – novidade expressada em relação ao CPC de 1973 – ou, ainda, de situação dos bens a ela sujeitos; (ii) tendo mais de um domicílio, o executado poderá ser demandado no foro de qualquer deles; (iii) sendo incerto ou desconhecido o domicílio do executado, a execução poderá ser proposta no lugar onde for encontrado ou no foro de domicílio do exequente; (iv) havendo mais de um devedor, com diferentes domicílios, a execução será proposta no foro de qualquer deles, à escolha do exequente; e (v) a execução poderá ser proposta no foro do lugar em que se praticou o ato ou em que ocorreu o fato que deu origem ao título, mesmo que nele não mais resida o executado.

Em função do disposto no art. 771, é inegável que as variantes do parágrafo único do art. 516 e, consequentemente, a possibilidade de formulação de pedido de reenvio dos autos ao longo do processo voltado à concretização da tutela jurisdicional executiva fundamentada em títulos executivos extrajudiciais é pertinente e deve observar as mesmas considerações do número anterior[13].

3. PETIÇÃO INICIAL

A prática dos atos jurisdicionais executivos depende de pedido do exequente. A jurisdição não é (e nem pode ser) prestada de ofício, como demonstra o n. 2.2.6 do Capítulo 4 da Parte I do v. 1, ao abordar as suas características.

É comum falar em "petição inicial" da execução. O costume se deve ao entendimento, largamente generalizado, de que as atividades jurisdicionais executivas reclamavam sempre e em qualquer caso um novo e diferente *processo* e uma nova e diferente *ação*, mesmo nos casos em que se tratasse de execução de título *judicial*. Este *Curso* recusa a possibilidade de generalização do entendimento.

Isso não infirma, contudo, a percepção de que a "petição inicial" aqui examinada deve ser compreendida como a exteriorização da manifestação do exequente de concretização da tutela jurisdicional executiva, assim entendido o pedido de que o Estado-juiz atue em prol da satisfação do direito retratado no título executivo. É aquela petição, como qualquer outra de sua espécie, que romperá a inércia da jurisdição e dará início ao processo vocacionado àquele fim. Trata-se, em suma, do pedido que o exequente faz ao Estado-juiz para que lhe seja concretizada a tutela jurisdicional executiva reconhecida suficientemente no título executivo com a prática de atos jurisdicionais executivos que se voltam à satisfação do direito e

13. Já era esta a proposta do n. 2 do Capítulo 2 da Parte I do v. 3 deste *Curso*, em suas edições anteriores ao CPC de 2015.

não ao seu mero reconhecimento. É importante insistir: em se tratando de *concretização* de tutela jurisdicional executiva, há pressuposição, suficientemente constante do título executivo, de quem tem *o* direito aplicável à espécie.

Não obstante a dicotomia feita pelo Código de Processo Civil entre cumprimento de sentença e processo de execução, cabe fazer análise conjunta dos arts. 798 a 802, que se ocupam do assunto, sem prejuízo das observações específicas que, a seu tempo, serão apresentadas. Até porque, mesmo que se queira recusar que o início do cumprimento de sentença dependa de uma petição *inicial* já que se trata de processo em curso, no qual a jurisdição já foi retirada de sua inércia por uma petição daquela espécie, não é menos certo que o *requerimento* a ser elaborado pelo exequente para aquele fim deve observar as diretrizes daqueles mesmos dispositivos, que complementam as regras extraíveis dos arts. 513, 523 e 524. Independentemente do nome que se dá àquela manifestação processual, é ela indispensável para que o exequente exteriorize a sua vontade atual de dar início à etapa de cumprimento de sentença.

A petição inicial, dirigida ao juízo competente (arts. 516 e 781), deverá, como exige o inciso I do art. 798, ser instruída com os seguintes elementos:

(i) Título executivo extrajudicial, que pode, até mesmo, ser apresentado em cópia *digital*, em atenção ao disposto ao § 2º do art. 425, caso em que o magistrado poderá determinar o depósito do original em cartório ou secretaria. Se o exequente fizer referência a mais de um título executivo, todos deverão ser apresentados com a petição inicial. O dispositivo, não obstante a sua redação, também se aplica aos casos de execuções fundadas em título *judicial* toda vez que o título executivo não estiver nos mesmos autos do processo em que ele se formou. São as hipóteses dos incisos VI a IX do art. 515. Nos demais casos, é suficiente que seja indicado o título executivo já constante dos autos.

(ii) Demonstrativo do débito atualizado até a data de propositura da ação, quando se tratar de execução por quantia certa. O demonstrativo deve observar as exigências do art. 524 e do parágrafo único do art. 798, que merecem ser interpretados como uma regra só.

(iii) Prova de que se verificou a condição ou ocorreu o termo, se for o caso e (iv) prova, se for o caso, de que adimpliu a contraprestação que lhe corresponde ou que lhe assegura o cumprimento, se o executado não for obrigado a satisfazer a sua prestação senão mediante a contraprestação do exequente. Essas duas exigências são relativas à demonstração da *exigibilidade* da obrigação.

Cabe ao exequente também indicar, em conformidade com o inciso II do art. 798: (i) a espécie de execução de sua preferência, quando por mais de um modo puder ser realizada; (ii) os nomes completos do exequente e do executado e seus números de inscrição no CPF ou no CNPJ, conforme o caso e, tratando-se de execução por quantia certa; e (iii) os bens suscetíveis de penhora, sempre que possível[14].

---

14. O inciso VII do art. 524 repete a regra no âmbito do cumprimento de sentença.

Em complementação, o art. 799 impõe ao exequente a *intimação* de determinadas pessoas que mantêm algum vínculo de direito real com os bens sujeitos à execução ou a serem indicados à penhora. É o caso do credor pignoratício, hipotecário, anticrético ou fiduciário (inciso I); do titular de usufruto, uso ou habitação (inciso II); do promitente comprador (inciso III); do promitente vendedor (inciso IV); do superficiário, enfiteuta ou concessionário (inciso V); do proprietário de terreno com regime de direito de superfície, enfiteuse, concessão de uso especial para fins de moradia ou concessão de direito real de uso (inciso VI); do titular da construção-base, bem como, se for o caso, do titular de lajes anteriores, quando a penhora recair sobre o direito real de laje (inciso X), e do titular das lajes, quando a penhora recair sobre a construção-base (inciso XI)[15].

Também deverá ser intimada a sociedade no caso em que o exequente pretende penhorar quotas sociais ou ações para que seus sócios possam exercer o direito de preferência com relação a eventual adjudicação (art. 799, VII).

As intimações previstas nos incisos I a VI, X e XI, do art. 799 são necessárias para viabilizar, no plano do processo, a realização de direitos que, desde o plano material, são assegurados às pessoas indicadas naqueles incisos[16]. Por isso mesmo é que se trata de mera *intimação*, sendo descabida a *citação* daqueles sujeitos para participarem do processo como *partes*[17]. Sua ausência é causa de *ineficácia* da alienação dos bens em relação a elas (arts. 804 e 903, § 1º). Não há razão para deixar de aplicar à sociedade e aos seus sócios o mesmo regime de ineficácia no descumprimento do disposto no inciso VII do art. 799.

É correto entender que as intimações exigidas pelos incisos I a VII, X e XI, do art. 799 não precisam necessariamente ser requeridas pelo exequente em sua petição inicial, a despeito de sua previsão. Pode acontecer de somente ao longo do processo, quiçá somente após a penhora do bem, seja constada a necessidade da intimação, quando deverá ser providenciada.

O exequente também poderá pleitear medidas urgentes (art. 799, VIII), hipótese em que o arsenal dos arts. 297 e 301 será bastante útil, mormente com relação às medidas *cautelares*,

---

15. Os incisos X e XI do art. 799 foram introduzidos pela Lei n. 13.465, de 11 de julho de 2017, que, dentre outras tantas providências, criou, no Código Civil, um novo direito real, a "laje", como se pode ver do novel inciso XIII de seu art. 1.225, passando a admitir que o proprietário de uma construção-base ceda a superfície superior ou inferior de sua construção para que o titular da laje mantenha unidade distinta daquela originalmente construída sobre o solo (art. 1.510-A do Código Civil, também incluído pela Lei n. 13.465/2017). Trata-se de lei que resulta de conversão de Medida Provisória que a antecedeu (Medida Provisória n. 759/2016) e que a macula na perspectiva de violação expressa da vedação constante do art. 62, § 1º, I, *b*, da CF. A superação de sua indiscutível inconstitucionalidade formal só se justifica diante da construção sistemática que acaba por albergar, no plano do direito processual civil, as intimações que passaram a ser exigidas expressamente por aqueles dispositivos.
16. Correta, por isso mesmo, a diretriz do Enunciado n. 97 da I Jornada de Direito Processual Civil do CJF: "A execução pode ser promovida apenas contra o titular do bem oferecido em garantia real, cabendo, nesse caso, somente a intimação de eventual coproprietário que não tenha outorgado a garantia".
17. A respeito, v.: STJ, 3ª Turma, REsp 1.649.154/SC, rel. Min. Nancy Andrighi, j.un. 3-9-2019, *DJe* 10-10-2019.

que visam ao asseguramento do resultado útil do processo e efetivar a averbação em registro público do ato de propositura da execução – isto é, de protocolo da petição inicial nos termos do art. 312 – e dos atos de constrição a serem realizados para conhecimento de terceiros (inciso IX do art. 799) iniciativa que, no particular, independe de autorização judicial[18]. A iniciativa, regulada pelo art. 844, quer impedir ou, quando menos, dificultar a ocorrência da fraude à execução, estabelecendo marco objetivo para fins de ciência de terceiros e distinção entre os de boa ou de má-fé.

Importa salientar que também as providências previstas nesses dois incisos *não* precisam ser requeridas já com a petição inicial. É direito do exequente, consoante o desenvolvimento do processo e as necessidades que se apresentem, requerê-las (no caso do inciso VIII) ou providenciá-las (no caso do inciso IX).

A petição inicial, mesmo quando se tratar de cumprimento de sentença, deve ser submetida à análise prévia do magistrado. Também aqui é correto identificar um juízo de admissibilidade positivo, um neutro e um negativo.

O art. 801 ocupa-se, expressamente, com o juízo *neutro* de admissibilidade, admitindo a sua emenda no prazo de quinze dias (úteis). É irrecusável a aplicação subsidiária do art. 321, no sentido de impor ao magistrado que indique ao exequente o que está incompleto no pedido ou quais documentos indispensáveis estão faltando.

O art. 802 trata do juízo *positivo* de admissibilidade da inicial. O despacho que ordena a citação interrompe a prescrição (que retroagirá à data da propositura, isto é, do protocolo da inicial, consoante o art. 312), ainda que proferido por juízo incompetente (absoluta ou relativamente). Para tanto, é mister que o exequente tome as providências que a ele competir no prazo de dez dias para viabilizar aquele ato de comunicação (art. 240, § 2º). Quando se tratar de pedido voltado à concretização da tutela jurisdicional executiva baseada em título executivo *judicial*, a *intimação* exigida pelo § 2º do art. 513 deve observar a mesma regra, sendo correto entender que ela é o bastante para afastar qualquer discussão sobre a ocorrência de prescrição intercorrente. Nos casos alcançados pelo § 1º do art. 515, a incidência do art. 802 tem também plena aplicação.

Cabe lembrar, ademais, que as regras a serem observadas para a realização da *citação* são as previstas nos arts. 238 a 259, não subsistindo, no CPC de 2015, a vedação da citação pelo correio em tais casos[19].

O inciso II do art. 803 rotula de nula a execução "se o executado não for regularmente citado", orientação que trespassa todo o sistema processual civil, sendo correto entender que,

18. Nesse sentido é o Enunciado n. 104 da I Jornada de Direito Processual Civil do CJF: "O fornecimento de certidão para fins de averbação premonitória (art. 799, IX, do CPC) independe de prévio despacho ou autorização do juiz".

19. Nesse sentido é o Enunciado n. 85 da I Jornada de Direito Processual Civil do CJF: "Na execução de título extrajudicial ou judicial (art. 515, § 1º, do CPC) é cabível a citação postal".

em rigor, a ausência de citação é caso de *inexistência* jurídica do processo e não de *nulidade*. O comparecimento espontâneo do executado, mesmo nestes casos, contudo tem o condão de convalidar o vício, não obstante sua gravidade, viabilizando, inclusive, o exercício de sua (ampla) defesa (art. 239, § 1º).

À falta de regras específicas sobre o juízo *negativo* de admissibilidade, prevalecem as genéricas do art. 330 (indeferimento da petição inicial), como, embora de forma tímida, refere-se o inciso I do art. 924 e, até mesmo, a do art. 332 sobre a improcedência liminar do pedido, ao menos nos casos em que o magistrado, *após o devido contraditório com o exequente*, entender que há prescrição ou decadência do direito reclamado no título executivo.

3.1 Cumulação de pedidos

É possível a cumulação de pedidos na petição inicial em que o exequente pleiteia o início dos atos destinados à concretização da tutela jurisdicional executiva.

O art. 780 refere-se expressamente à hipótese quando admite a cumulação de "várias execuções, ainda que fundadas em títulos diferentes, quando o executado for o mesmo e desde que para todas elas seja competente o mesmo juízo e idêntico o procedimento"[20].

A ressalva final do dispositivo é significativa da necessidade de identidade *procedimental* dos atos executivos a serem praticados, sem a qual é inviável o atingimento do princípio da eficiência processual, que justifica o instituto.

O art. 800, parelho ao art. 325, cuida de haver cumulação *imprópria* de pedidos, ao disciplinar, no âmbito da execução, as "obrigações alternativas", isto é, aquelas que aceitam seu cumprimento por diversas formas.

De acordo com o dispositivo, quando a escolha for do executado, ele será citado (ou só *intimado* se já tiver sido citado anteriormente) para exercer a opção *e* para cumprir a obrigação no prazo de dez dias (úteis), a não ser que outro prazo esteja fixado no título. O silêncio do executado no decêndio autoriza o exequente a fazer a escolha (art. 800, § 1º). Na hipótese de a escolha caber ao exequente, deverá ele declíná-la com a inicial (art. 800, § 2º). Se a escolha couber a terceiro, o que encontra previsão no art. 252 do Código Civil[21], o exequente deverá requerer a sua *intimação* para que seja ela seja exercida.

---

20. A regra, que não traz nenhuma alteração substancial em relação ao art. 573 do CPC de 1973, seu congênere naquele Código, harmoniza-se também com o quanto já estabelecia a Súmula 27 do STJ assim enunciada: "Pode a execução fundar-se em mais de um título extrajudicial relativos ao mesmo negócio".

21. Que tem a seguinte redação: "Nas obrigações alternativas, a escolha cabe ao devedor, se outra coisa não se estipulou. § 1º Não pode o devedor obrigar o credor a receber parte em uma prestação e parte em outra. § 2º Quando a obrigação for de prestações periódicas, a faculdade de opção poderá ser exercida em cada período. § 3º No caso de pluralidade de optantes, não havendo acordo unânime entre eles, decidirá o juiz, findo o prazo por este assinado para a deliberação. §4º Se o título deferir e opção a terceiro, e este não quiser, ou não puder exercê-la, caberá ao juiz a escolha se não houver acordo entre as partes".

Se houver várias execuções voltadas ao mesmo executado, a reunião dos diversos processos perante o mesmo juízo não é obrigatória, já que, em rigor, não há, na hipótese, risco de proferimento de decisões conflitantes entre si, diferentemente do que ocorre na etapa cognitiva do processo[22].

3.2 Elementos da postulação

Outra categoria que pode e deve ser verificada desde o exame da "petição inicial" pelo magistrado é a relativa aos chamados elementos da ação ou, como prefere este *Curso*, elementos da *demanda* ou da *postulação*.

Importa para cá verificar as partes, a causa de pedir (a razão pela qual se faz necessário o pedido de tutela jurisdicional, fortemente influenciado, se não absorvido, pelo exame do título executivo e pela demonstração do *inadimplemento* da obrigação nele retratada) e o pedido de tutela jurisdicional a recair sobre qual bem da vida, que caracteriza cada pedido de concretização de tutela jurisdicional executiva especificamente formulado, para definir sua identidade parcial ou total com outros pedidos e verificar, consequentemente, a necessidade de sua reunião ou a extinção de uma delas.

Mesmo para aqueles que recusam haver julgamento relativo ao pedido de concretização da tutela jurisdicional executiva e, consequentemente, desnecessária a reunião de execuções idênticas ou semelhantes pela inviabilidade de qualquer contradição entre elas – fenômenos concebíveis, de acordo com muitos, apenas na *impugnação* ou nos *embargos à execução* –, a repetição de um pedido de concretização de tutela jurisdicional executiva já anteriormente rejeitado afeta, inexoravelmente, o *interesse de agir* do exequente, que deverá levá-lo a uma renovada rejeição com fundamento no inciso VI do art. 485.

3.3 Certidão de "admissibilidade da execução"

Com a finalidade de criar maior segurança ao exequente contra as chamadas fraudes à execução reguladas pelo art. 792, o art. 828 admite a expedição de certidão comprobatória do juízo de admissibilidade positivo da petição inicial do pedido de concretização da tutela jurisdicional executiva.

A certidão, que indicará as partes e o valor da causa, tem como finalidade a "averbação no registro de imóveis, de veículos ou de outros bens sujeitos a penhora, arresto ou indisponibilidade" da admissibilidade da execução.

22. Nesse sentido, é pertinente, como diretriz interpretativa, a lembrança da Súmula 515 do STJ, ainda que seu enunciado se refira tão somente a execuções fiscais: "A reunião de execuções fiscais contra o mesmo devedor constitui faculdade do Juiz".

A finalidade da regra é permitir que terceiros tenham ciência do pedido de concretização da tutela jurisdicional executiva – providência suficientemente garantida pela averbação nos registros destacados – e, com isso, serem reduzidos casos de fraude à execução que envolvam terceiros de boa-fé que, por qualquer razão, poderiam se mostrar interessados na aquisição do patrimônio do executado.

A experiência mostra que, nas negociações privadas, é providência bastante comum a obtenção das mais diversas certidões do alienante do bem a ser adquirido. O objetivo destas certidões é sempre o mesmo: viabilizar o conhecimento sobre se há algum processo contra o alienante, verificar a existência de protestos ou, em termos mais técnicos para a exposição presente, verificar se, no momento da alienação, há, ou não, quadro de insolvência que possa vir a comprometer, em alguma medida, a legitimidade do negócio jurídico, nem que seja em termos de sua *ineficácia* diante de uma específica execução.

A providência, posto ser habitualíssima, tende a ser inócua muitas vezes. Basta imaginar a situação da negociação dar-se em foro diverso do que tem trâmite a "execução". É nesse sentido que o art. 828 ganha maior interesse. Como ele permite a averbação no registro do próprio bem, é a partir do exame do seu específico registro que o adquirente, terceiro em relação ao processo, terá condições de verificar o risco do negócio e a possível insolvência do alienante (devedor, executado). Sentindo-se seguro, ofertadas e constatadas garantias de que a alienação daquele bem não compromete sua solvabilidade perante outros credores, o negócio poderá ser feito com apreciável margem de segurança. Caso contrário, não. É este o objetivo da regra: criar condições seguras e objetivas de que não haja circulação indevida do patrimônio do executado sobre o qual vai recair a execução, mais propriamente, a prática dos atos executivos de expropriação. É uma das múltiplas aplicações do princípio da *patrimonialidade*.

A pesquisa positiva quanto a eventuais averbações, contudo, não afasta a possibilidade de o adquirente negociar a aquisição do bem em conjunto com o exequente e o executado. Trata-se de iniciativa que, em plena harmonia com a ampla diretriz do art. 3º, pode ser suficiente para, a um só tempo, impedir a prática de qualquer ato ilícito em relação à concretização da tutela jurisdicional executiva e, ao mesmo tempo, permitir o pagamento da dívida e a satisfação dos interesses do terceiro.

3.3.1 O "ajuizamento da execução"

O *caput* do art. 828 dispõe que a certidão a ser obtida pelo exequente é comprobatória da "execução admitida".

A expressão destacada entre aspas corresponde à determinação de citação do executado, superada, portanto, eventual determinação de emenda nos termos do art. 801.

No âmbito do cumprimento de sentença, nos casos em que a citação é desnecessária, a correspondência deve se dar à determinação da intimação do executado.

Não há razão para entender que a certidão depende de deferimento do magistrado, sendo ato eminentemente cartorário, meramente documental do recebimento da inicial.

Nesse sentido, a certidão prevista no art. 828 se distancia de outras medidas que o exequente pode adotar antes daquele instante e que pressupõem, apenas e tão somente, a sua iniciativa de formular o pedido de concretização da tutela jurisdicional executiva[23].

3.3.2 Uma faculdade para o exequente

A obtenção da certidão e eventuais averbações são mera *faculdade* do exequente. Nada há no art. 828, muito pelo contrário, que possa justificar entendimento diverso. Trata-se, por expressa disposição de lei, como se lê no *caput* do art. 828, de mera *faculdade* que a lei reconhece ao exequente. É direito seu obter a certidão, mas a sua obtenção, bem assim o seu uso, é opção do próprio exequente.

Essa interpretação fica ainda mais robustecida quando examinada a partir da finalidade da regra e, mais ainda, quando se constata que o art. 828 deve ser interpretado apenas como *um* dos variados casos de fraude à execução.

Ademais, pode ser que o exequente, por outros mecanismos, alcance a mesma finalidade do art. 828. É o que ocorre nos casos em que o exequente se tenha valido da "hipoteca judiciária" a que se refere o art. 495, que tenha protestado o próprio título executivo (art. 517 e art. 528, § 1º) ou, ainda, que tenha efetivado a negativação do nome do executado (art. 782, §§ 3º a 5º), sendo indiferente, no particular, que o pedido de concretização da tutela jurisdicional executiva encontre fundamento em título executivo judicial ou extrajudicial[24].

Os §§ 3º a 5º do art. 782, de resto, não inibem que o próprio exequente, independentemente de autorização do magistrado, ou que os próprios órgãos de proteção ao crédito tomem a iniciativa de negativar o nome do devedor, situações que ocorrem no plano material[25] e que, em rigor, independem da autorização veiculada naqueles dispositivos[26]. A negativação autorizada por aqueles dispositivos, outrossim, independe de prévia recusa dos órgãos de proteção ao crédito[27].

---

23. E, justamente por isso se afasta do que, para a hipótese, merecia ser extraído do art. 615-A do CPC de 1973, nele incluído pela Lei n. 11.382/2006, como demonstrava o n. 4.2 do Capítulo 2 da Parte I do v. 3 das edições deste *Curso* anteriores ao CPC de 2015 e, antes, do autor deste *Curso, A nova etapa da reforma do Código de Processo Civil*, v. 3, p. 45-46.

24. É a orientação do Enunciado n. 99 da I Jornada de Direito Processual Civil do CJF: "A inclusão do nome do executado em cadastros de inadimplentes poderá se dar na execução definitiva de título judicial ou extrajudicial".

25. Correta, por isso mesmo, a Súmula 17 do TJSP: "A prescrição ou perda de eficácia executiva do título não impede sua remessa a protesto, enquanto disponível a cobrança por outros meios".

26. Nesse sentido é o Enunciado n. 98 da I Jornada de Direito Processual Civil do CJF: "O art. 782, § 3º, do CPC não veda a possibilidade de o credor, ou mesmo o órgão de proteção ao crédito, fazer a inclusão extrajudicial do nome do executado em cadastros de inadimplentes".

27. Nesse sentido: STJ, 3ª Turma, REsp 1.835.778/PR, rel. Min. Marco Aurélio Bellizze, j.un. 4-2-2020, *DJe* 6-2-2020.

3.3.3 Elementos da certidão

É ainda o *caput* do art. 828 que dispõe sobre os elementos da certidão.

As partes são o exequente e o executado, tais quais apontados na petição inicial. O valor da causa é o valor dado à execução.

Se o que se lê da petição inicial corresponde ou não à realidade de direito material, externa ao plano do processo, é questão que se põe *a posteriori* e que poderá levar inclusive ao apenamento do exequente como litigante de má-fé e ao dever de indenizar o executado por eventuais danos sofridos.

3.3.4 Averbação e não registro

Uma última consideração sobre o *caput* do art. 828 se justifica. A regra fala em "averbação" e não em "registro".

Averbações, segundo a melhor doutrina, "são lançamentos à margem de registros existentes, destinados a os modificar ou esclarecer, feitas a pedido da parte, por determinação judicial ou, excepcionalmente, de ofício" (...). "Averbar é a ação de anotar, à margem de assento existente, fato jurídico que o modifica ou cancela. É privativa do oficial ou de funcionário autorizado, a ser praticada com tanto cuidado e atenção quanto o próprio registro, do qual é acessório." (...) "A averbação é acessória, em relação ao registro, mas nem por isso deve ser examinada com menor atenção pelo serventuário"[28].

Embora não o faça de forma expressa, é como se o Código de Processo Civil tivesse acrescentado mais uma hipótese ao rol do art. 167, II, da Lei n. 6.015/73, a "Lei dos Registros Públicos", em se tratando de bens imóveis. É o suficiente para que as averbações referidas sejam efetivamente feitas nos registros competentes.

3.3.5 A comunicação da averbação

De acordo com o § 1º do art. 828, o exequente terá o prazo de dez dias da concretização da averbação para comunicá-la ao juízo para o qual foi distribuída a execução.

O decêndio é prazo *material*, de iniciativa exclusiva do exequente, que pode até não praticar a averbação que lhe permite a certidão obtida. É correto entender, portanto, que sua fluência se dá em dias *corridos*, não havendo razão para aplicar o parágrafo único do art. 219.

Se o exequente não comunicar o juízo da averbação, o melhor entendimento é que ela deve ser cancelada, de ofício ou pedido do executado, o que encontra fundamento, embora pouco claro, no § 3º do art. 828, que não encontra paralelo no art. 615-A do CPC de 1973. Pouco claro porque a

---

28. Walter Ceneviva, *Lei dos Registros Públicos comentada*, p. 93, 191 e 322, respectivamente.

textualidade da regra insinua que ela só alcança as hipóteses em que a averbação deva ser cancelada por força da penhora de outros bens suficientes para a satisfação do direito do exequente (art. 828, § 2º), mas é importante encontrar, no próprio Código, uma consequência relevante ao descumprimento de um *dever* do exequente, que é a comunicação das averbações que tenha feito. Não há qualquer impedimento, contudo, para que o exequente, justificando, requeira a dilação de tempo para a prática daquele ato, nos termos do inciso VI e do parágrafo único do art. 139.

A solução sistemática coloca-se no lugar da que era proposta pelas edições deste *Curso* anteriores ao CPC de 2015 em sentido diverso[29]. Mesmo assim, contudo – e em harmonia com o que já era sustentado –, o cancelamento da averbação não significa, necessária e automaticamente, que disposições ilícitas do patrimônio do executado não possam (e não devam) ser consideradas fraudes à execução, ainda que fora da tipologia do inciso II do art. 792.

3.3.6 Cancelamento das averbações

Quando for formalizada a penhora sobre bens suficientes para garantia do pagamento da dívida total, as averbações relativas aos bens não penhorados (e cuja penhora se torna desnecessária) devem ser canceladas por iniciativa do próprio exequente. Para tanto, o § 2º do art. 828 lhe reserva o prazo de dez dias, que também deve fluir em dias corridos, dada a sua natureza *material*[30].

O decêndio começa a fluir da ciência do exequente sobre a formalização da penhora de bens suficientes, independentemente de qualquer determinação judicial específica. Tanto mais correta essa forma de pensar porque o ideal, do ponto de vista do sistema processual civil, é que as averbações relativas à "admissão da execução" cedam lugar a novas averbações, desta feita relativas à penhora, o que encontra fundamento bastante no art. 844. Mantendo-se essa continuidade de averbações – na medida em que elas sejam necessárias e possíveis de serem feitas –, reduz-se ao máximo o risco da aquisição do bem por terceiros de boa-fé.

Ainda que os bens efetivamente penhorados careçam de averbação (é supor, para ilustrar, a efetivação da penhora sobre dinheiro do executado), as averbações feitas anteriormente devem ser canceladas porque sua finalidade resta esvaziada.

Na hipótese de haver averbações não comunicadas e nem canceladas a tempo, o exequente deve responder por eventuais danos em face do executado, no que é claro o § 5º do art. 828, o que não afasta que ele também seja sancionado como litigante de má-fé nos termos do inciso V do art. 80.

Certamente diante desse quadro é que o § 3º do art. 828 autoriza ao magistrado, de ofício, determinar o cancelamento de averbações excessivas ou, como destacado no número anterior, também

29. A referência é feita ao n. 4.5 do Capítulo 2 da Parte I do v. 3 das edições deste *Curso* anteriores ao CPC de 2015.

30. A regra guarda eco na Súmula 548 do STJ ("Incumbe ao credor a exclusão do registro da dívida em nome do devedor no cadastro de inadimplentes no prazo de cinco dias úteis, a partir do integral e efetivo pagamento do débito"), que, todavia, não deve prevalecer diante do prazo e da sistemática de sua fluência tal qual estabelecido pelo CPC de 2015.

nos casos em que, a despeito de sua efetivação, não foram tempestivamente comunicadas ao juízo. É irrecusável que a atuação do magistrado, em quaisquer desses casos, pode se dar em atenção a pedido formulado pelo próprio executado, ouvido, a respeito e previamente, o exequente.

3.3.7 Fraude à execução

De acordo com o § 4º do art. 828, "presume-se em fraude à execução a alienação ou a oneração de bens efetuada após a averbação".

A hipótese do art. 828 é um dos vários casos de fraude à execução, no que é muito claro o inciso II do art. 792 do CPC de 2015[31], suficientemente claro para afastar quaisquer dúvidas em sentido contrário que poderiam ser levantadas, embora sem razão, ao tempo do CPC de 1973[32].

A função da averbação, vale a ênfase, é a de viabilizar a documentação relativa à existência de pedido de concretização da tutela jurisdicional executiva perante os órgãos de registro de determinadas classes de bens. Com tal providência, criam-se condições mais objetivas, quase que imediatas, de que aquele bem não seja adquirido por terceiros de boa-fé e, com isso, evitadas ou, pelo menos, bastante reduzidas as hipóteses de fraude à execução. Não se trata, contudo, de uma nova "condição" ou de uma nova "exigência" para que se verifique, em cada caso concreto, a ocorrência da fraude à execução. Tanto assim que, se o bem alienado pelo executado não for passível de registro (é o que se dá, por exemplo, com um eletrodoméstico ou com um televisor), nem por isso deixará de ocorrer fraude à execução com fundamento no inciso IV do art. 792.

De qualquer sorte, a presunção de ocorrência de fraude à execução só pode ser *relativa*, isto é, presunção que aceita prova em contrário. Não é porque houve alienação do bem em cujo registro havia a averbação que isso, por si só, significa a *ineficácia* daquele ato. Cabe prova em sentido contrário dos interessados, do adquirente (terceiro, em relação à execução) e do próprio executado de que, por exemplo, não obstante a alienação, há, ainda, patrimônio suficiente e disponível para a satisfação do direito reclamado pelo exequente.

De outra parte, dada a função da averbação e a inviabilidade de ela ser confundida com a penhora, sua realização não autoriza o entendimento de que o exequente, não obstante

---

31. Que tem a seguinte redação: "A alienação ou a oneração de bem é considerada fraude à execução: (...) II – quando tiver sido averbada, no registro do bem, a pendência do processo de execução, na forma do art. 828;".

32. Já era esse o entendimento sustentado pelo n. 4.7 do Capítulo 2 da Parte I do v. 3 das edições anteriores ao CPC de 2015 deste *Curso*, onde se lia o seguinte: "A incidência do art. 593 e das hipóteses lá reguladas permanece incólume. A fraude à execução nunca dependeu e continua a não depender da averbação facultada pelo *caput* do art. 615-A. O que o dispositivo cria, bem diferentemente, é que naqueles casos em que se realize, nos registros competentes, a averbação do ajuizamento da execução, há um *novo* e *distinto* caso de fraude à execução. Presume-se fraudulenta a alienação tão só porque a execução foi ajuizada e averbada. Nem que a existência da averbação anterior à alienação ou à oneração sirva, apenas e tão somente, como mais um dado de *prova* para fins de convencimento do magistrado da ocorrência da fraude à execução, a nova regra já terá cumprido suficientemente o seu papel". Os dispositivos mencionados encontram nos arts. 792 e 828 seus pares correspondentes no CPC de 2015.

sua diligência, adquire qualquer espécie de preferência relativa a eventual e futura alienação do bem[33].

3.3.8 Responsabilização do exequente

O § 5º do art. 828 dispõe ser responsável o exequente por averbações manifestamente indevidas ou por não cancelar as averbações nos dez dias estabelecidos pelo § 2º do mesmo dispositivo. O beneficiário é o executado (a "parte contrária"), e o "incidente", de acordo com a regra, deve ser processado em "autos apartados".

A regra afasta a diretriz do § 4º do art. 615-A do CPC de 1973, que permitia ao magistrado a fixação, desde logo, de indenização "não superior a 20% do valor da causa", sem prejuízo da liquidação cabível[34].

O melhor entendimento é o de que cabe ao executado tomar a iniciativa em face do exequente, vedada a atuação oficiosa do magistrado nesse sentido, o que não lhe inibe, contudo, que aplique ao exequente (sempre após a sua prévia oitiva) multa por infração ao dever do inciso V do art. 80.

Para haver indenização a cargo do exequente, é fundamental que o executado comprove ter sofrido prejuízos. Só se indeniza eventual desfalque patrimonial ou moral experimentado por alguém. Sem *dano* e sem que esse dano decorra da averbação manifestamente indevida (nexo causal), não há lugar para qualquer indenização. De resto, a hipótese da lei não é de responsabilidade *objetiva*. Também o elemento *subjetivo* da responsabilidade civil, a culpa ou o dolo, devem-se fazer presentes. Tanto assim que o § 5º do art. 828 se refere a averbação *manifestamente* indevida ou quando o exequente deixar de promover os cancelamentos que lhe cabe.

Comprovados esses elementos – atividades que, de acordo com a regra, deverão ser desenvolvidas em "autos apartados", mas perante o juízo da execução –, o magistrado fixará o *valor* a ser indenizado. Não é errado emprestar à hipótese o *procedimento* da liquidação pelo procedimento comum, dada a necessidade de alegação *e* de prova de fatos novos. A decisão é interlocutória e agravável de instrumento, diante da generalização feita pelo parágrafo único do art. 1.015.

A regra, a exemplo de tantas outras do Código de Processo Civil, exige que o incidente seja processado em autos apartados. Ela deve ser entendida, apenas e tão somente, no senti-

33 Neste sentido: STJ, 4ª Turma, REsp 1.334.635/RS, rel. Min. Antonio Carlos Ferreira, j. un. 19-9-2019, *DJe* 24-9-2019.

34. Era a seguinte a redação daquele dispositivo: "O exequente que promover a averbação manifestamente indevida indenizará a parte contrária, nos termos do § 2º do art. 18 desta Lei, processando-se o incidente em autos apartados".

do de *documentação* dos atos processuais à parte dos atos relativos à execução. E mais do que isso: caso, por qualquer motivo, o incidente não seja "processado" em "autos apartados", disso não decorre nenhuma nulidade, nenhum vício que possa vir a aproveitar ao exequente ou ao executado.

4. SUSPENSÃO DAS ATIVIDADES EXECUTIVAS

A prática das atividades jurisdicionais voltadas à concretização da tutela jurisdicional *executiva* pode ser suspensa nos casos admitidos pelo Código de Processo Civil, além das causas genéricas dos incisos do art. 313 e do art. 315. É o que prescrevem os incisos do art. 921.

A primeira hipótese, a do inciso I do art. 921, faz remissão às hipóteses genéricas dos precitados arts. 313 e 315, sendo suficientes para tanto as considerações do n. 3 do Capítulo 6 da Parte II do v. 1[35]. A expressão "no que couber" empregada pelo dispositivo é de pouca importância, dada a abrangência das hipóteses que impõem a suspensão do processo em geral[36].

A segunda hipótese (art. 921, II) é a de recebimento dos embargos à execução com efeito suspensivo total ou parcialmente (art. 919, § 1º). É correto interpretar a regra amplamente para abranger também a hipótese de a impugnação ser recebida com efeito suspensivo total ou parcial (art. 525, § 6º). A concessão de efeito suspensivo, contudo, não impede que sejam praticados atos de substituição, reforço ou redução da penhora, bem como de avaliação dos bens penhorados (art. 919, § 5º, e art. 525, § 7º).

De acordo com o inciso III do art. 921, a suspensão do processo justifica-se quando o executado não possuir bens penhoráveis, o que se justifica, para os casos de pagamento de dívida, em função do princípio da patrimonialidade.

É pertinente observar, contudo, que a suspensão da execução pela inexistência de bens penhoráveis deve ser precedida da intimação disciplinada pelo inciso V do art. 774. Na medida em que o executado a responda negativamente e que isso, na análise do magistrado, não seja um ato violador do dever amplo que consta do inciso IV do art. 77, impõe-se a suspensão da execução.

---

35. Sobre a hipótese do inciso I do art. 313 (falecimento de uma das partes), há interessante acórdão da 3ª Turma do STJ no qual se decidiu que "Somente com a notícia da morte do executado nos autos e a intimação do exequente é que se inicia o prazo para que ele promova a regularização do polo passivo da execução." (REsp 1.541.402/RS, rel. Min. Ricardo Villas Bôas Cueva, j.un. 8-10-2019, *DJe* 11-10-2019).

36. É essa a razão pela qual não se pode descartar aprioristicamente que eventual postulação contraria ao pedido de concretização da tutela jurisdicional executiva possa acarretar a suspensão do processo em que se praticam estes atos por força do art. 313, V, *a*, o que não infirma a razão de ser do § 1º do art. 784. As relações entre uma e outra investida devem ser analisadas caso a caso, levando em conta, no particular, a orientação da Súmula 72 do TJSP, cujo enunciado é o seguinte: "Há conexão entre ação declaratória e executiva fundadas no mesmo título".

Consoante o § 1º do art. 921, o prazo máximo de suspensão, neste caso, é de um ano, período no qual será também suspensa a prescrição. O § 2º do mesmo art. 921 complementa a previsão ao estabelecer que, findo o prazo sem localização de bens penhoráveis ou se não localizado o executado, os autos serão remetidos ao arquivo, sendo desarquivados caso sejam encontrados bens (art. 921, § 3º). Ainda tratando dessa hipótese, o § 4º dispõe que, após o prazo de um ano a que se refere o § 1º, começa a correr o prazo de prescrição intercorrente caso o exequente não se manifeste[37]. Ouvidas as partes em quinze dias (úteis e, se for o caso, computadas as dobras legais), cabe ao magistrado, se reconhecer a prescrição a que se refere o § 4º, extinguir o processo (art. 921, § 5º). A atividade oficiosa do magistrado para tanto é indiscutível diante da ampla previsão do parágrafo único do art. 487[38], o que não afasta, contudo, a indispensabilidade do estabelecimento do prévio contraditório com as partes e com relação a eventuais terceiros intervenientes. Não se trata, cabe o destaque, de intimar o exequente para dar andamento ao processo, mas bem diferentemente para apresentar elementos e argumentos capazes de infirmar a ocorrência da prescrição no caso em tela[39].

As regras vêm para colmatar lacuna sensível do CPC de 1973, que já mereciam ser preenchidas pelo emprego da disciplina reservada para execução fiscal, mercê das modificações introduzidas no art. 40 da Lei n. 6.830/80 pela Lei n. 11.051/2004 (§ 4º[40]) e, ainda que em perspectiva diversa, pela Lei n. 11.960/2009 (§ 5º[41]). Idêntica diretriz já encontrava eco seguro na Súmula 314 do Superior Tribunal de Justiça[42], tudo como já defendia o n. 5 do Capítulo 2 da Parte I do v. 3 das edições anteriores ao CPC de 2015 deste *Curso*[37].

---

37. O prazo prescricional, à falta de qualquer previsão legal em sentido diverso, deve ser o mesmo da pretensão de reconhecimento da violação ao direito. É a diretriz da Súmula 150 do STF, assim enunciada: "Prescreve a execução no mesmo prazo da prescrição da ação".

38. Antes do CPC de 2015, já era a diretriz sustentada pela Súmula 409 do STJ no âmbito das execuções fiscais: "Em execução fiscal, a prescrição ocorrida antes da propositura da ação pode ser decretada de ofício (art. 219, § 5º, do CPC)" e também já defendida pelo n. 5 do Capítulo 2 da Parte I do v. 3 das edições anteriores ao CPC de 2015 deste *Curso*.

39. Preciso, no ponto, é o acórdão da 3ª Turma do STJ no REsp 1.557.129/PR, rel. Min. Paulo de Tarso Sanseverino, j. un. 2-10-2018, *DJe* 8-10-2018.

40. "§ 4º Se da decisão que ordenar o arquivamento tiver decorrido o prazo prescricional, o juiz, depois de ouvida a Fazenda Pública, poderá, de ofício, reconhecer a prescrição intercorrente e decretá-la de imediato."

41. "§ 5º A manifestação prévia da Fazenda Pública prevista no § 4º deste artigo será dispensada no caso de cobranças judiciais cujo valor seja inferior ao mínimo fixado por ato do Ministro de Estado da Fazenda."

42. Assim enunciada: "Em execução fiscal, não localizados bens penhoráveis, suspende-se o processo por um ano, findo o qual se inicia o prazo da prescrição quinquenal intercorrente". A 1ª Seção do STJ no REsp repetitivo 1.340.553/RS, rel. Min. Mauro Campbell Marques, j. 12-9-2018, *DJe* 16-10-2018, voltou ao tema para, reiterando aquela orientação, fixar as seguintes teses acerca da prescrição intercorrente no âmbito das execuções fiscais: "4.1.) O prazo de 1 (um) ano de suspensão do processo e do respectivo prazo prescricional previsto no art. 40, §§ 1º e 2º da Lei n. 6.830/80 – LEF tem início automaticamente na data da ciência da Fazenda Pública a respeito da não localização do devedor ou da inexistência de bens penhoráveis no endereço fornecido, havendo, sem prejuízo dessa contagem automática, o dever de o magistrado declarar ter ocorrido a suspensão da execução; 4.1.1.) Sem prejuízo do disposto no item 4.1., nos casos de execução fiscal para cobrança de dívida ativa de natureza tributária (cujo despacho ordenador da citação tenha sido proferido antes da vigência da Lei Complementar n. 118/2005), depois da citação válida, ainda que editalícia, logo após a primeira tentativa infrutífera de localização de bens

A suspensão do processo também pode se dar quando a alienação dos bens penhorados não se realizar por falta de licitantes e o exequente não requerer a adjudicação nem indicar outros bens penhoráveis em quinze dias (art. 921, IV).

Por sua vez, de acordo com o inciso V do art. 921, a suspensão deve ser determinada quando deferido o pedido de parcelamento da dívida a pedido do executado nos moldes do art. 916.

O art. 922 completa o rol do art. 921 ao admitir que a execução seja suspensa pela vontade das partes pelo prazo por elas estipulado para que o executado cumpra a obrigação. Se no prazo não houver o cumprimento da obrigação, cessa a suspensão do processo e retomam-se os atos executivos, como determina o respectivo parágrafo único. É correto entender que não incide nessa hipótese o limite de seis meses para a suspensão do processo, imposto para o inciso II do art. 313 pelo § 4º daquele dispositivo, podendo, pois, exequente e executado ajustar prazo maior que o de seis meses para viabilizar o cumprimento da obrigação. Só então, com eventual comunicação do *cumprimento* da obrigação, é que será proferida sentença (arts. 924, I, e 925) com o ânimo de extinguir o processo.

---

penhoráveis, o Juiz declarará suspensa a execução. 4.1.2.) Sem prejuízo do disposto no item 4.1., em se tratando de execução fiscal para cobrança de dívida ativa de natureza tributária (cujo despacho ordenador da citação tenha sido proferido na vigência da Lei Complementar n. 118/2005) e de qualquer dívida ativa de natureza não tributária, logo após a primeira tentativa frustrada de citação do devedor ou de localização de bens penhoráveis, o Juiz declarará suspensa a execução. 4.2.) Havendo ou não petição da Fazenda Pública e havendo ou não pronunciamento judicial nesse sentido, findo o prazo de 1 (um) ano de suspensão inicia-se automaticamente o prazo prescricional aplicável (de acordo com a natureza do crédito exequendo) durante o qual o processo deveria estar arquivado sem baixa na distribuição, na forma do art. 40, §§ 2º, 3º e 4º da Lei n. 6.830/80 – LEF, findo o qual o Juiz, depois de ouvida a Fazenda Pública, poderá, de ofício, reconhecer a prescrição intercorrente e decretá-la de imediato; 4.3.) A efetiva constrição patrimonial e a efetiva citação (ainda que por edital) são aptas a interromper o curso da prescrição intercorrente, não bastando para tal o mero peticionamento em juízo, requerendo, *v.g.*, a feitura da penhora sobre ativos financeiros ou sobre outros bens. Os requerimentos feitos pelo exequente, dentro da soma do prazo máximo de 1 (um) ano de suspensão mais o prazo de prescrição aplicável (de acordo com a natureza do crédito exequendo) deverão ser processados, ainda que para além da soma desses dois prazos, pois, citados (ainda que por edital) os devedores e penhorados os bens, a qualquer tempo – mesmo depois de escoados os referidos prazos –, considera-se interrompida a prescrição intercorrente, retroativamente, na data do protocolo da petição que requereu a providência frutífera. 4.4.) A Fazenda Pública, em sua primeira oportunidade de falar nos autos (art. 245 do CPC/73, correspondente ao art. 278 do CPC/2015), ao alegar nulidade pela falta de qualquer intimação dentro do procedimento do art. 40 da LEF, deverá demonstrar o prejuízo que sofreu (exceto a falta da intimação que constitui o termo inicial – 4.1., onde o prejuízo é presumido), por exemplo, deverá demonstrar a ocorrência de qualquer causa interruptiva ou suspensiva da prescrição. 4.5.) O magistrado, ao reconhecer a prescrição intercorrente, deverá fundamentar o ato judicial por meio da delimitação dos marcos legais que foram aplicados na contagem do respectivo prazo, inclusive quanto ao período em que a execução ficou suspensa".

43. A aplicação da sistemática da LEF para as hipóteses não regidas pela Lei n. 6.830/80 (sem considerar, contudo, o superveniente REsp 1.340.553/RS), deu-se em IAC instaurado pela 2ª Seção do STJ no REsp 1.604.412/SC, rel. Min. Marco Aurélio Bellizze, j. m. v. 27-6-2018, *DJe* 22-8-2018, no qual foram fixadas, para o que por ora interessa, as seguintes teses: "1.1 Incide a prescrição intercorrente, nas causas regidas pelo CPC/73, quando o exequente permanece inerte por prazo superior ao de prescrição do direito material vindicado, conforme interpretação extraída do art. 202, parágrafo único, do Código Civil de 2002. 1.2 O termo inicial do prazo prescricional, na vigência do CPC/73, conta-se do fim do prazo judicial de suspensão do processo ou, inexistindo prazo fixado, do transcurso de um ano (aplicação analógica do art. 40, § 2º, da Lei 6.830/80)".

O art. 923 impõe a vedação da prática de atos processuais durante a suspensão da execução, a não ser nos casos de urgência, o que está em plena harmonia com a previsão do art. 314. Se a suspensão for justificada por causa de arguição de impedimento ou suspeição, deve prevalecer o disposto no § 3º do art. 146, que reconhece a competência do substituto legal para a prática de eventuais atos urgentes.

Há interessante discussão sobre se os atos praticados, a despeito da suspensão, são *nulos*, *ineficazes* ou *inexistentes*. Para este *Curso*, a hipótese merece ser entendida como de *nulidade*, porque a lei expressamente veda a prática de atos processuais ao mesmo tempo que ressalva, expressamente, as exceções. Trata-se, assim, da constatação da desconformidade do ato com expressa vedação legislativa e, nesse sentido, entender necessário que o ato (e seus efeitos) sejam desfeitos e desconsiderados. Por se tratar de nulidade processual, eventual reconhecimento de vícios e da determinação de desfazimento ou desconsideração do ato pressupõe prévio exame (em contraditório) sobre a existência, ou não, de prejuízo a qualquer das partes e a eventuais terceiros intervenientes.

5. DECISÕES

O magistrado, ao longo do *processo*, profere uma série de decisões. A maioria delas é "decisão interlocutória", que resolve questão incidente no processo sem reconhecer o término da necessidade da atuação jurisdicional (art. 203, § 2º).

A constatação não afasta, contudo, que seja proferida *sentença* (art. 203, § 1º) no processo em que se praticam atos voltados à concretização da tutela jurisdicional executiva, seja ela fundada em título executivo judicial ou em título executivo extrajudicial. É que o *processo* em que se pretende a satisfação do direito do exequente tende a terminar – ele tem começo, meio e fim –, e será *extinto* quando não houver mais necessidade de atuação do Estado-juiz.

Essa sentença tem, assim como qualquer outra, o seu traço característico, o de declarar extinta a necessidade do atuar do Estado-juiz para determinada finalidade, isto é, o de declarar *extinto o processo*, aplicáveis, à espécie, as críticas que o n. 2.5 do Capítulo 4 da Parte II do v. 1, faz à literalidade do § 1º do art. 203. Mais ainda porque o conceito legal de sentença que decorre daquele dispositivo parece partir do pressuposto de que sentenças são exclusividade da etapa de conhecimento do processo e que elas só teriam os conteúdos dos arts. 485 e 487, o que não corresponde ao sistema processual civil.

A *extinção* da execução, porém, pode dar-se por outras razões que não aquelas. É ler os incisos do art. 924: indeferimento da petição inicial (inciso I); satisfação da obrigação (inciso I); quando o executado obtiver por qualquer meio a extinção total da dívida (inciso III); quando o exequente renunciar ao crédito (inciso IV)[44] e quando ocorrer a prescrição

44. A respeito, cabe colacionar a tese fixada no âmbito do REsp repetitivo 1.143.471/PR (STJ, CE, rel. Min. Luiz Fux, j. un. 3-2-2010, *DJe* 22-2-2010): "A renúncia ao crédito exequendo remanescente, com a consequente extinção do processo satisfativo, reclama prévia intimação, vedada a presunção de renúncia tácita".

intercorrente (inciso V)[45], cujo reconhecimento depende da observância dos atos exigidos pelos parágrafos do art. 921[46].

Em todos esses casos, os efeitos processuais do reconhecimento de cada um daqueles fatos dependem do proferimento da sentença. É ela que reconhece, para o plano do processo, e para que surta, no seu plano, seus regulares efeitos, a ocorrência daquelas situações. É esse o comando do art. 925, bastante feliz no particular: "a extinção só produz efeito quando declarada por sentença".

O rol do art. 924, embora ampliado quando lido ao lado de seu par no CPC de 1973, o art. 794[47], contudo, é insuficiente. Há outros acontecimentos que podem ocorrer ao longo do *processo* que o levarão à sua extinção, sempre entendida como a desnecessidade da atuação do Estado-juiz. O mais visível deles é o acolhimento total da "impugnação" ou dos "embargos à execução". Nestes casos, a despeito do silêncio do art. 924, também a "execução será *extinta*" e o será por *sentença* (art. 925). Também quando a hipótese comportar o proferimento de sentenças *terminativas*, entre as quais estão as múltiplas hipóteses do art. 485.

Não obstante as considerações anteriores, é lição comum a de que não há na espécie "sentença de mérito". A afirmação se justifica pelo entendimento de que não se *julga* "mérito" ao se deferir o pedido de concretização da tutela jurisdicional executiva e, consequentemente, não há espaço para a incidência do inciso I do art. 487. Tanto que não é difícil correlacionar os incisos do art. 924 às demais hipóteses do art. 487, assim a alínea *a* do inciso III ("reconhecimento da procedência do pedido"); alínea *b* do inciso IIII ("transação"), a alínea *c* do inciso III ("renúncia à pretensão") e II (prescrição), respectivamente. De resto, o indeferimento da inicial conduz ao proferimento de sentença *sem* resolução de mérito, que encontra fundamento no inciso I do art. 485.

---

45. Assim, por exemplo, quando finda a suspensão da execução justificada por embargos de terceiro já julgados, o exequente não pratica nenhum ato por mais de sete anos consecutivos, como decidiu a 3ª Turma do STJ no REsp 1.741.068/CE, rel. Min. Ricardo Villas Bôas Cueva, j. un. 2-4-2019, *DJe* 5-4-2019.

46. Sobre esta última hipótese, cabe destacar a regra do art. 1.056, constante do Livro Complementar do CPC, que estabelece "... como termo inicial do prazo da prescrição prevista no art. 924, inciso V, inclusive para as execuções em curso, a data de vigência deste Código". Trata-se de regra salutar que merece ser prestigiada em nome da segurança jurídica e da pouca clareza de como o tema relativo à prescrição intercorrente foi tratada pelo CPC de 1973. Ela não pode ser compreendida, contudo, como se fosse errado entender que já havia fundamento sistemático para reconhecer, caso a caso, a prescrição intercorrente de quaisquer pretensões, mesmo daquelas alheias ao campo de incidência do art. 40 da Lei n. 6.830/80, como era o caso deste *Curso*. No precitado REsp 1.604.412/SC foi fixada, a propósito, a seguinte tese: "1.3. O termo inicial do art. 1.056 do CPC/2015 tem incidência apenas nas hipóteses em que o processo se encontrava suspenso na data da entrada em vigor da novel lei processual, uma vez que não se pode extrair interpretação que viabilize o reinício ou a reabertura de prazo prescricional ocorridos na vigência do revogado CPC/73 (aplicação irretroativa da norma processual)".

47. Que tinha a seguinte redação: "Art. 794. Extingue-se a execução quando: I – o devedor satisfaz a obrigação; II – o devedor obtém, por transação ou por qualquer outro meio, a remissão total da dívida; III – o credor renunciar ao crédito".

Este *Curso*, sempre com as vênias cabíveis, entende não só que há "mérito" na espécie mas, também, que *pode* haver *julgamento* de "mérito" naquilo que o Código de Processo Civil chama de cumprimento de sentença e processo de execução. Basta, para tanto, que o executado apresente "impugnação", "embargos à execução" ou, até mesmo, que o caso viabilize o conhecimento de matérias além daquelas oportunidades processuais, como autorizam o art. 518, o § 11 do art. 525, o parágrafo único do art. 803 e o § 2º do art. 903. Em todas essas hipóteses, é irrecusável que a *decisão* a ser proferida pode ser de *mérito* e, como tal, tender a transitar em julgado. É o mesmo que se verifica quando determinadas matérias de "mérito" são passíveis de apreciação de ofício, como se dá com a prescrição e com a decadência. A declaração de sua decorrência é sentença de mérito nos precisos termos do inciso II do art. 487, e, como tal, extingue o processo, a despeito de ela só ser referida pelo inciso V do art. 924 como prescrição *intercorrente*.

Por essas razões, é irrecusável a possibilidade de haver sentença de mérito na etapa de cumprimento de sentença e no processo de execução, sentença esta que reclama para si todo o regime jurídico de qualquer outra sentença dessa categoria, seja na perspectiva recursal (apelação munida de efeito suspensivo legal) ou na perspectiva da desconstituição de eventual coisa julgada (ação rescisória)

6. RECURSOS

Sem pretender trazer para esta sede as discussões que ocupam a Parte III do v. 2, importa destacar que não há qualquer peculiaridade de destaque relativa à aplicação do sistema recursal nos casos em que a atividade jurisdicional se volta precipuamente à concretização da tutela jurisdicional executiva.

Da sentença que "extingue o processo", inclusive pelo acolhimento da "impugnação" ou dos "embargos à execução", cabe apelação (art. 1.009), aplicando-se a ela, na íntegra, seu regime jurídico, inclusive com relação a seus efeitos.

Até o seu proferimento, são normalmente proferidas diversas decisões interlocutórias que desafiam o recurso de agravo de instrumento. A regra de que a etapa de conhecimento do processo precisa ser compreendida na perspectiva dos incisos do art. 1.015 encontra no parágrafo único daquele dispositivo formulação diversa: são recorríveis as decisões interlocutórias proferidas na etapa de cumprimento de sentença e no processo de execução[48]. A melhor interpretação para o parágrafo único do art. 1.015 é a de não vincular a recorribilidade imediata às hipóteses do *caput* do dispositivo. Assim, é bastante o proferimento da

48. No n. 7 do Capítulo 2 da Parte I do v. 3 das edições anteriores ao CPC de 2015 deste *Curso* importava justificar a razão pela qual não fazia sentido o cabimento do agravo retido na etapa e cumprimento de sentença e nem no processo de execução. Somada à sistemática recursal das interlocutórias decorrente do parágrafo único do art. 1.015 a circunstância de aquela modalidade de agravo ter sido *extinta*, o tema não se faz necessário.

interlocutória nas situações nele mencionadas, independentemente de seu conteúdo ou de sua compreensão à luz das hipóteses dos incisos do *caput*, para que sua recorribilidade imediata seja reconhecida[49]. A consequência é que deve ser afastado o regime dos §§ 1º e 2º do art. 1.009 da espécie, segundo os quais as interlocutórias não agraváveis de instrumento são recorríveis em razões ou em contrarrazões de apelação.

Todas as decisões, interlocutórias ou não, são embargáveis de declaração, quando alegada ao menos uma das hipóteses dos incisos do art. 1.022.

No âmbito dos Tribunais, todas as decisões monocráticas são contrastáveis pelo agravo interno (art. 1.021).

Os acórdãos proferidos, desde que digam respeito a questão constitucional ou a questão infraconstitucional federal desafiam, por sua vez, recurso extraordinário ou recurso especial, consoante se façam presentes as hipóteses dos incisos III dos arts. 102 e 105 da Constituição Federal. Sua disciplina, incluindo a sistemática de quando são repetitivos e os meios de acesso àqueles Tribunais, não encontra nenhuma peculiaridade.

No âmbito do Supremo Tribunal Federal e do Superior Tribunal de Justiça, por fim, pode ocorrer situação que autorize a apresentação de embargos de divergência, que também não traz para o âmbito do cumprimento de sentença e do processo de execução nenhuma nota distintiva.

7. PROCEDIMENTO

A "invariabilidade" do processo a que se refere o n. 1, *supra*, não significa que não existam distinções entre os *procedimentos*. Também a concretização da tutela jurisdicional executiva, isto é, a prática dos atos jurisdicionais voltados à satisfação do exequente, modificam-se consoante o caso, de acordo com as regras do Código de Processo Civil.

O que importa destacar, sem prejuízo do que foi examinado da perspectiva diversa do n. 2.3 do Capítulo 1, é que cada modalidade obrigacional (analisada da perspectiva do plano

---

49. A CE do STJ teve oportunidade de se manifestar sobre o tema no exato sentido do texto. A referência é feita ao REsp 1.803.925/SP, rel. Min. Nancy Andrighi, j.un. 1º-8-2019, *DJe* 6-8-2019, de cuja ementa se lê o seguinte: "4- Para as decisões interlocutórias proferidas em fases subsequentes à cognitiva – liquidação e cumprimento de sentença –, no processo de execução e na ação de inventário, o legislador optou conscientemente por um regime recursal distinto, prevendo o art. 1.015, parágrafo único, do CPC/2015, que haverá ampla e irrestrita recorribilidade de todas as decisões interlocutórias, quer seja porque a maioria dessas fases ou processos não se findam por sentença e, consequentemente, não haverá a interposição de futura apelação, quer seja em razão de as decisões interlocutórias proferidas nessas fases ou processos possuírem aptidão para atingir, imediata e severamente, a esfera jurídica das partes, sendo absolutamente irrelevante investigar, nessas hipóteses, se o conteúdo da decisão interlocutória se amolda ou não às hipóteses previstas no caput e incisos do art. 1.015 do CPC/2015". No mesmo sentido: STJ, 3ª Turma, REsp 1.758.800/MG, rel. Min. Nancy Andrighi, j.un. 18-2-2020, *DJe* 21-2-2020 e STJ, 4ª Turma, AgInt no AREsp 1.257.439/SP, rel. Min. Antonio Carlos Ferreira, j.un. 24-8-2020, *DJe* 28-8-2020.

de direito *material*) comporta diversos *procedimentos*, no plano *processual*, com vistas a criar *jurisdicionalmente* condições de tutelá-las de forma mais adequada. É essa distinção, aliás, que guia a apresentação da matéria ao longo do presente volume: muito do que é exposto pelas Partes III a V repousa na análise dos diversos *procedimentos* relativos à concretização da tutela jurisdicional executiva à luz de determinadas vicissitudes de direito material.

A peculiaridade das regras codificadas com relação aos *procedimentos executivos* é, em sua maioria, de extrema rigidez e tipicidade. Trata-se de reflexo do princípio da *tipicidade* dos atos executivos, em que o legislador preferiu regular exaustivamente o comportamento do magistrado e, de forma ampla, de todos os sujeitos processuais com vistas ao desenvolvimento regular de sua prática.

Capítulo 3

O exercício do direito de ação ao ensejo da concretização da tutela jurisdicional executiva

1. CONSIDERAÇÕES INICIAIS

A maior parte das considerações expostas no n. 1 do Capítulo 2 tem plena aplicação para cá. Este *Curso* também nega, desde o n. 5 do Capítulo 1 da Parte I do v. 1, a viabilidade de se emprestar qualquer qualificativo para a palavra "ação". Não há, rigorosamente falando, "ações de conhecimento", "ações de execução" e nem tantas outras fórmulas utilizadas frequentemente. O que há é a "ação", direito fundamental de *romper* a inércia do Judiciário com vistas a que o Estado-juiz concretize a tutela jurisdicional e de *atuar*, ao longo do *processo*, para aquela finalidade[1].

Não obstante, considerando o largo emprego daquelas expressões, importa entendê-las como verdadeiras "expressões idiomáticas". É fundamental distinguir a ação do *tipo* de tutela jurisdicional pedida ao Estado-juiz até como forma de superar ideologias e críticas clássicas no direito processual civil de recusar que alguém busque tutela *jurisdicional* perante o Estado-juiz ainda que, no plano material, não tenha direito a tutela (material) nenhuma.

Aplicando-se aquelas considerações para o tema que interessa ao desenvolvimento deste volume, importa entender a chamada "ação de execução" como o pedido de concretização tutela jurisdicional executiva que alguém faz ao Judiciário em face de outrem. Trate-se do pedido que a lei impõe seja formulado para o início das atividades jurisdicionais após o reconhecimento do direito pelo próprio Judiciário (títulos executivos *judiciais*; art. 515), início da etapa de cumprimento de sentença, portanto, e do pedido que a lei impõe para o

1. Para esta discussão, v., do autor deste *Curso*, suas considerações ao ensejo de seus *Comentários ao Código de Processo Civil*, v. X, esp. p. 77-83.

rompimento da inércia jurisdicional para que o Estado-juiz satisfaça o direito reconhecido em um título executivo *extrajudicial* (art. 784).

Sobretudo nos casos de título executivo *extrajudicial*, a exemplo do que se dá com relação ao "processo", é o próprio Livro II da Parte Especial do Código de Processo Civil que acaba por fornecer subsídios para a compreensão de que haveria uma "ação" diversa daquela responsável pelo reconhecimento *judicial* dos direitos. Não há, contudo. Trata-se, em qualquer um daqueles casos, do exercício do mesmo direito, o de ação, e não de direitos diversos. É, nesse sentido, da *mesma* ação (e da qual este *Curso* não aceita quaisquer variações ou classificações) que veicula o *mesmo* pedido de tutela jurisdicional executiva que se faz necessário para o início dos atos executivos nos casos em que, por força do sistema, justificou-se a atuação *prévia* do Judiciário *também* para o *reconhecimento* do direito. O que ocorre nesses casos, a exemplo do que o n. 1 do Capítulo 2 já evidenciou com relação ao "processo", é que, como não houve *prévia* atuação do Estado-juiz, pode-se ter a falsa impressão de que a *necessidade* de rompimento inaugural da inércia jurisdicional significaria, necessariamente, algo diverso, algo que reclamaria, por isso mesmo, trato destacado na teoria geral do direito processual civil. Não é o que entende este *Curso*, contudo.

A negativa quanto à existência de uma "ação de execução", diversa de uma "ação de conhecimento", contudo, não significa dizer que o mínimo indispensável para o exercício do direito de ação não se deve fazer presente no instante de formulação dos *pedidos* já destacados e, mais amplamente, ao longo de todo o processo. É intolerável, à luz do modelo constitucional do direito processual civil, o desperdício de qualquer atividade jurisdicional, e, na forma como propõe o n. 3.2 do Capítulo 4 da Parte I do v. 1, aquele mínimo indispensável representa técnica útil para discernir os atos claramente descabidos dos que têm alguma plausibilidade de gerar efeitos processuais (e, eventualmente, materiais) desejados pelo sistema. Irrecusável, por isso mesmo, aplicar-se aquela categoria processual também para a prática de atos jurisdicionais voltados à concretização da tutela jurisdicional executiva.

Para requerê-la, portanto, quer ela se fundamente em títulos executivos *judiciais* (art. 515) ou em títulos executivos *extrajudiciais* (art. 784), as partes deverão ser legítimas e o autor (exequente) deverá ter interesse.

Muito se discute, a esse propósito, se o "título executivo" faz as vezes daquelas categorias. A indagação, para ser devidamente enfrentada, deve evidenciar que o título executivo autoriza a promoção da atividade jurisdicional voltada à concretização da tutela jurisdicional executiva. Sem título, não há execução. Trata-se de princípio fundante da tutela jurisdicional executiva, como analisa o n. 3.2 do Capítulo 1.

O título executivo, justamente por força de sua função *processual*, viabiliza que o magistrado, analisando-o, verifique se as partes são legítimas e se há interesse em prol do exequente. No máximo, algum outro *documento* deverá ser apresentado para aquela mesma finalidade, o que decorre das próprias situações legitimantes dos arts. 778 e 779[2]. Caso falte uma ou as duas categorias, o caso é de rejeição do pedido com fundamento no inciso VI do art. 485, típico caso de sentença *terminativa*.

Não se trata, pois, de equiparar o título executivo ao mínimo indispensável para o exercício do direito de ação, mas de afirmar que é *pelo* título e pelo que ele representa no sistema processual civil que o magistrado verifica a viabilidade, entendida em sentido amplo, de concretizar a tutela jurisdicional executiva para quem o próprio título favorece em face de quem é indicado como executado.

Com relação ao tema, cabe rememorar que o Código de Processo Civil não faz referência à possibilidade jurídica do pedido. Para cá, sua ausência não faz nenhuma diferença porque, mesmo sem aquele referencial, não há espaço para duvidar de que aquele que pleiteia a concretização da tutela jurisdicional executiva deve se valer de técnicas legítimas e lícitas, em plena conformidade com o ordenamento jurídico brasileiro.

A afirmação deve ser entendida amplamente porque a ausência de previsão expressa a respeito de determinada técnica voltada à concretização da tutela jurisdicional executiva não é óbice para que ela, consoante as peculiaridades de cada caso concreto, não possa ser adotada pelo magistrado.

De outra parte, é correto entender que eventual pedido do exequente para adotar técnicas proscritas do ordenamento jurídico brasileiro devem ser rejeitadas, sem prejuízo de aplicação, consoante o caso, das medidas destinadas a impedir atos ímprobos no processo (art. 774). É o caso, apenas para fins ilustrativos, de pedir a prisão civil para dívida que não ostente natureza alimentar (art. 5º, LXVII, da CF) ou a penhora de bens pertencentes à Fazenda Pública, que, na perspectiva do direito público, são inalienáveis (art. 100 do CC) e, mesmo quando passíveis de alienação, dependentes de lei específica (art. 101 do CC).

Considerando, no entanto, que os meios executivos a serem empregados não dependem, em nenhum caso, da mera vontade do exequente – o que é rigorosamente o oposto que decorre do "princípio da disponibilidade", que se relaciona ao plano material –, o tema, mesmo no âmbito do CPC de 1973, tinha escassa importância[3].

2. LEGITIMIDADE DAS PARTES

Também no contexto que aqui interessa, a legitimidade ordinária representa a *coincidência* entre aquele que afirma um direito ou em face de quem ele é afirmado no plano do

2. Até porque, consoante o caso, o magistrado pode determinar aos sujeitos indicados pelo exequente forneçam informações em geral relacionadas ao objeto da execução, tais como documentos e dados que tenham em seu poder, no prazo que indicar (art. 772, III) e também determinar as medidas necessárias ao cumprimento da ordem de entrega de documentos e dados, adotando, se foro caso, medidas necessárias para assegurar a confidencialidade das informações (art. 773).

3. É o que concluía o n. 4 do Capítulo 3 da Parte I do v. 3 das edições anteriores ao CPC de 2015 deste *Curso*.

processo e sua titularidade no plano material. A legitimidade extraordinária, por sua vez, representa a hipótese oposta, de *descoincidência* entre a afirmação que se faz no plano processual e a titularidade, ainda que meramente afirmada, no plano material. A distinção entre a "parte processual" e a "parte material", destarte, é a pedra de toque deste tema também aqui.

É comum tratar do tema, na perspectiva da etapa de cumprimento de sentença e do processo de execução fazendo referência a *exequente* e a *executado* e não a *credor* e a *devedor*, justamente para distinguir aqueles dois planos[4]. Em termos processuais, o *exequente* é quem, *afirmando-se credor*, pede para si a concretização da tutela jurisdicional executiva. O *executado* é aquele em face de quem se pretende a prática dos atos tendentes à concretização da tutela jurisdicional executiva porque o exequente afirma-o *devedor*. A coincidência entre as *afirmações* de ser, nos planos material e processual, concomitantemente, credor e exequente e devedor e executado é que caracteriza a chamada legitimação *ordinária*. A descoincidência das afirmações, por sua vez, conduz à legitimação *extraordinária*.

Para a concretização da tutela jurisdicional executiva, contudo, importa colocar em relevo a fundamental importância desempenhada pelo título executivo. A pesquisa sobre quem pode requerer a execução, e em face de quem ela deve ser requerida, deve tomar como referência o título executivo. É o título executivo, pela sua função, que viabiliza a prática dos atos executivos pelo magistrado e que fornece as condições necessárias para se atestar a "certeza *subjetiva*" da obrigação nele retratada[5]. Condição necessária, mas nem sempre *suficiente* porque pode ocorrer de o título executivo ser *complexo*, assim entendido o título executivo que exige mais de um documento para a sua formação ou para a *prova* do direito nele retratado.

É a partir dessa distinção que decorre o entendimento de que, na execução, põe-se a necessidade de discernir os casos em que a legitimidade (ordinária ou extraordinária) é *primária* ou *superveniente*, consoante a situação legitimante preexista, ou não, à formação do título executivo, isto é, em que fatos novos, posteriores à formação do título, acabam por criar situação legitimante suficiente para fins da execução.

Assim, partes na execução são as pessoas indicadas no título executivo na qualidade de credor e devedor. Quem pede a concretização da tutela jurisdicional executiva é o *exequente*. *Executado* é em face de quem a concretização da tutela jurisdicional é requerida.

---

4. Não obstante, há diversos dispositivos do CPC de 2015 que se referem a credor e a devedor e não a exequente e a executado.

5. Por essa razão é que não há como concordar com o entendimento da 3ª Turma do STJ no REsp 1.829.663/SP, rel. Min. Nancy Andrighi, j.un. 5-11-2019, *DJe* 7.11.2019, de que o cumprimento de sentença poderia ser dirigido a novo proprietário de imóvel ainda que não tivesse participado da etapa de conhecimento do processo por se tratar de obrigação *propter rem*.

Pode acontecer, contudo, que ocorram modificações no plano material e que elas afetem as posições de credor e devedor. Assim, por exemplo, quando o credor falece deixando herdeiros; quando o crédito é negociado com outras pessoas; quando alguém seja corresponsável pelo pagamento de uma dívida e assim por diante. Os arts. 778 e 779 disciplinam estas e outras hipóteses.

Caso de legitimação *ativa*, *ordinária* e *primária* é o do inciso I do *caput* do art. 778: "o credor a quem a lei confere título executivo".

A legitimidade reconhecida pelo Ministério Público para o pedido de concretização da tutela jurisdicional executiva (art. 778, § 1º, I) ganha enorme interesse no ambiente do direito processual coletivo porque é naquele âmbito que sua legitimidade para agir é largamente aceita pelo sistema processual civil, vedada que é a sua atuação em prol de interesses individuais e disponíveis. Nestes casos, ainda que seja correto entender que a legitimidade ativa do Ministério Público na etapa de conhecimento do processo seja *extraordinária*, nos moldes do art. 18, ele tem legitimação *ordinária* e *primária* para a concretização da tutela jurisdicional executiva porque é aquela instituição que figura naquela qualidade no título executivo[6].

Também importa saber se o Ministério Público, na qualidade de fiscal da ordem jurídica (arts. 178 e 179), tem legitimidade para aquele fim. A melhor solução é a positiva, porque a iniciativa se afina perfeitamente bem às finalidades institucionais do *parquet* aliadas à própria razão de ser do exercício daquela função no âmbito do direito processual civil. A hipótese, contudo, seria de legitimação ativa e *extraordinária*.

Caso de legitimação *ativa*, *ordinária* e *superveniente* é o do inciso II do § 1º do art. 778: "o espólio, os herdeiros ou os sucessores do credor, sempre que, por morte deste, lhes for transmitido o direito resultante do título executivo". Por se tratar de legitimidade *superveniente*, põe-se a necessidade de os novos credores comprovarem suficientemente a situação legitimante, isto é, a razão pela qual o crédito documentado no título executivo passou a lhes pertencer pelo evento morte[7]. Embora silente a lei processual civil, o dispositivo também deve ser aplicado aos casos de dissolução e liquidação das pessoas jurídicas, passando a exequentes os sucessores, assim identificados de acordo com as leis materiais.

Os incisos III ("o cessionário, quando o direito resultante do título executivo lhe for transferido por ato entre vivos") e IV ("o sub-rogado, nos casos de sub-rogação legal ou convencional") do § 1º do art. 778 são hipóteses de legitimação *ativa*, *extraordinária* e *superveniente*. A sub-rogação *convencional* deve ser entendida como o adimplemento, por terceiro, da dívida retratada no título executivo. Em tais casos, por força do art. 349 do Código Civil,

---

6. É a lição de Araken de Assis em seu *Manual da execução*, p. 608-609.

7. A 3ª Turma do STJ entendeu no REsp 1.559.791/PB, rel. Min. Nancy Andrighi, j. un. 28-8-2018, *DJe* 31-8-2018, que se a morte do devedor se der antes da citação, cabe ao exequente emendar a petição inicial (re) formulando o pedido de concretização de tutela jurisdicional executiva em face do espólio, sendo descabida a habilitação de que tratam os arts. 687 a 692. Idêntica orientação prevaleceu na mesma Turma ao ensejo do julgamento do REsp 1.722.159/DF, rel. Min. Nancy Andrighi, j.un. 4-2-2020, *DJe* 6-2-2020.

ficam transferidos para o sub-rogado todos os direitos em relação à dívida paga em face do devedor e de eventuais codevedores. O art. 857 do CPC de 2015 prevê hipótese de sub-rogação *legal* quando o exequente penhora direito do executado.

Nas hipóteses em que há sucessão, não há necessidade de prévio consentimento do executado para os sucessores atuarem no processo, no que é claro o § 2º do 778. Há exceção, destarte, à regra genérica do § 1º do art. 109, constante da Parte Geral do Código de Processo Civil, tendo o Código de Processo Civil optado pelo entendimento que já era corrente na jurisprudência do Superior Tribunal de Justiça[8], generalizando-o, contudo. A mesma disciplina deve ser aplicada, por força do *caput* do art. 513 para as hipóteses em que a concretização da tutela jurisdicional executiva se fundamenta em título executivo *judicial*.

O art. 779 se ocupa com os casos de legitimação *passiva* para a execução.

O inciso I do dispositivo refere-se ao "devedor, reconhecido como tal no título executivo". É o típico caso de legitimidade *passiva*, *ordinária* e *primária* em que o *executado* é aquele que se afirma, a partir do título executivo e desde a sua constituição, *devedor* no plano material.

O inciso II do art. 779 identifica como executados "o espólio, os herdeiros ou os sucessores do devedor". É hipótese simétrica à do inciso II do § 1º do art. 778. A regra é complementada pelo art. 796, segundo o qual: "O espólio responde pelas dívidas do falecido, mas, feita a partilha, cada herdeiro responde por elas dentro das forças da herança e na proporção da parte que lhe coube".

De acordo com o inciso III do art. 779, é legitimado *passivo* para a execução "o novo devedor, que assumiu, com o consentimento do credor, a obrigação resultante do título executivo". Trata-se do mesmo fenômeno retratado no inciso III do § 1º do art. 778 no polo passivo da obrigação, de cessão do débito por ato *inter vivos* e não *causa mortis*, como se dá com relação ao inciso II do art. 778. É correto entender também aqui que o "novo devedor" pode ingressar no processo, sucedendo o anterior, *independentemente* da concordância do *exequente*, aplicando-se o disposto no § 2º do art. 778 e excepcionando, por isso mesmo, o § 1º do art. 109. A ressalva é pertinente porque o "consentimento" referido no inciso III do art. 779 reside no plano material e não no processual. Importa destacar, outrossim, que não há na regra processual civil nenhuma vedação à cessão do débito documentado no título executivo. O que a lei processual civil regula é a possibilidade, ou não, de haver *sucessão processual* e se a execução prossegue em face do cedente, que, atuando no processo, fá-lo-á na condição de legitimado *extraordinário* e *superveniente*.

---

8. Nesse sentido: CE, REsp 1.091.443/SP, rel. Min. Maria Thereza de Assis Moura, j. un. 2-5-2012, *DJe* 29-5-2012 (Recurso Especial Repetitivo) e CE, AgRg nos EREsp 354.569/DF, rel. Min. Castro Meira, j. un. 29-6-2010, *DJe* 13-8-2010. O entendimento defendido pelo n. 2 do Capítulo 3 da Parte I do v. 3 das edições anteriores ao CPC de 2015 era em sentido contrário, em função do prevalecimento da regra genérica, à falta de qualquer previsão em sentido contrário. Agora (e somente agora) a opção do legislador é clara e deve ser acatada.

O inciso IV do art. 779 reconhece a legitimidade passiva do "fiador do débito constante em título extrajudicial". A regra, em rigor, é desnecessária diante do que estatui suficientemente o inciso I do dispositivo, embora queira enfatizar que para que se possa formular pedido de concretização da tutela jurisdicional executiva em face do fiador ele deve constar do título *extrajudicial*. É, nesse sentido, hipótese parelha à do § 5º do art. 513, que trata do tema na perspectiva do título executivo *judicial*, segundo a qual "O cumprimento da sentença não poderá ser promovido em face do fiador, do coobrigado ou do corresponsável que não tiver participado da fase de conhecimento"[9].

A se pensar diferentemente, importa entender o sujeito referido no inciso IV do art. 779 como aquele que presta garantia em favor de uma das partes no próprio processo (não no título), predispondo-se ao pagamento do que é devido caso haja inadimplemento pelo devedor principal[10]. É situação que remonta, por exemplo, aos arts. 897 e 898, que indicam o fiador do arrematante. Pela especificidade da previsão cabe perguntar sobre a legitimidade passiva de outros fiadores (convencionais ou legais) ou, mais amplamente, garantidores do adimplemento da obrigação. A melhor resposta é aquela que a reconhece com base nos incisos I ou III do art. 779, consoante o caso. Até porque o contrato garantido por caução é título executivo extrajudicial nos moldes do inciso V do art. 784.

Tanto o inciso IV do art. 779 como o § 5º do art. 513 são complementados pelo art. 794, segundo o qual o fiador, quando executado, pode opor ao exequente o chamado "benefício de ordem", consistente no direito de exigir que primeiro sejam executados os bens do devedor situados na mesma comarca, livres e desembargados, indicando-os pormenorizadamente à penhora.

O inciso V do art. 779 reconhece a legitimidade passiva para o responsável titular do bem vinculado por garantia real ao pagamento do débito. A regra, novidade textual do CPC de 2015 quando comparado ao CPC de 1973, deve ser entendida no sentido de alcançar aquele que, embora não seja devedor no plano material, ofertou bem seu para a garantia do pagamento. Não se trata, importa discernir, do *credor* com direito real de garantia (que ostenta

9. Trata-se de entendimento que já constava da Súmula 268 do STJ: "O fiador que não integrou a relação processual na ação de despejo não responde pela execução do julgado", diretriz aplicada pela 4ª Turma do STJ, pelas razões aqui expostas, aos casos em que, a despeito da solidariedade passiva no plano material, o título executivo formou-se apenas contra um dos demais devedores no REsp 1.423.083/SP, rel. Min. Luis Felipe Salomão, j. un. 6-5-2014, *DJe* 13-5-2014. STJ, 4ª Turma, AgInt dos EDcl no AREsp 824.968/SP, rel. Min. Maria Isabel Gallotti, j. un. 22-5-2018, *DJe* 1º-6-2018; STJ, 4ª Turma, AgRg nos EDcl nos EDcl no AREsp 615.101/SP, Rel. Min. Luis Felipe Salomão, j. un. 6-10-2015, *DJe* 14-10-2015. Por identidade de motivos, se o cônjuge não participou da etapa de conhecimento do processo e não viu formado contra si título executivo não há como reconhecer legitimidade para a etapa de cumprimento de sentença. Nesse sentido: STJ, 4ª Turma, REsp 1.445.511/SP, rel. Min. Luis Felipe Salomão, j.un. 11-2-2020, *DJe* 19-5-2020.

10. Nesta perspectiva, é correto entender com Araken de Assis (*Manual da execução*, p. 619/620) que o inciso IV do art. 779 alberga indistintamente quaisquer modalidades de fiança, inclusive o *judicial*, que era expressa (e restritivamente) previsto no inciso IV do art. 568 do CPC de 1973. Fiador judicial é aquele que presta garantia em favor de uma das partes nos autos do processo, predispondo-se ao pagamento do que é devido caso haja inadimplemento pelo devedor principal. Era a situação prevista nos arts. arts. 475-O, III; 601, parágrafo único; 695 e 696 do CPC de 1973. A respeito do assunto, é pertinente o destaque do Enunciado n. 445 do FPPC: "O fiador judicial também pode ser sujeito passivo da execução".

legitimidade *ativa* para a execução), mas daquele que, embora não sendo devedor, assumiu a *responsabilidade* pelo seu pagamento.

Por fim, de acordo com o inciso VI do art. 779, é legitimado passivo para o pedido de concretização da tutela jurisdicional executiva "o responsável tributário, assim definido em lei", orientação que é expressa também no inciso V do art. 4º da Lei n. 6.830/80, a "Lei de Execução Fiscal". É o próprio Código Tributário Nacional que, nos incisos I e II do parágrafo único do art. 121, distingue, com nitidez, as figuras do *devedor* (o "contribuinte") e do *responsável* pelo pagamento do tributo, assunto disciplinado pelos arts. 130 a 135 daquele Código.

Com relação ao dispositivo, põe-se interessante questão consistente em saber em que medida o "responsável tributário" e outros "responsáveis" passam a ser executados nos casos em que o título executivo (judicial ou extrajudicial) a eles não se refere. O tema, por dizer respeito, também, à "responsabilidade patrimonial", é tratado pelo Capítulo 3 da Parte III.

2.1 Pluralidade de partes e intervenção de terceiros

Correlato ao tema das "partes", isto é, à identificação de quem é *exequente* e *executado* ("partes *processuais*", portanto), é o relativo à pluralidade de partes ("litisconsórcio"), aos terceiros e às modalidades de sua intervenção.

Não há qualquer óbice para que, ao ensejo da concretização da tutela jurisdicional executiva, haja litisconsórcio ativo e/ou passivo na exata medida em que o título executivo contemple, ao mesmo tempo, mais de um credor e/ou mais de um devedor. Atestada a pluralidade daqueles sujeitos, o fenômeno, no plano do processo, é de litisconsórcio.

Na maior parte das vezes, quando se tratar de título executivo extrajudicial, tratar-se-á de litisconsórcio *facultativo* e *simples*. "Litisconsórcio *facultativo*" porque cada um dos exequentes e cada um dos executados tem legitimidade isoladamente para requerer ou para sofrer os atos executivos na exata proporção de seu crédito ou débito. Nos casos em que há solidariedade, devidamente reconhecida no título executivo, a situação fica ainda mais evidente. "Litisconsórcio *simples*" porque pelas mais variadas razões de direito material e de direito processual a concretização da tutela jurisdicional executiva pode ser bem ou malsucedida em relação a cada um dos diversos exequentes e executados. É supor o acolhimento de uma defesa *pessoal* nos embargos apresentados por um dos executados em face de um dos exequentes; a inexistência de bens penhoráveis de um dos executados; a renúncia ao crédito por um dos exequentes e assim por diante.

Nos casos em que a prática daqueles atos se fundamenta em título executivo *judicial*, pode se apresentar a necessidade de desmembramento do litisconsórcio, o que é expressamente admitido pelo § 1º do art. 113.

De outro lado, a maioria das modalidades de intervenção de terceiros – assim entendidos todos aqueles que não são nem exequente e nem executado (as partes) – não faz sentido em se tratando de pedido de concretização da tutela jurisdicional executiva porque elas pretendem a formação de título executivo *judicial* em face de terceiro (denunciação da lide e chamamento ao processo) ou, quando menos (e por razões muito diversas), colaborar com a formação do título executivo *judicial* em favor de uma das partes (assistência e *amicus curiae*). O que pode se conceber a este respeito é que pode haver intervenção de assistente e de *amicus curiae* no âmbito da impugnação ou dos embargos à execução, locais em que predominam atividade *cognitiva*.

Das cinco modalidades de intervenção de terceiros disciplinadas sob aquele rótulo pelo Título III do Livro III da Parte Geral do Código de Processo Civil, contudo, o incidente de desconsideração da personalidade jurídica tem plena aplicabilidade na etapa de cumprimento de sentença e também no processo de execução. É expresso, no sentido, o art. 134.

Para além daquelas espécies, o *sistema processual civil* prevê diferentes e variadíssimas modalidades de intervenção de terceiros, que se justificam pela peculiaridade do desempenho das atividades executivas que, em última análise, buscam concretizar a tutela jurisdicional executiva com a satisfação do exequente.

São, destarte, modalidades de intervenção de terceiros típicas (embora não necessariamente exclusivas) da execução as situações descritas nos incisos I a VII e X e XI do art. 799 (intimação de titulares de direito real sobre os bens penhorados ou da sociedade quando a penhora recair sobre quotas ou ações sociais), no art. 808 (cumprimento do mandado executivo para entrega de coisa em face de terceiro adquirente), art. 817 (cumprimento da obrigação de fazer por terceiro indicado pelo exequente), art. 842 (intimação do cônjuge ou do companheiro do executado quando há penhora de imóveis), art. 889, V (intimação de credores com que tenham penhorado o mesmo bem) e arts. 908 e 909 (quando se dá o chamado "concurso singular de credores"). Mesmo os "embargos de terceiro", disciplinados pelos arts. 674 a 681 como "procedimento especial", revelam uma modalidade de intervenção de terceiros que tem ampla aplicação, embora não exclusiva, em se tratando de execução[11].

Idêntica orientação cabe com relação ao recurso de terceiro prejudicado (art. 966, parágrafo único), que pode ser interposto, por exemplo, contra decisão que determina constrição indevida de bem de terceiro, isto é, de quem não é *parte* na execução desempenhando o mesmo papel dos "embargos de terceiro"[12].

O estudo de cada uma daquelas figuras é feito ao longo do volume e do *Curso* como um todo, em conformidade com a exposição da situação legitimante que justifica a intervenção de cada um daqueles terceiros.

---

11. Para essa discussão, em lição válida para o CPC de 215, v. o n. 3 do Capítulo 6 da Parte V e Capítulo 10 da Parte I do v. 2, t. II, das edições anteriores ao CPC de 2015 deste *Curso*.

12. Assim, *v.g.*: STJ, 4ª Turma, REsp 1.356.151/SP, rel. Min. Luis Felipe Salomão, j. m. v. 21-9-2017, *DJe* 23-10-2017; STJ, 3ª Turma, REsp 329.513/SP, rel. Min. Nancy Andrighi, j. un. 6-12-2001, *DJ* 11-3-2002, p. 254; STJ, 3ª Turma, REsp 656.498/PR, rel. Min. Carlos Alberto Menezes Direito, j. un. 14-6-2007, *DJ* 3-9-2007, p. 165 e STJ, CE, REsp 1.091.710/PR, rel. Min. Luiz Fux, j. un. 17-11-2010, *DJe* 25-3-2011.

3. INTERESSE DE AGIR

O interesse de agir relativo à concretização da tutela jurisdicional executiva repousa, fundamentalmente, na *necessidade* da intervenção do Estado-juiz diante do *inadimplemento* da obrigação pelo executado, realidade de direito material que, no plano do processo, acarreta a *exigibilidade da obrigação* retratada no título executivo.

O próprio Código de Processo Civil refere-se, expressamente, à "exigibilidade da obrigação", reservando, para a hipótese, a Seção II do Capítulo IV do Título I do Livro II da Parte Especial, destinado a disciplinar os "requisitos necessários para realizar qualquer execução". É o que, embora tratando do tema na perspectiva do inadimplemento, Enrico Tullio Liebman denominava "pressuposto *prático* da execução" em contraposição ao "pressuposto *legal* da execução", consistente no título executivo, lição ainda seguida, a despeito da nomenclatura, pelo direito positivo brasileiro nas duas Seções que formam o referido Capítulo IV[13].

A regra geral a esse respeito está enunciada no *caput* do art. 786, segundo o qual "A execução pode ser instaurada caso o devedor não satisfaça a obrigação certa, líquida e exigível consubstanciada em título executivo"[14]. Coerentemente, o inciso I do art. 803 prevê a nulidade da execução quando "o título executivo extrajudicial não corresponder a obrigação certa, líquida e *exigível*".

Os arts. 787 e 788 exigem do exequente a demonstração, em sua petição inicial, da *exigibilidade* da obrigação retratada no título executivo disciplinando específicas relações de direito material, em especial caracterizadas pela bilateralidade das obrigações, nas quais o cumprimento de uma depende do adequado cumprimento da outra.

Assim é que, "Se o devedor não for obrigado a satisfazer sua prestação senão mediante a contraprestação do credor, este deverá provar que a adimpliu ao requerer a execução, sob pena de extinção do processo" (art. 787, *caput*). O parágrafo único do dispositivo, em complementação, permite ao executado depositar em juízo a prestação ou a coisa para "eximir-se da obrigação". Neste caso, o magistrado não autorizará ao exequente levantar o depósito ou a coisa, medidas voltadas à *satisfação* de seu crédito, "sem cumprir a contraprestação que lhe tocar".

Por seu turno, de acordo com o art. 788, "O credor não poderá iniciar a execução ou nela prosseguir se o devedor cumprir a obrigação, mas poderá recusar o recebimento da prestação se ela não corresponder ao direito ou à obrigação estabelecidos no título executivo, caso em que poderá requerer a execução forçada, ressalvado ao devedor o direito de embargá-la".

Em todas essas hipóteses é imediata a percepção de que os dispositivos estão a exigir do exequente a demonstração, de plano, de seu *interesse de agir*, aferível a partir da *exigibilidade*

13. *Processo de execução*, p. 6/9.

14. O parágrafo único do art. 786 trata da *liquidação* da obrigação, não da sua *exigibilidade*, razão pela qual ele é analisado no n. 1 do Capítulo 2 da Parte I.

da obrigação retratada no título um dos "requisitos necessários para realização qualquer execução", sempre levando em conta as peculiaridades de cada relação na perspectiva do direito material.

Tanto assim que o inciso I do art. 798, ao disciplinar as exigências a serem preenchidas na petição inicial do processo de execução – e que devem guiar a escorreita elaboração do requerimento com o qual o exequente exterioriza a sua vontade de dar início à etapa de cumprimento de sentença –, é expresso ao determinar incumbir ao exequente "I – instruir a petição inicial com (...) c) a prova de que se verificou a condição ou ocorreu o termo, se for o caso; d) a prova, se for o caso, de que adimpliu a contraprestação que lhe corresponde ou que lhe assegura o cumprimento, se o executado não for obrigado a satisfazer a sua prestação senão mediante a contraprestação do exequente"[15].

A mesma orientação, embora no âmbito do cumprimento de sentença, deve ser feita com relação ao art. 514. Trata-se de dispositivo que merece ser interpretado em harmonia com o disposto no *caput* do art. 786, segundo o qual: "A execução pode ser instaurada caso o devedor não satisfaça a obrigação certa, líquida e exigível consubstanciada em título executivo".

A *exigibilidade* nele referida é um dos necessários atributos relativos à *obrigação* retratada no título executivo, sem o que, além da certeza e da liquidez, não há espaço para a concretização da tutela jurisdicional executiva[16]. Tanto assim que a ausência daqueles atributos pode ser alegada na impugnação pelo executado (art. 525, § 1º, III).

O art. 514 não compromete a noção de que a sentença – e mais amplamente, qualquer título executivo judicial – deve ser sempre *certa* no sentido de ela exprimir sempre uma certeza. Ela é "... ato de comando e não mero juízo lógico, hipotético"[17]. A regra nele veiculada, diferentemente, diz respeito a um aspecto relacionado à exigibilidade da obrigação retratada no título executivo, ao direito material considerado pela sentença, portanto. O que ocorre, nos casos alcançados por aquele dispositivo, é uma relação jurídica de direito material que está sujeita a condição ou a termo e não o comando jurisdicional em si mesmo considerado. Trata-se, nesse sentido, de dispositivo que está em plena harmonia com o parágrafo único do art. 492, segundo o qual: "A decisão deve ser certa, ainda que resolva relação jurídica condicional".

José Rogério Cruz e Tucci fornece, como exemplo de adequada aplicação do art. 514, a sentença que impõe ao vencido beneficiário pela justiça gratuita o pagamento das verbas de

15. Nesse sentido é o entendimento de Nelson Nery Junior e Rosa Maria de Andrade Nery (*Comentários ao Código de Processo Civil*. p. 1264): "Prova da verificação da condição e do termo. Deve acompanhar a petição inicial da execução a prova de que a condição ou termo se verificaram, sob pena de indeferimento da inicial (CC 321), porque não demonstrado o interesse jurídico do exequente".

16. Amílcar de Castro, tratando do assunto na perspectiva do art. 572 do CPC de 1973, equivalente ao art. 514 do CPC de 2015, lembrava de Carnelutti e enfatizava a necessidade de confirmar o *inadimplemento* do devedor, sem o que não cabia a execução da sentença (*Comentários ao Código de Processo Civil*, v. VIII, p. 23).

17. José Rogério Cruz e Tucci, *Comentários ao Código de Processo Civil*, v. VII, p. 136.

sucumbência nos termos do art. 98, § 3º[18]. De acordo com aquele dispositivo, a exigibilidade daquelas verbas perdura por cinco anos, na expectativa de que o beneficiário obtenha recursos financeiros para solver aquele débito[19]. Também quando a sentença proferida em "ação possessória" impõe "medida necessária e adequada" para a hipótese de haver nova turbação ou esbulho, com fundamento no inciso I do parágrafo único do art. 555[20].

Assim, quando se tratar de relação jurídica sujeita a condição ou a termo, o exequente deverá demonstrar, com o requerimento em que exterioriza seu interesse (atual) de dar início à etapa de cumprimento de sentença, definitivo ou provisório, que a condição foi realizada ou o que ocorreu o termo.

É essa a razão pela qual Alcides de Mendonça Lima, comentando o art. 572 do CPC de 1973, correspondente ao art. 514 do CPC de 2015, escrevia que, "No direito material, encontra-se a base desta norma processual"[21].

Por *condição* deve ser entendida a "... cláusula que, derivando exclusivamente da vontade das partes, subordina o efeito do negócio jurídico a evento futuro e incerto" (art. 121 do Código Civil).

"Além da 'condição', como obstativa da execução", doutrinava Alcides de Mendonça Lima, acerca do art. 572 do CPC de 1973, "o Código se refere a 'termo', na forma do art. 123 do Código Civil. As obrigações podem ser: a) a prazo ou b) a termo. 'Prazo é o tempo que medeia entre o nascimento da obrigação e a superveniência do 'termo' e 'termo' é a modalidade temporal que pode acompanhar a obrigação, estabelecendo o momento que há de cessar a produção de seus efeitos', conforme as definições precisas de Caio Mário"[22]. E mais: "o termo, como a condição, se refere a fato futuro, mas naquele o fato é certo, e nessa o fato é incerto. O termo pode ser inicial, equiparando-se à condição suspensiva; e final, vinculando-se à condição resolutiva (art. 124 do Código Civil). Enquanto, porém, a condição gera um direito adquirido o termo origina apenas direito eventual. No caso, o termo é apenas o inicial, pela natureza da condição suspensiva"[23].

---

18. *Comentários ao Código de Processo Civil*, v. VII, p. 259.

19. "§ 3º. Vencido o beneficiário, as obrigações decorrentes de sua sucumbência ficarão sob condição suspensiva de exigibilidade e somente poderão ser executadas se, nos 5 (cinco) anos subsequentes ao trânsito em julgado da decisão que as certificou, o credor demonstrar que deixou de existir a situação de insuficiência de recursos que justificou a concessão de gratuidade, extinguindo-se, passado esse prazo, tais obrigações do beneficiário".

20. José Rogério Cruz e Tucci, *Comentários ao Código de Processo Civil*, v. VII, p. 259.

21. *Comentários ao Código de Processo Civil*, v. VI, p. 159.

22. *Comentários ao Código de Processo Civil*, v. VI, p. 160. O art. 123 do CC de 1916, mencionado pelo processualista gaúcho, encontra seu par exato no art. 131 do CC de 2002.

23. Alcides de Mendonça Lima, *Comentários ao Código de Processo Civil*, v. VI, p. 160-161. O art. 124 do CC de 1916 corresponde ao art. 135 do CC de 2002. Também restringindo a aplicação do então art. 572 do CPC de 1973 ao termo *inicial* e à condição *suspensiva* é a lição de Pontes de Miranda em seus *Comentários ao Código de Processo Civil*, t. IX, p. 102-103.

A "prova" relativa aos eventos previstos no art. 514 não deve ser compreendida como algo estranho ao cumprimento de sentença e ao próprio processo de execução. Ainda que a prática da tutela jurisdicional executiva pressuponha título executivo (judicial ou extrajudicial), as características de liquidez, certeza e, como aqui interessa mais de perto, de *exigibilidade* podem precisar ser supridas por elementos de prova que vão além dos próprios elementos inerentes do título. Desde que se trate de prova pré-constituída – e não necessária e invariavelmente *documental* –, não há razão para entender comprometida a higidez do título executivo enquanto tal.

Ademais, estabelecido o devido contraditório, ainda que de maneira postergada, em sede de impugnação ou de embargos à execução, o executado terá oportunidade efetiva de demonstrar que a obrigação, diferentemente do que afirma (e quer provar) o exequente, não é exigível, gerando a rejeição da prática dos atos executivos. Nesse contexto, é correta, uma vez mais, a lembrança do disposto no inciso III do § 1º do art. 525 e no inciso I do art. 803.

O Projeto de novo Código de Processo Civil da Câmara dos Deputados (PL n. 8.046/2010) continha regra que merece ser lembrada no contexto do art. 514.

Segundo seu art. 503, "a decisão que acolher a exceção de contrato não cumprido ou o direito de retenção julgará procedente o pedido, mas somente poderá ser executada se o exequente comprovar que cumpriu sua própria prestação ou que a colocou à disposição do executado".

Aquele dispositivo acabou não sendo aprovado pelo Senado Federal na última etapa do processo legislativo, o que não significa dizer, contudo, que as eventuais defesas de direito material relativas àquela temática – e, bem assim, quaisquer outras que a ela possam se amoldar – não possam, quando acolhidas pelo magistrado, inibir a imediata exigibilidade da obrigação retratada no título executivo, sempre a depender das vicissitudes do próprio direito material ao longo da etapa de cumprimento de sentença.

O "interesse de agir" para a prática dos atos jurisdicionais executivos, destarte, é a tradução processual suficiente de que a obrigação retratada no título executivo é *exigível* a partir do *inadimplemento* daquela mesma obrigação. Justamente porque a "exigibilidade" e o "inadimplemento" são informações que residem no plano material é que se impõe o seu transporte adequado para o plano processual para revelar a existência (ou não) da *atualidade* do interesse de agir.

Fosse uma situação em que a obrigação foi *espontaneamente* cumprida pelo devedor no próprio plano material, seria irrecusável a *desnecessidade* do agir do Estado-juiz. Diferentemente do que se dá, forte na distinção feita no n. 9 do Capítulo 1, quando a hipótese é de cumprimento *voluntário* da obrigação, que, pelas razões lá expostas, pressupõe prévia atuação jurisdicional.

No que diz respeito à compreensão do "interesse de agir" como *adequação*, o seu preenchimento dar-se-á suficientemente com a apresentação, pelo exequente, de um *documento* que atenda às exigências legais de acordo com as regras dos arts. 515 e 784. A eventual verificação da *existência* do direito retratado *suficientemente* no título é questão que vai além do mínimo indispensável para o exercício do direito de ação. Trata-se, já, de matéria de *mérito*.

Tendo presente, ainda, a "adequação", importa destacar o art. 785, que não encontra correspondência no CPC de 1973. De acordo com o dispositivo, "a existência de título executivo extrajudicial não impede a parte de optar pelo processo de conhecimento, a fim de obter título executivo judicial".

A regra quer dialogar com julgados do Superior Tribunal de Justiça anteriores ao CPC de 2015 que admitiam que o portador de título executivo *extrajudicial* tem *interesse de agir* em promover "ação de conhecimento", naqueles casos em que havia algum questionamento do credor sobre a natureza jurídica do título executivo que possuía, forte no entendimento de que a iniciativa não traria qualquer prejuízo ao executado[24].

A regra é desnecessária e assistemática e vai muito além do que o exame de eventuais casos concretos pode querer revelar em termos de necessidade de aproveitamento de atos processuais já praticados. Na perspectiva do sistema processual civil, se há título executivo, não há justificativa para pleitear do Estado-juiz nada além de sua concretização. Não há por que reconhecer "duas vezes" o direito aplicável ao caso, criando a partir de um título executivo (extrajudicial) um outro título executivo (judicial). Eventual dúvida do credor sobre ter, ou não, título executivo extrajudicial é questão diversa que não poderia ser resolvida da forma generalizada como propõe o dispositivo. Menos ainda quando o CPC de 2015 preservou, em seus arts. 700 a 702, a "ação monitória"[25], e o fez sem prejuízo da tutela provisória, que *também* pode ter como fundamento a *evidência* (art. 311, II a IV).

Dessa observação, contudo, não deriva o entendimento de que a regra é arredia ao modelo constitucional do direito processual civil, capaz de comprometer a eficiência processual agasalhada no inciso LXXVIII do art. 5º da Constituição Federal. A prática do foro encontrará algum espaço em que ela possa se mostrar útil, a despeito da ressalva anterior, quiçá no contexto do dever-poder geral de saneamento, para impedir o desperdício de atividade jurisdicional voltada a discussões teóricas, mas que, conforme o caso, mostrar-se-ão incapazes de comprometer os direitos dos litigantes[26].

---

24. A referência é feita, dentre outros, aos seguintes acórdãos: STJ, 4ª Turma, AgRg no AREsp 335.954/SC, rel. Min. Marco Buzzi, j. un. 7-5-2015, *DJe* 19-5-2015; STJ, 4ª Turma, REsp 981.440/SP, rel. Min Luis Felipe Salomão, j. un. 12-4-2012, *DJe* 2-5-2012; STJ, 3ª Turma, REsp 717.276/PR, rel. Min. Nancy Andrighi, j. un. 21-6-2007, *DJ* 29-6-2007, p. 581.

25. Embora em sentido diverso, cabe lembrar do Enunciado n. 101 da I Jornada de Direito Processual Civil do CJF: "É admissível ação monitória, ainda que o autor detenha título executivo extrajudicial".

26. Visão (bem) crítica do dispositivo é a de Marcelo Abelha Rodrigues em seu *Manual de execução civil*, esp. p. 161-164, desenvolvida mais recentemente em seu *Fundamentos da tutela executiva*, p. 125-131.

4. O "MÉRITO" E A POSSIBILIDADE DE SEU JULGAMENTO

Afirmação feita ao longo dos números anteriores, de que o processo em que se pretende a prestação da tutela jurisdicional executiva pode vir a ser extinto por faltar o mínimo indispensável ao exercício do direito de ação, traz à tona questões tão clássicas quanto tormentosas: trata-se de extinção com ou sem "resolução de mérito"? Aplica-se à hipótese o disposto no inciso VI do art. 485? Há, afinal, "mérito" quando se trata de pedido de concretização da tutela jurisdicional executiva?

Para este *Curso*, há "mérito" ao ensejo do pedido de concretização da tutela jurisdicional executiva porque o exequente *pede* que o Estado-juiz satisfaça o direito retratado suficientemente no título executivo.

Pedido dessa natureza há, em se tratando de título *judicial*, desde o rompimento da inércia da jurisdição com vistas à constituição do título executivo. O proferimento de decisões favoráveis ao autor, inclusive em se tratando de "tutela provisória", pode não ser *suficiente* para a satisfação do seu beneficiário, e é por isso que ainda perdura em tais casos a *necessidade* da atuação do Estado-juiz para aquele fim, a ser *provocada* pelo interessado. O "mérito", nessa perspectiva, é e continua a ser o mesmo: como ainda não houve a *concretização* da tutela jurisdicional, isto é, a lesão ou a ameaça de direito ainda não foi adequadamente tutelada (protegida), embora já tenha sido, suficientemente, *reconhecida* existente, ainda se põe a necessidade de atuação jurisdicional.

Nos casos em que a execução se baseia em título *extrajudicial*, o "mérito" consubstancia-se no pedido que o exequente faz com a "petição inicial" a que se refere o art. 798 para que, a partir do título que apresenta ao Estado-juiz, seja-lhe concretizada a tutela jurisdicional executiva, é dizer, que o seu direito *suficientemente* reconhecido no título executivo seja satisfeito pela prática das atividades jurisdicionais executivas correlatas.

A existência de *mérito* na execução, contudo, não significa, necessariamente, que o seu *julgamento* se dê durante a prática das atividades jurisdicionais executivas. Por causa da função desempenhada pelo título executivo (judicial ou extrajudicial), esse *julgamento* será realizado *eventualmente* e não necessariamente.

A "impugnação" e os "embargos à execução", para mencionar os mecanismos mais vistosos, são formas de *defesa* do executado que lhe permitem introduzir, pela formação de um pedido de tutela jurisdicional em seu favor, questões de "mérito" a conduzir o magistrado ao seu *julgamento*. A atividade (cognitiva) do magistrado em tais casos não é diversa do que ocorre nos casos em que a sua atuação se volta à *formação* do título executivo (judicial), isto é, ao reconhecimento de lesão ou de ameaça a direito carente de tutela jurisdicional.

O que se dá na espécie é que existe verdadeira *inversão procedimental* nas atividades jurisdicionais a serem praticadas, uma inegável inversão no momento de incidência do princípio da ampla defesa, iniciativa amplamente conformada ao modelo constitucional do direito processual civil. Haverá julgamento de mérito na execução se e quando o juiz examinar lesões ou ameaças a direito que, de alguma forma, interfiram, total ou parcialmente, na *concretização* da tutela jurisdicional executiva que o sistema permite a partir da tão só apresentação do título executivo.

O exequente, contudo, é esta a distinção que merece ser feita, não pede e não pretende um "*julgamento* de mérito", assim entendido o *reconhecimento*, pelo Estado-juiz, de que há um direito lesionado ou ameaçado por outrem. O que ele pede, bem diferentemente, é a prática de atos jurisdicionais voltados à *satisfação* de um direito já suficientemente reconhecido pelo próprio Judiciário (título executivo *judicial*) ou pela própria lei, fora do ambiente judiciário (título executivo *extrajudicial*), e, para tanto, não há necessidade de um *prévio* e *indispensável* "*julgamento* de mérito". Para ele, basta a apresentação do título executivo. O título, por assim dizer, faz as vezes daquele "julgamento".

É o executado quem tem o ônus de buscar tutela jurisdicional em seu favor e, nesse sentido, um julgamento (de mérito) que, de alguma forma, tenha aptidão de obstaculizar, total ou parcialmente, a prática dos atos executivos em prol da satisfação do exequente. As formas pelas quais o executado pode pretender um tal julgamento são analisadas pela Parte VI.

Convém enfatizar: o *pedido* que o exequente faz ao Estado-juiz é para que sejam praticados atos tendentes a concretizar o direito que já lhe é *reconhecido* suficientemente pelo título executivo. Para a *atuação concreta daquele direito*, não há necessidade de haver qualquer *julgamento*. Ele é pressuposto pelo sistema em forma de um julgamento anterior do próprio Estado-juiz (título executivo *judicial*) ou por algum documento que faz as suas vezes por força de lei (título executivo *extrajudicial*). Na medida em que a higidez do direito retratado no título e, consequentemente, da prática de atos jurisdicionais tendentes à satisfação do direito nele reconhecido seja questionada pelo executado, pode haver *julgamento* de mérito na execução.

Por força dessas razões, máxime quando lidas em conjunto com o papel desempenhado pelo título executivo para aferição do mínimo indispensável para o exercício do direito de ação, não há como negar a possibilidade de ser proferida, na etapa de cumprimento de sentença ou no processo de execução, sentença com fundamento no inciso VI do art. 485. A falta de legitimidade ou de interesse conduz o magistrado ao proferimento de uma sentença "sem mérito" porque reconhece que não há o mínimo necessário para a *atuação* do Estado-juiz – mesmo que não seja um atuar para *julgar*, mas para *concretizar* –, devendo ser rejeitado, por isso mesmo e de plano, o pedido que o exequente formula para aquele fim.

Superado o exame relativo à existência de legitimidade e de interesse, pode ser necessário que o magistrado realize algum julgamento de mérito na forma colocada em relevo pelos parágrafos anteriores. É o que se dá quando julga a "impugnação" ou os "embargos à execução" apresentados pelo executado ou quando determinadas matérias são veiculadas por outras técnicas admitidas pelo sistema.

Decisões de mérito, desde que tenham sido proferidas com cognição suficiente ("cognição *exauriente*") – e nada há no contexto aqui evidenciado a afastar este entendimento –, fazem coisa julgada, quando não recorridas a tempo e modo oportunos ou, ainda, desde que, devidamente interpostos, sejam julgados todos os recursos cabíveis. Admitindo-se a existência de decisões aptas a transitar em julgado no cumprimento de sentença e no processo de execução, o seu regime jurídico, bem assim os mecanismos de sua discussão, são os mesmos reservados pelo Código de Processo Civil para a espécie, com especial destaque à pertinência da ação rescisória para desconstituí-la.

Destarte, o que importa destacar é que a existência de "mérito" não se confunde e não se restringe a um "*julgamento* de mérito" que pode, ou não, existir, mormente quando há provocação do executado pela apresentação da "impugnação" ou dos "embargos à execução". Nestes casos, o *pedido* de tutela jurisdicional formulado pelo executado, independentemente de qual ele seja (arts. 525 e 917), só pode ser compreendido como introdutório de "mérito" na execução e, consequentemente, da necessidade de seu *julgamento* pelo magistrado em decisão que pode vir a transitar em julgado. Para este *Curso*, a convivência de variadas atividades jurisdicionais em um *mesmo* processo, com todas as consequências daí derivadas, é verdade irrecusável à luz do sistema processual civil.

Importa destacar, por fim, que a situação discutida pelos parágrafos anteriores quanto à possibilidade de *julgamento* em sede de execução não se confunde com as sentenças proferidas com fundamento no art. 925. Nenhuma delas é, propriamente, sentença de mérito no sentido usualmente entendido como "*julgamento* de mérito". Por isso, ela não tem aptidão de produzir coisa julgada. Seu desfazimento pode se dar por outros mecanismos que não os típicos de uma "decisão de mérito". O principal deles é a "ação anulatória" prevista no § 4º do art. 966, visando ao questionamento dos atos praticados pelas partes que levaram o juiz a proferi-la e, consequentemente, extinguir o processo[27].

27. Ilustra a afirmação suficientemente o entendimento da CE do STJ no REsp repetitivo 1.143.471/PR, rel. Min. Luiz Fux, j. un. 3-2-2010, *DJe* 22-2-2010, que rejeitou a possibilidade de se pretender reabrir a execução, com a desconsideração da sentença nela proferida pela alegação de ocorrência de erro de cálculo.

Capítulo 4

Título executivo

1. CONSIDERAÇÕES INICIAIS

A concretização da tutela jurisdicional executiva pressupõe título executivo. Ele é, como é comum se referir, pressuposto *necessário* e *suficiente* para autorizar a prática de atos executivos[1]. Necessário porque, sem título executivo, não há execução, aplicação do "princípio da *nulla executio sine titulo*"[2]. Suficiente porque, consoante o entendimento predominante, basta a apresentação do título para o início dos atos executivos pelo Estado-juiz, independentemente de qualquer juízo de valor expresso acerca do direito nele retratado.

A *suficiência* do título executivo, contudo, merece uma ressalva. Ela não deve ser entendida no seu sentido literal, mas, mais amplamente, no seu sentido finalístico. Pode acontecer de o direito retratado no título demandar alguma complementação *probatória pré-constituída* que vá além daquela que consta do título, assim, por exemplo, no que diz respeito aos atributos de certeza, exigibilidade e de liquidez da obrigação (arts. 514 e 787). Isso, por si só, não descaracteriza, como executivo, o título, nem coloca em xeque a sua *suficiência* para a prática dos atos executivos.

Importa, para o exame da concretização da tutela jurisdicional executiva, saber se o título executivo tem origem *judicial* (art. 515) ou se sua origem é *extrajudicial* (art. 784). A depender de sua origem, variam os atos jurisdicionais executivos a serem praticados, bem como o procedimento a ser observado.

---

1. Nesse sentido: Araken de Assis, *Manual da execução*, p. 211; Humberto Theodoro Jr., *Comentários ao Código de Processo Civil*, v. XV, p. 59-61, e Sérgio Shimura, *Comentários ao Código de Processo Civil*, v. 3, p. 486.
2. Orientação que, embora com injustificável restrição aos títulos executivos *extrajudiciais*, encontra eco no inciso I do art. 803, que comina de nulidade a execução sem título executivo que corresponda a obrigação certa, líquida e exigível.

2. OBRIGAÇÃO CERTA, EXIGÍVEL E LÍQUIDA

O título executivo judicial ou extrajudicial deve se referir a obrigação com determinados atributos. A obrigação nele retratada deve ser *certa*, *exigível* e *líquida*. Não se trata de qualidades do próprio título, que nada mais é do que um documento que representa uma obrigação, entendida amplamente como sinônimo de relação jurídica, de dever e, mesmo, de "direito", ela própria, a "obrigação", certa, exigível e líquida[3].

É o que em caráter quase que didático se lê do art. 783: "A execução para cobrança de crédito fundar-se-á sempre em título de obrigação certa, líquida e exigível" e não sem alguma repetição no próprio *caput* do art. 786, ao estabelecer que "a execução pode ser instaurada caso o devedor não satisfaça a obrigação certa, líquida e exigível consubstanciada em título executivo".

A *certeza* relaciona-se com a existência da própria obrigação e do título executivo em si mesmo considerado. É, em rigor, o que vincula os limites dos atos executivos que tomam como base (e fundamento) a obrigação retratada no título. É correto falar em "certeza *objetiva*" no sentido de se saber o que é devido. Também é pertinente falar em "certeza *subjetiva*" no sentido de que o título executivo deve permitir apontar quem é o credor da obrigação nele retratada e quem é o réu. O *caput* do art. 778 é bastante claro nesse sentido, máxime quando lido em conjunto com o inciso I do art. 779[4].

A *exigibilidade* relaciona-se com a inexistência de qualquer condição ou outro fator que, na perspectiva do direito material, impeça a satisfação do direito retratado no título. Seu reflexo processual consiste no interesse de agir (necessidade de atuação jurisdicional em busca de satisfação de um direito). O art. 787, ao exigir a prova da contraprestação para viabilizar a prestação, também trata da *exigibilidade*, tanto quanto o art. 788, que impede a atuação executiva do credor (exequente) quando o magistrado constatar que o devedor (executado) cumpriu a obrigação, salvo se questionar o adequado cumprimento. Ambas as situações correspondem à "exceção do contrato não cumprido" do plano material a ensejar a *exigibilidade* no plano processual. Também o art. 514 merece lembrança no presente contexto ao estabelecer que, "quando o juiz decidir relação jurídica sujeita a condição ou termo, o cumprimento da sentença dependerá de demonstração de que se realizou a condição ou de

---

3. Antes do advento da Lei n. 11.382/2006, que alterou diversos dispositivos do CPC de 1973 a respeito do "processo de execução", seus arts. 580 e 586, *caput*, insinuavam que aqueles atributos eram do próprio título, o que era criticado pela doutrina. Para o impacto daquela alteração, v., do autor deste *Curso*, *A nova etapa da reforma do Código de Processo Civil*, v. 3, p. 16.

4. Neste contexto, cabe relembrar a lição de Teori Albino Zavascki, para quem: "Considerando-se título apto a ensejar a tutela executiva o que traz representação documental de uma norma jurídica concreta da qual decorra uma relação obrigacional, há de haver nele afirmação a respeito de (a) ser devido (*an debeatur*), (b) a quem é devido (*cui debeatur*), (c) quem deve (*quis debeat*), (d) o que é devido (*quid debeatur*); e, finalmente, (e) em que quantidade é devido (*quantum debeatur*). (...)" (*Processo de execução*, p. 393 e *Comentários ao Código de Processo Civil*, v. 8, p. 338).

que ocorreu o termo". Correto, por isso, entender que eventuais prestações decorrentes da obrigação retratada no título executivo que se vencerem ao longo do processo podem ser cobradas desde logo no mesmo processo, sempre respeitado o prévio contraditório[5]. O que indica o *interesse de agir* em todos estes casos é justamente a não satisfação espontânea da obrigação, tal qual retratada no título executivo, no plano material[6].

A *liquidez*, por fim, é a expressão monetária do valor da obrigação. Se o título a expressar, o caso se resume, no máximo, à necessidade de sua atualização monetária e ao cômputo dos juros e outras verbas incidentes sobre ele. É o que, com clareza suficiente, lê-se do parágrafo único do art. 786: "A necessidade de simples operações aritméticas para apurar o crédito exequendo não retira a liquidez da obrigação constante do título". Não é por outra razão que a petição inicial das execuções por quantia certa deverá ser acompanhada de demonstrativo de cálculo "atualizado" (art. 798, I, *b*), tanto quanto o requerimento para início do cumprimento de sentença (art. 524).

É comuníssima a afirmação de que a liquidação disciplinada pelos arts. 509 a 512 é instituto característico dos títulos executivos *judiciais*. Não há como concordar com o entendimento. O § 2º do art. 809 (tendo presentes as obrigações de entrega de coisa), e os arts. 816, parágrafo único, e 821, parágrafo único (tendo presentes as obrigações de fazer), são expressos em admitir a liquidação nos casos de conversão de obrigações de fazer, de não fazer ou de entrega de coisa em perdas e danos. É fundamental, destarte, ao menos nesses casos, fazer essa ressalva e evitar quaisquer generalizações apriorísticas.

O título executivo *documenta* uma dada obrigação e, desde que ela, a obrigação, seja certa, exigível e líquida, é viável a concretização da tutela jurisdicional executiva com a deflagração da prática de atos jurisdicionais tendentes àquele fim visando à satisfação do exequente.

Os atributos exigidos pelo art. 783 repousam no plano *material*. Pode acontecer, até mesmo, de o *título* (o "documento") perder algum requisito seu ou possuir algum defeito que o compromete como tal e consequentemente a concretização da tutela jurisdicional executiva, mas sem afetar a obrigação por ele retratada[7].

---

5. Nesse sentido é o Enunciado n. 86 da I Jornada de Direito Processual do CJF: "As prestações vincendas até o efetivo cumprimento da obrigação incluem-se na execução de título executivo extrajudicial (arts. 323 e 318, parágrafo único, do CPC)". Admitindo a cobrança de cotas condominiais vincendas na execução fundamentada no inciso X do art. 784 é o acórdão proferido no REsp 1.756.791/RS, pela 3ª Turma do STJ, rel. Min. Nancy Andrighi, j. un. 6-8-2019, *DJe* 8-8-2019 e, da mesma Turma, o REsp 1.783.434/RS, rel. Min. Nancy Andrighi, j.un. 2-6-2020, *DJe* 4-6-2020. Ainda que com fundamentação um pouco diversa, cabe mencionar, também da 3ª Turma do STJ, o REsp 1.714.393/SP, rel. Min. Nancy Andrighi, j. un. 13-8-2019, *DJe* 15-8-2019, em que se decidiu sobre a possibilidade de se executar a diferença entre os aluguéis vencidos ao longo do processo levando em conta a fixação provisória em sede revisional.

6. Não obstante, o inciso III do art. 803 rotula de "nula" a "execução" quando "... instaurada antes de se verificar a condição ou de ocorrer o termo".

7. Bastante esclarecedora a respeito é a Súmula 17 do TJSP, assim enunciada: "A prescrição ou perda de eficácia executiva do título não impede sua remessa a protesto, enquanto disponível a cobrança por outros meios".

A palavra "obrigação", largamente empregada pela lei, pela doutrina e pela jurisprudência, não deve ser entendida restritivamente como sinônimo de fonte *consensual* de direitos e deveres. É importante entendê-la amplamente, como sinônimo de qualquer fonte de direitos e deveres que vincule uma ou mais pessoas, independentemente de haver consenso entre elas ou não. É fonte de obrigação, por isso mesmo, um *contrato*. Mas é também obrigação para os fins discutidos ao longo deste volume a lei, a decisão judicial ou qualquer outra fonte de *imposição* de direitos e deveres. O caráter heterogêneo do rol dos títulos executivos judiciais e dos extrajudiciais é bastante significativo a esse respeito.

3. O TÍTULO EXECUTIVO COMO *PROVA* DE UMA OBRIGAÇÃO CERTA, EXIGÍVEL E LÍQUIDA

Há intensa discussão em sede de doutrina sobre a *natureza jurídica* do título executivo[8]. O título executivo é "documento"? O título executivo é "ato"? O título executivo é "fato"? O título executivo é "ato-documento"?

A compreensão do título executivo como *documento* abraçada por este *Curso* quer significar que o título retrata, suficientemente para fins de concretização da tutela jurisdicional executiva, uma obrigação, sempre compreendida amplamente como sinônimo de relação jurídica, dever, "direito", com os atributos acima destacados, isto é, *certa*, *exigível* e *líquida*.

Não se trata de *prova* no sentido usualmente empregado de convencer o magistrado de que algo aconteceu ou deixou de acontecer para que seja *reconhecido* o direito aplicável aos fatos em prol de uma ou de outra parte, isto é o *reconhecimento* de quem faz jus à tutela jurisdicional. Trata-se, diferentemente, da *prova* de uma obrigação, sempre entendida amplamente, que, quando apresentada ao magistrado, autoriza a *concretização* da tutela jurisdicional executiva. A formação da convicção do magistrado, destarte, não se dá para fins de *reconhecimento* do direito, mas para a sua *concretização*. Sua atividade intelectual (cognitiva) não se volta para atestar a *existência* de um direito, mas, diferentemente, a partir da constatação de sua existência, *suficientemente documentada* no título executivo, determinar a prática dos atos que têm como finalidade precípua a concretização da tutela jurisdicional *executiva*, vale insistir, da *satisfação* do exequente.

Critica-se tradicionalmente esse entendimento diante da constatação de que prova só existe para fins de atividade cognitiva; que ela, por definição, impõe ao magistrado o dever

8. Para este panorama, v., com proveito, os seguintes autores: Enrico Tullio Liebman, *Embargos do executado*, p. 117-142; Alcides de Mendonça Lima, *Comentários ao Código de Processo Civil*, p. 229-237; Cândido Rangel Dinamarco, *Execução Civil*, p. 473-474; Marcelo Lima Guerra, *Execução forçada: controle de admissibilidade*, p. 86-87; Araken de Assis, *Manual da execução*, p. 211-214; Humberto Theodoro Júnior, *Processo de execução*, p. 130-133; Heitor Vitor Mendonça Sica, *Cognição do juiz na execução civil*, p. 163-168.

de *julgar*, atividade que seria completamente estranha à execução e avessa à prática dos atos executivos. Tal entendimento, contudo, não deve ser prestigiado.

"Prova" é e deve ser entendida como qualquer elemento que permita a formação da convicção do magistrado. O "julgamento" não tem que significar sempre e em qualquer caso "julgamento de mérito" no sentido tradicional do termo, mas, bem diferentemente, compreensão de que algo existe ou não. Para fins de concretização da tutela jurisdicional executiva, a *prova* e o *convencimento* do magistrado se justificam para a autorização do início da prática dos atos *materiais* de *concretização* de direito e não *intelectuais* de seu mero *reconhecimento*. E, como se admite prova em sentido contrário – é esta a função desempenhada pela "impugnação", pelos "embargos à execução" e pelos demais meios de manifestação do executado –, o título executivo (judicial ou extrajudicial) gera uma presunção *relativa* de que a obrigação nele retratada é *certa*, *exigível* e *líquida*.

O que ocorre no âmbito da concretização da tutela jurisdicional executiva, contudo, é que não se faz necessário que o magistrado declare *previamente* o direito retratado no título, que ele pesquise a respeito da sua existência ou da sua não existência; basta que ele, suficientemente, reconheça-o, verifique se o título executivo corresponde, ou não, a uma das hipóteses legais. Tratando-se de título executivo admitido pelo sistema, a concretização da tutela jurisdicional executiva é legítima porque sua constatação escorreita significa, para todos os fins, que a obrigação nele *documentada* é *certa*, *exigível* e *líquida* e carente de *satisfação*. Caso contrário, não. A *prova*, consubstanciada no título executivo, destarte, não conduz, nesta perspectiva de análise, ao *julgamento* do magistrado quanto a reconhecer existente determinado direito em um caso concreto. Não há, para os fins aqui tratados, qualquer julgamento. Ele é *desnecessário* justamente em razão da função processual desempenhada pelo título executivo. O que há é a verificação de o magistrado estar, ou não, diante de um título executivo, convencer-se da sua *suficiência* e, consequentemente, autorizar a prática dos atos que se façam necessários para a concretização da tutela jurisdicional executiva, isto é, para a satisfação do exequente.

Se, contudo, o executado pretender demonstrar, dentre outras questões, que não há certeza, exigibilidade e liquidez no título, ele deve tomar a iniciativa da discussão, demonstrando ao magistrado o seu ponto de vista. Adotando essa postura, o magistrado poderá verificar a relação jurídica de direito material subjacente ao título, julgando sua existência, total ou parcialmente. Neste caso, bem diferente daquele retratado pelo parágrafo anterior, haverá *julgamento* no sentido tradicional do termo.

Para este *Curso*, a melhor e mais funcional compreensão do papel processual desempenhado pelo título executivo é entendê-lo como *documento*. Não documento, vale a ênfase, que leve o Estado-juiz a se convencer de que existe ou não existe um direito lesionado ou ameaçado e, na medida em que se convença, constitua, isto é, crie, forme, construa, um título executivo. O título executivo, enquanto documento, leva a muito mais do que a isto. Ele, suficientemente, conduz o Estado-juiz não ao (mero) *reconhecimento* do direito, mas à *satisfação* de um direito que ele próprio atesta existir de maneira suficiente e, porque existe suficientemente, autoriza a prática de atos jurisdicionais (atos executivos) para a satisfação do exequente.

Não é errado, portanto, admitir que o título executivo, como documento, atesta uma presunção de que o direito existe. Colocando-o em seu devido contexto de documento para a *satisfação* do direito nele representado e não para o seu *reconhecimento* (providência que seria inútil, porque desnecessária, conspirando, até mesmo, contra o modelo constitucional do direito processual civil, em especial o inciso LXXVIII do art. 5º da Constituição Federal), não há nada de errado em aceitar que, enquanto nada for provado em sentido contrário, presume-se que existe aquele direito e, mais do que isto, que ele legitima a atuação do Estado-juiz em prol de sua concretização.

A grande crítica que se faz a esse entendimento é que as "presunções" são, a bem da verdade, raciocínios lógicos de que o magistrado se vale, com ou sem apoio na lei, para formar a sua convicção e que o título executivo, mesmo que compreendido como documento, não guarda nenhuma relação com tais raciocínios. A crítica não procede porque é exatamente aquilo que ocorre quando o exequente comparece em juízo munido de título executivo: o título executivo dispensa que o magistrado se indague sobre a *existência* do direito. Até que se prove em sentido contrário, o direito que tem de ser satisfeito é aquele *suficientemente* documentado no (e pelo) título. A hipótese é, por isso mesmo, de presunção; presunção que assume prova em contrário – presunção *juris tantum*, portanto –, e, como toda presunção, apta a dispensar a produção de quaisquer provas daquilo que ela, a presunção, *prova suficientemente*. É essa a função processual desempenhada pelo título executivo.

Verifica-se, portanto, que o título executivo exerce, no plano do processo, o mesmo papel desempenhado por qualquer *prova*. A diferença está em que a sua apresentação em juízo não leva o juiz a precisar se convencer de quem é merecedor da tutela jurisdicional. O que se dá, diferentemente, é que o título executivo é elemento bastante para que o magistrado se convença de que alguém, que *já é merecedor* da tutela jurisdicional, é merecedor também de sua concretização. O que o magistrado deve fazer para tanto é verificar se aquilo que lhe é apresentado como título executivo é aceito pelo sistema processual civil como tal e, consequentemente, como meio capaz o suficiente para convencê-lo da existência da obrigação certa, exigível e líquida, autorizando a adoção dos atos executivos.

Nos casos dos títulos executivos *judiciais*, é o próprio Estado-juiz quem reconhece a *existência* do direito; o que não ocorre nos casos dos títulos executivos *extrajudiciais*. Isto, contudo, considerando a chamada "eficácia *abstrata* do título executivo" é indiferente para a formação do título executivo. Ele, título, enquanto título, por ser título, é *prova* suficiente da obrigação certa, exigível e líquida. É essa a sua função processual absolutamente afinada ao modelo constitucional do direito processual civil.

A circunstância de o título executivo (judicial ou extrajudicial) desempenhar a função destacada pelos parágrafos anteriores, para que os atos jurisdicionais executivos tenham início, não significa, porém, não ser necessário, muitas vezes, que haja algum outro elemento de *prova* que *complemente* o título executivo para que a obrigação nele retratada se mostre, como deve ser para os fins da lei processual civil, certa, exigível e líquida. É o que se dá, por exemplo, quando se faz necessário comprovar a legitimidade ativa ou passiva para os fins dos arts. 778 e 779 – "certeza *subjetiva*" –, para fins de demonstração da *exigibilidade* da obrigação nos termos dos arts. 514 e 787, ou, ainda, quando a liquidez da obrigação depende de ulteriores atos jurisdicionais de "liquidação" em amplo e prévio contraditório, ainda que a liquidação se reduza à apresentação da "memória de cálculo" de acordo com o art. 524 e o art. 798, I, *b*, e seu parágrafo único. Até porque o parágrafo único do art. 786 é claro quanto ao reconhecimento de que "A necessidade de simples operações aritméticas para apurar o crédito exequendo não retira a liquidez da obrigação constante do título".

Mesmo a doutrina que rejeita em larga escala as considerações expostas acima não nega essa *necessidade*. Da mesma forma que destacado precedentemente, importa entender que a *prova* daquelas situações não é *prova* produzida para convencer o magistrado além dos limites e da função processual do título executivo. Não se trata de provar para que o juiz *reconheça* o direito controvertido, mas, apenas, para, reconhecendo a própria existência do título executivo como tal, autorize a prática dos atos jurisdicionais executivos a partir daquele direito controvertido, que foi suficientemente demonstrado.

Essa "documentação complexa" da obrigação[9] deve ser compreendida no mesmo sentido colocado em evidência: não se trata de *provar* para *julgar*, mas, diferentemente, de *provar* para *autorizar* a prática dos atos jurisdicionais executivos. A "prova" para fins de julgamento depende da iniciativa do executado, o que fará por meio da "impugnação", dos "embargos à execução" ou, até mesmo, por meio de outras técnicas disponíveis pelo sistema para tanto. Não se trata de *prova* para *reconhecer* o direito que reclama a *concretização* da tutela jurisdicional executiva, mas de *prova* que autoriza, desde logo, aquela concretização, com vistas à satisfação do exequente: não se prova para *reconhecer* quem faz jus à tutela jurisdicional; prova-se para autorizar a *concretização* da tutela jurisdicional executiva. Trata-se, pois, de *prova* voltada à formação da convicção do magistrado de que está diante de uma das hipóteses em que o sistema processual civil admite, de plano, o início da concretização da tutela jurisdicional executiva.

As considerações dos parágrafos anteriores não significam a aplicação dos arts. 369 a 484 para a *formação* do convencimento do magistrado quanto à existência ou à inexistência do próprio título executivo. O título executivo como *prova*, como *documento*, exige a aplicação de regras específicas, que são próprias a cada uma das figuras que, por força de lei, têm aquele *status* e que são examinadas nos n. 4 e 5, *infra*. Bastante significativo, a esse respeito, o disposto no parágrafo único do art. 223 do Código Civil, que afasta a pertinência da *cópia*

9. A expressão entre aspas é sugerida por Marcelo Lima Guerra, *Execução forçada*, p. 110.

para substituir o original ou o título de crédito nos casos em que a lei o exige. De outra parte, o § 2º do art. 425, ao autorizar a apresentação *eletrônica* do título executivo nas condições lá disciplinadas ("cópia digital"), dispõe que o magistrado poderá "determinar o seu depósito em cartório ou secretaria". A medida busca evitar duplicidade do título executivo e, consequentemente, duplicidade de execuções.

3.1 Eficácia abstrata do título executivo

As considerações apresentadas pelo número anterior são tão mais pertinentes quando analisadas à luz do que, em geral, é identificado como "eficácia abstrata do título executivo".

Aquela eficácia deve ser entendida da mesma forma proposta para o caráter *autônomo* do direito de ação em relação ao direito material. Para pedir o reconhecimento de tutela jurisdicional ao Estado-juiz não há necessidade de aquele que formula o pedido tenha efetivamente um direito seu lesionado ou ameaçado por alguém. É suficiente que a lesão ou a ameaça a algum direito seja *afirmada* perante o Estado-juiz, que, diante dessa alegação suficiente, agirá em prol da certificação de quem faz jus à tutela jurisdicional na medida em que o próprio Estado-juiz entenda que aquele que rompeu a inércia jurisdicional tenha ou não direito seu a ser tutelado.

O título executivo, judicial ou extrajudicial, desempenha a mesma função. Não se trata de atuação jurisdicional em prol do *reconhecimento* de um direito, mas, bem diferentemente, para *concretizá-lo* desde logo. O título executivo, nesse sentido, atesta, para todos os fins, que um direito existe e que ele é carente de concretização da tutela jurisdicional. Sua tão só apresentação tem a aptidão de desencadear suficientemente a atividade jurisdicional com vistas à satisfação do direito documentado no título sem que haja necessidade de uma declaração prévia (mesmo que superficial do ponto de vista da cognição jurisdicional) do próprio Estado-juiz quanto à existência do direito.

Não que o título executivo corresponda ao próprio direito carente de tutela. É equivocada a afirmação por confundir os planos material e processual. O papel desempenhado pelo título no plano do processo é o de *provar* suficientemente ao Estado-juiz quem tem direito a ser tutelado e desencadear a prática de atos jurisdicionais voltados especificamente para aquela finalidade, atividade esta que, de alguma forma, atuará no plano material.

É essa a razão pela qual importa sublinhar a chamada eficácia *abstrata* do título executivo. É que, rigorosamente falando, pode acontecer de o direito nele documentado suficientemente para os fins apontados nos parágrafos anteriores mostrar-se, *a posteriori*, inexistente. Trata-se da compreensão enaltecida por este *Curso* de que o exercício da (ampla) defesa no âmbito do cumprimento de sentença ou do chamado processo de execução se justifica por força de inversão procedimental, em opção absolutamente harmônica com o modelo constitucional do direito processual civil.

Para o início da prática dos atos jurisdicionais voltados à concretização da tutela jurisdicional executiva, contudo, faz-se suficiente que o credor se afirme como tal com base em título executivo. É nisso que consiste a eficácia abstrata do título executivo, rente ao papel que ele desempenha para e no processo.

3.2 Título executivo e "ação relativa ao débito"

O § 1º do art. 784 determina que eventual iniciativa relativa à discussão judicial da obrigação constante de título executivo não inibe o credor que, com base nele, formule pedido de concretização da tutela jurisdicional executiva, isto é, que "promova-lhe a execução"[10].

É regra que realiza, adequadamente, o inciso XXXV do art. 5º da Constituição Federal. Ela não significa, contudo – e nem o poderia –, que não possa haver alguma interferência entre as duas iniciativas, a do credor e a do devedor.

É o próprio inciso I do § 2º do art. 55, a propósito, que reputa haver conexão entre a "execução de título extrajudicial e [a] ação de conhecimento relativa ao mesmo ato jurídico"[11]. Diante da conexão, é correto sustentar a necessidade de reunião dos processos perante o juízo prevento (art. 58). A "decisão simultânea" referida naquele dispositivo deve ser interpretada amplamente, não só no sentido de que eventuais embargos à execução devam ser decididos conjuntamente, mas também a permitir que o resultado da "ação de conhecimento" interfira no pedido de concretização de tutela jurisdicional fundamentado no título executivo extrajudicial. Tudo para evitar a existência de manifestações ou atividades incoerentes, incompatíveis e até mesmo repetitivas do Estado-juiz.

Ainda que não fosse pela regra relativa à reunião dos processos, outrossim, não haveria como descartar a juridicidade de alguma medida tomada no que o § 1º do art. 784 chama de "ação relativa ao débito" interferir no andamento ou na específica prática de algum ato executivo. É supor o exemplo de concessão de tutela provisória que impede a negativação do nome do executado, inibindo o exequente de exercer, ainda que momentaneamente, o direito dos §§ 3º e 4º do art. 782 de inscrever o nome do executado em cadastros de inadimplentes.

---

10. O dispositivo não deixa de dialogar, embora em perspectiva diversa, com o art. 38 da Lei n. 6.830/80, que disciplina a execução fiscal, assim redigido: "Art. 38. A discussão judicial da Dívida Ativa da Fazenda Pública só é admissível em execução, na forma desta Lei, salvo as hipóteses de mandado de segurança, ação de repetição do indébito ou ação anulatória do ato declarativo da dívida, esta precedida do depósito preparatório do valor do débito, monetariamente corrigido e acrescido dos juros e multa de mora e demais encargos. Parágrafo único. A propositura, pelo contribuinte, da ação prevista neste artigo importa em renúncia ao poder de recorrer na esfera administrativa e desistência do recurso acaso interposto".
11. É orientação que já estava estampada na Súmula 72 do TJSP, cujo enunciado é o seguinte: "Há conexão entre ação declaratória e executiva fundadas no mesmo título".

Não é diverso o que ocorre no âmbito do próprio cumprimento de sentença quando o executado (reconhecido como tal pelo título executivo judicial) toma a iniciativa de ajuizar ação rescisória com a finalidade de desconstituir a coisa julgada que recai sobre a decisão que embasa o pedido de concretização da tutela jurisdicional executiva fundada no título executivo judicial e, quiçá, obter nova decisão em sentido diverso. É o art. 969 que expressamente prevê a viabilidade de tutela provisória vir a interferir na prática dos atos executivos.

4. TÍTULOS EXECUTIVOS JUDICIAIS

O art. 515 indica os títulos executivos judiciais, que dão fundamento ao início da etapa de cumprimento da sentença, e se contrapõe, nesse sentido, ao art. 784, que ostenta o rol dos títulos executivos *extrajudiciais*, que autorizam que o processo tenha início com vistas à satisfação de um direito já reconhecido independentemente de prévia manifestação judicial.

4.1 Decisão que reconhece exigibilidade da obrigação

O primeiro título executivo judicial referido no rol do art. 515 são as *decisões* proferidas no âmbito do processo civil – portanto, não penal, nem trabalhista, nem eleitoral, nem militar e nem administrativo – que reconheçam a *exigibilidade* de obrigação de pagar quantia, de fazer, de não fazer ou de entregar coisa[12].

A menção a *decisões* e não mais a *sentenças*, como fazia o inciso I do art. 475-N do CPC de 1973, é correta e merece ser aplaudida porque generaliza, corretamente, o dispositivo, em harmonia plena com as considerações que este *Curso* sempre fez desde suas primeiras edições. Para além da *sentença*, destarte, são títulos executivos *judiciais* as decisões *interlocutórias* – que assumem, por definição, múltiplas vestes ao longo do processo[13] –, as decisões monocráticas proferidas no âmbito dos Tribunais e os acórdãos, sendo indiferente, em qualquer caso, seu prévio trânsito em julgado.

Curioso, de qualquer sorte, que, neste ponto, o CPC de 2015 faça a (correta) generalização, valendo-se do termo "decisão", embora na grande maioria das vezes, inclusive ao nominar os institutos correlatos ao tema aqui tratado, tenha optado por uma sinédoque, empregando o termo "sentença" (espécie de ato decisório judicial) para descrever todo aquele gênero.

---

12. Cumpre lembrar que cada uma daquelas modalidades obrigacionais recebe, do CPC de 2015, técnicas e procedimentos diversos a serem observados para a satisfação do direito reconhecido no título.

13. Apenas para ilustrar a afirmação, cabe relembrar do Enunciado n. 642 do FPPC, segundo o qual: "A decisão do juiz que reconhecer o direito a indenização, decorrente de indevida averbação prevista no art. 828 ou do não cancelamento das averbações excessivas, é apta a ensejar a liquidação e o posterior cumprimento da sentença, sem necessidade de propositura de ação de conhecimento".

A previsão do inciso I do art. 515 é suficientemente clara (e correta) para definir o título executivo "por excelência", isto é, a *decisão* que *acolhe* o pedido do autor (ou do réu reconvinte ou, ainda, quando se permitir a formulação de pedido contraposto) nos moldes do inciso I do art. 487, para, reconhecendo a *exigibilidade* da obrigação de pagar quantia, de fazer, de não fazer ou de entregar coisa, criar condições para seu cumprimento (forçado) caso o destinatário da ordem judicial não satisfaça a obrigação no prazo e nas condições que terá para tanto.

Mas não só. O texto empregado no dispositivo ora comentado merece ser interpretado de forma ampla para também compreender como título executivo a decisão que *rejeita* o pedido do autor (ou do réu reconvinte) mas que, ao fazê-lo, reconhece a exigibilidade da obrigação em favor da outra parte.

Com efeito. A *exigibilidade* referida no dispositivo vem para substituir a errônea menção a *existência*, constante do seu par no CPC de 1973, introduzido pela Lei n. 11.232/2005, e que permitiu que setores da doutrina construíssem, infelizmente com total desprezo ao grave vício de processo legislativo ocorrente no inciso I do art. 475-N daquele Código[14], a tese de que "sentenças (meramente) *declaratórias*" pudessem constituir título executivo. Isso, contudo – e mesmo que não fosse o patente vício de processo legislativo, bastante para macular de inconstitucionalidade formal aquela regra –, nunca foi correto[15]. Se a decisão

---

14. Para cuja demonstração o autor deste *Curso* voltou-se mais demoradamente em seu *A nova etapa da reforma do Código de Processo Civil*, v. 1, p. 165, iniciativa que mereceu os aplausos de Araken de Assis em seu "Sentença condenatória como título executivo", p. 11-12 e 30 (quando lembrou da "frase geralmente atribuída a Bismarck, o Chanceler de Ferro: 'Não convém explicar ao povo como são feitas as leis e as salsichas; do contrário, àquelas o povo não obedeceria, a estas não comeria (...)'"), e também na 12ª edição de seu *Manual da execução*, p. 167-171.

15. Como já demonstravam, mesmo para o CPC de 1973, Arruda Alvim, Araken de Assis e Eduardo Arruda Alvim (*Comentários ao Código de Processo Civil*, p. 725-726): "O emprego da palavra 'sentença', pronunciamento definido no art. 162, § 1º, no dispositivo se deve a razões históricas, mas tal resolução não é o único ato decisório a ensejar a execução. Também as decisões interlocutórias, a exemplo das liminares antecipatórias, e, principalmente, os acórdãos, exibem força condenatória e criam título executivo. Ao abandonar o adjetivo 'condenatório' e empregar a expressão analítica 'que reconheça a existência da obrigação' a tais pronunciamentos, o presente artigo não inovou substancialmente. O inc. I do art. 475-N atribui eficácia executiva, na linha de precedentes do STJ anteriores à própria Lei n. 11.232/2005, à sentença meramente declaratória que defina todos os elementos da obrigação. Para nós, referido inc. I do art. 475-N tem caráter meramente expletivo. A possibilidade de execução de sentenças meramente declaratórias, quando estas definam todos os elementos da obrigação, já decorria do sistema do CPC/73. Com o vigente Código de Processo Civil, a ação meramente declaratória deixou de ter um caráter essencialmente preventivo, como defluía do art. 290 do CPC/39. Tanto é assim, que o art. 4º, parágrafo único do CPC admite o manejo da ação meramente declaratória mesmo que tenha havido lesão a direito. Não teria sentido, em tal situação, exigir que o interessado, após o trânsito em julgado da ação declaratória, ajuizasse ação de cunho condenatório, na qual o juiz, em essência, não poderia vir a decidir, em razão da coisa julgada, diferentemente do que antes fora decidido, mas, pura e simplesmente, teria de acrescer o preceito sancionatório à decisão da ação declaratória já transitada em julgado. Deve-se observar, todavia, que como regra, os elementos declaratórios e constitutivos não comportam execução, pois já entregam, por si mesmos, os respectivos bens da vida ao vitorioso (certeza e estado jurídico novo, respectivamente). E o reconhecimento da existência de obrigação dá um passo adiante da declaração, condenando o réu. Sentença declarativa, como regra, é exequível somente quanto à sucumbência. A 'execução' (ou cumprimento) dos provimentos judiciais se subordinam, fundamentalmente, às disposições das leis especiais que contemplam sua execução incidental e, no caso de ações atípicas, às disposições dos arts. 461 e 461-A, conforme dispõe o art. 475-I, *caput*. Assim, a explicitação do art. 475-N, relativamente ao reconhecimento da

limitar-se a reconhecer a *existência* do direito, nada dispondo sobre sua *exigibilidade*, título executivo ela não é. O CPC de 2015 vem, no particular, esclarecer e corrigir o ponto, em plena harmonia com as exigências que acerca das obrigações retratadas nos títulos executivos faz, ecoando, de forma segura, a doutrina, em seu art. 783[16].

Sobre a antiga previsão do inciso I do art. 475-N, há acórdão da Corte Especial do STJ que soube fazer a distinção que sempre se fez necessária, a despeito do *texto* daquele dispositivo, entre o mero reconhecimento da *existência* da obrigação e sua *exigibilidade*. É a seguinte a sua ementa:

> "PROCESSO CIVIL. RECURSO ESPECIAL REPRESENTATIVO DA CONTROVÉRSIA. ART. 543-C DO CPC. EXEQUIBILIDADE DE SENTENÇAS NÃO CONDENATÓRIAS. ARTIGO 475-N, I, DO CPC.
>
> 1. Para fins do art. 543-C do CPC, firma-se a seguinte tese: 'A sentença, qualquer que seja sua natureza, de procedência ou improcedência do pedido, constitui título executivo judicial, desde que estabeleça obrigação de pagar quantia, de fazer, não fazer ou entregar coisa, admitida sua prévia liquidação e execução nos próprios autos'.
>
> 2. No caso, não obstante tenha sido reconhecida a relação obrigacional entre as partes, decorrente do contrato de arrendamento mercantil, ainda é controvertida a existência ou não de saldo devedor – ante o depósito de várias somas no decorrer do processo pelo executado – e, em caso positivo, qual o seu montante atualizado. Sendo perfeitamente possível a liquidação da dívida previamente à fase executiva do julgado, tal qual se dá com as decisões condenatórias carecedoras de liquidez, deve prosseguir a execução, sendo certa a possibilidade de sua extinção se verificada a plena quitação do débito exequendo.
>
> 3. Recurso especial provido"[17].

A referência à decisão de *improcedência* como título executivo judicial é correta e subsiste para o CPC de 2015, como já escreveu acima. De que a improcedência é medida apta a reconhecer a necessidade de tutela jurisdicional para o réu, não pode haver dúvida alguma[18]. Sua configuração como título executivo, contudo, depende do reconhecimento não só da existência (certeza) do direito mas também de sua *exigibilidade*. O exame de cada caso concreto, destarte, é inafastável da constatação sobre se estar, ou não, diante de título executivo judicial para os fins do inciso I do art. 515.

---

existência 'de obrigação de fazer, não fazer, entregar coisa ou pagar quantia', introduzida no curso do processo legislativo, reclama interpretação sistemática à luz do art. 475-I, *caput,* Resultará o reconhecimento da existência da obrigação ou, simplesmente, a condenação exigida pelo art. 475-N, inc. I, tanto do capítulo principal quanto do capítulo secundário, a exemplo da sucumbência (art. 20)".

16. Para a exposição "pioneira" da questão, importa dar destaque ao pensamento de Teori Albino Zavascki desenvolvido em seu *Título executivo e liquidação*, p. 143-145.

17. STJ, CE, REsp repetitivo n. 1.324.152/SP, rel. Min. Luis Felipe Salomão, j. un. 4-5- 2016, *DJe* 15-6-2016.

18. Para essa demonstração, v. Cândido Dinamarco, *Instituições de direito processual civil*, v. III, p. 205-208, e Heitor Vitor Mendonça Sica, *Defesas no processo civil*, p. 143-154.

A mesma observação merece ser dita em relação ao recurso especial repetitivo assim ementado:

> "PROCESSUAL CIVIL. RECURSO ESPECIAL REPRESENTATIVO DE CONTROVÉRSIA. ART. 543-C DO CPC. Sentença que condena concessionária de energia elétrica em obrigação de não fazer (impedimento de corte no fornecimento) e declara legal a cobrança impugnada em juízo, salvo quanto ao custo administrativo de 30% referente a cálculo de recuperação. Aplicação do art. 475-N, I, do CPC pela concessionária em relação à parte do que foi impugnado pelo consumidor na fase de conhecimento. Possibilidade no caso concreto.
>
> 1. Com a atual redação do art. 475-N, I, do CPC, atribuiu-se 'eficácia executiva' às sentenças 'que reconhecem a existência de obrigação de pagar quantia'.
>
> 2. No caso concreto, a sentença que se pretende executar está incluída nessa espécie de provimento judicial, uma vez que julgou parcialmente procedente o pedido autoral para (i) reconhecer a legalidade do débito impugnado, embora (ii) declarando inexigível a cobrança de custo administrativo de 30% do cálculo de recuperação de consumo elaborado pela concessionária recorrente, e (iii) discriminar os ônus da sucumbência (v. fl. 26, e-STJ).
>
> 3. Recurso especial provido. Acórdão submetido ao regime do art. 543-C do CPC e da Resolução STJ n. 8/2008"[19].

Neste caso, a "declaração da legalidade da cobrança de custo administrativo de 30% do cálculo de recuperação de consumo" é o reconhecimento não apenas da *certeza* mas também da *exigibilidade* daquela obrigação. É o que bastava, para os fins do art. 475-N, I, do CPC de 1973, e, doravante, para o inciso I do art. 515, para reconhecer título executivo judicial apto a fundamentar a etapa de cumprimento de sentença.

Outro repetitivo da 1ª Seção do STJ que merece lembrança nessa sede também já indicava corretamente a configuração de título executivo judicial diante do reconhecimento da *exigibilidade* da obrigação. Ele foi assim ementado:

> "PROCESSUAL CIVIL E TRIBUTÁRIO. SENTENÇA DECLARATÓRIA DO DIREITO À COMPENSAÇÃO DE INDÉBITO TRIBUTÁRIO. POSSIBILIDADE DE REPETIÇÃO POR VIA DE PRECATÓRIO OU REQUISIÇÃO DE PEQUENO VALOR. FACULDADE DO CREDOR. RECURSO ESPECIAL REPRESENTATIVO DE CONTROVÉRSIA. ART. 543-C DO CPC.
>
> 1. 'A sentença declaratória que, para fins de compensação tributária, certifica o direito de crédito do contribuinte que recolheu indevidamente o tributo, contém juízo de certeza e de definição exaustiva a respeito de todos os elementos da relação jurídica questionada e, como tal, é título executivo para a ação visando à satisfação, em dinheiro, do valor devido' (REsp 614.577/SC, Ministro Teori Albino Zavascki).
>
> 2. A opção entre a compensação e o recebimento do crédito por precatório ou requisição de pequeno valor cabe ao contribuinte credor pelo indébito tributário, haja vista que constituem,

---

19. STJ, 1ª Seção, REsp repetitivo n. 1.261.888/RS, rel. Min. Mauro Campbell Marques, j. un. 9-11-2011, *DJe* 18-11-2011.

todas as modalidades, formas de execução do julgado colocadas à disposição da parte quando procedente a ação que teve a eficácia de declarar o indébito. Precedentes da Primeira Seção: REsp 796.064 – RJ, Primeira Seção, rel. Min. Luiz Fux, j. 22-10-2008; EREsp 502.618 – RS, Primeira Seção, rel. Min. João Otávio de Noronha, j. 8-6-2005; EREsp 609.266 – RS, Primeira Seção, rel. Min. Teori Albino Zavascki, j. 23-8-2006.

3. Recurso especial provido. Acórdão submetido ao regime do art. 543-C do CPC e da Resolução STJ 08/2008"[20].

Também naquele caso, fica evidenciado na própria ementa do acórdão[21] que o caso envolve o reconhecimento da *exigibilidade* da obrigação em favor do contribuinte, premissa indispensável para alcançar o outro entendimento sobre ser lícito ao exequente escolher entre a cobrança do valor devido pela Fazenda Pública pelo sistema dos precatórios (ou, não há razão para descartar aprioristicamente, também pela RPV) ou por compensação de créditos tributários.

4.2 Decisão homologatória de autocomposição judicial

A decisão homologatória de autocomposição judicial, prevista como título executivo judicial no inciso II do art. 515, é aquela lançada pelo magistrado diante da solução que as próprias partes alcançaram por uma das formas de solução de conflitos autocompositivas – e incentivadas desde os §§ 2º e 3º do art. 3º –, desde que ocorridas dentro do próprio processo. Embora não seja o único momento para tanto, a audiência de conciliação ou de mediação, que, como regra, deverá ser designada após o recebimento da petição inicial, será propícia para chegar àquele consenso e, nela mesma, ser proferida sentença com fundamento no art. 487, III, *b*, que se amolda à hipótese do inciso II do art. 515.

Valorizando a iniciativa, o § 2º do art. 515, permite que a autocomposição envolva também quem não é parte do processo, isto é, terceiro ("sujeito estranho ao processo", como se lê do dispositivo), e que ela possa versar sobre relação jurídica que não tenha sido deduzida em juízo, vale dizer: a autocomposição não precisa se limitar aos limites objetivos do processo entre autor e réu, podendo levar em consideração outros conflitos entre eles existentes e, até mesmo, pendentes com relação a terceiros. Mister observar apenas se o juízo competente para o processo tem competência para a homologação a depender dos novos sujeitos ou do novo direito. Se o caso for de incompetência (absoluta), a melhor orientação parece ser a de direcionar às partes

---

20. STJ, 1ª Seção, REsp repetitivo n. 1.114.404/MG, rel. Min. Mauro Campbell Marques, j. un. 10-2-2010, *DJe* 1º-3-2010.

21. A orientação acabou se convertendo na Súmula 461 do STJ, assim enunciada, e menos clara quanto ao alcance com relação ao tema discutido no texto: "O contribuinte pode optar por receber, por meio de precatório ou por compensação, o indébito tributário certificado por sentença declaratória transitada em julgado". Estudei mais detidamente o tema no contexto do mandado de segurança, em artigo intitulado: Sentenças concessivas de mandado de segurança em matéria tributária e efeitos patrimoniais: estudo de um caso publicado em coletânea em homenagem ao Professor Humberto Theodoro Júnior. Mais recentemente, voltei ao tema em outro artigo, Mandado de segurança e compensação em matéria tributária: uma análise das Súmulas 213 e 461 do STJ e da Súmula 271 do STF.

para que formulem o pedido relativo ao que sobejar dos limites subjetivos e/ou objetivos do primeiro processo perante o juízo competente ou para que tomem a iniciativa *extrajudicialmente*, o que renderá ensejo ao título executivo judicial referido no inciso III do art. 515.

4.3 Decisão homologatória de autocomposição extrajudicial

O inciso III do art. 515 refere-se à decisão homologatória de autocomposição *extrajudicial* de qualquer natureza como título executivo judicial. A palavra em itálico é mais que suficiente para justificar seu tratamento apartado da hipótese que lhe é imediatamente anterior, no inciso II do mesmo art. 515.

É o caso de as partes, pelos variados meios de autocomposição – inclusive por mediação *extrajudicial* (arts. 21 a 23 da Lei n. 13.140/2015) –, terem alcançado consenso *fora* (e independentemente) do processo. Podem se contentar com o eventual documento que produzam a respeito de seu acordo ou, diferentemente, levá-lo ao órgão jurisdicional competente para homologá-lo, como lhes permite expressamente o inciso VIII do art. 725. Com a homologação, constituirão título executivo *judicial*. Claro nesse sentido, aliás, o parágrafo único do art. 20 da Lei n. 13.140/2015.

A diferença entre os dois comportamentos indicados no parágrafo anterior é sensível. No caso de necessidade de cumprimento forçado de acordo que esteja revestido de título executivo *judicial*, é desnecessária nova citação, sendo suficiente a *intimação* do executado para a etapa de cumprimento de sentença que se inicia. Também as matérias passíveis de serem levantadas pelo executado em sua defesa são mais restritas, como se verifica do rol da "impugnação" (art. 525) quando comparado com o dos "embargos à execução" (art. 917), cada qual o meio de defesa do cumprimento de sentença e da execução fundada em título extrajudicial, respectivamente.

4.4 Formal e certidão de partilha

É título executivo judicial, de acordo com o inciso IV do art. 515, "o formal e a certidão de partilha, exclusivamente em relação ao inventariante, aos herdeiros e aos sucessores a título singular ou universal".

O "formal" ou a "certidão" de partilha documenta, para todos os fins, a passagem do patrimônio do *falecido* aos seus herdeiros, permitindo a sua transferência e, se for o caso, seu registro perante os órgãos competentes. As peças que compõem o formal de partilha são previstas nos incisos do *caput* do art. 655[22].

22. Segundo Luciano Vianna Araújo (*Comentários ao Código de Processo Civil*, v. 3, p. 264), trata-se de "execução imprópria, dada a natureza constitutiva da sentença de partilha de bens".

A certidão nada mais é do que um documento expedido pelo escrevente perante o qual se processou o inventário ou arrolamento que atesta a existência do formal, expedido a partir da decisão que determina, para cada herdeiro, os bens a que faz jus, isto é, que julga a partilha (art. 654, *caput*) substituindo-o[23]. De acordo com o parágrafo único do art. 655, a certidão será expedida nos casos em que o quinhão hereditário (a quota-parte a ser recebida pelo herdeiro) não for superior a cinco salários mínimos, transcrevendo nela a sentença de partilha transitada em julgado.

Importante destacar que o título executivo a que se refere o dispositivo em exame só se forma entre o inventariante, os herdeiros e os sucessores a título universal ou singular. Isso significa dizer que, se o bem herdado ou sucedido estiver nas mãos de outras pessoas que não aquelas identificadas pelo inciso IV do art. 515, haverá necessidade de *prévio* reconhecimento do direito em favor do inventariante, do herdeiro ou do sucessor para que, só então, seja autorizada a prática de atos jurisdicionais destinados à sua persecução em face de quem de direito[24].

4.5 Crédito de auxiliar da Justiça

O inciso V do art. 515 corrige o que muitos consideram um erro do CPC de 1973[25]. O crédito de auxiliar da justiça, quando as custas, emolumentos ou honorários tiverem sido aprovados por decisão judicial, era considerado título executivo *extrajudicial* pelo inciso VI

---

23. Segundo Daniel Amorim Assumpção Neves (*Novo Código de Processo Civil comentado artigo por artigo*, p. 902): "O pronunciamento judicial que encerra o processo de arrolamento ou inventário, contendo a adjudicação do quinhão sucessório aos herdeiros, é considerado título executivo pelo diploma processual, apesar de não ser, naturalmente, sentença condenatória. A certidão substituirá o formal nos pequenos inventários ou arrolamentos, quando o quinhão resultante da sucessão hereditária não ultrapassar cinco salários mínimos (art. 655, parágrafo único do Novo CPC)".

24. Nesse sentido: Heitor Vitor Mendonça Sica (*Comentários ao novo Código de Processo Civil*, p. 805): "Concluído o inventário, com o proferimento de sentença julgando a partilha, será expedido formal (nos termos do art. 654, *caput*), passível de ser substituído por certidão (nas condições previstas no art. 654, parágrafo único). O quinhão hereditário ou o legado que não for espontaneamente entregue a quem de direito, conforme a partilha, poderá ser exigido por meio do cumprimento de sentença, desde que movido em face dos sujeitos indicados no dispositivo (inventariante, herdeiros e sucessores a título singular ou universal) e, mesmo assim, desde que tenham sido partes do processo de inventário (há de se observar aqui o mesmo princípio que inspira o art. 513, § 5º, antes comentado); Luiz Guilherme Marinoni, Sérgio Cruz Arenhart e Daniel Mitidiero (*Novo Código de Processo Civil comentado*, p. 532): "O formal ou a certidão de partilha constitui a representação da sentença que põe fim ao procedimento de inventário (art. 655, CPC). Se nele constar documentada obrigação de pagar quantia, servirá como título executivo idôneo para embasar execução forçada. Observe-se que o título só vincula o inventariante, os herdeiros e os sucessores a título singular ou universal. O formal ou a certidão de partilha não serve de título executivo contra terceiros"; e Daniel Amorim Assumpção Neves (*Novo Código de Processo Civil comentado artigo por artigo*, p. 902): "A particularidade deste título é que ele tem eficácia executiva exclusivamente em relação ao inventariante, aos herdeiros e aos sucessores a título universal ou singular. Significa dizer que, se qualquer desses sujeitos pretender a obtenção de quantia certa ou a entrega de bem em face de pessoas não arroladas pelo artigo legal supramencionado, será obrigatória a demanda de cognição, não podendo o interessado fazer uso do formal ou certidão de partilha para executar terceiros, considerando que contra estes tal ato estatal não tem eficácia executiva".

25. Assim, por exemplo: Teori Albino Zavascki em seus *Comentários ao Código de Processo Civil*, v. 8, p. 233-234.

do art. 585 do CPC de 1973[26]. Não fazia sentido porque aquele crédito, por definição, sempre foi (e continua a ser) previamente homologado, isto é, reconhecido como escorreito por decisão *judicial*[27]. O CPC de 2015 coloca-o, por isso mesmo, no rol dos títulos executivos judiciais[28], embora com a imprecisão redacional apontada por Heitor Vitor Mendonça Sica: o título executivo (judicial) não é, propriamente, o *crédito* do auxiliar da justiça, mas a *decisão* (judicial) que o fixa[29].

Justamente porque o título executivo é – só pode ser – a decisão judicial que o fixa, eventuais questionamentos sobre o assunto que tenham ocorrido no âmbito do processo em que homologado o crédito não podem ser reavivados no cumprimento de sentença. A iniciativa atritaria com o art. 507, segundo o qual "É vedado à parte discutir no curso do processo as questões já decididas a cujo respeito se operou a preclusão"[30]. A necessária observância do contraditório prévio a todas as decisões judiciais, tão enaltecida pelo CPC de 2015, como fazem prova, dentre tantos, os seus arts. 9º e 10, só evidencia o acerto dessa percepção[31]. Por essa mesma razão é que o título executivo em questão só se forma perante as partes e eventuais terceiros do processo em que o crédito foi homologado, nos exatos termos em que decidida a questão[32].

A viabilidade de cobrança expressamente garantida pelo dispositivo aqui analisado, outrossim, impede que a falta de seu pagamento seja óbice ao prosseguimento do processo ou do ato processual a ele relacionado[33]. O perito, por exemplo, deverá desempenhar a contento

---

26. Justificando a escolha do legislador negando a ocorrência de efetiva decisão judicial naqueles casos era o posicionamento de Alcides de Mendonça Lima em seus *Comentários ao Código de Processo Civil*, v. VI, p. 346, e de Sergio Shimura, *Título executivo*, p. 517-518.

27. No mesmo sentido é a lição de Marcelo Abelha (*Manual de direito processual civil*, p. 724): "É importante dizer que o NCPC corrigiu uma inexplicável imprecisão terminológica há muito apontada pela doutrina em relação ao CPC de 1973. Isso porque embora estivesse arrolado no rol dos títulos executivos extrajudiciais no Código revogado, mencionava o antigo texto do inciso VI do artigo 585 que os referidos créditos dos serventuários (custas, emolumentos ou honorários) deveriam ter sido aprovados por decisão judiciária. Logo, concluía-se que o título executivo não era, por exemplo, o crédito da proposta de honorários apresentada pelo perito, mas apenas aqueles que fossem aprovados pelo juiz, 'por decisão judiciária', como dizia o texto. O título, portanto, era judicial, pois era o crédito judicialmente aprovado, sendo os legitimados ativo e passivo à execução, respectivamente, o serventuário de justiça o vencido na demanda. No NCPC tal falha foi devidamente corrigida, e inserido o referido título executivo no rol de títulos executivos judiciais".

28. Na perspectiva do direito intertemporal, é correta a orientação constante da primeira parte do Enunciado n. 527 do FPPC: "Os créditos referidos no art. 515, V, e no art. 784, X e XI, do CPC-2015 constituídos ao tempo do CPC-1973 são passíveis de execução de título judicial e extrajudicial, respectivamente".

29. *Comentários ao novo Código de Processo Civil*, p. 805.

30. Para o tema, v. Cândido Rangel Dinamarco, *Instituições de direito processual civil*, v. IV, p. 56-57.

31. Artur César de Souza (*Código de Processo Civil anotado, comentado e interpretado*, v. II, p. 978) critica a alocação do título como *judicial* ao destacar que "a decisão que aprova tais créditos normalmente é dada incidentalmente no curso do processo (...)", não sendo "resultante de discussão em contraditório, nem necessariamente homologado por decisão judicial". Se esse for o caso, contudo, a questão é de ordem diversa, de invalidade do cumprimento de sentença por defeito do título ou, mais precisamente, do crédito nele retratado.

32. Em sentido similar, não fazendo menção aos terceiros, mas lembrando pertinentemente do § 5º do art. 513, é a lição de Heitor Sica, *Comentários ao novo Código de Processo Civil*, p. 805.

33. A esse respeito é a advertência de Araken de Assis (*Manual da execução*, p. 240-241): "Em relação ao direito anterior, considerando a circunstância de o crédito depender de aprovação judicial, avulta o fato de não mais se tratar de título extrajudicial. E, realmente, a cláusula da aprovação judicial recomendava esse alcance, como

a sua função, mesmo sem o pagamento de seus honorários, a despeito dos aprimoramentos que, a esse respeito, traz o CPC de 2015[34]. Se for o caso, valer-se-á do inciso V do art. 515 para satisfazer seu direito de crédito.

Embora em perspectiva diversa, cabe lembrar, neste momento da exposição do art. 468, que trata da substituição do perito quando lhe faltar conhecimento técnico ou científico ou quando deixar de cumprir o encargo que lhe é atribuído no prazo estipulado, sem motivo legítimo.

O § 2º daquele dispositivo estabelece que, em tais situações, cabe ao perito substituído restituir os valores recebidos pelo trabalho não realizado, sob pena de ficar impedido de atuar como perito judicial pelo prazo de cinco anos. O prazo para tanto é de quinze dias, que, por ostentar natureza *processual* – porque a restituição é fruto de ordem estabelecida em ordem judicial, como deixa evidenciado o § 3º do art. 468 –, serão contados apenas em dias úteis.

Se não houver a restituição *espontânea* do numerário, a parte que tiver realizado o adiantamento dos honorários poderá exigir o pagamento do perito valendo-se da disciplina do art. 513 e seguintes, sendo título executivo a "decisão que determinar a devolução do numerário". É o que estabelece o § 3º do art. 468[35].

4.6 Sentença penal condenatória transitada em julgado

De acordo com o inciso VI do art. 515, é título executivo *judicial* a "sentença penal condenatória transitada em julgado". A previsão traz para o CPC de 2015 um dos efeitos *civis* da sentença penal condenatória, o de "tornar certa a obrigação de indenizar o dano causado pelo crime", consoante o inciso I do art. 91 do Código Penal[36].

---

já se sustentava no direito anterior. Exemplo de aprovação é a prevista no art. 465, § 3º, relativamente à proposta de honorários do perito. Embora não figurem os auxiliares como partes, entende-se que há condenação neste ato. Em geral, as custas devidas aos serventuários são cotadas nos autos e seu valor se encontra prefixado, ainda que na forma de escala móvel, no regimento respectivo; a remuneração do tradutor ou do perito, de seu lado, é fixada por decisão do juiz, estipulando a lei a quem incumbe o ônus de suportá-la (art. 82, § 1º). Ora, derivando do art. 82, *caput*, a responsabilidade da parte pelo pagamento das custas e emolumentos, logra-se certeza quanto à existência do crédito através da simples realização do ato. Exceto nos casos de emolumentos, raramente há provimento do juiz a respeito do valor. Não há, pois, declaração acerca do *an debeatur* pelo órgão judicial, tornando incontrovertível a obrigação, e, sim, medida de caráter 'administrativo para assegurar a regularidade da conta'. Esse problema não ficou suficientemente esclarecido, mas *legem habemus*: descumprido o dever de antecipação, mas realizado o ato, há que sobrevir decisão do juiz, *ex officio* ou a requerimento do interessado, outorgando eficácia jurídica ao crédito".

34. Ainda quando o responsável pelo pagamento seja beneficiário da justiça gratuita, como se pode verificar do § 3º do art. 95. Com relação à execução que pode ter fundamento no § 4º daquele dispositivo, cabe trazer à tona o Enunciado n. 622 do FPPC: "A execução prevista no § 4º do art. 95 também está sujeita à condição suspensiva de exigibilidade prevista no § 3º do art. 98".

35. O dispositivo se refere à restituição *voluntária* do valor adiantado pela parte responsável para tanto nos moldes do *caput* e do § 1º do art. 95 e dos §§ 3º e 4º do art. 465. Dada a distinção que faz este *Curso*, a hipótese é de restituição *espontânea*, tal qual empregada no texto em itálico. Seria voluntária se o perito restituísse o valor para acatar determinação do magistrado para tanto.

36. Nesse sentido: Welder Queiroz dos Santos, *Comentários ao Código de Processo Civil*, p. 745.

Em tais casos, o *valor* do dano precisará ser *previamente identificado*, e, consequentemente, a atividade jurisdicional não terá início com atos propriamente executivos, mas, bem diferentemente, ainda *cognitivos*, a impor a *citação* do réu para o desenvolvimento, em contraditório, dessa atividade (art. 509, § 1º). A cognição a ser desenvolvida pelo juiz, contudo, limita-se à pesquisa em torno do *quantum debeatur* e não do *an debeatur*, aplicando-se à espécie a vedação do § 4º do art. 509.

Pode ocorrer, contudo, de a própria sentença penal condenatória fixar valor *mínimo* para os danos decorrentes do crime que ela reconhece (art. 63, parágrafo único, e art. 387, IV, do Código de Processo Penal, na redação da Lei n. 11.719, de 2008). Nestes casos, pode ser que tenha início a etapa de cumprimento da sentença com base no valor fixado, enquanto se desenvolve a liquidação para descoberta dos danos efetivos a serem reparados, aplicando-se, por analogia, a autorização contida no § 1º do art. 509[37].

Nada há que afaste aprioristicamente a viabilidade de a indenização a ser perseguida no âmbito cível, com base no título executivo previsto no inciso VI do art. 515, abranger *também* o dano *moral* que é, desde os incisos V e X do art. 5º da Constituição Federal, plenamente cumulável com os danos patrimoniais[38].

Importa destacar que a sentença penal condenatória só é título executivo judicial e, consequentemente, só pode desempenhar a sua plena função processual em face daquele que é por ela reconhecido como causador do dano; nunca em relação a outras pessoas[39]. Para eventual responsabilização cível de outrem a partir do fato criminal – o que traz à mente o disposto no inciso III do art. 932 e no art. 933 do Código Civil[40] –, põe-se a necessidade de demandar quem de direito para, em amplo contraditório, criar *novo* título executivo apto a

---

37. No mesmo sentido: Sergio Shimura, *Breves comentários ao novo Código de Processo Civil*, p. 1471-1472; Araken de Assis, *Manual da execução*, p. 241-244; Heitor Vitor Mendonça Sica, *Comentários ao novo Código de Processo Civil*, p. 806; Marcelo Abelha, *Manual de direito processual civil*, p. 725-726, e José Miguel Garcia Medina, *Novo Código de Processo Civil comentado*, p. 803-804.

38. Trata-se do tema 983, afetado como recurso especial repetitivo no âmbito do STJ com a seguinte ementa: "RECURSO ESPECIAL. RITO DOS RECURSOS REPETITIVOS. AFETAÇÃO. VIOLÊNCIA DOMÉSTICA CONTRA A MULHER. DANO MORAL. INDENIZAÇÃO MÍNIMA. REQUISITOS. RECURSO ESPECIAL AFETADO. 1. Malgrado a lei não tenha fixado um procedimento específico quanto à reparação de natureza cível por ocasião da prolação da sentença condenatória, ao menos para os casos de violência cometida contra mulher praticados no âmbito doméstico e familiar é imperiosa a fixação de tese jurídica representativa da interpretação desta Corte Superior sobre o tema, inclusive acerca de seus requisitos mínimos, considerado o número de recursos especiais que aportam no STJ diariamente. 2. Recurso Especial afetado, em substituição ao REsp n. 1.683.324/DF, para julgamento sob o rito dos repetitivos, em conjunto com o REsp n. 1.643.051/MS" (STJ, 3ª Seção, ProAfR no REsp 1.675.874/MS, rel. Min. Rogério Schietti Cruz, j. un. 11-10-2017, *DJe* 24-10-2017).

39. É a lição de Araken de Assis, *Eficácia civil da sentença penal*, p. 98-99.

40. Que têm a seguinte redação: "Art. 932. São também responsáveis pela reparação civil: (...) III – o empregador ou comitente, por seus empregados, serviçais e prepostos, no exercício do trabalho que lhes competir, ou em razão dele"; "Art. 933. As pessoas indicadas nos incisos I a V do artigo antecedente, ainda que não haja culpa de sua parte, responderão pelos atos praticados pelos terceiros ali referidos".

dar fundamento à etapa de cumprimento de sentença[41]. Até porque, de acordo com o art. 935 do mesmo Código Civil: "a responsabilidade civil é independente da criminal, não se podendo questionar mais sobre a existência do fato, ou sobre quem seja o seu autor, quando estas questões se acharem decididas no juízo criminal"[42].

Entendimento diverso significaria, em última análise, uma verdadeira extensão da condenação criminal – um verdadeiro efeito *ultra partes (e prejudicial)* da sentença penal condenatória –, violando o "modelo constitucional do direito processual civil", em específico o princípio do contraditório e da ampla defesa. Em tais casos, a prévia sentença penal condenatória fará as vezes de *documento* para o juízo competente cível, que fixará, após o devido processo, um novo *an debeatur* a partir do crime cometido[43].

A sentença penal condenatória, destarte, só é título executivo judicial e, consequentemente, só pode desempenhar a sua plena função processual em detrimento daquele que ela, título executivo que é, reconhece como causador do dano; nunca em relação a outras pessoas. Para quaisquer outras pessoas, faz-se necessária a criação prévia de um *novo* título executivo, que reconheça a sua responsabilidade no âmbito civil pelo crime, e legitimar, consequentemente, a atuação jurisdicional executiva com vistas à satisfação do exequente.

Também é correto emprestar executividade, nos mesmos moldes da hipótese prevista no inciso VI do art. 515, à sentença que homologa, no âmbito do processo penal, acordo de reparação de danos, tal qual a prevista no inciso I do § 1º do art. 89 da Lei n. 9.099/95, no âmbito do Juizado Especial Criminal[44].

4.7 Sentença arbitral

Dialogando com o art. 31 da Lei n. 9.307/96, a lei da arbitragem, o inciso VII do art. 515 refere-se à sentença arbitral como título executivo judicial.

---

41. Nesse sentido: Araken de Assis, *Manual da execução*, p. 242-243, e Luiz Guilherme Marinoni, Sérgio Cruz Arenhart e Daniel Mitidiero, *Novo Código de Processo Civil comentado*, p. 532-533. É o que também já sustentava o n. 4.2 do Capítulo 4 da Parte I do v. 3 das edições anteriores ao CPC de 2015 deste Curso.

42. Para essa discussão, v. Gustavo Filipe Barbosa Garcia, *Efeitos da sentença penal na jurisdição civil e trabalhista*, p. 115.

43. Calamandrei tem importante trabalho em que analisa a sentença como *fato jurídico* que, a esse propósito, merece ser consultado, em esp. p. 543-546. Antes do trânsito em julgado da sentença penal é irrecusável sua valia para embasar a pretensão perseguida no juízo cível. Nesse sentido: STJ, 3ª Turma, REsp 1.829.682/SP, rel. Min. Ricardo Villas Bôas Cueva, j.un. 2-6-2020, *DJe* 9-6-2020, em que se lê: "5. Não havendo sentença condenatória com trânsito em julgado, deve-se avaliar os elementos de prova para aferir a responsabilidade do réu pela reparação do dano.".

44. Expresso nesse sentido é o Enunciado n. 87 da I Jornada de Direito Processual Civil do CJF: "O acordo de reparação de danos feito durante a suspensão condicional do processo, desde que devidamente homologado por sentença, é título executivo judicial".

Ainda que recuse, mesmo ciente de pertencer a corrente minoritária, o caráter jurisdicional da arbitragem – o órgão arbitral não produz nenhum ato revestido de imperatividade –[45], este *Curso* reconhece a possibilidade de a lei *equiparar* um ato *não* jurisdicional a um ato jurisdicional. A iniciativa não viola nenhum elemento do "modelo constitucional de direito processual civil", e apenas atesta inequívoca política legislativa, agasalhada pelos §§ 1º a 3º do art. 3º do CPC de 2015, de incentivar meios alternativos de solução de conflitos, inclusive por intermédio da arbitragem[46].

Sobre o assunto, não é demasiado recordar do art. 1.061 do CPC de 2015, que deu nova redação ao § 3º do art. 33 da referida Lei n. 9.307/96. Segundo o dispositivo, a decretação da nulidade de sentença arbitral pode ser requerida na impugnação ao cumprimento de sentença, tema que remete ao art. 525. Os fundamentos da nulidade são aqueles indicados no art. 32 daquele diploma legal.

As técnicas jurisdicionais a serem observadas na satisfação do direito reconhecido na sentença arbitral não apresentam nenhuma peculiaridade, devendo ser observado integralmente o repertório do CPC de 2015. A Corte Especial do STJ, a esse propósito, teve oportunidade de decidir, em sede de recurso especial repetitivo, a plena aplicação das técnicas executivas típicas do cumprimento de sentença de pagamento de quantia nas sentenças arbitrais. É ler a seguinte ementa:

> "RECURSO ESPECIAL REPRESENTATIVO DE CONTROVÉRSIA – ACÓRDÃO ESTADUAL DANDO PROVIMENTO A AGRAVO DE INSTRUMENTO DA SOCIEDADE EMPRESÁRIA EXECUTADA, POR CONSIDERAR DESCABIDA A INCIDÊNCIA DA MULTA DO ART. 475-J DO CPC NO ÂMBITO DE CUMPRIMENTO DE SENTENÇA ARBITRAL. INSURGÊNCIA DOS EXEQUENTES.
>
> 1. Para efeitos do art. 543-C do CPC: No âmbito do cumprimento de sentença arbitral condenatória de prestação pecuniária, a multa de 10% (dez por cento) do art. 475-J do CPC deverá incidir se o executado não proceder ao pagamento espontâneo no prazo de 15 (quinze) dias contados da juntada do mandado de citação devidamente cumprido aos autos (em caso de título executivo contendo quantia líquida) ou da intimação do devedor, na pessoa de seu advogado, mediante publicação na imprensa oficial (em havendo prévia liquidação da obrigação certificada pelo juízo arbitral).
>
> 2. O Código de Processo Civil, assim como a Lei da Arbitragem, confere a natureza de título executivo judicial à sentença arbitral, distinguindo apenas o instrumento de comunicação processual do executado. Com efeito, em se tratando de cumprimento de sentença arbitral, a angularização da relação jurídica processual dar-se-á mediante citação do devedor no processo de liquidação ou de execução em vez da intimação promovida nos processos sincréticos (nos quais ocorrida a

45. Para essa discussão e afirmação da doutrina majoritária, no sentido do caráter jurisdicional da arbitragem, v. Francisco José Cahali, *Curso de arbitragem*, p. 92-98, e Carlos Alberto Carmona, *Arbitragem e processo um* comentário *à Lei n. 9.307/96*, p. 26-27.

46. No contexto daqueles dispositivos, vale a pena conferir as considerações de Francisco José Cahali e Claudia Cahali em *Comentários ao CPC*, v. 1, p. 84-92, esp. p. 87-88.

citação no âmbito de precedente fase de conhecimento). Eis, portanto, a única diferença procedimental entre o cumprimento da sentença proferida no processo civil e o da sentença arbitral.

3. Nessa ordem de ideias, à exceção da ordem de citação (e não de intimação atinente aos processos sincréticos), a execução da sentença arbitral condenatória de obrigação de pagar quantia certa observa o mesmo procedimento previsto para as sentenças civis de idêntico conteúdo, qual seja, o regime previsto nos arts. 475-J a 475-R do CPC.

4. A multa de 10% (dez por cento) prevista no art. 475-J do CPC (aplicável no âmbito do cumprimento de título representativo de obrigação pecuniária líquida) tem por objetivo garantir a maior efetividade e celeridade na prestação jurisdicional, tornando onerosa a recalcitrância do devedor em desobedecer o comando sentencial ao qual submetido.

5. Consequentemente, o afastamento da incidência da referida sanção no âmbito do cumprimento de sentença arbitral de prestação pecuniária representaria um desprestígio ao procedimento da arbitragem (tornando-a um *minus* em relação à jurisdição estatal), olvidando-se de seu principal atrativo, qual seja, a expectativa de célere desfecho na solução do conflito.

6. Caso concreto.

6.1. (...)

6.2. O adimplemento voluntário da obrigação pecuniária (certificada no título executivo judicial) somente ocorre quando o valor a ela correspondente ingressa no campo de disponibilidade do exequente. Assim, permanecendo o valor em conta judicial ou mesmo indisponível ao credor, por opção do devedor, mantém-se, por evidente, o inadimplemento da prestação de pagar quantia certa, o que autoriza a imposição da multa de 10% (dez por cento) sobre a condenação (REsp 1.175.763/RS, rel. Min. Marco Buzzi, 4ª Turma, j. 21-6-2012, *DJe* 5-10-2012).

6.3. Desse modo, sendo certo que a indicação de crédito para penhora não configura pagamento voluntário, mas sim mera garantia para fins de futura impugnação da sentença exequenda, restou inobservado o prazo quinzenal previsto no art. 475-J do CPC, razão pela qual se afigura impositiva a reforma do acórdão estadual, devendo ser restaurada a incidência da multa de 10% (dez por cento) cominada pela magistrada de primeiro grau.

7. Recurso especial provido. Acórdão submetido ao rito do art. 543-C do CPC e da Resolução STJ 8/2008"[47].

A orientação, embora tenha sido tomada sob a égide do CPC de 1973, merece subsistir incólume porque plenamente harmônica com o CPC de 2015.

Quando se tratar de sentença arbitral estrangeira, sua eficácia em território nacional fica na dependência da prévia homologação pelo STJ[48]. A especificidade da hipótese atrai, para cá, o disposto no inciso IX do art. 515[49].

---

47. STJ, CE, REsp repetitivo n. 1.102.460/RJ, rel. Min. Marco Buzzi, j. un. 17-06-2015, *DJe* 23-9-2015.

48. Nesse sentido é o Enunciado n. 553 do FPPC: "A sentença arbitral parcial estrangeira submete-se ao regime de homologação".

49. Nesse sentido, em sede de doutrina: Heitor Vitor Mendonça Sica, *Comentários ao novo Código de Processo Civil*, p. 807, e José Miguel Garcia Medina, *Novo Código de Processo Civil comentado*, p. 1289.

4.8 Sentença e decisão interlocutória estrangeiras

O inciso VIII do art. 515 trata a sentença estrangeira homologada pelo STJ como título executivo judicial. O inciso IX do mesmo dispositivo complementa a previsão ao prever que também a *decisão interlocutória* estrangeira é título executivo judicial após a concessão do *exequatur* à carta rogatória, pelo Tribunal competente, que, desde as modificações feitas no "modelo constitucional do direito processual civil" pela EC n. 45/2004, passou a ser o STJ.

A competência do STJ para a referida homologação reside na alínea *i* do inciso I do art. 105 da Constituição Federal, com a redação que lhe deu a precitada Emenda Constitucional. O *procedimento* para tanto deve observar os arts. 960 a 965. Há verdadeira exceção à regra do inciso VIII do art. 515 no § 5º do art. 961, ao admitir que a sentença estrangeira de divórcio consensual produza efeitos no Brasil, independentemente de homologação pelo STJ[50]. Neste caso, contudo, compete a qualquer órgão jurisdicional brasileiro examinar *incidentalmente* a validade da decisão[51], como expressamente prevê o § 6º daquele mesmo dispositivo[52].

O juízo competente para o cumprimento da sentença nesses casos – e, por identidade de razões, para eventual liquidação que se faça necessária previamente – é o federal, consoante previsão do inciso X do art. 109 da Constituição Federal. É indiferente, no particular, que não haja participação, no processo, dos entes federais mencionados no *caput* daquele dispositivo. A competência, nestes casos, é instituída por razões de ordem pública[53].

4.9 Acórdão proferido pelo Tribunal Marítimo (regra vetada)

O Projeto de novo Código de Processo Civil, quando tramitou na Câmara dos Deputados, chegou a conceber um novo título executivo judicial: "o acórdão proferido pelo Tribunal Marítimo quando do julgamento de acidentes e fatos da navegação", que, depois de alguma hesitação no Senado Federal, ingressou no texto do CPC de 2015 enviado à sanção presidencial, como inciso X do art. 515.

A novidade, contudo, foi objeto de veto presidencial sob o argumento de que, "Ao atribuir natureza de título executivo judicial às decisões do Tribunal Marítimo, o controle de suas

---

50. Trata-se do acolhimento, pelo CPC de 2015, de entendimento que já vinha predominando naquele Tribunal, como escreve José Miguel Garcia Medina, *Novo Código de Processo Civil comentado*, p. 1290.

51. Diante da exceção criada por aquele dispositivo, Carlos Alberto Carmona (*Breves comentários ao novo Código de Processo Civil*, p. 2379) afasta, pertinentemente, a viabilidade de a discussão incidental atrair a incidência do § 1º do art. 503.

52. Nesse sentido: Carlos Alberto Carmona, *Breves comentários ao novo Código de Processo Civil*, p. 2378, e Nelson Nery Junior e Rosa Maria de Andrade Nery, *Comentários ao Código de Processo Civil*, p. 1898-1899.

53. No mesmo sentido: Luiz Guilherme Marinoni, Sérgio Cruz Arenhart e Daniel Mitidiero, *Novo Código de Processo Civil comentado*, p. 533 e 534.

decisões poderia ser afastado do Poder Judiciário, possibilitando a interpretação de que tal colegiado administrativo passaria a dispor de natureza judicial".

Diante do veto, acórdão proferido pelo Tribunal Marítimo não pode ser considerado título executivo *judicial* e, tampouco – e também por falta de previsão legislativa – como título executivo *extrajudicial*. Eventuais pretensões indenizatórias com fundamento naquelas decisões desafiarão, por isso, mesmo o procedimento comum em busca da criação de título executivo judicial apto a dar azo ao cumprimento de sentença. A decisão proferida naquela sede pode ser considerada, para aquele fim, documento *indispensável* (art. 320 do CPC de 2015), nos termos do art. 19 da Lei n. 2.180/54, na redação da Lei n. 5.056/66, *verbis*: "Sempre que se discutir em juízo uma questão decorrente de matéria da competência do Tribunal Marítimo, cuja parte técnica ou técnico-administrativa couber nas suas atribuições, deverá ser juntada aos autos a sua decisão definitiva"[54].

É correto concluir, nesse sentido, que o veto presidencial se harmoniza com o disposto no art. 18 da Lei n. 2.180/54, na redação que lhe foi dada pela Lei n. 9.578/97, segundo o qual: "As decisões do Tribunal Marítimo quanto à matéria técnica referente aos acidentes e fatos da navegação têm valor probatório e se presumem certas, sendo porém suscetíveis de reexame pelo Poder Judiciário"[55].

4.10 Citação para início da etapa de liquidação ou de cumprimento

A regra para o início da etapa de cumprimento da sentença é que o réu seja *intimado* para tanto, observando-se as diversas hipóteses do § 2º do art. 513.

O § 1º do art. 515 excepciona aquela regra, pertinentemente. Nos casos dos incisos VI a IX, lê-se do dispositivo, o devedor será *citado* no juízo cível para cumprimento de sentença ou, quando ela for necessária, para dar início à liquidação da sentença, tudo no prazo de quinze dias[56]. O prazo, de cunho processual, deve fluir apenas em dias úteis.

A previsão é plenamente justificável. Nos casos mencionados (sentença penal, sentença arbitral, sentença estrangeira ou decisão interlocutória estrangeira) não houve e ainda não há, na esfera cível, nenhum processo iniciado que esteja migrando para a etapa de

---

54. Em sentido mais ou menos confirme, v. Dorival Renato Pavan, *Comentários ao Código de Processo Civil*, v. 2, p. 629.

55. Para essa específica discussão, importantes as considerações traçadas por Sérgio Ferrari em seu *Tribunal Marítimo: natureza e funções*, esp. p. 123-156.

56. Como o autor deste *Curso* destacou em seu *Novo Código de Processo Civil anotado*, p. 493, não deixa de ser curioso que o § 1º do art. 515 não faz, como deveria, nenhuma referência à hipótese do vetado inciso X, que também exigiria, pelas mesmas razões expostas no texto, a *citação* do executado para a liquidação ou para o cumprimento consoante o caso. Exercício de adivinhação de que aquele dispositivo, polêmico, seria vetado e que, por isso, seria desnecessária a previsão da *citação* ora examinada ou erro (mais um) de revisão do texto do CPC? É esta a alternativa que parece ser a mais correta diante de tantos indícios e provas evidenciados pelo resultado final do CPC de 2015.

cumprimento. O que houve, nestes casos, é processo "penal", "arbitral" e, até mesmo, um processo perante o STJ para obtenção da autorização de internação da decisão (sentença ou interlocutória) no ordenamento jurídico brasileiro para que ela passe a produzir, aqui, seus efeitos. Não, contudo, atividade processual no âmbito cível – ou, mais adequadamente, perante o órgão jurisdicional com competência para a liquidação e/ou cumprimento daqueles títulos executivos judiciais –, única apta a viabilizar o início da etapa de cumprimento de sentença ou, se este ainda for o caso, de liquidação.

Nem por isso, contudo, é correto designar as situações alcançadas pelo § 1º do art. 515 por "*processo* de cumprimento de sentença"[57] ou por expressões similares. A palavra "processo" deve invariavelmente ser compreendida por si só, independentemente de qualquer qualificativo. Ela é significativa de *necessidade* de atuação estatal e, no que interessa para cá, de exercício de função jurisdicional. É incorreto, por isso, querer identificar a necessidade deste atuar qualificado com os multifacetados atos que serão desempenhados pelo Estado-juiz na consecução de seu mister *no processo*. O que é tolerável, no particular, é a aproximação *didática* proposta pelo parágrafo anterior, que apenas quer evidenciar a necessidade de ter início perante o juízo cível competente um *processo* (sem nenhuma adjetivação) no qual se buscará a efetivação do título executivo ("cumprimento de sentença"), precedido, ou não, consoante o caso, de liquidação. É iniciativa, aliás, que este *Curso* já propunha desde os tempos da Lei n. 11.232/2005 e do então parágrafo único do art. 475-N introduzido no CPC de 1973[58].

Sobre a identificação do juízo cível competente em tais casos, são bastantes as previsões do art. 516[59].

O pedido de liquidação ou de cumprimento de sentença – verdadeira petição inicial, que deverá observar, portanto, as exigências dos arts. 798 e 799 e que passará pelo juízo de admissibilidade do art. 801, sempre complementando pela regra do art. 321 – dependerá do prévio conhecimento do *quantum debeatur* da obrigação, levando em consideração a distinção que o CPC de 2015 faz entre as "liquidações-procedimento" e a "liquidação-ato". Se qualquer um dos títulos judiciais referidos no § 2º do art. 515 já contiver elementos suficientes que atestem a liquidez da obrigação (é supor sentença arbitral que imponha o dever de pagar quantia certa), não há necessidade de prévia liquidação, sendo bastante que a petição inicial

57. Como o fazem, por exemplo, Fredie Didier Jr., Leonardo Carneiro da Cunha, Paula Sarno Braga e Rafael Alexandria de Oliveira, em seu *Curso de direito processual civil*, v. 3, esp. p. 558-559, tratando a hipótese como "processo *autônomo* de execução por quantia fundada em título judicial". No mesmo sentido é a lição de Alexandre Freitas Câmara, *O novo processo civil brasileiro*, p. 358.

58. V. do autor deste *Curso*, a esse respeito o seu *A nova etapa da reforma do Código de Processo Civil*, v. 1, p. 171. Também o n. 4.8 do Capítulo 4 da Parte I do v. 3 das edições anteriores ao CPC de 2015 deste *Curso* se voltou ao tema.

59. Expresso, no ponto, tendo em vista a decisão interlocutória estrangeira, é o Enunciado n. 440 do FFPC: "O art. 516, III, e o seu parágrafo único aplicam-se à execução de decisão interlocutória estrangeira, após a concessão do *exequatur* à carta rogatória".

do exequente traga a memória de cálculo com a indicação do valor total devido com observância das regras do art. 524. Em tais casos, o executado deverá se valer da impugnação para, dentre outras defesas possíveis, questionar o valor buscado pelo exequente (art. 525, § 1º, V). Não há óbice, outrossim, para que liquidação e cumprimento de sentença desenvolvam-se concomitantemente. À hipótese tem plena incidência a autorização contida no § 1º do art. 509, seguindo-se à admissibilidade do requerimento inicial as respectivas citações com as indicações precisas de suas finalidades.

Proferido juízo de admissibilidade positivo na petição inicial, a *citação* do executado observará as regras genéricas dos arts. 238 a 259. Em se tratando de estrangeiro residente fora do Brasil, a citação por carta rogatória é de rigor (art. 237, II). Nos demais casos, a citação pelo *correio* é alternativa a ser considerada, levando em conta que o CPC de 2015 não repetiu a proibição que, nesse sentido, havia no CPC de 1973[60].

A prática dos demais atos processuais, sejam os relacionados à liquidação, sejam os atinentes ao cumprimento de sentença, não apresenta quaisquer peculiaridades diante das diversas origens dos títulos executivos judiciais que lhes dão fundamento. Bastantes, por isso, as considerações feitas a seu respeito ao longo deste volume.

4.10.1 Em outros casos

Questão pertinente é saber se a citação exigida pelo § 1º do art. 515 pode se justificar em outros casos além daqueles expressamente referidos pelo dispositivo.

A resposta é positiva, para os casos em que o exequente não pretender se valer do "mesmo" processo em que formado o título executivo judicial para perseguir o seu direito.

É supor, por exemplo, a hipótese do inciso V (créditos de serventuário da justiça). Nada impede que o auxiliar da justiça busque a tutela jurisdicional de seu direito dando início a um novo processo até para evitar dificuldades e complicações derivadas do exercício dessa pretensão no processo que originou a decisão ora cumprida. Neste caso, é importante que o executado seja *citado* (para a liquidação ou para o cumprimento, conforme o caso), não sendo suficiente a intimação dos advogados e/ou procuradores que atuam no processo original. Por se tratar de nova provocação jurisdicional, que não se confunde com a anterior, a citação do executado é indispensável, aplicando-se, no mais, o procedimento e a disciplina do cumprimento de sentença.

---

60. É o que o autor deste *Curso* vem sustentando em seu *Manual de direito processual civil*, p. 261-264, e em seu *Novo Código de Processo Civil anotado*, p. 272-274. No mesmo sentido pronunciou-se João Paulo Hecker da Silva nos comentários que elaborou ao art. 247 em *Comentários ao Código de Processo Civil*, v. 1, p. 841-842. A orientação está também estampada no Enunciado n. 85 da I Jornada de Direito Processual Civil do CJF: "Na execução de título extrajudicial ou judicial (art. 515, § 1º, do CPC) é cabível a citação postal".

5. TÍTULOS EXECUTIVOS EXTRAJUDICIAIS

O art. 784 é o repositório básico dos títulos executivos *extrajudiciais*. Aqueles cujo inadimplemento das obrigações que representam, isto é, *documentam*, dá ensejo à promoção da execução regulada pelo Livro II da Parte Especial do Código de Processo Civil ou, para fazer uso da expressão consagrada, sempre observadas as ressalvas e as considerações do n. 1 do Capítulo 2, "processo de execução".

O exame feito pelos números seguintes prende-se, fundamentalmente, nas questões *processuais* dos títulos executivos e não nos seus aspectos *materiais*. É pertinente fazer o destaque porque há assuntos complexos em muitas das figuras arroladas pelo art. 748 e que dizem respeito às figuras nele previstas quando analisadas do ponto de vista do direito material e não do direito processual. Aqui, um *Curso de direito processual civil*, sem recusar importância à necessária aproximação entre os planos material e processual, muito pelo contrário, não é o local apropriado para muitas das discussões que, embora gerem efeitos no plano processual, têm origem no plano material e devem ser tratadas pelos especialistas das respectivas áreas.

5.1 Letra de câmbio, nota promissória, duplicata, debênture e cheque

De acordo com o inciso I do art. 784, são títulos executivos *extrajudiciais* a letra de câmbio, a nota promissória, a duplicata, a debênture e o cheque. Estas cinco figuras são títulos de crédito.

A previsão, contudo, não autoriza o entendimento de que todo e qualquer título de crédito seja título executivo extrajudicial. Tampouco quer significar que qualquer letra de câmbio, qualquer nota promissória, qualquer duplicata, qualquer debênture ou qualquer cheque também o sejam. É fundamental que, em qualquer um desses casos, as exigências de cada lei de regência façam-se presentes, diretriz expressa nos arts. 887 e 888 do Código Civil[61].

A "letra de câmbio" é uma ordem de pagamento expedida pelo devedor ("sacador") para alguém ("sacado") pagar uma determinada quantia de dinheiro a um terceiro (beneficiário). A executividade da letra de câmbio depende do *aceite* do sacado. Sua disciplina legislativa encontra-se no Decreto n. 2.044/2008, com as alterações introduzidas pela chamada "Lei Uniforme sobre Letras de Câmbio e Notas Promissórias", à qual o Brasil aderiu pelo Decreto n. 57.663/66.

61. Para uma visão multidisciplinar dos títulos de crédito ora indicados no inciso I do art. 784 do CPC de 2015 como títulos executivos extrajudiciais, v. a monografia de Evaristo Aragão Santos, *Execução forçada e títulos de crédito*.

A "nota promissória" é uma promessa de pagamento assumida pelo seu emitente (devedor) em favor de alguém ou à sua ordem. Sua disciplina encontra-se nos mesmos diplomas normativos que regem a letra de câmbio.

A "duplicata" é título de crédito representativo de venda de mercadoria ou de prestação de serviços, é título, por isso mesmo, *causal*, isto é, depende de uma causa que justifica a sua emissão (arts. 2º e 20 da Lei n. 5.474/68). A Lei n. 6.458/77 disciplinou a *executividade* deste título de crédito – "processo para cobrança da duplicata" –, dando nova redação aos arts. 15 a 18 do referido diploma legal para adaptá-lo ao regime do CPC de 1973 e que subsiste, íntegra, para o CPC de 2015. A executividade da duplicata – e da "triplicata", cuja emissão é autorizada quando há perda ou extravio da duplicata (art. 23 da Lei n. 5.474/68) – depende do *aceite* do sacado (art. 15, I, da Lei n. 5.474/68) ou, na sua negativa injustificada, da apresentação do comprovante de entrega de mercadorias ou, sendo o caso, de prestação do serviço, e da prévia lavratura do protesto (art. 15, II, da Lei n. 5.474/68). A realização do protesto, nestes casos, sempre à luz da apresentação daqueles documentos, supre a ausência de aceite e dá executividade à duplicata. Aplicam-se as mesmas regras para a hipótese de a duplicata não ter sido aceita e não devolvida no prazo legal (art. 15, § 2º, da Lei n. 5.474/68). Não preenchidas essas exigências, a duplicata não tem eficácia como título executivo extrajudicial, mas como *prova* de crédito, a desafiar, destarte, o *prévio reconhecimento* jurisdicional de sua existência para então legitimar a concretização da tutela jurisdicional executiva (art. 16 da Lei n. 5.474/68).

A debênture é título de crédito emitido pelas sociedades e que representa direito de crédito aos seus titulares contra ela própria, nas condições constantes da escritura de emissão ou, se houver, do certificado. Ela é prevista como "valor mobiliário" pelo art. 2º, I, da Lei n. 6.385/76, a lei que rege o mercado de valores mobiliários e cria a Comissão de Valores Mobiliários, e é disciplinada pelos arts. 52 a 74 da Lei n. 6.404/76, que rege as sociedades por ações, não alterada com o advento do Código Civil de 2002, como se lê de seu art. 1.089.

O cheque, último dos títulos referidos pelo inciso I do art. 784, é ordem de pagamento à vista e incondicional emitida pelo devedor ("emitente" ou "sacador"), em face de um banco ou instituição de crédito ("sacado"), em favor do seu portador ou beneficiário. Sua disciplina consta da Lei n. 7.357/85 e da "Lei Uniforme de Genebra sobre Cheques" internada, pelo direito brasileiro, pelo Decreto n. 57.595/66.

A força executiva do cheque é objeto de disciplina expressa pelos arts. 47 a 55 da Lei n. 7.357/85, e, de acordo com o art. 47, § 1º, é dispensável o protesto quando a execução é dirigida ao emitente e seu avalista, sendo substituída a sua realização pelas declarações referidas naquele dispositivo legal. O prazo prescricional para o uso do cheque como título executivo extrajudicial é de seis meses, contados a partir do prazo da apresentação do cheque para pagamento (arts. 33 e 59 da Lei n. 7.357/85). Consumado este prazo e por dois anos, é possível o uso do cheque como prova do crédito a ser reconhecido como tal pelo

Estado-juiz para legitimar a prática de atos executivos tendentes à satisfação do credor (art. 61 da Lei n. 7.357/85)[62].

5.2 Escritura pública ou outro documento público assinado pelo devedor

A manifestação de vontade do devedor constante de escritura pública ou outro documento público assinado por ele é o suficiente para a existência de título executivo extrajudicial (art. 784, II).

A obrigação retratada na escritura ou no documento público não precisa ser necessariamente de "pagamento de quantia". Não subsiste no direito processual civil brasileiro restrição que constava da redação original do inciso II do art. 585 do CPC de 1973[63], antes de sua alteração pela Lei n. 8.953/94, naquele sentido[64]. Assim, para os fins presentes, é indiferente qual seja a modalidade obrigacional retratada na escritura ou no documento público assinado pelo devedor.

O reconhecimento da dívida feita pelo devedor perante algum oficial ou agente público é, desde que devidamente documentado, título executivo extrajudicial para os fins do inciso II do art. 784. É desnecessário, neste caso, qualquer outra formalidade, como, por exemplo, a assinatura de testemunhas ou de advogados, exigências que os incisos III e IV do art. 784 fazem para a formação de outros títulos executivos extrajudiciais.

Por "documentos públicos" podem e devem ser entendidos todos aqueles a que faz referência o n. 3.5.1.1 do Capítulo 4 da Parte I do v. 2, sendo indubitável que também está compreendida no rol a ata notarial.

5.3 Documento particular assinado pelo devedor e por duas testemunhas

Também é título executivo extrajudicial, de acordo com o inciso III do art. 784, "o documento particular assinado pelo devedor e por 2 (duas) testemunhas".

---

62. É correto entender que a perda da eficácia executiva do cheque autoriza que ele seja empregado como documento hábil para a "ação monitória" disciplinada pelos arts. 700 a 702 do CPC de 2015. Nesse sentido é a Súmula 299 do STJ, assim enunciada: "É admissível a ação monitória fundada em cheque prescrito".

63. Que era a seguinte: "o documento público, ou particular assinado pelo devedor e subscrito por duas testemunhas, do qual conste a obrigação de pagar quantia determinada, ou de entregar coisa fungível".

64. Que passou a ser a seguinte: "a escritura pública ou outro documento público assinado pelo devedor; o documento particular assinado pelo devedor e por duas testemunhas; o instrumento de transação referendado pelo Ministério Público, pela Defensoria Pública ou pelos advogados dos transatores".

Para o documento particular, destarte, não basta só a vontade do devedor, ainda que legitimamente manifestada. A lei exige que o documento seja assinado por duas testemunhas, que possam atestar, se for o caso, a real intenção do devedor. Por força dessa finalidade, as testemunhas devem ser presenciais ao ato de assinatura do documento pelo devedor e não meramente instrumentais. Correto, por isso mesmo, entender que, além do nome e da assinatura das testemunhas, algum documento de identificação e seu endereço devam constar também do instrumento. A despeito de não haver nenhuma exigência legal nesse sentido e, por isso, a ausência daquelas informações ser incapaz de comprometer a executividade do título, a prática é correta e deve ser prestigiada para a hipótese de haver alguma controvérsia sobre a formação do título.

À falta de exigência legal, de qualquer sorte, é descabida a exigência de que as assinaturas do devedor ou das testemunhas sejam reconhecidas por tabelião. Eventuais questionamentos sobre sua autenticidade tomarão corpo, dentre as demais questões admitidas pelo art. 917, nos embargos à execução.

A presença das duas testemunhas deve ser observada mesmo quando se tratar de contrato eletrônico, não só porque não há nenhuma exceção para tanto na legislação processual civil, mas também porque a presença daquelas pessoas na produção do ato não é meramente instrumental[65].

5.4 Instrumento de transação referendado pelo Ministério Público, pela Defensoria Pública, pela Advocacia Pública, pelos advogados dos transatores ou por conciliador ou mediador credenciado por tribunal

Para além do reconhecimento unilateral da posição de devedor, o inciso IV do art. 784 empresta *status* de título executivo extrajudicial para o instrumento de transação referendado pelo Ministério Público, pela Defensoria Pública, pela advocacia pública, pelos advogados dos transatores ou por conciliador ou mediador credenciado por Tribunal.

Em rigor, são todas hipóteses em que a autocomposição – incentivada pelo Código de Processo Civil desde seu art. 3º – é a mola propulsora do título executivo extrajudicial. Para

65. Este *Curso* não pode concordar, portanto, com o entendimento em sentido contrário que prevaleceu nos seguintes julgamentos: STJ, 3ª Turma, REsp 1.495.920/DF, rel. Min. Paulo de Tarso Sanseverino, j. m. v. 15-5-2018, *DJe* 7-6-2018, e STJ, 4ª Turma, AgInt nos EDcl no REsp 1.523.436/MT, rel. Min. Luis Felipe Salomão, j.un. 4-5-2020, *DJe* 12-5-2020 e STJ, 4ª Turma, AgInt no REsp 1.870.540/MT, rel. Min. Raul Araújo, j.un. 14-9-2020, *DJe* 1-10-2020. Estes dois últimos acórdãos reconhecem, embora destacando a excepcionalidade da hipótese, que seriam dispensáveis as duas testemunhas quando possível provar por outros meios a validade e a eficácia do contrato, fazendo alusão ao REsp 1.438.399/PR, da 4ª Turma do STJ, rel. Min. Luis Felipe Salomão, j.un. 10-3-2015, *DJe* 5-5-2015.

sua configuração como tanto, contudo, é mister a concordância dos indicados, não sendo suficiente, para os fins desse dispositivo, a mera assinatura do devedor.

Exemplo típico dessa espécie de título executivo extrajudicial, com relação ao Ministério Público, está nos chamados "termos de ajustamento de conduta", previstos no § 6º do art. 5º da Lei n. 7.347/85, a "Lei da Ação Civil Pública", ou nos acordos relativos aos alimentos celebrados nas condições do art. 13 da Lei n. 10.741/2003, o "Estatuto do Idoso".

Com relação às Defensorias Públicas, a Lei Complementar n. 80/94 prevê, desde o inciso II de seu art. 4º, a conciliação entre as partes em conflito como uma de suas funções institucionais, sendo certo que a Lei n. 11.737/2008, ao dar nova redação ao precitado art. 13 do "Estatuto do Idoso", evidenciou a participação do Defensor Público nas transações lá autorizadas.

De resto, não há óbice para que os advogados, públicos ou privados, realizem acordos sobre os direitos ou interesses conflituosos buscando, com isso, a pacificação dos conflitantes independentemente da atuação do Estado-juiz. A Lei n. 13.140/2015, que disciplina a mediação extrajudicial, contém larga disciplina para os casos envolvendo a Administração Pública Federal em seus arts. 35 a 40, a ser implementada pelas pessoas políticas e administrativas dos demais entes federados.

Havendo consenso das partes na transação, não há necessidade de dualidade de advogados, para cada um dos interessados. Um só advogado pode representar os interesses, posto serem conflitantes.

A hipótese não pode, contudo, ser confundida com aquela prevista pelo inciso III do art. 515, em que a homologação *judicial* do acordo é suficiente para modificar o seu regime jurídico de título executivo *extrajudicial* para título executivo *judicial*. Sem que haja homologação judicial – e, para os fins do inciso IV do art. 784, ela é *desnecessária*[66] –, a hipótese é de título executivo extrajudicial, cuja concretização da tutela jurisdicional executiva deverá ser perseguida de acordo com a disciplina do Livro II da Parte Especial do Código de Processo Civil.

5.5 Contrato garantido por hipoteca, penhor, anticrese ou outro direito real de garantia e aquele garantido por caução

Os contratos previstos no inciso V do art. 784 como títulos executivos extrajudiciais são *acessórios*, assim entendidos os contratos que se destinam a garantir o cumprimento assumido em outro contrato. A redação do dispositivo, derivada da Lei n. 11.382/2006, que altera-

66. Assim, *v.g.*: STJ, 2ª Turma, REsp 1.572.000/SP, rel. Min. Herman Benjamin, j. un. 23-2-2016, *DJe* 30-5-2016; STJ, 4ª Turma, REsp 1.285.254/DF, rel. Min. Marco Buzzi, j. m. v. 4-12-2012, *DJe* 1º-8-2013, e STJ, 3ª Turma, REsp 1.117.639/MG, rel. Min. Massami Uyeda, j. un. 20-5-2010, *DJe* 21-2-2011.

ra o seu equivalente, o inciso III do art. 585 do CPC de 1973, evidencia que a executividade repousa no *crédito* relativo ao contrato e não no contrato propriamente dito.

A hipoteca é direito real de garantia previsto nos arts. 1.473 a 1.505 do Código Civil, que recai sobre bens *imóveis*, distinguindo-se, por esse traço, do penhor, direito real de garantia previsto nos arts. 1.431 a 1.472 do Código Civil, que recai sobre bens *móveis*. A anticrese, de acordo com o art. 1.506 do Código Civil, caracteriza-se pela cessão de determinado bem imóvel pelo devedor para que os frutos e os rendimentos dele possam ser imputados no pagamento ao credor, vale dizer, possam quitar paulatinamente o valor do débito. Além desses, quaisquer outros direitos reais de garantia podem assumir o *status* de título executivo extrajudicial.

É correto compreender que a *caução* é gênero suficiente para descrever todos os contratos acessórios referidos no inciso V do art. 784, distinguindo-se a "caução *real*", isto é, que vincula um determinado bem como garantia de pagamento, como é o caso da hipoteca, do penhor e da anticrese (art. 1.419 do CC), da "caução *fidejussória*", que é aquela em que não há qualquer bem especificamente destacado do patrimônio do devedor para que os atos executivos recaiam sobre ele. É o que se dá, por exemplo, nos casos de fiança (arts. 818 a 839 do CC).

5.6 Contrato de seguro de vida em caso de morte

O inciso VI do art. 784 prevê como título executivo extrajudicial o seguro de vida em caso de morte, deixando de prever como tal, a exemplo do que já o fizera a Lei n. 11.382/2006 com relação ao inciso IV do art. 585 do CPC de 1973, o seguro de acidentes pessoais de que resultasse incapacidade.

Na verdade, desde o advento do CPC de 1973, a previsão relativa à executividade do contrato de seguro foi *reduzida*. Da previsão ampla do texto original ("seguro em geral"), passou-se, ainda antes da entrada em vigor daquele Código, a "seguro de vida e de acidentes pessoais de que resulte morte ou incapacidade" (redação da Lei n. 5.925/73), passando, com precitada Lei n. 11.328/2006 ao "contrato de seguro de vida"[67].

A redução do tipo legal é explicada pela dificuldade da prova relativa a outros eventos cobertos pelo seguro que não a morte (que se prova suficientemente com a apresentação da certidão de óbito), o que poderia comprometer a própria função do título executivo na perspectiva da exigibilidade da obrigação. Descabido, portanto, à falta de previsão legal,

67. Ilustrativa é a transcrição das diversas versões do inciso III do art. 585 do CPC de 1973: a original: "o contrato de hipoteca, de penhor, de anticrese, de caução e de seguro em geral"; a dada pela Lei n. 5.925/73: "os contratos de hipoteca, de penhor, de anticrese e de caução, bem como de seguro de vida e de acidentes pessoais de que resulte morte ou incapacidade" e, por fim, a redação da Lei n. 11.382/2006: "os contratos garantidos por hipoteca, penhor, anticrese e caução, bem como os de seguro de vida".

compreender que quaisquer contratos de seguro podem fazer as vezes de título executivo extrajudicial[68].

O contrato de seguro de vida em caso de morte é o contrato em que se pretende o pagamento de determinada soma em dinheiro a alguém em virtude do acontecimento da morte do segurado. O contrato é bilateral e exige, por isso mesmo, que o beneficiário do seguro demonstre, junto com o contrato, a quitação das prestações necessárias, o "prêmio" (art. 796, parágrafo único, do CC), bem assim o evento segurado, qual seja, a morte. A execução é promovida para cobrar o valor não pago do seguro, não obstante a ocorrência do sinistro.

5.7 Crédito decorrente de foro e laudêmio

O inciso VII do art. 784 dispõe ser título executivo extrajudicial o crédito decorrente de foro ou laudêmio, o que só tem sentido para as enfiteuses anteriores ao Código Civil de 2002, dada a proibição de novas enfiteuses imposta por seu art. 2.038.

Ambos os institutos referidos no dispositivo se relacionam com a figura da enfiteuse. Enfiteuse é direito real pelo qual o proprietário faculta o uso do domínio útil de um bem imóvel mediante o pagamento de uma prestação anual. A enfiteuse pressupõe registro na matrícula do imóvel, de acordo com o art. 167, I, n. 10, da Lei n. 6.015/73, a "Lei dos Registros Públicos".

"Foro", no sentido empregado pelo dispositivo, é instituto de direito civil que significa o pagamento anual devido pelo enfiteuta ao proprietário pelo uso do domínio útil do bem imóvel. "Laudêmio" é a quantia a ser paga ao proprietário quando houver transferência do domínio útil por venda ou por dação em pagamento.

5.8 Crédito de aluguel de imóvel e encargos acessórios

O inciso VIII do art. 784 prevê como título executivo extrajudicial o "crédito, documentalmente comprovado, decorrente de aluguel de imóvel, bem como de encargos acessórios, tais como taxas e despesas de condomínio"[69].

O que precisa ser documentado para atender à prescrição legislativa é o crédito relativo ao aluguel ou a qualquer encargo da locação e não a locação propriamente dita, que, por isso mesmo, pode até ser celebrada verbalmente. Até porque importa observar que provar algo

68. Negando aquela natureza jurídica a contratos de seguro automobilísticos é a seguinte decisão da 3ª Turma do STJ: REsp 1.416.786/PR, rel. Min. Ricardo Villas Bôas Cueva, j. un. 2-12-2014, *DJe* 9-12-2014.

69. Trata-se de dispositivo que deriva de importante alteração promovida pela Lei n. 11.382/2006 no inciso V do art. 585 do CPC de 1973.

documentalmente, como exige o dispositivo em exame, é bem mais amplo do que exigir a existência ou a apresentação de um específico instrumento, o *contrato* de locação.

Para atender à exigência legal de prova *documental* para fins de execução, não há como afastar a serventia do "boleto bancário" usualmente empregado para cobrança dos mais diversos encargos condominiais. Desde que ele não seja pago na data aprazada, está autorizada a execução independentemente de quaisquer outras formalidades, inclusive a de sua apresentação para protesto.

Ademais, o rol dos encargos não pagos pelo locatário, a admitir a execução fundada no título aqui examinado, é claramente exemplificativo. Assim, quaisquer que sejam eles (e os arts. 23 e 25 da Lei n. 8.245/91, a "Lei de Locação de Imóveis Urbanos", são fonte bastante para sua identificação), desde que *documentalmente comprovados*, cabe a execução nos moldes do inciso VIII do art. 784.

A hipótese não pode ser confundida com outra, bem diversa, quanto a haver título executivo extrajudicial decorrente da própria relação entre *condomínio* e *condômino*, e não da relação de locação, limitada, apenas, ao *locador* e ao *locatário*. O CPC de 2015 finalmente se posicionou expressamente sobre o tema no inciso X do art. 784.

5.9 Certidão de dívida ativa da Fazenda Pública da União, dos Estados, do Distrito Federal e dos Municípios, correspondente aos créditos inscritos na forma da lei

O inciso IX do art. 784 trata da possibilidade de as pessoas de direito público nominadas cobrarem seus créditos, independentemente de terem, ou não, natureza tributária, pelo *procedimento* da chamada execução fiscal regulada pela Lei n. 6.830/80 (art. 1º e art. 2º, § 2º).

O título executivo para tanto é a *certidão* de dívida ativa, que deve ser expedida em conformidade com o disposto no art. 2º da referida Lei n. 6.830/80, um "*processo* administrativo".

A certidão de dívida ativa é o *documento* que comprova suficientemente – e que gera presunção *relativa* de certeza e liquidez, de acordo com o art. 3º da Lei n. 6.830/80 –, a *inscrição* da dívida ativa das pessoas de direito público (art. 2º, §§ 3º, 5º e 6º, da Lei n. 6.830/80).

5.10 Crédito referente às contribuições ordinárias ou extraordinárias de condomínio edilício

A previsão do inciso X do art. 784 representa importante novidade do CPC de 2015, colocando fim a interessante discussão existente durante toda a vigência do CPC de 1973 sobre se as contribuições ordinárias ou extraordinárias de condomínio edilício eram, ou não, títulos executivos extrajudiciais e em que condições. Prevalecia o entendimento negativo, máxime diante da previsão da alínea *b* do inciso II do art. 275 daquele Código sobre ser necessário o procedimento *sumário* para a cobrança daqueles débitos[70].

A opção do CPC de 2015 é inequívoca no sentido contrário, desde que aquele crédito seja previsto na respectiva convenção ou aprovado em assembleia geral e sejam passíveis de comprovação documental[71]. O dispositivo tem o mérito também de evidenciar o campo de incidência do inciso VIII do mesmo art. 784, que pressupõe a existência de locação.

É correto entender que a expressão "condomínio edilício" empregada pelo inciso X do art. 784 compreende não só os condomínios verticais, mas também os horizontais de lotes (art. 1.358-A do CC, incluído pela Lei n. 13.465/2017)[72].

A regra excepciona, por isso, o art. 1.063, que centraliza nos Juizados Especiais a competência para julgamento das hipóteses sujeitas ao procedimento sumário pelo inciso II do art. 275 do CPC de 1973 enquanto não publicada lei específica que disponha diferentemente.

5.11 Certidão de serventia notarial ou registral

O CPC de 2015 também inova quando estabelece ser título executivo extrajudicial "a certidão expedida por serventia notarial ou de registro relativa a valores de emolumentos e demais despesas devidas pelos atos por ela praticados, fixados nas tabelas estabelecidas em lei" (inciso XI do art. 784).

Trata-se de título executivo *unilateralmente* criado o que, destoando da maior parte do rol de títulos *extrajudiciais*, impõe ao magistrado, desde o juízo de admissibilidade da petição inicial, exame detido dos elementos que demonstrem, a um só tempo, a certeza, a exigibilidade e a liquidez do valor reclamado (art. 786, *caput*), inclusive com a indicação dos atos normativos que autorizam a cobrança pretendida[73].

Mesmo que proferido o juízo de admissibilidade positivo e determinada a citação do réu para pagamento, é correto entender que a presunção de legitimidade dos atos praticados

---

70. Era a seguinte a redação daquele dispositivo: "Observar-se-á o procedimento sumário: II – nas causas, qualquer que seja o valor: b) de cobrança ao condômino de quaisquer quantias devidas ao condomínio".

71. Já era este o entendimento defendido pelo n. 5.5 do Capítulo 4 da Parte I do v. 3 das edições anteriores ao CPC de 2015 deste *Curso*. Para a defesa da opinião contrária à época, v. Sergio Shimura, *Título executivo*, p. 508-517.

72. É a orientação do Enunciado n. 100 da I Jornada de Direito Processual Civil do CJF: "Interpreta-se a expressão condomínio edilício do art. 784, X, do CPC de forma a compreender tanto os condomínios verticais, quanto os horizontais de lotes, nos termos do art. 1.358-A do Código Civil".

73. Por essa razão é que Araken de Assis (*Manual da execução*, p. 267) sustenta, pertinentemente, que a certidão do inciso XI do art. 784 deverá "... contemplar a individualização do crédito mediante referência à disposição da lei de organização judiciária que lhe autoriza a cobrança do usuário do serviço. Um modelo possível é a certidão de dívida ativa (CDA)". A orientação é aplaudida por Humberto Theodoro Júnior em seus *Comentários ao Código de Processo Civil*, v. XV, p. 269.

pelas serventias extrajudiciais[74] não resiste à prova em sentido contrário a ser produzida pelo executado em seus embargos à execução.

5.12 A norma de encerramento

Por fim, em consonância com o inciso XII do art. 784, são títulos executivos extrajudiciais "todos os demais títulos aos quais, por disposição expressa, a lei atribuir força executiva".

É clara a regra quanto a ser insuficiente o acordo de vontade das partes para a constituição de um título executivo. É a lei quem os cria, e a autonomia do credor e do devedor reside, única e exclusivamente, em firmar, ou não, aqueles títulos previamente criados pela lei. É inconcebível, portanto, que as partes possam, com fundamento no art. 190, celebrar negócio jurídico que assuma, por si só, sem incidir em alguma hipótese legal, color de título executivo extrajudicial.

São títulos executivos extrajudiciais dispersos pelo sistema jurídico, dentre outros, os seguintes:

(i) A cédula de crédito rural (art. 41 do Decreto-lei n. 167/67[75]).

(ii) A cédula de crédito industrial (art. 10 do Decreto-lei n. 413/69[76], com o procedimento estabelecido pelo art. 41 do mesmo diploma normativo).

(iii) A cédula de crédito comercial (art. 5º da Lei n. 6.840/80[77]).

(iv) Os créditos dos órgãos de fiscalização das profissões regulamentadas (art. 2º da Lei n. 6.206/75[78]). Quando o crédito for apurado pelo respectivo Conselho, autarquias federais que são, a execução tramitará na justiça federal[79].

(v) As multas impostas pela Comissão de Valores Mobiliários (art. 32 da Lei n. 6.385/76, incluído pela Lei n. 6.616/78[80]).

---

74. Característica enaltecida por Teori Albino Zavascki em seus *Comentários ao Código de Processo Civil*, v. XII, p. 146.

75. "Cabe ação executiva para a cobrança da cédula de crédito rural."

76. "A cédula de crédito industrial é título líquido e certo, exigível pela soma dela constante ou do endosso, além dos juros, da comissão de fiscalização, se houver, e demais despesas que o credor fizer para segurança, regularidade e realização de seu direito creditório."

77. "Aplicam-se à Cédula de Crédito Comercial e à Nota de Crédito Comercial as normas do Decreto-lei n. 413, de 9 de janeiro de 1969, inclusive quanto aos modelos anexos àquele diploma, respeitadas, em cada caso, a respectiva denominação e as disposições desta Lei."

78. "Os créditos dos órgãos referidos no artigo anterior serão exigíveis pela ação executiva processada perante a Justiça Federal."

79. É a diretriz da Súmula 66 do STJ, assim enunciada: "Compete à Justiça Federal processar e julgar execução fiscal promovida por Conselho de Fiscalização Profissional".

80. "As multas impostas pela Comissão de Valores Mobiliários, após a decisão final que as impôs na esfera administrativa, terão eficácia de título executivo e serão cobradas judicialmente, de acordo com o rito estabelecido pelo código de Processo Civil para o processo de execução."

(vi) As decisões tomadas pelo Conselho Administrativo de Defesa Econômica que cominem multa ou imponham obrigações de fazer e de não fazer (art. 93 da Lei n. 12.529/2011[81]), hipótese em que o processo observará a disciplina dos arts. 94 a 101 do mesmo diploma legislativo.

(vii) O contrato escrito de honorários advocatícios (art. 24 da Lei n. 8.906/94[82]), hipótese em que, pela especificidade legal, é desnecessária a assinatura de duas testemunhas[83].

(viii) O compromisso arbitral fixando honorários para o(s) árbitro(s) (art. 11, parágrafo único, da Lei n. 9.307/96[84]).

(ix) A cédula de crédito bancário (art. 28 da Lei n. 10.931/2004[85]). A previsão legal é gritantemente inconstitucional por derivar de lei de conversão de medida provisória[86], a despeito da expressa vedação, que já vigia à época, da alínea *b* do § 1º do art. 62 da Constituição Federal, que proíbe a edição de medidas provisórias sobre temas de direito processual (penal ou civil). A conversão da Medida Provisória em Lei não afasta a sua inconstitucionalidade original. Não obstante, aquele título veio para se sobrepor à Súmula 233 do Superior Tribunal de Justiça[87], a qual entendia não haver força executiva no contrato de abertura de crédito em conta corrente mesmo quando acompanhado dos extratos bancários comprobatórios do débito[88], questão que, no âmbito do extinto Primeiro Tribunal de Alçada Civil do Estado de São Paulo, estava sumulada em sentido oposto, admitindo a execução naqueles casos (Súmula 11). O Tribunal de Justiça daquele mesmo Estado editou a Súmula 14, que consagra a referida cédula como título executivo extrajudicial[89], orientação que acabou pre-

---

81. "A decisão do Plenário do Tribunal, cominando multa ou impondo obrigação de fazer ou não fazer, constitui título executivo extrajudicial."

82. "A decisão judicial que fixar ou arbitrar honorários e o contrato escrito que os estipular são títulos executivos e constituem crédito privilegiado na falência, concordata, concurso de credores, insolvência civil e liquidação extrajudicial."

83. Nesse sentido: STJ, 4ª Turma, AgRg no AREsp 372.069/RJ, rel. Min. Maria Isabel Gallotti, j. un. 5-11-2015, REP*DJe* 1º-2-2016, *DJe* 13-11-2015; STJ, 4ª Turma, REsp 400.687/AC, rel. Min. Aldir Passarinho Júnior, j. un. 14-11-2006, *DJ* 5-2-2007, p. 239.

84. "Fixando as partes os honorários do árbitro, ou dos árbitros, no compromisso arbitral, este constituirá título executivo extrajudicial; não havendo tal estipulação, o árbitro requererá ao órgão do Poder Judiciário que seria competente para julgar, originariamente, a causa que os fixe por sentença."

85. "A Cédula de Crédito Bancário é título executivo extrajudicial e representa dívida em dinheiro, certa, líquida e exigível, seja pela soma nela indicada, seja pelo saldo devedor demonstrado em planilha de cálculo, ou nos extratos da conta corrente, elaborados conforme previsto no § 2º."

86. A referência é feita à Medida Provisória n. 2.160-25, de 23 de agosto de 2001, a última de uma série de vinte cinco reedições.

87. Que tinha o seguinte enunciado: "O contrato de abertura de crédito, ainda que acompanhado de extrato da conta corrente, não é título executivo".

88. Coerentemente, o STJ admitia, naqueles casos, a adoção da "ação monitória", disciplinada pelos arts. 700 a 702 do CPC de 2015.

89. Que tem o seguinte enunciado: "A cédula de crédito bancário regida pela Lei n. 10.931/2004 é título executivo extrajudicial".

valecendo em sede de Recurso Especial Repetitivo com a definição da seguinte tese: "A Cédula de Crédito Bancário é título executivo extrajudicial, representativo de operações de crédito de qualquer natureza, circunstância que autoriza sua emissão para documentar a abertura de crédito em conta corrente, nas modalidades de crédito rotativo ou cheque especial. O título de crédito deve vir acompanhado de claro demonstrativo acerca dos valores utilizados pelo cliente, trazendo o diploma legal, de maneira taxativa, a relação de exigências que o credor deverá cumprir, de modo a conferir liquidez e exequibilidade à Cédula (art. 28, § 2º, incisos I e II, da Lei n. 10.931/2004)"[90].

(x) A "certidão passada pela diretoria do Conselho competente" da Ordem dos Advogados do Brasil relativa ao não recolhimento, pelo advogado, das contribuições, preços de serviços e multas por ela cobrados (art. 46, parágrafo único, da Lei n. 8.906/94[91]). A execução a ser promovida pela OAB em tais casos seguirá o procedimento da execução por quantia certa estabelecido pelo Código de Processo Civil e não o disciplinado pela Lei n. 6.830/80, a "Lei de Execução Fiscal"[92].

(xi) O Termo de Ajustamento de Conduta previsto no § 6º do art. 5º da Lei n. 7.347/85[93], a "Lei da Ação Civil Pública", bem como os acordos realizados perante o membro do Ministério Público ou da Defensoria Pública com fundamento no art. 13 da Lei n. 10.741/2003, o "Estatuto do Idoso", na redação que lhe deu a Lei n. 11.737/2008[94], embora, com relação a eles, seja suficiente a previsão específica do inciso IV do art. 784.

(xii) A Letra Imobiliária Garantida (LIG), criada pelo § 1º do art. 64 da Lei n. 13.097/2015[95], fruto da conversão da Medida Provisória n. 656/2014, também flagrantemente inconstitucional do ponto de vista formal por contrariar a expressa vedação da alínea *b* do § 1º do art. 62 da Constituição Federal. Ainda mais no seu caso porque, à época de sua edição, tramitavam, no Congresso Nacional, os Projetos que acabaram se tornando o CPC de 2015 a proi-

---

90. Trata-se do REsp 1.291.575/PR, julgado pela 2ª Seção do STJ, rel. Min. Luis Felipe Salomão, j. un. 14-8-2013, *DJe* 2-9-2013.

91. "Constitui título executivo extrajudicial a certidão passada pela diretoria do Conselho competente, relativa a crédito previsto neste artigo."

92. Trata-se de entendimento pacificado no âmbito no âmbito do STJ, como fazem prova os seguintes julgados: 1ª Seção, EREsp 463.258/SC, rel. Min. Eliana Calmon, j. m. v. 10-12-2003, *DJ* 29-3-2004, p. 167; 1ª Seção, EREsp 503.252/SC, rel. Min. Castro Meira, j. m. v. 25-8-2004, *DJ* 18-10-2004, p. 181; 1ª Seção, EREsp 449.036/SC, rel. Min. João Otávio de Noronha, j. un. 18-10-2004, *DJ* 13-12-2004, p. 201; 2ª Turma, REsp 541.504/SC, rel. Min. Francisco Peçanha Martins, j. un. 23-8-2005, *DJ* 17-10-2005, p. 245, e 2ª Turma, REsp 915.753/RS, rel. Min. Humberto Martins, j. un. 22-5-2007, *DJ* 4-6-2007, p. 333.

93. "Os órgãos públicos legitimados poderão tomar dos interessados compromisso de ajustamento de sua conduta às exigências legais, mediante cominações, que terá a eficácia de título executivo extrajudicial."

94. "As transações relativas a alimentos poderão ser celebradas perante o Promotor de Justiça ou Defensor Público, que as referendará, e passarão a ter efeito de título executivo extrajudicial nos termos da lei processual civil."

95. "§ 1º A LIG é título executivo extrajudicial e pode: I – ser executada, independentemente de protesto, com base em certidão de inteiro teor emitida pelo depositário central; II – gerar valor de resgate inferior ao valor de sua emissão, em função de seus critérios de remuneração; e III – ser atualizada mensalmente por índice de preços, desde que emitida com prazo mínimo de 36 (trinta e seis) meses."

bir – não fosse a expressa vedação constitucional já destacada – o *atalho* legislativo daquele ato normativo. Não obstante, aquele título deve ser entendido como "... promessa de pagamento em dinheiro e será emitida por instituições financeiras, exclusivamente sob a forma escritural, mediante registro em depositário central autorizado pelo Banco Central do Brasil, com as seguintes características: (...)" (art. 64, *caput*, da Lei n. 13.097/2015).

(xiii) Também a Constituição Federal, no § 3º de seu art. 71[96], prevê um título executivo extrajudicial. Trata-se das decisões do Tribunal de Contas da União quando impositivas do pagamento de débitos ou multas. Por se tratar de norma *federal* – e a competência para legislar sobre direito processual civil é exclusiva da União Federal (art. 22, I, da CF) –, é irrecusável reconhecer a mesma executividade às decisões proferidas pelos Tribunais de Contas dos Estados, do Distrito Federal e dos Tribunais de Contas ou Conselhos de Contas dos Municípios, máxime diante do disposto no art. 75 da Constituição Federal. Legitimado para o pedido de concretização da tutela jurisdicional executiva é a advocacia pública correspondente à área de atuação do Tribunal de Contas, única representante adequada do ente público prejudicado em juízo, interditada, por isso mesmo, a legitimidade do Ministério Público para aquele mesmo fim[97].

Em todos esses casos, as exigências das respectivas leis específicas devem prevalecer sobre as genéricas do art. 784.

5.13 Títulos executivos extrajudiciais estrangeiros

Os §§ 2º e 3º do art. 784 tratam dos títulos executivos extrajudiciais originários de países estrangeiros.

De acordo com o primeiro daqueles dispositivos, sua força executiva no território brasileiro independe de prévia homologação pelo Superior Tribunal de Justiça, afastando-se, assim,

---

96. "As decisões do Tribunal de que resulte imputação de débito ou multa terão eficácia de título executivo."

97. É o que vem sendo decidido pelo STF desde o julgamento pelo Pleno do RE 223.037/SE, rel. Min. Maurício Corrêa, j. un. 2-5-2002, *DJ* 2-8-2002, p. 61. Assim, *v.g.*; os seguintes acórdãos daquele mesmo Tribunal: 1ª Turma, RE-AgR 525.663/AC, rel. Min. Dias Toffoli, j. un. 30-8-2011, *DJe* 13-10-2011; 1ª Turma, AI-AgR 818.789/RS, rel. Min. Cármen Lúcia, j. un. 23-3-2011, *DJe* 11-4-2011; 2ª Turma, AI-AgR 826.676/MG, rel. Min. Gilmar Mendes, j. un. 8-2-2011, *DJe* 24-2-2011; Pleno, ARE 823.347/MA, rel. Min. Gilmar Mendes, j. un. 2-10-2014, *DJe* 24-10-2014; 1ª Turma, RE-AgR 779.542/MA, rel. Min. Edson Facchin, j. un. 6-10-2015, *DJe* 20-10-2015, e 2ª Turma, RE-AgR 687.756/MA, rel. Min. Teori Zavascki, j. un. 30-6-2015, *DJe* 13-8-2015. Também no âmbito do STJ, a orientação vem sendo observada, como fazem prova os seguintes julgados: 2ª Turma, REsp 1.257.583/MG, rel. Min. Assusete Magalhães, j. un. 8-11-2018, *DJe* 16-11-2018; 2ª Turma, REsp 1.694.634/MA, rel. Min. Herman Benjamin, j. un. 28-11-2017, *DJe* 19-12-2017; 2ª Turma, AgInt no AREsp 917.20/MA, rel. Min. Francisco Falcão, j. un. 12-12-2017, *DJe* 18-12-2017; 2ª Turma, AgRg no REsp 1.518.430/MA, rel. Min. Humberto Martins, j. un. 26-5-2015, *DJe* 2-6-2015; 2ª Turma, AgRg no AgRg no REsp 1.410.465/MA, Rel. Min. Herman Benjamin, j. un. 15-5-2014, *DJe* 23-5-2014; 1ª Turma, REsp 1.194.670/MA, rel. Min. Napoleão Nunes Maia Filho, j. un. 20-6-2013, *DJe* 2-8-2013.

do regime jurídico que dá às decisões emanadas dos órgãos jurisdicionais estrangeiros os incisos VII e IX do art. 515.

A dispensa da prévia homologação, contudo, não significa que basta a apresentação do título ao Estado-juiz brasileiro. O § 3º do art. 784 exige que o título satisfaça os requisitos exigidos pela lei do lugar ou de sua celebração e que indique o Brasil como lugar do cumprimento da obrigação. É típica hipótese em que se pode fazer necessária a prova do direito estrangeiro nos termos do art. 376.

A verificação dessas exigências pode ser feita desde logo pelo magistrado nacional, sendo certo que, para viabilizá-la, impõe-se a tradução por tradutor juramentado do título executivo (art. 192) e que a obrigação nele retratada seja "certa, exigível e líquida", sob pena de haver frontal violação ao sistema processual civil brasileiro. Questões complexas como a satisfação plena dos requisitos estrangeiros de formação do título dependerão, não há como negar, de adequada provocação do executado em seus embargos (art. 917, I).

Capítulo 5

Cumprimento provisório

1. CONSIDERAÇÕES INICIAIS

O CPC de 2015 dá maior destaque, do ponto de vista estrutural, ao que a tradição do direito brasileiro (e também do direito estrangeiro) conhece como "execução provisória". Traz, ainda, interessantes alterações substanciais nos três dispositivos que se ocupam especificamente do assunto, os arts. 520 a 522.

O instituto passou a ser disciplinado em Capítulo próprio, que compreende os já mencionados dispositivos. Trata-se do Capítulo II do Título II do Livro I da Parte Especial, intitulado "Do cumprimento provisório da sentença que reconhece a exigibilidade de obrigação de pagar quantia certa".

2. NOMENCLATURA

Abandonando a tradicional expressão "execução provisória", o Capítulo II é intitulado "cumprimento provisório da sentença". O § 3º do art. 961, é certo, preserva a menção a "execução provisória", quando se refere a ela no âmbito da homologação de sentença estrangeira[1]. Contudo, trata-se de lapso da revisão, que, ao que tudo indica, estava muito mais empenhada em *modificar* textos legislativos do que, propriamente, em buscar a uniformização de palavras, de estilos, de "revisar" *mero texto*, enfim[2]. De qualquer sorte, a manutenção, naquele dispositivo, da expressão "execução provisória" em nada interfere na sua compreensão,

1. "Art. 961. A decisão estrangeira somente terá eficácia no Brasil após a homologação de sentença estrangeira ou a concessão do *exequatur* às cartas rogatórias, salvo disposição em sentido contrário de lei ou tratado. (...) § 3º A autoridade judiciária brasileira poderá deferir pedidos de urgência e realizar atos de execução provisória no processo de homologação de decisão estrangeira."

2. É tema ao qual o autor deste *Curso* se voltou especificamente em três oportunidades, além das mais amplas considerações que ocupam todo o desenvolvimento de seu *Novo Código de Processo Civil anotado*: (In)devido processo legislativo e o novo Código de Processo Civil; A "revisão" do texto do novo CPC; e Ainda a "revisão"

máxime porque a decisão estrangeira é considerada, para o direito brasileiro, título executivo *judicial* (art. 515, VIII). De *cumprimento* de sentença se trata, portanto.

A nomenclatura empregada pelo CPC de 2015 é coerente com o que, desde o advento da Lei n. 11.232/2005, já havia sido introduzido no cenário do direito processual civil brasileiro, e a dicotomia então *consolidada* entre "cumprimento de sentença" e "processo de execução". Contudo, ao "atualizar" a nomenclatura, substituindo a palavra "execução" pela locução "cumprimento de sentença", o CPC de 2015 cometeu o mesmo equívoco para o qual Federico Carpi[3], na mais importante monografia que existe sobre o tema, escrita em 1979, já advertira com rica pesquisa na doutrina italiana desde o final do século XIX: o que há na "execução *provisória*" e, para o CPC de 2015, no "cumprimento *provisório* da sentença" é, em verdade, execução (cumprimento) *imediata*. Os atos praticados nada têm de provisórios, uma vez que não precisam ser validados ou confirmados *a posteriori*.

O que ocorre, de modo bem diverso, é o prosseguimento dos atos executivos antecipadamente iniciados até seus ulteriores termos e trânsito em julgado da decisão que lhes dá fundamento ou a responsabilização daquele que se beneficiou daqueles atos na hipótese oposta, de provimento parcial ou total do recurso pendente de julgamento. O que é *provisório*, em tais casos, é o *título executivo* que fundamenta a prática daqueles atos. Os atos executivos, isto é, os relativos ao cumprimento de sentença, nada têm de provisórios e são, na verdade, verdadeiro *adiantamento* ou *antecipação* dos atos destinados à satisfação do direito do exequente, mesmo que o reconhecimento do seu direito não seja, ainda, definitivo. Trata-se, nesse sentido – e já era correto pensar assim mesmo antes do CPC de 2015 –, de antecipação de atos executivos ou, para empregar a nomenclatura mais afinada com a nova codificação, da etapa de cumprimento de sentença[4].

Mais um reparo na nomenclatura adotada pelo CPC de 2015 é necessário: o cumprimento (provisório) não é só de *sentença*. Em verdade, o regime jurídico decorrente dos arts. 520 a 522 alcança o cumprimento provisório de quaisquer títulos executivos judiciais. Assim, para além da sentença propriamente dita (art. 203, § 1º), o parâmetro operativo daqueles dispositivos deve ser observado para o cumprimento de decisões interlocutórias portadoras de tutela jurisdicional executiva, tais as que concedem tutela provisória (arts. 294, 300 e 311) ou as que julgam antecipada e parcialmente o mérito (art. 356), decisões monocráticas proferidas no âmbito dos Tribunais com idêntica característica (art. 932, II) e acórdãos, sejam eles emanados dos Tribunais de Justiça, dos Regionais Federais, do Superior Tribunal de Justiça ou do Supremo Tribunal Federal (art. 204). Nesse sentido, teria sido preferível que o instituto fosse chamado, no aspecto ora destacado, de "cumprimento provisório de *títulos executivos judiciais*".

---

do texto do novo CPC. Também cabe destacar o excelente artigo de Ricardo Collucci sobre o tema, intitulado: Interpretação normativa: o caso da "revisão" final do texto do novo Código de Processo Civil.

3. *La provvisoria esecutorietà della sentenza*, p. 6.

4. Ainda que sem fazer referência à expressão "cumprimento de sentença", que passou a integrar o ordenamento jurídico brasileiro apenas com a Lei n. 11.232/2005, já era esse o entendimento do autor deste *Curso* em seu *Execução provisória e antecipação da tutela*, p. 161.

É observação que encontra harmonia com a redação dada ao inciso I do art. 515, que, no particular, corrige o mesmo equívoco encontrado em seu par do CPC de 1973.

Há uma terceira observação sobre o nome adotado pelo CPC de 2015 para o instituto. Dada a variedade de técnicas a serem empregadas para a concretização do direito reconhecido suficientemente no título executivo judicial, seria preferível ao emprego da palavra "cumprimento" o de "efetivação", que podia ser encontrado no § 3º do art. 273 do CPC de 1973 com os aplausos da doutrina[5], ou, como vem preferindo este *Curso*, *concretização*. Neste ponto, contudo, o emprego da palavra "cumprimento" não é, em si mesmo, gerador de maiores problemas. É suficiente que ela seja compreendida de forma ampla pela doutrina, que deve se esforçar para se afastar das sombras (e da tipicidade e dos rigores) do binômio "sentença condenatória"/"processo de execução", que, bem compreendida a evolução do direito positivo brasileiro, deixou de existir entre nós, cedendo espaço a outras figuras que, por aqui, já eram suficientemente bem identificadas pela doutrina[6]. Até porque o sistema de "cumprimento" dos títulos executivos (e a afirmação, no ponto, não é restrita aos títulos executivos *judiciais*) baseia-se não só em premissas, mas também em atos muito diferentes daqueles em que a tradição do modelo "condenação/execução" se baseava. É lembrar, por exemplo, da *atipicidade* dos atos executivos, que encontra fundamento (expresso) no inciso IV do art. 139.

O último comentário que se justifica para fins introdutórios diz respeito à percepção de que os arts. 520 a 522 voltam-se, desde seu título, ao "cumprimento provisório da sentença que reconhece a exigibilidade da *obrigação de pagar quantia certa*". Não obstante, o § 5º do art. 520 reserva para as demais modalidades obrigacionais, de fazer, de não fazer ou de dar coisa, a aplicação "no que couber" do disposto naquele Capítulo. Uma coisa é certa: aqueles dispositivos regulam o cumprimento provisório, como já faziam seus antecessores, na perspectiva da obrigação de pagar quantia. Sua *ratio*, contudo, deve guiar o intérprete a encontrar solução adequada a eventuais questionamentos que surjam (e não são poucos) a respeito do cumprimento provisório quando a obrigação retratada no título executivo disser respeito àquelas outras modalidades obrigacionais.

Reunidas todas essas observações e considerações, a nomenclatura mais apropriada para o instituto seria: concretização imediata da tutela jurisdicional executiva fundamentada em títulos executivos judiciais ainda pendentes de confirmação[7]. É expressão que, a um só

5. Nesse sentido, apenas para fins de ilustração: Flávio Cheim Jorge, Fredie Didier Jr. e Marcelo Abelha Rodrigues, *A nova reforma processual*, p. 62-67; Luiz Rodrigues Wambier e Teresa Arruda Alvim Wambier, *Breves comentários à 2ª fase da reforma do Código de Processo Civil*, p. 52-56; João Batista Lopes, *Tutela antecipada no processo civil brasileiro*, p. 169-174, e Eduardo Arruda Alvim, *Tutela provisória*, p. 130-136. Também era esse o entendimento externado pelo autor deste *Curso* em seu *Execução provisória e antecipação da tutela*, p. 345-355, e, de forma bem incisiva após a Lei n. 10.444/2002, em seu *Tutela antecipada*, p. 108-139. Nas edições anteriores ao CPC de 2015, o tema era versado pelo Capítulo 4 da Parte I do v. 4 deste *Curso*.

6. Para essa discussão, antes mesmo da Lei n. 11.232/2005, e apontando para a certa (e natural) evolução do direito positivo brasileiro a partir daquele ponto, v., do autor deste *Curso*, o seu Ensaio sobre o cumprimento das sentenças condenatórias, *passim*.

7. Para essa discussão no direito italiano, v. Federico Carpi, *La provvisoria esecutorietà della sentenza*, p. 7.

tempo, afasta a (falsa) concepção de provisoriedade dos atos relativos à concretização da tutela jurisdicional, deslocando-a (corretamente) para o título executivo que dá fundamento às técnicas adotadas para tanto, além de destacar que o padrão de concretização do direito reconhecido suficientemente no título executivo pode variar consoante as circunstâncias, inclusive no que tange à modalidade obrigacional.

De qualquer sorte, não há mal nenhum em empregar a expressão utilizada pelo CPC de 2015, até para viabilizar a indispensável comunicação ao longo de todo o trabalho. Também aqui estamos diante de (mais uma) *expressão idiomática*, tradicional no direito brasileiro e no direito estrangeiro[8]. Por isso mesmo, a par de se saber que os termos empregados naquela expressão convidam a compreensões diversas quando analisados em conjunto, a sua reunião assume significação própria, consagradíssima, pelos usos e costumes. O direito processual civil, tanto no seu aspecto teórico como no prático, é repleto de exemplos do emprego indiscriminado (e acrítico) de expressões idiomáticas[9]. Para os fins presentes, é suficiente ter plena consciência disso.

3. CONCEITO E ESPÉCIES (CUMPRIMENTO PROVISÓRIO *OPE LEGIS* E *OPE JUDICIS*)

Indo além e adotando as considerações do número anterior, é correto entender que "cumprimento provisório de sentença" é expressão a ser entendida como a possibilidade de os *efeitos* de decisão jurisdicional, qualquer uma, não necessariamente de sentenças, serem sentidos a despeito de haver recurso contra ela pendente. Há, nesse sentido, verdadeira *antecipação* dos efeitos da decisão, que, ao menos em perspectiva de ideal de segurança jurídica, quiçá ultrapassada, só seriam sentidos após o respectivo trânsito em julgado, é dizer, concluídos os julgamentos de todos e quaisquer recursos dela interponíveis ou quando e por que não interpostos os recursos cabíveis[10].

---

8. Ilustra suficientemente bem o acerto da afirmação a lembrança de que uma série monografias disponíveis sobre o assunto vale-se daquela expressão desde seu título. Assim, além da de Federico Carpi, já mencionada, *La provvisoria esecutorietà della sentenza*, a de Alfonso Perez Gordo, *La ejecución provisional en el processo civil*, e a de Lluis Caballol Angelats, *La ejecución provisional en el proceso civil*. Para o Brasil anterior ao CPC de 2015, a realidade não é diversa. Para além do *Execução provisória e antecipação da tutela*, publicado em 1999 do autor deste *Curso*, cabe destacar os trabalhos de Paulo Henrique dos Santos Lucon, *Eficácia das decisões e execução provisória*, publicado em 2000; de Ricardo Hoffmann, *Execução provisória*, publicado em 2004; de Antonio de Pádua Soubhie Nogueira, Execução *provisória da sentença*, publicado em 2005, e o de Leonardo Ferres da Silva Ribeiro, *Execução provisória no processo civil*, publicado em 2006.

9. Para essa discussão, v. o n. 3.1 do v. 1 deste *Curso* e os reflexos necessários no âmbito da "liquidação de sentença" (v. n. 2, *supra*) e do "cumprimento de sentença" (v. n. 2, *supra*).

10. Não é o caso de confundir ou sobrepor efeitos com a coisa julgada. O que se põe, na perspectiva sublinhada no texto e que é muito diferente, é que o trânsito em julgado poderia ser o marco legislativo ideal para a liberação dos efeitos da decisão jurisdicional em nome de uma maior segurança jurídica. Sobre o assunto, o autor deste

A antecipação dos efeitos destacada no parágrafo anterior merece ser compreendida, ao menos no atual estágio do direito processual civil brasileiro inaugurada com a Lei n. 10.444/2002, no sentido de ser admitida a *satisfação* do direito do exequente, tal qual representado no título executivo, a despeito de ele, o título, ainda ser provisório[11]. Não se trata, destarte, da prática de atos que se limitem a assegurar o resultado útil da etapa de cumprimento de sentença. Tanto assim que há casos em que é possível a combinação de ambas as técnicas, como faz prova suficiente o inciso II do § 1º do art. 495, que autoriza a hipoteca judiciária – apta a desempenhar aquela função (meramente) assecuratória –, a despeito da possibilidade do cumprimento provisório da sentença[12].

A opção de permitir o cumprimento provisório deriva da lei, quando ela própria retira o efeito suspensivo de alguns recursos ("cumprimento provisório *ope legis*") ou por decisão do magistrado ("cumprimento provisório *ope judicis*"), para adotar dicotomia proposta por Federico Carpi[13], plenamente adequada para o direito processual civil brasileiro anterior e atual[14]. O caput do art. 995 é claro a esse respeito, revelando caráter didático que conduz à obra imortal de José Carlos Barbosa Moreira, em verdadeira homenagem tácita ao saudoso processualista[15], ao estatuir que "Os recursos não impedem a eficácia da decisão, salvo disposição legal ou decisão judicial em sentido diverso".

Curso teve oportunidade de se dedicar com mais espaço anteriormente, em seu *Execução provisória e antecipação da tutela*, p. 28-48 e 161, e, mais tarde, em resposta a uma crítica feita por Araken de Assis (Execução da tutela antecipada, p. 41-79, esp. p. 52), em seu *Execução provisória*, p. 41, esp. nota 8.

11. É o que, com base naquela Lei, o autor deste *Curso* passou a chamar de "execução provisória *completa*" para enfatizar a viabilidade de satisfação a despeito da inexistência de trânsito em julgado da decisão que dá fundamento à prática dos atos executivos. A respeito, v. se A 'execução provisória-completa' na Lei 11.232/2005 (uma proposta de interpretação do art. 475-O, § 2º, do CPC), esp. p. 294-298. De acordo com esse entendimento manifestou-se Luís Eduardo Simardi Fernandes, *Comentários ao Código de Processo Civil*, p. 752.

12. "Art. 495. A decisão que condenar o réu ao pagamento de prestação consistente em dinheiro e a que determinar a conversão de prestação de fazer, de não fazer ou de dar coisa em prestação pecuniária valerão como título constitutivo de hipoteca judiciária. § 1º A decisão produz a hipoteca judiciária: (...) II – ainda que o credor possa promover o cumprimento provisório da sentença ou esteja pendente arresto sobre bem do devedor."

13. *La provvisoria esecutorietà della sentenza*, p. 8-9.

14. Que é iniciativa que já propunha o autor deste *Curso* desde o seu *Execução provisória e antecipação da tutela*, esp. p. 299-373 Trata-se, aliás, do núcleo fundamental daquele trabalho, com o qual obteve o Título de Doutor pela Faculdade de Direito da Pontifícia Universidade Católica de São Paulo em 1998. A versão comercial, referida ao longo destes *Comentários*, foi publicada em 1999.

15. Em seus *Comentários ao Código de Processo Civil*, v. V, p. 255, José Carlos Barbosa Moreira assim define o efeito suspensivo dos recursos: "Diz-se que o recurso tem efeito suspensivo quando impede a produção imediata dos efeitos da decisão. Seria impróprio aludir, em termos restritos, ao fato de não se poder promover a *execução*; esse é o traço mais saliente, mas não esgota o conceito, pois as decisões meramente declaratórias e as constitutivas, que não comportam execução (no sentido técnico do direito processual), também podem ser impugnadas mediante recursos de efeito suspensivo. Salvo exceção consagrada na lei (*vide, infra,* o comentário n. 264 ao art. 521), a suspensão é de *toda a eficácia da decisão*, não apenas de sua possível eficácia *como título executivo*. Aliás, a expressão 'efeito suspensivo' é, de certo modo, equívoca, porque se presta a fazer supor que só com a interposição do recurso passem a ficar tolhidos os efeitos da decisão, como se *até esse momento* estivessem ele a manifestar-se normalmente. Na realidade, o contrário é que se verifica: mesmo antes de interposto o recurso,

Como não subsistiu, no CPC de 2015, o que o Anteprojeto elaborado pela Comissão de Juristas e o Projeto do Senado propuseram sobre a retirada *legal* da regra do efeito suspensivo da apelação, prevalecendo a (infeliz) proposta feita no Projeto da Câmara[16], há pouca novidade relativa ao cumprimento provisório *ope legis*. Será possível cumprir provisoriamente decisões sujeitas a apelo desprovido de efeito suspensivo (art. 1.012, § 1º), a recursos ordinários, a recursos especiais e extraordinários[17], todos estes por força do *caput* do art. 995, e também será possível cumprir de imediato decisões interlocutórias sujeitas a agravo de instrumento porque aquele recurso continua a não ostentar efeito suspensivo *ope legis* (art. 995, *caput*, e art. 1.019, I). Nestes casos, o cumprimento provisório é viável desde que não seja atribuído efeito suspensivo ao recurso ou enquanto o efeito suspensivo não for agregado a ele (art. 995, parágrafo único, como regra geral, art. 1.012, § 4º, para a apelação, e, para os extraordinários e especiais, art. 1.029, § 5º, preservado, no que aqui interessa, pela Lei n. 13.256/2016). Se e quando o for, os efeitos da decisão recorrida são suspensos, impedindo o início ou o prosseguimento do cumprimento provisório[18].

O CPC de 2015, esclarecendo o que, no CPC de 1973, rendia ensejo a interessantes discussões[19] – por isso o tratamento em apartado nesta sede –, evidencia que os embargos de declaração não têm efeito suspensivo (art. 1.026, *caput*), cabendo ao magistrado atribuí-lo, consoante as peculiaridades do caso concreto (art. 1.026, § 1º)[20]. Por isso, a viabilidade do cumprimento provisório de decisão sujeita a embargos de declaração quando não atribuído

---

a decisão, pelo simples fato de estar-lhe sujeita, é ato *ainda* ineficaz, e a interposição apenas *prolonga* semelhante ineficácia, que *cessaria* se não se interpusesse o recurso" (os itálicos são do original).

16. Para comparação dos dois Projetos diante do que propunha o Anteprojeto, v., do autor deste *Curso*, seu *Projetos de novo Código de Processo Civil comparados e anotados*, p. 484.

17. Há uma exceção no CPC de 2015, que é a da primeira parte do § 1º do art. 987, que atribui efeito suspensivo legal ao recurso extraordinário e ao recurso especial interposto do julgamento do "mérito" do incidente de resolução de demanda repetitiva.

18. Sobre os fundamentos para a concessão do efeito suspensivo, v. o n. 7.2 do Capítulo 1 da Parte III do v. 2.

19. O autor deste Curso já se dedicava ao tema no contexto presente em seu *Execução provisória e antecipação da tutela*, p. 28-38, propondo, à época, solução diversa da que hoje impõe o CPC de 2015.

20. Para essa discussão, v. Luis Guilherme Aidar Bondioli, *Comentários ao Código de Processo Civil*, v. XX, p. 190-192; Arlete Inês Aurelli, *Comentários ao Código de Processo Civil*, v. 4, p. 484; Aluisio Gonçalves de Castro Mendes e Sofia Temer, *Comentários ao novo Código de Processo Civil*, p. 1540, e Rodrigo Mazzei, *Breves comentários ao novo Código de Processo Civil*, p. 2540-2541. Cabe a reflexão, outrossim, acerca da seguinte consideração de Daniel Amorim Assumpção Neves em seu *Novo Código de Processo Civil comentado*, p. 1768: "É preciso muito cuidado na interpretação do art. 1.026 *caput*, do Novo CPC que prevê que tal recurso não tem efeito suspensivo. Uma interpretação simplista levaria à conclusão de que qualquer decisão, mesmo impugnada por embargos de declaração, geraria efeitos imediatos, mas tal conclusão é equivocada. A decisão só pode gerar efeitos na pendência dos embargos de declaração se já era capaz de provocá-los antes de sua interposição, até porque não ter efeito suspensivo é diferente de ter efeito ativo, na falta de melhor nome. Significa que, se a decisão impugnada pelos embargos de declaração já é ineficaz, assim continuará até o julgamento do recurso. Sendo a decisão eficaz, porque impugnável por recurso sem efeito suspensivo próprio, a interposição dos embargos de declaração não interrompe sua eficácia, o que, entretanto, poderá ocorrer excepcionalmente nos termos do art. 1.026, § 1º, do Novo CPC. Para tanto, o recorrente deve demonstrar a probabilidade de provimento do recurso, ou, sendo relevante a fundamentação, houver risco de dano grave ou de difícil reparação".

a eles efeito suspensivo é inquestionável. Também é correta a hipótese oposta: concedido o efeito suspensivo aos declaratórios, inibe-se o cumprimento provisório da decisão embargada ou, quando já iniciada, deve ser suspensa a prática dos atos executivos.

Questão interessante a este respeito surge sobre a pertinência do cumprimento provisório de *sentenças* sujeitas, em regra, a apelação munida de efeito suspensivo, mas que podem desafiar também (e previamente) embargos de declaração. A interpretação que se mostra mais adequada é a de que, em tais casos, é descabido o cumprimento provisório porque o efeito suspensivo da apelação inibe, desde logo, a eficácia imediata da própria *sentença*, abrangendo e neutralizando a ausência de efeito suspensivo dos embargos declaratórios[21]. Se for o caso, o interessado deverá buscar, adotando as técnicas analisadas em seguida, a viabilidade de cumprimento provisório da sentença, o que, importa distinguir, não guarda nenhuma relação com a ausência de efeito suspensivo dos embargos de declaração justamente em função da abrangência do efeito suspensivo da apelação.

O cumprimento provisório *ope judicis* depende da existência de decisão judicial acerca da viabilidade de início da etapa de cumprimento provisório da sentença. Trata-se dos casos em que o magistrado concede "tutela provisória" para aquela finalidade, inclusive ao proferir a *sentença*. Em tais situações, a tutela provisória concedida pelo magistrado tem o condão de, *retirando* o efeito suspensivo do apelo – que, de outro modo, incidiria diante da regra do *caput* do art. 1.012 –, viabilizar a eficácia *imediata* da sentença. Tanto assim que o inciso V do § 1º do art. 1.012 prescreve que produz efeitos imediatamente após a sua publicação a sentença que "confirma, *concede* ou revoga tutela provisória". Longe de ser novidade, a técnica já estava presente no CPC de 1973, e bastava interpretá-lo adequadamente para aplicá-la a partir de seu art. 273[22]. Novidade seria, isso sim, tirar o efeito suspensivo *ope legis* da apelação, coisa que o CPC de 2015, embora tenha esboçado desde seu Anteprojeto, acabou (infelizmente) não fazendo, por obra do Projeto da Câmara dos Deputados.

É correto entender, destarte, que sempre que o cumprimento provisório *não* decorrer do sistema jurídico, isto é, quando não se tratar de "cumprimento provisório *ope legis*" – e esta observação é especialmente verdadeira para o recurso de apelação –, é possível ao magistrado, diante dos pressupostos autorizadores da concessão da tutela provisória – seja ela fundamentada na urgência e/ou na evidência –, permitir, consoante as circunstâncias do caso concreto, o início do cumprimento provisório da sentença. É entender a tutela provisória como técnica apta a permitir o magistrado a autorizar, caso a caso, a satisfação imediata de direito, ainda que carente de confirmação judicial.

Antes do proferimento da decisão que se quer concretizar de imediato, nos casos em que o recurso dela cabível é munido de efeito suspensivo, a competência para a formulação do

---

21. Nesse sentido é o Enunciado n. 218 do FPPC: "A inexistência de efeito suspensivo dos embargos de declaração não autoriza o cumprimento provisório da sentença nos casos em que a apelação tenha efeito suspensivo".

22. É o que o autor deste *Curso* vem sustentando desde 1998 com o seu *Execução provisória e antecipação da tutela*, p. 300.

pedido e para respectivo deferimento é do próprio juízo prolator da decisão. Após a prolação da decisão e operado o efeito suspensivo *ope legis*, a sua "retirada" depende de pedido formulado ao juízo competente para julgamento do recurso, aplicando-se a regra de competência constante do § 3º do art. 1.012, não obstante ela se refira, em sua textualidade, apenas à "concessão de efeito suspensivo", dando a entender, com a sua literalidade, que ela só alcança a hipótese oposta àquela ora sugerida[23].

4. REGIME DO CUMPRIMENTO PROVISÓRIO

Não há diferença ontológica entre o cumprimento *provisório* e o cumprimento *definitivo*. Quem o diz é o *caput* do art. 520, que encontra eco seguro no (desnecessário) art. 527, que determina a aplicação, ao cumprimento *provisório* da sentença, das regras relativas ao cumprimento *definitivo*. O próprio art. 519, ao estatuir que se aplicam "as disposições relativas ao cumprimento da sentença, provisório ou definitivo, e à liquidação, no que couber, às decisões que concederem tutela provisória", confirma esse entendimento, evidenciando que, mesmo no âmbito da tutela provisória, deve haver um referencial normativo (único) acerca do *cumprimento* das decisões veiculadoras de comandos judiciais para aquele fim, o que encontra eco seguro também no parágrafo único do art. 297. O "isolamento" pretendido pela doutrina da classificação tríplice de "processos" e de "ações" tão em voga à época do CPC de 1973 não pode, vez por todas, prevalecer diante das inequívocas escolhas adotadas pelo CPC de 2015. E mais: não se trata de cumprimento de *sentença*, mas de quaisquer *decisões* judiciais, inclusive aquelas que concedem tutela provisória[24].

As diferenças existentes não estão na *qualidade* dos atos executivos (que não são provisórios e são os mesmos que seriam praticados se a hipótese fosse de cumprimento *definitivo*), mas em outros dois fatores: (i) na responsabilidade (*objetiva*) do exequente pelos danos que sua iniciativa puder causar no caso de provimento do recurso interposto pela parte contrária (executado), na exata proporção em que seja modificado o título que fundamenta a prática dos atos executivos (art. 520, I a III), e (ii) na circunstância de a satisfação do direito do exequente depender, como regra, da prestação de caução (art. 520, IV).

A última peculiaridade apresenta variações. Sejam as genéricas dos incisos do *caput* do art. 521, sejam as específicas do § 3º do art. 537, com relação à multa imposta com vistas ao cumprimento das obrigações de fazer e de não fazer (dispositivo que ganhou nova redação com a Lei n. 13.256/2016), e do § 2º do art. 356, com relação ao cumprimento da decisão que julga antecipada e *parcialmente* o mérito.

---

23. Para esta discussão, v. o n. 5.1.8 do Capítulo 2 da Parte III do v. 2.

24. Tanto assim – e pertinentemente – que o Enunciado n. 38 da I Jornada de Direito Processual Civil do CJF estatui que "As medidas adequadas para efetivação da tutela provisória independem do trânsito em julgado, inclusive contra o Poder Público (art. 297 do CPC)".

O início da fase de cumprimento provisório da sentença deve se dar por *iniciativa* do exequente[25], a ser exteriorizada em requerimento instruído com as cópias exigidas pelo art. 522, se os autos não forem eletrônicos. Proferido o juízo positivo de admissibilidade no pedido – após, se for o caso, o saneamento de eventuais irregularidades que ele apresente, sendo irrecusável a incidência dos arts. 321 e 801 à espécie –, o executado será *intimado* para pagar em quinze dias (úteis), sob pena de multa de 10% *e* honorários de advogado no mesmo percentual (arts. 520, § 2º, e 523, § 1º)[26]. Os honorários de 10% correspondem à fixação *inicial* a ser feita pelo magistrado e poderão ser *majorados* ao longo da etapa do cumprimento de sentença, consoante o trabalho a ser desenvolvido, inclusive diante de eventual impugnação apresentada pelo executado, até o limite de 20% (art. 85, § 2º).

Se o valor for *pago*, a multa e os honorários não serão devidos, e se deve aguardar o desfecho do segmento recursal, que confirmará ou não, no todo ou em parte, o título executivo, apurando-se a responsabilidade do exequente na medida exata de sua eventual alteração (art. 520, I a III). Se não houver pagamento, será expedido mandado de penhora e avaliação, seguindo-se os cabíveis atos de penhora e expropriação para pagamento da dívida total, incluindo aquelas novas verbas.

Se o valor já estiver liquidado – inclusive em sede de "liquidação provisória" realizada por força do permissivo do art. 512 – ou depender de meros cálculos aritméticos, o requerimento deverá ser instruído com demonstrativo que cumpra as exigências do art. 524. Se houver necessidade de prévia liquidação do valor a ser perseguido no cumprimento provisório da sentença, o exequente observará o disposto nos arts. 509 a 511, que tratam da liquidação, "por arbitramento" ou "pelo procedimento comum". Neste caso, a intimação do executado será para manifestar-se quanto ao pedido de liquidação e acompanhá-lo até a fixação do *quantum debeatur* por decisão do magistrado.

O regime das despesas processuais em geral do cumprimento provisório da sentença não traz nenhuma peculiaridade em relação às do cumprimento definitivo, no que é indiferente

25. Não há início oficioso da etapa de cumprimento de sentença, definitivo ou provisório, no direito processual civil brasileiro. O prevalecimento da autonomia da vontade pode, no particular, ensejar a pactuação, entre as partes, de cláusula de não se requerer cumprimento provisório, negócio processual que encontra fundamento no art. 190. Pertinente, a propósito, a lição de Marcelo Abelha (*Manual de direito processual civil*, p. 716): "Em relação ao *cumprimento provisório* da sentença é outro o motivo pelo qual se faz necessário o requerimento que dê início à fase executiva. Neste caso, *para qualquer modalidade de obrigação,* tem-se que o *risco decorrente da provisoriedade do título executivo* faz com que o Poder Judiciário transfira para o interessado o ônus de pedir, de forma expressa, que se dê início a uma tutela executiva provisória. A provisoriedade do título executivo permite que se dê início ao cumprimento de sentença, mas impõe sobre o requerente o ônus de assumir o risco de iniciar a tutela executiva com um título que ainda esteja em formação (instável). É preciso que requeira expressamente o início do *cumprimento provisório da sentença* para qualquer modalidade de obrigação".

26. A referência à intimação e não à citação justifica-se porque, em rigor, as hipóteses dos incisos VI a IX do art. 515, que exigiram *citação* para o início da etapa de cumprimento da sentença, parecem não comportar cumprimento provisório, pela sua própria natureza. Na medida em que comportem, contudo, é irrecusável que à admissibilidade do pedido do exequente será o executado *citado* para realizar o pagamento (ou para a liquidação, consoante o caso), sob pena de pagamento da multa e dos honorários advocatícios.

a falta de repetição, pelo CPC de 2015, da referência a correr aquela etapa "por conta" do exequente, tal qual fazia o inciso I do art. 475-O do CPC de 1973.

Em se tratando de cumprimento provisório de sentença que reconheça a exigibilidade de obrigação de fazer, de não fazer ou de entregar coisa, a *intimação* será para que o executado faça, não faça ou entregue, nos prazos devidos. Nestes casos, a fixação dos honorários advocatícios iniciais de 10% deriva suficientemente do § 2º do próprio art. 520, sem prejuízo de eventual multa ser cominada para conduzir o executado ao fazer, não fazer ou à entrega pretendida em prol da satisfação do direito do exequente. A diferença é que a multa em tais casos não é prefixada na lei, como se dá nos casos de obrigação de pagar quantia.

5. PRESTAÇÃO DA CAUÇÃO

A satisfação do exequente em sede de cumprimento provisório depende, como regra, da prestação de caução. É o que o inciso IV do art. 520 prevê ao disciplinar que "o levantamento de depósito em dinheiro e a prática de atos que importem transferência de posse ou alienação de propriedade ou de outro direito real, ou dos quais possa resultar grave dano ao executado, dependem de caução.". Essa caução, prossegue o mesmo dispositivo, deve ser "suficiente e idônea" e "arbitrada de plano pelo juiz e prestada nos próprios autos".

O que o CPC de 2015 autoriza é que o próprio magistrado determine a prestação de caução – *suficiente* porque correspondente ao crédito reclamado pelo exequente e/ou aos danos afirmados e comprovados pelo executado, e *idônea* porque comprovadamente existente e representativa de liquidez – nos próprios autos em que os atos executivos são praticados, por mera petição, sempre sujeita (e nem poderia ser diferente) ao prévio contraditório entre as partes. O arbitramento "de plano" previsto no dispositivo, outrossim, quer afastar qualquer interpretação presa aos formalismos do CPC de 1973, no sentido de ser necessária a adoção de alguma medida específica para a discussão relativa à idoneidade e à suficiência da caução, tal qual a que, naquele Código, se dava por um dos procedimentos cautelares específicos, a chamada "cautelar de caução" de seus arts. 826 a 838. Basta, pois, que haja contraditório a esse respeito, sendo indiferente que ele seja realizado de maneira incidental no *mesmo* processo e já na etapa de cumprimento provisório[27]. Trata-se de mais uma das variadas facetas do sincretismo processual adotado de forma ampla e generalizada pelo CPC de 2015.

A circunstância de as discussões relativas à caução serem travadas incidentalmente ao processo não impede que ela, eventualmente, seja ofertada por terceiro. O que importa é

27. Mesmo antes das reformas pelas quais a execução provisória passou no CPC de 1973 a partir da Lei n. 10.444/2002, o autor deste *Curso* já sustentava ser esse o melhor entendimento, dando preferência à substância em detrimento da forma. Para essa demonstração, com ampla pesquisa, v. seu *Execução provisória e antecipação da tutela*, p. 189.

que as partes do processo possam se manifestar sobre a iniciativa, seguindo-se a devida decisão judicial a respeito[28]. O que é inafastável na hipótese é que a caução também seja *suficiente* e *idônea*.

O momento da prestação da caução é o da *satisfação* do direito do exequente ou, como se lê do inciso IV do art. 520, quando houver "o levantamento de depósito em dinheiro e a prática de atos que importem transferência de posse ou alienação de propriedade ou de outro direito real". É indevido, portanto, condicionar o *início* da etapa de cumprimento de sentença à prestação da caução.

Somente na raríssima situação em que o próprio início do cumprimento provisório da sentença ou em que a prática de algum ato *anterior* ao levantamento/transferência/alienação referidos naquele dispositivo possa causar algum tipo de "grave dano ao executado" é que o *prévio* caucionamento poderá ser corretamente determinado pelo magistrado, que deverá justificá-lo devidamente. É essa a melhor forma de interpretar a outra alternativa constante do mesmo dispositivo, "ou dos quais possa resultar grave dano ao executado". Mesmo nesses casos, contudo, as razões que querem se mostrar suficientes para a exigência da caução antes da satisfação do direito devem ser submetidas ao prévio contraditório.

A se deixar prender pelas palavras empregadas pelo legislador no inciso IV do art. 521, até se poderia querer identificá-las com as hipóteses em que a obrigação objeto do cumprimento provisório é de pagamento de quantia (levantamento de depósito em dinheiro) ou de dar coisa (transferência de posse ou alienação de propriedade ou outro direito real). É irrecusável o entendimento, contudo, de que a mesma diretriz (exigência, como regra, de caução) aplica-se na íntegra às obrigações de fazer e de não fazer.

Mesmo para fins de satisfação do exequente, a caução pode vir a ser afastada (dispensada), quando ocorrente ao menos uma das hipóteses do art. 521.

6. IMPUGNAÇÃO

O CPC de 2015 prevê, no § 1º do art. 520, a possibilidade de o executado apresentar impugnação ao cumprimento provisório da sentença. A previsão afasta qualquer dúvida que poderia haver diante do silêncio do CPC de 1973 a esse respeito[29]. O prazo para tanto

28. Neste sentido é o Enunciado n. 697 do FPPC: "A caução exigida em sede de cumprimento provisório de sentença pode ser prestada por terceiro, devendo o juiz aferir a suficiência e a idoneidade da garantia".

29. Sempre pareceu ao autor deste *Curso* tão correto quanto necessário à luz do modelo constitucional do direito processual civil o entendimento de que a antecipação temporal dos atos executivos deveria ser acompanhada também da antecipação da possibilidade de serem praticados os atos de defesa à sua prática. É o que já escrevia em seu *Execução provisória e antecipação da tutela*, p. 195, nota 268, passando pelo seu *A nova etapa da reforma do Código de Processo Civil*, v. 1, p. 183-187, chegando, nas edições anteriores ao CPC de 2015 deste *Curso* como se pode constatar do n. 2.2 do Capítulo 6 da Parte I de seu v. 3.

e seu respectivo início variam de acordo com a modalidade obrigacional retratada no título executivo[30].

Questão importante, que deriva da expressão "se quiser", que se lê daquele dispositivo, é saber o que ocorre se o executado não apresentar a impugnação, a despeito do início dos atos executivos ainda que em sede de "cumprimento provisório da sentença".

A melhor interpretação parece ser a de que o prazo para aquela iniciativa será perdido, com todas as consequências daí derivadas, não podendo ser reavivado ou reaberto por causa do trânsito em julgado da decisão exequenda. Os atos executivos praticados em sede de "cumprimento provisório" nada têm de *provisórios*. Eles são, diferentemente, *antecipados* e, por isso, incapazes de ser "repetidos" ou "confirmados"[31]. Assim, a *antecipação* da etapa de cumprimento de sentença – e é disso que trata, em última análise, o cumprimento provisório da sentença – significa também a *antecipação* do instante procedimental para que o executado, querendo, apresente a sua impugnação com todas as consequências derivadas daquela *antecipação procedimental*.

Nesse sentido, o "se quiser" constante do dispositivo não pode ser compreendido no sentido de haver opção para o executado impugnar o cumprimento provisório da sentença desde logo ou deixar para fazê-lo se houver trânsito em julgado da decisão com o esgotamento da fase recursal. A sua vontade existe apenas no sentido ser *ônus* seu o de apresentar a impugnação, arcando com as consequências de sua omissão[32]. Não há, portanto, nenhuma peculiaridade quanto ao ponto por se tratar de cumprimento provisório.

É irrecusável, não obstante, que o executado, mesmo diante da consumação do prazo para oferta da impugnação, tenha a oportunidade de se voltar aos atos executivos a praticar, o que fará com fundamento não só no § 11 do art. 525, mas também – e de forma mais

---

30. Justamente em função da afirmação do texto, cabe o destaque do Enunciado n. 528 do FPPC indispensável para os que sustentavam entendimento contrário e harmônico com os princípios da boa-fé e da vedação da não surpresa do CPC de 2015. Eis seu enunciado: "No cumprimento provisório de sentença por quantia certa iniciado na vigência do CPC-1973, sem garantia da execução, deve o juiz, após o início de vigência do CPC-2015 e a requerimento do exequente, intimar o executado nos termos dos arts. 520, § 2º, 523, § 1º, e 525, *caput*".

31. É o que o autor deste *Curso* sustentou em seu *Novo Código de Processo Civil anotado*, p. 503-504, e em seu *Manual de direito processual civil*, p. 507, entendimento que recebeu a expressa adesão de Andre Vasconcelos Roque (*Processo de conhecimento e cumprimento de sentença*, p. 717: "Transcorrido o prazo para pagamento espontâneo sem que este tenha ocorrido, passa a fluir automaticamente o prazo de quinze dias para que o executado, independentemente de penhora ou de nova intimação, apresente nos próprios autos do cumprimento provisório sua impugnação (arts. 520, § 1º, e 525). Tratando-se de prazo preclusivo, não poderá o executado, evidentemente, deixar de apresentar impugnação neste prazo e pretender ressuscitar suas matérias de defesa quando o cumprimento provisório se tornar definitivo, a não ser quanto às matérias de ordem pública, que podem ser conhecidas pelo juiz a qualquer tempo, como são exemplo as hipóteses de nulidade da execução do art. 803, e as relacionadas no art. 525 § 11 (fato superveniente ao término do prazo da impugnação ou as questões relativas aos atos executivos subsequentes à impugnação), observado o prazo ali estabelecido..".

32. Entendendo em sentido contrário é a lição de Dorival Renato Pavan, *Comentários ao Código de Processo Civil*, v. 2, p. 660.

ampla – no art. 518[33]. Cabe destacar, aqui, que aquelas manifestações não podem servir para tratar de questões que já eram aptas a serem veiculadas na impugnação cuja oportunidade se abriu ainda antes do trânsito em julgado em sede de cumprimento provisório. Óbice invencível para tanto está no sistema de preclusões e na boa-fé fortalecida pelo art. 5º.

7. INCIDÊNCIA DE MULTA NO CASO DE NÃO PAGAMENTO

Questão tormentosa desde as modificações que a Lei n. 11.232/2005 introduziu no CPC de 1973 era a de saber se a multa de 10% para o caso de não pagamento em quinze dias pelo executado (art. 475-J, *caput*, do CPC de 1973) era devida. A doutrina dividiu-se, desde o início, em duas correntes opostas[34] e o tema, no âmbito da jurisprudência do STJ, acabou tendendo ao sentido negativo[35].

O CPC de 2015 tomou partido expresso na questão e o fez em sentido diametralmente oposto ao da jurisprudência repetitiva do STJ. Assim é que o § 2º do art. 520 é claro quanto à incidência da multa de 10% no caso de o executado, devidamente intimado nos moldes do § 2º do art. 513, não pagar o valor reputado devido pelo exequente no prazo de quinze dias (úteis), ainda que em sede de cumprimento provisório da sentença.

O § 3º do art. 520, para afastar qualquer dúvida que, sobre o assunto, poderia ocorrer – e ocorria sob a égide do CPC de 1973 –, é claríssimo ao estatuir que "Se o executado

---

33. A solução, que o autor deste *Curso* já havia expressado nos *Breves comentários ao novo Código de Processo Civil*, p. 1490, recebeu a expressa concordância de José Rogério Cruz e Tucci, *Comentários ao Código de Processo Civil*, v. VIII, p. 283.

34. Apenas para fins ilustrativos, admitiam a multa em sede de execução provisória no CPC de 1973 após as reformas da Lei n. 11.232/2005: Arruda Alvim, Araken de Assis e Eduardo Arruda Alvim, *Comentários ao Código de Processo Civil*, p. 708, e Dorival Renato Pavan, *Comentários às Leis 11.187 e 11.232 de 2005 e 11.382 de 2006*, p. 266-268. Sustentando seu descabimento: Humberto Theodoro Júnior, *As novas reformas do Código de Processo Civil*, p. 144. O autor deste *Curso* filiava-se à primeira corrente, que sustentava a pertinência plena da multa ao regime da execução provisória. Foi o que escreveu em *A nova etapa da reforma do Código de Processo Civil*, v. 1, p. 177-185; Variações sobre a multa do *caput* do art. 475-J do CPC na redação da Lei n. 11.232/2005, esp. p. 149-158; Novas variações sobre a multa do art. 475-J do CPC, esp. p. 66-69. Aquele entendimento foi consolidando no n. 2.2 do Capítulo 6 da Parte do v. 3 das edições anteriores ao CPC de 2015 deste *Curso*.

35. O primeiro caso a ser julgado naquela Corte a esse respeito foi o seguinte: STJ, 2ª Turma, rel. Min. Humberto Martins, REsp 1.100.658/SP, j. un. 7-5-2009, *DJe* 21-5-2009. A ele se seguiram diversos outros, chegando aos dias mais recentes. Dentre tantos, apenas para ilustrar o acerto da afirmação, cabe mencionar os seguintes: STJ, CE, REsp 1.059.478/RS, rel. p/ acórdão Min. Aldir Passarinho Jr., j. m. v. 15-12-2010, *DJe* 11-4-2011; STJ, 3ª Turma, AgRg no REsp 1.208.854/SP, rel. Min. Massami Uyeda, j. un. 10-5-2011, *DJe* 18-5-2011; STJ, 3ª Turma, REsp 1.197816/RS, rel. Min. Nancy Andrighi, j. un. 16-8-2011, *DJe* 31-8-2011, e STJ, 4ª Turma, REsp 1.116.925/PR, rel. Min. Luis Felipe Salomão, j. un. 20-9-2011, *DJe* 9-11-2011; STJ, 3ª Turma, AgInt nos EDcl no REsp 1.432.325/RJ, rel. Min. Marco Aurélio Bellizze, j. un. 23-6-2016, *DJe* 1º-7-2016; STJ, 3ª Turma, AgRg no REsp 1.454.286/DF, rel. Min. Moura Ribeiro, j. un. 10-3-2016, *DJe* 15-3-2016; STJ, 4ª Turma, AgRg no AgRg no REsp 1.055.027/RS, rel. Min. Raul Araújo, j. un. 1º-9-2016, *DJe* 14-9-2016, e 4ª Turma, AgInt nos EDcl no REsp 1.294.647/PR, rel. Min. Antonio Carlos Ferreira, j. un. 14-3-2017, *DJe* 23-3-2017; STJ, 4ª Turma, EDcl no AgInt no AREsp 156.220/PR, rel. Min. Marco Buzzi, j. un. 20-2-2018, *DJe* 27-2-2018.

comparecer tempestivamente e depositar o valor, com a finalidade de isentar-se da multa, o ato não será havido como incompatível com o recurso por ele interposto"[36]. O "depósito" referido no dispositivo deve ser entendido no sentido de que o executado está cumprindo a determinação judicial, único comportamento que lhe cabe para afastar a multa e que, por isso mesmo, não interfere – e não pode ser compreendido como se interferisse – no seu interesse recursal, que se mantém incólume, afastando, inclusive, qualquer discussão sobre a incidência do art. 1.000 na espécie[37].

8. HONORÁRIOS DE ADVOGADO

Uma das novidades expressas do CPC de 2015 quanto ao cumprimento provisório está no § 2º do art. 520 e na incidência dos honorários advocatícios na espécie, sem prejuízo da multa na hipótese de não pagamento pelo executado. É esse o significado da remissão feita por aquele dispositivo ao § 1º do art. 523.

Há, contudo, uma questão que não pode deixar de ser mencionada em relação ao dispositivo. A sua redação, quanto à incidência dos honorários advocatícios, não encontra fundamento nos Projetos do Senado e da Câmara. Não se trata, diferentemente do que se lê da justificativa que se colhe, a respeito, no Relatório que acompanhou o Parecer n. 956/2014, elaborado pelo Senador Vital do Rêgo, Relator-Geral do Projeto na última etapa dos trabalhos legislativos no Senado Federal, de "mero aprimoramento redacional", tornando "explícito" o cabimento dos honorários advocatícios de sucumbência também no cumprimento provisório de sentença.

O que há, bem diferentemente, é uma questão de *interpretação* dos textos que haviam sido aprovados no Projeto do Senado (arts. 87, § 1º, e 506, § 1º)[38] e no Projeto da Câmara

36. Quanto a esse específico ponto, v. n. 2.2 do Capítulo 6 da Parte I das edições anteriores ao CPC de 2015 do v. 3 deste *Curso*.

37. Nelson Nery Junior e Rosa Maria de Andrade Nery (*Comentários ao Código de Processo Civil*, p. 1283) criticam veemente a opção do legislador, questionando, até mesmo, a constitucionalidade da regra. Pelas razões desenvolvidas no texto, não vejo como concordar com os eminentes processualistas. Também manifestou sua discordância em relação àquele entendimento Dorival Renato Pavan, *Comentários ao Código de Processo Civil*, v. 2, p. 666-668.

38. Art. 87 do PLS n. 166/2010: "A sentença condenará o vencido a pagar honorários ao advogado do vencedor. § 1º A verba honorária de que trata o *caput* será devida também no pedido contraposto, no cumprimento de sentença, na execução resistida ou não e nos recursos interpostos, cumulativamente". Art. 506 do PLS n. 166/2010: "O cumprimento provisório da sentença impugnada por recurso desprovido de efeito suspensivo, será realizado da mesma forma que o cumprimento definitivo, sujeitando-se ao seguinte regime: I – corre por iniciativa e responsabilidade do exequente, que se obriga, se a sentença for reformada, a reparar os danos que o executado haja sofrido; II – fica sem efeito, sobrevindo decisão que modifique ou anule a sentença objeto da execução, restituindo-se as partes ao estado anterior e liquidados eventuais prejuízos nos mesmos autos; III – se a sentença objeto de cumprimento provisório for modificada ou anulada apenas em parte, somente nesta ficará sem efeito a execução; IV – o levantamento de depósito em dinheiro, a prática de atos que importem transferência de posse ou alienação de propriedade ou dos quais possa resultar grave dano ao executado dependem de caução

(arts. 85, § 1º, e 534, § 2º)[39], que nada diziam *explicitamente* a respeito do assunto, limitando-se a prever os honorários no cumprimento de sentença, sem especificar se se tratava do cumprimento *definitivo* ou *provisório*.

Não questiono que era possível *interpretar* aqueles dispositivos no sentido de que, também no cumprimento *provisório*, deveriam incidir honorários advocatícios. A interpretação oposta, todavia, também era totalmente pertinente, justamente pela ausência de texto expresso em um e em outro sentido. E o entendimento contrário era o que encontrava eco na jurisprudência da Corte Especial do STJ, como faz prova bastante o quanto decidido em sede de Recurso Especial Repetitivo assim ementado:

> "RECURSO ESPECIAL REPRESENTATIVO DE CONTROVÉRSIA. ART. 543-C DO CPC. DIREITO PROCESSUAL CIVIL. EXECUÇÃO PROVISÓRIA. HONORÁRIOS.
>
> 1. Para efeitos do art. 543-C do CPC, firmam-se as seguintes teses: 1.1. Em execução provisória, descabe o arbitramento de honorários advocatícios em benefício do exequente. 1.2. Posteriormente, convertendo-se a execução provisória em definitiva, após franquear ao devedor, com precedência, a possibilidade de cumprir, voluntária e tempestivamente, a condenação imposta, deverá o magistrado proceder ao arbitramento dos honorários advocatícios.
>
> 2. Recurso especial provido"[40].

Se os Projetos de Lei aprovados nas duas Casas Legislativas não especificavam *uma* determinada interpretação, conservando-se *genéricos* a seu respeito, não era dado que, no retorno do Projeto à Casa Iniciadora (o Senado) após a radical transformação do Projeto na Casa Revisora

---

suficiente e idônea, arbitrada de plano pelo juiz e prestada nos próprios autos. § 1º A multa a que se refere o § 1º do art. 509 é devida no cumprimento provisório de sentença condenatória ao pagamento de quantia certa".

39. Art. 85 do PL n. 8.046/2010: "A sentença condenará o vencido a pagar honorários ao advogado do vencedor. § 1º São devidos honorários advocatícios na reconvenção, no cumprimento de sentença, na execução, resistida ou não, e nos recursos interpostos, cumulativamente". Art. 534 do PL n. 8.046/2010: "O cumprimento provisório da sentença impugnada por recurso desprovido de efeito suspensivo será realizado da mesma forma que o cumprimento definitivo, sujeitando-se ao seguinte regime: I – corre por iniciativa e responsabilidade do exequente, que se obriga, se a sentença for reformada, a reparar os danos que o executado haja sofrido; II – fica sem efeito, sobrevindo decisão que modifique ou anule a sentença objeto da execução, restituindo-se as partes ao estado anterior e liquidados eventuais prejuízos nos mesmos autos; III – se a sentença objeto de cumprimento provisório for modificada ou anulada apenas em parte, somente nesta ficará sem efeito a execução; IV – o levantamento de depósito em dinheiro, a prática de atos que importem transferência de posse ou alienação de propriedade ou de outro direito real, ou dos quais possa resultar grave dano ao executado dependem de caução suficiente e idônea, arbitrada de plano pelo juiz e prestada nos próprios autos. (...) § 2º A multa a que se refere o § 1º do art. 537 é devida no cumprimento provisório de sentença condenatória ao pagamento de quantia certa".

40. REsp repetitivo 1.291.736/PR, rel. Min. Luis Felipe Salomão, j. un. 20-11-2013, *DJe* 19-12-2013. A orientação vem sendo aplicada por aquele Tribunal, como fazem prova, dentre tantos, os seguintes julgados: STJ, 4ª Turma, AgInt no AREsp 245.086/SP, rel. Min. Maria Isabel Gallotti, j. un. 16-2-2017, *DJe* 22-2-2017; STJ, 3ª Turma, AgRg no AREsp 363.056/DF, rel. Min. Marco Aurélio Bellizze, j. un. 27-10-2015, *DJe* 13-11-2015; STJ, 3ª Turma, AgRg no REsp 1345464/PR, rel. Min. Moura Ribeiro, j. un. 13-10-2015, *DJe* 6-11-2015; STJ, 4ª Turma, AgRg no AREsp 674.384/PR, rel. Min. Luis Felipe Salomão, j. un. 16-4-2015, *DJe* 27-4-2015; STJ, 4ª Turma, AgRg no AREsp 184.843/PR, rel. Min. Antonio Carlos Ferreira, j. un. 10-6-2014, *DJe* 16-6-2014.

(a Câmara), houvesse a especificação. Os limites estabelecidos pelo art. 65, parágrafo único, da Constituição Federal não dão azo a tanto. É o que basta para concluir pela inconstitucionalidade *formal* do § 2º do art. 520, por inequívoco transbordamento dos limites que, naquele instante do processo legislativo, eram impostos pelo referido dispositivo constitucional[41].

A despeito disso, é correto entender que, no cumprimento provisório de sentença, devem incidir *também* honorários advocatícios. Não por causa do texto maculado, evidentemente, que deve, nesta parte, ser considerado não escrito, justamente, cabe enfatizar, por ter sido introduzido ao arrepio do "devido processo legislativo". Mas, bem diferentemente, por força da correta *interpretação* que decorre do § 1º do art. 85, e também por força do genérico art. 527. O problema, evidencia, é querer *impor* dada interpretação pela manipulação do *texto* legislativo; não sustentar uma ou outra interpretação a partir do texto legislativo legitimamente aprovado ao longo do processo legislativo. A circunstância de se alcançar, com o CPC de 2015, interpretação diversa daquela que prevalecia na jurisprudência (ainda que repetitiva) do STJ é questão de nenhuma importância. O CPC de 2015 é repleto de situações que afrontam o quanto vinha decidido aquele Tribunal sobre variadíssimas questões. Verdadeiro paradoxo, não se pode deixar de salientar, para um Código que leva às últimas consequências a observância da "jurisprudência" dos variados Tribunais brasileiros e, em especial, o quanto assentado em sede de recursos repetitivos.

9. RETORNO AO ESTADO ANTERIOR

Uma das consequências do regime do cumprimento provisório da sentença é a responsabilidade do exequente pelos danos causados ao executado quando for dado provimento ao recurso na exata proporção em que o título executivo, que fundamenta a prática dos atos executivos no cumprimento provisório, for alterado. É o que decorre dos incisos I a III do art. 520[42]. A doutrina e a jurisprudência dominantes caminham no sentido de entender que essa responsabilidade é *objetiva*[43].

41. Tema ao qual o autor deste *Curso* se voltou mais detalhadamente e de forma geral com relação a todo o Código de Processo Civil em seu *Novo Código de Processo Civil anotado*, p. 440.

42. O Enunciado n. 490 do FPPC admite negócio processual para prefixar o valor dos danos para os fins do art. 521. É lê-lo: "São admissíveis os seguintes negócios processuais, entre outros: pacto de inexecução parcial ou total de multa coercitiva; pacto de alteração de ordem de penhora; pré-indicação de bem penhorável preferencial (art. 848, II); prefixação de indenização por dano processual prevista nos arts. 81, § 3º, 520, inc. I, 297, parágrafo único (cláusula penal processual); negócio de anuência prévia para aditamento ou alteração do pedido ou da causa de pedir até o saneamento (art. 329, inc. II)".

43. Voz dissonante na doutrina brasileira, porém importantíssima, a esse respeito é a de Fábio Luiz Gomes em seu *Responsabilidade objetiva e antecipação de tutela (direito e pós-modernismo)*, esp. p. 145-176. Para uma análise do tema à luz do CPC de 2015, v. Cristiane Druve Tavares Fagundes, O tratamento dispensado pelo NCPC à responsabilidade objetiva no cumprimento provisório da sentença, esp. p. 285-292.

O que ocorre, contudo, quando a prática dos atos executivos conduzir à alienação de bem penhorado do executado?

O inciso II do art. 520 dispõe sobre o retorno das *partes* ao estado anterior. A regra merece ser interpretada ao lado do § 4º do art. 520, segundo o qual o retorno ao estado anterior *não* significa desfazimento da transferência de posse ou de alienação da propriedade ou de outro direito real eventualmente já realizado, resguardado, em qualquer caso, o direito de o *executado* perseguir, em face do *exequente*, eventuais prejuízos. É correto concluir, diante daquele dispositivo, que *qualquer* alienação ocorrida no âmbito do cumprimento provisório, ainda quando ocorrida entre as *partes*, deverá ser preservada, sem prejuízo da composição das perdas e danos que serão apuradas (liquidadas, diz o inciso II do art. 520) nos mesmos autos[44]. Não há mais espaço, destarte, para distinguir as hipóteses em que a alienação envolvia ou não terceiro, o que, no CPC de 1973, mostrava-se, desde as modificações da Lei n. 10.444/2002, mais correto entender[45].

O CPC de 2015 abandonou – e o fez corretamente – a indevida menção feita pelo inciso II do art. 475-O do CPC de 1973 de que a liquidação far-se-ia por *arbitramento*. Sem nenhuma adjetivação, o melhor entendimento (que já o era no CPC de 1973[46]) é o de que as perdas e danos serão liquidadas de acordo com o *procedimento* ou com os *atos* que se justifiquem diante das peculiaridades do caso concreto para aquela finalidade. Assim, a depender da ocorrência da hipótese respectiva, observar-se-á o disposto nos arts. 509 a 511. Pode até ser, não há por que descartar aprioristicamente a hipótese, que a apresentação de meros cálculos aritméticos seja suficiente para quantificar os danos experimentados pelo executado em face do exequente. Neste caso, é bastante que o executado instrua seu pedido de responsabilização com memória que observe as exigências do art. 524.

10. OUTRAS MODALIDADES OBRIGACIONAIS

O Capítulo II do Título II da Parte Especial restringe, pelo menos é o que se extrai de seu título, o cumprimento provisório de uma modalidade obrigacional, a de *pagar quantia certa*.

---

44. No mesmo sentido: José Rogério Cruz e Tucci, *Comentários ao Código de Processo Civil*, v. VIII, p. 282, concordando com o que eu havia escrito, a propósito, nos *Breves comentários ao novo Código de Processo Civil*, p. 1.491-1.492; Heitor Vitor Mendonça Sica, *Comentários ao novo Código de Processo Civil*, p. 816, e Daniel Amorim Assumpção Neves, Novo Código de Processo Civil comentado, p. 924. Em sentido contrário, Dorival Renato Pavan (*Comentários ao Código de Processo Civil*, v. 2, p. 654-655 e 668) entende que eventual *adjudicação* feita pelo exequente deve ser desfeita.

45. Da parte do autor deste *Curso*, v. seus *Execução provisória e antecipação da tutela*, p. 191-196; *A nova etapa da reforma do Código de Processo Civil*, v. 1, p. 185-187. Nas edições anteriores ao CPC de 2015 deste *Curso*, v. o n. 4 do Capítulo 6 da Parte I do v. 3

46. É o que o autor deste *Curso* escreveu em seu *Execução provisória e antecipação da tutela*, p. 191-196. Também era o que constava do n. 2.2 do Capítulo 6 da Parte do v. 3 das edições anteriores ao CPC de 2015 deste *Curso*.

O § 5º do art. 520, contudo, busca contornar essa circunstância ao estabelecer que o disposto no Capítulo aplica-se "no que couber" às obrigações de fazer, de não fazer e de dar coisa.

O que não deixa margem a nenhuma dúvida é a compreensão de que a principiologia relativa ao cumprimento provisório da sentença, suficientemente constante do art. 520, deve ser aplicada a qualquer modalidade obrigacional: assim, a despeito de o título executivo ser, ainda, instável, os atos executivos praticados com base nele tendem à satisfação do direito nele reconhecido, aplicando-se as mesmas técnicas executivas que seriam empregadas se se tratasse de decisão já transitada em julgado (cumprimento *definitivo* da sentença). O exequente é responsável (objetivamente) pela sua iniciativa e pelos atos que, a seu pedido, forem praticados, e a satisfação do seu direito depende, como regra, da prestação de caução, a ser dispensada consoante se façam presentes as circunstâncias do art. 521. É esse o regime a ser aplicado.

O que tem tudo para gerar maiores questionamentos é a compreensão da inespecífica expressão "no que couber" empregada pelo dispositivo. Expressão, aliás, usada com enorme frequência ao longo do CPC de 2015, trinta e sete vezes para ser exato, e que revela muito da falta de sua vontade de tomar partido expresso sobre variadíssimas (e complexas) questões jurídicas.

A adequada solução de tais questionamentos depende, por definição, da análise de cada caso concreto. O que parece ser certo mesmo na perspectiva teórica (e abstrata) – e isso é verdade também para o cumprimento provisório da sentença da obrigação de pagar quantia – é que a flexibilização das técnicas executivas tenderá a ser maior quanto maior for a necessidade da satisfação imediata do direito e mais perecível o direito do exequente quando contrastado com o do executado. Quando o fundamento do cumprimento provisório da sentença for a *urgência* – que tem tudo para ser hipótese frequentíssima quando se tratar de "cumprimento provisório *ope judicis*" –, tanto mais correta essa observação.

11. DUAS SITUAÇÕES PECULIARES

O CPC de 2015 traz em outros dois dispositivos peculiaridades no regime do cumprimento provisório da sentença.

O primeiro deles é o § 3º do art. 537, que disciplina o regime jurídico da multa imposta com vistas ao cumprimento forçado das obrigações de fazer e de não fazer.

Ao dispor, na redação que lhe deu a Lei n. 13.256/2016, que "A decisão que fixa a multa é passível de cumprimento provisório, devendo ser depositada em juízo, permitido o levantamento do valor após o trânsito em julgado da sentença favorável à parte", a letra do dispositivo conduz ao entendimento de que o levantamento do valor da multa naqueles casos não é possível antes do trânsito em julgado, *mesmo* que haja prestação de caução. A nova redação dada àquele artigo suprimiu a referência que o texto anterior fazia a algumas hipóteses do agravo em recurso extraordinário e em recurso especial do art. 1.042.

O § 3º do art. 537, contudo, merece ser interpretado em harmonia com o art. 5º, XXXV e LXXVIII, da Constituição Federal, para afastar dele qualquer interpretação literal, o que reduziria a efetividade do cumprimento provisório e, mais amplamente, do cumprimento da própria obrigação sobre a qual incide a multa coercitiva e, assim, conduzir o intérprete à regra geral, qual seja: o levantamento do dinheiro é possível *desde que* haja caução.

O segundo dos dispositivos que merece lembrança neste contexto é o § 2º do art. 356, que permite à parte "... executar, desde logo, a obrigação reconhecida na decisão que julgar parcialmente o mérito, independentemente de caução, ainda que haja recurso contra essa interposto".

É correto afirmar que naquele caso – de julgamento antecipado *parcial* do mérito, como expressamente autoriza o art. 356, *caput* – o cumprimento provisório da decisão respectiva (que é uma decisão interlocutória de mérito, agravável de instrumento por força do § 5º do mesmo art. 356) conduz à satisfação do exequente *independentemente de caução*. A regra, mais específica, excepciona a genérica constante do inciso IV do art. 520. Curioso notar, apenas, que o § 2º do art. 356 (tanto quanto o seu § 3º) não se vale da expressão "cumprimento provisório", mas da palavra *execução*, que só aparece no § 4º do mesmo dispositivo, que se refere à possibilidade de o *cumprimento* dar-se em "autos suplementares, a requerimento da parte ou a critério do juiz".

Sobre o referido § 2º do art. 356, a ENFAM editou o Enunciado n. 49, que tem a seguinte redação: "No julgamento antecipado parcial de mérito, o cumprimento provisório da decisão inicia-se independentemente de caução (art. 356, § 2º, do CPC/2015), sendo aplicável, todavia, a regra do art. 520, IV".

Com o devido respeito, o melhor entendimento parece ser o de que não só o *início*, mas também a *satisfação* do direito, no caso, dê-se independentemente de caução, como forma de *incentivar* o cumprimento provisório quando houver o julgamento antecipado parcial de mérito, excepcionando, destarte, o precitado inciso IV do art. 520. Até porque o Enunciado acaba dando ensejo a entendimento de que a exceção decorrente do § 2º do art. 356 estaria na dispensa da caução para o *início* da etapa de cumprimento provisório, o que pressuporia que nas demais hipóteses a caução seria necessária para iniciar o cumprimento provisório. Isso, contudo, não encontra fundamento no direito positivo brasileiro desde o advento da Lei n. 10.444/2002 e nas modificações que ela introduziu no art. 588 do CPC de 1973, então em vigor.

Entendendo que se trata de escolha feita expressamente pelo CPC de 2015 para incentivar o cumprimento decorrente do julgamento antecipado parcial – máxime diante de seus pressupostos autorizadores – e, consequentemente, excepcionar a regra decorrente do inciso IV do art. 521, não sobra espaço para os questionamentos que vêm sendo levantados por parcela da doutrina que lamenta a falta de congruência do dispositivo[47].

---

47. Como se lê, por exemplo, em José Rogério Cruz e Tucci, *Comentários ao Código de Processo Civil*, v. VIII, p. 286-287, e Beclaute Oliveira Silva, *Código de Processo Civil comentado*, p. 692.

12. CUMPRIMENTO PROVISÓRIO E FAZENDA PÚBLICA

A peculiaridade do cumprimento de sentença contra a Fazenda Pública repousa em uma característica do modelo constitucional do direito processual civil. Há, para o pagamento de quantia pela Fazenda Pública, um "procedimento jurisdicional constitucionalmente diferenciado" que atrela o pagamento, que se dá pela expedição de precatório ou, se este for o caso, de RPV, ao trânsito em julgado da decisão respectiva. É ler o que dispõem os §§ 1º, 3º e 5º do art. 100 da Constituição Federal, que, desde a redação que lhes deu a EC n. 30/2000, passaram a fazer referência ao trânsito em julgado[48].

Nesta perspectiva, não há dúvida quanto à percepção de que há vedação *ope legis* do cumprimento provisório da sentença. Disso não decorre, contudo, nenhum óbice para que seja autorizado, consoante as características de cada caso concreto, o "cumprimento provisório *ope judicis*", mediante a concessão de tutela provisória contra a Fazenda Pública, seja ela fundamentada em *urgência* ou, como autoriza o art. 311 do CPC de 2015, também em *evidência*. Entendimento diverso seria agressivo à grandeza e à amplitude do inciso XXXV do art. 5º da Constituição Federal. Por idêntica razão são absolutamente inconstitucionais quaisquer regras que vedam apriorística e generalizadamente o cumprimento provisório contra a Fazenda Pública, realidade tão comum quanto preocupante do direito brasileiro[49].

Mesmo para quem discordar desse entendimento – e sem prejuízo dele, de qualquer sorte –, cabe lembrar da orientação jurisprudencial do Supremo Tribunal Federal e do Superior Tribunal de Justiça que admitia, antes do advento da Emenda Constitucional n. 30/2000, a realização de liquidação e do estabelecimento de contraditório com a Fazenda Pública, vedando, apenas, a expedição do precatório[50]. Admitia-se, portanto, o início da

---

48. A atual redação daqueles dispositivos é devida em função da EC n. 62/2009, preservadas as referências a "sentença(s) transitada(s) em julgado".

49. A demonstração do acerto de tal ponto de vista é tema recorrente na produção científica do autor deste *Curso*. Assim, por exemplo, em dois capítulos de obras coletivas: Execução por quantia certa contra a Fazenda Pública: uma proposta atual de sistematização, p. 125-132, posteriormente revisto e (bem) ampliado em forma de livreto intitulado *Execução contra a Fazenda Pública*, esp. p. 24-32, e *Execução provisória*, p. 62-64, em que tratou do tema na perspectiva do art. 2º-B da Lei n. 9.494/97, fruto da Medida Provisória n. 2.180/2001. Naquela perspectiva, voltou ao tema em tom (bastante) crítico em seu *O poder público em juízo*, p. 203-210 e, já com a atenção voltada ao § 3º do art. 14 da Lei n. 12.016/2009, em seu *A nova lei do mandado de segurança*, p. 116-119, lembrando das vedações legais mais antigas, de 1964 e de 1966, que já criticava em seu *Mandado de segurança*, p. 161-163, 281-290 e 321-322.

50. Assim, *v.g.*, os seguintes acórdãos: STF, RE-ED 463.936/PR, 2ª Turma, rel. Min Joaquim Barbosa, j. un. 23-5-2006, *DJ* 16-6-2006, p. 27; STJ, 1ª Turma, AgRg no REsp 1.062.954/SP, rel. Min. Francisco Falcão, j. un. 6-11-2008, *DJe* 17-11-2008; STJ, 1ª Turma, AgRg no AgRg no Ag 807.163/SP, rel. Min. Denise Arruda, j. un. 10-4-2007, *DJ* 3-5-2007, p. 223; STJ, 1ª Turma, REsp 692.015/RS, rel. Min. Luiz Fux, j. un. 21-6-2005, *DJ* 1º-8-2005, p. 340; e STJ, 2ª Turma, REsp 464.332/SP, rel. Min. Eliana Calmon, j. un. 14-9-2004, *DJ* 6-12-2004, p. 250. O autor deste *Curso* voltou-se ao assunto, para demonstrar o acerto daquele entendimento em comentário a acórdão do STJ publicado no v. 81 da *Revista de Processo*, intitulado Execução provisória contra a Fazenda Pública, p. 240-245, e, com mais fôlego, em seu *Execução provisória e antecipação da tutela*, p. 206-231.

então chamada "execução provisória" e sua respectiva instrumentação, vedando-se, contudo, o ato culminante, de pagamento (satisfação) do exequente. Uma hipótese, destarte, de execução provisória *incompleta*, para fazer uso da dicotomia sugerida por este *Curso*.

O entendimento, a despeito das diversas modificações operadas desde então no art. 100 da Constituição Federal e já evidenciadas, é correto e merece ser prestigiado[51] porque, além de não atritar com a sistemática constitucional de pagamentos de valores devidos pelas pessoas de direito público, harmoniza-se com outros princípios reitores do direito processual civil, em especial o constante do inciso LXXVIII do art. 5º da Constituição Federal[52]. De outra parte, não é correto querer extrair do julgamento do RE 573.872/RS conclusão contrária, considerando os limites da tese então discutida e fixada, *adstrita* à viabilidade do cumprimento provisório das obrigações de *fazer*[53].

Ademais, importa destacar que a compreensão de que seria vedado aprioristica e generalizadamente o cumprimento *provisório* da sentença contra a Fazenda Pública na perspectiva do modelo constitucional ou a prática de qualquer ato tendente àquele fim é questão que se limita às obrigações de *pagar quantia*. Não há nenhuma vedação naquele sentido para as demais modalidades obrigacionais, que, por isso mesmo, seguirão a disciplina geral decorrente do CPC[54].

---

51. Como o fazem expressamente Mirna Cianci e Rita de Cassia Conte Quartieri (*Comentários ao Código de Processo Civil*, v. 2, p. 751); Cláudia Aparecida Cimardi (*Breves comentários ao Código de Processo Civil*, p. 1546); Dorival Renato Pavan (*Comentários ao Código de Processo Civil*, v. 2, p. 578); Leonardo Carneiro da Cunha (*A Fazenda Pública em juízo*, p. 381) e Fernando da Fonseca Gajardoni, Luiz Dellore, André Vasconcelos Roque e Zulmar Duarte de Oliveira Jr. (*Processo de conhecimento e cumprimento de sentença*, p. 793-794), salientando que apenas a expedição do precatório fica condicionada ao trânsito em julgado.

52. Para essa discussão, v. o n. 1 do Capítulo 8 da Parte II do v. 3 das edições anteriores ao CPC de 2015 deste *Curso*. Em sentido similar: Leonardo Carneiro da Cunha, *A Fazenda Pública em juízo*, p. 324.

53. É a seguinte a ementa daquele julgado: "RECURSO EXTRAORDINÁRIO COM REPERCUSSÃO GERAL. DIREITO CONSTITUCIONAL FINANCEIRO. SISTEMÁTICA DOS PRECATÓRIOS (ART. 100, CF/88). EXECUÇÃO PROVISÓRIA DE DÉBITOS DA FAZENDA PÚBLICA. OBRIGAÇÃO DE FAZER. SENTENÇA COM TRÂNSITO EM JULGADO. EMENDA CONSTITUCIONAL 30/2000. 1. Fixação da seguinte tese ao Tema 45 da sistemática da repercussão geral: 'A execução provisória de obrigação de fazer em face da Fazenda Pública não atrai o regime constitucional dos precatórios.' 2. A jurisprudência do STF firmou-se no sentido da inaplicabilidade ao Poder Público do regime jurídico da execução provisória de prestação de pagar quantia certa, após o advento da Emenda Constitucional 30/2000. Precedentes. 3. A sistemática constitucional dos precatórios não se aplica às obrigações de fato positivo ou negativo, dado a excepcionalidade do regime de pagamento de débitos pela Fazenda Pública, cuja interpretação deve ser restrita. Por consequência, a situação rege-se pela regra geral de que toda decisão não autossuficiente pode ser cumprida de maneira imediata, na pendência de recursos não recebidos com efeito suspensivo. 4. Não se encontra parâmetro constitucional ou legal que obste a pretensão de execução provisória de sentença condenatória de obrigação de fazer relativa à implantação de pensão de militar, antes do trânsito em julgado dos embargos do devedor opostos pela Fazenda Pública. 5. Há compatibilidade material entre o regime de cumprimento integral de decisão provisória e a sistemática dos precatórios, haja vista que este apenas se refere às obrigações de pagar quantia certa. 6. Recurso extraordinário a que se nega provimento" (STF, Pleno, RE 573.872/RS, rel. Min. Edson Fachin, j. un. 24-5-2017, *DJe* 11-9-2017).

54. Cabe repisar que é esta – e nenhuma outra – a tese que foi fixada no julgamento do já mencionado RE 573.872/RS pelo Plenário do STF: "A execução provisória de obrigação de fazer em face da Fazenda Pública não atrai o regime constitucional dos precatórios".

13. EXECUÇÃO PROVISÓRIA E TÍTULO EXECUTIVO EXTRAJUDICIAL

É clássica a lição de que a chamada execução provisória sempre foi algo inerente aos títulos *judiciais*[55]. Coerentemente com essa percepção, o CPC de 2015 alterou seu nome para "cumprimento provisório da sentença".

Se a questão era bem resolvida do ponto de vista doutrinário e jurisprudencial, a Lei n. 11.382/2006, ao modificar substancialmente o art. 587 do CPC de 1973[56], passou a convidar à percepção da existência de, ao menos, um caso em sentido contrário: quando fosse interposto apelo (recebido *sem* efeito suspensivo) de sentença de rejeição de embargos à execução fundada em título extrajudicial aos quais havia sido concedido efeito suspensivo. Naquele caso, e só nele, a execução (originalmente fundada em título extrajudicial) prosseguiria de forma provisória[57].

Aquela regra, o art. 587 do CPC de 1973, na redação que lhe deu a Lei n. 11.382/2006, não encontra correspondência no CPC de 2015. A conclusão a ser alcançada, destarte, é que aquela hipótese não subsiste no novo Código, e, com isso, a diretriz constante da Súmula 317 do STJ[58] – e, mais corretamente, toda a doutrina que sempre se posicionou naquele mesmo sentido – volta a ter fundamento de validade com a nova codificação[59].

Assim, o cumprimento de sentença pode até ser suspenso em função da atribuição de efeito suspensivo em impugnação, ao menos parcialmente (art. 525, §§ 6º a 8º). Contudo, uma vez que o título executivo tenha transitado em julgado, o cumprimento não tem mais como ser tratado como *provisório*, afastando, destarte, o regime derivado dos arts. 520 a 522, inclusive a necessidade de prestação de caução para a satisfação do direito reconhecido em favor do exequente (art. 520, IV)[60].

---

55. Expressa quanto ao ponto é a lição de Heitor Vitor Mendonça Sica, *Comentários ao novo Código de Processo Civil*, p. 817.

56. Que passou a ser a seguinte: "É definitiva a execução fundada em título extrajudicial; é provisória enquanto pendente apelação da sentença de improcedência dos embargos do executado, quando recebidos com efeito suspensivo (art. 739)".

57. É o que o autor deste *Curso* escrevia desde seu *A nova etapa da reforma do Código de Processo Civil*, v. 3, p. 25-35. Nas edições anteriores ao CPC de 2015 deste *Curso*, v. o n. 5.2 do Capítulo 6 da Parte I do v. 3. No mesmo sentido manifestaram-se Arruda Alvim, Araken de Assis e Eduardo Arruda Alvim, Comentários ao Código de Processo Civil, p. 1012.

58. Cujo enunciado é o seguinte: "É definitiva a execução de título extrajudicial, ainda que pendente apelação contra sentença que julgue improcedentes os embargos". O curioso é que aquela Súmula nunca foi – como deveria ter sido – cancelada após o advento da Lei n. 11.382/2006, que, inequivocamente, retirava seu fundamento normativo de validade.

59. O autor deste *Curso* fez extensa pesquisa sobre o assunto antes das modificações introduzidas pela Lei n. 11.382/2006 no CPC de 1973. Para tanto, v. seu *Execução provisória e antecipação da tutela*, p. 120-134. Para o direito atual, entendendo que a diretriz do art. 587 do CPC de 1973, na redação da Lei n. 11.382/2006, está preservada mercê do inciso III do § 1º do art. 1.012 do CPC de 2015, v. Marcelo Abelha Rodrigues, *Fundamentos da tutela executiva*, p. 121-125.

60. Nesse sentido é o Enunciado n. 88 da I Jornada de Direito Processual Civil do CJF: "A caução prevista no inc. IV do art. 520 do CPC não pode ser exigida em cumprimento definitivo de sentença. Considera-se como tal o

14. DISPENSA DA CAUÇÃO

O art. 521 trata das hipóteses em que a caução, que, *como regra*, é exigida daquele que promove o cumprimento provisório da sentença para a *satisfação* de seu direito ou, quando menos, sempre que os atos praticados puderem "resultar grave dano ao executado" (art. 520, IV), pode ser *dispensada*. Importa frisar: a caução é exigida para a *satisfação* do direito perseguido pelo exequente e não para o *início* da etapa de cumprimento provisório ou para o começo da prática dos atos executivos a ela inerentes[61]. Essa exigência deixou de ser feita pelo direito processual civil brasileiro de maneira genérica desde as reformas empreendidas pela Lei n. 10.444/2002 e à nova redação então dada ao inciso III do art. 475-O do CPC de 1973 então em vigor[62].

O rol do art. 521 é bem mais amplo quando comparado com seu par no CPC de 1973, o § 2º do art. 475-O[63].

O inciso I do art. 521 permite a dispensa da caução quando se tratar de crédito de natureza alimentar. A ressalva nele feita sobre ser indiferente a origem dos alimentos é pertinentíssima. É correto entender, portanto, que em quaisquer casos em que o crédito tenha natureza alimentar, independentemente de sua origem (direitos das famílias, responsabilidade civil nos casos de morte ou sequelas e, ainda, valores relativos à subsistência de trabalhadores, servidores públicos, profissionais liberais[64] e de sua família etc.), a incidência da regra é inquestionável, e, com ela, a caução *deve* ser dispensada.

O inciso II do art. 521 dispensa a caução quando aquele que promove o cumprimento provisório demonstrar situação de necessidade. Trata-se da hipótese em que o exequente demonstra a premência do recebimento do direito retratado no título para evitar dano grave ou irreparável. O inciso II captura de maneira suficientemente ampla valores que *não* têm natureza alimentar – cobertas de maneira geral pelo inciso I do dispositivo –, mas cujo recebimento é, ao menos

---

cumprimento de sentença transitada em julgado no processo que deu origem ao crédito executado, ainda que sobre ela penda impugnação destituída de efeito suspensivo".

61. Expressa nesse sentido é a lição de Luís Eduardo Simardi Fernandes, *Comentários ao Código de Processo Civil*, p. 754.

62. Para essa discussão e o alcance daquela novidade, v. do autor deste *Curso* seu *A nova etapa da reforma do Código de Processo Civil*, v. 1, p. 191-196. Nas edições anteriores ao CPC de 2015 deste *Curso*, v. o n. 2.4 do Capítulo 6 da Parte I do v. 3. Anteriormente, o autor deste *Curso* em seu *Execução provisória e antecipação da tutela*, p. 172-187, já sustentava a viabilidade da dispensa da caução para início da execução provisória quando não houvesse, com a iniciativa, quaisquer riscos concretos para o executado.

63. Heitor Vitor Mendonça Sica (*Comentários ao novo Código de Processo Civil*, p. 819) entende que em dois pontos o CPC de 2015 é mais restritivo que o anterior porque "(a) exclui-se a hipótese de dispensa de caução quanto a verbas não alimentares decorrentes de execuções de indenização por ato ilícito; e (b) permitiu-se que o juiz exigisse a caução em todas as hipóteses retratadas nos incisos I a IV 'quando da dispensa possa manifestamente resultar risco de grave dano de difícil ou incerta reparação' (art. 521, parágrafo único)".

64. Cabe lembrar, a esse propósito, do § 14 do art. 85 com relação aos honorários advocatícios e do inciso IV do art. 833, bem como do § 1º do art. 100 da CF. Também a Súmula Vinculante 47 do STF reconhece o caráter alimentar dos honorários advocatícios.

momentaneamente, indispensável para o exequente[65]. É seu, não do executado, o ônus de afirmar *e* de provar a ocorrência da hipótese excepcional autorizadora da dispensa da caução.

A ausência de dispensa de caução nos casos de "agravo em recurso especial e em recurso extraordinário" (art. 521, III) já era conhecida do inciso II do § 2º do art. 475-O do CPC de 1973 e foi preservada pela redação original do CPC de 2015. Chamava a atenção na versão promulgada do CPC de 2015, contudo, aquele dispositivo restringir a dispensa de caução às então (e insubsistentes) hipóteses dos incisos II e III do art. 1.042, deixando de fora a do inciso I do mesmo dispositivo, isto é, quando aquele agravo fosse dirigido ao ato que indeferisse pedido de inadmissão de recursos extraordinário e especial intempestivos formulado com base nos arts. 1.035, § 6º, e 1.036, § 2º, respectivamente, *antes* das modificações trazidas pela Lei n. 13.256/2016 (doravante, o recurso cabível daquelas decisões é o agravo *interno*, como se lê do § 7º do art. 1.035 e do § 3º do art. 1.036, com a redação que lhes deu a precitada Lei). A restrição, como o autor deste *Curso* teve oportunidade de sustentar em outras oportunidades, era formalmente inconstitucional porque não guardava relação com o que, a respeito, dispunham o Projeto do Senado e o Projeto da Câmara, tendo aparecido, apenas, na última etapa do processo legislativo. Devia, por isso mesmo, ser considerada não escrita, violadora que era do art. 65, parágrafo único, da Constituição Federal[66].

A Lei n. 13.256/2016, ainda na *vacatio legis* do CPC de 2015, deu nova redação ao precitado inciso, *generalizando* a dispensa de caução a todo agravo em recurso especial e em recurso extraordinário que sequer é nominado pela regra, que se limita a fazer a remissão ao "agravo do art. 1.042". A iniciativa, a um só tempo, superou o vício de inconstitucionalidade formal existente no dispositivo original, e harmonizou o sistema processual civil com a feição que aquele diploma legislativo deu ao referido agravo, que passou a ter como objeto o controle da decisão presidencial que inadmite recurso extraordinário e recurso especial na origem, nos termos e com a ressalva do *caput* do art. 1.042. É correto entender que quaisquer segmentos recursais que tenham origem a partir do recurso do art. 1.042 também atraem a dispensa de caução de que trata o inciso III do art. 521.

Ainda que fora do ambiente do art. 1.042, é correto entender que, também durante a pendência de eventual agravo *interno* para fins de destrancamento do recurso extraordinário e/ou especial repetitivo perante os Tribunais de Justiça e/ou Regionais Federais (art. 1.030, I, e § 2º), deve haver a dispensa de caução, justificada a incidência da diretriz constante do inciso III do art. 521.

Diante da sistemática do CPC de 2015 e do valor por ele dado aos "precedentes" dos Tribunais Superiores, justifica-se o inciso IV do art. 521. Assim, a caução também *deve ser* dispensada quando a *decisão* (não apenas sentença, como se lê do dispositivo) provisoria-

---

65. Luís Eduardo Simardi Fernandes (*Comentários ao Código de Processo Civil*, p. 755), embora reconheça a independência da hipótese com a do inciso anterior, assinala que o crédito a que se refere o inciso II pode ostentar, ou não, natureza alimentar.

66. Nesse sentido, v. do autor deste *Curso* seu *Novo Código de Processo Civil anotado*, 1ª edição, p. 442-443, e seu *Manual de direito processual civil*, 1ª edição, p. 443.

mente cumprida for harmônica com súmula do STF e/ou do STJ ou, ainda, em conformidade com acórdão proferido no julgamento de casos repetitivos, isto é, no incidente de resolução de demandas repetitivas e nos recursos especial e extraordinário repetitivos (art. 928).

Tendo presente o "direito jurisprudencial" desenhado pelo CPC de 2015, cabe ir além das previsões textualmente feitas pelo dispositivo em referência para generalizá-las para as demais formas em que os *indexadores jurisprudenciais* do art. 927 se fizerem presentes, merecendo especial destaque as teses fixadas em incidente de assunção de competência. Também – e com maior razão –, quando o fundamento da decisão provisoriamente cumprida se harmonizar com o quanto decidido pelo STF em sede de controle concentrado de constitucionalidade (art. 103 da CF) e com Súmula vinculante emanada daquele Tribunal (art. 103-A da CF)[67].

É correto compreender que cada uma das hipóteses previstas nos quatro incisos do art. 521 são suficientes, por si sós, para dispensar a caução. Não se trata de exigências *cumulativas*[68]. Basta, portanto, que o crédito reclamado seja alimentar (independentemente de sua origem) *ou* que o exequente demonstre seu estado de necessidade *ou* que penda o agravo do art. 1.042 *ou*, por fim, que a decisão exequenda esteja em consonância com os referenciais jurisprudenciais valorados pelo CPC de 2015 para impor a dispensa da caução. Não prevalece, no CPC de 2015, a orientação contrária que se mostrava a mais correta com fundamento no § 2º do art. 475-O, introduzido pela Lei n. 11.232/2005 no CPC de 1973[69].

Embora não exista no art. 521 nenhuma referência a valor, diferentemente do que se colhia, a respeito, no inciso I do § 2º do art. 475-O do CPC de 1973, não se mostra equivocado entender que o magistrado, consoante as peculiaridades de cada caso concreto, e sempre justificadamente, determine a dispensa da caução levando em conta *parte* do valor executado ou, ainda, determinadas *prestações*[70].

Por fim, questão interessante e que é motivada pelo CPC de 2015 diz respeito à possibilidade de as partes poderem celebrar negócio processual (art. 190) para dispensar a caução do cumprimento provisório da sentença fora das hipóteses previstas pelo art. 521.

---

67. É o que o autor deste *Curso* vem sustentando em seu *Manual de direito processual civil*, p. 510-511. No mesmo sentido é o entendimento de Dorival Renato Pavan, *Comentários ao Código de Processo Civil*, v. 2, p. 674.

68. Assim também é o pensamento de Dorival Renato Pavan, *Comentários ao Código de Processo Civil*, v. 2, p. 669.

69. Para a interpretação daquele dispositivo do CPC de 1973, v. Athos Gusmão Carneiro, *Cumprimento da sentença civil*, p. 93-98; Leonardo Ferres da Silva Ribeiro, *Execução provisória no processo civil*, p. 204-214; Luis Guilherme Bondioli, O novo CPC: a terceira etapa da reforma, p. 157-172; Araken de Assis, *Cumprimento da sentença*, p. 164-165, e Arruda Alvim, Araken de Assis e Eduardo Arruda Alvim, *Comentários ao Código de Processo Civil*, p. 735. Da parte do autor deste *Curso*, v. seu *A nova etapa da reforma do Código de Processo Civil*, v. 1, p. 191-196, e seu A "execução provisória-completa" na Lei 11.232/2005 (uma proposta de interpretação do art. 475-O, § 2º, do CPC), p. 300-301. Este *Curso* se voltou ao tema no n. 2.4 do Capítulo 6 da Parte I do v. 3 das edições anteriores ao CPC de 2015 deste *Curso*.

70. Era o que, com base no referido art. 475-O, § 2º, I, do CPC de 1973, ao autor deste *Curso* já lhe parecia possível de ser feito. A esse respeito, v. seu *A nova etapa da reforma do Código de Processo Civil*, v. 1, p. 193-194. Para as edições anteriores ao CPC de 2015 deste *Curso*, v. n. 2.4 do Capítulo 6 da Parte I do v. 3. No mesmo sentido, à luz do CPC de 2015, é o entendimento de Luiz Henrique Volpe Camargo e Lauane Andrekowsk Volpe Camargo, *Do cumprimento da sentença*, p. 69.

A resposta afirmativa[71] só pode ser aceita se preservada incólume a cláusula de controle da validade (e consequente eficácia) daquele negócio, a ser exercida, caso a caso, pelo magistrado, enaltecendo, com isso, o que se acabou de sustentar sobre a indispensabilidade da devida análise das peculiaridades de cada caso concreto para a dispensa ou para a preservação da exigência de caução com vistas à satisfação do direito reclamado pelo exequente ainda que fundamentado em título provisório.

14.1 Manutenção da caução

O parágrafo único do art. 521 excepciona a possibilidade de dispensa da caução prevista no *caput*. De acordo com a regra, "a exigência da caução será mantida quando da dispensa possa resultar manifesto risco de grave dano de difícil ou incerta reparação".

A letra do dispositivo não deve autorizar interpretação que se vincule única e exclusivamente à percepção do chamado "*periculum in mora* inverso", isto é, o hipotético dano a ser suportado pelo executado com os atos praticados em prol da satisfação do direito do exequente, e que têm fundamento no título provisório. As reais chances de êxito do recurso interposto por aquele em face de quem se desenvolve o cumprimento provisório – e isto é especialmente importante nas hipóteses dos incisos III e IV do art. 521 – têm que ser levadas em conta para deixar de dispensar a caução. Isto é da essência do cumprimento provisório e dos *riscos processuais* que ele envolve[72], máxime diante da eficácia pretendida pelo CPC de 2015 ao direito jurisprudencial e em um Código que *generaliza* o que ele próprio chama, em seu art. 311, de "tutela da evidência".

Ademais, o que não pode ocorrer é que a preservação da exigência da caução acabe por excluir eventual hipossuficiente econômico da viabilidade da prestação de tutela jurisdicional adequada e tempestiva, comprometendo, destarte, o modelo constitucional do direito processual civil. A despeito de não haver ressalva expressa no dispositivo ora comentado a esse respeito, importa interpretá-lo levando em conta a cláusula "podendo a caução ser dispensada se a parte economicamente hipossuficiente não puder oferecê-la", que o CPC de 2015 emprega no § 1º do art. 300, a propósito da tutela provisória fundamentada de urgência[73], no art. 559, com a manutenção ou reintegração na posse, e no art. 678, parágrafo

71. Dada, por exemplo, pelo Enunciado n. 262 do FPPC: "É admissível negócio processual para dispensar caução no cumprimento provisório de sentença". Beclaute Oliveira Silva (*Código de Processo Civil comentado*, p. 696-697) discorda do entendimento do texto, que já havia externado nos *Breves comentários ao novo Código de Processo Civil*, p. 1497, salientando que o caráter material (e não processual) da caução.

72. A respeito do tema, v. Luiz Guilherme Marinoni, Sérgio Cruz Arenhart e Daniel Mitidiero, Novo Código de Processo Civil comentado, p. 539-540. O autor deste *Curso* se dedicou ao tema em seu *Execução provisória e antecipação da tutela*, p. 171.

73. É a orientação do Enunciado n. 498 do FPPC: "A possibilidade de dispensa de caução para a concessão de tutela provisória de urgência, prevista no art. 300, § 1º, deve ser avaliada à luz das hipóteses do art. 521". O Enunciado n. 497 retrata o fenômeno em perspectiva diversa mas harmônica com o ponto de vista que aqui

único, com os embargos de terceiro. A análise das peculiaridades de cada caso concreto, destarte, é fundamental para o devido emprego das hipóteses de dispensa ou de manutenção da exigência de caução[74].

Trata-se de entendimento que encontra eco em julgamento de recursos especiais repetitivos da 2ª Seção do STJ ainda pertinentes para o CPC de 2015, assim ementados:

> "RECURSO ESPECIAL. RITO DO ART. 543-C DO CPC. VAZAMENTO DE OLEODUTO DA PETROBRAS QUE IMPOSSIBILITOU A PESCA NA BAÍA DE ANTONINA/PR. INDENIZAÇÃO. EXECUÇÃO PROVISÓRIA. PRESENÇA DOS REQUISITOS DO ART. 475-O, § 2º, I, DO CPC. LEVANTAMENTO DE VALORES INDEPENDENTEMENTE DE CAUÇÃO. POSSIBILIDADE. PRECEDENTES.
>
> 1. Nas execuções provisórias nas ações de indenização pelo vazamento do oleoduto Olapa, que impossibilitou a pesca na Baía de Antonina e adjacências, mas também aplicáveis a outros casos de acidentes ambientais semelhantes, é permitido ao juiz da execução, diante da natureza alimentar do crédito e do estado de necessidade dos exequentes, a dispensa da contracautela para o levantamento do crédito, limitado, contudo, a 60 (sessenta) vezes o salário mínimo (art. 475-O, § 2º, I, CPC).
>
> 2. Na linha dos precedentes desta Corte Superior de Justiça, é possível deferir o levantamento de valor em execução provisória, sem caucionar, quando o tribunal local, soberano na análise fática da causa, verifica, como na hipótese, que, além de preenchidos os pressupostos legais e mesmo com perigo de irreversibilidade da situação, os danos ao exequente são de maior monta do que ao patrimônio da executada.
>
> 3. Refoge à competência do Superior Tribunal de Justiça, nos termos do Enunciado n. 7 de sua súmula, qualquer pretensão de análise das condições econômicas das partes envolvidas.
>
> 4. Recurso especial parcialmente conhecido e, nessa parte, não provido. Acórdão sujeito ao regime do artigo 543-C do Código de Processo Civil e da Resolução STJ n. 8/2008"[75].

15. DOCUMENTAÇÃO PARA O CUMPRIMENTO PROVISÓRIO

O cumprimento provisório depende da iniciativa do exequente, que deverá exteriorizar a sua vontade (assumindo a responsabilidade daí decorrente) em requerimento a ser

---

defendido. É lê-lo: "As hipóteses de exigência de caução para a concessão de tutela provisória de urgência devem ser definidas à luz do art. 520, IV, do CPC".

74. É esta a diretriz do Enunciado n. 11 do CEAPRO: "A limitação à dispensa da caução no cumprimento provisório de obrigação de pagar quantia poderá ser afastada, excepcionalmente, à luz das particularidades do caso concreto, em decisão fundamentada".

75. STJ, 2ª Seção, rel. Min. Ricardo Villas Bôas Cueva, REsp repetitivo n. 1.145.353/PR e REsp repetitivo n. 1.145.358/PR, j. un. 25-4-2012, *DJe* 9-5-2012; STJ, 4ª Turma, AgRg no AREsp 25.824/SP, rel. Min. Maria Isabel Gallotti, j. un. 7-6-2016, *DJe* 15-6-2016; STJ, 3ª Turma, AgInt no AREsp 699.898/PA, rel. Min. Paulo de Tarso Sanseverino, j. un. 13-6-2017, *DJe* 21-6-2017; STJ, 4ª Turma, AgInt no AREsp 169.749/RS, rel. Min. Lázaro Guimarães, j. un. 5-6-2018, *DJe* 12-6-2018.

apresentado ao juízo competente, que é o mesmo que tem competência para o "cumprimento *definitivo* da sentença", observando-se, para sua identificação, o disposto no art. 516 e as variantes de seu parágrafo único[76].

O art. 522 trata da documentação necessária para tanto. É o que o CPC de 1973, antes das reformas nele empreendidas pela Lei n. 10.444/2002, chamava expressamente, em seu art. 521, de "carta de sentença", e que, não obstante a subtração daquele *nome*, não repetido pelo CPC de 2015, pode muito bem ser empregado para fazer referência aos "autos físicos" em que a atividade executiva relativa ao cumprimento provisório da sentença será desenvolvida[77].

Os incisos do parágrafo único do art. 522 indicam as seguintes peças do processo que deverão instruir o requerimento em que o exequente tomará a *iniciativa* e, com ela, assumirá a *responsabilidade* (art. 520, I) de promover o cumprimento provisório.

A primeira é a "decisão exequenda". Trata-se da decisão recorrida (sentença, acórdão, interlocutória ou monocrática proferida no âmbito dos Tribunais ou, consoante o caso, alguma outra decisão que encontra fundamento no art. 515), que constitui o título executivo a fundamentar e vincular o cumprimento provisório e os atos executivos a serem praticados, objetiva e subjetivamente.

A segunda é a "certidão de interposição do recurso não dotado de efeito suspensivo". A referência é ao comprovante de que o recurso interposto da decisão que se pretende cumprir desde logo não tem ou a ele não foi dado, quando o caso, efeito suspensivo. Cópias dos autos que demonstrem a interposição do recurso e a decisão proferida acerca de seu recebimento e/ou a não atribuição de efeito suspensivo são suficientes para esse fim.

Na sistemática do CPC de 2015, a previsão merece uma ressalva quando se tratar de apelação, considerando que o juízo de admissibilidade desse recurso passou a ser único e

76. Concorde com esse entendimento é o posicionamento de Luís Eduardo Simardi Fernandes, *Comentários ao Código de Processo Civil*, p. 752.

77. É o que o autor deste *Curso* já propunha desde o seu *A nova etapa da reforma do Código de Processo Civil*, v. 1, p. 196-198. Também as edições anteriores ao CPC de 2015 deste *Curso* voltavam-se ao tema, como se pode ver do n. 3 do Capítulo 6 da Parte I do v. 3. Araken de Assis, na 12ª edição de seu *Manual da execução*, p. 355-356, manifestou-se criticamente àquele posicionamento, salientando que: "O motivo dessa situação reside na circunstância de os autos principais – designados, no art. 159, § 2º, como autos 'originais' –, nos quais correrá a execução definitiva, se encontrarem tomados pela tramitação natural do recurso. Em tal hipótese, para abolir a carta de sentença, o art. 475-O, § 3º, contempla a formação de autos próprios, a partir de 'petição', instruídos com diversas peças. No entanto, o art. 521, 2ª parte, faculta ao interessado requerer carta da sentença, a fim de executar provisoriamente o título. E o art. 484 prevê a execução da sentença estrangeira em carta de sentença. O defunto soergue-se, portanto, do túmulo. É relativa a importância do ponto, porque 'carta de sentença' designava, afinal, os autos em que corria a execução provisória, conquanto formados por iniciativa do escrivão, e, não, do exequente. Seja como for, os provimentos do juiz ocorrerão nos autos da execução provisória, na carta de sentença ou não, a exemplo do ato que declarar a sua extinção, em decorrência do provimento do recurso pendente". Em seu *Cumprimento da sentença*, p. 163, o processualista gaúcho, também com os olhos voltados às modificações da Lei n. 11.232/2005, louva a "proscrição da vetusta carta de sentença".

feito pelo Tribunal, e não pelo órgão de interposição, o juízo da primeira instância (art. 1.010, § 3º). Em tais casos, será suficiente que seja demonstrado que a apelação interposta se amolda àqueles casos em que a própria lei *retira* o efeito suspensivo e que, portanto, o cumprimento provisório dá-se *ope legis*. Eventual atribuição de efeito suspensivo à apelação, o que pode ocorrer desde logo mediante o requerimento de que trata o § 3º do art. 1.012, é fator que inibe a eficácia da sentença e, consequentemente, impede o início do cumprimento provisório, no que são claros o *caput* e o parágrafo do didático art. 995. Na hipótese de a atribuição do efeito suspensivo dar-se quando já iniciado o cumprimento provisório, o executado poderá apresentar a comprovação respectiva para sustar os atos executivos até então praticados e impedir seu prosseguimento. É situação que tem tudo para ocorrer com frequência no dia a dia do foro, mormente por quem compartilhar o entendimento de que o *início* do cumprimento provisório da sentença não tem, em regra, aptidão para causar maiores prejuízos ao executado.

Quando se tratar de cumprimento provisório *ope iudicis*, cabe ao exequente, no requerimento aqui comentado, demonstrar a existência (e a eficácia imediata) de decisão judicial que, retirando o efeito suspensivo, autoriza a sua iniciativa.

A terceira exigência feita pelo parágrafo único do art. 522 reside nas "procurações outorgadas pelas partes" e, complementa, os atos constitutivos de pessoas jurídicas e eventuais substabelecimentos. São documentos aptos a demonstrar a regularidade de representação processual das partes, inclusive no que diz respeito à etapa de cumprimento provisório da sentença. Nos casos em que a procuração é dispensada (Defensoria Pública, Ministério Público e advocacia pública), bastará que a hipótese seja devidamente declinada e que, se for o caso, seja apresentada a procuração da parte contrária.

Desenvolvendo a previsão anterior, a quarta exigência é a "decisão de habilitação". Trata-se dos casos em que, tendo havido falecimento de alguma parte, houve *sucessão* no plano do processo nos moldes dos arts. 687 a 692[78]. A iniciativa quer viabilizar que a prática dos atos executivos seja dirigida aos legitimados para tanto, com base no art. 779, II.

Por fim, podem instruir o requerimento de cumprimento provisório da sentença "outras peças processuais". Caberá ao exequente, se for o caso – *facultativamente*, como se lê do dispositivo –, instruir o seu pedido com "outras peças processuais" (...) "consideradas necessárias para demonstrar a existência do crédito". É o caso, por exemplo, de serem apresentados documentos relativos à quantificação do valor da obrigação; do novo endereço do executado; de cópias relativas a eventual cessão do crédito, até para fins de aferição da legitimidade nos moldes dos arts. 778 e 779, ou de decisão proferida em sede de embargos de declaração que tenha alterado em alguma medida o título executivo.

78. Também é esse o entendimento sustentando por Dorival Renato Pavan, *Comentários ao Código de Processo Civil*, v. 2, p. 679.

Todas essas peças deverão ser apresentadas em cópia ao juízo competente (os autos do "processo principal" já estarão no ou estarão indo ao Tribunal competente para julgar o recurso), cuja autenticidade poderá ser certificada pelo "advogado", sob sua responsabilidade pessoal (art. 522, parágrafo único). Além do advogado, importa interpretar o dispositivo no sentido de compreender em sua dicção todo aquele que detém capacidade postulatória e, nesta condição, pleiteia o início do cumprimento provisório da sentença. Assim, não só os advogados privados instruirão seu requerimento com observância desse dispositivo, mas também os advogados públicos, os membros da Defensoria Pública e os membros do Ministério Público.

Caso o exequente deixe de apresentar, com seu requerimento de cumprimento provisório, alguma peça que se mostre indispensável para o início daquela etapa processual, não há por que *indeferir* o pedido. A ausência pode (e *deve*) ser suprida pelo magistrado. É típico caso que reclama a incidência do inciso IX do art. 139 e, mais especificamente, dos arts. 321 e 801. Ainda que a falta da peça só seja constatada pelo executado quando já iniciado o cumprimento provisório, o saneamento do defeito, mera irregularidade, é plenamente possível: basta que seja trazido o elemento faltante aos autos.

Em se tratando de "processo eletrônico", as peças acima destacadas são expressamente dispensadas pelo parágrafo único do art. 522.

Neste caso, como curial, não há necessidade de suporte físico em papel para dar fundamento a quaisquer pedidos das partes no processo, e, por isso, não há por que observar aquela exigência. O que ocorrerá é que o exequente peticionará ao juízo competente identificando, com sua iniciativa, os respectivos "autos eletrônicos", que, pelo fato de o serem, estão à sua disposição (e do magistrado e do executado) para dar o suporte necessário à prática dos executivos cabíveis. Se houver necessidade de serem apresentados *novos* ou *outros* elementos, o inciso V do parágrafo único do art. 522 pode ser invocado por analogia.

16. MOMENTO DE FORMULAÇÃO DO REQUERIMENTO

O § 2º do art. 1.012 dispõe que o requerimento relativo ao cumprimento provisório da sentença pode ser apresentado "depois de publicada" esta.

A regra tem fundamento na doutrina de Barbosa Moreira[79] ao ensinar que a decisão sujeita a recurso despido de efeito suspensivo – como é o caso da apelação dirigida às sentenças identificadas pelo § 1º do art. 1.012 – produz efeitos tão logo seja publicada, e, por isso, não há razão para que se aguarde eventual interposição de recurso pela parte sucumbente.

A interposição do recurso em tais casos não interfere na eficácia anterior da decisão recorrida. A única forma de obstá-la é pela atribuição de efeito suspensivo ao recurso, o que

79. *Comentários ao Código de Processo Civil*, v. V, p. 257-259.

traz à lembrança, uma vez mais, o genérico parágrafo único do art. 995, especificado para a apelação pelo § 4º do art. 1.012. Se o recurso *não* for interposto, eventual etapa de cumprimento já iniciada, de provisório passa a ser *definitivo*.

Não há prazo para que o exequente requeira o início do cumprimento provisório da sentença. Até porque o pedido respectivo pode, consoante o caso, nem ser formulado. Sem a *iniciativa* do exequente, não há como admitir o início da etapa de cumprimento de sentença (art. 520, I). Nem o definitivo e nem, como interessa aqui mais de perto, o provisório.

Pela natureza do cumprimento provisório, e na inexistência de qualquer regra quanto à obrigatoriedade de sua promoção e/ou prazo para tanto[80], não faz sentido tratar de prescrição ou de prescrição intercorrente antes do trânsito em julgado da decisão exequenda[81].

Uma última observação se faz importante: à falta de outra regra de cunho genérico, a diretriz extraída do § 2º do art. 1.012 ora referido – e, consequentemente, todas as reflexões aqui externadas – aplica-se ao cumprimento provisório de qualquer decisão judicial, não, apenas, para as sentenças recorridas por recursos de apelação despidos de efeito suspensivo. A afirmação ganha maior importância diante da percepção de que a *regra* do CPC de 2015 é a de que os recursos *não têm* efeito suspensivo, e, por isso, a *regra* é o cumprimento provisório da sentença, ao menos a possibilidade de sua instauração, sempre na dependência do pedido do exequente.

17. FLEXIBILIZAÇÃO DOS ATOS EXECUTIVOS

Ao dispor que as disposições do Capítulo III, isto é, a disciplina "Do cumprimento definitivo da sentença que reconhece a exigibilidade de obrigação de pagar quantia certa", arts. 523 a 526, aplicam-se ao "cumprimento provisório da sentença, *no que couber*", o art. 527 repete o que se pode (e se deve) extrair suficientemente do *caput* do art. 520 e de seus diversos parágrafos. Ademais, no que tange ao cumprimento provisório de sentença que reconhece obrigações de fazer, não fazer e entrega de coisa, a referência é expressa, como se constata do § 5º do art. 520.

Até se pode afirmar que a ressalva final, "no que couber" remete ao *caput* do art. 475-O do CPC de 1973, nele introduzido pela Lei n. 11.232/2005[82], buscando, com isso, alguma

80. Peculiaridade destacada por José Rogério Cruz e Tucci, *Comentários ao Código de Processo Civil*, v. VIII, p. 288.

81. A respeito do tema, é segura a lição de Heitor Vitor Mendonça Sica (*Cognição do juiz na execução civil*, p. 249) quanto à retomada do prazo prescricional (intercorrente) "a partir do trânsito em julgado da decisão que encerra a fase de conhecimento ou de liquidação". Também é o entendimento de Beclaute Oliveira Silva e José Henrique Mouta Araújo, *A prescrição no cumprimento de sentença no novo Código de Processo Civil*, p. 116-118, na perspectiva da impugnação.

82. Era a seguinte a redação daquele dispositivo, sem os itálicos, que são da transcrição: "Art. 475-O. A execução provisória da sentença far-se-á, *no que couber*, do mesmo modo que a definitiva, observadas as seguintes normas".

justificação para o dispositivo quando contrastado com o *caput* do art. 520 do CPC de 2015. Não obstante, não há razão para deixar de reconhecer que o CPC de 2015 preferiu ser repetitivo, sobrepondo determinadas regras, talvez no receio de que alguma delas pudesse, até a conclusão do processo legislativo, ser retirada ou vetada, o que, no particular, não se confirmou[83].

Até porque aquela ressalva é pouco específica sobre quais regras dos arts. 523 a 526 – e também as dos arts. 536 a 538, quando o referencial obrigacional for de fazer, não fazer ou entregar coisa, mercê do § 5º do art. 520 – podem ou não ser aplicadas quando a hipótese for de concretização da tutela jurisdicional executiva fundada em título *provisório*. É o caso de criticar a técnica empregada pelo legislador, que poderia ter sido mais preciso em diversas vezes sobre o alcance das remissões por ele pretendidas, já que estava a elaborar um novo Código e não se limitando a reformar um preexistente[84].

O que o art. 527 poderia ter empregado para ir além do *texto* do *caput* do art. 520 – e a observação traz à tona o disposto no art. 519 e no parágrafo único do art. 297 – seria a mesma técnica do § 3º do art. 273 do CPC de 1973, na redação que lhe deu a Lei n. 11.2320/2005[85], que se valeu da aplicação das técnicas executivas "conforme a sua natureza", o que permitiria, de maneira expressa, ao intérprete e ao aplicador do direito contrastar a idoneidade das técnicas executivas idealizadas em abstrato pelo legislador em consonância com a modalidade obrigacional e, em se tratando de cumprimento de decisão concessiva da tutela provisória, a hipótese de ela ter como fundamento a *urgência* ou a *evidência*, sempre permitindo, destarte, que o magistrado leve em consideração as vicissitudes de cada caso concreto não só para *decidir* a respeito de quem faz jus à tutela jurisdicional executiva, mas também – e em idêntica medida – às necessidades que se põem em termos de sua *concretização*.

Nesse sentido, importa interpretar o art. 527 e, no contexto do cumprimento das decisões concessivas da tutela provisória o art. 519 e o parágrafo único do art. 297 de forma a permitir que a expressão "no que couber" neles escrita seja interpretada de maneira ampla para autorizar também as indispensáveis adaptações e flexibilização das escolhas feitas em abstrato pelo legislador consoante a *natureza* do direito reconhecido no título executivo e, bem assim, as razões que justificam o seu reconhecimento.

---

83. Expressa, nesse sentido, é a lição de José Rogério Cruz e Tucci, *Comentários ao Código de Processo Civil*, v. VIII, p. 312. Dorival Renato Pavan (*Comentários ao Código de Processo Civil*, v. 2, p. 726) prefere tratar o art. 527 como regra de fechamento do sistema, sendo "importante para evitar eventuais lacunas da lei, a serem supridas pelos dispositivos constantes dos outros Livros, Títulos ou Capítulos, tudo tendente a obter a máxima eficiência na interpretação e integração das normas processuais".

84. Heitor Vitor Mendonça Sica (*Comentários ao novo Código de Processo Civil*, p. 836), não obstante acentuar o caráter repetitivo da regra, acaba por indicar cinco pontos que, no seu entendimento, separam o cumprimento provisório do definitivo, iniciativa elogiada por José Rogério Cruz e Tucci em seus *Comentários ao Código de Processo Civil*, v. VIII, p. 312.

85. A redação daquele dispositivo era a seguinte: "A efetivação da tutela antecipada observará, no que couber e conforme sua natureza, as normas previstas nos arts. 588, 461, §§ 4º e 5º, e 461-A". Os artigos referidos correspondem respectivamente, no CPC de 2015, aos seguintes: 520 a 522, 537 e 538.

17.1 Cumprimento de decisões concessivas de tutela provisória

Aceitando as premissas fixadas no número anterior, é correto entender que o art. 519 repisa, no contexto do cumprimento de sentença, o que, no âmbito da disciplina da tutela provisória, consta expressamente do parágrafo único do art. 297, que tem a seguinte redação: "A efetivação da tutela provisória observará as normas referentes ao cumprimento provisório da sentença, no que couber"[86]. São dois dispositivos que, sem prejuízo do art. 527, estão a desempenhar o mesmo papel que, no CPC de 1973, era assumido pelo § 3º do art. 273.

Interessante observar, não obstante a similaridade daqueles dois dispositivos, que é muito mais comum encontrar estudos sobre os fatores que conduzem o magistrado à *concessão* da tutela provisória e ao seu regime geral do que estudos que se dediquem à *concretização* daquela medida. Talvez na suposição de que não haveria maiores questionamentos sobre *como* aquela concretização se daria, por simples aplicação dos referenciais do cumprimento da sentença.

O acerto da afirmação que fecha o parágrafo anterior é negado, contudo, pelas inúmeras dificuldades que o próprio regime do cumprimento da sentença põe para o intérprete e para o aplicador do direito mesmo no seu *habitat* natural. Para uma doutrina que, até muito recentemente, via a viabilidade de efetivação de medidas concessivas de tutela antecipada como *exceção* ao princípio de que não há execução sem título[87], seria preferível que o legislador tivesse sido mais cuidadoso do que foi.

Dentre as variadas e importantes questões que o tema apresenta, uma vem à tona neste momento da exposição, justamente diante das variadas escolhas feitas pelo CPC de 2015 na disciplina que deu à tutela provisória.

Bem ilustra essa preocupação o destaque que merece ser dado, no art. 519, à expressa menção ao "cumprimento *definitivo* da sentença". Se, em última análise, o dispositivo pretende emprestar o regime do cumprimento às tutelas provisórias, não seria mais correto limitar a remissão legislativa ao "cumprimento *provisório*"? A resposta é negativa, ao menos diante da novidade constante do art. 304 do CPC de 2015 e da viabilidade de a tutela provisória tornar-se *estável* nas condições (muito pouco claras) estabelecidas naquele dispositivo.

Assim, nos casos em que houver *estabilização* da tutela provisória nos termos e para os fins do art. 304[88], é correto entender que o seu cumprimento *não é* provisório. Ainda que se

---

86. Destacando essa verdadeira sobreposição (para evitar a palavra *repetição*) de normas, v. os seguintes autores: José Rogério Cruz e Tucci, *Comentários ao Código de Processo Civil*, v. VIII, p. 277; Sergio Shimura, *Breves comentários ao novo Código de Processo Civil*, p. 1480; Renato Dorival Pavan, *Comentários ao Código de Processo Civil*, v. 2, p. 646; Daniel Amorim Assumpção Neves, *Novo Código de Processo Civil comentado artigo por artigo*, p. 917; José Miguel Garcia Medina, *Novo Código de Processo Civil comentado*, p. 808; José Antonio Savaris, *Comentários ao Código de Processo Civil*, p. 640, e Beclaute Oliveira Silva, *Código de Processo Civil comentado*, p. 690.

87. Assim, por exemplo, José Miguel Garcia Medina, *Execução civil*, p. 81-89. O n. 3.2 do Capítulo 1 da Parte I do v. 3 das edições anteriores ao CPC de 2015 deste *Curso* já apresentava as críticas que aquele entendimento merecia.

88. Para a discussão do tema, v. o n. 6.5 do Capítulo 5 da Parte II do v. 1. O tema vem desafiando a doutrina, como fazem prova as seguintes referências: José Roberto dos Santos Bedaque, *Comentários ao Código de Processo Civil*, v. 1, p. 943-948, e André Luiz Bäuml Tesser, *Código de Processo Civil anotado*, p. 446.

sustente, como parece ser mais correto, máxime diante do inequívoco comando do § 6º do art. 304, que não há coisa julgada naquela decisão, a sua estabilidade – ainda que ela não se confunda com a coisa julgada, cabe frisar –, é suficiente para afastar a pecha de *provisório* da própria decisão que admite o cumprimento. Por isso, a hipótese é, não obstante se estar diante de tutela *provisória*, de afastamento da disciplina dos arts. 520 a 522, justamente pela *estabilidade* adquirida para o título que fundamenta aqueles atos executivos.

O art. 519, tanto quanto o parágrafo único do art. 297, merece ser compreendido no amplo contexto do "processo sincrético", tantas vezes mencionado ao longo deste *Curso*.

Diferentemente da tricotomia tão difundida na cultura processual civil brasileira dos tempos do CPC de 1973 e profundamente influenciada pela concepção de Liebman acerca do assunto, máxime antes das reformas pelas quais ele começou a passar desde 1994, não existe (e, em rigor, já não existia) oposição entre as *atividades* de conhecimento, satisfativa e "cautelar", consoante já criticava pertinentemente Ovídio Araújo Baptista da Silva[89].

Com efeito, também a atividade "cautelar", na perspectiva da forma pela qual ela era (e é) desenvolvida, sempre se resumiu na prática de atos *cognitivos* e *satisfativos*. Para que o magistrado conceda a tutela provisória, necessariamente deverá se convencer da presença de seus devidos pressupostos, sejam eles quais forem, de *urgência* ou de *evidência*, para empregar a dicotomia que o CPC de 2015 traz em seus arts. 300 e 311, respectivamente. Uma vez realizada aquela atividade, eminentemente *cognitiva*, e concedida a tutela provisória, o que se põe diante do magistrado (e já era assim no CPC de 1973) é a prática de atos com vistas à *concretização* (satisfação) da tutela tal qual concedida. Ainda quando se tratar de medida inegavelmente *cautelar*, no sentido de ela ser meramente *conservativa*, daquelas incapazes de gerar qualquer satisfação do direito, os atos judiciais respectivos serão praticados na perspectiva de *concretização* da tutela jurisdicional executiva, já reconhecida como cabível. A dicotomia "cognição" e "execução", destarte, é (e sempre foi) uma constante.

Nesse sentido, o art. 519, a par de generalizar o que já consta do parágrafo único do art. 297, apenas enaltece essa realidade normativa. Atos concessivos de tutela provisória, independentemente de seu fundamento, urgência ou evidência, deverão ser *concretizados* como quaisquer outros atos judiciais. O referencial para tanto é – e só pode ser – o do cumprimento da sentença, sempre entendida esta expressão da forma ampla como propõe este *Curso*.

O art. 273 do Projeto do Senado, do qual descende o parágrafo único do art. 297 do CPC de 2015, continha, no particular, texto mais bem acabado, no qual se lia o seguinte: "A efetivação da medida observará, no que couber, o parâmetro operativo do cumprimento da sentença definitivo ou provisório". A expressão "parâmetro operativo" mostrava-se pertinente para conduzir o intérprete para além das amarras da dicotomia "condenação/

89. O tema é recorrente na obra do processualista gaúcho e é exemplarmente exposto em seu *A ação cautelar inominada no direito brasileiro*, esp. p. 166-168.

execução" e das costumeiras "cargas eficaciais" das sentenças (e das "ações") que parecem querer reduzir aprioristicamente as possibilidades de seus efeitos consoantes as necessidades de cada caso concreto, a partir – e nem há como ser diferente – da disciplina reservada pelo CPC de 2015 para cada uma das modalidades obrigacionais. Até porque as peculiaridades de cada uma dessas modalidades obrigacionais residem no plano material e marcam, desde aquela perspectiva, diversas das soluções que são previstas pelo legislador na perspectiva processual.

Os referenciais relativos à liquidação, no que é expresso o art. 519, também devem ser observados por inúmeras situações em que a pesquisa sobre o *quantum debeatur* deve ser realizada. É o que se pode constatar, por exemplo, no parágrafo único do art. 302 e na responsabilização do beneficiário da tutela provisória nele prevista em favor da parte contrária, em face de quem a tutela provisória foi efetivada.

A despeito das considerações até aqui feitas, cabe criticar o art. 519 – tanto quanto o é com relação ao art. 527 – quando se vale da expressão "no que couber", multiutilizada, aliás, ao longo de todo o CPC de 2015. Trinta e sete vezes, para ser preciso.

Não obstante, a expressão permite, de maneira expressa, como expõe o número anterior a propósito do art. 527, que o intérprete e o aplicador do direito façam as escolhas mais adequadas diante das peculiaridades de cada caso concreto.

As variações podem se justificar diante das diferenças entre as variadas modalidades obrigacionais. Isso porque as técnicas predispostas para a implementação das obrigações de pagar não se confundem com as das obrigações de fazer e de não fazer, que, por sua vez, também não encontram similitude nas técnicas disponíveis para as obrigações de entrega de coisa diversa de dinheiro.

Também pode haver variações devidas em função do fundamento que autoriza o cumprimento da medida. A *urgência* é fator que sempre deve ser levado em conta não só para a *concessão,* mas também para a sua *concretização.* Pensamento diverso autorizaria negar, pela ausência de técnicas adequadas, o que justifica a concessão da medida. A observação mostra-se tanto mais pertinente quando se constata ser possível que a tutela provisória seja técnica apta a conduzir ao cumprimento *provisório* da sentença, um caso de cumprimento *ope judicis*, portanto. Em tais situações, pode ser necessário que o magistrado se veja obrigado a modificar o modelo executivo abstrato do legislador, que pode se mostrar pouco (ou nada) funcional diante das peculiaridades (e dos desafios) de cada caso concreto.

A lembrança do inciso IV do art. 139 e do "dever-poder geral de efetivação" nele compreendido é pertinentíssima neste contexto, indo ao encontro do próprio art. 519[90]. É que ele admite *expressamente* a *flexibilização* dos "parâmetros operativos" do cumprimento de

90. É também o entendimento de Renato Dorival Pavan, *Comentários ao Código de Processo Civil*, v. 2, p. 646-647, e de Welder Queiroz dos Santos, *Comentários ao Código de Processo Civil*, p. 750.

sentença, consoante as necessidades de cada caso concreto, inclusive – aqui residem a maior importância e a maior novidade daquele dispositivo – quando se tratar de obrigação pecuniária.

A consideração é importante porque é pouco significativa em termos de eficiência processual a concessão de tutela provisória fundamentada na *urgência* se as técnicas executivas a serem empregadas para sua *concretização* não puderem ser flexibilizadas em idêntica proporção. É supor, para fins ilustrativos, a hipótese em que a tutela provisória concedida com base na urgência é significativa do pagamento de determinada soma de dinheiro. Os quinze dias (úteis) previstos no *caput* do art. 523 para que o executado efetue o pagamento são demasiados para a situação emergencial que justificou a concessão da tutela provisória? Se a resposta for positiva, cabe ao magistrado *reduzir* aquele prazo para ajustá-lo às particularidades do caso concreto? As respostas são positivas e, não obstante a falta de sua previsão textual nos dispositivos assinalados, merecem ser adotadas consoante sejam as necessidades e as peculiaridades de cada situação concreta[91].

Que não se invoque contra o exemplo do parágrafo anterior o disposto no inciso VI do mesmo art. 139 e a viabilidade de o magistrado *ampliar* prazos processuais com fundamento nele, desde que o faça (de ofício ou atendendo a requerimento do interessado) antes da consumação do prazo respectivo. É que aquela autorização é medida *típica*, flexibilizadora do procedimento como um todo. A sugestão aventada, de *redução* do prazo para que a concretização da tutela provisória se harmonize com a respectiva decisão concessiva, é medida *atípica* a ser demonstrada e justificada consoante as peculiaridades que se apresentem ao magistrado em cada caso concreto.

Fosse o caso de a tutela provisória ser concedida com base na *evidência* (art. 311) – tutela provisória de outra *natureza*, no contexto que aqui interessa –, aquelas mesmas questões deveriam ser respondidas negativamente.

É irrecusável, destarte, que haja certa margem de *flexibilização* e de adaptação às regras do cumprimento definitivo quando se tratar de concretização de tutela jurisdicional fundamentada em título *provisório* quando a razão de sua formação for a urgência.

Em casos que tais, avulta em importância a necessidade de o magistrado fundamentar as escolhas que se vê obrigado a realizar. Seja no que diz respeito à aplicação das técnicas executivas *no que couber* ou, como aventado acima, *de acordo com sua natureza*. A fundamentação específica para tanto é exigida de modo suficiente pelo inciso II do § 1º do art. 489.

---

91. Para essa discussão tendo como pano de fundo o § 3º do art. 273 do CPC de 1973, v. o n. 3 do Capítulo 4 da Parte I do v. 4 das edições anteriores o CPC de 2015 deste *Curso*. Antes, o autor deste *Curso* já havia se dedicado ao tema em seu *Tutela antecipada*, p. 111.

Parte III

Técnicas executivas relativas à obrigação de pagar quantia certa

Capítulo 1

Com base em título judicial

1. CONSIDERAÇÕES INICIAIS

O Título II do Livro I da Parte Especial do Código de Processo Civil é intitulado "cumprimento de sentença".

A nomenclatura é feliz no sentido de (expressamente) generalizar a aplicação do modelo de processo sincrético ao cumprimento de quaisquer modalidades obrigacionais, não restando mais espaço para a dúvida de que aquele modelo, que veio para substituir o binômio "processo de conhecimento/processo de execução" – ou, mais resumidamente, mas não de forma menos exata, o binômio "condenação/execução" –, aplica-se indistintamente às obrigações de pagar quantia, de fazer, de não fazer ou de entregar de coisa (diversa de dinheiro), desde que, a ressalva é fundamental, certificadas por título executivo judicial.

A disciplina codificada para o cumprimento de sentença vem logo após a que o CPC de 2015 dedica ao "procedimento comum", o Título I do mesmo Livro I, que se estende do art. 318 ao 512, alcançando, pelas razões (e com as considerações) do n. 2 do Capítulo 1 da Parte I, a liquidação da sentença, tratando-a como se ela fosse mais uma fase (ainda que eventual e não necessária) do próprio procedimento comum. Trata-se de escolha menos feliz do legislador, mas que, no particular, não tem o condão de tirar da liquidação sua natureza de *etapa* própria – etapa de liquidação –, que não se confunde com a etapa de conhecimento do processo e que deriva do *sistema processual civil*, considerado como um todo, inclusive da concepção (ainda rígida) que o CPC de 2015 traz para distinguir sentenças e decisões interlocutórias.

A sequência dos Títulos no mesmo Livro pode dar a (falsa) impressão de que a etapa de cumprimento de sentença e, bem assim, a da liquidação de sentença pressupõem, sempre e invariavelmente, o esgotamento da etapa de conhecimento. Isso pode até ter sido verdadeiro para momentos pretéritos da evolução positiva do direito processual civil brasileiro, em que o binômio "condenação/execução" se mostrava um imperativo, quiçá baseado em determinada (e rígida) concepção da segurança jurídica.

Mesmo naquela época, contudo, a concepção já era passível de questionamento considerando que a "execução provisória" não era desconhecida pelas nossas primeiras leis de processo, pelos nossos Códigos Estaduais, nem pelo CPC de 1939 e, tampouco, pelo CPC de 1973, mesmo antes das profundas reformas pelas quais ele passou desde a década de 1990[1]. A "execução provisória", quando autorizada, sempre foi um permissivo para que os efeitos da decisão que encerrava o "*processo* de conhecimento" fossem experimentados, com maior ou com menor vigor, *antes do trânsito em julgado*. No que interessa destacar para cá, sua admissão já acarretava certo paralelismo de "processos", o de conhecimento e o de execução – e paralelismo também, no contexto da mesma maneira de pensar o direito processual civil, de "ações", a de *conhecimento* e a de *execução* –, que se mostrava bastante para excepcionar o precitado ideal de "segurança jurídica".

Como quer que a questão pudesse ser tratada, contudo, o certo para o CPC de 2015 é que a circunstância de o "cumprimento de sentença" ser disciplinado *após* o "procedimento comum" no *mesmo* contexto de "processo de conhecimento *e de* cumprimento de sentença" não é significativa de que o cumprimento de sentença só pode ter início com o esgotamento da etapa de conhecimento. Para além do "cumprimento *provisório* da sentença", expressão cunhada pelo CPC de 2015 para substituir a tradicionalíssima "execução provisória", decorre com muita nitidez dele – mais do que já era expressamente identificável no CPC de 1973 – que o "cumprimento de sentença" é fenômeno que independe do esgotamento da etapa de conhecimento. Sim, porque o referencial do "cumprimento de sentença" é o que deve ser empregado para o *cumprimento* (leia-se: *concretização* da tutela jurisdicional executiva) de eventuais decisões concessivas de tutelas provisórias, até mesmo no limiar do processo, como se pode verificar do parágrafo único do art. 297 e do art. 519.

Nesse sentido, pode ocorrer – e a prática forense bem demonstra o quanto são frequentes tais acontecimentos – de a etapa de conhecimento do processo mal ter tido início e a etapa de cumprimento, posto que provisório, já ter autorizado o seu desenvolvimento também. Quando a hipótese for de tutela provisória requerida *antecedentemente*, a observação é ainda mais pertinente: o "pedido de tutela final" (art. 303, em se tratando de tutela *antecipada*) ou o "pedido principal" (art. 308, em se tratando de tutela *cautelar*) sequer terão sido formulados. E, mesmo assim, a etapa de cumprimento (provisório) terá sido devidamente deflagrada a partir da cognição *sumária* desenvolvida pelo magistrado.

De qualquer sorte, era inviável que o CPC de 2015 disciplinasse concomitantemente o sequenciamento dos atos (e dos fatos) processuais que correspondem a cada uma daquelas etapas, seu *procedimento*, portanto. A dificuldade de sua compreensão seria incalculável, e, por isso, é mais que justificada a disciplina apartada de uma e depois da outra.

1. Para essa discussão e demonstração, v., do autor deste *Curso*, *Execução provisória e antecipação da tutela*, p. 87-96.

A circunstância de a disciplina dos procedimentos especiais seguir imediatamente à do cumprimento de sentença, ocupando todo o Título III do mesmo Livro I da Parte Especial, arts. 539 a 770, só confirma essa regra: característica marcante daqueles procedimentos, ainda quando analisados do ponto de vista histórico, é a conjugação das atividades de *conhecimento* e de *satisfação* em um "mesmo" processo. De resto, não custa lembrar, a escolha feita pelo CPC de 2015 traz à tona – e deve trazer, mormente para os defensores das tão "grandes como inéditas" novidades deste Código – o trato das mesmas questões tal qual feita pelo CPC de 1939[2].

A escolha por colocar os Títulos I e II lado a lado no mesmo Livro, como faz o CPC de 2015, é, de qualquer sorte, iniciativa suficientemente importante para demonstrar que o que se dá é verdadeiro *sincretismo* de atividades *cognitivas* e *satisfativas* ao longo de um *mesmo* processo, independentemente do esgotamento de uma e/ou de outra, o que passou a caracterizar o modelo brasileiro de processo civil desde as Reformas de 1994[3].

Até porque, sempre dialogando com as escolhas feitas pelo próprio direito nacional, pode ser que o processo se desenvolva *independentemente* de etapa de conhecimento, tendo início com a etapa de liquidação (para apuração do *quantum debeatur*) ou com a etapa do próprio cumprimento (para satisfazer o direito reconhecido no título). Basta, para confirmar o acerto desse entendimento, lembrar do § 1º do art. 515 e dos títulos executivos judiciais nele referidos. Errado entender que em tais casos há um "processo de liquidação" ou um "processo de cumprimento de sentença"[4]. O que há é processo (só *processo*, um só, sem qualquer qualificativo) para que o Estado-juiz preste a tutela jurisdicional que lhe é requerida. Naqueles casos, estar-se-á, por definição, diante de tutela jurisdicional *executiva* a ser devidamente concretizada.

Com efeito, a palavra *processo*, devidamente compreendida na necessária releitura que aos institutos fundamentais do direito processual civil deve ser dada pelas influências do modelo constitucional, da teoria dos direitos fundamentais e da própria concepção das finalidades e das funções a serem desempenhadas pelo estudo do direito processual civil na atualidade, típica da teoria geral do direito processual civil proposta por este *Curso*, não aceita variações ou adjetivações. Não há processo disto ou daquilo, de conhecimento e de cumprimento, ou de execução; já não era correto falar um processo cautelar e assim por diante. O que há é *processo* como indicativo da indispensável manifestação do Estado-juiz

---

2. Que, no que pertine ao tema aqui versado, regulava os então chamados "Processos especiais" em seu Livro IV (arts. 298 a 674), logo em seguida ao "Processo em geral" (Livro II, arts. 153 a 290) e ao "Processo ordinário" (Livro III, arts. 291 a 297).

3. O n. 1 do Capítulo 1 da Parte III do v. 3 das edições anteriores ao CPC de 2015 voltavam-se ao tema. O autor deste *Curso* se voltou também àquela discussão na Introdução de seus *Comentários ao Código de Processo Civil*, v. X, esp. p. 24-26.

4. Como sustentam, por exemplo, Fredie Didier Jr., Leonardo Carneiro da Cunha, Paula Sarno Braga e Rafael Alexandria de Oliveira em seu *Curso de direito processual civil*, v. 5, p. 222 e 464.

para exercer a função jurisdicional em pleno e franco contraditório com as partes e com eventuais interessados[5]. Pode até haver preocupação didática em adjetivar o processo pelo seu conteúdo ou pela preponderância da atividade ou da função nele exercida, mas é preciso apontar que o processo continua sendo o mesmo em qualquer caso; importa, destarte, entender as costumeiras expressões que adjetivam o substantivo "processo" como verdadeiras *expressões idiomáticas*, no sentido de que elas são costumeiramente empregadas e compreendidas, independentemente do que seus elementos individualmente considerados significam. Eventuais alterações que os diversos adjetivos empregados querem evidenciar não operam *no processo*, não sendo capazes de modificá-lo (porque ele é um só, necessariamente construído a partir do "modelo constitucional"), mas alhures, inclusive (e certamente) no *procedimento* e no direito material cuja tutela jurisdicional motiva o rompimento da inércia jurisdicional. O que é possível e, não obstante o nome dado ao Livro I da Parte Especial, útil é dissecar *o* processo (um só) em distintas etapas ou fases (ou segmentos ou módulos, pouco importa o nome de tais fragmentos) para mais bem e detidamente estudá-lo.

Para dar coesão a tudo quanto escrito até aqui, importa entender que a distinção entre "etapa de conhecimento" e "etapa de cumprimento de sentença" é designativa da *preponderância* de atividades judiciais em um *mesmo* processo, inerente a um modelo *sincrético* que, pouco a pouco, cresceu e se desenvolveu no direito brasileiro desde a Lei n. 8.952/94, e que, de vez, foi incorporado e generalizado pelo CPC de 2015, consoante demonstram variadas passagens deste volume e do *Curso* como um todo.

2. NOMENCLATURA

Consequência segura de tudo quanto exposto no número anterior é a seguinte: a despeito da nomenclatura empregada pelo Título II do Livro I da Parte Especial, "cumprimento da *sentença*", é correto (e necessário) entender que as técnicas nele disciplinadas se referem a *quaisquer decisões jurisdicionais* veiculadoras de tutela jurisdicional. É mais um caso, dentre tantos, em que o CPC de 2015 vale-se do nome *sentença*, uma das *espécies* de decisão jurisdicional (art. 203, § 1º), para se referir não só ao *gênero de decisões jurisdicionais* como um todo, mas, mais apropriadamente, a qualquer outra espécie de título executivo *judicial*. Típico caso de *metonímia*, destarte, e, para ser bem preciso, no emprego da gramática, a hipótese é, também aqui, de *sinédoque*, em que a parte ("sentença") quer desempenhar o papel do todo ("título executivo judicial").

5. Para tanto, v. o n. 4 do Capítulo 4 da Parte I do v. 1 deste *Curso*. Antes, o autor deste *Curso* já havia se voltado ao tema para expor o quanto as reformas empreendidas pela Lei n. 11.232/2005 traziam de elementos para a (re)construção dogmática do direito processual civil. A referência é feita ao seu *A nova etapa da reforma do Código de Processo Civil*, v. 1, esp. p. 74-80 e Variações sobre a multa do *caput* do art. 475-J do CPC na redação da Lei n. 11.232/2005, esp. p. 128-135.

Para além do já mencionado art. 519 neste contexto, a disciplina daqueles dispositivos diz respeito indistintamente a decisões interlocutórias concessivas de tutela provisória (art. 297, parágrafo único), a decisões interlocutórias de mérito, tais quais as que julgam antecipada e parcialmente o mérito (art. 356, § 2º), a sentenças propriamente ditas (art. 203, § 1º), a decisões monocráticas proferidas no âmbito dos Tribunais (art. 932), a acórdãos (art. 204) e *também* aos demais títulos executivos judiciais indicados no art. 515 que não se amoldam a nenhuma dessas categorias. Inclusive àqueles que se formam independentemente do desenvolvimento da etapa de conhecimento nos moldes idealizados pelo Código de Processo Civil ou pelas leis processuais civis extravagantes, tais como a sentença penal condenatória (art. 515, VI), a sentença arbitral (art. 515, VII), a sentença estrangeira homologada pelo Superior Tribunal de Justiça (art. 515, VIII) e a decisão interlocutória estrangeira, após a concessão do *exequatur* à carta rogatória pelo Superior Tribunal de Justiça (art. 515, IX). Particularmente feliz, nesse sentido, o quanto se lê do *caput* daquele dispositivo: "São títulos executivos judiciais, cujo cumprimento dar-se-á de acordo com os artigos previstos neste Título". Tanto mais quando a ele se compara o seu par no CPC de 1973, o *caput* do art. 475-N, que se limitava a indicar o rol dos "títulos executivos judiciais"[6].

A utilização da expressão "cumprimento de sentença" ao longo deste *Curso* deve ser compreendida desta forma ampla, sem perder de vista, contudo, que o que está por trás da disciplina dos arts. 513 a 538 é o estudo das técnicas disponibilizadas para que a tutela jurisdicional executiva fundada em títulos executivos *judiciais* seja concretizada e que, embora não se confundam, são parelhas às técnicas que o Código de Processo Civil disponibiliza para a concretização da tutela jurisdicional executiva quando fundada em títulos executivos *extrajudiciais*, rotulada por ele de "execução" e "processo de execução".

3. FORMAÇÃO, SUSPENSÃO E EXTINÇÃO DA ETAPA DE CUMPRIMENTO DA SENTENÇA

A despeito de se tratar de um "processo sincrético" que se desenvolve por etapas que não se sucedem necessariamente umas às outras, podendo, até mesmo, ter andamento concomitante e paralelo, importa destacar que a etapa de cumprimento de sentença tem começo, meio e fim.

6. Era a seguinte a redação daquele dispositivo: "Art. 475-N. São títulos executivos judiciais: I – a sentença proferida no processo civil que reconheça a existência de obrigação de fazer, não fazer, entregar coisa ou pagar quantia; II – a sentença penal condenatória transitada em julgado; III – a sentença homologatória de conciliação ou de transação, ainda que inclua matéria não posta em juízo; IV – a sentença arbitral; V – o acordo extrajudicial, de qualquer natureza, homologado judicialmente; VI – a sentença estrangeira, homologada pelo Superior Tribunal de Justiça; VII – o formal e a certidão de partilha, exclusivamente em relação ao inventariante, aos herdeiros e aos sucessores a título singular ou universal. Parágrafo único. Nos casos dos incisos II, IV e VI, o mandado inicial (art. 475-J) incluirá a ordem de citação do devedor, no juízo cível, para liquidação ou execução, conforme o caso".

Seu início ou formação dá-se pelo *requerimento* a que se refere (embora de maneira insuficiente) o § 1º do art. 513, independentemente de se tratar de cumprimento *provisório* ou *definitivo*.

Ao longo da etapa de cumprimento de sentença (provisório ou definitivo), podem ocorrer situações que acarretem a sua *suspensão*, nos termos do art. 921, que abrange também as hipóteses genéricas de suspensão do processo previstas nos arts. 313, inclusive as novidades introduzidas no CPC de 2015 pela Lei n. 13.363/2016, e 315. A esse propósito, o art. 922 contém importantíssima hipótese de suspensão dos atos executivos que vai ao encontro do amplo incentivo aos meios alternativos de resolução de conflitos do CPC de 2015, desde os parágrafos de seu art. 3º: a suspensão do processo pelo prazo concedido pelo exequente para que o executado cumpra voluntariamente a obrigação.

O término da etapa de cumprimento da sentença é declarado por sentença (art. 925), que terá como fundamento uma das situações previstas nos incisos do art. 924, a saber: "I – a petição inicial for indeferida; II – a obrigação for satisfeita; III – o executado obtiver, por qualquer outro meio, a extinção total da dívida; IV – o exequente renunciar ao crédito; V – ocorrer a prescrição intercorrente". Da sentença cabe apelação (art. 1.009, *caput*), que, à falta de regra em sentido contrário, será recebida com efeito suspensivo (art. 1.012, *caput*).

No interregno entre o requerimento inicial a que se refere o § 1º do art. 513 e a sentença que extingue o processo nos precisos termos do § 1º do art. 203, as decisões interlocutórias serão todas elas recorríveis imediatamente por agravo de instrumento, por força do que dispõe o parágrafo único do art. 1.015[7]. A especificidade da regra afasta o novel sistema recursal *diferido* criado pelo CPC de 2015 para a maior parte das decisões interlocutórias proferidas ao longo da etapa de conhecimento (art. 1.009, §§ 1º e 2º)[8].

Não há nenhuma peculiaridade quanto à sistemática dos embargos de declaração e dos recursos para os Tribunais Superiores quando interpostos na etapa de cumprimento de sentença, o que dispensa qualquer consideração genérica a seu respeito ao longo deste volume.

4. FINALIDADE

Antes de dar início propriamente dito ao exame das regras identificadas pelo Código de Processo Civil acerca da concretização da tutela jurisdicional executiva relativa a obrigações

7. Que tem a seguinte redação: "Também caberá agravo de instrumento contra decisões interlocutórias proferidas na fase de liquidação de sentença ou de cumprimento de sentença, no processo de execução e no processo de inventário".

8. Nesse sentido: William Santos Ferreira, *Comentários ao Código de Processo Civil*, v. 4, p. 424-428; Luiz Guilherme Marinoni, Sérgio Cruz Arenhart e Daniel Mitidiero, *Novo Código de Processo Civil comentado*, p. 939-940, e José Miguel Garcia Medina, Novo Código de Processo Civil comentado, p. 1383-1384.

de pagar, importa colocar em evidência a finalidade do processo quando ele se dirige àquela finalidade.

O art. 797, à guisa de indicar a finalidade de todo e qualquer pedido de concretização de tutela jurisdicional executiva, independentemente de sua modalidade obrigacional, acaba indicando a finalidade da chamada "execução por quantia certa", distinguindo os casos em que ela é direcionada a devedor *solvente* (e é dessa que o CPC de 2015 se ocupa) daquela voltada ao devedor insolvente (cuja disciplina ainda é a do CPC de 1973, em função do art. 1.052 do CPC de 2015). Segundo o *caput* do dispositivo, "ressalvado o caso de insolvência do devedor, em que tem lugar o concurso universal, realiza-se a execução no interesse do exequente que adquire, pela penhora, o direito de preferência sobre os bens penhorados".

Em reforço àquela noção, o art. 824 dispõe que "a execução por quantia certa realiza-se pela expropriação de bens do executado, ressalvadas as execuções especiais".

A expropriação, que é a retirada pelo Estado-juiz de bens legitimamente pertencentes ao patrimônio do executado, pode ser feita por adjudicação, alienação por iniciativa particular, alienação em leilão judicial ou, ainda, pela apropriação de frutos e rendimentos de empresa ou de estabelecimentos e de outros bens (art. 825).

Ao executado, desde sua intimação ou citação, conforme o caso, é reconhecido o direito de pagar o que é devido. Naquela convocação inicial, aliás, ele é incentivado a tanto, seja pelo arbitramento de multa ou pela redução dos honorários advocatícios fixados de início. Depois disso – e enquanto não expropriados os bens penhorados –, ele pode *remir* a execução, desde que o faça ofertando a importância atualizada monetariamente da dívida, com os juros cabíveis, além de custas processuais e honorários advocatícios (art. 826). Trata-se de hipótese que, se ocorrente, conduzirá à extinção da execução nos moldes dos incisos III ou IV do art. 924.

5. INÍCIO DA ETAPA DE CUMPRIMENTO DE SENTENÇA

O *caput* do art. 513 é extremamente claro quando dispõe que "o cumprimento da sentença será feito segundo as regras deste Título, observando-se, no que couber e conforme a natureza da obrigação, o disposto no Livro II da Parte Especial deste Código".

A um só tempo, o dispositivo consegue evidenciar que a modalidade obrigacional (obrigações de pagar quantia, de fazer ou de não fazer e de dar coisa) interfere nas escolhas das técnicas de cumprimento – e isto ficará claro no exame de cada uma das espécies disciplinadas pelos Capítulos subsequentes do mesmo Título II – e que a disciplina do Título II do Livro I da Parte Especial é insuficiente. Por isso a remissão ao Livro II da mesma Parte Especial, intitulada "processo de execução". Na verdade, as normas relativas ao cumprimento de sentença dizem respeito ao *início* da etapa de cumprimento de sentença do processo. Elas disciplinam muito pouco, quando disciplinam, a prática de atos forçados que serão *necessários* se o réu não acatar a determinação (ordem) do magistrado constante da sentença (sempre compreendida de forma ampla) e o que ocorre após os primeiros atos daquela etapa, inclusive após o exercício da eventual *defesa* exercida pelo réu (chamada de "impugnação" e objeto de disciplina pelo art. 525). Há, destarte, verdadeira *complementação* de normas aqui disciplinadas pelas que estão ali, como revela também o *caput* do art. 771, que, alocado no início da disciplina codificada do "processo de execução", faz a mesma determinação na perspectiva inversa, de lá para cá[9].

Não obstante o limitado alcance textual do *caput* do dispositivo, é irrecusável que também se aplica de maneira ampla ao cumprimento de sentença a disciplina da Parte Geral do CPC de 2015, naquilo que necessário.

Irrecusável, destarte, lembrando do art. 139, mais especificamente seu inciso IV, que o "dever-poder geral de *efetivação*" nele previsto e a admissão de técnicas executivas *atípicas*, inclusive quando se tratar de obrigação de pagar quantia, tenham amplo campo de aplicação no âmbito do cumprimento de sentença[10].

Também ilustra suficientemente o alcance pretendido a lembrança dos parágrafos do art. 3º e do inciso V do art. 139, cabendo ao magistrado convocar as partes para audiências de conciliação ou de mediação ao longo daquela etapa[11]. A iniciativa, aliás, tem o condão de minimizar os malefícios decorrentes da infeliz escolha feita pelo CPC de 2015 ao expressamente afastar a *moratória* do art. 916 do âmbito do cumprimento de sentença.

Assim é que se o réu, já executado, deixar fluir o prazo de quinze dias sem pagamento, haverá, muito provavelmente, penhora de bens seus que, se diversos de dinheiro, serão alienados após a devida avaliação para alcançar o resultado desejado pela prestação (forçada) da tutela jurisdicional: a satisfação do credor, na qualidade de exequente. Trata-se de consequência inarredável da devida conjugação do *caput* do art. 513 e do *caput* do art. 771. Idêntico raciocínio merece ser observado com relação às demais modalidades obrigacionais, guardadas, evidentemente, as profundas diferenças nas técnicas executivas empregáveis considerando as suas não menos profundas distinções desde o plano do direito material: escoado o prazo inicial dado ao magistrado para que o executado faça, não faça ou entregue,

---

9. "O CPC/2015 destinou o Livro II de sua Parte Especial à disciplina do procedimento da execução fundada em título extrajudicial. Previu também que essas normas supletivamente regulariam os atos executivos praticados no procedimento de cumprimento de sentença e aos efeitos de outros atos ou fatos processuais dotados de força executiva" (Humberto Theodoro Júnior, *Comentários ao Código de Processo Civil*, v. XV, p. 85).

10. O Enunciado n. 48 da ENFAM é nesse sentido: "O art. 139, IV, do CPC/2015 traduz um poder geral de efetivação, permitindo a aplicação de medidas atípicas para garantir o cumprimento de qualquer ordem judicial, inclusive no âmbito do cumprimento de sentença e no processo de execução baseado em títulos extrajudiciais".

11. Nesse sentido é o Enunciado n. 485 do FPPC: "É cabível conciliação ou mediação no processo de execução, no cumprimento de sentença e na liquidação de sentença, em que será admissível a apresentação de plano de cumprimento da prestação".

a satisfação do direito do exequente será perseguida por atividade jurisdicional visando ao encerramento do processo, preferencialmente nos moldes do inciso II do art. 924.

5.1 Requerimento do exequente

O § 1º do art. 513 evidencia que o início da etapa de cumprimento de sentença (definitivo ou provisório) deve se dar com requerimento do exequente, isto é, o credor reconhecido como tal no título executivo judicial.

A despeito das palavras empregadas pelo dispositivo e sem prejuízo das indagações que ocupam o número seguinte, importa entender que o *requerimento* exigido por ele faz as vezes de uma "petição inicial", similar, destarte, àquela que rompeu a inércia jurisdicional quando do início do processo e, por identidade de vezes, daquela que romperá a inércia quando se tratar daquilo que o CPC de 2015 ainda nomina de "processo de execução".

Por essa razão, é importante entender que, por mais simplificado e desformalizado que possa ser esse requerimento, ele deve observar o que de indispensável exigem os arts. 798 e 799, que cuidam do tema na perspectiva das execuções de títulos executivos extrajudiciais. Também importa enfatizar que essa compreensão não guarda nenhuma relação com a existência e o exercício de uma *nova* ação, agora com as vestes de "cumprimento de sentença". Não há por que existir essa associação (equivocada) entre conteúdo e continente.

Assim é que caberá ao exequente indicar, com fundamento no inciso I do art. 798, o título executivo judicial para o que será, no mais das vezes, suficiente remissão às folhas do processo em que ele se formou e, sendo o caso, foi confirmado; apresentar memória de cálculo observando as exigências do art. 524, repetidas no parágrafo único do art. 798; quando houver obrigação de pagamento de quantia, deverá apresentar prova de que se verificou condição ou que ocorreu o termo (art. 514), e, ainda, comprovar, quando for o caso, que adimpliu a contraprestação que lhe corresponde ou que lhe assegura o cumprimento, se o executado não for obrigado a satisfazer a sua prestação senão mediante a contraprestação do exequente.

Havendo mais de um modo de proceder os atos executivos, o exequente deverá declinar quais são os de sua preferência (art. 798, II, *a*)[12].

Se houver alguma mutação subjetiva nos polos do processo para o início da etapa de cumprimento de sentença – o que pode ocorrer, por exemplo, quando houver sucessão processual (art. 778, § 1º) –, além da sua descrição e comprovação, o CPF ou o CNPJ dos novos legitimados deverá ser declinado (art. 798, II, *b*).

---

12. A exigência traz à tona o disposto no art. 805 e o "princípio da menor gravosidade" nele previsto.

Em se tratando de obrigação de pagamento de quantia, o exequente poderá indicar, desde logo, os bens sobre os quais pretende recaia a penhora (art. 798, II, *c*), sendo a prática altamente recomendável, a despeito de não obrigatória, inclusive, mas não só, quando se tratar da prática da impropriamente chamada "penhora *on line*" (art. 854). A esse propósito, cabe ao exequente requerer sejam realizadas as intimações de que tratam os incisos I a VII e X e XI do art. 799, estes dois últimos incisos incluídos pela Lei n. 13.465/2017, consoante elas se justifiquem à luz das peculiaridades do caso concreto[13].

O exequente poderá, ainda, requerer a prática de atos urgentes (art. 799, VIII), sem prejuízo de proceder à averbação em registro público do ato de propositura da execução e dos atos de constrição realizados, para conhecimento de terceiros (art. 799, IX)[14]. Em se tratando de cumprimento de sentença, o "ato de propositura da execução" deve ser entendido como a própria formalização do requerimento aqui analisado, enaltecendo, também por essa razão, a indispensabilidade de sua formalização nos moldes aqui discutidos[15].

Quando se tratar de obrigação alternativa (art. 325), cabe ao exequente manifestar-se desde logo sobre a forma de seu cumprimento, quando a ele couber a iniciativa (art. 800, § 2º). Caso contrário, o executado será intimado para exercer a opção e realizar a prestação, sob pena de a escolha passar a ser do exequente (art. 800, *caput* e § 1º).

O requerimento de que trata o § 1º do art. 513 será dirigido ao juízo competente, observando-se as variantes do art. 516, e passará, como sói ocorrer, por tríplice exame de admissibilidade: se *positivo*, será determinada a *intimação* do executado nos moldes do § 2º do art. 513. Se *neutro*, será determinada a emenda ou a correção do requerimento no prazo de quinze dias (úteis), aplicando-se o disposto no art. 801, devendo ser indicado(s) "com precisão" o(s) vício(s) que justifique(m) aquele ato com fundamento no art. 321. Se *negativo*, o início da etapa de cumprimento de sentença será obstado. Em se tratando de cumprimento *definitivo*, seguir-se-á a extinção do processo (art. 924, I) com o proferimento de *sentença* (arts. 925 e 203, § 1º), apelável por força do *caput* do art. 1.009. Se a hipótese for de cumprimento *provisório*, tratar-se-á de decisão interlocutória (art. 203, § 2º), agravável de instrumento, diante da ampla previsão do parágrafo único do art. 1.015.

---

13. Sua falta torna ineficaz a alienação do bem em relação àquele que deveria ter sido intimado e não foi, como dispõe o art. 804.

14. A respeito é o Enunciado n. 104 da I Jornada de Direito Processual Civil do CJF: "O fornecimento de certidão para fins de averbação premonitória (art. 799, IX, do CPC) independe de prévio despacho ou autorização do juiz". Para a discussão do tema ainda à época do CPC de 1973, v. Rita Quartieri, *Tutelas de urgência na execução civil*, p. 140-159.

15. Nesse sentido: Fredie Didier Jr., Leonardo Carneiro da Cunha, Paula Sarno Braga e Rafael Alexandria de Oliveira, *Curso de direito processual civil*, v. 5, p. 463-464; Dorival Renato Pavan, Comentários ao art. 513, p. 584-585; Heitor Vitor Mendonça Sica, Comentários ao art. 513, p. 796-797, e Nelson Nery Junior e Rosa Maria de Andrade Nery, *Comentários ao Código de Processo Civil*, p. 1.260.

5.2 Iniciativa do exequente para a etapa de cumprimento da sentença

Para além da necessária exteriorização do requerimento com observância do quanto analisado no número anterior, o § 1º do art. 513 convida a outra reflexão. É que, de acordo com o seu *texto*, o requerimento nele previsto é limitado aos casos de pagamento de quantia. O dispositivo silencia-se acerca da necessidade de requerimento quando o cumprimento de sentença versar as demais modalidades obrigacionais (fazer, não fazer e entrega de coisa).

A despeito disso, não há como como negar que também naqueles casos, em todos eles, o cumprimento de sentença depende de iniciativa do exequente[16]. Cabe a ele, o exequente – e não ao magistrado de ofício –, manifestar expressamente seu *interesse* em perseguir o que lhe foi reconhecido pela sentença (sempre entendida como sinônimo de título executivo judicial). O impulso oficial do art. 2º, até mesmo em função da ressalva nele feita, não tem o condão de infirmar esse entendimento[17].

É o caso de não confundir a necessidade de requerimento para a instauração da etapa de cumprimento de sentença com o que, na perspectiva dos arts. 497 e 498, ao tratar das obrigações de fazer, de não fazer e de entrega de coisa, é o ideal que aconteça, isto é, que o réu cumpra *espontaneamente* a obrigação reconhecida na sentença *independentemente* de qualquer intimação específica para tanto e, consequentemente, sem necessidade de atuação judicial para *impor* o cumprimento. Se o réu não cumprir, cabe ao autor (o *exequente* a que se refere o § 1º do art. 513) requerer o início do cumprimento de sentença. Neste caso, justamente pela (necessária) intervenção jurisdicional, já não há mais razão para identificar espaço para que o cumprimento se dê de maneira *espontânea*. No máximo, ele se dará *voluntariamente* no sentido de ser o executado quem pratica, ele próprio, atos com vistas ao cumprimento da determinação judicial, imposta para os fins dos arts. 536 e 538. Não mais porque o quer, contudo, mas porque deve fazê-lo, como forma de evitar alguma piora em seu patrimônio jurídico.

O entendimento contrário não merece subsistir, ainda quando a hipótese envolver concessão de tutela provisória, inclusive liminarmente[18]. Não se pode confundir eventual tutela

---

16. Nesse sentido: José Miguel Garcia Medina, *Novo Código de Processo Civil comentado*, p. 796, e José Rogério Cruz e Tucci, Comentários ao art. 513, p. 255. Contra: Daniel Amorim Assumpção Neves, *Novo Código de Processo Civil comentado artigo por artigo*, p. 893.

17. É, no particular, o correto entendimento de Sergio Shimura: "O Código deixa claro e expresso que há necessidade de requerimento do credor, para o início da fase de cumprimento de sentença, seja provisório ou definitivo, pondo fim ao debate existente na doutrina e jurisprudência sobre se a instauração da fase executiva seria automática ou dependeria de iniciativa do credor. Agora, exige-se a iniciativa da parte para obtenção da tutela jurisdicional, em clara manifestação dos princípios dispositivo e o da inércia da jurisdição" (*Breves comentários ao novo Código de Processo Civil*, p. 1465).

18. No mesmo sentido: Daniel Amorim Assumpção Neves, Novo Código de Processo Civil comentado artigo por artigo, p. 895, e José Miguel Garcia Medina, *Novo Código de Processo Civil comentado*, p. 797.

provisória que determine que o réu faça ou deixe de fazer algo ou, ainda que entregue alguma coisa, com a situação em que a sentença o determina. Isto porque, naqueles casos, o pedido de tutela provisória faz as vezes do pedido não só relativo à sua concessão (atividade cognitiva), mas *também* de sua imediata concretização (etapa de cumprimento). O que ocorre em tais casos é inequívoco (e acentuadíssimo) *sincretismo* de atividades jurisdicionais praticamente coincidindo e se sobrepondo. A concessão da tutela jurisdicional na sentença atende a pedido do autor (arts. 490 e 492). Há, contudo, interesse dele, no seu imediato cumprimento? E, ainda que haja interesse, o cumprimento imediato lhe é permitido sem que tome alguma iniciativa nesse sentido?

A questão é tanto mais instigante por causa da conservação do efeito suspensivo à apelação no CPC de 2015. Aquela (lamentável) regra, constante do *caput* do art. 1.012, coloca questão que, inclusive do ponto de vista prático, é relevante: a sentença determina que o réu faça, não faça ou entregue algo. O réu apela e, com isso, impede o início da produção dos efeitos da sentença, prolongando o seu estado de *ineficácia* (art. 995, *caput*). Rejeitado o apelo, põe-se o problema de quando estará o réu obrigado a cumprir o que lhe fora determinado por decisão *substituída* pela decisão proferida pelo Tribunal (art. 1.008). É do seu trânsito em julgado? É da inauguração de segmento recursal despido de efeito suspensivo como o recurso extraordinário e/ou o especial? Se, é certo que em ambos os casos, estão liberados os efeitos da decisão, não há como descolá-los do início *formalizado* da etapa de cumprimento. Por isso, é mister que o autor (exequente) tome a iniciativa e assuma, com ela, as responsabilidades correspondentes, que serão maiores na hipótese de o cumprimento ser *provisório*. Até porque, sem requerimento do exequente, cumprimento provisório da sentença não haverá, no que é muito claro o inciso I do art. 520. O entendimento aqui propugnado decorre do princípio do contraditório, que evita surpresas aos litigantes e, em última análise, afeiçoa-se ao modelo de processo cooperativo desejado pelo CPC de 2015 desde seus arts. 6º e 10.

Em síntese, o melhor entendimento, a despeito da *letra* do § 1º do art. 513, é que sua *interpretação* seja ampla: o início da etapa de cumprimento, provisório ou definitivo, pressupõe requerimento do exequente, independentemente de se tratar de obrigação de pagar, de fazer, de não fazer ou de entregar coisa.

5.3 Intimação e suas modalidades

Além do requerimento a ser apresentado pelo exequente, sem o qual a etapa de cumprimento de sentença (provisório ou definitivo e independentemente de qual seja a modalidade obrigacional) não tem início, é mister que a parte contrária (réu, devedor ou executado são todos nomes empregados indistintamente pelo CPC de 2015 para descrevê-la[19]) seja

19. Em rigor, caberia ao CPC de 2015 ter indicado quando está a tratar de devedor, de réu e de executado, até porque as palavras denotam planos diversos, o de direito material e o de direito processual. Não houve, a despeito

intimada, passando a saber, clara e inequivocamente desde então, ser o interesse *atual* do exequente ver seu direito, já reconhecido, devidamente satisfeito.

Trata-se, importa frisar, de mera *intimação* e não de nova *citação*, porque não há, aqui, instauração de *novo* processo, apenas do início de mais uma etapa (a de cumprimento) do *mesmo* processo. Nas hipóteses em que verdadeira *citação* se justifica, assim como se dá nos casos do § 1º do art. 515 – e, como boa exceção, ela vem para confirmar a regra –, ela *deve* ser realizada com observância do regime constante dos arts. 238 a 259.

A Lei n. 11.232/2005, ao estabelecer a nova sistemática do cumprimento de sentença das obrigações de pagar quantia, acabou rendendo ensejo a enorme polêmica sobre o modo de a etapa destinada àquela finalidade ser iniciada e, em particular, se havia, ou não, necessidade de haver intimação dirigida ao executado para tanto. Este *Curso* sempre defendeu o entendimento de que o início da etapa de cumprimento de sentença dependia não só de provocação do exequente, mas também que houvesse intimação do executado para que adimplisse o quanto devido. Chegou a sustentar, pioneiramente, que o costumeiro despacho da prática forense, o "cumpra-se o v. acórdão" merecia ser revisitado e reinterpretado nesse contexto e para aquele fim[20]. Não obstante, diversas outras correntes doutrinárias acabaram tomando corpo, gerando dispersão interpretativa e resultando em inegável insegurança jurídica[21].

O STJ teve oportunidade de se manifestar sobre o assunto em sede de Recurso Especial repetitivo quando entendeu que a prévia intimação do executado na pessoa do advogado era indispensável para o início da etapa de cumprimento de sentença. É a seguinte a ementa do acórdão então proferido no que interessa para cá:

> "PROCESSUAL CIVIL. RECURSO ESPECIAL REPRESENTATIVO DE CONTROVÉRSIA. ART. 543-C DO CPC. CUMPRIMENTO DE SENTENÇA. EXECUÇÃO POR QUANTIA CERTA. TÍTULO JUDICIAL. MULTA DO ARTIGO 475-J DO CPC. NECESSIDADE DE INTIMAÇÃO APENAS NA PESSOA DO ADVOGADO DO DEVEDOR, MEDIANTE PUBLICAÇÃO NA IMPRENSA OFICIAL.
>
> 1. Para fins do art. 543-C do CPC: Na fase de cumprimento de sentença, o devedor deverá ser intimado, na pessoa de seu advogado, mediante publicação na imprensa oficial, para

---

de alguns esforços nesse sentido – o mais perceptível o do Substitutivo apresentado por alguns Diretores do Instituto Brasileiro de Direito Processual, Ada Pellegrini Grinover, Paulo Henrique dos Santos Lucon, Carlos Alberto Carmona e o autor deste Curso, consoante se verifica da sua respectiva Exposição de Motivos, publicado em obra coletiva coordenada por José Anchieta da Silva, O novo processo civil, p. 13-21 –, maior cuidado com o ponto.

20. É o entendimento que o autor deste *Curso* sustentou, pioneiramente, em seu *A nova etapa da reforma do Código de Processo Civil*, v. 1, p. 88. Nas edições anteriores ao CPC de 2015 deste *Curso*, o assunto é tratado no n. 5.2 do Capítulo 1 da Parte II de seu v. 3.

21. Para o assunto, v. os n. 2 e 3 do Capítulo 1 da Parte II do v. 3 das edições anteriores ao CPC de 2015 deste *Curso*. Seu autor dedicou-se ao tema também em outras obras, em especial, as seguintes: *A nova etapa da reforma do Código de Processo Civil*, p. 88-97; Variações sobre a multa do *caput* do art. 475-J do CPC na redação da Lei n. 11.232/2005, esp. p. 135-162, e Novas variações sobre a multa do art. 475-J do CPC, esp. p. 70-74.

efetuar o pagamento no prazo de 15 (quinze) dias, a partir de quando, caso não o efetue, passará a incidir a multa de 10% (dez por cento) sobre montante da condenação (art. 475-J do CPC). 2. (...)"[22].

O CPC de 2015, no particular, tomou partido sobre a questão e, ao mesmo tempo que fixou como regra a orientação que, desde o início, parecia a este *Curso* a mais adequada – que é a que acabou prevalecendo no STJ –, previu regras específicas para outras determinadas situações.

Assim é que a *intimação* do executado, como se lê do § 2º do art. 513, será feita observando as seguintes regras:

(i) Pelo *Diário da Justiça*, na pessoa do advogado que já estiver constituído nos autos. Importa verificar, contudo, se há alguma restrição (que deve ser expressa) na procuração que inviabilize a prática daquele ato, providência que se harmoniza com o disposto no § 4º do art. 105: "Salvo disposição expressa em sentido contrário constante do próprio instrumento, a procuração outorgada na fase de conhecimento é eficaz para todas as fases do processo, inclusive para o cumprimento de sentença".

(ii) Por carta com aviso de recebimento, quando o executado estiver representado pela Defensoria Pública ou não tiver procurador constituído nos autos. O dispositivo ressalva a hipótese de a citação para a etapa de conhecimento ter sido feita por edital e o réu ter sido revel naquela etapa. Neste caso, a intimação será feita mediante a publicação de *novo* edital[23].

(iii) Por meio eletrônico, nos casos do § 1º do art. 246, quando a empresa pública ou privada não tiver procurador constituído nos autos. O dispositivo excepciona expressamente da regra as microempresas e as empresas de pequeno porte.

(iv) Por novo edital, quando o executado, citado por edital na etapa cognitiva, nela tiver sido revel. A previsão merece ser complementada com a Súmula 196 do STJ, que, a despeito de ter sido editada sob a égide do CPC de 1973, mantém-se incólume para o CPC de 2015. É o seguinte o seu enunciado: "Ao executado que, citado por edital ou por hora certa, permanecer revel, será nomeado curador especial, com legitimidade para apresentação de embargos". Úni-

---

22. STJ, CE, REsp repetitivo n. 1.262.933/RJ, rel. Min. Luis Felipe Salomão, j. un. 19-6-2013, *DJe* 20-8.2013. Embora com ênfase na incidência de honorários advocatícios na etapa de cumprimento da sentença, outro repetitivo do STJ reiterou aquele entendimento, como se pode verificar de sua respectiva ementa: "RECURSO ESPECIAL REPETITIVO. DIREITO PROCESSUAL CIVIL. CUMPRIMENTO DE SENTENÇA. IMPUGNAÇÃO. HONORÁRIOS ADVOCATÍCIOS. 1. Para efeitos do art. 543-C do CPC: 1.1. São cabíveis honorários advocatícios em fase de cumprimento de sentença, haja ou não impugnação, depois de escoado o prazo para pagamento voluntário a que alude o art. 475-J do CPC, que somente se inicia após a intimação do advogado, com a baixa dos autos e a aposição do 'cumpra-se' (REsp n. 940.274/MS). 1.2. Não são cabíveis honorários advocatícios pela rejeição da impugnação ao cumprimento de sentença. 1.3. Apenas no caso de acolhimento da impugnação, ainda que parcial, serão arbitrados honorários em benefício do executado, com base no art. 20, § 4º, do CPC. 2. Recurso especial provido" (STJ, CE, REsp repetitivo n. 1.134.186/RS, rel. Min. Luis Felipe Salomão, j. un. 1º-8-2011, *DJe* 21-10-2011).

23. Aplicando corretamente o art. 513, § 2º, II, e afastando diante de sua especialidade a regra genérica do art. 346 é o acórdão proferido pela 3ª Turma do STJ no REsp 1.760.914/SP, rel. Min. Paulo de Tarso Sanseverino, j.un. 2-6-2020, *DJe* 8-6-2020.

ca observação que merece ser feita com relação ao tema é que, no ambiente do cumprimento de sentença, a manifestação do executado é a *impugnação*, cuja disciplina está no art. 525.

O § 3º do art. 513 complementa o rol do § 2º ao dispor que a intimação é considerada feita no endereço constante dos autos quando o réu tiver mudado de endereço sem prévia comunicação ao juízo. Trata-se de previsão que se harmoniza por completo com o disposto no parágrafo único do art. 274, segundo o qual: "Presumem-se válidas as intimações dirigidas ao endereço constante dos autos, ainda que não recebidas pessoalmente pelo interessado, se a modificação temporária ou definitiva não tiver sido devidamente comunicada ao juízo, fluindo os prazos a partir da juntada aos autos do comprovante de entrega da correspondência no primitivo endereço".

O § 4º do art. 513 excepciona os casos em que a intimação será feita na pessoa do procurador constituído nos autos. Para eles, se o requerimento para início da etapa de cumprimento de sentença ocorrer após um ano do trânsito em julgado da sentença, a intimação deverá ser feita pessoalmente, na pessoa do próprio executado, por carta com aviso de recebimento. O endereço de postagem é o que consta dos autos, presumindo-se, também aqui, escorreita a intimação se eventual alteração de endereço, ainda que provisória, não tiver sido previamente comunicada ao juízo (art. 274, parágrafo único).

Como o § 4º do art. 513 refere-se expressamente ao trânsito em julgado, sua determinação não alcança as hipóteses de cumprimento *provisório* da sentença, quando deverão ser observadas as modalidades de intimação previstas no § 2º do art. 513.

De resto, cumpre assinalar que, nos casos regrados pelos §§ 3º e 4º do art. 513, é inquestionável que o *início* do prazo para o executado cumprir a determinação judicial corresponde à data do recebimento da referida carta, nos termos do § 3º do art. 231, o que afasta a regra derivada do parágrafo único do art. 274 (segundo a qual o prazo flui a partir da juntada aos autos do comprovante de entrega da correspondência no endereço constante dos autos) e, mais especificamente, dos incisos do *caput* do próprio art. 231, consoante a modalidade de intimação. Isso porque ou se parte do pressuposto da inexistência do advogado constituído nos autos (art. 513, § 3º) ou sua presença, pelo transcurso do prazo, é tida como indiferente para a prática da determinação do magistrado (art. 513, § 4º). É correto entender, de qualquer sorte, que o prazo será contado excluindo o dia do começo e incluindo o dia do vencimento, em observância ao disposto no *caput* do art. 224.

5.4 Inércia no início da etapa de cumprimento e prescrição

A inação do exequente para requerer o início da etapa de cumprimento da sentença deve ser entendida como apta a deflagrar a chamada prescrição intercorrente[24], a despeito de o

24. O Enunciado n. 194 do FPPC admite o reconhecimento da prescrição intercorrente na etapa de cumprimento de sentença da seguinte maneira: "A prescrição intercorrente pode ser reconhecida no procedimento de cumprimento de sentença".

CPC de 2015 não ter repetido o § 5º do art. 475-J do CPC de 1973, segundo o qual, "não sendo requerida a execução no prazo de seis meses, o juiz mandará arquivar os autos, sem prejuízo de seu desarquivamento a pedido da parte"[25].

É certo que a hipótese não se amolda na hipótese que, com o § 4º do art. 921 e com o inciso V do art. 924, passou a ser expressamente regulada pelo CPC de 2015 para as execuções não fiscais[26]. Não obstante, é inegável que o silêncio do exequente no início do cumprimento de sentença acaba por encontrar a viabilidade de dar fluência à prescrição que havia sido interrompida nos moldes do art. 202 do Código Civil e justamente pela incidência desta regra à falta de outra[27].

Ademais, é correto entender ser "... inviável afirmar existente nova e diversa prescrição para o exercício da pretensão a executar os títulos referidos nos arts. 515, I a IV e VI a IX, e 701 do CPC de 2015. Nestes casos, não há, no início da execução, exercício de nova pretensão por meio de nova ação, mas sim desdobramento da pretensão já manifestada pelo único direito de ação anteriormente exercido, ao ensejo do início do procedimento de cunho cognitivo no qual se formou o título executivo"[28]. Por isso, com Alexandre Minatti, é correto sustentar que "falar (...) em prescrição executória serve apenas para, didaticamente, referir-se à prescrição reiniciada após a interrupção operada pela demanda cognitiva"[29].

Trata-se de imperativo de segurança jurídica que permeia todo o ordenamento jurídico[30] e que, reconhecido, conduz à extinção do processo por sentença (art. 925) a ser proferida com fundamento no inciso V do art. 924.

---

25. Sobre as relações daquele dispositivo com a prescrição intercorrente, v. Marcelo Abelha, *Manual de Direito Processual Civil*, p. 716-717. Nas edições anteriores ao CPC de 2015 deste *Curso*, o tema era tratado no n. 3 do Capítulo 2 da Parte II de seu v. 3.

26. Para elas, a previsão já era expressa desde as modificações operadas pelas Leis n. 11.051/2004 e 11.960/2009 no art. 40 da Lei n. 6.830/80, como lembra pertinentemente Alexandre Minatti, *Defesa do executado*, p. 121.

27. Precisa no ponto é a lição de Heitor Vitor Mendonça Sica, *Cognição do juiz na execução civil*, p. 248-249. Também sustentam a aplicabilidade do art. 202 do CC à espécie Beclaute Oliveira Silva e José Henrique Mouta Araújo, A prescrição no cumprimento de sentença no novo Código de Processo Civil, p. 124.

28. Heitor Vitor Mendonça Sica, *Cognição do juiz na execução civil*, p. 245. Em seguida, p. 247, ao ensejo da análise dos julgados que ensejaram a edição da Súmula 150 do STF, o processualista paulista escreve que a chamada "prescrição *intercorrente*", em verdade, é a *mesma* que já havia sido interrompida "... pelo ajuizamento da demanda cognitiva, mas que voltou a fluir *ab initio* em razão da inércia do demandante em praticar atos que lhe competiam (para mover ou dar impulso a execução já movida)". Contra esse entendimento, justamente por não admitirem o impacto das Leis de reforma do CPC de 1973 no ponto (afirmando que a Lei n. 11.232/2005 não teve o condão de "alterar a carga de eficácia das sentenças"), é a posição de Beclaute Oliveira Silva e José Henrique Mouta Araújo, A prescrição no cumprimento de sentença no novo Código de Processo Civil, p. 112-114.

29. *Defesa do executado*, p. 121, ressalvando, apenas, o emprego da expressão "demanda cognitiva".

30. No mesmo sentido: Evandro Carlos de Oliveira, *Multa no Código de Processo Civil*, p. 201-204, e Alexandre Minatti, *Defesa do executado*, p. 122-123. De forma mais ampla, v. as considerações de Fernando Rubin, O novo Código de Processo Civil: da construção de um novel modelo processual às *principais linhas estruturantes da Lei n. 13.105/2015*, p. 43-48.

Embora proferido no âmbito do processo coletivo, há interessante acórdão da 1ª Seção do STJ tomado em sede de recurso especial repetitivo, que bem ilustra o assunto. Eis sua ementa:

"ADMINISTRATIVO E PROCESSUAL CIVIL. RECURSO ESPECIAL REPRESENTATIVO DE CONTROVÉRSIA. AÇÃO CIVIL PÚBLICA. INÍCIO DA FLUÊNCIA DO PRAZO PRESCRICIONAL DA EXECUÇÃO SINGULAR. INÍCIO. TRÂNSITO EM JULGADO DA SENTENÇA PROFERIDA NA DEMANDA COLETIVA. DESNECESSIDADE DA PROVIDÊNCIA DE QUE TRATA O ART. 94 DO CDC. TESE FIRMADA SOB O RITO DO ART. 543-C DO CPC. PRESCRIÇÃO RECONHECIDA NO CASO CONCRETO.

1. (...)

2. O Ministério Público do Estado do Paraná ajuizou ação civil pública ao propósito de assegurar a revisão de pensões por morte em favor de pessoas hipossuficientes, saindo-se vencedor na demanda. Após a divulgação da sentença na mídia, em 13/4/2010, Elsa Pipino Maciel promoveu ação de execução contra o Estado.

3. O acórdão recorrido declarou prescrita a execução individual da sentença coletiva, proposta em maio de 2010, assentando que o termo inicial do prazo de prescrição de 5 (cinco) anos seria a data da publicação dos editais em 10 e 11 de abril de 2002, a fim de viabilizar a habilitação dos interessados no procedimento executivo.

4. A exequente alega a existência de contrariedade ao art. 94 do Código de Defesa do Consumidor, ao argumento de que o marco inicial da prescrição deve ser contado a partir da publicidade efetiva da sentença, sob pena de tornar inócua a finalidade da ação civil pública.

5. Também o Ministério Público Estadual assevera a necessidade de aplicação do art. 94 do CDC ao caso, ressaltando que o instrumento para se dar amplo conhecimento da decisão coletiva não é o diário oficial – como estabelecido pelo Tribunal paranaense –, mas a divulgação pelos meios de comunicação de massa.

6. O art. 94 do Código de Defesa do Consumidor disciplina a hipótese de divulgação da notícia da propositura da ação coletiva, para que eventuais interessados possam intervir no processo ou acompanhar seu trâmite, nada estabelecendo, porém, quanto à divulgação do resultado do julgamento. Logo, a invocação do dispositivo em tela não tem pertinência com a definição do início do prazo prescricional para o ajuizamento da execução singular.

7. Note-se, ainda, que o art. 96 do CDC – cujo teor original era 'Transitada em julgado a sentença condenatória, será publicado edital, observado o disposto no art. 93' – foi objeto de veto pela Presidência da República, o que torna infrutífero o esforço de interpretação analógica realizado pela Corte estadual, ante a impossibilidade de o Poder Judiciário, qual legislador ordinário, derrubar o veto presidencial ou, eventualmente, corrigir erro formal porventura existente na norma.

8. Em que pese o caráter social que se busca tutelar nas ações coletivas, não se afigura possível suprir a ausência de previsão legal de ampla divulgação midiática do teor da sentença, sem romper a harmonia entre os Poderes.

9. Fincada a inaplicabilidade do CDC à hipótese, deve-se firmar a tese repetitiva no sentido de que o prazo prescricional para a execução individual é contado do trânsito em julgado da sentença coletiva, sendo desnecessária a providência de que trata o art. 94 da Lei n. 8.078/90.

10. Embora não tenha sido o tema repetitivo definido no REsp 1.273.643/PR, essa foi a premissa do julgamento do caso concreto naquele feito.

11. Em outros julgados do STJ, encontram-se, também, pronunciamentos na direção de que o termo *a quo* da prescrição para que se possa aforar execução individual de sentença coletiva é o trânsito em julgado, sem qualquer ressalva à necessidade de efetivar medida análoga à do art. 94 do CDC: AgRg no AgRg no REsp 1.169.126/RS, rel. Min. Jorge Mussi, Quinta Turma, *DJe* 11-2-2015; AgRg no REsp 1.175.018/RS, rel. Min. Rogério Schietti Cruz, Sexta Turma, *DJe* 1º-7-2014; AgRg no REsp 1.199.601/AP, rel. Min. Sérgio Kukina, Primeira Turma, *DJe* 4-2-2014; EDcl no REsp 1.313.062/PR, rel. Min. João Otávio de Noronha, Terceira Turma, *DJe* 5-9-2013.

12. Considerando o lapso transcorrido entre abril de 2002 (data dos editais publicados no diário oficial, dando ciência do trânsito em julgado da sentença aos interessados na execução) e maio de 2010 (data do ajuizamento do feito executivo) é imperativo reconhecer, no caso concreto, a prescrição.

13. Incidência da Súmula 83/STJ, que dispõe: 'Não se conhece do recurso especial pela divergência, quando a orientação do Tribunal se firmou no mesmo sentido da decisão recorrida'.

14. Recursos especiais não providos. Acórdão submetido ao regime estatuído pelo art. 543-C do CPC e Resolução STJ 8/2008"[31].

Não há razão para entender que essa orientação deva sofrer modificação diante da superveniência do CPC de 2015.

De outra parte, quando a temática envolver a necessidade de apresentação de memória de cálculo para o início do cumprimento de sentença (art. 524), cabe trazer à tona o quanto decidido pela 1ª Seção do STJ em sede de Recurso Especial repetitivo, assim ementado:

"ADMINISTRATIVO E PROCESSUAL CIVIL. RECURSO ESPECIAL REPRESENTATIVO DE CONTROVÉRSIA. EXECUÇÃO DE SENTENÇA CONTRA A FAZENDA PÚBLICA. DEMORA OU DIFICULDADE NO FORNECIMENTO DE FICHAS FINANCEIRAS. HIPÓTESE DE SUSPENSÃO OU INTERRUPÇÃO DO PRAZO PRESCRICIONAL. NÃO OCORRÊNCIA APÓS A ENTRADA EM VIGOR DA LEI N. 10.444/2002, QUE INCLUIU O § 1º AO ART. 604, REDAÇÃO TRANSPOSTA PARA O ART. 475-B, §§ 1º E 2º, TODOS DO CPC/73. CASO CONCRETO EM QUE A DEMANDA EXECUTIVA FOI APRESENTADA DENTRO DO LAPSO QUINQUENAL, CONTADO A PARTIR DA VIGÊNCIA DA LEI N. 10.444/2002. PRESCRIÇÃO AFASTADA NA ESPÉCIE DOS AUTOS. RECURSO ESPECIAL A QUE SE NEGA PROVIMENTO. RECURSO JULGADO SOB A SISTEMÁTICA DO ART. 1.036 E SEGUINTES DO CPC/2015 E ART. 256-N E SEGUINTES DO REGIMENTO INTERNO DO STJ.

31. STJ, 1ª Seção, REsp repetitivo n. 1.388.000/PR, rel. p/ acórdão Min. Og Fernandes, j. m. v. 26-8-2015, *DJe* 12-4-2016.

1. Nos termos da Súmula 150/STF, o prazo prescricional da execução é o mesmo da ação de conhecimento. Dito entendimento externado pelo STF leva em conta que o procedimento de liquidação, da forma como regulado pelas normas processuais civis, integra, na prática, o próprio processo de conhecimento. Se o título judicial estabelecido no processo de conhecimento não firmara o *quantum debeatur*, somente efetivada a liquidação da sentença é que se poderá falar em inércia do credor em propor a execução, independentemente de tratar-se de liquidação por artigos, por arbitramento ou por cálculos.

2. Esse termo inicial para contagem do prazo prescricional da ação executiva, que se mantém para as modalidades de liquidação por artigos e por arbitramento, sofreu sensível modificação a partir da alteração da natureza jurídica da 'liquidação' por meros cálculos aritméticos. Tal ocorrera, em parte, com a edição da Lei n. 8.898/94, cuja redação somente foi completada, a qual persiste até hoje – mesmo com a edição do CPC/2015 –, com a inclusão do § 1º ao art. 604 do CPC/73.

3. Com a vigência da Lei n. 10.444/2002, foi mantida a extinção do procedimento de liquidação por cálculos, acrescentando o § 1º ao art. 604 do CPC/73, permitindo sejam considerados corretos os cálculos do credor quando os dados requisitados pelo juiz do devedor não forem trazidos aos autos, sem justificativa. A partir de então, extinto, por completo, qualquer resquício de necessidade de uma fase prévia à execução para acertamento da conta exequenda, tendo transcorrido o prazo de cinco anos, quando devedora a Fazenda Pública, incidirá o lapso prescricional quanto à execução.

4. No caso, consoante o acórdão recorrido, a sentença prolatada na Ação Ordinária n. 97.0004216-2, que reconheceu aos autores da demanda o direito ao reajuste de 28,86% a partir de janeiro de 1993 até a efetiva implantação em folha de pagamento, transitou em julgado em 25-3-2002.

5. Considerando que a execução foi ajuizada em 17-5-2007, mesmo após demora na entrega das fichas financeiras pela parte devedora, não transcorreu o lustro prescricional, porquanto a redação dada pela Lei n. 10.444/2002, que introduziu o § 1º ao art. 604 do CPC/73, somente entrou em vigor em três meses depois, contados a partir do dia 8/5/2002 (data da sua publicação). Assim, por ocasião do ajuizamento da execução, em 17/5/2007, ainda não havia transcorrido o lapso quinquenal, contado da vigência da Lei n. 10.444/2002, diploma legal que tornou desnecessário qualquer procedimento prévio de efetivação da conta antes de a parte exequente ajuizar a execução.

6. Tese firmada: 'A partir da vigência da Lei n. 10.444/2002, que incluiu o § 1º ao art. 604, dispositivo que foi sucedido, conforme Lei n. 11.232/2005, pelo art. 475-B, §§ 1º e 2º, todos do CPC/73, não é mais imprescindível, para acertamento de cálculos, a juntada de documentos pela parte executada ou por terceiros, reputando-se correta a conta apresentada pelo exequente, quando a requisição judicial de tais documentos deixar de ser atendida, injustificadamente, depois de transcorrido o prazo legal. Assim, sob a égide do diploma legal citado, incide o lapso prescricional, pelo prazo respectivo da demanda de conhecimento (Súmula 150/STF), sem interrupção ou suspensão, não se podendo invocar qualquer demora na diligência para obtenção de fichas financeiras ou outros documentos perante a administração ou junto a terceiros'.

7. Recurso especial a que se nega provimento.

8. Recurso julgado sob a sistemática do art. 1.036 e seguintes do CPC/2015 e do art. 256-N e seguintes do Regimento Interno do STJ"[32].

A diretriz mantém-se incólume para o CPC de 2015, a robustecer a compreensão externada desde o início deste número: a inação do interessado no início da etapa do cumprimento de sentença deve ser significativa como a ausência de interesse *atual* na satisfação do direito que lhe foi reconhecido no título executivo a deflagrar, contra seus interesses, o início da prescrição intercorrente. Ademais, a escorreita exteriorização do *requerimento* para aquele fim, generalizando-a, ademais, para todas as modalidades obrigacionais, é elemento seguro para marcar o início da inércia do exequente e, consequentemente, o início da fluência do prazo de eventual prescrição intercorrente.

6. LEGITIMIDADE PASSIVA PARA O CUMPRIMENTO DE SENTENÇA

O § 5º do art. 513 ocupa-se com tema que, em rigor, está alocado fora de lugar. Ele trata da legitimidade *passiva* para a etapa de cumprimento de sentença e, por isso, estaria mais bem alocado quando o CPC de 2015 trata do título executivo judicial (art. 515) ou, até mesmo, em dispositivo avulso, tal qual se dá com o art. 514, que, em rigor, cuida das condições pelas quais o direito de ação continuará a ser devidamente exercido ao longo da etapa de cumprimento[33].

De acordo com o dispositivo, a sentença não pode ser cumprida contra fiador, coobrigado ou corresponsável, que não tenha participado na etapa de conhecimento do processo, isto é, que não esteja retratado como tal no título executivo que justifica o início daquela nova etapa do processo[34]. O caso é de falta de certeza *subjetiva* do título executivo a impedir o desenvolvimento dos atos executivos em prol da prestação da tutela jurisdicional executiva.

Eventual extensão subjetiva do título executivo pode ser obtida pelo que o CPC de 2015, em seus arts. 133 a 137, chamou de "incidente de desconsideração da personalidade jurídica" e que, pelas razões apresentadas por este *Curso*, não pode ter seus usos e aplicações

---

32. STJ, 1ª Seção, REsp repetitivo n. 1.336.026/PE, rel. Min. Og Fernandes, j. un. 28-6-2017, *DJe* 30-6-2017.

33. É o que a doutrina tradicional brasileira sempre chamou de "condições da ação", expressão que não foi preservada pelo CPC de 2015. A iniciativa, contudo, não significa dizer que a "ação" não precise de uns tantos pressupostos ou condições para ser validamente exercida ao longo do processo e que ela, a ação, e seus pressupostos ou condições, não se confundem com a regularidade do processo e seus respectivos pressupostos e condições. É o que o n. 3.2 do Capítulo 4 da Parte I do v. 1 deste *Curso* propõe seja chamado de "mínimo indispensável ao exercício do direito de ação". Defesa entusiasmada da sistemática implementada pelo CPC de 2015 é feita por Susana Henriques Costa nos Comentários ao art. 17 em *Comentários ao Código de Processo Civil*, v. 1, p. 274-277.

34. No âmbito do pedido de concretização da tutela jurisdicional executiva fundada em título executivo extrajudicial, questão parelha se coloca para o inciso IV do art. 779, como expõe o n. 1 do Capítulo 3 da Parte II.

apequenados em função do *nome* dado ao instituto[35]. Sem o prévio desenvolvimento daquele incidente cognitivo ou, quando menos, concessão de tutela provisória que, de alguma forma, antecipe algum (ou alguns) de seus efeitos jurídicos[36], é vedada a prática de atos executivos em detrimento dos sujeitos referidos expressamente pelo § 5º do art. 513, que, em rigor, são (e continuam sendo) *terceiros*[37]. Suficientemente eloquente a esse propósito o inciso III do § 2º do art. 674, que reconhece a legitimidade de "quem sofre constrição judicial de seus bens por força de desconsideração da personalidade jurídica, de cujo incidente não fez parte" para ajuizar os embargos de terceiro.[38]

Também não contraria a vedação do dispositivo em exame que o cumprimento de sentença se desenvolva em face do denunciado à lide e do chamado ao processo, dando-se a devida interpretação ao parágrafo único do art. 128 e ao art. 132, justamente porque, mercê daquelas modalidades de intervenção de terceiros, terá havido observância do modelo constitucional na *transformação* do terceiro em parte e, a depender do resultado, imposição de responsabilidades no título executivo, aptas a legitimar a prática dos atos executivos sem atrito com o § 5º do art. 513.

A vedação não alcança, outrossim, situações em que, ao longo da etapa do cumprimento de sentença, faz-se necessária a *intimação* de terceiros para ter ciência e, querendo, participar de determinados atos. Assim, por exemplo, as intimações previstas nos incisos I a VII e X e XI do art. 799, no *caput* e nos parágrafos do art. 804 e nos incisos do art. 889 que se justificam para evitar se não a nulidade de eventual alienação, ao menos a sua *ineficácia* (art. 903, § 1º, I e II)[39].

7. COMPARECIMENTO ESPONTÂNEO

É correto entender que o comparecimento espontâneo do executado para o pagamento dispensa a intimação (e, consoante o caso, a citação) para tanto. Também o é concluir que

35. A referência é feita ao n. 4.6.3 do Capítulo 3 da Parte II do v. 1.

36. No mesmo sentido: Flávio Luiz Yarshell, Comentários ao art. 134, p. 236.

37. Nesse contexto, merecem ser devidamente compreendidas as Súmulas 268 e 549 do STJ, cujos enunciados, respectivamente, são os seguintes: "O fiador que não integrou a relação processual na ação de despejo não responde pela execução do julgado" e "É válida a penhora de bem de família pertencente a fiador de contrato de locação".

38. Sobre o assunto, v. as considerações de Gilberto Gomes Bruschi nos seus comentários àquele dispositivo em *Comentários ao Código de* Processo *Civil*, v. 3, p. 300-304; de Marcelo Pacheco Machado, *Comentários ao Código de Processo Civil*, v. XIII, p. 55-56, e também as de Donaldo Armelin em seu *Embargos de terceiro*, p. 195-196, em especial a nota 503, na cuidadosa atualização conduzida por Ana Paula Chiovitti, João Paulo Hecker da Silva, Lúcio Delfino, Luiz Eduardo Ribeiro Mourão, Mirna Cianci e Rita Quartieri.

39. Dialogando com essa necessária distinção é o Enunciado n. 97 da I Jornada de Direito Processual Civil do CJF: "A execução pode ser promovida apenas contra o titular do bem oferecido em garantia real, cabendo, nesse caso, somente a intimação de eventual coproprietário que não tenha outorgado a garantia".

seu comparecimento espontâneo tem o condão de suprir a inexistência ou eventual vício na prática daquele ato, a exemplo do que se extrai do § 1º do art. 239.

De outra parte, é correto entender que a intervenção do executado na etapa de cumprimento de sentença independentemente de intimação deve corresponder ao termo inicial para o prazo de pagamento (ou fazer, não fazer ou entregar coisa) e, dada a sistemática decorrente do *caput* do art. 525, deflagrar também o prazo que dispõe para apresentar sua impugnação[40].

É nesse sentido que deve ser compreendida a regra do § 8º do art. 272, segundo a qual cabe à parte arguir a nulidade da intimação em capítulo preliminar "do próprio ato que lhe caiba praticar", que será considerado tempestivo se o vício for reconhecido. Em se tratando de cumprimento de sentença, o pagamento (como, de resto, o fazer, o não fazer e a entrega de coisa) – isto é, o "próprio ato que lhe caiba praticar" – pressupõe o transcurso regular de prazo para que o executado *voluntariamente* adote aquele comportamento. Não haveria como, no transporte daquela regra para este contexto, impor ao executado o ônus de, desde logo, praticar o ato que pretende o exequente. Se, contudo, a falta ou nulidade da intimação (ou citação) anterior não for reconhecida, não há dúvida de que a multa de que trata o § 1º do art. 523 terá incidência.

A situação aventada nos parágrafos anteriores merece ser distinguida daquela autorizada pelo art. 526. Lá, a intervenção do executado parece pressupor o silêncio do exequente em termos de dar início à etapa de cumprimento de sentença. Aqui, diferentemente, o que está em foco é a desnecessidade da intimação – quiçá já deferida diante do requerimento do exequente, mas ainda não efetivada – em virtude do comparecimento do executado.

8. CUMPRIMENTO DE SENTENÇA POR INICIATIVA DO EXECUTADO

O art. 570 do CPC de 1973, na sua versão original, permitia ao devedor comparecer espontaneamente em juízo para pagar a dívida independentemente da necessidade da prática de atos executivos. Aquele dispositivo tinha a seguinte redação:

> "Art. 570. O devedor pode requerer ao juiz que mande citar o credor a receber em juízo o que lhe cabe conforme o título executivo judicial; neste caso, o devedor assume, no processo, posição idêntica à do exequente".

O art. 605 do CPC de 1973, na redação que lhe deu a Lei n. 8.898/94, passou a complementar a regra[41], disciplinando que:

40. Nesse preciso sentido é o Enunciado n. 84 da I Jornada de Direito Processual Civil do CJF: "O comparecimento espontâneo da parte constitui termo inicial dos prazos para pagamento e, sucessivamente, impugnação ao cumprimento de sentença".

41. O que, no particular, recebeu os aplausos de Sergio Bermudes na atualização do t. IX dos *Comentários ao Código de Processo Civil* de Pontes de Miranda, como se pode ler de p. 399-400.

> "Art. 605. Para os fins do art. 570, poderá o devedor proceder ao cálculo na forma do artigo anterior, depositando, de imediato, o valor apurado.
>
> Parágrafo único. Do mandado executivo constará, além do cálculo, a sentença".

Aquelas regras, elogiadas pela doutrina de então, que costumava compará-las a uma consignação em pagamento[42] ou, ainda, designá-las como um caso de "execução *invertida* ou *inversa*"[43], acabaram sendo revogadas expressamente pela Lei n. 11.232/2005.

O CPC de 2015 recuperou e desenvolveu tais regras, unificando-as em um só dispositivo, que, embora não constasse do Anteprojeto, foi introduzido pela Comissão que assessorou os trabalhos legislativos no Senado Federal (art. 512 do PLS n. 166/2010) e permaneceu quase que inalterado até o término do processo legislativo[44].

8.1 Legitimidade

Embora o *caput* do art. 526 valha-se da palavra "réu", ela não é exata, tanto quanto o emprego da palavra "autor" em seus §§ 1º e 3º. Em verdade, a regra autoriza que aquele que seja indicado como *devedor* no título executivo judicial tome a iniciativa de dar início à etapa do cumprimento de sentença, seguindo-se o indispensável contraditório com o *credor* também identificado como tal no título executivo[45].

Pode até ser que as figuras do réu e do devedor coincidam, mas, para isso, o pedido do autor naquele sentido tem que ter sido acolhido. É o título executivo que irá revelar se isso ocorreu ou não e em que medida. Na hipótese de o pedido do autor ter sido rejeitado e o réu ser credor – e o será, ao menos, de verbas de sucumbência –, será ele, réu, o credor, e será o autor, devedor nesses casos, a ostentar legitimidade para os fins do art. 526.

De outro lado, não seria correto que a regra se valesse da dicotomia exequente/executado. Isso porque o que o art. 526 quer viabilizar é que a etapa de cumprimento de sentença não se desenvolva propriamente, evitando, em função da iniciativa do *devedor*, a prática de atos executivos. Por isso, aliás, a preocupação do dispositivo ao permitir que o *devedor* deposite o valor que entende devido *antes* da intimação a ser requerida pelo *credor* nos moldes do § 2º

---

42. Assim, *v.g.*, é a enfática posição de Alcides de Mendonça Lima, *Comentários ao Código de Processo Civil*, v. VI, p. 143-144 e 147-148, e de Teori Albino Zavascki em seus *Comentários ao Código de Processo Civil*, v. 8, p. 348. Araken de Assis, em seus *Comentários ao Código de Processo Civil*, v. VI, p. 68, aceita a analogia com a consignatária, referindo-se à hipótese do art. 570 como "ação liberatória".

43. Pontes de Miranda (*Comentários ao Código de Processo Civil*, t. IX, p. 86) refere-se à hipótese como "ação de instauração da execução contra si mesmo".

44. A regra estava no art. 540 do PL n. 8.046/2010 na Câmara dos Deputados.

45. O art. 512 do PLS n. 166/2010 empregava as palavras "devedor" e "credor". Foi o art. 540 do PL n. 8.046/2010 que fez a (equivocada) alteração para "réu" e "autor". Para a análise comparada dos dois dispositivos, v., do autor deste *Curso*, seu *Projetos de novo Código de Processo Civil comparados e anotados*, p. 273.

do art. 513 e do *caput* do art. 523. Como, de qualquer sorte, a iniciativa pode redundar na *necessidade* da prática de atos executivos (basta, para tanto, que ocorra o que está previsto no § 2º do art. 526), a utilização daquela dicotomia exequente/executado seria menos inapropriada que a de autor/réu constante do dispositivo.

8.1.1 Nos casos em que a Fazenda Pública é devedora

Embora o modelo de pagamento imposto por decisões judiciais à Fazenda Pública seja, desde a Constituição Federal, diferenciado, não há nenhum óbice para que ela, querendo, valha-se do art. 526 para dar início à etapa de cumprimento de sentença[46].

O que deve ocorrer, nestes casos, por imposição constitucional, é que não haverá depósito prévio, apenas o acertamento definitivo do *quantum debeatur*, tanto quanto ocorreria se a hipótese fosse entendida no sentido de reconhecer à Fazenda a legitimidade para dar início à *liquidação-ato* decorrente do § 2º do art. 509 e espelhada, para o caso, no *caput* do art. 534.

Com a concordância do credor, expede-se o precatório ou a RPV, consoante o caso, o que viabilizará o efetivo pagamento. Nessa hipótese, não há espaço para imposição de novos honorários advocatícios, no que é claro o § 7º do art. 85[47], diferentemente do que ocorre se houver discordância do credor, analogamente ao que prevê o § 2º do art. 526.

É medida que torna mais eficiente a prestação jurisdicional e encontra amparo desde o inciso LXVIII do art. 5º da Constituição Federal, que encontra seu espelho infraconstitucional no art. 4º do CPC de 2015[48].

8.2 A iniciativa do devedor

De acordo com o *caput* do art. 526, cabe ao *devedor* ofertar em pagamento o valor que entender devido, justificando-o sua integralidade por memória discriminada de cálculo, que deverá observar as exigências do art. 524, *antes* de ser intimado para o cumprimento da sentença.

Importa acentuar que o dispositivo evita a palavra "depositar", preferindo o uso da expressão "ofertar em pagamento". Evitam-se, com isso, eventuais confusões ou dificuldades

---

46. Ana Carolina Astafieff da Rosa Costa (*Novo Código de Processo Civil comentado na prática da Fazenda Nacional*, p. 719) defende que a iniciativa só é possível nos casos em que há dispensa de precatório, casos em que a observância dos arts. 534 e 535 é compulsória.

47. É o entendimento manifestado por Adriano Oliveira Chaves (*Novo Código de Processo Civil comentado na prática da Fazenda Nacional*, p. 738), referindo-se à hipótese como "execução invertida".

48. É afirmação compartilhada por Ana Carolina Astafieff da Rosa Costa, *Novo Código de Processo Civil comentado na prática da Fazenda Nacional*, p. 719. Nelson Nery Junior e Rosa Maria de Andrade Nery, *Comentários ao Código de Processo Civil*, p. 1313, acrescentam, pertinentemente, a economia processual derivada do *dever* da parte de "proceder com lealdade e boa-fé, evitando a interposição desnecessária de sua impugnação" (art. 77, II e IV).

sobre o ânimo do devedor e o significado processual de sua atitude, que poderiam ocorrer caso o vocábulo "depósito" fosse empregado[49]. O art. 526 deve ser compreendido, nesse sentido, como forma de o devedor *pagar* a dívida, evitando a *necessidade* da prática de atos executivos em desfavor de seu patrimônio[50].

O dispositivo refere-se a "intimação para o cumprimento de sentença". A que intimação ele se refere? A do § 2º do art. 513? A do *caput* do art. 523? Como o início da etapa de cumprimento de sentença depende invariavelmente de requerimento do exequente e a esse requerimento deve seguir indiscutivelmente o estabelecimento de contraditório formal com a intimação do réu, a resposta mais adequada é a que abrange aquelas diversas situações. Até porque, bem entendidos os dispositivos, eles trazem, no particular, uma única regra para o que aqui interessa: à iniciativa do exequente deve seguir a intimação do executado[51].

Outro questionamento que se mostra pertinente diante do *caput* do art. 526 diz respeito à sua aplicabilidade aos casos de cumprimento *provisório* da sentença. A melhor orientação é a *negativa*. Isto porque a iniciativa do devedor para os fins do art. 526 é a de *pagar* o valor que pode ser exigido pelo credor independentemente de sua vontade ou colaboração com a prática dos atos executivos.

O cumprimento provisório se caracteriza pela existência de recurso interposto pelo devedor contra o título (por isso provisório) que dá fundamento à prática dos atos executivos. Eventual pagamento por parte do devedor, nesse sentido, teria o condão de comprometer seu recurso e a própria razão de ser do cumprimento provisório. Assim, ainda que o § 3º do art. 520 excepcione a hipótese de o executado *depositar* o valor pretendido pelo exequente para isentar-se da multa quando este toma a iniciativa de promover o cumprimento provisório da sentença, ele o faz (e corretamente) na pressuposição de que o executado *não quer pagar*, mas, sim, manter incólume seu recurso com vistas à reforma, total ou parcial, do título executivo,

---

49. É o que, desde a Lei n. 11.232/2005, vem se questionando sobre o significado processual de eventual depósito feito pelo executado após sua intimação para o cumprimento da sentença. O art. 520, § 3º, ocupa-se com a hipótese, embora na perspectiva do cumprimento *provisório* da sentença.

50. O que não significa dizer que eventual depósito feito pelo devedor não assuma, de sua parte, importante significação para o plano do processo. A esse respeito, cabe lembrar de repetitivo da Corte Especial do STJ (REsp repetitivo n. 1.348.640/RS, rel. Min. Paulo de Tarso Sanseverino, j. un. 7-5.2014, *DJe* 21-5-2014), assim ementado: "RECURSO ESPECIAL REPRESENTATIVO DE CONTROVÉRSIA. CIVIL E PROCESSUAL CIVIL. COMPLEMENTAÇÃO DE AÇÕES. CUMPRIMENTO DE SENTENÇA. DEPÓSITO JUDICIAL. JUROS DE MORA E CORREÇÃO MONETÁRIA. ENCARGO DA INSTITUIÇÃO DEPOSITÁRIA. 1. Para fins do art. 543-C do CPC: 'Na fase de execução, o depósito judicial do montante (integral ou parcial) da condenação extingue a obrigação do devedor, nos limites da quantia depositada'. 2. Aplicação da tese ao caso concreto. 3. Recurso Especial provido". O que foi decidido naquela sede – e que tem inegável aplicação para o quanto aqui discutido – é que eventuais questionamentos feitos sobre a remuneração ou a correção monetária do valor depositado devem ser questionados perante o banco depositário e não mais perante quem fez o depósito.

51. Tanto assim que cabe distinguir a hipótese coberta pelo art. 526 de outra, diversa, que é o comparecimento *espontâneo* do executado para pagar, iniciativa que apenas supre a demora, a falta ou, até mesmo, o vício da intimação (ou, se se estiver diante de umas das hipóteses do § 1º do art. 515, da citação) para o início da etapa do cumprimento de sentença.

que já gera efeitos. Trata-se, nesse caso – e como sem iniciativa do exequente não há cumprimento provisório –, do único comportamento que o executado pode adotar para escapar à incidência da multa e dos honorários advocatícios. Por isso, naquele contexto, trata-se, de maneira excepcional, de mero depósito, no sentido de "garantir a execução", e não de *pagamento* com vistas à extinção do processo com fundamento no inciso II do art. 924[52]. É o que basta para afastar da hipótese a incidência do art. 526[53].

8.3 Contraditório e consequências

Diante da iniciativa do devedor, o *credor* (e não necessariamente o autor) será intimado para, querendo, no prazo de cinco dias (*úteis*, porque se trata de prazo processual), questionar a suficiência do valor depositado.

O estabelecimento do contraditório não impede que o credor levante, desde logo, a parcela incontroversa, iniciativa que certamente ocorrerá com frequência. É correto entender que a hipótese é de extinção *parcial* do processo, sendo que, pela sistemática do CPC de 2015, a decisão que a reconhece é *interlocutória*, posto seu conteúdo ser o do inciso II do art. 924, e não *sentença*[54]. Irrecusável, por isso mesmo, que seu eventual contraste no âmbito recursal dê-se por agravo de instrumento (art. 1.015, parágrafo único).

Se o credor manifestar concordância com o valor depositado pelo devedor, o caso é de extinção do processo, com o proferimento de *sentença* (art. 925) com fundamento no mesmo inciso II do art. 924.

Se houver discordância manifestada pelo credor, é irrecusável que o devedor seja ouvido a seu respeito, não obstante o silêncio do art. 526 e de seus parágrafos, no prazo de cinco dias úteis (por analogia e por isonomia). Correto entender, com Dorival Renato Pavan[55], que a discordância do credor deve ser *fundamentada*, similarmente ao que o § 4º do art. 525 impõe ao executado em sua impugnação, seguindo-se a mesma consequência do § 5º daquele dispositivo quanto à viabilidade de rejeição liminar do questionamento.

---

52. Heitor Vitor Mendonça Sica (*Comentários ao novo Código de Processo Civil*, p. 835) entende que a extinção do processo se dá com fundamento no próprio § 3º do art. 526 e não no inciso II do art. 924 porque não há, no caso, verdadeira execução (nem "às avessas"), apenas "exercício de uma pretensão declaratória pelo devedor, com o objetivo de obter uma decisão que o libere da obrigação reconhecida no título executivo judicial". Artur César de Souza (*Código de Processo Civil anotado, comentado e interpretado*, v. III, p. 1065-1067) também defende que o fundamento da sentença é o § 3º do art. 526, destacando, ademais, tratar-se de decisão de mérito.

53. Com a afirmação do texto fica reformulada opinião anterior em sentido contrário externado pelo autor deste *Curso* nos Comentários ao art. 520 elaborados para a obra coletiva *Breves comentários ao novo Código de Processo Civil*, p. 1491.

54. Até se poderia invocar a sistemática do art. 356 e do julgamento antecipado *parcial* de mérito nele disciplinado. A analogia, contudo, poderia insinuar que haveria julgamento de "mérito" no âmbito do cumprimento de sentença, o que, na hipótese aqui retratada, não é correto.

55. *Comentários ao Código de Processo Civil*, v. 2, p. 725.

Convencendo-se o magistrado da insuficiência do valor depositado pelo executado, incidirá sobre a *diferença* – a ser indicada e comprovada pelo credor em sua manifestação, a enaltecer a necessidade do contraditório com o devedor a esse respeito – multa de 10% e também incidirão honorários advocatícios de 10%, iniciando-se a prática dos atos executivos com a expedição de mandado de penhora e de avaliação para fins de expropriação, nos moldes dos §§ 1º e 3º do art. 523 (art. 526, § 2º). A previsão é absolutamente harmônica com a do § 2º do art. 523.

É correto entender que o início da prática dos atos executivos e, consequentemente, da própria etapa de cumprimento de sentença propriamente dita depende de requerimento expresso do autor, oportunidade na qual ele, já com as vestes de *exequente*, poderá também indicar, desde logo, os bens a serem penhorados.

Nesta hipótese, importa destacar que não faz sentido oportunizar ao executado o direito de impugnar o cumprimento de sentença[56]. Não só porque seria ato contrário à sua iniciativa de se valer do art. 526 – postura incondizente, em última análise, com o art. 5º –, mas também porque a persecução da diferença de valores apurada em favor do exequente pressupõe o incidente cognitivo destacado, oportunidade em que, por definição, o executado terá alegado o que entender pertinente para o desate da questão.

É irrecusável, de qualquer sorte, o reconhecimento de que o executado poderá lançar mão das manifestações dos arts. 518 e 525, § 11, iniciativa que, em última análise, encontra fundamento expresso nos princípios constitucionais do contraditório e da ampla defesa.

8.4 Críticas ao art. 526

Há quem critique a opção do § 2º do art. 526, acentuando que não haveria nenhum incentivo para o devedor tomar a iniciativa prevista no dispositivo, considerando que a multa e os honorários advocatícios incidem sobre eventual diferença entre o que ofertado pelo devedor e o valor entendido como suficiente pelo credor[57].

Não há como concordar com tais críticas. O art. 526 não deve ser compreendido como ato negocial e nem como meios alternativos de resolução de conflitos nos moldes dos parágrafos do art. 3º. Trata-se, menos que isso, de o devedor satisfazer a obrigação diante do trânsito em julgado do título judicial respectivo, justificando a suficiência de sua iniciativa para dar por encerrado o processo nos termos do inciso II do art. 924. O que pode se seguir à iniciativa do executado é que o credor abra mão de perseguir em juízo eventual diferença

---

56. É o que sustenta Sergio Shimura, *Breves comentários ao novo Código de Processo Civil*, p. 1518. Contra se manifestou Heitor Vitor Mendonça Sica, Comentários *ao novo Código de Processo Civil*, p. 836.

57. Nesse sentido é o entendimento de Heitor Vitor Mendonça Sica, *Comentários ao novo Código de Processo Civil*, p. 836, que defende a viabilidade de o executado pagar eventual diferença apurada entre seu depósito e o valor reclamado pelo exequente sem qualquer acréscimo.

– que pode mostrar-se, mesmo com os acréscimos devidos, medida antieconômica –, mas, nesse caso, imperará a autonomia da vontade e não as técnicas executivas.

Sobre estas e sua preservação como se não houvesse a iniciativa do devedor, a escolha do legislador foi acertada até para evitar que devedores pudessem se valer do art. 526 com vistas a *impor* ao credor uma forma (a sua) de satisfação da dívida. Erro de perspectiva, a esse respeito, talvez resida naqueles que, analisando o antigo art. 570 e o posterior art. 605 do CPC de 1973, quisessem ver neles algo de similar a uma consignação em pagamento, iniciativa que ainda encontra eco entre comentadores do CPC de 2015[58]. Nada há – e nunca houve –, contudo, de similar entre as situações. A consignação pressupõe conflito entre credor e devedor sobre o valor ou, mais amplamente, sobre o que satisfaz a obrigação. Aqui, para os fins do art. 526, não há nada que possa se equiparar a isso[59]. É essa a razão pela qual eventual diferença a ser apurada entre o valor ofertado e o devido – pressuposto na consignação, mas não aqui – deve ser tratada da mesma forma que seria se o devedor não tomasse qualquer iniciativa.

8.5 Ausência de manifestação do credor

O § 3º do art. 526 permite presumir que o silêncio do credor, a despeito da intimação do § 1º, significa concordância com o valor depositado pelo réu[60]. A situação, destarte, é diversa da aventada no número anterior, de expressa concordância, que, em rigor, não é textualizada pelo art. 526.

De qualquer sorte, diante desta hipótese e dada a expressa prescrição legislativa, o magistrado reconhecerá satisfeita a obrigação e extinguirá o processo (arts. 924, II), proferindo a sentença de que trata o art. 925.

8.6 Outras modalidades obrigacionais

O texto do art. 526 pressupõe, inequivocamente, obrigação de pagar quantia certa. O *caput* refere-se a "pagamento de valor" e a "memória discriminada de cálculo"; o § 1º trata da oitiva do credor sobre "o valor depositado" e "levantamento do depósito", e o § 2º, por fim, ocupa-se com a "insuficiência do depósito" e a consequente "execução com penhora e atos subsequentes".

---

58. Assim, por exemplo, é o entendimento de Beclaute Oliveira Silva, *Código de Processo Civil comentado*, p. 708, tratando da hipótese como ação de consignação em pagamento de título judicial.

59. No mesmo sentido é o posicionamento de Heitor Vitor Mendonça Sica, *Comentários ao novo Código de Processo Civil*, p. 835, e de José Miguel Garcia Medina, *Novo Código de Processo Civil comentado*, p. 830.

60. No mesmo sentido é a lição de Dorival Renato Pavan, *Comentários ao Código de Processo Civil*, v. 2, p. 726.

Contudo, nada há que impeça que a iniciativa prevista no dispositivo sirva de incentivo para que o *devedor* satisfaça a obrigação contida no título executivo judicial quando se tratar de obrigações de fazer, de não fazer e de entrega de coisa. Com a oitiva do credor a respeito do cumprimento da obrigação, ouve-se o credor no prazo de cinco dias úteis (art. 526, § 1º) e, consoante sua resposta, extingue-se o processo com fundamento no mesmo inciso II do art. 924 (art. 526, § 3º), ou tem início a requerimento, a prática dos atos executivos adequados com vistas à satisfação integral do direito (art. 526, § 2º), que podem, consoante o caso, até envolver penhora de bens do executado, quando não for possível o cumprimento da obrigação na sua forma específica.

8.7 O art. 526 e a "garantia da execução"

Outro questionamento que se mostra pertinente é saber se o executado pode valer-se do art. 526 não para *depositar* o valor constante do título executivo com ânimo de *pagamento*, e sim para ofertar bens à penhora, antecipando-se não apenas àquele ato executivo, a ser praticado a requerimento do exequente, que pode, até mesmo, ser formulado com o requerimento que dá início à etapa de cumprimento de sentença (art. 524, VII), mas também ao que, para a concessão de efeito suspensivo, à impugnação é exigido pelo § 6º do art. 525.

A resposta negativa é de rigor. O que o art. 526 quer é estimular o devedor a *pagar* o valor que é devido satisfazendo o crédito constante do título executivo judicial e viabilizando a extinção do processo com fundamento no inciso II do art. 924, independentemente da necessidade da prática de quaisquer atos executivos. Não se trata, aqui, de agilizar, antecipar ou viabilizar a prática de atos constritivos por iniciativa do executado.

Esse entendimento não afasta a possibilidade de o devedor tomar outras iniciativas a seu alcance para veicular a discussão sobre defeitos do processo ou de eventuais atos executivos já praticados ou a praticar. Seja pela impugnação do art. 525, pela "arguição" do art. 518 ou na forma do § 11 do art. 525, após o prazo da impugnação. Tais medidas, contudo, não guardam nenhuma relação com o art. 526 e com sua razão de ser.

9. CUMPRIMENTO DEFINITIVO DA SENTENÇA QUE RECONHECE A EXIGIBILIDADE DE OBRIGAÇÃO DE PAGAR QUANTIA CERTA

O Capítulo III do Título II do Livro I da Parte Especial do Código de Processo Civil, que trata do "cumprimento definitivo da sentença que reconhece a exigibilidade de obrigação de pagar quantia certa", compreende os arts. 523 a 527. Nele estão as normas que disciplinam o *início* da etapa do cumprimento de sentença quando o título executivo for judicial (sempre entendido na forma ampla proposta por este *Curso*), desde o requerimento a ser apresentado pelo exequente (arts. 523 e 524) até a impugnação que eventualmente pode ser apresentada pelo executado (art. 525). O art. 526 ocupa-se com a hipótese de o próprio devedor tomar a iniciativa de dar início a essa etapa do processo. Por fim, o art. 527 é regra de remissão que, em rigor, já está suficientemente compreendida no art. 520.

O cumprimento (definitivo) da sentença das demais modalidades obrigacionais é disciplinado pelas Seções I e II do Capítulo VI (arts. 536 a 538), sendo certo que o CPC de 2015 ainda reserva dois Capítulos específicos do mesmo Título II, o IV e o V, para regrar o cumprimento (definitivo) das obrigações de pagar quantia quando a origem da dívida for *alimentar* (arts. 528 a 533) e quando a devedora for a Fazenda Pública (arts. 534 e 535), respectivamente.

9.1 Iniciativa do exequente

Em se tratando de cumprimento de decisão que reconheça a exigibilidade de obrigação de pagar quantia já transitada em julgado (por isso cumprimento *definitivo*), caberá ao exequente requerer a intimação do executado para pagar em quinze dias o valor indicado no requerimento especialmente apresentado para tanto e com observância do art. 524, dando início à etapa de cumprimento, acrescido de eventuais custas processuais, sob pena de multa de 10%[61].

O requerimento referido pelo *caput* do art. 523 é o mesmo a que se refere o § 1º do art. 513 e se justifica por fazer as vezes da petição inicial que inaugura o "processo de execução" fundamentado em título extrajudicial, e, nesse sentido, merece observar as mesmas exigências que os arts. 798 e 799 reservam para aquele ato, o que deriva dos *capi* dos arts. 513 e 771. Eventual defeito na sua formulação ou insuficiência nos documentos de instrução levará o magistrado a determinar sua emenda ou complementação, tendo aplicação à espécie o disposto no art. 801, indicando especificamente no que consiste o defeito a ser suprido.

Proferido de plano ou após a devida complementação o juízo de admissibilidade do requerimento[62], o executado será intimado para o pagamento, destacando-se, no mandado respectivo, a incidência da multa de 10% no caso de não pagamento *e* a fixação dos honorários advocatícios no mínimo legal (também de 10%), apta, por isso mesmo, a ser majorada ao longo daquela etapa do processo até o máximo legal, bem ao estilo que, no âmbito da execução fundada em título extrajudicial, prevê expressamente o § 2º do art. 827[63]. As

61. Sergio Shimura (*Breves comentários ao novo Código de Processo Civil*, p. 1504) destaca pertinentemente a propósito do art. 523 que o CPC de 2015 acentuou os princípios dispositivo, da inércia da jurisdição e do contraditório.

62. A esse propósito, é inegável a pertinência de serem feitas as averbações previstas no inciso IX do art. 799 e no art. 828. É a orientação do Enunciado n. 529 do FPPC ("As averbações previstas nos arts. 799, IX, e 828 são aplicáveis ao cumprimento de sentença") e do Enunciado n. 104 da I Jornada de Direito Processual Civil do CJF ("O fornecimento de certidão para fins de averbação premonitória [art. 799, IX, do CPC] independe de prévio despacho ou autorização do juiz").

63. É entendimento que encontra eco no Enunciado n. 450 do FPPC, assim redigido: "Aplica-se a regra decorrente do art. 827, § 2º, ao cumprimento de sentença".

variantes da intimação são as que constam do § 2º do art. 513. Sendo o caso de prévia *citação* (§ 1º do art. 515), aplicar-se-ão as regras usuais da prática daquele ato processual (arts. 238 a 259), sem prejuízo da incidência da multa *e* dos honorários de advogado na hipótese de *não* haver o pagamento no prazo de quinze dias[64].

Tanto o mandado de intimação como o de citação devem destacar as precitadas verbas, bem como também indicar que o executado tem o direito de apresentar impugnação nos moldes do art. 525[65]. Como há acesa discussão sobre a contagem do prazo para a impugnação, importa que o magistrado, tomando posição expressa sobre o tema, indique-a para o executado. É diretriz que decorre suficientemente do art. 6º.

Com a atenção voltada ao *caput* do art. 523, é correto entender que o exequente conheça de antemão o *quantum debeatur*. É o caso de a própria decisão a ser cumprida tê-lo identificado desde logo ou de o valor ter sido fixado na etapa de liquidação imediatamente anterior. Na primeira hipótese, caberá ao exequente demonstrar o valor em memória de cálculo especialmente preparada para o início da etapa de cumprimento, assunto ao qual se volta o

---

64. A Corte Especial do STJ já havia entendido desta forma antes do advento do CPC de 2015 em sede de recurso especial repetitivo. É diretriz que subsiste incólume na nova codificação. É a seguinte a ementa do acórdão: "RECURSO ESPECIAL REPRESENTATIVO DE CONTROVÉRSIA – ACÓRDÃO ESTADUAL DANDO PROVIMENTO A AGRAVO DE INSTRUMENTO DA SOCIEDADE EMPRESÁRIA EXECUTADA, POR CONSIDERAR DESCABIDA A INCIDÊNCIA DA MULTA DO ARTIGO 475-J DO CPC NO ÂMBITO DE CUMPRIMENTO DE SENTENÇA ARBITRAL. INSURGÊNCIA DOS EXEQUENTES. 1. Para efeitos do artigo 543-C do CPC: No âmbito do cumprimento de sentença arbitral condenatória de prestação pecuniária, a multa de 10% (dez por cento) do artigo 475-J do CPC deverá incidir se o executado não proceder ao pagamento espontâneo no prazo de 15 (quinze) dias contados da juntada do mandado de citação devidamente cumprido aos autos (em caso de título executivo contendo quantia líquida) ou da intimação do devedor, na pessoa de seu advogado, mediante publicação na imprensa oficial (em havendo prévia liquidação da obrigação certificada pelo juízo arbitral). 2. O Código de Processo Civil, assim como a Lei da Arbitragem, confere a natureza de título executivo judicial à sentença arbitral, distinguindo apenas o instrumento de comunicação processual do executado. Com efeito, em se tratando de cumprimento de sentença arbitral, a angularização da relação jurídica processual dar-se-á mediante citação do devedor no processo de liquidação ou de execução em vez da intimação promovida nos processos sincréticos (nos quais ocorrida a citação no âmbito de precedente fase de conhecimento). Eis, portanto, a única diferença procedimental entre o cumprimento da sentença proferida no processo civil e o da sentença arbitral. 3. Nessa ordem de ideias, à exceção da ordem de citação (e não de intimação atinente aos processos sincréticos), a execução da sentença arbitral condenatória de obrigação de pagar quantia certa observa o mesmo procedimento previsto para as sentenças civis de idêntico conteúdo, qual seja, o regime previsto nos artigos 475-J a 475-R do CPC. 4. A multa de 10% (dez por cento) prevista no artigo 475-J do CPC (aplicável no âmbito do cumprimento de título representativo de obrigação pecuniária líquida) tem por objetivo garantir a maior efetividade e celeridade na prestação jurisdicional, tornando onerosa a recalcitrância do devedor em desobedecer o comando sentencial ao qual submetido. 5. Consequentemente, o afastamento da incidência da referida sanção no âmbito do cumprimento de sentença arbitral de prestação pecuniária representaria um desprestígio ao procedimento da arbitragem (tornando-a um *minus* em relação à jurisdição estatal), olvidando-se de seu principal atrativo, qual seja, a expectativa de célere desfecho na solução do conflito. 6. Caso concreto. (...) 7. Recurso especial provido. Acórdão submetido ao rito do artigo 543-C do CPC e da Resolução STJ 8/2008" (STJ, CE, REsp repetitivo n. 1.102.460/RJ, rel. Min. Marco Buzzi, j. un. 17-06-2015, *DJe* 23-9-2015).

65. Trata-se de orientação vencedora na I Jornada de Direito Processual Civil do CJF, como se pode constatar de seu Enunciado n. 92: "A intimação prevista no *caput* do art. 523 do CPC deve contemplar, expressamente, o prazo sucessivo para impugnar o cumprimento de sentença".

art. 524. Se o valor da liquidação precisar ser atualizado monetariamente ou calculados novos juros e/ou despesas processuais, o demonstrativo a que se refere o art. 524 é necessário e suficiente para o início da etapa de cumprimento da sentença[66].

O *caput* do art. 523 faz menção também aos casos de "decisão sobre parcela incontroversa", que fazem lembrar da possibilidade de julgamento antecipado *parcial* do mérito com fundamento no art. 356. Também nessas hipóteses, põe-se o problema de saber se a parcela é, ou não, *líquida*. Se sim, basta ao exequente apresentar o demonstrativo de crédito do art. 524. Se não, é necessário que, *antes* do início da etapa de cumprimento, o valor seja liquidado, observando-se, para tanto, as regras dos arts. 509 a 512. A previsão harmoniza-se plenamente com o disposto nos §§ 1º, 2º e 4º do art. 356. A hipótese não deve ser confundida com a do § 1º do art. 526, que também se refere à possibilidade de levantamento da "parcela incontroversa" pelo autor.

---

66. Há esclarecedor acórdão da Corte Especial do STJ tomado em sede de recurso especial repetitivo sobre esse ponto e que permanece hígido para o CPC de 2015. Trata-se do REsp repetitivo n. 1.147.191/RS, rel. Min. Napoleão Nunes Maia Filho, j. un. 4-3-2015, *DJe* 24-4-2015. Sua ementa é a seguinte: "RECURSO ESPECIAL SUBMETIDO AO RITO DO ART. 543-C DO CPC. PROCESSUAL CIVIL. CUMPRIMENTO DE SENTENÇA. DIFERENÇA DE CORREÇÃO MONETÁRIA DE EMPRÉSTIMO COMPULSÓRIO. SENTENÇA ILÍQUIDA. INADMISSIBILIDADE DA COBRANÇA DA MULTA DO ART. 475-J DO CPC. PRECEDENTES DO STJ. RECURSO ESPECIAL DESPROVIDO. 1. A reforma do CPC conduzida por meio da Lei n. 11.232/2005 objetivou imprimir ansiada e mesmo necessária celeridade ao processo executivo, no intuito de transformá-lo em um meio efetivo de realização do direito subjetivo lesado ou violado; nessa perspectiva, suprimiu-se a execução como uma ação distinta da ação precedente de conhecimento, para torná-la um incidente processual, abolindo-se a necessidade de novo processo e nova citação do devedor, tudo com o escopo de conferir a mais plena e completa efetividade à atividade jurisdicional, que, sem esse atributo de realização no mundo concreto, transformariam as sentenças em peças de grande erudição jurídica, da maior expressão e préstimo, sem dúvida, mas sem ressonância no mundo real. 2. Para as sentenças condenatórias ao cumprimento de obrigação de pagamento de quantia em dinheiro ou na qual a obrigação possa assim ser convertida, o procedimento é o previsto no art. 475-J do CPC (art. 475-I do CPC). Neste último caso, a finalidade da multa imposta para o caso de não pagamento foi a de mitigar a apresentação de defesas e impugnações meramente protelatórias, incentivando a pronta satisfação do direito previamente reconhecido. 3. A liquidez da obrigação é pressuposto para o pedido de cumprimento de sentença; assim, apenas quando a obrigação for líquida pode ser cogitado, de imediato, o arbitramento da multa para o caso de não pagamento. Se ainda não liquidada ou se para a apuração do *quantum* ao final devido forem indispensáveis cálculos mais elaborados, com perícia, como no caso concreto, o prévio acertamento do valor faz-se necessário, para, após, mediante intimação, cogitar-se da aplicação da referida multa. 4. No contexto das obrigações ilíquidas, pouco importa, ao meu ver, que tenha havido depósito da quantia que o devedor entendeu incontroversa ou a apresentação de garantias, porque, independentemente delas, a aplicação da multa sujeita-se à condicionante da liquidez da obrigação definida no título judicial. 5. A jurisprudência desta Corte tem consignado que, de ordinário, a discussão sobre a liquidez ou iliquidez do título judicial exequendo é incabível no âmbito dos recursos ditos excepcionais, quando for necessário o revolvimento aprofundado de aspectos fáticos-probatórios; nesses casos, deve-se partir da conclusão das instâncias ordinárias quanto a esse atributo da obrigação executada para fins de verificar o cabimento da multa (AgRg no AREsp 333.184/PR, rel. Min. Eliana Calmon, *DJe* 17-09-2013, e AgRg no AREsp 400.691/SC, rel. Min. Sidnei Beneti, *DJe* 3-12-2013); todavia, ao meu sentir, se essa avaliação probatória puder ser suprimida, e não raro é possível tirar a conclusão a partir do contexto do próprio acórdão impugnado, é possível e mesmo desejável a avaliação dessa circunstância por esta Corte, de modo a pôr fim à controvérsia. 6. (...) 7. Assim, para efeitos do art. 543-C do CPC, fixa-se a seguinte tese: No caso de sentença ilíquida, para a imposição da multa prevista no art. 475-J do CPC, revela-se indispensável (i) a prévia liquidação da obrigação; e, após, o acertamento, (ii) a intimação do devedor, na figura do seu Advogado, para pagar o *quantum* ao final definido no prazo de 15 dias".

9.2 O requerimento para início da etapa de cumprimento da sentença

Como a tão só apresentação de cálculos não é tratada pelo CPC de 2015 como modalidade de liquidação – não, ao menos, como "liquidação-*fase*" –, o art. 524 disciplina a necessidade de o exequente demonstrar aritmeticamente a evolução do seu crédito (chamado pelo *caput* e pelo § 1º do art. 523 de "débito", eis que na perspectiva do executado), anexando ao requerimento que dá início à fase de cumprimento de sentença o demonstrativo respectivo.

O art. 524 é o único dispositivo ao longo de todo o Título II do Livro I da Parte Especial do CPC de 2015, dedicado ao "cumprimento de sentença", a indicar o conteúdo "[d]o requerimento previsto no art. 523". E o faz apenas no sentido de exigir que o exequente instrua-o com "demonstrativo discriminado e atualizado do crédito" formalizando seu pedido por petição que conterá umas tantas exigências.

Importa observar que os sete incisos e os cinco parágrafos que seguem tratam indistintamente do que deve guiar a elaboração do "demonstrativo" e a petição na qual o exequente exterioriza a sua manifestação de dar início à etapa de cumprimento de sentença. A exposição dos números seguintes busca distinguir umas e outras exigências, sempre entendendo, contudo, que a "petição" – e não há problema algum em identifica-la com uma "petição inicial", a exemplo do que faz o CPC de 2015 no ambiente do "processo de execução" com os arts. 798 e 799 – seja, na prática, instruída com o demonstrativo, iniciativa que, na perspectiva formal, atende suficientemente ao disposto no art. 524.

De acordo com o inciso I do art. 524, o requerimento – que a parte final do *caput* do dispositivo nomina de "petição" – deve conter o nome completo e o número do CPF ou do CNPJ do exequente e do executado, consoante se trate de pessoa natural ou jurídica, respectivamente. Com relação à obtenção desses dados, o dispositivo expressamente determina a observância dos §§ 1º a 3º do art. 319, que permite ao exequente requerer ao juízo diligências para a obtenção daqueles dados, sendo certo que a sua ausência não pode ser compreendida como fator apto a obstaculizar o regular andamento do processo quando o executado puder ser suficientemente identificado (e, no caso, do cumprimento da sentença, etapa de um mesmo processo, essa hipótese deve ocorrer com muita frequência), ou, ainda, quando sua exigência tornar impossível ou excessivamente oneroso o acesso à Justiça. A exigência, de resto, deve ceder espaço nos casos em que as partes na etapa do cumprimento de sentença são as mesmas da etapa de conhecimento, para evitar desnecessária repetição de atos que nada contribuem para a maior eficiência processual (art. 4º).

O exequente indicará desde logo também os bens que pretende ver penhorados caso o executado não realize o pagamento após sua intimação para tanto (art. 524, VII). A medida pretende agilizar a prática dos atos executivos propriamente ditos com a expedição do mandado de penhora e avaliação a que se refere o § 3º do art. 523. O dispositivo, a despeito de estabelecer inegável dever para o exequente, justamente na busca de maior eficiência na prática dos atos executivos, faz ressalva, pertinente, ao estabelecer que a indicação dos bens à penhora se dará "sempre que possível". Cabe ao exequente, destarte, justificar por que deixa de indicar bens à penhora em seu requerimento, hipótese em que há espaço para aplicação do disposto no art. 801, sempre interpretado ao lado do art. 321.

A depender do que vier a ser indicado à penhora, cabe ao exequente requerer, desde logo, as intimações a que se referem os incisos I a VII e X e XI do art. 799.

Também é no requerimento aqui tratado que poderá o exequente, sendo o caso, requerer a concessão de alguma tutela provisória (art. 799, VIII) e, ainda, "proceder à averbação em registro público do ato de propositura da execução e dos atos de constrição realizados, para conhecimento de terceiros" (art. 799, IX), sem prejuízo de obter a certidão a que se refere o art. 828, "para fins de averbação no registro de imóveis, de veículos ou de outros bens sujeitos a penhora, arresto ou indisponibilidade"[67].

É correto entender, a despeito do silêncio do art. 524, que o exequente indique em seu requerimento como se deve dar a intimação (e, se for o caso, a citação) do executado para a etapa de cumprimento de sentença, levando em conta as múltiplas hipóteses decorrentes dos §§ 2º a 4º do art. 513.

9.2.1 Demonstrativo discriminado e atualizado do crédito

O requerimento para o início da etapa do cumprimento de sentença deve ser instruído também com "demonstrativo discriminado e atualizado do crédito".

A referência é feita à necessidade de apresentação do cálculo justificado do valor a ser perseguido na etapa de cumprimento, em total harmonia com a previsão do § 2º do art. 509[68]. Mesmo nos casos em que a prévia etapa de liquidação se justificar, o demonstrativo deve ser apresentado sempre que for necessário justificar a *atualidade* do valor a ser perseguido pelo exequente já na etapa de cumprimento de sentença.

O demonstrativo deve ser elaborado levando em consideração o quanto decidido no título executivo que dá fundamento à etapa de cumprimento de sentença[69], em especial no seguinte:

---

67. A aplicação ao cumprimento de sentença daqueles dispositivos é pertinentemente acentuada pelo Enunciado n. 529 do FPPC: "As averbações previstas nos arts. 799, IX, e 828 são aplicáveis ao cumprimento de sentença".

68. Apenas para ilustrar a afirmação do texto, é pertinente a lembrança de recurso especial repetitivo da 2ª Seção do STJ (REsp repetitivo n. 1.387.249/SC, rel. Min. Paulo de Tarso Sanseverino, j. un. 26-2-2014, *DJe* 10-3-2014), encimado da seguinte ementa: "RECURSO ESPECIAL REPRESENTATIVO DA CONTROVÉRSIA. PROCESSUAL CIVIL. BRASIL TELECOM S/A. CONTRATO DE PARTICIPAÇÃO FINANCEIRA. COMPLEMENTAÇÃO DE AÇÕES. CUMPRIMENTO DE SENTENÇA. DESNECESSIDADE DE LIQUIDAÇÃO DE SENTENÇA. 1. Para fins do art. 543-C do CPC: O cumprimento de sentença condenatória de complementação de ações dispensa, em regra, a fase de liquidação de sentença. 2. Aplicação da tese ao caso concreto. 3. Recurso Especial desprovido".

69. Trata-se de inequívoca aplicação do que parcela da doutrina chama de "princípio da fidelidade do título executivo". A esse respeito, v. Marcelo Abelha, *Manual de execução civil*, p. 131-133, e Araken de Assis, *Manual da execução*, p. 208-214.

O índice de correção monetária adotado na elaboração dos cálculos deve observar o que a decisão a ser cumprida (que é o título executivo, provisório ou definitivo) determinar a seu respeito[70], inclusive quanto ao início e ao término de sua incidência (art. 524, II e IV). Se, no período, houver deflação, é irrecusável que ela esteja espelhada no demonstrativo e refletida no valor pretendido pelo exequente[71].

Da mesma forma, os juros aplicados e as respectivas taxas, que também devem observar o que a decisão exequenda dispuser a respeito[72], inclusive com relação a seu termo inicial e ao seu termo final (art. 524, III e IV). Se for o caso, a periodicidade da capitalização dos juros deve ser indicada também (art. 525, V).

Embora não se possa negar que a correção monetária e os juros moratórios sejam considerados, com a doutrina majoritária "pedidos implícitos"[73], é mais que hora de nossa doutrina insistir menos nessa categorização e explicitar que, dada a multivariedade de índices existentes, inclusive por força de peculiaridades do direito material, a petição inicial deve *postular* a esse respeito, indicando as razões pelas quais determinado índice deve preferir a outro e, bem assim, desde quando e até quando deve ter incidência[74]. São questões que, devidamente resolvidas na etapa de conhecimento do processo (em amplo contraditório), evitarão questionamentos desnecessários na etapa de cumprimento.

Por fim, o demonstrativo a ser apresentado com o requerimento do exequente para início da etapa de cumprimento de sentença deve conter a discriminação de eventuais descontos

---

70. A esse propósito, cabe colacionar a Súmula 523 do STJ: "A taxa de juros de mora incidente na repetição de indébito de tributos estaduais deve corresponder à utilizada para cobrança do tributo pago em atraso, sendo legítima a incidência da taxa Selic, em ambas as hipóteses, quando prevista na legislação local, vedada sua cumulação com quaisquer outros índices".

71. É orientação que alcançou a Corte Especial do STJ em sede de recurso especial repetitivo (REsp repetitivo n. 1.361.191/RS, rel. Min. Paulo de Tarso Sanseverino, j. un. 19-3-2014, *DJe* 27-6-2014), assim ementado: "RECURSO ESPECIAL REPRESENTATIVO DE CONTROVÉRSIA. CIVIL E PROCESSUAL CIVIL. PLANTA COMUNITÁRIA DE TELEFONIA. RESTITUIÇÃO DO VALOR INVESTIDO. CUMPRIMENTO DE SENTENÇA. APLICAÇÃO DE ÍNDICES NEGATIVOS DE CORREÇÃO MONETÁRIA. CABIMENTO. REJEIÇÃO DA IMPUGNAÇÃO AO CUMPRIMENTO DE SENTENÇA. HONORÁRIOS ADVOCATÍCIOS. DESCABIMENTO. 1. Para fins do art. 543-C do CPC: Aplicam-se os índices de deflação na correção monetária de crédito oriundo de título executivo judicial, preservado o seu valor nominal. 2. Caso concreto: 2.1. Aplicação da tese à espécie. 2.2. 'Não são cabíveis honorários advocatícios pela rejeição da impugnação ao cumprimento de sentença' (REsp 1.134.186/RS, rito do art. 543-C do CPC). 3. Recurso Especial provido".

72. Pertinente a lembrança, a esse propósito, da Súmula 551 do STJ, cujo enunciado é o seguinte: "Nas demandas por complementação de ações de empresas de telefonia, admite-se a condenação ao pagamento de dividendos e juros sobre capital próprio independentemente de pedido expresso. No entanto, somente quando previstos no título executivo, poderão ser objeto de cumprimento de sentença".

73. Apenas para ilustrar o acerto da afirmação, v. os seguintes autores: Fredie Didier Jr., *Curso de direito processual civil,* v. 1, p. 599-600, e Nelson Nery e Rosa Maria de Andrade Nery, *Comentários ao Código de Processo Civil*, p. 1.292. A hipótese, como se lê do n. 10 do Capítulo 1 da Parte V do t. I do v. 2 deste *Curso*, é de "efeito anexo" das decisões judiciais.

74. Para essa discussão, v. o n. 7.6 do Capítulo 1 da Parte II do v. 2, t. I deste *Curso*.

obrigatórios realizados (art. 525, VI). É o que ocorre, por exemplo, no caso de retenções devidas em função do regime tributário[75].

9.2.1.1 *Discordância do executado com o valor indicado pelo exequente*

O executado discordará do valor indicado pelo exequente com observância das exigências do art. 524 em sua impugnação. É, dentre tantos outros, um dos fundamentos que aquela manifestação pode assumir, como se lê do inciso V do § 1º do art. 525, que apresenta as peculiaridades, pertinentíssimas, dos §§ 4º e 5º daquele mesmo dispositivo.

É correto entender, por isso mesmo, que, de acordo com o CPC de 2015, seguindo o que já havia sido modificado desde o advento da Lei n. 8.898/94 e preservado, no particular, com a Lei n. 11.232/2005, que quando o valor pretendido pelo exequente depender de mero cálculo aritmético, não há necessidade de *prévia etapa* de liquidação, realizando-se o contraditório a respeito do valor devido posteriormente, já no âmbito da etapa de cumprimento de sentença. É a distinção que este *Curso* propõe entre "liquidação-*procedimento*" e "liquidação-*ato*".

Desde as reformas de 1994, portanto, não há mais espaço para que seja proferida decisão que homologue *previamente* os valores pretendidos pelo exequente[76]. Esse entendimento, de qualquer sorte, não deve ser tomado como se na etapa de liquidação ou na etapa de cumprimento (provisório ou definitivo) de sentença não haja espaço para o proferimento de decisões interlocutórias (porque há) e elas não sejam passíveis de contraste recursal imediato por intermédio de agravo de instrumento (porque o são), dada a abrangência do parágrafo único do art. 1.015.

9.2.1.2 *Cálculos excessivos*

Em contexto diverso do que o inciso V do § 1º do art. 525 chama de "excesso de execução", os §§ 1º e 2º do art. 524 tratam da hipótese de o cálculo constante no demonstrativo parecer exceder os limites da decisão que se pretende ver cumprida.

---

75. Há repetitivos da 1ª Seção do STJ sobre essa temática. A referência é feita ao REsp repetitivo n. 1.196.777/RS e ao REsp repetitivo n. 1.196.778/RS (STJ, 1ª Seção, rel. Min. Teori Albino Zavascki, j. un. 27-10-2010, *DJe* 4-11-2010), assim ementados: "ADMINISTRATIVO. EXECUÇÃO DE SENTENÇA. RETENÇÃO NA FONTE DE CONTRIBUIÇÃO DO PLANO DE SEGURIDADE DO SERVIDOR PÚBLICO – PSS. LEI 10.887/2004, ART. 16-A. 1. A retenção na fonte da contribuição do Plano de Seguridade do Servidor Público – PSS, incidente sobre valores pagos em cumprimento de decisão judicial, prevista no art. 16-A da Lei 10.887/2004, constitui obrigação *ex lege* e como tal deve ser promovida independentemente de condenação ou de prévia autorização no título executivo. 2. Recurso Especial provido. Acórdão sujeito ao regime do art. 543-C do CPC e da Resolução STJ 08/2008".

76. Por isso é que já era correto entender que a orientação da Súmula 118 do STJ ("O agravo de instrumento é o recurso cabível da decisão que homologa a atualização do cálculo da liquidação") só poderia ser compreendida para as interlocutórias que dissessem respeito à atualização monetária já no âmbito da execução. Para essa demonstração, v. o n. 6.2 do Capítulo 5 da Parte I do v. 3 das edições anteriores ao CPC de 2015 deste *Curso*.

Neste caso, preceitua o § 1º, a etapa de cumprimento iniciará pelo valor pretendido, mas a penhora terá por base a importância que o magistrado entender adequada. O § 2º completa a regra, permitindo ao magistrado valer-se do contabilista do juízo, auxiliar da justiça referido pelo art. 149, que terá o prazo máximo de trinta dias (úteis, porque se trata de prazo processual), ou outro a ser fixado[77], para verificação do acerto dos cálculos.

A previsão do § 1º do art. 524 merece ser criticada, tanto quanto já era pertinente fazer com relação a seus antecessores, os §§ 3º e 4º do art. 475-B do CPC de 1973[78]: o mais correto em termos de *eficiência* da prestação jurisdicional é que eventual discordância do magistrado sobre o valor pretendido pelo exequente já conduzisse à realização de incidente cognitivo, inclusive com a participação do contador nos termos do § 2º e, ainda, com a inafastável participação do executado. Nem que, para esse fim, fosse determinado ao executado que formalizasse seus questionamentos em sede de impugnação. Nada justifica que os atos executivos comecem a ser praticados quando há dúvida, objetivamente constatável, sobre a *liquidez* da obrigação perseguida em juízo. Se houver algum elemento peculiar no caso concreto a querer justificar a antecipação da prática dos atos executivos, que a hipótese seja tratada excepcionalmente, lembrando da atipicidade generalizada das tutelas provisórias, inclusive no âmbito do cumprimento de sentença (art. 297).

Para contornar o problema indicado no parágrafo anterior, cabe ao magistrado, forte nos *deveres-poderes* do art. 139, sobretudo, para cá, na previsão de seu inciso IX, determinar a intimação do executado para participar do incidente cognitivo a se desenvolver com a colaboração do contabilista do juízo, para evitar desperdício de atividade jurisdicional e violação à ampla defesa. É como se o magistrado, em tais casos, instaurasse, de ofício, uma etapa de liquidação, iniciativa que se mostra harmônica não só com o contraditório, tão enaltecido ao longo de todo o CPC de 2015, mas também com a concepção de sincretismo processual inequivocamente adotada por ele. A hipótese tem tudo para guardar similitude, aliás, com a liquidação por arbitramento do inciso I do art. 509.

9.2.1.3 *Dispersão dos elementos para elaboração do demonstrativo*

Os §§ 3º a 5º do art. 524 lidam com a hipótese de elementos indispensáveis para a *elaboração* ou *complementação* do demonstrativo de cálculo estarem em mãos do executado ou de terceiros[79].

---

77. É inquestionável que o magistrado pode *dilatar* aquele prazo quando houver justificativa para tanto, valendo-se, inclusive do disposto no inciso VI do art. 139.

78. Para a crítica ao dispositivo anterior, v. o n. 7 do Capítulo 5 da Parte I do v. 3 das edições anteriores ao CPC de 2015 deste *Curso*.

79. A distinção feita pelo dispositivo entre a "elaboração" e a "complementação" do demonstrativo inova em relação ao § 1º do art. 475-B do CPC de 1973, que a desconhecia, limitando-se a tratar dos dados necessários à *elaboração* da memória de cálculo.

No primeiro caso, em que aqueles elementos sejam indispensáveis para a *elaboração* do demonstrativo, o magistrado pode determinar sua apresentação, valendo-se das técnicas executivas adequadas para tanto (art. 139, IV). Se não acatada a ordem, pode ocorrer a prática do crime de desobediência (§ 3º), a ser apurado e sancionado de acordo com as regras do direito processual penal, inclusive – e necessariamente – perante o órgão jurisdicional competente. O destinatário da ordem judicial nesses casos é, indistintamente, o executado ou o eventual terceiro[80].

Se a situação for de *complementação* dos dados necessários para elaboração do demonstrativo e eles estiverem em mãos do *executado*, o magistrado, a requerimento do exequente, determinará sua entrega em, no máximo, trinta dias (§ 4º). Se não forem apresentados e não houver justificativa, serão considerados corretos os que o exequente, com os dados que possui, conseguir elaborar (§ 5º). Os trinta dias devem ser contados em dias úteis, já que de cunho processual. Também aqui se está diante de *ordem* judicial a ser acatada pelo seu destinatário.

A presunção assumida pelo § 5º do art. 524 é diversa daquela que, no âmbito da exibição de documento ou coisa requerida em face da parte contrária (art. 400, *caput*), merece ser criticada, a exemplo do que também era correto fazer com o § 2º do art. 475-B do CPC de 1973. Aqui, o exequente dispõe de elementos, ainda que mínimos, aptos para a elaboração dos cálculos, portanto a inércia injustificada do executado pode acarretar a *presunção* de que os cálculos daquele modo elaborados são corretos. Lá não há, em rigor, elemento nenhum, e, por isso, a presunção criada pela regra é questionável, inclusive na perspectiva da lógica: como presumir a existência de algo a partir do nada?

De qualquer sorte, tanto para os casos de "exibição de documento ou coisa" como para o demonstrativo do art. 524 – e a observação é pertinente de maneira especial para a hipótese do § 3º do art. 524 –, o magistrado *deve*, se assim entender ser o caso (art. 370), criar condições efetivas de ter acesso àqueles dados para compor o valor devido em sua inteireza. Para esse fim, poderá valer-se das técnicas previstas no já destacado inciso IV do art. 139[81].

A despeito do silêncio dos §§ 4º e 5º do art. 524, é correto entender que eles têm plena aplicação também quando os dados *adicionais* estiverem em poder de *terceiro*[82]. Isto sem prejuízo de o magistrado assumir postura em prol da obtenção daqueles dados.

---

80. No ponto, o § 2º do art. 475-B do CPC de 1973 distinguia se os dados não fossem entregues pelo executado ou pelo terceiro. Neste caso, determinava a sua apreensão, com força policial se necessária, e sem prejuízo do crime de desobediência; naquele, a presunção do cálculo apresentado pelo exequente. A dualidade merecia ser criticada, iniciativa que adotava o n. 7.3 do Capítulo 5 da Parte I do v. 3 das edições anteriores ao CPC de 2015 deste *Curso*.

81. Pensam da mesma forma: Luiz Guilherme Marinoni, Sérgio Cruz Arenhart e Daniel Mitidiero, Novo Código de Processo Civil comentado, p. 546; Fernando da Fonseca Gajardoni, Luiz Dellore, André Vasconcelos Roque e Zulmar Duarte de Oliveira Jr., Processo de conhecimento e cumprimento de sentença, p. 734, e Dorival Renato Pavan, Comentários ao Código de Processo Civil, v. 2, p. 692-693.

82. Assim também o entendimento de Dorival Renato Pavan, *Comentários ao Código de Processo Civil*, v. 2, p. 691-692, acentuando a viabilidade de o terceiro invocar o disposto no art. 404 para justificar eventual escusa de não exibição, e Daniel Amorim Assumpção Neves, *Novo Código de Processo Civil comentado*, p. 937.

O comportamento do executado e/ou de terceiros na apresentação dos elementos à elaboração da memória de cálculo não deve interferir na deflagração de eventual prescrição intercorrente.

Em um e em outro caso, as escusas do art. 404 para legitimar eventual não exibição dos elementos perseguidos pelo exequente devem ser consideradas aplicáveis à espécie, observando-se, de qualquer sorte, o disposto no art. 399 quanto à necessidade de seu afastamento.

9.2.1.4 *Hipótese de atuação da Defensoria Pública*

Para além das hipóteses expressamente regulamentadas pelos parágrafos do art. 524, é mister recordar o inciso VII do § 1º do art. 98 ao estabelecer que "A gratuidade da justiça compreende: (...) o custo com a elaboração de memória de cálculo, quando exigida para instauração da execução".

Em tais casos, independentemente da ocorrência das divergências retratadas, é correto entender que o patrocinado pela Defensoria Pública tem – em verdade, continua a ter[83] – o direito de se valer do contabilista judicial para elaboração dos cálculos que se justifiquem para o início da etapa de cumprimento de sentença[84].

Do trabalho do contabilista judicial deve seguir o inafastável contraditório e a respectiva decisão judicial, agravável de instrumento diante do que prescreve o parágrafo único do art. 1.015.

Eventual semelhança com o *procedimento* da liquidação por *arbitramento* (arts. 509, I, e 510) não é fator apto para se negar, generalizada e aprioristicamente, a viabilidade de a etapa de cumprimento de sentença ter início independentemente de fase de liquidação só porque se trata de caso em que atua a Defensoria Pública.

Os pontos de contato que podem, contudo, aproximar os casos concretos são reflexo natural do artificialismo que reside na distinção entre as modalidades de liquidação ainda reinante no CPC de 2015. A esse respeito – e para afastar qualquer questionamento de índole formal, incapaz, por si só, de comprometer a higidez dos atos praticados sob o manto do contraditório –, basta recordar da Súmula 344 do Superior Tribunal de Justiça[85], em total harmonia com o § 4º do art. 509.

---

83. A ressalva se justifica diante do disposto no art. 511 e do quanto decidido no REsp repetitivo n. 1.274.466/SC, pela 2ª Seção do STJ, rel. Min. Paulo de Tarso Sanseverino, j. un. 14-5-2014, *DJe* 21-5-2014, de cuja ementa se lê: "(1.2) 'Se o credor for beneficiário da gratuidade da justiça, pode-se determinar a elaboração dos cálculos pela contadoria judicial'".

84. Trata-se de diretriz vencedora na I Jornada de Direito Processual Civil promovida pelo CJF como faz prova seu Enunciado n. 91: "Interpreta-se o art. 524 do CPC e seus parágrafos no sentido de permitir que a parte patrocinada pela Defensoria Pública continue a valer-se da contadoria judicial para elaborar cálculos para execução ou cumprimento de sentença".

85. Cujo enunciado é o seguinte: "A liquidação por forma diversa da estabelecida na sentença não ofende a coisa julgada.

9.3 Pagamento voluntário

Recebida a petição a que se refere o *caput* do art. 523 com as exigências do art. 524, cabe ao magistrado determinar, como regra, a *intimação* do executado para o pagamento do valor indicado, observando-se o disposto nos §§ 2º a 4º do art. 513. Se a hipótese for uma das referidas no § 1º do art. 515, ao juízo positivo de admissibilidade daquela petição seguir-se-á a *citação* do executado.

O § 1º do art. 523 quer estimular o executado a pagar *voluntariamente* o valor indicado como devido pelo exequente. Para tanto, dispõe que o não pagamento no prazo de quinze dias acarretará a incidência (automática) de multa de 10% sobre aquele valor. O dispositivo também impõe de imediato e automaticamente o acréscimo de honorários advocatícios (verba de sucumbência) de 10%, cuja base de cálculo é o valor total do débito tal qual indicado pelo exequente em seu requerimento inicial, mas sem levar em conta o valor da multa.

Diante do art. 475-J do CPC de 2015, este *Curso* sustentava que os honorários de advogado deviam incidir sobre o total devido pelo executado acrescido da multa devida pelo não pagamento no prazo legal[86]. O *caput* e o § 1º do art. 523 sugerem interpretação diversa porque se referem à incidência da multa *e* dos honorários sobre uma *mesma* base de cálculo, identificada, em ambos os dispositivos, como "débito"[87]. Tal "débito", por sua vez, deve ser compreendido como o correspondente ao que o exequente, para fins de início da etapa de cumprimento de sentença, indica em seu requerimento inicial, demonstrando-o na forma do art. 524 e que deve guardar sintonia com o que lhe foi reconhecido pelo título executivo[88].

A incidência dos honorários advocatícios, na espécie, justifica-se porque, sem o pagamento, há necessidade de serem praticados os atos executivos, que não se confundem com os que justificaram o arbitramento dos honorários devidos pela etapa de conhecimento e que, em rigor, compõem uma das verbas devidas pelo executado. Cabe rememorar que a *cumulação* dos honorários devidos pela etapa de conhecimento e pela etapa de cumprimento é expressamente admitida pelo § 1º do art. 85. Trata-se de orientação que já se mostrava vencedora no CPC de 1973[89], como também comprova a Súmula 517 do STJ.

---

86. A referência é feita ao n. 3.8 do Capítulo 1 da Parte II do v. 3 das edições anteriores ao CPC de 2015 deste *Curso*. No mesmo sentido, o autor deste *Curso* já havia se voltado ao assunto em seu *A nova etapa da reforma do Código de Processo Civil*, v. 1, p. 84-88.

87. Expressa nesse sentido é a lição de Sergio Shimura, *Breves comentários ao novo Código de Processo Civil*, p. 1506. Com honrosa menção aos *Comentários ao Código de Processo Civil*, v. X, do autor deste *Curso*, o entendimento aqui defendido foi acolhido pela 3ª Turma do STJ no REsp 1.757.033/DF, rel. Min. Ricardo Villas Bôas Cueva, j. un. 9-10-2018, *DJe* 15-10-2018.

88. Por isso é correto entender que a verba honorária para a etapa de cumprimento de sentença não atrai a incidência do art. 85, § 9º, isto é, não pode levar em conta parcelas vincendas que, para aquele fim, limitam-se à etapa de conhecimento. Nesse sentido: STJ, 3ª Turma, REsp 1.837.146/MS, rel. Min. Ricardo Villas Bôas Cueva, j.un. 11-2-2020, *DJe* 20-2-2020.

89. Era o entendimento amplamente vencedor na doutrina de então. Assim, por exemplo, Arruda Alvim, Araken de Assis e Eduardo Arruda Alvim (*Comentários ao Código de Processo Civil*, p. 712): "Observe-se que o fato de a atividade executiva realizar-se no mesmo processo, como uma etapa seguinte à fase de conhecimento, não quer

Os 10% de honorários previstos no § 1º do art. 523 devem ser entendidos como o valor *mínimo* àquele título. A depender do trabalho que venha a ser praticado ao longo da etapa de cumprimento de sentença, levando em conta inclusive a existência, ou não, de impugnação ou de outras manifestações de cunho defensivo do executado, aquele valor tende a ser elevado, não podendo ultrapassar os 20% do valor do débito, em observância ao disposto no § 2º do art. 85[90]. Em se tratando de cumprimento de sentença contra o Poder Público, há regramento próprio, derivado dos arts. 534 e 535.

Tratando-se de cumprimento de sentença iniciado por advogado público, sendo o Poder Público exequente, portanto, o destino dos honorários, também cabíveis (e cumuláveis com os devidos pela etapa de conhecimento), observará o que disserem as leis específicas de regência da sua instituição (art. 85, § 19)[91]. Em se tratando de defensor público, os honorários também são devidos, e sua destinação será a própria instituição (art. 4º, XXI, da LC n. 80/94, na redação da LC n. 132/2009)[92]. Prevalece o entendimento de que a atuação do Ministério Público não rende ensejo à condenação de honorários advocatícios[93], o que, na perspectiva das funções essenciais à Administração da Justiça, não faz nenhum sentido: era suficiente que a verba respectiva fosse para a instituição e não para seu integrante individualmente considerado. De qualquer sorte, precisaria haver norma expressa para justificar aquele tratamento, o que não há.

Se intimado (ou, se for o caso, citado) o executado, houver pagamento (voluntário), não há razão para prosseguimento da etapa de cumprimento. Ela, neste caso, encerra-se tão logo o exequente seja ouvido e confirme a suficiência do depósito e, consequentemente, a satisfação de seu direito. Ao magistrado, nesta hipótese, caberá proferir a sentença a que se refere o art. 925, reconhecendo a satisfação do direito do exequente com fundamento no inciso II do art. 924. A sentença é apelável com fundamento no art. 1.009, e, à falta de regra expressa em sentido contrário, o apelo deve ser recebido com efeito suspensivo.

---

significar que não deva render ensejo à fixação de honorários advocatícios próprios, que não se confundem com os honorários devidos à impugnação ao cumprimento de sentença. Afinal, não havendo o adimplemento voluntário da obrigação (entenda-se no prazo de quinze dias a que se refere o art. 475-J), isso leva o credor a ter dado início, para obter aquilo a que tem direito, ao cumprimento da decisão da fase de conhecimento, de modo que o trabalho do advogado *nessa fase*, que é próprio e específico, há de ser remunerado, independentemente de tal atividade desenvolver-se no mesmo processo e não em outro, específico de execução". O tema era tratado pelo n. 3.6 do Capítulo 1 da Parte II do v. 3 das edições anteriores ao CPC de 2015 deste *Curso*.

90. Correto o entendimento da 3ª Turma do STJ que afasta a viabilidade de fixação dos honorários para a etapa de cumprimento de sentença aquém do piso ou além do teto do § 2º do art. 85, afastada sua gradação inclusive diante do § 8º desse mesmo dispositivo. Trata-se do REsp 1.701.824/RJ, rel. Min. Nancy Andrighi, j.un. 9-6-2020, *DJe* 12-6-2020.

91. Nesse sentido: "O § 19 do artigo ora analisado prevê expressamente que os advogados públicos perceberão honorários de sucumbência, nos termos da lei. Sem entrar no mérito do dispositivo legal, custa a acreditar que a matéria deveria ser tratada no Código de Processo Civil" (Daniel Amorim Assumpção Neves, *Novo Código de Processo Civil comentado*, p. 162).

92. Para a discussão do ponto, v.: Guilherme Freire de Melo Barros, Honorários *de sucumbência e a Defensoria Pública à luz do novo Código de Processo Civil*, p. 390-392.

93. Para a discussão do ponto, v.: Nelson Nery Junior e Rosa Maria de Andrade Nery, Comentários *ao Código de Processo Civil*, p. 668.

9.4 Incidência da multa

Quando a Lei n. 11.232/2005 modificou o CPC de 1973 e trouxe a multa do então art. 475-J como técnica executiva nos casos de obrigação de pagar quantia, a doutrina pôs-se a discutir sobre sua natureza jurídica. Houve quem a identificasse como coercitiva, outros como sancionatória, alguns como coercitiva e sancionatória concomitantemente e, até mesmo, como uma forma de remunerar o advogado pelo trabalho a ser desempenhado ao longo da etapa de cumprimento de sentença[94]. Este *Curso* sempre entendeu que se tratava de técnica *coercitiva* com vistas a obrigar o executado ao pagamento[95]. Retirava daquela radical alteração legislativa elementos bastantes para propor o abandono do binômio "condenação/execução", tão enaltecido por toda a doutrina nacional e estrangeira. Por outro lado, o autor deste *Curso* chegou a escrever expressamente que a Lei n. 11.232/2005 teria "*mandamentalizado* a condenação", querendo significar com o neologismo a necessidade de se concluir diante das modificações empreendidas no CPC de 1973 desde a Lei n. 8.952/94, chegando àquele diploma de 2005, por verdadeira ruptura paradigmática com o que usualmente é identificado com a classificação das "ações" e das "sentenças"[96].

Nada há no CPC de 2015 que demonstre do desacerto daquela construção ou da necessidade de reformulá-la diante da nova codificação. A multa de 10% ora prevista no *caput* do art. 523 é (continua a ser) *coercitiva*, no sentido de que sua finalidade é a de convencer o executado de que a melhor solução que existe para ele é pagar o que é pretendido pelo exequente, e, por isso mesmo, não se confunde com os honorários de advogado, também fixados no mínimo de 10% (sobre o débito) para a etapa do cumprimento de sentença. Dada a natureza *coercitiva* da multa, nada há de errado em entendê-la cumulável com multas que apresentam caráter diverso, de cunho sancionatório, tais quais as penas devidas por eventual litigância de má-fé do executado e que, de acordo com o § 2º do art. 77, assumem as vestes de atos atentatórios à dignidade da jurisdição. Expresso nesse sentido, aliás, é o § 4º do mesmo art. 77, segundo o qual: "A multa estabelecida no § 2º poderá ser fixada independentemente da incidência das previstas nos arts. 523, § 1º, e 536, § 1º"[97].

94. Para essa discussão à luz do art. 475-J do CPC de 1973, v. Evandro Carlos de Oliveira, Multa *no Código de Processo Civil*, p. 184-201.

95. A referência é feita ao n. 3 do Capítulo 1 da Parte II do v. 3 das edições anteriores ao CPC de 2015 deste *Curso*. O seu autor se voltou ao tema em outras obras, cabendo destacar as seguintes: *A nova etapa da reforma do Código de Processo Civil*, v. 1, p. 97-100; Variações sobre a multa do *caput* do art. 475-J do CPC na redação da Lei n. 11.232/2005, p. 136-138, e Novas variações sobre a multa do art. 475-J do CPC, p. 66-67.

96. A referência é feita ao seu Ensaio sobre o cumprimento das sentenças condenatórias, esp. p. 36-40 e 55-61.

97. Correto, por isso mesmo, o Enunciado n. 3 do TJMG, embora seu texto não faça expressa menção às obrigações de pagar quantia, objeto do art. 523: "A multa por ato atentatório à dignidade da justiça pode ser cumulada com aquelas decorrentes do descumprimento de obrigações específicas".

9.5 Pagamento parcial

Na hipótese de o pagamento ser *parcial*, a multa e os honorários advocatícios referidos no *caput* do art. 523 incidirão sobre o restante do débito (art. 523, § 2º).

Trata-se de regra que já constava do art. 475-J, § 4º, do CPC de 1973 e que foi repetida sem nenhuma variação textual no CPC de 2015.

Assim, se o valor do pagamento não atender fielmente ao retratado no título executivo na perspectiva do exequente, a multa de 10% deverá incidir sobre a diferença, tanto quanto os honorários advocatícios.

Pode haver, contudo, divergência entre os valores que exequente e executado reputam devidos. Como a percepção do "débito" pelo executado pressupõe o requerimento do exequente e também a apresentação da memória de cálculo do art. 524, é mais correto entender que o executado deverá manifestar sua discordância em sede de impugnação – ainda que limitada a esse fundamento –, no que são expressos o inciso V do § 1º e o § 4º do art. 525. Decididos, a multa e os honorários em favor do advogado do exequente incidirão sobre eventual diferença consoante o entendimento judicial prevalecente[98].

Questão interessante é a de ter havido transcurso de tempo considerável entre o requerimento do exequente para início da etapa de cumprimento de sentença e a determinação judicial de pagamento dirigida ao executado. Neste caso, é correto entender que, havendo depósito tempestivo do valor reclamado pelo exequente, não pode incidir a multa na cobrança de eventual diferença monetária entre os valores, considerando que o executado não pode ser responsabilizado por atraso imputável ao funcionamento da Justiça[99].

9.6 Depósito

Muito se debate, desde as modificações que a Lei n. 11.232/2005 introduziu no CPC de 1973, se o *depósito* do valor pelo executado é fator que inibe a incidência da multa de 10% prevista no § 1º do art. 523.

Alguns sustentam que o depósito impede a incidência da multa[100], e outros o entendem indiferente para aquela finalidade, porque iniciativa inconfundível com o pagamento, único

98. É o caso de reformular em parte, construção apresentada pelo n. 3.7 do Capítulo 1 da Parte II do v. 3 das edições anteriores ao CPC de 2015 deste *Curso*, admitindo verdadeira "antecipação" daquela controvérsia.

99. Assim decidiu a 3ª Turma do STJ no REsp 1.698.597/PR, rel. Min. Marco Aurélio Bellizze, j.un. 10-9-2019, *DJe* 17-9-2019.

100. Assim, *v.g.*: Sergio Shimura, *Breves comentários ao novo Código de Processo Civil*, p. 1507; Artur César de Souza, *Código de Processo Civil anotado, comentado e interpretado*, v. II, p. 1022, e Beclaute Oliveira Silva, *Código de Processo Civil comentado*, p. 700 (fazendo referência ao art. 520, § 3º, sem distinguir, contudo, se se refere ao cumprimento *provisório* ou ao *definitivo*).

comportamento do executado hábil para afastar a incidência da multa, de natureza coercitiva[101]. No máximo, o que pode ocorrer, mas já além da vontade do executado, é que, depositada a quantia, a multa não será devida se e quando acolhida pretensão sua em detrimento do cumprimento da sentença em favor do exequente. Nada, contudo, que possa garantir o afastamento da multa, que se contenta tão só com o não pagamento para fins de incidência. É o entendimento que se mostra o mais correto[102].

O CPC de 2015, contudo, não é tão claro acerca do ponto a sugerir, como as notas precedentes revelam, a subsistência do questionamento que já existia sob o CPC de 1973.

Há, todavia, dois pontos novos que merecem ser levados em consideração para robustecer o entendimento de que eventual *depósito* do valor reclamado pelo exequente não tem o condão de afastar, por si só, a incidência da multa de 10% (e dos honorários advocatícios, fixados em princípio também em 10%).

O primeiro reside no art. 526, que voltou a admitir a iniciativa do executado para iniciar a etapa de cumprimento de sentença. Mesmo naquele caso, contudo, eventual discrepância entre o *depósito* feito pelo executado com ânimo de pagamento e o valor pretendido pelo exequente justificará a incidência da multa e dos honorários advocatícios sobre a diferença.

O segundo diz respeito ao § 3º do art. 520. Este dispositivo, ao tratar da hipótese com expressa referência ao "depósito" a ser feito pelo executado, limita-se a destacar que o comportamento do executado não deve ser compreendido como incompatível com o recurso por ele interposto, o que, no contexto, do cumprimento *provisório* da sentença, justifica-se. Se fosse efetivo pagamento, com ânimo de solver a dívida reclamada pelo exequente, haveria espaço de sobra para questionar a subsistência do interesse recursal do executado, inclusive à luz do art. 1.000[103]. Nada há naquele dispositivo, contudo, que autorize a compreensão de que eventual depósito efetuado pelo executado seja bastante, por si só, para afastar a incidência da multa, que é devida, justamente, pela ausência de pagamento. O que há é a assunção da perspectiva de que a multa não será devida a final em função do acolhimento do recurso do executado. Tanto assim que o § 2º do art. 520 é expresso quanto à incidência, na espécie, dos honorários advocatícios *e* da multa aqui debatida.

---

101. É o que sustentam Dorival Renato Pavan, *Comentários ao Código de Processo Civil*, v. 2, p. 683, e Heitor Vitor Mendonça Sica, *Comentários ao novo Código de Processo Civil*, p. 821. Era também o que o autor deste *Curso* já escrevia desde deu *A nova etapa da reforma do Código de Processo Civil*, v. 1, p. 95-96. Nas edições anteriores ao CPC de 2015 deste *Curso*, o tema era versado no n. 3 do Capítulo 1 da Parte II de seu v. 3.

102. Nesse sentido os seguintes julgados do STJ: 3ª Turma, AgInt no AREsp 1.628.575/PR, rel. Min. Nancy Andrighi, j.un. 31-8-2020, *DJe* 3-9-2020 e 3ª Turma, REsp 1.834.337/SP, rel. Min. Nancy Andrighi, j.un. 3-12-2019, *DJe* 5-12-2019.

103. Que era tema controvertido antes do CPC de 2015, com posicionamento repetitivo do STJ no sentido de que não seria cabível a multa nos casos de cumprimento provisório justamente por se entender que haveria, como ventilado no texto, incompatibilidade de comportamentos.

O que pode ocorrer é que eventual depósito feito pelo executado seja levado em conta para fins de garantia ao processo para viabilizar, oportunamente, a concessão de efeito suspensivo à impugnação (art. 525, § 6º) ou, quando menos, ser formalizado como bem penhorado apto a ser expropriado visando à satisfação do direito do exequente. Nada, contudo, que se confunda ou que possa fazer as vezes de verdadeiro pagamento.

Cabe ressaltar, a propósito do tema, que o quanto decidido pela Corte Especial do STJ no Recurso Especial repetitivo n. 1.348.640/RS, Tema 677, relatado pelo Ministro Paulo de Tarso Sanseverino[104], não tem incidência na discussão presente. O que se decidiu naquela sede é questão diversa, voltada à identificação da responsabilidade pelo pagamento de correção monetária e juros de mora quando o executado depositava valores inclusive com o ânimo de garantir o juízo, o que, na sistemática do § 1º do art. 475-J do CPC de 1973, era, ao menos para a grande a maioria, a regra para viabilizar a apresentação da impugnação[105]. A responsabilidade era do executado (depositante) ou do banco depositário? A orientação do STJ foi fixada no sentido de que o pagamento daquelas verbas se daria pelo banco depositário, cessando, com o depósito, as obrigações do executado a seu respeito "nos limites da quantia depositada"[106]. Nada foi discutido na oportunidade sobre a incidência, ou não, da multa coercitiva sobre eventual não pagamento no prazo legal, tampouco a incidência, ou não, dos honorários advocatícios na mesma situação.

9.7 Não pagamento e início dos atos executivos

Se não houver pagamento, além da incidência automática da multa de 10% sobre o valor total devido e dos honorários advocatícios no piso de 10% (que também incide sobre o total, mas sem a multa), têm início os atos executivos para, independentemente da vontade do executado e até contra ela, serem retirados bens de seu patrimônio para satisfação do direi-

104. É a seguinte a ementa daquele julgado: "RECURSO ESPECIAL REPRESENTATIVO DE CONTROVÉRSIA. CIVIL E PROCESSUAL CIVIL. COMPLEMENTAÇÃO DE AÇÕES. CUMPRIMENTO DE SENTENÇA. DEPÓSITO JUDICIAL. JUROS DE MORA E CORREÇÃO MONETÁRIA. ENCARGO DA INSTITUIÇÃO DEPOSITÁRIA. 1. Para fins do art. 543-C do CPC: 'Na fase de execução, o depósito judicial do montante (integral ou parcial) da condenação extingue a obrigação do devedor, nos limites da quantia depositada'. 2. Aplicação da tese ao caso concreto. 3. RECURSO ESPECIAL PROVIDO" (STJ, CE, REsp repetitivo n. 1.348.640/RS, rel. Min. Paulo de Tarso Sanseverino, j. un. 7-5.2014, *DJe* 21-5-2014).

105. A questão recebeu disciplina expressa em sentido diverso no CPC de 2015. É o que expõe o n. 3.7 do Capítulo 1 da Parte II a propósito do exame da impugnação.

106. Dadas as inúmeras controvérsias que se seguiram à fixação da tese, contudo, a CE do STJ entendeu que o caso merecia reexame para "definir se, na execução, o depósito judicial do valor da obrigação com consequente incidência de juros e correção a cargo da instituição financeira isenta o devedor do pagamento de encargos decorrente da mora previstos no título executivo judicial ou extrajudicial, independentemente da liberação da quantia ao credor." (QO no REsp 1.820.963/SP, rel. Min. Nancy Andrighi, j.un. 7-10-2020, *DJe* 28-10-2020).

to do exequente, observando-se, sempre e invariavelmente, o "modelo constitucional". Afinal, ninguém será privado de seus bens sem o devido processo *constitucional* (art. 5º, LIV, da CF). É o que decorre do § 3º do art. 523, que autoriza, em rigor, no dia *útil* seguinte ao término do décimo quinto dia da intimação (ou citação), a expedição de "mandado de penhora e avaliação, seguindo-se os atos de expropriação", ou seja: o oficial de justiça, a partir da indicação do exequente constante de seu requerimento ou de ofício, localizará bens do executado para penhorá-los[107]. Uma vez avaliados, serão alienados para que o dinheiro correspondente a eles satisfaça o crédito do exequente. Também pode ocorrer – e, preferencialmente, é isto que ocorrerá – que a penhora seja feita eletronicamente pelo próprio magistrado (é a chamada, embora impropriamente, penhora *on line*), com fundamento no art. 854, que, recaindo sobre dinheiro, dispensará quaisquer atos relativos à sua avaliação e à sua transformação. Mera transferência bancária será o suficiente para a satisfação do exequente (art. 906, parágrafo único). Outras técnicas executivas para alcançar a satisfação do exequente, sempre em atenção ao devido processo constitucional, não podem ser descartadas aprioristicamente e devem ser avaliadas sempre em consideração com as circunstâncias de cada caso concreto[108].

9.8 Fluência do prazo para pagamento

Há três questões importantes que o CPC de 2015 traz sobre a fluência do prazo para pagamento: eles devem ser contados em dias úteis? A partir de quando eles devem ser contados? Qual é o seu regime quando houver litisconsórcio?

A primeira delas justifica-se diante do parágrafo único do art. 219. Os prazos *processuais* são contados em dias úteis. O prazo para *pagamento* é um prazo processual ou um prazo material?

A melhor resposta é a de que se trata de prazo *processual*, a fazer incidir, portanto, sua fluência apenas em dias *úteis*, nos termos do *caput* daquele dispositivo. Não há como esquecer que se trata da etapa de cumprimento da sentença e não de adimplemento *espontâneo* (ou pagamento, na acepção de direito material) da obrigação pelo devedor. Há uma *ordem* de pagamento dirigida ao *executado*, e a multa de 10% estipulada pelo § 1º do art. 523 é técnica executiva *coercitiva* e *típica*, destinada a estimular o pagamento forçado. O que o

107. É o caso de frisar, nesse contexto, a necessária observância dos arts. 798 e 799 no requerimento que dá início à etapa de cumprimento da sentença. É aplicação direta da autorização contida no art. 798, II, *c*, que rege a petição inicial das execuções por quantia certa fundadas em título executivo extrajudicial.

108. É orientação que está estampada no Enunciado n. 12 do FPPC, assim redigido: "A aplicação das medidas atípicas sub-rogatórias e coercitivas é cabível em qualquer obrigação no cumprimento de sentença ou execução de título executivo extrajudicial. Essas medidas, contudo, serão aplicadas de forma subsidiária às medidas tipificadas, com observação do contraditório, ainda que diferido, e por meio de decisão à luz do art. 489, § 1º, I e II".

dispositivo quer é que o executado obedeça à ordem a ele dirigida, e é nesse sentido que prescreve a incidência da multa[109].

Não que não possa haver, neste instante do processo, acordo de vontades entre exequente e executado para disciplinar o pagamento da dívida de outra forma, iniciativa amplamente incentivada pelos parágrafos do art. 3º. Não é disso, contudo, que trata o § 1º do art. 523. Estamos, pois, no campo do *processo*, o prazo é *processual* e reclama a incidência do *caput* do art. 219.

A segunda questão relaciona-se com a previsão do § 3º do art. 231. Segundo aquele dispositivo, quando "o ato tiver de ser praticado diretamente pela parte ou por quem, de qualquer forma, participe do processo, sem a intermediação de representante judicial, o *dia do começo do prazo para cumprimento da determinação judicial corresponderá à data em que se der a comunicação*". Pertinentíssima a questão: a diferença, mesmo que de um dia, pode autorizar a incidência da multa e dos honorários advocatícios, cada qual arbitrado em 10%, o que significa, pelo transcurso de um único dia a mais, uma majoração de pelo menos 20% do total do débito.

A questão conduz a diferentes respostas, em harmonia com as hipóteses descritas pelos incisos do § 2º do art. 513.

Quando a intimação for dirigida ao advogado constituído nos autos (art. 513, § 2º, I), deverá ser observado o disposto nos incisos do art. 231, afastada a regra de seu § 3º, consoante seja a modalidade de intimação (ou de citação) empregada. Na contagem do prazo, deve ser excluído o dia de início e incluído o dia do vencimento (art. 224, *caput*).

Nas hipóteses dos §§ 3º e 4º do art. 513, é mais correto entender que incide o § 3º do art. 231. É que, embora com algumas variações e diversas justificativas, em todas aquelas situações, o executado é intimado *pessoalmente* para o cumprimento, e, em rigor, o comportamento que dele se espera – o atendimento à ordem judicial – independe de qualquer capacidade postulatória. Naqueles casos, é desnecessária a prévia juntada do comprovante respectivo aos autos para deflagrar o início da contagem do prazo, embora sua fluência observe o disposto no *caput* do art. 224[110]. Trata-se da mesma diretriz a ser observada em se tratando de cumprimento de obrigação de índole *alimentar,* diante da expressa generalização feita pelo *caput* do art. 528 para que a intimação do executado naqueles casos dê-se pessoalmente.

---

109. No mesmo sentido é o entendimento de Dorival Renato Pavan, *Comentários ao Código de Processo Civil*, v. 2, p. 682, de Luiz Henrique Volpe Camargo e Lauane Andrekowsk Volpe Camargo, Do cumprimento da sentença, p. 79, e o Enunciado n. 89 da I Jornada de Direito Processual Civil do CJF: "Conta-se em dias úteis o prazo do *caput* do art. 523 do CPC". Também a 3ª Turma do STJ no REsp 1.708.348/RJ, rel. Min. Marco Aurélio Bellizze, j. un. 25-6-2019, *DJe* 1º-8-2019. Contra, entendendo que o prazo é *material* e, consequentemente, deve fluir em dias *corridos*: Sergio Shimura, *Breves comentários ao novo Código de Processo Civil*, p. 1505; José Rogério Cruz e Tucci, Comentários *ao Código de Processo Civil*, v. VIII, p. 294, e Beclaute Oliveira Silva, *Código de Processo Civil comentado*, p. 699-700.

110. No mesmo sentido: Dorival Renato Pavan, Comentários ao Código e Processo Civil, v. 2, p. 686-688.

Por fim, a terceira questão aventada de início diz respeito à existência de litisconsórcio passivo.

O melhor entendimento neste caso é o de que os prazos para o pagamento corram independentemente uns dos outros, regendo a hipótese o disposto no § 2º do art. 231[111].

Aceita a premissa do parágrafo anterior, não há maior dificuldade em entender que os prazos para a apresentação da impugnação também ostentam sortes diversas, a exemplo do que, no âmbito da execução fundada em título extrajudicial, dispõe expressamente o § 1º do art. 915 quanto aos embargos à execução. A ressalva lá feita quanto à circunstância de os executados serem cônjuges – e, por identidade de motivos, também quando houver união estável – merece ser aplicada ao caso, mercê dos *capi* dos arts. 513 e 771.

Sendo o caso, poderá ser formulado requerimento para a limitação do litisconsórcio, o que encontra fundamento expresso no § 1º do art. 113. A apresentação do pedido interrompe o prazo para pagamento e, consequentemente, também para a apresentação da impugnação, que só voltará a fluir, desde o início, com a intimação da decisão que resolver o incidente (art. 113, § 2º).

Questão mais complexa sobre o tema reside na incidência, ou não, da multa e dos honorários com o silêncio de um só dos executados, intimado em primeiro lugar. A incidência é irrecusável, já que os prazos são individuais. O que ocorre, contudo, é que a primeira incidência se dá com verdadeira condição *suspensiva*, no aguardo do comportamento do outro executado, intimado posteriormente[112]. Sem o pagamento, incidem a multa e os honorários advocatícios. Na hipótese oposta, a multa e os honorários incidirão apenas se houver alguma diferença entre o valor exigido pelo exequente e o pago, nos moldes do § 2º do art. 523.

10. PROTESTO DE DECISÃO JUDICIAL TRANSITADA EM JULGADO

Sem prejuízo da técnica coercitiva da imposição de multa de 10% estabelecida pelo § 1º do art. 523, o art. 517 autoriza o *protesto* da decisão judicial transitada em julgado, após findo o prazo de quinze dias para pagamento voluntário a que se refere o *caput* do art. 523. Também aqui a expressão "decisão judicial" adotada pelo legislador deve ser entendida amplamente na forma proposta por este *Curso*[113].

---

111. É o entendimento expresso de Sergio Shimura, *Breves comentários ao novo Código de Processo Civil*, p. 1.506.

112. Sergio Shimura (*Breves comentários ao novo Código de Processo Civil*, p. 1507) entende violadora da isonomia processual a incidência da multa em detrimento de apenas um dos executados. Embora sem a ressalva é também o entendimento de José Rogério Cruz e Tucci, *Comentários ao Código de Processo Civil*, v. VIII, p. 293.

113. Expressa quanto ao ponto também é a doutrina de José Rogério Cruz e Tucci, *Comentários ao Código e Processo Civil*, v. VIII, p. 273: "Aduza-se que, a teor da redação da norma ora comentada, qualquer ato decisório reconhecido como título judicial, que imponha a obrigação de pagar quantia, pode ser levado a protesto, ou

Trata-se de generalização de prática comum no dia a dia forense, bem anterior ao CPC de 2015, que não só não esbarra na ampla e genérica previsão do art. 1º da Lei n. 9.492/97, que "define competência, regulamenta os serviços concernentes ao protesto de títulos e outros documentos de dívida e dá outras providências", mas também no entendimento que já predominava no Superior Tribunal de Justiça a esse respeito[114].

O legislador certamente se impressionou com os números disponíveis sobre a eficiência do protesto como instrumento de cobrança de dívidas em geral[115]. Antes da entrada em vigor do CPC de 2015, havia pesquisas indicativas de que o índice de recuperação de títulos a protesto superava, na cidade de São Paulo, os 65%[116].

Correto entender, por isso mesmo, que a medida assume, ao lado de tantas outras expressa e sistematicamente agasalhadas no CPC de 2015 – e a lembrança do art. 139, IV, nunca é em demasia –, caráter *coercitivo*, na perspectiva de que o protesto tem o condão de acarretar uma série de prejuízos para o executado, inclusive mas não só na obtenção de crédito, e, consequentemente, servir para convencê-lo de que o melhor, diante da decisão transitada em julgado, é pagar a dívida[117] ou, quando menos, tendo presente o incentivo do CPC de 2015 para os meios alternativos de resolução de conflitos (art. 3º, §§ 1º e 2º), tentar

---

seja, decisões interlocutórias e acórdãos, transitados em julgado, desde que não se verifique o adimplemento voluntário no prazo legal".

114. Nesse sentido, apenas para fins ilustrativos, o quanto decidido nos seguintes casos do STJ: 4ª Turma, REsp 153.026/RS, rel. Min. Barros Monteiro, j. un. 26-11-2002, *DJ* 10-3-2003, p. 218; 3ª Turma, REsp 750.805/RS, rel. Min. Humberto Gomes de Barros, j. m. v. 14-2-2008, *DJe* 16-6-2009; 2ª Turma, REsp 1.126.515/PR, rel. Min. Herman Benjamin, j. un. 3-12-2013, *DJe* 16-12-2013; 3ª Turma, AgRg no AREsp 291.608/RS, rel. Min. Ricardo Villas Bôas Cueva, j. un. 22-10-2013, *DJe* 28-10-2013; 4ª Turma, REsp 1.533.206/MG, rel. Min. Luis Felipe Salomão, j. un. 17-11-2015, *DJe* 1º-2.2016, e 4ª Turma, AgRg no REsp 967.683/SC, rel. Min. Raul Araújo, j. un. 17-3-2016, *DJe* 14-4-2016.

115. O art. 17 da IN 39/2016 do TST admite a aplicação do art. 517 ao processo do trabalho, *verbis*: "Art. 17. Sem prejuízo da inclusão do devedor no Banco Nacional de Devedores Trabalhistas (CLT, art. 642-A), aplicam-se à execução trabalhista as normas dos artigos 495, 517 e 782, §§ 3º, 4º e 5º do CPC, que tratam respectivamente da hipoteca judiciária, do protesto de decisão judicial e da inclusão do nome do executado em cadastros de inadimplentes". A Lei n. 13.467/2017, conhecida como "reforma trabalhista", acrescentou um art. 883-A à CLT, segundo o qual: "A decisão judicial transitada em julgado somente poderá ser levada a protesto, gerar inscrição do nome do executado em órgãos de proteção ao crédito ou no Banco Nacional de Devedores Trabalhistas (BNDT), nos termos da lei, depois de transcorrido o prazo de quarenta e cinco dias a contar da citação do executado, se não houver garantia do juízo".

116. É informação que consta de entrevista concedida por Cláudio Marçal Freire, Secretário-Geral do Instituto de Estudos de Protesto de Títulos, ao jornal *Tribuna do Direito*, edição de fevereiro de 2015. O Instituto Brasileiro de Protesto aponta, em seu *site* <www.protestodetitulos.org.br>, o índice de recuperação de crédito em geral por volta de 70%.

117. É a percepção também defendida por Marcelo Fonseca do Nascimento em seu "A utilização do protesto judicial como forma alternativa à execução", item 3: "No entanto, mesmo sendo facultativo o protesto, o seu registro tornou-se comum em razão da publicidade que é dada à inadimplência. Apesar de nada acrescentar ao título, o protesto facultativo impõe ao devedor ônus tanto morais quanto sociais, além de acarretar, via de regra, restrição imediata ao crédito. O protesto passou, então, a ser importante instrumento para coibir a inadimplência".

estabelecer com o exequente algum acordo visando ao pagamento e a suspensão do processo para sua efetivação (art. 922)[118].

Por essa razão, aliás, é que não se pode descartar que o executado compareça ao Tabelionato de protesto e lá faça o pagamento do valor indicado na decisão protestada, acrescido de eventuais emolumentos devidos pela prática daquele ato, o que encontra fundamento no art. 19 da Lei n. 9.492/97[119].

Embora a regra tenha como destinatárias as obrigações pecuniárias – tanto que se refere expressa e diretamente ao prazo do art. 513 –, não há razão para afastar sua incidência *também* das obrigações de fazer, não fazer e entrega de coisa quando ao longo da etapa de cumprimento colocaram-se, para serem perseguidas, perdas e danos. A decisão que fixar o valor respectivo será título hábil para os fins do art. 517, atentando-se, outrossim, à inércia do executado quanto ao pagamento daqueles valores.

10.1 Lavratura do protesto

Os §§ 1º e 2º do art. 517 indicam os elementos necessários para a lavratura do protesto: apresentação, pelo exequente, de certidão de teor da decisão (que é o título executivo), a ser fornecida pelo órgão jurisdicional em três dias[120], e que deverá indicar o nome e a qualificação das partes (exequente e executado), o número do processo, o valor da dívida e a data de decurso do prazo para pagamento voluntário.

A certidão deve ser apresentada ao Tabelião de Protesto de Títulos competente (art. 3º da Lei n. 9.492/97), que observará as exigências dos arts. 12 a 20 daquele diploma legislativo previamente ao registro do protesto. O exequente será responsável pelo pagamento de eventuais emolumentos devidos para a prática do ato (art. 37 da Lei n. 9.492/97), que poderão

---

118. Para os comentários àquele dispositivo, v. as considerações de Alexandre Freitas Câmara, Comentários ao Código de Processo Civil, v. 3, p. 817-818.

119. É o que defende Sergio Shimura, *Breves comentários ao novo Código de Processo Civil*, p. 1478, com a expressa concordância de José Rogério Cruz e Tucci, *Comentários ao Código de Processo Civil*, v. VIII, p. 274. Luiz Henrique Volpe Camargo e Lauane Andrekowsk Volpe Camargo (Do cumprimento da sentença, p. 61) lembram, a propósito, do inciso IX do § 1º do art. 98 para os beneficiários da gratuidade da justiça, que alcança "os emolumentos devidos a notários ou registradores em decorrência da prática de registro, averbação ou qualquer outro ato notarial necessário à efetivação de decisão judicial ou à continuidade de processo judicial no qual o benefício tenha sido concedido".

120. Como não se trata de prazo processual, porque respeitante a atividade cartorária judicial, é correto descartar a distinção feita pelo art. 219, fluindo, portanto, em dias corridos. Por força do art. 12 da Lei n. 9.492/97, o prazo para registro do protesto é de três dias *úteis* contados da protocolização do título ou documento de dívida, observando-se, no mais, a disciplina de seus dois parágrafos e do art. 13 daquela mesma Lei. No âmbito dos cartórios de protesto, o Tabelião tem o prazo de cinco dias úteis para expedir as certidões que lhe são solicitadas (art. 27 da Lei n. 9.492/97). A regra, específica, não deve ser aplicada ao § 2º do art. 517 do CPC de 2015.

ser cobrados em processo judicial, já que a certidão de pagamento daqueles valores ostenta natureza de título executivo *extrajudicial* (art. 784, XI).

De acordo com o inciso V do art. 152, "Incumbe ao escrivão ou ao chefe de secretaria: (...) V – fornecer certidão de qualquer ato ou termo do processo, independentemente de despacho, observadas as disposições referentes ao segredo de justiça". É correto entender, diante daquele dispositivo, que o pedido não depende de prévia análise ou deferimento do órgão jurisdicional, bastando que a certidão seja requerida pelo exequente, que tem o *direito* de obtê-la diante do único evento exigido pelo *caput* do art. 517: o trânsito em julgado da decisão exequenda[121].

Como, de acordo com o *caput* do art. 517, o protesto pressupõe o transcurso do "prazo para pagamento voluntário previsto no art. 523", é correto entender que o "valor da dívida" deve incluir a multa de 10% e também os honorários advocatícios de 10%, que incidem automaticamente diante da previsão do § 1º daquele dispositivo[122]. Os juros moratórios e a correção monetária deverão observar o disposto na própria decisão, inaplicável, por isso mesmo, o disposto no art. 40 da Lei n. 9.492/97[123].

10.2 Protesto e ação rescisória

Após efetivado o protesto e na hipótese de o executado ajuizar ação rescisória contra a decisão que corresponde ao título executivo, cabe a ele requerer, às suas expensas[124] e sob sua responsabilidade, a anotação daquela iniciativa "à margem do título protestado" (art. 517, § 3º). O objetivo da regra é dar ciência a todos aqueles que tenham ciência do protesto de que o executado tomou a iniciativa judicial cabível, já que, por exigência do *caput* do art. 517, trata-se de decisão transitada em julgado, de questionar o título protestado.

A anotação prevista no § 3º do art. 517 independe da concessão de tutela provisória no âmbito da ação rescisória. É correto entendê-la como direito do executado cujo exercício depende, única e exclusivamente, da formulação de seu pedido diante da comprovação de sua hipótese de incidência. Assim, mesmo diante de eventual indeferimento do pedido de

---

121. No mesmo sentido: Luiz Guilherme Marinoni, Sérgio Cruz Arenhart e Daniel Mitidiero, *Novo Código de Processo Civil comentado*, p. 535; Araken de Assis, Manual da execução, p. 275, e Nelson Nery Junior e Rosa Maria de Andrade Nery, *Comentários ao Código de Processo Civil*, p. 1.279.

122. É o que o autor deste *Curso* vem sustentado desde o seu *Novo Código de Processo Civil anotado*, p. 435/436. No mesmo sentido: Sergio Shimura, Comentários ao art. 517, p. 1.477.

123. Que tem a seguinte redação: "Art. 40. Não havendo prazo assinado, a data do registro do protesto é o termo inicial da incidência de juros, taxas e atualizações monetárias sobre o valor da obrigação contida no título ou documento de dívida".

124. Como a hipótese não se amolda ao previsto no § 2º do art. 25 da Lei n. 9.492/97, não há como sustentar que a anotação prevista no art. 517 não renda ensejo ao pagamento de emolumentos para a sua efetivação, na forma do art. 37 do mesmo diploma legislativo.

tutela provisória feito pelo executado na rescisória com fundamento no art. 969, é cabível a anotação de sua propositura à margem do título protestado. Basta, para essa finalidade específica, a iniciativa do executado em promover a rescisão do julgado, objeto do protesto.

Na hipótese de ser concedida tutela provisória no âmbito da ação rescisória, deve-se observar o que for determinado na respectiva decisão. Situação que não pode ser descartada aprioristicamente a esse propósito é a concessão de tutela provisória para sustar o protesto. Nesse caso, em virtude da determinação judicial, o cartório de protesto não se limitará a anotar a propositura da rescisória mas, de forma muito mais ampla, sustar o protesto.

10.3 Cancelamento do protesto

Comprovada a satisfação integral da obrigação, o executado poderá requerer o cancelamento do protesto. Para tanto, deverá requerer ao juízo competente a expedição de ofício com aquele teor a ser encaminhado ao cartório de protesto (art. 517, § 4º), respondendo o *executado* pelos custos respectivos, nos termos do já mencionado art. 37 da Lei n. 9.492/97[125]. O prazo para tanto, de três dias, a cargo da serventia judicial, flui em dias corridos, por não ostentar natureza processual.

O dispositivo, excepcionando a regra que decorre do *caput* e do § 1º do art. 517, pressupõe o *deferimento*, pelo magistrado, do pedido de expedição de certidão feito pelo executado. O cancelamento, lê-se do § 4º do art. 517, será efetivado "por determinação do juiz"[126]. O tratamento diferenciado justifica-se diante da circunstância que autoriza o cancelamento do protesto: a comprovação da "satisfação integral da obrigação". Trata-se do mesmo fato que, ouvido o exequente, conduzirá à extinção do processo com o proferimento da sentença a que se refere o art. 925, e que terá como fundamento o inciso II do art. 924.

O prazo de três dias para a *efetivação* do cancelamento deve ser contado da apresentação do ofício ao cartório de protesto, a despeito da redação pouco clara do dispositivo[127]. Embora não se trate de prazo processual, a afastar a incidência do parágrafo único do art. 219, sua fluência só se dará em dias *úteis*, por analogia com o que dispõe o *caput* do art. 12 da Lei n. 9.492/97, observando-se, quanto ao seu início e término, o disposto nos dois parágrafos daquele dispositivo e no art. 13.

---

125. A conjugação do § 4º do art. 517 com o art. 37 da Lei n. 9.492/97 é enaltecida, nesse caso, por Welder Queiroz dos Santos, *Comentários ao Código de Processo Civil*, p. 748.

126. A previsão, no particular, harmoniza-se com o previsto no § 4º do art. 26 da Lei n. 9.492/97: "Quando a extinção da obrigação decorrer de processo judicial, o cancelamento do registro do protesto poderá ser solicitado com a apresentação da certidão expedida pelo Juízo processante, com menção do trânsito em julgado, que substituirá o título ou o documento de dívida protestado".

127. Assim também é o entendimento de José Rogério Cruz e Tucci, *Comentários ao Código de Processo Civil*, v. VIII, p. 274.

Questão interessante é a de saber se as demais hipóteses aptas a conduzir à extinção do cumprimento de sentença previstas nos outros incisos do art. 924 justificam o cancelamento do protesto com base no § 4º do art. 517. A resposta só pode ser a *positiva*, a enaltecer a importância em tais situações do prévio exame e deferimento do pedido do executado pelo magistrado[128]. Não há como descartar, de qualquer sorte, que o próprio exequente autorize diretamente o cancelamento do protesto, o que encontra respaldo suficiente no § 1º do art. 26 da Lei n. 9.492/97[129].

A conclusão alcançada traz à tona a Súmula 17 do TJSP, que tem o seguinte enunciado: "A prescrição ou perda de eficácia executiva do título não impede sua remessa a protesto, enquanto disponível a cobrança por outros meios". Ela poderia conduzir ao entendimento de que, mesmo que o processo tenha sido extinto diante do reconhecimento da prescrição intercorrente, subsistiria o protesto feito com fundamento no art. 517 para viabilizar a "cobrança por outros meios"?

A resposta é negativa, porque a incidência da Súmula, como revelam os julgados que motivaram sua edição, pressupõe a subsistência de prazos de cobrança da dívida por outros meios judiciais. A prescrição intercorrente fulmina, justamente, a pretensão *judicial*, a justificar o cancelamento do protesto diante do reconhecimento, em última análise, da insubsistência de meios de cobrança da dívida[130].

10.4 Protesto de decisão não transitada em julgado

É irrecusável o entendimento de que o protesto da sentença com fundamento no art. 517 pressupõe seu trânsito em julgado. É exigência feita de maneira clara pelo *caput* do dispositivo.

---

128. Assim também o entendimento de Fernando da Fonseca Gajardoni, Luiz Dellore, Andre Vasconcelos Roque e Zulmar Duarte de Oliveira Jr., *Processo de conhecimento e cumprimento de sentença*, p. 705.

129. Para Heitor Vitor Mendonça Sica (Comentários ao art. 517, p. 811): "O § 4º indica que o cancelamento do protesto somente pode se dar por ordem judicial, de tal modo a se afastar, a bem da segurança jurídica, a aplicação do art. 19 da Lei 9.492/97, o qual permite o pagamento diretamente junto ao tabelionato. Contudo, essa norma não afasta a possibilidade de o próprio exequente autorizar o cancelamento do protesto, na forma do art. 26, § 1º, da mesma Lei 9.492/97".

130. Segundo Nelson Nery Junior e Rosa Maria de Andrade Nery (*Comentários ao Código de Processo Civil,* p. 1822): "Prescrição intercorrente: Está prevista no CC202 par. ún.: a prescrição recomeça a correr da última data do ato que a interrompeu, ou do último ato do processo para a interromper. Está relacionada à proteção ativa do direito material postulado e expresso pela pretensão deduzida. Apenas se verifica pela inércia continuada e ininterrupta no curso do processo por lapso de tempo superior ao do prazo prescricional para a hipótese versada nos autos [Arruda Alvim, *Da prescrição intercorrente* (Cianci, *Prescrição*, p. 120)]. Em regra, ela seria impossível sem a previsão expressa no CPC, tendo em vista que o CC 202 determina que a fluência do prazo prescricional só se restabelece a partir do último ato do processo; mas essa regra valia apenas para os feitos de andamento normal, pois, no caso de inércia do exequente, esta inércia já teria força para combalir o direito de ação, dando lugar a consumação da prescrição (Theodoro. *Curso DPC*, v. II, n.767, p. 234). Esta condição para a verificação da prescrição intercorrente, de inércia do exequente na persecução da satisfação do crédito, foi sedimentada na jurisprudência e acabou sendo acolhida pelo atual CPC".

Não obstante, é correto entender que decisões judiciais ainda não transitadas em julgado poderiam ser protestadas? Essa medida executiva, de inegável caráter coercitivo, poderia ser empregada nos casos de cumprimento *provisório* da sentença?

No âmbito do cumprimento de sentença relativa ao pagamento de alimentos, a resposta positiva é expressamente dada pelo § 1º do art. 528, segundo o qual: "Caso o executado, no prazo referido no *caput*, não efetue o pagamento, não prove que o efetuou ou não apresente justificativa da impossibilidade de efetuá-lo, o juiz mandará protestar o pronunciamento judicial, aplicando-se, no que couber, o disposto no art. 517". Importa destacar que o *caput* daquele artigo refere-se indistintamente ao "cumprimento de *sentença*" e à "decisão interlocutória que fixe alimentos", a pressupor, portanto, que aquela decisão, apta a deflagrar o cumprimento *provisório*, é passível de ser protestada também.

Questão mais difícil reside em saber se aquela previsão pode ser generalizada para pagamentos decorrentes de dívidas de natureza diversa, não alimentar. A resposta mais adequada, na normalidade das situações, é a negativa. É correto entender que o legislador processual civil fez expressas escolhas a respeito do tema e, ao menos quanto ao protesto, vinculou sua realização ao trânsito em julgado da decisão respectiva, afastando, consequentemente, o uso dessa medida coercitiva do cumprimento *provisório* da sentença. A única exceção legal é aquela que diz respeito à interlocutória que fixa alimentos, embora merecendo ser interpretada amplamente no sentido de albergar qualquer crédito de natureza alimentar, não havendo nenhuma razão para limitá-lo aos alimentos derivados do direito das famílias.

Esse entendimento, ademais, conjuga-se com o entendimento de que o protesto autorizado pelo art. 517 consiste em direito do exequente que não depende para exercê-lo de análise ou deferimento do magistrado, bastando requerer a certidão a que se refere o § 1º do dispositivo ao escrivão ou chefe de secretaria.

A conclusão alcançada nos parágrafos anteriores é a que atende à normalidade das situações e dos casos.

Inequívoco, em tempos em que o *texto* normativo não se confunde com sua interpretação e, pois, com a própria norma[131], contudo, que, em situações *excepcionais*, devidamente justificadas, poderá o magistrado *deferir* pedido de protesto *antes* (ou independentemente) do trânsito em julgado, situação que encontrará fundamento no inciso IV do art. 139 e na diretriz de *atipicidade* das técnicas "indutivas" e "coercitivas" nele previstas inclusive para as obrigações pecuniárias. É típico caso em que o emprego do precitado inciso IV do art. 139 deve ser justificado mediante a demonstração de que os demais meios de pagamento da dívida, já utilizados, mostraram-se concretamente infrutíferos[132].

---

131. Para ilustrar o acerto da afirmação, v. as considerações e as ponderações, pertinentíssimas, de Georges Abboud a respeito do art. 8º do CPC de 2015 em *Comentários ao Código de Processo Civil*, v. 1, p. 128-139.

132. Entendimento que traz à tona o Enunciado n. 12 do FPPC: "A aplicação das medidas atípicas sub-rogatórias e coercitivas é cabível em qualquer obrigação no cumprimento de sentença ou execução de título executivo

10.5 Sustação do protesto

Questão interessante é a de saber se o protesto efetuado com fundamento no art. 517 pode ser sustado, prática que, com relação aos títulos protestáveis, é corriqueira e expressamente prevista no art. 17 da Lei n. 9.492/97.

O melhor entendimento é o positivo, cabendo ao executado/devedor demonstrar a ocorrência dos pressupostos autorizadores da tutela provisória que suste o protesto ou, se já efetivado, que impeça a produção de seus efeitos ou, quando menos, o seu conhecimento a terceiros[133].

Seria agressivo ao modelo constitucional de direito processual civil entendimento no sentido de impedir o executado/devedor de dirigir-se ao Estado-juiz para obtenção de tutela jurisdicional (inclusive *provisória*) de direito que afirma possuir em face do exequente/credor. O inciso XXXV do art. 5º não tolera essa concepção[134]. Tampouco parece correto generalizar o entendimento de que o executado/devedor não conseguirá reunir os pressupostos autorizadores da concessão da tutela provisória apta a sustar o protesto[135].

---

extrajudicial. Essas medidas, contudo, serão aplicadas de forma subsidiária às medidas tipificadas, com observação do contraditório, ainda que diferido, e por meio de decisão à luz do art. 489, § 1º, I e II".

133. No mesmo sentido é a lição de Dorival Renato Pavan, *Comentários ao Código de Processo Civil*, v. 2, p. 643.

134. É entendimento que o autor deste *Curso* defende desde seu primeiro trabalho publicado em formato de livro, *Liminar em mandado de segurança: um tema com variações*, p. 31-62 e 76-81. Neste *Curso*, o tema é tratado pelo n. 1 do Capítulo 5 da Parte II do v. 1.

135. Que é o entendimento defendido por Marcelo Fonseca do Nascimento no item 4 de seu "A utilização do protesto judicial como forma alternativa à execução", *verbis*: "Os contrários a tese alhures referida, sustentam erroneamente que, não cabe protesto de título judicial porque se estaria privando o devedor do direito a ampla defesa e do contraditório, bem como, o aponte não teria efeito prático, caracterizando-se como coação. *Mutatis mutandis*, tais premissas não prosperam. Os argumentos acima referidos não são capazes de ilidir o direito do credor de levar a protesto o título representativo de seu crédito, porquanto não afastada a inadimplência do devedor. No processo cautelar dois são os pressupostos: o *fumus boni iuris* (fumaça do bom direito) e o *periculum in mora* (perigo na demora), ou seja, a probabilidade de êxito na pretensão e o perigo de ficar comprometida, irremediavelmente, pela demora processual o direito alegado. Na conjugação do *fumus boni iuris* com o *periculum in mora* é que reside o pressuposto jurídico do processo cautelar. Entretanto, falta um dos requisitos para a concessão da medida liminar que, ordena a sustação do aponte de título judicial, qual seja, o *fumus boni juris*. Não há a fumaça do bom direito, exigida para que se possa sustar o protesto de título judicial. Assim, exige-se, a possibilidade de sentença favorável ou de legitimidade da execução. A simples demora na solução da demanda não pode, de modo genérico, ser considerada como caracterização de fundado receio de dano irreparável ou de difícil reparação, isto porque, os devedores muitas vezes querem obter uma moratória com o processo cautelar, ou seja, querem ganhar tempo e se locupletar com o beneplácito do Poder Judiciário. Na lição de Rubens Requião, 'a sustação do protesto, como se vê, não é uma panaceia para socorrer o devedor faltoso, mas um caso excepcional para se evitar a violência ou intimidação do devedor'. Frise-se, que, não raro, os devedores vêm à juízo e emperram o Judiciário para argumentar que, o protesto não é meio hábil para a cobrança do crédito, e que, não desejam discutir a origem da dívida. Entretanto, esquecem eles que, para a obtenção de uma liminar de sustação de protesto, já que sua finalidade se exaure na asseguração do resultado útil do provimento jurisdicional, deve ser provado que o título remetido a aponte não preenche os pressupostos legais (iliquidez, incerteza, inexigibilidade ou excesso nos cálculos). Para ser deferida tal liminar, o juiz deve ter certeza da presença dos dois requisitos, além de exigir caução idônea a fim de resguardar o credor de eventuais prejuízos com a concessão da medida. É o que preceitua o art. 799 do CPC". Tanto assim que, na conclusão do trabalho, item 5, o mesmo autor não deixa de reconhecer

Assim, desde que o executado/devedor se apresente ao Poder Judiciário e demonstre a ocorrência de pressupostos autorizadores da concessão da tutela provisória, fundada na urgência (art. 300) e/ou na evidência (art. 311), consoante o caso, a sustação do protesto poderá ser determinada, observando-se, para tanto, a disciplina que o CPC de 2015 reservou para o assunto no Livro V de sua Parte Geral, os arts. 294 a 311[136]. Não há como descartar, inclusive, que tutela provisória nesse sentido seja determinada no bojo da própria ação rescisória, o que encontra fundamento suficiente no art. 969.

10.6 Negativação do executado

Além do protesto previsto no art. 517, cabe fazer referência acerca do tema ao § 5º do art. 782, que permite ao magistrado determinar a negativação do nome do executado, inserindo-o em cadastros de inadimplentes até que ele pague o valor devido, garanta o cumprimento da sentença ou que o processo seja julgado extinto por qualquer outro motivo, como se pode extrair dos §§ 3º e 4º do art. 782. É iniciativa que, mesmo antes do CPC de 2015, já vinha sendo autorizada pelo STJ[137], foi abalizada pela I Jornada de Direito Processual Civil promovida pelo CJF[138], e encontra simpatia também no âmbito da Justiça do Trabalho[139].

O disposto no § 5º do art. 782 apresenta uma grande diferença quando contrastado com o art. 517. O protesto será lavrado (ao menos como regra e na normalidade das situações) de decisão transitada em julgado, sendo bastante o pedido do exequente da certidão a que se refere o § 1º daquele dispositivo, direito seu, independentemente de qualquer manifestação judicial. No caso da negativação, o § 3º do art. 782 exige a atuação (e consequente deferimento) do magistrado. É o juiz, lê-se, que "pode determinar a inclusão do nome do executado em cadastro de inadimplentes".

---

que: "Também ficou amplamente demonstrado que, o protesto de título judicial não poderá ser sustado, uma vez que, não haverá a presença dos dois requisitos exigidos para a sua concessão: o *fumus boni iuris* e o *periculum in mora, salvo, verificado no caso concreto, iliquidez, incerteza, inexigibilidade ou excesso nos cálculos*" (os destaques finais são da transcrição).

136. Cuja observância não é privada de questionamentos teóricos e práticos importantes, a começar pela pesquisa sobre possuir a tutela provisória capaz de sustar o protesto natureza *cautelar* ou *antecipada*, distinção que o CPC de 2015 radicalizou quando requeridas de forma *antecedente*.

137. A referência é feita ao REsp 1.533.206/MG, da 4ª Turma daquele Tribunal, rel. Min. Luis Felipe Salomão, j. un. 17-11-2015, *DJe* 1º-2-2016, e ao REsp 1.469.102/SP, da 3ª Turma daquele Tribunal, rel. Min. Ricardo Villas Bôas Cueva, j. un. 8-3-2016, *DJe* 15-3-2016. Em ambos os casos, todavia, tratava-se de obrigação alimentar decorrente do direito de família.

138. Que expediu a respeito o Enunciado n. 99, com a seguinte redação: "A inclusão do nome do executado em cadastros de inadimplentes poderá se dar na execução definitiva de título judicial ou extrajudicial".

139. A aplicação do instituto para o processo do trabalho é objeto de referência expressa do art. 17 da IN 39/2016 do TST, bem como do novel art. 883-A da CLT, introduzido pela Lei n. 13.467/2017.

Em qualquer caso, contudo – esta exigência é expressa no § 3º do art. 782 –, é indispensável a iniciativa (requerimento) do executado, sendo vedada, destarte, a atuação oficiosa do magistrado e, consequentemente, também do escrivão ou chefe de secretaria.

O § 5º do art. 782 exige que a negativação pressuponha "execução *definitiva* de título judicial", a sugerir a inaplicabilidade desta medida coercitiva, quando se tratar de execução (cumprimento) *provisória*. Única exceção legal para a hipótese é a do § 1º do art. 528, quando se tratar de obrigação alimentar: são casos em que a previsão específica deve prevalecer sobre a genérica. Situações excepcionais podem ser capazes de atrair o disposto no inciso IV do art. 139 e autorizar, com a devida justificativa, a medida restritiva antes ou independentemente do trânsito em julgado. Também não há como negar, salvo determinação judicial em sentido contrário, que o próprio exequente agindo extrajudicialmente ou os órgãos de proteção ao crédito adotem providências para incluir o nome do executado nos cadastros próprios[140].

É irrecusável o entendimento de que o executado pode se valer do § 3º do art. 517 para anotar eventual propositura de ação rescisória à margem da negativação[141]. Também de que o *cancelamento* daquela iniciativa pode ser obtido diante da comprovação da "satisfação integral da obrigação", observando-se, o que, a este respeito, dispõe o § 4º do art. 517[142]. Não há como descartar aprioristicamente, outrossim, que o executado tome a iniciativa de pedir tutela jurisdicional para impedir a negativação de seu nome fazendo uso das costumeiras "ações de sustação de protesto" do dia a dia do foro.

---

140. Nesse sentido é o Enunciado n. 98 da I Jornada de Direito Processual Civil do CJF: "O art. 782, § 3º, do CPC não veda a possibilidade de o credor, ou mesmo o órgão de proteção ao crédito, fazer a inclusão extrajudicial do nome do executado em cadastros de inadimplentes".

141. Nesse sentido é o entendimento de Nelson Nery Junior e Rosa Maria de Andrade Nery em seus *Comentários ao Código de Processo Civil*, p. 1279.

142. Expresso nesse sentido é o Enunciado n. 538 do FPPC: "Aplica-se o procedimento do § 4º do art. 517 ao cancelamento da inscrição de cadastro de inadimplentes do § 4º do art. 782". Na doutrina, manifestou-se da mesma maneira José Rogério Cruz e Tucci, *Comentários ao Código de Processo Civil*, v. VIII, p. 276.

Capítulo 2

Com base em título extrajudicial

1. CONSIDERAÇÕES INICIAIS

Nos casos em que há título executivo extrajudicial para fundamentar a concretização da tutela jurisdicional executiva, a primeira questão a ser enfrentada diz respeito à identificação do juízo competente perante o qual o exequente deve formular o pedido de rompimento da inércia jurisdicional, vale dizer, perante quem o exequente exercerá o seu direito de ação, dando ensejo à formação de um processo.

Não se trata, de identificar uma "ação de execução" ou um "processo de execução", pelas razões do n. 1 dos Capítulos 2 e 3 da Parte II. Diferentemente, o que precisa ser sublinhado é verificar a correção da provocação inicial do Estado-juiz em todos os seus aspectos, isto é, levando em conta aspectos relativos à atuação daquele que se afirma, na perspectiva do plano material, *credor* de uma dada obrigação e, consequentemente, merecedor de *tutela jurisdicional* em face de alguém (o *devedor*, no plano material), e os aspectos relativos à atuação do próprio Estado-juiz, a partir de um título executivo extrajudicial.

Com relação a esses temas, sem prejuízo das considerações feitas nos precitados Capítulos, têm pertinência algumas outras formulações, objeto de exame pelos números seguintes.

2. PETIÇÃO INICIAL

Como, nos casos de execução fundada em título extrajudicial, a provocação do Estado-juiz significa o rompimento do seu estado de inércia, a expressão "petição inicial" é adequada e deve ser empregada sem quaisquer ressalvas. Só para a execução fundada em título executivo *extrajudicial* é que tem sentido falar em "petição inicial" no sentido comum do termo, de provocar originariamente a manifestação do Estado-juiz, ainda que para a *concretização* da tutela jurisdicional executiva, dando nascimento a um *processo* em que aquelas atividades serão realizadas até a satisfação do direito retratado no título executivo. O objetivo a ser alcançado, nessa perspectiva, é a o proferimento da sentença (art. 925) que encontra fundamento no inciso II do art. 924, isto é, que reconheça que a obrigação foi satisfeita.

A "petição inicial" da execução fundada em título extrajudicial, que deve ser dirigida ao juízo competente (art. 781), é expressamente disciplinada pelos arts. 798 a 802, suficientes, a seu respeito, inclusive quanto ao juízo de sua admissibilidade, as observações feitas no n. 3 do Capítulo 2 da Parte II.

3. CITAÇÃO

O juízo de admissibilidade positivo na petição inicial significa, a um só tempo, a fixação de honorários advocatícios de 10% sobre o valor total devido (art. 827, *caput*), a determinação de citação do executado para que pague em três dias o valor indicado (e demonstrado) pelo exequente e, ainda, para que, querendo, apresente embargos à execução (art. 914).

A hipótese é de *citação* porque é este o instante procedimental em que o executado passa a integrar o processo. O exequente, com a apresentação da petição inicial, rompe a inércia da jurisdição e pede que lhe seja concretizada a tutela jurisdicional executiva, exercendo seu direito de ação. Distribuída e recebida a petição inicial, a citação do executado é medida indispensável à luz do princípio da ampla defesa, a não ser que a hipótese concreta reclame a incidência de outros princípios constitucionais, assim, por exemplo, na hipótese de ser determinada a emenda da inicial (art. 801) ou, até mesmo, quando o título executivo extrajudicial apresentado pelo exequente (art. 798, I, *a*) não reunir os atributos da obrigação que ele representa, casos em que ela deve ser rejeitada.

Não prevalece no direito processual civil brasileiro desde as reformas empreendidas pela Lei n. 11.382/2006 no CPC de 1973 o direito do executado de, citado para a execução ofertar bens à penhora[1]. Sua citação significa o ônus de pagar, sob pena de serem praticados atos executivos sobre seu patrimônio, que, por definição, serão praticados independentemente de sua vontade ou concordância. Não há mais *direito* do executado de oferecer bens à penhora como verdadeira alternativa ao pagamento. Desde o advento daquele diploma legislativo, cujas diretrizes foram totalmente assumidas pelo CPC de 2015, é correto visualizar na citação do executado verdadeira *ordem* dirigida ao executado que, não acatada, sujeita-o às consequências legais.

Assim, o que se espera do cabe ao executado é pagar o valor total em três dias, atitude para a qual o § 1º do art. 827 estimula-o pela redução da verba honorária ara 5%. Em contrapartida – e para fortalecer a técnica do § 1º –, o § 2º do art. 827 admite a majoração dos

1. Era a seguinte a regra original do CPC de 1973: "Art. 652. O devedor será citado para, no prazo de 24 (vinte e quatro) horas, pagar ou nomear bens à penhora".

honorários, até 20%, se rejeitados os embargos à execução e, mesmo quando não opostos, levando em conta o trabalho realizado pelo exequente até o final do processo[2].

A citação será feita de acordo com as possibilidades do art. 247, inclusive pelo correio[3]. Não há por que negar, contudo, que, dada a dinâmica da execução por quantia certa, a citação pelo correio pode se mostrar menos eficiente que aquela feita pelo oficial de justiça. Isto porque, de acordo com o § 1º do art. 829, caberá ao oficial de justiça, verificando o não pagamento, findos *in albis* os três dias (úteis), penhorar e avaliar bens do executado, quiçá indicados na própria petição inicial pelo exequente (798, II, *c*). Cabe ao executado, nesse caso, indicar bens diversos, desde que o magistrado aceite sua justificativa de que a penhora lhe seja menos gravosa e não prejudique o exequente (art. 829, § 2º), escorreita aplicação do que enuncia o parágrafo único do art. 805 e do princípio da concretização equilibrada da tutela jurisdicional executiva nele agasalhado. Não que não possa haver expedição de *mandado* de penhora e avaliação após o transcurso do prazo de três dias da citação pelo correio. É que, muito provavelmente, não será a maneira mais eficiente e ágil de praticar os atos executivos sucessivos àquele primeiro evento.

Também não há óbice para que a citação do executado seja realizada de maneira *ficta*, com observância das regras dos arts. 252 e 256, providência que, no CPC de 2015, amolda-se à possibilidade de *arresto* de seu patrimônio nos moldes do art. 830. Não há, contudo, necessária correlação entre a prática daqueles dois atos processuais, até porque a citação independe da localização de qualquer bem do executado.

Realizada a citação do executado, mesmo que fictamente, retroage à data da propositura da execução a interrupção da prescrição nos termos do art. 802, desde que o exequente providencie as condições de sua realização com observância do prazo do § 2º do art. 240. A chamada "prescrição intercorrente" só é concebível diante da inércia do exequente em requerer a prática dos atos executivos que dependem de sua iniciativa.

3.1 O mandado de citação

O CPC de 2015, seguindo os passos inaugurados pela Lei n. 11.382/2006 no CPC de 1973 estabelece que o prazo para o executado embargar tem início também com a citação. Tanto quanto a opção a ser exercida pelo executado de deixar de embargar para requerer a moratória do art. 916.

---

2 Sobre o ponto, cabe destacar que os parâmetros mínimo e máximo dos honorários na execução de título extrajudicial devem ser observados, não havendo razão para se desviar deles. Precisos, no ponto, os seguintes julgamentos da 4ª Turma do STJ: REsp 1.745.773/DF, rel. Min. Luis Felipe Salomão, j. un. 4-12-2018, *DJe* 8-3-2019, e AgInt nos EDcl no REsp 1.811.222/SP, rel. Min. Raul Araújo, j.un. 3-3-2020, DJe 25-3-2020.

3. Não subsiste, no CPC de 2015, a vedação para tanto, que decorria da letra *d* do art. 222 do CPC de 1973, na redação da Lei n. 8.710/93.

Diante disso, é pertinente questionar se o mandado de citação precisa *também* fazer menção a que o executado terá prazo para embargar a execução, salientando, inclusive, o que pode significar o transcurso *in albis* daquele prazo.

Aquela advertência é irrecusável, ainda que não mereça ser entendida como se o executado fosse *citado* para oferecer embargos. Não se cita o executado para ele se "defender" na execução. Ele é citado para pagar, para cumprir a *ordem* de pagamento, sob pena de se sujeitar às medidas expropriatórias a que se referem os incisos do art. 825, o que é totalmente diverso. O que ocorre, contudo, é que, por força do modelo constitucional do direito processual civil, não há como deixar de dar ao executado *ciência* dos atos processuais que pode praticar a partir da citação, inclusive o relativo à apresentação dos embargos. Mesmo diante do entendimento largamente predominante de que os embargos à execução são verdadeira "ação", eles são, no que interessa destacar para cá, a forma pela qual o executado exercita sua "defesa" (em sentido amplo) contra a execução e que, se não for apresentado no prazo para tanto (art. 915), terá o condão de lhe acarretar inegáveis prejuízos.

Assim, sempre por imposição do modelo constitucional do direito processual civil, o mandado de citação terá de conter *também* a *intimação*, entendida nos precisos termos do art. 269, de que o executado pode, querendo, oferecer embargos à execução no prazo de quinze dias (úteis) contados da juntada do mandado aos autos, sob pena de perder a oportunidade que a lei lhe dá para questionar a legitimidade da execução em todos os seus aspectos. É a previsão expressa do inciso II do art. 250 para o mandado a ser cumprido pelo oficial de justiça e que precisa ser aplicado a quaisquer outras modalidades de citação do executado (arts. 248, § 3º, e 264).

De qualquer sorte, importa destacar que a falta da intimação para o executado nos moldes acima discutidos não acarreta qualquer mácula à execução e aos atos executivos que se desenvolvam para os fins dos arts. 829 e seguintes. O que pode ocorrer na hipótese é algum vício na abertura do prazo para apresentação dos embargos, incidente que deverá ser enfrentado e decidido pelo juízo da execução, admitindo-se, como tempestivos, eventuais embargos apresentados posteriormente.

É importante ir além. Por força do que dispõe o § 1º do art. 827, o mandado de citação deve *também* conter advertência ao executado de que, se pagar o valor reclamado pelo exequente no prazo de três dias (úteis), os honorários de advogado daquela parte, que são fixados com o recebimento da inicial (art. 827, *caput*), serão reduzidos pela metade. Tal providência é inafastável para que a regra atinja adequadamente a sua finalidade, qual seja, a de *incentivar* o executado ao *acatamento* daquela *ordem* judicial.

Neste mesmo diapasão de ideias e pelas mesmas razões, não há como recusar que o mandado de citação também dê ciência ao executado de que ele poderá, no mesmo prazo que tem para apresentação dos "embargos", propor o pagamento parcelado nos termos do art. 916.

3.2 Arresto de bens

Pode acontecer, contudo, de o executado não ser localizado para a *citação*.

A hipótese, dada a especificidade da execução, de prática de atos voltados à *concretização* da tutela jurisdicional executiva, e não para o *reconhecimento* de quem faz jus a ela, é tratada distintamente daquela que é reservada para a etapa de conhecimento do processo. Não há sentido, por isto, falar-se, aqui, de *revelia* do executado ou de presunção de veracidade das alegações feitas por aquele que rompe a inércia da jurisdição. Tal presunção reside, suficientemente, na apresentação do título executivo. Por isto, a solução dada pelo sistema, forte no princípio da patrimonialidade, é diversa.

Em tais casos, o art. 830 autoriza que, sendo localizados bens seus, eles sejam *arrestados*, sempre com observância dos parâmetros do art. 831, *caput*, para que, realizadas as diligências complementares exigidas pelos §§ 1º e 2º do art. 830, o arresto seja convertido em penhora com vistas à satisfação do crédito do exequente (art. 830, § 3º). É esta a razão pela qual, aliás, os bens sujeitos a arresto devem também ser passíveis de penhora, sob pena de nulidade do ato[4]. É correto, outrossim, o entendimento de que o arresto pode ser efetivado mediante o bloqueio *on line* de bens do executado aplicando-se à espécie o disposto no art. 854[5].

Feito o arresto, compete ao oficial de justiça nos dez dias (úteis) seguintes procurar o executado duas vezes em dias distintos. Se o oficial suspeitar de ocultação, realizará a citação do executado com hora certa, certificando com detalhes o ocorrido (art. 830, § 1º).

Somente se a citação pessoal ou com hora certa forem frustradas é que caberá ao exequente promover a citação do executado por edital (art. 830, § 2º).

Superadas as diligências citatórias e considerada feita a citação e transcorrido o prazo de três dias (úteis) sem o pagamento a cargo do executado, o arresto converte-se em penhora, independentemente de termo (art. 830, § 3º), seguindo-se os atos de avaliação visando à expropriação do bem e, consequentemente, de satisfação do direito do crédito do exequente com o valor correspondente.

Importa esclarecer que, sendo a citação efetuada de maneira ficta a cargo do oficial (por hora certa) ou do exequente (por edital) é imperiosa a nomeação de curador especial para o executado (art. 72, II), múnus a ser desempenhado por defensor público (art. 72, parágrafo

---

4. Assim, *v.g.*: STJ, 1ª Turma, REsp 1.164.037/RS, rel. p/ acórdão Min. Napoleão Nunes Maia Filho, j. m. v. 20-2-2014, *DJe* 9-5-2014, e STJ, 4ª Turma, REsp 316.306/MG, rel. Min. Aldir Passarinho Junior, j. un. 15-5-2007, *DJ* 18-6-2007, p. 265.

5. Nesse sentido: STJ, 3ª Turma, AgRg no AREsp 804.468/BA, rel. Min. Nancy Andrighi, j. un. 16-5-2017, *DJe* 5-6-2017; STJ, 3ª Turma, AgRg no AREsp 655.318/RJ, rel. Min. Marco Aurélio Bellizze, j. un. 23-6-2016, *DJe* 30-6-2016; STJ, 3ª Turma, REsp 1.338.032/SP, rel. Min. Sidnei Beneti, j. un. 5-11-2013, *DJe* 29-11-2013; STJ, 4ª Turma, REsp 1.370.687/MG, rel. Min. Antonio Carlos Ferreira, j. un. 4-4-2013, *DJe* 15-8-2013, e 2ª Turma, REsp 1.240.270/RS, rel. Min. Mauro Campbell Marques, j. un. 7-4-2011, *DJe* 15-4-2011.

único), que terá legitimidade para apresentar, em seu nome, embargos à execução[6], sem prejuízo de atuar em prol da tutela de seus direitos ao longo do processo.

Considerando a sua finalidade precípua, o arresto deve ser entendido como uma "pré-penhora", uma penhora antecipada no curso do processo, justificada por força da dificuldade em localizar pessoalmente o executado (art. 830, *caput*) e, nesse sentido, inclusive para fins de prelação, deve ser considerada a sua realização (arts. 830, § 3º, e 909).

A (infeliz) menção, no art. 301, a arresto no contexto da tutela provisória não significa a subsistência das antigas cautelares de arresto dos arts. 813 a 821 do CPC de 1973 que, de resto, já deveriam ser apartadas da técnica aqui examinada[7].

4. PAGAMENTO

O § 1º do art. 827 incentiva o executado a pagar o valor reclamado pelo exequente no prazo de três dias (úteis). Caso haja pagamento integral, "o valor dos honorários advocatícios será reduzido pela metade". Trata-se de nítida técnica coercitiva, como tantas outras dispersas pelo Código de Processo Civil, que busca interferir no comportamento das partes e de eventuais terceiros ao longo do processo.

É importante, para que surta o efeito desejado, que o mandado de citação faça expressa referência a essa hipótese. Se se trata de regra que, em última análise, busca criar condições de o executado pagar, na íntegra, o crédito reclamado pelo exequente e, para tanto, a lei incentiva-o com a redução do valor dos honorários daquela parte, é fundamental, até mesmo por força do modelo constitucional do direito processual civil e, no plano infraconstitucional, por força do art. 6º, que essa alternativa seja exposta claramente ao executado desde o momento de sua citação. Trata-se, portanto, de mais um elemento que *deverá* constar do mandado de citação, na forma indicada no n. 3.1, *supra*.

A solução encontrada pela lei pode ser criticada, mais ainda pelos advogados, que, em termos bem diretos, tendem a receber metade dos valores arbitrados pelo magistrado de início, questão que fica ainda mais interessante quando comparada com o que ocorre no cumprimento de sentença de pagamento de quantia, em que não há redução de honorários advocatícios (fixados no limite mínimo de 10%), mas, sim, imposição de multa de 10% (art. 523, §1º).

A distinção feita pelo legislador, contudo, por não agredir o modelo constitucional do direito processual civil, deve ser observada. Até porque, feito o pagamento pelo executado, o advogado do exequente deixará de desenvolver substancial parte do trabalho que, na

6. Nesse sentido é a Súmula 196 do STJ, assim enunciada: "Ao executado que, citado por edital ou por hora certa, permanecer revel, será nomeado curador especial, com legitimidade para apresentação de embargos".

7. É discussão que ocupava o n. 3.1 do Capítulo 2 da Parte III do v. 4 das edições anteriores ao CPC de 2015 deste *Curso*.

hipótese oposta, desenvolveria. Estará, por isso mesmo, suficientemente remunerado pelo trabalho que, até então, realizou. Ademais, há, em grande parte dos casos, os honorários advocatícios *contratuais* que não sofrem qualquer interferência daqueles fixados pelo juiz (art. 22, *caput*, da Lei n. 8.906/94).

Se o executado não acatar a ordem de pagamento veiculada no mandado de citação, isto é, se não pagar o que deve pagar, terão início os atos executivos propriamente ditos. O oficial de justiça penhorará tantos bens quantos suficientes para satisfação do crédito do exequente atualizado monetariamente, acrescido de juros, de custas e de honorários (art. 831), considerados estes no patamar de 10%, fixados originariamente pelo magistrado (art. 827, *caput*). Com a penhora e avaliação dos bens, já há espaço para que o exequente requeira a adjudicação dos bens nos termos do art. 876, o que pode levar, consoante o caso, ao encerramento da atividade jurisdicional, isto é, à extinção da execução (art. 924, II).

A não realização do pagamento pelo executado, contudo, não significa dizer que ele não possa, passados os três dias a que se refere o *caput* do art. 829, remir a execução (art. 826) ou, até mesmo, valer-se do disposto no art. 916 para obter a possibilidade de pagamento parcelado da dívida.

4.1 Fluência do prazo para pagamento

Questão que não pode passar sem menção é a que diz respeito à fluência do prazo para pagamento do valor reclamado pelo exequente. De quando devem correr os três dias a que se referem o § 1º do art. 827? Sua fluência depende da prévia juntada do mandado cumprido aos autos? Os três dias devem ser contados em dias úteis ou corridos?

O prazo de três dias para o pagamento é contado da própria citação do executado, como se verifica do *caput* do art. 829. O dispositivo harmoniza-se, assim, com o disposto no § 3º do art. 231 e a regra nele contida de que, quando o ato tiver de ser praticado diretamente pela parte, sem a intermediação de representante judicial, o dia do começo do prazo para cumprimento da determinação judicial corresponderá à data em que se der a comunicação[8].

Não há razão, destarte, para aguardar a juntada aos autos da carta ou do mandado de citação cumprido, excepcionando a incidência dos incisos I e II do art. 231.

Não obstante, é importante frisar que os três dias são *úteis*, já que o pagamento previsto na regra corresponde ao cumprimento de uma *ordem* judicial, tratando-se, pois, de prazo *processual* (art. 219, parágrafo único).

8. Este era o entendimento sustentado pelo n. 3.2.1 do Capítulo 2 da Parte II do v. 3 das edições anteriores ao CPC de 2015 deste *Curso*, embora por razões diversas das indicadas no texto.

5. PENHORA E AVALIAÇÃO DE BENS

Se não houver pagamento no prazo de três dias (úteis) do *caput* do art. 829, o oficial de justiça penhorará, de imediato, tantos bens quantos sejam suficientes para satisfação do exequente, levando em conta, se houver, a indicação do exequente (art. 829, § 2º), avaliando-os, na normalidade dos casos, desde logo. O ato será documentado com a lavratura do auto de penhora (arts. 838 e 839), do qual será intimado, desde logo, o executado (art. 841). Caso o executado não seja localizado para a intimação da penhora tem aplicação o disposto nos parágrafos do art. 841. Se, por outro lado, a hipótese for de o executado não permitir a diligência do oficial de justiça para fins de penhora ou, de qualquer forma, buscar criar obstáculos a ela, cabe a *ordem* de arrombamento regulada pelos art. 846.

É importante destacar que a intimação do executado sobre a penhora não interfere no prazo que ele tem para apresentação dos embargos. Não prevalece no direito processual civil a regra de que o início do prazo para apresentação dos embargos à execução se dá com a intimação da penhora[9]. Sua finalidade, diversamente, repousa na possibilidade de o executado pretender a *substituição* dos bens penhorados nos termos do art. 847 ou para que o executado se valha do disposto no art. 826, remindo a execução. Nenhuma das duas possibilidades pode ser descartada, já que, com a penhora e a avaliação efetivadas, o exequente poderá requerer a adjudicação do bem penhorado (art. 876).

O § 1º do art. 829 é claro também para afastar qualquer entendimento quanto a existir direito do executado de oferecer bens à penhora. O que se espera dele, no prazo do *caput* do art. 829, é o pagamento total do valor reclamado pelo exequente, máxime porque é incentivado para tanto pelo § 1º do art. 827. Se houver necessidade da prática de atos executivos – o que pressupõe o transcurso *in albis* dos três dias (úteis) –, eles desde logo serão praticados pelo oficial de justiça. Visando a maior celeridade e racionalização nestes primeiros atos executivos, é importante que o exequente informe, na sua petição inicial, quais bens do executado deverão ser penhorados. A omissão do exequente quanto a esta providência, contudo, não inibe o *dever* do oficial de justiça penhorar os bens passíveis de penhora que encontrar e, caso não encontre bens penhoráveis, que o executado seja intimado para indicar quais e onde se encontram os bens sujeitos à execução, por determinação de ofício do magistrado (que será a resposta jurisdicional adequada a uma diligência infrutífera tal qual documentada pelo oficial de justiça), ou a pedido do exequente, indicando, neste caso, seu valor e, se for o caso, apresentando a prova de sua propriedade e certidão negativa de ônus. Caso o executado não cumpra a determinação do juiz, ele deve ser sancionado nos moldes do art. parágrafo único do art. 774 (art. 774, V).

9. Tratava-se do art. 738, I, do CPC de 1973 antes das alterações promovidas pela Lei n. 11.382/2006.

O *caput* do art. 870 impõe ao oficial de justiça o dever de avaliar – e avaliar desde logo, no mesmo ato da penhora – o bem penhorado, o que está em harmonia com o disposto no inciso V ao art. 154.

Caso o oficial de justiça não tenha condições de avaliar o bem, com ou sem elementos fornecidos pelas partes, inclusive pelo executado, que pode ser intimado para tanto (art. 774, V) a hipótese enseja o surgimento de um incidente destinado àquela finalidade, regido pelos arts. 870, parágrafo único, a 872.

5.1 Indicação de bens à penhora pelo exequente

O § 2º do art. 829 permite que o exequente indique, desde a sua petição inicial (art. 798, II, *c*), os bens a serem penhorados pelo oficial de justiça caso não haja pagamento no prazo de três dias (úteis) a que se refere o *caput* do dispositivo.

Trata-se de uma *faculdade* reconhecida ao exequente, que poderá, ou não, ser exercitada em cada caso concreto. Até porque haverá situações em que o exequente terá condições de saber qual é o patrimônio do executado – porque para emprestar o dinheiro, o executado precisou declará-lo, ou porque o conhece pessoalmente, ou, ainda, porque um específico bem foi dado em garantia do empréstimo (art. 835, § 3º), por exemplo –, e haverá outros casos em que isso não ocorrerá.

Na medida em que o exequente tenha condições de indicar já com a petição inicial os bens a serem penhorados, a prática dos atos executivos será otimizada e racionalizada, mormente quando ela puder ser praticada eletronicamente pelo próprio magistrado, o que encontra fundamento no art. 854. Caso contrário, é o oficial de justiça que penhorará os bens que encontrar, sempre observando a ordem do art. 835, nem que, para isto, haja necessidade de prévia intimação do executado nos moldes e para os fins do inciso V do art. 774. Ademais, pode ser determinado o arrombamento da casa do executado para realização daquela diligência (art. 846).

5.2 Intimação do executado para indicação de bens à penhora

A execução por quantia certa contra devedor solvente pressupõe patrimônio alienável (no plano material) e, portanto, penhorável (no e para o plano processual), compreensão que deriva do princípio da *patrimonialidade*. A atividade executiva recai, nestes casos, sobre os *bens*, sobre o *patrimônio* do executado e não sobre sua pessoa. É o que decorre da correta interpretação dos arts. 797, 824 e 832.

É por isso que a localização de bens penhoráveis é tão importante para que se possa falar em "execução" de resultados, em "execução" efetiva. Não foi por razão diversa que o CPC de

2015, seguindo o caminho inaugurado pela Lei n. 11.382/2006 no CPC de 1973[10], tende a oferecer maiores possibilidades de penhora sobre o *patrimônio* do executado.

O inciso V do art. 774 busca criar condições concretas de localização de bens. O dispositivo prevê expressamente que o magistrado poderá determinar a intimação do executado para que ele próprio indique os bens sujeitos à penhora. Não se trata, é importante frisar, de dar ao executado o *direito* de nomear bens à penhora, direito que não lhe é assegurado pelo Código de Processo Civil. O que ele tem é o *dever* de indicar bens à penhora, até porque sua omissão é tida como ato atentatório à dignidade da justiça e, como tal, deve ser exemplarmente punido, com observância do disposto no parágrafo único do art. 774.

Alguém dirá que a sanção é inócua porque o executado que não indica bens à penhora não pode ser propriamente executado. Sem patrimônio, não há lugar para execução do total reclamado pelo exequente nem para os valores acessórios, inclusive a pena a que se refere o parágrafo único do art. 774. A ressalva deve ser retirada dos livros de direito processual civil e da prática do foro. É importante entender que a *sujeição* do executado à atividade jurisdicional é mola propulsora do próprio respeito e fortalecimento das instituições brasileiras, aqui as relativas à "Justiça", amplamente consagradas. E não se trata, apenas, de respeito ao Judiciário, mas muito mais do que isso. Ao lado do Judiciário e dos que exercem a magistratura, os magistrados, estão os advogados públicos e privados, os membros do Ministério Público e os Defensores Públicos. Todos eles, mesmo quando atuam em defesa do executado, não podem, simplesmente, omitir-se diante de uma *ordem* judicial para que sejam indicados bens. É por isso que a inércia do executado em responder à determinação judicial deve ser

---

10. A referência específica se dá aos arts. 649, 650 e 655 daquele Código, que, com a Lei n. 11.382/2006, passaram a ter a seguinte redação: "Art. 649. São absolutamente impenhoráveis: I – os bens inalienáveis e os declarados, por ato voluntário, não sujeitos à execução; II – os móveis, pertences e utilidades domésticas que guarnecem a residência do executado, salvo os de elevado valor ou que ultrapassem as necessidades comuns correspondentes a um médio padrão de vida; III – os vestuários, bem como os pertences de uso pessoal do executado, salvo se de elevado valor; IV – os vencimentos, subsídios, soldos, salários, remunerações, proventos de aposentadoria, pensões, pecúlios, e montepios; as quantias recebidas por liberalidade de terceiro e destinadas ao sustento do devedor e da sua família, os ganhos de trabalhador autônomo e os honorários de profissional liberal, observado o disposto no § 3º deste artigo; V – os livros, as máquinas, as ferramentas, os utensílios, os instrumentos ou outros bens móveis necessários ou úteis ao exercício de qualquer profissão; VI – o seguro de vida; VII – os materiais necessários para obras em andamento, salvo se essas forem penhoradas; VIII – a pequena propriedade rural, assim definida em lei, desde que trabalhada pela família; IX – os recursos públicos recebidos por instituições privadas para aplicação compulsória em educação, saúde ou assistência social; X – até o limite de 40 (quarenta) salários mínimos, a quantia depositada em caderneta de poupança; XI – os recursos públicos do fundo partidário recebidos, nos termos da lei, por partido político"; "Art. 650. Podem ser penhorados, à falta de outros bens, os frutos e rendimentos dos bens inalienáveis, salvo se destinados à satisfação de prestação alimentícia" e "Art. 655. A penhora observará, preferencialmente, a seguinte ordem: I – dinheiro, em espécie ou em depósito ou aplicação em instituição financeira; II – veículos de via terrestre; III – bens móveis em geral; IV – bens imóveis; V – navios e aeronaves; VI – ações e quotas de sociedades empresárias; VII – percentual do faturamento de empresa devedora; VIII – pedras e metais preciosos; IX – títulos da dívida pública da União, Estados e Distrito Federal com cotação em mercado; X – títulos e valores mobiliários com cotação em mercado; XI – outros direitos".

punida, não só pecuniariamente, mas, como excepciona o próprio parágrafo único do art. 774, com sanções de outra ordem.

De resto, presente a hipótese do *caput* do art. 846, o caso é de expedição de ordem de arrombamento da casa do executado para, observado o disposto nos §§ 1º a 4º do dispositivo, realizar-se a penhora de bens suficientes para a satisfação do crédito do exequente.

Se, o que é bem diferente do que problematizam os parágrafos anteriores, em resposta à intimação que lhe é dirigida pelo magistrado para os fins do inciso V do art. 774, comprovar-se que o executado não tem bens, caberá ao exequente, querendo, promover a sua insolvência civil nos termos dos arts. 748 a 786-A do CPC de 1973, preservados em vigor pelo art. 1.052 do CPC de 2015.

Sem prejuízo e desde que haja algum corresponsável pelo débito, a hipótese é de requerer a prática de atos executivos em seu desfavor, valendo-se, para tanto, inclusive, do incidente de desconsideração da personalidade jurídica disciplina pelos arts. 133 a 137.

5.3 Intimação da penhora

O § 1º do art. 841 evidencia que a intimação da penhora ao executado será feita, como regra, na pessoa do advogado ou da sociedade de advogados a que ele pertença.

Na hipótese de não haver advogado constituído nos autos, a intimação será dirigida à própria parte, no que é claro o § 2º do art. 841, que prescrever a preferência pela vista postal para a prática daquele ato.

Quando a penhora for realizada na presença do próprio executado, sua intimação é considerada feita no próprio ato, dispensada, inclusive, a intimação de seu advogado, mesmo quando constituído (art. 841, § 3º).

Em qualquer um dos casos, o endereço para ser adotado é o que consta dos autos. É ônus do advogado, das partes e de eventuais terceiros atualizar seu endereço (físico e eletrônico) sob pena de se considerarem corretas e suficientes as intimações enviadas para o endereço anterior. É o que prescreve o parágrafo único do art. 274 e que é enfatizado, com relação ao executado, pelo § 4º do art. 841.

Não subsiste no CPC de 2015 a previsão do § 5º do art. 652 do CPC de 1973, que, com a redação da Lei n. 11.382/2006, tangenciava a inconstitucionalidade, ao dispensar a necessária intimação do executado quando houvesse suspeita de sua ocultação[11]. Era assunto para o qual se voltavam as edições anteriores deste *Curso*, buscando discernir as hipóteses em que se poderia pressupor o conhecimento da penhora pelo executado (que dispensavam a

---

11. Era a seguinte a redação daquele dispositivo: "Art. 652. (...) § 5º Se não localizar o executado para intimá-lo da penhora, o oficial certificará detalhadamente as diligências realizadas, caso em que o juiz poderá dispensar a intimação ou determinará novas diligências".

intimação, ato meramente formal naquela situação) de outras em que a ciência do ato processual era indispensável para que o executado pudesse exercer, a contento, seus direitos[12].

Para o sistema processual civil atual, a intimação deverá ser feita com as variantes dos parágrafos do art. 841, sendo eloquente a presunção reforçada pelo § 4º daquele dispositivo. Se, não obstante aquela previsão, não houver endereço conhecido do executado, não há como deixar de entender que a hipótese *impõe* sua intimação por editais, o que decorre do § 2º do art. 275.

Embora seja silente o Código de Processo Civil é irrecusável que também o advogado do *exequente* deve ser intimado da formalização da penhora para que, a partir daquele ato, exerça seus direitos processuais, inclusive, se for a sua vontade, para que formule pedido de adjudicação dos bens penhorados. Idêntica orientação deve ser observada quando se tratar de Ministério Público e Defensoria Pública, sempre atendidas, nestes casos, as prerrogativas do *caput* do art. 180 e do § 1º do art. 186.

5.4 Outras intimações

Sem prejuízo da intimação da penhora a ser feita ao executado, há necessidade de intimação de outros sujeitos que, por peculiaridades de direito material e, até mesmo, em virtude de razões de direito processual, também precisam ser intimados. É o que decorre da escorreita e sistemática interpretação dos incisos I a VII, X e XI do art. 799 e dos parágrafos do art. 804.

12. A referência é feita ao n. 5.3.1 do Capítulo 2 da Parte II do v. 3 das edições anteriores ao CPC de 2015 deste *Curso*.

Capítulo 3

Responsabilidade patrimonial

1. CONSIDERAÇÕES INICIAIS

Decorrência do princípio da *patrimonialidade* é a compreensão de que os atos executivos devem cair sobre o *patrimônio* do executado e não sobre sua pessoa.

Mesmo que a lei processual civil admita em variadas situações em que o executado pode ser compelido a um determinado comportamento – assim de forma bastante intensa quando a hipótese é de fazer, não fazer e entrega de coisa, casos em que a satisfação do exequente recai sobre um específico comportamento ou sobre uma específica coisa –, pode acontecer que aquelas determinações não sejam acatadas e, malogradas quaisquer tentativas, em busca da obtenção da "tutela específica", resta ao exequente contentar-se com a "tutela genérica", o equivalente monetário da obrigação inadimplida. Mesmo no âmbito das obrigações de pagar quantia, técnicas coercitivas são uma constante no Código de Processo Civil, como se verifica do § 1º do art. 523 e do § 1º do art. 827 para os títulos *judiciais* e *extrajudiciais*, respectivamente.

Em todos esses casos, malograda (ou descabida) a técnica coercitiva, a satisfação do exequente se dá com a expropriação do patrimônio do executado. É o seu patrimônio, presente e futuro, que garante o pagamento de todas as suas dívidas, excetuados, apenas, os casos previstos em lei.

O art. 789, no particular, é bastante claro ao dispor que "O devedor responde com todos os seus bens presentes e futuros para o cumprimento de suas obrigações, salvo as restrições estabelecidas em lei".

É diretriz que vem estabelecida também no art. 391 do Código Civil que, não obstante não fazer a ressalva da lei processual civil, não altera quaisquer das "restrições estabelecidas em lei", por ser regra geral e anterior.

As "restrições estabelecidas em lei" são, dentre outras, as que constam dos arts. 832 a 834, cuja análise ocupa os n. 2 e 3 do Capítulo 4. Para cá importa analisar o disposto nos arts. 790 a 796.

A respeito do tema, cabe dar destaque ao art. 791. O dispositivo se ocupa com as situações em que o pedido de concretização da tutela jurisdicional executiva tiver por objeto obrigação de que seja sujeito passivo o proprietário de terreno submetido ao regime do direito de superfície, ou o superficiário, distinguindo quem (e que bens) responde(m) pela dívida. Assim, o terreno é passível de atos de constrição por dívidas assumidas pelo proprietário do terreno sobre o qual recai o direito de superfície. A construção ou a plantação respondem pelas dívidas do superficiário.

O § 1º do art. 791, coerentemente, determina que a averbação dos atos de constrição, nos casos do *caput*, realize-se separadamente na matrícula do imóvel. A disciplina aplica-se também à enfiteuse (as anteriores ao Código Civil de 2002), concessão de uso especial para fins de moradia e à concessão de direito real de uso, consoante dispõe o § 2º do artigo. A esse rol cabe acrescentar o direito de laje[1].

O art. 793, por sua vez, trata da hipótese de o exequente estar, por direito de retenção, na posse de coisa de titularidade do devedor. Nesse caso, os atos executivos só podem recair sobre outros bens quando excutido, em primeiro lugar, aquele bem.

2. DÉBITO E RESPONSABILIDADE

É correto entender que o direito processual civil, seguindo os passos do direito material, distinguiu, com nitidez, as noções de *débito* e *responsabilidade*, é dizer, ser *devedor* de uma obrigação não significa necessariamente, em todo e qualquer caso, que também se é *responsável* pelo seu adimplemento[2].

APG contrata com AGC o empréstimo de R$ 93.215,00, e CAAO, amigo de APG, assina o contrato na qualidade de fiador. O fiador é garante da obrigação, responsável pelo adimplemento da obrigação assumida do afiançado (art. 818 do CC). Mas é a afiançada, APG no exemplo, que é a *devedora*, é ela quem assumiu o débito, que, vale o destaque, será a única a fazer uso do valor emprestado de AGC. Isso não significa, contudo, na hipótese de haver inadimplemento, que a concretização da tutela jurisdicional executiva possa ser pleiteada apenas em face da devedora, APG. Também o *responsável* pelo adimplemento, CAAO, justamente por sê-lo desde o plano material, pode ser compelido *jurisdicionalmente* a cumprir a obrigação[3].

---

1. Nesse sentido é o Enunciado n. 150 da II Jornada de Direito Processual Civil do CJF: "Aplicam-se ao direito de laje os arts. 791, 804 e 889, III, do CPC".

2. Para uma visão atual do tema, levando em consideração a disciplina trazida pelo CPC de 2015, v., com proveito, as seguintes monografias: Adriano Ferriani, *Responsabilidade patrimonial e mínimo existencial*, esp. p. 71-74; Rogério Licastro Torres de Mello, *Responsabilidade executiva secundária*, esp. p. 71-84 e Thiago Ferreira Siqueira, *A responsabilidade patrimonial no novo sistema processual civil*, esp. p. 83-122.

3. Interessante acórdão da 4ª Turma do STJ, a propósito do tema, nega a legitimidade recursal do afiançado para recorrer de decisão que determinou a penhora de bens dos fiadores. Trata-se do REsp 916.112/RO, rel. Min. Luis Felipe Salomão, j. un. 5-6-2012, *DJe* 28-6-2012, assim ementado: "PROCESSUAL CIVIL. RECURSO ESPECIAL. EXECUÇÃO REDIRECIONADA PARA OS FIADORES. AGRAVO DE INSTRUMENTO INTERPOSTO PELO

É para situações como a descrita no parágrafo anterior, aliás, que o art. 794 garante o chamado "benefício da ordem", isto é, a possibilidade de o *responsável* pela obrigação indicar à penhora e, consequentemente, à execução bens do *devedor* situados na mesma comarca que os seus para que, só então, na hipótese de aqueles bens do devedor serem insuficientes para a satisfação do credor, os atos executivos recaiam sobre o seu próprio patrimônio. Ademais, de acordo com o § 2º do art. 794, se o fiador pagar a dívida, pode ele "executar o afiançado nos autos do mesmo processo", é dizer, formular pedido de tutela jurisdicional no *mesmo* processo em que se deu a excussão de seu próprio patrimônio. A aplicação de tais regras, contudo, pressupõe que o fiador não tenha renunciado ao benefício de ordem, no que é expresso o § 3º do mesmo art. 794.

É o direito material, nesse sentido, que se ocupa de regular em que condições pode haver a distinção entre o *débito* e a *responsabilidade*, e, na medida em que esta dicotomia for transportada para o plano *processual*, a tutela jurisdicional executiva será requerida e, desse ponto de vista, concretizada em face de um ou de ambos, consoante haja, ou não, pedido especificamente formulado para tanto.

O art. 790 trata de diversas hipóteses em que os bens dos *responsáveis* ficam sujeitos à execução. Os números seguintes analisam, uma a uma, tais situações.

3. BENS DO SUCESSOR A TÍTULO SINGULAR

De acordo com o inciso I do art. 790 são sujeitos à execução os bens "... do sucessor a título singular, tratando-se de execução fundada em direito real ou obrigação reipersecutória".

O uso concomitante das expressões "direito real" e "obrigação reipersecutória" deve ser entendido com vistas a assegurar que em todos aqueles casos em que um determinado bem é garantia da execução, haja, ou não, direito real na espécie (que são apenas aqueles indicados como tais no art. 1.225 do CC), é assegurado que a *responsabilidade secundária* disciplinada pelo dispositivo recaia sobre ele, independentemente do título pelo qual se deu a sucessão na sua titularidade, isto é, se a alienação se deu por ato *inter vivos* – e, para estes casos, o disposto no art. 109 tem incidência – ou *causa mortis*.

Independentemente de se tratar de concretização da tutela jurisdicional executiva e independentemente da modalidade obrigacional inadimplida, tem aplicação o dispositivo. Basta, para tanto, que o *bem* do sucessor deva responder pela dívida (é o que ocorre inclusive nos casos de fraude à execução do art. 792) e, consequentemente, sobre ele recairão os atos executivos, inclusive os relativos à penhora para fins de expropriação. Trata-se, em última análise, de uma consequência inafastável do "direito de sequela", tenha, ou não, origem em direito real.

DEVEDOR-AFIANÇADO. AUSÊNCIA DE LEGITIMIDADE E INTERESSE. 1. O devedor-afiançado não possui legitimidade para recorrer de decisão que determinou a penhora de bens dos fiadores, uma vez não ser o titular do direito ameaçado pela nova constrição. Também não possui interesse recursal na impugnação, na medida em que não se busca situação jurídica mais vantajosa do que aquela nascida do redirecionamento da execução para os fiadores. Precedente da Corte. 3. Recurso especial parcialmente conhecido e, na extensão, provido".

4. OS BENS DO SÓCIO

De acordo com o inciso II do art. 790, ficam sujeitos à execução os bens "do sócio, nos termos da lei".

Importa distinguir, desde o plano material, as condições pelas quais os patrimônios da sociedade e dos sócios que a compõem podem ou devem ser tratados conjuntamente para fins de pagamento aos seus credores.

Haverá situações, pelas próprias peculiaridades do direito material, em que a sociedade e o sócio se confundirão, sendo inviável distinguir o patrimônio entre um e outro. É o que se dá, por exemplo, nas "sociedades em nome coletivo" (art. 1.039 do CC), nas "sociedades em comandita simples", em que os sócios *comanditados* respondem ilimitadamente pelas obrigações sociais (art. 1.045 do CC) e nas sociedades não personificadas, isto é, as sociedades sem inscrição de seus atos constitutivos (art. 990 do CC).

Em outras situações, que correspondem à maior parte dos casos, a figura do sócio e a da sociedade não se confundem. Se o débito for assumido pela sociedade (*devedora*), o que se põe para verificar é em que condições o sócio é *também* ou pode vir a ser tratado como *responsável* por aquele débito. É o que se dá, por exemplo, nos arts. 134 e 135 do Código Tributário Nacional[4], que trazem à lembrança as Súmulas 430[5] e 435[6] do Superior Tribunal de Justiça, e no § 2º do art. 2º da Consolidação das Leis do Trabalho[7].

---

4. Que têm a seguinte redação: "Art. 134. Nos casos de impossibilidade de exigência do cumprimento da obrigação principal pelo contribuinte, respondem solidariamente com este nos atos em que intervierem ou pelas omissões de que forem responsáveis: I – os pais, pelos tributos devidos por seus filhos menores; II – os tutores e curadores, pelos tributos devidos por seus tutelados ou curatelados; III – os administradores de bens de terceiros, pelos tributos devidos por estes; IV – o inventariante, pelos tributos devidos pelo espólio; V – o síndico e o comissário, pelos tributos devidos pela massa falida ou pelo concordatário; VI – os tabeliães, escrivães e demais serventuários de ofício, pelos tributos devidos sobre os atos praticados por eles, ou perante eles, em razão do seu ofício; VII – os sócios, no caso de liquidação de sociedade de pessoas. Parágrafo único. O disposto neste artigo só se aplica, em matéria de penalidades, às de caráter moratório" e "Art. 135. São pessoalmente responsáveis pelos créditos correspondentes a obrigações tributárias resultantes de atos praticados com excesso de poderes ou infração de lei, contrato social ou estatutos: I – as pessoas referidas no artigo anterior; II – os mandatários, prepostos e empregados; III – os diretores, gerentes ou representantes de pessoas jurídicas de direito privado".

5. Assim enunciada: "O inadimplemento da obrigação tributária pela sociedade não gera, por si só, a responsabilidade solidária do sócio-gerente".

6. Cujo enunciado é o seguinte: "Presume-se dissolvida irregularmente a empresa que deixar de funcionar no seu domicílio fiscal, sem comunicação aos órgãos competentes, legitimando o redirecionamento da execução fiscal para o sócio-gerente". A 1ª Seção do STJ, desde o REsp repetitivo 1.371.128/RS, rel. Min. Mauro Campbell Marques, j. un. 10-9-2014, *DJe* 17-9-2014, entende que o mesmo raciocínio (de direito material) aplica-se também a dívidas *não* tributárias. Aplicando aquele entendimento: STJ, 1ª Turma, AgInt no REsp 901.094/SP, rel. Min. Napoleão Nunes Maia Filho, j.un. 31-8-2020, *DJe* 3-9-2020 e STJ, 2ª Turma, AgInt no REsp 1.667.994/SP, rel. Min. Herman Benjamin, j.un. 25-8-2020, *DJe* 9-9-2020.

7. Que tem a seguinte redação: "O inadimplemento da obrigação tributária pela sociedade não gera, por si só, a responsabilidade solidária do sócio-gerente".

Em quaisquer desses casos, contudo, importa que o responsável esteja compreendido originariamente também no título executivo, seja ele judicial ou extrajudicial: não há como admitir, sem ofensa ao modelo constitucional do direito processual civil, que alguém venha a sofrer ameaça ou lesão sobre seu patrimônio sem que tenha condições plenas de exercer sua defesa.

Se o título executivo, judicial ou extrajudicial, já aponta o responsável *e* o devedor, lado a lado, não há qualquer dificuldade em aceitar que a prática dos atos executivos seja direcionada desde logo contra o patrimônio de um *e* de outro indistintamente. Se não, põe-se o problema de saber *como* o responsável pode ser trazido para o plano do processo e, discutida as razões pelas quais deve responder pelo débito alheiro, passar a responder com o seu próprio patrimônio.

A despeito da nomenclatura empregada pelo Código de Processo Civil, a disciplina dada pelos arts. 133 a 137 ao chamado "incidente de desconsideração da personalidade jurídica" é suficientemente ampla para albergar esta hipótese, o que já era defendido pelas edições anteriores deste *Curso*[8]. Não só para casos em que a corresponsabilização se justifica, desde o plano material, por força da desconsideração da personalidade jurídica – que permite que a dualidade entre as personalidades jurídicas da sociedade e do sócio seja desconsiderada esporadicamente, isto é, tornada sem efeito, para satisfação de créditos inadimplidos –, mas também, como para as hipóteses do inciso II do art. 790 que não guardam relação com aquela figura de direito material, mas, como visto, com outras, bem diversas delas.

É correto entender que aquele esquema *procedimental* possa (e deva) fazer, como os alcançados pelo dispositivo aqui examinado, as vezes de um "incidente de *corresponsabilização*", que, a um só tempo, garante suficientemente a ampla defesa do *terceiro* (que, com a citação determinada pelo art. 135, passa a ser *parte* do processo) e, ao mesmo tempo, a eficiência do processo, mormente quando se empregar, como deve ser empregada, o rico arsenal da tutela provisória (arts. 294 a 311) para a proteção de situações urgentes, inclusive de dilapidação patrimonial.

O CPC de 2015, inova em relação ao CPC de 1973, cuidando desta hipótese em inciso apartado, o inciso VII do art. 790, analisado no n. 9, *infra*, quando o assunto é retomado. Com efeito, responsabilizar o sócio "nos termos da lei" (e, cabe acrescentar, nos termos do contrato ou do estatuto) é bem diferente de querer responsabilizá-lo a partir da apuração do *uso indevido* da personalidade jurídica mediante o "incidente de desconsideração da personalidade jurídica" dos arts. 133 a 137. Neste caso, a sua responsabilidade é necessariamente direta justamente por força daquela *desconsideração*. Naqueles, a responsabilização pode ser direta ou indireta, verdadeiramente subsidiária, se for o caso, sempre a depender do tipo de sociedade e da razão pela qual ela se tornou devedora. É o objeto da disciplina do art. 795, que se harmoniza com a prescrição do inciso II do art. 790.

---

8. A referência é feita ao n. 3 do Capítulo 3 da Parte II do v. 3 das edições anteriores ao CPC de 2015 deste *Curso*.

De acordo com o art. 795, que tem aplicação para os casos em que o sócio responde pela dívida da sociedade, isto é, em que ela, a sociedade, é a *devedora* e o sócio é ou passa a ser *responsável* por força das regras de direito material, pode ele, semelhantemente ao que disciplina o art. 794, requerer que os atos executivos recaiam primeiramente sobre os bens da sociedade (art. 795, § 1º), nomeando, para tanto, bens titularizados pela sociedade passíveis de penhora *e que* sejam localizados na mesma comarca (ou seção judiciária, em se tratando de justiça federal) em que tem trâmite o processo (art. 795, § 2º). O § 3º do art. 795, por sua vez, permite ao sócio que veja seu patrimônio excutido na insuficiência do patrimônio da sociedade cobrar dela "nos autos do mesmo processo".

5. OS BENS DO DEVEDOR EM PODER DE TERCEIROS

O inciso III do art. 790 impõe a sujeição dos bens "do devedor, ainda que em poder de terceiros", à execução.

O objetivo do dispositivo é evidenciar que a mera *posse* do bem em mãos de terceiro, isto é, estranhos ao título executivo (judicial ou extrajudicial), não é o bastante para afastar deles a prática dos atos jurisdicionais executivos. Até porque, nos casos de mera *posse*, independentemente do título pelo qual ela se justifica, a *propriedade* do bem ainda é do executado e, nestas condições, ainda é bem "presente" para os fins do art. 789.

Caso o terceiro pretenda questionar a atuação jurisdicional em detrimento de bens que reputa seus legitimamente, pode-se valer dos "embargos de terceiro", iniciativa que encontra fundamento no art. 674, § 2º, I.

O art. 808 traz, a propósito, regra diferenciada. Nos casos de execução para entrega de coisa, havendo alienação da coisa devida, já litigiosa, a execução deve ser dirigida ao terceiro adquirente, assunto ao qual se volta o n. 2.2 do Capítulo 2 da Parte V.

6. BENS DO CÔNJUGE OU DO COMPANHEIRO

Os bens do cônjuge ou companheiro, "nos casos em que os seus bens próprios ou de sua meação respondem pela dívida", ficam sujeitos à execução de acordo com o inciso IV do art. 790.

A regra deriva do disposto no art. 3º da Lei n. 4.121/62, o chamado "Estatuto da Mulher Casada", segundo o qual "pelos títulos de dívida de qualquer natureza, firmados por um só dos cônjuges, ainda que casados pelo regime de comunhão universal, somente responderão os bens do signatário e os comuns até o limites de sua meação". A interpretação vencedora do dispositivo é a de existir presunção de que as dívidas contraídas por um dos cônjuges trazem proveito a toda a família.

O Código Civil é bastante claro a esse respeito, ao estabelecer a responsabilidade solidária dos cônjuges pelas dívidas assumidas por um deles na aquisição das coisas necessárias à economia doméstica (art. 1.644 do CC), pelo exercício da administração dos bens comuns (art. 1.663, § 1º, do CC) e para atender aos encargos de família, às despesas de administração e às decorrentes de imposição legal (art. 1.664 do CC).

Importa, contudo, discernir, em cada caso concreto, qual é o regime de casamento, que nada mais é do que o regime do patrimônio do casal perante eles próprios e perante terceiros, para, a partir desta constatação, verificar se e quais bens de um dos cônjuges deve responder pela integralidade da dívida e, mais, em que medida a presunção referida efetivamente deve ser confirmada ou afastada.

Tanto assim que se a razão pela qual um dos cônjuges se endividou não conduzir, necessariamente, a qualquer proveito da família, cabe ao outro a prova de que os bens do casal não ficam sujeitos aos atos executivos. Neste caso, é o exequente quem deve provar a ocorrência do benefício ao casal, a despeito da origem da dívida, para legitimar a *responsabilidade* do outro cônjuge[9].

Na normalidade dos casos, contudo, porque se presume que a dívida contraída por um dos cônjuges beneficia o casal, os bens comuns respondem pela dívida. É ônus do cônjuge não executado comprovar que não houve qualquer benefício.

O art. 843 merece ser lembrado a propósito do exame do inciso IV do art. 790, quando trata da penhora de bem indivisível do casal (arts. 87 e 88 do CC).

Como uma das finalidades da penhora é a alienação do bem para que o seu equivalente monetário venha a satisfazer o crédito do exequente (art. 905, I), a solução dada pela lei processual civil brasileira é clara: o bem é penhorável e a tutela da meação do cônjuge, justamente porque não há espaço para se conceber qualquer divisão sobre o bem – hipótese diversa regrada pelo § 1º do art. 872 –, recai no *produto* da alienação do bem, isto é, recai sobre o equivalente monetário do bem (art. 843, *caput*), reservada, contudo, a preferência ao cônjuge na preferência da arrematação do bem em igualdade de condições (art. 843, § 1º).

Sobre o assunto, cabe uma questão interessante: Pode o próprio exequente adjudicar o bem indivisível? Nestes casos, como tutelar a meação do cônjuge? As respostas mais adequadas são positivas. Embora o *caput* do art. 843 dê ensejo ao entendimento de que, nestes casos, de penhora de bens indivisíveis, a conversão do bem no seu equivalente monetário seja impositiva – e é por isto que o dispositivo se refere a "produto da alienação do bem" –, nada

9. Trata-se da diretriz da Súmula 251 do STJ, que, embora editada a partir de execuções fiscais, deve ser observada: "A meação só responde pelo ato ilícito quando o credor, na execução fiscal, provar que o enriquecimento dele resultante aproveitou ao casal".

há que afaste, aprioristicamente, que o exequente pretenda satisfazer o seu crédito com a aquisição do próprio bem, hipótese em que o adjudicará consoante o autoriza o art. 876.

É certo que, nestes casos, haverá a instalação compulsória de um condomínio sobre o bem que, dizem os civilistas, é fruto seguro de discussões futuras. Isso, contudo, a indivisão do bem, por si só, não é vedada pelo direito brasileiro e, portanto, tal possibilidade não pode simplesmente ser descartada aprioristicamente. Ocorrendo a hipótese, ademais, é irrecusável entender que o cônjuge tem, também aqui, preferência na aquisição em igualdade de condições (art. 843, § 1º).

Discute-se, outrossim, qual é o mecanismo de defesa do cônjuge para questionar a legitimidade da penhora que recaia sobre bens seus ou, quando menos, sobre sua meação. A melhor interpretação é a de que reserva para tanto a "impugnação" ou os "embargos à execução", na medida em que o cônjuge esteja no título executivo desde sua origem ou em que os atos executivos tenham sido "redirecionados" a ele com observância do "incidente cognitivo de corresponsabilização" indicado no n. 4, *supra*. Caso contrário, nas situações em que a penhora simplesmente recai sobre o bem do cônjuge, sem título (ou sem o devido e inafastável complemento a ele) que previamente legitime a prática daquele ato, o mecanismo defensivo são os "embargos de terceiro", o que encontra fundamento no art. 674, § 2º, I. É indiferente, para esse fim, que o cônjuge seja previamente *intimado* da penhora, como exige o art. 842. Essa *intimação* não é suficiente para que os atos executivos possam ser legitimamente praticados em detrimento do cônjuge não constante do título e de seu patrimônio, até porque sua exigência justifica-se por outras razões, discutidas no n. 4.5 do Capítulo 4.

Deve ser aplaudida, a respeito, a orientação amplamente vencedora no Superior Tribunal de Justiça que admite *fungibilidade* entre as medidas, dada a sua inequívoca *concorrência* para um *mesmo* fim, qual seja, impedir a penhora sobre bens que não *respondem* pela dívida[10].

Todas as colocações feitas ao longo desse número alcançam também o companheiro em prol da união estável, sendo de todo indiferente a sua conformação e/ou a sua formalização. Não só pela literalidade do inciso IV do art. 790, mas porque entendimento contrário agrediria a isonomia pretendida pela Constituição Federal, desde o § 3º de seu art. 226 e enfatizada, no plano infraconstitucional, também pelo art. 1.725 do Código Civil, assim redigido: "Na união estável, salvo contrato escrito entre os companheiros, aplica-se às relações patrimoniais, no que couber, o regime da comunhão parcial de bens". Havendo dúvida acerca da existência da união estável, cabe ao magistrado determinar a produção da prova respectiva (arts. 139, VIII; 370, *caput*, e 772, I), não negar aprioristicamente o regime jurídico protetivo que dela decorre.

10. Ilustra-a suficientemente a Súmula 134 daquele Tribunal: "Embora intimado da penhora em imóvel do casal, o cônjuge do executado pode opor embargos de terceiro para defesa de sua meação".

7. FRAUDE À EXECUÇÃO

De acordo com o inciso V do art. 790, também estão sujeitos à execução os bens "alienados ou gravados com ônus real em fraude à execução", o que traz à tona o disposto no art. 792.

A "fraude à execução" de que se ocupa o art. 792 deve ser entendida como a declaração de *ineficácia* da alienação ou da oneração de bens que dificulta ou inviabiliza a concretização da tutela jurisdicional executiva quando dirigida ao patrimônio genericamente considerado (obrigação de pagar quantia certa) ou, mais especificamente, a um dado bem especificamente considerado no patrimônio do executado (obrigação de entrega de coisa).

O instituto de que se ocupa o Código de Processo Civil no inciso V do art. 790 não pode ser confundido com outro, de natureza material e disciplinado pelo Código Civil, a "fraude contra credores", que, com o CPC de 2015, passou a ocupar um inciso próprio, o inciso VI do art. 790. É o objeto de exame no n. 8, *infra*.

A fraude à execução é instituto de direito processual civil cujos efeitos operam, em primeiro lugar, no próprio plano processual e que, uma vez reconhecida, surte seus efeitos no plano material e, mesmo assim, somente na medida em que o desfalque patrimonial seja empecilho à concretização da tutela jurisdicional executiva. Tanto assim que o reconhecimento de fraude à execução não *anula* o ato de alienação (como se dá no âmbito da fraude de credores), mas, diferentemente, satisfaz-se com a sua *ineficácia*. É como se, para todos os fins, a alienação não tivesse ocorrido perante o Estado-juiz; é como se o bem alienado nunca tivesse deixado o patrimônio do executado e, consequentemente, mantém-se sujeito à execução. É orientação que acabou sendo expressada no § 1º do art. 792: "A alienação em fraude à execução é ineficaz em relação ao exequente".

A distinção noticiada pelos parágrafos anteriores é que viabiliza a perfeita distinção entre os dois fenômenos e, consequentemente, o seu regime jurídico.

A fraude à execução pode ser declarada de ofício pelo magistrado (porque sua prática é considerada ato atentatório à dignidade da justiça pelo inciso I do art. 774) e não está sujeita a qualquer prazo. Tampouco há necessidade, mesmo quando requerida pelo prejudicado (o exequente), de uma "nova ação" ou de um "novo processo", sendo bastante o seu pedido ser formulado *incidentalmente* no processo em que se requer a concretização da tutela jurisdicional executiva.

7.1 Hipóteses

As hipóteses de fraude à execução estão previstas nos incisos do art. 792.

A primeira hipótese de fraude à execução prevista pela lei é a da existência de "ação fundada em direito real ou com pretensão reipersecutória, desde que a pendência do processo tenha sido averbada no respectivo registro público, se houver" sobre os bens devidos pelo executado (art. 792, I). A preocupação do legislador é com o desaparecimento dos bens que, de alguma forma, garantem um determinado crédito. A prévia exigência de averbação no respectivo registro público é indispensável em se tratando e bens imóveis, sem o que não se efetiva o direito real sobre o bem.

O inciso II do art. 792 é novidade textual do CPC de 2015, não encontrando correspondência expressa no rol do art 593 do CPC de 1973. De acordo com o dispositivo, a alienação ou a oneração de bem é considerada fraude à execução "quando tiver sido averbada, no registro do bem, a pendência do processo de execução, na forma do art. 828. A certidão referida no referido art. 828 é a que atesta o juízo de admissibilidade *positivo* da petição inicial em que o exequente formaliza o pedido de concretização da tutela jurisdicional executiva (orientação pertinente também para o pedido em que o exequente formaliza sua intenção de dar início à etapa de cumprimento de sentença) e quer dar ciência a terceiros de que determinados bens podem ser utilizados para o pagamento de dívidas do executado. É providência que afasta a alegação de boa-fé do terceiro adquirente.

O inciso III do art. 792 estabelece que também se considera fraude à execução a alienação ou a oneração de bens "quando tiver sido averbado, no registro do bem, hipoteca judiciária ou outro ato de constrição judicial originário do processo onde foi arguida a fraude". Neste caso, a origem da averbação é o próprio processo. Seja porque a partir do proferimento de sentença foi expedida e averbada a hipoteca judiciária de que trata o art. 495, seja porque o arresto ou a penhora de bens foram levados a registro. A razão de ser da regra é invariavelmente a do inciso II do mesmo dispositivo: dar ciência a quaisquer terceiros que, por qualquer razão, pretendam adquirir o bem que ele está, até ulterior deliberação em sentido contrário, vinculado à satisfação de um determinado exequente e que, por isso mesmo, sua alienação (ou mera oneração) será considerada *ineficaz* em relação a ele. Por isso mesmo é também correto entender aqui que providência afasta a alegação de boa-fé do terceiro adquirente.

De acordo com o inciso IV do art. 792, considera-se fraude à execução a alienação dos bens "quando, ao tempo da alienação ou da oneração, tramitava contra o devedor ação capaz de reduzi-lo à insolvência". O melhor entendimento para o dispositivo é o de ser suficiente a *citação* do devedor, mesmo antes da constituição do título executivo, isto é, independentemente do início da prática dos atos executivos na etapa de cumprimento, ainda que provisório. É a partir daquele momento, máxime quando devidamente interpretado o art. 240, que o réu tem ciência inequívoca (e para todos e quaisquer fins) de que poderá vir a ser reconhecido jurisdicionalmente como devedor e, portanto, apto a sofrer a concretização da tutela jurisdicional executiva, razão de ser da vinculação de seu patrimônio àquele processo. Nos casos em que a citação se justifica porque já há título executivo constituído (os casos do § 1º do art. 515 e do art. 784), a situação apresentada pelo parágrafo anterior é tanto mais evidente.

No caso do inciso IV do art. 792, diferentemente das hipóteses previstas em seus incisos I a III, não é indispensável a averbação de quaisquer atos praticados no processo, da sua existência ou da citação em quaisquer registros públicos. Ela até pode ser requerida e providenciada pelo interessado, mas a configuração da fraude à execução independe daquele ato. Sem a averbação, a discussão sobre haver ou não boa-fé do terceiro adquirente deverá ser feita levando em conta os meios de prova em geral, considerando a diretriz genérica do § 2º do art. 792, objeto de exame no n. 7.2, *infra*.

Por fim, ocorre também fraude à execução "nos demais casos expressos em lei", em conformidade com a prescrição do inciso V do art. 792. Caso digno de destaque é a alienação do bem que se verifica *após* a "averbação em registro público da propositura da execução" realizada em função do disposto no inciso IX do art. 799 e que não se confunde com a hipótese específica do inciso II do art. 792, que se circunscreve à certidão de *admissão* da petição inicial executiva nos termos do art. 828. Outra hipótese é a do crédito tributário, dadas as suas especificidades e diante da presunção criada pelo art. 185 do Código Tributário Nacional, introduzido pela Lei Complementar n. 118/2005, que se contenta, para a caracterização da fraude, com a inscrição da dívida ativa[11].

7.2 Registro

O rol do art. 792 autoriza a compreensão de que pode ocorrer de a fraude à execução depender de prévio registro do próprio processo ou da constrição que recai sobre o bem alienado ou onerado indevidamente. É o que deriva de seus incisos I a III e que se harmoniza, não há como negar com a *primeira parte* do enunciado da Súmula 375 do Superior Tribunal de Justiça: "O reconhecimento da fraude à execução depende do registro da penhora do bem alienado ou da prova de má-fé do terceiro adquirente".

Mas não necessariamente. Não só em função da previsão contida no inciso IV do art. 792, mas também porque há bens que não são passíveis de registro ou podem não estar registrados e nem por isto sua alienação ou oneração pode ser efetivada sem ser considerada fraude à execução.

Nesse sentido é digno de nota o § 2º do art. 792, que se ocupa com as situações em que a fraude à execução se dá a partir de alienação ou oneração de bens que *independem* de registro. Nessas hipóteses, é ônus do *adquirente* (terceiro em relação ao processo) demonstrar que agiu com a cautela devida na aquisição do bem, mediante a exibição das certidões pertinentes. Tais certidões devem ser limitadas, contudo, àquelas do domicílio (residencial ou profissional do executado) e da localização dos bens, conforme o caso. Não há como exigir do terceiro mais que essas providências, sempre levando em conta as peculiaridades de cada caso concreto, sob pena de tornar o seu ônus probatório por demais gravoso. A regra

11. Nesse sentido, em sede de repetitivo, decidiu a 1ª Seção do STJ no REsp 1.141.990/PR, rel. Min. Luiz Fux, j. un. 10-11-2010, *DJe* 19-11-2010. Aplicando aquele entendimento: STJ, 2ª Turma, REsp 1.889.298/SC, rel. Min. Francisco Falcão, j.un. 6-10-2020, *DJe* 9-10-2020 e STJ, 1ª Turma, rel. Min. Gurgel de Faria, AgInt no REsp 1.853.950/PR, j.un. 24-8-2-2020, *DJe* 31-8-2020.

acaba por desenvolver a *segunda parte* do enunciado da precitada Súmula 375 do Superior Tribunal de Justiça[12].

Cabe destacar a propósito que o advento do CPC de 2015 tem o condão de se sobrepor à previsão do inciso IV do art. 54 da Lei n. 13.097/2015, fruto da conversão da Medida Provisória n. 656/2014, segundo o qual "os negócios jurídicos que tenham por fim constituir, transferir ou modificar direitos reais sobre imóveis são eficazes em relação a atos jurídicos precedentes, nas hipóteses em que não tenham sido registradas ou averbadas na matrícula do imóvel as seguintes informações: (...) IV – averbação, mediante decisão judicial, da existência de outro tipo de ação cujos resultados ou responsabilidade patrimonial possam reduzir seu proprietário à insolvência, nos termos do inciso II do art. 593 da Lei n. 5.869, de 11 de janeiro de 1973 – Código de Processo Civil".

Aquela regra acabou por tornar invariavelmente obrigatória a averbação da "ação" para fins de caracterização da fraude à execução, o que atrita com todos aqueles casos em que o CPC de 2015 não exige o registro – inclusive nos casos do inciso IV do art. 792, que encontra correspondência no referido inciso II do art. 593 do CPC de 1973 –, no que é suficientemente claro o § 2º do art. 792. Dada a clara oposição entre os comandos normativos, deve prevalecer o mais recente, que trata do mesmo assunto, o CPC de 2015, o que dispensa maiores considerações sobre a flagrante inconstitucionalidade daquela Lei, fruto de Medida Provisória que, ao dispor sobre direito processual civil, agrediu frontal e expressamente o disposto na alínea *b* do § 1º do art. 62 da Constituição Federal.

Por todas essas razões é que correto entender que a ocorrência de má-fé do adquirente se resume a uma questão de prova (não necessariamente de fácil produção) acerca do estado de insolvência do executado (alienante). Havendo averbação de quaisquer constrições, a presunção de seu conhecimento por terceiros decorre do próprio art. 844, dispensando o exequente do ônus da prova de que o adquirente conhecia o estado do executado[13]. Quando o exequente não efetivar a averbação nos casos em que ela é viável, é ônus seu a prova da

---

12 É nesse contexto que merece lembrança o Enunciado n. 18 do CEAPRO: "A Súmula 375 do STJ não impede a atribuição diversa do ônus da prova, de que tratam os §§ 1º e 2 do art. 373".

13. No âmbito do STJ, é orientação que vai ao encontro do quanto decidido pela 2ª Seção no REsp repetitivo 956.943/PR, rel. p/ acórdão Min. Nancy Andrighi, j. m. v. 20-8-2014, *DJe* 1º-12-2014, em que foram firmadas as seguintes teses: "1.1. É indispensável citação válida para configuração da fraude de execução, ressalvada a hipótese prevista no § 3º do art. 615-A do CPC. 1.2. O reconhecimento da fraude de execução depende do registro da penhora do bem alienado ou da prova de má-fé do terceiro adquirente (Súmula 375/STJ). 1.3. A presunção de boa-fé é princípio geral de direito universalmente aceito, sendo milenar a parêmia: a boa-fé se presume; a má-fé se prova. 1.4. Inexistindo registro da penhora na matrícula do imóvel, é do credor o ônus da prova de que o terceiro adquirente tinha conhecimento de demanda capaz de levar o alienante à insolvência, sob pena de tornar-se letra morta o disposto no art. 659, § 4º, do CPC. 1.5. Conforme previsto no § 3º do art. 615-A do CPC, presume-se em fraude de execução a alienação ou oneração de bens realizada após a averbação referida no dispositivo". O art. 615-A do CPC de 1973 corresponde ao art. 828 do CPC de 2015; o art. 659, § 4º, do CPC de 1973, ao art. 844 do CPC de2015. Aplicado aquele entendimento mais recentemente: STJ, 4ª

má-fé do adquirente[14]. Nos casos em que os bens penhorados não forem passíveis de averbação ou de registro, cabe ao próprio adquirente fazer prova de sua boa-fé, observando-se, contudo, as limitações indicadas acima.

7.3 Contraditório prévio

Como indicado, o reconhecimento da fraude à execução pode ser pleiteado pelo exequente ou ser declarada até mesmo de ofício. Em ambos os casos, contudo, é inconteste que o executado e o adquirente tenham prévia ciência para, querendo, possam expor suas razões ao magistrado antes de sua decisão.

Nesse sentido, cabe destacar o importante § 4º do art. 792 segundo o qual o adquirente deverá ser intimado para, querendo, apresentar embargos de terceiro (arts. 674 a 681), viabilizando, com a iniciativa, o devido contraditório, antes do reconhecimento de eventual fraude. Trata-se de regra que especifica, para os casos relativos à fraude à execução, o disposto no parágrafo único do art. 675. O prazo para os embargos de terceiro nesse caso é de quinze dias, que deve prevalecer sobre a regra genérica do *caput* do art. 675[15].

8. FRAUDE A CREDORES

Como adiantado, fraude a credores não se confunde com fraude à execução, razão pela qual o CPC de 2015, também trazendo novidade expressa quando comparado com o CPC de 1973, discerniu as hipóteses nos variados incisos do art. 790. Doravante, o inciso VI daquele dispositivo sujeita à execução os bens "cuja alienação ou gravação com ônus real tenha sido anulada em razão do reconhecimento, em ação autônoma, de fraude contra credores".

A fraude a credores é regida pelos arts. 158 a 165 do Código Civil com vistas à *anulação* de um ato jurídico porque alienante (devedor) e adquirente (terceiro) buscaram, com o seu

---

Turma, AgInt no AREsp 1.584.992/SP, rel. Min. Raúl Araújo, j.un. 28-9-2020, *DJe* 20-10-2020 e STJ, 3ª Turma, AgInt no REsp 1.777.412/SP, rel. Min. Ricardo Villas Bôas Cueva, j.un. 22-6-2020, *DJe* 26-6-2020.

14. O ponto é objeto do Enunciado n. 149 da II Jornada de Direito Processual Civil do CJF: "A falta de averbação da pendência de processo ou da existência de hipoteca judiciária ou de constrição judicial sobre bem no registro de imóveis não impede que o exequente comprove a má-fé do terceiro que tenha adquirido a propriedade ou qualquer outro direito real sobre o bem".

15. Correta, no particular, a orientação do Enunciado n. 54 da ENFAM ("A ausência de oposição de embargos de terceiro no prazo de 15 (quinze) dias prevista no art. 792, § 4º, do CPC/2015 implica preclusão para fins do art. 675, *caput*, do mesmo código"), razão suficiente para não aderir ao entendimento do Enunciado n. 102 da I Jornada de Direito Processual Civil do CJF: "A falta de oposição dos embargos de terceiro preventivos no prazo do art. 792, § 4º, do CPC não impede a propositura dos embargos de terceiro repressivos no prazo do art. 675 do mesmo Código". A 13ª Câmara de Direito Privado do TJSP já teve oportunidade de acolher a orientação defendida por este *Curso* na Apelação Cível n. 1008199-64.2018.8.26.0292, rel. Des. Ana de Lourdes Coutinho Silva da Fonseca, j. m. v. 5-4-2019, *DJe* 30-4-2019.

ato, prejudicar o credor, dilapidando, parcial ou totalmente, o seu patrimônio. Alienante e adquirente são litisconsortes *passivos necessários* e *unitários*.

Embora reconhecida como tal *jurisdicionalmente* (a doutrina tradicional refere-se à hipótese como sendo de "sentença *constitutiva*"), a fraude a credores existe antes disso, no plano *material*.

Ela depende, para ser reconhecida, de iniciativa do interessado (o credor prejudicado com a alienação ou com a oneração fraudulenta) que a deve requerer ao Estado-juiz (art. 158, § 2º, do CC), estando sujeita ao prazo de quatro anos a que se refere o inciso II do art. 178 do Código Civil. Trata-se nessa perspectiva de um novo romper da inércia da jurisdição, dando ensejo a um novo processo para perseguir aquela tutela jurisdicional, que não guarda relação com o processo em curso onde se busca a concretização da tutela jurisdicional executiva preexistente. Trata-se da chamada "ação *pauliana*" rotulada, no próprio inciso VI do art. 790 do CPC de 2015, de "ação *autônoma*".

9. RESPONSÁVEL NOS CASOS DE DESCONSIDERAÇÃO DA PERSONALIDADE JURÍDICA

O último inciso do art. 790, o VII, dispõe que ficam sujeitas à execução os bens "do responsável, nos casos de desconsideração da personalidade jurídica". Trata-se de mais uma hipótese em que o CPC de 2015 inova, *textualmente* ao menos, em relação ao CPC de 1973.

A hipótese, contudo, já era ventilada pelas edições anteriores deste *Curso* a partir da previsão do então inciso II do art. 592 do CPC de 1973, correspondente ao inciso II do art. 790 do CPC de 2015, sempre destacando, contudo, as múltiplas formas que, na perspectiva do direito material podem levar a responsabilização dos sócios em relação à sociedade.

O que mais destacavam as edições anteriores deste *Curso* a respeito era o entendimento de que a responsabilização em todos aqueles casos, inclusive quando a hipótese fosse de corresponsabilizar em função da desconsideração da personalidade jurídica, dependia sempre e invariavelmente de um incidente cognitivo a ser desenvolvido no *mesmo* processo cuja finalidade última era a de criação de um *novo* título executivo (judicial) apto a fixar a responsabilização daquele que, até então, era terceiro. Até porque, não fosse assim, se o responsável ou corresponsável já estivesse identidade como tal no título executivo (judicial ou extrajudicial), não haveria razão para aquele incidente. Era a forma pela qual este *Curso* defendia que eventual *redirecionamento da execução* deveria ser efetivado sob pena de atritar com o modelo constitucional do direito processual civil, em específico com os princípios do contraditório e da ampla defesa[16].

---

16. A referência é feita a n. 3 do Capítulo 3 da Parte II do v. 3 das edições anteriores ao CPC de 2015 deste *Curso*, no qual já se podia ler os seguintes trechos que ilustram suficientemente bem as reflexões originais sobre o tema:

O que propunha este *Curso* foi adotado pelo CPC de 2015 em seus arts. 133 a 137 como uma das (novas) modalidades intervenção de terceiro. Ainda que a nomenclatura dada àquele incidente (cognitivo) possa sugerir o *apequenamento* de sua aplicação[17], para a hipótese em comento, isto não se dá. Trata-se, pelo contrário, de previsão que se harmoniza em tudo com aquele incidente no sentido de entender que, para alcançar os bens do sócio diante da desconsideração da personalidade jurídica aquele incidente, dos arts. 133 a 137 *deve ser instaurado*, no que é expresso, embora em local inapropriado, o § 4º do art. 795. Se não – e coerentemente – o sócio que tem seus bens sujeitos à execução continua a ser *terceiro* em relação ao processo e, como tal, tem (continua a ter) legitimidade, como tal, para apresentar embargos de terceiro. A hipótese é expressamente prevista pelo inciso III do § 2º do art. 674.

Do ponto de vista do exequente, qualquer situação emergencial deve ser tutelada tempestivamente com base nos arts. 294 a 311 e no rico manancial de técnicas lá disponíveis para tanto que podem até acarretar a *inversão* do contraditório e da ampla defesa para viabilizar a concretização frutífera da tutela jurisdicional executiva. Nunca, contudo, sua *eliminação*.

Completa a sistemática do instituto a previsão do § 3º do art. 792. De acordo com aquele dispositivo, que trata do tema na perspectiva da fraude à execução, "Nos casos de desconsideração da personalidade jurídica, a fraude à execução verifica-se a partir da citação da parte cuja personalidade se pretende desconsiderar". A regra é objeto de exame no n. 4.6.16 do Capítulo 3 da Parte II do v. 1, despiciendas quaisquer considerações nesta sede, para evitar desnecessária repetição de texto.

"A previsão legislativa, contudo, não autoriza que a identificação do *responsável* para fins de aplicação do art. 592, II, dê-se independentemente de sua *prévia* ciência e defesa na execução, que ela seja fixada *unilateralmente* em desrespeito ao 'modelo constitucional do direito processual civil'. (...) Nestes casos, a *responsabilidade* dos 'bens do sócio nos termos da lei' pode depender do escorreito 'redirecionamento da execução', isto é, de inclusão do sócio no polo passivo da execução, mediante incidente *cognitivo* a ser desenvolvido no mesmo processo sem solução de continuidade. Põe-se, para tanto, a necessidade de prévia *citação* do sócio em nome próprio (e não como representante da sociedade) para responder aos fatos que, trazidos para o processo, imputam a ele a *responsabilidade* pelo pagamento, forte nas situações de direito material colocadas em evidência, a título ilustrativo, pelos parágrafos anteriores. (...) A posição sustentada por este *Curso* é a da viabilidade do 'redirecionamento da execução' aos sócios desde que eles sejam *citados* em nome próprio para se *defender* da alegação de que o caso comporta a desconsideração da personalidade jurídica e que, por isto, seus bens pessoais deverão ficar sujeitos à execução. A solução propugnada pelos parágrafos anteriores vai ao encontro do 'modelo constitucional do direito processual civil': ela viabiliza, a um só tempo, a realização concreta de todos os valores constitucionais que, no caso, mostram-se em conflito, os direitos do executado, dos terceiros, e a necessidade de se ter um processo célere, racional e apto a produzir efeitos concretos. (...) É importante frisar a conclusão: a circunstância de a lei admitir que, ao longo da execução, alguém diferente do que consta do título executivo venha a ser convocado para *responder* pela *dívida* contraída por outrem (e já suficientemente reconhecido como devedor no título executivo) não pode significar que o 'redirecionamento' da execução possa dar-se sem observância das mínimas garantias, impostas desde a Constituição Federal, para a atuação do Estado-juiz. É inconcebível, em um Estado Democrático e de Direito, que alguém seja 'privado de seus bens sem o devido processo legal' (art. 5º, LIV, da Constituição Federal), que a alguém que se imputa o pagamento de uma dívida, um 'litigante', portanto, não seja concedido o direito ao amplo contraditório e à ampla defesa (art. 5º, LV, da Constituição Federal)".

17. É tema que ocupa o n. 4.6 do Capítulo 3 da Parte II do v. 1 e que convida à aplicação daquele incidente para além das hipóteses de desconsideração da personalidade jurídica.

Capítulo 4

Penhora

1. CONSIDERAÇÕES INICIAIS

Esgotado o prazo para pagamento *voluntário* na concretização a tutela jurisdicional executiva fundada em título judicial (art. 523, § 3º) ou quando ela se fundar em título extrajudicial (art. 829, § 1º), os atos jurisdicionais executivos a serem praticados recairão sobre o *patrimônio* do executado (art. 824). O princípio da *patrimonialidade* se harmoniza, por completo com o art. 824 quando lido nesse contexto: "A execução por quantia certa realiza-se pela expropriação de bens do executado, ressalvadas as execuções especiais".

O objetivo da concretização da tutela jurisdicional executiva quando persegue o pagamento de quantia certa é o de expropriar bens do executado para satisfazer o crédito do exequente. Coerentemente, o art. 831 estabelece que a penhora recairá sobre os bens suficientes "para o pagamento do principal atualizado, dos juros, das custas e dos honorários advocatícios" e, dentro da mesma lógica, estabelece o *caput* do art. 836 que "Não se levará a efeito a penhora quando ficar evidente que o produto da execução dos bens encontrados será totalmente absorvido pelo pagamento das custas da execução", providência que atritaria com a eficiência processual.

Nem todo o patrimônio do devedor, contudo, é passível de penhora e, consequentemente, fica sujeito à execução. É o próprio art. 789 que faz expressa ressalva a este respeito, aceitando restrições estabelecidas em lei, objeto de regulação pelos arts. 832 a 834.

O presente Capítulo volta-se ao exame destes casos e de todas as questões relativas à *penhora* no que diz respeito ao seu objeto, à sua efetivação, documentação e avaliação dos bens penhorados. Tais atos, importa frisar, são *preparatórios* para a *alienação* dos bens penhorados por um dos mecanismos referidos pelo art. 825 e que são examinados no Capítulo 5.

2. IMPENHORABILIDADE ABSOLUTA

O art. 833 trata dos casos que a doutrina denomina "impenhorabilidade absoluta". São os bens que não podem ser penhorados por expressa disposição de lei. São bens que, por razões de ordem política, valoradas pelo próprio legislador, não servem como garantia aos credores de um dado devedor, razão pela qual eles não podem ser retirados de seu patrimônio para pagamento de suas dívidas.

Importa destacar para o tema disciplinado pelo art. 833 que a penhorabilidade ou a impenhorabilidade de um determinado bem para que ele, o bem, possa satisfazer direitos de crédito, é uma opção política. Trata-se de regulamentação concreta da regra mais ampla do art. 832. De acordo com este dispositivo, "não estão sujeitos à execução os bens que a lei considera impenhoráveis ou inalienáveis"[1]. O art. 833 disciplina casos de *impenhorabilidade* – a *inalienabilidade* é uma questão a ser resolvida no plano do direito material e não no direito processual civil –, sem prejuízo de que outras leis o façam também, como se dá, por exemplo, com a Lei n. 8.009/90, mais conhecida como "lei do bem de família"[2] e com o art. 114 da Lei n. 8.213/91, que dispõe sobre os planos de benefícios da previdência social, que veda expressamente a penhora dos benefícios pagos com base e para os fins daquele diploma legislativo.

Os números seguintes voltam-se ao exame de cada um dos incisos do art. 833.

2.1 Bens inalienáveis e os não sujeitos à execução

O inciso I do art. 833 reconhece como impenhoráveis os bens inalienáveis e os declarados, por ato voluntário, não sujeitos à execução.

A primeira parte do dispositivo enfatiza a diretriz do art. 832: a *inalienabilidade* do direito material se comunica com a *impenhorabilidade* no plano processual civil. É o contexto em que merece menção a Súmula 328 do Superior Tribunal de Justiça[3].

A declaração de que determinado bem não fica sujeito à execução por ato voluntário traz à tona as situações em que o direito material permite, atendidos certos pressupostos, que o interessado destaque alguns bens de seu patrimônio que, por isso, deixam de responder pelas dívidas.

É o caso, por exemplo, regrado pelos arts. 1.711 a 1.722 do Código Civil, do "bem de família *voluntário*". A iniciativa não pode ocasionar qualquer espécie de fraude no plano processual (fraude à *execução*) e nem no plano material (fraude contra *credores*), sob pena de ficarem sujeitos à prática dos atos executivos nos termos do inciso IV do art. 792.

---

1. Por entender que armas de fogo são alienáveis, embora com restrições, a 2ª Turma do STJ decidiu que elas também são *penhoráveis*, não atraindo a proteção do art. 833. Trata-se do REsp 1.866.148/RS, rel. Min. Herman Benjamin, j.un. 26-5-2020, *DJe* 20-8-2020.
2. Há monografia dedicada exclusivamente à análise daquele diploma legal. A referência é ao trabalho de Rita Vasconcelos, *Impenhorabilidade do bem de família*.
3. Cujo enunciado é o seguinte: "Na execução contra instituição financeira, é penhorável o numerário disponível, excluídas as reservas bancárias mantidas no Banco Central".

De forma mais ampla, eventuais negócios processuais celebrados entre as partes com fundamento no art. 190 não podem ter o condão de comprometer a higidez patrimonial do executado e, consequentemente, de tornar infrutífera a concretização da tutela jurisdicional executiva[4].

Se não há razão para negar aprioristicamente que credor e devedor possam, desde o plano material, dispor de seu patrimônio e das respectivas garantias para o pagamento de dívidas, acordo nesse sentido será inoponível ao magistrado – que não deixa de ser terceiro em relação àquele negócio – quando presentes situações como as dos incisos do art. 792[5].

2.2 Móveis

O inciso II do art. 833 assegura que "os móveis, os pertences e as utilidades domésticas que guarnecem a residência do executado, salvo os de elevado valor ou os que ultrapassem as necessidades comuns correspondentes a um médio padrão de vida" são impenhoráveis.

São impenhoráveis os móveis e utilidades domésticas que mantêm um padrão de vida *médio* do executado. Não se trata de preservar o padrão de vida do próprio executado, a ressalva é clara. Por isto é que são penhoráveis os bens de elevado valor e os que vão além das necessidades "comuns correspondentes a um médio padrão de vida".

A regra merece exame a cada caso concreto porque as "necessidades comuns" e o "médio padrão de vida" variam de lugar para lugar[6].

A regra em comento, mormente quando lida em conjunto com o inciso VI do art. 835, que admite a penhora dos "bens móveis em geral", é flexibilizadora do parágrafo único do art. 1º da Lei n. 8.009/90, mesmo quando interpretado a partir do art. 2º daquela Lei, que permite a penhora no caso de "suntuosidade". As regras mais recentes, ademais, têm o condão de se sobrepor às mais antigas, prevalecendo sobre elas (art. 2º, § 1º, da LINDB).

---

4. Razão pela qual este *Curso* recebe com ressalvas a diretriz genérica do Enunciado n. 153 da II Jornada de Direito Processual Civil do CJF segundo o qual: "A penhorabilidade dos bens, observados os critérios do art. 190 do CPC, pode ser objeto de convenção processual das partes".

5. É nesse contexto que vale a pena recordar do Enunciado n. 152 da II Jornada de Direito Processual Civil do CJF: "O pacto de impenhorabilidade (arts. 190, 200 e 833, I) produz efeitos entre as partes, não alcançando terceiros". Interessante acórdão da 3ª Turma do STJ aplicando este entendimento (ainda que sob a égide do CPC de 1973) é o proferido no REsp 1.475.745/RJ, rel. Min. Ricardo Villas Bôas Cueva, j. un. 24-4-2018, *DJe* 30-4-2018, no qual se decidiu que: "O pacto de impenhorabilidade previsto no art. 649, I, do CPC/73 [que equivale ao art. 833, I, do CPC de 2015] está limitado às partes que o convencionaram, não podendo envolver terceiros que não anuíram, salvo exceções previstas em lei".

6. É esse o entendimento largamente vencedor no STJ, como fazem prova, dentre outros, os seguintes julgados: 2ª Seção, Rcl 4.374/MS, rel. Min. Sidnei Beneti, j. un. 23-2-2011, *DJe* 25-0-2011; 4ª Turma, REsp 831.157/SP, rel. Min. Aldir Passarinho Júnior, j. un. 3-5-2007, *DJ* 18-6-2007, p. 269; 4ª Turma, REsp 759.745/SP, rel. Min. Jorge Scartezzini, j. un. 16-8-2005, *DJ* 12-9-2005, p. 346; 3ª Turma, REsp 277.976/RJ, rel. Min. Humberto Gomes de Barros, j. un. 8-3-2005, *DJ* 4-4-2005, p. 298; e 3ª Turma, REsp 131.645/MG, rel. Min. Carlos Alberto Menezes Direito, j. un. 12-5-1998, *DJ* 22-6-1998, p. 74.

Ademais, o inciso II do art. 833 deve prevalecer sobre as hipóteses da Lei n. 8.009/90, porque, além de ser mais recente, disciplina o mesmo assunto, descabido que se entenda cuidar-se de regra *genérica*. A circunstância de uma regra ser veiculada por uma lei extravagante ou por um Código é indiferente. O que interessa é o conteúdo da regra. No caso, o assunto tratado por um e por outro dispositivo é rigorosamente o mesmo. Prevalece, pois, a regra mais recente, o inciso II do art. 833.

2.3 Vestuários e pertences de uso pessoal

O inciso III do art. 833 desempenha para os vestuários e pertences de uso pessoal do executado o mesmo papel que o inciso II tem para os "móveis, pertences e utilidades domésticas". Aquele inciso trata de manter um padrão *médio* de habitabilidade na casa do executado. Aqui, a preocupação da regra é garantir este mesmo padrão (médio) ao próprio executado, à forma de ele se vestir e poder se apresentar em público.

O exame e a interpretação casuísticos da regra são irrecusáveis e poderão variar de local para local e de região para região do País.

2.4 Valores destinados à subsistência do executado

De acordo com o inciso IV do art. 833, "os vencimentos, os subsídios, os soldos, os salários, as remunerações, os proventos de aposentadoria, as pensões, os pecúlios e os montepios, bem como as quantias recebidas por liberalidade de terceiro e destinadas ao sustento do devedor e de sua família, os ganhos de trabalhador autônomo e os honorários de profissional liberal, ressalvado o § 2º", são absolutamente impenhoráveis.

A enumeração do dispositivo, posto ser bastante extensa, deve ser entendida como meramente *exemplificativa*. O legislador poderia ter se valido de outra técnica redacional para vedar, ressalvadas as exceções do § 2º do mesmo art. 833, que todos os valores recebidos por alguém como retribuição de seu trabalho, aposentadoria ou em razão da incapacidade de trabalho, e que se destinam à sua própria subsistência e de sua família, são impenhoráveis. A opção feita pelo casuísmo, contudo, não deve ser criticada porque, não há como negar, sua amplitude busca capturar todas as hipóteses em que aquelas situações ocorrem e, nesse sentido, tende a evitar maiores discussões judiciais a respeito dos casos que, eventualmente, teriam, ou não, sido albergados pela lei[7].

---

7. Bem exemplifica a discussão o art. 5º da Resolução n. 318/2020 do CNJ, que "Prorroga, no âmbito do Poder Judiciário, em parte, o regime instituído pelas Resoluções n. 313, de 19 de março de 2020, e n. 314, de 20 de abril de 2020, e dá outras providências", segundo o qual: "Art. 5º. Recomenda-se que os magistrados zelem para que os valores recebidos a título de auxílio emergencial previsto na Lei n. 13.982/2020 não sejam objeto de penhora, inclusive pelo

O que importa destacar, a esse propósito, é que, na riqueza do foro, quando alguém se deparar com uma situação que não está expressamente prevista no inciso IV do art. 833, mas em que os elementos colocados em destaque se mostrarem presentes, seja declarada a impenhorabilidade dos valores, ressalvada a situação do § 2º do mesmo dispositivo.

É esta razão pela qual não faz sentido reconhecer a impenhorabilidade de salários de um empregado ou os vencimentos de um servidor público quando os valores correspondentes forem aplicados financeiramente, com a única ressalva do inciso X do art. 833[8]. O mesmo quando houver, nas chamadas contas-salário, valores superiores àqueles, comprovadamente recebidos àquele título pelo devedor[9]. Idêntica orientação deve ser observada quando se tratar de verba indenizatória e sem caráter alimentar ou remuneratório, como se dá, por exemplo com indenização recebida por anistiado político[10]. Também quanto aos valores decorrentes de empréstimo consignado em folha de pagamento, salvo "(...) se o mutuário (devedor) comprovar que os recursos oriundos do empréstimo consignado são necessários à sua manutenção e à da sua família."[11].

A exceção à impenhorabilidade imposta pelo inciso IV do art. 833 é consagrada no nosso direito e vem expressa no § 2º do mesmo dispositivo. De acordo com a regra, "O disposto nos incisos IV e X do *caput* não se aplica à hipótese de penhora para pagamento de prestação alimentícia, independentemente de sua origem, bem como às importâncias excedentes a 50 (cinquenta) salários mínimos mensais, devendo a constrição observar o disposto no art. 528, § 8º, e no art. 529, § 3º"[12].

Questão tormentosa antes do advento do CPC de 2015 era saber quais prestações alimentícias eram alcançadas pela regra do § 2º do art. 649 do CPC de 1973[13], equivalente ao atual

---

sistema BacenJud, por se tratar de bem impenhorável nos termos do art. 833, IV e X, do CPC. Parágrafo único. Em havendo bloqueio de valores posteriormente identificados como oriundos de auxílio emergencial, recomenda-se que seja promovido, no prazo de 24 (vinte e quatro) horas, seu desbloqueio, diante de seu caráter alimentar.".

8. Corretas, nesse sentido, são as seguintes decisões: STJ, 3ª Turma, AgRg no AREsp 655.318/RJ, rel. Min. Marco Aurélio Bellizze, j. un. 23-6-2016, *DJe* 30-6-2016; STJ, CE, AgRg nos EAREsp 210.694/SP, rel. Min. Humberto Martins, j. un. 3-2-2016, *DJe* 25-2-2016; STJ, 3ª Turma, AgRg no AREsp 385.316/RJ, rel. Min. João Otávio de Noronha, j. un. 8-4-2014, *DJe* 14-4-2014, e STJ, 3ª Turma, AgRg no REsp 1.027.653/DF, rel. Min. Massami Uyeda, j. un. 5-8-2008, *DJe* 15-10-2008.

9. TJSP, 21ª Câmara de Direito Privado, rel. Des. Silveira Paulilo, AI 7.288.126-8-Mogi Guaçu, j. un. 7-5-2008, em *Boletim AASP* 2590.

10. É o que decidiu a 2ª Turma do STJ no REsp 1.362.089/RJ, rel. Min. Humberto Martins, j. un. 20-6-2013, *DJe* 28-6-2013.

11. STJ, 3ª Turma, REsp 1.820.477/DF, rel. Min. Ricardo Villas Bôas Cueva, j.un. 19-5-2020, *DJe* 27-5-2020 e STJ, 2ª Turma, REsp 1.860.120/SP, rel. Min. Francisco Falcão, j.un. 8-9-2020, *DJe* 14-9-2020.

12. É essa a razão pela qual a 3ª Turma do STJ (REsp 1.083.061/RS, rel. Min. Massami Uyeda, j. un. 2-3-2010, *DJe* 7-4-2010) já teve oportunidade de considerar – e o fez corretamente – penhorável o FGTS do trabalhador para pagamento de prestação alimentícia a seus dependentes.

13. Que tinha a seguinte redação: "Art. 649. São absolutamente impenhoráveis: (...) IV – os vencimentos, subsídios, soldos, salários, remunerações, proventos de aposentadoria, pensões, pecúlios e montepios; as quantias recebidas por liberalidade de terceiro e destinadas ao sustento do devedor e sua família, os ganhos de trabalhador autônomo

§ 2º do art. 833. A regra em vigor é clara: a prestação alimentícia nele prevista independe de sua origem. Estão compreendidas, portanto, a prestação alimentícia decorrente do direito das famílias, os alimentos decorrentes da indenização devida por atos ilícitos e os alimentos que busquem a subsistência da pessoa, inclusive honorários advocatícios[14] e, de forma mais ampla, de quaisquer profissionais liberais[15].

O § 2º do art. 833 também retira da proteção do inciso IV as "importâncias excedentes a 50 (cinquenta) salários mínimos mensais", o que deve ser interpretado amplamente no sentido de que, independentemente da natureza alimentar do crédito e de sua origem, todos os recebimentos a título de subsistência do executado acima daquele valor são penhoráveis. O salário mínimo a ser empregado como referência é o do mês da constrição e, por isso, pode sofrer alteração conforme seja a duração da prestação. É correto entender, outrossim, que a referência deve ser feita com relação aos rendimentos *líquidos* porque os descontos ocorridos na fonte não são fruíveis nem mesmo pelo próprio executado.

A regra vem para se sobrepor ao entendimento de que caberia ao magistrado, caso a caso, permitir a penhora de determinado percentual das verbas de subsistência do próprio executado, impondo critério *objetivo* no seu lugar[16]. Na hipótese de o executado não perceber a título de remuneração o valor indicado no § 2º do art. 833 – o que não será muito difícil de ocorrer –, a possibilidade de penhora de dinheiro, não obstante sua prioridade (art. 835, I e § 1º), deve ser descartada.

A remissão feita pelo § 2º do art. 833 ao § 8º do art. 528 deve ser compreendida no sentido de afastar, como regra, que eventual concessão de efeito suspensivo a impugnação do executado ou a seus embargos à execução impeça o levantamento mensal do valor penhorado, ou seja, tudo o que sobejar aos referidos cinquenta salários mínimos.

Por sua vez, a remissão feita pelo mesmo dispositivo ao § 3º do art. 529 significa que, sem prejuízo do pagamento dos alimentos vincendos, o débito objeto de execução pode ser descontado dos rendimentos ou rendas do executado de forma parcelada contanto que, somado à parcela devida, não ultrapasse cinquenta por cento de seus ganhos líquidos.

---

e os honorários de profissional liberal, observado o disposto no § 3º deste artigo § 2º O disposto no inciso IV do *caput* deste artigo não se aplica no caso de penhora para pagamento de prestação alimentícia".

14. É a orientação do Enunciado n. 105 da I Jornada de Direito Processual Civil do CJF: "As hipóteses de penhora do art. 833, § 2º, do CPC aplicam-se ao cumprimento da sentença ou à execução de título extrajudicial relativo a honorários advocatícios, em razão de sua natureza alimentar". No âmbito da 3ª Turma do STJ a regra foi bem aplicada no REsp 1.747.645/DF, rel. Min. Nancy Andrighi, j. un. 7-8-2018, *DJe* 10-8-2018.

15. Era o entendimento que já sustentava o n. 2.4 do Capítulo 4 da Parte II do v. 3 das edições anteriores ao CPC de 2015 deste *Curso* e que encontra eco seguro na jurisprudência do STJ então colacionada. Mais recentemente, a CE do STJ entendeu diferentemente, negando aquele caráter amplo aos honorários advocatícios, propondo a distinção entre prestação alimentícia e verba de natureza alimentar. Trata-se do REsp 1.815.055/SP, rel. Min. Nancy Andrighi, j.m.v. 3-8-2020, *DJe* 26-8-2020.

16. A CE do STJ tem entendimento contrário, sustentando sua aplicabilidade para o CPC de 2015, como se pode ver dos EREsp 1.582.475/MG, rel. Min. Benedito Gonçalves, j. un. 3-10-2018, *DJe* 16-10-2018, forte na ideia de necessária proteção aos mínimo existencial, a ser fixado, contudo, caso a caso.

2.5 Bens para o exercício da profissão

De acordo com o inciso V do art. 833, em rol inequivocamente *exemplificativo*, são impenhoráveis os bens móveis necessários ou úteis para o exercício de qualquer profissão, tais como livros, máquinas, ferramentas, utensílios e instrumentos[17].

O executado, nos casos expressamente referidos pela regra e em outros que possam a ela se subsumir, tem o ônus de demonstrar o uso do bem penhorado para o exercício de sua profissão e, em última análise, para o seu sustento e o de sua família para afastar a penhorabilidade sobre ele.

A regra é complementada pelo § 3º do art. 833 segundo o qual estão compreendidas na cláusula de impenhorabilidade os equipamentos, os implementos e as máquinas agrícolas pertencentes a pessoa física ou a empresa individual produtora rural, exceto quando tais bens tenham sido objeto de financiamento e estejam vinculados em garantia a negócio jurídico ou quando respondam por dívida de natureza alimentar, trabalhista ou previdenciária.

2.6 Seguro de vida

O inciso VI do art. 833 impõe a impenhorabilidade do seguro de vida.

A razão da vedação repousa no caráter alimentar deste crédito em favor do beneficiário, isto é, quem recebe o pagamento do seguro. Tanto assim que, de acordo com o art. 794 do Código Civil, o "capital estipulado não está sujeito às dívidas do segurado, nem se considera herança para todos os efeitos de direito".

Não há como concordar, portanto, com o entendimento de que a impenhorabilidade nestes casos deve ficar restrita aos quarenta salários mínimos previstos no inciso X do art. 833 para as cadernetas de poupança, em nome da analogia[18]. Fosse para fazê-lo e o correto seria aplicar à hipótese do seguro de vida o limite estabelecido pela parte final do § 2º do art. 833, qual seja, de cinquenta salários mínimos.

2.7 Obras em andamento

O inciso VII do art. 833 trata da impenhorabilidade dos "materiais necessários para obras em andamento, salvo se essas forem penhoradas".

---

17. Entendendo que se trata de rol exemplificativo, a 12ª Câmara de Direito Privado do TJSP entendeu impenhorável automóvel usado pelo executado para realizar tratamento de saúde. Trata-se do AI 2043584-25.2019.8.26.0000, rel. Des. Sandra Galhardo Esteves, j.m.v. 7-11-2019, *DJe* 8-11-2019.

18. É o que decidiu a 3ª Turma do STJ no REsp 1.361.354/RS, rel. Min. Ricardo Villas Bôas Cueva, j. un. 22-5-2018, *DJe* 25-6-2018.

A vedação se justifica porque, de outra forma, a realização das próprias obras ficaria comprometida. Se for o caso, a obra como um todo pode ser penhorada, mesmo que não terminada.

2.8 Pequena propriedade rural

O inciso VIII do art. 833 assegura a impenhorabilidade da "pequena propriedade rural, assim definida em lei, desde que trabalhada pela família".

A previsão, em última análise, é repetição do que está garantido desde o inciso XXVI do art. 5º da Constituição Federal e que, por isso mesmo, já deveria ser observada, mesmo antes das modificações que, sobre o tema, foram implementadas à época do CPC de 1973 pela Lei n. 11.382/2016[19]. É a seguinte a redação daquela regra constitucional: "a pequena propriedade rural, assim definida em lei, desde que trabalhada pela família, não será objeto de penhora para pagamento de débitos decorrentes de sua atividade produtiva, dispondo a lei sobre os meios de financiar o seu desenvolvimento".

A "lei" a que se refere a Constituição e, bem assim, o próprio inciso VIII do art. 833 é a Lei n. 4.504/64, mais conhecida como "Estatuto da Terra", que deve ser aplicada à hipótese, sem prejuízo do disposto no § 2º do art. 4º da Lei n. 8.009/90, dada a expressa ressalva feita pelo dispositivo.

2.9 Recursos públicos

De acordo com o inciso IX do art. 833 são impenhoráveis "os recursos públicos recebidos por instituições privadas para aplicação compulsória em educação, saúde ou assistência social"[20].

O dispositivo se refere às empresas privadas que, pelas mais diversas razões, recebem benefícios do Poder Público para aplicação nas utilidades públicas nele mencionadas. É o que se dá, por exemplo, com as "organizações sociais" disciplinadas pela Lei n. 9.637/98, e com as "organizações da sociedade civil de interesse público", disciplinadas pela Lei n. 9.790/99, que compõem, mas não só, o chamado "terceiro setor". Com base na regra já se decidiu pela impenhorabilidade de verbas provenientes do Programa Nacional de Apoio à Cultura (Pronac)[21].

---

19. Antes da Lei n. 11.382/2006, o inciso X do art. 659 do CPC de 1973 prescrevia ser impenhorável "o imóvel rural, até um módulo, desde que este seja o único de que disponha o devedor, ressalvada a hipoteca para fins de financiamento agropecuário". Era regra que havia sido incluída pela Lei n. 7.513/86.

20. A regra remonta ao inciso IX do art. 649 do CPC de 1973, incluído pela Lei n. 11.382/2006.

21. Nesse sentido: TJSP, 25ª Câmara de Direito Privado, AI 2006228-06.2013.8.26.0000, rel. Des. Edgard Rosa, j. 30-1-2014, e TJSP, 23ª Câmara de Direito Privado, AI 0265565-10.2012.8.26.0000, rel. Des. Paulo Roberto de Santana, *DJ* 6-3-2013. Em *Boletim AASP* 2900.

O ônus da prova de que os recursos penhorados têm aquela destinação é do executado, que deverá se valer, para se desincumbir adequadamente dele, da "impugnação" (art. 525, § 1º, IV) ou dos "embargos à execução" (art. 917, II).

2.10 Depósitos em caderneta de poupança

O inciso X do art. 833 impõe a impenhorabilidade da quantia depositada em caderneta de poupança até o limite de quarenta salários mínimos[22]. Acima desse valor, é cabível a penhora sem quaisquer ressalvas.

A existência de várias cadernetas de poupança do mesmo executado, ainda que cada uma não supere os quarenta salários mínimos, não afasta a proteção veiculada pela regra. É correto interpretar a regra no sentido de que a impenhorabilidade diz respeito ao total de quarenta salários mínimos sendo indiferente quantas cadernetas de poupança sejam titularizadas pelo executado e qual saldo de cada uma individualmente considerada. Assim, o inciso X do art. 833 deve ser entendido no sentido de que a impenhorabilidade recai sobre a *quantia* depositada em caderneta de poupança até o limite legal e não sobre as cadernetas de poupança propriamente ditas, mesmo que cada uma delas, individualmente, observe aquele valor. Garante-se, em última análise, que o executado mantenha reservas financeiras, aplicadas em caderneta de poupança, de até quarenta salários mínimos, a título de mínimo existencial, justificada a escolha do legislador em função do inciso III do art. 1º da Constituição Federal[23].

A regra não merece ser interpretada ampliativamente. A proteção dada pela lei é para depósitos de até quarenta salários mínimos em *caderneta de poupança*. Estão excluídoas dela quaisquer outros depósitos feitos pelo executado ainda que para fins previdenciários privados complementares e/ou futuros[24]. É correto interpretar, a respeito, que o legislador quer incentivar o depósito em cadernetas de poupança, dada a destinação daquelas verbas, não

22. Trata-se de novidade que também foi incorporada ao direito processual civil pela Lei n. 11.382/2006 ao rol do art. 649 do CPC de 1973, equivalente ao do art. 833 do CPC de 2015.

23. Nesse sentido: STJ, 3ª Turma, REsp, 1.191.195/RS, rel. Min. Nancy Andrighi, j. un. 12-3-2013, *DJe* 26-3-2013; STJ, 3ª Turma, REsp 1.231.123/SP, rel. Min. Nancy Andrighi, j. un. 2-8-2012, *DJe* 30-8-2012.

24. Não há como concordar, com isso, com o entendimento da 2ª Seção do STJ no EREsp 1.121.719/SP, rel. Min. Nancy Andrighi, j. un. 12-2-2014, *DJe* 4-4-2014, que sustentou serem impenhoráveis valores depositados a título de previdência privada complementar. Por idêntica razão, este *Curso* discorda da compreensão de que o que hoje dispõe o inciso X do art. 833 possa alcançar também o depósito até quarenta salários mínimos em fundos de investimento, contas correntes ou guardados em papel moeda, diferentemente do que sustentam diversos julgados do STJ. Assim, *v.g.*: STJ, 4ª Turma, AgInt no REsp 1.716.236/RS, rel. Min. Lázaro Guimarães, j. un. 22-5-2018, *DJe* 30-5-2018; 2ª Turma, REsp 1.666.893/PR, rel. Min. Herman Benjamin, j. un. 13-6-2017, *DJe* 30-6-2017; 1ª Turma, REsp 1.582.264/PR, rel. Min. Regina Helena Costa, j. un. 21-6-2016, *DJe* 28-6-2016; 2ª Seção, EREsp 1.330.567/RS, rel. Min. Luis Felipe Salomão, j. un. 10-12-2014, *DJe* 19-12-2014, e 2ª Seção, REsp 1.230.060/PR, rel. Min. Maria Isabel Gallotti, j. un. 13-8-2014, *DJe* 29-8-2014.

cabendo ao intérprete generalizar a hipótese. De resto, o inciso IV do art. 833 já protege suficientemente depósitos existentes para fins de subsistência imediata do executado e de sua família.

A circunstância de os valores estarem depositados em caderneta de poupança, observado o limite expressamente imposto pelo dispositivo aqui comentado, é o elemento *objetivo* suficiente para que não se invoque a regra da impenhorabilidade do inciso IV do art. 833. O que é poupado não tem como finalidade *imediata* a subsistência do executado ou de sua família, no que o § 2º do art. 833 deixa expresso[25], aplicáveis, para cá, as mesmas considerações feitas a propósito daquele dispositivo.

Por isto não é correto entender que quaisquer quantias guardadas pelo executado sejam impenhoráveis. O que a lei protege – e o faz expressamente – é a caderneta de poupança e não outros depósitos, inclusive para fins de investimento ou aplicação do executado. Para estes, incide em sua plenitude o disposto no inciso I do art. 835[26], tanto quanto na hipótese de os fins da caderneta de poupança ser desvirtuada pelo executado, utilizando-a como se conta corrente fosse[27].

2.11 Recursos públicos do fundo partidário

O inciso XI do art. 833 estabelece a impenhorabilidade dos "recursos públicos do fundo partidário recebidos por partido político, nos termos da lei"[28].

A regra se afina ao art. 15-A da Lei n. 9.096/95, a lei orgânica dos partidos políticos, incluído pela Lei n. 11.694/2008, segundo o qual "A responsabilidade, inclusive civil, cabe exclusivamente ao órgão partidário municipal, estadual ou nacional que tiver dado causa ao não cumprimento da obrigação, à violação de direito, a dano a outrem ou a qualquer ato ilícito, excluída a solidariedade de outros órgãos de direção partidária"[29].

A interpretação mais adequada para o dispositivo é a de que a penhora de fundos partidários deve ser realizada em consonância com o diretório do partido político que contraiu a dívida ou que causou dano. Se, por exemplo, ao diretório de partido político de um dado

25. Já era o entendimento sustentado pelo n. 2.11 do Capítulo 4 da Parte II do v. 3 das edições anteriores ao CPC de 2015 deste *Curso*.

26. Nesse sentido: STJ, 4ª Turma, AgInt no REsp 1.146.434/DF, rel. Min. Maria Isabel Gallotti, j. un. 2-5-2017, *DJe* 9-5-2017; STJ, 3ª Turma, REsp 1.330.567/RS, rel. Min. Nancy Andrighi, j. un. 16-5-2013, *DJe* 27-5-2013.

27. Nesse sentido: TJDFT, 4ª Turma Cível, AI 2008.00.2.001441-1/DF, rel. Des. Maria Beatriz Parrilha, j. un. 28-4-2008, em *Boletim AASP* 2609.

28. Idêntica regra havia sido incluída no inciso XI do art. 649 do CPC de 1973 pela Lei n. 11.694/2008.

29. A previsão é complementada pelo parágrafo único daquele dispositivo, incluído pela Lei n. 12.891/2013, que tem a seguinte redação: "O órgão nacional do partido político, quando responsável, somente poderá ser demandado judicialmente na circunscrição especial judiciária da sua sede, inclusive nas ações de natureza cível ou trabalhista".

município é imposto o pagamento de indenização a alguém, é aquele diretório, exclusivamente, que deve responder pela dívida, vedada a penhora das contas do partido político em outros segmentos federativos.

2.12 Créditos de alienação de unidades imobiliárias

Novidade do CPC de 2015, o inciso XII do art. 833 reserva o regime da impenhorabilidade aos "os créditos oriundos de alienação de unidades imobiliárias, sob regime de incorporação imobiliária, vinculados à execução da obra". Aquele regime é disciplinado pela Lei n. 4.591/64.

A "finalidade social" da regra, como escreve Hermes Zaneti Jr., "é clara, evitar que a penhora possa impedir a conclusão da obra"[30]. Após a finalização da obra, aqueles créditos são passíveis de penhora, afastando a incidência da regra.

Importa destacar que a impenhorabilidade derivada do inciso XII do art. 833 não se confunde com o patrimônio de afetação que encontra sua disciplina nos arts. 31-A a 31-F da precitada Lei n. 4.591/64, incluídos pela Lei n. 10.931/2004 e nem pressupõe a instituição daquele especial regime[31].

Aquele patrimônio, segundo estatui o *caput* do art. 31-A se dá quando, a critério do incorporador do terreno, as acessões objeto de incorporação imobiliária e os demais bens e direitos a ela vinculados, ficam apartados do patrimônio do incorporador com a finalidade de viabilizar a incorporação correspondente e a entrega das unidades imobiliárias aos respectivos adquirentes.

2.13 Crédito para aquisição do bem

De acordo com o § 1º do art. 833 "a impenhorabilidade não é oponível à execução de dívida relativa ao próprio bem, inclusive àquela contraída para sua aquisição". Trata-se de regra inspirada nos incisos II[32] e V do art. 3º da Lei n. 8.009/90[33].

---

30. *Comentários ao Código de Processo Civil*, v. XIV, p. 185.

31. Manifestou-se em sentido contrário Gilson Delgado Miranda em *Comentários ao Código de Processo Civil*, v. 3, p. 651-652, defendendo que a incidência do inciso XII do art. 833 "pressupõe a instauração do patrimônio de afetação na incorporação imobiliária".

32. Inclusive quando se tratar de "obrigação/dívida oriunda de financiamento de material e mão-de-obra destinados à construção de moradia, decorrente de contrato de empreitada". Nesse sentido: STJ, 4ª Turma, REsp 1.221.372/RS, rel. Min. Marco Buzzi, j.un. 15-10-2019, *DJe* 21-10-2019.

33. A impenhorabilidade garantida por aqueles dispositivos alcança, contudo, créditos de terceiros, porque "A regra da impenhorabilidade do bem de família legal também abrange o imóvel em fase de aquisição, como aqueles decorrentes da celebração do compromisso de compra e venda ou do financiamento de imóvel para fins de moradia, sob pena de impedir que o devedor (executado) adquira o bem necessário à habitação da

A finalidade do dispositivo é a de evitar que o executado conserve a propriedade do bem em detrimento das dívidas a ele relativas ou que adquiriu à custa da concessão de um crédito que lhe foi dado para aquela finalidade. A regularidade da penhora depende, portanto, da comprovação de que a dívida se relaciona ao bem que é penhorado para satisfazê-la ou que se trata de bem que só foi adquirido porque houve, de alguma forma, a concessão de crédito (um mero empréstimo, por exemplo) para tal fim.

Penhorado o bem, o ônus da prova da irregularidade daquele ato é do executado, que deverá desincumbir-se dele em sede de impugnação (art. 525, § 1º, IV) ou de embargos à execução (art. 917, II).

3. IMPENHORABILIDADE RELATIVA

O art. 834 trata da chamada "impenhorabilidade relativa".

De acordo com a regra, "Podem ser penhorados, à falta de outros bens, os frutos e os rendimentos dos bens inalienáveis".

Destarte, sempre respeitada a impenhorabilidade estabelecida no art. 833, os frutos e os rendimentos dos bens inalienáveis são passíveis de penhora desde que não sejam penhoráveis outros bens do executado ou, menos que isto, desde que bens penhoráveis seus não sejam encontrados. Não se trata de admitir a penhora dos bens inalienáveis, importa esclarecer, porque sua impenhorabilidade decorre de seu regime de direito material (art. 832), mas apenas seus frutos e rendimentos naquelas condições, claramente excepcionais.

O dispositivo não repete a cláusula que se encontrava no seu equivalente, o art. 650 do CPC de 1973, na redação que lhe dera a Lei n. 11.382/2006, que ressalvava a hipótese de a penhora visar à satisfação de prestação alimentícia. O silêncio deve ser interpretado no sentido de que para a prestação alimentícia, qualquer seja sua origem, prevalece o § 2º do art. 833.

É correto entender que a efetivação da penhora em tais casos deve observar o disposto nos arts. 867 a 869, cabendo destacar, por ora, que sua efetivação, em tais casos, pressupõe que a medida seja mais eficiente para o recebimento do crédito e menos gravosa para o executado (art. 867), típica aplicação do princípio da concretização equilibrada a tutela jurisdicional executiva.

A disciplina estabelecida por aqueles artigos é analisada no n. 4.6.1, *infra*, e no n. 4.2.4 do Capítulo 5, cada qual dando ênfase a um aspecto daquele regramento, verdadeiramente misto com aspectos de efetivação da penhora de frutos ou rendimentos de coisa imóvel ou móvel e também como técnica expropriatória (art. 825, III).

---

entidade familiar" (STJ, 3ª Turma, REsp 1.677.079/SP, rel. Min. Ricardo Villas Bôas Cueva, j. un. 25-9-2018, *DJe* 1º-10-2018).

4. A ORDEM DA PENHORA

O art. 835 disciplina qual a ordem que deve ser observada para fins de penhora, com uma importante novidade em relação ao CPC de 1973: a penhora sobre dinheiro (em espécie ou em depósito ou aplicado em instituição financeira) passa a ser, com o CPC de 2015, *prioritária* (art. 835, I, e § 1º). A penhora dos demais bens está sujeita à ordem *preferencial* dos incisos do art. 835 que, contudo, pode ser alterada consoante as peculiaridades de cada caso concreto por decisão fundamentada do magistrado (art. 835, § 1º)[34].

A observância daquela ordem, tanto a prioritária como a preferencial independe de quem tenha indicado os bens à penhora. Há razões para que a ordem seja aquela que ocupa os treze incisos do dispositivo, mas sua explicação mostra-se desinteressante juridicamente[35]. O que importa é que o legislador realizou uma ponderação prévia sobre quais bens podem ser penhorados antes de outros, buscando conciliar os interesses e os direitos contrapostos do exequente e do executado, e a ordem dela decorrente deve ser observada pelo intérprete e pelo aplicador do direito.

Na normalidade dos casos, portanto – e a ressalva está expressa, cabe frisar, no § 1º do art. 835 –, a ordem dos incisos do art. 835 deve ser observada, sempre tendo a penhora em dinheiro como *prioritária*. O executado tem o direito de ser executado em observância ao que consta do dispositivo. É este o devido processo legal, tal qual eleito pelo legislador.

---

34. É o entendimento que já era defendido pelo n. 4 do Capítulo 4 da Parte II do v. 3 das edições anteriores ao CPC de 2015 deste *Curso*. Lá se lia o seguinte trecho a respeito do tema: "Propositalmente, o parágrafo anterior frisou que a ordem imposta pelo art. 655 deve ser observada 'na normalidade dos casos'. A ressalva é impositiva. Primeiro, por razões de ordem sistemática: entender que a lei pretenda resolver, em definitivo, todas e quaisquer situações práticas que se ponham na frente do magistrado é hipertrofiar o papel do legislador em detrimento da Constituição Federal. O 'modelo constitucional do direito processual civil' sempre leva à flexibilização da *letra da lei* – mesmo que a lei não seja clara –, consoante sejam as *necessidades* e os *valores* a ser prestigiados em cada caso concreto, até por força do que dispõe o art. 620 [art. 805 do CPC de 2015]. Segundo, porque é o art. 655, *caput*, [art. 835, do CPC de 2015] que expressamente flexibiliza a regra que disciplina. Ele próprio faz alusão a que a ordem por ele estabelecida seja observada 'preferencialmente', ressalva que, de resto, afina-se bastante bem a outros dispositivos modificados pela mesma Lei n. 11.382/2006, assim o art. 656, § 2º, e o art. 668 [arts. 848, parágrafo único e 847 do CPC de 2015, respectivamente]. De resto, a rigidez que a redação anterior do dispositivo sugeria já era corretamente criticada pela doutrina e pela jurisprudência, forte na *necessidade* destacada de início à luz das vicissitudes de cada caso concreto".

35. Não deixa de ser interessante, contudo, transcrever a redação original do art. 655 do CPC de 1973 e a modificada pela Lei n. 11.382/2006 para que se possa ter presente quão volúvel é o legislador brasileiro a respeito do assunto. Art. 655 (CPC de 1973): "Art. 655. A penhora observará, preferencialmente, a seguinte ordem: I – dinheiro, em espécie ou em depósito ou aplicação em instituição financeira II – veículos de via terrestre; III – bens móveis em geral; IV – bens imóveis; V – navios e aeronaves; VI – ações e quotas de sociedades empresárias; VII – percentual do faturamento de empresa devedora; VIII –' pedras e metais preciosos; IX – títulos da dívida pública da União, Estados e Distrito Federal com cotação em mercado; X – títulos e valores mobiliários com cotação em mercado; XI – outros direitos". Art. 655 (Lei n. 11.382/2006): "A penhora observará, preferencialmente, a seguinte ordem: I – dinheiro, em espécie ou em depósito ou aplicação em instituição financeira; II – veículos de via terrestre; III – bens móveis em geral; IV – bens imóveis; V – navios e aeronaves; VI – ações e quotas de sociedades empresárias; VII – percentual do faturamento de empresa devedora; VIII – pedras e metais preciosos; IX – títulos da dívida pública da União, Estados e Distrito Federal com cotação em mercado; X – títulos e valores mobiliários com cotação em mercado; XI – outros direitos".

Feitas estas observações, importa tecer algumas considerações sobre cada um dos incisos do art. 835.

4.1 Dinheiro

O inciso I do art. 835 reserva ao dinheiro o primeiro lugar na indicação dos bens à penhora, evidenciando o § 1º do mesmo dispositivo, que se trata de penhora *prioritária*. A regra refere-se a dinheiro "em espécie", isto é, "dinheiro vivo", para fazer uso de expressão bastante frequente, ou dinheiro "em depósito ou aplicação em instituição financeira", ou seja, dinheiro guardado naquelas instituições a qualquer título.

A *prioridade* da penhora sobre dinheiro não pode ser compreendida de maneira absoluta, como se as vicissitudes forenses não justificassem a penhora sobre outros bens, o que encontra respaldo também no mesmo § 1º do art. 833[36].

A previsão do inciso I do art. 835 é complementada pelo disposto no inciso X do art. 833, que autoriza, *a contrario sensu*, a penhora de valores depositados em caderneta de poupança acima do limite de quarenta salários mínimos. A leitura conjunta das duas regras só pode querer significar que outros depósitos ou aplicações financeiras que não sejam cadernetas de poupança não aceitam quaisquer restrições de valor e, menos ainda, a cláusula de impenhorabilidade.

De outro lado, as "contas-salário" são impenhoráveis por força do disposto no inciso IV art. 833, ressalvados os casos de prestação alimentícia, independentemente de sua origem (art. 833, § 2º). O ônus da prova de que o caso é de *impenhorabilidade* nos termos daquele dispositivo é do executado (art. 854, § 3º, I, sem prejuízo de se valer também da impugnação e dos embargos à execução para tanto, art. 525, § 1º, IV, e art. 917, II, respectivamente).

A regra, de outra parte, está em plena harmonia com o art. 854. O dispositivo regulamenta o que a prática forense acabou por chamar (impropriamente) de "penhora *on line*" que, para o que interessa para cá, viabiliza, a um só tempo, a pesquisa, a indisponibilidade e a penhora propriamente dita sobre ativos financeiros com suficiente proteção dos direitos e do próprio patrimônio do executado. É tema desenvolvido no n. 4.1.1.3, *infra*.

4.1.1 Efetivação

O art. 854 disciplina a "penhora de dinheiro em depósito ou em aplicação financeira", mais conhecida como "penhora *on-line*", concretizando a expressa permissão do art. 837, segundo o qual: "Obedecidas as normas de segurança instituídas sob critérios uniformes

36. Por isso não há razão para entender que a Súmula 417 do STJ ("Na execução civil, a penhora de dinheiro na ordem de nomeação de bens não tem caráter absoluto") tenha perdido seu fundamento de validade com o advento do CPC de 2015.

pelo Conselho Nacional de Justiça, a penhora de dinheiro e as averbações de penhoras de bens imóveis e móveis podem ser realizadas por meio eletrônico"[37].

Parte desses critérios com relação à penhora de dinheiro era estabelecida pela Resolução n. 61/2008 do Conselho Nacional de Justiça que "disciplina o procedimento de cadastramento de conta única para efeito de constrição de valores em dinheiro por intermédio do Convênio BACENJUD e dá outras providências"[38]. O BACENJUD, consoante esclarece o art. 1º daquele ato normativo, "é o sistema informatizado de envio de ordens judiciais e de acesso às respostas das instituições financeiras pelos magistrados devidamente cadastrados no Banco Central do Brasil, por meio da Internet". O cadastro era obrigatório de acordo com o art. 2º da mesma Resolução.

A Lei n. 11.382/2006, ao alterar o CPC de 1973, introduziu o art. 655-A, que passou a disciplinar expressamente o assunto. A iniciativa teve o mérito de colocar fim a discussão relevante sobre a viabilidade ou não de a penhora *on line* ser realizada independentemente de expressa previsão legislativa, baseada, como era, até então, no referido Convênio firmado por diversos Tribunais[39].

É correto entender que a chamada "penhora *on line*" é a possibilidade de o magistrado ter acesso a informações acerca da existência de depósitos e, mais amplamente, de aplicações financeiras em instituições financeiras para viabilizar a realização de sua penhora. O acesso se dá por intermédio do Banco Central do Brasil, autoridade máxima e reguladora do sistema financeiro nacional. Por isso, aliás, o nome do Convênio original ter sido BACENJUD[40].

O nome pelo qual o instituto é conhecido pode conduzir a engano comum. A penhora nos casos aqui analisados é, na verdade, o *resultado* de uma série de atos que começa com a requisição de informações sobre depósitos ou ativos financeiros em nome do executado e a solicitação de sua imediata indisponibilidade[41]. Mesmo quando efetivada a penhora *on line*,

37. Antes mesmo da entrada em vigor do CPC de 2015, a Recomendação n. 51/2015 do Conselho Nacional de Justiça já sugeria, em seu art. 1º, "a todos os magistrados que utilizem exclusivamente os sistemas Bacenjud, Renajud e Infojud para transmissão de ordens judiciais ao Banco Central do Brasil, Departamento Nacional de Trânsito e Receita Federal do Brasil, respectivamente". A edição daquele ato normativo tem fundamento no art. 7º da Lei n. 11.419/2006, segundo o qual todas as comunicações oficiais que transitem entre órgãos do Poder Judiciário e entre este e os demais Poderes serão preferencialmente realizadas por meio eletrônico.

38. Aquele ato normativo teve sua constitucionalidade questionada perante o STF sob o argumento de que o CNJ teria exorbitado de sua competência meramente administrativa ao expedi-lo, o que foi negado pelo Plenário do STF (MS 27.621/DF, rel. p/ acórdão Min. Ricardo Lewandowski, j. m. v. 7-12-2011, *DJe* 11-5-2012).

39. Essa discussão rendeu ensejo a duas ações diretas de inconstitucionalidade perante o STF (ADI 3.091/DF e ADI 3.203/DF, rel. Min. Roberto Barroso) que foram julgadas prejudicadas diante da revogação dos atos normativos questionados.

40. "A 'penhora *on line*' é instituto jurídico, enquanto 'BACENJUD' é mera ferramenta tendente a operacionalizá-la ou materializá-la, através da determinação de constrição incidente sobre dinheiro existente em conta corrente bancária ou aplicação financeira em nome do devedor, tendente à satisfação da obrigação" (STF, Pleno, MS 27.621/DF, rel. p/ acórdão Min. Ricardo Lewandowski, j. m. v. 7-12-2011, *DJe* 11-5-2012).

41. "A expressão 'penhora *on line*' é incorreta, se se considerar como tal o conjunto de todos os procedimentos desde a decretação de indisponibilidade. A indisponibilidade em si não é penhora, mas uma espécie de reserva

importa destacar que, como toda e qualquer penhora, ela é, ainda, ato de preparação da satisfação do exequente e não a satisfação em si mesma considerada. Tanto assim que, no momento adequado, o exequente precisará requerer, ao magistrado, o levantamento ou a transferência eletrônica do valor depositado sem o que o direito perseguido em juízo não tem como ser considerado satisfeito. É o que decorre, com clareza, do inciso I do art. 904[42].

Aprimorando o art. 655-A do CPC de 1973, o art. 854 do CPC de 2015 distingue com nitidez a *indisponibilidade* dos valores (que se dá na conta do executado) da sua oportuna *conversão* em *penhora* e sua *transferência* para conta judicial (art. 854, § 5º); a *postergação* do contraditório para viabilizar a indisponibilidade independentemente de prévia ciência do executado (art. 854, *caput* e § 2º); o ônus do executado de arguir eventual impenhorabilidade dos valores bloqueados ou a manutenção de indisponibilidade indevida (art. 854, § 3º) e a decisão a ser tomada a esse respeito (art. 854, § 4º); os prazos para desbloqueio de valores indevidos (art. 854, §§ 1º e 6º) e a responsabilidade do banco pela demora do acatamento das determinações judiciais (art. 854, § 8º), todas elas transmitidas por meio de sistema eletrônico gerido pela autoridade supervisora do sistema financeiro nacional (art. 854, § 7º). O § 9º do art. 854, de seu turno, conserva a regra do § 4º do art. 655-A do CPC de 1973, nele introduzido pela Lei n. 11.694/2008, a respeito das normas a serem observadas na realização da penhora quando a execução é dirigida contra partido político, impondo a responsabilidade de cada órgão partidário individualmente considerado[43].

Cada um desses pontos merece ser analisado mais detidamente.

4.1.1.1 *Penhora em dinheiro*

A penhora em dinheiro é considerada *prioritária* pelo § 1º do art. 835. O mecanismo do art. 854 quer criar condições plenas de sua efetivação. Para tanto, o magistrado deverá determinar a *indisponibilidade* de dinheiro em depósito ou em aplicação financeira existente em nome do executado que, posteriormente, será convertida em penhora. Considerando a dicção legal, é correto entender que não há autorização para que a indisponibilidade recaia sobre limites de crédito porventura disponibilizados ao executado pela instituição financeira[44].

---

de ativos que impede o uso e a fruição destes pelo executado. A penhora propriamente dita só ocorre após a rejeição da manifestação do executado, ou transcorrido o prazo sem manifestação" (Nelson Nery Jr. e Rosa Maria de Andrade Nery, *Comentários ao Código de Processo Civil*, p. 1862).

42. Marcelo Abelha Rodrigues (Penhora eletrônica de ativos financeiros no NCPC e defesa do executado, p. 639) elogia, no particular, a alocação da regra no CPC de 2015, como subseção da Seção dedicada à penhora, depósito e avaliação, e não, como se dava no CPC de 1973, inserida na subseção destinada a disciplinar a citação do devedor e a indicação de bens.

43. Para a comparação entre os arts. 655-A do CPC de 1973 e o art. 854 do CPC de 2015 e a identificação das principais modificações, v., do autor deste *Curso*, *Novo Código de Processo Civil anotado*, p. 740-746.

44. Nesse sentido: Luiz Fernando Casagrande Pereira, *Breves comentários ao novo Código de Processo* Civil, p. 2.185.

O emprego do meio eletrônico para aquela finalidade é mais que justificável em função do *tempo* necessário para levantar as informações requeridas e do *tempo* necessário para realizar o bloqueio das quantias eventualmente encontradas, que tende a ser maior que o *tempo* necessário para que o executado levante os valores existentes na instituição financeira[45]. Não há como duvidar que tal iniciativa constitui *fraude à execução* e ato atentatório à dignidade da justiça, nos precisos termos do art. 792 e do inciso I do art. 774, respectivamente. O que se quer evitar, pela presteza e agilidade na *prática eletrônica* do ato judicial, é a consumação daquela fraude e toda a dificuldade, senão *impossibilidade*, de recuperar os valores desviados mesmo que sua transferência seja de todo *ineficaz* com relação à execução (art. 792, § 1º). Sancionar o litigante nos moldes do parágrafo único do art. 774, de seu turno, não é, isoladamente, providência suficiente para inibir a prática, tão lamentável como comum na prática forense.

4.1.1.2 *Iniciativa do exequente*

O *caput* do art. 854 exige o *requerimento* do exequente. Esse requerimento pode ser formulado já com a petição inicial que dá início ao "processo de execução" ou com a petição que dá início à *etapa* de cumprimento de sentença quando os atos executivos tiverem fundamento em título executivo *judicial*. É o que dispõe o art. 798, II, *c*, e o inciso VII do art. 524, respectivamente.

Questão importante, a despeito do expresso texto legal, é saber se o magistrado pode fazer a referida determinação de ofício, isto é, independentemente de pedido do exequente. A melhor resposta é a positiva, máxime porque o CPC de 2015, inovando, ao menos expressamente, em relação ao anterior, dispõe que a penhora em dinheiro é *prioritária* em relação aos demais bens (art. 835, § 1º), ao mesmo tempo que o inciso IV do art. 139 cria para o magistrado verdadeiro dever-poder *atípico* relativo à prática de atos executivos, "inclusive nas ações que tenham por objeto prestação pecuniária"[46].

---

45. Como bem escrevem Luiz Guilherme Marinoni, Sérgio Cruz Arenhart e Daniel Mitidiero: "O direito à penhora eletrônica é corolário do direito fundamental à tutela jurisdicional adequada e efetiva, na medida em que esse tem como consequência imediata o direito ao meio executivo adequado à tutela do direito material. Não há dúvida que a penhora eletrônica é a principal modalidade executiva destinada à execução pecuniária, razão pela qual não se pode negá-la ao exequente" (*Novo Código de Processo comentado*, p. 802).

46. O assunto é controvertido. Tendo como pano de fundo o art. 854 do CPC de 2015, manifestaram-se contrários à realização de ofício da penhora, dentre outros: Rodrigo Mazzei e Sarah Merçon-Vargas, *Comentários ao novo Código de Processo Civil*, p. 1.220 e José Miguel Garcia Medina, *Novo Código de Processo Civil comentado*, comentários III ao art. 854. É essa a orientação que se mostrava majoritária na jurisprudência do STJ, como demonstra o AgRg no REsp 1.296.737/BA, 1ª Turma, rel. Min. Napoleão Nunes Maia Filho, j. un. 5-2-2013, *DJe* 21-2-2013. A favor da adoção da medida independentemente de pedido do exequente, escreveram: Teresa Arruda Alvim Wambier e outros, *Primeiros comentários ao novo Código de Processo Civil*, p. 1.219-1.223; Marcelo Abelha Rodrigues, Penhora eletrônica de ativos financeiros no NCPC e defesa do executado, p. 639 e Luiz Fernando Casagrande Pereira, *Breves comentários ao novo Código de Processo* Civil, p. 2.183-2.184 . Este *Curso* sempre

4.1.1.3 *Possibilidade de a penhora on line ser feita imediatamente*

Questão importante é saber se existe alguma gradação na realização da chamada "penhora *on line*". Sempre houve vozes no sentido de que aquela penhora pressuporia o esgotamento de outros meios de localização dos bens penhorados e que, relatados os malogros das diligências para este fim, o magistrado autorizasse *excepcionalmente* o bloqueio eletrônico dos ativos do executado.

A defesa dessa tese nunca pareceu a mais adequada para este *Curso*. Para afastá-la importa entender a chamada penhora *on line* como uma *forma* de realização da penhora sobre dinheiro "em espécie ou em depósito ou aplicação em instituição financeira" do executado (art. 835, I) mais célere, ágil, segura e *eficiente*. A regra é inequivocamente inspirada em razões de interesse público, de maior *eficiência* da prestação jurisdicional, não havendo razão para relegá-la à disponibilidade das partes e, menos ainda, para um "segundo plano", como se a penhora *on line* tivesse como pressuposto, por qualquer razão, o malogro de outras tentativas de penhora sobre outros bens do executado.

Compreendida a "penhora *on line*" dessa forma, não há espaço para duvidar que o emprego dessa *técnica* constritiva *independe* da prévia frustração de outras diligências, quaisquer que sejam elas, tendentes à localização de bens penhoráveis do executado[47].

4.1.1.4 *Dispensa de prévio contraditório*

Outra dúvida que decorre do *caput* do art. 854 diz respeito a saber o alcance da expressão "sem dar ciência prévia do ato ao executado". Trata-se de postergação do contraditório relativo à prática do ato executivo ou, mais amplamente, da intimação para a etapa de cumprimento de sentença ou da citação para o processo de execução?

A melhor interpretação, em harmonia com o modelo constitucional do direito processual civil, é de entender legítima a *postergação* do contraditório em relação *ao ato constritivo*[48]. Até

---

admitiu a atuação oficiosa do magistrado, como se pode verificar do n. 5.1.1. do Capítulo 4 da Parte II de seu v. 3 nas edições anteriores ao CPC de 2015.

47. Antes do CPC de 2015 já era esse o entendimento vencedor na jurisprudência do STJ, como faz prova suficiente o REsp 1.112.943/MA (repetitivo), rel. Min. Nancy Andrighi, j. un. 15-9-2010, *DJe* 23-11-2010. No âmbito do direito processual tributário, em função do disposto no art. 185-A do CTN, a orientação rendeu ensejo à ressalva estampada no enunciado da Súmula 560 do STJ, assim redigida: "A decretação da indisponibilidade de bens e direitos, na forma do art. 185-A do CTN, pressupõe o exaurimento das diligências na busca por bens penhoráveis, o qual fica caracterizado quando infrutíferos o pedido de constrição sobre ativos financeiros e a expedição de ofícios aos registros públicos do domicílio do executado, ao Denatran ou Detran" que, em rigor, se sobrepõe ao entendimento que a 1ª Seção daquele Tribunal havia alcançado anteriormente no REsp repetitivo 1.184.765/PA, rel. Min. Luiz Fux, j. un. 24-11-2010, *DJe* 3-12-2010.

48. É nesse sentido que a doutrina predominante vem se manifestando. Assim, v.g.: Rodrigo Mazzei e Sarah Merçon-Vargas, *Comentários ao novo Código de Processo Civil*, p. 1220; Luiz Fernando Casagrande Pereira, *Breves comentários ao novo Código de Processo* Civil, p. 2.184-2.185, salientando que, na espécie, o risco de ineficácia da medida

porque, *antes* da prática daqueles atos, o executado deverá ser intimado ou citado para pagar *voluntariamente*. Somente com o seu silêncio é que terão início os atos executivos[49]. O § 2º do art. 854, por sua vez, parece corroborar esse entendimento ao determinar a intimação do executado *após* a efetivação da indisponibilidade de seus ativos financeiros para que possa se manifestar sobre a higidez daquele ato[50].

Aspecto diferente da questão dá-se quando o executado não é encontrado para o início regular da etapa de cumprimento de sentença ou para o "processo de execução". Nesse caso, a solução dada pelo art. 830 é a de serem *arrestados* os bens do executado. Nada há que impeça que o arresto que, após as comunicações devidas (art. 830, §§ 1º e 2º), tende a se converter em penhora (art. 830, § 3º), recaia sobre dinheiro e que, por isso mesmo, seja ele efetivado de maneira eletrônica, observando-se, para tanto, o art. 854[51].

4.1.1.5 *O sistema eletrônico empregado*

A determinação, ainda de acordo com o *caput* do art. 854, será feita por intermédio de "sistema eletrônico gerido pela autoridade supervisora do sistema financeiro nacional". Esse sistema é operado pelo Banco Central do Brasil, em função de convênios firmados com os diversos órgãos do Poder Judiciário. Na atualidade, vige, em substituição ao antigo BACEN-JUD, o "Sistema de Busca de Ativos do Poder Judiciário", SISBAJUD. O § 7º do art. 854 reitera essa orientação ao dispor genericamente, em harmonia com o art. 837, que "as transmissões das ordens de indisponibilidade, de seu cancelamento e de determinação de penhora previstas neste artigo far-se-ão por meio de sistema eletrônico gerido pela autoridade supervisora do sistema financeiro nacional".

Questão interessante a esse respeito é sobre a competência territorial do órgão jurisdicional para determinar as medidas previstas no *caput* do art. 854. A melhor resposta é a que entende ser indiferente a competência. Em rigor, a determinação suplanta questões relativas à competência jurisdicional, mesmo na perspectiva territorial, dando preferência ao ambien-

---

foi presumido pelo legislador, e Nelson Nery Jr. e Rosa Maria de Andrade Nery, *Comentários ao novo Código de Processo Civil*, p. 1861-1862.

49. Marcelo Abelha Rodrigues (Penhora eletrônica de ativos financeiros no NCPC e defesa do executado, p. 640) entende diferentemente, sustentando a viabilidade da determinação da indisponibilidade antes mesmo da intimação ou da citação inicial.

50. Esse entendimento tem respaldo na jurisprudência do STJ como fazem prova os seguintes julgados: 4ª Turma, REsp 1.220.410/SP, rel. Min. Luis Felipe Salomão, j. m. v. 9-6-2015, *DJe* 30-6-2015; 4ª Turma, AgRg no REsp 1.510.848/DF, rel. Min. Marco Buzzi, j. un. 14-4-2015, *DJe* 23-4-2015, e 1ª Turma, AgRg no REsp 1.296.737/BA, rel. Min. Napoleão Nunes Maia Filho, j. un. 5-2-2013, *DJe* 21-2-2013.

51. No mesmo sentido, na doutrina: Luiz Fernando Casagrande Pereira, *Breves comentários ao novo Código de Processo* Civil, comentário n. 7 ao art. 854. É esse o entendimento da jurisprudência do STJ também, como fazem prova os seguintes julgados: 4ª Turma, AgInt no REsp 1042724/SP, rel. Min. Raul Araújo, j. un. 12-9-2017, *DJe* 2-10-2017; 3ª Turma, REsp 1.338.032/SP, rel. Min. Sidnei Beneti, j. un. 5-11-2013, *DJe* 29-11-2013, e STJ, 3ª Turma, REsp 1.370.687/MG, rel. Min. Antonio Carlos Ferreira, j. un. 4-4-2013, *DJe* 15-8-2013.

te eletrônico, típico da internet. Assim, para ilustrar, o órgão jurisdicional da comarca de São Paulo pode requisitar diretamente, independentemente de carta precatória, as informações e indisponibilidade de depósitos em nome do executado por intermédio do Banco Central do Brasil, cujo endereço é, para fins ilustrativos, a comarca de Pirassununga, no interior do Estado de São Paulo. É indiferente, para tanto, a localização da agência bancária (física) em que o executado possui os valores a serem indisponibilizados e, oportunamente, penhorados. Não que não possa haver deslocamento de competência para a prática de atos executivos, inclusive a penhora, como pressupõe o § 2º do art. 914. O que ocorre, contudo, é que, na hipótese aqui examinada, tudo se passa no ambiente *virtual* do sistema financeiro nacional, a tornar desnecessário qualquer questionamento relativo à competência do órgão jurisdicional para aquele ato.

4.1.1.6 *Limite da indisponibilidade*

A indisponibilização dos valores eventualmente localizados pela pesquisa a ser efetuada deve ser limitada ao "valor indicado na execução". O dispositivo legal quer corrigir uma das principais críticas usualmente feitas à prática da chamada "penhora *on line*". É que o bloqueio de ativos por ele admitido encontra como limite "o valor indicado na execução". Não se trata, a olhos vistos, de tornar indisponíveis todos os ativos do executado, todas as suas "contas correntes" ou suas aplicações financeiras, quaisquer que sejam elas. Trata-se, diferentemente, de ato prévio para viabilizar a *penhora* do valor suficiente e bastante para a satisfação do crédito do exequente. É esta a regra que sempre vigeu e continua a viger no direito, como faz prova segura o art. 831.

Eventuais abusos do exequente, em indicar como devidos valores superiores a seu crédito, devem ser punidos como atos de litigância de má-fé (art. 17, I e II).

Complementa a previsão o § 1º do art. 854. Segundo ela, o magistrado, ciente da resposta, até mesmo de ofício, deverá determinar a liberação do valor *excedente*. A instituição financeira tem o prazo de vinte e quatro horas para liberar o excesso.

A previsão legislativa, que limita a indisponibilidade – e posterior conversão da penhora – "ao valor indicado na execução", tem sido destacada por alguns para sublinhar a inexistência de qualquer ofensa ao direito constitucional de intimidade do executado (art. 5º, X, da CF)[52]. Isso porque o sistema não indica ao magistrado o numerário titularizado pelo executado; apenas concretiza a indisponibilidade no montante requisitado[53].

---

52. Nesse sentido, Luiz Guilherme Marinoni, Sérgio Cruz Arenhart e Daniel Mitidiero, *Novo Código de Processo Civil comentado*, p. 803-804, e Luiz Fernando Casagrande Pereira, *Breves comentários ao novo Código de Processo* Civil, p. 2182-2183.

53. Cumpridas as exigências legais, não há espaço para se questionar da ocorrência do crime previsto no art. 36 da Lei n. 13.869/2019, a "Lei do Abuso de Autoridade", nos seguintes termos: "Decretar, em processo judicial, a

4.1.1.7 O contraditório após a indisponibilização

Após a indisponibilização dos ativos financeiros, o executado será intimado na pessoa do seu advogado ou pessoalmente se não estiver representado por um (art. 854, § 2º). Terá, a partir de então, o prazo de cinco dias (considerados apenas os úteis, por se tratar de prazo processual, sem prejuízo das dobras legais quando aplicáveis), para comprovar que as quantias tornadas indisponíveis são *impenhoráveis* ou que há (ou ainda há, a despeito do *dever* judicial constante do § 1º do art. 854) indisponibilidade em excesso (art. 854, § 3º).

Cabe destacar, acerca dessa previsão, que o inciso IV do art. 833 trata da impenhorabilidade dos valores recebidos pelo executado destinados à sua própria subsistência e à sua família, salvo se a natureza jurídica do crédito for alimentar, independentemente de sua origem, como excepciona o § 2º do art. 833. O inciso X do mesmo art. 833, por sua vez, veda a penhora de valores até quarenta salários mínimos em cadernetas de poupança, com a mesma ressalva do § 2º sobre o crédito ter natureza alimentar.

Nesse sentido, o § 3º do art. 854 merece ser entendido no sentido de estabelecer verdadeiro ônus ao executado de *alegar e de demonstrar* que os valores revelados ao magistrado são protegidos por aqueles dispositivos. A desincumbência desse ônus do executado é tanto mais importante porque o sistema eletrônico não consegue discernir – não ainda, pelo menos – contas salário ou cadernetas de poupança de outras contas.

Submetida a arguição do executado ao contraditório com o exequente, o magistrado a analisará. Acolhida, determinará o cancelamento de eventual indisponibilidade irregular ou excessiva. Também aqui o § 4º do art. 854 concede o prazo de vinte e quatro horas para que a determinação seja implementada pela instituição financeira. É irrecusável o entendimento de que, para o sistema processual civil, a decisão do magistrado é imediatamente recorrível por meio do agravo de instrumento, nos termos do parágrafo único do art. 1.015.

Dúvida pertinente é saber se o silêncio do executado quanto a eventual irregularidade da indisponibilidade dos ativos financeiros acarreta preclusão para que o tema seja arguido em impugnação ou embargos à execução. A melhor resposta é a negativa, considerando que a indisponibilidade converter-se-á em penhora e a irregularidade da *penhora* é matéria típica a ser tratada naquelas oportunidades (art. 525, § 1º, IV, e art. 917, II, respectivamente)[54]. O que não pode ocorrer, a despeito do caráter de ordem pública da matéria, são sucessivas alegações, ensejando mais de uma decisão sobre a mesma questão, comportamento que

---

indisponibilidade de ativos financeiros em quantia que extrapole exacerbadamente o valor estimado para a satisfação da dívida da parte e, ante a demonstração, pela parte, da excessividade da medida, deixar de corrigi-la".

54. Correto entender, nesse sentido, que a consequência do silêncio do executado para os fins do § 3º do art. 854 é a conversão da indisponibilidade em penhora e não a impossibilidade de arguir a incorreção do ato em momento processual posterior. Nesse sentido, Luiz Fernando Casagrande Pereira, *Breves comentários ao novo Código de Processo* Civil, p. 2186-2187, e Daniel Amorim Assumpção Neves, *Comentários ao Código de Processo Civil*, v. XVII, p. 312.

merece ser analisado (e sancionado) na perspectiva da prática de atos atentatórios à dignidade da justiça[55], até porque contrário à boa-fé expressamente prevista no art. 5º.

4.1.1.7.1 Tutela de terceiro

O *caput* do art. 854 limita a indisponibilidade de depósito ou de ativos financeiros existentes em nome do *executado*. Pode ocorrer, não obstante, que o ato afete terceiros, como ocorre, com frequência, na hipótese de ser indisponibilizada conta corrente conjunta.

Sem prejuízo de o próprio executado questionar a incorreção da indisponibilidade valendo-se do momento que lhe é reservado para tanto pelo § 3º do art. 854, é irrecusável que o próprio terceiro pode se valer de *embargos de terceiro* para aquela finalidade[56].

4.1.1.8 *Conversão em penhora*

Se o executado, intimado, nada arguir ou caso sua arguição seja rejeitada, a indisponibilidade será convertida em penhora, dispensada a lavratura de termo, que, de acordo com o art. 838, é exigido para os demais bens penhorados. Na mesma oportunidade, o magistrado determinará à instituição financeira depositária que transfira, no prazo de vinte e quatro horas, o montante para conta corrente vinculada ao juízo da execução[57].

Essa previsão, que ocupa o § 5º do art. 854, é importante para entender, vez por todas, a distinção entre a prévia pesquisa sobre a existência de ativos financeiros passíveis de penhora, sua indisponibilidade e a sua posterior conversão em penhora.

Questão importante que se punha no sistema do CPC de 1973 para os atos executivos baseados em títulos executivos *judiciais* dizia respeito ao início do prazo para oferecimento, pelo executado, de sua impugnação (sua defesa aos atos executivos). Isso porque, de acordo com o § 1º do art. 475-J daquele Código, o *dies a quo* para tanto se dava com a intimação da penhora. Como se discutia se era, ou não, necessária a lavratura de termo quando a penhora fosse realizada eletronicamente, controvertia-se acerca do início do prazo[58]. Com o CPC

---

55. Nesse mesmo sentido, em ambos os pontos, Marcelo Abelha Rodrigues, Penhora eletrônica de ativos financeiros no NCPC e defesa do executado, p. 644.

56. A pesquisa em torno do termo *final* para a apresentação dos embargos de terceiro deve levar em conta eventual ciência inequívoca da efetiva turbação da posse dos bens por determinação judicial nos moldes em que a 3ª Turma do STJ já decidiu no julgamento do REsp 1.298.780/ES, rel. Min. João Otávio de Noronha, j. un. 19-3-2015, *DJe* 27-3-2015.

57. O depósito em conta vinculada ao juízo é imposto pelo art. 840, I, e pelo art. 1.058.

58. O tema chegou ao STJ, cuja 2ª Seção decidiu que o prazo para a impugnação deveria fluir da intimação para que o executado se manifestasse acerca da penhora realizada eletronicamente (EDcl na Rcl 8.367/RS, rel. Min. Maria Isabel Gallotti, j. un. 25-9-2013, *DJe* 2-10-2013), entendimento reiterado inúmeras vezes, dentre eles pela 4ª Turma daquele Tribunal no julgamento do REsp 1.220.410/SP, rel. Min. Luis Felipe Salomão, j. un. 9-6-2015, *DJe* 30-6-2015.

de 2015, a questão ficou superada[59]. Não pela expressa dispensa da lavratura de termo de penhora no caso, como estatui o § 5º do art. 854, mas pela radical alteração da fluência do prazo para a impugnação na etapa de cumprimento de sentença. Doravante, de acordo com o *caput* do art. 525, o prazo de 15 dias terá início imediatamente após o término do prazo de 15 dias para pagamento sob pena de multa de 10%. De resto, o recebimento da impugnação *independe* de prévia garantia de juízo (art. 525, *caput*), diferentemente do que era mais correto sustentar diante do § 1º de seu art. 475-J do CPC de 1973[60].

4.1.1.9 *Cancelamento da indisponibilidade*

Considerando a razão de ser da indisponibilidade dos ativos financeiros e sua posterior conversão em penhora para depois, somente depois, ser levantada pelo exequente para satisfação de sua dívida, autorizando o magistrado a julgar extinto, pela satisfação da dívida, o processo (art. 904, I), pode ocorrer de, nesse ínterim, o executado acabar pagando o valor da dívida, o que encontra fundamento no art. 826.

Neste caso, o magistrado determinará o cancelamento, em vinte e quatro horas, da indisponibilidade e/ou da penhora, sempre se valendo do sistema eletrônico gerido pelo BACEN, atualmente, o SISBAJUD (art. 854, § 6º).

4.1.1.10 *Responsabilidade da instituição financeira*

Crítica comum na prática forense é a da demora na liberação de valores tornados indisponíveis em excesso ou indevidamente. É corriqueira a afirmação de que a velocidade que viabiliza a pronta indisponibilização de ativos não acompanha a correção de eventual erro.

O § 8º do art. 854 estabelece, para coibir o problema, que a responsabilidade da instituição financeira pelos prejuízos causados ao executado em decorrência da indisponibilidade de ativos financeiros em valor superior ao indicado na execução ou pelo magistrado, bem como na hipótese de não cancelamento daquela indisponibilidade no prazo de vinte e quatro horas. A mesma agilidade pretendida para o bloqueio dos valores sujeitos à execução *deve* existir nos casos em que o comportamento oposto se mostrar impositivo.

A fixação da responsabilidade, é o mesmo dispositivo que estatui, depende de determinação judicial e, em rigor, pode ser feita nos mesmos autos do processo, sempre após o devido contraditório e a devida ampla defesa, dando-se interpretação ampla ao art. 777.

---

59. Preciso nesse sentido: Marcelo Abelha Rodrigues, Penhora eletrônica de ativos financeiros no NCPC e defesa do executado, p. 642.

60. Era este o entendimento defendido pelo n. 3 do Capítulo 1 da Parte V do v. 3 das edições anteriores ao CPC de 2015 deste *Curso*.

O art. 854 é omisso, contudo, acerca da responsabilização do banco por eventuais danos causados ao exequente como, por exemplo, em falha da conversão da indisponibilidade em penhora com a perda do valor anteriormente encontrado. Mesmo assim, é irrecusável a existência da responsabilidade a ser apurada mediante o devido processo *constitucional*.

4.1.1.11 *Penhora eletrônica de outros bens*

O art. 837 do CPC de 2015, tanto quanto o § 6º do art. 659 do CPC de 1973, não é claro quanto à viabilidade de a penhora de outros bens, que não o dinheiro, ser feita eletronicamente. O que aqueles dispositivos autorizam é a realização eletrônica de *averbação* das penhoras em bens imóveis e móveis nos respectivos registros o que pressupõe a sua prévia efetivação.

Não obstante, há diversas iniciativas, algumas, inclusive com a participação do Conselho Nacional de Justiça, como a já mencionada Recomendação n. 51/2015, autorizando, permitindo e, até mesmo, incentivando que as comunicações entre os diversos órgãos para aquele fim sejam feitas de maneira eletrônica.

Em julgado do Superior Tribunal de Justiça o tema veio à tona e gerou decisão na qual se lê acerca do chamado "RENAJUD" que se trata de "... um sistema *on-line* de restrição judicial de veículos criado pelo Conselho Nacional de Justiça (CNJ), que interliga o Judiciário ao Departamento Nacional de Trânsito (Denatran) e permite consultas e envio, em tempo real, à base de dados do Registro Nacional de Veículos Automotores (Renavam) de ordens judiciais de restrições de veículos, inclusive registro de penhora". Mas não só. Também se entendeu na mesma oportunidade que: "Considerando-se que *i)* a execução é movida no interesse do credor, a teor do disposto no artigo 612 do CPC de 1973[61]; *ii)* o sistema RENAJUD é ferramenta idônea para simplificar e agilizar a busca de bens aptos a satisfazer os créditos executados e *iii)* a utilização do sistema informatizado permite a maior celeridade do processo (prática de atos com menor dispêndio de tempo e de recursos) e contribui para a efetividade da tutela jurisdicional, é lícito ao exequente requerer ao Juízo que promova a consulta via RENAJUD a respeito da possível existência de veículos em nome do executado, independentemente do exaurimento de vias extrajudiciais"[62].

Trata-se de decisão que aplica de maneira absolutamente escorreita o ideal de maior eficiência na atuação jurisdicional que encontra eco seguro no inciso LXXVIII do art. 5º da Constituição Federal.

---

61. Que encontra correspondência no *caput* do art. 797 do CPC de 2015.
62. STJ, 3ª Turma, REsp 1.347.222/RS, rel. Min. Ricardo Villas Bôas Cueva, j. un. 25-8-2015, *DJe* 2-9-2015.

4.1.1.12 *Quando se tratar de partidos políticos*

O § 9º do art. 854 trata, em rigor, de tema estranho ao da penhora *on line*, já que se volta a afastar a corresponsabilidade dos diversos órgãos de direção dos partidos políticos, municipais, estaduais ou nacional, estabelecendo que a indisponibilidade e posterior penhora seja feita "somente em nome do órgão partidário que tenha contraído a dívida executada ou que tenha dado causa à violação de direito ou ao dano, ao qual cabe exclusivamente a responsabilidade pelos atos praticados, na forma da lei".

É dispositivo que merecia, por isso mesmo, estar alocado em outro lugar do CPC de 2015, quiçá, até mesmo, na Lei Orgânica dos Partidos Políticos, Lei n. 9.096/95, cujo *caput* do art. 15-A, na redação dada pela Lei n. 12.034/2009, evidenciado no n. 2.11, *supra*, estabelece a responsabilidade de cada órgão partidário pelos atos por ele próprio praticados, "excluída a solidariedade de outros órgãos de direção partidária".

4.2 Títulos da dívida pública

De acordo com o inciso II do art. 835, são penhoráveis os "títulos da dívida pública da União, dos Estados e do Distrito Federal com cotação em mercado".

A ressalva é importante porque, sem cotação em mercado, isto é, sem que haja terceiros interessados na sua aquisição e na circulação dos valores representados pelos títulos, a penhora seria inócua em todos os sentidos. Sem valor econômico, o título da dívida pública não traria qualquer interesse sequer para fins de adjudicação pelo exequente (art. 876).

4.3 Títulos e valores mobiliários

O inciso III do art. 835 refere-se aos títulos e aos valores mobiliários "com cotação em mercado", evidenciando, como no caso do dispositivo anterior, a necessidade de a penhora recair sobre bens que *objetivamente* possam despertar interesse na sua aquisição.

4.4 Veículos

O inciso IV do art. 835 autoriza a penhora de veículos de via *terrestre*. O inciso VIII do mesmo dispositivo admite a penhora dos veículos de via aquática ("navios") e os de via aérea ("aeronaves").

4.5 Bens imóveis

A penhora de bens imóveis é referida no inciso V do art. 835.

Nos casos em que o imóvel penhorado for "bem de família", sua impenhorabilidade à luz da Lei n. 8.009/90 deve ser arguida pelo executado em sede de impugnação ou de embargos à execução ou, se ultrapassados os prazos para apresentação daquelas manifestações, por mera petição.

A propósito do tema, cabe destacar o entendimento do Superior Tribunal de Justiça de que áreas de lazer (piscina e churrasqueira) construídas em lotes distintos da matrícula em que registrado o bem de família em que está a casa são passíveis de penhora, sem qualquer violação ao parágrafo único do art. 2º da Lei n. 8.009/90[63]. Também é penhorável a vaga de garagem quando possui matrícula própria no registro de imóveis[64].

A compreensão ampla do que é "bem de família" para fins da impenhorabilidade prevista na Lei n. 8.009/90, nos termos da Súmula 364 do Superior Tribunal de Justiça, que compreende como tais os imóveis pertencentes a pessoas solteiras, separadas e viúvas, deve ser aplaudida a partir de uma interpretação *constitucional*[65]. Trata-se de proteção que, em última análise, volta-se não apenas à entidade familiar – que alberga também a união estável a que se refere o § 3º do art. 226 da Constituição Federal – e, mais amplamente, à *dignidade da pessoa humana* e ao *direito social de moradia*, direitos expressamente consagrados no inciso III do art. 1º e no *caput* do art. 6º da Constituição Federal, respectivamente.

Coerentemente, o Superior Tribunal de Justiça também sumulou o entendimento de que: "É impenhorável o único imóvel residencial do devedor que esteja locado a terceiros, desde que a renda obtida com a locação seja revertida para a subsistência ou a moradia da sua família"[66]. Não, contudo, o bem imóvel do fiador do contrato de locação, diante da expressa ressalva do inciso VII do art. 3º da Lei n. 8.009/90, que *não* atrita com o direito de moradia assegurado constitucionalmente[67].

A penhorabilidade do bem de família depende da verificação, caso a caso, sobre se estar, ou não, diante de alguma das exceções legais, previstas nos incisos do art. 3º da referida Lei

---

63. Assim, *v.g.*, o quanto decidido pela 3ª Turma no AgRg no REsp 1.084.683/MS, rel. Min. Sidnei Beneti, j. un. 18-12-2008, *DJe* 11-2-2009, e no REsp 624.355/SC, rel. Min. Humberto Gomes de Barros, j. un. 7-5-2007, *DJ* 28-5-2007, p. 322, e pela 4ª Turma no REsp 139.010/SP, rel. Min. Cesar Rocha, j. un. 21-2-2002, *DJ* 20-5-2002, p. 143.

64. É a Súmula 449 do STJ, assim enunciada: "A vaga de garagem que possui matrícula própria no registro de imóveis não constitui bem de família para efeito de penhora".

65. O enunciado daquela Súmula é o seguinte: "O conceito de impenhorabilidade de bem de família abrange também o imóvel pertencente a pessoas solteiras, separadas e viúvas".

66. Trata-se da Súmula 486 daquele Tribunal.

67. Nesse sentido é a Súmula 549 do STJ assim enunciada: "É válida a penhora de bem de família pertencente a fiador de contrato de locação". Também é a orientação da Súmula 8 do TJSP, que ostenta o seguinte enunciado: "É penhorável o único imóvel do fiador em contrato locatício, nos termos do art. 3º, VII, da Lei n. 8.009, de 29.3.1990, mesmo após o advento da Emenda Constitucional n. 26, de 14.2.2000". A 1ª Turma do STF negou que aquele entendimento possa ser aplicado às locações *comerciais*. A referência é feita ao RE 605.709/SP, rel. p/ acórdão Min. Rosa Weber, j. m. v. 12-6-2018.

n. 8.009/90, dando, a cada uma delas, interpretação *restritiva*. Assim, por exemplo, o entendimento sobre a incidência do inciso VI daquele dispositivo, segundo o qual é penhorável o bem quando ele tiver "sido adquirido com produto de crime ou para execução de sentença penal condenatória a ressarcimento, indenização ou perdimento de bens"[68].

Também é correto entender que "o bem que retorna ao patrimônio do devedor, por força de reconhecimento de fraude à execução, não goza da proteção da impenhorabilidade disposta na Lei n. 8.009/90[69] e de que é possível, com fundamento em abuso de direito, afastar a proteção conferida pela Lei 8.009/90[70]. Não é correto, contudo, afastar a proteção tão só pela ocorrência de desconsideração da personalidade jurídica em caso de família, cabendo haver o exame do caso para verificar se a entidade familiar deve responder com o bem que titulariza àquele título[71].

Outra situação interessante em que a penhora é admissível reside no caso em que o bem de família foi dado em garantia hipotecária por casal que eram os únicos sócios da empresa beneficiária com o empréstimo[72].

O art. 842 merece ser lembrado a propósito do inciso V do art. 835 em exame. O cônjuge do executado deve ser *intimado* quando a penhora recair sobre bem *imóvel* ou sobre direito real sobre *imóvel*, salvo se forem casados em regime de separação absoluta de bens.

As edições anteriores deste *Curso* defendiam que, sem qualquer previsão legal, o entendimento mais correto era o de desconsiderar o regime de casamento, sustentando que a intimação do cônjuge (e do companheiro) deveria se dar em qualquer caso[73]. A expressa previsão legal deve ser acatada pelo intérprete, porque, embora infeliz, não atrita com o modelo constitucional.

---

68. Nesse sentido: STJ, 5ª Turma, AgRg no REsp 1.479.146/CE, rel. Min. Jorge Mussi, j. un. 10-3-2016, *DJe* 16-3-2016; STJ, 5ª Turma, AgRg no REsp 1.288.498/PR, rel. Min. Jorge Mussi, j. un. 2-2-2016, *DJe* 15-2-2016; STJ. 4ª Turma, REsp 1.091.236/RJ, rel. Min. Marco Buzzi, j. un. 15-12-2015, *DJe* 1º-2-2016; STJ, 4ª Turma, REsp 947.518/PR, rel. Min. Luis Felipe Salomão, j. un. 8-11-2011, *DJe* 1º-2-2012; STJ, 4ª Turma, REsp 997.261/SC, rel. Min. Luis Felipe Salomão, j. un. 15-3-2012, *DJe* 26-4-2012; STJ, 4ª Turma, REsp 1.021.440/SP, rel. Min. Luis Felipe Salomão, j. un. 2-5-2013, *DJe* 20-5-2013, e STJ, 3ª Turma, REsp 1.115.265/RS, rel. Min. Sidnei Beneti, j. un. 24-4-2012, *DJe* 10-5-2012.

69. Nesse sentido: STJ, 6ª Turma, AgRg no REsp 1.085.381/SP, rel. Min. Paulo Gallotti, j. un. 10-3-2009, *DJe* de 30-3-2009.

70. Nesse sentido, forte na aplicação da teoria do abuso de direito no caso: STJ, 3ª Turma, REsp 1.575.243/DF, rel. Min. Nancy Andrighi, j. un. 22-3-2018, *DJe* 2-4-2018; STJ, 3ª Turma, REsp 1.364.509/RS, rel. Min. Nancy Andrighi, j. un. 10-6-2014, *DJe* 17-6-2014. No mesmo sentido: STJ, 3ª Turma, REsp 1.782.227/PR, rel. Min. Nancy Andrighi, j.un. 27-8-2019, *DJe* 29-8-2019 e STJ, 4ª Turma, AgInt no AgInt no REsp 1.753.850/PR, rel. Min. Antonio Carlos Ferreira, j.un. 22-6-2020, *DJe* 26-6-2020.

71. Assim, *v.g.*: STJ, 4ª Turma, AgInt no REsp 1.669.123/RS, rel. Min. Lázaro Guimarães, j. un. 15-3-2018, *DJe* 3-4-2018, e STJ, 4ª Turma, REsp 1.433.636/SP, rel. Min. Luis Felipe Salomão, j. un. 2-10-2014, *DJe* 15-10-2014. No mesmo sentido: STJ, 3ª Turma, REsp 1.782.227/PR, rel. Min. Nancy Andrighi, j.un. 27-8-2019, *DJe* 29-8-2019 e STJ, 4ª Turma, AgInt no AgInt no REsp 1.753.850/PR, rel. Min. Antonio Carlos Ferreira, j.un. 22-6-2020, *DJe* 26-6-2020.

72. STJ, 2ª Seção, EAREsp 848.498/PR, rel. Min. Luis Felipe Salomão, j. un. 25-4-2018, *DJe* 7-6-2018.

73. A referência é feita ao n. 4.4 do Capítulo 4 da Parte II do v. 3 das edições anteriores ao CPC de 2015 deste *Curso*.

Infeliz porque, como este *Curso* já sustentava, a intimação do cônjuge (e do companheiro) tinha como finalidade a de dar ciência da penhora para, se assim quisesse, exercer, a seu tempo, direitos seus, inclusive o de requerer a adjudicação do bem (art. 876, § 5º). A questão, destarte, independe da titularidade exclusiva do bem imóvel ou do direito real sobre imóvel ou da viabilidade de haver comunicação de patrimônio.

De qualquer sorte, por força do já mencionado § 3º do art. 226 da Constituição Federal, ademais, não há como afastar a incidência da exigência da regra do art. 842 também aos casos de união estável. O que importa, nestes casos, é que haja prova segura de sua existência para que a prévia ciência da penhora que recair sobre bem imóvel ou de direito real sobre imóvel seja exigível. Caso contrário, sem prova daquele estado, não há como entender nula a penhora ou, menos amplamente, qualquer vício do ato praticado sem observância da regra destacada[74].

A intimação da penhora, contudo, não tem o condão de transformar o cônjuge (ou companheiro) em *parte*, condição que só tem aquele que consta do título executivo ou que seja *citado* para integrar o processo com observância de prévios contraditório e ampla defesa.

4.6 Bens móveis

O inciso VI do art. 835 deve ser lido em conjunto com o disposto no inciso II do art. 833, que prevalece sobre o parágrafo único do art. 1º da Lei n. 8.009/90, pelas razões expostas no n. 2.2, *supra*.

Assim sendo, ressalvados os casos de impenhorabilidade (que é *absoluta*) dos bens que guarnecem a residência do executado e que sejam necessários para manutenção de um padrão médio de vida, todos os demais são passíveis de penhora.

A regra ganha interesse também na hipótese prevista no § 1º do art. 836, segundo a qual, não encontrando bens penhoráveis, o oficial de justiça, independentemente de determinação judicial expressa, descreverá na certidão os bens que guarnecem a residência ou o estabelecimento do executado, quando este for pessoa jurídica.

4.6.1 Frutos e rendimentos de coisa imóvel ou móvel

Como adiantado no n. 3, *supra*, cabe trazer algumas considerações sobre a hipótese de a penhora não recair propriamente em bens imóveis (art. 835, V) ou móveis (art. 835, VI) do executado, mas, diferentemente, em *frutos* ou *rendimentos* deles. Pode ser que tal medida se justifique, até mesmo, por se estar diante de um caso de impenhorabilidade relativa (art. 834).

---

74. É o que entendeu a 3ª Turma do STJ no julgamento do REsp 952.141/RS, rel. Min. Humberto Gomes de Barros, j. un. 28-6-2007, *DJ* 1º-8-2007, p. 491.

De acordo com o art. 867, a penhora de frutos e rendimentos de coisa móvel ou imóvel será admitida quando o magistrado a considerar mais eficiente para o recebimento do crédito e menos gravosa ao executado. É correto entender ser ônus do executado demonstrar que a penhora daqueles bens é medida mais gravosa a ele e ofertar subsídios que comprovem a eficiência da penhora recair apenas sobre seus frutos ou rendimentos. Mais uma vez, portanto, é de se aplicar, à espécie, o disposto nos arts. 805 e 847 e o princípio da concretização equilibrada da tutela jurisdicional executiva.

Determinada a penhora, lê-se do *caput* do art. 868, o magistrado nomeará administrador-depositário momento a partir do qual o executado perde o direito de gozo do bem até quando a dívida do exequente estiver integralmente satisfeita. Esse administrador-depositário é que passa a exercer os poderes relativos à administração do bem e à fruição de seus frutos e utilidades.

Os efeitos da nomeação perante terceiros dependem da publicação da decisão respectiva ou, tratando-se de imóvel, de sua averbação no registro imobiliário (art. 868, § 1º), observada, quanto a ela, o disposto no § 2º do mesmo dispositivo, que dispensa, para aquele fim, mandado judicial.

O *caput* do art. 869 admite a possibilidade de o exequente ou o executado serem nomeados administrador-depositário, sempre a depender da concordância da parte contrária. Sem consenso, será nomeado um profissional qualificado para aquele mister.

A forma de administração será submetida a apreciação judicial devendo haver prestação de contas periodicamente (art. 869, § 1º). Se houver discordância, cabe ao magistrado decidir como o bem será administrado (art. 869, § 2º), observando-se, consoante o caso, a viabilidade de o imóvel ser locado (art. 869, § 4º). Se houver locação anterior, o inquilino pagará o aluguel ao exequente, salvo se houver administrador (art. 869, § 3º).

As quantias recebidas pelo administrador serão entregues ao exequente (art. 869, § 5º), que dará ao executado quitação por termo nos autos (art. 869, § 6º).

O propósito dessa modalidade de penhora é que os valores derivados da administração do penhorado – seus frutos ou rendimentos – sejam suficientes para pagamento da dívida do exequente na periodicidade indicada pelo plano de administração a que se refere o § 1º do art. 869 ou, na falta dele, consoante tenha decidido o magistrado, de acordo com as manifestações do exequente e do executado.

A sistemática dos arts. 867 a 869, de o exequente ir recebendo, ao longo do tempo, os valores a título de imputação ao pagamento (art. 869, § 5º) justifica a razão pela qual o CPC de 2015, no inciso III de seu art. 825, captura a *apropriação* daqueles frutos como técnica expropriatória, ao lado da adjudicação e da alienação. Por isso é que o tema volta a ser tratado no n. 5 do Capítulo 5.

4.7 Semoventes

O sétimo lugar na lista de ordem *preferencial* de penhora indica os semoventes, isto é, animais.

A previsão era conhecida do direito processual civil brasileiro, mas deixou de ser repetida pela Lei n. 11.382/2006 nas amplas reformas que ela promoveu no CPC de 1973[75]. A justificativa dada era a de que como os semoventes são uma espécie de bem móvel (art. 82 do CC), o tratamento jurídico dispensado a eles só podia a ser o mesmo dos bens móveis em geral, suficiente, destarte, o inciso III do art. 655 do CPC de 1973, na redação que lhe dera a precitada Lei[76].

Seguir-se-á, em tais casos, a nomeação de administrador-depositário e a apresentação do plano de administração, no prazo de dez dias (úteis), exigido pelo *caput* do art. 862, seguindo-se, após a oitiva das partes a respeito, a decisão do magistrado. As próprias partes podem, nesse sentido, ajustar a forma de administração e escolher o administrador-depositário, seguindo-se homologação judicial (art. 862, § 2º).

4.8 Navios e aeronaves

Navios e aeronaves são penhoráveis de acordo com o inciso VIII do art. 835.

No caso de a penhora recair sobre navio ou aeronave, outrossim, deve-se observar o disposto no art. 864, segundo o qual a penhora não inibe a utilização daqueles bens até a sua alienação, mas é vedada a sua saída do porto ou do aeroporto sem que o executado faça ou comprove ter feito os seguros contra riscos.

O objetivo da regra é evitar que qualquer acidente que possa ocorrer com aqueles bens venha a frustrar a execução. Na hipótese de ele vir a acontecer, a execução recairá sobre o pagamento do seguro.

Tem aplicação, neste caso, o disposto no art. 865. Segundo o dispositivo, a penhora de navios e aeronaves pressupõe que não haja outros meios mais eficazes para a efetivação do crédito. Se o executado questionar a higidez da penhora com aquele fundamento, cabe a ele indicar as alternativas existentes, com base no parágrafo único do art. 805, que conduzirá o magistrado, após a oitiva do exequente, a proferir decisão admitindo ou não a penhora, observando, no deferimento, a ressalva do art. 864.

4.9 Ações e quotas sociais

As "ações e quotas de sociedades simples e empresárias" referidas pelo inciso IX do art. 835 consagram vencedora diretriz doutrinária e jurisprudencial quanto à penhorabilidade de ações

75. Antes do advento daquele diploma legal, a previsão estava no inciso VII do art. 655 do CPC de 1973, nos seguintes termos: "Incumbe ao devedor, ao fazer a nomeação de bens, observar a seguinte ordem: VII – semoventes".

76. Era a interpretação dada pelo n. 4.3 do Capítulo 4 da Parte II do v. 3 das edições anteriores ao CPC de 2015 deste *Curso*.

e quotas mesmo quando não tenham cotação em bolsa e mesmo que constitutivas de sociedades que, pela sua própria razão de ser, pressupõem a *affectio societatis* entre seus componentes[77].

Longe de pretender instituir, com a admissibilidade da penhora, uma sociedade forçada entre os demais sócios e o exequente, em substituição ao executado, a penhora destes bens tem como finalidade a obtenção de seu equivalente monetário a ser obtido por uma das formas de expropriação admitidas pelo art. 825.

4.9.1 Efetivação

O art. 861 não encontra similar no CPC de 1973. Ele versa sobre a penhora das quotas ou ações de sociedades personificadas, regulamentando, assim, o disposto no inciso IX do art. 835.

A previsão acaba encerrando de vez a discussão existente sob a égide daquele Código sobre a viabilidade, ou não, de penhora daqueles bens e, principalmente, sobre o procedimento da penhora, observando, como deve ser, as vicissitudes do direito material e de cada tipo de sociedade, inclusive na perspectiva de subsistência da pessoa jurídica.

De acordo com o dispositivo, penhoradas as quotas ou as ações de sócio, a sociedade terá que tomar as seguintes providências, no prazo a ser assinalado pelo magistrado: (i) apresentar balanço especial; (ii) ofertar as quotas ou ações aos demais sócios, observado direito de preferência legal ou contratual; e (iii) se não houver interesse dos sócios na aquisição das ações, proceder à liquidação das quotas ou das ações, depositando em juízo o valor apurado, em dinheiro. O prazo para a tomada dessas providências não será superior a três meses (art. 861, *caput*), ressalvada a ocorrência das hipóteses previstas no § 4º do art. 861, quando o magistrado poderá ampliá-lo.

O § 1º do art. 861 indica à sociedade alternativa para evitar a liquidação das quotas ou das ações (trata-se da aplicação do princípio da preservação da empresa), hipótese que, de acordo com o § 2º, não se aplica à sociedade anônima de capital aberto, cujas ações serão adjudicadas ao exequente ou alienadas em bolsa de valores.

O § 3º do art. 861 permite a nomeação de administrador, a pedido do exequente ou da sociedade, que submeterá a aprovação judicial a forma de liquidação referida no inciso III do *caput*. É correto entender que as regras relativas à apuração de haveres que os arts. 604 a 608 reservam para a dissolução parcial de sociedades devem guiar o trabalho do administrador quando houver penhora de quotas sociais ou ações de sociedades personificadas e não houver interesse dos demais sócios (ou da própria sociedade) em sua aquisição.

---

77. A 3ª Turma do STJ já teve oportunidade de decidir que a penhora de quotas sociais é possível ainda que a sociedade se encontre em recuperação judicial. Trata-se do REsp 1.803.250/SP, rel. p./acordão Min. Ricardo Villas Bôas Cueva, j.m.v. 23-6-2020, *DJe* 1-7-2020. A orientação mantém-se incólume, não obstante as modificações feitas pela Lei n. 14.112/2020 na Lei n. 11.101/2005.

Se não houver interesse dos demais sócios no exercício de direito de preferência, não ocorra a aquisição das quotas ou das ações pela sociedade e a liquidação do inciso III do *caput* seja excessivamente onerosa para a sociedade, o magistrado poderá determinar o leilão judicial das quotas ou das ações (art. 861, § 5º). Mesmo nessa hipótese, contudo, a apuração do valor das quotas ou ações deve observar o disposto nos referidos arts. 604 a 608.

No âmbito da adjudicação há importante regra sobre o assunto, que merece ser destacada aqui. De acordo com o § 7º do art. 876, havendo penhora de quota social ou de ação de sociedade anônima fechada por exequente que não pertença aos quadros sociais, a sociedade será intimada, cabendo a ela informar aos sócios a ocorrência da penhora. Eles, em igualdade de condições de oferta, terão preferência na *adjudicação* das quotas ou ações, o que, pela sistemática dos mecanismos expropriatórios, pode ocorrer antes (e independentemente) da previsão do § 5º do art. 861.

Na hipótese de o exequente já requerer a penhora de quota social ou de ação de sociedade anônima fechada em sua petição inicial, cabe a ele requerer, desde aquele ato, a intimação da sociedade para o fim previsto no precitado § 7º do art. 876 (art. 799, VII).

4.10 Faturamento de empresa

O inciso X do art. 835 se refere à penhora de "percentual do faturamento de empresa devedora".

Trata-se de regra que foi incorporada ao rol do art. 655 do CPC de 1973 apenas pela Lei n. 11.382/2006, embora a prática forense já consagrasse a iniciativa como verdadeira técnica *atípica* executiva, que se punha no lugar da penhora da própria empresa, uma verdadeira deformação do que os arts. 726 a 729 do CPC de 1973 estabeleciam a título de "usufruto de empresa" e que foram expressamente revogados pela precitada Lei n. 11.382/2006[78].

A regra, contudo, não evidencia qual é o percentual do faturamento que será passível de penhora. A questão, longe de ser teórica, é eminentemente prática, importantíssima, mais ainda quando trazido à consideração o princípio agasalhado no art. 805.

A melhor solução é a análise de cada caso concreto para se verificar em que medida o percentual penhorado afeta, ou não, a subsistência da empresa e o pagamento de seus encargos de todas as espécies[79]. Certo que não subsiste, no Código de Processo Civil, como mecanismo expropriatório, o "usufruto de *empresa*", anteriormente regulado pelos arts. 726 a 729 do CPC de 1973 antes da Lei n. 11.382/2006, mas, nem por isso, a admissão da penhora de faturamento pode significar a penhora de percentual que inviabilize o prossegui-

---

78. Para esta discussão, sem prejuízo do n. 4.7 do Capítulo 4 da Parte II do v. 3 das edições anteriores ao CPC de 2015 deste *Curso*, v., do seu autor, o *A nova etapa da reforma do Código de Processo Civil*, v. 3, p. 237-250.

79. Assim, *v.g.*: STJ, 2ª Turma, REsp 804.635/SP, rel. Min. Mauro Campbell Marques, j. un. 5-8-2008, *DJe* 22-8-2008, e STJ, 3ª Turma, REsp 952.143/RJ, rel. Min. Humberto Gomes de Barros, j. un. 7-3-2008, *DJe* 13-5-2008.

mento das atividades da empresa-executada. Pensamento como este seria admitir, por via reflexa, a paralisação das atividades do devedor, o que não é o objetivo da lei processual civil. Nem sequer a falência, de acordo com o inciso XI do art. 99 da Lei n. 11.101/2005 (preservado incólume pela Lei n. 14.112/2020), significará, necessariamente, a paralisação de tais atividades, quando seu prosseguimento for providência importante para realização do ativo e pagamento do passivo. É sempre importante lembrar, ademais, que as regras aqui discutidas disciplinam a prática de atos executivos para a concretização da tutela jurisdicional executiva em face de devedor *solvente*.

4.10.1 Efetivação

Para viabilizar a escorreita penhora do faturamento de empresa com observância das considerações destacadas pelo parágrafo anterior é que deve ser observado o procedimento estabelecido pelo art. 866.

De acordo com o *caput* daquele dispositivo, a penhora de faturamento é subsidiária e pressupõe que o executado não possua outros bens penhoráveis ou, quando menos, que eles sejam de difícil alienação ou insuficientes para pagamento da dívida. É correto sustentar que é ônus do executado demonstrar a existência de outros bens para evitar a incidência da penhora do percentual de faturamento de empresa, o que decorre da interpretação conjunta dos arts. 805, 847, *caput*, 865 e 867, *caput*[80].

Nos casos em que a penhora recair sobre percentual do faturamento da empresa executada, haverá nomeação, pelo juízo, de um "administrador-depositário", que, dentre as suas atribuições (art. 866, § 2º), deverá submeter à aprovação do juízo o melhor método de realização daquela constrição. É dizer de forma bem direta: cabe ao depositário demonstrar para o magistrado a viabilidade econômica da penhora, apontando qual é o real *faturamento* da empresa, indicando, a partir daquele dado concreto, o *percentual* que se afina à providência a ser tomada, sem colocar em risco a sobrevivência econômica da empresa. É importante destacar: se o valor do crédito perseguido pelo exequente for maior do que as condições econômicas da empresa executada para pagá-lo a partir da penhora de seu faturamento, a hipótese é de falência ou de insolvência civil. Nunca, contudo, de aplicação da regra aqui destacada, que pressupõe a *solvência* do devedor. O depositário também tem a incumbência de prestar contas mensalmente ao juízo, entregando ao exequente as quantias recebidas, a fim de serem imputadas no pagamento da dívida, observando-se, no que cabível, o disposto nos arts. 352 a 355 do Código Civil.

---

80. O Tema 769 na jurisprudência repetitiva do STJ trata do assunto na perspectiva das execuções fiscais, reguladas pela Lei n. 6.830/1980. As questões submetidas a julgamento são as seguintes: "i) necessidade de esgotamento das diligências como pré-requisito para a penhora do faturamento; ii) equiparação da penhora de faturamento à constrição preferencial sobre dinheiro, constituindo ou não medida excepcional no âmbito dos processos regidos pela Lei 6.830/1980; e iii) caracterização da penhora do faturamento como medida que implica violação do princípio da menor onerosidade.".

É com base naquele trabalho técnico – e sempre ouvidas as partes previamente – que o magistrado, com base no § 1º do art. 866 (e a despeito da ordem dos dispositivos) fixará o percentual da penhora que propicie, a um só tempo, a satisfação do crédito exequendo em tempo razoável, mas que não torne inviável o exercício da atividade empresarial. Trata-se de nítida (e correta) aplicação do princípio da concretização equilibrada da tutela jurisdicional executiva decorrente da devida interpretação dos arts. 797 e 805.

No mais, a dinâmica dessa modalidade de penhora observará a disciplina relativa à penhora de frutos e rendimentos de coisa móvel ou imóvel como subsidiária, objeto dos arts. 867 a 869, consoante estabelece o § 3º do art. 866, objeto de exame no n. 4.6.1.

4.10.2 Penhora de empresa e outros estabelecimentos

Sem prejuízo da penhora de faturamento da empresa, prevista no inciso X do art. 835, é possível a penhora da própria empresa, devendo ser observadas, neste caso, as regras dos arts. 862 e 863.

O art. 865, por sua vez, estabelece que se trata de penhora que somente será determinada se não houver meio mais eficaz para o pagamento do crédito do exequente. É correto entender que cabe ao executado, por força do parágrafo único do art. 805, demonstrar as alternativas existentes para que o magistrado, após a oitiva do exequente, determine, ou não, a penhora aqui destacada.

4.10.2.1 *Efetivação*

Se a penhora recair em estabelecimento comercial[81], industrial ou agrícola, cabe ao magistrado nomear administrador-depositário, que terá dez dias (úteis) para apresentar plano de administração (art. 862, *caput*) sobre o qual as partes serão ouvidas, seguindo-se a respectiva decisão (art. 862, § 1º). Trata-se de decisão interlocutória e agravável de instrumento por força do parágrafo único do art. 1.015. Pode acontecer também às próprias partes ajustarem a forma de administração e escolherem, de comum acordo, o administrador-depositário, seguindo-se homologação judicial (art. 862, § 2º).

Se a empresa penhorada atuar em regime de concessão ou autorização de serviço público, isto é, empresas que prestem serviços públicos ou exerçam atividade econômica em colaboração com o Estado, por ato de delegação seu, o depositário-administrador será nomeado pelo magistrado, de preferência entre seus diretores (art. 863, *caput*). Se a penhora recair sobre a renda ou sobre determinados bens, cabe ao depositário-administrador apresentar a forma de administração e o esquema de pagamento, observando a disciplina da penhora de frutos e rendimentos de coisa móvel e imóvel (arts. 867 a 869), como estabelece o § 1º do art. 863. Na

---

81. A Súmula 451 do STJ já admitia "... legítima a penhora da sede do estabelecimento comercial".

hipótese de a penhora recair sobre todo o patrimônio, o ente público titular do serviço concedido ou autorizado será ouvido antes da adjudicação ou alienação (art. 863, § 2º).

A norma precisa ser contrastada com o disposto nos arts. 173 e 175 da Constituição Federal para que, em cada caso concreto, se verifique em que medida a prestação de eventual serviço público pela empresa pode, ou não, ser comprometida e, consequentemente, desautorizar a penhora tal qual realizada[82].

4.11 Pedras e metais preciosos

O inciso XI do art. 835 refere-se à penhora de "pedras e metais preciosos".

Dentre as "pedras e metais preciosos" é passível de penhora, inclusive, o "anel nupcial", que, antes da Lei n. 11.382/2006 que tantas modificações trouxe para o CPC de 1973, era *impenhorável* por força do disposto no inciso III do art. 649, que deixou desde então de fazer aquela referência, também não feita pelo CPC de 2015.

Nestes casos, depositário preferencial, de acordo com o inciso I do art. 840, é o Banco do Brasil, a Caixa Econômica Federal ou banco do qual o Estado ou o Distrito Federal possua mais da metade do capital social integralizado, ou, na falta desses estabelecimentos, em qualquer instituição de crédito designada pelo magistrado.

4.12 Direitos aquisitivos de promessa de compra e venda e de alienação fiduciária em garantia

O inciso XII do art. 835, novidade trazida pelo CPC de 2015, trata da penhora de direitos aquisitivos derivados de promessa de compra e venda e de alienação fiduciária em garantia que, pela sua peculiaridade de direito material[83], estão apartados da regra genérica do inciso XIII do art. 835, que se refere à viabilidade genérica de penhora de "outros direitos"[84].

4.13 Outros direitos

O inciso XIII do art. 835 é a regra de encerramento. Refere-se o dispositivo à penhora de "outros direitos".

82. Para essa discussão, v. STF, Pleno, AC 669/SP, rel. Min. Carlos Britto, j. m. v. 6-10-2005, *DJ* 26-5-2006, p. 7.

83. Tanto assim que é possível que a penhora recaia sobre o bem dado em garantia no contrato de alienação fiduciária se o credor optar pelo processo executivo e não pela busca e apreensão e a penhora, por terceiro, dos direitos do devedor fiduciário decorrentes do contrato de alienação fiduciária. Nesse sentido: STJ, 3ª Turma, REsp 1.766.182/SC, rel. Min. Paulo de Tarso Sanseverino, j.un. 9-6-2020, *DJe* 12-6-2020.

84. A regra encontra eco na Súmula 109 do TRF4, cujo enunciado é o seguinte: "É possível que a constrição executiva recaia sobre os direitos que o executado detém no contrato de alienação fiduciária".

Dentre estes "outros direitos" passíveis de serem penhorados, vale a lembrança de eventuais créditos que o executado tenha perante terceiros. A penhora desses direitos de crédito deverá observar as regras dos arts. 855 a 860.

A propósito, vale destacar que é pacífica a jurisprudência do Superior Tribunal de Justiça[85] sobre a admissibilidade da penhora de "precatórios", que corresponde, em última análise, a uma penhora de *crédito* em favor do executado[86]. A Súmula 406 daquele Tribunal[87], a propósito, acabou por permitir à Fazenda Pública se opor ao pedido de substituição dos bens penhorados por precatórios, fundamentando seu entendimento também no que consta da Lei n. 6.830/80, a "Lei da Execução Fiscal".

A amplitude da previsão também convida para o destaque devido às regras previstas nos §§ 3º e 4º do art. 862.

O § 3º daquele dispositivo disciplina a penhora em relação a edifícios em construção sob regime de incorporação imobiliária. Neste caso, ela só pode recair sobre as unidades não comercializadas pelo incorporador.

O § 4º do mesmo art. 862 trata da hipótese de ser necessário o afastamento do incorporador da administração da incorporação e a possibilidade de aquele papel ser assumido por comissão de representantes dos adquirentes ou, conforme o caso, por empresa ou profissional indicado pela instituição fornecedora dos recursos para a obra.

4.13.1 Efetivação

Os arts. 855 a 860 disciplinam a prática dos atos voltados à penhora de créditos e de outros direitos patrimoniais. A principal preocupação daqueles dispositivos é a de dar ciência sufi-

---

85. Assim, v.g.: 1ª Turma, AgRg no AREsp 81.925/RS, rel. Min. Napoleão Nunes Maia Filho, j. un. 24-4-2018, *DJe* 9-5-2018; 1ª Seção, EREsp 870.428/RS, rel. Min. Teori Albino Zavascki, j. 27-6-2007, *DJ* 13-8-2007, p. 328; 1ª Seção, EREsp 834.956/RS, rel. Min. Humberto Martins, j. un. 11-4-2007, *DJ* 7-5-2007, p. 271; 1ª Turma, AgRg no REsp 1.005.412/ES, rel. Min. Francisco Falcão, j. un. 25-3-2008, *DJe* 30-4-2008; 1ª Turma, REsp 1.000.261/RS, rel. Min. Luiz Fux, j. un. 25-3-2008, *DJe* 3-4-2008; e 2ª Turma, AgRg nos EDcl no REsp 1.059.302/SP, rel. Min. Eliana Calmon, j. un. 11-11-2008, *DJe* 27-11-2008.

86. Expresso quanto ao ponto é o REsp repetitivo 1.090.898/SP, da 1ª Seção do STJ, rel. Min. Castro Meira, j. un. 12-8-2009, *DJe* 31-8-2009, assim ementado: "PROCESSUAL CIVIL. RECURSO ESPECIAL REPRESENTATIVO DE CONTROVÉRSIA. ART. 543-C DO CPC. RESOLUÇÃO STJ n. 08/2008. EXECUÇÃO FISCAL. SUBSTITUIÇÃO DE BEM PENHORADO POR PRECATÓRIO. INVIABILIDADE. 1. 'O crédito representado por precatório é bem penhorável, mesmo que a entidade dele devedora não seja a própria exequente, enquadrando-se na hipótese do inciso XI do art. 655 do CPC, por se constituir em direito de crédito' (EREsp 881.014/RS, 1ª Seção, Rel. Min. Castro Meira, *DJ* de 17-3-2008). 2. A penhora de precatório equivale à penhora de crédito, e não de dinheiro. 3. Nos termos do art. 15, I, da Lei 6.830/80, é autorizada ao executado, em qualquer fase do processo e independentemente da aquiescência da Fazenda Pública, tão somente a substituição dos bens penhorados por depósito em dinheiro ou fiança bancária. 4. Não se equiparando o precatório a dinheiro ou fiança bancária, mas a direito de crédito, pode o Fazenda Pública recusar a substituição por quaisquer das causas previstas no art. 656 do CPC ou nos arts. 11 e 15 da LEF. 5. Recurso especial representativo de controvérsia não provido. Acórdão sujeito à sistemática do art. 543-C do CPC e da Resolução STJ n. 08/2008".

87. Cujo enunciado é o seguinte: "A Fazenda Pública pode recusar a substituição do bem penhorado por precatórios".

ciente da realização da penhora a todos os envolvidos na relação obrigacional e evitar, com isto, a prática de qualquer ato fraudulento que possa prejudicar o resultado útil da execução.

De acordo com o art. 855, quando a penhora recair em crédito do executado a penhora se dá pela intimação do devedor do executado para que não pague a ele (art. 855, I) ou com a intimação do executado para que se abstenha de praticar qualquer ato de disposição do crédito (art. 855, II). Até porque a prática de qualquer ato nesse sentido pode ser entendida como fraudulenta e, consequentemente, ineficaz em relação à execução. Também se aplica à espécie o disposto no art. 312 do Código Civil, segundo o qual o pagamento feito pelo executado ao seu credor, apesar de intimado da penhora de crédito, não valerá contra o exequente, ressalvado o direito de regresso do executado diante de seu credor.

Nos casos em que o crédito for representado por letra de câmbio, nota promissória, duplicata, cheque ou quaisquer outros títulos de crédito, a penhora faz-se pela apreensão do documento, independentemente de ele estar, ou não, em poder do executado (art. 856, *caput*).

Os parágrafos do art. 856 disciplinam desdobramentos específicos sobre a penhora disciplinada no *caput*. Assim, quando o título não for apreendido, mas o terceiro (o devedor do executado) confessar a dívida, ele será considerado depositário da importância respectiva (§ 1º). O terceiro (devedor do executado) só se desonerará da obrigação se depositar a importância da dívida em juízo (§ 2º). Na hipótese de o terceiro (devedor do executado) negar o débito em conluio com o executado, a quitação respectiva será considerada fraude à execução (§ 3º), hipótese em que o exequente poderá requerer a realização de audiência para a oitiva de um e de outro para comprovação daquele ato (§ 4º).

No caso de a penhora recair em "direito e ação" do executado, o exequente fica sub-rogado nos direitos do executado até o limite de seu crédito, em conformidade com o seu reconhecimento judicial (art. 857, *caput*), podendo agir processualmente para a satisfação do seu próprio crédito (art. 857, § 2º). Como alternativa à sub-rogação, o exequente pode preferir a alienação do próprio crédito penhorado, declarando a sua vontade no prazo de dez dias (úteis) contados da realização da penhora (art. 857, § 1º).

Sendo objeto da penhora valores remunerados por juros ou direito a rendas ou outras prestações periódicas, o art. 858 permite que o exequente possa satisfazer-se gradativamente, com o abatimento das importâncias recebidas, consoante as regras de imputação do pagamento.

O art. 859 impõe que, sendo penhorado direito que tenha por objeto a prestação ou a restituição de coisa determinada, o devedor respectivo (terceiro em relação à execução) seja intimado para, no vencimento, depositá-la em juízo, correndo sobre ela a prática dos atos executivos, descabida a nomeação de depositário ou de plano de administração para esta finalidade[88].

---

88. Nesse sentido: STJ, 3ª Turma, AgRg no AREsp 733.193/RS, rel. Min. Moura Ribeiro, j. un. 25-10-2016, *DJe* 8-11-2016; STJ, 3ª Turma, REsp 1.035.510/RJ, rel. Min. Nancy Andrighi, j. un. 2-9-2008, *DJe* 16-9-2008.

Quando o direito penhorado estiver sendo pleiteado em juízo, a penhora respectiva será "averbada com destaque" nos autos respectivos – é a chamada "penhora no rosto dos autos" –, hipótese em que a satisfação do exequente far-se-á a partir do *produto* dos bens alienados para a satisfação do executado ou, se for o caso, por ele adjudicados (art. 860)[89]. É indiferente que o direito do executado, objeto da penhora, já tenha sido reconhecido por decisão transitada em julgado[90], observando-se, na hipótese oposta, as diretrizes do cumprimento provisório da sentença. Tal penhora pressupõe que o executado seja credor em outro processo e que venha, em função dele, receber algum valor, que é justamente o que é objeto da penhora a ser efetivada em favor do exequente[91]. A regra alcança inclusive crédito em discussão no âmbito de processos arbitrais[92].

4.14 Execução de crédito com garantia real

De acordo com o § 3º do art. 835, na concretização da tutela jurisdicional executiva de crédito com garantia de direito real, a penhora recairá sobre a coisa dada em garantia, e, se a coisa pertencer a terceiro garantidor, este também será intimado da penhora. Trata-se de aplicação da função a ser desempenhada pelos chamados "direitos reais" (art. 1.419 do CC).

Apesar de a regra não ser clara, importa interpretá-la levando em conta a ressalva do § 1º do art. 835 para entender que a penhora sobre o próprio bem dado em garantia é *preferencial* e que, consoante o caso, o exequente pode abrir mão dela em prol de outros bens que

---

89. Foi o que decidiu a 3ª Turma do STJ no REsp 1.330.165/RJ, rel. Min. Nancy Andrighi, j. un. 13-5-2014, *DJe* 2-6-2014, no qual se admitiu a adjudicação dos direitos hereditários do devedor penhorados no rosto dos autos de inventário. Em outra oportunidade, a mesma Turma entendeu possível a penhora no rosto dos autos de crédito trabalhista do executado. Como o executado veio a falecer durante o processo, foi reconhecida a competência do juízo do inventário para identificar a natureza do crédito (se alimentar ou não) se, for o caso, sua liberação. Trata-se do REsp 1.678.209/PR, rel. Min. Paulo de Tarso Sanseverino, j. un. 2-10-2018, *DJe* 8-10-2018.

90. Nesse sentido é o Enunciado n. 155 da II Jornada de Direito Processual Civil do CJF: "A penhora a que alude o art. 860 do CPC poderá recair sobre direito litigioso ainda não reconhecido por decisão transitada em julgado".

91. Diante dessa necessária distinção é correto o entendimento que a 4ª Turma do STJ alcançou no REsp 1.318.506/RS, rel. Min. Marco Aurélio Bellizze, j. un. 18-11-2014, *DJe* 24-11-2014 segundo o qual, "Em se tratando de dívida que foi contraída pessoalmente pelo autor da herança, pode a penhora ocorrer diretamente sobre os bens do espólio e não no rosto dos autos, na forma do que dispõe o art. 674 do CPC, o qual só terá aplicação na hipótese em que o devedor for um dos herdeiros". O art. 674 do CPC de 1973 corresponde ao art. 860 do CPC de 2015.

92. Nesse sentido: STJ, 3ª Turma, REsp 1.678.224/SP, rel. Min. Nancy Andrighi, j. un. 7-5-2019, *DJe* 9-5-2019, de cuja ementa se lê, de pertinente para cá: "Respeitadas as peculiaridades de cada jurisdição, é possível aplicar a regra do art. 674 do CPC/73 (art. 860 do CPC/2015), ao procedimento de arbitragem, a fim de permitir que o juiz oficie o árbitro para que este faça constar em sua decisão final, acaso favorável ao executado, a existência da ordem judicial de expropriação, ordem essa, por sua vez, que só será efetivada ao tempo e modo do cumprimento da sentença arbitral, no âmbito do qual deverá ser também resolvido eventual concurso especial de credores, nos termos do art. 613 do CPC/73 (parágrafo único do art. 797 do CPC/2015). 10. Dentre as mencionadas peculiaridades, está a preservação da confidencialidade estipulada na arbitragem, à que alude a recorrente e da qual não descurou a Lei n. 9.307/96, ao prever, no parágrafo único do art. 22-C, que o juízo estatal observará, nessas circunstâncias, o segredo de justiça".

se mostrem mais eficientes, não obstante a preferência na ordem de pagamento que lhe é assegurada pelo art. 1.422 do Código Civil.

O § 3º do art. 835 vai além para acentuar que também o terceiro garantidor deve ser intimado da penhora, quando ela recair sobre bens seus. A intimação justifica-se para que o terceiro possa exercer em juízo seus eventuais direitos, inclusive para questionar a legitimidade da apreensão judicial, quando oferecerá os embargos de terceiro disciplinados pelos arts. 1.046 a 1.052. Ela só se justifica, contudo, se o garantidor não for *citado* na qualidade de *executado*, o que ganha interesse diante da hipótese do inciso V do art. 779 que o legitima expressamente a tanto.

5. REALIZAÇÃO DA PENHORA

A penhora pressupõe, independentemente de se tratar de concretização de tutela jurisdicional executiva fundada em título judicial ou em extrajudicial, o transcurso *in albis* do prazo para pagamento.

Não há mais *direito* do executado em oferecer bens à penhora quando instado a pagar o que deve em juízo. Não prevalece, desde as modificações introduzidas pela Lei n. 11.382/2006, a verdadeira opção que o *caput* do art. 652 do CPC de 1973 em sua redação original lhe reconhecia: pagar *ou* oferecer bens à penhora, alternativa que era bastante atraente para o executado porque o recebimento dos embargos que poderia opor, desde que seguro o juízo, tinha o condão de suspender a prática de quaisquer atos executivos (arts. 739, § 1º, e 791, I, do CPC de 1973, antes da Lei n. 11.382/2006).

Doravante, o executado deve *pagar* o que é devido no prazo de quinze dias quando se tratar de cumprimento de sentença (art. 523, *caput*) ou de três dias em se tratando de execução de título extrajudicial (art. 829, *caput*), após o que seguir-se-á o *dever* de o oficial de justiça penhorar os bens suficientes para satisfação do crédito do exequente.

Os parâmetros *quantitativos* da penhora, isto é, os limites que deverão ser observados para sua efetivação – e o exequente, é pertinente lembrar, pode indicar os bens a serem penhorados desde sua primeira manifestação em torno da concretização da tutela jurisdicional executiva (art. 524, VII, e art. 829, § 2º), estão previstos no *caput* do art. 831: "A penhora deverá recair sobre tantos bens quantos bastem para o pagamento do principal atualizado, dos juros, das custas e dos honorários advocatícios". Com relação às "custas", cabe destacar que elas envolvem todos os valores que o exequente deve *adiantar* para a prática dos atos executivos (assim, por exemplo, o recolhimento das taxas judiciárias relativas ao processo; as diligências para citação e/ou penhora e avaliação pelo oficial de justiça) e também as custas relativas aos atos que ainda deverão ser praticados até a satisfação de seu crédito. Assim, os honorários de eventual avaliador (art. 870) e os valores devidos para a publicação de editais para o leilão (art. 886).

Complementa a regra o disposto no *caput* do art. 836, de acordo com o qual "Não se levará a efeito a penhora quando ficar evidente que o produto da execução dos bens encontrados será totalmente absorvido pelo pagamento das custas da execução". Nesta hipótese, quando não forem encontrados bens penhorados, segundo o § 1º do art. 836, cabe ao oficial de justiça certificar o ocorrido descrevendo os bens que constam da residência ou do estabelecimento (comercial) do executado, quando se tratar de pessoa jurídica. Daquela relação, o executado ou seu representante legal será nomeado depositário provisório de tais bens até ulterior determinação do juiz (art. 836, § 3º). Tais providências querem viabilizar a realização da penhora sobre aqueles bens, hipótese que encontra eco no inciso VI do art. 835.

5.1 Lugar

O art. 837 permite que a penhora de dinheiro, tanto quanto as averbações de penhoras de bens imóveis ou móveis sejam realizadas por meio eletrônico, desde que observadas as normas de segurança instituídas de maneira uniforme pelo Conselho Nacional de Justiça. Não há como negar que também imóveis ou móveis, estes quando sujeitos a registro (como ocorre com carros, por exemplo), também sejam penhorados por meio eletrônico. Trata-se de tendência clara que permite ir além da *literalidade* do art. 837. Importa, isso sim, que os sistemas eletrônicos que permitam essas penhoras observem as necessárias diretrizes de segurança.

Não obstante o silêncio do art. 837, não há razão para excluir que também o arresto (art. 830) ou outros atos constritivos que acabem por se justificar na concretização da tutela jurisdicional executiva ou, mais amplamente, ao longo do processo, realizem-se eletronicamente, com observância do disposto no mesmo dispositivo[93].

A permissão da penhora por meio eletrônico, mesmo para quem a entenda restrita a dinheiro, coloca em xeque a regra do *caput* do art. 845, segundo a qual a penhora é realizada no lugar onde os bens se encontram. Também é irrecusável que o emprego de meio eletrônico dispensa a expedição de carta precatória nos termos do § 2º do art. 845. É correto entender, por isso mesmo, que aquelas regras se dirigem, única e exclusivamente, para as situações em que a penhora não é feita eletronicamente cabendo, por isso mesmo, ao oficial de justiça efetivá-la (art. 846, *caput*).

Não se tratando de penhora eletrônica, a penhora realiza-se no local onde se encontram os bens, mesmo quando estiverem em posse, detenção ou guarda de terceiro (art. 845, *caput*). A penhora não afeta a titularidade do bem, quando muito a sua posse (art. 840), pelo que é de todo indiferente quem esteja, no instante em que ela é efetivada, na posse do bem. O que interessa para fins de realização de penhora não eletrônica é a localização do bem e, com a lavratura do auto respectivo, a sua constituição para todos os fins, inclusive para estabelecer quem será responsável pela sua conservação até a prática dos atos expropriatórios.

Trata-se de ato a ser praticado pelo oficial de justiça (art. 154, I).

---

93 É a diretriz encampada pela Resolução n. 354/2020 do CNJ, que "dispõe sobre o cumprimento digital de ato processual e ordem judicial e dá outras providências".

Havendo resistência do executado na realização da penhora, o oficial de justiça comunicará o fato ao magistrado que, se for o caso, expedirá mandado de arrombamento (art. 846, *caput*).

Deferido o pedido, dois oficiais de justiça cumprirão o mandado – se necessário, com requisição de força policial (art. 846, § 2º) –, tomando as providências cabíveis para efetivação da penhora, documentando as diligências realizadas em auto circunstanciado a ser assinado por duas testemunhas presenciais (art. 846, § 1º).

Se houver resistência ao cumprimento do mandado de penhora, que é *ordem* expedida pelo magistrado, poderá haver crime de "resistência" ou de "desobediência", de acordo com os arts. 329 e 330 do Código Penal, respectivamente. O ato será documentado, inclusive com a indicação das testemunhas e sua qualificação (art. 846, § 4º), dando-se ciência não só ao juízo da execução, mas também à autoridade policial para sua apuração de acordo com o devido processo constitucional (art. 846, § 3º).

É possível, contudo, mesmo no mundo do papel, que a penhora de bens imóveis independentemente de sua localização seja efetivada por termo nos autos diante da apresentação da certidão da respectiva matrícula, tanto quanto – e aqui reside uma importante novidade do CPC de 2015 – a penhora de veículos automotores, mediante a apresentação de certidão que ateste a sua existência (art. 845, § 1º).

Com essa possibilidade, o § 2º do art. 845, ao disciplinar a viabilidade de penhora de bens por carta precatória – a chamada "execução por carta" –, pressupõe não só a inexistência de bens no foro em que tramita o processo, mas a impossibilidade de realização da penhora em consonância com o § 1º.

5.2 Auto de penhora

Considera-se feita a penhora pela apreensão do bem e o depósito do bem (art. 839).

A penhora será documentada por auto ou termo, que conterá: (i) o dia, o mês, o ano e o lugar em que foi feita; (ii) os nomes do exequente e do executado; (iii) a descrição dos bens penhorados, com as suas características; e (iv) a nomeação do depositário dos bens (art. 838). A despeito do silêncio do dispositivo, nas hipóteses em que o bem penhorado já tiver sido avaliado, o valor respectivo deverá constar do laudo também.

Se várias penhoras forem realizadas em uma só diligência, o termo ou auto será único (art. 839, *caput*); se não, serão lavrados tantos quantos sejam as penhoras efetivadas (art. 839, parágrafo único). Tratando-se de penhora em dinheiro feita por meio eletrônico, é dispensada a lavratura de termo (art. 854, § 5º).

5.3 Depósito

O art. 840 disciplina o depósito dos bens penhorados.

O CPC de 2015, seguindo os passos das alterações promovidas pela Lei n. 11.382/2006 no CPC de 1973, revela substancial modificação de orientação. Antes do advento daquele diploma legislativo, a regra era a de que o executado seria o depositário dos bens penhorados, a não ser que o exequente se manifestasse em sentido contrário, hipótese em que seriam observadas as três alternativas previstas em cada um dos incisos do art. 666 do CPC de 1973 em sua redação original[94].

A preferência legal, desde então, é a de tirar do executado a posse direta dos bens. O intuito do legislador é claro: evitar, ao máximo, que o executado tenha condições concretas de danificar o bem e, mais do que isto, criar qualquer tipo de embaraço ou delonga com respeito aos atos seguintes do procedimento que, feita a penhora e avaliados os bens, são já voltados à expropriação dos bens penhorados.

De acordo com o inciso I do art. 840, em se tratando de penhora que recai sobre dinheiro, papéis de crédito, pedras e metais preciosos, o depositário será preferencialmente o Banco do Brasil, a Caixa Econômica Federal ou outros bancos do qual o Estado ou o Distrito Federal possua mais da metade do capital social integralizado. Na falta de tais agentes financeiros, o depositário será em qualquer instituição de crédito designada pelo magistrado.

As joias, as pedras e os objetos preciosos deverão ser depositados com registro do valor estimado de resgate (art. 840, § 3º).

O inciso II do art. 840 reserva ao "depositário judicial" a guarda dos bens móveis, semoventes, imóveis urbanos e direitos aquisitivos sobre imóveis urbanos. Na inexistência de depositário judicial, os bens ficarão em poder do exequente, ressalva feita expressamente pelo § 1º do art. 840.

O inciso III do art. 840, por fim, estabelece que os imóveis rurais, os direitos aquisitivos sobre imóveis rurais, as máquinas, os utensílios e os instrumentos necessários ou úteis à atividade agrícola ficam depositados em poder do executado, mediante caução idônea, a ser fixada e prestada sem maiores formalidades no próprio processo.

Também ficarão depositados em mãos do executado, de acordo com o § 2º do art. 840, os bens de difícil remoção ou quando houver anuência do exequente. Não há porque, na primeira hipótese ao menos, deixar de exigir caução idônea do executado, a exemplo do que faz o inciso III do art. 840. É também correto entender que mesmo naqueles casos, quando

94. Era a seguinte a redação daqueles dispositivos: "Art. 666. Se o credor não concordar em que fique como depositário o devedor, depositar-se-ão: I – no Banco do Brasil, na Caixa Econômica Federal, ou em um banco, de que o Estado-Membro da União possua mais de metade do capital social integralizado; ou, em falta de tais estabelecimentos de crédito, ou agências suas no lugar, em qualquer estabelecimento de crédito, designado pelo juiz, as quantias em dinheiro, as pedras e os metais preciosos, bem como os papéis de crédito; II – em poder do depositário judicial, os móveis e os imóveis urbanos; III – em mãos de depositário particular, os demais bens, na forma prescrita na Subseção V deste Capítulo".

se tratar de bens de difícil remoção, que o exequente manifeste sua concordância com a circunstância de o executado ser seu depositário. Isto porque pode ocorrer de haver depositários particulares (e, até mesmo, públicos) que desempenhem a contento aquela função, inclusive com a realização do transporte do bem a contento[95].

A indicação do depositário é componente obrigatório do auto de penhora nos termos do inciso IV do art. 838.

O CPC de 2015, diferentemente do inciso III do art. 666 do CPC de 1973, na redação que lhe deu a Lei n. 11.382/2006, é silente sobre a hipótese de os bens ficarem em depósito particular. É irrecusável a possibilidade de as partes disporem a respeito, desde que observados os limites do art. 190, arcando com as custas respectivas que, de qualquer sorte, podem ser cobradas no mesmo processo em que se pretende a concretização da tutela jurisdicional executiva.

5.3.1 Devolução do bem

Uma das obrigações de qualquer depositário, inclusive o instituído *judicialmente*, é a de devolver o bem quando assim lhe for determinado.

Não subsiste, contudo, a autorização constitucional do inciso LXVII do art. 5º da Constituição Federal, para a prisão civil neste caso, que, de acordo com o § 3º do art. 666 do CPC de 1973, incluído pela Lei n. 11.382/2006, permitia que fosse decretada "no próprio processo, independentemente de ação de depósito"[96].

A questão, contudo, como já sustentavam as edições anteriores ao CPC de 2015, ia além da mera forma da prática daquele ato, perpassando pela sua necessária interpretação constitucional e sistemática no ordenamento jurídico brasileiro[97].

---

95. Dialoga com esta solução a orientação contida na Súmula 319 do STJ, assim enunciada: "O encargo de depositário de bens penhorados pode ser expressamente recusado".

96. Era esta a orientação predominante inclusive no âmbito do STF, como fazia prova a sua Súmula 619, hoje cancelada: "A prisão do depositário judicial pode ser decretada no próprio processo em que se constitui o encargo, independentemente da propositura de ação de depósito".

97. É o que se lia do n. 6.3 do Capítulo 4 da Parte II do v. 3 das edições anteriores ao CPC de 2015 deste *Curso*: "A questão que se põe, contudo, vai além da *forma* de se realizar a prisão do depositário infiel, sendo exigível, ou não, uma nova 'ação' ou um novo 'processo' para aquela finalidade. O desafio que o dispositivo traz à tona diz respeito a ser legítima a prisão civil do depositário infiel porque, embora o inciso LXVII do art. 5º da Constituição Federal a admita, há fundadas dúvidas sobre a subsistência do dispositivo depois do acréscimo do § 3º ao mesmo art. 5º, fruto da Emenda Constitucional n. 45/2004, já que o Brasil é signatário do 'Pacto de San José da Costa Rica' (Convenção Interamericana dos Direitos Humanos de 1969, aprovada pelo Decreto Legislativo n. 27/92 e promulgada pelo Decreto n. 678/92), que admite, apenas, a prisão civil por dívida de cunho alimentar (art. 7º, n. 7), e também em função do art. 11 do Pacto Internacional dos Direitos Civis e Políticos, e, mesmo antes daquela inovação, diante do disposto no art. 4º, II, da Constituição Federal. E mesmo que assim não fosse, havia – e ainda há – viva controvérsia, não obstante o art. 652 do Código Civil, sobre a aplicabilidade da pena de prisão para os casos em que o depósito não é *voluntário* mas, como no caso, imposto pela lei (depósito *legal*) e, mais precisamente, pelo próprio magistrado (depósito *judicial*), sendo prova suficiente o disposto na Súmula 304 do STJ: 'É ilegal a decretação da prisão civil daquele que não assume expressamente o encargo de depositário judicial' (v. n. 6.1, *supra*). No âmbito do Supremo Tribunal Federal acabou prevalecendo o entendimento quanto à vedação

Diante deste quadro, o correto é entender que a devolução do bem depositado pode ser implementada pela tomada de medidas *coercitivas* para tanto (art. 139, IV), encontrando no art. 538 referencial suficiente. A prática, outrossim, pode configurar crime de apropriação indébita, com pena majorada em um terço em função do exercício da função pública (art. 168, § 1º, II, do CP), sem prejuízo de o depositário responder por perdas e danos em face do exequente e, até mesmo, do executado[98].

5.4 Intimações

Uma vez formalizada a penhora (art. 839, *caput*), o executado será dela imediatamente intimado (art. 841, *caput*). A regra é a que a intimação seja feita por intermédio do advogado ou da sociedade de advogados (art. 841, § 1º). O § 3º excepciona-a quando a penhora é realizada na presença do executado, que se reputa intimado no próprio ato. Se não houver advogado, o executado será intimado pessoalmente, de preferência pelo correio (art. 841, § 2º), presumindo-se válida, como se extrai do § 4º do mesmo dispositivo, a intimação dirigida ao endereço constante dos autos. As previsões harmonizam-se com o disposto no *caput* do art. 274 e seu respectivo parágrafo único.

Se a penhora recair sobre bem imóvel ou direito real sobre imóvel, também será intimado o cônjuge do executado, salvo se forem casados em regime de separação absoluta de bens (art. 842)[99]. A intimação da penhora, contudo, não tem o condão de transformar o cônjuge (ou companheiro) em *parte* na execução, condição que só tem aquele que consta do título executivo ou que seja *citado* para integrá-lo com observância de prévios contraditório e ampla defesa em incidente cognitivo instaurado para aquele fim. A intimação se justifica para que o cônjuge, ciente da penhora, possa tutelar eventuais direitos seus tais como sua meação (art. 843) e para requerer a adjudicação do bem (art. 876, § 5º). Pode até ser que o caso –

---

constitucional da prisão civil em tais casos – questão verdadeiramente prejudicial a todas as outras –, orientação que levou, inclusive, ao cancelamento da precitada Súmula 619 (HC 92.566/SP, rel. Min. Marco Aurélio, j. m. v. 3-12-2008, *DJE*-236 11-12-2008). A este respeito, v. o RE 349.703/RS, relator p/ acórdão o Ministro Gilmar Mendes, o RE 466.343/SP, relator o Ministro Cezar Peluso, o HC 87.585/TO, relator o Ministro Marco Aurélio, todos julgados em sessão realizada em 3.12.2008, e o RE 562.051/MG, relator o Ministro Cezar Peluso, no qual foi reconhecida à questão o caráter de 'repercussão geral'. O tema acabou pacificado naquela Corte com a edição da Súmula vinculante n. 25, que tem o seguinte enunciado: 'É ilícita a prisão civil de depositário infiel, qualquer que seja a modalidade do depósito'. É a orientação que vem sendo observada também pelo Superior Tribunal de Justiça, como faz prova bastante a sua Súmula 419, que tem o seguinte enunciado: 'Descabe a prisão civil do depositário judicial infiel' e pelo Tribunal de Justiça do Estado de São Paulo, cuja Súmula 19 é assim enunciada: 'Vedada a prisão por infidelidade (STF, Súmula 25) é admissível a remoção de bem penhorado'".

98. Assim, *v.g.*: STJ, 3ª Turma REsp 1.758.774/SP, rel. Min. Nancy Andrighi, j. un. 2-10-2018, *DJe* 4-10-2018.

99. A regra difere da previsão do § 2º do art. 655 do CPC de 1973, que conduzia o n. 4.4 do Capítulo 4 da Parte II do v. 3 das edições anteriores ao CPC de 2015 deste *Curso* a entender que a intimação era necessária independentemente do regime de casamento dos cônjuges. Diante da expressa escolha feita pelo legislador, que não atrita com o modelo constitucional, deve prevalecer a regra que dispensa a intimação quando se tratar de regime de separação absoluta de bens.

sempre a depender de suas vicissitudes – comporte embargos de terceiro, o que encontra fundamento suficiente no inciso I do § 2º do art. 674[100].

Se o bem penhorado for indivisível, o equivalente à quota-parte do coproprietário ou do cônjuge não executado recairá sobre o *produto* da alienação do bem (art. 843, *caput*), reservando o § 1º do dispositivo preferência na arrematação do bem em igualdade de condições a eles. O § 2º é regra protetiva daqueles terceiros, que impede a consumação da expropriação por preço inferior ao da avaliação na qual o valor auferido não garanta ao coproprietário ou ao cônjuge alheio à execução o correspondente à sua quota-parte calculado sobre o valor da avaliação[101]. É correto entender que a tutela derivada do § 2º do art. 843 não inibe que o cônjuge se valha dos embargos de terceiro para a defesa de seu próprio direito, merecendo ser sublinhada a expressa ressalva que a este respeito faz o inciso I do § 2º do já referido art. 674[102]. Apesar de a regra não ser expressa, é correto entender que cabe ao exequente, neste caso, requerer a intimação do coproprietário acerca da penhora[103].

Acerca da afirmação que fecha o parágrafo anterior, cabe evidenciar que o Código de Processo Civil impõe que diversos outros sujeitos sejam também intimados da penhora. A exigência que pode afetar, até mesmo, a elaboração da petição inicial do "processo de execução" (art. 799, I a VII e X e XI) e também o requerimento para início da etapa de cumprimento de sentença (arts. 513, *caput*, 524, VII, e 771) é reiterada pelo *caput* e pelos parágrafos do art. 804 e também pelo art. 889 que tratam do tema na perspectiva da alienação daqueles bens[104]. A ausência daquelas intimações é tema analisado no n. 4.2.4.4 do Capítulo 5, ao ensejo da análise dos mecanismos expropriatórios, e no n. 3.4 do Capítulo 6 quando é tratada a satisfação do crédito.

5.5 Averbação

Cabe ao exequente averbar a penhora ou o arresto no registro competente. Se a averbação não for realizada por meio eletrônico, como permite o art. 837, basta, para tanto, que o exequente apresente ao oficial do cartório cópia do auto ou do termo respectivo, independentemente de qualquer ordem ou determinação judicial (art. 844).

---

100. A esse respeito, cabe trazer à tona a Súmula 134 do STJ, assim enunciada: "Embora intimado da penhora em imóvel do casal, o cônjuge do executado pode opor embargos de terceiro para defesa de sua meação".

101. Expresso, quanto ao ponto: STJ, 3ª Turma, REsp 1.728.086/MS, rel. Min. Marco Aurélio Bellizze, j.un. 27-8-2019, *DJe* 3-9-2019.

102. Com isso fica revisto o entendimento que o Autor deste *Curso* chegou a lançar até a 3ª edição de seu *Novo Código de Processo Civil anotado*, p. 731-732, onde chegou a sustentar, até mesmo, a insubsistência da precitada Súmula 134 do STJ.

103. Nesse sentido é o Enunciado n. 154 da II Jornada de Direito Processual Civil do CJF: "O exequente deve providenciar a intimação do coproprietário no caso da penhora de bem indivisível ou de direito real sobre bem indivisível".

104. Acerca daqueles dispositivos, cabe destacar a correta orientação contida no Enunciado n. 150 da II Jornada de Direito Processual Civil do CJF, segundo o qual: "Aplicam-se ao direito de laje os arts. 791, 804 e 889, III, do CPC".

A finalidade da lei é tornar ainda mais célere – porque já se dispensava, para a prática deste ato, qualquer formalidade ou mandado judicial, suficiente a certidão comprobatória da penhora (art. 13, II, da Lei n. 6.015/73, a "Lei dos Registros Públicos") – e menos onerosa a *notícia* da existência da penhora na matrícula do imóvel com vistas, vale repetir, a evitar ou reduzir a ocorrência de alienações fraudulentas. Não há mais necessidade, para este fim, do *registro* da penhora (art. 167, I, n. 5, na Lei n. 6.015/73), suficiente a sua *averbação*, não obstante não ter havido nenhuma modificação na precitada Lei dos Registros Públicos. A eficácia do dispositivo, no particular, dependerá da sua correta observância pelos registros de imóveis espalhados por todo o País.

A averbação, importa destacar, não interfere na realização da penhora. Deve-se considerar o bem penhorado tanto quanto lavrado, nos autos, o respectivo termo ou auto. A averbação é medida de direito material que visa a dar maior publicidade ao ato da penhora para evitar quaisquer fraudes, dando "presunção absoluta de conhecimento por terceiros", como se lê do art. 844. Não se trata, contudo, de ato *constitutivo* ou *integrante* da penhora. Tanto assim que, ocorrendo o "concurso de credores" a que se referem os arts. 908 e 909, a anterioridade da penhora independe da averbação, sendo suficiente a sua documentação nos autos em que realizada.

Justamente por isto é que, nos casos em que já houver anterior *hipoteca judiciária*, realizada com fundamento no art. 495, a averbação admitida pelo art. 844 pode-se mostrar menos útil, quiçá desnecessária, para o exequente. O mesmo deve ser dito com relação à "averbação da admissão da execução" autorizada pelo art. 828 e também a averbação da "propositura da execução" a que se refere o inciso IX do art. 799.

Todas essas medidas têm o objetivo comum de dar publicidade da constrição a terceiros para afastar eventual alegação de boa-fé do adquirente do bem penhorado ou arrestado (art. 792, II e III).

6. MODIFICAÇÕES DA PENHORA

Uma vez realizada a penhora, é possível a sua modificação nos seguintes casos: substituição, redução ou ampliação e realização de segunda penhora. Sem prejuízo, também pode se justificar a alienação antecipada dos bens penhorados.

Ao exame de cada uma dessas hipóteses se voltam os números seguintes.

6.1 Substituição

O art. 847 disciplina as hipóteses em que o *executado* pode pleitear a *substituição* do bem penhorado, o que pressupõe que a penhora já tenha sido realizada, devidamente documentada e intimado o executado. Antes disso, não há nada que obste ao executado indicar bens à penhora, justificando a menor onerosidade nos termos genéricos do art. 805 e nos específicos do § 2º do art. 829.

O executado terá dez dias (úteis) após a intimação da penhora para requerer a substituição do bem, devendo demonstrar, na oportunidade, que a nova penhora lhe será menos onerosa *e* que a substituição não tratará prejuízo ao exequente (art. 847, *caput*). Trata-se de uma das múltiplas aplicações do princípio da concretização equilibrada da tutela jurisdicional executiva.

Os §§ 1º a 3º do art. 847 tratam dos ônus que recaem sobre o executado para que a substituição por ele pretendida possa ser deferida.

Cabe ao executado para aquele fim: (i) comprovar as respectivas matrículas e os registros por certidão do correspondente ofício, quanto aos bens imóveis; (ii) descrever os bens móveis, com todas as suas propriedades e características, bem como o estado deles e o lugar onde se encontram; (iii) descrever os semoventes, com indicação de espécie, de número, de marca ou sinal e do local onde se encontram; (iv) identificar os créditos, indicando quem seja o devedor, qual a origem da dívida, o título que a representa e a data do vencimento; e (v) atribuir, em qualquer caso, valor aos bens indicados à penhora, além de especificar os ônus e os encargos a que estejam sujeitos (art. 847, § 1º).

Também compete ao executado, de acordo com o § 2º do art. 847, indicar onde se encontram os bens sujeitos à execução, exibir a prova de sua propriedade e a certidão negativa ou positiva de ônus, bem como abster-se de qualquer atitude que dificulte ou embarace a realização da penhora.

Em se tratando de bem imóvel, o pedido de substituição apresentado pelo executado deverá vir acompanhado com a expressa anuência do cônjuge, salvo se o regime for o de separação absoluta de bens. É o que estabelece o § 3º do art. 847, em diretriz a ser observada também nos casos de união estável (art. 226, § 3º, da CF), cujo ônus da prova da existência é do próprio executado.

As exigências feitas pelos §§ 1º e 2º do art. 847 não destoam do *dever* do executado, quando intimado pelo magistrado, referido no inciso V do art. 774, sob pena de praticar ato atentatório à dignidade da justiça. A diferença é que, para fins de substituição da penhora, a iniciativa em apresentar aquelas informações e documentos deve partir do próprio executado, sob pena de seu pedido ser indeferido.

O exequente será intimado para se manifestar sobre o pedido do executado (art. 847, § 4º). O prazo, para tanto, é de três dias (úteis), consoante se lê do *caput* do art. 853. A decisão a ser proferida pelo magistrado é interlocutória e fica sujeita a agravo de instrumento em função do disposto no parágrafo único do art. 1.015.

O art. 848, também tratando da substituição da penhora, permite que indistintamente o exequente *ou* o executado formulem pedido para aquele fim. Já não se trata, aqui, de aplicação do princípio da concretização equilibrada da tutela jurisdicional executiva, mas, bem diferentemente, de ocorrência de uma das diversas hipóteses previstas nos incisos daqueles dispositivos, quais sejam: (i) não obedecer à ordem legal; (ii) não incidir sobre os bens designados em lei, contrato ou ato judicial para o pagamento; (iii) havendo bens no foro da execução, outros tiverem sido penhorados; (iv) havendo bens livres, ela tiver recaído sobre bens já penhorados ou objeto de gravame; (v) quando incidir sobre bens de baixa liquidez; (vi) fracassar a tentativa de alienação judicial do bem; ou, ainda, (vii) quando o executado não indicar o valor dos bens ou omitir qualquer das indicações a ele impostas. Cabe analisar cada uma dessas hipóteses:

6.1.1 Não observância da ordem legal

Quando a penhora for efetivada fora da ordem estabelecida no art. 835 é possível pedir, com fundamento no inciso I do art. 848, a sua substituição, com a indicação de outros bens que tenham, por força de lei, preferência na ordem de excussão.

A preferência declarada pelo § 1º do art. 835 pela penhora em dinheiro é suficiente para que eventual pedido de substituição feito pelo exequente de *qualquer outro bem* por dinheiro deve ser atendido.

Com relação aos demais, a parte final do mesmo § 1º do art. 835, conduz à devida análise do caso concreto e à verificação de que maneira a inobservância da ordem escolhida pelo legislador tem o condão e tornar menos efetiva e/ou mais gravosa a concretização da tutela jurisdicional executiva.

6.1.2 Penhora sobre coisa certa

De acordo com o inciso II do art. 848, a substituição da penhora justifica-se também quando ela não incidir sobre os bens designados em lei, contrato ou ato judicial para o pagamento.

Trata-se dos casos em que, por ato convencional, por força de lei ou por determinação judicial, há *coisa certa* a ser penhorada para a satisfação do exequente. É a hipótese expressamente prevista pelo art. 793.

A substituição da penhora, nos casos disciplinados por este inciso, dependem, outrossim, do não exercício, pelo exequente, da faculdade que lhe reconhece a primeira parte do § 3º do art. 835, é dizer, o exequente deve manifestar seu interesse na expropriação da coisa garantida pelo direito real de garantia, finalidade daquele dispositivo (art. 524, VII, e art. 829, § 2º).

6.1.3 Penhora de bens no foro da execução

A substituição da penhora justifica-se também, em consonância com o inciso III do art. 848, quando, havendo bens no foro da execução, isto é, no foro em que tramita o processo em que se pleiteia a concretização da tutela jurisdicional executiva, outros forem penhorados.

Para a substituição, é indiferente que a penhora dos bens tenha sido efetuada sem a expedição de carta precatória (art. 845, § 1º) porque, mesmo em tais casos, a alienação do bem dependerá de expedição de carta com aquela finalidade, o que tende a ocasionar maior demora na satisfação do crédito do exequente.

6.1.4 Penhora de bens já penhorados ou gravados

Não há nenhuma vedação para que sejam penhorados bens já penhorados em outra execução promovida, inclusive por outro credor do mesmo devedor. É para casos como estes que há o incidente disciplinado pelos arts. 908 e 909, o chamado "concurso singular de credores".

De outra parte, também não é vedada a penhora de bens dados em garantia a outros credores, assim, por exemplo, os bens hipotecados ou submetidos a quaisquer outros gravames, de direito real ou não.

O inciso IV do art. 848, mais ainda quando interpretado junto com o inciso III do art. 851, admite, nestes casos, a substituição da penhora. O exequente, verificando que o bem já é objeto de penhora em outro processo ou verificando que há outros credores que o preferirão na ordem de pagamento e que a expropriação do bem não será suficiente para pagamento da totalidade daquele outro crédito e do seu, pode formular o pedido de substituição regulado pelo dispositivo em análise.

6.1.5 Penhora de bens de baixa liquidez

O inciso V do art. 848 admite a substituição da penhora quando ela "... incidir sobre bens de baixa liquidez".

Considerando que a penhora é ato preparatório da expropriação do bem em prol da satisfação do crédito do exequente, mesmo quando o ato expropriatório preferencial passa a ser a adjudicação pelo próprio exequente (art. 825, I), é mais que justificável a hipótese referida no dispositivo em comento.

Não se trata, vale acentuar, de penhora de bens de baixo valor quando comparados com o crédito do exequente. Para este caso, se houver necessidade, pode ocorrer o que usualmente se denomina "reforço da penhora", que tem previsão suficiente no inciso II do art. 874. A hipótese aqui tratada, diferentemente, é de bem que, independentemente de seu valor, dificilmente despertará interesse na sua aquisição pelo próprio exequente ou por terceiros. É nisso, na dificuldade de sua alienação, por quaisquer dos mecanismos admitidos na lei (art. 825), que reside a "baixa liquidez" referida pelo dispositivo em exame.

6.1.6 Nova penhora pela frustração de anterior alienação judicial

O inciso VI do art. 848 admite a substituição da penhora quando "fracassar a tentativa de alienação judicial do bem".

A admissão da substituição do bem penhorado em tais casos visa à criação de melhores condições para a prática dos atos executivos voltados à satisfação do exequente, seja por despertar nele próprio maior interesse na sua aquisição, quando poderá adjudicá-lo, nos termos do art. 876, ou, se for o caso, de eventuais terceiros, que também poderão adjudicá-lo, nos termos do § 5º do art. 876.

6.1.7 Falta de cumprimento de deveres pelo executado

De acordo com o inciso VII do art. 848, admite-se a substituição da penhora quando o executado "não indicar o valor dos bens ou omitir qualquer das indicações previstas em lei".

Trata-se da hipótese de o exequente pretender a substituição do bem penhorado naqueles casos em que o executado deixa de cumprir seus *deveres* acessórios, verdadeiramente instrumentais, com relação à penhora já realizada, e, dessa omissão, puder haver comprometimento da alienação do bem para a satisfação de seu crédito.

A esse respeito, vale destacar que o dispositivo evidencia ser equivocado o entendimento de que, extinto o *direito* de o executado indicar os bens à penhora, não haveria para o executado *deveres* com relação à prática dos atos executivos destinados não só à *localização* do patrimônio disponível para tal fim mas também à sua expropriação por um dos mecanismos admitidos pelo art. 825. O magistrado pode determinar a intimação do executado para tanto (art. 774, V) e o descumprimento daquele dever, além de fazer incidir a pena prevista no parágrafo único do art. 774, pode ensejar a substituição da penhora a pedido do exequente com fundamento no dispositivo ora examinado.

A hipótese não pode e não deve ser tida como uma "repetição" do que está expressamente regulado pelos §§ 1º a 3º do art. 847. Aquele dispositivo também se ocupa da substituição da penhora, mas, diferentemente do que se dá no art. 848, aquela substituição, que só pode ser requerida pelo *executado*, repousa em hipóteses diversas e deve observar o prazo de dez dias exigido pelo *caput* do art. 847, sob pena de o executado perder o direito de formular o pedido.

O art. 848, por assim dizer, é mais amplo que aquele outro, porque não se prende a qualquer prazo, mas, bem diferentemente, a eventuais acontecimentos que venham a ocorrer ao longo do processo em que se pleiteia a concretização da tutela jurisdicional executiva.

6.1.8 Fiança bancária ou seguro

O parágrafo único do art. 848 trata de mais um caso de substituição da penhora. O dispositivo admite a substituição do bem penhorado por "fiança bancária" ou por "seguro garantia judicial" desde que o valor de uma e de outro não sejam inferiores ao do crédito reclamado pelo exequente – e o referencial deste crédito é sempre o constante da petição inicial, que deve ser instruída com a memória de cálculo exigida pelos arts. 524 e 798, I, *b* – com o acréscimo de 30%.

O acréscimo é justificável porque visa a cobrir os honorários de advogado do exequente, fixados desde o início dos atos executivos (art. 523, § 1º, e art. 827, *caput*) e as custas processuais, que foram (e que serão) *adiantadas* pelo exequente. Eventuais diferenças serão apuradas no momento do pagamento da fiança ou do seguro à luz dos valores efetivamente devidos, assim entendido o total, devidamente corrigido monetariamente e acrescido dos juros cabíveis, das custas processuais e dos honorários de advogado (arts. 826 e 831).

O § 2º do art. 835 equipara a fiança bancária e o seguro-garantia judicial à penhora em dinheiro[105].

6.1.9 Procedimento

Requerida a substituição da penhora por uma parte, independentemente de o pedido ter fundamento no art. 847 ou no art. 848, a outra será ouvida no prazo de três dias (úteis), de acordo com o *caput* do art. 853, decidindo o magistrado em seguida (art. 853, parágrafo único).

Havendo concordância e não sendo violada nenhuma norma de ordem pública, o caso é de deferimento do pedido. Com a discordância da parte contrária ou, até mesmo, do magistrado, *independentemente* da concordância eventualmente expressada – as normas relativas à penhora são todas de ordem pública –, segue-se a decisão do magistrado.

Trata-se de decisão interlocutória sujeita a agravo de instrumento nos termos do parágrafo único do art. 1.015.

Aceita a substituição, será lavrado novo termo (art. 849), observando as exigências do art. 838.

Importa destacar que a *substituição* da penhora é, para todos os fins, uma *nova* penhora e que, por isso mesmo, todos os atos relativos à sua realização e documentação precisam ser observados para a escorreita prática dos atos expropriatórios. Essa é a razão de o art. 849 determinar a lavratura e novo termo, que deve observar o conteúdo do art. 838.

Eventuais questionamentos do executado a seu respeito não têm o condão de interferir em preclusões já consumadas no processo e, tampouco, para reabrir a viabilidade de se voltar contra o título executivo ou introduzir matérias típicas da impugnação ou dos embargos à execução. Seu questionamento, a ser feito por petições avulsas dirigidas ao processo, versarão exclusivamente sobre a nova penhora e vícios exclusivamente seus, incluindo a avaliação[106].

---

105. Aplicando tal orientação mesmo fora dos casos de *substituição* do bem penhorado a que se refere o § 2º do art. 835, v.: STJ, 3ª Turma, REsp 1.838.837/SP, rel. p./acórdão Min. Ricardo Villas Bôas Cueva, j.un. 12-5-2020, *DJe* 21-5-2020.

106. Não há como entender subsistente, destarte, orientação da CE do STJ no REsp repetitivo 1.116.287/SP, rel. Min. Luiz Fux, j. un. 2-12-2009, *DJe* 4-2-2010, tirada sob a égide do CPC de 1973, segundo a qual: "Processo civil.

6.2 Redução ou ampliação

A penhora é passível de redução ou de ampliação, bem como sua transferência para outros bens. Para tanto, de acordo com o art. 850, o valor de mercado dos bens penhorados deve sofrer alteração significativa.

A hipótese não se confunde com a do art. 874, em que a redução ou a ampliação da penhora tem como finalidade a de ajustar o valor dos bens penhorados ao valor (total) do crédito do exequente. É tema analisado no n. 8, *infra*.

Também aqui o contraditório prévio do art. 853 deve ser observado.

6.3 Nova penhora

Para além das hipóteses de *substituição* da penhora previstas nos arts. 847 e 848, é vedada a realização de segunda penhora salvo, de acordo com o art. 851, quando a primeira for anulada, quando após a alienação dos bens penhorados, o produto respectivo não for suficiente para pagar o exequente ou quando o exequente desistir da primeira penhora ao descobrir que havia alguma discussão judicial sobre eles ou porque sobre eles recai alguma constrição judicial.

O art. 851 permite que haja a realização de uma "segunda penhora". Sua realização pressupõe que a primeira seja anulada (inciso I), que a alienação dos bens penhorados seja insuficiente para satisfação do crédito do exequente (inciso II) ou que o exequente desista da primeira penhora, por descobrir que os bens são litigiosos ou por estarem submetidos a alguma constrição judicial (inciso III).

Nos casos em que houver *substituição* da penhora, é irrecusável, a despeito do silêncio do art. 851, que seja realizada uma nova (segunda) penhora sobre o bem indicado pelas partes. Também para os fins do inciso II do art. 874, de *reforço* de penhora.

Recurso especial representativo de controvérsia. Artigo 543-C, do CPC. Processo judicial tributário. Embargos do executado. Execução fiscal. Penhora do faturamento da empresa após a ocorrência de leilão negativo do bem anteriormente penhorado. Novos embargos. Possibilidade. Discussão adstrita aos aspectos formais da penhora. Artigo 538, parágrafo único, do CPC. Exclusão da multa imposta. Súmula 98/STJ. 1. A anulação da penhora implica reabertura de prazo para embargar, não assim o reforço ou a redução, posto permanecer de pé a primeira constrição, salvo para alegação de matérias suscitáveis a qualquer tempo ou inerente ao incorreto reforço ou diminuição da extensão da constrição. 2. É admissível o ajuizamento de novos embargos de devedor, ainda que nas hipóteses de reforço ou substituição da penhora, quando a discussão adstringir-se aos aspectos formais do novo ato constritivo (REsp 1.003.710/SP, rel. Min. João Otávio de Noronha, Quarta Turma, julgado em 12-2-2008, *DJ* 25-2-2008; AgRg na MC 13.047/MT, rel. Min. Nancy Andrighi, Terceira Turma, julgado em 9-8-2007, *DJ* 27-8-2007; REsp 257.881/RJ, rel. Min. Carlos Alberto Menezes Direito, Terceira Turma, julgado em 19-4-2001, *DJ* 18-6-2001; REsp 122.984/MG, rel. Min. Ari Pargendler, Terceira Turma, julgado em 9-15-2000, *DJ* 16-10-2000; REsp 114.513/RS, rel. Min. Cesar Asfor Rocha, Quarta Turma, julgado em 29-6-2000, *DJ* 18-6-2000; REsp 172.032/RS, rel. Min. Sálvio de Figueiredo Teixeira, Quarta Turma, julgado em 6-5-1999, *DJ* 21-6-1999; REsp 109.327/GO, rel. Min. Cesar Asfor Rocha, Quarta Turma, julgado em 20-10-1998, *DJ* 1º-2-1999; e REsp 115.488/GO, rel. Min. Nilson Naves, Terceira Turma, julgado em 9-6-1997, *DJ* 25-8-1997)".

As novas penhoras devem observar integralmente o regime jurídico do ato, cabíveis, por isso mesmo, as considerações desenvolvidas ao longo deste Capítulo.

A efetivação da nova penhora exige prévio contraditório com a parte contrária no prazo de três dias (úteis), seguindo-se a decisão (interlocutória) do magistrado a respeito, sujeita a agravo de instrumento (art. 1.015, parágrafo único). É o que dispõe o art. 853.

7. AVALIAÇÃO DOS BENS PENHORADOS

De acordo com o inciso V do art. 154, cabe ao oficial de justiça avaliar os bens penhorados. A regra está reiterada no *caput* do art. 870, cujo parágrafo único, excepcionando-a, prevê a nomeação de um "avaliador" pelo magistrado quando a hipótese concreta exigir conhecimentos especializados *e se* – a ressalva é novidade do CPC de 2015[107] – o valor da execução o comportar.

A ressalva deve ser compreendida no sentido de o custo relativo à satisfação do crédito não dever suplantar o valor nela envolvido. Nesse caso, é importante que o magistrado estimule as partes a chegarem a algum consenso ao menos sobre o valor do bem – não deixa de ser o que o Código de Processo Civil quer desde seu art. 3º –, permitindo a aplicação do inciso I do art. 871.

Sendo nomeado avaliador, ele terá prazo não superior a dez dias (úteis) para entrega do laudo, como também dispõe o parágrafo único do art. 870. Esse "avaliador" é alguém que detém conhecimentos próprios para quantificar o bem ou os bens penhorados (art. 156).

Trata-se, como faz expressa referência o *caput* do art. 872, de verdadeira "perícia", que se realizará *incidentalmente* à prática das atividades executivas como forma de *preparar* adequadamente a alienação do bem penhorado. Tal afirmação, contudo, não significa emprestar ao incidente todas as regras relativas à prova pericial tal qual regulada pelos arts. 464 a 480 . O que importa é que se observe o princípio do contraditório, sendo possível, ao magistrado, consoante as singularidades de cada caso concreto, moldar quais das regras daqueles dispositivos devem, ou não, ser observadas. Tudo para evitar desnecessária demora na avaliação, o que acabaria por contrariar a eficiência processual.

Os custos relativos a esse incidente, como, de resto, quaisquer outros custos relativos à prática dos atos executivos, devem ser *adiantados* pelo exequente (art. 82). Ao final, todos eles serão suportados pelo executado, consoante dispõe o *caput* do art. 831.

O parágrafo único do art. 870 reserva o prazo "não superior a dez dias" (úteis) para que o avaliador entregue o laudo, isto é, a conclusão de seus trabalhos, com a indicação do valor

107. A redação original do inciso III do art. 684 do CPC de 1973 continha regra similar ("Art. 684. Não se procederá à avaliação se: III – os bens forem de pequeno valor"), que acabou sendo revogada pela Lei n. 11.382/2006.

do bem. O que acontece, contudo, se o laudo não é entregue naquele decêndio? A melhor resposta está no próprio Código de Processo Civil, em seu art. 476, que admite a prorrogação do prazo, quando justificado o pedido à luz das necessidades concretas. Na pior das hipóteses, o magistrado deverá nomear outro avaliador para a prática do mesmo ato, sem prejuízo de sancionar o anteriormente nomeado (art. 468, § 1º).

Entregue o laudo e ouvidas as partes e seus assistentes técnicos, se for o caso, a seu respeito, o juiz decidirá proferindo uma decisão interlocutória contrastável pelo recurso de agravo de instrumento.

7.1 Desnecessidade de avaliação

O art. 871 refere-se à desnecessidade de avaliação dos bens penhorados em quatro hipóteses:

De acordo com o seu inciso I, a dispensa justifica-se quando uma das partes aceitar a estimativa da outra, a não ser que o magistrado determine a avaliação alegando haver "fundada dúvida (...) quanto ao real valor do bem" (art. 871, parágrafo único)

O inciso II do art. 871 dispensa a avaliação quando "se tratar de títulos ou de mercadorias, que tenham cotação em bolsa, comprovada por certidão ou publicação no órgão oficial".

Consoante o inciso III do art. 871 não se fará avaliação quando se tratar de títulos da dívida pública, de ações de sociedades e de títulos de crédito negociáveis em bolsa, caso em que o valor será o da cotação oficial do dia, comprovada por certidão ou publicação no órgão oficial.

Por fim, o inciso IV do art. 871 estabelece ser desnecessária a avaliação se se tratar de veículos automotores ou de outros bens cujo preço médio de mercado possa ser conhecido por meio de pesquisas realizadas por órgãos oficiais ou de anúncios de venda divulgados em meios de comunicação. Nesse caso, quem fizer a nomeação do bem à penhora tem o encargo de comprovar a cotação de mercado.

7.2 Avaliação

O *caput* do art. 872 trata dos requisitos da avaliação realizada pelo oficial de justiça (art. 870, *caput*) ou do laudo elaborado pelo avaliador (art. 870, parágrafo único), quais sejam: a descrição dos bens com suas características e o estado que se encontram e o valor dos bens.

De acordo com o § 1º do art. 872, cabe ao avaliador sugerir os possíveis desmembramentos do bem imóvel penhorado, avaliando cada uma das partes isoladamente, levando em conta o crédito reclamado pelo exequente. A aplicação do dispositivo pressupõe, destarte, que, não obstante imóvel, o bem penhorado seja *divisível*, nos termos do art. 87 do

Código Civil. Caso se trate de bem *indivisível*, a hipótese reclama a aplicação do art. 843. O art. 894, complementando o previsto no § 1º do art. 872, admite a alienação de parte do bem imóvel.

Da avaliação apresentada e, se for o caso, da proposta de desmembramento, as partes serão ouvidas no prazo de cinco dias (úteis). As manifestações do exequente e do executado devem ser motivadas, seguindo-se a decisão (interlocutória) do magistrado, agravável de instrumento em função do disposto no parágrafo único do art. 1.0.15.

7.3 Nova avaliação

O art. 873 trata dos casos em que se admite *nova* avaliação, não mera repetição da anterior, independentemente de quem a tenha realizado, isto é, o oficial de justiça ou o avaliador.

O inciso I do art. 873 ocupa-se de duas hipóteses diversas que, acolhidas, podem conduzir, cada qual, a uma nova avaliação. Em ambos os casos, o exequente *ou* o executado devem não só alegar, mas também comprovar a crítica que fazem à avaliação ou ao próprio avaliador. É este o significado da exigência do dispositivo de poder "qualquer das partes arguir, fundamentadamente, a ocorrência de erro na avaliação ou dolo do avaliador".

A primeira das hipóteses previstas no dispositivo é o erro na avaliação. Aqui não se trata de erro como causa para anulação do ato jurídico (arts. 138 a 144 do CC), mas de avaliação errada, equivocada, uma avaliação que não condiga com a realidade de mercado, do próprio bem; uma má avaliação, em última análise. A avaliação pode ser errada para os fins do dispositivo, independentemente de ela ter sido realizada pelo oficial de justiça ou pelo avaliador. A crítica a ser feita pelo exequente *ou* pelo executado, destarte, repousa no resultado da avaliação e não naquele que a faz.

O "dolo do avaliador" deve ser entendido como a vontade deliberada, a intenção, do avaliador de desempenhar mal o seu mister ou, quando menos, alguma crítica que pode ser levantada com relação à pessoa do avaliador que pode vir a comprometer ou comprometeu concretamente a finalidade da realização daquele ato. O ato não reclama sua desconstituição por "ação anulatória", mesmo que ajuizada incidentalmente à execução, nos moldes do § 4º do art. 966. Basta que as partes aleguem e comprovem tal circunstância para que, acolhida a crítica, seja determinada nova avaliação do bem penhorado.

O "avaliador" referido na hipótese não deve ser interpretado de maneira restritiva. A hipótese deve albergar indistintamente o oficial de justiça e o "avaliador" nomeado pelo juiz para os fins do art. 870, estranho aos quadros dos serventuários da justiça. Não há razão para descartar que o magistrado, em um e em outro caso, apene o serventuário ou o colaborador da justiça faltoso nos termos dos arts. 155, II, e 158, respectivamente, sem prejuízo de outras sanções que podem ser aplicáveis à espécie, em observância às normas regentes dos servidores públicos e do órgão de classe à qual pertença o avaliador. Neste último caso, é importante que o juízo dê à entidade ciência do ocorrido para que sejam tomadas por ela as providências cabíveis.

O segundo caso de nova avaliação, de acordo com o inciso II do art. 873, justifica-se pela verificação da *majoração* ou da *diminuição* do valor do bem posteriormente à avaliação.

A prática é bastante comum em função do *tempo* que pode transcorrer – e em geral transcorre – entre a penhora do bem, sua avaliação e sua efetiva alienação, e a regra busca tutelar adequadamente os direitos e os interesses contrapostos do exequente e do executado, para manter a *atualidade* do valor do bem penhorado com vistas à satisfação suficiente da *atualidade* do crédito do exequente (art. 831). O mero transcurso do tempo não é fator suficiente para justificar a nova avaliação, cabendo às partes fornecer quando menos indícios de que ele foi capaz de afetar o valor do bem[108].

O inciso III do art. 873 autoriza a nova avaliação quando "o juiz tiver fundada dúvida sobre o valor atribuído ao bem na primeira avaliação". De ofício ou por força de manifestação de uma ou de ambas as partes, é a situação em que os elementos da avaliação não condizem com a realidade. Neste caso, prossegue o parágrafo único do art. 873, deve ser observado o disposto no art. 480, que é a regra reitora da segunda perícia.

A remissão deve ser entendida no sentido de que a segunda avaliação (a ser feita por *novo* avaliador ou por *novo* oficial de justiça, consoante o caso) tem por objeto o mesmo bem penhorado com a finalidade de corrigir eventual omissão ou inexatidão da primeira avaliação (art. 480, § 1º), devendo ser observadas as disposições eventualmente estabelecidas para a primeira avaliação (art. 480, § 2º). Ainda, a segunda avaliação não substitui a primeira, cabendo ao magistrado confrontar ambas para decidir qual deve prevalecer (art. 480, § 3º).

8. ATOS ANTECEDENTES À EXPROPRIAÇÃO DOS BENS PENHORADOS

De acordo com o *caput* do art. 874, "após a avaliação, o juiz poderá, a requerimento do interessado e ouvida a parte contrária, mandar: I – reduzir a penhora aos bens suficientes ou transferi-la para outros, se o valor dos bens penhorados for consideravelmente superior ao crédito do exequente e dos acessórios; II – ampliar a penhora ou transferi-la para outros bens mais valiosos, se o valor dos bens penhorados for inferior ao crédito do exequente".

Trata-se do que, comumente, é conhecido como "redução" ou "ampliação" ("reforço") da penhora, incidente que tem como objetivo *ajustar* a penhora para os *limites* do crédito perseguido pelo exequente, providência fundamental para sejam praticados os atos expropriatórios (art. 825), de forma *justa*, nos termos dos arts. 805 e 824. É esta a interpretação que

108. É a orientação do Enunciado n. 156 da II Jornada de Direito Processual Civil do CJF: "O decurso de tempo entre a avaliação do bem penhorado e a sua alienação não importa, por si só, nova avaliação, a qual deve ser realizada se houver, nos autos, indícios de que houve majoração ou diminuição no valor".

deve ser dada ao art. 875: "Realizadas a penhora e a avaliação, o juiz dará início aos atos de expropriação do bem".

Eventual discussão quanto à substituição do bem penhorado a pedido do executado para os fins do art. 847, bem assim, e mais amplamente, qualquer incidente relativo à penhora, inclusive aquele disciplinado pelos arts. 848 a 851, que pode ter início a pedido de qualquer das partes, ou relativo à *avaliação* do bem penhorado, deve ser resolvido antes do início dos atos expropriatórios, cujos mecanismos são aqueles previstos no art. 825, objeto de exame pelo Capítulo seguinte.

9. ALIENAÇÃO ANTECIPADA

O que pode ocorrer como exceção expressamente prevista é a alienação *antecipada* dos bens penhorados, que, de acordo com o art. 852, pode se dar quando se tratar de veículos automotores, de pedras e metais preciosos e de outros bens móveis sujeitos à depreciação ou à deterioração (inciso I) ou quando houver manifesta vantagem na alienação antecipada do bem, assim, por exemplo, para aproveitar a ascensão no mercado consumidor de um determinado produto (inciso II). Em qualquer dos casos, a parte que não tomou a iniciativa de formular o pedido deverá ser previamente ouvida em três dias (úteis), por força do art. 853, após o que o juiz decidirá em decisão (interlocutória) contrastável por agravo de instrumento.

Os mecanismos a serem utilizados para a alienação antecipada são os mesmos a que se refere o art. 825. Na hipótese de haver alienação antecipada dos bens, o produto de sua alienação deverá ficar depositado nos autos, à disposição do juízo, até que seja deferido o seu levantamento com ânimo de pagamento, total ou parcial, do exequente, com observância do disposto nos arts. 904 a 909.

Capítulo 5

Mecanismos expropriatórios

1. CONSIDERAÇÕES INICIAIS

Uma vez penhorados e avaliados os bens e após a realização de eventuais ajustes na penhora, na forma estabelecida pelo art. 874, tem início a fase expropriatória da execução, como evidencia o art. 875, sendo indiferente, para tanto, que o pedido de concretização da tutela jurisdicional executiva seja fundamentado em título *judicial* ou *extrajudicial*.

Trata-se do exame dos mecanismos expropriatórios autorizados pelo Código de Processo Civil para a busca da satisfação do exequente. Isto porque a chamada "execução por quantia certa" tem como finalidade primeira a retirada compulsória de bens do patrimônio do executado (art. 824), bens, vale a pena frisar, que ele detém legitimamente, porque, não fosse assim, a hipótese seria de obrigação de entrega de coisa (arts. 498 e 538, quando houver título executivo *judicial*; arts. 806 a 813, quando houver título executivo *extrajudicial*) ou, até mesmo, de alguma "ação possessória", para que os bens pudessem satisfazer o credor (arts. 554 a 568).

Os meios de retirada compulsória dos bens que pertencem legitimamente ao patrimônio do executado são, para os fins que dizem respeito ao presente capítulo, os chamados "mecanismos *expropriatórios*".

A tradição do direito processual civil brasileiro sempre reconheceu como formas de *expropriação* a arrematação, a adjudicação e o usufruto de bens imóveis ou de empresa. Era este o rol que ocupava o art. 647 do CPC de 1973 na sua redação original e cada um dos seus três incisos[1].

A Lei n. 11.382/2006 modificou substancialmente aquela realidade. Não se limitou a alterar as hipóteses de cabimento e o *procedimento* de cada uma daquelas modalidades

1. Que era a seguinte: "Art. 647. A expropriação consiste: I – na alienação de bens do devedor; II – na adjudicação em favor do credor; III – no usufruto de imóvel ou de empresa".

expropriatórias, como também criou outra, a adjudicação em favor de outras pessoas diferentes do exequente, que apenas de forma muito restrita (art. 700 do CPC de 1973) era admitida anteriormente[2].

O CPC de 2015 encampa as múltiplas modificações introduzidas pelo precitado diploma legislativo e apresenta outras diversas mudanças, preservando, contudo, as mesmas técnicas então implementadas, embora em enunciação diversa em seu art. 825: adjudicação (arts. 876 a 878); alienação, que pode ser realizada por iniciativa particular (arts. 879 e 880) ou por leilão judicial (arts. 881 a 903) e apropriação de frutos e rendimentos de empresa ou de estabelecimentos e de outros bens (arts. 862 a 869).

É correto entender que há inegável *sucessividade* entre a adjudicação e a alienação: uma vez autorizada a adjudicação, não há lugar para a alienação por iniciativa particular ou em leilão judicial; se a adjudicação não ocorrer, cabe verificar se o exequente tem interesse na alienação do bem penhorado por iniciativa sua. Se não, a hipótese é de alienação em leilão judicial. Desde que frustradas as tentativas de alienação do bem, será reaberta a possibilidade de o exequente requerer a adjudicação do bem penhorado (art. 878). Essa compreensão é reforçada pelo inciso IV do art. 921, que, ao disciplinar as hipóteses de suspensão do processo prevê a de não ocorrer a alienação dos bens penhorados pela falta de licitantes e o exequente não requerer a adjudicação dos bens em seu favor e nem indicar à penhora outros bens.

O último mecanismo expropriatório previsto no inciso III do art. 825 – a "apropriação de frutos e rendimentos de empresa ou de estabelecimentos e de outros bens" –, por sua vez, pode ser empregado como verdadeira *alternativa* ao exequente. A iniciativa, aliás, afina-se com o princípio do art. 805 e que, portanto, *independe* da adoção das demais modalidades expropriatórias[3].

O exame de cada um desses mecanismos expropriatórios é de rigor, até porque é a partir de sua correta realização que o exequente será "pago" do valor perseguido na execução, assunto ao qual se volta o Capítulo 6.

2. REMIÇÃO DA EXECUÇÃO

Aplicação digna de destaque do princípio da *patrimonialidade* e do princípio da concretização equilibrada da tutela jurisdicional executiva, para o momento presente da exposição está no instituto da "remição da execução" previsto no art. 826.

---

2. De acordo com o art. 647 do CPC de 1973, na redação da Lei n. 11.419/2006, eram quatro mecanismos existentes para aquela finalidade. A "adjudicação" (arts. 685-A e 685-B do CPC de 1973), a "alienação por iniciativa particular" (art. 685-C do CPC de 1973), a "alienação em hasta pública" (arts. 686 a 707 do CPC de 1973) e o "usufruto de bens móveis e imóveis" (arts. 716 a 724 do CPC de 1973).

3. Nesse sentido é o Enunciado n. 106 da I Jornada de Direito Processual Civil do CJF: "Na expropriação, a apropriação de frutos e rendimentos poderá ser priorizada em relação à adjudicação, se não prejudicar o exequente e for mais favorável ao executado".

De acordo com o dispositivo, "Antes de adjudicados ou alienados os bens, o executado pode, a todo tempo, remir a execução, pagando ou consignando a importância atualizada da dívida, acrescida de juros, custas e honorários advocatícios".

O verbo "remir" empregado no art. 826 é "resgate", é "adquirir de novo"[4], é "tornar a obter, a conseguir"[5]. O substantivo dele derivado é "remição" (com cedilha no "cê") e não deve ser confundido com outro, "remissão" (com dois "esses"), que tem como verbo "remitir", significando "ter como perdoado"[6] ou "conceder perdão a; indultar"[7]. Esta específica figura, a da *remissão* da execução, que depende de ato a ser praticado pelo exequente, é prevista no inciso III do art. 924, típico caso de aplicação do "princípio da *disponibilidade*" e não se confunde com a previsão e o alcance do art. 826.

A *remição* da execução, objeto da disciplina do art. 826, relaciona-se à possibilidade de o executado pagar o valor devido, tal qual reclamado pelo exequente, acrescido dos juros, custas e honorários de advogado (no percentual fixado pelo magistrado até a época em que requerida a *remição*), para concretizar a tutela jurisdicional executiva, acarretando o encerramento do processo, pela desnecessidade da prática de quaisquer outros atos voltados àquela finalidade.

Trata-se de uma espécie de *adimplemento tardio* da obrigação que depende, para ser aceita pelo magistrado, do pagamento dos acréscimos já colocados em destaque, e, em se tratando de pedido de concretização de tutela jurisdicional executiva fundada em título executivo *judicial*, inclusive do pagamento dos 10% a título de multa previstos no § 1º do art. 523. Eventuais multas que tenham sido aplicadas ao executado ao longo do processo em função de seu comportamento também devem ser depositadas, sem o que não se perfaz a hipótese de incidência do art. 826.

A remição pode ser exercitada pelo executado até a lavratura do *auto* (ou *termo*) de adjudicação ou alienação, quando a expropriação, independentemente da forma pela qual ela se realizou, será considerada acabada e perfeita[8]. Lavrado o auto (ou o termo), não há mais espaço para que o executado se valha daquele direito.

Requerida, o exequente deve ser ouvido a seu respeito. Concordando, a hipótese é de proferimento de sentença com fundamento no inciso II do art. 924 e extinção do processo. Se não, importa verificar se o executado está disposto a complementar o valor depositado para aquele fim ou se o próprio exequente entende economicamente viável abrir mão da diferença. É instante processual em que a lembrança dos meios adequados para solução de

4. De acordo com a definição do Dicionário *Aurélio*.
5. De acordo com a definição do Dicionário *Houaiss*.
6. Conforme o Dicionário *Aurélio*.
7. Conforme o Dicionário *Houaiss*.
8. Repetindo o que a regra prevê é o Enunciado n. 151 da II Jornada de Direito Processual Civil do CJF: "O legitimado pode remir a execução até a lavratura do auto de adjudicação ou de alienação (CPC, art. 826)".

conflitos (art. 3º) e a ponderação sobre custos, riscos e tempo do processo em prol da concretização da tutela jurisdicional executiva devem ser levados em conta por ambas as partes.

O que é certo, não obstante, é que se a *totalidade* do valor pleiteado pelo exequente não for depositada pelo executado, não há espaço para o deferimento da remição com ânimo de pôr fim ao processo, quando muito sua extinção parcial com a determinação de seu prosseguimento para a prática dos atos executivos voltada à satisfação do valor que ainda estiver em aberto.

A remição dos *bens* penhorados, figura diversa, que era regulada pelos arts. 787 a 790 do CPC de 1973 na sua redação original[9], permitia ao cônjuge, ascendentes ou descendentes do executado que pagassem pelo bem penhorado, evitando sua alienação para terceiros. O instituto foi expressamente revogado ainda ao tempo do CPC de 1973 pela Lei n. 11.382/2006, tendo substituído, desde então, pela ampliação dos legitimados para a *adjudicação* dos bens penhorados (art. 876, § 5º)[10].

O instituto do art. 826 evidencia que a prática dos atos executivos não pode recair sobre a *pessoa* do executado. Não há espaço, no direito processual civil, para vinganças pessoais e sim para o exercício da função jurisdicional do Estado. É essa a razão, em última análise, de a lei permitir expressamente, antes de consumação do ato *expropriatório* do bem penhorado pela atividade estatal, que o executado pague o valor devido para, a um só tempo, satisfazer o crédito do exequente e preservar o seu patrimônio.

3. ADJUDICAÇÃO

O meio expropriatório preferencial do CPC de 2015 – tanto quanto no CPC de 1973 após as modificações a ele trazidas pela Lei n. 11.382/2006 – é a adjudicação (arts. 825, I; 876, *caput*, e 880). Essa técnica expropriatória deve ser compreendida como a possibilidade de o próprio exequente e de outros legitimados adquirirem o bem penhorado por valor não inferior à avaliação com vistas à extinção (total ou parcial) do crédito exequendo.

O exequente, optando por adjudicar os bens penhorados, recebe-os em pagamento ao invés de receber o *produto* de sua alienação judicial. Em vez de o exequente receber o *dinheiro* decorrente da alienação do bem penhorado, recebe, como pagamento (total ou parcial), o próprio bem *in natura*. O recebimento do dinheiro como forma de satisfação (total ou parcial)

---

9. Que tinham a seguinte redação: "Art. 787. É lícito ao cônjuge, ao descendente, ou ao ascendente do devedor remir todos ou quaisquer bens penhorados, ou arrecadados no processo de insolvência, depositando o preço por que foram alienados ou adjudicados. *Parágrafo único*. A remição não pode ser parcial, quando há licitante para todos os bens". Art. 790. Deferindo o pedido, o juiz mandará passar carta de remição, que conterá, além da sentença, as seguintes peças: I – a autuação; II – o título executivo; III – o auto de penhora; IV – a avaliação; V – a quitação de impostos".

10. O que subsiste no CPC de 2015 são as regras veiculadas nos §§ 3º e 4º do art. 877, que se sobrepõem às dos arts. 1.482 e 1.483 do CC, que, de resto, foram expressamente revogadas pelo inciso II do art. 1.072 do CPC de 2015.

do seu crédito só se verificará quando a adjudicação for realizada por outro legitimado (§§ 5º e 7º do art. 876) que não o exequente (art. 904, I).

Não há necessidade de buscar prévia alienação judicial do bem penhorado para, só depois de sua frustração, ter lugar a adjudicação[11]. Com a penhora e a avaliação do bem do executado, é possível que o exequente (ou os outros legitimados a que se referem os §§ 5º e 7º do art. 876) pretenda adjudicá-lo. Adjudicados os bens e satisfeito o exequente, extingue-se o processo pelo reconhecimento daquele fato (arts. 924, I, e 925).

3.1 Objeto da adjudicação

A adjudicação pode recair sobre quaisquer bens penhorados, sendo indiferente que se trate de bens móveis ou imóveis[12].

3.2 Legitimidade para adjudicar

De acordo com o *caput* do art. 876, o exequente, isto é, aquele que promove a execução em que se dá a penhora dos bens do executado, tem legitimidade para requerer a adjudicação, desde que ofereça preço não inferior ao da avaliação.

Além do exequente, têm legitimidade para a adjudicação, de acordo com os §§ 5º e 7º do art. 876, as seguintes pessoas:

(i) cônjuge, companheiro, descendentes ou ascendentes do executado;

(ii) coproprietário de bem indivisível do qual tenha sido penhorada fração ideal;

(iii) titular de usufruto, uso, habitação, enfiteuse, direito de superfície, concessão de uso especial para fins de moradia ou concessão de direito real de uso, quando a penhora recair sobre bem gravado com tais direitos reais[13];

---

11. Que era o que ocorria no CPC de 1973 antes das modificações introduzidas pela Lei n. 11.382/2006.

12. Não subsiste no direito processual civil brasileiro a restrição da adjudicação apenas para *imóveis*, que era marca do art. 714 do CPC de 1973 antes das alterações promovidas pela Lei n. 11.382/2006. Era o que se lia do n. 4.1 do Capítulo 5 da Parte II do v. 3 das edições anteriores ao CPC de 2015 deste *Curso*: "De acordo com os arts. 685-A e 685-B não há mais espaço para subsistir a dúvida que decorria da redação do hoje expressamente revogado art. 714, sobre o cabimento da adjudicação nos casos de os bens penhorados serem *imóveis* ou *móveis*. Isto principalmente porque o *caput* daquele dispositivo, bem assim o seu § 1º, referiam-se exclusivamente a *praça*, termo técnico para designar a hasta pública de bens *imóveis* (v. n. 4.1, *infra*). No sistema doravante vigente no Código de Processo Civil, a adjudicação, como forma de expropriação dos bens penhorados, pode ser requerida independentemente de os bens penhorados serem *imóveis* ou *móveis*. Prevaleceu a orientação largamente predominante em doutrina e em jurisprudência".

13. É correto compreender neste rol também o titular do direito de laje, o que encontra respaldo no Enunciado n. 150 da II Jornada de Direito Processual Civil do CJF, segundo o qual: "Aplicam-se ao direito de laje os arts. 791, 804 e 889, III, do CPC".

(iv) proprietário do terreno submetido ao regime de direito de superfície, enfiteuse, concessão de uso especial para fins de moradia ou concessão de direito real de uso, quando a penhora recair sobre tais direitos reais;

(v) credor pignoratício, hipotecário, anticrético, fiduciário ou com penhora anteriormente averbada, quando a penhora recair sobre bens com tais gravames, caso não seja o credor, de qualquer modo, parte na execução;

(vi) promitente comprador, quando a penhora recair sobre bem em relação ao qual haja promessa de compra e venda registrada;

(vii) promitente vendedor, quando a penhora recair sobre direito aquisitivo derivado de promessa de compra e venda registrada;

(viii) União, o Estado e o Município, no caso de alienação de bem tombado; e

(ix) sócios, quando a penhora recair em quota social ou ação de sociedade anônima fechada.

Importa solucionar aparente antinomia que existe entre o § 5º do art. 876 e o inciso V do art. 889, para o qual ele expressamente remete.

Isto porque o § 5º do art. 876 reconhece legitimidade para a adjudicação aos "credores concorrentes que hajam penhorado o mesmo bem", enquanto a parte final do inciso V do art. 889, ao tratar daqueles mesmos credores, refere-se à "penhora anteriormente averbada". Do confronto entre as regras decorre a seguinte questão: a legitimidade para a adjudicação daqueles credores que não seja "de qualquer modo, parte na execução" pressupõe a averbação da sua penhora? A resposta é negativa. A averbação impõe a prévia intimação (o *caput* do art. 889 se refere a ela como *cientificação*) do credor que penhorou o mesmo bem em outro processo, apenas isto. Sua legitimidade para a prática daquele ato, contudo, decorre suficientemente da realização da penhora.

3.2.1 Cônjuge, companheiro, ascendentes e descendentes

Para viabilizar o exercício do direito ao cônjuge e ao companheiro adjudicarem bens *imóveis*, é impositiva a intimação prevista no art. 842.

Para os demais bens e para os descendentes e ascendentes do executado, cabe a este, quando intimado da penhora (art. 829, § 1º), comunicá-los querendo, do fato para o exercício daquele direito. Se for o caso, eles poderão pretender adjudicar o bem, quando exercerão o direito de preferência que lhes é assegurado pelo § 6º do art. 876[14].

Nenhum óbice há, muito pelo contrário, à luz do modelo constitucional do direito processual civil, para que o magistrado determine que se dê ciência ao cônjuge ou companheiro,

14. No mesmo sentido é a lição de Gilson Delgado Miranda, *Comentários ao Código de Processo Civil*, v. 3, p. 726.

aos ascendentes ou aos descendentes do executado sobre seu direito à adjudicação dos bens penhorados sem que sua ausência, fora dos casos previstos no Código de Processo Civil, contudo, gere qualquer nulidade na penhora e na alienação do bem.

3.2.2 Outros credores

Com relação aos credores quirografários concorrentes, importa destacar que sua legitimidade depende de terem penhorado o mesmo bem nos respectivos processos em que figurem como exequentes em face do mesmo devedor comum.

Para os credores com garantia real – que são as pessoas referidas nos incisos II a VIII do art. 889, com exceção da parte final do inciso V, que se refere a quirografários –, a melhor interpretação é que eles não precisam ter requerido em seu favor a concretização da tutela jurisdicional executiva, dando origem a processos em que figurem como exequentes em face do devedor comum. O seu direito real é bastante para sua legitimidade no processo em que a penhora foi efetivada, razão de ser em última análise das intimações impostas desde os incisos I a VII, e X e XI do art. 799, pelo *caput* e pelos parágrafos do art. 804 e, mais especificamente, pelo próprio *caput* do art. 889.

Ambas as classes de credores, contudo, deverão fazer prova de sua qualidade perante o juízo em que pretendem a adjudicação do bem, com observância do *procedimento* regulado pelo art. 908.

A intimação de todos aqueles credores, à exceção do quirografário que *não tiver averbado a penhora efetivada em seu favor*, decorre da exigência que, desde os incisos I a VII e X e XI do art. 799 e, sobretudo, pelo *caput* e parágrafos do art. 804 e pelo art. 889 é imposta ao exequente.

3.2.3 Sócios

O rol de legitimados para a adjudicação é complementado ainda pelo § 7º do art. 876, que, na hipótese de penhora de quota social ou de ação de sociedade anônima fechada realizada em favor de exequente alheio à sociedade, reconhece legitimidade para que os sócios adjudiquem aqueles bens, assegurada a eles a preferência. Para que aquele direito seja exercido, é o que também prescreve o mesmo dispositivo, a sociedade será intimada da penhora, cabendo a ela informar os sócios de sua ocorrência.

A legitimidade reconhecida pelo § 7º do art. 876 pressupõe penhora de quota social ou de ação de sociedade anônima fechada pertencente ao executado.

Neste caso, desde que o exequente ou algum terceiro mostre interesse na adjudicação, sendo estranho à sociedade, põe-se o dever de a sociedade ser intimada para que ela providencie a ciência aos demais sócios para que, querendo exercitem a preferência que lhes é reconhecida.

Em se tratando de sociedade anônima de capital aberto, a exigência não se põe, considerando a peculiaridade da forma de negociação de suas ações.

3.2.4 Pluralidade de pretendentes

O § 6º do art. 876 regula a hipótese de serem diversos os credores a pretender a adjudicação do *mesmo* bem penhorado.

Pressupõe o dispositivo, tal qual redigido, que todos os interessados na adjudicação ofereçam o mesmo valor pelo bem, quiçá supondo que nenhum credor se interesse em, desde logo, oferecer preço superior ao da avaliação, limitando-se, todos, a obedecerem ao que consta do *caput* do art. 876.

Se algum deles oferecer, desde logo, valor *superior* ao da avaliação do bem, a ele deverá ser adjudicado o bem penhorado. É esta também a orientação a ser observada quando, constatada a igualdade, resultar, da "licitação entre eles", oferta superior à dos demais.

Se essa hipótese não se verificar, isto é, se ninguém oferecer preço mais elevado que o da avaliação – "em igualdade de oferta", como se lê do dispositivo –, a adjudicação será deferida para "o cônjuge, o companheiro, o descendente ou o ascendente, nessa ordem". É correto entender que a preferência deve ser observada ainda que os pretendentes sejam credores munidos de direito real sobre o bem.

Na hipótese de a penhora recair sobre quota social, a preferência para a adjudicação é dos outros sócios da sociedade (art. 876, § 7º).

Fora de tais hipóteses, porém, silencia o dispositivo acerca de quais critérios deverão ser empregados quando se der disputa para adjudicação do bem entre credores que tenham oferecido o *mesmo* valor e mantenham a sua proposta inicial. Isto é, o que fazer se os pedidos de adjudicação forem apresentados todos pela aquisição do bem pelo valor da avaliação? À falta de outro critério, deve ser observado, também para a adjudicação, o sistema de preferências que decorre do art. 908. Dentre os credores quirografários, terá preferência para a adjudicação aquele que penhorou em primeiro lugar.

3.3 Prazo

Não há nenhum prazo específico para que seja formulado pedido de adjudicação[15]. O que é certo é que ele pode ser formulado tão logo o processo alcance o instante procedimental do art. 875, isto é, é suficiente que tenha havido penhora e a avaliação do bem penhorado para que o exequente ou os demais legitimados pretendam adjudicar o bem.

15. Desapareceu desde as modificações da Lei n. 11.382/2006 a vinculação do pedido de adjudicação à "hasta funda e negativa", à tentativa frustrada de alienação judicial do bem penhorado em praça ou leilão.

A esse respeito, cabe evidenciar que inexiste alguma razão para que se espere, com relação ao executado, qualquer outro evento ou prazo processual para que o pedido de adjudicação possa vir a ser formulado e, quando presentes os seus respectivos pressupostos, deferido.

A grande objeção a esse entendimento repousa nas posturas a serem assumidas pelo executado: como admitir a adjudicação – que é ato de satisfação do exequente (art. 904, II) – se o executado eventualmente nem terá se voltado à execução com apresentação de sua *impugnação* ou seus *embargos* ou, se for o caso, sem que possa requerer a moratória do art. 916? O que fazer com o prazo que o executado tem para requerer a substituição dos bens penhorados nos termos do art. 847?

A crítica e os questionamentos são todos pertinentes porque a solução proposta por este *Curso* – e já era assim em suas edições anteriores[16] – chama bastante a atenção pela agilidade dos atos processuais. A resposta a ser dada às questões levantadas é, contudo, bastante fiel à disciplina do CPC de 2015, desde as modificações que foram introduzidas, ainda ao tempo do CPC de 1973, pela Lei n. 11.232/2005 e pela Lei n. 11.382/2006: o que se espera do executado é que ele *pague* a totalidade do crédito reclamado pelo exequente, devidamente documentado no título executivo (judicial ou extrajudicial). Nada mais. Dar-lhe *ciência* de que ele pode apresentar impugnação ou embargos à execução, de que ele pode apresentar a "moratória" do art. 916, não interfere naquilo que é a finalidade do processo em que se pleiteia a concretização da tutela jurisdicional executiva: expropriar a parcela suficiente do patrimônio do executado para satisfação do crédito do exequente (art. 905). É disto que se ocupa a regra aqui discutida.

Mas não só: a *possibilidade* de o executado pretender a substituição dos bens penhorados nos termos do art. 847 pressupõe que não haja prejuízos ao exequente. Se o exequente pretende adjudicar os bens penhorados – quiçá foi por isto mesmo que ele os indicou à penhora desde seu requerimento ou petição inicial –, aquela providência *não* poderá ser deferida pelo magistrado.

De resto, o pedido de substituição do bem penhorado nos casos do art. 847, assim como a apresentação da impugnação, dos embargos à execução ou da moratória, pode não ser atitude tomada pelo executado, pelo que não há razão para que se aguarde, pura e simplesmente, o transcurso daqueles prazos para a prática de quaisquer atos executivos que toma como base, importa colocar em destaque, título executivo plenamente eficaz.

Ademais, os prazos para a prática de cada um daqueles atos são o *limite temporal* para tanto. Não há, também analisada a questão desta perspectiva, necessidade de o exequente (ou os demais legitimados) aguardar o transcurso *in albis* de nenhum daqueles prazos para apresentar o pedido de adjudicação. Os pressupostos da adjudicação são diversos e

---

16. A referência é feita ao n. 2.3 do Capítulo 5 da Parte II do v. 3 das edições anteriores ao CPC de 2015 deste *Curso*.

suficientemente previstos no art. 876: respeitar o valor da avaliação do bem penhorado. Assim, para a adjudicação, basta que haja bem penhorado *e* que ele esteja avaliado. Se a prática desses atos se der antes ou independentemente de qualquer atitude que *pode* ser tomada pelo executado, isto, por si só, não é óbice para que seja praticado aquele ato expropriatório. Para a regularidade dos atos executivos é suficiente que o executado esteja devidamente intimado ou citado e que tenha tido, em função de tais comunicações, o direito de pagar o que lhe é cobrado. Tanto que a penhora e a avaliação do bem penhorado pressupõem o transcurso integral do prazo para pagamento. Realizada a penhora e avaliado o bem e intimado o executado da penhora, não há como negar a nenhum dos legitimados a adjudicação.

O executado, em função de todas as considerações lançadas, tem o inegável *direito* de se manifestar no processo e sobre a prática de todos os atos executivos. É importante salientar que a regularidade da prática dos atos executivos depende de sua prévia *citação*, suficiente como regra, quando o caso for de concretização de tutela jurisdicional executiva fundada em título *judicial*, aquela que se deu para a etapa cognitiva do processo (art. 523, *caput*). É o que basta para, em termos bem amplos, assegurar-se ao executado, o inafastável direito ao contraditório e à ampla defesa, ao devido processo constitucional, enfim. A aplicação de tais princípios, contudo, não pode aniquilar o princípio da efetividade do direito pelo e no processo.

Mesmo que aceitas as colocações até aqui expostas, surge outra indagação. O que acontecerá se o executado impugnar ou embargar? O que acontecerá se ele pretender fazer uso da faculdade que lhe é reconhecida pelo art. 916? A resposta às perguntas é uma só: ele poderá impugnar, embargar ou pedir a moratória na forma do precitado dispositivo, cabendo ao executado fazê-lo no prazo que lhe é reservado para tanto. Diante da providência efetivamente tomada pelo executado, o magistrado verificará em que medida *sustará* os efeitos decorrentes de eventual adjudicação já requerida ou, se for o caso, já deferida. É essa a finalidade a ser desempenhada pelo efeito suspensivo da impugnação e dos embargos (art. 525, § 5º e art. 919, § 1º) e a suspensão dos atos executivos que se verifica com o deferimento da medida do art. 916, como se lê expressamente de seu § 3º.

Caso não haja efeito suspensivo à impugnação ou aos embargos, aplica-se, à hipótese, a diretriz derivada do *caput* art. 903. De acordo com aquele dispositivo, o acolhimento dos embargos (e, por identidade de motivos, da impugnação) não interfere na arrematação ou, como no caso aqui discutido, na adjudicação. O que cabe ao executado em casos como estes é que ele se volte contra o exequente para reclamar os prejuízos que entender ter sofrido, orientação que, em última análise, vincula-se à ampla diretriz do art. 776.

Os dispositivos legais aqui mencionados confirmam, ainda que de perspectiva diversa, o entendimento de que é lícito ao exequente pretender adjudicar e, concretamente, adjudicar *antes* (e independentemente) da apresentação da impugnação ou dos embargos ou do pedido de parcelamento do art. 916.

No que diz respeito à possibilidade de substituição do bem penhorado por iniciativa do executado, ela depende da intimação do executado da realização da penhora. O que pode ocorrer nessa hipótese é que, à efetivação da penhora e à avaliação do bem penhorado siga-se a apresentação do pedido de adjudicação *e* o pedido de substituição do bem penhorado formulado pelo executado. O magistrado deverá analisar um e outro e, observada a regularidade da penhora em todos os seus aspectos, inclusive no que diz respeito à avaliação dos bens penhorados, não há razão para indeferir a adjudicação porque se trata de medida mais favorável ao exequente (sobretudo quando for ele o requerente), o que, por si só, afasta a incidência do art. 847.

Com relação aos credores com garantia real sobre o mesmo bem que se pretende adjudicar, a hipótese é suficientemente alcançada pelas intimações prévias que se justificam desde o requerimento para início da etapa de cumprimento de sentença ou da petição inicial do processo de execução (art. 799, I a VII, X e XI, e art. 804) para que, querendo, ajam no processo desde então, inclusive, se assim desejarem para fins de adjudicação. Para o credor quirografário que tenha penhorado *e averbado* o mesmo bem penhorado, seu direito de participação inclusive para aquele fim decorre, por analogia, do inciso V do art. 889.

A única exceção que merece ser destacada a respeito do assunto consiste na penhora de imóvel hipotecado. Para ela, é irrecusável a aplicação, em favor do *executado*, do disposto no § 3º do art. 877, o que, de qualquer sorte, pressupõe o deferimento da adjudicação, estendendo o direito de remir o bem até a assinatura do auto de adjudicação desde que oferte preço igual ao da avaliação se não tiver havido licitantes ou, se sim, o do maior lance ofertado.

3.4 Contraditório

Não obstante todas as considerações do número anterior, o que está mais claro no CPC de 2015 quando comparado com o sistema instituído no CPC de 1973 com a Lei n. 11.382/2006 – e que, não obstante, sempre decorreu (e continua a decorrer) diretamente do modelo constitucional – é que, requerida a adjudicação por qualquer um dos legitimados para a prática daquele ato, será o executado intimado para se manifestar a respeito.

A intimação deverá observar, quanto à forma, as variáveis dos incisos do § 1º: pelo Diário da Justiça, na pessoa de seu advogado constituído nos autos (inciso I); por carta com aviso de recebimento, quando representado pela Defensoria Pública ou quando não tiver procurador constituído nos autos (inciso II)[17] ou, em se tratando de empresas públicas e privadas de médio e grande porte por meio eletrônico desde que não tenham procurador constituído nos autos e estejam cadastradas para aquele fim (inciso III).

17. A respeito da previsão legal, cabe colacionar o Enunciado n. 15 da I Jornada de Direito Processual Civil do CJF: "Aplicam-se às entidades referidas no § 3º do art. 186 do CPC as regras sobre intimação pessoal das partes e suas testemunhas (art. 186, § 2º; art. 455, § 4º, IV; art. 513, § 2º, II e art. 876, § 1º, II, todos do CPC)".

Aplica-se à hipótese a presunção da regularidade da intimação dirigida ao endereço constante dos autos quando o executado não comunicar eventual mudança (art. 876, § 2º).

Por sua vez, a dispensa de intimação do executado citado por edital e que não tenha procurador constituído nos autos (art. 876, § 2º) é violadora do modelo constitucional do direito processual civil. A hipótese é de nomeação de curador especial que deverá ser intimado de *todos* os atos do processo (art. 72, II), inclusive para que se manifeste sobre eventual pedido de adjudicação.

Essa prévia intimação para que o executado se manifeste sobre o pedido de adjudicação, contudo, não deve ser interpretado como forma de retardar o processo ou de minimizar a eficácia do título executivo e a prática dos atos executivos. O que há – e, cabe reiterar, nem poderia ser diverso – é o direito do executado se manifestar ao longo de todo o processo, mas não de impedir, pelo tão só transcurso do tempo ou pela eventualidade de assumir algum comportamento, a adoção de medidas que tendem à satisfação do direito do exequente.

O prazo para manifestação do executado é de cinco dias (úteis), consoante se extrai do *caput* do art. 877.

3.5 Valor e depósito

Se o valor do crédito for inferior ao do bem, aquele que formulou o pedido de adjudicação depositará a diferença, que ficará à disposição do executado (art. 876, § 4º, I).

Se o crédito for superior ao valor dos bens, a execução prosseguirá pela diferença (art. 876, § 4º, II).

O valor do crédito deve ser compreendido invariavelmente de acordo com os arts. 826 e 831: trata-se do valor original, atualizado monetariamente, corrigido pelos juros cabíveis, acrescido de custas processuais e honorários de advogado.

À exceção do credor que promove a execução em seu exclusivo interesse, que está dispensado de depositar o valor da adjudicação (salvo se seu valor for superior ao do crédito, consoante exige o inciso I do § 4º do art. 876), os demais deverão fazê-lo. Quando à adjudicação concorrerem outros credores, notadamente credores com garantias de direito real, faz-se mister a apresentação do valor pelo qual pretendem a adjudicação e, neste caso, mesmo pelo que promoveu a execução. Entendimento contrário seria frustrar a realização dos direitos de preferência impostos pela lei.

O § 4º do art. 876 tem o condão de afastar a vetusta compreensão de que a adjudicação poderia, quando deferida, levar à extinção da execução independentemente da proximidade dos valores do crédito e dos bens adjudicados, que é o que a prática consagrou com o nome de "adjudicação *por conta do crédito*".

A melhor interpretação daquela expressão à luz do direito em vigor é a de que o exequente, ao formular o pedido de adjudicação com aquela ressalva, pretende receber o bem penhorado em *substituição* de sua dívida, isto é, dando "quitação" integral da dívida, não pretendendo reclamar eventual saldo em seu favor nos termos do art. 851, II, e do inciso II do § 4º do art. 876. Sempre, é claro – e porque de *adjudicação* se trata –, respeitado o valor da avaliação conforme impõe o *caput* do art. 876. Trata-se, nesse sentido, de compreender a atitude do exequente como verdadeira *renúncia* à totalidade de seu crédito, especificamente no que sobejar ao valor da avaliação dos bens penhorados, o que levará, até mesmo, o magistrado a proferir a sentença de que trata o inciso IV do art. 924. Qualquer dúvida que possa existir acerca do tema, deve ser sanada, inclusive por iniciativa oficiosa do magistrado, o que encontra respaldo bastante no art. 6º[18]. Superados quaisquer questionamentos, a adjudicação deve ser deferida para aquele fim.

Excepcionadas as situações em que esse intento do credor é manifesto – nem que seja pelo emprego da expressão destacada –, deve prevalecer o entendimento de que a adjudicação não corresponde, necessariamente, à satisfação do crédito exequendo e, consequentemente, ao encerramento da execução. É dizer por outras palavras: nada justifica que a adjudicação, mesmo que observado o valor mínimo da avaliação do bem, signifique, pura e simplesmente, o pagamento da dívida exequenda como se de "dação em pagamento" se tratasse (art. 356 do CC).

A adjudicação é instituto de direito processual civil, que *não se confunde* com a dação em pagamento ou com qualquer outro instituto civil extintivo das obrigações. Assim, a adjudicação levará à extinção da execução quando houver equivalência entre a avaliação do bem adjudicado e a dívida perseguida em juízo, quando o credor renunciar ao saldo de seu crédito ou quando a dívida for menor que o valor do bem adjudicado. Nesta hipótese, aliás, o depósito da diferença é imposto pelo inciso I do § 4º do art. 876. Se não, é o caso de ser aplicado o inciso II do § 4º do mesmo art. 876: "a execução prosseguirá pelo saldo remanescente".

3.6 Deferimento

O art. 877, suprindo notória lacuna do CPC de 1973, identifica o momento em que o pedido de adjudicação será deferido. De acordo com o *caput* do dispositivo, "transcorrido o prazo de cinco dias, contado da última intimação, e decididas eventuais questões, o juiz ordenará a lavratura do auto de adjudicação". O prazo, de índole processual, flui apenas nos dias úteis.

18. É também a diretriz defendida pela CE do STJ no REsp repetitivo 1.143.471/PR, rel. Min. Luiz Fux, j. un. 3-2-2010, *DJe* 22-2-2010, no qual foi fixada a seguinte tese: "A renúncia ao crédito exequendo remanescente, com a consequente extinção do processo satisfativo, reclama prévia intimação, vedada a presunção de renúncia tácita".

A intimação referida pelo dispositivo é não só a do executado para os fins do § 1º do art. 876, mas também do próprio exequente acerca do pedido de adjudicação formulado pelos demais legitimados, que terá, por isonomia, o mesmo prazo de cinco dias (úteis) para se manifestar a respeito.

As questões a serem decididas podem variar consoante o caso, mas, fundamentalmente, elas conduzirão ao próprio deferimento ou ao indeferimento da adjudicação porque, como exposto no n. 3.3, *supra*, não há nenhum outro prazo ou razão, por si só, que possa impedir o deferimento da adjudicação quando presentes os seus respectivos pressupostos.

Dentre essas questões importa distinguir duas hipóteses.

A primeira é a da inexistência de concorrentes para a aquisição do bem penhorado. Neste caso, deferido o pedido, lavra-se o auto respectivo. Somente com a assinatura do *auto* – e não com o mero deferimento do pedido do exequente – é que a adjudicação deve ser considerada perfeita e acabada. É a hipótese retratada no inciso II do art. 904.

Mesmo neste caso, contudo, diferentemente do que sugere a *letra* do art. 877, é necessário que o magistrado se manifeste, decidindo o pedido de adjudicação, mesmo no caso de não haver concorrência entre os legitimados a requerê-la. Não basta que o legitimado pleiteie a adjudicação para que o auto respectivo seja lavrado. Mister a observância de seus pressupostos, o que reclama o proferimento de decisão (interlocutória) do magistrado.

A segunda hipótese que merece exame é a de existir concorrência de pretendentes para a adjudicação. Sejam credores com garantia real ou quirografários, o cônjuge, o companheiro, descendentes ou ascendentes do executado ou, ainda, os sócios da sociedade, o magistrado precisará definir quais dos credores poderá adjudicar os bens. As regras de resolução dessa concorrência são as constantes dos (insuficientes) §§ 5º a 7º do art. 876, examinados no n. 3.2, *supra*.

É fundamental a pesquisa quanto ao *encerramento* da adjudicação. É até a lavratura do *auto* de adjudicação que pode o executado pretender *remir a execução*, pagando, para tanto, o valor da dívida, devidamente acrescida de juros, correção monetária, custas processuais e honorários advocatícios (art. 826).

A decisão que analisa o pedido da adjudicação, seja para deferi-lo ou para indeferi-lo é *interlocutória* (art. 203, § 2º). Ela não pode ser confundida com a *sentença* que será proferida para, reconhecendo a satisfação do direito do exequente, pôr fim ao processo (art. 924, II), até porque a adjudicação não é necessária e invariavelmente o satisfará integralmente, hipótese em que o processo prossegue em direção ao pagamento do saldo remanescente (art. 876, § 4º, II)[19].

19. O art. 715 do CPC de 1973, que acabou sendo revogado pela Lei n. 11.382/2006, chamava de sentença o ato que deferia a adjudicação nos seguintes termos: "Havendo um só pretendente, a adjudicação reputa-se perfeita e acabada com a assinatura do auto e independentemente de sentença, expedindo-se a respectiva carta com

Sua recorribilidade imediata por agravo de instrumento encontra fundamento bastante no parágrafo único do art. 1.015.

3.6.1 Auto de adjudicação

Deferida a adjudicação, cabe ao magistrado determinar a lavratura do auto respectivo (art. 877, *caput*). Tal determinação é mero despacho, irrecorrível (art. 1.001), não podendo ser confundido com a recorribilidade da *decisão* que defere a adjudicação. A circunstância de ambos os pronunciamentos serem proferidos no mesmo instante não é óbice para a necessária distinção.

O auto deve ser assinado pelo magistrado, pelo adjudicatário, isto é, por quem requereu (e obteve) a adjudicação do bem penhorado, pelo escrivão ou chefe de secretaria e, se estiver presente, pelo executado (art. 877, § 1º).

Uma vez que o auto seja lavrado e assinado, a adjudicação "considera-se perfeita e acabada" nos termos do mesmo § 1º do art. 877.

Até a assinatura do auto de adjudicação, cabe ao executado, quando se tratar de bem penhorado hipotecado, exercer seu direito de remição. Nesse caso, como se lê do § 3º do art. 877, deve ofertar preço igual ao da avaliação ou do maior lance oferecido, na hipótese de ter havido concorrentes.

Se o devedor hipotecário estiver falido ou for insolvente, o direito de remição, a ser exercido no mesmo prazo, será deferido à massa ou aos credores em concurso, não podendo o exequente recusar o preço da avaliação do imóvel (art. 877, § 4º).

3.6.2 Carta de adjudicação e mandado de entrega do bem

Com a lavratura do *auto* de adjudicação expedir-se-á a *carta* de adjudicação se se tratar de bem imóvel e o mandado de imissão na posse (art. 877, § 1º, I) ou o mandado de entrega ao adjudicatário se se tratar de bem móvel (art. 877, § 1º, II).

As exigências formais da *carta de adjudicação* estão previstas no § 2º do art. 877: descrição do imóvel com remissão à sua matrícula e aos seus registros, cópia do auto de adjudicação e prova de quitação do imposto de transmissão. Mesmo quando houver concorrência de credores quanto à adjudicação de um mesmo bem, não é necessário que da carta conste a *decisão interlocutória* que solucionar o incidente porque o auto é documento suficiente da idoneidade da adjudicação e, portanto, do título aquisitivo do bem.

---

observância dos requisitos exigidos pelo art. 703". Após o advento daquele diploma legal, contudo, já era correto entender que a hipótese era de decisão *interlocutória*, agravável de instrumento, como propunha o n. 2.7 do Capítulo 5 da Parte II do v. 3 das edições anteriores ao CPC de 2015 deste *Curso*.

Não obstante a *literalidade* dos dispositivos aqui examinados, nada obsta que também haja expedição de *carta* quando de adjudicação de bens *móveis* se tratar. Sempre que houver necessidade de que o *auto* de adjudicação seja levado a conhecimento de terceiros ou a registro (como ocorre, por definição, quando se tratar de adjudicação de veículo), será o caso de expedição da *carta* de adjudicação. Trata-se de documentação formal da existência da adjudicação (do auto, portanto) e que pode ser extraída sempre que o credor dela precisar.

De resto, o auto ou a carta de adjudicação não inibem a necessidade de expedição do "mandado de imissão na posse" (quando se tratar de bem imóvel) ou de "mandado de entrega do bem" (quando se tratar de bem móvel). Pode ser que tais mandados sejam necessários a depender de quem possui os bens adjudicados, e sua expedição pelo próprio juízo que a deferiu tem a enorme vantagem de dispensar o adjudicatário de ajuizar "qualquer ação" para aquele mesmo fim. Faz-se suficiente que ele assim requeira ao juízo que deferiu a adjudicação e, se necessários quaisquer atos jurisdicionais para aquela finalidade, eles deverão ser praticados nos mesmos autos do processo em que os bens foram adjudicados.

3.7 Nova adjudicação

O art. 878 evidencia entendimento que já era sustentado pelas edições anteriores deste *Curso* no sentido de que, frustradas as tentativas de expropriação do bem, o exequente e os demais legitimados referidos no *caput* e nos §§ 5º e 7º do art. 876, terão nova oportunidade de adjudicar o bem penhorado[20].

A nova oportunidade de adjudicação, destacando o caráter cíclico dos mecanismos expropriatórios, é reforçada pelo inciso IV do art. 921 que trata da suspensão do processo se, diante da falta de licitantes, o exequente não requerer a adjudicação e nem indicar novos bens à penhora, concedendo o prazo de quinze dias (úteis e com as dobras legais, consoante o caso) para tanto. A menção apenas a *exequente* naquele artigo não impede que outros legitimados não possam pretender a adjudicação do bem, prevalecendo a diretriz genérica do art. 878. O prazo, por sua vez, parece se relacionar mais com o início da fluência do prazo de prescrição intercorrente (em detrimento do exequente), não havendo razão para que o pedido de adjudicação não possa ser deferido mesmo após seu transcurso integral.

A parte final do art. 878 refere-se à adjudicação ser precedida, consoante o caso, de nova avaliação, a ser devidamente justificada com base no art. 873. O mero transcurso do tempo, por si só, não é razão para tanto[21].

20. A referência é feita ao Capítulo 5 da Parte II do v. 3 das edições anteriores ao CPC de 2015 deste *Curso*.

21. É o entendimento sufragado no Enunciado n. 156 da II Jornada de Direito Processual Civil do CJF: "O decurso de tempo entre a avaliação do bem penhorado e a sua alienação não importa, por si só, nova avaliação, a qual deve ser realizada se houver, nos autos, indícios de que houve majoração ou diminuição no valor".

A evidente dificuldade de alienação do bem penhorado que atrai a incidência do art. 878 e do próprio inciso IV do art. 921 não é razão para entender que, nesse caso, o valor da adjudicação possa ser *inferior* ao da avaliação.

Por fim, a despeito da textualidade do art. 878, é importante entendê-la de forma ampla para permitir eventual pedido de adjudicação ainda que as *duas* formas de alienação previstas no Código de Processo Civil não tenham sido ainda tentadas. Assim, desde que frustrada eventual alienação por iniciativa particular e antes, portanto, de se dar início à alienação em leilão judicial, é correto entender oportuno novo pedido de adjudicação.

4. ALIENAÇÃO

O art. 879 distingue, com nitidez, duas modalidades de alienação: a alienação por iniciativa particular (inciso I) e a alienação em leilão judicial eletrônico ou presencial (inciso II).

Há, inequivocamente, uma ordem de preferência entre elas, sendo certo que ambas pressupõem que não tenha ocorrido previamente a adjudicação do bem penhorado.

4.1 Alienação por iniciativa particular

O art. 3º da Lei n. 11.382/2006 passou a regular uma nova forma de alienação dos bens penhorados, desconhecida até então pelo CPC de 1973, embora prevista no art. 973 do CPC de 1939[22], e pelo art. 52, VII, da Lei n. 9.099/95, a "Lei dos Juizados Especiais Cíveis e Criminais"[23], a "alienação por iniciativa particular", que tomou forma em seu art. 685-C.

O CPC de 2015 dedica seu art. 880 ao instituto, evidenciando seu *caput*, que esta modalidade expropriatória tem lugar quando não houver adjudicação dos bens penhorados. Sua preferência em relação à alienação judicial decorre do *caput* do art. 881.

O *caput* do art. 880, ao prever o cabimento da alienação dos bens penhorados por iniciativa do exequente, não apontou a razão por que não houve a adjudicação. Deve prevalecer, por isso mesmo, o entendimento de que é indiferente a razão pela qual ela não se realizou. Seja porque o exequente não teve interesse na adjudicação dos bens penhorados; seja porque ele o manifestou, mas, por qualquer motivo, seu pedido acabou não sendo acolhido; seja,

22. Que tinha a seguinte redação: "Art. 973. A requerimento de qualquer interessado e ouvido o devedor, o juiz poderá marcar prazo para que a venda se realize por iniciativa particular, se não lhe parecer oportuno que se efetue em hasta pública".

23. Assim redigido: "Art. 52. A execução da sentença processar-se-á no próprio Juizado, aplicando-se, no que couber, o disposto no Código de Processo Civil, com as seguintes alterações: VII – na alienação forçada dos bens, o Juiz poderá autorizar o devedor, o credor ou terceira pessoa idônea a tratar da alienação do bem penhorado, a qual se aperfeiçoará em juízo até a data fixada para a praça ou leilão. Sendo o preço inferior ao da avaliação, as partes serão ouvidas. Se o pagamento não for à vista, será oferecida caução idônea, nos casos de alienação de bem móvel, ou hipotecado o imóvel".

enfim, porque nenhum outro legitimado tenha exercido aquele seu direito garantido pelos §§ 5º e 7º do art. 876.

O que basta para esta modalidade expropriatória é o fato *objetivo* de que a adjudicação não se realizou ou que o exequente não pretende ou não pretendeu adjudicar os bens penhorados, satisfazendo, total ou parcialmente, o seu crédito. O que cabe a ele fazer, em um e em outro caso, é peticionar para o juízo nesse sentido, oportunidade em que manifestará seu interesse pela forma de alienação regulada pelo art. 880. Visando a uma maior celeridade e concentração de atos processuais, e nunca é demais lembrar do LXXVIII do art. 5º da Constituição Federal, é importante que o exequente já diga se é ele próprio quem realizará a alienação ou se contratará algum profissional do ramo, caso em que a alienação contará com a participação de corretor ou de leiloeiro credenciado perante o Poder Judiciário local, exigência do precitado dispositivo.

A escolha direta pelo exequente do corretor ou do leiloeiro público só é admissível nas localidades em que não houver aqueles profissionais credenciados nos Tribunais. Havendo mais de um corretor ou leiloeiro público no cadastro, o correto é entender que sua indicação se dá por sorteio. É diretriz que se harmoniza com o art. 9º da Resolução n. 236/2016 do CNJ, segundo o qual: "Os leiloeiros públicos credenciados poderão ser indicados pelo exequente, cuja designação deverá ser realizada pelo juiz, na forma do art. 883, ou por sorteio na ausência de indicação, inclusive na modalidade eletrônica, conforme regras objetivas a serem estabelecidas pelos tribunais".

A alienação permitida pelo art. 880 é medida que será tomada *antes* e *independentemente* da alienação judicial e, por isso, tem tudo para ser mais rápida e menos onerosa para o exequente, tornando-a bastante atrativa para o exequente. Basta destacar, a este propósito, que não há necessidade, na hipótese aqui examinada, de serem publicados os editais exigidos pelo art. 886 e porque ela permite ao exequente que escolha se é ele pessoalmente que se encarregará da alienação do bem ou se ela será efetivada por profissional especializado para tanto.

4.1.1 Procedimento

O § 1º do art. 880 descreve as condições mínimas que o *procedimento* da alienação particular deverá seguir.

Embora a alienação não se realize jurisdicionalmente, o emprego da palavra "procedimento" é correto porque a alienação, tal qual disciplinada pelo dispositivo em análise, não é um ato isolado, mas um conjunto deles. Ademais, a circunstância de ela se realizar *fora* do processo não significa dizer que prescinda de controle jurisdicional, porque seus efeitos se relacionam intimamente ao processo e envolvem os direitos do executado a serem observados desde aquele plano.

O magistrado fixará as seguintes condições a serem observadas: prazo para a alienação ser efetivada; forma de sua publicidade; preço mínimo; condições de pagamento (assim, por exemplo, se o valor dado pelo bem penhorado precisa, ou não, ser depositado perante o juízo; se será aceito pagamento parcelado); garantias a serem prestadas pelo adquirente do bem e, se a alienação for levada a cabo por corretor, a comissão respectiva[24].

As exigências são justificáveis porque elas dão, a um só tempo, transparência para o ato e garantem suficientemente a realização justa e equilibrada dos direitos contrapostos do exequente e do executado.

Não há razão para afastar o entendimento de que, mesmo depois de transcorrido o prazo inicialmente fixado pelo magistrado, seja concedido prazo suplementar, se assim pedir o exequente, para que a alienação se realize. Não há, na hipótese, nenhum prejuízo para o executado e, mais amplamente, nenhum vício processual.

Pode até acontecer que o exequente, que pretendeu alienar por sua própria iniciativa o bem penhorado, e assim se manifestou perante o juízo, não tenha sido bem-sucedido e passe a pretender que a alienação seja intermediada por corretor. Não há por que negar juridicidade à hipótese, à falta de qualquer prejuízo para o executado.

Em qualquer caso, contudo, todas as exigências do § 1º do art. 880 devem ser observadas, ponderando o magistrado, inclusive, se não é o caso de fixá-las novamente levando em conta aquela nova situação e o transcurso do tempo desde a primeira tentativa de alienação.

O dispositivo é silente sobre o preço mínimo, diferentemente do que estatuía o § 1º do art. 685-C do CPC de 1973, incluído pela Lei n. 11.382/2006, que fazia remissão expressa ao art. 680, que tratava da avaliação.

A despeito do silêncio, é correto entender que a avaliação do bem penhorado tenha de ser levado em conta na fixação do preço mínimo da alienação por iniciativa particular, sob pena de aviltar os direitos do executado (art. 805) e tornar, a um só tempo, inócua a sistemática da alienação judicial que seguirá e da própria adjudicação, que impõe, desde o *caput* do art. 876 aquele referencial como piso do lance.

É correto entender, contudo, que eventual variação para menor do valor da avaliação deve ser considerada pelo magistrado e aceita a alienação em tais condições, por se mostrar prática corriqueira de mercado. Assim, por exemplo, estabelecer que será aceita a alienação por dez por cento do valor abaixo da avaliação ou que seja parcelado o pagamento do preço sem juros e sem correção monetária, para tornar a oferta a mais atrativa possível.

---

24. De acordo com o Enunciado n. 38 do TJMG: "No arbitramento da comissão do corretor ou leiloeiro público, em caso de alienação de bens por iniciativa particular ou leilão judicial, o juiz observará a legislação que regulamenta a remuneração de tais profissões".

4.1.2 Documentação

Uma vez realizada a alienação por iniciativa particular, ela será formalizada por termo nos autos, que será assinado pelo magistrado, pelo exequente, pelo adquirente e, se estiver presente ao ato, também pelo executado (art. 880, § 2º). A lavratura e assinatura deste termo é a forma de *documentação*, nos autos, do que ocorrido na alienação que se dá, por definição, "fora" dos autos, isto é, fora do "processo", fora do ambiente judiciário.

Embora o dispositivo nada diga a respeito, é importante entender que, semelhantemente ao que se dá com o auto de adjudicação, a validade e a eficácia *processuais* da alienação particular dependem da lavratura do termo. É da sua documentação que decorrem, para o plano do processo, seus regulares efeitos. Pensar diferentemente seria dar ensejo a eventuais fraudes em detrimento dos direitos do executado, o que não pode ser admitido a qualquer título e tornar letra morta o disposto no § 1º do art. 880. Assim, o magistrado, ao assinar o termo, está manifestando sua concordância com o ocorrido, *homologando*, por assim dizer, a alienação, e disso é que decorrerão seus efeitos para o plano do processo, com vistas ao encerramento da atividade jurisdicional (art. 924, II) ou o seu prosseguimento para perseguir o crédito remanescente.

Lavrado o termo, prosseguem os incisos I e II do § 2º do art. 880, devem ser expedidos a "carta de alienação" e o mandado de imissão na posse, em se tratando de bem imóvel para fins de registro no cartório competente, e, em se tratando de bem móvel, expedir-se-á a ordem de entrega do bem ao adquirente. Aplicam-se, aqui, as mesmas considerações do n. 3.6.2, *supra*, a propósito dos §§ 1º e 2º do art. 877, inclusive quanto aos elementos que deverão constar da carta aqui tratada. A cópia do "auto de adjudicação" lá referida deverá ser substituída por cópia do "termo de alienação".

Por identidade de motivos ao que se dá com a adjudicação (art. 877, § 1º) e com a alienação judicial (art. 903, *caput*), a lavratura do "termo" aqui comentada é o momento final para que o executado se valha do direito que o art. 826 lhe assegura, isto é, para que o executado, querendo, possa remir a execução. Lavrado o termo nos autos, documentada, portanto, a alienação do art. 880, ela deve ser considerada "perfeita e acabada".

4.1.3 Regulamentação pelos Tribunais

O § 3º do art. 880 autoriza que os Tribunais expeçam provimentos detalhando o *procedimento* da alienação nele prevista. O dispositivo refere-se, expressamente, à possibilidade de ela se realizar por meios eletrônicos e sobre o necessário credenciamento de corretores e leiloeiros públicos, os quais deverão estar em exercício profissional por não menos que três anos.

A regra, louvável para que sejam atendidas as peculiaridades de cada Estado e de cada Região, consoante se trate da justiça estadual ou federal, respectivamente, não pode ser interpretada como se o mecanismo do art. 880 fosse de "eficácia contida", isto é, que não pudesse surtir seus regulares efeitos mesmo sem aquela regulamentação.

A finalidade do dispositivo, bem diferentemente, é permitir eventuais complementações à regra, porque ela já possui, e o próprio § 3º bem evidencia isto, quando trata dos corretores e dos leiloeiros públicos, elementos suficientes para ser aplicada no dia a dia do foro independentemente de qualquer ato regulamentar dos Tribunais. Mesmo a alienação particular por meios eletrônicos não pode ser aprioristicamente afastada, na medida em que se garantam condições de segurança na prática do ato, em atenção ao disposto no art. 2º da Lei n. 11.419/2006.

4.2 Alienação em leilão judicial

Se não efetivada a expropriação ou a alienação por iniciativa particular, realizar-se-á a alienação em leilão judicial (art. 881, *caput*), que será conduzido, como regra, por leiloeiro público, salvo nos casos em que se tratar de bens alienáveis em bolsa de valores (art. 881, §§ 1º e 2º).

Este leilão faz as vezes do que, no CPC de 1973, era chamado de "alienação em hasta pública" e, antes da Lei n. 11.382/2006, de "arrematação"[25]. O CPC de 2015 aboliu a distinção entre *praça* (para bens imóveis) e *leilão* (para os demais), espécies do gênero *hasta que, mesmo após a Lei n. 11.382/2006, foi preservada no CPC de 1973*[26].

A realização de leilão presencial não depende de vontade do exequente. O CPC de 2015, diferentemente do CPC de 1973, é enfático quanto à alienação judicial dos bens penhorados dar-se *preferencialmente* por leilão eletrônico. A modalidade presencial só se justifica na *impossibilidade* de realização da eletrônica, como se verifica do *caput* do art. 882[27].

O § 1º do art. 882 dispõe que a alienação judicial por meio eletrônico observará as garantias processuais das partes (como se pudesse ser de outra maneira) e a regulamentação

---

25. Para a devida análise do abandono daquela palavra (*arrematação*) em prol da expressão (*alienação em hasta pública*) no âmbito do CPC de 1973, após as modificações da Lei n. 11.382/2006, v. o n. 4 do Capítulo 5 da Parte II do v. 3 das edições anteriores ao CPC de 2015, no qual se lia de relevante o seguinte: "A arrematação, no sentido empregado no art. 690, deve ser entendida como o ato final de uma sucessão de outros que envolvem eventual disputa entre diversos interessados na aquisição de um mesmo bem penhorado, sendo vencedor (arrematante) aquele que oferecer o maior lanço ou a "proposta mais conveniente" (art. 690, § 3º), isto é, o licitante mais bem-sucedido em sua proposta de aquisição do bem leiloado ou praceado. O magistrado analisará as circunstâncias para decidir, observados os limites a que se referem os arts. 686, VI, e 692, *caput*, quanto ao valor possível de alienação em primeira e em segunda hasta (v. n. 4.6.2, *supra*). (...) A arrematação, ontologicamente falando, é o ato final que se segue às propostas dos interessados na aquisição do bem (licitantes); ela significa o acolhimento da manifestação de vontade daquele que deu o 'melhor lanço' ou ofereceu a 'proposta mais conveniente', o arrematante, declarando adquiridos os bens penhorados".

26. Para a descrição do regime jurídico do leilão e da hasta no CPC de 1973 antes e depois da Lei n. 11.382/2006, v. o n. 4.1 do Capítulo 5 da Parte II do v. 3 das edições anteriores ao CPC de 2015.

27. É correto entender, destarte, que o CPC de 2015 acabou por inverter a sistemática do art. 689-A do CPC de 1973, incluído pela Lei n. 11.382/2006, segundo o qual a alienação eletrônica se daria como alternativa à alienação presencial. Para esta discussão, v. o n. 4.5 do Capítulo 5 da Parte II do v. 3 das edições anteriores ao CPC de 2015 deste *Curso*.

específica do Conselho Nacional de Justiça, que, por sua vez, atenderá aos requisitos de ampla publicidade, autenticidade e segurança, com observância das regras estabelecidas na legislação sobre certificação digital (art. 882, § 2º). O § 3º do art. 882 estabelece que, sendo presencial – o que, para o Código de Processo Civil, é providência excepcional –, o leilão será realizado no local designado pelo magistrado[28].

Tais regras constam da Resolução n. 236/2016 do CNJ, que "regulamenta, no âmbito do Poder Judiciário, procedimentos relativos à alienação judicial por meio eletrônico, na forma preconizada pelo art. 882, § 1º, do novo Código de Processo Civil". Para além de questões relativas à realização daquela modalidade de expropriação propriamente dita (arts. 10 a 34), a Resolução trata do credenciamento de leiloeiros junto ao Poder Judiciário (arts. 2º e 4º), das responsabilidades a serem assumidas pelos leiloeiros (arts. 5º e 6º), da remuneração do leiloeiro e do ressarcimento com as despesas de remoção, guarda e conservação dos bens penhorados (arts. 7º e 8º), da nomeação dos leiloeiros (art. 9º), além de admitir, em seu art. 35, que o Conselho Nacional de Justiça celebre convênios com entidades públicas e privadas para viabilizar a efetivação da penhora de dinheiro e as averbações de penhoras nos termos do art. 837, ficando convalidados os convênios já existentes.

4.2.1 Leiloeiro

A nomeação do leiloeiro público é atribuição do magistrado, podendo o exequente indicá-lo (art. 883).

Nada obsta, muito pelo contrário, que o executado se oponha à escolha do exequente, expondo suas razões. O magistrado, ouvido o exequente a respeito, decidirá, em decisão (interlocutória) sujeita ao recurso de agravo de instrumento[29].

É o leiloeiro que presidirá o leilão (art. 881, § 1º) cabendo-lhe as seguintes tarefas: (i) publicar o edital, anunciando a alienação (art. 887); (ii) realizar o leilão onde se encontrem os bens ou no lugar designado pelo juiz; (iii) expor aos pretendentes os bens ou as amostras das mercadorias; (iv) receber e depositar, dentro de um dia, à ordem do juiz, o produto da alienação; e (v) prestar contas nos dois dias subsequentes ao depósito.

---

28. Correto entender, por isso, que, em se tratando de leilões *eletrônicos*, é desnecessária a expedição de carta precatória para alienação de bens ainda quando localizados em local diverso da sede do juízo perante o qual tramita o processo em que são praticados os atos executivos. Nesse sentido: STJ, 1ª Seção, CC 147.746/SP, rel. Min. Napoleão Nunes Maia Filho, j.un. 27-5-2020, *DJe* 4-6-2020.

29. É orientação que, embora à época do CPC de 1973, já foi aceita pela 2ª Turma do STJ e que se mantém viva para o CPC de 2015. Trata-se do REsp 1.354.974/MG, rel. Min. Humberto Martins, j. un. 5-3-2013, *DJe* 14-3-2013, no qual se entendeu que ao direito do exequente de *indicar* o leiloeiro não se segue o direito de *vê-lo aceito* pelo magistrado.

É direito do leiloeiro receber do arrematante a comissão estabelecida em lei ou arbitrada pelo magistrado (art. 884)[30]. A comissão deve constar expressamente do edital de leilão, como exige o inciso II do art. 886. É correto entender, a propósito, que, tornada sem efeito a arrematação, o leiloeiro perde o direito a sua comissão. O leiloeiro faz jus à comissão, contudo, quando houver remição da execução *depois* do leilão, a ser paga por aquele que a requereu[31].

4.2.2 Edital

O edital deve ser entendido como a lei básica da alienação em leilão judicial, no sentido de que é nele que constam as condições mínimas de alienação judicial do bem penhorado e, por esse motivo, o art. 886 lista, em seus incisos, o conteúdo *mínimo* que deverá conter para assegurar a correção daquele mecanismo expropriatório. É ato que prepara a *alienação judicial* dos bens penhorados que tende, uma vez efetivada, a satisfazer o crédito do exequente, quando menos parcialmente.

O edital será elaborado a partir da fixação, a ser feita pelo magistrado, do preço mínimo, das condições de pagamento e das garantias a serem prestadas pelo arrematante (art. 885). A regra é que o pagamento seja feito *imediatamente* por depósito judicial ou por meio eletrônico (art. 892), situação em que, em rigor, eventuais garantias de pagamento são inócuas. Quando não o for – e o próprio *caput* do art. 892 autoriza "pronunciamento judicial em sentido diverso" –, a parte final do art. 885 ganha maior interesse.

Não basta entender o edital, no entanto, em seu aspecto *estático*. O edital deve ser compreendido em sua *dinâmica*, é dizer, dentro de sua finalidade. O seu objetivo é fazer chegar ao maior número de interessados a notícia de que haverá a oferta *pública* de bem penhorado (ou vários deles) e qual o valor e condições para sua aquisição. Como todo ato processual, o que vale mais é que a *finalidade* de convocação de todos os interessados para a alienação judicial do bem penhorado seja atingida, mesmo que ao custo de algum defeito formal (arts. 277 e 283). São questões que, a seu tempo e modo, podem ser levadas para discussão, inclusive, pelo próprio executado e o arrematante, por força do art. 903. Como se trata de norma de ordem pública, é irrecusável o *dever* de o magistrado, de ofício, pronunciar eventual vício que tenha aptidão de causar prejuízo às partes, sempre colhido o contraditório a respeito.

Os incisos do art. 886 tratam das exigências que devem estar presentes no edital:

---

30. Nesse sentido: STJ, 3ª Turma, REsp 1.826.273/SP, rel. Min. Moura Ribeiro, j.un. 10-9-2019, *DJe* 12-9-2019.

31. Nesse sentido: STJ, 2ª Turma, REsp 1.319.255, rel. Min. Og Fernandes, j. un. 7-11-2017, *DJe* 14-11-2017; STJ, 4ª Turma, REsp 1.179.087/RJ, rel. Min. Luis Felipe Salomão, j. un. 22-10-2013, *DJe* 4-11-2013; STJ, 2ª Turma, REsp 954.668/RS, rel. Min. Humberto Martins, j. un. 17-2-2009, *DJe* 24-3-2009, e STJ, 2ª Turma, REsp 1.050.355/RS, rel. Min. Humberto Martins, j. un. 4-11-2008, *DJe* 21-11-2008.

4.2.2.1 *Descrição do bem penhorado*

O bem penhorado tem de ser descrito levando em consideração suas características de forma suficiente para individuá-lo, distingui-lo de outros, de acordo com o inciso I do art. 886.

Quando se tratar de bem imóvel, é necessária a descrição de sua situação e divisas, com remissão à sua matrícula e aos registros.

A consulta à matrícula e aos registros, assim como a eventuais *averbações* que delas constarão, como, por exemplo, àquelas autorizadas pelos arts. 828 e 844, viabilizará suficientemente que eventuais interessados – e a convocação destes interessados é, justamente, a finalidade última do edital da hasta pública – possam examinar aqueles documentos para constatar o estado jurídico do bem.

4.2.2.2 *Valor do bem, preço mínimo, condições de pagamento e comissão*

O inciso II do art. 886 exige que, do edital, conste o valor do bem. Tal valor é aquele da avaliação feita pelo oficial de justiça (arts. 154, V, e 870, *caput*) ou homologada pelo juiz (art. 872).

O parágrafo único do art. 886 traz regra específica para os casos em que o bem penhorado é título da dívida pública ou títulos negociados em bolsa (art. 871, II e III). Nesses casos, o edital deverá fazer menção à última cotação do bem imediatamente anterior à sua expedição, dispensada que é a sua avaliação (art. 871, II e III). Em decorrência dos recursos de informática, eventual defasagem entre a última cotação e a publicação do edital tende a ser a menor possível, minimizando, de resto, eventuais vícios decorrentes de sua omissão.

Valorizações ou depreciações do bem que ocorram *após* a publicação dos editais não colocam em xeque a idoneidade de sua alienação judicial. Pode ocorrer, é certo, que a alienação de um bem, por razões supervenientes ao edital, acarrete desproporcional prejuízo ao executado (art. 805) ou, inversamente, prejuízo para o exequente, colocando em risco a própria razão de ser da execução em franco contraditório. Essas questões deverão ser examinadas, em cada caso, sopesando-se as circunstâncias concretas e os interesses conflitantes presentes, levando-se em conta, ademais, o valor intrínseco dos lanços oferecidos pelos bens levados a praça ou a leilão. Não acarretam elas qualquer vício ou defeito ao edital em si mesmo considerado.

Também deve constar do edital o preço mínimo pelo qual o bem penhorado poderá ser alienado, as condições de pagamento e, se assim entender o magistrado, também a comissões do corretor.

4.2.2.3 *Localização do bem*

Sem prejuízo da descrição do bem penhorado (art. 886, I), o edital deve indicar onde ele está para que eventuais interessados em sua aquisição possam examiná-lo.

O inciso III do art. 886 refere-se a bens móveis, a veículos e a semoventes, silenciando-se quanto à localização dos bens imóveis, o que se justifica pela própria natureza de tais bens e pela exigência do inciso I do mesmo dispositivo.

A indicação dos autos do processo quando a penhora recair sobre "créditos ou direitos" (art. 857) deve ser entendida como a indicação suficiente da comarca, foro (quando não coincidir com a comarca, nos casos, portanto, de "foros *regionais*" ou "foros *distritais*"), juízo, número de registro, indicação das partes e trechos dos autos do processo em que se realizou a penhora.

4.2.2.4 *Modo e local de realização*

A regra é que a alienação judicial seja realizada eletronicamente (art. 882). Por isto, o inciso IV do art. 886 exige que conste do edital o sítio, na rede mundial de computadores, e o período em que se realizará o leilão.

Se se tratar, ainda que excepcionalmente, de alienação presencial, o edital deve indicar o local, o dia e a hora de sua realização.

4.2.2.5 *Dia, local e hora de segundo leilão*

De acordo com o inciso V do art. 886, o edital deve indicar também o local, o dia e a hora de segundo leilão *presencial*, para a hipótese de não haver interessado no primeiro.

O CPC de 2015, diferentemente do que estatuía o inciso VI do art. 686 do CPC de 1973, não estabelece se deve ou não haver algum interstício de tempo entre os dois leilões. No direito anterior, o espaço entre as duas ofertas públicas era de dez a vinte dias.

O silêncio deve significar que cabe ao magistrado, avaliando as circunstâncias do caso concreto, estabelecer a data do segundo leilão, fixando o intervalo que repute mais adequado e suficiente para tanto.

Se, nesta hipótese, o leilão for também negativo, há duas soluções expressas dadas pelo próprio Código de Processo Civil.

A primeira delas é a realização de nova penhora (art. 848, VI), seguindo-se, a partir dela, todos os atos preparatórios para sua alienação de acordo com as técnicas do art. 825.

A segunda é de o exequente requerer a adjudicação do bem penhorado, se for o caso precedida de nova avaliação, o que encontra fundamento expresso no art. 878.

4.2.2.6 *Ônus, recursos e processos pendentes*

O inciso VI do art. 886 impõe que a existência de ônus (de qualquer espécie), recurso ou processo pendente sobre os bens a serem leiloados seja mencionada no edital. A finalidade da regra é que que terceiros interessados em adquirir o bem penhorado tenham ciência, a mais completa possível, da *origem* e de eventuais riscos e responsabilidades relativos à sua aquisição[32].

A existência de outras penhoras sobre o mesmo bem deve ser destacada também no edital. Não que a existência de outras penhoras afete a possibilidade de arrematação do bem, mas sua menção é necessária para que eventuais direitos de outros exequentes (terceiros, em relação à execução em que o leilão é realizado) ou de possíveis arrematantes sejam resguardados. Mais ainda quando estas penhoras tiverem sido *averbadas* nos respectivos registros de imóveis, nos termos do art. 844.

Desde que intimados regularmente para o leilão os respectivos credores (arts. 799, I; 804, *caput*, e 889, V), o direito de garantia incidente sobre determinado bem recai sobre o valor da arrematação – em autêntica sub-rogação –, transferindo-se o bem livre e desembaraçado de quaisquer ônus para o arrematante (art. 1.499, VI, do CC).

Contudo, como a arrematação não é modalidade *originária* da aquisição da propriedade, eventuais gravames reais que incidam sobre o bem (servidão, usufruto, uso, habitação, por exemplo) não se resolvem com a aquisição judicial. Nesses casos, a importância de sua menção no edital é ainda maior porque pode vir a afetar, economicamente, a própria utilidade ou uso da coisa adquirida.

O inciso VI do art. 886 também exige que o edital faça referência a recurso ou a processo pendente sobre os bens a serem leiloados.

A existência de *recurso* pendente relaciona-se com o cumprimento *provisório*. De qualquer sorte, o § 4º do art. 521 é expresso quanto a não haver desfazimento da "transferência de posse ou da alienação de propriedade ou de outro direito real eventualmente já realizada", ressalvando, pertinentemente, o direito à reparação dos prejuízos causados ao executado. Com isso, fica minimizada a exigência feita para o edital de leilão[33].

Não obstante, não há como olvidar a imperatividade de a existência de recurso pendente (e, portanto, de se tratar de cumprimento *provisório*) constar do edital para que os eventuais interessados na aquisição do bem penhorado saibam da condição que existe nos atos executivos e que podem, em alguma medida, vir a afetar a própria realização do leilão.

A menção a "causa pendente" deve ser entendida como qualquer postulação que diga respeito à titularidade do bem penhorado, seja ela reivindicatória ou meramente possessória. A exigência se relaciona intimamente com o art. 457 do Código Civil, que exclui a *evicção*

---

32. Assim, por exemplo, a necessidade de o edital indicar a existência de débitos de condomínio, considerando, até mesmo, a natureza *propter rem* da obrigação. Nesse sentido: STJ, 3ª Turma, REsp 1.672.508/SP, rel. Min. Paulo de Tarso Sanseverino, j. un. 25-6-2019, *DJe* 1º-8-2019.

33. A despeito do silêncio do CPC de 1973, mesmo após as modificações da Lei n. 11.232/2005 e da Lei n. 11.382/2006, já era esse o entendimento sustentado pelo n. 4.2.5 do Capítulo 5 da Parte II do v. 3 das edições anteriores ao CPC de 2015 deste *Curso*.

quando o adquirente (isto é, o arrematante) "sabia que a coisa era alheia ou litigiosa" (art. 447 do CC). Mas não só: quaisquer outros questionamentos, mesmo fora do contexto dos direitos reais, devem constar do edital, uma vez que podem comprometer, de alguma forma, a higidez da aquisição. Assim, por exemplo, eventual discussão sobre a anterioridade da penhora sobre o bem penhorado, que seja de conhecimento do exequente.

4.2.2.7 *Publicação do edital*

O art. 887 regula, precipuamente, a *forma* e a *periodicidade* da publicação do edital, que está a cargo do leiloeiro.

A publicação deve anteceder em cinco dias (úteis porque se trata de prazo processual) a data marcada para o leilão (art. 887, § 1º).

A publicação, sempre com a detalhada descrição do bem (art. 886, I), será feita na rede mundial de computadores, mesmo nos casos em que o leilão for presencial (art. 887, § 2º).

As vicissitudes do local e dos bens a serem alienados, contudo, devem guiar o magistrado para decidir, em cooperação com o leiloeiro, a forma mais adequada de divulgação do leilão.

Assim, se não for possível a publicação do edital na internet ou considerando o magistrado, em atenção às condições da sede do juízo, que esse modo de divulgação é insuficiente ou inadequado, o edital será afixado em local de costume e publicado, em resumo, pelo menos uma vez em jornal de ampla circulação local (art. 887, § 3º).

A depender do valor dos bens e às condições da sede do juízo, o magistrado poderá alterar a forma e a frequência da publicidade na imprensa, mandar publicar o edital em local de ampla circulação de pessoas e divulgar avisos em emissora de rádio ou televisão local, bem como em endereços eletrônicos distintos do indicado no § 2º do art. 887 (art. 887, § 4º).

Por fim, de acordo com o § 5º do art. 887, os editais de leilão de imóveis e de veículos automotores serão publicados pela imprensa ou por outros meios de divulgação, preferencialmente na seção ou no local reservados à publicidade dos respectivos negócios.

O § 6º do art. 887, por sua vez, autoriza a reunião de publicações em listas referentes a mais de uma execução, buscando, com a iniciativa, racionalizar e otimizar a atuação jurisdicional, inclusive com economia de custos.

4.2.3 Não realização do leilão

Se o leilão não puder se realizar por *qualquer* motivo[34], o magistrado determinará a publicação da transferência, observando as exigências do art. 887 (art. 888, *caput*),

34. O *caput* do art. 688 do CPC de 1973, equivalente ao art. 888 do CPC de 2015, exigia "motivo justo" para a não realização das novas datas para alienação judicial do bem penhorado. O n. 4.4 do v. 3 do Capítulo 5 da Parte

responsabilizando, se for o caso, quem deu causa ao adiamento – o dispositivo se refere ao *escrivão*, *chefe de secretaria* ou *leiloeiro* – em regular *processo* (não mero procedimento) administrativo (art. 888, parágrafo único).

Em rigor, o *caput* do art. 888 não determina que haja republicação do edital quando o leilão não puder ser realizado na data previamente fixada. O dispositivo se contenta com a publicação da "transferência". Importa, contudo, entender que a referência e a disponibilização do edital anterior devam ser feitas sem o que não há condições concretas de se saber o que será ofertado e em que condições.

Se a razão do adiamento foi a identificação de algum vício no edital originalmente publicado, não há como negar a necessidade de sua republicação.

Não há como negar também que devam ser renovadas as intimações para as novas datas, observando-se, para tanto, as regras específicas.

4.2.4 Intimações prévias

Os incisos do art. 889 exigem a intimação do executado e de outras pessoas para que sejam cientificadas da alienação judicial com, pelo menos, cinco dias (úteis) de antecedência.

De acordo com o inciso I do art. 889, a intimação do executado deve se dar por intermédio de seu advogado. Caso não tenha procurador constituído nos autos, a intimação será realizada por carta registrada, mandado, edital ou outro meio idôneo.

O CPC de 2015, no particular, seguiu o mesmo caminho trilhado pela Lei n. 11.382/2006 e pelas modificações que ela incluiu no CPC de 1973 para eliminar a prática de atos desnecessários e verdadeiramente repetitivos, enaltecendo, ainda, a função do advogado como procurador do executado[35].

Tratando ainda do tema, o parágrafo único do art. 889 estabelece que o próprio edital de leilão pode intimar o executado quando for revel e não tiver advogado constituído, não constando dos autos seu endereço atual ou, ainda, não sendo ele encontrado no endereço constante do processo. Embora a regra excepcione o disposto no parágrafo único do art. 274, é importante verificar que a intimação feita pelo edital é suficiente para dar ciência ao executado do leilão.

II do v. 3 das edições anteriores ao CPC de 2015 deste *Curso* propunha que aquele conceito vago fosse interpretado da seguinte forma: "... deve a expressão ser compreendida como qualquer evento que *independa* da vontade, colaboração, ato ou omissão do exequente que resulte na frustração de uma das hastas e da necessidade de designação de nova data para sua realização. Assim, por exemplo, se, no dia em que a hasta estava designada, o fórum ou local em que ela se realizaria fechar mais cedo em virtude de greve ou falta de luz; assim se, supervenientemente à designação, verificar-se que o dia não tem expediente forense ou, por qualquer motivo, vier a ser declarado feriado (para apuração de votos de eleições, por exemplo) e assim por diante. O que interessa para que a regra do *caput* incida é que o exequente não tenha contribuído, de qualquer maneira, para a não realização da hasta e a correlata necessidade de sua redesignação".

35. Para esta discussão, v. o n. 4.3 do Capítulo 5 da Parte II do v. 3 das edições anteriores ao CPC de 2015 deste *Curso*.

De resto, se o executado, por qualquer razão, mostrar-se ciente do leilão, dispensa-se sua intimação, aplicando-se, por analogia, o disposto no § 1º do art. 239.

Os demais incisos, II a VIII do art. 889, tratam da necessária cientificação da ocorrência do leilão de todos aqueles que tenham alguma relação jurídica (a grande maioria de direito real) com o bem penhorado. Estas pessoas são as seguintes: (i) o coproprietário de bem indivisível do qual tenha sido penhorada fração ideal; (ii) o titular de usufruto, uso, habitação, enfiteuse, direito de superfície, concessão de uso especial para fins de moradia ou concessão de direito real de uso, quando a penhora recair sobre bem gravado com tais direitos reais[36]; (iii) o proprietário do terreno submetido ao regime de direito de superfície, enfiteuse, concessão de uso especial para fins de moradia ou concessão de direito real de uso, quando a penhora recair sobre tais direitos reais; (iv) o credor pignoratício, hipotecário, anticrético, fiduciário ou com penhora anteriormente averbada, quando a penhora recair sobre bens com tais gravames, caso não seja o credor, de qualquer modo, parte na execução; (v) o promitente comprador, quando a penhora recair sobre bem em relação ao qual haja promessa de compra e venda registrada; (vi) o promitente vendedor, quando a penhora recair sobre direito aquisitivo derivado de promessa de compra e venda registrada e (vii) a União, o Estado e o Município, no caso de alienação de bem tombado.

Nesta última hipótese, é correto entender que a antecedência da intimação dirigida aos advogados públicos deve ser de *dez* dias (úteis), por aplicação do *caput* do art. 183.

Sobre tais intimações, cabe esclarecer que não há qualquer óbice para que um imóvel hipotecado ou emprazado seja penhorado por credor quirografário. O que importa – e é este o objetivo do art. 889 – é a *intimação* daqueles sujeitos do leilão. Têm eles *preferência* na aquisição da coisa sobre a qual recai o direito real.

Nos casos de direito real, ademais, a alienação é válida e o que ocorre é uma verdadeira transferência da garantia do bem para o dinheiro pela sua aquisição. É correto tratar do tema na perspectiva da ocorrência de autêntica sub-rogação do direito real no preço da arrematação. À existência de concurso de credores no *pagamento*, isto é, no instante de levantamento do dinheiro da arrematação, se volta o art. 908.

Diferentemente do que se mostrava correto sustentar para o CPC de 1973, a redação do *caput* do art. 889 do CPC de 2015 impõe a prévia cientificação dos sujeitos referidos em seus incisos ainda que eles já tenham, anteriormente, sido intimados da penhora e intervindo no processo em atenção às prescrições genéricas do *caput* e dos parágrafos do art. 804 e dos incisos I a VII, X e XI do art. 799. É bastante, para tanto, que haja intimação daquelas pessoas acerca da alienação, observando a anterioridade imposta pelo *caput* do art. 889, observando-se, para tanto, as regras gerais do Código de Processo Civil a respeito das intimações.

---

36. Deve ser compreendido entre aqueles sujeitos o titular do direito de laje. Nesse sentido é o Enunciado n. 150 da II Jornada de Direito Processual Civil do CJF: "Aplicam-se ao direito de laje os arts. 791, 804 e 889, III, do CPC".

4.2.4.1 *Especificamente o exequente com penhora averbada*

Cabe destacar das diversas hipóteses previstas nos incisos do art. 889 a parte final de seu inciso V. De acordo com ela, "serão cientificados da alienação judicial, com pelo menos 5 (cinco) dias de antecedência" o credor "... com penhora anteriormente averbada, quando a penhora recair sobre bens com tais gravames, caso não seja o credor, de qualquer modo, parte na execução"[37].

A necessidade de intimação em tais casos, contudo, não pode dar a (falsa) impressão de que a averbação da penhora é, por si só, suficiente para que o exequente que a promoveu seja o destinatário preferencial, entre credores da mesma classe, do bem penhorado (adjudicação) ou do produto de sua alienação, particular ou judicial (arrematação).

A esse respeito, o critério do Código de Processo Civil é claro: o que importa para fins de preferência entre credores quirografários é a *anterioridade* da penhora e não a sua averbação. A averbação garante o direito de intimação da alienação imposta pelo inciso V do art. 889 e nada mais. Se não tivesse havido averbação o credor poderia intervir no processo inclusive para os fins do concurso singular de credores bastando, para levantar o dinheiro em seu favor, demonstrar a anterioridade da penhora.

Coerentemente, é correto entender que a ausência de intimação do credor que tenha averbado a penhora é causa de ineficácia da alienação em relação a ele, aplicando-se à espécie a diretriz do inciso II do art. 903, a despeito de sua remissão ser ao art. 804 e não ao art. 889. De outro modo, os direitos previstos pelo sistema processual civil restariam totalmente esvaziados, inclusive a razão de ser da intimação exigida pelo inciso V do art. 889. A ineficácia neste caso deve ser entendida, de qualquer sorte, de maneira restritiva: caberá ao credor, valendo-se do requerimento a que alude o § 2º do art. 903, pleitear o seu direito de preferência pela anterioridade da penhora entre os demais credores.

4.2.4.2 *Exequentes que tenham averbado a execução*

O art. 889 não obriga a intimação dos exequentes que, porventura, tenham averbado o "ajuizamento da admissão da execução", valendo-se do disposto no art. 828.

Aquela averbação é nitidamente transitória (art. 828, § 2º), e, se for o caso, os exequentes respectivos terão o direito de ser intimados por força da averbação da própria penhora, nos termos do inciso V do art. 889.

---

37. A regra está no lugar do art. 698 do CPC de 1973, no mesmo sentido, que era novidade trazida pela Lei n. 11.382/2006.

4.2.4.3 Cônjuge ou companheiro

Não há regra expressa no Código de Processo Civil acerca da necessidade de o cônjuge do executado (e, se for o caso, o companheiro, em se tratando de união estável devidamente documentada ou comprovada) ser cientificado previamente do leilão.

A interpretação que sempre foi defendida por este *Curso* é a de que se faz suficiente a intimação feita com base no art. 842, quando a penhora recair sobre bem imóvel, sendo do cônjuge (ou companheiro) o ônus de acompanhar o processo desde então para, se for o caso, exercer direitos que a lei lhe garante.

4.2.4.4 Modo de intimação

O art. 889 nada dispõe sobre *como* a cientificação determinada por seu *caput* às pessoas indicadas nos seus incisos II a VIII deve ser efetuada. O CPC de 2015, no particular, não repetiu a fórmula redacional do art. 698 do CPC de 1973, na redação da Lei n. 11.382/2006, que determinava que a intimação daqueles sujeitos se desse "por qualquer modo idôneo", expressão que, no CPC de 2015, ficou restrita à hipótese do inciso I.

Não obstante o silêncio, a interpretação mais adequada é a de adoção das regras genéricas de intimação previstas nos arts. 269 a 275, cabendo ao exequente, em qualquer caso, requerê-las e fornecer o que for necessário para viabilizar sua realização. As intimações, destarte, serão feitas *pessoalmente*, por carta ou por oficial de justiça e, se presentes seus pressupostos respectivos, inclusive por meios eletrônicos. Se qualquer um daqueles sujeitos tiver intervindo nos autos em virtude da prévia intimação relativa à penhora e estiver representado por advogado a intimação para a alienação judicial far-se-á na pessoa do próprio advogado.

4.2.4.5 Descumprimento

Não há como duvidar de que o descumprimento das intimações exigidas pelos incisos do art. 889 que *também* estejam previstas no art. 804 acarretam a *ineficácia* da alienação em relação ao credor preterido. É a opção expressa do inciso II do art. 903 e o que ocorre, destarte, nos seguintes casos: (i) ineficácia da alienação de bem gravado por penhor, hipoteca ou anticrese em relação ao credor pignoratício, hipotecário ou anticrético; (ii) ineficácia da alienação de bem objeto de promessa de compra e venda ou de cessão registrada em relação ao promitente comprador ou ao cessionário; (iii) ineficácia da alienação de bem sobre o qual tenha sido instituído direito de superfície, seja do solo, da plantação ou da construção, em relação ao concedente ou ao concessionário[38]; (iv) ineficácia da alienação de direito aquisiti-

38. A respeito dessa específica previsão, cabe lembrar da orientação do Enunciado n. 150 da II Jornada de Direito Processual Civil do CJF: "Aplicam-se ao direito de laje os arts. 791, 804 e 889, III, do CPC".

vo de bem objeto de promessa de venda, de promessa de cessão ou de alienação fiduciária em relação ao promitente vendedor, ao promitente cedente ou ao proprietário fiduciário não intimado; (v) ineficácia da alienação de imóvel sobre o qual tenha sido instituída enfiteuse, concessão de uso especial para fins de moradia ou concessão de direito real de uso em relação ao enfiteuta ou ao concessionário e (vi) ineficácia da alienação de direitos do enfiteuta, do concessionário de direito real de uso ou do concessionário de uso especial para fins de moradia em relação ao proprietário do respectivo imóvel.

Não há clareza, contudo, naqueles casos em que inexiste correspondência entre o rol dos incisos do art. 889 e o *caput* e os parágrafos do art. 884. Do silêncio decorrem as seguintes propostas interpretativas:

No caso do coproprietário de bem indivisível do qual tenha sido penhorada fração ideal, a cientificação prévia imposta pelo inciso II do art. 889 se justifica para que possa ser exercido o direito de preferência que lhe é reservado pelo § 1º do art. 843. Sem que ela se dê, é correto entender que cabe ao coproprietário suscitar a ineficácia da alienação para que possa exercer aquele direito[39].

Com relação ao credor que tenha penhorado *e averbado* o bem alienado (art. 889, V), a ineficácia da alienação deve ser compreendida no sentido de permitir ao preterido participar do concurso singular de credores para, consoante o caso, ter preferência no levantamento do produto da alienação.

No caso do inciso VIII do art. 889, é correto entender que a prévia cientificação às pessoas de direito público nele referidas se justifica para que eles possam exercer o direito de preferência na arrematação que lhes é garantido pelo § 3º do art. 892[40]. Cabe entender, no caso, que a ausência da intimação prévia é também de ineficácia em relação àquelas pessoas.

Em todos esses casos, a ineficácia, com as ponderações dos últimos três parágrafos, pode ser suscitada pelos meios disponibilizados pelo art. 903 no mesmo processo em que se deu a alienação (§§ 1º e 2º) ou pela "ação autônoma" prevista no § 4º do mesmo dispositivo.

Na específica hipótese de haver penhora de vias férreas hipotecadas (art. 1.502 do Código Civil), deve prevalecer a regra do art. 1.505 do Código Civil. O dispositivo tem a seguinte redação: "Na execução das hipotecas será intimado o representante da União ou do Estado, para, dentro em 15 (quinze) dias, remir a estrada de ferro hipotecada, pagando o preço da arrematação ou da adjudicação". A *remição* prevista no dispositivo significa que a União ou o Estado terão preferência na aquisição das vias férreas, pagando por elas o mesmo preço oferecido para a alienação.

39. É essa a razão pela qual se deve entender caber ao exequente, desde a realização da penhora, dar ciência ao coproprietário de sua realização. É o entendimento que predominou na II Jornada de Direito Processual Civil do CJF, como faz prova seu enunciado n. 154: "O exequente deve providenciar a intimação do coproprietário no caso da penhora de bem indivisível ou de direito real sobre bem indivisível".

40. Expressa nesse sentido é a lição e Gilson Delgado Miranda, *Comentários ao Código de Processo Civil*, v. 3, p. 749.

4.2.4.5.1 Ausência de menção a ônus

A ausência de menção de ônus incidente sobre os bens penhorados e colocados em leilão, nos termos do inciso VI do art. 886, pode levar o próprio arrematante a pedir que a alienação seja invalidada (art. 903, § 1º, I).

Tal situação não se confunde com o cumprimento, ou não, do art. 889 e eventuais consequências daí derivadas. Mesmo que o titular do direito real tenha sido intimado pessoalmente da realização da praça, isso não supre a *necessidade* de o edital referir-se à existência daquela garantia e não afasta, por isto mesmo, quaisquer prejuízos originários desta omissão.

4.2.5 Arrematação

Há rica discussão quanto à natureza jurídica da arrematação. A orientação que a este *Curso* parece a mais correta, levando em conta, sobretudo, o ser *público* do processo, é a de que se trata de uma forma *coativa* de *alienação judicial* de bens penhorados para satisfação do exequente pelo valor de sua aquisição. Trata-se, em última análise, da forma pela qual se converte em dinheiro a quem mais oferecer o bem (ou bens) penhorado(s) do executado, visando ao pagamento do exequente, finalidade última da execução por quantia certa (art. 904, I).

Deve ser afastado, porque ultrapassado e contrário à razão de ser e ao ser do próprio processo, o entendimento de que a arrematação equivale a um contrato de compra e venda (que pressupõe *consenso* entre as partes), assim como o de que a adjudicação guardaria semelhanças com a dação em pagamento. A arrematação, embora derive da vontade do arrematante, não pressupõe e não exige a *concordância* do executado, que a *sofre* porque está ele *sujeito* à execução por quantia certa, que atua sobre seu patrimônio (art. 789). Há, é certo, vinculação entre o arrematante e o Estado-juiz – porque é por intermédio do exercício da *função jurisdicional* que a aquisição se faz possível (trata-se de uma alienação *judicial*) –, mas isso não aproxima o instituto a nenhum instituto negocial ou do direito privado. Que a arrematação é forma de *aquisição derivada* da propriedade pelo arrematante, dúvida não existe, mas – e é este seu traço característico – tal aquisição se dá em processo jurisdicional que *atua* sobre o bem penhorado, sendo indiferente a vontade do executado cujo direito se limita, no particular, à observância do *devido processo* na prática daquele ato.

A questão, interessantíssima, tem reflexos práticos indesmentíveis. Pergunta-se, por exemplo, quem deve responder por eventuais vícios redibitórios que envolvem o bem arrematado. A resposta, assumida a premissa do parágrafo anterior, repousa em eventual descompasso entre o bem efetivamente adquirido e sua descrição no edital, requisito de validade da arrematação (art. 903, I). Tanto assim que, se o arrematante quitar eventuais débitos existentes sobre o bem arrematado, ele pode cobrar o valor respectivo do antigo responsável[41].

---

41. Assim, *v.g.*: STJ, 3ª Turma, AgRg no AgRg no Ag 775.421/SP, rel. Min. Humberto Gomes de Barros, j. un. 3-12-2007, *DJ* 14-12-2007, p. 399.

Quanto à evicção, o arrematante, que vier a ser privado do bem, pode reclamar do executado ou, se inexistentes bens seus, do próprio exequente, o valor do lanço e perdas e danos. Embora a conclusão derive do princípio que veda o locupletamento sem causa, positivado no art. 884 do Código Civil, ela consta expressamente do art. 447 daquele mesmo Código, ressalvada a hipótese do art. 457, quando o arrematante sabe litigiosa a coisa, por força da indicação do edital, caso em que não há, para o arrematante, qualquer direito derivado da evicção.

Eventuais débitos fiscais, que recaiam sobre o imóvel arrematado, ficam sub-rogados no preço, em atenção ao disposto no parágrafo único do art. 130 do Código Tributário Nacional. O arrematante não se responsabiliza por eles, tratando, o § 2º do art. 901 do Código de Processo Civil, do recolhimento de eventuais impostos devidos pelo arrematante pela *aquisição* judicial do bem.

Também parte da premissa que destaca o lado *público* da arrematação o entendimento de que a imissão na posse no bem adquirido em alienação judicial pelo arrematante prescinde de "ação de imissão de posse" ou de "execução para entrega de coisa", sendo bastante a expedição de mandado nos próprios autos do processo em que a arrematação se deu[42], com as sanções daí decorrentes, inclusive a que consta do parágrafo único do art. 774.

4.2.5.1 *Legitimados para a arrematação*

Podem arrematar, isto é, têm legitimidade para arrematar, de acordo com o *caput* do art. 890, todos aqueles que estão na livre administração de seus bens. Admite-se, assim, como "lançador" e, pois, como licitante e possível *arrematante* a pessoa capaz, no sentido civil, que esteja na "livre administração de seus bens". A regra, portanto, é a de que todos podem lançar, desde que civilmente capazes (art. 5º do CC).

Os incisos do dispositivo enumeram as exceções, isto é, as pessoas que não podem lançar, que não podem, por isso mesmo, adquirir bens em alienações judiciais. São sujeitos que, não obstante civilmente capazes, não têm *legitimidade* para a prática do ato; legitimidade no sentido de, em virtude de determinado objeto, não terem condições específicas para a prática de um ato *válido* ou *eficaz*, para empregar lição do saudoso Donaldo Armelin[43].

As pessoas que, de acordo com os incisos do *caput* do art. 890, *não* podem arrematar são as seguintes: (i) os tutores, os curadores, os testamenteiros, os administradores ou os liquidantes, quanto aos bens confiados à sua guarda e à sua responsabilidade (inciso I); (ii) os mandatários, quanto aos bens de cuja administração ou alienação estejam encarregados

42. É o que já entendeu a 2ª Seção do STJ no CC 118.185/SP, rel. Min. Luis Felipe Salomão, j. un. 28-9-2011, *DJe* 3-10-2011.

43. *Legitimidade para agir no direito processual civil brasileiro*, p. 11-13.

(inciso II); (iii) o juiz, o membro do Ministério Público e a Defensoria Pública, o escrivão, o chefe de secretaria e os demais servidores e auxiliares da justiça, em relação aos bens e direitos objeto de alienação na localidade onde servirem ou a que se estender a sua autoridade (inciso III); (iv) os servidores públicos em geral, quanto aos bens ou aos direitos da pessoa jurídica a que servirem ou que estejam sob sua administração direta ou indireta (inciso IV); (v) os leiloeiros e seus prepostos, quanto aos bens de cuja venda estejam encarregados (inciso V), e (vi) os advogados de qualquer das partes (inciso VI).

Trata-se de rol mais extenso que o do seu par no CPC de 1973, o art. 690-A, incluído pela Lei n. 11.382/2006, apresentando soluções expressas para questões na linha do que as edições anteriores deste *Curso* já propunham[44].

As vedações se justificam porque dizem respeito a pessoas que, de alguma forma, são vinculadas ou interessadas no processo ou na própria alienação do bem e, com isso, titulares de interesses em conflito com os do exequente e do próprio executado. O rol também revela que a vedação é específica para o caso e/ou para a localidade onde o leilão ocorre, devendo qualquer interpretação extraída dela buscar a identidade de razões que justificam as vedações expressadas nos incisos do dispositivo[45].

O art. 897 prevê um caso especial de ilegitimidade para arrematar: o arrematante e o fiador *remissos*, isto é, os que deixaram, a tempo e modo oportunos, de honrar o valor de seu lanço nos termos do dispositivo.

4.2.5.1.1 Legitimidade do exequente

É superada a questão sobre a ilegitimidade do exequente para arrematar que se justificava, ao menos para o direito processual civil brasileiro, para o sistema anterior à Lei n. 11.382/2006 e à compreensão de que o exequente só poderia *adjudicar* os bens, fazendo-o pelo valor da avaliação, e nunca arrematá-los, quando poderia ofertar valor menor em segunda hasta. Importa recordar, a esse propósito, que na redação original do CPC de 1973, a adjudicação pressupunha que as hastas públicas fossem negativas, isto é, que não houvessem interessados na aquisição dos bens penhorados (art. 714[46]).

---

44. A referência é feita ao n. 4.6.1 do Capítulo 5 da Parte II do v. 3 das edições anteriores ao CPC de 2015 deste *Curso*, que já defendia a impossibilidade de o advogado arrematar no caso em que atuava profissionalmente e da necessidade de se interpretar de maneira restritiva, vinculado ao caso em que atuavam, a vedação relativa a magistrados, membros do Ministério Público e da Defensoria Pública e serventuários em geral da justiça.

45. A 2ª Turma do STJ (REsp 1.368.249/RN, rel. Min. Humberto Martins, j. un. 16-4-2013, *DJe* 25-4-2013) teve oportunidade de interpretar o art. 690-A do CPC de 1973 para negar a possibilidade de o depositário do bem penhorado, na qualidade de representante de outra pessoa jurídica do mesmo grupo empresarial da executada, arrematá-lo. A decisão é correta e merece ser prestigiada à luz do art. 890 do CPC de 2015.

46. Que tinha, na sua versão original, a seguinte redação: “Art. 714. Finda a praça sem lançador, é lícito ao credor, oferecendo preço não inferior ao que consta do edital, requerer lhe sejam adjudicados os bens penhorados”.

O precitado diploma legal inseriu um parágrafo único no art. 690-A do CPC de 1973[47] para reconhecer expressamente a legitimidade do exequente para a arrematação. Sempre houve entendimento de que ele não poderia praticar aquele ato, que o Código de Processo Civil só o autorizava *adjudicar* os bens quando – a referência é ao sistema anterior à Lei n. 11.382/2006 – a segunda hasta tivesse sido negativa, isto é, quando ela terminasse sem quaisquer interessados (antigo art. 714).

Embora o CPC de 2015 não tenha repetido aquela regra de maneira expressa, o sistema processual civil em vigor convida ao entendimento de que não há óbice algum para que o exequente arremate o bem penhorado. O que importa relevar é que para exercer aquele direito, ele deve fazê-lo em igualdade de condições com eventuais outros proponentes. Se não houver outros interessados e, mesmo assim, não há por que recusar legitimidade ao exequente.

Confirma esse entendimento o § 1º do art. 892, que dispõe sobre as condições em que o exequente pagará o seu lance. O dispositivo dispensa o exequente de "exigir o preço" se for ele o único credor, sendo necessário, contudo, o depósito da diferença em três dias (úteis) quando o valor dos bens exceder seu crédito. Caso não o faça, a arrematação será considerada sem efeito, havendo novo leilão à sua custa.

O objetivo da regra é claro: ao contrário do arrematante "terceiro", que precisa, de acordo com o *caput* do art. 892, pagar imediatamente o valor do lance "por depósito judicial ou por meio eletrônico", o exequente, quando arrematante, não precisa depositar nenhum valor porque, na qualidade de *credor* do executado, opera-se uma verdadeira *compensação* com o valor do lance. A exceção surge se o valor do lance superar o crédito do exequente, quando, a exemplo de qualquer outro arrematante, precisará "exibir o preço", é dizer, depositar a *diferença* sob pena de a arrematação ser desfeita. Não se trata de nulidade, nem há necessidade de qualquer provocação jurisdicional específica para tanto. Do fato objetivo da não realização da diferença é considerada ineficaz a arrematação, responsabilizando-se, pessoalmente, o exequente pelas custas do novo leilão.

4.2.5.2 Preço vil

É clássico o questionamento sobre o que deve ser compreendido por preço vil, cujo lance não pode ser aceito para fins de arrematação (art. 891, *caput*).

As edições anteriores deste *Curso* já propugnavam que, desde o advento da Lei n. 8.953/94, e das reformas por ela empreendidas no CPC de 1973, devia ser afastada qualquer vincula-

47. Com a seguinte redação: "Parágrafo único. O exequente, se vier a arrematar os bens, não estará obrigado a exibir o preço; mas, se o valor dos bens exceder o seu crédito, depositará, dentro de 3 (três) dias, a diferença, sob pena de ser tornada sem efeito a arrematação e, neste caso, os bens serão levados a nova praça ou leilão à custa do exequente".

ção entre a vileza do preço e sua aptidão de solver em maior ou em menor grau a dívida do exequente[48].

Também acentuavam a dificuldade de definir a expressão em abstrato, por se tratar de conceito vago e indeterminado, propugnando que a melhor diretriz era a de evitar qualquer relação do preço ofertado pelo bem penhorado e o valor da execução ou fatores externos a ele, devendo sua aferição se dar exclusivamente na comparação do lance com a avaliação do bem penhorado e não em relação ao grau de satisfação do exequente. No máximo, sustentavam, devia se levar em conta dificuldades experimentadas no próprio processo – desinteresse na adjudicação, frustração de alienação por iniciativa particular, variação negativa do mercado consumidor do bem penhorado, por exemplo –, para subsidiar o entendimento quanto à pertinência da alienação por preço *inferior* ao esperado em situações normais.

Por isso é que as edições anteriores deste *Curso* criticavam variados entendimentos que buscavam, em termos percentuais, identificar o preço vil[49], escrevendo que:

> "É importante destacar, no entanto, que a circunstância de que, em determinado caso concreto, um lance de 50, 60 ou 70% do valor da avaliação do bem não ter sido considerado vil não significa que, em outro caso concreto, esse mesmo percentual não possa incidir na vedação legal. O mesmo se diga com os 80% referidos pelo legislador no art. 701 para a alienação de imóvel de incapaz, que não guarda qualquer relação com o art. 692. Justamente por se tratar de conceito vago e indeterminado é que outras circunstâncias concretas devem ser analisadas, levando-se em conta, sempre, o princípio do menor sacrifício do executado, expresso no art. 620.
>
> Assim é que, convém repetir, o tipo de bem penhorado, a existência de um mercado ascendente ou descendente com relação a ele (referencial presente, por exemplo, no art. 701), a disponibilidade de outros bens penhoráveis de propriedade do executado, o tempo de trâmite da execução, incluindo as razões pelas quais não houve *prévia* adjudicação ou

---

48. É o que se lia do n. 4.6.2 do Capítulo 5 da Parte II do v. 3 das edições anteriores ao CPC de 2015 deste *Curso*: "A doutrina e a jurisprudência divergem bastante sobre o entendimento do que seja preço vil. Muito da dúvida, no entanto, parece, ainda hoje, ressentir da redação do art. 692 *anterior* à Lei n. 8.953/94, que fazia expressa relação entre o preço vil e a satisfação do crédito do exequente. O *caput* do dispositivo continha, com efeito, na redação que a Lei n. 6.851/80 lhe havia dado, uma oração final segundo a qual era possível entender que só não seria aceito o preço vil 'que não baste [bastasse] para a satisfação de parte razoável do crédito'. O fato é que o dispositivo, em sua atual redação, dada pela Lei n. 8.953/94, afasta, por completo, qualquer relação entre a configuração do preço vil com o percentual que a alienação do bem penhorado satisfaz do crédito do exequente, é dizer: pode ocorrer de a totalidade do crédito do exequente ser satisfeita e, não obstante, o preço ser, ainda, vil. Inversamente, muito pouco do crédito do exequente pode ser satisfeito e o valor pelo qual se arremata o bem não ter a vileza repelida pelo *caput* do art. 692. Deve prevalecer o entendimento de que a aferição do 'preço vil' não guarda qualquer relação com o crédito perseguido pelo exequente e que se relaciona, apenas e tão somente, com o valor relativo do próprio bem, tal qual avaliado (avaliação que, vale a pena repetir, deverá constar do edital; v. n. 4.2.2, *supra*), e, se for o caso, com o valor real do bem à época da arrematação".
49. Como faz prova bastante a Súmula 33 do TJSP, que tem o seguinte enunciado: "Na execução fiscal, considera-se preço vil a arrematação por valor igual ou inferior a 30% da avaliação do bem (art. 692 do CPC)".

alienação por iniciativa particular, o tempo que separa a avaliação do bem de sua alienação (STJ, 2ª Turma, REsp 1.104.563/PR, rel. Min. Castro Meira, j. un. 18-5-2010, *DJe* 2-6-2010 e STJ, 4ª Turma, REsp 267.934/MS, rel. Min. Honildo Amaral de Mello Castro, j. un. 15.10.2009, *DJe* 26.10.2009), são todas circunstâncias fáticas que podem e devem ser levadas em conta para aferição do 'preço vil', obstativo da alienação em hasta pública. O fundamental para sua caracterização, no entanto, é comparar o preço do bem com o valor do lance e não com o valor perseguido na execução.

O preço do lanço da arrematação, destarte, não deixa de ser *vil* porque satisfaz o exequente em maior ou em menor proporção. Inversamente, o preço não é vil quando compatível, em alguma medida, com o próprio valor intrínseco do bem. É necessária a comparação entre o valor da arrematação e o da avaliação do bem, em qualquer caso. Em suma: a vileza do preço deriva da comparação entre o valor de sua arrematação e seu valor intrínseco, qual seja, o valor pelo qual é avaliado para fins de alienação judicial. A satisfação do crédito do exequente, em maior ou em menor escala, não tem o condão de transformar o critério do preço do bem arrematado de vil em não vil. Muito pelo contrário, a satisfação deste crédito é o (único) objetivo do processo de execução que deverá sempre ser realizado da maneira menos gravosa para o executado (art. 620), sendo vedado, de qualquer ângulo que a questão possa ser examinada, que a execução resulte em locupletamento sem causa para o exequente"[50].

O parágrafo único do art. 891 estabelece, a propósito, que deve ser considerado "... vil o preço inferior ao mínimo estipulado pelo juiz e constante do edital, e, não tendo sido fixado preço mínimo, considera-se vil o preço inferior a cinquenta por cento do valor da avaliação".

A primeira parte da regra conduz às previsões do art. 885 e do inciso II do art. 886 e deve ser aplaudida, pois permite ao magistrado, de antemão, fixar a margem objetiva em que os lances podem ser ofertados levando em conta o valor da avaliação do bem penhorado.

Não há como concordar, contudo, com o disposto na segunda parte que cai na abstração e na generalização que este *Curso* sempre criticou. Para evitar aviltamento do direito do executado, importa que no edital seja fixado o preço mínimo, providência suficiente para afastar a incidência daquela regra.

Uma ressalva é importante acerca do tema: diferentemente do que ocorria no CPC de 1973, mesmo após as profundas reformas nele introduzidas pela Lei n. 11.382/2006, é correto entender que, para o CPC de 2015, a vedação de lance que oferte preço vil é uma constante para os leilões eletrônicos, não havendo espaço, com relação a eles, para distinguir a dualidade de leilões, o primeiro e o segundo, típico dos leilões presenciais e que encontra reflexo no inciso II do art. 895.

---

50. O trecho entre aspas está no n. 4.6.2 do Capítulo 5 da Parte II do v. 3 das edições anteriores ao CPC de 2015 deste *Curso*.

Justifica-se essa explicação porque, para o CPC de 1973, a regra é que a *hasta* pública seria realizada em duas sessões. Na primeira, era vedado lance inferior ao da avaliação do bem (art. 690, § 1º do CPC de 1973); na segunda, era admissível lance inferior, *desde* que não fosse vil (art. 692 do CPC de 1973).

4.2.5.3 Diversidade de pretendentes

Se houver mais de um pretendente na aquisição do bem penhorado, "proceder-se-á entre eles à licitação". A expressão, empregada pelo § 2º do art. 892 deve ser entendida como aquele que apresentar a *maior* oferta após a disputa entre todos os interessados.

Não prevalece no CPC de 2015 diretriz diversa, que se encontrava no § 3º do art. 690 do CPC de 1973, na redação da Lei n. 11.382/2006, no sentido de que o magistrado poderia decidir não só pelo "melhor lanço", mas também pela "proposta mais conveniente", que não necessariamente era a *maior*[51].

Havendo igualdade de lances (a despeito ou independentemente da licitação), contudo, é também o § 2º do art. 892 que estabelece, terá preferência o cônjuge (ou companheiro), o descendente e o ascendente do executado, nessa ordem.

O § 3º do art. 892 regula a preferência na arrematação de bens tombados, dando preferência à União, seguida dos Estados e dos Municípios, justificando a necessária intimação exigida pelo inciso VIII do art. 889.

Se o leilão envolver vários bens e houver mais de um lançador, tem preferência aquele que se dispõe a adquiri-los em conjunto, desde que, para os bens que não tiverem lance, oferte preço igual ao da avaliação e, para os demais, preço igual ao do maior lance a eles ofertado (art. 893). Se nem todos os bens ofertados encontrarem interessados, deve se dar preferência a quem, respeitado o valor da avaliação, se proponha a adquirir o maior número.

4.2.5.4 Pagamento

A regra do CPC de 2015 é que o pagamento do valor ofertado para aquisição do bem penhorado seja feito de imediato, por depósito judicial ou por meio eletrônico, a não ser que haja pronunciamento judicial em sentido diverso (art. 892, *caput*).

Eventual prestação de garantia do pagamento pressupõe que o magistrado aceite o pagamento diferido, no que o *caput* do art. 892 e o art. 885 são expressos. A possibilidade deve constar do edital de leilão (art. 886, II). A possibilidade de pagamento parcelado da arrematação está no art. 895.

---

51. Para essa discussão, v. o n. 4.6.6 do Capítulo 5 da Parte II do v. 3 das edições anteriores ao CPC de 2015 deste *Curso*.

Se o exequente for o arrematante, ele fica dispensado, como estabelece o § 1º do art. 892, de fazer o depósito, desde que não haja nenhum outro credor que tenha intervindo no processo e que seu crédito seja igual ou inferior ao valor do lance ofertado. Se o valor dos bens for maior que seu crédito, deve fazer o depósito da diferença em três dias (úteis), sob pena de a arrematação ser considerada ineficaz e ser responsabilizado pelos custos de eventual novo leilão.

Ao lado de estabelecer a regra de que o pagamento deve ser imediato, o próprio *caput* do art. 892 prevê a possibilidade de pronunciamento judicial em sentido contrário. O art. 895 ocupa-se com a hipótese de os interessados pretenderem adquirir o bem penhorado em prestações, de forma mais realista e muito mais ampla que a dos parágrafos do art. 690 do CPC de 1973[52], já que não limita essa possibilidade à aquisição de bem *imóvel*[53]. O § 7º do art. 895, de qualquer sorte, evidencia que o pagamento à vista terá sempre preferência sobre as propostas de pagamento parcelado.

Para fins de pagamento parcelado, o § 1º do art. 895 exige que a proposta contenha a oferta de pagamento de pelo menos 25% do valor do lance à vista e o restante parcelado em até 30 meses, garantido por caução idônea, quando se tratar de móveis, e por hipoteca do próprio bem, quando se tratar de imóveis com a indicação do prazo, da modalidade, do indexador monetário e das condições para pagamento do saldo (art. 895, § 2º). O § 8º do art. 895 regula os critérios a serem observados quando houver mais de uma proposta de pagamento parcelado: maior valor quando as propostas apresentarem condições diversas e, se iguais, a proposta apresentada em primeiro lugar.

No caso de atraso no pagamento de qualquer das prestações, incidirá multa de dez por cento sobre a soma da parcela inadimplida com as parcelas vincendas (at. 895, § 4º), sendo certo que o inadimplemento autoriza o exequente a pedir a resolução da arrematação ou promover, em face do arrematante, a execução do valor devido, hipótese em que os pedidos respectivos devem ser formulados nos autos do processo em que se deu a arrematação (art. 895, § 5º).

O § 6º do art. 895 dispõe que a apresentação da proposta não tem o condão de suspender o leilão.

---

52. Que tinham a seguinte redação, dada pela Lei n. 11.382/2006: "Art. 690. A arrematação far-se-á mediante o pagamento imediato do preço pelo arrematante ou, no prazo de até 15 (quinze) dias, mediante caução. § 1º Tratando-se de bem imóvel, quem estiver interessado em adquiri-lo em prestações poderá apresentar por escrito sua proposta, nunca inferior à avaliação, com oferta de pelo menos 30% (trinta por cento) à vista, sendo o restante garantido por hipoteca sobre o próprio imóvel. § 2º As propostas para aquisição em prestações, que serão juntadas aos autos, indicarão o prazo, a modalidade e as condições de pagamento do saldo. § 3ºO juiz decidirá por ocasião da praça, dando o bem por arrematado pelo apresentante do melhor lanço ou proposta mais conveniente. § 4º. No caso de arrematação a prazo, os pagamentos feitos pelo arrematante pertencerão ao exequente até o limite de seu crédito, e os subsequentes ao executado".

53. Para a discussão daquele dispositivo, v. o n. 4.6.5 do Capítulo 5 da Parte II do v. 3 das edições anteriores ao CPC de 2015 deste *Curso*.

O § 9º do art. 895 estabelece que os pagamentos parcelados feitos pelo arrematante pertencerão, até o limite do crédito, ao exequente. O que sobejar será destinado ao executado.

Os incisos do *caput* do art. 895 distinguem o "primeiro" do "segundo" leilão. A distinção precisa ser compreendida em harmonia com o disposto no inciso V do art. 886. O segundo leilão a que se refere o inciso II do art. 895 é medida excepcional e pressupõe, necessariamente, tratar-se de leilão *presencial*, que, por sua vez, também é medida excepcional, já que o CPC de 2015 prefere a realização do leilão *eletrônico*.

Assim, importa entender que a apresentação da proposta para pagamento parcelado em se tratando de leilão *eletrônico* não precisa ser apresentada obrigatoriamente até o *início* daquele ato que, pela sua própria essência, perdurará por determinado período do tempo na forma do inciso IV do art. 886[54].

Ademais, para evitar flagrante antinomia entre aqueles dispositivos, a hipótese dos incisos I e II do art. 895 deve ficar restrita àqueles casos em que o leilão for *presencial* (art. 886, V), não se aplicando, destarte, às hipóteses em que o leilão for eletrônico, que, cabe reiterar, é a regra do CPC de 2015, e cuja dinâmica é incompatível com a realização de dois leilões (art. 886, IV).

Mesmo superada essa dificuldade, todavia, não faz sentido, no sistema do CPC de 2015, a regra do inciso I do art. 895: somente nos casos em que o interessado quiser arrematar o bem à prestação é que o valor da avaliação será considerado como piso do lance respectivo? E se ele quiser pagar o valor respectivo imediatamente, como permite o *caput* do art. 892?

Aqui também, para evitar antinomia entre os diversos dispositivos que se ocupam com a matéria, deve prevalecer sua interpretação em direção aos avanços do CPC de 2015. Para tanto, importa entender que o requerimento do interessado para pagamento em parcelas do bem penhorado não considerará necessariamente o valor da avaliação como lance mínimo. Deve prevalecer o que dispuser o leilão de edital a esse respeito (art. 886, II) sobre a regra do inciso I do art. 895. O magistrado poderá, portanto, com fundamento no art. 885, fixar preço mínimo pelo qual o bem poderá ser alienado diverso do da avaliação, desde que o faça no edital de leilão, entendimento que se harmoniza com a primeira parte do parágrafo único do art. 891.

Sendo o caso de um segundo leilão – o que pressupõe leilão *presencial* –, a proposta do interessado observará o disposto no inciso II do art. 895 (ofertando, pois, preço que não seja vil), o que, no particular, coincide, no essencial, com o que decorre, suficientemente, do inciso II do art. 886, lido em conjunto com o parágrafo único do art. 891.

---

54. Não há como concordar, destarte, com o Enunciado n. 157 da II Jornada de Direito Processual Civil do CJF, segundo o qual: "No leilão eletrônico, a proposta de pagamento parcelado (art. 895 do CPC), observado o valor mínimo fixado pelo juiz, deverá ser apresentada até o início do leilão, nos termos do art. 886, IV, do CPC".

O art. 895 continha um § 3º que foi vetado quando da promulgação do CPC de 2015[55]. O veto presidencial baseou-se na percepção de que "O dispositivo institui correção monetária mensal por um índice oficial de preços, o que caracteriza indexação. Sua introdução potencializaria a memória inflacionária, culminando em uma indesejada inflação inercial".

A despeito do veto, é possível (e desejável) entender que o pagamento das parcelas para os fins do art. 895 seja feito por meio eletrônico (o que se harmoniza com o *caput* do art. 892). O que está interditado é que haja intermediação de alguma operadora de cartão de crédito para aquele fim. A correção monetária das parcelas, outrossim, está prevista suficientemente pelo § 2º do art. 895, e, evidentemente, não guardam (e não podem guardar, mercê do veto) nenhuma relação com os índices empregados por operadoras de cartão de crédito.

4.2.5.4.1 Não pagamento ou não prestação da caução

O art. 897 trata das consequências a serem impostas ao arrematante ou ao fiador *remisso*, isto é, aquele que não paga, nas condições estabelecidas, o lance da arrematação. Nesse caso, a caução reverterá em favor do exequente e os bens serão submetidos a novo leilão[56], do qual o arrematante e o fiador remissos são proibidos de participar. Não é correto interpretar a regra ampliativamente para impedir que o arrematante remisso e seu fiador estejam proibidos de participar de outros leilões. A restrição é específica para o caso em que deixaram de pagar o lance pelo qual se comprometeram.

A incidência do art. 897 deve ficar restrita aos casos em que há pagamento *parcelado* do valor da arrematação (art. 895) ou, excepcionalmente, quando o magistrado dispuser em sentido contrário, já que não há sentido em exigir caução do arrematante que paga *imediatamente* o valor respectivo (art. 892, *caput*, primeira parte).

Nesse sentido – e até para evitar antinomia entre os dispositivos –, cumpre entender que a incidência do art. 897 fica restrita ao art. 895, regulamentando, destarte, a caução exigida para o pagamento do saldo a que se refere o § 1º daquele dispositivo e às hipóteses em que o magistrado variar a regra do pagamento imediato, com fundamento na ressalva que abre o *caput* do art. 892.

Na hipótese de não haver *caução* porque o próprio bem imóvel foi dado em hipoteca, a execução será retomada com a excussão do próprio bem para pagamento do valor em aberto,

55. Era a seguinte a redação do dispositivo: "As prestações, que poderão ser pagas por meio eletrônico, serão corrigidas mensalmente pelo índice oficial de atualização financeira, a ser informado, se for o caso, para a operadora do cartão de crédito".

56. Não subsiste no sistema processual civil brasileiro desde o advento da Lei n. 11.382/2006 o que estabeleciam os §§ 1º e 2º do art. 695 do CPC de 1973, que davam ao exequente verdadeira opção de como proceder diante da hipótese: requerer a realização de novas hastas para o bem penhorado ou cobrar o valor da arrematação dos remissos no prazo de 10 dias.

acrescido da multa de 10% imposta pelo § 4º do art. 895, tudo nos autos do mesmo processo, como expressamente autoriza o § 5º do art. 895.

Dada a frustração da alienação do bem penhorado nesta hipótese, é irrecusável que se cogite da incidência do inciso VI do art. 848, autorizando a realização de *novas* penhoras e, consequentemente, a realização de novas tentativas de sua alienação com observância da ordem do art. 825.

4.2.5.4.2 Sub-rogação do fiador

O art. 898 regula a hipótese de o fiador do arrematante pretender para si a arrematação. Para tanto, ele pagará o valor do lance e da multa, que só pode ser a do § 4º do art. 895.

A exemplo do que se deve entender para o art. 897, a única forma de interpretar o dispositivo e evitar antinomia com as novidades trazidas pelo CPC de 2015 acerca do assunto é restringir sua hipótese para o art. 895, isto é, quando se tratar de aquisição do bem penhorado em prestações e for apresentado pelo interessado *fiador* como garantia de pagamento ou a hipoteca lá expressamente referidas. Ou, quando menos, nas hipóteses em que o magistrado se afastar da regra do pagamento imediato, como permite o início do *caput* do art. 892[57].

É correto entender que é desnecessária a concordância do exequente ou do executado para a realização do idealizado pelo art. 898 pelo fiador. O efeito mais importante dessa verdadeira sub-rogação é que a arrematação se realiza e, no particular, tende-se a alcançar o fim último da execução, que é a satisfação do exequente (art. 924, II).

4.2.5.4.3 Pagamento por terceiro

Não há por que afastar da incidência do art. 898 a hipótese de *terceiro* pagar o valor do lanço inadimplido pelo arrematante e seu fiador, sub-rogando-se ele, da mesma forma, nos direitos inerentes à arrematação.

Não obstante o inciso III do art. 346, do Código Civil exigir, para a sub-rogação, que o terceiro seja *interessado*, a medida bem concilia o interesse *público* subjacente à concretização da tutela jurisdicional executiva (excussão patrimonial do executado com seu menor sacrifício possível) e eventuais interesses *privados* inerentes à arrematação e do próprio exequente, que receberá, a final, o valor que lhe é devido sem outros embaraços e delongas.

4.2.5.5 *Alienação de parte de imóvel*

É possível, a pedido do executado, a alienação de *parte* do imóvel, quando ele aceitar cômoda divisão, desde que suficiente para pagar o exequente e as despesas da execução

57. Em sentido diverso é o Enunciado n. 589 do FPPC, segundo o qual: "O termo 'multa' constante no art. 898 refere-se à perda da caução prevista no art. 897".

(art. 894, *caput*). O parâmetro objetivo a ser verificado, na hipótese, é o valor da avaliação do bem que, por força do § 1º do art. 872, poderá ter sido, desde logo, analisado *em partes*.

O pedido deve ser formulado a tempo de haver avaliação das glebas destacadas e sua inclusão no edital (art. 894, § 2º). Não havendo interessados, o imóvel será ofertado integralmente (art. 894, § 1º), no mesmo leilão.

Nos casos em que o imóvel for, por qualquer razão, indivisível, no sentido de "não aceitar cômoda divisão" nos termos do art. 894, o equivalente à quota-parte do coproprietário ou do cônjuge alheio à execução recairá sobre o produto da alienação do bem. É o que estabelece o *caput* do art. 843, cujo § 1º dá preferência ao coproprietário e ao cônjuge na arrematação do bem em igualdade de condições. O § 2º do dispositivo, por seu turno, interdita a alienação por preço inferior ao da avaliação na qual o valor auferido seja incapaz de garantir, ao coproprietário ou ao cônjuge que não é parte no processo, o correspondente à sua quota-parte calculado sobre o valor da avaliação. A regra tem como objetivo claro a proteção daquele que não é parte na execução nas condições que especifica[58].

4.2.5.6 *Alienação de imóvel de incapaz*

O *caput* do art. 896 prevê o adiamento, por até um ano, do leilão de imóvel de incapaz quando não alcançar pelo menos oitenta por cento da avaliação. Trata-se de regra protetiva dos interesses do incapaz e que se afasta da regra geral.

Se durante o adiamento houver oferta, garantida por caução idônea, de pagamento do preço da avaliação, o magistrado determinará a alienação em leilão (art. 896, § 1º).

Se o pretendente da aquisição se arrepender da proposta, será imposta multa de 20% do valor da avaliação em benefício do incapaz, constituindo a decisão título executivo a ser cobrado nos mesmos autos (art. 896, § 2º c/c art. 777).

Durante o prazo de adiamento, e independentemente da ocorrência das hipóteses dos §§ 1º e 2º do art. 896, o magistrado pode autorizar a locação do imóvel (art. 896, § 3º).

Havendo locação do imóvel, não há como afastar o entendimento de que os valores do aluguel devem verter em renda ao exequente, observando-se, no particular, os arts. 858 e 869 e eventuais interesses ou necessidades do executado devidamente justificados e comprovados.

Findo o período do adiamento, o imóvel será submetido a novo leilão (art. 896, § 4º). Neste caso, à falta de qualquer regra específica, devem prevalecer as regras gerais sobre o valor mínimo de alienação a ser fixada pelo magistrado e que deve estar espelhada no edital.

---

58. Expresso nesse sentido: STJ, 3ª Turma, REsp 1.728.086/MS, rel. Min. Marco Aurélio Bellizze, j. un. 27-8-2019, *DJe* 3-9-2019.

4.2.5.7 Suspensão da arrematação

Tão logo o produto da alienação dos bens for suficiente para pagamento do exequente e das despesas da execução, o leilão será suspenso (art. 899).

A despeito da clareza da regra, importa apresentar a seguinte consideração: é certo que a concretização da tutela jurisdicional executiva tem como finalidade primeira a excussão de bens do patrimônio do executado para satisfação do exequente. Ocorre que tal invasão de patrimônio não pode desconsiderar os direitos do executado, um deles o que veda a alienação por preço vil, expressamente prevista no art. 891. Assim, mesmo que o valor da arrematação salde a totalidade do crédito em execução e as respectivas despesas, isso não significa que a arrematação possa ser "suspensa", como se a execução servisse a interesses exclusivos do exequente. É importante que, em caso de concorrência entre diversos pretendentes, havendo interesse na aquisição de determinado bem penhorado, seja permitido a eles que ofereçam livremente seus lanços. Se o valor superar o da execução, satisfeito o exequente, o saldo deve reverter para o executado, analogicamente ao que ocorre nos casos do art. 892, § 1º. Só assim é possível afastar, por completo, qualquer relação entre o valor da arrematação e o grau de satisfação do exequente, que, como aponta o n. 4.2.5.2, pode conduzir à alienação por preço vil.

O art. 900 se ocupa com hipótese de suspensão do leilão de ordem totalmente diversa: se o horário do expediente forense for ultrapassado, o leilão será suspenso e retomado no dia útil imediato na mesma hora que teve início independentemente de novo edital (art. 900).

A regra vem para ocupar o lugar do art. 689 do CPC de 1973, segundo o qual a praça e o leilão seriam suspensos se "sobrevier a noite", repetindo o que já dispunha o art. 544 do Regulamento n. 737, de 1850, que derivava da necessidade de a arrematação realizar-se impreterivelmente no *dia* anunciado, consoante impunha seu art. 543[59].

As edições anteriores deste *Curso* criticavam o critério adotado acriticamente pelo legislador e pugnavam solução objetiva, tal a qual consta do art. 900 do CPC de 2015[60].

---

59. São as seguintes as redações dos mencionados dispositivos do Regulamento n. 737/1850: "Art. 544. Se por sobrevir a noite não for concluida a arrematação no mesmo dia, continuará no dia seguinte, sendo indispensavel o edital como determina o Artigo antecedente, se ficar para outro dia que não seja o seguinte". e "Art. 543. A arrematação deve ter lugar impreterivelmente no dia annunciado; se por algum motivo ponderoso não for possivel nesse dia, será transferida annunciando-se por editaes, e pela imprensa a transferencia e o dia novamente designado".

60. É o que se lia do n. 4.6.3 do Capítulo 5 da Parte II do v. 3 das edições anteriores ao CPC de 2015 deste *Curso*: "À falta de critérios objetivos sobre o exato instante em que a noite sobrevém, o art. 689 tende a ter pouca valia prática nos dias atuais. Por tudo é recomendável que, às praças e aos leilões públicos, aplique-se o art. 172, posto ser regra genérica, mas que indica, com clareza, o *tempo* em que os atos processuais devem ou podem ser praticados e as condições, igualmente objetivas, de sua suspensão, interrupção ou prosseguimento para evitar prejuízos (v. n. 4.3 do Capítulo 3 da Parte III do v. 1). Caso contrário, no inverno as praças e os leilões deverão encerrar-se antes de quando praticados no verão; os horários em que esses atos processuais podem ser praticados tendem a ser alterados nos Estados brasileiros que adotam o horário de verão ou naqueles em que a luz do sol,

4.2.5.8 Auto de arrematação

O *caput* do art. 901 impõe a *imediata* lavratura do auto de arrematação, que pode ser um só para bens arrematados em diversas execuções, sempre mencionando as condições de alienação do bem.

O *auto* de arrematação é o ato que documenta o ocorrido no leilão, que certifica o arrematante e o bem (ou bens) arrematado(s) ou parte dele(s) e as condições em que a aquisição se verificou. Trata-se da "expressão documental do ato da arrematação", que reduz a escrito o "procedimento oral do praceamento"[61].

Antes da Lei n. 11.382/2006, o art. 693 do CPC de 1973[62] impunha um prazo de vinte e quatro horas para a lavratura daquele auto, o que se justificava diante da regra do inciso I do art. 788, do CPC de 1973, que tratava genericamente da *remição de bens*[63]. Ao revogar aquele dispositivo, limitando-se a permitir a *remição da execução* "antes de adjudicados ou alienados os bens" (art. 651 do CPC de 1973), a Lei n. 11.382/2006 alterou, consequentemente, a redação do art. 693 do CPC de 1973 para autorizar a lavratura *imediata* do auto de arrematação.

É o que está consagrado no *caput* do art. 901, cabendo ao executado, se assim desejar, remir a *execução* até aquele instante processual, da lavratura do auto, o que encontra fundamento no art. 826. No CPC de 2015, a remição de *bens* é autorizada residualmente pelo *caput* e pelo parágrafo único do art. 902 e pode ser requerida até a assinatura do auto de arrematação (v. n. 4.2.5.10, *infra*).

O auto de arrematação deverá ser assinado pelas pessoas a que se refere o *caput* do art. 903: o magistrado, o arrematante e o leiloeiro. O *auto* de arrematação é pressuposto para a expedição da *carta* de arrematação (art. 901, § 2º).

Mesmo nos casos em que não haja arrematação, é mister que se documente o ocorrido, sendo indiferente que o leilão tenha ocorrido eletrônica ou presencialmente. Para tanto, deve ser lavrado o que, em geral, é denominado "auto *negativo*" e que terá relevância para

---

generosa, sempre brilha por mais tempo e mais forte. Se o problema for falta de luz no fórum ou no local em que a praça ou o leilão é realizado, a suspensão do ato deverá ser pautada nesse motivo; não, no entanto, porque 'sobreveio a noite'. Como quer que seja, o fato é que, uma vez *suspensa* a praça ou o leilão por causa da noite (ou por causa do horário, para quem decidir observar, como prefere este *Curso*, o critério mais seguro e objetivo do art. 172), deve ela ou ele ser retomado no primeiro dia útil, observando-se, para tanto, o *mesmo* horário. Desnecessária a publicação de novos editais ou, quando menos, do *aviso* a que se refere o art. 688".

61. Celso Neves, *Comentários ao Código de Processo Civil*, v. VII, p. 141.

62. Que tinha a seguinte redação: "Art. 693. A arrematação constará de auto, que será lavrado vinte e quatro (24) horas depois de realizada a praça ou o leilão".

63. Era a seguinte a redação daquele dispositivo: "Art. 788. O direito a remir será exercido no prazo de vinte e quatro (24) horas, que mediar: I – entre a arrematação dos bens em praça ou leilão e a assinatura do auto" (art. 693).

prosseguimento da concretização da tutela jurisdicional executiva com realização de novas tentativas de alienação do bem ou penhora de outros bens do executado (art. 848, VI).

Os efeitos da lavratura do auto são *declaratórios*, mas não tem, o auto em si mesmo, qualquer conteúdo decisório. Eventuais impugnações ou questões relativas à arrematação que tenham sido ventiladas terão sido objeto de decisão própria, específica, que não se confunde com o auto. Tanto assim que não tem sentido apresentar qualquer recurso do *auto* de arrematação, que não tem natureza jurídica de *decisão judicial*; recorre-se de decisões proferidas *antes* ou *depois* de sua lavratura. O auto é ato de mera documentação processual.

4.2.5.8.1 Ordem de entrega e carta de arrematação

De acordo com a regra do § 1º do art. 901, "a ordem de entrega do bem móvel ou a carta de arrematação do bem imóvel, com o respectivo mandado de imissão na posse, será expedida depois de efetuado o depósito ou prestadas as garantias pelo arrematante, bem como realizado o pagamento da comissão do leiloeiro e das demais despesas da execução".

A melhor interpretação para o dispositivo é a de que, mesmo sem o pagamento ou prestação da garantia, o *auto* de arrematação pode e deve ser lavrado *de imediato*. A expedição da *carta* de arrematação com o respectivo mandado de imissão na posse, bem assim o mandado de entrega do bem móvel é que dependem da prática dos atos descritos no § 1º do art. 901.

Caso o depósito não seja feito ou não sejam prestadas as garantias pelo arrematante (inclusive da comissão do leiloeiro e demais despesas processuais), a arrematação será desfeita por força do disposto no inciso III do § 1º do art. 903.

O § 1º do art. 901 deve ser interpretado, outrossim, no sentido de que, para a entrega do bem arrematado ou para a imissão na posse do imóvel arrematado, não há necessidade da propositura de uma "nova ação", sendo suficiente a formulação de requerimento, para este fim, pelo arrematante ao juízo da execução no mesmo processo em que a arrematação foi efetivada. Medidas coercitivas com base no inciso IV do art. 139 podem ser adotadas para aquela finalidade.

As garantias a que se refere o § 1º do art. 901 só podem ser as devidas por força do pagamento em prestações do valor da arrematação nos moldes do art. 895 ou quando o magistrado tiver decidido diferentemente com fundamento na primeira parte do *caput* do art. 892. Caso contrário, o pagamento respectivo já terá sido feito imediatamente nos moldes da segunda parte do *caput* do art. 892.

4.2.5.9 *Carta de arrematação*

A função da *carta* de arrematação, ao contrário do *auto*, que produz efeitos para o próprio processo, é *extraprocessual*. É ela, a carta de arrematação, título hábil para *registro* da arrematação de imóvel no registro competente, sendo necessária, pois, para a efetiva *aquisição* do bem, insuficiente sua posse (art. 167, I, n. 26, da Lei n. 6.015/73, a Lei dos Registros Públicos).

A carta de arrematação, tanto quanto o auto, não tem conteúdo decisório nenhum: não é decisão interlocutória e não é sentença, inconcebível recurso contra sua expedição. O que pode ocorrer é que, antes da expedição da carta de arrematação, sejam postas perante o magistrado determinadas questões para serem resolvidas. Da decisão que enfrentá-las cabe agravo de instrumento (art. 1.015, parágrafo único); não da carta, entretanto.

Após a expedição da carta, os atos nela documentados não podem mais ser questionados no âmbito do processo em que se deu a alienação dos bens penhorados. Para tal fim, caberá a "ação autônoma" a que se refere o § 4º do art. 903, cujo processo o arrematante será citado como litisconsorte necessário[64].

4.2.5.9.1 Conteúdo

O § 2º do art. 901 trata do conteúdo da carta de arrematação.

Ela deverá conter a descrição do imóvel, com remissão à sua matrícula ou individuação e aos seus registros, a cópia do auto de arrematação e a prova de pagamento do imposto de transmissão, isto é, incidentes sobre a *aquisição* do bem e não o recolhimento de eventuais impostos *anteriores* à arrematação, que *não são* de responsabilidade do arrematante. Também deve conter a indicação da existência de eventual ônus real ou gravame.

Embora silente o § 2º do art. 901, é correto entender que a carta de arrematação deve ser *assinada* pelo magistrado para surtir seus regulares efeitos, inclusive perante o registro de imóveis.

A expedição da carta de arrematação deve observar o interstício no § 3º do art. 903, que trata do eventual questionamento da ocorrência de alguma das situações do § 1º daquele dispositivo no prazo de dez dias (úteis e, se for o caso, com as dobras legais) contados da ocorrência da própria arrematação (art. 903, § 2º). O mesmo intervalo de tempo deve ser observado para a expedição da ordem de entrega (de bem móvel) ou do mandado de imissão na posse (de bem imóvel).

4.2.5.9.2 Bens móveis

Embora sem nenhuma referência expressa no § 2º do art. 901, não é incorreto entender possível (e necessário) que se pretenda a expedição de carta de adjudicação também para bens *móveis*, sem prejuízo da respectiva ordem de entrega.

---

64. É entendimento que já era defendido pelo n. 4.9 do v. 3 do Capítulo 5 da Parte II do v. 3 das edições anteriores ao CPC de 2015 deste *Curso* e que encontrava eco nos seguintes julgados do STJ, então colacionados: 3ª Turma, REsp 1.219.093/PR, rel. Min. Ricardo Villas Bôas Cueva, j. un. 27-3-2012, *DJe* 10-4-2012, e STJ, 4ª Turma, REsp 1.313.053/DF, rel. Min. Luis Felipe Salomão, j. un. 4-12-2012, *DJe* 15-3-2013.

Se é certo que a transferência da propriedade de bens móveis se dá independentemente de registro, sendo suficiente sua apreensão física ou tradição (e, por isso, a ordem de entrega), pode ocorrer que a expedição de carta de arrematação pode ser necessária ou, quando menos, útil para o arrematante, pois sua função vai além da *transferência de propriedade* em registro público (indispensável em se tratando de imóvel), porque constitui *prova* da propriedade.

É o que ocorre com veículos em geral e ações de sociedades.

Por isso, a carta de arrematação deve ser expedida sempre que houver necessidade de o *auto* de arrematação ser levado a conhecimento de terceiros, observando o que a respeito determina o § 2º do art. 901 com as devidas adaptações.

Independentemente do acolhimento desse entendimento, todavia, é certo que a efetiva *entrega* do bem adquirido dar-se-á nos próprios autos do processo em que se deu a alienação, independentemente da necessidade do ajuizamento de qualquer "ação" para aquela finalidade, sendo suficiente mero pedido do adquirente.

4.2.5.10 *Remição do bem*

O art. 902 defere ao executado o direito de remir o bem arrematado quando estiver hipotecado, desde que ofereça preço igual ao do maior lance oferecido e o faça até a lavratura do auto de arrematação.

O parágrafo único daquele dispositivo, por sua vez, regula a hipótese de o devedor hipotecário ser falido ou insolvente. Nesse caso, o direito de remição é da massa ou dos seus credores em concurso, não podendo o exequente recusar o preço da avaliação do imóvel.

É dispositivo que repete, no contexto da alienação judicial, o que o § 4º do art. 877 regula no ambiente da adjudicação.

4.2.5.11 *Irretratabilidade da arrematação*

O *caput* do art. 903 dispõe que, assinado o auto de arrematação, a arrematação será considerada "perfeita, acabada e irretratável, ainda que venham a ser julgados procedentes os embargos do executado ou a ação autônoma de que trata o § 4º deste artigo, assegurada a possibilidade de reparação pelos prejuízos sofridos".

É correto entender, destarte, que desde que assinado o auto a arrematação é válida e apta para surtir seus regulares efeitos, não podendo ser desfeita senão nas hipóteses apontadas no § 1º do dispositivo e em função de outras dispersas pelo Código de Processo Civil, cabendo destacar, a esse propósito, a possibilidade de o arrematante desistir da arrematação, o que lhe é garantido pelo § 5º do art. 903.

Nem mesmo o acolhimento de embargos à execução ou do pedido de tutela jurisdicional que encontra fundamento no § 4º do art. 903 é óbice àquela situação de irretratabilidade da arrematação.

O objetivo da regra é claro: garantir maior segurança jurídica nas aquisições que se façam perante o Poder Judiciário, nos casos de alienação judicial. Assim, mesmo que o executado se volte à concretização da tutela jurisdicional executiva por intermédio de embargos à execução e mesmo que seja vitorioso naquela iniciativa, a arrematação permanece incólume. O que cabe ao executado, em tal hipótese, é pleitear a reparação pelos prejuízos que sofreu. Idêntico raciocínio deve ser adotado, a despeito do silêncio do *caput* do art. 903 para a hipótese de o executado ver acolhida sua impugnação ao cumprimento de sentença (art. 525).

Questão interessante é a de saber se a diretriz do dispositivo, que se refere exclusivamente à *arrematação*, tem aplicação para os demais casos de alienação admitidos pelo Código de Processo Civil, assim a adjudicação (arts. 876 e 877) e a alienação por iniciativa particular (art. 880). A resposta deve ser positiva para criar condições de que, em quaisquer dos mecanismos expropriatórios admitidos pelo sistema processual civil, seja mantido o ato praticado, até porque eles, inclusive a adjudicação, podem ser praticados por terceiros de boa-fé. Trata-se de medida que, certamente, incrementará o interesse pela aquisição dos bens penhorados, mormente quando essa forma de alienação puder ser realizada em ambientes virtuais.

Outra indagação que se faz pertinente sobre o dispositivo é se a arrematação (e, pelas razões expostas no parágrafo anterior, também a adjudicação) mantém-se incólume também no caso de ter sido o *exequente* o adquirente do bem. A resposta, à luz do *caput* do art. 903, só pode ser *positiva*. Mesmo quando for o exequente o arrematante ou o adjudicatário, a alienação não será desfeita em caso de procedência dos embargos (ou de impugnação), é dizer, o bem mantém-se no patrimônio do exequente. O direito que o executado tem em face do exequente, na hipótese, é ao do *equivalente monetário* e não direito ao bem propriamente dito.

4.2.5.12 *Invalidação, ineficácia ou resolução da arrematação*

O art. 903 aprimorou e desenvolveu a disciplina constante do art. 694 do CPC de 1973 sobre os casos em que a arrematação deve ser invalidada, considerada ineficaz ou resolvida. Também acabou por absorver o art. 746 daquele Código, sobre as formas de provocação do Estado-juiz para reconhecer vícios que podem comprometer a higidez da arrematação.

A fórmula adotada pelo CPC de 2015 com relação às diversas hipóteses de desfazimento da arrematação é mais adequada e mais técnica que a do CPC de 1973, distinguindo os casos de *invalidade* da arrematação (quando realizado por preço vil ou quando ocorrente outro vício) dos que ela deve ser considerada *ineficaz* (quando não realizadas as intimações determinadas pelo art. 804) e, ainda, das hipóteses em que ela deve ser *resolvida* (quando não for pago o preço ou não prestada eventual caução), como se lê dos incisos I, II e III do § 1º do art. 903, respectivamente.

É o caso de analisar, mais detidamente, cada uma daquelas hipóteses.

4.2.5.12.1 Invalidação

De acordo com o inciso I do § 1º do art. 903, a arrematação será invalidada "quando realizada por preço vil ou com outro vício".

Com relação ao preço vil, são suficientes as observações do n. 4.2.5.2, *supra*, a propósito dos arts. 891 e 895, II.

Os demais vícios que podem comprometer a higidez da arrematação e, desde que provados, conduzir à sua invalidação estão dispersos pelo Código de Processo Civil e derivam indistintamente de vícios originários do plano material e do plano processual.

No plano processual, a nulidade decorre do descumprimento de qualquer regra cogente, por exemplo: arrematação feita por algum dos sujeitos indicados no art. 890; a inobservância de quaisquer das regras impostas pelo art. 886 para a expedição do edital ou a ausência de intimação do executado em observância ao disposto no art. 889.

4.2.5.12.2 Ineficácia

A inobservância das exigências do art. 804 gera a ineficácia da arrematação, de acordo com o inciso II do § 1º do art. 903.

O art. 804, cuja remissão é realizada de maneira expressa pelo dispositivo aqui examinado, impõe a *intimação* dos credores nele indicados.

Não há vedação legal e nem sistemática para a penhora e para a alienação forçada de bens que ostentem qualquer gravame de direito real. Contudo, seus titulares precisam ter ciência da apreensão judicial para exercerem, no momento adequado os direitos que detêm sobre os bens.

A ineficácia prevista no dispositivo não gera a invalidade da arrematação. Ela só não surte efeitos em relação ao credor de direito real, que, por isso, passa a ostentar sua qualidade independentemente do quanto ocorrido no plano processual.

A despeito da falta de previsão expressa, a ineficácia é também a resposta que deve ser dada aos credores que, a despeito da exigência feita pelo art. 889, não tenham sido cientificados previamente da alienação. É tema ao qual se volta o n. 4.2.4, *supra*.

4.2.5.12.3 Resolução

A hipótese do inciso III do § 1º do art. 903 é de não pagamento do preço ou quando não prestada a caução. Neste caso, a constatação do ocorrido acarreta a *resolução* da arrematação, isto é, de seu desfazimento, o que prejudica qualquer pretensão do arrematante ao bem penhorado.

Importa reiterar com relação à regra que a caução nela referida só pode ser a relativa ao pagamento em prestação do valor da arrematação (art. 895, § 1º) e, nesse sentido, está em plena harmonia com a previsão do § 5º do art. 895 ou quando o magistrado decidir com base na ressalva que abre o *caput* do art. 892.

4.2.5.12.4 Arguição

O CPC de 2015 inova substancialmente quando trata da forma de arguição dos motivos listados no § 1º do art. 903.

Abandonando os pouquíssimos usados "embargos à arrematação" ou "embargos de segunda fase" do art. 746 do CPC de 1973[65], o CPC de 2015 autoriza que a arguição seja feita no próprio processo em até dez dias (úteis e, consoante o caso, com as dobras legais) do aperfeiçoamento da arrematação (art. 903, § 2º).

Após aquele prazo e com a expedição da respectiva carta (art. 901, § 2º) ou, conforme o caso, a ordem de entrega ou o mandado de imissão na posse (art. 903, § 3º), a arguição poderá ser feita por "ação autônoma" (art. 903, § 4º) e cujos fundamentos serão ao menos uma das hipóteses do § 1º do art. 903.

A referência a "ação autônoma" deve ser entendida como o pedido de tutela jurisdicional a ser formulado por quem se afirma titular de ao menos uma das hipóteses dos incisos I a III do § 1º do art. 903 dando ensejo a um novo processo cuja finalidade é a invalidação, o reconhecimento da ineficácia ou a resolução da arrematação. À falta de qualquer regra em sentido contrário, é correto entender que a iniciativa observará o procedimento comum, não havendo qualquer óbice para que o autor requeira (e obtenha) a concessão de tutela provisória, fundamentada na urgência ou na evidência, para obstar ou para praticar algum ato relativo ao seu desiderato final.

Será litisconsorte passivo necessário neste *novo* processo, o arrematante, por força do quanto estatuído pelo § 4º do art. 903.

Importa acentuar que eventual questionamento que se tenha feito *antes* do instante procedimental a que se refere o § 3º do art. 903 e que tenha gerado decisão judicial não dá ensejo à nova iniciativa com base na "ação autônoma" do § 4º daquele mesmo dispositivo.

A discussão anterior obsta a renovada tentativa de sua rediscussão, sendo correto entender que recai coisa julgada sobre a atividade cognitiva desenvolvida pelo magistrado para resolver quaisquer questões incidentais à concretização da tutela jurisdicional executiva.

---

65. Para a análise da disciplina daqueles embargos, consultar o Capítulo 4 da Parte V do v. 3 das edições anteriores ao CPC de 2015 deste *Curso*.

Eventual inconformismo do sucumbente deve ser manifestado pelas vias recursais cabíveis, a começar pelo agravo de instrumento cabível da decisão proferida pelo juízo da primeira instância (art. 1.015, parágrafo único).

Não há óbice, contudo, para que, rejeitado no decêndio do § 2º do art. 903 um fundamento, *outro* acabe rendendo ensejo à nova investida fundamentada no § 4º daquele dispositivo, porque inexistente, nesta hipótese, a identidade objetiva e subjetiva destacada acima.

4.2.5.13 Desistência da arrematação

O CPC de 2015, aprimorando o que constava dos parágrafos do art. 746 do CPC de 1973[66], incluídos pela Lei n. 11.382/2006, permite ao arrematante desistir da arrematação nas condições indicadas pelo § 5º do art. 903, hipótese em que o depósito ser-lhe-á imediatamente devolvido:

As hipóteses são as seguintes:

(i) quando provar nos dez dias seguintes a existência de ônus real ou gravame não mencionado no edital (art. 868, VI). O decêndio, prazo processual, deve computar apenas os dias úteis, sempre aplicadas as dobras legais (arts. 180, 183, 186 e 229), consoante o caso. Ele passa a fluir da própria arrematação;

(ii) quando o executado alegar, antes da expedição da carta ou da ordem de entrega do bem, alguma das hipóteses do § 1º do art. 903. O que o inciso II do § 5º do art. 903 prevê é o direito concedido ao arrematante diante da manifestação do executado em busca da invalidação, da ineficácia ou da resolução da arrematação por qualquer uma das hipóteses do § 1º do art. 903.

(iii) quando for citado para o processo a que se refere o § 4º do art. 903. Nesta hipótese, o arrematante, que é litisconsorte passivo necessário naquele novo processo, deve manifestar a desistência da arrematação no prazo que tiver para responder aquele pedido o que, como regra, pressupõe o malogro da audiência de mediação ou conciliação (art. 334, *caput*). A desistência da arrematação acarretará a perda do objeto daquela postulação, não podendo, contudo, ser o arrematante responsabilizado pelo pagamento de custas e honorários advocatícios (art. 90), o que atritaria com o direito a ele reconhecido no § 5º do art. 903.

O § 6º do art. 903 expressamente qualifica como ato atentatório à dignidade da justiça a criação de incidente infundado para levar o arrematante a desistir da aquisição do bem

---

66. A redação daqueles dispositivos era a seguinte: "§ 1º Oferecidos embargos, poderá o adquirente desistir da aquisição. § 2º No caso do § 1º deste artigo, o juiz deferirá de plano o requerimento, com a imediata liberação do depósito feito pelo adquirente (art. 694, § 1º, inciso IV). § 3º Caso os embargos sejam declarados manifestamente protelatórios, o juiz imporá multa ao embargante, não superior a 20% (vinte por cento) do valor da execução, em favor de quem desistiu da aquisição".

penhorado, impondo àquele que o criar o pagamento de multa em favor do exequente em montante não superior a 20% do valor do bem, sem prejuízo da sua responsabilidade por perdas e danos.

É correto entender que o valor do bem referido no dispositivo seja o valor da própria arrematação e não da avaliação.

Não há qualquer óbice, muito pelo contrário, para que o valor devido pela multa e as perdas e danos devidos não só ao exequente, mas também ao arrematante sejam perseguidas no mesmo processo em que se deu a alienação, o que encontra fundamento no parágrafo único do art. 774.

5. APROPRIAÇÃO DE FRUTOS E RENDIMENTOS DE EMPRESA OU DE ESTABELECIMENTOS E DE OUTROS BENS

A terceira modalidade expropriatória dos bens penhorados, de acordo com o inciso III do art. 825, é a "*apropriação* de frutos e rendimentos de empresa ou de estabelecimentos e de outros bens".

A técnica merece ser compreendida como o *resultado* da penhora de frutos e rendimentos de coisa móvel ou imóvel ou da própria empresa (arts. 867 a 869) ou, quando menos, de seu faturamento (arts. 863, § 1º, e 866, § 3º), visando à satisfação do crédito do exequente (arts. 904, I, e 905, *caput*).

É mecanismo que se encontra no lugar do "usufruto de móvel ou imóvel" cuja disciplina estava nos arts. 716 a 724 do CPC de 1973, todos na redação da Lei n. 11.382/2006. Sobre essa observação, cabe evidenciar que, por força das profundas modificações introduzidas por aquele diploma legal, a disciplina do usufruto de bens móveis e imóveis ficou pouco evidente no CPC de 1973, embora figurasse ao lado da adjudicação, da alienação por iniciativa particular e da alienação em hasta pública, como um dos métodos expropriatórios (art. 647, IV, do CPC de 1973).

O CPC de 2015, reunindo, realocando e aprimorando aquelas regras em Subseção própria, denominada de "Da penhora de frutos e rendimentos de coisa móvel ou imóvel"[67], e abandonando a descabida nomenclatura "usufruto", instituto de direito privado, avesso à concepção publicística do direito processual e que não guarda nenhuma relação com um método estatal de *expropriação* patrimonial, criou condições de sua utilização mais frequente sem

67. A despeito do quanto escrito no texto, a escolha do legislador não está isenta de críticas. Isso porque a sua alocação passa a (falsa) impressão de que a disciplina dos arts. 867 a 869 se volta exclusivamente à efetivação da penhora. Contudo, ela também traz as regras relativas ao pagamento do crédito do exequente. É essa a razão pela qual este *Curso* prefere fazer menção àquele instituto no contexto das regras da penhora (n. 4.6.1 do Capítulo 4) e também no contexto dos mecanismos expropriatórios.

prejuízo de evidenciar o seu *resultado prático*, ao lado da adjudicação e da alienação como um dos métodos expropriatórios do CPC de 2015, no inciso III de seu art. 825.

5.1 Natureza jurídica

A apropriação de frutos e rendimentos de empresa ou de estabelecimentos e de outros bens deve ser compreendida como uma das modalidades de satisfação do crédito.

Embora o art. 904 não faça menção a ele, é suficiente, a esse respeito, o disposto no *caput* do art. 905 ao estabelecer que o magistrado autorizará que o exequente levante, até a satisfação integral de seu crédito, o produto do faturamento de empresa ou de outros frutos e rendimentos de coisas ou empresas penhoradas.

A apropriação e frutos e rendimentos distingue-se das outras duas formas de pagamento, a entrega do dinheiro (art. 904, I) e a adjudicação dos bens penhorados (art. 904, II), porque o solvimento da dívida é gradativo e não imediato. Trata-se, com efeito, de modalidade *pro solvendo* de extinção da dívida e não *pro soluto*. Expropria-se não o bem penhorado (total ou parcialmente) mas, apenas e tão somente, seus *frutos* ou *rendimentos*.

A nomenclatura dada ao instituto pelo CPC de 2015 quer evitar quaisquer dificuldades que a anterior, *usufruto*, poderia ensejar, embora a questão fosse bem resolvida no âmbito doutrinário[68].

5.2 Pressupostos para concessão

Diferentemente do que se dava no CPC de 1973 após as modificações introduzidas pela Lei n. 11.382/2006, não há uma seção própria para regulamentar a apropriação de frutos e rendimentos como técnica expropriatória[69]. Suas regras estão inseridas nos arts. 867 a 869, quando se voltam à disciplina da *penhora* de frutos e rendimentos e coisa móvel ou

---

68. É o que se lia do n. 5.1 do Capítulo 5 da Parte II do v. 3 das edições anteriores ao CPC de 2015 deste *Curso*: "Não obstante seu nome, o usufruto de que tratam os arts. 716 a 724 não guarda qualquer relação com o instituto homônimo da lei civil (arts. 1.390 a 1.411 do Código Civil). A doutrina, ao descartar qualquer semelhança entre as duas figuras, tende à sua aproximação à figura da *anticrese* (arts. 1.506 a 1.509 do Código Civil), uma vez que esse instituto da lei civil é especialmente destinado à percepção de frutos ou rendimentos de imóvel pelo devedor para a compensação de determinada dívida. A semelhança do usufruto de que tratam os arts. 716 a 724 com a anticrese, no entanto, esgota-se em sua finalidade. O 'usufruto' regulado pelos arts. 716 a 724 é instituto de direito *processual* civil, que não se confunde com qualquer outra modalidade de pagamento constante da lei civil. Sua instituição depende não só de decisão judicial, sendo insuficiente a concordância dos interessados, mas também da ocorrência de determinados pressupostos, indisponíveis para as partes e para o próprio magistrado, capazes de demonstrar ser esta modalidade expropriatória, concretamente considerada, preferível à alienação do bem penhorado, seja ele móvel ou imóvel".

69. A referência é feita aos arts. 716 a 724 do CPC de 1973, que correspondiam à Subseção IV ("usufruto de móvel ou imóvel") da Seção II ("do pagamento ao credor") do Capítulo IV ("da execução por quantia certa contra

imóvel, com as remissões feitas àqueles dispositivos pelo § 1º do art. 863 e pelo § 3º do art. 866, quando se disciplina a penhora de empresa e a penhora de percentual de faturamento de empresa.

Não obstante, é correto entender que se fazem necessários para seu deferimento, de acordo com o art. 867, que se repute uma técnica executiva mais *eficiente* para que o recebimento do crédito pelo exequente *e* menos *gravosa* para o executado. Tanto os direitos do exequente como os do executado, destarte, devem ser observados pelo magistrado para a concessão dessa forma expropriatória.

Esta dualidade de exigências encontra eco também no § 1º do art. 866, que trata especificamente da penhora de percentual de faturamento de empresa, segundo o qual a satisfação do direito do crédito exequente deve se dar em tempo razoável, sem tornar inviável o exercício da atividade empresarial e, de forma genérica, no art. 865, que reserva a penhora da empresa, de outros estabelecimentos e semoventes, aos casos em que "não houver outro meio eficaz para a efetivação do crédito".

Para aferir concretamente o preenchimento de tais exigências, é mister analisar o que o administrador-depositário a ser nomeado pelo magistrado (art. 868, *caput*) tem a dizer sobre o assunto. É aquele profissional que terá condições efetivas de verificar se a apropriação de frutos ou rendimentos é mesmo a maneira mais eficiente para saldar o crédito do exequente, com os devidos acréscimos. Pode acontecer, portanto, de a primeira manifestação do administrador-depositário desencorajar a suposição de que se trata de mecanismo mais eficiente para o pagamento da dívida, com isso, serem adotadas as outras técnicas do art. 825, a adjudicação e a alienação.

5.2.1 Instante procedimental para instituição

O CPC de 2015 não dispõe com precisão qual é o instante procedimental exato para a instituição desta técnica executiva, de modo diverso do que se podia extrair do art. 721 do CPC de 1973, que não foi alterado pela Lei n. 11.382/2006[70].

Como sua disciplina, contudo, repousa em dispositivos que tratam da penhora, é correto entender que é naquele momento do processo, que se segue ao transcurso *in albis* do prazo para pagamento pelo executado, que a medida deve ser requerida e, se for o caso, deferida.

Ainda é correto entender, portanto, como já propunham as edições anteriores deste *Curso*, que a apropriação de frutos ou rendimentos é verdadeira alternativa à adjudicação e

devedor solvente") do Título II ("das diversas espécies de execução") do Livro II ("do processo de execução") daquele Código, todos na redação da Lei n. 11.382/2006.

70. Que tinha a seguinte redação: "Art. 721. É lícito ao credor, antes da realização da praça, requerer-lhe seja atribuído, em pagamento do crédito, o usufruto do imóvel penhorado".

alienação por iniciativa particular ou por leilão judicial do bem penhorado. Para tanto, é bastante que tenha havido penhora dos bens para que se proceda de acordo com o disposto nos arts. 863, § 1º; 866, § 3º e 867 a 869, que resulta na apropriação referida pelo inciso III do art. 825 e, consequentemente, ao pagamento nos moldes do *caput* do art. 905.

Tanto mais correta esta interpretação, ademais, porque é difícil sustentar que a apropriação no lugar da alienação do bem penhorado, independentemente de sua modalidade (adjudicação, alienação por iniciativa particular ou alienação em hasta pública), seja medida que, concretamente, mostre-se mais gravosa ao executado: entre perder a titularidade do bem e os seus frutos ou rendimentos, não há como deixar de concordar que aquela alternativa é a providência mais gravosa para o executado, em ampla consonância com o princípio agasalhado pelo art. 805, o que se harmoniza concretamente com o art. 867.

5.2.2 Instituição

A despeito dos termos peremptórios do art. 867 e do *caput* do art. 868, é irrecusável que a adoção da técnica executiva aqui discutida pode ser implementada a pedido do exequente, e conforme o caso, do próprio executado.

Em qualquer hipótese, inclusive quando determinada de ofício, como sugerem aqueles dispositivos, o prévio estabelecimento do contraditório é essencial para o proferimento da decisão respectiva. Trata-se de decisão interlocutória (art. 203, § 2º), e o cabimento do agravo de instrumento para seu contraste imediato perante o Tribunal recursal competente é irrecusável diante da amplitude do parágrafo único do art. 1.015.

Com a determinação de que os frutos ou rendimentos sirvam como pagamento do exequente, perde o executado o gozo do bem ao mesmo tempo que o exequente passa a ter direito de fruição dos frutos, por intermédio do administrador-depositário (art. 868, *caput*).

O § 1º do art. art. 868 regula o momento em que tem início a *eficácia* da medida perante as partes da execução (executado e exequente, não obstante a omissão do dispositivo) e perante terceiros. Por *eficácia* deve ser entendida a aptidão da medida de produzir efeitos próprios no intento de pagar o exequente e o instante a partir do qual ele passa a dever ser respeitado perante terceiros.

A "publicação da decisão que a conceda" referida pelo § 1º do art. 868 deve ser compreendida não só como o instante em que as partes, exequente e executado, tiverem ciência do ato, mas também quando a decisão estiver encartada nos autos do processo. Isso porque o intuito do dispositivo é o de que eventuais terceiros tenham conhecimento do ato que instituiu o usufruto.

Para os bens imóveis, superando discussão que existia à época do CPC de 1973, o mesmo § 1º do art. 868 exige que a decisão seja averbada no ofício imobiliário. A Lei de Registros Públicos (art. 167, I, n. 7, da Lei n. 6.015/73) prevê a hipótese, embora se referindo a ela, em consonância com o sistema do CPC de 1973 anterior à Lei n. 11.382/2006, como *registro* e não como *averbação*[71]. A averbação será providenciada pelo exequente, que, para tanto, apresentará certidão de inteiro teor do ato, independentemente de mandado judicial (art. 868, § 2º)[72].

Os terceiros referidos no dispositivo são todos aqueles que não são parte no processo. Não ser o exequente e o executado é o que basta para que alguém seja terceiro. Essa *eficácia*, no entanto, não significa que esse terceiro, por qualquer razão, não possa eventualmente impugnar ou questionar a instituição do usufruto. Deve prevalecer, para a hipótese, a distinção entre *eficácia* das decisões jurisdicionais e *coisa julgada*: os terceiros não ficam vinculados à decisão em si, apenas a seus efeitos, devendo respeitá-los.

5.2.3 Nomeação do administrador-depositário

O próprio exequente ou o próprio executado podem ser nomeados como administrador-depositário se as partes estiverem de acordo. Caso contrário, é o próprio magistrado que indicará profissional qualificado para o desempenho das tarefas do *caput* do art. 868 (art. 869, *caput*), o que se harmoniza com o rol dos auxiliares da justiça do art. 149, observando-se a disciplina genérica do arts. 159 a 161.

O administrador-depositário será investido de todos os poderes que concernem à administração do bem e à fruição de seus frutos e utilidades, perdendo o executado o direito de gozo do bem, até que o exequente seja pago do principal, dos juros, das custas e dos honorários advocatícios.

Nomeado, o administrador-depositário submeterá à aprovação judicial a forma de administração e a de prestar contas periodicamente (art. 869, § 1º). Se houver discordância entre as partes ou entre elas e o administrador-depositário, cabe ao magistrado decidir a forma mais adequada de administrar o bem (art. 869, § 2º).

O prazo para manifestação é o de dez dias (úteis e, se for o caso, com as dobras legais), que está previsto no *caput* do art. 862, aplicável à espécie por analogia.

Pode ocorrer, como adiantado, que ao ensejo da primeira manifestação do administrador-depositário, exequente, executado e, de maneira suficiente, o próprio magistrado, se convençam de que a adoção dessa técnica executiva não é a mais efetiva para viabilizar o pagamento da dívida do exequente. Neste caso, o correto é entender que as outras medidas referidas nos incisos I e II do art. 825 devem ser adotadas e, se for o caso, com a penhora de outros bens (art. 851, II).

---

71. É o entendimento que já era defendido pelo n. 5.4 do Capítulo 5 da Parte II do v. 3 das edições anteriores ao CPC de 2015 deste *Curso*.

72. Não prevalece no CPC de 2015 a necessidade de expedição de uma "carta" para aquela finalidade, que encontrava fundamento no § 1º do art. 720. Era tema que ocupava o n. 5.4.1 do Capítulo 5 da Parte II do v. 3 das edições anteriores ao CPC de 2015 deste *Curso*.

Na hipótese inversa, aguardar-se-á pagamento na forma como concebida pelo administrador-depositário. Trata-se, cabe enfatizar, de técnica instituída em caráter *pro solvendo*: se o quanto ajustado na forma de administração se confirmar é que o magistrado proferirá a sentença declarando *extinto* o processo (arts. 924, II, e 925), da qual cabe o recurso de apelação.

5.3 Alienação do bem

A perda de gozo do móvel ou imóvel imposta pelo *caput* do art. 868 não inibe que o executado aliene o bem gravado com o usufruto. Conserva ele, com efeito, o pleno *domínio*, deixando de titularizar, tão somente, os *frutos* do bem. Tampouco há vedação legal para que ele seja penhorado em outra execução por outro credor.

Antes da Lei n. 11.382/2006, a hipótese de haver alienação judicial do bem em que incide o usufruto em tela era resolvida pelo art. 725 do CPC de 1973 e respectivo parágrafo único, que foram expressamente revogados pelo inciso IV do art. 7º daquela Lei[73]. A versão original do CPC de 1973, contudo, já silenciava quanto à hipótese de o bem gravado com aquele ônus ser alienado pelo executado. Também o é o CPC de 2015. É correto perguntar, contudo, se se trata de ato de fraude à execução e, nessas condições, *ineficaz* (art. 792)?

O entendimento que melhor se compatibiliza com a natureza jurídica do instituto em questão e que, por isso mesmo, independe de expressa previsão legislativa é o de que não há *ineficácia* nesse ato, desde que o adquirente respeite o usufruto que *grava* o bem e que tem, de acordo com o § 1º do art. 868, eficácia perante terceiros. Ademais, para que a alienação não se caracterize como fraude à execução (art. 792, III) ou, mais amplamente, como algum ato atentatório à dignidade da justiça (art. 774, I), é dever do executado comunicar seu intuito ao juízo da execução, obtendo autorização expressa para a alienação.

5.4 Recebimento de aluguéis

Quando o bem sobre o qual recaiu o usufruto estiver arrendado ou locado, os aluguéis respectivos (isto é, os frutos) deverão ser pagos diretamente ao exequente, salvo se houver administrador-depositário (art. 869, § 3º). Neste caso, é o administrador-depositário que repassará o valor ao exequente consoante a forma de administração anteriormente aprovada.

---

73. Era a seguinte a redação daquele dispositivo: "Art. 725. A constituição do usufruto não impedirá a alienação judicial do imóvel; fica, porém, ressalvado ao credor o direito a continuar na posse do imóvel durante o prazo do usufruto. Parágrafo único. É lícito ao arrematante, pagando ao credor o saldo a que tem direito, requerer a extinção do usufruto".

Na hipótese de o administrador ser o próprio executado deverá ele repassar os aluguéis que receber, na proporção do plano, para o exequente.

5.5 Locação do bem

Seguindo os passos das inovações da Lei n. 11.382/2006 e do art. 724 do CPC de 1973, o § 4º do art. 869 permite ao exequente ou ao administrador-depositário que celebre contrato de locação do móvel ou do imóvel.

Aqui, diferentemente do que ocorre na hipótese do § 3º do art. 869, não se trata de respeitar anterior locação, mas de celebrar *novo* contrato com aquele objetivo, representando, portanto, verdadeira opção a ser exercitada pelo exequente ou pelo administrador-depositário quanto a *fruir* do bem penhorado.

Não basta, contudo, a vontade do exequente ou do administrador-depositário. O executado deverá ser ouvido a respeito da locação. Se houver concordância, é difícil, embora não impossível, antever alguma razão que justifique o indeferimento do pedido. Na hipótese contrária, o magistrado decidirá. Para tanto, deverá levar em conta, uma vez mais, a diretriz genérica do art. 867. Nestas condições, é irrecusável que a nova locação *deverá ser aceita* desde que se verifique que a percepção dos aluguéis é medida *eficaz* para o solvimento da dívida, ao mesmo tempo que menos gravosa para o executado do que a alienação do bem.

5.6 Encerramento

Como forma de satisfação do crédito, a técnica aqui examinada *é* instituída na perspectiva da suficiência de os frutos e os rendimentos do bem penhorado satisfazerem *integralmente* o exequente (art. 867). Daí a exigência do *caput* do art. 868 de que a medida perdure até que o exequente seja pago do principal (sempre, evidentemente, com a correção monetária cabível, sob pena de locupletamento sem causa do executado), dos juros, das custas processuais e dos honorários advocatícios.

O prazo para que isto se dê é que será definido pelo plano de administração a ser traçado pelo administrador-depositário (art. 869, § 1º) ou, na sua ausência, consoante o ajuste entre exequente e executado (art. 869, *caput*).

Os valores serão entregues ao exequente, se for o caso, por intermédio do administrador-depositário a fim de que sejam imputados ao pagamento da dívida. A previsão do § 5º do art. 869 reforça o caráter *pro solvendo* da técnica. Ao exequente cabe dar quitação ao executado, no próprio processo, das quantias recebidas (art. 869, § 6º). Havendo pagamento de toda a dívida, o processo deve ser extinto com fundamento no inciso II do art. 924 (art. 925).

Nada há de expresso sobre a circunstância de a dívida não ser paga integralmente após o prazo previsto para tanto. O silêncio do Código de Processo Civil a esse respeito convida, em um modelo de processo cooperativo, a colher do exequente e do executado manifestação expressa a respeito da atitude a ser tomada. Pode ser que eventual dilação do prazo para que a dívida seja finalmente paga seja suficiente ou que seja mais adequado, diante da *ineficiência* do meio executivo adotado (art. 867), que outras modalidades de penhora sejam adotadas. É o caso concreto que demonstrará qual é o caminho mais *eficiente*, embora menos gravoso ao executado, que deverá ser adotado.

Sem prejuízo, eventual reavaliação do plano de administração e alteração do prazo para pagamento da dívida ainda antes da conclusão do prazo inicialmente previsto é realidade inerente a este tipo de técnica executiva. Pode até acontecer, em função de acontecimentos futuros, que a apropriação de frutos ou rendimentos deixe de se mostrar eficiente ao exequente ou passe a ser mais gravosa ao executado, hipótese em que outras técnicas executivas, e, se for o caso, penhora de outros bens, podem ser adotadas.

Capítulo 6

Satisfação do crédito

1. CONSIDERAÇÕES INICIAIS

Findas a "fase de proposição" (petição inicial e fluência do prazo para pagamento *voluntário* pelo executado) e a "fase de instrução" (penhora, avaliação do bem e prática de eventuais atos voltados à expropriação do bem penhorado), tem início a última fase do processo, em que se pretende a concretização da tutela jurisdicional executiva. É a sua fase culminante, chamada, pelo art. 904, de "satisfação do crédito" ou, para fazer menção mais uma vez à nomenclatura proposta por Liebman, de "entrega do produto"[1].

Trata-se, fundamentalmente, da fase em que os bens penhorados ou o seu equivalente monetário tendem à satisfação do exequente e, consequentemente, à extinção do processo com fundamento no inciso II do art. 924. A *tendência* de satisfação merece ser frisada porque pode ocorrer de o valor dos bens penhorados não ser suficiente para tanto. Pode até ocorrer que o seu produto acabe satisfazendo outros credores diversos do exequente. Por isso, até mesmo, que acerta o CPC de 2015 ao não se referir ao instituto, como fazia o CPC de 1973, como "pagamento ao credor"[2].

O art. 904 enumera, nos seus dois incisos, duas diferentes formas em que se verifica a "satisfação do crédito".

A primeira modalidade, de acordo com o inciso I do art. 904, é a *entrega do dinheiro*. Sua disciplina está nos arts. 905 a 909.

A *adjudicação dos bens penhorados*, hipótese prevista no inciso II do art. 904, é disciplinada pelos arts. 876 e 877, assunto ao qual se volta o n. 3 do Capítulo 5.

1. *Processo de execução*, p. 142-143.
2. Que era o nome dado à Seção II do Capítulo IV do Título II Livro II do CPC de 1973, que compreendia os arts. 708 a 724 daquele Código.

O art. 904, diferentemente do que fazia o inciso III do art. 708 do CPC de 1973, na redação da Lei n. 11.382/2006[3], é silente quanto ao "usufruto de bem imóvel ou *de empresa*", como modalidade de satisfação do crédito. Naqueles casos, a satisfação do exequente dá-se na medida em que forem sendo imputadas ao pagamento as quantias recebidas pelo administrador (art. 869, § 5º). Aquela imputação ao pagamento significa, em termos bem diretos, que a satisfação do exequente nos casos de "faturamento de empresa ou de frutos ou rendimentos de coisas ou empresas penhoradas" se dá com o levantamento do dinheiro respectivo, no que é expresso o art. 905. A omissão se justifica, destarte, porque a sistemática daquela técnica executiva conduz à hipótese do inciso I do art. 904, a "entrega do dinheiro", como evidencia, não por acaso, o *caput* do art. 905.

Com esse esclarecimento, importa destacar o paralelo que existe entre o art. 904 e o art. 825, ao indicar, em seus três incisos, as modalidades expropriatórias disciplinadas pelo Código de Processo Civil: a adjudicação, a alienação e a apropriação de frutos e rendimentos de empresa ou de estabelecimentos e de outros bens.

A distinção entre as duas situações previstas no art. 904 repousa, fundamentalmente, na *forma* como se verifica a satisfação do direito do exequente.

Na *alienação* (sendo indiferente, para o momento da exposição, se sua realização se dá por iniciativa particular ou por leilão judicial, eletrônico ou presencial) a "entrega do dinheiro" é o meio que mais se aproxima do cumprimento da obrigação caso ela se desse de modo espontâneo. Mas não só: a "entrega do dinheiro" pode ser alcançada também quando a adjudicação é feita por qualquer um dos colegitimados à prática daquele ato (art. 876, §§ 5º e 7º) que não o próprio exequente ou, ainda, quando se tratar de penhora de frutos e rendimentos de empresa ou de estabelecimentos e de outros bens. As considerações dos números anteriores, destarte, são destinadas a lidar com todas essas hipóteses.

Na *adjudicação*, a satisfação do crédito se dá com a aquisição, pelo próprio *exequente*, do bem penhorado, razão pela qual são suficientes as considerações do n. 3 do Capítulo 5.

2. ENTREGA DE DINHEIRO

A "entrega de dinheiro" (art. 904, I) é a primeira forma de satisfação do crédito regulada pelo Código de Processo Civil. Ela se dá em quatro hipóteses diversas.

Levando em conta a *ordem* dos mecanismos expropriatórios estabelecida pelo Código de Processo Civil, pode ocorrer que alguma ou algumas das pessoas referidas pelos §§ 5º e 7º do art. 876, que não o exequente, pretendam a *adjudicação* do bem penhorado. Neste caso, e após o prazo discutido no n. 3.3 do Capítulo 5, o deferimento de seu pedido pressupõe o

3. Cuja redação era a seguinte: "Art. 708. O pagamento ao credor far-se-á: III - pelo usufruto de bem imóvel ou de empresa".

depósito do valor oferecido para aquele fim, que não poderá ser inferior ao da avaliação (art. 876, *caput*). O levantamento desse valor significa, para os fins do inciso I do art. 904, a satisfação do crédito, total ou parcial, consoante seja sua suficiência em relação ao valor total cobrado pelo exequente[4].

O inciso I do art. 924 também se aplica aos casos em que o bem penhorado for alienado por iniciativa particular (art. 880), mas em que o valor da aquisição for depositado à disposição do juízo da execução. Embora o referido art. 880 não exija tal iniciativa, a hipótese não pode ser descartada diante do que dispõe o § 1º do mesmo dispositivo. Nesse caso, será a entrega do dinheiro que satisfará o crédito do exequente, total ou parcialmente, conforme o caso.

Não realizadas a adjudicação ou a alienação por iniciativa particular, a "entrega do dinheiro" terá como pressuposto a ocorrência de *arrematação*, ato culminante da alienação em leilão judicial, cuja disciplina está nos arts. 881 a 903, a não ser que a penhora tenha recaído sobre dinheiro, em espécie ou em depósito ou aplicação em instituição financeira, nos termos do inciso I do art. 835. É clara acerca dessa distinção a redação do final do *caput* do art. 905 quando faz menção ao "dinheiro depositado para segurar o juízo" *ou* "o *produto* dos bens alienados".

Embora pouco usual na prática forense, não há razão para desprezar a possibilidade de o executado, a qualquer tempo, desde que antes da adjudicação ou da alienação (particular ou judicial), requerer a substituição do bem penhorado por dinheiro (art. 847). Nessa hipótese, a prática dos atos executivos prosseguirá sobre o dinheiro, não mais sobre os bens penhorados, sendo, no momento oportuno, autorizado seu levantamento, ou seja, sua entrega ao exequente, no momento oportuno, de acordo com o inciso I do art. 904.

Por fim, a quarta hipótese que merece ser compreendida no inciso I do art. 904 é aquela em que houve penhora de faturamento de empresa ou de frutos e rendimentos de coisas ou empresas penhoradas. Nesse caso é também a parte final do *caput* do art. 905 que estatui que o exequente poderá levantar até a satisfação integral de seu crédito o produto do faturamento de empresa ou de outros frutos e rendimentos de coisas ou empresas penhoradas. É nesse sentido que o inciso III do art. 825 se refere à hipótese como "*apropriação* de frutos e rendimentos de empresa ou estabelecimento e de outros bens".

2.1 Levantamento pelo exequente

O art. 905 dá conteúdo à hipótese do inciso I do art. 904, esclarecendo o alcance que o "levantamento de dinheiro" assume no Código de Processo Civil. Trata-se do levantamento

4. Nesse sentido, cabe destacar a tese fixada no âmbito do REsp repetitivo 1.348.640/RS (STJ, CE, rel. Min. Paulo de Tarso Sanseverino, j. un. 7-5-2014, *DJe* 21-5-2014): "Na fase de execução, o depósito judicial do montante (integral ou parcial) da condenação extingue a obrigação do devedor, nos limites da quantia depositada".

do "dinheiro depositado para segurar o juízo ou o produto dos bens alienados, bem como do faturamento de empresa ou de outros frutos e rendimentos de coisas ou empresas penhoradas".

O inciso I do art. 905 trata da hipótese em que no processo em que se pleiteia a concretização a tutela jurisdicional executiva não há (e nem houve) intervenção de nenhum outro credor, quiçá atendendo às intimações e às cientificações dos arts. 799, 804 e 889.

A pressuposição para tanto é que sobre o bem penhorado não há nenhum gravame de direito real ou, menos que isso, tenha sido penhorado por outro credor em outro processo. Caso ocorra, instaura-se incidente cognitivo voltado à pesquisa sobre a qual credor do executado será entregue o dinheiro. É o que está disciplinado nos arts. 908 a 909.

Neste caso, em que "a execução for movida só a benefício do exequente singular", para empregar a expressão do inciso I do art. 905, a entrega do dinheiro será feita pelo exequente para a satisfação de seu crédito, observando-se o disposto nos arts. 905 a 907.

2.2 Concurso singular de credores

O inciso II do art. 905 cuida, embora indiretamente, da hipótese em que o bem penhorado está gravado por algum ônus em função de outra dívida, assim, por exemplo, quando há hipoteca sobre um bem imóvel. Também trata da situação em que sobre o mesmo bem há mais de uma penhora realizada em mais de um processo.

O sistema processual civil não veda a penhora de bens gravados por direitos reais ou que tenham sido dados em garantia de outras dívidas e que, porventura, possam estar sujeitos a algum regime de preferência de acordo com as leis de direito material. Tampouco há vedação de penhora de bens já e anteriormente penhorados, mesmo quando elas estejam, como devem estar, averbadas. O que é indispensável em tais casos é que o credor respectivo seja intimado da penhora (arts. 799, I a VII, X e XI), assim como da adoção de medidas destinadas à sua alienação (arts. 804 e 889).

Havendo direito de preferência sobre o bem penhorado, o produto da sua alienação não se destinará diretamente ao pagamento do exequente. Deverá ele ser destinado, na proporção direta de seu crédito, ao credor que tem o privilégio ou a preferência no plano de direito material ou processual (art. 908).

O que eventualmente sobejar da satisfação de tal credor reverterá ao promovente da execução, salvo se existir alguma outra preferência como, por exemplo, anterioridade da penhora. Se insuficiente o saldo que a ele vier a ser destinado, poderá ele requerer a penhora de *novo* bem, nos termos do inciso II do art. 851.

2.3 Quitação do valor levantado

Recebido o mandado de levantamento, o exequente dará, nos próprios autos, quitação da quantia paga em favor do executado (art. 906, *caput*).

Lembrando que estamos na segunda década do século XXI, o parágrafo único do art. 906 admite que o mandado seja substituído por transferência eletrônica do valor depositado em conta judicial a conta indicada pelo exequente.

2.4 Cumprimento provisório

A "entrega do dinheiro" não pressupõe que a concretização da tutela jurisdicional executiva tenha como fundamento título executivo *definitivo*, isto é, decisão transitada em julgado ou título executivo extrajudicial.

O inciso IV do art. 520 permite ao exequente, em tais casos, o levantamento do dinheiro, desde que, *como regra*, seja prestada caução. As exceções para a prestação da caução são as do art. 521.

O recurso próprio para contrastar a autorização para levantamento de dinheiro ou a alienação de domínio sem caução é o agravo de instrumento (art. 1.015, parágrafo único).

2.5 Vedação de entrega de dinheiro

O parágrafo único do art. 905, que não encontra correspondência no CPC de 1973, veda o levantamento de dinheiro (e também a liberação de bens apreendidos) durante o plantão judiciário. Foi iniciativa do Projeto da Câmara dos Deputados e que acabou sendo acolhido pelo Senado Federal na última etapa do processo legislativo que culminou no CPC de 2015.

A proibição, evidentemente, não pode se sobrepor a eventual situação de necessidade e de urgência devidamente alegada e justificada, sob pena de atritar com o inciso XXXV do art. 5º da Constituição Federal.

2.6 Suficiência do pagamento ao exequente

Importa verificar se a entrega do dinheiro é *suficiente* para pagamento total do exequente nos termos do art. 907.

O *pagamento* do credor pressupõe não só o pagamento do total da dívida retratada no título executivo, mas, também, a correção monetária cabível na espécie, os juros incidentes, bem como todas as custas processuais *adiantadas* pelo credor. Assim, por exemplo, as taxas judiciárias, as diligências de oficial de justiça, os honorários do perito avaliador, até mesmo a publicação dos editais de leilão a depender do método empregado para a publicidade da alienação judicial do bem penhorado. Também os honorários advocatícios deverão ser suportados pelo executado, devendo ser considerado para tanto o percentual *final* de sua fixação levando em conta todo o trabalho desenvolvido ao longo do processo, não apenas a fixação *inicial* ao ensejo do *caput* do art. 827.

Pode ocorrer, no entanto, que o valor a ser entregue ao exequente *supere* o valor total da dívida executada, sempre considerada a partir da devida interpretação do art. 907. Nesse caso, o exequente deverá levantar o montante que lhe é devido, até o limite de seu crédito com os acréscimos de que trata o dispositivo em estudo, e o excedente reverterá em favor do executado. Não obstante a literalidade da parte final do art. 907, que dispensaria qualquer comentário específico sobre a hipótese, interpretação diversa seria avessa ao direito por violar o princípio que proscreve o enriquecimento sem causa.

Neste caso, o magistrado deve proferir sentença (art. 925) com fundamento no inciso II do art. 924, reconhecendo a extinção do processo pelo reconhecimento da concretização da tutela jurisdicional executiva.

2.7 Insuficiência do pagamento

Na hipótese de *insuficiência* dos valores a serem entregues para a satisfação integral do crédito reclamado pelo exequente, cabe a ele requerer a penhora de *outros* bens do executado nos termos do inciso II do art. 851, expresso nesse sentido.

É importante não entender a hipótese como reinício do processo ou situações similares. Trata-se, muito menos que isso, de o exequente dar início a uma renovada "fase de *instrução* da execução", verdadeiramente complementar àquela já ocorrida de maneira insatisfatória, com a penhora de outros e diversos bens do executado, destinando-os ao pagamento ao exequente com o emprego dos mecanismos expropriatórios do art. 825.

3. CONCURSO SINGULAR DE CREDORES

Pode ocorrer, como indiretamente reconhece o inciso II do art. 905, de o exequente ter de concorrer com outros credores que tenham penhorado o mesmo bem ou, ainda, que ostentem situação que, na perspectiva do direito material, justifiquem que o valor do bem lhe pertence ou, quando menos, que tenham direito a acompanhar a excussão do bem. Não é outra, aliás, a razão de ser das *necessárias* intimações exigidas desde os incisos I a VII, X e XI, do art. 799 e que encontram eco no art. 804.

Nesse caso, deve ser instaurado verdadeiro incidente cognitivo para verificar, após o cabível contraditório, quem tem direito a levantar o dinheiro relativo à alienação do bem. É verdadeiro caso de concurso singular de credores, que encontra seu procedimento nos arts. 908 e 909. Nele, os exequentes formularão as suas pretensões, que somente podem versar sobre o direito de preferência (estabelecido pelo direito material) e a anterioridade da penhora.

É essa a razão pela qual estatui o *caput* do art. 908 que, "Havendo pluralidade de credores ou exequentes, o dinheiro lhes será distribuído e entregue consoante a ordem das respectivas preferências".

3.1 Legitimados a participar

Há controvérsia acerca de quem são os *legitimados* para acudir a esse concurso singular de credores: são só os credores que tenham *já* processo em que formularam pedido de concretização da tutela jurisdicional executiva em face do contra o devedor comum? Há necessidade de que nesses processos já tenham sido efetivadas as penhoras do *mesmo bem*? É relevante verificar a *classe* desses credores, isto é, se eles detêm, ou não, alguma forma de privilégio ou garantia sobre o bem penhorado desde o plano material?

As respostas devem ser apresentadas para dois cenários diversos.

O primeiro é o de se tratar de credores que tenham sobre o bem penhorado algum direito real ou equivalente, tais como os credores hipotecários ou pignoratícios. Para eles, sua própria iniciativa em busca da concretização da tutela jurisdicional executiva é despicienda. Isso pela especial característica que à sua garantia reserva o *direito material*: de vencimento antecipado da dívida em caso de penhora do bem hipotecado por outro credor (art. 333, II, do CC)[5]. Daí a necessidade de credores com garantia de direito real serem intimados da penhora dos bens que garantem o pagamento de suas dívidas (arts. 799, I a VII, IX e X) ou, quando menos, das respectivas alienações (arts. 804 e 889).

O segundo cenário é dos credores que não têm sobre bens do devedor comum nenhum direito real de garantia. Neste caso, é mister que eles tenham dado início ao processo para ver concretizada a tutela jurisdicional executiva em favor de seus créditos e que nele já tenham efetivado a penhora sobre bens do devedor. É insuficiente que o executado seja simultaneamente devedor de mais um credor, sem que haja processo destinado à concretização da tutela jurisdicional executiva em curso. Para os fins do concurso de que trata o art. 908, é indispensável que os diversos credores tenham seus respectivos processos em curso e que um *mesmo* bem tenha sido *penhorado*. Tratando-se de bens diversos, embora de propriedade do mesmo devedor, não tem aplicação o incidente em análise. Não se trata, aqui, de concurso *coletivo* de credores, a exemplo do que ocorre na falência (Lei n. 11.101/2005 com as modificações da Lei n. 14.112/2020) e na insolvência civil (art. 751 do CPC de 1973, preservado incólume pelo art. 1.052 do CPC de 2015).

Havendo concurso de credores, é mister que aquele que tenha adquirido o bem exiba o preço; mesmo que o adquirente (aquele que ofereceu o maior lanço) seja o promovente da execução. A regra do § 1º do art. 892 deve ser excepcionada quando a concretização da tutela jurisdicional executiva não correr em benefício apenas do exequente. A pensar diferentemente, restariam frustradas as expectativas jurídicas dos demais concorrentes e que existem em função da garantia de direito real ou por anterior penhora. A falta de depósito

5. Em sentido contrário, exigindo que o credor hipotecário dê início à execução, assinalando, contudo, a desnecessidade de penhora sobre o bem para invocar a preferência legal: STJ, 3ª Turma, REsp 1.580.750/SP, rel. Min. Nancy Andrighi, j.un. 19-6-2018, *DJe* 22-6-2018.

do preço pelo adquirente, mesmo que seja o promovente da execução, seria uma forma de esvaziar o sentido da garantia, o que não pode ser admitido.

Ademais, é correto entender que o credor vitorioso no concurso deve pagar àquele que tomou as providências destinadas à expropriação do bem as despesas respectivas, sob pena de locupletamento indevido.

3.2 Ordem de preferência na perspectiva do plano material

Questão sofisticada é a relativa à ordem de preferência a ser observada entre os diversos credores que acudam ao concurso singular de credores.

A propósito do tema, este *Curso* entende correto e adota o entendimento de Araken de Assis no que diz respeito ao estabelecimento da ordem geral de credores.

De acordo com o ilustre jurista gaúcho, a ordem dos credores no concurso de preferências é a seguinte: "a) o titular de crédito trabalhista e o do crédito proveniente de acidente de trabalho, aquele até o limite de 150 (cento e cinquenta) salários mínimos, ressalva feita à hipótese de cessão a terceiro, hipóteses em que passa a quirografário – art. 83, I, e § 4º, da Lei n. 11.101/2005), incluindo o crédito de honorários advocatícios e outros créditos de natureza alimentar; b) o titular de crédito real 'até o limite do valor do bem gravado' (art. 83, II, da Lei n. 11.101/2005); c) as pessoas de direito público titulares de crédito tributário (entre elas, caso concorram, a ordem é a do art. 187, parágrafo único, do CTN: primeiro, a União; segundo, os Estados e o Distrito Federal conjuntamente e *pro rata*; terceiro, os Municípios conjuntamente e *pro rata*), 'independentemente da sua natureza e tempo de constituição', ressalva feita às multas tributárias (art. 83, III, da Lei n. 11.101/2005); d) o titular de créditos dotados de privilégio especial, por sua vez, discriminados em três classes: os créditos previstos no art. 964 do CC, os assim definidos em outras leis civis e comerciais e aqueles a que a lei confere direito de retenção (art. 83, IV, da Lei n. 11.101/2005); e) o titular de créditos dotados de privilégio geral, estes também subdivididos em três classes: os créditos mencionados no art. 965 do CC, os previstos no parágrafo único do art. 67 da Lei n. 11.101/2005 (obrigações contraídas pelo devedor durante recuperação judicial) e os assim definidos em outras leis civis e comerciais, ressalvada disposição em contrário da lei falimentar (art. 83, V, da Lei n. 11.101/2005); f) o credor quirografário – todo crédito não incluído nas classes anteriores, bem como os saldos dos créditos reais e dos créditos trabalhistas (art. 83, VI, da Lei n. 11.101/2005), 'a quem, por força da penhora, cabe o direito de preferência sobre os bens penhorados e alienados' (art. 905, I, parte final, do NCPC), cumprindo assinalar que, quanto aos imóveis, a preferência decorre do registro, pois este produz eficácia *erga omnes*, atingindo terceiros (art. 843); g) 'as multas contratuais e as penas pecuniárias por infração das leis penais ou administrativas, inclusive as multas tributárias' (art. 83, VII, da Lei n. 11.101/2005); e h) os créditos subordinados (art. 83, VIII, da Lei n. 11.101/2005)"[6].

Com as profundas modificações incorporadas pela Lei n. 14.112/2020 à Lei n. 11.101/2005, é forçoso entender que *não* subsiste respaldo legal para sustentar a ordem acima indicada em relação aos créditos que disponham de privilégio *especial* ou *geral*. Não só pela expressa revogação dos incisos IV e V do art. 83, mas também por força do novo § 6º do art. 83 da Lei n. 11.101/2005, que os coloca, para os fins da falência, na "classe dos créditos quirografários". Também importa colocar em destaque o novo inciso IX do art. 83 da Lei n. 11.101/2005 que cria uma última classe para fins de pagamento na falência, qual seja, "os juros vencidos após a decretação da falência, conforme previsto no art. 124 desta Lei".

Com relação à classe "a" acima referida, cabe destacar ser correto o entendimento de que a referida limitação de 150 salários mínimos diz respeito não apenas ao crédito trabalhista, mas também, ao crédito de honorários advocatícios e outros créditos de natureza alimentar[7].

A circunstância de a União Federal, suas entidades autárquicas ou empresas públicas se apresentarem no concurso de preferências, o que, de resto, é bastante comum, pois o crédito tributário prefere a qualquer outro[8], à exceção do trabalhista (art. 186 do CTN), não é suficiente para deslocamento da competência do juízo estadual para o federal. À hipótese não se aplica o inciso I do art. 109 da Constituição Federal, preservando-se, para todos os fins, a competência do juízo estadual. Trata-se de entendimento que sempre predominou na jurisprudência desde a Súmula 244 do extinto Tribunal Federal de Recursos[9] e que acabou por se consolidar na Súmula 270 do Superior Tribunal de Justiça: "o protesto pela preferência de crédito, apresentado por ente federal em execução que tramita na Justiça Estadual, não desloca a competência para a Justiça Federal".

---

6. *Manual da execução*, p. 1.238.

7. Nesse sentido: TJSP, 36ª Câmara de Direito Privado, rel. Des. Jayme Queiroz Lopes, AI 2052604-06.2020.8.26.0000, j.un. 30-9-2020, *DJe* 30-9-2020; TJSP, 11ª Câmara de Direito Público, rel. Des. Oscild de Lima Júnior, AI 2183956-24.2019.8.26.0000, j.un. 8-10-2019, *DJe* 14-10-2019; TJSP, 36ª Câmara de Direito Privado, Des. Milton Carvalho, AI 2039420-17.2019.8.26.0000, j.un. 29-4-2019, *DJe* 29-4-2019 e TJSP, 34ª Câmara de Direito Privado, rel. Des. Soares levada, AI 2160226-18.2018.8.26.0000, j.un. 25-3-2019, *DJe* 27-3-2019. No âmbito das recuperações judiciais, há, a respeito, o Enunciado 13 do Grupo Reservado de Direito Empresarial do TJSP com a seguinte redação: "Admite-se, no âmbito da recuperação judicial, a aplicação do limite de 150 salários mínimos, previsto no artigo 83, I, da Lei 11.101/2005, que restringe o tratamento preferencial dos créditos de natureza trabalhista (ou a estes equiparados), desde que isto conste expressamente do plano de recuperação judicial e haja aprovação da respectiva classe, segundo o quórum estabelecido em lei." Aplicando-o, v: TJSP, 2ª Câmara Reservada de Direito Empresarial, rel. Des. Sérgio Shimura, AI 2263570-78.2019.8.26.0000, j.un. 30-6-2020, *DJe* 30-6-2020. O entendimento deve ser prestigiado, não obstante as modificações que a Lei n. 14.112/2020 fez na Lei n. 11.101/2005 e, em especial, no seu art. 83.

8. Por isso, eventual crédito perseguido em execução fiscal deve ser satisfeito prioritariamente ao crédito comum. Nesse sentido: STJ, 3ª Turma, REsp 1.661.481/SP, rel. Min. Nancy Andrighi, j.un. 10-3-2020, *DJe* 12-3-2020.

9. Que tinha o seguinte enunciado: "A intervenção da União, suas autarquias e empresas públicas em concurso de credores ou de preferência não desloca a competência para a Justiça Federal".

Nos casos em que a diversidade de penhora se dá para satisfação de pessoas de direito público de diversos entes federativos, aplica-se a ordem de preferência indicada acima. Bastante clara, a esse respeito, a Súmula 497 do Superior Tribunal de Justiça, que, não obstante sua origem em sede de execução fiscal, tem aplicação aqui: "Os créditos das autarquias federais preferem aos créditos da Fazenda estadual desde que coexistam penhoras sobre o mesmo bem".

Ainda sobre o tema, cabe lembrar do § 1º do art. 908 que, generalizando aquela hipótese, dispõe que: "No caso de adjudicação ou alienação, os créditos que recaem sobre o bem, inclusive os de natureza *propter rem*, sub-rogam-se sobre o respectivo preço, observada a ordem de preferência".

A regra generaliza, pertinentemente, antiga orientação sumulada do Superior Tribunal de Justiça, segundo a qual: "Na execução de crédito relativo a cotas condominiais, este tem preferência sobre o hipotecário"[10]. Os julgados que deram origem àquela orientação destacam não só se tratar de obrigação *propter rem*, isto é, aqueles que são inerentes à própria coisa, mas também que as cotas condominiais têm como finalidade a conservação e a integridade do próprio imóvel sobre o qual recai a hipoteca.

3.3 Ordem de preferência na perspectiva do plano processual

Inexistindo qualquer privilégio no plano do direito *material* entre os credores, impõe-se verificar, entre os credores quirografários, quem tem preferência para a entrega do dinheiro visando à satisfação de seu próprio crédito. Trata-se de verificar quem, no plano *processual*, deve receber em primeiro lugar.

A questão é pertinente porque o § 2º do art. 908 dispõe que, "Não havendo título legal à preferência, o dinheiro será distribuído entre os concorrentes, observando-se a anterioridade de cada penhora", regra que se harmoniza com a do art. 797 e também com a do inciso I do art. 905.

Não subsiste no CPC de 2015 discussão sobre eventual antinomia que a *textualidade* dos arts. 711, 612 e 709, I, do CPC de 1973[11], correspondentes, respectivamente, aos dispositivos

10. Trata-se do enunciado n. 478 da Súmula do STJ.

11. Que tinham a seguinte redação: "Art. 711. Concorrendo vários credores, o dinheiro ser-lhes-á distribuído e entregue consoante a ordem das respectivas prelações; não havendo título legal à preferência, receberá em primeiro lugar o credor que promoveu a execução, cabendo aos demais concorrentes direito sobre a importância restante, observada a anterioridade de cada penhora"; "Art. 612. Ressalvado o caso de insolvência do devedor, em que tem lugar o concurso universal (art. 751, III), realiza-se a execução no interesse do credor, que adquire, pela penhora, o direito de preferência sobre os bens penhorados" e "Art. 709. O juiz autorizará que o credor levante, até a satisfação integral de seu crédito, o dinheiro depositado para segurar o juízo ou o produto dos bens alienados quando: I – a execução for movida só a benefício do credor singular, a quem, por força da penhora, cabe o direito de preferência sobre os bens penhorados e alienados".

mencionados no parágrafo anterior, insinuavam. Entre credores quirografários, a preferência é do credor que tiver realizado a primeira penhora[12].

A anterioridade da penhora para fins de preferência no concurso singular de credores quirografários deve compreender também a figura do arresto do art. 830. A razão é que se trata também de ato de *natureza executiva*. Trata-se, no contexto daquele dispositivo, de *antecipação* de ato executivo (a penhora) e não, propriamente, da prática de ato que visa ao asseguramento do resultado útil de outro ato (natureza *cautelar*), hipótese que encontra fundamento no dever-poder geral de cautela previsto no *caput* do art. 301.

Como, para este *Curso*, a penhora do bem, inclusive aqueles passíveis de registro, como os bens imóveis, perfaz-se suficientemente pela lavratura de seu ato, porque a averbação a que se refere o art. 844 tem finalidade de dar ciência a terceiros daquela constrição, é irrecusável o entendimento de que aquela providência é desnecessária para fins de *prioridade* na penhora. Quando se tratar de bem que não é passível de registro, a conclusão é tanto mais evidente porque, em tais casos, a penhora é efetivada tão só com sua apreensão e depósito, seguindo-se a lavratura do auto ou termo respectivo (art. 839).

3.4 Procedimento

Nem o art. 908 e nem o art. 909 tratam de como se dá o *incidente* relativo ao concurso singular de credores, no que segue os passos do CPC de 1973, mesmo com as radicais modificações por ele atravessadas, mercê da Lei n. 11.382/2006[13]. Diferentemente, o CPC de 1939 previa, para tanto, o procedimento disciplinado no Capítulo II ("Do concurso de credores") do Título VI, intitulado "Dos incidentes da execução", que correspondia aos arts. 1.017 a 1.030 daquele Código[14].

---

12. Era esse o entendimento que já sustentava o n. 4.3 do Capítulo 6 da Parte II do v. 3 das edições anteriores ao CPC de 2015 deste *Curso*, no qual se lia de relevante o seguinte trecho: "O que deve ser entendido é que o art. 711, ao se referir à anterioridade da 'execução' ('que promoveu a execução', lê-se no dispositivo) e não à anterioridade da penhora, quis pressupor que é nos autos da *primeira* execução que a *primeira penhora* sobre o *mesmo* bem se verificaria necessariamente. Presunção facilmente desmentível quando se volta os olhos para a prática forense, é verdade, mas que se afina à regra, repetida por duas vezes no Código, de que é da *anterioridade da penhora* que deriva o 'título legal à preferência' do credor quirografário".

13. O que havia no CPC de 1973 e que não foi repetido pelo CPC de 2015 era seu art. 713, segundo o qual: "Findo o debate, o juiz decidirá". A regra acabou sendo embutida na parte final do art. 909 o CPC de 2015.

14. Aqueles artigos tinham a seguinte redação: "Art. 1.017. Na execução de sentença e nos demais casos previstos em lei, o concurso de credores do devedor comum será processado perante o juiz da causa principal, podendo versar sobre o preço da arrematação, remissão ou adjudicação, ou sobre os próprios bens, si não houverem sido arrematados, remidos ou adjudicados"; "Art. 1.018. Havendo, em juízos diferentes. mais de uma penhora contra o mesmo devedor, o concurso efetuar-se-á, naquele em que se houver feito a primeira"; "Art. 1.019. Admitir-se-á o concurso: I – quando as dívidas excederem a importância dos bens do devedor; II – quando houver protesto por preferência ou rateio. Parágrafo único. Presumir-se-á a insuficiência dos bens do devedor contra o qual esteja correndo execução, ficando salvo aos interessados o direito a prova em contrário"; "Art. 1.020. Para ser admitido a concurso, o credor apresentará título de dívida liquida e certa, ou certidão de sentença já liquidada ou que tenha condenado

O que há é o art. 909, segundo o qual: "Os exequentes formularão as suas pretensões, que versarão unicamente sobre o direito de preferência e a anterioridade da penhora, e, apresentadas as razões, o juiz decidirá".

Diante da lacuna legal, importa fixar as linhas-mestras de um procedimento que garanta, a um só tempo, a possibilidade de ampla participação dos interessados e os interesses do executado, que, independentemente do credor que vá levantar o dinheiro derivado da alienação, é quem *sofre* a prática dos atos executivos, isto é, é quem vê seu patrimônio ser *expropriado* por ato do Estado-juiz, e tem interesse em que os valores a serem levantados correspondam ao efetivamente devido, em homenagem ao princípio da concretização equilibrada da tutela jurisdicional executiva, do art. 805 e, superiormente, dos princípios do devido processo e da ampla defesa, ambos de estatura constitucional (art. 5º, LIV e LV, da CF).

Em petição dirigida ao juízo em que se verificou a alienação, os credores interessados, inclusive aqueles que foram intimados por força dos arts. 799, I a VII, X e XI, 804 e 889, deverão

---

o executado em quantia certa"; "Art. 1.021. Serão admitidos o concurso os credores que houverem formulado protesto antes de ser o mesmo instaurado"; "Art. 1.022. A juntada do protesto aos autos da execução impedirá, até que se julgue afinal o recurso, o levantamento do preço da arrematação ou da remissão e a assinatura da certa de adjudicação"; "Art. 1.023. Aos credores retardatários ficará reservado o direito de disputar, por meio de ação direta, antes do rateio final, a prestação ou quota proporcional a seus créditos"; "Art. 1.024. A disputa entre os credores poderá versar sobre a preferência, a que cada qual se julgue com direito, e sobre a nulidade, simulação, fraude ou falsidade das dívidas e contratos"; "Art. 1.025. A requerimento de qualquer interessado, será o concurso promovido, citando-se os credores para, no prazo de cinco (5) dias, que correrá em cartório, apresentarem as alegações relativas preferência ou rateio e as impugnações que tiverem. Parágrafo único. As alegações e impugnações ficarão em cartório pelo prazo de cinco (5) dias para exame dos interessados"; "Art. 1.026. Findo o prazo do parágrafo do artigo anterior, serão os autos conclusos ao juiz, que marcará audiência, para o fim previsto nos artigos 267 a 269"; "Art. 1.027. O credor que não comparecer à audiência, ou que antes dela não haja apresentado impugnação, será havido como concorde com as preferências disputadas. Si qualquer credor interessado na impugnação formulada por outro deixar de comparecer à audiência, será havido como contrário à impugnação"; "Art. 1.028. Proferida a sentença, o escrivão remeterá os autos ao contador, que organizará um plano de distribuição, no qual, deduzidas as custas, se tomarão por base as preferências disputadas e os créditos apresentados. As percentagens que de acordo com esse plano, forem devidas, desde logo se distribuirão aos credores cujos créditos não hajam sido impugnados. Parágrafo único. as importâncias dos créditos impugnados, embora incluidas na sentença, serão levantadas depois que esta transitar em julgado"; "Art. 1.029. As importâncias dos créditos excluidos serão objeto de sobrepartilha, que se fará de acordo com o plano complementar de distribuição organizado pelo contador" e "Art. 1.030. Si a preferência versar sobre os bens do devedor, estes serão adjudicados ao credor que houver requerido a adjudicação, mandando o juiz fazer a respectiva conta, que será julgada por sentença. § 1º mais de um credor requerer a adjudicação, serão os bens adjudicados aquele em favor do qual for julgada a preferência, e, si não houver credor nestas condições, a quem oferecer maior preço, em proposta verbal, feita em audiência préviamente designada. § 2º Em igualdade de condições, será preferida a proposta do exequente, e, à falta, a do maior credor, salvo a qualquer proponente o direito de requerer praça, desde que assegure preço maior que o oferecido. § 3º Antes de passada a respectiva carta, o credor adjudicante depositará o preço da adjudicação dentro em três (3) dias depois de intimado, sob pena de transferir-se o direito outro credor, que a tenha igualmente requerido. § 4º Ao credor adjudicatário remisso aplicar-se-ão as sanções estabelecidas para o arrematante que não pagar no prazo o preço da arrematação (art. 978)".

demonstrar o seu direito sobre o bem e, consoante o caso, a efetivação da penhora e a data em que ela se verificou.

Na hipótese de não ter havido intimação, a questão que se põe é de ordem diversa e que pode comprometer, quando menos, a *eficácia* da alienação, nos termos do inciso II do art. 903, discussão que ocupa o n. 4.2.5.12.2 do Capítulo 5.

Os credores quirografários deverão comprovar a realização da penhora e sua data respectiva, quando demonstrarão também (e necessariamente) a existência dos processos em que, por sua iniciativa, aquele ato foi praticado. Para os credores com garantia de direito real é bastante a comprovação de sua situação jurídica.

O art. 909 encerra nítido *corte* na cognição judicial. O concurso singular de credores não autoriza quaisquer outros questionamentos que não os relativos ao "direito de preferência e a anterioridade da penhora". Eventuais discussões acerca da existência, ou não, do crédito deverão ser resolvidas alhures, e, consoante o caso, poderão ou não afetar o desate do concurso.

Cabe a cada um dos credores apresentar suas razões fazendo prova de suas alegações já com os seus respectivos requerimentos. Inexiste nenhuma vedação para que o magistrado, entendendo ser o caso, promova diligências probatórias com a designação, inclusive, de audiência de instrução e julgamento para a colheita de prova oral[15]. Se não, entendendo bastante a prova pré-constituída apresentada, profere decisão.

3.5 Prazo

Não existe propriamente um prazo para que os credores se manifestem para os fins dos arts. 908 e 909.

O que há – e que pode comprometer, quando menos na perspectiva de sua eficácia a alienação e, com isso, toda a discussão aqui examinada – é a necessidade de todos os credores relacionados nos diversos incisos do art. 889 serem *cientificados* com a antecedência mínima de cinco dias (úteis) da alienação judicial.

Uma vez cientificados, a pressuposição é que se façam representar no processo em que a alienação judicial ocorrerá e, no momento adequado, formulem suas postulações em atenção ao art. 909.

Não há impedimento para que o magistrado, contudo, determine a intimação dos credores que já se fizeram representar no processo para que em, prazo a ser assinado, manifestem-se para os fins daquele dispositivo.

15. O art. 712 do CPC de 1973 previa expressamente a viabilidade de aquela audiência ser designada.

3.6 Encerramento

A parte final do art. 909 dispõe que cabe ao magistrado decidir sobre as pretensões dos credores.

É regra que merece ser compreendida no contexto mais amplo da Seção V ("da satisfação do crédito") do Capítulo IV ("Da execução por quantia certa") do Título II ("Das diversas espécies de execução") do Livro II ("do processo de execução") da Parte Especial do Código de Processo Civil, ou, de forma mais direta, à luz dos arts. 904 a 908.

Estes dispositivos disciplinam o fim da "fase expropriatória" da execução. A "entrega de dinheiro" referida pelo inciso I do art. 904 pressupõe a *finalização* das etapas expropriatórias que a antecedem, isto é, a adjudicação quando feita por outrem que não o exequente, a alienação por iniciativa particular, a alienação em hasta pública e, até mesmo, a penhora do faturamento de empresa ou de outros frutos e rendimentos de coisas ou empresas penhoradas. Quando menos, que a penhora tenha recaído sobre dinheiro, em espécie ou em depósito ou aplicação em instituição financeira, nos termos do inciso I do art. 835.

Quando só o exequente é destinatário dos valores pagos pela aquisição do bem por um terceiro, independentemente da razão pela qual esse dinheiro é depositado, o *caput* e os inciso I e II do art. 905 se encarregam de dispor que o exequente poderá levantar o valor correspondente ao seu crédito, observando o disposto nos arts. 906 e 907.

Pode ocorrer, contudo, que mais de um credor do executado pretenda ter algum direito sobre os valores depositados. É a hipótese disciplinada indiretamente pelo inciso II do art. 905 e pelo art. 908. Havendo direito de preferência, deriva do plano material ou do processual, sobre o bem penhorado e alienado, o produto da aquisição não se destinará diretamente ao pagamento do exequente. Deverá ele ser destinado, na proporção direta de seu crédito, ao credor que tem a preferência, material ou processual, a ser demonstrada ao magistrado nos termos do art. 909.

É o incidente que se instaura com a discussão relativa às preferências materiais e processuais sobre o valor dos bens alienados, a que se dá o nome de "concurso singular de credores". Como todo incidente, põe-se a necessidade de ele ser resolvido, quando se passará, propriamente, à "entrega do dinheiro" (art. 904, I) para o credor (ou credores) devidamente qualificado(s) para tanto à luz de seus direitos de preferência reconhecidos de acordo com o direito material ou processual.

O ato que põe fim ao concurso singular de credores é uma decisão *interlocutória* (art. 203, § 2º), que encerra um *incidente* que tem início nas condições analisadas pelo n. 2.2, *supra*[16].

16. Antes da Lei n. 11.382/2006, o art. 713 do CPC de 1973, em sua redação original tratava a hipótese como *sentença*, o que, com o advento daquele diploma legislativo, passou a ser referido apenas como "decidirá".

Por se tratar de decisão interlocutória proferida no âmbito do cumprimento de sentença ou do processo de execução, ela desafia a interposição de agravo de instrumento, no que é clara a previsão do parágrafo único do art. 1.015.

3.7 Credores não satisfeitos

A exemplo do que pode ocorrer com o credor singular, o valor da alienação pode não ser suficiente para pagamento de todos os credores que acudiram ao concurso.

Em tal hipótese, resta a eles, apenas e tão somente, que retomem o curso de seus processos requerendo penhora sobre novos bens, o que encontra fundamento no inciso II do art. 851 ou que tomem outras providências, inclusive calcadas na sua posição de direito material com vistas ao recebimento de seu crédito.

4. EXTINÇÃO DO PROCESSO

Quando inexistente o incidente referido nos números anteriores ou uma vez que ele seja superado e na medida em que se constate a satisfação do crédito do exequente, inclusive com o pagamento das custas processuais que ele tiver adiantado (art. 82, *caput*) e dos honorários advocatícios com as eventuais majorações experimentadas ao longo do processo (o referencial é o do art. 907), o caso é de *extinção* do processo com fundamento no inciso II do art. 924, proferindo o magistrado a sentença a que se refere o art. 925.

Nos casos em que houver crédito remanescente, a solução dada pelo Código de Processo Civil é a retomada da prática de atos executivos com a penhora de novos bens (art. 851, II), seguindo-se o mesmo procedimento estudado nos Capítulos anteriores até o disposto no presente.

Não há nenhum óbice para que o exequente opte por remitir a dívida ou renunciar ao seu crédito. São hipóteses expressamente previstas nos incisos III e IV do art. 924, que, uma vez ocorrentes, também levarão o magistrado a proferir a sentença do art. 925.

Em quaisquer desses casos, a sentença fica sujeita ao recurso de apelação e à falta de qualquer regra em sentido contrário, prevalece para a ela o mesmo regime daquela espécie recursal, inclusive a relativa ao seu efeito suspensivo (art. 1.012, *caput*).

Embora entendesse que a hipótese sempre foi de *interlocutória*, o n. 4.6 do Capítulo 6 da Parte II do v. 3 das edições anteriores ao CPC de 2015 deste *Curso* defendia a aplicação do princípio da fungibilidade recursal à hipótese. Para o CPC de 2015, parece não haver margem de dúvida acerca da natureza jurídica daquela decisão a afastar, em idêntica medida, a incidência daquele princípio.

Capítulo 7

Obrigação de prestar alimentos

1. CONSIDERAÇÕES INICIAIS

O Capítulo IV do Título II do Livro I da Parte Especial ocupa-se, em seus arts. 528 a 533, com o cumprimento da sentença que reconheça a exigibilidade de obrigação de prestar *alimentos*.

Trata-se de novidade quando comparado com o CPC de 1973, que não continha, a despeito das profundas modificações introduzidas pela Lei n. 11.232/2005, normas específicas para o *cumprimento da sentença* relativa aos alimentos. Justamente diante da ausência de uma regulação própria, a iniciativa do CPC de 2015 é pertinentíssima, porque tende a colocar fim a uma série de questões que, no CPC de 1973, resultavam do contraste da precitada lei reformista com as regras genéricas dos alimentos constantes em seus arts. 732 a 735 (que, do ponto de vista textual, só se referiam a títulos executivos *extrajudiciais*) e ainda com a Lei n. 5.478/68, modificada para se compatibilizar com o CPC de 1973 pela Lei n. 6.014/73, e que disciplinava (e continua a disciplinar[1]) a chamada "ação de alimentos". Para tornar mais coesa a disciplina do CPC de 2015 a respeito do assunto, o inciso V de seu art. 1.072 revogou expressamente os arts. 16 a 18 da precitada Lei n. 5.478/68[2].

O CPC de 2015, no particular, também trata em locais distintos as normas relativas ao cumprimento da sentença envolvendo alimentos, aí compreendidas a "decisão interlocutória

---

1. Expresso, nesse sentido, é o parágrafo único do art. 693 do CPC de 2015, que trata das "ações de família".

2. Os dispositivos revogados tinham a seguinte redação: "Art. 16. Na execução da sentença ou do acordo nas ações de alimentos será observado o disposto no art. 734 e seu parágrafo único do Código de Processo Civil" (redação dada pela Lei n. 6.014/73); "Art. 17. Quando não for possível a efetivação executiva da sentença ou do acordo mediante desconto em folha, poderão ser as prestações cobradas de alugueres de prédios ou de quaisquer outros rendimentos do devedor, que serão recebidos diretamente pelo alimentando ou por depositário nomeado pelo juiz", e "Art. 18. Se, ainda assim, não for possível a satisfação do débito, poderá o credor requerer a execução da sentença na forma dos arts. 732, 733 e 735 do Código de Processo Civil" (redação da Lei n. 6.014/73). A revogação ou subsistência do art. 19 da Lei n. 5.478/68, cujos parágrafos também ganharam nova redação dada pela Lei n. 6.014/73, é tema de análise dos n. 4 e 6, *infra*.

que fixe alimentos" (os arts. 528 a 533, aqui comentados) e as relacionadas à execução fundada em título executivo *extrajudicial "que contenha obrigação alimentar"* (arts. 911 a 913). Tudo para apresentar soluções compatíveis e uniformes aos problemas que a miscelânea de leis (ou a falta delas) gerou no contexto do CPC de 1973[3].

É nesse sentido que o art. 528 vem para uniformizar a (aparente) dualidade de regimes do cumprimento da sentença e da decisão interlocutória que impõem pagamento de verba alimentícia, compatibilizando, ademais, a possibilidade de cominação de prisão civil, expressamente autorizada pelo inciso LXVII do art. 5º da Constituição Federal, com a *ordem* de pagamento constante do *caput* e do § 1º do art. 523 e com as demais técnicas disciplinadas pelo CPC de 2015. Quando a dívida alimentar tiver como fundamento título executivo extrajudicial, a disciplina da execução é a prevista nos arts. 911 a 913, cujo regramento, contudo, não apresenta nenhuma peculiaridade quando comparado ao dos arts. 528 a 533, a não ser a necessidade de o executado ser *citado* para o pagamento, não apenas *intimado*[4].

---

3. Para essa discussão, v. os seguintes trabalhos: José Rogério Cruz e Tucci, *Comentários ao Código de Processo Civil*, v. VIII, p. 316-317; Luiz Henrique Volpe Camargo e Lauane Andrekowsk Volpe Camargo, *Do cumprimento da sentença*, p. 93-95; Fernanda Tartuce e Luiz Dellore, *Execução de alimentos: do CPC/73 ao novo CPC*, p. 476-479; Rita de Cássia Corrêa de Vasconcelos, *Breves comentários ao novo Código de Processo Civil*, p. 1525; Marcelo de Faria Câmara, *Comentários ao Código de Processo Civil*, p. 763. Nas edições anteriores ao CPC de 2015 deste *Curso*, o tema está tratado no n. 2 do Capítulo 2 da Parte IV do v. 3. Há acórdão da 3ª Turma do STJ, na relatoria do Ministro Moura Ribeiro, que bem ilustra as discussões sobre as técnicas executivas em se tratando de obrigação alimentar sob a égide do CPC de 1973. É a seguinte a sua ementa: "CIVIL E PROCESSUAL CIVIL. RECURSO ESPECIAL. RECURSO MANEJADO SOB A ÉGIDE DO CPC/73. FAMÍLIA. AÇÃO DE INVESTIGAÇÃO DE PATERNIDADE. EXECUÇÃO DE VERBA ALIMENTAR PRETÉRITA. ALEGADA NULIDADE DO PROCESSO. INOCORRÊNCIA. POSSIBILIDADE DE INCIDÊNCIA DAS REGRAS DO CUMPRIMENTO DE SENTENÇA. PRECEDENTES. DISPENSÁVEL A CITAÇÃO DO EXECUTADO. INTIMAÇÃO DO ADVOGADO VIA PUBLICAÇÃO OFICIAL. PRECEDENTES. INOCORRÊNCIA DA PRESCRIÇÃO. TERMO INICIAL DA EXECUÇÃO DOS ALIMENTOS PRETÉRITOS CONTADOS DO TRÂNSITO EM JULGADO DA SENTENÇA QUE DECLAROU A PATERNIDADE. INOCORRÊNCIA DE OFENSA AO ART. 1.022 DO NCPC. DISSÍDIO JURISPRUDENCIAL. AUSÊNCIA DE INDICAÇÃO DO DISPOSITIVO LEGAL QUE TERIA RECEBIDO INTERPRETAÇÃO DIVERGENTE PELOS TRIBUNAIS PÁTRIOS. INCIDÊNCIA DA SÚMULA 284 DO STF, POR ANALOGIA. RECURSO ESPECIAL NÃO PROVIDO. 1. A jurisprudência desta eg. Corte Superior já proclamou que, a partir da edição da Lei n. 11.232/2005, na execução dos débitos alimentares pretéritos que buscam a satisfação de obrigação de pagamento de quantia certa, devem ser aplicadas as regras relativas ao cumprimento de sentença e que, ao art. 732 do CPC/73, deve ser conferida uma interpretação que seja consoante com a urgência e importância da exigência dos alimentos, admitindo a incidência daquelas regras. Precedentes. 1.1. Tratando-se de cumprimento de sentença, fase posterior ao processo de conhecimento, desnecessária a nova citação do executado, que deverá ser intimado, na pessoa de seu advogado, mediante publicação na imprensa oficial, para efetuar o pagamento no prazo de 15 (quinze) dias, a partir de quando, caso não efetue, passará a incidir a multa de 10% sobre o montante da condenação (art. 475-J do CPC/73). Precedentes. 2. O prazo prescricional para o cumprimento de sentença que condenou ao pagamento de verba alimentícia retroativa se inicia tão somente com o trânsito em julgado da decisão que reconheceu a paternidade. 2.1. A possibilidade da execução provisória de sentença em virtude da atribuição apenas do efeito devolutivo ao recurso de apelação, não pode ter o condão de modificar o termo inicial da prescrição. 3. (...). 4. (...) 5. Recurso especial conhecido em parte e, nessa extensão, não provido" (STJ, 3ª Turma, REsp 1.634.063/AC, rel. Min. Moura Ribeiro, j. un. 20-6-2017, *DJe* 30-6-2017).

4. É também o entendimento de José Rogério Cruz e Tucci, Comentários ao Código de Processo Civil, v. VIII, p. 318-319.

2. DÍVIDA ALIMENTAR

Os alimentos devem ser entendidos como os valores devidos para a subsistência e as necessidades básicas de alguém sem condições, por si próprio, de garanti-las (arts. 1.694, § 1º, e 1.695 do CC). O *caput* do art. 1.694 do Código Civil inclui na obrigação alimentar o que for necessário para "viver de modo compatível com a sua condição social, inclusive para atender às necessidades de sua educação". O dispositivo merece ser interpretado levando em conta o quanto disposto no inciso III do art. 1º da Constituição Federal, que estabelece a dignidade da pessoa humana como um dos fundamentos da República Federativa do Brasil, e no art. 6º, que indica a alimentação como direito social.

Também o § 1º-A do art. 100 da Constituição Federal, ao tratar dos chamados "precatórios *alimentares*", refere-se aos débitos alimentares de forma bastante significativa como "aqueles decorrentes de salários, vencimentos, proventos, pensões e suas complementações, benefícios previdenciários e indenizações por morte ou invalidez, fundadas na responsabilidade civil". O rol constitucional, como já teve oportunidade de decidir a 1ª Turma do STF, é meramente *exemplificativo*[5].

É por força desse seu caráter umbilicalmente voltado à *necessidade* de quem os recebe que o CPC de 2015, em seus arts. 528 a 533, disponibiliza regras diferenciadas para a concretização da tutela jurisdicional executiva que recai sobre aquele específico bem. A própria Constituição Federal, em seu art. 5º, LXVII, autoriza expressamente a prisão civil por dívida pelo inadimplemento voluntário e inescusável de obrigação alimentícia. Embora haja alguma discussão quanto às situações em que aquela medida pode ser empregada, é certo que a prisão *civil* quando não há pagamento sem justificativa de pensão *alimentícia* é expressamente prevista pelo sistema. As demais formas que a prestação da tutela jurisdicional pode assumir em tais casos – ainda quando o título executivo seja extrajudicial – buscam concretizar as peculiaridades que esse tipo de dívida ostenta desde o plano material.

Cabe destacar, outrossim, que o exame aqui feito a propósito dos arts. 528 a 533 pressupõe a existência de título executivo judicial que imponha o dever de pagar alimentos. A ressalva é importante porque a Lei n. 5.478/68, conhecida como "lei dos alimentos", continua

---

5. A referência é feita ao RE 470.407/DF da 1ª Turma do STF, rel. Min. Marco Aurélio, j. un. 9-5-2006, *DJ* 13-10-2006, p. 51, assim ementado: "Crédito de natureza alimentícia. Artigo 100 da Constituição Federal. A definição contida no § 1º-A do artigo 100 da Constituição Federal, de crédito de natureza alimentícia, não é exaustiva. Honorários advocatícios. Natureza. Execução contra a Fazenda. Conforme o disposto nos artigos 22 e 23 da Lei n. 8.906/94, os honorários advocatícios incluídos na condenação pertencem ao advogado, consubstanciando prestação alimentícia cuja satisfação pela Fazenda ocorre via precatório, observada ordem especial restrita aos créditos de natureza alimentícia, ficando afastado o parcelamento previsto no artigo 78 do Ato das Disposições Constitucionais Transitórias, presente a Emenda Constitucional n. 30, de 2000. Precedentes: Recurso Extraordinário n. 146.318-0/SP, Segunda Turma, rel. Min. Carlos Velloso, com acórdão publicado no *Diário da Justiça* de 4 de abril de 1997, e Recurso Extraordinário n. 170.220-6/SP, Segunda Turma, por mim relatado, com acórdão publicado no Diário da Justiça de 7 de agosto de 1998".

a estabelecer um procedimento *especial* para a prática dos atos jurisdicionais voltados ao *reconhecimento* da dívida alimentar, isto é, a *criação* do título, uma decisão que impõe o pagamento da dívida alimentar, usualmente referida como "sentença condenatória de alimentos". Com a expressa revogação dos arts. 16 a 18 daquela Lei, que se ocupavam da concretização daquela decisão, pelo inciso V do art. 1.072 do CPC de 2015, é correto entender que o *cumprimento* daquelas decisões *também* observará a disciplina aqui comentada.

Voltada à criação de título executivo *judicial* sobre a dívida alimentar é a menos lembrada Lei n. 11.804/2008, que disciplina os chamados "alimentos gravídicos". O cumprimento das decisões proferidas para aquele fim observará os artigos codificados aqui comentados[6].

De outra parte, não subsiste no CPC de 2015 a disciplina que ocupava os arts. 852 a 854 do CPC de 1973, que tratavam da chamada "cautelar de alimentos provisionais". O tema foi absorvido pela disciplina genérica da tutela provisória tal qual feita pelos arts. 294 a 311. Na hipótese de ser concedida tutela provisória que significa imposição e pagamento de alimentos, o seu parâmetro operativo será o do cumprimento provisório (art. 520 a 522), em função do que estabelece o art. 297 e que, em última análise, conduzirá aos dispositivos que ocupam o presente Capítulo. Não é demasiado recordar a propósito do inciso I do art. 521, que, embora se tratando de cumprimento *provisório*, a dívida alimentar – "independentemente de sua natureza" – dispensa, como regra, a prestação de caução para ser satisfeita.

Para o desenvolvimento destes comentários, importa, portanto, o exame das atividades jurisdicionais voltadas à realização concreta da tutela jurisdicional suficientemente reconhecida sobre o dever de pagar alimentos.

2.1 Classificação dos alimentos

A doutrina apresenta uma série de classificações para estudar os alimentos. Para os fins que interessam aos presentes comentários, cabe distingui-los a partir dos critérios abaixo relacionados.

Quanto à sua *natureza*, os alimentos são naturais ou civis. São *naturais* os alimentos que visam à subsistência mínima daquele que os necessita. A eles se refere o § 2º do art. 1.694 do Código Civil. Os alimentos *civis* são aqueles que vão além da referida subsistência, viabilizando a fruição de outras necessidades do alimentando. É deles que trata o *caput* do art. 1.694 do Código Civil.

Quanto à sua *origem*, isto é, de acordo com a sua fonte geradora, os alimentos são legítimos, voluntários ou indenizativos.

6. Expressa nesse sentido, conquanto com a referência ao CPC de 1973, é a lição de Jesualdo Eduardo de Almeida Júnior, *Alimentos gravídicos*, p. 1196.

Alimentos *legítimos* são os devidos em virtude das relações regidas pelo direito da família (art. 1.694 do CC) e, por força do disposto no § 3º do art. 226 da Constituição Federal, também nas situações em que há união estável (art. 1.724 do CC e art. 7º, *caput*, da Lei n. 9.278/96). Correto ir além para tratar essa classe de forma mais abrangente como alimentos que se relacionam aos direitos decorrentes do direito das famílias[7].

Alimentos *voluntários* são os que os próprios interessados arbitram entre si, por ato *inter vivos* ou *causa mortis*, inclusive para fins de constituição de título executivo *extrajudicial*. Exemplos deles estão no art. 1.920 do Código Civil, no art. 13 da Lei n. 10.741/2003, o chamado "Estatuto do Idoso", e nos casos em que os alimentos são fixados por força de separação ou divórcio consensual *extrajudicial* nos moldes do art. 733 do CPC de 2015.

Alimentos *indenizativos* são os devidos como decorrência da prática de ato ilícito. A eles se referem os arts. 948, II, e 950 do Código Civil.

Quanto ao *momento* em que são devidos, eles podem ser futuros ou pretéritos.

Os alimentos *futuros* são os exigíveis a partir da determinação judicial de seu pagamento, independentemente do título executivo que os fundamenta ser judicial ou extrajudicial. Os alimentos *pretéritos* são os devidos antes daquela determinação.

A doutrina continua a se referir também à classificação dos alimentos quanto ao momento de sua fixação, apresentando como classes os alimentos *definitivos*, os *provisórios* e os *provisionais*[8].

Os alimentos *definitivos* são aqueles devidos em função de decisão transitada em julgado ou em título executivo extrajudicial.

Os alimentos *provisórios* são os fixados diante de prova pré-constituída de parentesco ou da obrigação alimentar, como impõe o art. 2º, *caput*, da Lei n. 5.478/68 (arts. 4º, *caput*, e 13, § 3º, da Lei n. 5.478/68). Eles correspondem, assim, à decisão concessiva de tutela provisória proferida incidentalmente à chamada "ação de alimentos" e, nesse contexto, encontram eco seguro também no *caput* do art. 6º da Lei n. 11.804/2008, que trata dos chamados "alimentos gravídicos"[9].

---

7. Para o ponto, na perspectiva dos alimentos, v. Cristiano Chaves de Faria, *Reconhecer a obrigação alimentar nas uniões homoafetivas*, esp. p. 1291-1297.

8. É o que propõe, por exemplo, Arlete Inês Aurelli, *Comentários ao Código de Processo Civil*, v. 2, p. 732-733.

9. A "conversão" admitida pelo parágrafo único do art. 6º da Lei n. 11.804/2008 rendeu ensejo a interessantíssima decisão da 3ª Turma do STJ, sob a relatoria do Ministro Marco Aurélio Bellizze, assim ementada: "RECURSO ESPECIAL. CONSTITUCIONAL. CIVIL. PROCESSUAL CIVIL. ALIMENTOS GRAVÍDICOS. GARANTIA À GESTANTE. PROTEÇÃO DO NASCITURO. NASCIMENTO COM VIDA. EXTINÇÃO DO FEITO. NÃO OCORRÊNCIA. CONVERSÃO AUTOMÁTICA DOS ALIMENTOS GRAVÍDICOS EM PENSÃO ALIMENTÍCIA EM FAVOR DO RECÉM-NASCIDO. MUDANÇA DE TITULARIDADE. EXECUÇÃO PROMOVIDA PELO MENOR, REPRESENTADO POR SUA GENITORA, DOS ALIMENTOS INADIMPLIDOS APÓS O SEU NASCIMENTO. POSSIBILIDADE. RECURSO IMPROVIDO. 1. Os alimentos gravídicos, previstos na Lei n. 11.804/2008, visam a auxiliar a mulher gestante nas despesas decorrentes da gravidez, da concepção ao parto, sendo, pois, a gestante a beneficiária

Os alimentos *provisionais*, de seu turno, são aqueles decorrentes da concessão da tutela provisória dos arts. 294 a 311 do CPC de 2015, que estão no lugar da antiga "cautelar de alimentos *provisionais*" dos arts. 852 a 854 do CPC de 1973.

A despeito de a distinção entre alimentos *provisórios* e *provisionais* ter sido muito comum no sistema do CPC de 1973[10], ela não deve prevalecer para o sistema processual da atualidade. A artificialidade de sua distinção é gritante porque, em última análise, repousa na *qualidade* da prova apta a convencer o magistrado sobre a concessão ou não dos alimentos, o que, contudo, já não encontra guarida na disciplina genérica dada pelo CPC de 2015 à tutela provisória e diante da insubsistência da mencionada cautelar provisional do CPC de 1973 e da distinção entre ambas as classes, que, *pelo conteúdo*, costumava-se indicar com base no parágrafo único do art. 852 daquele Código[11]. A peculiaridade que reside na prova apta a autorizar a fixação de alimentos com fundamento no precitado *caput* do art. 2º da Lei n. 5.478/68 não infirma o que se mostra suficientemente relevante para a classificação aqui anunciada, a *provisoriedade* do título que fixa os alimentos[12].

Destarte, é correto reunir aquelas duas classes em uma só, alimentos *provisórios*, assim entendidos aqueles cuja decisão respectiva é carecedora de confirmação jurisdicional. Nesse sentido, importa constatar que sentença que impõe o pagamento dos alimentos reside nessa classe por estar, como regra, sujeita a seu cumprimento provisório por força do disposto no inciso II do § 1º do art. 1.012.

---

direta dos alimentos gravídicos, ficando, por via de consequência, resguardados os direitos do próprio nascituro. 2. Com o nascimento com vida da criança, os alimentos gravídicos concedidos à gestante serão convertidos automaticamente em pensão alimentícia em favor do recém-nascido, com mudança, assim, da titularidade dos alimentos, sem que, para tanto, seja necessário pronunciamento judicial ou pedido expresso da parte, nos termos do parágrafo único do art. 6º da Lei n. 11.804/2008. 3. Em regra, a ação de alimentos gravídicos não se extingue ou perde seu objeto com o nascimento da criança, pois os referidos alimentos ficam convertidos em pensão alimentícia até eventual ação revisional em que se solicite a exoneração, redução ou majoração do valor dos alimentos ou até mesmo eventual resultado em ação de investigação ou negatória de paternidade. 4. Recurso especial improvido" (STJ, 3ª Turma, REsp 1.629.423/SP, rel. Min. Marco Aurélio Bellizze, j. un. 6-6-2017, *DJe* 22-6-2017).

10. Para uma análise (crítica) daquela "cautelar nominada", v. o Capítulo 8 da Parte III do v. 4 das edições anteriores ao CPC de 2015 deste *Curso*. Para a "classificação tríplice", v. as considerações do n. 2 do Capítulo 7 da Parte II do v. 3 das edições anteriores ao CPC de 2015 deste *Curso*.

11. Segundo o qual: "No caso previsto no n. I deste artigo, a prestação alimentícia devida ao requerente abrange, além do que necessitar para sustento, habitação e vestuário, as despesas para custear a demanda". O inciso I do *caput* do art. 852, por sua vez, previa a fixação dos alimentos *provisionais* "nas ações de desquite e de anulação de casamento, desde que estejam separados os cônjuges".

12. Correto, no particular, o entendimento de Rita de Cássia Corrêa de Vasconcelos (*Breves comentários ao novo Código de Processo Civil*, p. 1523) no sentido de que "os alimentos provisionais não deixam de ser, também provisórios". Mais incisivos, Eduardo Cambi, Rogéria Dotti, Paulo Eduardo d'Arce Pinheiro, Sandro Gilbert Martins e Sandro Marcelo Kozikoski (*Curso de processo civil completo*, p. 1108) escrevem que "Não há mais razão para distinguir alimentos *provisórios* dos *provisionais*, tal como antes se fazia à luz do CPC/73. A redação do art. 531 reforça essa conclusão".

3. TÉCNICAS EXECUTIVAS

O exame dos arts. 528 a 533 revela que existem diferentes técnicas para a tutela jurisdicional executiva relativa aos alimentos ser prestada, quais sejam: protesto do título executivo e prisão civil (art. 528), desconto em folha (art. 529), "penhora/satisfação" (art. 530) e constituição de capital (art. 533). Não há dúvida de que as peculiaridades *materiais* da prestação alimentícia levaram o legislador a autorizar práticas diferentes de atividades jurisdicionais. Todas, contudo, convergem à mesma finalidade: satisfazer o credor da prestação alimentícia levando em conta também a juridicidade da cominação da prisão *civil* como meio coercitivo, expressamente autorizado pelo inciso LXVII do art. 5º da Constituição Federal.

O que não é claro no exame daqueles dispositivos – e a inquietação sobrevive – é se sua aplicação pode-se dar indistintamente, a quaisquer classes de alimentos, e, também, se existe alguma ordem de prioridade entre aqueles diversos mecanismos ou se eles podem ser empregados indistintamente a pedido do exequente ou, até mesmo, de ofício pelo magistrado.

A interpretação que se mostra mais correta é no sentido de que a prática daquelas atividades jurisdicionais pode ser adotada consoante as *necessidades de cada caso concreto*, independentemente da espécie de alimentos envolvidos e de qualquer ordem eventualmente estabelecida pelo legislador. É como se se afirmasse que eventual ordem preestabelecida pelo legislador não se mostra apta a se sobrepor às necessidades e às peculiaridades de cada caso concreto, que têm o condão de justificar a adoção de um ou outro mecanismo para mais bem tutelar o direito aplicável à espécie pelo magistrado[13].

A exposição seguinte observa a ordem do CPC de 2015, dada a natureza destes *Comentários*. Ela não quer dizer, contudo, que, em toda e qualquer hipótese, o cumprimento da decisão que fixa alimentos deve se dar pelo protesto do título executivo e pela fixação da prisão (art. 528) para, se for caso, passar pela técnica do desconto em folha (art. 529) para, em seguida, e somente então, no malogro de uma e outra, chegar-se ao cumprimento no modelo "penhora/satisfação" (art. 530). Menos ainda que a constituição de capital (art. 533), dada a sua natureza, nunca possa ser combinada com as demais técnicas. Cada caso concreto, vale insistir, será decisivo para justificar a escolha de uma ou de outra técnica e, até mesmo, pela combinação e/ou sucessão de mais de uma delas. De resto, a *vontade* do exequente na adoção de uma e não de outra técnica deve ser respeitada no que, no particular

13. No sentido do texto: STJ, 3ª Turma, REsp 1.733.697/RS, rel. Min. Nancy Andrighi, j. un. 11-12-2018, *DJe* 13-12-2018. Na doutrina, v.: Rita de Cássia Corrêa de Vasconcelos, *Breves comentários ao novo Código de Processo Civil*, p. 1.531.

– e diferentemente do CPC de 1973 –, é mais claro o CPC de 2015, como se constata do § 8º do art. 528.

4. INTIMAÇÃO DO EXECUTADO PARA PAGAR, COMPROVAR OU JUSTIFICAR

De acordo com o art. 528, em se tratando de cumprimento de sentença (provisório ou definitivo) que imponha o pagamento de prestação alimentícia ou, ainda, de decisão interlocutória que fixe alimentos, o magistrado, a requerimento do exequente, intimará *pessoalmente* o executado para, em três dias, pagar o débito, provar que o fez ou justificar a impossibilidade de realizar o pagamento.

O "débito" referido no dispositivo deve ser compreendido levando em conta o quanto estabelecido no respectivo título executivo judicial – assim compreendida indistintamente a decisão interlocutória, a sentença, a decisão monocrática no âmbito dos Tribunais ou o acórdão –, inclusive eventuais reduções ou modificações derivadas das comumente denominadas "ações revisionais" de alimentos[14].

Ainda sobre a abrangência da pensão alimentícia – a estar estampada no título executivo judicial –, cabe destacar a seguinte orientação em sede de recurso especial repetitivo julgado pela 2ª Seção do STJ, plenamente válida para o CPC de 2015:

> "DIREITO DE FAMÍLIA. ALIMENTOS. DÉCIMO TERCEIRO SALÁRIO. TERÇO CONSTITUCIONAL DE FÉRIAS. INCIDÊNCIA. JULGAMENTO SOB A TÉCNICA DO ART. 543-C DO CPC.
>
> 1. Consolidação da jurisprudência desta Corte no sentido da incidência da pensão alimentícia sobre o décimo terceiro salário e o terço constitucional de férias, também conhecidos, respectivamente, por gratificação natalina e gratificação de férias.
>
> 2. Julgamento do especial como representativo da controvérsia, na forma do art. 543-C do CPC e da Resolução 08/2008 do STJ – Procedimento de Julgamento de Recursos Repetitivos.
>
> 3. Recurso especial provido"[15].

---

14. A respeito do assunto, cabe colacionar a seguinte decisão da 2ª Seção do STJ: "CIVIL E PROCESSUAL CIVIL. EMBARGOS DE DIVERGÊNCIA. CABIMENTO. REVISÃO DOS ALIMENTOS. MAJORAÇÃO, REDUÇÃO OU EXONERAÇÃO. SENTENÇA. EFEITOS. DATA DA CITAÇÃO. IRREPETIBILIDADE. 1. Os efeitos da sentença proferida em ação de revisão de alimentos – seja em caso de redução, majoração ou exoneração – retroagem à data da citação (Lei 5.478/68, art. 13, § 2º), ressalvada a irrepetibilidade dos valores adimplidos e a impossibilidade de compensação do excesso pago com prestações vincendas. 2. Embargos de divergência a que se dá parcial provimento" (EREsp 1.181.119/RJ, rel. p/ acórdão Min. Maria Isabel Gallotti, j. m. v. 27-11-2013, *DJe* 20-6-2014).

15. STJ, 2ª Seção, REsp repetitivo n. 1.106.654/RJ, rel. Min. Paulo Furtado, j. un. 25-11-2009, *DJe* 16-12-2009.

Se o executado atender à intimação e efetuar o pagamento, cabe ao magistrado colher a manifestação do exequente a seu respeito. Havendo concordância, o caso é de extinção do processo com fundamento no inciso II do art. 924, a ser reconhecida pela sentença do art. 925.

Não havendo concordância, prosseguem os atos executivos, com o protesto do título executivo e, inclusive, com a viabilidade da prisão civil, uma vez que o pagamento parcial não a impede[16].

Pode ser que o executado pretenda produzir prova de que já pagou a dívida reclamada pelo exequente. Nesse caso, a prova do pagamento far-se-á por quaisquer meios de prova admitidos pelo modelo constitucional. Não há razão para restringi-la à apresentação de prova documental, porque essa avaliação depende das circunstâncias de cada caso concreto, que podem justificar a necessidade ou, quando menos, a possibilidade de adoção de outro meio de prova para aquele fim[17].

Idêntica orientação merece ser dada também para a parte final do *caput* do art. 528 e a prova da impossibilidade de fazer o pagamento. Aqui também, a prova respectiva pode ser feita por quaisquer meios idôneos para tanto, desde que harmônicos com o modelo constitucional[18].

Acerca do assunto, há interessante acórdão da 3ª Turma do STJ admitindo que ela seja feita pela oitiva de testemunhas, desde que nos três dias previstos no dispositivo ora comentado, assim ementado:

> "CIVIL. PROCESSUAL CIVIL. RECURSO ESPECIAL. DIREITO DE FAMÍLIA. EXECUÇÃO DE ALIMENTOS. PRISÃO CIVIL. ESCUSA. PRODUÇÃO DE PROVA TESTEMUNHAL. POSSIBILIDADE.
>
> 1. O exíguo prazo de três dias concedido ao alimentante para pagar ou justificar o não pagamento de pensões alimentícias em atraso, tem como objetivo primário garantir a sobrevida do alimentado, pois o atraso nos alimentos pode levá-lo à carência crônica dos mais básicos meios de subsistência.
>
> 2. Nessa senda, não se verifica, *a priori*, nenhuma impossibilidade de a escusa ao pagamento ser realizada por meio de oitiva de testemunhas, prova perfeitamente aceitável, mesmo na excepcional execução do art. 733 do CPC/73.

16. É nesse sentido a jurisprudência do STJ e do STF, como faz prova suficiente o quanto decidido pela 4ª Turma do STJ no HC 312.551/SP, rel. p./ acórdão Min. Luis Felipe Salomão, j. m. v. 12-4-2016, *DJe* 11-5-2016.

17. A diretriz do texto pode ser retirada também de parte do *caput* do art. 19 da Lei n. 5.478/68, que, no particular, não foi expressamente revogado pelo já referido inciso V do art. 1.072 do CPC de 2015, *verbis*: "Art. 19. O juiz, para instrução da causa ou na execução da sentença ou do acordo, poderá tomar todas as providências necessárias para seu esclarecimento ou para o cumprimento do julgado ou do acordo, inclusive a decretação de prisão do devedor até 60 (sessenta) dias".

18. Admitindo a produção de quaisquer meios de prova para o fim discutido no texto é o entendimento de Nelson Nery Junior e Rosa Maria de Andrade Nery, Comentários ao Código de Processo Civil, p. 1.315, nota 6.

3. No entanto, o tríduo é peremptório, porque o risco alimentar do executado é premente, devendo a justificativa ser produzida neste intervalo e, nessa linha, o mero protesto pela produção de prova testemunhal não pode ser aceito, porquanto fatalmente se estenderá além da janela temporal de justificativa permitida na legislação.

4. Recurso não provido"[19].

A ressalva feita no item 3 da ementa, plenamente hígida para o CPC de 2015, merece ser sublinhada: não se trata de exigir necessária e invariavelmente que o executado *produza* a prova testemunhal nos três dias reservados pelo *caput* do art. 528, até porque a dificuldade de realização prática de um tal requerimento naquele curtíssimo espaço de tempo é inquestionável. O que se quer no prazo em tela é que a prova seja *requerida* com as devidas e inafastáveis justificativas, vedado o (tão comum quanto equivocado, máxime em um sistema de processo "cooperativo"[20]) protesto genérico pela produção de determinado meio de prova. Como se lê de pertinente do voto-vista do Ministro Paulo de Tarso Sanseverino: "Não havendo seriedade no requerimento de prova oral, ou não tendo sido demonstrada a sua imprescindibilidade, pode o juízo indeferir de plano o requerimento, não havendo falar em cerceamento de defesa, pois fica resguardada a via da ação revisional".

Assim, o que se quer evitar no acórdão aqui mencionado é a vedação *apriorística* da prova *testemunhal* para comprovar a impossibilidade de o executado arcar com o pagamento da verba alimentar, o que já havia sido corretamente vedado pela 6ª Turma do STJ em julgado anterior, bem contextualizado no voto da Ministra Nancy Andrighi[21].

Sobre a inviabilidade de pagamento referida no final do *caput* do art. 528, cabe dar destaque ao disposto no § 2º do mesmo dispositivo, segundo o qual "Somente a comprovação de fato que gere a *impossibilidade absoluta* de pagar justificará o inadimplemento".

---

19. REsp 1.601.338/SP, rel. p/ acórdão Min. Nancy Andrighi, j. m. v. 13-12-2016, *DJe* 24-2-2017. A orientação foi reiterada no HC 511.426/MG, julgado pela 3ª Turma do STJ, rel. Min. Moura Ribeiro, j. un. 25-6-2019, *DJe* 1º-7-2019.

20. É entendimento que sempre foi defendido (e continua sendo) por este *Curso*, inclusive (mas não só) para o adequado cumprimento do inciso VI do art. 319 ao ensejo da elaboração da petição inicial, como se pode constatar do n. 3.6 do Capítulo 2 da Parte I do v. 2. Para a discussão do ponto, na perspectiva aqui colocada em evidência, v. William Santos Ferreira, *Transições paradigmáticas, máxima eficiência e técnicas executivas típicas e atípicas no direito probatório*, esp. p. 445-455.

21. A referência é feita ao HC 2.492/RJ, rel. Min. Adhemar Maciel, j. 24-6-1994, *DJ* 10-10-1994, p. 27187, encimado da seguinte ementa: "PENAL E PROCESSUAL CIVIL. DEVEDOR DE ALIMENTOS. PRISÃO. *HABEAS CORPUS*. JUSTIFICAÇÃO DE INADIMPLÊNCIA (CPC, ART. 733). CERCEAMENTO DO DIREITO DE DEFESA. ORDEM CONCEDIDA. I – O paciente, no tríduo do art. 733 do CPC, levou testemunhas já previamente arroladas para provar que ele, devedor de prestação alimentícia, não tinha mais condições de arcar com o avençado. O juiz, na audiência de justificação, não ouviu as testemunhas ao argumento de que em processo de execução não se pode fazer prova oral. II – No caso concreto, houve cerceamento de defesa, tornando a constrição (ameaça de prisão) ilegal. O juiz, que poderia ouvir ou até não ouvir as testemunhas, desde que circunstanciasse sua decisão, partiu de premissa inexistente na Lei (CPC, art. 733). III – Ordem concedida".

O trecho colocado em itálico deve ser compreendido no sentido de que o magistrado deve se convencer suficientemente das razões apresentadas pelo executado para não ter realizado o pagamento. É a hipótese, por exemplo, de o executado não ter condições econômicas de pagar (a despeito da necessidade do exequente) por estar desempregado e não ter outros meios suficientes para arcar com sua própria subsistência.

Caso o magistrado se convença de que o pagamento já foi efetuado, sempre ouvido previamente o exequente, a hipótese também é de extinção do processo, fundamentada a sentença do art. 925 no mesmo inciso II do art. 924, já que será reconhecida a satisfação da obrigação.

Se o magistrado, após a oitiva do exequente, convencer-se da impossibilidade de o pagamento ser feito, o que ocorre é o descarte do protesto do título executivo e da prisão civil e a adoção de outros mecanismos executivos para viabilizá-lo. É hipótese que pode, até mesmo, justificar a realização de audiência de mediação para compor os interesses contrapostos do exequente e do executado.

Quando se tratar de intimação para o cumprimento da sentença, início da etapa de cumprimento, portanto, deve o magistrado fixar honorários advocatícios com fundamento no § 1º do art. 85. À falta de regra em sentido contrário, o piso de 10% sobre o valor total da dívida constante do § 1º do art. 523 deve ser observado e majorado ao longo do tempo para remunerar a atividade do advogado, inclusive em grau recursal (art. 85, § 11).

4.1 Peculiaridades da intimação

A exigência feita pelo *caput* do art. 528, de que a intimação se faça *pessoalmente ao executado*, deve ser entendida como exceção ao quanto disposto no § 2º do art. 513, que se contenta, como regra, com a intimação do executado por intermédio de seu advogado para a etapa do cumprimento de sentença. Assim, em se tratando de alimentos, a intimação deve ser dirigida pessoalmente ao executado, ainda quando houver advogado constituído nos autos, observando-se, para tanto, a disciplina dos arts. 269 a 275. A gravidade da consequência do não pagamento, da não justificativa de prévio pagamento ou da impossibilidade de fazê-lo, a prisão civil, inquestionavelmente, influenciou o legislador a excepcionar o regime.

Como o *caput* do art. 528 ocupa-se indistintamente do cumprimento da sentença e da "decisão interlocutória que fixe alimentos", importa destacar que, nesse caso, além da intimação para os fins previstos no dispositivo, o réu deverá ser também *citado*, com observância das regras aplicáveis (arts. 238 a 259), não havendo nenhuma vedação e/ou empecilho para a cumulação daqueles atos processuais em um mesmo ato judicial, desde que suficientemente esclarecidas as consequências de um e de outro. Em rigor, não se trata de nada diverso do que ocorre usualmente nas hipóteses em que há formulação de pedido de tutela provisória antes (e independentemente) da citação do réu.

4.2 Peculiaridades da fluência e da contagem do prazo

Questão interessante trazida à tona pelo CPC de 2015 é sobre a aplicabilidade do disposto no § 3º do art. 231 à hipótese, de modo a autorizar que o início do prazo para as atitudes descritas no *caput* do art. 528 dê-se a partir da própria comunicação dirigida à parte. Isso porque aquele dispositivo está assim redigido:

"§ 3º Quando o ato tiver de ser praticado diretamente pela parte ou por quem, de qualquer forma, participe do processo, sem a intermediação de representante judicial, o dia do começo do prazo para cumprimento da determinação judicial corresponderá à data em que se der a comunicação".

A devida análise da questão deve distinguir dois dos três comportamentos valorados pelo *caput* do art. 528[22].

Quando a hipótese for de *comprovar o pagamento já feito* ou de *justificar a impossibilidade de fazê-lo*, o início do prazo de três dias deve ser o da juntada aos autos do comprovante respectivo. São atos que, na dicção do próprio § 3º do art. 231, dependem de "intermediação de representante judicial".

Se a hipótese for de pagamento, contudo, os três dias correm da própria intimação dirigida à parte, justamente porque o ato de pagar independe daquela mesma intermediação. O que pressupõe a atuação de alguém munido de capacidade postulatória é a *comprovação* judicial do pagamento com as consequências dela derivadas, mas não a *quitação* da dívida em si mesma considerada. É distinção que se harmoniza com o disposto nos parágrafos do art. 513 e no *caput* do art. 523 diante da expressa disposição legislativa.

Em qualquer caso, contudo, o prazo só correrá em dias *úteis*. Trata-se de prazo *processual*, porque derivado de determinação judicial, a afastar, consequentemente, a fluência em dias contínuos, nos moldes da distinção efetuada pelo parágrafo único do art. 219[23]. As razões que dão sustento a essa conclusão são as mesmas apresentadas a propósito dos comentários ao *caput* do art. 523, quais sejam: o executado paga, demonstra que já fez o pagamento ou

---

22. O autor deste *Curso* chegou a sustentar entendimento contrário até a 3ª edição de seu *Manual de direito processual civil*, como se lê da p. 481 daquele trabalho: "De acordo com o *caput* do art. 528, o magistrado, a requerimento do exequente, intimará *pessoalmente* o executado para, em três dias, pagar o débito, provar que o fez ou justificar a impossibilidade de realizar o pagamento. A exigência feita pelo dispositivo, de intimação *pessoal*, deve ser entendida como exceção à regra genérica do § 2º do art. 513, que se contenta, em larga escala, com a intimação ao advogado do executado. Assim, em se tratando de alimentos, mesmo quando o executado tiver advogado constituído nos autos, a intimação para pagamento (ou justificação) deve ser feita pessoalmente a ele, por um dos meios previstos nos arts. 269 a 275. Justamente por isso, entendo que se aplica, à hipótese, o disposto no § 3º do art. 231, de modo que o início do prazo dar-se-á a partir da própria comunicação dirigida à parte".

23. Nesse sentido, embora sem fazer a distinção apresentada no texto, é o Enunciado n. 146 da II Jornada de Direito Processual Civil do CJF: "O prazo de 3 (três) dias previsto pelo art. 528 do CPC conta-se em dias úteis e na forma dos incisos do art. 231 do CPC, não se aplicando seu § 3º".

comprova a impossibilidade de fazê-lo por nenhuma outra razão que não a de ser instado a tanto por ordem judicial que lhe é dirigida.

Além do pagar, comprovar ou justificar a impossibilidade de fazer o pagamento, poderá o réu tomar outras atitudes. Não obstante o inequívoco conteúdo coercitivo que a ordem que lhe é dirigida assume (em rigor, trata-se de assumir um daqueles três comportamentos, sob pena de ver o título executivo protestado e ser preso), nada há que impeça que o réu assuma posição inercial, não se manifestando em juízo e não adotando nenhuma postura a despeito da ordem judicial. Também não há como descartar que ele, em outro extremo, limite-se a apresentar impugnação ao cumprimento de sentença ou interpor recurso contra a decisão que deferiu a tutela provisória que lhe impõe a ordem de pagamento, quiçá na expectativa de obter efeito suspensivo em uma e em outra. Ou, até mesmo, já que o contexto dos artigos aqui comentados não pode ser separado daquilo que o CPC de 2015 chama de "ações de família" – a despeito de o *caput* do art. 693 excluir a hipótese ora comentada e de seu parágrafo único preservar em vigor o procedimento especial da LA –, de o próprio executado pretender a designação de audiência de mediação para tratar do assunto, eventualmente trazendo tal requerimento a propósito de alguma justificativa de não pagamento, a ser avaliada pelo magistrado à luz das circunstâncias do caso concreto[24].

5. PROTESTO

Se, no prazo de três dias, contado com as peculiaridades acima destacadas, o executado não adotar nenhuma das posturas mencionadas, o magistrado determinará o protesto da decisão judicial que legitima o cumprimento, observando, neste caso, o art. 517.

A viabilidade do protesto do título judicial é providência nova trazida pelo CPC de 2015 e que deve ser pensada ao lado *e sem prejuízo* da prisão civil com o objetivo comum de conduzir o executado ao pagamento da dívida ou, quando menos, para a apresentação da devida justificativa de não tê-lo feito. Trata-se, nesse sentido, de (mais uma) inequívoca medida *coercitiva*.

A decisão passível de protesto não é, tal qual a prevista no art. 517, unicamente, a transitada em julgado. Aqui, a decisão interlocutória que determina o pagamento da pensão alimentícia, ainda que instável, pode ser levada a protesto, tanto quanto a sentença que "condena a pagar alimentos", que atrai a incidência do disposto no inciso II do § 1º do art. 1.012, que retira o efeito suspensivo da apelação em tais casos, facultando ao exequente "... promover o pedido de cumprimento provisório depois de publicada a sentença" (art. 1.012, § 2º).

A determinação do protesto nesse caso independe de iniciativa do exequente, o que decorre da expressa previsão de que "o juiz mandará protestar o pronunciamento judicial",

24. Sobre o tema, v. as considerações de Fernanda Tartuce a propósito do art. 693 em *Comentários ao Código de Processo Civil*, v. 3, esp. 337.

inscrita no § 1º do art. 528. Assim, ainda que a parte final do § 1º do art. 528 faça expressa remissão ao art. 517, a atuação oficiosa dele derivada deve, no particular, prevalecer sobre a disciplina genérica desse dispositivo, que pressupõe requerimento e providências a cargo do exequente. O tratamento diferenciado nesse caso, de resto, justifica-se diante do bem jurídico tutelado no âmbito do art. 528.

No mais, a aplicação do art. 517 e de seus respectivos parágrafos à hipótese aqui comentada convida a algumas ponderações.

O prazo de três dias para expedição da certidão que dará ensejo ao protesto (art. 517, § 2º) é prazo dirigido à serventia responsável por aquela tarefa, seguindo-se seu envio oficioso ao competente cartório de protesto. A "data de decurso do prazo para pagamento voluntário" deve ser interpretada amplamente para nela constar não só aquele fato mas também a falta de comprovação do pagamento e, se for esse o caso, a decisão relativa à justificativa do não pagamento. Em nenhuma dessas hipóteses a estabilidade da decisão é exigida para a lavratura do protesto, diferentemente do que se dá para os fins do art. 517. É correto entender, contudo, que eventual atribuição de efeito suspensivo a impugnação e/ou agravo de instrumento pode significar a sustação de lavratura do protesto. Os três dias referidos pelo § 2º do art. 517 são prazo a cargo da serventia judicial, e, por isso, de índole *material*, fluindo, consequentemente, em dias *corridos*.

O § 3º do art. 517 permite entender que a apresentação de eventual recurso ou impugnação sem atribuição de efeito suspensivo seja anotada à margem do título protestado. Neste caso, há necessidade de requerimento do executado, que assume a responsabilidade de seu pedido, inclusive do ponto de vista financeiro.

Por fim, o protesto será cancelado, também a requerimento do executado, quando comprovada a satisfação integral da obrigação, observando-se o prazo de três dias *corridos* para expedição do ofício respectivo pela serventia judicial, decorrente do § 4º do art. 517, que não se confunde com o prazo de três dias *úteis* para que o cartório de protesto tome a providência, por analogia ao art. 12 da Lei n. 9.492/97.

Ainda que silente o art. 528, é correto entender que, sem prejuízo do protesto, é viável a inscrição do nome do executado em cadastro de inadimplentes, o que encontra fundamento suficiente no § 5º do art. 782[25] e que encontra eco em decisões proferidas pelo STJ antes do advento do novo Código[26].

25. Nesse sentido é o entendimento de Rita de Cássia Corrêa de Vasconcelos, *Breves comentários ao novo Código de Processo Civil*, p. 1527.

26. Assim, por exemplo: 3ª Turma, REsp 1.655.259/MT, rel. Min. Nancy Andrighi, j. un. 4-4-2017, *DJe* 10-4-2017; 4ª Turma, AgRg no REsp 967.683/SC, rel. Min. Raul Araújo, j. un. 17-3-2016, *DJe* 14-4-2016; 3ª Turma, REsp 1.469.102/SP, rel. Min. Ricardo Villas Bôas Cueva, j. un. 8-3-2016, *DJe* 15-3-2016, e 4ª Turma, REsp 1.533.206/MG, rel. Min. Luis Felipe Salomão, j. un. 17-11-2015, *DJe* 1º-2-2016.

6. PRISÃO CIVIL

A preferência pela prisão civil como mecanismo coercitivo é manifesta no § 3º do art. 528, previsão que se harmoniza com a autorização constitucional do inciso LXVII do art. 5º da Constituição Federal.

Assim, se não paga a dívida, se não demonstrado o seu pagamento ou se não aceita a justificativa da impossibilidade absoluta de fazê-lo, sempre com observância do prazo de três dias (úteis) e com as considerações do n. 4, *supra*, será decretada a prisão do executado. É correto entender, portanto, não haver qualquer imediatidade entre o não pagamento e a ordem de prisão. Ela tem cabimento quando o executado não tenha pago o devido (devendo comprovar tal circunstância ao magistrado) ou na hipótese de o magistrado não se convencer da explicação eventualmente fornecida pelo executado. A "impossibilidade absoluta" referida no § 2º do art. 528, destarte, relaciona-se intimamente com o não pagamento por ato "voluntário e inescusável", que tem estatura constitucional.

A prisão será cumprida em *regime fechado* pelo prazo de um a três meses, devendo o preso ficar separado dos presos comuns (art. 528, §§ 3º e 4º). Sendo impossível que isso seja realizado, a única solução adequada ao modelo constitucional é a decretação da prisão domiciliar[27]. Fora daquela situação, contudo, inexiste previsão para qualquer progressão no regime[28] ou, mesmo, para prisões especiais[29]. Em qualquer caso, a prisão não impede o protesto cuja lavratura foi oficiosamente determinada com fundamento no § 1º do art. 528. A conjugação dessas duas técnicas coercitivas – o protesto e a prisão – quer robustecer o *dever* de acatamento da ordem judicial relativo ao pagamento dos alimentos.

A previsão do prazo de um a três meses para a prisão encerra polêmica do CPC de 1973 que colocava em rota de colisão o quanto disposto no *caput* do art. 19 da Lei n. 5.478/68[30] e no § 1º do art. 733 daquele Código[31], que se referiam, respectivamente, ao máximo de sessenta

---

27. É a expressa lição de Arlete Inês Aurelli em Comentários ao Código de Processo Civil, v. 2, p. 736, e de Fredie Didier Jr., Leonardo Carneiro da Cunha, Paula Sarno Braga e Rafael Alexandria de Oliveira, *Curso de direito processual civil*, v. 5, p. 725.

28. É a lição de Rodolfo Kronemberg Hartmann (*Comentários ao novo Código de Processo Civil*, p. 838) que sustenta o descabimento da substituição da pena de prisão por medidas restritivas de direitos (art. 44 do CP) e da progressão do regime de prisão.

29. É o entendimento do STJ, como fazem prova os seguintes acórdãos: 3ª Turma, RHC 98.961/SC, rel. Min. Moura Ribeiro, j. un. 14-8-2018, *DJe* 23-8-2018, e 3ª Turma, HC 305.805/GO, rel. Min. Paulo de Tarso Sanseverino, j. un. 23-10-2014, *DJe* 31-10-2014.

30. "Art. 19. O juiz, para instrução da causa ou na execução da sentença ou do acordo, poderá tomar todas as providências necessárias para seu esclarecimento ou para o cumprimento do julgado ou do acordo, inclusive a decretação de prisão do devedor até 60 (sessenta) dias."

31. "Art. 733. Na execução de sentença ou de decisão, que fixa os alimentos provisionais, o juiz mandará citar o devedor para, em 3 (três) dias, efetuar o pagamento, provar que o fez ou justificar a impossibilidade de efetuá-lo. § 1º Se o devedor não pagar, nem se escusar, o juiz decretar-lhe-á a prisão pelo prazo de 1 (um) a 3 (três) meses. (...)"

dias e ao mínimo de um mês e ao máximo de três meses. Como quer que a discussão merecesse ser solucionada[32], é inquestionável que a expressa previsão do § 3º do art. 528 sobrepõe-se, por ser regra mais recente, às anteriores (art. 2º, § 1º, da LINDB). Por isso, é inquestionável que, a despeito da não revogação expressa pelo inciso V do art. 1.072 do CPC de 2015, é correto concluir pela *implícita* revogação da *parte final* do *caput* do referido art. 19.

O § 5º do art. 528 estabelece que o cumprimento da pena não exime o executado do pagamento das prestações vencidas, inclusive aquelas que acabaram por autorizar a sua prisão, e vincendas[33]. Assim se dá diante do inequívoco caráter *coercitivo* da prisão, harmônico com outras técnicas de igual natureza no CPC de 2015. Justamente por isso é correto cumular com a prisão civil multas que eventualmente se justifiquem pela litigância de má-fé, trazendo à lembrança o disposto no § 4º do art. 77.

Questão interessante é a que diz respeito à viabilidade de a prisão ser renovada como forma de viabilizar o pagamento da mesma dívida. O entendimento correto é o que aceita o aumento da prisão em curso, quando não alcançado o limite legal, mas que a veda quando os três meses já tiverem sido cumpridos, para afastar a ocorrência de *bis in idem* na hipótese[34]. É o típico caso em que, a despeito do emprego daquela excepcionalíssima (e gravíssima) técnica coercitiva, ela não se mostra apta a alterar o comportamento do executado. Restará ao exequente, em tais hipóteses, indicar bens à penhora para os fins do art. 530 ou, sendo

32. Para a suficiente notícia da polêmica, v. Amílcar de Castro, *Comentários ao Código de Processo Civil*, v. VII, p. 376-379; Celso Neves, *Comentários ao Código de Processo Civil*, v. VII, p. 215-221; Araken de Assis, *Comentários ao Código de Processo Civil*, v. IX, esp. p. 448-449, e Luiz Guilherme Marinoni e Sérgio Cruz Arenhart, *Execução*, p. 394-395. O n. 3.3.1 do Capítulo 7 da Parte II do v. 3 das edições anteriores ao CPC de 2015 deste *Curso* defendia o entendimento de que devia prevalecer o § 1º do art. 733 do CPC de 1973, regra posterior e sobre o mesmo tema, revogadora, portanto, da anterior (que não havia sido alterada pela Lei n. 6.014/73, conservando sua redação original) em função do mesmo § 1º do art. 2º da LINDB citado no texto.

33. Dispositivo que, pela identidade normativa, sobrepõe-se ao § 1º do art. 19 da Lei n. 5.478/68, que, por isso, deve ser considerado também *implicitamente* revogado.

34. Há notícia de que esse entendimento já foi adotado pela 3ª Turma do STJ, embora os dados do processo não tenham sido divulgados diante do regime de sigilo ao qual submetido. Da notícia divulgada, lê-se, de pertinente: "O caso envolveu ação de cumprimento de sentença relativa a alimentos não pagos pelo paciente à ex-esposa. O alimentante chegou a ser preso por 30 dias por estar impossibilitado de pagar a pensão em parcela única. Após o cumprimento da pena restritiva de liberdade, ele foi solto. A ex-mulher, então, reiterou o pedido de prisão pela mesma dívida, que foi deferido pelo juízo da execução e confirmado pelo Tribunal de Justiça, determinando, ao final, a medida restritiva de liberdade por mais 30 dias. Sentença cumprida. No STJ, o Ministro Villas Bôas Cueva, relator, entendeu pela concessão da ordem. O Ministro reconheceu a possibilidade de se prorrogar o pedido de prisão em curso como meio eficaz de coação para a quitação do débito, desde que observado o limite temporal. Todavia, como o ex-marido já havia cumprido o período prisional fixado, a segunda prisão corresponderia a uma sobreposição de pena, um verdadeiro *bis in idem*. De acordo com o ministro, tendo o paciente 'cumprido integralmente a pena fixada pelo juízo da execução, não há falar em renovação pelo mesmo fato, não se aplicando a Súmula 309 do STJ, que apenas autoriza a prisão civil do alimentante relativa às três prestações anteriores ao ajuizamento da execução, bem como àquelas que vencerem no curso do processo'" (disponível em: <http://www.stj.jus.br/sites/STJ/default/pt_BR/Comunica%C3%A7%C3%A3o/noticias/Not%C3%ADcias/Devedor-de-alimentos-n%C3%A3o-pode-ser-preso-novamente-por-n%C3%A3o-pagamento-da-mesma-d%C3%ADvida>. Acesso em: 1º ago. 2017).

o caso, adotar as técnicas de expropriação disciplinadas pelo art. 529. Não há como recusar a cominação de *outra* ordem de prisão, contudo, quando se tratar de *outro* débito, ainda que isso se verifique ao longo do *mesmo* processo.

Por sua vez, de acordo com o § 7º do art. 528, o débito que autoriza a prisão civil do executado é o que compreende até as três prestações anteriores ao ajuizamento da execução (os chamados alimentos *pretéritos*) e as que se venceram ao longo do processo (os chamados alimentos *futuros*).

A expressão "ajuizamento da execução" empregada pelo legislador deve ser entendida de duas maneiras: trata-se do protocolo da petição inicial quando a ordem de prisão tiver como fundamento pedido de tutela provisória nela formulada (art. 312) ou a data em que proferida a sentença quando for ela, a sentença, o título executivo condutor da etapa de cumprimento do processo. Em se tratando de decisão reformada no âmbito recursal, a data para ser levada em conta é a que motivou o pedido, mantendo-se os mesmos parâmetros como referência.

Para a prisão relativa aos alimentos pretéritos, é indiferente que o inadimplemento tenha sido de três parcelas, de duas ou de uma, desde que, de acordo com o texto legal, ele tenha se concretizado nos três meses anteriores ao "ajuizamento da execução"[35]. Para os futuros, é indiferente quantas prestações tenham sido inadimplidas. Importa que o crédito esteja em aberto, sendo descabido invocar, pela peculiaridade do direito material, a "teoria do adimplemento substancial", relacionado a outros quadrantes do direito[36].

É correto entender com relação a este § 7º que a orientação da Súmula 309 do STJ[37] acabou sendo expressamente acolhida pelo CPC de 2015[38].

É possível ir além dessa mera constatação, contudo, e lamentar a forma como o legislador resolveu tratar do tema[39]. Ela não pode querer significar, porém, que, a despeito do *texto* do dispositivo, é irrecusável ser possível *interpretá-lo* no sentido de que, dadas as peculiaridades do caso concreto, a prisão civil justifica-se pela iminência do dano a ser experimentado (ou agravado às últimas consequências) pelo exequente, ainda que o inadimplemento alcance prestações (pretéritas) para além dos três meses. É supor, para exemplificar, que a demora na formulação do pedido jurisdicional justificou-se por fatores estranhos à vontade do exequente,

35. Nesse sentido é o Enunciado n. 147 da II Jornada de Direito Processual Civil do CJF: "Basta o inadimplemento de uma parcela, no todo ou em parte, para decretação da prisão civil prevista no art. 528, § 7º, do CPC".

36. Sem prejuízo de ter acentuado (pertinentemente) o descabimento do *habeas corpus* para aquele tipo de discussão, o tema foi bem analisado pela 4ª Turma do STJ no HC 439.973/MG, rel. p/ acórdão Min. Antonio Carlos Ferreira, j. m. v. 16-8-2018, *DJe* 4-9-2018.

37. Cujo enunciado é o seguinte: "O débito alimentar que autoriza a prisão civil do alimentante é o que compreende as três prestações anteriores ao ajuizamento da execução e as que se vencerem no curso do processo".

38. Expressos nesse sentido e reconhecendo a legalidade de decreto prisional a partir de execução iniciada ainda sob a vigência do CPC de 1973, justamente em face daquela Súmula são os seguintes julgados, ambos da 3ª Turma do STJ: HC 515.362/SP, rel. Min. Moura Ribeiro, j. un. 20-8-2019, *DJe* 23-8-2019 e *RHC* 92.211/SP, rel. Min. Nancy Andrighi, j. un. 27-2-2018, *DJe* 2-3-2018.

39. É o pensamento que o autor deste *Curso* vem externando em seu *Manual de direito processual civil*, p. 532.

inclusive dificuldade na nomeação de um advogado/defensor público[40]. Assim, sempre caberá ao magistrado examinar o caso concreto em busca de uma real e efetiva urgência que justifique a cominação da prisão, a despeito de o débito dizer respeito a dívida anterior a três meses. É correto, destarte, compreender o disposto no § 7º do art. 528 como mera *presunção*[41].

O que é inegável é que, paga a dívida, o cumprimento da ordem de prisão será imediatamente suspenso, no que é claro o § 6º do art. 528.

O recurso cabível da decisão que decreta a prisão deve ser pesquisado de acordo com o sistema recursal do CPC de 2015. Se determinada por decisão concessiva de tutela provisória, a interposição do agravo de instrumento tem fundamento expresso no inciso I do art. 1.015. Se a prisão for cominada em sede de cumprimento de sentença, provisório ou definitivo, o cabimento do agravo de instrumento justifica-se diante do parágrafo único do mesmo art. 1.015.

O regime do agravo de instrumento nesses casos não encontra nenhuma regra diferenciada no âmbito do CPC de 2015. Há espaço para questionar, por isso, a subsistência no ordenamento jurídico dos §§ 2º e 3º do art. 19 da Lei n. 5.478/68, que haviam recebido alteração redacional pela Lei n. 6.014/73[42]. É que, não obstante aqueles dispositivos não terem sido expressamente revogados pelo inciso V do art. 1.072 do CPC de 2015, ambos se mostram inócuos diante do regime codificado. O primeiro deles porque, diante das decisões interlocutórias proferidas nos ambientes destacados no parágrafo anterior, não há dúvida sobre a pertinência do agravo de instrumento como recurso próprio, a afastar, pelo menos aqui, a previsão genérica do inciso XIII do art. 1.015. O segundo deles reafirma a ausência de efeito suspensivo *ope legis* do agravo de instrumento, o que está em harmonia não só com a genérica previsão do *caput* do art. 995, mas também com a específica do inciso I do art. 1.019. Não há, contudo, como afastar a viabilidade de, consoante as circunstâncias do caso, ser concedido efeito suspensivo ao agravo de instrumento – efeito suspensivo *ope judicis*, portanto –, a sustar, ao menos temporariamente, a eficácia da ordem de prisão.

Se se tratar de cominação de prisão feita pela própria sentença ao ensejo de condenar o réu ao pagamento da pensão alimentícia, o recurso cabível é a apelação (art. 1.009, *caput* e § 3º, e art. 1.013, § 3º, no caso de a sentença confirmar anterior tutela provisória). A ausência de efeito suspensivo àquele recurso (art. 1.012, § 1º, II) conduzirá o apelante/executado, muito provavelmente, a requerer sua atribuição perante o órgão competente para seu julgamento, o que encontra expresso fundamento nos §§ 3º e 4º do mesmo art. 1.012.

---

40. Para essa discussão, v. Fernanda Tartuce e Luiz Dellore, *Execução de alimentos: do CPC/73 ao novo CPC*, p. 482-485. É assunto ao qual este *Curso* já se voltava, como se pode ver do n. 3.3.1do Capítulo 7 da Parte II das edições anteriores ao CPC de 2015 de seu v. 3.

41. Que é o entendimento que o n. 3.3.1 do Capítulo 7 da Parte II do v. 3 das edições anteriores ao CPC de 2015 deste *Curso* já sustentava. Tratando do tema na perspectiva da Súmula 309 do STJ, cabe destacar as importantes reflexões feitas por Cristiano Chaves de Farias em seu *Prisão civil por alimentos e a questão da atualidade da dívida à luz da técnica de ponderação de interesses: uma leitura constitucional da Súmula 309 do STJ: o tempo é senhor da razão*, esp. p. 1153-1163.

42. São as seguintes as suas redações, respectivamente: "§ 2º Da decisão que decretar a prisão do devedor, caberá agravo de instrumento" e "§ 3º A interposição do agravo não suspende a execução da ordem de prisão".

No âmbito dos Tribunais, a decisão monocrática será invariavelmente contrastável por agravo interno (art. 1.021). Se colegiada, caberá recurso especial e/ou extraordinário, a depender da fundamentação legal ou infraconstitucional empregada pela decisão (art. 1.029, que remete aos arts. 102 e 105 da CF).

Não há, outrossim, como descartar aprioristicamente a pertinência dos embargos declaratórios independentemente da natureza jurídica da decisão e do órgão jurisdicional que a profira (art. 1.022).

Nenhum dos recursos mencionados nos dois últimos parágrafos ostenta efeito suspensivo *ope legis* – nem a apelação quando impõe o dever de pagar alimentos –, a obviar, por si só, a eficácia imediata da ordem de prisão. Irrecusável também para eles, contudo, a juridicidade de, casuisticamente, aquele efeito ser atribuído diante de seus pressupostos específicos (art. 995, parágrafo único; art. 1.026, § 1º, e art. 1.029, § 5º)[43].

Ademais, diante da relevância do bem jurídico protegido – a liberdade –, não há como deixar de admitir o *habeas corpus* para seu contraste perante o órgão jurisdicional competente (art. 5º, LXVIII, da CF)[44], observando-se, quanto ao procedimento, o disposto nos arts. 647 a 667 do CPP[45].

Durante a pandemia do coronavírus (Covid-19), foi editada a Lei n. 14.010, de 10 de junho de 2020, que estabeleceu o "Regime Jurídico Emergencial e Transitório das relações jurídicas de Direito Privado". O art. 15 daquele diploma legislativo estabeleceu que "(...) até 30 de outubro de 2020, a prisão civil por dívida alimentícia, prevista no art. 528, § 3º e seguintes da Lei n. 13.105, de 16 de março de 2015 (Código de Processo Civil), deverá ser cumprida exclusivamente sob a modalidade domiciliar, sem prejuízo da exigibilidade das respectivas obrigações.".

Antes do advento dessa regra, já se colhiam diversas decisões dos Tribunais brasileiros, inclusive do STJ, entendendo ser recomendável a substituição da prisão civil aqui analisada por prisão domiciliar[46].

Sendo descabida ou mostrando-se ineficaz a cominação da prisão civil, inclusive pelas razões destacadas nos parágrafos anteriores, não há como descartar, ao menos aprioristicamente, que o exequente adote *outras* medidas de cunho coercitivo para o pagamento da dívida, ao menos se e

---

43. Sobre os pressupostos para a concessão de efeito suspensivo em tais casos e a preferência pela sua interpretação ampla, apta a albergar situações de "urgência" *e* de "evidência", v. do autor deste *Curso* o seu *Manual de direito processual civil*, esp. p. 794-795.

44. É a seguinte a redação daquele inciso: "LXVIII – conceder-se-á *habeas corpus* sempre que alguém sofrer ou se achar ameaçado de sofrer violência ou coação em sua liberdade de locomoção, por ilegalidade ou abuso de poder".

45. Referindo-se expressamente ao cabimento do *habeas corpus* na espécie é a lição de Nelson Nery Junior e Rosa Maria de Andrade Nery, *Comentários ao Código de Processo Civil*, p. 1315-1316, nota 10. Para um amplo panorama da questão, consultar, com proveito, as notas ao art. 528 feitas por Theotonio Negrão, José Roberto F. Gouvêa, Luis Guilherme A. Bondioli e João Francisco N. da Fonseca em seu indispensável *Novo Código de Processo Civil e legislação processual em vigor*, p. 568-569, em especial as de número 7 a 7c.

46. Assim, apenas para fins ilustrativos: STJ, 3ª Turma, HC 574.495/SP, rel. Min. Ricardo Villas Bôas Cueva, j.un. 26-5-2020, *DJe* 1-6-2020, e STJ, 4ª Turma, HC 561.257/SP, rel. Min. Raul Araújo, j.un. 5-5-2020, *DJe* 8-5-2020;

quando as demais técnicas idealizadas pelo legislador e analisadas ao longo deste Capítulo mostrarem-se (também) infrutíferas. Para tanto, cabe recordar do inciso IV do art. 139.

7. MULTA COERCITIVA

De acordo com o § 8º do art. 528,

> "O exequente pode optar por promover o cumprimento da sentença ou decisão desde logo, nos termos do disposto neste Livro, Título II, Capítulo III, caso em que não será admissível a prisão do executado, e, recaindo a penhora em dinheiro, a concessão de efeito suspensivo à impugnação não obsta a que o exequente levante mensalmente a importância da prestação".

A regra merece ser interpretada no sentido de que cabe ao exequente optar pela adoção das regras relativas ao cumprimento de sentença (arts. 523 a 527) para reger as técnicas da prestação da tutela jurisdicional em seu favor, isto é: o executado será *intimado* (e, neste caso, com observância do disposto no art. 513, § 2º) para pagar o valor indicado como devido no requerimento do exequente (art. 524) em quinze dias, sob pena de multa de 10% sobre o valor total devido e fixada de imediato a verba honorária mínima de 10% (art. 523, § 1º). Neste caso – e por opção do exequente –, afasta-se, o "pague *sob pena de prisão*" pelo "pague *sob pena de multa*", caindo, consequentemente, na regra geral do cumprimento das obrigações de pagar quantia certa. O que não pode ocorrer é a cumulação da *prisão* com a *multa* de 10%, dada a identidade da natureza jurídica daquelas cominações[47].

A única regra dissonante do regime geral, nesse caso, é que, ainda que seja concedido efeito suspensivo à impugnação eventualmente apresentada pelo executado nos moldes do art. 525, não será obstado ao exequente levantar mensalmente o valor a que faz jus quando a penhora recair em dinheiro, bem indicado como *prioritário* para aquela finalidade, como se lê do inciso I do art. 835, conjugado com o seu § 1º.

É mais que justificável a ressalva constante do § 8º do art. 528, considerando a natureza ostentada pela verba alimentar. Ela não é óbice, no entanto, para que, diante dos pressupostos genéricos do § 6º do art. 525, o magistrado conceda efeito suspensivo à impugnação sustando aqueles levantamentos. A melhor interpretação da regra é a de entendê-la com verdadeira *inversão* de ônus da prova entre exequente e executado sobre a necessidade e as razões de satisfação de seus direitos contrapostos. Interpretação contrária atritaria com o disposto no inciso XXXV do art. 5º da Constituição Federal.

A crítica que pode recair a esse entendimento repousa nas próprias características dos alimentos e na *necessidade* de sua prestação, ambas as circunstâncias avaliadas desde o plano

47. Nesse sentido é o entendimento de Arlete Inês Aurelli, Comentários *ao Código de Processo Civil*, v. 2, p. 736, e de José Rogério Cruz e Tucci, *Comentários ao Código de Processo Civil*, v. VIII, p. 321 e 323.

material. A resposta ela, contudo, é dada pelo próprio § 6º do art. 525: a concessão de efeito suspensivo à impugnação depende da avaliação a ser feita pelo magistrado de que o executado tem direito mais evidente, mais verossímil do que o exequente e, por isso, além dos demais pressupostos exigidos pela lei, é que deve ser sustada a prática dos atos executivos. É como se afirmasse que a *necessidade* da prestação alimentícia é mais *aparente* do que real.

Levando em conta o sistema processual civil, outrossim, faz-se pertinente perguntar se o levantamento dos valores depositados, em se tratando de cumprimento provisório, depende de caução, nos moldes do que exige o inciso IV do art. 520. A resposta é expressa no sistema: a dispensa da caução é expressa no inciso I do art. 521 – que pertinentemente alude à verba alimentar "independentemente de sua origem". O parágrafo único do art. 521 não deixa de evidenciar, sempre a partir da devida análise de cada caso concreto que se apresente para o magistrado, que a exigência da caução pode ser preservada quando de sua dispensa decorrer "manifesto risco de grave dano de difícil ou incerta reparação". É clara, aqui também, a inversão dos ônus das alegações feita pelo legislador a serem devidamente avaliadas pelo magistrado.

O que importa destacar é a necessidade de uma interpretação verdadeiramente sistemática do Código de Processo Civil, não se deixando levar pela textualidade e, mais do que isso, pelo critério *formal* muitas vezes adotado pela lei. O legislador fez uma presunção, mais que justificável, sobre a necessidade de satisfação *imediata* do exequente em se tratando de alimentos. Ele assumiu, para tanto, que a prestação é realmente cabível e devida. Na medida, contudo, em que o magistrado do caso concreto tenha condições de decidir diferentemente, não há como deixar de afastar a presunção assumida pelo legislador. Os dispositivos acima destacados são todos mecanismos para o atingimento daquela finalidade, em última análise, a de que a tutela jurisdicional executiva deve, a final e estabelecido o regular contraditório, ser concretizada para quem tem direito e não para quem se *presume* tê-lo.

O § 8º do art. 528 prossegue estabelecendo que, feita a opção pelo regime dos arts. 523 e seguintes, não será admissível a prisão do executado. A regra parece pressupor que a escolha resulte proveito econômico para o exequente e que, diante dela, aquela técnica executiva (a prisão) deixe de ser necessária.

Não há como afastar apriorística e generalizadamente, contudo, que, ao longo do cumprimento da sentença ou da decisão naqueles moldes, surja até então inesperada situação de urgência a motivar a aplicação daquela técnica. Nesse caso, nova intimação será dirigida ao executado (desta feita, *pessoal*) para que pague, demonstre o pagamento ou justifique por que não pagou nos moldes do *caput* do art. 528.

Nesse sentido, cabe interpretar o § 8º do art. 528 no sentido de que a adoção da disciplina dos arts. 523 a 527 é irreversível na medida em que o modelo "penhora/satisfação" traga o resultado objetivado (pagamento) para o exequente. Caso essa perspectiva não se confirme ao longo do processo, é correto permitir ao exequente que requeira a cominação da pena de prisão.

O "engessamento" procedimental que se pode querer extrair do *texto* do § 8º do art. 528 parece contrariar a própria sistemática do CPC quanto ao tema e, em específico, a variabilidade da adoção das técnicas executórias que se justifiquem à luz das peculiaridades do caso concreto, o que encontra seguro eco no inciso IV do art. 139. Ademais, mas não menos importante, quando o art. 805 disciplina o "princípio da menor gravosidade da execução", pressupõe que sua concretização dependa da existência de "meios mais eficazes e menos onerosos" para a satisfação do crédito do exequente.

Idêntico fundamento pode ser empregado para, em meio à pesquisa sobre bens penhoráveis do executado a partir de seu silêncio para pagamento que se siga à intimação derivada do § 8º do art. 528, combinado com o *caput* do art. 523, entender aplicável à hipótese também o disposto no art. 529. É supor que, a longo da etapa de cumprimento da decisão que fixa a verba alimentar, o exequente tome conhecimento de que o executado está empregado ou que passou a receber alguma renda periódica.

O que também não está claro na opção tomada pelo exequente para os fins do § 8º do art. 528 é a viabilidade de o título executivo ser *protestado*. Penso que a vedação (ao menos apriorística) da prisão civil constante do dispositivo *não* obstaculiza o protesto. Isto porque, além da atuação *oficiosa* do magistrado mesmo para decisões interlocutórias decorrente do § 1º do mesmo dispositivo, prevalece a diretriz do próprio art. 517 de agregar essa técnica coercitiva à ordem de pagamento.

8. COMPETÊNCIA PARA O CUMPRIMENTO

O § 9º do art. 528 permite que o exequente promova o cumprimento relativo à obrigação alimentar no juízo de *seu* domicílio, sem prejuízo das alternativas previstas no parágrafo único do art. 516.

Trata-se de pertinente projeção da regra genérica do inciso II do art. 53, que trata da petição inicial para a etapa de cumprimento da sentença e que encontra eco na Súmula 70 do TJSP, que tem o seguinte enunciado: "Em execução de alimentos, prevalece sobre a competência funcional do Juízo em que formado o título executivo judicial, a competência territorial do domicílio do credor da prestação alimentar excutida, com vistas à facilitação do acesso à justiça".

9. DESCONTO EM FOLHA

Além da técnica executiva consistente no protesto do título executivo e na cominação de prisão civil (art. 528, §§ 1º e 3º) ou, a pedido do exequente, a adoção do procedimento "tradicional" de cumprimento (art. 528, § 8º), em que o magistrado *ordena* o pagamento sob pena de multa de 10%, o art. 529 admite, mediante requerimento do exequente, o desconto em folha de pagamento da importância da prestação alimentícia quando o executado for funcionário público, militar, diretor ou gerente de empresa, bem como empregado sujeito à legislação do trabalho.

Nessas hipóteses, o magistrado oficiará à autoridade, à empresa ou ao empregador, determinando, sob pena de crime de desobediência, o desconto a partir da primeira remuneração posterior do executado, a contar do protocolo do ofício (art. 529, § 1º)[48]. Eventual necessidade de pesquisa em prol de informações para o fim objetivado pela regra é facilitada pelo que dispõe o art. 20 da Lei n. 5.478/68, *verbis*: "Art. 20. As repartições públicas, civis ou militares, inclusive do Imposto de Renda, darão todas as informações necessárias à instrução dos processos previstos nesta lei e à execução do que for decidido ou acordado em juízo".

O ofício, de acordo com o § 2º do art. 529, conterá os nomes e o número de inscrição no CPF do exequente e do executado, a importância a ser descontada mensalmente, o tempo de sua duração e a conta na qual deva ser feito o depósito.

O § 3º do art. 529 permite que o desconto dos rendimentos ou rendas se concretize para pagamento das parcelas já vencidas ("alimentos *pretéritos*"), não apenas para as vincendas ("alimentos *futuros*"). Neste caso, a parcela a ser descontada, somada à parcela vincenda, não pode ultrapassar 50% dos ganhos *líquidos* do executado[49]. A preocupação do legislador, neste caso, é de assegurar meios para a própria subsistência do executado, buscando compatibilizar os interesses contrapostos.

A ressalva do § 3º do art. 529 traz à tona o § 2º do art. 833, segundo o qual a impenhorabilidade decorrente dos incisos IV[50] e X[51] daquele dispositivo "não se aplica à hipótese de penhora para pagamento de prestação alimentícia, independentemente de sua origem, bem como às importâncias excedentes a 50 (cinquenta) salários mínimos mensais, devendo a constrição observar o disposto no art. 528, § 8º, e no art. 529, § 3º". Em tais casos, também é penhorável o bem de família nos termos do inciso II do art. 3º da Lei n. 8.009/90, como pertinentemente lembra Arlete Inês Aurelli[52].

A melhor interpretação para as regras é no sentido de que os valores que excederem os cinquenta salários mínimos mensais, ainda que sejam fruto da soma das parcelas vincendas e vencidas, são penhoráveis. A observância do "disposto no art. 529, § 3º", destarte, merece ser compreendida apenas no sentido de que a soma das verbas é admitida e não como um diferente e menor limite para a penhora.

48. Além da configuração do crime de desobediência (art. 330 do CP) é inquestionável a tipificação do crime previsto no art. 22 da Lei n. 5.478/68, *verbis*: "Art. 22. Constitui crime contra a administração da Justiça deixar o empregador ou funcionário público de prestar ao juízo competente as informações necessárias à instrução de processo ou execução de sentença ou acordo que fixe pensão alimentícia: Pena – Detenção de 6 (seis) meses a 1 (um) ano, sem prejuízo da pena acessória de suspensão do emprego de 30 (trinta) a 90 (noventa) dias. Parágrafo único. Nas mesmas penas incide quem, de qualquer modo, ajuda o devedor a eximir-se ao pagamento de pensão alimentícia judicialmente acordada, fixada ou majorada, ou se recusa, ou procrastina a executar ordem de descontos em folhas de pagamento, expedida pelo juiz competente".

49. O Enunciado n. 587 do FPPC, faz a seguinte ressalva acerca do dispositivo: "A limitação de que trata o § 3º do art. 529 não se aplica à execução de dívida não alimentar".

50. "IV – os vencimentos, os subsídios, os soldos, os salários, as remunerações, os proventos de aposentadoria, as pensões, os pecúlios e os montepios, bem como as quantias recebidas por liberalidade de terceiro e destinadas ao sustento do devedor e de sua família, os ganhos de trabalhador autônomo e os honorários de profissional liberal, ressalvado o § 2º."

51. "X – a quantia depositada em caderneta de poupança, até o limite de 40 (quarenta) salários mínimos".

52. *Comentários ao Código de Processo Civil*, v. 2, p. 739.

9.1 Desconto sobre outras rendas e rendimentos

Há mais uma questão importante a partir do § 3º do art. 529, que não se confunde com as discussões anteriores.

Embora pouco claro, o dispositivo merece ser entendido amplamente para albergar a hipótese que era expressamente prevista no art. 17 da Lei n. 5.478/68[53], expressamente revogado pelo inciso V do art. 1.072 do CPC de 2015.

Isso porque o § 3º do art. 529 se refere indistintamente a *rendas* e a *rendimentos*, permitindo, com isso, a compreensão de que a técnica expropriatória estabelecida desde seu *caput* – o "desconto" – merece ser empregada para *outros* recebimentos do executado que não se confundam com aqueles que, como funcionário público, militar, diretor ou gerente de empresa ou empregado, ele receba em contraprestação ao seu trabalho.

Assim, lembrando do disposto no revogado art. 17 da Lei n. 5.478/68, o desconto pode se dar diretamente sobre aluguéis recebíveis do executado ou quaisquer outros rendimentos ou rendas deste a serem recebidos diretamente pelo exequente ou por quem designado para tanto pelo magistrado, sempre observado o prévio contraditório.

Ainda que não se queira extrair do § 3º do art. 529 essa interpretação, a ela se pode alcançar com a lembrança do inciso IV do art. 139, sem prejuízo também da adoção das diversas técnicas de penhora sobre *créditos* do devedor de alimentos, o que remonta aos arts. 855 a 860[54].

10. TÉCNICAS EXECUTIVAS TRADICIONAIS

Se as técnicas disciplinadas nos arts. 528 e 529, isto é, se o pagamento sob pena de prisão, sob pena de multa ou, ainda, o desconto em folha, não forem eficazes para o pagamento da dívida alimentar, terá início a prática dos atos executivos nos moldes tradicionais, com penhora (e, se for o caso, avaliação e alienação) de bens visando à satisfação do crédito. É o significado a ser dado ao art. 530 e à remissão que ele faz ao art. 831.

As considerações apresentadas a propósito do § 8º do art. 528 são bastantes para esclarecer os ajustes que aquela sistemática merece sofrer quando aplicada às obrigações de índole alimentar.

---

53. Era a seguinte a sua redação: "Art. 17. Quando não for possível a efetivação executiva da sentença ou do acordo mediante desconto em folha, poderão ser as prestações cobradas de alugueres de prédios ou de quaisquer outros rendimentos do devedor, que serão recebidos diretamente pelo alimentando ou por depositário nomeado pelo juiz". O "desconto em folha" referido no dispositivo era tratado no art. 734 do CPC de 1973, que tinha redação muito próxima à do *caput* e à do § 1º do art. 529.

54. Nesse sentido é o entendimento de Arlete Inês Aurelli, *Comentários ao Código de Processo Civil*, v. 2, p. 738, e o Enunciado n. 484 do FPPC: "A revogação dos arts. 16 a 18 da Lei de Alimentos, que tratam da gradação dos meios de satisfação do direito do credor, não implica supressão da possibilidade de penhora sobre créditos originários de aluguéis de prédios ou de quaisquer outros rendimentos do devedor".

11. TIPOS DE ALIMENTOS TUTELADOS

Antes da análise propriamente dita do art. 531, segundo o qual "O disposto neste Capítulo aplica-se aos alimentos definitivos ou provisórios", cabe fazer uma nota relativa ao processo legislativo que originou o CPC de 2015, dando aplicação a um dos grupos do modelo constitucional do direito processual civil, o relativo ao estudo (e à aplicação) das normas de concretização do direito processual civil.

O *caput* do art. 531 não corresponde, em rigor, ao art. 517 do Projeto do Senado (PLS n. 166/2010)[55], nem ao *caput* do art. 545 do Projeto da Câmara (PL n. 8.046/2010)[56], e, nesse sentido, ao abandonar a expressão "independentemente de sua origem", contida no Projeto do Senado, e ao também excluir o adjetivo "legítimos" que o Projeto da Câmara empregava para qualificar o substantivo alimentos, viola o parágrafo único do art. 65 da Constituição Federal.

Não se trata, a olhos vistos, de mero apuro redacional, porque enseja no intérprete a dúvida sobre quais alimentos estão sujeitos à sua disciplina: só os *legítimos*, ou seja, decorrentes de relações das famílias, como queria inequivocamente a Câmara, ou também os *indenizativos*, isto é, os derivados de atos ilícitos que gerem morte ou incapacidade laborativa (arts. 948, II, e 950 do CC), como desejava inquestionavelmente o Senado?

Deixar ao intérprete e ao aplicador do dispositivo a *escolha* entre a corrente mais ou menos ampla é o que os Projetos na sua origem *não autorizavam*, justamente porque faziam, bem ou mal, escolhas expressas sobre a questão. O silêncio do legislador, nesse caso, alcançado na volta do Projeto do Senado, viola a bicameralidade imposta pelo precitado parágrafo único do art. 65 da Constituição Federal. Diante disso, a inconstitucionalidade formal do *caput* do dispositivo é clara, lamentavelmente[57].

Feitas tais considerações, importa entender, máxime diante da "lacuna" gerada pela inconstitucionalidade noticiada, que o art. 531 deve ser interpretado *ampliativamente*, porque é a que mais bem se harmoniza com o modelo constitucional e à dignidade da pessoa humana, eleita pelo art. 3º da Constituição Federal como um dos valores fundantes da República Federativa do Brasil.

Assim, o *caput* do art. 531 deve ser entendido no sentido de que as regras dos arts. 528 a 530 aplicam-se indistintamente aos alimentos *definitivos* ou *provisórios*, isto é, aqueles cuja

---

55. Que tinha a seguinte redação: "Art. 517. O disposto neste Capítulo aplica-se aos alimentos definitivos ou provisórios, independentemente de sua origem".

56. Cuja redação era a seguinte: "Art. 545. O disposto neste Capítulo aplica-se aos alimentos legítimos definitivos ou provisórios. § 1º A execução dos alimentos provisórios, bem como a dos alimentos fixados em sentença ainda não transitada em julgado, se processa em autos apartados. § 2º O cumprimento definitivo da obrigação de prestar alimentos será processado nos mesmos autos em que tenha sido proferida a sentença".

57. O entendimento tem a concordância expressa de Arlete Inês Aurelli, Comentários ao Código de Processo Civil, v. 2, p. 740.

responsabilidade é fixada por decisão ainda pendente de reexame recursal ou já transitada em julgado ou estabilizada de alguma outra forma *e também* aos alimentos *legítimos* ou *indenizativos*, sendo indiferente para o alcance da disciplina em questão, portanto, qual seja a *origem* dos alimentos[58]: se das relações do direito das famílias, da prática de atos ilícitos ou, ainda, se relativos a verbas de subsistência do credor, como ocorre, por exemplo, com ganhos relativos à sua subsistência e de sua família, aí incluídos, até mesmo, os honorários recebidos pelos profissionais liberais, dentre eles também, mas não só, os advogados (art. 85, § 14)[59]. É certo, contudo, que a cominação da prisão civil para os alimentos indenizativos pressupõe situação não tutelada suficiente e concretamente pelas garantias de seu pagamento nos moldes do art. 533, tema ao qual se volta o n. 13, *infra*.

Os dois parágrafos do art. 531 cuidam de aspectos formais relativos ao cumprimento: sendo *provisórios* os alimentos, seu cumprimento deve se dar em autos apartados (em outros cadernos processuais), observando-se à falta de outra regra o disposto no parágrafo único do art. 522 quanto à sua formação; sendo *definitivos*, o cumprimento dar-se-á "nos mesmos autos em que tenha sido proferida a sentença". As regras, bem entendidas e somadas a tantas outras espalhadas por todo o CPC de 2015, só fazem sentido para o chamado "processo físico", que se documenta em "autos de papel", merecendo, por isso mesmo, ter seus dias contados na medida em que o processo eletrônico se consolide como realidade em terras brasileiras.

Não obstante a ressalva anterior, cabe trazer à tona questão importante, conhecidíssima do foro: como a obrigação alimentar é, por definição, *periódica*, pode ocorrer de os autos do processo em que a pensão respectiva foi fixada estarem arquivados há muito tempo e, não obstante, ser necessária a prática de atos jurisdicionais com vistas à concretização da medida, que, até então, vinha sendo observada. Nesse caso, é necessário desarquivar os autos para neles requerer o cumprimento a fim de cumprir a exigência feita pelo § 2º do art. 531?

A resposta é positiva, com a ressalva de que o *tempo* necessário para o desarquivamento daqueles autos não pode ser empecilho para o cumprimento *imediato* do pedido de cumprimento, inclusive, se for o caso, com a cominação da prisão nos moldes do *caput* do art. 528. Assim, enquanto os autos originais não estão disponíveis perante o juízo competente – que pode, consoante a hipótese, ser diverso daquele que proferiu a decisão exequenda, por força

---

58. É entendimento que conta com a expressa concordância de Rodolfo Kronemberg Hartmann, *Comentários ao novo Código de Processo Civil*, p. 841. Importa destacar, ainda que para fins diversos, de classificação para fins de recuperação judicial, o entendimento da 3ª Turma do STJ no REsp 1.799.041/PR, rel. Min. Nancy Andrighi, j. un. 2-4-2019, *DJe* 4-4-2019, sobre o caráter *alimentar* de créditos indenizativos derivados de indenização por acidente de trânsito que comprometeu a capacidade laboral do credor. A orientação deve ser prestigiada, não obstante as modificações que a Lei n. 14.112/2020 promoveu na Lei n. 11.101/2005.

59. Pertinente a propósito a lembrança do Enunciado n. 621 do FPPC ("Ao cumprimento de sentença do capítulo relativo aos honorários advocatícios, aplicam-se as hipóteses de penhora previstas no § 2º do art. 833, em razão da sua natureza alimentar") e do Enunciado n. 105 da I Jornada de Direito Processual Civil do CJF ("As hipóteses de penhora do art. 833, § 2º, do CPC aplicam-se ao cumprimento da sentença ou à execução de título extrajudicial relativo a honorários advocatícios, em razão de sua natureza alimentar").

do § 9º do art. 528 –, será bastante que o pedido seja instruído com o título executivo que lhe dá fundamento e as demais provas do quanto alegado pelo exequente.

Não se trata, a olhos vistos, de querer confundir ou tratar indistintamente os "autos" com o "processo". Não na perspectiva do que este *Curso* sustenta. O que importa ter presente para a devida compreensão dos parágrafos do art. 531 é que o processo que originou o título executivo (sempre e, por definição, um só) pode ser retomado quando se fizer necessária a intervenção jurisdicional para o cumprimento (forçado) do que foi decidido. Para esse fim, toda a documentação a ele correspondente (seja em papel ou em formato eletrônico) merece ser aproveitada, por isso o pedido de desarquivamento, com a indispensável ressalva já colocada em evidência, não pode querer prejudicar a tempestividade da tutela jurisdicional requerida. De qualquer sorte – e justamente para evitar qualquer confusão ou sobreposição de ideias –, o desenvolvimento de *novos* atos executivos em outro caderno processual (em papel ou eletrônicos) não é capaz de gerar qualquer vício e, pois, nenhuma nulidade a eles[60].

Importa reiterar nesse contexto a adequada escolha do legislador quanto à intimação fazer-se *pessoalmente* ao devedor e não ao advogado constituído, que, em rigor, pode nem estar mais vinculado ao caso pretérito. É regra que, pela sua especialidade, prevalece mesmo diante da que consta do § 4º do art. 513.

12. INDÍCIOS DA PRÁTICA DE CRIME DE ABANDONO MATERIAL

Sobre outras técnicas voltadas, em última análise, à satisfação do crédito alimentar, merece destaque especial o disposto no art. 532.

De acordo com o dispositivo, verificando a conduta procrastinatória do executado, o magistrado deverá, se for o caso, dar ciência ao Ministério Público dos indícios da prática do delito de abandono material.

Trata-se de importante novidade trazida pelo CPC de 2015 que dialoga com as regras materiais incidentes na espécie, tal qual a do art. 244 do Código Penal[61].

---

60. Não é por outra razão que o § 1º do art. 13 da Lei n. 5.478/68 continua a estabelecer que o pedido de "revisão de alimentos" será "sempre processado em autos apartados".

61. Cuja redação, não por coincidência, foi modificada pelo art. 21 da Lei n. 5.478/68. Atualmente, o *caput* do dispositivo tem redação dada pela Lei n. 10.741/2003, e as penas e o parágrafo único preservam a redação da LA: "Deixar, sem justa causa, de prover a subsistência do cônjuge, ou de filho menor de 18 (dezoito) anos ou inapto para o trabalho, ou de ascendente inválido ou maior de 60 (sessenta) anos, não lhes proporcionando os recursos necessários ou faltando ao pagamento de pensão alimentícia judicialmente acordada, fixada ou majorada; deixar, sem justa causa, de socorrer descendente ou ascendente, gravemente enfermo: Pena – Detenção de 1 (um) ano a 4 (quatro) anos e multa, de uma a dez vezes o maior salário mínimo vigente no País. Parágrafo único. Nas mesmas penas incide quem, sendo solvente, frustra ou ilide, de qualquer modo, inclusive por abandono injustificado de emprego ou função, o pagamento de pensão alimentícia judicialmente acordada, fixada ou majorada".

No âmbito do direito processual civil, mais do que a punição do executado pela incidência no tipo penal é a possibilidade de que eventual persecução criminal, com todas as consequências ínsitas a ela, mostre-se como mais um fator que acabe resultando no cumprimento *voluntário* da obrigação alimentar a que está sujeito o executado ou, na sua impossibilidade, de, ao menos, buscar solução por autocomposição, hipótese em que ganham em importância as técnicas relativas à mediação.

Para além dessas regras expressas, as técnicas executivas direcionadas à concretização da tutela jurisdicional executiva relativa à obrigação alimentar – máxime quando interpretada de forma ampla, como propõe este *Curso* – merecem ser *flexibilizadas*, consoante as vicissitudes de cada caso concreto. Trata-se de campo fértil para a incidência do inciso IV do art. 139, mormente quando se deve considerar que um dos direitos a ser adequadamente tutelado tem caráter alimentar.

13. CONSTITUIÇÃO DE CAPITAL

O art. 533 trata da sistemática da "constituição de capital". Trata-se das hipóteses em que a prestação alimentar por ato ilícito acaba por impor (ou, ao menos, recomendar) que o executado forneça provas concretas de solvabilidade enquanto a obrigação durar – e, nesses casos, é comum que a responsabilidade se alongue no tempo –, sempre a pedido do exequente.

A sistemática tem lugar nas hipóteses em que os alimentos ostentam caráter *indenizativo*, nos moldes da classificação apresentada no n. 2.1, *supra*.

Não obstante o art. 533 estar previsto entre as regras relativas ao "cumprimento de sentença"[62], isto é, execução fundada em título *judicial*, não há razão nenhuma para que a regra deixe de ser aplicada também para os casos de execução de título *extrajudicial*, por força da necessária simbiose de regimes jurídicos decorrente dos *capi* do art. 513 e do art. 771. Ademais, considerando que a prestação alimentar, de maneira geral, tende a perdurar ao longo do tempo, não há por que afastá-la também dos demais casos, mesmo quando a origem dos alimentos não é a prática dos atos ilícitos[63]. É aplicação irrecusável do princípio da *atipicidade* dos meios executivos" nos casos de verba alimentar.

De outra parte, a circunstância de a tutela jurisdicional executiva voltar-se à satisfação do credor de alimentos indenizativos não é óbice para que outros meios executivos possam (e devam, consoante o caso) ser empregados. É nesse sentido que já decidiu a 3ª Turma do STJ, entendendo que a impenhorabilidade decorrente do inciso III do art. 3º da Lei n. 8.009/90,

---

62. O que era objeto de crítica por parte de Pontes de Miranda em relação ao CPC de 1973, que, na origem, tratava do tema no art. 602, integrante do seu Livro II, "Do processo de execução" (*Comentários ao Código de Processo Civil*, t. IX, p. 367). Para o jurista alagoano, a regra "dirige-se primeiro ao juiz do processo de conhecimento".

63. No mesmo sentido é a opinião manifestada por Luiz Henrique Volpe Camargo e Lauane Andrekowsk Volpe Camargo, *Do cumprimento da sentença*, p. 99, nota XI.

a "Lei do Bem de Família", não se aplica aos casos de alimentos indenizativos, "solução que se mostra mais consentânea com o sentido teleológico da norma, por não se poder admitir a proteção do imóvel do devedor quando, no polo oposto, o interesse jurídico a ser tutelado for a própria vida da credora, em função da necessidade dos alimentos para a sua subsistência"[64].

Tanto mais corretas essas conclusões diante do que dispõe o parágrafo único do art. 950 do Código Civil: "o prejudicado, se preferir, poderá exigir que a indenização seja arbitrada e paga de uma só vez"[65].

13.1 Dinâmica

A finalidade do art. 533 é a de viabilizar o adimplemento da obrigação alimentícia devida pela prática de ato ilícito ao longo do tempo, "enquanto durar a obrigação do executado", consoante se lê do § 1º do dispositivo.

Para tanto, a requerimento do exequente, o executado deverá constituir capital cuja renda assegure o pagamento do valor mensal da pensão.

A Súmula 313 do STJ destaca que a constituição de capital nos moldes do atual art. 533 independe da situação financeira do demandado, nos seguintes termos: "Em ação de indenização, procedente o pedido, é necessária a constituição de capital ou caução fidejussória para a garantia de pagamento de pensão, independentemente da situação financeira do demandado". A orientação subsiste para o CPC de 2015 porque, tanto quanto no CPC de 1973 (antes e depois da reforma empreendida pela Lei n. 11.232/2005[66]), o objetivo da regra é assegurar o cumprimento da obrigação ao longo do tempo, sendo indiferente, destarte, a *atual* situação de solvência do executado.

O capital a ser constituído para os fins que acabei de evidenciar será representado por imóveis ou por direitos reais sobre imóveis suscetíveis de alienação, títulos da dívida pública ou aplicações financeiras em banco oficial. Ele será considerado inalienável e impenhorável enquanto durar a obrigação do executado, além de constituir "patrimônio de afetação" (art. 533, § 1º). O patrimônio de afetação, como explica José Rogério Cruz e Tucci, deve ser enten-

---

64. Trata-se do REsp 437.114/RS, rel. Min. Castro Filho, j. un. 7-10-2003, *DJ* 10-11-2003, p. 186. A orientação acabou prevalecendo perante a 2ª Seção do STJ nos EREsp 679.456/SP, rel. Min. Sidnei Beneti, j. un. 8-6-2011, *DJe* 16-6-2011, e na 3ª Turma no REsp 1.186.225/RS, rel. Min. Massami Uyeda, j. un. 4-9-2012, *DJe* 13-9-2012. A interpretação, corretíssima, também já encontrou eco em bem fundamentado acórdão da 34ª Câmara de Direito Privado do TJSP (MS 990.10.232992-5/Atibaia, rel. Des. Soares Levada, j. un. 29-11-2010, em *Boletim AASP* 2737).

65. Há decisões do STJ nesse sentido (4ª Turma, REsp 1.282.069/RJ, rel. Min. Luis Felipe Salomão, j. un. 17-5-2016, *DJe* 76-2016, e 3ª Turma, REsp 1.349.968/DF, rel. Min. Marco Aurélio Bellizze, j. un. 14-4-2015, *DJe* 4-5-2015), aplaudidas por José Rogério Cruz e Tucci, Comentários ao Código de Processo Civil, v. VIII, p. 333.

66. Para a comparação do texto original do CPC de 1973 com o resultante daquele diploma legal, v. o que o autor deste *Curso* escreveu no seu *A nova etapa da reforma do Código de Processo Civil*, v. 1, p. 204-210.

dido como "a segregação de bens do devedor para uma finalidade específica, com o precípuo escopo de assegurar a continuidade do cumprimento da prestação, mesmo em caso de ulterior insolvência do executado", que tem "... o ônus de lavrar a escritura pública com tal escopo e averbá-la na matrícula do imóvel"[67], no contexto das modificações incorporadas pela Lei n. 10.931/2004 à Lei n. 4.591/64, mais conhecida como Lei de Incorporações. A razão de ser da regra é clara diante da especificidade do direito sobre o qual se pretende a tutela jurisdicional.

A garantia também pode se dar de forma diversa, como preceitua o § 2º do art. 533, que lhe permite pela inclusão do exequente em folha de pagamento de pessoa jurídica de notória capacidade econômica[68] ou, desde que o executado requeira (e, após o devido contraditório com o exequente, o magistrado assim decida), por fiança bancária ou garantia real, em valor a ser arbitrado de imediato pelo magistrado.

13.2 Alteração das garantias

O § 3º do art. 533 prevê, em absoluta harmonia com o disposto no art. 1.699 do Código Civil, que, sempre que houver modificação nas condições econômicas, poderá a parte interessada requerer, conforme as circunstâncias, redução (no caso do executado) ou aumento (no caso do exequente) da prestação.

A prescrição concretiza o disposto no inciso I do art. 505 sobre os limites *temporais* da coisa julgada e, embora em contexto diverso dos chamados alimentos legítimos, também o disposto no art. 15 da Lei n. 5.478/68[69]. A alteração da *necessidade* no recebimento da prestação de alimentos ou da *possibilidade* de pagá-los, destarte, conduz ao seu redimensionamento pelo magistrado.

A redução ou o aumento devem ser precedidos de contraditório específico, seguindo-se a decisão do magistrado. Trata-se inequivocamente de decisão interlocutória agravável de instrumento diante da previsão ampla o suficiente do parágrafo único do art. 1.015.

13.3 Salário mínimo como referência

O § 4º do art. 533 autoriza que a prestação alimentícia seja fixada adotando como referência o salário mínimo.

A regra *não* atrita com a vedação do inciso IV do art. 7º da Constituição Federal, porque não se trata de medida capaz de gerar qualquer indexação macroeconômica comprometedo-

---

67. *Comentários ao Código de Processo Civil*, v. VIII, p. 335.

68. Viabilidade que já era admitida pelo STJ, como faz prova o quanto decidido por sua 3ª Turma no REsp 1.292.240/SP, rel. Min. Nancy Andrighi, j. un. 10-6-2014, *DJe* 20-6-2014.

69. Que tem a seguinte redação: "A decisão judicial sobre alimentos não transita em julgado e pode a qualquer tempo ser revista, em face da modificação da situação financeira dos interessados".

ra do próprio cálculo do valor do salário mínimo[70]. Trata-se de medida que, muito menos que isso, tem como objetivo (tentar) preservar, ao longo do tempo, o valor aquisitivo da prestação alimentícia, sem precisar levar em conta discussões maiores sobre a incidência de tais ou quais índices de correção monetária, tão comuns na prática forense e que nem de longe estarão resolvidos diante da autorização contida no § 3º do art. 509.

A robustecer o entendimento do parágrafo anterior, cabe destacar que a admissibilidade do emprego do salário mínimo para a fixação de verbas alimentares é entendimento assente na jurisprudência do STF, como faz prova o ARE-RG 842.157/DF, assim ementado:

> "Direito Constitucional. Pensão alimentícia. Ação de alimentos. Fixação com base no salário mínimo. Possibilidade. Alegação de violação ao art. 7º, inciso IV, da Constituição Federal. Ausência de inconstitucionalidade. Reafirmação de jurisprudência. Repercussão geral reconhecida"[71].

A autorização, contudo, não afasta que outros índices de correção monetária sejam adotados na decisão exequenda para o mesmo fim e que sejam alcançados, até mesmo, por acordo entre as partes. Tampouco que ao longo do tempo índices originalmente adotados sejam trocados por outros para espelhar de forma mais adequada a desvalorização da moeda. Nesse caso, para evitar qualquer questionamento à coisa julgada que recai sobre o título executivo, mister a concordância entre as partes.

O emprego de salário mínimo tem o condão de afastar interessantes discussões comuns na prática do foro sobre quais verbas devem compor a pensão alimentícia quando sua fixação observe outros parâmetros, inclusive, como é frequente, percentual do próprio salário (ou outra verba remuneratória) recebida pelo executado[72].

---

70. É diretriz que foi estabelecida pelo Plenário do STF desde o julgamento da ADI 1.425/DF, rel. Min. Marco Aurélio, j. m. v. 1º-10-1997, *DJ* 26-3-1999, p. 1, assim ementada: "SALÁRIO MÍNIMO – VINCULAÇÃO PROIBIDA – PREVIDÊNCIA – CONTRIBUIÇÃO. A razão de ser da parte final do inciso IV do artigo 7º da Carta Federal – '... vedada a vinculação para qualquer fim;' – é evitar que interesses estranhos aos versados na norma constitucional venham a ter influência na fixação do valor mínimo a ser observado. Inconstitucionalidade de dispositivo de lei local (Lei n. 11.327/96, do Estado de Pernambuco) no que viabilizada gradação de alíquotas, relativas a contribuição social, a partir de faixas remuneratórias previstas em número de salários mínimos". A orientação foi observada mais recentemente pela 1ª Turma do STF no AI-AgR 582.289/SP, rel. Min. Marco Aurélio, j. un. 11-12-2012, *DJe* 22-2-2013.

71. STF, Pleno, ARE-RG 842.157/DF, rel. Min. Dias Toffoli, j. m. v. 4-6-2015, *DJe* 20-8-2015. De lá para cá, o entendimento tem sido reiterado e aplicado em diversos casos concretos. À guisa de exemplo: STF, 1ª Turma, RE-AgR 477.197/AC, rel. Min. Roberto Barroso, j. un. 2-5-2017, *DJe* 17-5-2017; STF, 2ª Turma, ARE-AgR 927.235/DF, rel. Min. Cármen Lúcia, j. un. 29-3-2016, *DJe* 25-4-2016, e STF, 2ª Turma, ARE-AgR 876.571/RJ, rel. Min. Gilmar Mendes, j. un. 22-9-2015, *DJe* 9-10-2015.

72. Apenas para fins ilustrativos da afirmação do texto, cabe colacionar o entendimento da 4ª Turma do STJ no julgamento do REsp 1.332.808/SC, rel. Min. Luis Felipe Salomão, j. un. 18-12-2014, *DJe* 24-2-2015, segundo a qual se entendeu que o décimo terceiro salário, o aviso prévio e a participação nos lucros e resultados devem compor a base de cálculo. No REsp 1.561.097/RJ, rel. p/ acórdão Min. Marco Buzzi, j. m. v. 6-2-2018, *DJe* 2-3-2018, a orientação quanto à participação nos lucros foi reiterada pela mesma Turma.

13.4 Liberação das garantias

Quando a obrigação de prestar alimentos tiver acabado, o magistrado determinará a liberação do capital, a cessação do desconto em folha ou cancelará as garantias prestadas, consoante o caso (art. 533, § 5º), sempre observando, em primeiro lugar, o contraditório entre os interessados.

Verificando o pagamento da dívida, o magistrado proferirá sentença reconhecendo a satisfação do direito do exequente com fundamento no art. 924, II (art. 925).

14. OUTROS MECANISMOS EXECUTIVOS E ALIMENTOS INDENIZATIVOS

Esta verdadeira *garantia* da execução não inibe, diante do que expõe o n. 10, *supra*, que o credor de alimentos indenizativos se valha, máxime para as verbas das quais necessita, para subsistência *imediata*, dos mecanismos coercitivos disciplinados pelos arts. 528 e 529, inclusive a prisão civil. Com efeito: mesmo nos casos de alimentos indenizativos, o problema pode não se resumir à *garantia de pagamento futuro,* mas sim à *necessidade de pagamento presente*, justificando, sem prejuízo da constituição de capital na forma permitida pelo art. 533, a adoção de outros meios executivos previstos nos demais referidos dispositivos, inclusive a prisão civil, observando-se, no particular, inclusive, as ressalvas relativas à interpretação do § 7º do art. 528[73].

É correto entender, destarte, a possibilidade de *combinação* dessa verdadeira garantia de pagamento com as demais técnicas executivas (e especializadíssimas), inerentes aos alimentos, o que tem tudo para ganhar acaloradas discussões, mesmo diante (ou justamente por força dela) da "lacuna" existente no *caput* do art. 531, levando em consideração o próprio art. 3º da Constituição Federal[74].

15. EM SE TRATANDO DE TÍTULO EXECUTIVO EXTRAJUDICIAL

Os arts. 911 a 913, que correspondem ao Capítulo VI do Título II do Livro II da Parte Especial do Código de Processo Civil, disciplinam os casos em que o pedido de concretiza-

73. É o entendimento que o n. 3 e o n. 4 do Capítulo 7 da Parte II do v. 3 das edições anteriores ao CPC de 2015 deste *Curso* já sustentavam. No mesmo sentido era a lição de Luiz Guilherme Marinoni ao lado de Sérgio Cruz Arenhart para o CPC de 1973 (*Execução*, p. 392-395) que continua igual na parceria com Daniel Mitidiero para o CPC de 2015 (*Novo Código de Processo Civil comentado*, p. 560). Para a discussão do tema fora das amarras textuais do CPC de 2015, v.: Marcelo Lima Guerra, *Direitos fundamentais e a proteção do credor na execução civil*, p. 134-137; Araken de Assis, Da execução de alimentos e prisão do devedor, p. 129-151; Álvaro Villaça Azevedo, Prisão civil por dívida, p. 155-171; Benedito Vicente Sobrinho, Direitos fundamentais *e prisão civil*, p. 154-161; Eduardo Talamini, Ainda sobre a prisão como "execução indireta": a criminalização da desobediência a ordens judiciais, esp. p. 290-310; e, embora na perspectiva da proscrita prisão do depositário infiel, Odete Novais Carneiro Queiroz, Prisão *civil e direitos humanos*, p. 175-179.

74. Bem ilustra o acerto da afirmação o posicionamento externado por Arlete Inês Aurelli (*Comentários ao Código de Processo Civil*, v. 2, p. 740), e por Fredie Didier Jr., Leonardo Carneiro da Cunha, Paula Sarno Braga e Rafael Alexandria de Oliveira (*Curso de direito processual* civil, v. 5, p. 714-715 e 723).

ção da tutela jurisdicional executiva relativa a obrigação de prestar alimentos toma como base título executivo extrajudicial.

Trata-se de verdadeira execução por quantia certa diferenciada, levando em conta o tipo de crédito envolvido (alimentos) e a autorização constitucional da prisão civil nos casos previstos no inciso LXVII do art. 5º da Constituição Federal.

O CPC de 2015 propõe-se a superar eventuais dúvidas quanto à viabilidade de a execução de verba alimentícia fundar-se em título executivo *extrajudicial*[75]. E é inequivocamente bem-sucedido nesse objetivo, sendo correto entender que há verdadeira ordem de preferência entre as técnicas executivas versadas por cada um dos dispositivos: primeiro a forma coercitiva máxima, de pagar (ou justificar) sob pena de prisão (art. 911), passando pela sub-rogatória consistente no desconto em folha (art. 912) e, por fim, a sub-rogatória tradicional, de penhora de bens do patrimônio do executado (art. 913).

O art. 911, dando início à novel disciplina, determina que o executado será *citado* para, em três dias, pagar as parcelas anteriores ao início da execução e as que se vencerem no seu curso, provar que pagou ou justificar a impossibilidade de efetuar o pagamento. O prazo, processual, deve ser computado em consonância com o parágrafo único do art. 219.

O parágrafo único do art. 911 faz expressa remissão aos §§ 2º ao 7º do art. 528, que tratam da prisão civil no caso de não pagamento ou de rejeição da justificativa apresentada pelo executado. É suficiente a seu respeito a exposição do n. 6, *supra*[76].

Quando ocorrer uma das hipóteses previstas no *caput* do art. 912, isto é, quando o executado for funcionário público, militar, diretor ou gerente de empresa, bem como empregado sujeito à legislação do trabalho, os atos executivos podem ser praticados na forma de desconto em folha do valor correspondente à pensão alimentícia. O *caput* autoriza o entendimento de que essa técnica executiva depende de requerimento e, portanto, da exteriorização da vontade do exequente a ser feita em sua petição inicial ou, consoante as circunstâncias, ao longo do processo.

Deferido o pedido, o magistrado oficiará à autoridade, à empresa ou ao empregador, determinando, sob pena de crime de desobediência, o desconto a partir da primeira remuneração posterior do executado, a contar do protocolo do ofício (art. 912, § 1º). O ofício, lê-se do § 2º do art. 912, conterá os nomes e o número de inscrição no CPF do exequente e do executado, a importância a ser descontada mensalmente, a conta na qual deve ser feito o depósito e, se for o caso, o tempo de sua duração.

---

75. O tema era tratado ao longo do Capítulo 7 da Parte II do v. 3 das edições anteriores ao CPC de 2015 deste *Curso*, propugnando a interpretação que acabou sendo encampada pelo CPC de 2015, isto é, de ampla admissão de emprego das técnicas executivas diferenciadas quando a obrigação alimentar estiver representada em título executivo *extrajudicial*.

76. Por força das expressas remissões feitas pelo dispositivo, não há espaço para duvidar que o art. 15 da Lei n. 14.010/2020 alcança também as hipóteses de prisão civil alimentar ainda quando se tratar de título executivo *extrajudicial*.

A terceira técnica executiva de alimentos prevista nos dispositivos aqui evidenciados corresponde ao pedido de citação do executado para pagamento com a redução da verba honorária inicialmente fixada pelo magistrado, penhora de bens que, se diferentes de dinheiro, serão alienados para a satisfação do exequente. É o que decorre da primeira parte do art. 913 e da remissão nele feita aos arts. 824 e seguintes.

A segunda parte do art. 913 trata da hipótese de serem apresentados embargos à execução: mesmo que eles sejam recebidos com efeito suspensivo, o exequente poderá levantar mensalmente o valor que lhe é devido quando a penhora recair sobre dinheiro. Trata-se de exceção específica, que deve ser somada àquelas genéricas constantes do § 5º do art. 919, quais sejam, a de que a atribuição de efeito suspensivo aos embargos à execução não impede a efetivação dos atos de substituição, de reforço ou de redução da penhora e de avaliação dos bens.

Também aqui têm aplicação as considerações a respeito do § 8º do art. 528 sobre a viabilidade de, consoante as peculiaridades do caso concreto, o magistrado conceder o efeito suspensivo para sustar o levantamento de parcelas mensais pelo exequente (art. 919, § 1º).

Com relação ao *prazo* de apresentação dos embargos à execução, prevalece a regra genérica do art. 915: quinze dias (úteis) contados, em regra, da juntada, aos autos, da comprovação da citação.

Questão que não pode deixar de ser enfrentada é a relativa aos tipos de alimentos que podem ser executados pelas técnicas dos arts. 911 a 913?

A melhor resposta é a de que *quaisquer* alimentos, desde que documentados em título executivo *extrajudicial*, ensejam a aplicação daqueles dispositivos e, consequentemente, das técnicas executivas neles disciplinadas. Assim, tanto os alimentos decorrentes dos direitos de famílias (art. 1.694 do CC) como também os decorrentes dos atos ilícitos (arts. 948, II, 950 e 951 do CC) e, mais amplamente, qualquer verba inerente à subsistência de alguma pessoa, por exemplo, salários, subsídios, vencimentos e honorários de quaisquer profissionais liberais atraem a disciplina dos arts. 911 a 913. O rol do § 1º do art. 100 da Constituição Federal e o § 14 do art. 85 são fontes normativas suficientes para justificar a inclusão dessa última classe.

Com relação aos alimentos indenizativos, nada há que impeça que o art. 533 tenha aplicação para os casos em que obrigação alimentar é retratada em título executivo extrajudicial, até mesmo em função da regra do *caput* do art. 771[77]. A observância da disciplina daquele dispositivo é de rigor. Para tanto, são suficientes as considerações do n. 13, *supra*.

77. Já era esse o entendimento sustentado pelo n. 4 do Capítulo 7 da Parte II do v. 3 das edições anteriores ao CPC de 2015 deste *Curso*.

Capítulo 8

Obrigação de pagar quantia certa pela Fazenda Pública

1. CONSIDERAÇÕES INICIAIS

O "cumprimento de sentença que reconheça a exigibilidade de obrigação de pagar quantia certa pela Fazenda Pública" deve ser compreendido, a partir do "modelo constitucional do direito processual civil", como um "procedimento jurisdicional constitucionalmente diferenciado"[1]. Importa, por isso mesmo, ter presente o que o art. 100 da CF e suas sucessivas modificações (e não são poucas, sendo as mais recentes as derivadas da EC n. 94/2016, pois a EC n. 99/2017 limitou-se a modificar os arts. 101, 102, 103 e 105 do ADCT) reservam para aquela finalidade, notadamente no que diz respeito aos casos em que o valor a ser pago pela Fazenda Pública depende de requisição formal por intermédio do presidente do Tribunal competente (o que é chamado de "precatório") ou em que aquele valor pode ser levantado sem maiores formalidades por ordem do próprio juízo do cumprimento (o que é chamado de "requisição de pequeno valor"), distinção que encontra fundamento no *caput* e no § 3º do art. 100 da CF, e que mostra seu reflexo nos dois incisos do § 3º do art. 535, que merecem – e nem poderia ser diferente – ser interpretados e aplicados com observância das regras constitucionais.

Na perspectiva do "modelo constitucional", é correto dizer que, em se tratando do cumprimento de sentença que determina à Fazenda Pública um *fazer* ou um *não fazer*, ou, ainda, entregar algo que não seja dinheiro, inexistem normas constitucionais a serem observadas quanto ao *procedimento de sua implementação concreta*. Prevalece, por isso mesmo, no que diz respeito às técnicas executivas e aos seus correspondentes processo e procedimento, o disposto na legislação infraconstitucional (e, embora de estatura constitucional, a Lei n. 12.016/2009, que disciplina o mandado de segurança, e a Lei n. 7.346/85, que trata da ação

1. Trata-se da aplicação de um dos grupos do modelo constitucional, tal qual expõe o n. 5.4 do Capítulo 3 da Parte I do v. 1 deste *Curso*.

civil pública, são os mais notórios exemplos), e no CPC de 2015, em especial em seus arts. 536 a 538, havendo especial interesse, discussões sobre os limites do controle jurisdicional dos atos administrativos[2]. É por essa razão que este Capítulo, rente à disciplina codificada, trata apenas do cumprimento de sentença relativo ao *pagamento* de quantia em face da Fazenda Pública, não obstante as considerações do n. 3, *infra*, na perspectiva daquelas outras modalidades obrigacionais.

Assim, é correto entender que os arts. 534 e 535 limitam-se a disciplinar o *procedimento* a ser observado em decorrência do art. 100 da CF para que a Fazenda Pública *pague* o que deve em virtude de decisão judicial. E, nesse ângulo de análise, o art. 534, procedimentalizando a sistemática de pagamentos derivada da Constituição, aprimora (e muito) os (absolutamente insuficientes) arts. 730, 731 e 741 do CPC de 1973, eliminando, a um só tempo, dúvidas sobre a aplicabilidade da Lei n. 11.232/2005 às execuções movidas em face da Fazenda Pública e harmonizando essa especial forma de prestação da tutela jurisdicional executiva às novidades propostas desde o Anteprojeto e acolhidas na versão final do CPC de 2015.

Isso porque não há como deixar de reconhecer que, a despeito das profundas reformas pelas quais o CPC de 1973 atravessou nos anos 2000, a "execução contra a Fazenda Pública" acabou sendo olvidada, verdadeiramente deixada de lado[3]. Os arts. 730, 731 e 741 do CPC de 1973, com efeito, acabaram por se mostrar, na perspectiva infraconstitucional, absolutamente insatisfatórios e totalmente anacrônicos com relação às técnicas que, especialmente com aquele diploma legislativo, foram incorporadas ao Código anterior, máxime se levada em conta a dualidade de regimes de prestação da tutela jurisdicional executiva, quando

---

2. Bem ilustra a pertinência daquela afirmação acórdão da 1ª Turma do STJ de cuja ementa se lê: "RECURSO ESPECIAL. AÇÃO CIVIL PÚBLICA. IMPOSIÇÃO DE OBRIGAÇÃO DE FAZER CONSUBSTANCIADA NO DESLOCAMENTO DE DELEGADOS E SERVIDORES PARA ATENDIMENTO AO PLANTÃO DE 24 HORAS EM DELEGACIA DE MENORES INFRATORES. CORTE DE ORIGEM QUE INTERPRETOU SER INDEVIDA A MEDIDA POR SUPOSTA INFRINGÊNCIA AO REGULAR EXERCÍCIO DO PODER DISCRICIONÁRIO DA ADMINISTRAÇÃO. VERIFICAÇÃO DE DESCUMPRIMENTO DE NORMAS DA CONSTITUIÇÃO FEDERAL, DA LEI 8.069/90 (ECA) E DAS REGRAS MÍNIMAS DAS NAÇÕES UNIDAS PARA A ADMINISTRAÇÃO DA JUSTIÇA DA INFÂNCIA E DA JUVENTUDE. CONTROLE DE LEGALIDADE. POSSIBILIDADE. RECURSO ESPECIAL DO MINISTÉRIO PÚBLICO DO ESTADO DE MATO GROSSO DO SUL PROVIDO. (...) 4. A discricionariedade da Administração Pública não é absoluta, sendo certo que os seus desvios podem e devem ser submetidos à apreciação do Poder Judiciário, a quem cabe o controle de sua legalidade, bem como dos motivos e da finalidade dos atos praticados sob o seu manto. Precedentes: AgRg no REsp 1.087.443/SC, rel. Min. Marco Aurélio Bellizze, *DJe* 11-6-2013; AgRg no REsp 1.280.729/RJ, rel. Min. Humberto Martins, *DJe* 19-4-2012. 5. O controle dos atos discricionários pelo Poder Judiciário, porém, deve ser visto com extrema cautela, para não servir de subterfúgio para substituir uma escolha legítima da autoridade competente. Não cabe ao Magistrado, nesse contexto, declarar ilegal um ato discricionário tão só por discordar dos valores morais ou dos fundamentos invocados pela Administração, quando ambos são válidos e admissíveis perante a sociedade. (...)" (STJ, 1ª Turma, REsp 1.612.931/MS, rel. Min. Napoleão Nunes Maia Filho, j. m. v. 20-6-2017, *DJe* 7-8-2017).

3. Preocupação similar também se verifica com relação ao cumprimento de sentença que reconheça a exigibilidade de obrigação de pagar alimentos.

fundada em título *judicial* e quando prestada em título executivo *extrajudicial*, derivada, como fecho do ciclo de evolução do direito processual civil brasileiro, por aquele diploma legal, na linha do que já sustentavam as edições anteriores deste *Curso*[4].

A doutrina pôs-se, por isso mesmo, a analisar o instituto e a propor *de lege lata* interpretação que buscava sistematizar as técnicas executivas com as peculiaridades da execução contra a Fazenda Pública, procedimento jurisdicional constitucionalmente diferenciado que é[5]. É essa a razão, aliás, pela qual é correto entender que o art. 534 do CPC de 2015 encontra correspondência no art. 730 do CPC de 1973[6].

2. ABRANGÊNCIA DOS ARTS. 534 E 535

Nos casos em que a Fazenda Pública é *credora* do pagamento de quantia do particular em virtude de decisão judicial, não há aplicação dos arts. 534 e 535. Em tais hipóteses, não há razão para observância do art. 100 da CF. A Fazenda, em tais hipóteses, deverá requerer o início da etapa de cumprimento (provisório ou definitivo) valendo-se dos arts. 513 e 523, observando sua peculiar duplicação de prazos (art. 183, *caput*). A circunstância de se tratar de Fazenda Pública naqueles casos não acarreta qualquer peculiaridade nas regras aplicáveis à prestação da tutela jurisdicional executiva.

Quando a Fazenda Pública for *credora* do particular de determinada quantia de dinheiro por força de título executivo *extrajudicial*, o procedimento a ser observado é o da Lei n. 6.830/80, que disciplina a chamada "execução fiscal"[7]. Embora se trate de uma execução por quantia certa contra devedor solvente fundada em título executivo *extrajudicial*, consistente na "certidão de dívida ativa" (art. 2º da Lei n. 6.830/80 e inciso IX do art. 784 do CPC),

---

4. A referência é feita ao n. 5 do Capítulo 2 da Parte II do v. 3 das edições anteriores ao CPC de 2015. É também a compreensão de Alexandre Freire e Leonardo Albuquerque Marques, *Comentários ao Código de Processo Civil*, p. 767-768, e de Adriano Oliveira Chaves, *Novo Código de Processo Civil comentado na prática da Fazenda Nacional*, p. 727 e 730.

5. O n. 1 do Capítulo 8 da Parte II do v. 3 das edições anteriores ao CPC de 2015 deste *Curso* demorou-se no tema. No essencial, aquilo que lá era sustentado está, em grande parte, devidamente "passado a limpo" no CPC de 2015.

6. A correspondência entre os artigos é indicada pelo autor deste *Curso* também em seu *Novo Código de Processo Civil anotado*, p. 534.

7. Que o nome empregado não seja compreendido de forma a restringir o âmbito daquela execução. A origem do crédito a ser cobrado pela Fazenda Pública, de acordo com o procedimento da Lei n. 6.830/80 não é, única e exclusivamente, o tributário (fiscal). Aquele diploma legislativo, aliás, traz importante disciplina atinente ao *processo administrativo* de inscrição da dívida ativa (independentemente de sua origem) e transposição para o plano do processo civil, por intermédio da "certidão de dívida ativa" referida no texto. Para essa discussão, v. Paulo Cesar Conrado, *Execução fiscal*, p. 19-21 e 81-88; James Marins, *Direito processual tributário*, p. 733-737, p. 729-730 e Renato Lopes Becho, em seus *Sujeição passiva e responsabilidade tributária*, p. 162-167 e, mais recentemente, *Execução fiscal: análise crítica*, p. 65-70. Em seu *Responsabilidade tributária de terceiros*, p. 221-223, o autor trata do tema na perspectiva do "redirecionamento da execução fiscal contra sócio que não conste na CDA".

suas peculiaridades, inclusive quanto à constituição do título executivo, a distinguem da disciplina codificada para as demais execuções fundadas em título executivo extrajudicial.

3. PROCEDIMENTO JURISDICIONAL CONSTITUCIONALMENTE DIFERENCIADO

É comum a justificativa de que o *procedimento* diferenciado para o cumprimento de sentença contra a Fazenda Pública quando ela é a *devedora* dá-se pelas características ou pela própria natureza dos bens públicos (sejam eles de uso comum, de uso especial ou dominicais, em consonância com o art. 99 do Código Civil), dentre as quais a de *inalienabilidade* dos bens pertencentes às duas primeiras classes no plano material (art. 100 do Código Civil), o que acarreta, no plano processual, a sua *impenhorabilidade* (art. 833)[8]. Mesmo a previsão de que os bens dominicais "podem ser alienados, observadas as exigências da lei" (art. 101 do Código Civil), não pode ser entendida isoladamente[9]. A possibilidade de sua alienação "nos termos da lei" não significa que ela independa de autorização legislativa específica, de avaliação e de licitação, conforme o caso (art. 17 da Lei n. 8.666/93, a Lei de Licitações e Contratos Administrativos), regime jurídico bem diverso daquele reservado para a apreensão direta do bem para satisfação de um crédito, razão última de ser da *penhora* e, mais amplamente, da execução por quantia certa contra devedor solvente (arts. 797 e 824).

Também o *princípio da continuidade do serviço público* e o *princípio da isonomia*, inerentes à atuação administrativa, são usualmente lembrados para justificar a diferente forma de execução por quantia contra a Fazenda[10]. Porque os bens *afetados* (isto é, vinculados à prestação de serviço público) não podem ser distraídos de suas finalidades públicas e porque, a não se impor uma *ordem* preestabelecida de pagamentos (precatórios), a igualdade entre os credores das Fazendas Públicas restaria comprometida.

No entanto, desde a Emenda Constitucional n. 20/98, que introduziu um § 3º no art. 100 então em vigor da CF, os pagamentos de obrigações definidas em lei como de pequeno valor pela Fazenda Pública Federal, Estadual, Municipal e Distrital são efetivados *independentemente*

---

8. Assim é o entendimento de Cláudia Aparecida Cimardi, *Breves comentários ao novo Código de Processo Civil*, p. 1.539, e de Márcio Manoel Maidame, *Impenhorabilidade e direitos do credor*, p. 203.

9. Diferentemente, pois, do que pareceu a Petrônio Calmon Filho em Execução contra a Fazenda Pública e penhora de bens públicos, p. 155. De qualquer sorte, como o autor deste *Curso* teve oportunidade de destacar em outra oportunidade, a partir daquela mesma consideração, "Na medida em que uma lei específica – e, certamente, de cada ente federal – determinar a 'disponibilidade' do bem público, surge espaço para se imaginar uma execução *direta*, sub-rogatória e real contra a Fazenda Pública nos casos em que o bem, posto que público, não está afetado, vale dizer, sujeito a qualquer interesse público" (Poder Público em juízo: uma proposta de teoria geral, p. 855-856).

10. Nesse sentido, Fernando Facury Scaff e Luma Cavaleiro de Macedo Scaff, *Comentários à Constituição do Brasil*, p. 1.341, e Cláudia Aparecida Cimardi, *Breves comentários ao novo Código de Processo Civil*, p. 1540.

do precatório, o que coloca em xeque, se não a comum interpretação do alcance dos arts. 100 e 101 do Código Civil, o entendimento de que a Fazenda Pública só pode pagar seus credores mediante programação orçamentária específica e anual (arts. 165 e 167 da CF). A atual redação do § 3º do art. 100, dada pela EC n. 62/2009, mantém pertinente essa mesma observação[11].

A descrição feita pelos parágrafos anteriores revela faceta bem observada e analisada criticamente por Ricardo Perlingeiro Mendes da Silva[12], de que a diferenciada sistemática da execução contra a Fazenda Pública não permite, a não ser em casos excepcionais, a prática de atos executivos propriamente ditos, isto é, de atos jurisdicionais voltados à realização *imperativa* do direito retratado no título executivo contra a vontade do executado, verdadeiramente *substituída* pela atuação jurisdicional. A execução contra a Fazenda Pública, mesmo as de "pequeno valor", representa, nesse sentido, muito mais um "*procedimento* administrativo" de requisição de pagamento feito por uma das funções do Estado (a jurisdicional) para outra (a administrativa)[13]. Um típico caso, assim, de *cooperação* entre duas funções do Estado para atingimento de uma mesma finalidade.

4. O ART. 100 DA CONSTITUIÇÃO FEDERAL

Não há como analisar a contento o cumprimento de sentença que reconhece obrigação de a Fazenda Pública pagar quantia sem que se dê notícia suficiente do art. 100 da CF.

De acordo com ele, a Fazenda Pública não está sujeita à execução propriamente dita. Por razões de ordem política, que vêm sendo espelhadas nas Constituições brasileiras desde a de 1934[14], as imposições de pagamento dirigidas à Fazenda significam programação orçamentária para seu pagamento[15].

---

11. Para uma visão crítica da questão, v. Marcelo Lima Guerra, *Direitos fundamentais e a proteção do credor na execução civil*, esp. p. 178-222.
12. *Execução contra a Fazenda Pública*, p. 214-217.
13. A observação é de Ricardo Perlingeiro Mendes da Silva, *Execução contra a Fazenda Pública*, p. 77-80. O autor deste *Curso* também se voltou ao tema em seu *Execução contra a Fazenda Pública*, p. 14-19.
14. Cujo art. 182 tinha a seguinte redação: "Art. 182. Os pagamentos devidos pela Fazenda federal, em virtude de sentença judiciária, far-se-ão na ordem de apresentação dos precatórios e à conta dos créditos respectivos, sendo vedada a designação de caso ou pessoas nas verbas legais. Parágrafo único. Estes créditos serão consignados pelo Poder Executivo ao Poder Judiciário, recolhendo-se as importâncias ao cofre dos depósitos públicos. Cabe ao Presidente da Corte Suprema expedir as ordens de pagamento, dentro das forças do depósito, e, a requerimento do credor que alegar preterição da sua precedência, autorizar o sequestro da quantia necessária para o satisfazer, depois de ouvido o Procurador-Geral da República".
15. É a lição de Marcus Abraham em seu *Curso de direito financeiro*, p. 215: "Como dissemos, a razão de existência dos precatórios se dá pela necessidade de um mecanismo que possibilite a previsão orçamentária de despesas públicas originárias de condenações judiciais, uma vez que há certeza quanto a sua ocorrência, porém, incerteza quanto ao valor e quanto ao momento do seu pagamento. Essa previsibilidade se concretiza a partir do comando constitucional que estabelece ser obrigatória a inclusão, no orçamento das entidades de direito público, de verba necessária ao pagamento de seus débitos, oriundos de sentenças transitadas em julgado, constantes de precatórios judiciários apresentados até 1º de julho, fazendo-se o pagamento até o final do exercício seguinte, quando terão seus valores atualizados monetariamente (§ 5º do art. 100, CF/88)".

Tradicionalmente, a única forma de o pagamento se dar era pelo sistema de precatórios, verdadeira "fila" de credores, organizada por ordem de recebimento dos precatórios perante o Tribunal[16]. A justificativa sempre foi a de ser necessária a observância da isonomia e da moralidade administrativa, além de aquela programação harmonizar-se com os ditames de direito financeiro que também estão previstos na CF[17].

Desde a EC n. 20/98, contudo, aquela previsão foi flexibilizada, passando-se a admitir o pagamento independentemente de precatório para as obrigações de menor valor, por requisição direta do juízo, as chamadas requisições de pequeno valor ou RPV[18]. Nem por isso, importa colocar em destaque, há quem alegue que a nova sistemática impõe violações ao princípio constitucional da isonomia ou da moralidade administrativa, além de não atritar com nenhuma regra de direito financeiro[19].

O § 8º do art. 100 da CF, incluído pela EC n. 62/2009, veda fracionamento, repartição ou quebra do valor da execução para que se viabilize o pagamento por RPV[20].

A propósito daquele dispositivo, é correto entender que "Não viola o art. 100, § 8º, da Constituição Federal a execução individual de sentença condenatória genérica proferida contra a Fazenda Pública em ação coletiva visando à tutela de direitos individuais homogêneos"[21]. Também não há atrito nos casos em que houver litisconsórcio, porque os valores que impõem o precatório ou o dispensam devem ser computados individualmente[22]. Similarmente, não

---

16. É o que consta do *caput* do art. 100 da CF, na redação da EC n. 62/2009: "Art. 100. Os pagamentos devidos pelas Fazendas Públicas Federal, Estaduais, Distrital e Municipais, em virtude de sentença judiciária, far-se-ão exclusivamente na ordem cronológica de apresentação dos precatórios e à conta dos créditos respectivos, proibida a designação de casos ou de pessoas nas dotações orçamentárias e nos créditos adicionais abertos para este fim".

17. Para essa discussão, v., mais uma vez, Fernando Facury Scaff e Luma Cavaleiro de Macedo Scaff, *Comentários à Constituição do Brasil*, p. 1.341, e Cláudia Aparecida Cimardi, *Breves comentários ao Código de Processo Civil*, p. 1539-1540.

18. É o que decorre do § 3º do art. 100 da CF, na redação da EC n. 62/2009: "§ 3º O disposto no *caput* deste artigo relativamente à expedição de precatórios não se aplica aos pagamentos de obrigações definidas em leis como de pequeno valor que as Fazendas referidas devam fazer em virtude de sentença judicial transitada em julgado".

19. Tanto assim que o § 4º do art. 100 da CF, na redação que lhe deu a EC n. 62/2009, prevê que as entidades de direito público devem estabelecer por leis próprias os valores por RPV, desde que observem, como piso, o valor mínimo igual ao valor do maior benefício do regime geral de previdência social. Na omissão do legislador local, prevalecem os valores estabelecidos para esse fim no art. 87 do ADCT, fruto da EC n. 37/2002. O § 12 do art. 97 do ADCT, incluído pela EC n. 62/2009, chegou a tratar do assunto sem novidades, mas foi declarado inconstitucional pelo STF na ADI 4.425/DF.

20. É a seguinte a redação do dispositivo: "§ 8º É vedada a expedição de precatórios complementares ou suplementares de valor pago, bem como o fracionamento, repartição ou quebra do valor da execução para fins de enquadramento de parcela do total ao que dispõe o § 3º deste artigo".

21. STF, Pleno, ARE-RG 925.754/PR, rel. Min. Teori Zavascki, j. m. v. 17-12-2015, *DJe* 2-2-2016.

22. "REPERCUSSÃO GERAL. DIREITO CONSTITUCIONAL E PROCESSUAL CIVIL. VEDAÇÃO CONSTITUCIONAL DE FRACIONAMENTO DE EXECUÇÃO PARA FRAUDAR O PAGAMENTO POR PRECATÓRIO. ART. 100, § 8º (ORIGINARIAMENTE § 4º), DA CONSTITUIÇÃO DA REPÚBLICA. LITISCONSÓRCIO FACULTATIVO SIMPLES. CONSIDERAÇÃO INDIVIDUAL DOS LITISCONSORTES: CONSTITUCIONALIDADE. RECURSO EXTRAORDINÁRIO AO QUAL SE NEGA PROVIMENTO. 1. Ausência de prequestionamento quanto à alegação de inconstitucionalidade da Resolução n. 199/2005 do Tribunal de Justiça de São Paulo e quanto ao fracionamento dos honorários advocatícios. Incidência das Súmulas 282 e 356. 2. A execução ou o pagamento singularizado

atrita com a regra constitucional a circunstância de o cumprimento de sentença da verba devida à parte justificar precatório e os honorários advocatícios arbitrados no processo dispensá-lo ou vice-versa[23]. Não, contudo, quando se tratar de honorários dos quais é credor um único advogado, apesar de sua origem residir em processo em que haja litisconsortes[24].

A vedação não alcança e não se confunde com situação totalmente diversa, que encontra fundamento no inciso I do art. 515, de se reconhecer ao exequente o direito de receber o valor devido a título de repetição de indébito tributário por precatório ou RPV (a depender do valor envolvido ou da renúncia ao excedente) *ou* por compensação tributária[25].

Voltando aos precatórios, é correto acentuar que há duas programações financeiras diversas. Primeiro devem ser pagos os precatórios *alimentares*, assim entendidos aqueles cujos créditos são enunciados no § 1º do art. 100 da CF[26]. Após, serão pagos os precatórios que representam créditos sem aquela natureza[27].

Com relação aos débitos de natureza alimentar, a EC n. 94/2016, aprimorando o que já havia sido introduzido pela EC n. 62/2009, trouxe importante novidade, que está estampada no § 2º do art. 100 da CF, que acabou sendo chamado de "superpreferência". Segundo aquele dispositivo:

---

dos valores devidos a partes integrantes de litisconsórcio facultativo simples não contrariam o § 8º (originariamente § 4º) do art. 100 da Constituição da República. A forma de pagamento, por requisição de pequeno valor ou precatório, dependerá dos valores isoladamente considerados. 3. Recurso extraordinário ao qual se nega provimento" (STF, Pleno, RE 568.645/SP, rel. Min. Cármen Lúcia, j. un. 24-9-2014, *DJe* 13-11-2014).

23. STJ, 1ª Seção, REsp repetitivo n. 1.347.736/RS, rel. p/ acórdão Min. Herman Benjamin, j. m. v. 9-10-2013, *DJe* 15-4-2014.

24. Nesse sentido: STF, Pleno, RE-ED-EDv 919.269/RS, ARE-AgR-ED-EDv 930.251/RS, ARE-AgR-EDv 797.499/RS, RE-AgR-ED-EDv 919.793/RS, rel. Min. Dias Toffoli, j. m. v. 7-2-2019, *DJe* 1º-8-2019, anotando que "O argumento de que o litisconsórcio facultativo simples representa, na verdade, várias causas cumuladas não pode ser utilizado para justificar a legitimidade do fracionamento da execução dos honorários advocatícios sucumbenciais se a condenação à verba honorária, no título executivo, tiver sido global, ou seja, tiver buscado remunerar o trabalho conjunto prestado pelo causídico aos litisconsortes".

25. A propósito, cabe lembrar do entendimento da 1ª Seção do STJ no REsp repetitivo n. 1.114.404/MG, rel. Min. Mauro Campbell Marques, e na consequente Súmula 461 daquele mesmo Tribunal.

26. "§ 1º Os débitos de natureza alimentícia compreendem aqueles decorrentes de salários, vencimentos, proventos, pensões e suas complementações, benefícios previdenciários e indenizações por morte ou por invalidez, fundadas em responsabilidade civil, em virtude de sentença judicial transitada em julgado, e serão pagos com preferência sobre todos os demais débitos, exceto sobre aqueles referidos no § 2º deste artigo". A redação é da EC n. 62/2009.

27. A redação original do *caput* do art. 100 da CF dava a entender que, em se tratando de crédito de natureza alimentar, não havia que se cogitar (justamente diante de sua natureza e da premência de seu pagamento) de precatório. Foi entendimento que predominou largamente na jurisprudência e no próprio Regimento Interno do TJSP, mas que acabou modificado expressamente por sucessivas Emendas Constitucionais, a começar pela de n. 20/98. É nesse contexto normativo que mereciam ser compreendidas a Súmula 655 do STF ("A exceção prevista no art. 100, *caput*, da Constituição, em favor dos créditos de natureza alimentícia, não dispensa a expedição de precatório, limitando-se a isentá-los da observância da ordem cronológica dos precatórios decorrentes de condenações de outra natureza) e a Súmula 144 do STJ ("Os créditos de natureza alimentícia gozam de preferência, desvinculados os precatórios da ordem cronológica dos créditos de natureza diversa").

"Os débitos de natureza alimentícia cujos titulares, originários ou por sucessão hereditária, tenham 60 (sessenta) anos de idade, ou sejam portadores de doença grave, ou pessoas com deficiência, assim definidos na forma da lei, serão pagos com preferência sobre todos os demais débitos, até o valor equivalente ao triplo fixado em lei para os fins do disposto no § 3º deste artigo, admitido o fracionamento para essa finalidade, sendo que o restante será pago na ordem cronológica de apresentação do precatório"[28].

À luz daquele dispositivo é correto entender, com Cláudia Aparecida Cimardi, que:

"A sistemática de pagamento das dívidas das Fazendas Públicas passou a contar com três ordens cronológicas: 1. Prioritariamente, as dívidas alimentares dos idosos ou dos portadores de doenças graves (respeitado o limite de três vezes o valor da dívida de pequeno valor fixado para pagamento da entidade devedora); 2. As dívidas alimentares; 3. As dívidas não alimentares"[29].

É correto entender que o reconhecimento da "superpreferência" para os fins do § 2º do art. 100 da CF pode se dar apenas uma vez em um mesmo precatório, pagando-se o saldo na ordem cronológica comum[30].

Os precatórios, independentemente de sua natureza, apresentados até o dia 1º de julho de cada ano deverão ser pagos até o final do ano seguinte, quando deverão ter seus valores atualizados monetariamente[31]. Os que forem apresentados de 2 de julho a 31 de dezembro de cada ano terão seu pagamento programado para o outro ano.

---

28. O STF, na ADI 4.4.25/DF, deu ao dispositivo a interpretação assim sintetizada na ementa do respectivo acórdão: "(...) CONSTITUCIONALIDADE DA SISTEMÁTICA DE 'SUPERPREFERÊNCIA' A CREDORES DE VERBAS ALIMENTÍCIAS QUANDO IDOSOS OU PORTADORES DE DOENÇA GRAVE. RESPEITO À DIGNIDADE DA PESSOA HUMANA E À PROPORCIONALIDADE. INVALIDADE JURÍDICO-CONSTITUCIONAL DA LIMITAÇÃO DA PREFERÊNCIA A IDOSOS QUE COMPLETEM 60 (SESSENTA) ANOS ATÉ A EXPEDIÇÃO DO PRECATÓRIO. DISCRIMINAÇÃO ARBITRÁRIA E VIOLAÇÃO À ISONOMIA (CF, ART. 5º, *CAPUT*). (...) 2. O pagamento prioritário, até certo limite, de precatórios devidos a titulares idosos ou que sejam portadores de doença grave promove, com razoabilidade, a dignidade da pessoa humana (CF, art. 1º, III) e a proporcionalidade (CF, art. 5º, LIV), situando-se dentro da margem de conformação do legislador constituinte para operacionalização da novel preferência subjetiva criada pela Emenda Constitucional n. 62/2009. 3. A expressão 'na data de expedição do precatório', contida no art. 100, § 2º, da CF, com redação dada pela EC n. 62/2009, enquanto baliza temporal para a aplicação da preferência no pagamento de idosos, ultraja a isonomia (CF, art. 5º, *caput*) entre os cidadãos credores da Fazenda Pública, na medida em que discrimina, sem qualquer fundamento, aqueles que venham a alcançar a idade de sessenta anos não na data da expedição do precatório, mas sim posteriormente, enquanto pendente este e ainda não ocorrido o pagamento".

29. *Breves comentários ao novo Código de Processo Civil*, p. 1543.

30. Nesse sentido: STJ, 1ª Turma, AgInt no RMS 60.580/RO, rel. p./acórdão Min. Benedito Gonçalves, j.m.v. 2-6-2020, *DJe* 22-6-2020; STJ, 1ª Turma, AgInt no RMS 61.014/RO, rel. Min. Benedito Gonçalves, j.un. 20-4-2020, *DJe* 24-4-2020; e STJ, 1ª Turma, RMS 54.069/RO, rel. Min. Benedito Gonçalves, j.un. 19-11-2019, *DJe* 21-11-2019.

31. É a regra do § 5º do art. 100 da CF, na redação da EC n. 62/2009: "§ 5º É obrigatória a inclusão, no orçamento das entidades de direito público, de verba necessária ao pagamento de seus débitos, oriundos de sentenças transitadas em julgado, constantes de precatórios judiciários apresentados até 1º de julho, fazendo-se o pagamento até o final do exercício seguinte, quando terão seus valores atualizados monetariamente".

Aqueles valores devem ser atualizados monetariamente e também estarão sujeitos a juros moratórios, calculados de acordo com a interpretação que o STF deu ao § 12 do art. 100 da CF[32], introduzido pela EC n. 62/2009 na ADI 4.425/DF, ajuizada pela Confederação Nacional da Indústria – CNI e relatada pelo Ministro Luiz Fux, afastando, com a iniciativa, a flagrante ruptura de isonomia derivada do texto original[33]. Aquela previsão também retira o fundamen-

---

32. Cuja redação é a seguinte: "§ 12. A partir da promulgação desta Emenda Constitucional, a atualização de valores de requisitórios, após sua expedição, até o efetivo pagamento, independentemente de sua natureza, será feita pelo índice oficial de remuneração básica da caderneta de poupança, e, para fins de compensação da mora, incidirão juros simples no mesmo percentual de juros incidentes sobre a caderneta de poupança, ficando excluída a incidência de juros compensatórios".

33. É a seguinte, no que interessa, a ementa do acórdão da ADI 4.425/DF: "IMPOSSIBILIDADE JURÍDICA DA UTILIZAÇÃO DO ÍNDICE DE REMUNERAÇÃO DA CADERNETA DE POUPANÇA COMO CRITÉRIO DE CORREÇÃO MONETÁRIA. VIOLAÇÃO AO DIREITO FUNDAMENTAL DE PROPRIEDADE (CF, ART. 5º, XXII). INADEQUAÇÃO MANIFESTA ENTRE MEIOS E FINS. INCONSTITUCIONALIDADE DA UTILIZAÇÃO DO RENDIMENTO DA CADERNETA DE POUPANÇA COMO ÍNDICE DEFINIDOR DOS JUROS MORATÓRIOS DOS CRÉDITOS INSCRITOS EM PRECATÓRIOS, QUANDO ORIUNDOS DE RELAÇÕES JURÍDICO-TRIBUTÁRIAS. DISCRIMINAÇÃO ARBITRÁRIA E VIOLAÇÃO À ISONOMIA ENTRE DEVEDOR PÚBLICO E DEVEDOR PRIVADO (CF, ART. 5º, *CAPUT*). (...) 5. A atualização monetária dos débitos fazendários inscritos em precatórios segundo o índice oficial de remuneração da caderneta de poupança viola o direito fundamental de propriedade (CF, art. 5º, XXII) na medida em que é manifestamente incapaz de preservar o valor real do crédito de que é titular o cidadão. A inflação, fenômeno tipicamente econômico-monetário, mostra-se insuscetível de captação apriorística (*ex ante*), de modo que o meio escolhido pelo legislador constituinte (remuneração da caderneta de poupança) é inidôneo a promover o fim a que se destina (traduzir a inflação do período). 6. A quantificação dos juros moratórios relativos a débitos fazendários inscritos em precatórios segundo o índice de remuneração da caderneta de poupança vulnera o princípio constitucional da isonomia (CF, art. 5º, *caput*) ao incidir sobre débitos estatais de natureza tributária, pela discriminação em detrimento da parte processual privada que, salvo expressa determinação em contrário, responde pelos juros da mora tributária à taxa de 1% ao mês em favor do Estado (*ex vi* do art. 161, §1º, CTN). Declaração de inconstitucionalidade parcial sem redução da expressão 'independentemente de sua natureza', contida no art. 100, § 12, da CF, incluído pela EC n. 62/2009, para determinar que, quanto aos precatórios de natureza tributária, sejam aplicados os mesmos juros de mora incidentes sobre todo e qualquer crédito tributário. 7. O art. 1º-F da Lei n. 9.494/97, com redação dada pela Lei n. 11.960/2009, ao reproduzir as regras da EC n. 62/2009 quanto à atualização monetária e à fixação de juros moratórios de créditos inscritos em precatórios incorre nos mesmos vícios de juridicidade que inquinam o art. 100, § 12, da CF, razão pela qual se revela inconstitucional por arrastamento, na mesma extensão dos itens 5 e 6 *supra*".

No tema 810 da repercussão geral (RE 870.947/SE, rel. Min. Luiz Fux), foram fixadas as seguintes teses com relação ao precitado art. 1º-F da Lei n. 9.494/97, com a redação dada pela Lei n. 11.960/2009: "1) O art. 1º-F da Lei n. 9.494/97, com a redação dada pela Lei n. 11.960/2009, na parte em que disciplina os juros moratórios aplicáveis a condenações da Fazenda Pública, é inconstitucional ao incidir sobre débitos oriundos de relação jurídico-tributária, aos quais devem ser aplicados os mesmos juros de mora pelos quais a Fazenda Pública remunera seu crédito tributário, em respeito ao princípio constitucional da isonomia (CRFB, art. 5º, *caput*); quanto às condenações oriundas de relação jurídica não tributária, a fixação dos juros moratórios segundo o índice de remuneração da caderneta de poupança é constitucional, permanecendo hígido, nesta extensão, o disposto no art. 1º-F da Lei n. 9.494/97 com a redação dada pela Lei n. 11.960/2009;" e "2) O art. 1º-F da Lei n. 9.494/97, com a redação dada pela Lei n. 11.960/2009, na parte em que disciplina a atualização monetária das condenações impostas à Fazenda Pública segundo a remuneração oficial da caderneta de poupança, revela-se inconstitucional ao impor restrição desproporcional ao direito de propriedade (CRFB, art. 5º, XXII), uma vez que não se qualifica como medida adequada a capturar a variação de preços da economia, sendo inidônea a promover os fins a que se destina." O Pleno do STF, em sede de embargos de declaração, negou por maioria dos votos, modulação ao reconhecimento daquela inconstitucionalidade.

to de validade (se é que antes dela havia algum) para a Súmula Vinculante 17 do STF, que afastava os juros de mora no período em que o precatório aguardava seu pagamento[34].

A data da apresentação, marco decisivo para o período de pagamento dos precatórios, deve corresponder à da entrega do pedido respectivo ao Tribunal competente para tanto (definido a partir do órgão prolator da decisão exequenda, no que é expresso o § 6º do art. 100 da CF), que exerce inegável atividade *administrativa* no que diz respeito ao ponto[35]. Tanto assim que é amplamente predominante o entendimento de que o contraste de eventuais atos praticados pelo Presidente do Tribunal reclama a aplicação dos meios de controle típico dos atos administrativos e não os inerentes ao sistema recursal[36]. Também que o art. 1º-E da Lei n. 9.494/1997, introduzido pela MP n. 2.180-35/2001 e ainda em vigor, ao estabelecer que "São passíveis de revisão, pelo Presidente do Tribunal, de ofício ou a requerimento das partes, as contas elaboradas para aferir o valor dos precatórios antes de seu pagamento ao credor", deve ser interpretado no sentido de que a competência do Presidente do Tribunal limita-se à correção de erros formais, materiais ou meramente aritméticos nas contas – até em função da vedação constante do § 4º do art. 509 do CPC –, cabendo ao juízo da execução analisar, se o caso, aspectos *qualitativos* dos cálculos[37].

---

34. É o seguinte o enunciado daquela Súmula: "Durante o período previsto no parágrafo primeiro do artigo 100 da Constituição, não incidem juros de mora sobre os precatórios que nele sejam pagos". Não obstante as considerações do texto, a subsistência daquela Súmula Vinculante foi confirmada, por maioria, pelo Plenário do STF, no julgamento do Tema 1037 da Repercussão Geral (RE 1.169.289/SC, rel. p./acórdão Min. Alexandre de Moraes, j.m.v. 16-6-2020, *DJe* 1-7-2020), em que foi fixada a seguinte tese: "O enunciado da Súmula Vinculante 17 não foi afetado pela superveniência da Emenda Constitucional 62/2009, de modo que não incidem juros de mora no período de que trata o § 5º do art. 100 da Constituição. Havendo o inadimplemento pelo ente público devedor, a fluência dos juros inicia-se após o 'período de graça'.".

35. Razão de ser dos §§ 6º e 7º do art. 100, ambos na redação da EC n. 62/2009: "§ 6º As dotações orçamentárias e os créditos abertos serão consignados diretamente ao Poder Judiciário, cabendo ao Presidente do Tribunal que proferir a decisão exequenda determinar o pagamento integral e autorizar, a requerimento do credor e exclusivamente para os casos de preterimento de seu direito de precedência ou de não alocação orçamentária do valor necessário à satisfação do seu débito, o sequestro da quantia respectiva" e "§ 7º O Presidente do Tribunal competente que, por ato comissivo ou omissivo, retardar ou tentar frustrar a liquidação regular de precatórios incorrerá em crime de responsabilidade e responderá, também, perante o Conselho Nacional de Justiça". No âmbito federal, foi promulgada a Lei n. 13.463, de 6 de julho de 2017, que "dispõe sobre os recursos destinados aos pagamentos decorrentes de precatórios e de Requisições de Pequeno Valor (RPV) federais", que bem ilustra o acerto da afirmação do texto. A constitucionalidade do art. 2º daquela lei, que determina o cancelamento de precatórios e de RPVs federais expedidos e cujos valores não tenham sido levantados pelo credor e que estejam depositados há mais de dois anos, com a reincorporação os valores ao Tesouro Nacional, é questionada na ADI 5.755/DF, rel. Min. Rosa Weber. A 2ª Turma do STJ, no REsp 1.859.409/RN, rel. Min. Mauro Campbell Marques, j.un. 16-6-2020, *DJe* 25-6-2020, teve oportunidade de entender que a pretensão de expedição de novo precatório ou RPV após o cancelamento autorizado por aquela regra é prescritível.

36. É nesse contexto que merecem ser compreendidas a Súmula 733 do STF ("Não cabe recurso extraordinário contra decisão proferida no processamento de precatórios") e a Súmula 311 do STJ ("Os atos do presidente do tribunal que disponham sobre processamento e pagamento de precatório não têm caráter jurisdicional"). No mesmo sentido: Cláudia Aparecida Cimardi, *Breves comentários ao Código de Processo Civil*, p. 1552.

37. É o entendimento que já defendiam as edições anteriores ao CPC de 2015 deste *Curso* (v. n. 7 do Capítulo 8 da Parte II do vol. 3). Mais recentemente, admitindo a revisão do percentual de juros de juros moratórios no âmbito de precatório pendente de pagamento, quando silente o título executivo a respeito, com base naquele dispositivo, v.: STJ, 1ª Turma, AgInt no REsp 1.823.291/MA, rel. Min. Sérgio Kukina, j.un. 12-11-2019, *DJe* 25-11-2019. Também quando "a condenação judicial que deu origem ao precatório não trata dos índices de correção monetária,

No caso de o credor ser preterido na ordem de pagamentos ou quando não houver alocação orçamentária do valor necessária à satisfação do débito, compete ao Presidente do Tribunal autorizar, a requerimento do exequente, o sequestro da quantia respectiva[38]. É o que também está previsto no já transcrito § 6º do art. 100[39]. Idêntica providência deve ser empregada quando houver pagamento a menor, uma vez que a hipótese assemelha-se em tudo e por tudo à falta de previsão *integral* da verba devida no respectivo orçamento[40]. Até porque, de acordo com o § 8º do art. 100, também já copiado, é vedada a expedição de precatórios complementares ou suplementares de valor pago[41].

A doutrina em geral reconhece que o sequestro ostenta a natureza de verdadeiro ato *executivo*, de índole *satisfativa*, e não de coordenação institucional, de cunho administrativo, como se dá nos casos do precatório e mesmo da RPV[42]. Inexistente *procedimento* para o sequestro, prevalece, para esse fim, o disposto nos arts. 19 e 20 da Resolução n. 303/2019, com as modificações introduzidas pela Resolução n. 327/2020, ambas do CNJ, que "dispõe sobre a gestão de precatórios e respectivos procedimentos operacionais no âmbito do Poder Judiciário", não obstante a duvidosa constitucionalidade daquele órgão para regulamentar o assunto nessa perspectiva[43].

---

pode o Presidente do Tribunal de Justiça adequar os cálculos da liquidação, determinando a retificação de eventual equívoco quanto aos índices de correção monetária aplicados (*v.g.*: AgRg no RMS 36.861/SP, Rel. Ministro Herman Benjamin, Segunda Turma, *DJe* 06/12/2013). É que a retificação de cálculos não induz violação ao instituto da coisa julgada. Nesse sentido: AgRg no AREsp 402.188/RS, Rel. Ministro Sidnei Beneti, Terceira Turma, *DJe* 14/11/2013." (STJ, 1ª Turma, AgRg no RMS 41.567/SP, rel. Min. Benedito Gonçalves, j.un. 12-5-2015, *DJe* 19-5-2015; STJ, 2ª Turma, AgInt no RMS 46.558/SP, rel. Min. Humberto Martins, j.un. 18-8-2016, *DJe* 25-8-2016 e STJ, 2ª Turma, AgRg no RMS 37.219/MT, rel. Min. Herman Benjamin, j.un. 25-8-2015, *DJe* 10-9-2015). A necessária dicotomia de situações está estampada (a despeito da duvidosa competência daquele órgão para tratar do tema) nos arts. 26 a 30 da Resolução n. 303/2019 com as modificações da Resolução n. 327, ambas do CNJ.

38. O *caput* do art. 103 do ADCT, incluído pela EC n. 94/2016, veda o sequestro, "exceto no caso de não liberação tempestiva dos recursos" enquanto as entidades estiverem sujeitas à moratória estabelecida pelo art. 101 do ADCT. Naqueles casos, a competência para a medida continua a ser do Presidente do Tribunal, como se verifica do inciso I do art. 104 do mesmo ADCT, também fruto da EC n. 94/2016.

39. O art. 731 do CPC de 1973 autorizava o sequestro "da quantia necessária para satisfazer o débito" no caso de preterição do credor, destacando a necessidade de prévia oitiva do chefe do Ministério Público, evocando a parte final do parágrafo único do art. 182 da CF de 1934. A não repetição da regra no CPC de 2015 é indiferente diante do que, a respeito do tema, passou a tratar a CF de 1988 com suas sucessivas emendas.

40. Versando sobre a questão, com parecer favorável do Procurador-Geral da República, o ARE 1.215.706/SP, pendente de julgamento no STF.

41. Para essa discussão à época da EC n. 37/2002, v. o que escreveu o autor deste *Curso* no contexto do art. 730 do CPC de 1973 em *Código de Processo Civil interpretado*, p. 2272-2273, e, já com a EC n. 62/2009, no n. 8 do Capítulo 8 da Parte II do v. 3 das edições anteriores ao CPC de 2015 deste *Curso*.

42. Nesse sentido: Mirna Cianci e Rita de Cassia Conte Quartieri, *Comentários ao Código de Processo Civil*, v. 2, p. 757-758. Para antes do CPC de 2015, v. as considerações de Vicente Greco Filho, *Da execução contra a Fazenda Pública*, p. 84-96; Fernão Borba Franco, *Execução em face da Fazenda Pública*, p. 177-186, e de Ricardo Perlingeiro Mendes da Silva, *Execução contra a Fazenda Pública*, p. 125-127, e Juvêncio Vasconcelos Viana, *Execução contra a Fazenda Pública*, p. 124-136. Também o autor deste *Curso* se voltou ao tema em *Execução contra a Fazenda Pública*, p. 61-65, e em *Código de Processo Civil interpretado*, p. 2277-2279. Nas edições anteriores ao CPC de 2015, o tema era tratado no n. 11 do Capítulo 8 da Parte II do v. 3 deste *Curso*.

43 A Resolução n. 303/2019 do CNJ é objeto da ADI 6.556/DF ajuizada pelo Estado de São Paulo, em trâmite perante o STF. A liminar então pleiteada foi indeferida pela relatora, Min. Rosa Weber, em 30-9-2020, *DJe* 1-10-2020.

Também a intervenção federal pode ser adotada nos casos em que os pagamentos forem descontinuados, de falta de destinação de verbas orçamentárias suficientes ou de recusa em liberá-las no exercício (art. 34, V e VI, da CF), como lembram, pertinentemente, Mirna Cianci e Rita de Cassia Conte Quartieri[44].

O sistema de precatórios, contudo, sempre gerou incontáveis problemas e dificuldades. As sucessivas modificações trazidas ao art. 100 da Constituição Federal, infelizmente, não lograram êxito em viabilizar o efetivo pagamento das dívidas de boa parte das pessoas de direito público. O problema, a bem da verdade, antecede o advento da CF de 1988, razão de ser do art. 33 de seu ADCT e da "moratória" nele prevista. Como ela também gerou mais problemas que soluções, o próprio ADCT ganhou uma nova "moratória" derivada da EC n. 30/2000, que resultou no seu art. 78[45], seguindo-se, ainda, os ajustes feitos pela EC n. 37/2000 nos arts. 86 e 87, também acrescidos ao ADCT.

A dificuldade em lidar com aquele passivo conduziu a EC n. 62/2009 a autorizar diversos mecanismos alternativos de pagamento. Foi o que aquela Emenda fez ao permitir expressamente que cada ente federado, mediante lei própria, empregasse o precatório para aquisição de imóveis públicos seus (art. 100, § 11, da CF[46]); que o credor cedesse, total ou parcialmente, seus créditos a terceiros, independentemente da concordância do devedor, bastando, para tanto, que informasse a cessão por petição dirigida ao Tribunal e à entidade devedora (art. 100, §§ 13 e 14, da CF[47])[48], sem prejuízo de que a União Federal, desde que autorizada por lei,

---

44. *Comentários ao Código de Processo Civil*, v. 2, p. 757. Cabe acrescentar, com fundamento no art. 35, I e IV, da CF, a viabilidade da intervenção dos Estados nos Municípios diante daqueles mesmos acontecimentos.

45. Que ensejou e ainda enseja inúmeras discussões. Uma delas (Tema 521 da Repercussão Geral), diz respeito à possibilidade de se reconhecer, ou não, duas ordens distintas de precatórios, alimentares e não alimentares, para efeitos de reconhecimento de quebra da ordem cronológica do pagamento dos precatórios e autorização de sequestro de recursos públicos. A tese fixada, por maioria, é a seguinte: "O pagamento parcelado dos créditos não alimentares, na forma do art. 78 do ADCT, não caracteriza preterição indevida de precatórios alimentares, desde que os primeiros tenham sido inscritos em exercício anterior ao da apresentação dos segundos, uma vez que, ressalvados os créditos de que trata o art. 100, § 2º, da Constituição, o pagamento dos precatórios deve observar as seguintes diretrizes: (1) a divisão e a organização das classes ocorrem segundo o ano de inscrição; (2) inicia-se o pagamento pelo exercício mais antigo em que há débitos pendentes; (3) quitam-se primeiramente os créditos alimentares; depois, os não alimentares do mesmo ano; (4) passa-se, então, ao ano seguinte da ordem cronológica, repetindo-se o esquema de pagamento; e assim sucessivamente."

46. O dispositivo, incluído pela EC n. 62/2009, tem a seguinte redação: "§ 11. É facultada ao credor, conforme estabelecido em lei da entidade federativa devedora, a entrega de créditos em precatórios para compra de imóveis públicos do respectivo ente federado".

47. Também frutos da EC n. 62/2009, os dispositivos têm a seguinte redação: "§ 13. O credor poderá ceder, total ou parcialmente, seus créditos em precatórios a terceiros, independentemente da concordância do devedor, não se aplicando ao cessionário o disposto nos §§ 2º e 3º" e "§ 14. A cessão de precatórios somente produzirá efeitos após comunicação, por meio de petição protocolizada, ao tribunal de origem e à entidade devedora". O STF fixou, em sede de repercussão geral (Tema 361), a seguinte tese: "A cessão de crédito alimentício não implica a alteração da natureza".

48. A previsão é completada pelo disposto no art. 5º da própria EC n. 62/2009, que convalidou todas as cessões de precatórios feitas anteriormente à sua promulgação independentemente de prévia concordância da entidade

assumisse débitos oriundos de Estados, Distrito Federal e Municípios, refinanciando-se diretamente (art. 100, § 16, da CF[49]).

Indo além, aquela mesma EC estabeleceu um polêmico "regime especial" para pagamento a ser criado por lei complementar à Constituição baseado em vinculações à receita corrente líquida e formas e prazos diferenciados de pagamento (art. 100, § 15[50]), que ocupou o art. 97 do ADCT. Aquela solução, que gerou enorme polêmica à época de sua promulgação, foi integralmente declarada inconstitucional pelo STF na ADI 4.425/DF[51], modulados seus efeitos em acórdão encimado da seguinte ementa:

> "QUESTÃO DE ORDEM. MODULAÇÃO TEMPORAL DOS EFEITOS DE DECISÃO DECLARATÓRIA DE INCONSTITUCIONALIDADE (LEI 9.868/99, ART. 27). POSSIBILIDADE. NECESSIDADE DE ACOMODAÇÃO OTIMIZADA DE VALORES CONSTITUCIONAIS CONFLITANTES. PRECEDENTES DO STF. REGIME DE EXECUÇÃO DA FAZENDA PÚBLICA MEDIANTE PRECATÓRIO. EMENDA CONSTITUCIONAL N. 62/2009. EXISTÊNCIA DE RAZÕES DE SEGURANÇA JURÍDICA QUE JUSTIFICAM A MANUTENÇÃO TEMPORÁRIA DO REGIME ESPECIAL NOS TERMOS EM QUE DECIDIDO PELO PLENÁRIO DO SUPREMO TRIBUNAL FEDERAL.
>
> 1. A modulação temporal das decisões em controle judicial de constitucionalidade decorre diretamente da Carta de 1988 ao consubstanciar instrumento voltado à acomodação otimizada entre o princípio da nulidade das leis inconstitucionais e outros valores constitucionais

---

devedora. A cessão de honorários advocatícios derivados de demandas judiciais contra a Fazenda Pública é também permitida desde que seja comprovada a validade da cessão e que a verba respectiva seja destacada do precatório. É o entendimento assente na CE do STJ, como fazem prova os seguintes julgados: REsp repetitivo n. 1.102.473/RS, rel. Min. Maria Thereza de Assis Moura, j. m. v. 16-5-2012, *DJe* 27-8-2012; EREsp 1.178.915/RS, rel. Min. Napoleão Nunes Maia Filho, j. un. 2-12-2015, *DJe* 14-12-2015; EREsp 1.099.318/RS, rel. Min. Og Fernandes, j. un. 19-4-2017, *DJe* 25-4-2017, e EREsp 1.127.228/RS, rel. Min. Benedito Gonçalves, j. un. 21-6-2017, *DJe* 29-6-2017. A desnecessidade de concordância do executado com a sucessão processual decorrente da cessão foi acentuada no contexto aqui destacado pela CE do STJ no REsp repetitivo n. 1.091.443/SP, rel. Min. Maria Thereza de Assis Moura, j. un. 2-5-2012, *DJe* 29-5-2012.

49. É a seguinte a redação do dispositivo, introduzido pela EC n. 62/2009: "§ 16. A seu critério exclusivo e na forma de lei, a União poderá assumir débitos, oriundos de precatórios, de Estados, Distrito Federal e Municípios, refinanciando-os diretamente".

50. "§ 15. Sem prejuízo do disposto neste artigo, lei complementar a esta Constituição Federal poderá estabelecer regime especial para pagamento de crédito de precatórios de Estados, Distrito Federal e Municípios, dispondo sobre vinculações à receita corrente líquida e forma e prazo de liquidação." O dispositivo foi incluído pela EC n. 62/2009.

51. No que interessa, é a seguinte a ementa do acórdão daquela ADI: "INCONSTITUCIONALIDADE DO REGIME ESPECIAL DE PAGAMENTO. OFENSA À CLÁUSULA CONSTITUCIONAL DO ESTADO DE DIREITO (CF, ART. 1º, *CAPUT*), AO PRINCÍPIO DA SEPARAÇÃO DE PODERES (CF, ART. 2º), AO POSTULADO DA ISONOMIA (CF, ART. 5º, *CAPUT*), À GARANTIA DO ACESSO À JUSTIÇA E À EFETIVIDADE DA TUTELA JURISDICIONAL (CF, ART. 5º, XXXV) E AO DIREITO ADQUIRIDO E À COISA JULGADA (CF, ART. 5º, XXXVI). PEDIDO JULGADO PROCEDENTE EM PARTE. (...) 8. O regime 'especial' de pagamento de precatórios para Estados e Municípios criado pela EC n. 62/2009, ao veicular nova moratória na quitação dos débitos judiciais da Fazenda Pública e ao impor o contingenciamento de recursos para esse fim, viola a cláusula constitucional do Estado de Direito (CF, art. 1º, *caput*), o princípio da Separação de Poderes (CF, art. 2º), o postulado da isonomia (CF, art. 5º), a garantia do acesso à justiça e a efetividade da tutela jurisdicional (CF, art. 5º, XXXV), o direito adquirido e à coisa julgada (CF, art. 5º, XXXVI)".

relevantes, notadamente a segurança jurídica e a proteção da confiança legítima, além de encontrar lastro também no plano infraconstitucional (Lei n. 9.868/99, art. 27). Precedentes do STF: ADI n. 2.240; ADI n. 2.501; ADI n. 2.904; ADI n. 2.907; ADI n. 3.022; ADI n. 3.315; ADI n. 3.316; ADI n. 3.430; ADI n. 3.458; ADI n. 3.489; ADI n. 3.660; ADI n. 3.682; ADI n. 3.689; ADI n. 3.819; ADI n. 4.001; ADI n. 4.009; ADI n. 4.029.

2. *In casu*, modulam-se os efeitos das decisões declaratórias de inconstitucionalidade proferidas nas ADIs n. 4.357 e 4.425 para manter a vigência do regime especial de pagamento de precatórios instituído pela Emenda Constitucional n. 62/2009 por 5 (cinco) exercícios financeiros a contar de primeiro de janeiro de 2016.

3. Confere-se eficácia prospectiva à declaração de inconstitucionalidade dos seguintes aspectos da ADI, fixando como marco inicial a data de conclusão do julgamento da presente questão de ordem (25.03.2015) e mantendo-se válidos os precatórios expedidos ou pagos até esta data, a saber: (i) fica mantida a aplicação do índice oficial de remuneração básica da caderneta de poupança (TR), nos termos da Emenda Constitucional n. 62/2009, até 25-3-2015, data após a qual (a) os créditos em precatórios deverão ser corrigidos pelo Índice de Preços ao Consumidor Amplo Especial (IPCA-E) e (b) os precatórios tributários deverão observar os mesmos critérios pelos quais a Fazenda Pública corrige seus créditos tributários; e (ii) ficam resguardados os precatórios expedidos, no âmbito da administração pública federal, com base nos arts. 27 das Leis n. 12.919/2013 e n. 13.080/2015, que fixam o IPCA-E como índice de correção monetária.

4. Quanto às formas alternativas de pagamento previstas no regime especial: (i) consideram-se válidas as compensações, os leilões e os pagamentos à vista por ordem crescente de crédito previstos na Emenda Constitucional n. 62/2009, desde que realizados até 25.03.2015, data a partir da qual não será possível a quitação de precatórios por tais modalidades; (ii) fica mantida a possibilidade de realização de acordos diretos, observada a ordem de preferência dos credores e de acordo com lei própria da entidade devedora, com redução máxima de 40% do valor do crédito atualizado.

5. Durante o período fixado no item 2 acima, ficam mantidas (i) a vinculação de percentuais mínimos da receita corrente líquida ao pagamento dos precatórios (art. 97, § 10, do ADCT) e (ii) as sanções para o caso de não liberação tempestiva dos recursos destinados ao pagamento de precatórios (art. 97, §10, do ADCT).

6. Delega-se competência ao Conselho Nacional de Justiça para que considere a apresentação de proposta normativa que discipline (i) a utilização compulsória de 50% dos recursos da conta de depósitos judiciais tributários para o pagamento de precatórios e (ii) a possibilidade de compensação de precatórios vencidos, próprios ou de terceiros, com o estoque de créditos inscritos em dívida ativa até 25.03.2015, por opção do credor do precatório.

7. Atribui-se competência ao Conselho Nacional de Justiça para que monitore e supervisione o pagamento dos precatórios pelos entes públicos na forma da presente decisão"[52].

52. Também foram considerados inconstitucionais naquela mesma ADI 4.4.25/DF os §§ 9º e 10 do art. 100 da CF, incluídos pela EC n. 62/2009, que previam que a Administração Pública pudesse compensar

A EC n. 94/2016, diante da decisão do STF e dos prazos por ela estabelecidos para fins de modulação, acrescentou os arts. 101 a 105 ao ADCT – dentre eles, uma verdadeira nova moratória (originalmente até 31 de dezembro de 2020)[53] –, além de autorizar, em algumas situações, a compensação de precatórios com créditos tributários[54]. Aquela Emenda Constitucional também estabeleceu, em novos parágrafos acrescentados ao art. 100 da CF, que o comprometimento das receitas líquidas das entidades públicas com o pagamento de preca-

---

unilateralmente eventuais créditos seus contra os credores de precatórios antes de seus efetivos pagamentos. É o seguinte o trecho da ementa daquele acórdão que diz respeito ao tema: "(...) INCONSTITUCIONALIDADE DA SISTEMÁTICA DE COMPENSAÇÃO DE DÉBITOS INSCRITOS EM PRECATÓRIOS EM PROVEITO EXCLUSIVO DA FAZENDA PÚBLICA. EMBARAÇO À EFETIVIDADE DA JURISDIÇÃO (CF, ART. 5º, XXXV), DESRESPEITO À COISA JULGADA MATERIAL (CF, ART. 5º XXXVI), OFENSA À SEPARAÇÃO DOS PODERES (CF, ART. 2º) E ULTRAJE À ISONOMIA ENTRE O ESTADO E O PARTICULAR (CF, ART. 1º, *CAPUT*, *C/C* ART. 5º, *CAPUT*). (...) 4. O regime de compensação dos débitos da Fazenda Pública inscritos em precatórios, previsto nos §§ 9º e 10 do art. 100 da Constituição Federal, incluídos pela EC n. 62/2009, embaraça a efetividade da jurisdição (CF, art. 5º, XXXV), desrespeita a coisa julgada material (CF, art. 5º, XXXVI), vulnera a Separação dos Poderes (CF, art. 2º) e ofende a isonomia entre o Poder Público e o particular (CF, art. 5º, *caput*), cânone essencial do Estado Democrático de Direito (CF, art. 1º, *caput*)".

53. Conclusão que se alcança com a leitura do *caput* do art. 101 do ADCT, que, com a EC n. 99/2017, passou a ter a seguinte redação: "Art. 101. Os Estados, o Distrito Federal e os Municípios que, em 25 de março de 2015, se encontravam em mora no pagamento de seus precatórios quitarão, até 31 de dezembro de 2024, seus débitos vencidos e os que vencerão dentro desse período, atualizados pelo Índice Nacional de Preços ao Consumidor Amplo Especial (IPCA-E), ou por outro índice que venha a substituí-lo, depositando mensalmente em conta especial do Tribunal de Justiça local, sob única e exclusiva administração deste, 1/12 (um doze avos) do valor calculado percentualmente sobre suas receitas correntes líquidas apuradas no segundo mês anterior ao mês de pagamento, em percentual suficiente para a quitação de seus débitos e, ainda que variável, nunca inferior, em cada exercício, ao percentual praticado na data da entrada em vigor do regime especial a que se refere este artigo, em conformidade com plano de pagamento a ser anualmente apresentado ao Tribunal de Justiça local".

54. É a previsão do *caput* do art. 105 do ADCT, preservada pela EC n. 99/2017: "Enquanto viger o regime de pagamento de precatórios previsto no art. 101 deste Ato das Disposições Constitucionais Transitórias, é facultada aos credores de precatórios, próprios ou de terceiros, a compensação com débitos de natureza tributária ou de outra natureza que até 25 de março de 2015 tenham sido inscritos na dívida ativa dos Estados, do Distrito Federal ou dos Municípios, observados os requisitos definidos em lei própria do ente federado. Parágrafo único. Não se aplica às compensações referidas no *caput* deste artigo qualquer tipo de vinculação, como as transferências a outros entes e as destinadas à educação, à saúde e a outras finalidades".

tórios e obrigações de pequeno valor deve ser aferido mensalmente em base anual (§ 17[55])[56], seguindo-se, conforme o caso, as soluções dos §§ 19 e 20 do art. 100[57].

A Lei n. 14.057, de 11 de setembro de 2020, disciplinou, para o que aqui interessa, o precitado § 20 do art. 100 da CF.

De acordo com seu art. 2º:

"Art. 2º As propostas de acordo direto para pagamento de precatório nos termos do § 20 do art. 100 da Constituição Federal serão apresentadas pelo credor ou pela entidade devedora perante o Juízo Auxiliar de Conciliação de Precatórios vinculado ao presidente do tribunal que proferiu a decisão exequenda.

§ 1º. As propostas de que trata o caput deste artigo poderão ser apresentadas até a quitação integral do valor do precatório e não suspenderão o pagamento de suas parcelas, nos termos da primeira parte do § 20 do art. 100 da Constituição Federal.

§ 2º. Em nenhuma hipótese a proposta de acordo implicará o afastamento de atualização monetária ou dos juros moratórios previstos no § 12 do art. 100 da Constituição Federal.

§ 3º. Recebida a proposta de acordo direto, o Juízo Auxiliar de Conciliação de Precatórios intimará o credor ou a entidade devedora para aceitar ou recusar a proposta ou apresentar-lhe contraproposta, observado o limite máximo de desconto de 40% (quarenta por cento) do valor do crédito atualizado nos termos legais.

---

55. A redação do dispositivo, introduzido pela EC n. 94/2016, é a seguinte: "§ 17. A União, os Estados, o Distrito Federal e os Municípios aferirão mensalmente, em base anual, o comprometimento de suas respectivas receitas correntes líquidas com o pagamento de precatórios e obrigações de pequeno valor".

56. O § 18 do art. 100 da CF, incluído pela EC n. 94/2016, define a receita corrente líquida nos seguintes termos: "§ 18. Entende-se como receita corrente líquida, para os fins de que trata o § 17, o somatório das receitas tributárias, patrimoniais, industriais, agropecuárias, de contribuições e de serviços, de transferências correntes e outras receitas correntes, incluindo as oriundas do § 1º do art. 20 da Constituição Federal, verificado no período compreendido pelo segundo mês imediatamente anterior ao de referência e os 11 (onze) meses precedentes, excluídas as duplicidades, e deduzidas: I – na União, as parcelas entregues aos Estados, ao Distrito Federal e aos Municípios por determinação constitucional; II – nos Estados, as parcelas entregues aos Municípios por determinação constitucional; III – na União, nos Estados, no Distrito Federal e nos Municípios, a contribuição dos servidores para custeio de seu sistema de previdência e assistência social e as receitas provenientes da compensação financeira referida no § 9º do art. 201 da Constituição Federal".

57. Que têm a seguinte redação: "§ 19. Caso o montante total de débitos decorrentes de condenações judiciais em precatórios e obrigações de pequeno valor, em período de 12 (doze) meses, ultrapasse a média do comprometimento percentual da receita corrente líquida nos 5 (cinco) anos imediatamente anteriores, a parcela que exceder esse percentual poderá ser financiada, excetuada dos limites de endividamento de que tratam os incisos VI e VII do art. 52 da Constituição Federal e de quaisquer outros limites de endividamento previstos, não se aplicando a esse financiamento a vedação de vinculação de receita prevista no inciso IV do art. 167 da Constituição Federal" e "§ 20. Caso haja precatório com valor superior a 15% (quinze por cento) do montante dos precatórios apresentados nos termos do § 5º deste artigo, 15% (quinze por cento) do valor deste precatório serão pagos até o final do exercício seguinte e o restante em parcelas iguais nos cinco exercícios subsequentes, acrescidas de juros de mora e correção monetária, ou mediante acordos diretos, perante Juízos Auxiliares de Conciliação de Precatórios, com redução máxima de 40% (quarenta por cento) do valor do crédito atualizado, desde que em relação ao crédito não penda recurso ou defesa judicial e que sejam observados os requisitos definidos na regulamentação editada pelo ente federado".

§ 4º. Aceita a proposta de acordo feita nos termos deste artigo, o Juízo Auxiliar de Conciliação de Precatórios homologará o acordo e dará conhecimento dele ao Presidente do Tribunal para que sejam adotadas as medidas cabíveis.".

Trata-se de regra que se harmoniza com os ditames constitucionais e que encontra respaldo na busca de soluções consensuais de resolução de conflitos refletida em várias passagens do CPC, a começar pelos parágrafos de seu art. 3º.

A EC n. 99/2017 trouxe novidades para os arts. 101, 102, 103 e 105 do ADCT, merecendo destaque a relativa à ampliação do prazo da nova moratória em quatro anos.

4.1 Alcance da expressão "Fazenda Pública"

O entendimento quanto a quem é "Fazenda Pública" para os fins dos arts. 534 e 535 é essencial para verificar quem está sujeito ao *procedimento* executivo neles regulado a partir do modelo constitucional.

O *caput* do art. 100 da Constituição Federal refere-se às Fazendas Públicas *Federal, Estaduais, Distrital e Municipais*. Nesse sentido, não há dúvida de que os entes componentes da *administração direta*, isto é, União Federal, Estados-membros, Municípios e o Distrito Federal, estão abrangidos pelo regime do art. 100 da Constituição Federal, e consequentemente, pelos arts. 534 e 535[58].

É correto, na perspectiva do direito constitucional e do direito administrativo, contudo, ir além: também estão sujeitas à sistemática de pagamento imposta pelo art. 100 da CF as pessoas administrativas que compõem a chamada *administração indireta*, quando instituídas e regidas por regras de direito público, assim entendidas as autarquias e as fundações de direito público (art. 6º, *caput*, da Lei n. 9.469/97 e art. 8º, *caput*, da Lei n. 8.620/93, expresso quanto à *impenhorabilidade* dos bens do INSS, uma autarquia federal)[59]. Por analogia, não há como excluir desse rol as *agências reguladoras* (ANEEL, ANATEL etc.), todas regidas também pelo direito público[60].

Em diversos julgamentos, o Plenário do Supremo Tribunal Federal[61] entendeu que os bens da Empresa Brasileira de Correios e Telégrafos (ECT) são *impenhoráveis*, porque vinculados a serviço público (CF, art. 21, X), embora titularizados por empresa pública, regida pelo

---

58. Nesse sentido: Leonardo Carneiro da Cunha, *A Fazenda Pública em juízo*, p. 15: "Quando a legislação processual utiliza-se do termo *Fazenda Pública* está a referir-se à União, aos Estados, aos Municípios, ao Distrito Federal e suas respectivas autarquias e fundações".

59. Márcio Manoel Maidame (Impenhorabilidade e direitos do credor, p. 200): "Percebe-se que as autarquias (assim como as fundações constituídas com patrimônio público) estão jungidas estritamente às regras e privilégios estatais, tal como se fossem a própria Fazenda Pública, havendo pontualmente, algumas distinções". Entendendo impenhoráveis os bens da Fundação Habitacional do Exército – FHE, por força de sua lei de instituição é o entendimento alcançado pela 1ª Turma do STJ no REsp 1.802.320/SP, rel. Min. Benedito Gonçalves, j.un. 12-11-2019, *DJe* 16-12-2019.

60. Fabrício Motta, Administração pública e servidores públicos, p. 159-166.

61. O *leading case* é o RE 220.906/DF, rel. Min. Maurício Corrêa, j. m. v. 16-11-2000, *DJ* 14-11-2002, p. 15, que vem sendo aplicado em diversas outras oportunidades. Assim, *v.g.*: STF, 1ª Turma, AI-AgR 395.654/MG, rel.

direito privado (CF, art. 173, § 1º, II). Destacou-se, contudo, que a impenhorabilidade era expressa no art. 12 do Decreto-lei n. 509/69, norma instituidora da ECT. Do reconhecimento da impenhorabilidade daqueles bens, entendeu-se que o *procedimento* executivo em face da ECT devia se pautar no art. 100 da Constituição Federal e no então art. 730 do CPC de 1973, espaço hoje ocupado pelos arts. 534 e 535.

A peculiaridade do referido Decreto-lei e da expressa (e generalizada) impenhorabilidade dos bens da ECT levou o Supremo Tribunal Federal a negar aquela orientação para outras empresas estatais, ainda que prestadoras de serviço público[62]. Não obstante, em outras oportunidades, o Plenário daquele Tribunal inclinou-se a entendimento diverso, sustentando que as sociedades de economia mista prestadoras de serviço público em regime não concorrencial devem se submeter ao regime constitucional dos precatórios[63], que é o entendimento que, com a atenção voltada ao modelo constitucional, chegou a ser sustentado pelas edições anteriores deste *Curso*[64].

De outra parte, o Pleno do Supremo Tribunal Federal já teve oportunidade de também afastar o entendimento de que Conselhos de Fiscalização Profissional estejam submetidos ao regime do art. 100 da Constituição Federal. Destacou-se, na oportunidade, que, não obstante a sua natureza jurídica de "autarquia especial", que justifica sua sujeição a peculiaridades típicas do regime de direito público decorrentes de expressas previsões constitucionais[65], não existe para eles nenhuma norma relativa à programação financeira nos moldes dos arts. 163 a 169 da CF a desautorizar, destarte, o afastamento do emprego das tutelas jurisdicionais executivas para o pagamento de quantia típicas dos particulares, disciplinadas pelos arts. 513, 520 e 523[66].

Min. Cezar Peluso, j. un. 14-2-2006, *DJ* 17-3-2006, p. 11, e STF, 2ª Turma, RE-AgR 344.975/RJ, rel. Min. Gilmar Mendes, j. un. 29-11-2005, *DJ* 16-12-2005, p. 106.

62. Assim, *v.g.*: AI-RG 841.548/PR, rel. Min. Cezar Peluso, j. 10-6-2011, *DJe* 31-8-2011; STF, 2ª Turma, AI-AgR 783.136/PR, rel. Min. Eros Grau, j. un. 20-4-2010, *DJe* 14-5-2010, e STF, 1ª Turma, RE-AgR 382.380/GO, rel. Min. Ricardo Lewandowski, j. un. 24-8-2010, *DJe* 10-9-2010. Sobre o tema, v. também as considerações de Mirna Cianci e Rita de Cassia Conte Quartieri, *Comentários ao Código de Processo Civil*, v. 2, p. 745, e de José Rogério Cruz e Tucci, *Comentários ao Código de Processo Civil*, v. VIII, p. 338.

63. A menção é feita à ADPF 275/PB, rel. Min. Alexandre de Moraes, j. un. 17-10-2018, DJe 25-10-2018, à ADPF 387/PI, rel. Gilmar Mendes, j.m.v. 23-3-2017, DJe 25-10-2017 e ao referendo de cautelar na ADPF 524/DF, rel. p./acórdão Min. Alexandre de Moraes, j.m.v. 13.10.2020, *DJe* 26-10-2020.

64. É o que já defendia o n. 2 do Capítulo 8 da Parte II do v. 3 das edições anteriores ao CPC de 2015 deste *Curso*. Nos seus *Comentários ao Código de Processo Civil*, v. X, p. 333, o autor deste *Curso* acentuou que não deixava de ser coerente a jurisprudência do STF ao negar a generalização do regime do art. 100 da CF para todos os componentes da administração pública indireta, ainda que prestadores de serviço público quando não houvesse específica indisponibilidade legal de seu patrimônio. Quando se trata de exploração de atividade econômica, é irrecusável a inviabilidade de submissão ao regime de precatórios. Nesse sentido é a tese fixada sobre o Tema 253 da Repercussão Geral pelo STF: "Sociedades de economia mista que desenvolvem atividade econômica em regime concorrencial não se beneficiam do regime de precatórios, previsto no art. 100 da Constituição da República.".

65. Tais quais a do art. 71 da CF para seu controle pelo Tribunal de Contas da União e o art. 37, II, da CF para a obrigatoriedade de concurso público.

66. Trata-se do RE 938.837/SP, rel. Min. Marco Aurélio, j. m. v. 19-4-2017, *DJe* 25-9-2017, assim ementado: "RECURSO EXTRAORDINÁRIO. CONSTITUCIONAL E ADMINISTRATIVO. CONSELHOS DE FISCALIZAÇÃO

5. O REQUERIMENTO PARA INÍCIO DA ETAPA DE CUMPRIMENTO DE SENTENÇA CONTRA A FAZENDA PÚBLICA

Feitas as considerações introdutórias que ocupam os números anteriores, inclusive no que tange à análise (indispensável) do alcance do art. 100 da Constituição Federal, importa evidenciar que, ao dar início à etapa de cumprimento de sentença (art. 513, § 1º), cabe ao credor da Fazenda Pública (que o *caput* do art. 534 rotula, corretamente, de *exequente*) apresentar demonstrativo discriminado e atualizado de seu crédito, observando as exigências dos incisos I a VI do art. 534, que, em rigor, são as mesmas do art. 524, suficientes, por isso mesmo, as considerações do n. 9.2 do Capítulo 1. Se se tratar de sentença *ilíquida*, faz-se necessário o desenvolvimento de prévia *etapa* de liquidação nos moldes dos arts. 510 e 511, sem que haja nela qualquer peculiaridade, não obstante a presença da Fazenda Pública no processo.

Sobre os juros referidos no inciso IV do art. 534, cabe destacar que o entendimento do STF cristalizado na Súmula Vinculante 17[67] – bem como os demais acórdãos que nela se baseiam – deve ser revisto diante do que dispõe o § 12 do art. 100 da CF, introduzido pela EC n. 62/2009, para admitir sua incidência, ao menos nas requisições feitas a partir de sua vigência[68]. Em se tratando de crédito tributário, ademais, o índice de juros deve ser o do art. 166, § 1º, do CTN, de acordo com o que o Pleno do STF decidiu na já referida ADI 4.425/DF. Essa orientação deve prevalecer também para as hipóteses subsumíveis ao § 20 do art. 100 da CF, incluído pela EC n. 94/2016.

O rol exclui a indicação de bens à penhora (art. 524, VII) porque o cumprimento de sentença que reconhece a exigibilidade de pagar quantia em face da Fazenda Pública faz-se ora por precatório, ora por levantamento de valores depositados em conta específica à disposição dos órgãos jurisdicionais, isto é, pela sistemática da RPV, sendo a constrição sobre bens titularizados pela Fazenda Pública medida excepcionalíssima, autorizada apenas nos casos constitucionalmente previstos (art. 100, § 6º, da CF e art. 103 do ADCT, incluído pela EC n. 94/2016).

PROFISSIONAL. PAGAMENTOS DEVIDOS EM VIRTUDE DE DECISÃO JUDICIAL. SUBMISSÃO AO REGIME DE PRECATÓRIOS. EXISTÊNCIA DE REPERCUSSÃO GERAL. I – Possui repercussão geral a questão referente à submissão, ou não, dos conselhos de fiscalização profissional ao regime de precatórios para pagamentos de suas dívidas decorrentes de decisão judicial".

67. Que tem o seguinte enunciado: "Durante o período previsto no parágrafo primeiro do artigo 100 da Constituição, não incidem juros de mora sobre os precatórios que nele sejam pagos".

68. No julgamento do RE 579.431/RS (Pleno, rel. Min. Marco Aurélio, j. un. 19-4-2017, *DJe* 30-6-2017) foi fixada, a propósito, a seguinte tese, que se harmoniza plenamente com o quanto sustentado no texto: "Incidem os juros da mora no período compreendido entre a data da realização dos cálculos e da requisição ou do precatório". Tal decisão levou a CE do STJ a fixar a seguinte tese: "Incidem os juros da mora no período compreendido entre a data da realização dos cálculos e a da requisição ou do precatório" (QO no REsp 1.665.599/RS, rel. Min. Napoleão Nunes Maia Filho, j. un. 20-3-2019, *DJe* 2-4-2019. Não obstante, o Pleno do STF reafirmou, em junho de 2020, a subsistência daquela Súmula no julgamento do Tema 1037 da Repercussão Geral.

Na hipótese de haver litisconsórcio ativo (pluralidade de exequentes), o § 1º do art. 534 determina que cada um apresente o seu próprio demonstrativo, sem prejuízo de, consoante o caso, o litisconsórcio ser *desmembrado* para a etapa de cumprimento de sentença nos termos e para os fins dos §§ 1º e 2º do art. 113[69]. É correto entender que, formulado pedido para aquele fim, o prazo para a impugnação da Fazenda deve ser *interrompido*, recomeçando sua contagem a partir da intimação da decisão que resolver, pelo acolhimento ou pela rejeição, o incidente[70]. Nisso residem, do ponto de vista da técnica processual, razões bastantes para robustecer o entendimento de que os valores decisivos para a expedição de precatório ou da RPV devem ser computados *individualmente*, como já decidiu o STF no precitado RE 568.645/SP, sem atrito, destarte, com o § 8º do art. 100 da CF.

6. EXCLUSÃO DA MULTA DO ART. 523, § 1º

O § 2º do art. 534 exclui expressamente a multa do § 1º do art. 523 no cumprimento de sentença contra a Fazenda Pública, nos seguintes termos: "§ 2º A multa prevista no § 1º do art. 523 não se aplica à Fazenda Pública".

Nelson Nery Junior e Rosa Maria Andrade Nery entendem que o dispositivo é inconstitucional, acentuando seu atrito com a isonomia e porque também não o entendem como decorrência do disposto no art. 100 da CF. Escrevem a respeito:

> "Não se justifica a razão pela qual a Fazenda Pública não se submete à multa de dez por cento do CPC 523 § 1º, em atenção ao princípio constitucional e processual da igualdade. Pode-se argumentar que isso se deve à natureza peculiar do sistema de precatórios; mas esse sistema nada mais é do que uma programação de pagamento; se tal programação não for atendida, não merece punição? Note-se que, muito embora não haja imposição da multa do CPC 523 § 1º, também não há imposição de qualquer outra penalidade tão alta quanto os dez por cento. Não é constitucional o particular poder ser onerado nesse sentido e a Fazenda Pública, não"[71].

Com o devido respeito aos eminentes autores, a opção feita pelo CPC de 2015 é harmônica com o procedimento jurisdicional constitucionalmente diferenciado aqui analisado. Na hipótese de não haver pagamento, as consequências são de ordem diversa, desde o modelo constitucional, não havendo razão, ademais, para afastar, aprioristicamente, eventual apenação monetária (multa) a ser paga pelos responsáveis[72]. A multa do § 1º do art. 523, de

---

69. Para a discussão daqueles dispositivos, inclusive quanto à expressa previsão do desmembramento dar-se apenas na etapa de cumprimento de sentença, v. o n. 3.2.1 do Capítulo 3 da Parte II do v. 1 deste *Curso*, e Lia Carolina Batista Cintra, *Comentários ao Código de Processo Civil*, v. 1, p. 496-498.

70. No mesmo sentido é o entendimento de Adriano Oliveira Chaves, *Novo Código de Processo Civil comentado na prática da Fazenda Nacional*, p. 728.

71. *Comentários ao Código de Processo Civil*, p. 1.327.

72. Nesse sentido é o pensamento de André Vasconcelos Roque, *Processo de conhecimento e cumprimento de sentença*, p. 796, e de Adriano Oliveira Chaves (*Novo Código de Processo Civil comentado na prática da Fazenda Nacional*,

qualquer sorte, não pode desempenhar aquele papel porque não se trata de multa *punitiva* ou *sancionatória*, e sim de multa *coercitiva*, que quer estimular o pagamento a cargo do executado, diferentemente, portanto, do que sugere a lição acima transcrita[73].

Em função do regime de pagamentos ao qual a Fazenda Pública está submetida pelo art. 100 da CF, não há como, na perspectiva infraconstitucional, ela ser intimada para *pagar*. Não há disponibilidade para a Fazenda realizar ou deixar de realizar o pagamento, mas sim de programar esse pagamento para o exercício seguinte (precatório) ou para que o juiz requisite o pagamento diretamente às contas vinculadas ao Poder Judiciário para esse fim (RPV). Não há, nessa perspectiva, razão para se aplicar uma multa que, para este *Curso*, tem função coercitiva.

Ademais, a intimação dá-se para que a Fazenda Pública apresente, querendo, sua impugnação, exercendo, desde logo, o contraditório. É da análise do seu comportamento relativo à impugnação, inclusive na perspectiva de ela ser ou não recebida no efeito suspensivo, que o pagamento mostrar-se-á pertinente. O pagamento, cabe insistir, depende da programação financeira relativa ao precatório ou à requisição de pequeno valor.

Nessa perspectiva, o pagar ou não pagar depende menos da vontade da Fazenda Pública e mais da forma como ele será efetivado (por precatório ou por requisição), sempre precedido da oportunidade para a impugnação.

Por fim, mas não menos importante, cabe frisar que, na hipótese de a Fazenda Pública não pagar (o que pressupõe a expedição do precatório ou, no seu lugar, a expedição de ofício requisitório), para além das medidas voltadas à sua efetiva realização, não há como descartar aprioristicamente que sejam aplicadas em detrimento da Fazenda Pública multas por ato atentatório à dignidade da justiça nos moldes do art. 774[74], que podem chegar, consoante prescreve o parágrafo único daquele dispositivo, a 20% do valor do débito.

7. IMPUGNAÇÃO

A Fazenda Pública será *intimada* do requerimento apresentado pelo exequente (que dá início à etapa de cumprimento de sentença do processo) na pessoa de seu representante

---

p. 727), que, pelas mesmas razões, também afasta sistematicamente a viabilidade de a sentença contrária à Fazenda ser protestada nos moldes do art. 517.

73. Tanto assim que, ao comentarem o § 1º do art. 523 (*Comentários ao Código de Processo Civil*, p. 1288), os eminentes professores da Faculdade de Direito da Pontifícia Universidade Católica de São Paulo destacam que o pagamento que se espera do devedor para os fins daquele dispositivo processual é dever decorrente da lealdade processual e dos deveres contidos nos incisos II e V (*sic*) do art. 77.

74. As hipóteses previstas nos incisos IV e VI do art. 77, que cuida dos deveres processuais, também são puníveis como atos atentatórios à dignidade da justiça nos moldes do §§ 1º e 2º daquele dispositivo. Para a relação dos dois dispositivos, v. Luiz Guilherme Marinoni, Sérgio Cruz Arenhart e Daniel Mitidiero, *Código de Processo Civil comentado*, p. 737, e Daniel Amorim Assumpção Neves, *Novo Código de Processo Civil comentado artigo por artigo*, p. 1205-1207.

judicial, mediante carga, remessa ou por meio eletrônico[75]. Terá *trinta* dias para, se for o caso, oferecer *impugnação* nos próprios autos. Esse prazo não está sujeito à duplicação prevista no *caput* do art. 183 em função da pertinente ressalva pelo § 2º do mesmo dispositivo: "Não se aplica o benefício da contagem em dobro quando a lei estabelecer, de forma expressa, prazo próprio para o ente público"[76].

As matérias arguíveis na impugnação são aquelas dos seis incisos do art. 535, que correspondem, com uma única exceção, à penhora, descabida para a hipótese, às que o § 1º do art. 525 traz para a impugnação quando se tratar de execução que não seja dirigida em face da Fazenda Pública.

A impugnação da Fazenda Pública poderá versar sobre: (i) a falta ou nulidade da citação se, na etapa de conhecimento, o processo correu à revelia; (ii) a ilegitimidade de parte; (iii) a inexequibilidade do título ou inexigibilidade da obrigação; (iv) o excesso de execução ou cumulação indevida de execuções; (v) a incompetência absoluta ou relativa do juízo da execução e (vi) qualquer causa modificativa ou extintiva da obrigação, como pagamento, novação, compensação, transação ou prescrição[77], desde que supervenientes ao trânsito em julgado da sentença.

O quanto escrito a respeito do § 1º do art. 525 acerca de cada uma daquelas hipóteses tem pleno cabimento aqui. Todavia, há algumas considerações adicionais que merecem ser feitas nesta sede.

A primeira diz respeito à exigência do *trânsito em julgado da sentença* feita pelo inciso VI do art. 535, que difere da previsão do inciso VII do § 1º do art. 525, que se refere à circunstância de aqueles fatos serem *supervenientes* à sentença. A regra, contudo, tanto quanto aquela, precisa ser interpretada sistematicamente no sentido de a alegação (e prova) de fatos novos ser possível (e admitida) também em sede de apelo, não, contudo, em eventual fase recursal extraordinária ou especial. Destarte, apesar da diferença *textual* entre as duas hipóteses, é mais correto interpretá-las da mesma forma, incentivando que aquelas matérias sejam

75. Correta a exigência de *intimação* e não de *citação* da Fazenda para a oferta da impugnação, como faz o *caput* do dispositivo, o que basta para superar os problemas interpretativos que decorriam da redação (defasada) do art. 730 do CPC de 1973. Com isso, elimina-se, vez por todas, o entendimento de que, para a Fazenda Pública, sobrevivia a dicotomia "condenação/execução", abolida pela Lei n. 11.232/2005 para os demais casos. O prazo para a impugnação é de trinta dias, tendo corrigido o CPC de 2015 a desatualizada regra do art. 730 do CPC de 1973, que já havia sido alvo de alteração pela Medida Provisória n. 2.180/2001, que de *provisória*, *aliás*, tem apenas o seu nome. Para aquela discussão no contexto do art. 1º-B da Lei n. 9.494/97, criado por aquela Medida Provisória, v., do autor deste *Curso*, seu *O poder público em juízo*, p. 274-281. A *constitucionalidade* da ampliação do prazo original de 10 para 30 dias foi reconhecida, por maioria, pelo STF no Tema 137 de sua Repercussão Geral, tendo sido fixada a seguinte tese: "É compatível com a Constituição da República de 1988 a ampliação para 30 (trinta) dias do prazo de oposição de embargos à execução pela Fazenda Pública."

76. No mesmo sentido: Mirna Cianci e Rita de Cassia Conte Quartieri, *Comentários ao Código de Processo Civil*, v. 2, p. 749, e Cláudia Aparecida Cimardi, *Breves comentários ao Código de Processo Civil*, p. 1550.

77. Em consonância com o Enunciado n. 57 do FPPC, "A prescrição prevista nos arts. 525, § 1º, VII, e 535, VI, é exclusivamente da pretensão executiva".

introduzidas na etapa de conhecimento, ainda que posteriormente à prolação da sentença. Até como forma de evitar fator de distinção para a impugnação ofertada pela Fazenda Pública, o que colocaria em xeque a isonomia processual (art. 7º).

Também cabe à Fazenda Pública arguir impedimento ou suspeição do magistrado, observando, para tanto, as regras específicas dos arts. 146 e 148 (art. 535, § 1º). Diferentemente do que se dá para a impugnação apresentada por executado particular (art. 525, § 2º), é correto entender que, no caso da Fazenda, há coincidência de prazos para a impugnação e para o questionamento da imparcialidade do magistrado.

O § 2º do art. 535 encontra correspondência no § 4º do art. 525. Assim, se a Fazenda Pública alegar excesso de execução, precisa declinar, de imediato, o valor que entende devido. A consequência é clara e sistematicamente compreensível: o não conhecimento daquela alegação. Apesar de a regra ora analisada ser mais econômica em seu texto que o seu par, não há por que duvidar de que, se o excesso de execução for o *único* fundamento da impugnação, a desobediência da regra deve conduzir à sua rejeição liminar, aplicando-se à espécie o disposto no § 5º do art. 525, salvo nos casos em que a Fazenda Pública (e isso vale também para o executado particular) justificar a necessidade de prova pericial (ou outra, que não a passível de produção imediata) para aquele fim[78].

Com relação ao *procedimento* da impugnação, devem prevalecer, no silêncio do art. 535, as mesmas considerações expostas nos n. 8 e 9 do Capítulo 1 da Parte VI, inclusive no que diz respeito aos recursos cabíveis[79].

7.1 Inexigibilidade da obrigação diante de decisão de inconstitucionalidade do STF

A inexigibilidade da obrigação reconhecida em título executivo judicial fundado em ato normativo declarado inconstitucional pelo STF é disciplinada pelo § 5º do art. 535, espelhando o § 12 do art. 525, objeto de análise no n. 5.3.1 do Capítulo 1 da Parte VI. Desnecessária, portanto, sua repetição nesta sede. De idêntico modo – e com a mesma dúvida lá indicada –, a possibilidade de os efeitos da decisão do STF serem "modulados no tempo, de modo a favorecer a segurança jurídica", nos termos do § 6º do art. 535[80].

78. O Enunciado n. 55 da ENFAM, a propósito, dispõe que: "Às hipóteses de rejeição liminar a que se referem os arts. 525, § 5º, 535, § 2º, e 917 do CPC/2015 (excesso de execução) não se aplicam os arts. 9º e 10 desse Código".

79. Mirna Cianci e Rita de Cassia Conte Quartieri (Comentários ao Código de Processo Civil, v. 2, p. 753), coerentemente com seu pensamento de que a expedição do precatório e da RPV pressupõe, em qualquer caso, o trânsito em julgado da decisão respectiva, sustentam que o agravo de instrumento interposto contra a rejeição da impugnação ostenta também efeito suspensivo *ope legis*, excepcionando, assim, as regras dos arts. 995 e 1.019, I, em função do modelo constitucional.

80. De acordo com o Enunciado n. 58 do FPPC, "As decisões de inconstitucionalidade a que se referem os art. 525, §§ 12 e 13, e art. 535, §§ 5º e 6º, devem ser proferidas pelo plenário do STF". Quanto ao órgão jurisdicional

O § 7º indica que a decisão do STF, geradora da inexigibilidade para os fins do § 5º, deve ter sido proferida *antes* do trânsito em julgado da decisão exequenda. Se após, complementa o § 8º, a hipótese é de rescisória, "cujo prazo será contado do trânsito em julgado da decisão proferida pelo Supremo Tribunal Federal". Também aqui, a exemplo do que se dá para o § 15 do art. 525, não está clara no Parecer n. 956/2014 nem no Parecer n. 1.099/2014 a origem deste último dispositivo. Ainda que a solução nele encerrada seja coerente, sua inconstitucionalidade formal tem o condão de comprometer o prazo diferenciado para ajuizamento da rescisória, sem prejuízo do questionamento que merece ser dirigido à regra diante da insegurança jurídica por ela promovida[81].

7.2 Efeito suspensivo

Questionamento pertinente que se apresenta a respeito do tema é se a impugnação apresentada pela Fazenda Pública tem ou não efeito suspensivo. Comparando a redação do art. 535 com a do art. 525, percebe-se que não há repetição da disciplina lá posta nos §§ 6º a 10.

Disso tende a decorrer o entendimento de que, *na perspectiva do art. 535*, a conclusão é a de que a impugnação a ser apresentada pela Fazenda Pública tem efeito suspensivo *ope legis*. É interpretação que também pode ser extraída de uma leitura textual do § 3º do art. 535[82].

Ocorre que, na perspectiva constitucional, que é a preponderante para qualquer assunto que diz respeito ao direito processual civil, essa opção do legislador não é válida. Para os §§ 1º, 3º e 5º do art. 100 da CF, a decisão que deve ter transitado em julgado, na normalidade dos casos, para viabilizar o precatório ou a requisição de pequeno valor é (e só pode ser) a da etapa de conhecimento e não a da etapa de cumprimento, isto é, aquela a ser proferida em eventual impugnação a ser apresentada pela Fazenda Pública. Tanto que é aquela, não esta, que estará, como regra, sujeita à remessa necessária, mesmo quando se tratar de decisão *ilíquida* (art. 496, § 3º)[83].

Tanto assim que é o próprio § 3º do art. 535, em sua primeira parte, que reconhece a possibilidade de a impugnação *não ser* apresentada pela Fazenda Pública ou, ainda, o seu § 4º, que se refere à hipótese de a impugnação ser *parcial* e "a parte não questionada pela

---

competente para a modulação prevista no § 6º do art. 535, cabe trazer à tona o Enunciado n. 176 do FPPC, assim redigido: "Compete exclusivamente ao Supremo Tribunal Federal modular os efeitos da decisão prevista no § 13 do art. 525".

81. Nesse sentido, v. Mirna Cianci e Rita de Cassia Conte Quartieri, *Comentários ao Código de Processo Civil*, v. 2, p. 752-753, e Daniel Amorim Assumpção Neves, *Novo Código de Processo Civil comentado artigo por artigo*, p. 922-923.

82. É o que defendem Mirna Cianci e Rita de Cassia Conte Quartieri (Comentários ao Código de Processo Civil, v. 2, p. 753), Cláudia Aparecida Cimardi (*Breves comentários ao Código de Processo Civil*, p. 1550-1551) e Adriano Oliveira Chaves (*Novo Código de Processo Civil comentado na prática da Fazenda Nacional*, p. 730), que enfatizam a exigência do trânsito em julgado para a expedição do precatório e/ou pagamento da RPV.

83. É entendimento que o autor deste *Curso* já sustentava desde seus comentários ao art. 730 do CPC de 1973 em *Código de Processo Civil interpretado*, p. 2269-2271. Também era o entendimento já defendido pelo n. 5 do Capítulo 8 da Parte II do v. 3 das edições anteriores ao CPC de 2015 deste *Curso*.

executada" ser, "desde logo, objeto de cumprimento", ou, como acentua José Rogério Cruz e Tucci, de "cumprimento *autônomo*"[84]. E não há, em tais casos, justamente em face do quanto aqui sustentado, nenhuma mácula ao "modelo constitucional"[85].

Por essas razões, é correto entender que, a despeito do silêncio do art. 535, a impugnação a ser apresentada pela Fazenda Pública não tem efeito suspensivo *ope legis* e que, por isso, cabe a ela requerer sua concessão, hipótese em que deverá demonstrar ao magistrado a ocorrência dos pressupostos do § 6º do art. 525. A única (e essencial) distinção com relação ao que ocorre no cumprimento de sentença regida por aquele dispositivo, esta, sim, perfeitamente harmônica com o "modelo constitucional", é que a Fazenda *não* fica sujeita a garantir o juízo para aquela finalidade. Para ela, a atribuição do efeito suspensivo depende, exclusivamente, da indicação *e* comprovação de "fundamentos relevantes" e de que "o prosseguimento da execução for manifestamente suscetível de causar ao executado grave dano de difícil ou incerta reparação". Se não requerer o efeito suspensivo ou se o magistrado não deferir o pedido, expede-se o precatório ou faz-se a requisição do pequeno valor desde logo, ainda que a impugnação não tenha sido julgada.

O que ocorre é que a expedição do precatório ou a requisição do pequeno valor deve aguardar o comportamento da Fazenda Pública a partir de sua intimação para a etapa do cumprimento de sentença. Os efeitos da decisão a ser cumprida, destarte, não são liberados, ao menos como regra, até aquele instante, e o serão ou não a depender do indeferimento ou do deferimento do pedido de efeito suspensivo a ser formulado pela Fazenda Pública. É nesse contexto, que decorre do modelo constitucional, que as duas hipóteses dos incisos I e II do § 3º do art. 535 devem ser compreendidas.

As ressalvas decorrentes das expressões "ao menos como regra" e "na normalidade dos casos" devem ser compreendidas no sentido de, a depender da *urgência* que o caso concreto envolva, ser plenamente possível e desejável, na perspectiva do modelo constitucional, que tenha início o cumprimento *provisório* contra a Fazenda Pública[86].

O trânsito em julgado da sentença a ser cumprida, a que se referem os §§ 1º, 3º e 5º do art. 100 da CF, é a regra. O cumprimento provisório, antes do advento daquele trânsito em julgado, portanto, é a exceção[87]. A tutela provisória é o canal correto de condução do credor da Fazenda à satisfação *imediata* de seu direito, independentemente do trânsito em julgado. A vedação da tutela provisória nas hipóteses do art. 1.059 é flagrantemente inconstitucional[88].

---

84. *Comentários ao Código de Processo Civil*, v. VIII, p. 347.

85. É entendimento que o n. 6 do Capítulo 8 da Parte II do v. 3 das edições anteriores ao CPC de 2015 deste *Curso* já sustentava.

86. Nesse sentido é o entendimento de Eduardo José da Fonseca Costa, *Comentários ao novo Código de Processo Civil*, p. 863.

87. Justamente porque não contempla a *exceção* destacada no texto, não há como concordar com o Enunciado n. 532 do FPPC, assim redigido: "A expedição do precatório ou da RPV depende do trânsito em julgado da decisão que rejeita as arguições da Fazenda Pública executada".

88. Para essa demonstração, v. o n. 10.3 do Capítulo 5 da Parte II do v. 1. O autor deste *Curso* voltou-se ao tema também em outro trabalho seu, Tutela provisória contra o Poder Público no CPC de 2015, esp. p. 68-70.

E mais: fosse a própria CF a autorizar o cumprimento *provisório* da sentença em face da Fazenda Pública nos casos relacionados a pagamento de dinheiro e não haveria razão para entender cabível, para a espécie, a *necessidade* da tutela provisória a ser concedida pelo magistrado, diante das peculiaridades de cada caso que a justifique, que é, cabe insistir, a técnica que conduz à antecipação da etapa de cumprimento, isto é, à *satisfação* imediata de um direito, ainda que dependente de ulterior confirmação judicial.

Nos casos em que a execução contra a Fazenda Pública tiver como fundamento título executivo *extrajudicial*, a conclusão a se chegar com relação aos seus *embargos à execução* é diversa, e isso decorre do mesmo arcabouço normativo constitucional, ainda que a afirmação tenha tudo para soar paradoxal. É assunto ao qual se volta o n. 9.1, *infra*.

7.3 Pagamento por precatório ou requisição de pequeno valor

O § 3º do art. 535, harmônico com o "modelo constitucional", ocupa-se com os atos a serem praticados se a Fazenda Pública não impugnar o cumprimento da sentença ou quando ela for rejeitada. Importa interpretar o dispositivo, como evidencia o número anterior, também no sentido de ele ter aplicação quando não for concedido efeito suspensivo à impugnação da Fazenda Pública.

De acordo com o inciso I do dispositivo, em se tratando de execução de "maior valor", será expedido, por intermédio do presidente do Tribunal recursal competente, o precatório para ser pago no período indicado pelo § 5º do art. 100 da CF – e se, for o caso, com observância do § 20 do mesmo dispositivo –, e que deverá observar as ordens preferenciais dos §§ 1º e 2º do art. 100 da CF, em se tratando de verba alimentar e quando o titular, originário ou por sucessão hereditária, da verba de cunho alimentar tiver mais de sessenta anos (independentemente de quando forem completados, consoante entendeu o STF na ADI 4.357/DF) ou for portador de doença grave ou, ainda, se for deficiente, respectivamente.

Em se tratando de "execução de menor quantia" – e é a lei de cada ente federado que dirá qual é esse valor (art. 100, § 4º, da CF[89], prevalecendo, no silêncio, os valores indicados no art. 87 do ADCT) –, a hipótese é de ordenar à autoridade na pessoa de quem o ente público foi "citado para o processo" (texto a ser interpretado no sentido de ser suficiente a *intimação* na pessoa de quem detiver a representação processual fazendária para a etapa do cumprimento de sentença, nos precisos termos do *caput* do art. 535) o pagamento do valor no prazo de dois meses contados da entrega da requisição, mediante depósito na agência de banco oficial mais próxima da residência do exequente. É o que dispõe o inciso II do § 3º do art. 535.

89. Sendo descabidos efeitos retroativos à fixação legislativa do valor para aquele fim, consoante o entendimento fixado pelo STF no Tema 792 da Repercussão Geral cuja tese foi assim enunciada: "Lei disciplinadora da submissão de crédito ao sistema de execução via precatório possui natureza material e processual, sendo inaplicável a situação jurídica constituída em data que a anteceda.". No mesmo sentido é a ADI 5.100/SC, rel. Min. Luiz Fux, j.un. 27-4-2020, *DJe* 14-5-2020.

Mirna Cianci e Rita de Cassia Conte Quartieri trazem importante reflexão para o dispositivo, propondo que ele seja interpretado como norma *geral* de direito financeiro para os fins do inciso I e do § 1º do art. 24 da CF, de forma a evitar quaisquer questionamentos a respeito de sua constitucionalidade na perspectiva da competência legislativa. Para as processualistas, o advento da regra tem o condão de suspender a eficácia de normas estaduais preexistentes em sentido contrário por força do § 3º do art. 24 da CF[90].

Aceita aquela proposta, caberá aos Estados *reduzir* o prazo de pagamento da RPV, para *até* dois meses; nunca aumentá-lo, contudo. Pensamento contrário tornaria inócua a opção expressada pelo legislador federal.

De outra parte, com relação aos Municípios, que *não estão contemplados na competência concorrente do art. 24*, resta-lhes refletir as peculiaridades de suas finanças nos limites de valores a serem pagos independentemente de precatório no prazo de dois meses, previsto no inciso II do § 3º do art. 535.

O § 4º do art. 535 permite que a requisição do pagamento, independentemente de se tratar de maior ou de menor quantia, seja efetivada quando se tratar de impugnação parcial. Trata-se de iniciativa plenamente harmônica com o "modelo constitucional".

O tema foi questionado perante o Supremo Tribunal Federal em sede de controle concentrado por agressivo ao modelo constitucional[91]. Não se pode confundir, contudo, a vedação constitucional do *fracionamento*, repartição ou quebra do valor da execução constante do § 8º do art. 100 da CF com a viabilidade de haver impugnação parcial e a requisição de pagamento, por precatório ou por RPV, da parcela incontroversa. A proibição constitucional quer evitar burla à ordem de pagamento e à distinção feita desde o § 3º do art. 100 da CF, isto é, se quer proibir que haja pagamento do valor até o limite do RPV e o restante por precatório. Não é disso que trata o § 4º do art. 535, tampouco de uma autorização legal ao cumprimento provisório *completo*, que atritaria com o modelo constitucional[92].

---

90. *Comentários ao Código de Processo Civil*, v. 2, p. 757.

91. A referência é feita às ADIs 5.492, 5.534, 5.737 e 6.556, ajuizadas pelos Estados do Rio de Janeiro, do Pará, pelo Distrito Federal e pelo Estado de São Paulo, respectivamente.

92. "Não se deve confundir cumprimento de sentença com execução de parcela incontroversa, quando houver impugnação parcial. Nessa última hipótese, uma parcela do crédito não é mais objeto de controvérsia e dela não caberá mais recurso, sendo possível, desde logo, sua execução definitiva. Essa possibilidade já era assegurada pela jurisprudência com base na interpretação do art. 739, § 2º, do CPC de 1973, na redação dada pela Lei n. 11.382/2006" (Mirna Cianci e Rita de Cassia Conte Quartieri, *Comentários ao Código de Processo Civil*, v. 2, p. 751). Cabe acrescentar que a ADI 5.534 referida na nota anterior foi julgada parcialmente procedente pela maioria do Plenário do STF "para declarar a constitucionalidade do art. 535, § 3º, inciso II, do Código de Processo Civil de 2015 e conferir interpretação conforme à Constituição ao art. 535, § 4º, do CPC no sentido de que, para efeito de determinação do regime de pagamento do valor incontroverso, deve ser observado o valor total da condenação, conforme tese firmada no RE com repercussão geral n. 1205530 (Tema 28), nos termos do voto do Relator, vencido o Ministro Marco Aurélio, que julgava improcedente o pedido."

8. HONORÁRIOS ADVOCATÍCIOS

O § 7º do art. 85, tratando dos honorários advocatícios nos casos que envolvem a Fazenda Pública, dispõe que não serão devidos honorários na "execução de sentença"[93] contra a Fazenda Pública que acarrete expedição de precatório, desde que não tenha sido impugnada.

A regra corresponde ao art. 1º-D da Lei n. 9.494/97 à luz da "interpretação conforme" que lhe deu o Supremo Tribunal Federal no RE 420.816/PR[94], e encontra eco na ressalva feita pela Súmula 345 do Superior Tribunal de Justiça[95].

Não há dúvida, ainda com base no mesmo § 7º do art. 85, que, havendo impugnação (ou embargos, em se tratando de execução fundada em título executivo *extrajudicial*), apresentada pela Fazenda Pública, os honorários advocatícios serão devidos, observando-se os critérios dos §§ 3º a 6º do mesmo art. 85[96].

Sobre a precitada Súmula 345, importa discutir sua subsistência diante do mesmo § 7º do art. 85.

Aquela orientação subsiste para o atual sistema processual civil. Estão presentes, a despeito da letra do precitado dispositivo do CPC de 2015, os mesmos elementos que sensibilizaram o STJ quando da edição daquela Súmula: o cumprimento da "sentença genérica" proferida em processo coletivo (art. 95 da Lei n. 8.078/90) impõe, na perspectiva do credor, a *necessidade* de intervenção em juízo e da contratação de advogado. Não faz sentido, destarte, a aplicação do precitado § 7º do art. 85, que, por isso, deve ficar restrito aos casos em que a etapa de cumprimento de sentença deriva da etapa de conhecimento do *mesmo* processo, não gerando maior trabalho para o advogado a apresentação do requerimento para início da etapa de cumprimento de sentença, quando não houver resistência pela Fazenda Pública[97].

---

93. A expressão mais correta, de acordo com o próprio CPC de 2015, é "*cumprimento de sentença*".

94. O autor deste *Curso* teve oportunidade de se dedicar especificamente à análise daquela regra em artigo intitulado Honorários de advogado, execuções não embargadas e a Fazenda Pública (estudo sobre o art. 1º-D da Lei 9.494/97). A 1ª Seção do STJ, em sede de recurso especial repetitivo (REsp 1.406.296/RS, rel. Min. Herman Benjamin, j. un. 26-2-2014, *DJe* 19-3-2014) entendeu que não devem ser arbitrados honorários advocatícios quando houver renúncia ao valor excedente previsto no art. 87 do ADCT após o início do processo. A orientação foi reiterada pelo mesmo órgão julgador nos EREsp 1.409.362/RS, rel. Min. Herman Benjamin, j. un. 9-4-2014, *DJe* 17-6-2014, e pela 1ª Turma do mesmo Tribunal no AgRg no REsp 1.402.013/RS, rel. Min. Benedito Gonçalves, j. un. 12-8-2014, *DJe* 19-8-2014.

95. Cujo enunciado é o seguinte: "São devidos honorários advocatícios pela Fazenda Pública nas execuções individuais de sentença proferida em ações coletivas, ainda que não embargadas".

96. Assim escreveu o autor deste *Curso* em seu Honorários advocatícios e Poder Público em Juízo: ensaio sobre o CPC de 2015, p. 129.

97. Nesse sentido: Luiz Henrique Volpe Camargo, *Breves comentários ao novo Código de Processo Civil*, p. 347, e Bruno Vasconcelos Carrilho Lopes, *Comentários ao Código de Processo Civil*, v. II, p. 126. Mirna Cianci e Rita de Cassia Conte Quartieri (*Comentários ao Código de Processo Civil*, v. 2, p. 754) lembram, com base em julgado do STF, da pertinência da incidência da verba honorária nos casos em que o cumprimento se dá por RPV. No mesmo sentido é a lição de Adriano Oliveira Chaves (*Novo Código de Processo Civil comentado na prática da Fazenda Nacional*, p. 738), que, por isso, defende que a Súmula 345 do STJ deve ser interpretada da seguinte maneira:

A Corte Especial do Superior Tribunal de Justiça teve oportunidade de se manifestar no sentido aqui propugnado em sede de recurso especial repetitivo[98]. É entendimento que já foi afirmado expressamente na Súmula 133 do Tribunal Regional Federal da 4ª Região[99].

O mesmo Tribunal Regional Federal da 4ª Região editou outra Súmula acerca da temática dos honorários advocatícios na impugnação a ser apresentada pela Fazenda Pública, de número 134, que tem o seguinte enunciado: "A ausência de impugnação pela Fazenda Pública ao cumprimento de sentença não enseja a redução pela metade dos honorários advocatícios por ela devidos, não sendo aplicável à hipótese a regra do artigo 90, § 4º, combinado com o artigo 827, § 1º, ambos do CPC 2015".

A orientação merece ser prestigiada porque afasta a aplicação analógica da sistemática da execução por quantia certa devida entre particulares da Fazenda Pública. O CPC de 2015 trata expressamente do tema em perspectiva diversa, de prévia *citação* da Fazenda Pública para apresentar embargos à execução em trinta dias (art. 910, *caput*) e não para pagar. Eventuais honorários devidos pela execução e também pelos embargos devem levar em conta a postura a ser adotada pela Fazenda Pública a partir de sua citação e não como técnica executiva, que, em última análise, quer incentivar o devedor a pagar nos três dias a que se refere o § 1º do art. 827[100].

9. EM SE TRATANDO DE TÍTULO EXECUTIVO EXTRAJUDICIAL

Como já adiantado, o CPC de 2015 inova, ao menos do ponto de vista de seu *texto* em relação ao CPC de 1973[101], ao disciplinar expressamente a "execução contra a Fazenda Pública" como uma das modalidades de execução por quantia certa. Seu art. 910, que corresponde ao Capítulo V do Título II do Livro II da Parte Especial, ocupa-se com ela. Trata-se de verdadeira variante, tendo em vista a pessoa e sua correspondente submissão ao modelo constitucional, da execução por quantia certa disciplinada pelo Capítulo anterior, na qual a concretização da tutela jurisdicional executiva é dirigida em face de particulares.

"somente serão devidos honorários advocatícios pela Fazenda Pública nas execuções individuais de sentença proferida em ações coletivas não embargadas que ensejem expedição de RPV".

98. A referência é feita ao REsp 1.648.238/RS, rel. Min. Gurgel de Faria, j. un. 20-6-2018, *DJe* 27-6-2018, oportunidade em que foi fixada a seguinte tese: "O art. 85, § 7º, do CPC/2015 não afasta a aplicação do entendimento consolidado na Súmula 345 do STJ, de modo que são devidos honorários advocatícios nos procedimentos individuais de cumprimento de sentença decorrente de ação coletiva, ainda que não impugnados e promovidos em litisconsórcio".

99. Cujo enunciado é o seguinte: "Na execução ou cumprimento individual de sentença proferida em ação coletiva, mesmo na vigência do CPC-2015, são cabíveis honorários advocatícios, ainda que não embargadas, mantendo-se válido o entendimento expresso da Súmula 345 do Superior Tribunal de Justiça".

100. A respeito do assunto, v. Luiz Guilherme Marinoni, Sérgio Cruz Arenhart e Daniel Mitidiero, *Novo Código de Processo Civil comentado*, p. 176.

101. A ressalva é importante porque, como escrito, o n. 4 do Capítulo 8 da Parte II do v. 3 das edições anteriores ao CPC de 2015 deste *Curso* já propunham solução similar ao que agora é disciplinado pelo art. 910 a partir do modelo constitucional do direito processual civil.

Como se trata de processo que tem fundamento em título executivo *extrajudicial*, a Fazenda Pública deverá ser *citada* para, querendo, apresentar embargos à execução no prazo de *trinta* dias (art. 910, *caput*). Aqui não se trata de *citação* para *pagamento*, excepcionando o que ocorre quando o executado é particular. Não é esse o comportamento que, na perspectiva *constitucional*, seria possível ao legislador estabelecer para a Fazenda Pública na modalidade obrigacional de pagar, nem mesmo após as modificações introduzidas no art. 100 da CF e no ADCT pelas sucessivas emendas constitucionais que se ocuparam com o tema. EC n. 94/2016.

A sistemática estabelecida pelo referido dispositivo do CPC de 2015, de franquear à Fazenda Pública apresentar, querendo, os embargos à execução, tem o condão de viabilizar que o magistrado se manifeste sobre o título executivo *extrajudicial* ou, mais precisamente, sobre o direito nele documentado, "judicializando-o", providência que, de acordo com o *caput* do art. 100 da Constituição Federal, mostra-se inevitável. É entendimento sustentado pelas edições anteriores deste *Curso*[102] e que encontrava eco seguro na Súmula 279 do STJ[103], que já admitia (e de maneira correta) a concretização da tutela jurisdicional executiva fundada em título *extrajudicial* contra a Fazenda Pública.

O prazo para oferecimento dos embargos, prazo processual que é, deve ser contado em dias úteis (art. 219, parágrafo único). Ele não deve ser duplicado, contudo, diante da regra do § 2º do art. 183 segundo a qual "Não se aplica o benefício da contagem em dobro quando a lei estabelecer, de forma expressa, prazo próprio para o ente público"[104].

Se não apresentados os embargos à execução ou, se apresentados, quando *transitada em julgado* a decisão que os rejeitar – e a afirmação deve ser compreendida como necessidade de julgamento prévio de recursos cabíveis, sem prejuízo, consoante o caso, do julgamento da remessa necessária nas hipóteses do inciso I art. 496[105] –, será expedido precatório ou requisição de pequeno valor em favor do exequente, consoante o caso (art. 100, *caput* e § 3º, da CF).

A exigência do trânsito em julgado, feita pelo § 1º do art. 910, é constitucional e há importante distinção devidamente destacada no n. 7.2, *supra*, quando o tema foi versado na perspectiva do cumprimento de sentença contra a Fazenda Pública (art. 535, § 3º). Aqui, pela origem *extrajudicial* do título, sua *judicialização* precisa estar estabilizada pela coisa julgada. Sem o cumprimento dessa exigência, o CPC de 2015 esbarraria na exigência imposta pelos §§ 1º, 3º e 5º do art. 100 da Constituição Federal. Eventual situação de urgência, a justificar a concessão de tutela provisória para *adiantar* a satisfação do direito do exequente,

---

102. A referência é feita ao n. 4 do Capítulo 8 da Parte II do v. 3 das edições anteriores ao CPC de 2015 deste *Curso*.

103. Cujo enunciado é o seguinte: "É cabível execução por título extrajudicial contra a Fazenda Pública"

104. O dispositivo acolhe a orientação que, a despeito da falta de texto expresso, já era a amplamente predominante no CPC de 1973. Sobre o assunto, v. o n. 2 do Capítulo 8 da Parte II do v. 3 das edições anteriores ao CPC de 2015 deste *Curso*.

105. Em sentido contrário, o Enunciado n. 158 da II Jornada de Direito Processual Civil do CJF afasta a remessa necessária em tais casos. É lê-lo: "A sentença de rejeição dos embargos à execução opostos pela Fazenda Pública não está sujeita à remessa necessária".

retratada no título executivo extrajudicial, deve ser tratada casuisticamente e tem tudo para excepcionar a normalidade dos casos, ainda que previstos constitucionalmente. Não era o caso de esperar que o CPC de 2015, ao estabelecer o procedimento *padrão* daquelas execuções, ocupasse-se com quaisquer exceções e, sim, com a normalidade das situações. Das exceções ocupar-se-á o cotidiano forense.

Desse entendimento decorre a compreensão de que os embargos à execução apresentados pela Fazenda Pública possuem efeito suspensivo, que, embora não expresso, decorre do sistema processual civil como um todo, o que afasta a aplicação do *caput* do art. 919 do CPC de 2015 a eles. Aqui, diferentemente do que se mostra mais correto para a *impugnação*, na forma do n. 7, *supra*, não há como admitir a expedição do precatório ou a requisição de pequeno valor sem prévio trânsito em julgado da decisão que *judicialize* o título executivo. Evidentemente que, também aqui, situações excepcionais e de urgência merecerão tratamento diferenciado. No entanto, cabe repetir, na normalidade dos casos, não há como alcançar conclusão diversa, não merecendo reparo, nessa perspectiva, o comando do § 1º do art. 910.

O silêncio da Fazenda após sua citação em tais casos deve ser compreendido como aquiescência ao seu comportamento adotado *extrajudicialmente* (ao celebrar a obrigação retratada no título), e, por isso, o § 1º do art. 910, ao prever a expedição do precatório ou o pagamento por RPV quando "não opostos os embargos", é plenamente harmônico com o modelo constitucional. A situação difere substancialmente daquela prevista no § 4º do art. 701 para a "ação monitória", justamente porque o que embasa, aqui, o pedido de concretização da tutela jurisdicional executiva é um título executivo *extrajudicial*. Lá, na "ação monitória", o pedido do credor é feito com base em documento "sem eficácia de título executivo" (art. 700, *caput*). É essa a razão que, para a hipótese aqui examinada, à omissão da Fazenda Pública apresentar embargos à execução não deve se seguir a remessa necessária, ainda que ausentes as circunstâncias que a dispensam (art. 496, §§ 3º e 4º).

9.1 Dinâmica dos embargos à execução

Por se tratar de execução fundada em título extrajudicial, cabe à Fazenda Pública alegar, em seus embargos, "qualquer matéria que lhe seria lícito deduzir como defesa na *etapa* (e não no *processo*) de conhecimento". É o que prevê o § 2º do art. 910: não poderia o CPC de 2015 restringir a matéria arguível nos casos em que o pedido de concretização da tutela jurisdicional executiva se funda em título extrajudicial, sob pena de violar não só o inciso XXXV do art. 5º da Constituição Federal, mas também os princípios do contraditório e da ampla defesa. Trata-se, é esta a verdade, de verdadeira contrapartida, necessária e harmônica com o modelo constitucional, da admissão generalizada de execuções fundadas em título executivo extrajudicial, típica do direito brasileiro. Os embargos à execução apresentados pela Fazenda Pública também devem ser compreendidos como exercício do direito de *defesa* e não como *ação* (v. n. 2 do Capítulo 2 da Parte VI).

O § 3º do art. 910 determina a aplicação, à execução de título extrajudicial contra a Fazenda Pública, do disposto nos arts. 534 e 535, isto é, as regras relativas ao cumprimento de sentença contra a Fazenda Pública "no que couber". A remissão deve ser compreendida da seguinte forma.

A petição inicial a ser apresentada deverá conter, para cada um dos exequentes, o demonstrativo discriminado e atualizado do crédito com os elementos dos incisos I a VI do art. 534. Se for o caso – e não obstante a individualização da situação pessoal de cada exequente nos respectivos demonstrativos –, não há como recusar a viabilidade de eventuais litisconsórcios serem desmembrados pela aplicação dos §§ 1º e 2º do art. 113 (art. 534, § 1º).

À hipótese, não tem sentido aplicar a multa para o caso de não pagamento. Não só por força do § 2º do art. 534, mas também porque não é essa a dinâmica das execuções fundadas em título executivo *extrajudicial*. Muito menos na perspectiva constitucional.

Tratando-se de execução para pagamento de quantia fundada em título executivo extrajudicial contra a Fazenda Pública, é correto entender que também *não se aplica* ao caso a redução dos honorários advocatícios prevista no § 1º do art. 827. Isso porque a Fazenda Pública não é citada para *pagamento*, mas, bem diferentemente, para se defender, isto é, para *embargar* a execução.

A respeito dos honorários advocatícios nestes casos, cabe uma ressalva: o § 7º do art. 85 *não* deve ser aplicado nos casos em que a execução do particular contra a Fazenda Pública pautar-se em título executivo *extrajudicial* (art. 910). A se entender de modo diverso, o advogado não receberia nenhuma contrapartida, do ponto de vista do processo, pelo seu trabalho naqueles casos, o que confrontaria, em última análise, as regras do *caput* e do § 1º do art. 85, que se refere à "execução, resistida ou não"[106].

A incidência dos diversos incisos do *caput* do art. 535 deriva, em rigor, da amplitude do § 2º do art. 910. Não é demasiado, contudo, fazer algumas ponderações sobre o significado daquela remissão.

Se for o caso, o impedimento ou a suspeição do magistrado deverá ser arguido em petição avulsa, observando-se os arts. 146 e 148 (art. 535, § 1º), e não nos próprios embargos. De qualquer modo, eventual erro na forma empregada para a arguição não deve ser obstáculo à

---

106. Em sentido similar: Anselmo Prieto Alvarez, Honorários advocatícios contra a Fazenda Pública e o novo CPC, p. 383; José dos Santos Carvalho Filho, *O estado em juízo no novo CPC*, p. 64 (com honrosa menção ao *Novo Código de Processo Civil anotado* do autor deste *Curso*), e Leonardo Carneiro da Cunha, *A Fazenda Pública em juízo*, p. 131-132. É também a conclusão do Enunciado 15 da ENFAM: "Nas execuções fiscais ou naquelas fundadas em título extrajudicial promovidas contra a Fazenda Pública, a fixação dos honorários deverá observar os parâmetros do art. 85, § 3º, do CPC/2015" e do Enunciado 240 do FPPC: "São devidos honorários nas execuções fundadas em título executivo extrajudicial contra a Fazenda Pública, a serem arbitrados na forma do § 3º do art. 85", complementado pelo Enunciado 451, que tem o seguinte teor: "A regra decorrente do *caput* e do § 1º do art. 827 aplica-se às execuções fundadas em título executivo extrajudicial de obrigação de fazer, não fazer e entrega de coisa".

apreciação do que é arguido (arts. 277 e 283), porque, no caso, não há risco maior de intempestividade da arguição.

Quando a Fazenda Pública alegar, em seus embargos, excesso de execução deve indicar, desde logo, o valor que entender devido, o que encontra eco seguro não só no § 2º do art. 535, mas também no § 3º do art. 917, que trata da mesmíssima hipótese no contexto dos embargos à execução em geral. Assim – e de forma expressa – fica bem justificada a possibilidade de rejeição desse fundamento (ou dos embargos integrais se esse for o seu único fundamento) caso a alegação escorreita e a prova devida não sejam feitas desde logo (art. 917, § 4º), sempre ressalvada a excepcional situação apontada no n. 5.5 do Capítulo 1 da Parte VI.

Se os embargos forem parciais, caberá julgamento antecipado parcial do mérito e, desde que a decisão respectiva transite em julgado, estará autorizada a determinação do pagamento por precatório ou por requisição de pequeno valor. Trata-se de interpretação que decorre do § 4º do art. 535, máxime quando conjugado com o art. 356, que expressamente admite o julgamento antecipado *parcial* de mérito. Nada há no regime jurídico de direito material e, tampouco, no modelo constitucional que obstaculize a plena incidência e eficácia dessa hipótese contra a Fazenda Pública. Não se trata, cabe reiterar, de admitir precatório ou RPV fracionados, o que atrairia a incidência do § 8º do art. 100, mas diferentemente, de determinar a expedição de precatório ou de RPV para pagamento do que já transitou em julgado, ainda que em parte[107].

A situação de inexigibilidade da obrigação, prevista nos §§ 5º a 8º do art. 535, parece ser mais rara em se tratando de título executivo extrajudicial. No entanto, supondo que ela possa ou venha a ocorrer, não há por que deixar de aplicar aquelas regras aos embargos à execução apresentados pela Fazenda Pública. Nesse caso, todavia, merecem ser lembradas (e devidamente aplicadas) as ressalvas cabíveis quanto às inconstitucionalidades *formais*, decorrentes do processo legislativo do CPC de 2015, que recaem sobre aqueles dispositivos.

Para encerrar o rol da remissão decorrente do § 3º do art. 910, a previsão do § 3º do art. 535, sobre as providências a serem tomadas na não apresentação ou rejeição da impugnação (isto é, dos embargos) estão suficiente e expressamente reguladas pelo § 1º do art. 910, específico para a hipótese.

Uma última pergunta mostra-se importante: se o título executivo extrajudicial se referir a obrigação de fazer, não fazer ou de entrega de coisa assumida pela Fazenda Pública deve ser observada a disciplina do art. 910 do CPC de 2015?

A resposta só pode ser a negativa, porque não existe para elas qualquer variante derivada do modelo constitucional do direito processual civil.

---

107. Tanto assim que o Pleno do STF fixou a seguinte tese (Tema 28) em sede de repercussão geral: "Surge constitucional expedição de precatório ou requisição de pequeno valor para pagamento da parte incontroversa e autônoma do pronunciamento judicial transitada em julgado observada a importância total executada para efeitos de dimensionamento como obrigação de pequeno valor.".

Assim, as obrigações de outras modalidades que não a de *pagamento* representadas em títulos executivos extrajudiciais devem ser perseguidas, mesmo quando a executada for a Fazenda Pública, mediante a disciplina geral trazida pelo CPC de 2015. À hipótese aplica-se o disposto nos arts. 806 a 813 (quando se tratar de entrega de coisa) e nos arts. 814 a 823 (quando se tratar de obrigações de fazer ou de não fazer). Os embargos à execução, nesses casos, por sua vez, devem ser regidos pelos arts. 914, 915, 917 a 920, inclusive quanto à inexistência de efeito suspensivo legal, devendo ser requerido e concedido caso a caso consoante se façam presentes os pressupostos autorizadores do § 1º do art. 919.

Parte IV

Técnicas executivas relativas à obrigação de fazer e de não fazer

Capítulo 1

Com base em título judicial

1. CONSIDERAÇÕES INICIAIS

O último Capítulo do Título II do Livro I da Parte Especial do Código de Processo Civil disciplina, em duas Seções diversas, as normas relativas ao cumprimento da sentença que reconhece a exigibilidade de obrigação de fazer ou de não fazer (arts. 536 e 537) e a de entrega de coisa (art. 538). Embora, do ponto de vista processual e procedimental, haja inegáveis pontos de contato entre ambos os regramentos, cabe, para fins didáticos, distingui-los com a maior nitidez possível porque, na perspectiva do direito material, aquelas obrigações são inconfundíveis.

Os três dispositivos mencionados devem ser compreendidos como a face procedimental do que, na perspectiva da sentença (e sempre, mais ampla e corretamente, de qualquer decisão jurisdicional), é desejado desde sua prolação, como se verifica nos arts. 497 a 500. Neles, o CPC de 2015 destaca, no que interessa para cá, o *conteúdo* daquelas decisões ao veicular tutela jurisdicional executiva. Nos arts. 536 a 538, a disciplina normativa recai sobre sua *eficácia* ou, mais precisamente, como seus efeitos devem, na perspectiva procedimental, ser sentidos para conduzir o exequente à *satisfação* do direito constante do título executivo e, consequentemente, à extinção do processo nos moldes do inciso I do art. 924 com o proferimento da sentença de que trata o art. 925. Para empregar a própria palavra adotada para descrever essa atividade, os arts. 536 a 538 se ocupam com o *cumprimento* daquelas decisões.

Uma ressalva a esse respeito é importante: na comparação do art. 536 com o art. 461 do CPC de 1973, nota-se a falta de correspondência textual e/ou expressa com o § 3º daquele dispositivo e a viabilidade de os efeitos da decisão impositiva das obrigações de fazer e de não fazer serem *antecipados*, inclusive *liminarmente*[1].

1. Era a seguinte a redação daquele dispositivo, dada pela Lei n. 8.952/94: "§ 3º Sendo relevante o fundamento da demanda e havendo justificado receio de ineficácia do provimento final, é lícito ao juiz conceder a tutela

Não há lacuna, contudo.

A possibilidade de concessão de tutela provisória, inclusive de índole *satisfativa (antecipada)* para aquele fim, decorre suficientemente da previsão do art. 300 (quando seu fundamento for, como se dava no CPC de 1973, a *urgência*) e do art. 311 (quando seu fundamento for, nisso inova, ao menos expressamente, o CPC de 2015, a *evidência*). Em verdade, toda a sistemática da tutela provisória disciplinada pelo Livro V da Parte Geral do CPC de 2015 aplica-se às obrigações de fazer e de não fazer, razão bastante para o legislador mais recente não ter reproduzido, nesta sede, o antigo § 3º do art. 461 do CPC de 1973[2].

Ademais, a robustecer esse ponto de vista, são claros a esse respeito – para evitar o emprego da palavra "repetitivos" – os arts. 297, 519 e 527.

Portanto, a disciplina constante dos arts. 536 e 537 para as obrigações de fazer e de não fazer e, por identidade de motivos, do art. 538 para as obrigações de dar coisa, volta-se indistintamente ao cumprimento *definitivo* e ao *provisório*, abrangendo esta última referência também os casos em que há tutela provisória concedida em favor do autor, inclusive – e o caso assim justificar – liminarmente.

2. OBRIGAÇÕES DE FAZER E NÃO FAZER NO PLANO MATERIAL

A compreensão das *técnicas* processuais, isto é, das atividades executivas a serem adotadas para a satisfação do exequente quando se tratar de obrigações de fazer de não fazer convida a uma incursão, mesmo que breve, no direito material. É naquele plano e não no do processo que residem as peculiaridades das obrigações de fazer e não fazer, cuja compreensão é necessária para a verificação dos limites que, desde aquele plano, o processualista civil deverá observar para descrever as técnicas processuais disponíveis para a concretização da tutela jurisdicional executiva relativa àquelas modalidades obrigacionais.

As *obrigações de fazer* são aquelas que têm como prestação determinada atividade ou ato a ser praticado pelo devedor. As *obrigações de não fazer* têm como prestação a abstenção ou o dever de tolerar dada atividade por parte do devedor. Aqui, ajusta-se uma *omissão* do devedor;

---

liminarmente ou mediante justificação prévia, citado o réu. A medida liminar poderá ser revogada ou modificada, a qualquer tempo, em decisão fundamentada".

2. Alguns autores chegaram a sustentar à época da promulgação da Lei n. 8.952/94 que a previsão do § 3º do art. 461 não se justificava diante da "previsão geral" do art. 273, introduzido no CPC de 1973 por aquele mesmo diploma legislativo. Contudo, especulavam, a iniciativa do legislador justificava-se diante de um temido veto presidencial ao "dever-poder geral de antecipação" ou vice-versa, que acabou não se confirmando. A respeito do assunto, v. as considerações daquela época de Eduardo Talamini em seu *Tutela relativa aos deveres de fazer e de não fazer*, p. 349, e de Eduardo Lamy, já sob a vigência do CPC de 2015, em *Comentários ao Código de Processo Civil*, p. 774. Da parte do autor deste *Curso*, v. o que escreveu em *Código de Processo Civil interpretado*, p. 1.471-1.474. Nas edições anteriores ao CPC de 2015 deste *Curso*, o tema era versado no n. 7 do Capítulo 1 da Parte III do v. 3 e no Capítulo 6 da Parte I do v. 4.

lá, uma *ação* (ato comissivo). Em um e em outro caso, entretanto, as obrigações incidem especificamente sobre determinado *comportamento* do devedor (comissivo nas obrigações de fazer e omissivo nas de não fazer).

As obrigações de não fazer podem ser subdivididas em duas espécies: as obrigações *instantâneas* e as obrigações *permanentes*. O não cumprimento destas, as obrigações *permanentes*, admite desfazimento porque os *efeitos* do inadimplemento perduram ao longo do tempo. Ajustou-se não construir muro divisório entre duas propriedades, mas é possível, materialmente, desfazê-lo, diante do inadimplemento da obrigação. Aquelas, as obrigações de não fazer *instantâneas*, não admitem desfazimento. Tão logo prestado o fato, a obrigação é inadimplida, impossível o retorno ao *status quo ante*. Ajustou-se que uma emissora de TV não transmitiria a final do campeonato. Com a transmissão, inadimpliu-se a obrigação, sendo inviável que se "não retransmita" o jogo. É impossível voltar no tempo e apagar os efeitos *já consumados* do inadimplemento. Nestes casos, é fácil perceber que é inviável, do ponto de vista prático, a obtenção da *tutela específica*, não obstante as diretrizes do art. 497. A única forma de se tutelar, *adequadamente*, a *específica* obrigação de não fazer é admitir a imunização da iminência de dano, o que o sistema processual civil expressamente admite pelo emprego das técnicas dos arts. 294 a 311, afinadíssimas, no particular, ao princípio da efetividade, decorrente do inciso XXXV do art. 5º da Constituição Federal.

Obrigações fungíveis são as que, por sua própria natureza, ou por disposição negocial, podem ser prestadas por terceiros, caso o devedor não as preste nas condições ajustadas, isto é, quando inadimplir. É uma modalidade de obrigação que prima mais pelo *resultado* do que, propriamente, pelo *meio* ou pelo *modo* de sua prestação. A *pessoalidade* daquele que a cumpre é indiferente, contanto que se alcance o resultado esperado.

Diferentemente, as *obrigações infungíveis* são as que só podem ser satisfeitas pelo devedor, seja pela natureza da própria obrigação, seja porque assim as partes convencionaram. São obrigações *intuitu personae*, obrigações *personalíssimas*, no sentido de que importa, tanto ou mais que o resultado, o especial *modo* pelo qual a obrigação vai ser prestada. É comum o entendimento de que o não cumprimento das obrigações gera *sempre* perdas e danos, sendo inviável a obtenção de sua prestação *in natura*. Até porque, por definição, elas *não comportam* prestação por terceiros que não o obrigado.

Esta última consideração deve ser recebida com ressalvas. É que a infungibilidade pode derivar da própria *natureza* da obrigação (*infungibilidade natural* ou *prática*) ou da *convenção* das partes ou *imposição* da ordem jurídica (*infungibilidade jurídica*). Somente no primeiro caso tende a ser impossível sua tutela *específica*. Não no segundo, quando o ordenamento jurídico pode prever mecanismos *equivalentes ou coincidentes* ao resultado da obrigação ajustada. Mesmo que a ordem jurídica não tenha aptidão, concretamente falando, de compelir material ou psicologicamente o obrigado a *uma determinada prestação*, pode ele, quando *jurídica* a infungibilidade, idear *outros* mecanismos para obtenção, senão do *mesmo* resultado, de resultados próximos ao imposto ou ajustado entre as partes satisfazendo-se, ainda que por outros meios, o mesmo bem da vida ou, quando menos, bem equivalente. Exemplo clássico do direito brasileiro é o do art. 501, segundo os quais a sentença produzirá os mesmos efeitos jurídicos que a declaração de vontade não emitida pelo devedor. Nos casos de *infungibilidade jurídica* da prestação, outrossim, nada há que proíba o credor de renunciar ao objeto ajustado, contentando-se desde logo com as perdas e danos.

3. CUMPRIMENTO DA SENTENÇA DE OBRIGAÇÕES DE FAZER OU DE NÃO FAZER

Nada é dito nos arts. 536 e 537 sobre ser necessária, ou não, a iniciativa do exequente para o início da etapa de cumprimento quando se tratar de obrigações de fazer ou de não fazer (art. 497).

Como expõe o n. 5.1 do Capítulo 1 da Parte III, a propósito do § 1º do art. 513, a *letra* daquele dispositivo somada ao silêncio do CPC de 2015 *não* pode autorizar a interpretação de que a etapa de cumprimento, nessa modalidade obrigacional – e tal observação é pertinente também para os casos de entrega de coisa –, possa se dar de ofício. Tratar-se-ia de entendimento que, em última análise, violaria o princípio da inércia jurisdicional e o próprio princípio dispositivo com os princípios constitucionais a ele relacionados, como se verifica do art. 2º. O "impulso oficial" referido neste dispositivo não chega a tanto, mesmo sem uma *expressa* exceção prevista em lei. São bastantes, portanto, os *princípios* aplicáveis à espécie: o exequente deve requerer o início da etapa de cumprimento para buscar a satisfação de seu direito, mesmo que se trate de obrigação de fazer ou de não fazer[3].

Cabe ao exequente, portanto, externar sua vontade de dar início à etapa de cumprimento da sentença, observando, para tanto, o que dispõem os arts. 798 e 799, e endereçando o respectivo requerimento a um dos juízos competentes de acordo com o art. 516. O parágrafo único desse dispositivo, ao se referir a juízo "onde deva ser executada a obrigação de fazer ou de não fazer", está a sugerir o acerto desse entendimento, para quem gosta das coisas bem explicadas (e escritas) no próprio Código.

O requerimento será fruto de juízo de admissibilidade, inclusive o *neutro*. Nessa hipótese, além do art. 801, deverá ser observado também o art. 321 e, se positivo, determinada a intimação do executado para fazer ou não fazer consoante o caso. Para esse fim, as variantes do § 2º do art. 513 devem ser observadas.

A admissão, pelo *caput* do art. 536, da atuação oficiosa do magistrado não infirma este entendimento. O que o dispositivo admite seja praticado *independentemente de pedido* é

3. O tema, contudo, tem despertado aceso debate em doutrina, como se pode constatar da lição de Guilherme Rizzo Amaral, *Comentários às alterações do novo CPC*, p. 654, e também em *Breves comentários ao novo Código de Processo Civil*, p. 1556.

"determinar as medidas necessárias à satisfação do exequente", e não substituir a vontade do exequente de dar início ou não à etapa de cumprimento. Tanto que, com a atenção voltada ao art. 499, o magistrado não poderá buscar nem a tutela específica e nem o resultado prático equivalente se o autor (exequente) manifestar seu contentamento com as perdas e danos. Não há como, destarte, confundir o *início* da etapa de cumprimento – nem quando ela se dá por força de concessão de tutela provisória, que pressupõe pedido – com as técnicas que, uma vez iniciada aquela etapa, poderão ser adotadas para atender ao *interesse* (devidamente externado) do exequente, *inclusive* de ofício. Aqui sim, mas não ali, vigora em sua plenitude o "impulso oficial" referido no art. 2º.

O que ocorre é que o modelo de processo sincrético autoriza a adoção daquelas medidas ao longo do processo independentemente de maiores formalidades ou, mais do que isso, independentemente de se conceber a existência de tantas "ações" e tantos "processos" quantos sejam os pedidos de adoção das técnicas executivas (multifacetadas) que podem ser extraídas não só dos arts. 536 e 537 mas, de forma mais ampla, do próprio inciso IV do art. 139[4].

A mesma conclusão do parágrafo anterior pode ser dada no âmbito do que o CPC de 2015 continua a chamar de "processo de execução". Também nele, a adoção das variadas técnicas executivas que se justifiquem à luz das características de cada caso concreto independentemente de maiores formalidades tais quais as indicadas no parágrafo anterior. Tudo se passa no *mesmo* processo e no regular desenvolvimento de uma *mesma* ação – um direito fundamental a ser exercido ao longo de todo o processo –, cuja pretensão é satisfazer o direito reconhecido em favor do exequente no título executivo[5], isto é, *concretizar* a tutela jurisdicional executiva.

Os honorários de advogado observarão as regras gerais: ele deve ser fixado no piso de 10% com a determinação de intimação do executado na hipótese de o executado deixar de adotar o comportamento que dele se espera, podendo ser majorado até 20% consoante sejam as tarefas a serem desempenhadas pelos advogados das partes ao longo de todo o processo, inclusive no que tange à impugnação (art. 85, § 2º).

Quando o executado for o Poder Público, os limites mínimos e máximos são aqueles do § 3º do art. 85, não havendo, inclusive quanto ao ponto, nenhuma peculiaridade para a espécie, à falta de qualquer variação derivada do modelo constitucional do direito processual civil.

---

4. Também é o entendimento de Rafael Caselli Pereira, *A multa judicial* (astreinte) *e o CPC/2015*, p. 139-147.
5. Nesse sentido e com as devidas ressalvas quanto ao uso da nomenclatura, não há como discordar do Enunciado n. 444 do FPPC: "Para o processo de execução de título extrajudicial de obrigação de não fazer, não é necessário propor a ação de conhecimento para que o juiz possa aplicar as normas decorrentes dos arts. 536 e 537".

4. PRAZO PARA CUMPRIMENTO

Diante do silêncio dos arts. 497, 536 e 537, o *prazo* para que o executado faça ou não faça deve observar o disposto no *caput* do art. 815, aqui aplicável por força dos *capi* dos arts. 513 e 771: será o constante do título (sentença, acórdão, decisão monocrática ou decisão interlocutória que se quer cumprir) ou, no seu silêncio, fixado casuisticamente pelo magistrado.

Ainda que fixado em dias – e a prática forense mostra que este é o referencial mais comum –, sua contagem deve computar apenas os dias *úteis*, em função da dicotomia estabelecida pelo art. 219. Trata-se invariavelmente de prazo *processual,* porque o fazer e o não fazer que interessam ao exame dos arts. 536 e 537 são fruto de determinação – de verdadeira ordem – judicial. Não há como confundir essa realidade (processual) com a atitude a ser adotada pela parte no plano material para aquela observância, ainda que o comportamento ou a abstenção independa de participação de advogado ou, mais amplamente, de alguém munido de capacidade postulatória o que pode ensejar, consoante o caso, a incidência do § 3º do art. 231, não, contudo, o descarte da regra do parágrafo único do art. 219.

A formulação de limitação de eventual litisconsórcio passivo formulado a partir da intimação para fazer ou não fazer tem o condão de *interromper* o prazo para tanto (e, consequentemente, postergar o início do prazo para a *impugnação* do art. 525), que recomeça a correr da intimação da decisão que solucionar a questão. É o que decorre da incidência dos §§ 1º e 2º do art. 113 na espécie.

5. TUTELA ESPECÍFICA, RESULTADO PRÁTICO EQUIVALENTE E PERDAS E DANOS

O *caput* do art. 536 emprega as expressões "tutela específica" e "resultado prático equivalente", tendo presente o universo das obrigações de fazer ou de não fazer.

"Tutela específica", sem prejuízo do que a seu respeito escreve o n. 2 do Capítulo 5 da Parte I do v. 1, é expressão a ser compreendida como a máxima coincidência possível entre o que, no plano material, era devido e o que, na etapa de cumprimento, pretende o exequente obter. No contrato ajustado no plano material, o devedor, respeitado chefe de cozinha internacional, conhecido em todo o mundo, assume a obrigação de coordenar os serviços de bufê de um jantar a ser ofertado em homenagem a afamado pesquisador estrangeiro. A tutela específica, em tal caso, será obter do próprio chefe o cumprimento da obrigação tal qual assumida por ele mesmo.

"Resultado prático equivalente", por sua vez, é expressão genérica que merece ser entendida no sentido de que cabe ao credor (exequente) sopesar se se satisfaz com algo que, embora não seja a "tutela específica", não é (ainda) a devolução de seu dinheiro com a indenização equivalente às perdas e danos. No exemplo figurado acima, o resultado prático equivalente poderá estar em o credor (exequente) contentar-se com outro chefe, nem que seja seu assistente, bem menos famoso, com outro cardápio, dada a impossibilidade de preservar o combinado na origem e com situações similares.

Nenhuma dessas alternativas pré-exclui necessariamente as perdas e danos. O que pode ocorrer é que, obtida a tutela específica por atuação do próprio executado, eventuais perdas e danos serão de maior ou menor monta, só materiais e não morais, ou, quiçá, inexistentes. Se a tutela específica, contudo, for obtida por terceiro, nos moldes dos arts. 816 e 817, as perdas e danos deverão considerar os custos respectivos. No resultado prático equivalente, as perdas e danos são bem mais visíveis: a frustração experimentada pelo credor relativa ao inadimplemento da obrigação pelo contratado originalmente tem reflexos importantes, nem que seja para dar fundamento a danos *morais*[6]. Trata-se de interpretação que decorre do art. 499.

Eventuais perdas e danos, somadas consoante o caso, ao valor de eventual multa imposta para compelir o executado ao fazer ou ao não fazer serão perseguidas no mesmo processo, liquidando-se o valor respectivo e *intimando-se* o executado para pagamento do valor respectivo sob pena de multa de 10%, nos moldes dos arts. 520 ou 523, em se tratando de cumprimento *provisório* ou *definitivo*, respectivamente[7]. Trata-se de mais uma, dentre tantas, derivações do modelo de processos sincrético inequivocamente adotado (e generalizado) pelo CPC de 2015.

Ao fim e ao cabo, o que importa, para os fins do *caput* do art. 536, é que o exequente seja satisfeito da melhor forma possível diante das circunstâncias, aproximando a sua legítima expectativa de direito material com o resultado a ser obtido mediante a prestação da tutela jurisdicional e os atos de *cumprimento* aqui analisados.

Não há como deixar de sublinhar que, na perspectiva do próprio sistema processual civil, o ideal é que a satisfação dê-se com a máxima identidade possível entre os planos processual e material, justamente com a obtenção da "tutela específica". Contudo, o "resultado prático equivalente" também deve ser pensado em termos de satisfação do direito do exequente, ainda que em gradação diversa. As perdas e danos, em casos que tais, funcionam também como verdadeira compensação pelo não atingimento da "tutela específica", a robustecer, sempre levando em conta as peculiaridades de cada caso, a pertinência da fixação de danos *morais* em favor do exequente.

De resto, as perdas e danos eventualmente pretendidas pelo exequente por sua vontade ou em função da impossibilidade de atingimento da tutela específica ou, quando menos, do

---

6. A cumulação de danos *morais* à multa fixada para o cumprimento da obrigação foi (corretamente) admitida pela 3ª Turma do STJ no julgamento do REsp 1.689.074/RS, rel. Min. Moura Ribeiro, j. un. 16-10-2018, *DJe* 18-10-2018.

7. Correto, no particular, o Enunciado n. 35 do TJMG, segundo o qual: "No cumprimento de sentença que imponha obrigação específica, quando convertida em indenização por perdas e danos, incluída a *astreintes*, caso não seja efetuado o pagamento voluntário, no prazo legal, haverá incidência de multa de 10% e honorários advocatícios".

resultado prático equivalente também têm como objetivo a satisfação do direito do exequente. É o que consta expressamente do art. 499.

Essas considerações devem conduzir ao entendimento de que a sistemática processual inaugurada desde a Lei n. 8.952/94 com o antigo art. 461 do CPC de 1973 não foi capaz de revogar ou derrogar as regras dos então vigorantes arts. 878 a 883 do Código Civil de 1916 e sua ênfase nas perdas e danos[8]. O que já havia – e ainda deve haver, mesmo diante dos arts. 247 a 251 do Código Civil de 2020 e da regra genérica de seu art. 389 – é a necessária coordenação das regras processuais e materiais, sempre com respeito à vontade expressada pelo credor diante das peculiaridades (e possibilidades) do direito e do plano material[9] para a satisfação do direito do exequente[10].

A inegável *gradação* de resultados obteníveis pelas técnicas do art. 536 que vem de sublinhar não significa violação aos princípios da estabilidade da demanda e da adstrição do juiz ao pedido, decorrentes não só do mais amplo art. 2º mas também, para o que aqui interessa, dos arts. 329, 490 e 492.

O disposto no art. 497 é suficientemente claro para afastar esse questionamento, máxime porque quaisquer questionamentos que àquele respeito surjam na etapa de cumprimento da sentença (provisório ou definitivo) devem ser submetidos *previamente* ao contraditório do executado, postergando-o, apenas, quando eventual *urgência* justificar aquele comportamento.

Sem prejuízo de tais considerações, não é demais esperar que o próprio autor – mormente diante dos arts. 5º e 6º –, desde a petição inicial que abre a etapa de conhecimento do processo, cumule os pedidos respectivos, indicando, de pronto, *suas* preferências desde a *sua* compreensão da "tutela específica" que pretende obter mediante a atividade jurisdicional, passando pelas possibilidades do que entende útil a título de resultado prático equivalente (ou resultados, consoante o caso), chegando à composição das perdas e danos e suas múltiplas combinações[11].

---

8. É demonstração que o autor deste *Curso* já fazia nos comentários ao art. 461 do CPC de 1973 em *Código de Processo Civil interpretado*, p. 1463-1465 e 1469-1471. As edições anteriores ao CPC de 2015 deste *Curso* voltavam-se ao tema no n. 2 do Capítulo 1 da Parte III do v. 3.

9. O que é correto de afirmar a esse propósito é que o parágrafo único do art. 497 convida a uma renovada reflexão – que preexiste ao CPC de 2015 – sobre a compreensão de *dano* na perspectiva da culpa ou dolo. Para o ponto, suficientes as considerações de Marinoni, precursor daquele entendimento e da regra que o traduz para o CPC de 2015 na evolução de seu pensamento suficientemente documentadas nos seguintes trabalhos de sua autoria: *Tutela específica*, p. 90 e p. 143-152; *Tutela inibitória*, p. 47-50, e *Tutela contra o ilícito*, esp. p. 28-29. Também cabe mencionar o trabalho de Edson Antônio Souza Pinto e Daniela Lopes de Faria intitulado A tutela inibitória e os seus fundamentos no novo Código de Processo civil, esp. p. 304-309.

10. Ilustrativo do acerto da afirmação do texto é o Enunciado n. 103 da I Jornada de Direito Processual Civil do CJF: "Pode o exequente – em execução de obrigação de fazer fungível, decorrente do inadimplemento relativo, voluntário e inescusável do executado – requerer a satisfação da obrigação por terceiro, cumuladamente ou não com perdas e danos, considerando que o *caput* do art. 816 do CPC não derrogou o *caput* do art. 249 do Código Civil".

11. Trata-se de iniciativa que a este *Curso* já se mostrava possível (e desejável) no CPC de 1973, como demonstraram o n. 7.2 do Capítulo 1 da Parte II do v. 2, tomo I e o n. 3 do Capítulo 1 da Parte III do v. 3 das edições anteriores ao CPC de 2015. Ilustra-a suficientemente bem a Súmula 629 do STJ, assim enunciada: "Quanto ao dano ambiental, é admitida a condenação do réu à obrigação de fazer ou à de não fazer cumulada com a de indenizar".

6. TÉCNICAS EXECUTIVAS

O § 1º do art. 536 indica técnicas executivas que o magistrado, aqui sim de ofício ou a requerimento do exequente, poderá adotar para a obtenção da tutela específica ou, quando menos, do resultado prático equivalente. Trata-se de previsão que regula as técnicas de cumprimento, isto é, de efetivação, da decisão que tem como conteúdo o disposto no art. 497.

É dispositivo que permite afirmar, com segurança, máxime quando interpretado na perspectiva do "modelo constitucional do direito processual civil" e do neoconcretismo, a existência de mecanismos *atípicos* de prestação da tutela jurisdicional no direito brasileiro, merecendo ser interpretado ao lado do inciso IV do art. 139 e do "dever-poder geral de *concretização*" nele previsto[12].

O rol, inequivocamente exemplificativo, inclui a imposição de multa, também prevista pelo art. 500 e que recebe disciplina normativa mais detalhada no art. 537, a busca e apreensão, a remoção de pessoas e coisas, o desfazimento de obras e o impedimento de atividade nociva. Também admite que, se necessário, o magistrado requisite o auxílio de força policial. São medidas *indutivas*, *coercitivas* e *mandamentais* – para empregar alguns dos referenciais constantes do precitado inciso IV do art. 139 – no sentido de que sua adoção tem como finalidade a de estimular, positiva ou negativamente, o executado a acatar a determinação judicial sobre o fazer ou o não fazer[13].

As técnicas indicadas no § 1º do art. 536 convidam a reflexão sobre seus limites. Resguardado o "modelo constitucional", do ponto de vista infraconstitucional, o magistrado, inclusive e desejavelmente em cooperação com o exequente e com o próprio executado, pode ser criativo. É importante, se não indispensável, que o seja.

Assim, por exemplo, embora não haja previsão expressa sobre a intervenção judicial em atividade empresarial para obtenção da tutela específica ou o resultado prático equivalente, nada há que impeça que aquela medida seja adotada. Para tanto, cabe ao magistrado

---

12. Para essa discussão, v. do autor deste *Curso* o seu *Manual de direito processual civil*, p. 543-544. O Enunciado 12 do FPPC, a esse propósito, sustenta a subsidiariedade das medidas nos seguintes termos: "A aplicação das medidas atípicas sub-rogatórias e coercitivas é cabível em qualquer obrigação no cumprimento de sentença ou execução de título executivo extrajudicial. Essas medidas, contudo, serão aplicadas de forma subsidiária às medidas tipificadas, com observação do contraditório, ainda que diferido, e por meio de decisão à luz do art. 489, § 1º, I e II".

13. Mesmo na etapa de cumprimento de sentença, há medidas coercitivas de comportamento, tal a que está prevista no § 4º do art. 90. Segundo aquele dispositivo, "se o réu reconhecer a procedência do pedido e, simultaneamente, cumprir integralmente a prestação reconhecida, os honorários serão reduzidos pela metade". A respeito daquela regra, no contexto que interessa à exposição, cabe mencionar os Enunciados n. 9 e 10 da I Jornada de Direito Processual Civil do CJF, assim redigidos, respectivamente: "Aplica-se o art. 90, § 4º, do CPC ao reconhecimento da procedência do pedido feito pela Fazenda Pública nas ações relativas às prestações de fazer e de não fazer" e "O benefício do § 4º do art. 90 do CPC aplica-se apenas à fase de conhecimento".

justificá-la diante das vicissitudes do caso concreto, levando em conta, evidentemente, a gravidade e a excepcionalidade da medida[14]. Os arts. 102 a 111 da Lei n. 12.529/2011 (que estrutura o Sistema Brasileiro de Defesa da Concorrência e dispõe sobre a prevenção e a repressão às infrações contra a ordem econômica) são, de seu turno, um bom rol de sugestões a esse respeito. Sua insubsistência como texto normativo é indiferente justamente em face do inciso IV do art. 139. Trata-se de uma dentre diversas consequências a que a "efetividade do direito material pelo processo" permite ao intérprete alcançar a partir da *atipicidade* dos meios executivos aqui indicada e que, nessa perspectiva, encontra-se inteiramente afinada com o já lembrado "dever-poder geral de *concretização*" do inciso IV do art. 139[15].

Há acórdão da 1ª Seção do STJ em sede de recurso especial repetitivo que sustenta a legitimidade do bloqueio de verbas públicas para concretizar a tutela específica relativa ao fornecimento de medicamentos. É a seguinte a sua ementa:

> "PROCESSUAL CIVIL. ADMINISTRATIVO. RECURSO ESPECIAL. ADOÇÃO DE MEDIDA NECESSÁRIA À EFETIVAÇÃO DA TUTELA ESPECÍFICA OU À OBTENÇÃO DO RESULTADO PRÁTICO EQUIVALENTE. ART. 461, § 5º, DO CPC. BLOQUEIO DE VERBAS PÚBLICAS. POSSIBILIDADE CONFERIDA AO JULGADOR, DE OFÍCIO OU A REQUERIMENTO DA PARTE. RECURSO ESPECIAL PROVIDO. ACÓRDÃO SUBMETIDO AO RITO DO ART. 543-C DO CPC E DA RESOLUÇÃO 08/2008 DO STJ.
>
> 1. Tratando-se de fornecimento de medicamentos, cabe ao Juiz adotar medidas eficazes à efetivação de suas decisões, podendo, se necessário, determinar até mesmo o sequestro de valores do devedor (bloqueio), segundo o seu prudente arbítrio, e sempre com adequada fundamentação.
>
> 2. Recurso Especial provido. Acórdão submetido ao regime do art. 543-C do CPC e da Resolução 08/2008 do STJ"[16].

A 2ª Seção do STJ, por outro lado, entendeu inaplicável multa para forçar banco a entregar, em juízo, extratos bancários em sede de recurso especial repetitivo[17]. A orientação, que também

---

14. Dispositivo nesse sentido era proposto pelo Projeto da Câmara (art. 500, § 3º, do PL n. 8.046/2010) e foi rejeitado pelo Senado na última etapa do processo legislativo que resultou no CPC de 2015. A esse respeito, v. do autor deste *Curso* o seu *Projetos de novo Código de Processo Civil comparados e anotados*, p. 252.

15. A propósito do tema, cabe destacar o entendimento de Fabiano Carvalho (*Comentários ao novo Código de Processo Civil*, p. 868), que nega a viabilidade de as partes celebrarem negócios processuais (art. 190) para delimitar os deveres-poderes executivos do magistrado.

16. REsp repetitivo 1.069.810/RS, rel. Min. Napoleão Nunes Maia Filho, j. un. 23-10-2013, *DJe* 6-11-2013.

17. Trata-se do REsp repetitivo 1.333.988/SP, rel. Min. Paulo de Tarso Sanseverino, j. un. 9-4-2014, *DJe* 11-4-2014, assim ementado: "RECURSO ESPECIAL REPRESENTATIVO DA CONTROVÉRSIA. PROCESSUAL CIVIL. EXPURGOS INFLACIONÁRIOS. CADERNETA DE POUPANÇA. CUMPRIMENTO DE SENTENÇA. EXIBIÇÃO DE EXTRATOS BANCÁRIOS. *ASTREINTES*. DESCABIMENTO. COISA JULGADA. INOCORRÊNCIA. 1. Para fins do art. 543-C do CPC: 1.1. 'Descabimento de multa cominatória na exibição, incidental ou autônoma, de documento relativo a direito disponível.' 1.2. 'A decisão que comina *astreintes* não preclui, não fazendo tampouco coisa julgada.' 2. Caso concreto: Exclusão das *astreintes*. 3. Recurso Especial provido".

traz à tona a mais antiga Súmula 372 daquele mesmo Tribunal, não pode ser generalizada. O que se extrai daquele recurso especial repetitivo, bem assim da referida Súmula, é a ênfase na *presunção* de veracidade que, em caso de não exibição de documento ou coisa, era criada pelo art. 359 do CPC de 1973. O entendimento, contudo, já merecia ser criticado mesmo à luz daquele Código[18]. Doravante, diante do art. 400 do CPC de 2015, é correto entender, até mesmo, a insubsistência daquela orientação diante das escolhas feitas pelo legislador mais recente[19].

E se é verdade que o exercício do dever-poder geral de *concretização* encontra limites desde o modelo constitucional – porque a ênfase, não custa sublinhar, está invariavelmente no *dever* (a *finalidade* a ser atingida) e não no poder (os *meios* suficientes e indispensáveis para atingi-la) – as divergências e os desafios decorrentes do genérico art. 139, IV, e dos mais específicos arts. 536 e 537 afastam, por si só, a criminalização prevista no *caput* do art. 33 da Lei n. 13.869/2019[20]. Não só porque há fundamentação normativa para tanto, mas também, porque o § 2º do art. 1º daquele diploma legal afasta – e o faz de maneira pertinente – a configuração do abuso de autoridade quando houver "divergência na interpretação de lei ou na avaliação de atos e provas".

6.1 Busca e apreensão

O § 2º do art. 536 trata especificamente do cumprimento de mandado de busca e apreensão de pessoas e coisas.

O mandado de busca e apreensão de pessoas e coisas será cumprido por dois oficiais de justiça. Se houver necessidade de arrombamento, deve ser observado o disposto no art. 846 e nos seus quatro parágrafos.

Constatada a necessidade, o oficial de justiça comunicará o fato ao juiz, que deferirá a ordem de arrombamento (art. 846, *caput*).

Se deferido o pedido, o mandado respectivo será cumprido por dois oficiais de justiça, que arrombarão cômodos e móveis em que se presuma estarem as pessoas e os bens, lavrando auto circunstanciado das diligências a ser subscrito por duas testemunhas a ela presentes (art. 846, § 1º).

---

18. É o que o já sustentava o n. 1 do Capítulo 3 da Parte IV do v. 2, tomo I, das edições anteriores ao CPC de 2015 deste *Curso*. Tratando do tema na perspectiva do direito probatório, cabe colacionar a lição de William Santos Ferreira, *Princípios fundamentais da prova cível*, p. 219-220, e em seu Transições paradigmáticas, máxima eficiência e técnicas executivas típicas e atípicas no direito probatório, p. 443-455.

19. O autor deste *Curso* voltou-se a essa demonstração em artigo intitulado Exibição de documento ou coisa, a Súmula 372 do STJ e o novo Código de Processo Civil, p. 427-437, e no n. 3.4 do Capítulo 4 da Parte I do v. 2. No mesmo sentido: Rafael Caselli Pereira, *A multa judicial* (astreinte) *e o CPC/2015*, p. 135-137.

20 É a seguinte a redação do dispositivo: "Art. 33. Exigir informação ou cumprimento de obrigação, inclusive o dever de fazer ou de não fazer, sem expresso amparo legal".

Havendo necessidade, o magistrado requisitará força policial para auxiliar o trabalho dos oficiais de justiça (art. 846, § 2º).

O auto da ocorrência será lavrado em duas vias, uma sendo entregue ao escrivão ou chefe de secretaria para ser anexada aos autos e a outra encaminhada à autoridade policial para apuração criminal de eventual delito de desobediência ou de resistência (art. 846, § 3º).

Do auto constará o rol de testemunhas com a respectiva qualificação (art. 846, § 4º). A exigência quer viabilizar a oitiva de tais testemunhas em eventuais desdobramentos criminais do ato.

6.2 Crime de desobediência

Sem prejuízo de o executado incidir nas penas de litigância de má-fé – que traz à tona o disposto no inciso IV do art. 77 –, o descumprimento da ordem judicial é tipificado como "crime de desobediência" (art. 536, § 3º)[21].

A ocorrência do crime e respectivas consequências criminais devem ser apuradas de acordo com as normas do direito processual penal, observando-se – e nem poderia ser diferente – as garantias constitucionais do processo[22]. Não há espaço para pensar, por isso mesmo, que o magistrado cível poderá determinar a prisão de quem quer que ouse não acatar as suas ordens. O comportamento é grave, é inequivocamente tipificado como crime – prova maior, aliás, reside no próprio § 3º do art. 536 aqui comentado –, mas nem por isso a efetividade do processo pode olvidar o "modelo constitucional do direito processual *penal*". Para o processo *civil*, cabe ao magistrado, fazendo bom uso do art. 6º, advertir *previamente* o executado das consequências de sua atitude, não só de acordo com o CPC de 2015, mas também em relação a outras áreas do direito, a começar pelo direito penal[23].

Se o executado for pessoa de direito público, é pertinente recordar que eventual relutância do administrador público de acatar *ordens* judiciais é ato tachado de improbidade administrativa a ser apurado regularmente, justificando, até mesmo, a intervenção do Ministério Público, que encontra fundamento no não muito claro parágrafo único do art. 178[24].

---

21. O dispositivo generaliza o que o art. 26 da Lei n. 12.016/2009, a lei que disciplina o mandado de segurança individual e coletivo, já criminalizava. A respeito daquele dispositivo, v. as considerações do autor deste *Curso* em seu *A nova lei do mandado de segurança*, p. 197-198. Nelson Nery Jr. e Rosa Maria de Andrade Nery (*Código de Processo Civil comentado*, p. 1450-1452) negam que § 3º do art. 536 criminalize o descumprimento da determinação judicial.

22. Para essa discussão antes do CPC de 2015, v. Jorge de Oliveira Vargas, *As consequências da desobediência da ordem do juiz cível*, p. 149-180.

23. Pertinentes, embora em contexto diverso, as considerações de Rafael Caselli Pereira, *A multa judicial* (astreinte) *e o CPC/2015*, p. 274-280, a respeito do tema.

24. Sobre o ponto, v. Ricardo de Barros Leonel, *Comentários ao Código de Processo Civil*, v. 1, p. 702-704.

6.3 A multa e sua natureza jurídica

Dentre as diversas medidas executivas exemplificadas pelo rol do § 1º do art. 536, o art. 537 trata mais minudentemente da multa, buscando discipliná-la em atenção à construção doutrinária e jurisprudencial que se formou em torno dos §§ 4º a 6º do art. 461 do CPC de 1973, tomando, a propósito, partido em variadas questões que os mais de vinte anos de convivência com aqueles dispositivos ensejaram até o advento do CPC de 2015.

A multa deve ser compreendida como uma das diversas técnicas executivas com viés *coercitivo* que tem como finalidade convencer o executado de que é melhor acatar a decisão do magistrado, *performando* como lhe é determinado, seja para fins (preferencialmente) de obtenção da tutela específica ou, quando menos, para obtenção do resultado prático equivalente.

Tratando-se de medida *coercitiva*, ela é cumulável com outras multas ou verbas que ostentem natureza jurídica diversa, sem risco de ocorrência do *ne bis in idem*[25].

A propósito, cabe lembrar do art. 500 ao estatuir que "a indenização por perdas e danos dar-se-á sem prejuízo da multa fixada periodicamente para compelir o réu ao cumprimento específico da obrigação". O próprio § 3º do art. 536 converge para idêntico entendimento[26].

---

25. É vazia de conteúdo para o direito brasileiro a compreensão de que a multa do art. 537 tem natureza de *astreintes*, tal qual no direito francês, contrapondo-se, assim, ao *contempt of court* do direito anglo-saxão, que teria finalidade precipuamente punitiva. O entendimento pressupõe estudo aprofundado daqueles sistemas para estabelecer as devidas bases de comparação entre ambos e com o direito brasileiro. Felizmente há os que tomaram essa iniciativa, como se pode ver da tese de doutorado de Júlio César Bueno (*Contribuição ao estudo do* contempt of court *e seus reflexos no processo civil brasileiro*), apresentada à Faculdade de Direito da Universidade de São Paulo, sob a orientação do Professor Titular José Ignácio Botelho de Mesquita, e da dissertação de mestrado de Miriam Faccin, apresentada à Faculdade de Direito da Pontifícia Universidade Católica de São Paulo, sob a orientação do Professor Dr. João Batista Lopes, intitulada *Estudo sobre as* astreintes*: do direito francês ao direito brasileiro*. Da leitura daqueles dois trabalhos, infelizmente ainda não publicados comercialmente, contudo, decorre a crítica quanto à singeleza da comparação diante das variadas acepções que aqueles institutos assumem nos seus respectivos países de origem.

26. Suficientemente ilustrativa, no particular, é a seguinte ementa de recurso especial julgado pelo STJ: "PROCESSUAL CIVIL. ART. 461, § 4º, DO CPC. OBRIGAÇÃO DE FAZER. CAIXA ECONÔMICA FEDERAL. APRESENTAÇÃO DE EXTRATOS DE CONTAS VINCULADAS AO FGTS. COMINAÇÃO DE MULTA DIÁRIA. *ASTREINTES*. POSSIBILIDADE. 1. Recurso repetitivo julgado pela Primeira Seção do Superior Tribunal de Justiça, com fulcro no art. 543-C do CPC, firmou o entendimento de que 'a responsabilidade pela apresentação dos extratos analíticos é da Caixa Econômica Federal – enquanto gestora do FGTS –, pois tem ela total acesso a todos os documentos relacionados ao Fundo e deve fornecer as provas necessárias ao correto exame do pleiteado pelos fundistas' (REsp 1.108.034/RN, Rel. Min. Humberto Martins, Primeira Seção, julgado em 28-10-2009, *DJe* 25-11-2009). 2. O presente recurso especial repetitivo trata da consequência lógica pelo não cumprimento da obrigação imposta à CEF, qual seja, a possibilidade de aplicação de multa diária prevista no art. 461, § 4º, do CPC. 3. É cabível a fixação de multa pelo descumprimento de obrigação de fazer (*astreintes*), nos termos do art. 461, § 4º, do CPC, no caso de atraso no fornecimento em juízo dos extratos de contas vinculadas ao FGTS. 4. A *ratio essendi* da norma é desestimular a inércia injustificada do sujeito passivo em cumprir a determinação do juízo, mas sem se converter em fonte de enriquecimento do autor/exequente. Por isso que a aplicação das *astreintes* deve nortear-se pelos princípios da proporcionalidade e da razoabilidade. 5. Precedentes: REsp 998.481/RJ, Rel. Ministra Denise Arruda, Primeira Turma, *DJe* 11-12-2009; AgRg no REsp 1.096.184/RJ, Rel. Min. Mauro

Assim também quando um mesmo fato ou comportamento do executado desafiar apenação diante de comportamento repelido como ímprobo ou atentatório à dignidade da justiça[27]. Claríssimo a respeito o disposto no § 4º do art. 77, *verbis*: "A multa estabelecida no § 2º poderá ser fixada independentemente da incidência das previstas nos arts. 523, § 1º, e 536, § 1º".

A imposição da multa independe de pedido, e sua pertinência pode se justificar desde a etapa de conhecimento do processo, em tutela provisória ou na sentença ou, ainda, na execução. A atividade oficiosa expressamente admitida pelo dispositivo não infirma tais considerações: não há como confundir a necessidade de o exequente exteriorizar sua vontade de perseguir em juízo aquilo que lhe é devido de acordo com o título judicial (dar início à etapa de cumprimento de sentença) com a adoção de eventuais técnicas pelo magistrado para perseguir a "satisfação do exequente". O "impulso oficial" do art. 2º alcança, dentre outras iniciativas judiciais, a adoção e a adequação de técnicas executivas. Não, contudo, a iniciativa da parte.

A multa, sempre de acordo com o *caput* do art. 537, deve ser suficiente e compatível com a obrigação. O *equilíbrio no sentido de proporcionalidade entre meios e fins* que deve presidir o exercício da *função jurisdicional*.

Para que a multa possa atingir sua finalidade – a de compelir o executado a satisfazer o direito do exequente, preferencialmente como "tutela específica" –, o mesmo dispositivo destaca que o executado deva ter prazo razoável para cumprir o que lhe é ordenado. A *razoabilidade* destacada pela previsão deve ser aferida à luz de cada caso concreto e diante da factível possibilidade de acatar a determinação judicial em prol da satisfação do direito do exequente, levando em conta inclusive, mas não só, aspectos temporais.

Somando essas duas exigências, é correto entender que o desiderato da multa só será alcançado se seu valor *inicial* for fixado de maneira mais próxima possível do valor da própria obrigação cuja satisfação se pretende pela adoção desta técnica judicial. Não faz sentido, máxime diante do "prazo razoável para cumprimento do preceito", que o valor fixado de início para a multa permita o executado a elaborar "contas" de quanto ainda ganha (ou, quando menos, quanto deixa de perder) ao não acatar a determinação judicial. O ideal é que a multa, dentro daquele prazo razoável, tenha impacto determinante na vontade do executado no sentido de que a melhor opção que lhe apresenta é a pronta observância da ordem que lhe é dirigida e, por isso, sua necessária aproximação do valor da obrigação inadimplida.

Campbell Marques, *DJe* de 11-3-2009; REsp 1.030.522/ES, Rel. Ministra Eliana Calmon, Segunda Turma, julgado em 19-2-2009, *DJe* 27-3-2009; REsp 836.349/MG, Rel. Min. José Delgado, *DJ* de 9-11-2006. Recurso especial improvido para reconhecer a incidência da multa. Acórdão sujeito ao regime do art. 543-C do Código de Processo Civil e da Resolução 8/2008 do Superior Tribunal de Justiça" (STJ, 1ª Seção, REsp repetitivo n. 1.112.862/GO, rel. Min. Humberto Martins, j. un. 13-4-2011, *DJe* 4-5-2011).

27. Nesse sentido é o Enunciado n. 3 do TJMG: "A multa por ato atentatório à dignidade da justiça pode ser cumulada com aquelas decorrentes do descumprimento de obrigações específicas". No mesmo sentido é o Enunciado n. 533 do FPPC: "Se o executado descumprir ordem judicial, conforme indicado pelo § 3º do art. 536, incidirá a pena por ato atentatório à dignidade da justiça (art. 774, IV), sem prejuízo da sanção por litigância de má-fé".

Como o executado sempre poderá se contrapor às diretrizes fixadas com relação à multa – inclusive pelos cabíveis segmentos recursais e, a esse propósito, recordar o parágrafo único do art. 1.015 e a recorribilidade imediata, por agravo de instrumento, de toda a decisão interlocutória proferida no cumprimento de sentença –, qualquer discordância deve ser *prontamente* manifestada. Não fosse um dever decorrente do e imposto pelo art. 5º, é comportamento que deve ser levado necessariamente em conta para fins de manutenção, redução e majoração da multa, tema que convida, a propósito do § 1º do art. 537, às considerações que ocupam o número seguinte.

6.3.1 Periodicidade

O § 4º do art. 461 do CPC de 1973 dava ensejo ao entendimento, bastante criticado em doutrina e jurisprudência, no sentido de que a multa deveria ser fixada apenas em dias, já que se referia expressamente à cominação de "multa *diária*"[28].

O CPC de 2015 não repetiu aquele texto, deixando de atrelar em todos os empregos do substantivo *multa* nos arts. 536 e 537 aquele adjetivo.

Assim, não há nenhum espaço para duvidar ser correto entender que multa não é necessariamente fixada em dias. Ela o pode ser também em horas, minutos ou segundos. Ela pode ser fixada levando em conta semanas ou meses, tudo a depender das peculiaridades do caso concreto e da periodicidade em que o estímulo ao cumprimento pode se justificar.

É essa a razão pela qual é correto o emprego do advérbio "periodicamente" pelo art. 500, que encontra correspondência no § 1º do art. 537, que admite a alteração da *periodicidade* da multa.

6.3.2 Majoração e redução

A doutrina[29] e a jurisprudência[30] já defendiam, com a atenção voltada ao § 6º do art. 461 do CPC de 1973[31], que a multa não ficava sujeita a preclusões ou à coisa julgada.

---

28. Para essa discussão à época do CPC de 1973, v. Eduardo Talamini, *Tutela relativa aos deveres de fazer e de não fazer*, p. 244, e Guilherme Rizzo Amaral, As astreintes *e o processo civil brasileiro*, p. 153.

29. Apenas para fins ilustrativos: Nelson Rodrigues Neto, *Tutela jurisdicional específica mandamental e executiva lato sensu*, p. 141-144; Eduardo Talamini, *Tutela relativa aos deveres de fazer e de não fazer*, p. 250-251, e Evandro Carlos de Oliveira, *Multa no Código de Processo Civil*, p. 150-158.

30. É entendimento alcançado no já mencionado REsp repetitivo n. 1.333.988/SP, rel. Min. Paulo de Tarso Sanseverino, j. un. 9-4-2014, *DJe* 11-4-2014, assim ementado: "RECURSO ESPECIAL REPRESENTATIVO DA CONTROVÉRSIA. PROCESSUAL CIVIL. EXPURGOS INFLACIONÁRIOS. CADERNETA DE POUPANÇA. CUMPRIMENTO DE SENTENÇA. EXIBIÇÃO DE EXTRATOS BANCÁRIOS. *ASTREINTES*. DESCABIMENTO. COISA JULGADA. INOCORRÊNCIA. 1. Para fins do art. 543-C do CPC: 1.1. 'Descabimento de multa cominatória na exibição, incidental ou autônoma, de documento relativo a direito disponível.' 1.2. 'A decisão que comina *astreintes* não preclui, não fazendo tampouco coisa julgada.' 2. Caso concreto: Exclusão das *astreintes*. 3. Recurso Especial provido".

31. O dispositivo foi incluído pela Lei n. 10.444/2002 e tinha a seguinte redação: "O juiz poderá, de ofício, modificar o valor ou a periodicidade da multa, caso verifique que se tornou insuficiente ou excessiva".

A diretriz está expressa e ainda mais clara no § 1º do art. 537: o magistrado poderá modificar o valor e a periodicidade da multa, para mais ou para menos, para ajustá-lo às necessidades do caso concreto (art. 537, § 1º).

Levará em consideração para tanto, como se lê dos incisos do § 1º, a circunstância de a multa ter se tornado insuficiente ou excessiva (inciso I) ou, ainda, se o obrigado tiver demonstrado cumprimento parcial superveniente da obrigação ou justa causa para o descumprimento (inciso II).

A finalidade da multa é, importa frisar, a de persuadir e induzir o devedor a satisfazer, com maior retidão, prudência e senso de responsabilidade, a obrigação plenamente exigível, para uma maior e mais célere efetivação da tutela concedida. Tanto assim é correto entender que aquela multa *não* está vinculada ao teto fixado pelo art. 412 do Código Civil[32]. Se o valor da multa pudesse ser aprioristicamente limitado, ela perderia sua função como medida coercitiva.

É clássica a questão sobre ser correta a redução do valor da multa quando atingir patamares exacerbados ou o que, nesse contexto parece ser equivalente, fonte de enriquecimento sem causa ao exequente. Trata-se de tema que se relaciona com a previsão do inciso I do § 1º do art. 537, que admite a redução da multa quando ela se tornar *excessiva*.

Importa, para analisar a questão, verificar, aprioristicamente, a proporcionalidade e a justificação do valor da multa quando de sua fixação *original* com o direito em discussão, elementos que o *caput* do art. 537 descreve como "suficiência e compatibilidade" da multa com a obrigação, assunto tratado no número anterior. Não – como é muito comum, aliás – querer entendê-la, a partir daqueles mesmos critérios, desproporcional *a posteriori*. Até porque é imperioso examinar, para a readequação da multa prevista no § 1º do art. 537, o comportamento das próprias partes, tanto do executado como do exequente, com relação às ocorrências a ela relacionadas[33].

Há, nesse sentido, diversas decisões do STJ corretíssimas, que destacam que não se deve reduzir a multa nos casos em que o próprio executado contribuir, com sua relutância em acatar a decisão judicial, para a evolução do valor da dívida.

A respeito, cabe a colação de decisão da 3ª Turma do STJ, de cuja ementa se extrai o seguinte trecho:

> "Processual civil. Procedência de ação possessória na qual se ordena a derrubada de muro, sob pena de multa diária. Desnecessidade de processo autônomo de execução da obrigação

32. Nesse sentido: Nelson Nery Junior e Rosa Maria de Andrade Nery, *Comentários ao Código de Processo Civil*, p. 1.348; Fernando da Fonseca Gajardoni, *Processo de conhecimento e cumprimento de sentença*, p. 841-843, e, exaustivamente, Rafael Caselli Pereira, *A multa judicial* (astreinte) *e o CPC/2015*, p. 85-125.

33. Ilustrativo do quanto afirmado no texto é o Enunciado n. 96 da I Jornada de Direito Processual Civil do CJF: "Os critérios referidos no *caput* do art. 537 do CPC devem ser observados no momento da fixação da multa, que não está limitada ao valor da obrigação principal e não pode ter sua exigibilidade postergada para depois do trânsito em julgado".

de fazer. Ônus da prova do cumprimento de ordem judicial que recai sobre o turbador da posse. Valor da multa diária ('astreinte') que se mostra razoável. (...)

– O valor justo da multa é aquele capaz de dobrar a parte renitente, sujeitando-a aos termos da lei. Justamente aí reside o grande mérito da multa diária: ela se acumula até que o devedor se convença da necessidade de obedecer a ordem judicial.

– A multa perdurou enquanto foi necessário; se o valor final é alto, ainda mais elevada era a resistência da recorrente a cumprir o devido. A análise sobre o excesso ou não da multa, portanto, não deve ser feita na perspectiva de quem, olhando para fatos já consolidados no tempo – agora que a prestação finalmente foi cumprida – procura razoabilidade quando, na raiz do problema, existe justamente um comportamento desarrazoado de uma das partes; ao contrário, a eventual revisão deve ser pensada de acordo com as condições enfrentadas no momento em que a multa incidia e com o grau de resistência do devedor.

Recurso especial a que se nega provimento"[34].

A mesma 3ª Turma do Col. STJ reiterou seu entendimento acerca do tema em outras oportunidades, decidindo que:

"Agravo regimental no agravo em Recurso Especial. Ação de obrigação de fazer com preceito cominatório. Antecipação da tutela jurisdicional com imposição de multa diária. Majoração ante o não cumprimento. Parte que mesmo tendo ciência da obrigação imposta não cumpre o julgado. Situação fática que impede a redução da multa. Agravo regimental desprovido.

1. Se por um lado o magistrado pode reduzir a multa aplicada, por outro ela é imposta para forçar o cumprimento de decisão judicia. Se mesmo majorada, o agravante não cumpre a obrigação devida, diminuí-la somente protelaria ainda mais o cumprimento da obrigação.

2. A situação fática delineada nos autos demonstra o descaso do agravante para com as determinações judiciais e não permite a redução da multa imposta.

3. Agravo regimental desprovido"[35].

"PROCESSUAL CIVIL. AGRAVO REGIMENTAL NO AGRAVO EM RECURSO ESPECIAL. RECURSO MANEJADO SOB A ÉGIDE DO CPC/73. AÇÃO INDENIZATÓRIA. IMPUGNAÇÃO AO CUMPRIMENTO DE SENTENÇA. PLEITO DE REDUÇÃO DA MULTA POR EVENTUAL DESCUMPRIMENTO DE DECISÃO JUDICIAL. VALOR FIXADO QUE ATENDE AOS PRINCÍPIOS DA RAZOABILIDADE E DA PROPORCIONALIDADE. NECESSIDADE DE REEXAME DOS FATOS DA CAUSA. INCIDÊNCIA DA SÚMULA 7 DO STJ.

---

34. STJ, 3ª Turma, REsp 1.022.033/RJ, rel. Min. Nancy Andrighi, j. un. 22-9-2009, *DJe* 18-11-2009. No mesmo sentido, destacando que, "se o único obstáculo ao cumprimento de determinação judicial para a qual havia incidência de multa diária foi o descaso do devedor" ela não deve ser reduzida porque "as *astreintes* têm por objetivo, justamente, forçar o devedor renitente a cumprir sua obrigação": STJ, 3ª Turma, REsp 1.192.197/SC, rel. p/ acórdão Min. Nancy Andrighi, j. m. v. 7-2-2012, *DJe* 5-6-2012, e STJ, 3ª Turma, REsp 1.229.335/SP, rel. Min. Nancy Andrighi, j. un. 17-4-2012, *DJe* 25-4.2012; STJ, 3ª Turma, REsp 1.383.779/SC, rel. Min. Nancy Andrighi, j. un. 21-8-2014, *DJe* 1º-9-2014.

35. STJ, 3ª Turma, AgRg no AREsp 674.810/RJ, rel. Min. Marco Aurélio Bellizze, j. un. 1º-9-2016, *DJe* 8-9-2016.

1. (...).

2. A apuração da razoabilidade e da proporcionalidade do valor da multa diária deve ser verificada no momento da sua fixação, em relação ao da obrigação principal, uma vez que a redução do montante fixado a título de *astreinte*, quando superior ao valor da obrigação principal, acaba por prestigiar a conduta de recalcitrância do devedor em cumprir a decisão judicial e estimula a interposição de recursos a esta Corte para a redução da sanção, em total desprestígio da atividade jurisdicional das instâncias ordinárias. Precedente. Inafastável a incidência da Súmula 83 do STJ.

3. Para modificar as conclusões do Tribunal de origem em relação ao valor da multa diária, é necessário o reenfrentamento do acervo fático-probatório dos autos, o que encontra óbice no enunciado da Súmula 7 desta Corte.

4. Agravo regimental não provido"[36].

Essa mesma orientação prevaleceu na 2ª Turma daquele Tribunal, em acórdão assim ementado:

"AGRAVO INTERNO NO AGRAVO EM RECURSO ESPECIAL. ENUNCIADO ADMINISTRATIVO N. 3 DO STJ. *ASTREINTES*. MULTA FIXADA EM PARÂMETROS RAZOÁVEIS. QUANTIA ELEVADA DAS *ASTREINTES* POR DESÍDIA DO DEVEDOR. REDUÇÃO DA QUANTIA. IMPOSSIBILIDADE. PRECEDENTE DO STJ. AGRAVO INTERNO NÃO PROVIDO.

1. A redução de valor de multa cominatória não é adequada quando alcança patamar elevado a partir da desídia do devedor em cumprir a obrigação fixada pelo Judiciário.

2. Agravo interno não provido"[37].

O entendimento se encontra plenamente harmônico com o inciso II do § 1º do art. 537: é ônus do executado demonstrar que cumpriu parcialmente a determinação judicial ou, até mesmo, a existência de justa causa que impossibilite o cumprimento. O que não se pode tolerar – e, não obstante, é prática tão comum de se observar – é a indiferença ou a omissão do executado com a ordem judicial, quase que apostando, ao menos tacitamente, que, ao final, conseguirá desvencilhar-se dela, alegando, tão só diante do transcurso do tempo, ter se tornado excessiva.

A multa, dado seu caráter coercitivo, deve necessariamente convidar o executado a retirar-se da sua inércia em prol da satisfação do direito do exequente. Ademais, se discordar da fixação e da dinâmica inicial da multa, cabe ao executado, de pronto, questionar esses aspectos, inclusive na perspectiva recursal, não havendo nenhuma restrição para o cabimento de agravo de instrumento contra as decisões interlocutórias proferidas ao longo da etapa de cumprimento

---

36. STJ, 3ª Turma, AgRg no AREsp 828.198/RJ, rel. Min. Moura Ribeiro, j. un. 23-8-.2016, *DJe* 31-8-2016. No mesmo sentido: STJ, 3ª Turma, REsp 1.714.990/MG, rel. Min. Nancy Andrighi, j. un. 16-10-2018, *DJe* 18-10-2018.

37. STJ, 2ª Turma, AgInt no AREsp 993.052/SP, rel. Min. Mauro Campbell Marques, j. un. 21-3-2017, *DJe* 27-3-2017.

de sentença (art. 1.015, parágrafo único). É, cabe repetir, dever que decorre da concepção da boa-fé objetiva do art. 5º: não pode o executado querer, ao final, beneficiar-se da sua própria torpeza, no sentido de tirar proveito de seu comportamento omissivo e não colaborativo, seja com relação aos padrões de fixação da multa ou com a satisfação da obrigação[38].

Também o comportamento do exequente, contudo, deve ser levado em conta com relação à questão. Por isso é que este *Curso* não tem dúvidas de que o ideal é que a fixação da multa e seu regime sejam os mais dinâmicos possíveis para evitar que seu valor, individualmente considerado possa *tentar* o exequente a preferi-la à obtenção da tutela específica ou, quando menos, ao resultado prático equivalente.

Assim, não pode o exequente aguardar por tempo indefinido o início da cobrança dos valores relativos à multa que o favoreçam sem tomar as providências que lhe cabem para satisfazer o direito que lhe foi reconhecido. Pela natureza coercitiva da multa, ela tem de ser *eficaz* para o fim que justifica a sua existência.

O magistrado, por exemplo, determina que o réu faça ou deixe de fazer algo. Fixa, no caso de descumprimento, a multa de R$ 500,00 por dia. Passados alguns dias (cuja precisão sempre dependerá das circunstâncias do caso concreto), e não verificado o cumprimento da ordem judicial, o autor deverá requerer ao juiz – sem prejuízo, como autoriza o *caput* do art. 537, de ele atuar oficiosamente nesse sentido – que tome alguma outra providência visando àquele desiderato, inclusive majorando o valor da multa ou alterando a sua periodicidade, alegando (e demonstrando) que ela se tornou insuficiente, tudo como *expressamente* permite o inciso I do § 1º do art. 537.

Deve ser rechaçado o entendimento de que o autor pode aguardar semanas, meses, quiçá anos, diante da inércia do executado sem adotar atitude(s) compatível(is) com seu pedido de tutela jurisdicional, e, passado aquele longo período de tempo, pretender "cobrar" a multa que era exigível desde então, que, com certeza, terá alcançado altos valores.

A natureza jurídica da multa não pode conduzir a tal interpretação que, em última análise, levará o exequente a enriquecer-se indevidamente. A multa tem de atender à sua finalidade, que é a de obter, do próprio *executado*, um específico comportamento ou uma abstenção. Nunca e de forma nenhuma servir como baliza para fixar perdas e danos ou, mais amplamente, assumir qualquer sentido *indenizatório* em prol do exequente. Tanto assim que, consoante já decidiu o STJ, são descabidos juros moratórios no cálculo do valor da multa, não obstante seu valor dever ser corrigido monetariamente[39].

É por isso que a *exigibilidade* imediata da multa tem de significar uma das seguintes alternativas: (a) o acatamento, pelo executado, da determinação judicial; (b) a alteração do

---

38. Para essa discussão, v. as considerações de Rafael Caselli Pereira, *A multa judicial* (astreinte) *e o CPC/2015*, p. 257-274. Em perspectiva um pouco diversa, mas não menos importante, v. o trabalho de Maria Carolina Silveira Beraldo, *O comportamento dos sujeitos processuais como obstáculo à razoável duração do processo*, esp. p. 128-134.
39. STJ, 3ª Turma, REsp 1.327.199/RJ, rel. Min. Nancy Andrighi, j. un. 22-4-2014, *DJe* 2-5-2014.

valor e/ou periodicidade da multa visando à observância da determinação judicial pelo executado; (c) a tomada de outra medida de apoio visando à obtenção da tutela específica com o abandono da multa que será devida até então; nunca indefinidamente. Em qualquer caso, importa que o exequente atue coerentemente em prol da efetivação da decisão que lhe beneficie, até para que seu comportamento revele coerência com a opção de buscar a tutela específica e não a genérica, de cunho indenizatório. Tão mais enérgica deve ser a atitude do exequente na exata medida em que o comportamento do executado revela sua predisposição de não cumprir a ordem que lhe é dirigida. Tudo porque, cabe insistir, o objetivo da multa é obter o cumprimento da obrigação tal qual constante do título executivo e, preferencialmente, na sua forma "específica".

Na medida em que nenhuma das alternativas leve à obtenção da tutela específica, o autor poderá requerer ao juiz a adoção das mesmas ou de outras medidas visando à obtenção do "resultado prático equivalente" (o que pode, sempre respeitado o contraditório, ser até mesmo determinado de ofício) e, na impossibilidade da obtenção ou por vontade do exequente, o caso é de conversão da obrigação em perdas e danos (art. 499).

Assim, e de forma bem direta, a multa é arbitrada com a expectativa de que seja *suficiente e compatível* para obter do executado o fazer ou o não fazer desejado pelo exequente em prazo razoável (art. 537, *caput*). Na exata medida em que ela não se mostre capaz de levar àquele resultado ou próximo a ele ("tutela específica" ou "resultado prático equivalente", respectivamente), não há motivo para entender que a multa incida de maneira estática indeterminadamente. Ela deve ser majorada ou alterada sua periodicidade para o atingimento daquela finalidade. Se, mesmo assim, o direito do exequente não for satisfeito, o caso é de adoção de outras medidas de apoio em substituição à multa para, ainda assim, (tentar) perseguir a tutela específica ou quando menos o resultado prático equivalente. Na impossibilidade (ou se esta for a vontade do exequente), a solução reside na conversão da obrigação em perdas e danos. Nestes casos, nem há por que descartar, até mesmo, que o executado seja *sancionado* pela multa do § 2º do art. 77, atraindo para a espécie, contudo, o regime jurídico daquela outra multa, inclusive a tarifação constante daquele dispositivo.

Em suma, o que não pode ser tolerado é que eventuais dificuldades na obtenção da tutela específica ou do resultado prático equivalente por ato do executado ou, até mesmo do próprio exequente, renda ensejo a uma deformação da finalidade da multa do art. 537: ou ela serve para o cumprimento da obrigação tal qual ajustada no plano material, quando menos a um resultado prático equivalente, ou ela, a multa, deve ser *substituída* por outra medida de apoio, sem prejuízo de o valor respectivo até então incidente ser cobrado.

Sobre a dinâmica da multa, cabe aprofundar o tema a respeito da possibilidade de ela ser *redirecionada* consoante as circunstâncias fáticas – sempre especificamente apontadas e justificadas (art. 489, § 1º, II) – conduzam a tal providência[40].

---

40. Sobre a importância da fundamentação na dinâmica da multa do art. 537, v. as considerações de Rafael Caselli Pereira, *A multa judicial* (astreinte) *e o CPC/2015*, p. 281-332.

Com efeito, é da especial peculiaridade decorrente da natureza jurídica da multa do art. 537 que deriva o entendimento quanto a não haver nenhum óbice para que as pessoas físicas que tenham, por força de lei, de estatutos ou contratos sociais, representação (material e processual) de pessoas jurídicas (de direito privado ou de direito público) venham a ser responsabilizadas também e *pessoalmente* pela multa. A razão para esse entendimento, não obstante sua polêmica em sede doutrinária e jurisprudencial, é a seguinte: as pessoas *jurídicas* só têm vontade na exata medida em que as pessoas *físicas* que as representam a manifestem. Se a multa é mecanismo que visa a influenciar decisivamente essa *vontade* (que, por definição, só pode ser humana), não há como afastar sua incidência direta e pessoal sobre os representantes das pessoas jurídicas, sejam elas privadas ou públicas.

Assim, estabelecido o prévio contraditório com a pessoa natural – postergável apenas se houver urgência devidamente justificada –, é legítimo o *redirecionamento* da multa, aplicando-se a ela a mesma dinâmica proposta nos parágrafos anteriores. Não há como recusar, evidentemente, que a pessoa física possa recorrer da decisão que determinar sua responsabilização pessoal. Em tudo e por tudo, para a efetivação desse redirecionamento merece aplicação ampla o que os arts. 133 a 137 chamam de "incidente de desconsideração da personalidade jurídica"[41].

6.3.3 Beneficiário

O CPC de 2015 assume posição expressa a respeito de tormentosa questão, que ocupou doutrina e jurisprudência ao tempo do CPC de 1973[42], e prescreve, no § 2º do art. 537, que o valor da multa é *integralmente* devido ao exequente, independentemente de seu valor e de sua correlação com a expressão monetária da obrigação principal.

Prevaleceu, no particular, a orientação do Projeto da Câmara (art. 551 do PL n. 8.046/2014) em detrimento da proposta do Projeto do Senado (art. 522 do PLS n. 166/2010), em que a multa era devida ao exequente até o valor da obrigação, destinando-se o excedente ao Estado ou à União, consoante o processo tramitasse na Justiça Estadual ou Federal. Se a executada fosse entidade pública, o excesso destinar-se-ia a entidade pública ou privada com finalidade social[43].

---

41. Trata-se de solução que sempre pareceu ser a mais correta, ainda antes do CPC de 2015 a este *Curso*, como se pode ver do n. 4.1 do Capítulo 1 da Parte III do v. 3 das suas edições anteriores ao CPC de 2015.

42. Para essa discussão no CPC de 1973, v., com proveito: Adugar Quirino do Nascimento Souza Júnior, *Efetividade das decisões judiciais e meios de coerção*, p. 94-95.

43. Para a análise lado a lado dos textos dos dois Projetos, o do Senado e o da Câmara, v. do autor deste *Curso* o seu *Projetos de novo Código de Processo Civil comparados e anotados*: Senado Federal (PLS n. 166/2010) e Câmara dos Deputados (PL n. 8.046/2010), p. 281.

6.3.4 Cumprimento provisório

O § 3º do art. 537 admite o cumprimento provisório da decisão que fixa a multa, pressupondo, consequentemente, seu depósito em juízo. O levantamento do valor respectivo, contudo, é postergado ao trânsito em julgado da decisão favorável à parte, como se lê do dispositivo após a redação que lhe deu a Lei n. 13.256/2016[44]. Trata-se de regra que quer excepcionar o regime genérico do cumprimento provisório ao vedar a satisfação do exequente nos casos que indica.

A redação anterior, à época da promulgação do CPC de 2015, era mais ampla, autorizando o levantamento do valor relativo à multa *também* na pendência do agravo fundado nos então (e insubsistentes) incisos II e III do art. 1.042[45], atraindo para ele a mesma crítica relativa ao processo legislativo que cabe com relação à redação original do inciso III do art. 521, diante da restrição indevida àquelas duas hipóteses de agravo em recurso extraordinário e em recurso especial[46]. O referido vício, tanto quanto o daquele outro dispositivo, está superado com a Lei n. 13.256/2016.

A regra, contudo, é questionável também do ponto de vista de sua constitucionalidade *substancial*. É que, ao generalizar a vedação do levantamento do valor da multa, ainda que com caução – que é o regime genérico decorrente do inciso IV do art. 520 e do art. 521 –, atrita com o alcance no inciso XXXV do art. 5º da CF. Seria preferível que o CPC de 2015, a esse propósito, tivesse se limitado a reservar à hipótese a mesma disciplina de qualquer outra situação de cumprimento *provisório*, como, aliás, a primeira parte § 3º do art. 537 chega a insinuar. Admitir o cumprimento provisório do valor da multa e não admitir o levantamento do valor respectivo, como exige a segunda parte do dispositivo em estudo, é regressão de mais de uma década na *evolução* do direito processual civil legislado em terras brasileiras[47]. Cabe ao magistrado, destarte, ponderando os interesses em jogo, mormente nos casos em que houver urgência, afastar a rigidez do § 3º do art. 537 e, ainda que mediante a prestação e caução (que é, afinal de contas, a regra quando se tratar de cumprimento provisório), autorizar o levantamento do valor respectivo.

---

44. Ilustrativos do alcance do dispositivo na sua atual redação (que é a que entrou em vigor) são o Enunciado n. 526 do FPPC ("A multa aplicada por descumprimento de ordem protetiva, baseada no art. 22, incisos I a V, da Lei 11.340/2006 [Lei Maria da Penha], é passível de cumprimento provisório, nos termos do art. 537, § 3º") e o Enunciado n. 627 ("Em processo coletivo, a decisão que fixa multa coercitiva é passível de cumprimento provisório, permitido o levantamento do valor respectivo após o trânsito em julgado da decisão de mérito favorável").

45. Que era a seguinte: "a decisão que fixa a multa é passível de cumprimento provisório, devendo ser depositada em juízo, permitido o levantamento do valor após o trânsito em julgado da sentença favorável à parte ou na pendência do agravo fundado nos incisos II ou III do art. 1.042".

46. Para essa discussão, v. do autor o seu *Novo Código de Processo Civil anotado*, p. 551.

47. Para quem, com a atenção voltada à teoria dos direitos fundamentais, lembrar-se do princípio do não retrocesso, terá diante de si plenamente configurada a inconstitucionalidade destacada no texto.

Não obstante, há algo de extremamente positivo na regra: ela dá fundamento ao entendimento de que a multa pode (e deve) ser cobrada pelo seu beneficiário, impondo-se, inclusive, o seu depósito respectivo em juízo, independentemente de a decisão exequenda ter transitado em julgado. Ao assim estabelecer, a regra terá o condão de estimular o executado ao fazer ou ao não fazer desejado pelo exequente, tornando menos relevante a cobrança da multa em si mesma considerada.

E mais: superando o questionamento quanto à inconstitucionalidade substancial do dispositivo, não há como deixar de sugerir que a falta de previsão *expressa* sobre a possibilidade de levantamento do valor depositado a título de multa na pendência do agravo em recurso especial e em recurso extraordinário do art. 1.042 (como era permitido na redação original do CPC de 2015, anterior à Lei n. 13.256/2016) mostra-se indicativa de que o sistema do cumprimento provisório desenhado pelo CPC de 2015 pode ser aplicado à hipótese. Assim, como qualquer caso de cumprimento provisório, o § 3º do art. 537, lido em conformidade com o modelo constitucional, conduz ao entendimento de que o levantamento *sem caução* do valor depositado a título de multa coercitiva depende do trânsito em julgado. A regra, contudo – e justamente porque nada diz em sentido contrário de forma expressa –, não afasta a atração das hipóteses em que a prestação de caução viabiliza a *satisfação* integral do exequente mesmo antes do trânsito em julgado (art. 520, IV) e, se for o caso, também os casos em que a caução pode ser dispensada para aquela mesma finalidade (art. 521).

A afirmação é tão mais correta quando lida, como deve ser, em conjunto com o § 4º do art. 537. De acordo com essa regra, a multa será devida desde o dia em que o descumprimento da decisão ficar configurado e incidirá enquanto esta não for cumprida. Nada há que impeça que a cobrança, ainda que provisória, englobe a totalidade desse valor, servindo, é este o ponto de toque, ela própria como *mais* um mecanismo coercitivo para que o fazer ou o não fazer sejam obtidos. É aplicação escorreita de uma das tantas (e legítimas) possibilidades decorrentes do inciso IV do art. 139.

Ademais, eventuais distorções práticas que possam decorrer da interpretação aqui proposta merecem ser amenizadas pela aplicação do princípio agasalhado no inciso I do art. 520, de que aquele que cumpre provisoriamente decisão em seu favor responde *objetivamente* pelos danos que eventualmente causar. Aplicando esse entendimento à hipótese em destaque, o executado poderá repetir, do exequente, o valor da multa eventualmente já executada, sem prejuízo de pretender indenizar-se de modo amplo de outros danos, materiais e morais, que tenha sofrido com a execução provisória.

Diante dos novos dispositivos, importa dar destaque a recurso especial repetitivo julgado pela Corte Especial do STJ antes do advento do CPC de 2015, assim ementado:

> "DIREITO PROCESSUAL CIVIL. RECURSO ESPECIAL SOB O RITO DO ART. 543-C DO CPC. EXECUÇÃO PROVISÓRIA DE MULTA COMINATÓRIA FIXADA POR DECISÃO INTERLOCUTÓRIA DE ANTECIPAÇÃO DOS EFEITOS DA TUTELA. NECESSIDADE DE

CONFIRMAÇÃO POR SENTENÇA. RECURSO ESPECIAL REPETITIVO. ART. 543-C DO CÓDIGO DE PROCESSO CIVIL. PROVIMENTO PARCIAL DO RECURSO ESPECIAL REPRESENTATIVO DE CONTROVÉRSIA. TESE CONSOLIDADA.

1. Para os efeitos do art. 543-C do Código de Processo Civil, fixa-se a seguinte tese: 'A multa diária prevista no § 4º do art. 461 do CPC, devida desde o dia em que configurado o descumprimento, quando fixada em antecipação de tutela, somente poderá ser objeto de execução provisória após a sua confirmação pela sentença de mérito e desde que o recurso eventualmente interposto não seja recebido com efeito suspensivo'.

2. O termo 'sentença', assim como utilizado nos arts. 475-N, I, e 475-O do CPC, deve ser interpretado de forma estrita, não ampliativa, razão pela qual é inadmissível a execução provisória de multa fixada por decisão interlocutória em antecipação dos efeitos da tutela, ainda que ocorra a sua confirmação por Acórdão.

3. Isso porque, na sentença, a ratificação do arbitramento da multa cominatória decorre do próprio reconhecimento da existência do direito material reclamado que lhe dá suporte, então apurado após ampla dilação probatória e exercício do contraditório, ao passo em que a sua confirmação por Tribunal, embora sob a chancela de decisão colegiada, continuará tendo em sua gênese apenas à análise dos requisitos de prova inequívoca e verossimilhança, próprios da cognição sumária, em que foi deferida a antecipação da tutela.

4. Recurso Especial provido, em parte: a) consolidando-se a tese *supra*, no regime do art. 543-C do Código de Processo Civil e da Resolução 08/2008 do Superior Tribunal de Justiça; b) no caso concreto, dá-se parcial provimento ao Recurso Especial"[48].

O questionamento que se põe é saber se aquela orientação subsiste à nova codificação.

A melhor resposta é a negativa justamente diante do que se pode extrair do § 3º do art. 537. Ainda que se queira interpretar *literalmente* aquela regra no sentido de o levantamento do valor correspondente à multa estar interditado *antes* do trânsito em julgado, não há como deixar de observar que o dispositivo admite – e o faz expressa e literalmente – o cumprimento provisório da multa para, ao menos, que seu valor seja depositado em juízo.

6.3.5 Subsistência diante de julgamento posterior em sentido contrário

A respeito do cumprimento provisório, há, ainda, indagação importante que ganha ainda maior interesse com o § 4º do mesmo dispositivo: a multa subsiste a decisão posterior em sentido contrário ao quanto determinado anteriormente?

É supor o caso em que há tutela provisória impondo ao réu um determinado comportamento e que, ao final, o pedido seja julgado improcedente, revogando-se a tutela provisória concedida anteriormente com relação ao comportamento então imposto e, consequentemente, tornando sem sentido as respectivas medidas de apoio, inclusive a multa. O valor da

---

48. REsp repetitivo n. 1.200.856/RS, rel. Min. Sidnei Beneti, j. un. 1º-7-2014, *DJe* 17-9-2014.

multa calculado desde a sua fixação na tutela provisória até o instante em que sua revogação se fez eficaz é devido ou deixa de existir porque incompatíveis entre si os comandos jurisdicionais fazendo prevalecer o último em sentido contrário?

A compreensão da multa como medida coercitiva é bastante para justificar o seu prevalecimento a despeito da reversão do julgado e, até mesmo, do trânsito em julgado de decisão em sentido contrário. O que deve ocorrer em casos como estes é que a responsabilidade (objetiva) daquele que se beneficiou até então da tutela provisória deve ser medida considerando *também* o valor da multa e eventuais danos que seu cumprimento, ainda que provisório, causou.

Ainda que possa haver, ao menos teoricamente, alguma equivalência entre valores e situações nessa hipótese, importa acentuar que as razões pelas quais os valores são devidos são diversos e, por isso, devem ter incidência distinta uns dos outros.

De resto, pensamento contrário poderia colocar em risco a diretriz mais relevante para a multa aqui examinada: a de que ela é medida instrumental para a satisfação de obrigação inadimplida pelo executado e não um fim em si mesma. Como cabe acentuar a propósito do cumprimento *provisório* da multa, inclusive com o levantamento dos valores correspondentes, ainda que mediante caução, a exigibilidade imediata da multa merece, ela própria, ser compreendida, inclusive pelo próprio executado, como medida de apoio com vistas ao adimplemento da obrigação.

Assim, uma coisa é responsabilizar o exequente diante dos danos que sua iniciativa de cumprir provisoriamente determinada decisão causou ao executado. Outra é tornar inócua medida de índole coercitiva sem a qual o próprio cumprimento provisório deixaria de se desenvolver.

6.3.6 Intimação pessoal para cobrança

Questão relevante sobre a cobrança da multa fixada para os fins do art. 537, seja ele provisório ou definitivo, diz respeito à necessidade, ou não, de prévia intimação pessoal para tanto.

A pertinência da questão justifica-se também por força da Súmula 410 do STJ, assim enunciada: "A prévia intimação *pessoal* do devedor constitui condição necessária para a cobrança de multa pelo descumprimento de obrigação de fazer ou não fazer" (sem o itálico).

Que deve haver intimação prévia para o início da etapa de cumprimento de sentença, provisório ou definitivo, envolvendo obrigações de pagar *quantia* ou, como quer o CPC de 2015, de "quantia certa", não há por que duvidar, diante da própria textualidade do § 2º do art. 513, e do *caput* do art. 523.

A intimação, contudo, deve observar o disposto no precitado § 2º do art. 513, não se justificando a exigência feita pelos julgados que ensejaram a edição da precitada Súmula de que a intimação seja feita de maneira *pessoal*, isto é, sempre e invariavelmente dirigida ao próprio devedor (executado).

Assim, ainda que se quisesse manifestar concordância com aquele entendimento à época de sua edição no ano de 2009 sob a vigência do CPC de 1973, já alterado pela Lei n. 11.232/2005[49], a diretriz não pode subsistir às opções legislativas (e suficientes) feitas a respeito e que devem prevalecer, consoante o caso[50]. Bastantes, por isso, as considerações acerca do § 2º do art. 513.

Portanto, apresentado o requerimento respectivo com a indicação do valor devido a título de multa (art. 513, § 1º; 520, I; 523, *caput*, e 524), segue-se a intimação para pagamento dirigida ao advogado do executado ou ao próprio executado, sempre com a observância das variantes do § 2º do art. 513, e com a cominação de multa de 10% e a fixação dos honorários advocatícios de 10% sobre aquele total[51]. Eventual impugnação a ser apresentada pelo executado circunscreve-se, como curial, a aspectos *desse* específico cumprimento. Incabível rediscutir o que, àquele propósito, já tiver sido posto para debate (e eventualmente rejeitado) anteriormente.

7. DEVERES DE CARÁTER NÃO OBRIGACIONAL

O § 5º do art. 536 determina a aplicação das técnicas previstas no artigo ao cumprimento de decisão que diga respeito a *deveres* de fazer ou de não fazer mesmo sem natureza obrigacional[52]. Em idêntico sentido, o § 5º do art. 537 também estabelece que a disciplina da multa é plenamente aplicável para estimular o cumprimento de decisão que diga respeito a *deveres* de fazer ou de não fazer, ainda que não ostentem natureza obrigacional.

Trata-se de concepção que já era amplamente defendida pela doutrina de Eduardo Talamini, nos seguintes termos:

---

49. O que não era o caso do autor deste *Curso*, como teve oportunidade de escrever em seu *Código de Processo Civil interpretado*, p. 1479-1450, onde criticava os julgamentos que começavam a se avolumar naquele sentido. Já sob a égide da Súmula 410, a crítica, sob a Lei n. 11.232/2005, foi apresentada no n. 5 do Capítulo 1 da Parte III do v. 3 das edições anteriores ao CPC de 2015 deste *Curso*.

50. A respeito, v. Rafael Caselli Pereira, *A multa judicial* (astreinte) *e o CPC/2015*, p. 163-179; Joaquim Felipe Spadoni, *Código de Processo Civil anotado*, p. 793-794; Guilherme Rizzo Amaral, *Breves* comentários *ao novo Código de Processo Civil*, p. 1562, e Lucas Rister de Sousa Lima e Natalia Vidigal Ferreira Cazerta, *Astreinte* – A forma de intimação do obrigado e a (im)possibilidade de modificação do valor fixado no novo CPC, p. 160-163. A divergência está espelhada também no âmbito do STJ. Defendendo a subsistência daquela orientação, lembrando do § 3º do art. 231, é a lição de Luiz Henrique Volpe Camargo e Lauane Andrekowsk Volpe Camargo, *Do cumprimento da sentença*, p. 48. Superando a divergência existente no âmbito do STJ noticiada na 8ª edição deste volume, a CE daquele Tribunal acabou se manifestando no sentido de que a Súmula 410 subsiste ao CPC de 2015 no julgamento dos EREsp 1.360.577/MG, rel.p./acórdão Min. Luis Felipe Salomão, j. m. v. 19-12-2018, *DJe* 7-3-2019, e dos EREsp 1.371.209/SP, rel. p./acórdão Min. João Otávio de Noronha, j. m. v. 19-12-2018, *DJe* 16-4-2019.

51. Entendendo que a determinação da intimação é recorrível por agravo de instrumento, v.: STJ, 3ª Turma, REsp 1.758.800/MG, rel. Min. Nancy Andrighi, j.un. 18-2-2020, *DJe* 21-2-2020.

52. Nesse sentido é o teor do Enunciado n. 442 do FPPC: "O § 5º do art. 536 e o § 5º do art. 537 alcançam os deveres legais".

"Mesmo antes da instituição do atual art. 461, a despeito de faltar regra expressa, era inegável o direito material à obtenção do resultado que se teria com o cumprimento específico. A previsão no direito obrigacional, de que o inadimplemento gera direito a indenização (C.Civ. de 1916, arts. 879 a 881, 883 e 1.056; C.Civ. de 2002, arts. 247 a 249, 251 e 389) jamais pôde ser interpretada como impedimento de, antes, o titular do direito exigir o cumprimento do dever tal como originalmente estabelecido. Na lição de Clovis Bevilaqua, principal formulador do Código de 1916, o direito de o credor exigir o adimplemento adequado e integral da obrigação e o dever do cumprimento exato pelo devedor são efeitos 'necessários', os 'mais naturais', do vínculo obrigacional. Daí a arguta observação de Agostinho Alvim de que ao legislador pareceu dispensável exprimir uma regra afirmando a primazia do cumprimento específico, vez que 'ela é *fundamental,* em matéria de efeitos das obrigações'.

Se tal lição é válida no campo do direito das obrigações – as quais, normalmente, apresentam preponderante conteúdo econômico –, impõe-se com ainda maior vigor para deveres jurídicos de outra natureza. Entre os deveres de cunho não obrigacional, exceção feita aos decorrentes dos direitos reais, prevalece o caráter 'não patrimonial', reiteradamente destacado pela doutrina. Encará-los como meros geradores de direito à indenização pecuniária, caso violados, seria fazê-los letra morta. De resto, muitos dos deveres de fazer e de não fazer não obrigacionais são a contraface de direitos constitucionalmente consagrados (vida, integridade física, liberdade, honra, intimidade, segurança social, saúde, meio ambiente 'ecologicamente equilibrado', patrimônio histórico e artístico – entre outros). Ora, não seria viável afirmar que, antes da instauração das regras do art. 461, a previsão constitucional de tais deveres apenas representaria direito material à indenização, em caso de sua inobservância – e não o próprio direito ao resultado por eles visado. (...)

O sistema de tutelas estabelecido a partir do art. 461 não se limita às obrigações propriamente ditas. Estende-se a todos os *deveres jurídicos* cujo objeto seja um fazer ou não fazer – como tem reconhecido a doutrina. Não faria sentido a lei excluir de regime de proteção mais adequado os deveres não obrigacionais. Precisamente entre estes é que se apresentavam algumas das situações mais críticas em face das deficiências do anterior regime. A confirmar que se trata de emprego do termo 'obrigação' em sentido largo, basta considerar que também no art. 11 da Lei de Ação Civil Pública (7.347/85) e no art. 84 do Código do Consumidor (L. 8.078/90) – dispositivos que inspiraram a formulação do art. 461 – emprega-se 'obrigação de fazer ou de não fazer'. Entretanto, é indiscutível que tais diplomas têm em mira principalmente a realização de direitos sem índole obrigacional"[53].

Há diversos exemplos que podem ser colacionados para ilustrar o alcance da regra.

É o que ocorre em relação à Fazenda Pública, que está sujeita a essas técnicas de cumprimento, sem qualquer diferenciação constitucional, existente apenas para o caso de pagamento

53. *Tutela relativa aos deveres de fazer e de não fazer*, p. 36-37 e 127-128, respectivamente. No mesmo sentido: Paulo Eduardo D'Arce Pinheiro, *Poderes executórios do juiz*, p. 339, e Guilherme Rizzo Amaral, *Breves comentários ao novo Código de Processo Civil*, p. 1558-1559.

de *dinheiro*[54], como demonstra o n. 3 do Capítulo 8 da Parte III a propósito do art. 534[55]. Pode ocorrer, inclusive, de o próprio agente administrativo vir a ser responsabilizado diretamente pelo seu pagamento, nem que seja por aplicação analógica do *incidente* cognitivo que os arts. 133 a 137 acabaram rotulando de "incidente de desconsideração da personalidade jurídica", naqueles casos em que o agente já não é parte no processo[56].

---

54. Há julgado da 1ª Seção do STJ, relatado pelo Ministro Benedito Gonçalves, que bem ilustra o acerto do quanto consta do texto, plenamente adequado para o trato dado à matéria pelo CPC de 2015. Eis sua ementa: "PROCESSUAL CIVIL. RECURSO ESPECIAL REPRESENTATIVO DE CONTROVÉRSIA. ART. 543-C DO CPC/73. AÇÃO ORDINÁRIA DE OBRIGAÇÃO DE FAZER. FORNECIMENTO DE MEDICAMENTO PARA O TRATAMENTO DE MOLÉSTIA. IMPOSIÇÃO DE MULTA DIÁRIA (*ASTREINTES*) COMO MEIO DE COMPELIR O DEVEDOR A ADIMPLIR A OBRIGAÇÃO. FAZENDA PÚBLICA. POSSIBILIDADE. INTERPRETAÇÃO DO CONTEÚDO NORMATIVO INSERTO NO § 5º DO ART. 461 DO CPC/73. DIREITO À SAÚDE E À VIDA. 1. Para os fins de aplicação do art. 543-C do CPC/73, é mister delimitar o âmbito da tese a ser sufragada neste recurso especial representativo de controvérsia: possibilidade de imposição de multa diária (*astreintes*) a ente público, para compeli-lo a fornecer medicamento à pessoa desprovida de recursos financeiros. 2. A função das *astreintes* é justamente no sentido de superar a recalcitrância do devedor em cumprir a obrigação de fazer ou de não fazer que lhe foi imposta, incidindo esse ônus a partir da ciência do obrigado e da sua negativa de adimplir a obrigação voluntariamente. 3. A particularidade de impor obrigação de fazer ou de não fazer à Fazenda Pública não ostenta a propriedade de mitigar, em caso de descumprimento, a sanção de pagar multa diária, conforme prescreve o § 5º do art. 461 do CPC/73. E, em se tratando do direito à saúde, com maior razão deve ser aplicado, em desfavor do ente público devedor, o preceito cominatório, sob pena de ser subvertida garantia fundamental. Em outras palavras, é o direito-meio que assegura o bem maior: a vida. Precedentes: AgRg no AREsp 283.130/MS, rel. Min. Napoleão Nunes Maia Filho, Primeira Turma, *DJe* 8-4-2014; REsp 1.062.564/RS, rel. Min. Castro Meira, Segunda Turma, *DJ* de 23-10-2008; REsp 1.062.564/RS, rel. Min. Castro Meira, Segunda Turma, *DJ* de 23-10-2008; REsp 1.063.902/SC, Relator Ministro Francisco Falcão, Primeira Turma, *DJ* de 1º-9-2008; e AgRg no REsp 963.416/RS, rel. Min. Denise Arruda, Primeira Turma, *DJ* de 11-6-2008. 4. À luz do § 5º do art. 461 do CPC/73, a recalcitrância do devedor permite ao juiz que, diante do caso concreto, adote qualquer medida que se revele necessária à satisfação do bem da vida almejado pelo jurisdicionado. Trata-se do 'poder geral de efetivação', concedido ao juiz para dotar de efetividade as suas decisões. 5. A eventual exorbitância na fixação do valor das *astreintes* aciona mecanismo de proteção ao devedor: como a cominação de multa para o cumprimento de obrigação de fazer ou de não fazer tão somente constitui método de coerção, obviamente não faz coisa julgada material, e pode, a requerimento da parte ou *ex officio* pelo magistrado, ser reduzida ou até mesmo suprimida, nesta última hipótese, caso a sua imposição não se mostrar mais necessária. Precedentes: AgRg no AgRg no AREsp 596.562/RJ, rel. Min. Moura Ribeiro, Terceira Turma, *DJe* 24-8-2015; e AgRg no REsp 1.491.088/SP, rel. Min. Ricardo Villas Bôas Cueva, Terceira Turma, *DJe* 12-5-2015. 6. No caso em foco, autora, ora recorrente, requer a condenação do Estado do Rio Grande do Sul na obrigação de fornecer (fazer) o medicamento Lumigan, 0,03%, de uso contínuo, para o tratamento de glaucoma primário de ângulo aberto (C.I.D. H 40.1). Logo, é mister acolher a pretensão recursal, a fim de restabelecer a multa imposta pelo Juízo de primeiro grau (fls. 51-53). 7. Recurso especial conhecido e provido, para declarar a possibilidade de imposição de multa diária à Fazenda Pública. Acórdão submetido à sistemática do § 7º do artigo 543-C do Código de Processo Civil de 1973 e dos arts. 5º, II, e 6º, da Resolução STJ n. 08/2008" (STJ, 1ª Seção, REsp repetitivo n. 1.474.665/RS, rel. Min. Benedito Gonçalves, j. un. 26-4-2017, *DJe* 22-6-2017).

55. E a correta afirmação de Paulo Henrique dos Santos Lucon (*Comentários ao Código de Processo Civil*, v. 2, p. 761), que a exemplifica destacando decisões do STJ que determinam o bloqueio de verbas públicas "com o fito de assegurar o custeio de tratamento médico indispensável, como meio de concretizar o princípio da dignidade humana..".

56. É o que o autor deste *Curso* já sustentava ser possível em seu *Mandado de segurança*, p. 96-99. Para uma discussão aprofundada do tema, v. Rafael Caselli Pereira, *A multa judicial* (astreinte) *e o CPC/2015*, p. 127-133.

No âmbito do direito das famílias, cabe colacionar decisão da 3ª Turma do STJ que usou como um dos seus fundamentos o dispositivo ora comentado para entender cabível a fixação de multa, ainda que de caráter preventivo, para o caso de descumprimento imotivado do regime de visitação[57].

As medidas de apoio podem também, com fundamento no § 5º do art. 536, alcançar situações jurídicas passivas relativas ao direito real[58].

8. IMPUGNAÇÃO AO CUMPRIMENTO DE SENTENÇA

O § 4º do art. 536 reserva ao executado, pertinentemente, o direito de impugnar o cumprimento de sentença, o que, ao menos do ponto de vista textual, elimina incompreensível lacuna do CPC de 1973.

A disciplina para tanto é a do art. 525, inclusive no que diz respeito à possibilidade de a impugnação ser recebida com efeito suspensivo, hipótese em que, a título de garantia do juízo, o executado prestará caução diretamente proporcional à obrigação discutida e a eventuais perdas e danos (art. 525, § 6º).

---

57. Trata-se do REsp 1.481.531/SP, rel. Min. Moura Ribeiro, j. un. 16-2-2017, *DJe* 7-3-2017, assim ementado: "CIVIL E PROCESSUAL CIVIL. RECURSO ESPECIAL. RECURSO INTERPOSTO NA ÉGIDE DO CPC/73. FAMÍLIA. DIREITO DE VISITAÇÃO. DIREITO FUNDAMENTAL DO VISITANTE E DO VISITADO. ACORDO HOMOLOGADO PELA JUSTIÇA. EXECUÇÃO. OBRIGAÇÃO DE FAZER. FIXAÇÃO PREVENTIVA DE *ASTREINTES* PARA A HIPÓTESE DE EVENTUAL DESCUMPRIMENTO IMOTIVADO DO REGIME DE VISITAÇÃO. POSSIBILIDADE. RECURSO ESPECIAL NÃO PROVIDO. 1. Inaplicabilidade do NCPC neste julgamento ante os termos do Enunciado Administrativo n. 2 aprovado pelo Plenário do STJ na sessão de 9-3-2016: Aos recursos interpostos com fundamento no CPC/73 (relativos a decisões publicadas até 17 de março de 2016) devem ser exigidos os requisitos de admissibilidade na forma nele prevista, com as interpretações dadas até então pela jurisprudência do Superior Tribunal de Justiça. 2. O direito de visitação tem por finalidade manter o relacionamento da filha com o genitor não guardião, que também compõe o seu núcleo familiar, interrompido pela separação judicial ou por outro motivo, tratando-se de uma manifestação do direito fundamental de convivência familiar garantido pela Constituição Federal. 3. A cláusula geral do melhor interesse da criança e do adolescente, decorrente do princípio da dignidade da pessoa humana, recomenda que o Poder Judiciário cumpra o dever de protegê-las, valendo-se dos mecanismos processuais existentes, de modo a garantir e facilitar a convivência da filha com o visitante nos dias e na forma previamente ajustadas, e coibir a guardiã de criar obstáculos para o cumprimento do acordo firmado com a chancela judicial. 4. O direito de visitação deve ser entendido como uma obrigação de fazer da guardiã de facilitar, assegurar e garantir, a convivência da filha com o não guardião, de modo que ele possa se encontrar com ela, manter e fortalecer os laços afetivos, e, assim, atender suas necessidades imateriais, dando cumprimento ao preceito constitucional. 5. A transação ou conciliação homologada judicialmente equipara-se ao julgamento de mérito da lide e tem valor de sentença, dando lugar, em caso de descumprimento, à execução de obrigação, podendo o juiz aplicar multa na recalcitrância emulativa. Precedente. 6. A aplicação das *astreintes* em hipótese de descumprimento do regime de visitas por parte do genitor, detentor da guarda da criança, se mostra um instrumento eficiente, e, também, menos drástico para o bom desenvolvimento da personalidade da criança, que merece proteção integral e sem limitações. 7. Prevalência do direito de toda criança à convivência familiar. 8. Recurso especial não provido".

58. É o teor do Enunciado n. 441 do FPPC, *verbis*: "O § 5º do art. 536 e o § 5º do art. 537 alcançam situação jurídica passiva correlata a direito real".

O *caput* do art. 525 é silente quanto ao prazo para o executado apresentar a impugnação em se tratando de cumprimento de sentença de obrigações de fazer e de não fazer. O prazo, por isso, só pode ser o de quinze dias (úteis) seguintes ao término do prazo que o executado terá para fazer ou deixar de fazer. Trata-se de solução que se harmoniza perfeitamente com o prazo reservado pelo *caput* do art. 915 para a apresentação dos *embargos* na execução fundada em título *extrajudicial* e, dessa forma, também com os *capi* dos arts. 513 e 771.

No mais, a disciplina que o art. 525 dá à impugnação não apresenta nenhuma peculiaridade quando se tratar de obrigação de fazer ou de não fazer. Para as lacunas existentes naquele dispositivo sobre o *procedimento* a ser observado a partir da apresentação de impugnação, quais decisões serão proferidas, recursos cabíveis, coisa julgada e regime das verbas de sucumbência são bastantes as considerações do Capítulo 1 da Parte VI.

Capítulo 2

Com base em título extrajudicial

1. CONSIDERAÇÕES INICIAIS

O Capítulo III do Título II do Livro II da Parte Especial do Código de Processo Civil disciplina a "execução das obrigações de fazer ou de não fazer", quando o título executivo que lhes dá fundamento for *extrajudicial*. O Capítulo é divido em três Seções. A primeira compreende o art. 814, e trata das "disposições comuns". A segunda, na qual estão os arts. 815 a 821, cuida da execução da obrigação de fazer. A terceira, por fim, traça, nos arts. 822 e 823, a disciplina da execução da obrigação de não fazer.

A nítida discrepância de quantidade de regras para disciplinar as duas modalidades, bem assim a Seção I do referido Capítulo, tem explicação digna de ser colocada em evidência desde logo, até como forma de justificar a metodologia empregada para exposição e exame da matéria.

É que o descumprimento da obrigação de não fazer conduz o credor respectivo a optar pelo desfazimento do que foi feito e não poderia ter sido ou às perdas e danos derivados do inadimplemento. Assim, a *conversão* da obrigação de não fazer em obrigação de fazer – característica das regras *materiais* daquela modalidade obrigacional – acaba por justificar a maior preocupação do Código de Processo Civil com a concretização da tutela jurisdicional executiva das obrigações desta e não daquela modalidade.

De outra parte, a conversão da obrigação de fazer *e* de não fazer em perdas e danos conduz o exequente a buscar a concretização de tutela jurisdicional *genérica*, quando terão incidência as regras relativas à obrigação de pagar quantia.

2. OBRIGAÇÃO DE FAZER

A obrigação de fazer ou de não fazer pode ter fundamento em título executivo *extrajudicial* a dispensar, por isso mesmo, a necessidade de reconhecimento, pelo Estado-juiz, de quem é o credor e o devedor da obrigação, qual é o seu específico objeto, quando ela é devida e assim por diante. Como todo título executivo, o extrajudicial deve documentar que obrigação nele retratada é *certa*, *exigível* e *líquida*. Fonte normativa suficiente de tais títulos são os documentos referidos pelos incisos do art. 784.

Ainda que com a ressalva do número anterior, o Código de Processo Civil trata das obrigações de fazer em seções diferentes, o que é observado neste e no próximo número.

O detentor de título executivo extrajudicial de obrigação de fazer deverá romper a inércia jurisdicional para que seja concretizada em seu favor a tutela jurisdicional executiva correspondente. Para tanto, deverá formular petição inicial com observância das regras genéricas dos arts. 798 e 799, endereçando-a ao juízo competente, a ser encontrado de acordo com o disposto no art. 781.

Realizado juízo *positivo* de admissibilidade da petição inicial, o executado será *citado* para os fins do art. 815. O juízo *negativo* de admissibilidade da inicial levará à "extinção do *processo*" desde logo, e o juízo *neutro*, expressamente previsto no art. 801, conduzirá o exequente a emendar a petição inicial em conformidade com a determinação respectiva.

2.1 Petição inicial e citação do executado

Recebida a petição inicial, de imediato ou após as correções entendidas devidas, o executado será *citado* para satisfazer a obrigação representada no título executivo, isto é, para *fazer* o que deixou de fazer, motivando a *necessidade* da provocação do Estado-juiz pelo exequente. Para tanto, terá o prazo de constar do próprio título ou, não havendo previsão para tanto, no prazo que o magistrado fixar. É o que dispõe o art. 815.

O prazo tem natureza *processual*, pelo que só devem ser contados os dias úteis (art. 219, parágrafo único). As dobras legais dos *capi* dos arts. 180, 183, 186 e 229 têm aplicação aqui, consoante se façam presentes as suas respectivas hipóteses de incidência.

Trata-se de *citação* e não de mera *intimação* porque o executado será convocado para passar a integrar o processo para, a partir de então, passar a participar da atuação do Estado-juiz. Tratando-se de títulos executivos *extrajudiciais*, não há *necessidade* de prévia manifestação do Judiciário para fins de *reconhecimento* do direito, impondo-se, por isto mesmo, por força do modelo constitucional do direito processual civil, que o executado passe a integrar o processo. A *citação* será realizada pessoalmente por oficial de justiça ou pelo correio (art. 246) e, nos casos em que se entender que o executado se oculta ou não for encontrado, sendo desconhecido o seu paradeiro, por hora certa (art. 252) ou por edital (art. 256), respectivamente. A adoção de meios eletrônicos para a *citação* não pode ser descartada à luz da autorização que consta do inciso V do art. 246, sendo de rigor, nesse caso, a observância do disposto na Lei n. 11.419/2006.

O *caput* do art. 814 autoriza que o magistrado fixe, desde logo, "multa por período de atraso no cumprimento da obrigação e a data a partir da qual será devida", que constará no mandado de citação.

A providência, expressamente prevista pelo dispositivo, é digna de destaque: o que se pretende, em casos de obrigações de fazer, é buscar compelir o próprio executado, por ato seu, a realizar a obrigação que assumiu no plano material. Mais ainda quando, pelas próprias peculiaridades de direito material, o "fazer" depender de atividade que só pode ser desempenhada pelo próprio obrigado. Tanto assim que o *caput* do art. 821, tratando especificamente das "obrigações *personalíssimas*", prevê que o exequente pode requerer ao magistrado a assinação de prazo para que o executado (e só ele) cumpra o convencionado no prazo a ser assinado, com o fito de evitar a conversão da obrigação em perdas e danos (art. 247 do CC).

A multa incide mesmo que *não* esteja prevista *expressamente* no título. É esta a melhor interpretação a ser dada ao parágrafo único do art. 814, que admite ao magistrado reduzir o valor da multa constante do título caso o repute excessivo. A multa, justifica-se a ênfase, não tem natureza "contratual" ou, mais amplamente, "obrigacional". A sua natureza é eminentemente *processual*; trata-se de medida *coercitiva*, que busca compelir o executado ao cumprimento da obrigação que deveria ter-se dado *espontaneamente* no plano material. É essa a razão pela qual é de todo indiferente que ela tenha sido previamente ajustada entre as partes e, se sim, qual seja o seu valor. O magistrado arbitrará a multa e fixará o seu "regime jurídico" em consonância com as *necessidades* e as *peculiaridades* de cada caso concreto. Poderá, inclusive, sempre a depender das peculiaridades de cada situação concreta, *aumentar* o valor, a despeito da *letra* do parágrafo único do art. 814 se limitar a admitir a sua *redução*. É entendimento que encontra fundamento bastante no *caput* do art. 537 e, mais amplamente, no inciso IV do art. 139.

O *caput* do art. 814 não deve receber interpretação restritiva.

Ainda que a limitação textual de seu par no CPC de 1973, o *caput* do art. 645 tenha sido modificado passando a se referir a multa por *período* de atraso e não, como nele se lia, por *dia* de atraso, importa evidenciar que o magistrado pode adotar *outras* medidas de apoio, outras *técnicas executivas*, além da multa periódica para compelir o executado a fazer o que, na perspectiva do título executivo extrajudicial, deve ser feito. Há fundamento de sobra para esse entendimento no inciso IV do art. 139, sempre a depender das circunstâncias e das peculiaridades do caso concreto. A citação do executado em tais casos, cabe a ênfase, justifica-se para que faça o que, no plano material, deixou de fazer. É nessa perspectiva e para esse fim que o exequente se viu compelido a romper a inércia da jurisdição em busca da concretização da tutela jurisdicional executiva.

Questão interessante que se põe com relação à *citação* do executado é a respeitante ao início da fluência do prazo para que ele cumpra a determinação judicial de fazer. A melhor interpretação é a de que o prazo *não* depende, para ter início, da juntada, aos autos, do mandado de citação devidamente cumprido (art. 231, § 3º).

Embora seja silente o art. 815, o executado será citado *também* para oferecer embargos à execução, fluindo o prazo de quinze dias (úteis) para sua apresentação da juntada aos autos dos comprovantes de citação, de acordo com as hipóteses genéricas dos incisos I e II art. 231

(art. 915, *caput*). É indispensável que o mandado de citação faça expressa referência a essa circunstância, isto é, que é da *citação* do executado que tem início, consoante as hipóteses do referido art. 231, o seu prazo para *defesa*, sob pena de agressão ao modelo constitucional do direito processual civil.

2.1.1 Honorários advocatícios

Com relação aos honorários advocatícios, cabe aplicar, à falta de qualquer outra regra, a que decorre do *caput* do art. 827, ou seja, o magistrado, ao determinar a citação do executado, fixa honorários advocatícios em 10% do valor indicado na petição inicial (que deve corresponder ao valor da obrigação perseguida em juízo pelo exequente). Se o executado, no prazo, cumprir a obrigação, os honorários advocatícios são reduzidos pela metade, nos termos do § 1º do art. 827[1]. Trata-se, também aqui, de importa regra que pode contribuir eficazmente para o convencimento de que ao executado, a opção mais adequada diante do pedido de concretização da tutela jurisdicional executiva é cumprir, ainda que *voluntariamente*, a obrigação, reduzindo, ao menos, a verba honorária do advogado do exequente.

Não acatada a determinação, o processo prosseguirá, com todas as variantes analisadas ao longo deste Capítulo, inclusive a (eventual) apresentação de embargos à execução. São eventos que devem ser levados em conta pelo magistrado para a majoração da verba honorária até o limite legal de 20% (art. 85, § 2º).

Em se tratando de pedido de concretização da tutela jurisdicional executiva fundada e título executivo extrajudicial requerida em face do Poder Público, a dinâmica relativa aos honorários advocatícios é idêntica. O que varia, nesse caso, são os percentuais, devendo ser aplicado o quanto estabelecido pelo § 3º do art. 85.

2.2 Comportamentos do executado

Há diversos comportamentos que o executado pode assumir a partir da citação.

Ele pode cumprir a determinação judicial, fazendo o que, no plano material, deveria ter feito. Verificando-se, sempre em pleno contraditório, a suficiência do cumprimento *voluntário* da obrigação, manifestando-se concorde o exequente, *extingue-se* o processo de execução, aplicando-se à hipótese o previsto no inciso II do art. 924, proferindo-se *sentença* nesse sentido (art. 925).

O executado pode deixar de cumprir a determinação judicial porque pretende oferecer embargos à execução, isto é, defender-se. A disciplina jurídica desse seu comportamento é

1. Nesse sentido, cabe lembrar do Enunciado n. 451 do FPPC: "A regra decorrente do *caput* e do § 1º do art. 827 aplica-se às execuções fundadas em título executivo extrajudicial de obrigação de fazer, não fazer e entrega de coisa".

a examinada no Capítulo 2 da Parte VI. Na medida em que os embargos tenham o condão de *suspender* a prática dos atos jurisdicionais executivos (arts. 919, § 1º, e 921, II), aguardar-se-á o seu desfecho para seu prosseguimento. Caso contrário, os atos executivos serão praticados normalmente, observando-se, em uma e em outra hipótese, as considerações abaixo expostas.

Uma terceira alternativa que se apresenta para o executado e a que mais interessa ao exame dos atos jurisdicionais executivos voltados à concretização da tutela jurisdicional executiva em tais casos é a sua omissão em cumprir, no prazo fixado, a determinação judicial, mantendo a sua inércia, embora compelido ao acatamento do mandado inicial, inclusive com a fixação da multa (ou outras medidas coercitivas) a que se refere o art. 814.

De acordo com o *caput* do art. 816, a omissão do executado pode levar o exequente a requerer que a obrigação seja cumprida por *terceiro* a expensas do executado, isto é, o adimplemento da obrigação será obtido pela atuação de outrem que não o executado e os custos devidos para aquele fim serão cobrados do executado pelo exequente. O dispositivo permite, ainda, que o exequente requeira a conversão da obrigação em perdas e danos ("indenização"), quando o perseguimento do valor respectivo dependerá, consoante seu parágrafo único, de prévia *liquidação*, convertendo-se a concretização da tutela jurisdicional executiva, a partir daí, em "execução para cobrança de quantia certa"[2].

As duas hipóteses deverão ser documentadas nos *mesmos autos* da execução, embora a redação do *caput* do art. 816 sugira que somente a primeira delas permitiria este entendimento. Não há, em nenhum dos casos, uma "nova" ou "diferente" ação e não há, em nenhum dos casos, um "novo" ou "diferente" processo. O que há, em estreita observância às vicissitudes do plano material, é a prática de atos processuais que busquem o "resultado prático equivalente" ou, na sua impossibilidade ou por desejo do exequente, o seu equivalente monetário. A "ação" e o "processo" são, em quaisquer casos, os *mesmos*. O que muda são as *técnicas* para a concretização da tutela jurisdicional executiva, *já suficientemente requerida pelo exequente quando rompeu a inércia da jurisdição.* Nada mais.

Inexiste, de resto, nenhum óbice para que o exequente pretende perseguir o adimplemento da obrigação mediante a atuação de terceiro e postule perante o executado perdas e danos decorrentes do seu inadimplemento[3].

---

2. A hipótese é idêntica, embora o fundamento da concretização da tutela jurisdicional executiva seja titulo executivo *extrajudicial*, daquela que, a respeito, disciplinam os arts. 497 e 499 sobre a tutela específica, o resultado prático equivalente e as perdas e danos.

3. Nesse sentido é o Enunciado n. 103 da I Jornada de Direito Processual Civil do CJF: "Pode o exequente – em execução de obrigação de fazer fungível, decorrente do inadimplemento relativo, voluntário e inescusável do executado – requerer a satisfação da obrigação por terceiro, cumuladamente ou não com perdas e danos, considerando que o *caput* do art. 816 do CPC não derrogou o *caput* do art. 249 do Código Civil".

As duas situações previstas no art. 816 merecem outras formulações, objeto dos números seguintes.

2.3 Cumprimento por terceiro

A possibilidade de o exequente pretender que *terceiro* cumpra a obrigação inadimplida pelo executado, embora instado jurisdicionalmente para tanto (cumprimento *voluntário*, de acordo com a nomenclatura proposta por este *Curso*), depende, antes de tudo, das peculiaridades de direito material. A obrigação, materialmente analisada, deve comportar a sua realização por ato de outrem que não o executado. Não pode se tratar, destarte, de "obrigação personalíssima" ou de "obrigação infungível", na linha exposta no n. 2 do Capítulo 1.

Os arts. 817 a 820 disciplinam o *procedimento* a ser observado caso o exequente insista no cumprimento *jurisdicional* da obrigação.

O art. 817 evidencia que é o próprio exequente, ao tomar a iniciativa de requerer o cumprimento *jurisdicional* da obrigação, que indicará qual *terceiro* prestará o fato[4].

Assim, é o próprio exequente quem tomará a iniciativa de apresentar ao juiz a proposta de um específico terceiro, previamente contatado por ele, para prestar o "fazer" inadimplido, correndo por sua conta as quantias decorrentes daquela proposta, no que é claro o parágrafo único do art. 817.

O parágrafo único do mesmo dispositivo se refere, ainda, à oitiva das "partes" (no plural) como condição de aprovação da proposta. A diretriz da regra é correta e deve ser aplaudida. Trata-se da incidência do princípio do contraditório em prol do executado, que deve ser ouvido *antes* da decisão judicial a respeito da proposta a que se refere o *caput* do art. 817.

4. Não subsiste no CPC de 2015 a tão detalhista como complexa e de difícil realização prática escolha que era feita pelo próprio magistrado em verdadeira licitação pública, a ser realizada de acordo com os §§ 1º a 7º do art. 634 do CPC de 1973, antes da Lei n. 11.382/2006. Aqueles parágrafos já haviam sido expressamente revogados por aquele diploma legal, como acentuava o n. 2.3 do Capítulo 2 da Parte III do v. 3 das edições anteriores ao CPC de 2015 deste *Curso* que, não obstante, acentuava o seguinte para demonstrar a complexidade daquela sistemática: "Os sete parágrafos do art. 634, com efeito, cuidavam de regular, pormenorizadamente, o *procedimento* de convocação dos 'terceiros' (no plural) que eventualmente se interessariam em realizar a prestação que, originariamente assumida pelo executado, foi inadimplida e cuja execução busca o exequente perante o Estado-juiz. O § 1º dizia da nomeação de um perito, pelo juiz, para avaliar o custo da prestação. Com a aprovação do 'orçamento', seriam publicados editais de convocação de eventuais interessados. Os §§ 2º e 3º cuidavam da apresentação, abertura e julgamento das propostas apresentadas pelos terceiros. Vencia a 'mais vantajosa'. O § 4º, fazendo remissão à regra do art. 637, ocupava-se com o impor ao vencedor o comprometimento de, em cinco dias contados da escolha da sua proposta como a 'mais vantajosa', por termo nos autos, executar a contento a prestação, sob pena de perder o valor depositado a título de caução para participar da licitação a que se referiam os §§ 1º a 3º. O § 5º, complementando a regra, exigia que o terceiro fizesse nova caução de 25% sobre o valor do contrato, quando da assinatura do termo. O § 6º, de seu turno, regulava a hipótese de haver inadimplemento por parte do terceiro. Neste caso, a caução a que se referiam os §§ 4º e 5º seria revertida em favor do exequente. O § 7º, por fim, impunha ao exequente o adiantamento das custas referidas na proposta aceita nos termos do § 3º".

O exequente, ao tomar a iniciativa de apresentar a proposta do terceiro, deu ensejo ao surgimento do incidente, desnecessária sua oitiva a respeito.

A prévia oitiva do executado, contudo, não quer significar que lhe será lícito discordar simplesmente da proposta do terceiro, veiculada ao juízo pelo exequente, pretendendo com isso retardar a satisfação da obrigação. Como todo e qualquer questionamento, o executado, ao ser ouvido, terá o ônus de provar o acerto de suas alegações. O magistrado decidirá eventuais impugnações e dessa decisão, uma *interlocutória*, caberá recurso de agravo de *instrumento* (art. 1.015, parágrafo único).

Uma vez prestado o "fato" por terceiro, o que pressupõe a realização do prévio contraditório expressamente exigido pelo parágrafo único do art. 817, e aprovada a prestação (arts. 818 a 820), o exequente cobrará, do executado, todos os valores que se fizeram necessários à prestação pelo terceiro, sem prejuízo das perdas e danos.

A extrema facilitação trazida pela Lei n. 11.382/2006 ao CPC de 1973 e integralmente encampada pelo CPC de 2015 ao *procedimento* da escolha do terceiro para fazer o que deixou de fazer o executado, ainda que jurisdicionalmente instado ao cumprimento, fica clara também na interpretação do *caput* do art. 820.

O dispositivo reconhece ser do exequente a preferência pela prestação do "fazer" que cabia ao executado e cujo inadimplemento o levou a requerer a concretização da tutela jurisdicional executiva.

O parágrafo único estabelece o prazo para exercício daquele direito, que é de cinco dias (úteis, por se tratar de prazo de natureza processual) após a aprovação da proposta por terceiro.

Correta a iniciativa do Código de Processo Civil, não há por que negar. Ocorre que, rigorosamente falando, não há mais, desde a revogação dos parágrafos originais do art. 634 do CPC de 1973 pela Lei n. 11.382/2006, sentido em reconhecer a "preferência" para o exequente realizar, ele próprio, a prestação. Isto porque é ele mesmo quem toma, pelo que lhe assegura o art. 817 do CPC de 2015, a iniciativa de formular pedido para que terceiro, indicado por ele próprio, preste o fato. É essa a diretriz inequívoca do *caput* do art. 817. Não há mais uma licitação pública, como a que havia, com a finalidade de convocar terceiros para prestar o fato cuja execução se pretende. Destarte, não haverá "terceiros" desconhecidos do exequente, não previamente aprovados por ele, para prestar o fato. É o exequente que toma a iniciativa de pedir ao juízo a autorização para que um específico "terceiro" preste o fato, consoante a proposta que ele próprio, o exequente, apresenta desde logo ao magistrado. Até porque, se o exequente se sentir capaz de realizar, ele mesmo, a obrigação não cumprida pelo executado, ele comunicará ao juízo o fato, requerendo, desde logo, a conversão da obrigação "seguindo-se a execução para cobrança de quantia certa" para perseguir as perdas e danos incidentes na espécie.

Assim sendo, a regra só pode ser entendida no sentido de que o exequente, mesmo após a aprovação judicial da proposta de terceiro que ele próprio apresentou (o que pressupõe, vale repetir, a oitiva do executado nos termos do parágrafo único do art. 817), pode pretender, por ato seu, prestar o fato. Não há, por assim dizer, uma obrigatoriedade para que o terceiro preste o fato que, em última análise, pode vir a ser prestado pelo próprio exequente. Eventuais direitos que existam entre exequente e terceiro são indiferentes para o processo em que se pretende a concretização da tutela jurisdicional executiva. É a única forma de interpretar o art. 820 de maneira harmônica com o art. 817.

Não há razão para deixar de sustentar, acolhendo em parte as considerações desenvolvidas precedentemente, que uma solução extraível do parágrafo único do art. 820 seria a de admitir que o próprio executado, mesmo depois da aprovação da proposta do terceiro apresentada pelo exequente, venha a prestar o fato, como forma de evitar que responda pelas perdas e danos derivadas de seu inadimplemento e relutância em acatar a determinação judicial. A possibilidade não deve ser descartada, embora não derive do parágrafo único do art. 820. Ela decorre, diferentemente, de princípio mais amplo, que diz respeito à concretização de toda atividade jurisdicional executiva, que é aquele que consta do art. 805: sempre cabe ao executado adimplir, mesmo que tardiamente, a sua obrigação. É o que deriva de forma segura do art. 826, embora o dispositivo se refira, apenas, às obrigações pecuniárias e, de forma mais ampla, do art. 788 (v. n. 3 do Capítulo 3 da Parte I).

Uma vez que a obrigação seja cumprida, pelo terceiro ou pelo exequente, as partes serão ouvidas no prazo de dez dias (úteis). Sem quaisquer impugnações, o magistrado declarará satisfeita a obrigação, tudo em conformidade com o caput do art. 818. Caso contrário, o magistrado resolverá os questionamentos levantados pelas partes e decidirá (art. 818, parágrafo único), decisão interlocutória que fica sujeita ao recurso de agravo de instrumento (art. 1.015, parágrafo único).

Ainda que o magistrado reconheça satisfeita a obrigação, contudo, não se aplica à espécie o disposto no inciso II do art. 924, e, consequentemente, a hipótese não é de extinção do processo (art. 925). É que, na situação aqui examinada, a satisfação da obrigação deu-se por outrem, que não o executado. Assim, resolvida a questão relativa ao "fazer", põe-se a necessidade de o Estado-juiz atuar *jurisdicionalmente* em prol das perdas e danos experimentadas pelo exequente, a começar pelos valores que se fizeram necessários para que o terceiro cumprisse a obrigação.

Pode ocorrer também que o terceiro não se desincumba adequadamente da obrigação que assumiu perante o exequente tal qual aprovada pelo magistrado (art. 817). Neste caso, de acordo com o art. 819, o exequente poderá requerer ao magistrado, no prazo de dez dias (úteis), que seja autorizado a adimplir a obrigação satisfatoriamente à custa do terceiro. O terceiro, que a lei denomina "contratante", será ouvido em quinze dias (úteis), e, consoante a decisão do magistrado, ficará o exequente autorizado a concluir o que for necessário, devendo o terceiro responder pelos custos necessários (art. 819, parágrafo único).

Em quaisquer das situações previstas no art. 819, a execução em face do terceiro (do "contratante") pode prosseguir nos mesmos autos para perseguir as perdas e danos, liquidando-se, se for necessário, o valor devido. Trata-se, a bem da verdade, de um inegável caso de cumulação *superveniente* de pedidos (de prestação de tutela jurisdicional executiva) em um mesmo processo, cada qual dirigido a um executado diverso. Como se trata de obrigações de quantia certa, não há o óbice do art. 780. Nesses casos, a *extinção* do processo dependerá do *pagamento* do valor reclamado pelo exequente perante o executado e perante o terceiro (contratante).

2.4 Perdas e danos

Nos casos em que a realização por terceiro for *impossível* pelas vicissitudes de direito material ou em que o exequente, por ato seu, legitimamente praticado, preferir a conversão da obrigação em perdas e danos, inclusive pela mora do executado no cumprimento (art. 821, parágrafo único), põe-se a necessidade de se pesquisar o *quantum debeatur*, isto é, o valor relativo às perdas e danos.

A expressão "perdas e danos" deve ser compreendida amplamente: são perdas e danos tanto o valor *patrimonial* da obrigação de fazer como também o são os valores devidos ao terceiro escolhido pelo exequente para cumprir a obrigação não adimplida pelo executado. Não há razão para deixar de considerar como tais inclusive os danos *morais* que derivem do comportamento do executado (art. 5º, X, da CF).

A hipótese envolve, necessariamente, o desenvolvimento de atividade *cognitiva* do magistrado, e, por isso mesmo, tem início uma etapa de liquidação a se desenrolar de acordo com a disciplina dos arts. 509 a 512, a ser desenvolvida sem solução de continuidade. Não se trata de nova "ação", nem de novo "processo", nem de novos "autos". Trata-se, apenas, de uma nova *etapa* do processo (do *mesmo* processo) em que a atividade jurisdicional a ser praticada em pleno contraditório com as partes é a identificação das perdas e danos devidas pelo inadimplemento da obrigação. Trata-se de pesquisa, em contraditório, a identificação da expressão *patrimonial* da obrigação de fazer não cumprida pelo executado.

A *modalidade* de liquidação observará as necessidades e as peculiaridades de cada caso concreto. Será "pelo procedimento comum" quando houver necessidade de alegação e de prova de fatos novos; será "por arbitramento" quando o valor depender da produção de prova e ela se limitará à apresentação de "demonstrativo discriminado e atualizado do crédito" quando o *quantum debeatur* puder ser revelado pela apresentação de mero cálculo aritmético, independentemente de prévio contraditório anterior, situação que, embora de difícil ocorrência na prática do foro, não pode ser aprioristicamente negada.

Nos dois primeiros casos, definido o valor das perdas e danos, o executado será intimado para seu pagamento em quinze dias (úteis), sob pena de incidência de multa de 10%, observando-se, no mais, o disposto no *caput* do art. 523. No caso dos "cálculos", a prática daquele *ato* de liquidação dispensa qualquer providência *prévia* por parte do exequente, impondo-se, contudo, a *intimação* do executado, na pessoa de seu advogado, para realizar o pagamento devido sob a mesma pena.

É irrecusável, diante das afirmações do parágrafo anterior, destarte, a incidência da disciplina do art. 523 ainda que, originariamente, a concretização da tutela jurisdicional executiva tivesse como fundamento título executivo *extrajudicial*: como a conversão da obrigação de fazer em perdas e danos e a necessidade de sua prévia *quantificação* dão-se jurisdicionalmente na "etapa de liquidação", o processo é conduzido ao *procedimento* disciplinado por aqueles dispositivos, até porque é silente, a seu respeito, o Livro II da Parte Especial do Código de Processo Civil.

Para o contexto de análise que aqui importa é esta a melhor interpretação a ser dada à expressão utilizada pelo *caput* do art. 523: "já fixada em liquidação". Trata-se de interpretação no sentido de que, de uma forma ou de outra, o executado, *ciente formalmente* da vontade do exequente em receber o que lhe é devido, recusa-se, não obstante a quantificação da dívida, a cumpri-la voluntariamente, isto é, nos quinze dias que forem fixados para seu cumprimento a partir da finalização da *etapa de liquidação*.

Também deve ter ampla aplicação à espécie o disposto no art. 516 para viabilizar que a prática dos atos executivos, agora em busca de patrimônio disponível (e penhorável) do executado, sejam tomados por juízos diversos, em atenção às vicissitudes de cada caso concreto.

2.5 Defesa do executado

A defesa do executado nas obrigações de fazer fundadas em títulos executivos *extrajudiciais* se dá por intermédio dos "embargos à execução", que devem ser apresentados no prazo de quinze dias contados da juntada, aos autos, do mandado de citação devidamente cumprido, em conformidade com o caput do art. 915.

Os embargos à execução não suspendem o processo, embora o magistrado possa vir a lhes atribuir efeito suspensivo, quando presentes os pressupostos do § 1º do art. 919, inclusive a garantia de juízo por caução suficiente.

Não há, para os embargos à execução, quaisquer peculiaridades que mereçam análise nesta oportunidade. Seu exame, em atenção à metodologia adotada pelo *Curso*, dá-se no Capítulo 2 da Parte VI.

3. OBRIGAÇÃO DE NÃO FAZER

A concretização da tutela jurisdicional executiva relativa a obrigação de não fazer pode ter como fundamento também título executivo *extrajudicial*, a dispensar, por isso mesmo, a necessidade de prévio reconhecimento, pelo Estado-juiz, do direito a ser aplicado à espécie.

Peculiaridade instigante dessa obrigação, desde o plano material, é que a obrigação de não fazer é conversível em obrigação de fazer (de desfazer o que não deveria ter sido feito) sem prejuízo das perdas e danos (art. 251 do CC).

Um exemplo tem o condão de ilustrar o significado da afirmação: DA ajustou com JCBM que não fosse construído um muro divisório entre os terrenos de ambos. Mesmo assim, JCBM inicia obras com aquela finalidade. O interesse de DA passa a ser, mesmo quando transportado para o plano processual, não só que JCBM deixe de construir o muro, isto é, abstenha-se da construção, mas *também* que desfaça a parte da obra que já realizou. O desfazer é, em si mesmo considerado, uma obrigação de fazer.

Pode ocorrer, contudo, que o inadimplemento da obrigação de não fazer não admita, pelas suas próprias vicissitudes, qualquer desfazimento. Nesse caso, a sua conversão em perdas e danos é a única maneira de compensar o inadimplemento ocorrido. É a situação, para dar dois exemplos, de violar o dever de sigilo de informações relativas a alguém publicando uma biografia não autorizada ou revelar um segredo industrial a um concorrente. Nesses casos, pela própria natureza das coisas, não há possibilidade de desfazimento. É o que o n. 2 do Capítulo 1 denomina "obrigação *instantânea*". Certo que poderá haver alguma mitigação dos efeitos do inadimplemento a serem conseguidos por atividade jurisdicional, o que será obtido sempre por um fazer (retirando os livros de circulação ou determinando que se abstenha de aplicar o sigilo industrial), mas tais atividades não têm o condão de superar o que ocorreu no plano material.

Em hipóteses como estas, assume fundamental importância o exame dos casos em que o sistema processual civil autoriza a prestação da tutela jurisdicional para *imunizar* a ameaça a direito. Mesmo munido de título executivo extrajudicial, portanto, é irrecusável que o interesse daquele que provoca a jurisdição possa residir, antes de tudo, na proibição da prática de algum ato que venha lesionar direito seu. O inciso VIII do art. 799 tem, no particular, especial interesse porque viabiliza que o exequente formule, na petição inicial, pedido para evitar a consumação de lesão a direito seu, forte na compreensão que este *Curso* tem do XXXV do art. 5º da Constituição Federal.

Técnica que pode desempenhar papel satisfatório nessa tarefa é a de multa periódica prevista no *caput* do art. 814, sem prejuízo da adoção de outras medidas para a mesma finalidade.

3.1 Petição inicial, citação e comportamentos do executado

Superado o juízo de admissibilidade da petição inicial apresentada pelo exequente, o executado será *citado* para desfazer a obrigação. A citação será feita consoante as regras aplicáveis, não havendo nenhuma peculiaridade a ser destacada nesta sede.

O art. 822 pressupõe o *inadimplemento* da obrigação ajustada entre as partes no plano material e documentada no título executivo extrajudicial. O dispositivo autoriza que o magistrado fixe prazo para que o executado desfaça o ato a "cuja abstenção estava obrigado por lei ou por contrato". Para o atingimento dessa finalidade, o magistrado poderá, com base no art. 814, arbitrar *multa* para incentivar o executado a acatar a ordem que lhe é dirigida.

Na hipótese de o executado acatar o mandado inicial e desde que o exequente manifeste a sua concordância, o processo será extinto com fundamento no inciso II do art. 924.

Se houver recusa ou mora do executado, contudo, o exequente poderá requerer ao magistrado que o desfazimento seja feito à custa dele próprio, isto é, do executado. É a regra do *caput* do art. 823, complementada pela de seu parágrafo único: "não sendo possível desfazer-se o ato, a obrigação resolve-se em perdas e danos, caso em que, após a liquidação se observará o procedimento da execução por quantia certa".

Em quaisquer das duas hipóteses previstas pelo art. 823, o que se verifica é a aderência do sistema processual civil às vicissitudes materiais desse tipo de obrigação. Não obtido, do próprio executado, o comportamento que dele se esperava – situação em que a escorreita aplicação e eventual alteração da multa à luz das necessidades e vicissitudes do caso concreto é irrecusável –, a obrigação de não fazer, a pedido do exequente, converter-se-á em obrigação de fazer ou no seu equivalente monetário, prosseguindo-se o processo para cobrar as perdas e danos. Para a hipótese têm total aplicação as considerações dos n. 2.3 e 2.4, *supra*.

Pode ocorrer que a situação que justifica a atuação do credor detentor de título executivo *extrajudicial* não seja, como a que se pressupôs o legislador nos arts. 822 e 823, de *inadimplemento* da obrigação. Pode se dar que o exequente descreva em sua petição inicial uma situação de *ameaça* e não de *lesão* a direito seu. Em casos como estes, cabe ao exequente formular pedido de tutela jurisdicional *preventiva*, forte no que lhe garante o inciso XXXV do art. 5º da Constituição Federal. Pedirá isso com fundamento no inciso VIII do art. 799, desnecessário que constitua um *novo* título executivo que venha a substituir o que ele já possui suficientemente para fins de concretização de tutela jurisdicional executiva.

As técnicas para cumprimento daquela decisão não têm nenhuma peculiaridade no contexto da exposição.

3.2 Defesa do executado

Têm cabimento, com relação à defesa do executado no pedido de concretização da tutela jurisdicional executiva relativa a obrigações de não fazer fundadas em título executivo extrajudicial, as mesmas considerações apresentadas no n. 2.5, *supra*, acerca dos embargos à execução das obrigações de fazer. Sua análise é feita pelo Capítulo 2 da Parte VI.

Parte V

Técnicas executivas relativas à obrigação de entrega de coisa

Capítulo 1

Com base em título judicial

1. CONSIDERAÇÕES INICIAIS

A concretização da tutela jurisdicional executiva relativa à obrigação de entrega de coisa está disciplinada pelo art. 538, que corresponde à Seção II do Capítulo VI do Título II do Livro I da Parte Especial do Código de Processo Civil, encerrando-o. É dispositivo que dialoga com o art. 498, que tem a seguinte redação:

> "Art. 498. Na ação que tenha por objeto a entrega de coisa, o juiz, ao conceder a tutela específica, fixará o prazo para o cumprimento da obrigação.
>
> Parágrafo único. Tratando-se de entrega de coisa determinada pelo gênero e pela quantidade, o autor individualizá-la-á na petição inicial, se lhe couber a escolha, ou, se a escolha couber ao réu, este a entregará individualizada, no prazo fixado pelo juiz".

Aqui também, a exemplo do que é correto entender com relação aos arts. 536 e 537, está regulada a *eficácia* daquele especial *conteúdo* na perspectiva de regular as técnicas de *cumprimento*, isto é, de *efetivação* daquelas decisões, independentemente de se tratar de cumprimento *definitivo* ou *provisório*. Sim porque, a despeito do silêncio do art. 538, é inquestionável a viabilidade de ser concedida tutela provisória para aquela finalidade, inclusive liminarmente, aplicáveis, nesta sede, as considerações do n. 4 do Capítulo 1 da Parte V a propósito do art. 536[1].

Outro ponto que merece ser enfatizado reside na compreensão de que o sistema processual civil – no particular, inaugurado com o art. 461-A do CPC de 1973 nele introduzido

1. O art. 461-A do CPC de 1973 não continha disposição expressa sobre a viabilidade de antecipação da tutela nele obtenível. Não havia dúvidas, contudo, do alcance da hipótese pelo disposto no § 3º do art. 461 daquele Código. Para essa discussão, v. Paulo Eduardo d'Arce Pinheiro, *Poderes executórios do juiz*, p. 262-262. O autor deste *Curso* voltou-se ao tema em *Código de Processo Civil interpretado*, p. 1491-1492. Nas edições anteriores ao CPC de 2015 deste *Curso*, o tema estava exposto no n. 7 do Capítulo 1 da Parte IV de seu v. 3.

pela Lei n. 10.444/2002 – não afetou a disciplina das obrigações de dar prevista pelo CC. Estão incólumes, destarte, os arts. 233 a 246 daquele Código, cabendo ao processualista interpretar as técnicas processuais aqui comentadas de acordo com as características e as possibilidades do direito e do plano material, não obstante a inegável preferência à "tutela específica" decorrente do art. 499.[2]

Cabe destacar, por fim, que a economia do art. 538, ao regrar a hipótese, impõe variadas remissões às regras das execuções fundadas em títulos *extrajudiciais* que tenham por objeto, como interessa para cá, obrigações de entrega de coisa (arts. 806 a 813). É uma das múltiplas aplicações que decorrem dos *capi* dos arts. 513 e 771.

2. OBRIGAÇÕES DE ENTREGA DE COISA NO PLANO MATERIAL

Para uma mais adequada compreensão das *técnicas processuais* disponibilizadas para a concretização da tutela jurisdicional executiva relacionada às obrigações de entrega de coisa, cabe breve análise de sua disciplina na perspectiva do direito material.

As obrigações de dar coisa, reguladas pelos arts. 233 a 246 do Código Civil, são aquelas em que o devedor se obriga a fornecer ao credor determinado bem: móvel ou imóvel. A coisa a ser entregue pelo devedor pode ser *certa* ou *incerta*.

Coisa certa (ou *específica*) é a perfeitamente individuada e que pode ser distinguida por suas próprias características de outras da mesma espécie.

Coisa incerta (ou *genérica*), diferentemente, é aquela em que o objeto a ser entregue pelo devedor ao credor depende de uma ulterior definição (chamada de *concentração*, *especificação* ou *individuação* pelos civilistas), usualmente relegada para o momento do *pagamento*, isto é, do *cumprimento* da obrigação. Quando as partes ajustam entre si a obrigação, o objeto da prestação (a "coisa" a ser entregue) é indicado não por suas características próprias, mas por seu *gênero* ou *quantidade* (art. 243 do CC). Não se trata de admitir que *qualquer coisa* venha a ser entregue, satisfazendo a obrigação. Trata-se, pelo contrário, da possibilidade de determinação da coisa quando do pagamento da prestação. É inerente ao cumprimento dessa modalidade obrigacional, destarte, que preceda ao pagamento a *escolha* da coisa, consoante ela caiba ao devedor ou ao credor. Feita a escolha, ela torna-se obrigação de dar *coisa certa* (art. 245 do CC).

A obrigação de dar *coisa certa* é, por definição, obrigação *específica*, ao contrário da obrigação de dar *coisa incerta*, *genérica*, não obstante suscetível de *concentração* oportuna. Justamente em função de seus traços distintivos, a obrigação de dar *coisa certa* tende a ser

2. É entendimento que o autor deste *Curso* já vinha sustentando nos comentários ao art. 461-A do CPC de 1973 em *Código de Processo Civil interpretado*, p. 1486-1487. Nas edições anteriores ao CPC de 2015 deste *Curso*, o tema era enfrentado no n. 2 do Capítulo 1 da Parte IV de seu v. 3.

insubstituível, ao contrário da obrigação de dar *coisa incerta*, que tende a permitir a *substituição* da coisa ajustada, desde que atenda ao *gênero* previamente combinado entre credor e devedor, e, nesse sentido, a substituição é incapaz de afetar o objeto tal qual devido e, consequentemente, a satisfação do credor.

3. CUMPRIMENTO DA SENTENÇA QUE RECONHEÇA A EXIGIBILIDADE DE OBRIGAÇÃO DE ENTREGAR COISA

Pelas mesmas razões expostas no n. 3 do Capítulo 1 da Parte IV e antes dele, no n. 5.1 do Capítulo 1 da Parte III, é irrecusável o entendimento de que o início da etapa de cumprimento da sentença que reconhece a exigibilidade de obrigação de entrega de coisa também depende da iniciativa do exequente. Não há espaço para o magistrado atuar de ofício nesses casos, a despeito do que quer sugerir a literalidade do § 1º do art. 513, que se limita, do ponto de vista textual, a exigir a iniciativa quando se tratar de obrigação de *pagar*[3].

Assim, a etapa de cumprimento deve ser iniciada por requerimento do exequente, elaborado em consonância com as regras genéricas dos arts. 798 e 799.

O requerimento será endereçado a um dos juízos indicados no art. 516, não sendo descartável que possa ter havido alguma alteração de competência com relação ao juízo perante o qual se desenvolveu o processo na etapa de conhecimento diante da ocorrência de alguma das situações previstas em seu parágrafo único, dentre elas porque "os bens sujeitos à execução" podem se encontrar em foro diverso daquele no qual transcorreu aquela etapa.

Sendo proferido juízo de admissibilidade positivo, o executado será *intimado*, com observância das hipóteses do § 2º do art. 513, a entregar o que, de acordo com a decisão e no prazo nela fixado, é devido ao exequente (art. 498, *caput*).

Embora silente o art. 538, é correto entender que cabe ao magistrado fixar multa para compelir o executado a entregar o que lhe é determinado, o que decorre do § 1º do art. 806, em caráter nitidamente *coercitivo*, isto é, para estimular o executado a entregar a coisa devida. Esse dispositivo refere-se a multa "por dia de atraso". Sua textualidade, contudo, não deve se sobrepor às peculiaridades do caso concreto, que podem justificar outra periodicidade para aquele fim, para menos ou para mais de um *dia*. O valor da multa é passível de ser alterado "caso se revele insuficiente ou excessivo", no que também é expresso o § 1º do art. 806, justificando para cá as mesmas considerações relativas ao art. 537[4].

---

3. Não obstante as considerações do texto, não há como deixar de reconhecer a controvérsia que o tema vem despertando na doutrina, como se pode verificar, por exemplo, das considerações de Luiz Henrique Volpe Camargo e Lauane Andrekowsk Volpe Camargo, *Do cumprimento da sentença*, p. 45.

4. Ilustrando suficientemente a questão no âmbito de possessória – e levando em conta, como este *Curso* propõe a propósito da interpretação do art. 537, a avaliação do comportamento dos sujeitos processuais, embora para concluir em sentido diverso quanto ao ponto que aqui mais interessa –, consta interessantíssimo acórdão, assim

Os quinze dias referidos no *caput* do art. 806 podem ser utilizados como referencial a ser observado pelo magistrado para o estabelecimento do prazo de entrega, considerando o silêncio do art. 498 e do art. 538 a esse respeito, o que se justifica em função da leitura conjunta dos *capi* dos arts. 513 e 771. Nada há que impeça, contudo, que outro prazo seja fixado à luz das peculiaridades do caso concreto, levando em conta, inclusive, a existência de eventual ajuste entre as partes no âmbito do direito material ou, até mesmo, em negócio jurídico processual.

Em se tratando de prazo *processual*, somente serão computados os dias úteis, em função da dicotomia estabelecida pelo parágrafo único do art. 219, aplicáveis, aqui, as mesmas razões no n. 4 do Capítulo 1 da Parte IV, inclusive quanto à possível incidência da regra do § 3º do art. 231. Havendo requerimento para limitação de eventual litisconsórcio passivo, o prazo é interrompido, recomeçando a fluir integralmente da intimação da decisão que resolver a questão, nos moldes dos §§ 1º e 2º do art. 113.

No silêncio do art. 538, deve prevalecer a sistemática relativa aos honorários advocatícios derivada do § 1º do art. 523. Assim, aquela verba deve ser fixada no piso de 10% com a determinação de intimação do executado na hipótese de o executado não entregar o que é devido, cabendo a sua majoração até 20% de acordo com o trabalho a ser desenvolvido pelos advogados ao longo de todo o processo, inclusive com relação a eventual impugnação (art. 85, § 2º).

Se se tratar de cumprimento de sentença em face do Poder Público, os limites mínimos e máximos a serem observados são aqueles do § 3º do art. 85, dada a inexistência de qualquer regra diferente para a espécie, inclusive originária do modelo constitucional do direito processual civil.

---

ementado da 4ª Turma do STJ: "AGRAVO INTERNO NOS EMBARGOS DE DECLARAÇÃO NO RECURSO ESPECIAL – AUTOS DE AGRAVO DE INSTRUMENTO NA ORIGEM – AÇÃO DE MANUTENÇÃO DE POSSE – MULTA EM RAZÃO DO DESCUMPRIMENTO DE ORDEM JUDICIAL – *ASTREINTES* – PROPORCIONALIDADE E RAZOABILIDADE – DECISÃO MONOCRÁTICA DO MINISTRO RELATOR QUE DEU PARCIAL PROVIMENTO AO RECLAMO, REDUZINDO O VALOR DA MULTA COMINATÓRIA PARA R$ 200.000,00 (DUZENTOS MIL REAIS). INSURGÊNCIA RECURSAL DA AGRAVADA. Hipótese: Cinge-se a controvérsia a verificar a proporcionalidade e razoabilidade do valor a que chegou as *astreintes* fixadas pelo descumprimento de ordem judicial proferida em ação possessória. 1. Consoante orientação consolidada nesta Corte, admite-se a revisão do valor da multa cominatória pelo descumprimento de decisão judicial, quando se mostrar irrisória ou exorbitante, em flagrante ofensa aos princípios da razoabilidade e da proporcionalidade. 1.1. Na hipótese *sub judice*, tendo em vista a elevada soma a que chegou o *quantum* atualizado das *astreintes* (aproximadamente três milhões de reais) é adequada a sua redução, sob pena de propiciar o enriquecimento da ora agravante. 1.2. *In casu*, a insurgente, em sede de execução definitiva do julgado, efetuou – de boa-fé – o levantamento de parte do valor depositado a título de multa cominatória, em razão do trânsito em julgado da demanda principal da qual fora vencedora. 1.3. Imperiosa a redução do valor da execução, que deve corresponder ao *quantum* já levantado pela Fundação, o qual representa nada mais que o valor originariamente imposto pelas instâncias ordinárias e parte da correção monetária devida. 2. Agravo interno parcialmente provido, a fim de reduzir o valor da multa cominatória ao montante correspondente ao valor já levantado pela ora agravante" (STJ, 4ª Turma, AgInt nos EDcl no REsp 1.582.033/SP, rel. p/ acórdão Min. Marco Buzzi, j. m. v. 23-5-2017, *DJe* 12-6-2017).

4. NO CASO DE CUMPRIMENTO DERIVADO DE TUTELA PROVISÓRIA CONCEDIDA LIMINARMENTE

Quando se tratar de cumprimento provisório derivado de tutela provisória concedida liminarmente, importa ressalvar, é irrecusável que a própria petição inicial, na qual aquele pedido é formulado, deva trazer a individuação da coisa quando ela for "determinada pelo gênero e pela quantidade", isto é, quando se tratar de coisa *incerta*, e a escolha couber ao autor. Se a escolha couber ao réu, ela deverá ser feita quando do cumprimento. É o que decorre do parágrafo único do art. 498.

Neste último caso – e como outra decorrência da *antecipação* da etapa de cumprimento, mercê da tutela provisória liminarmente concedida –, coloca-se o problema de o autor/exequente discordar da escolha feita pelo réu/executado. Não há como deixar de entender aplicável para a espécie o incidente de que trata o art. 812, no contexto das obrigações de entrega de coisa *incerta* documentadas em título executivo *extrajudicial*.

Trata-se de incidente cognitivo destinado à individuação ou concentração da coisa, tendo a parte contrária o prazo de quinze dias (úteis) para impugnar a escolha feita pela outra. O dispositivo permite a nomeação, se o caso exigir, de perito para auxiliar o magistrado a identificar o que é devido, seguindo-se a decisão respectiva, verdadeira decisão interlocutória (art. 203, § 2º). Contra ela cabe agravo de instrumento com fundamento no parágrafo único do art. 1.015, já que, embora *antecipada e provisoriamente*, já se está na etapa de cumprimento.

O incidente a que se refere o art. 812 não merece ser compreendido como uma etapa de *liquidação* nos moldes dos arts. 509 a 512. Trata-se, é certo, também de incidente cognitivo, no entanto com finalidade totalmente diversa, de individuar a coisa que satisfaz a obrigação de entregar coisa *incerta* e não de pesquisar, em amplo e prévio contraditório, seu correspondente *valor*. Até pode haver liquidação no âmbito do cumprimento de sentença das obrigações de entrega de coisa, mas ela pressupõe a conversão da obrigação (específica) em perdas e danos.

Se o cumprimento derivar da própria sentença (ainda que de forma provisória) ou de decisão transitada em julgado, nenhuma das questões aqui ventiladas se apresenta. É que, nestes casos, por definição, as questões relativas ao *que* deve ser entregue terão sido resolvidas ao longo da prévia etapa de conhecimento do processo, independentemente de a escolha competir ao autor ou ao réu. Inaplicável, por isso mesmo – e diante do alcance do precitado parágrafo único do art. 498 –, a regra do parágrafo único do art. 811, específica para as petições iniciais dos títulos executivos extrajudiciais que digam respeito a essa modalidade obrigacional. Tampouco, e pelas mesmas razões, há espaço para cogitar do incidente de individuação disciplinado pelo art. 812.

5. POSTURAS DO EXECUTADO

Se o executado acatar a *ordem* de entrega, será ouvido o exequente. Nada mais havendo para reclamar, a hipótese é de extinção do processo com fundamento no inciso II do art. 924, sendo proferida sentença para os fins do art. 925.

Caso o que reste para ser adimplido pelo executado diga respeito a pagamento de frutos ou ressarcimento de prejuízos, o processo prosseguirá para esse fim, nos termos do art. 807. É inegável que os pedidos para a entrega e para o pagamento do que o exequente entende devido podem ser cumulados, observando-se, no particular, o disposto. O mandado e a intimação devem observar *e advertir* suficientemente o executado de que o que se espera dele, em tal hipótese, é um *e* outro comportamento, com as cominações específicas. A incompatibilidade de *procedimentos* indicada pelo inciso III do § 1º do art. 327 como óbice à cumulação de pedidos na etapa de conhecimento do processo não tem aplicação aqui por se tratar da etapa de cumprimento da sentença[5].

Caso não seja entregue o que foi determinado, será expedido de imediato, em favor do exequente, mandado de busca e apreensão (tratando-se de coisa *móvel*) ou de imissão na posse (sendo coisa *imóvel*). É o que determina o *caput* do art. 538, em plena harmonia com o § 2º do art. 806.

Se, a despeito da expedição do respectivo mandado e, se for o caso, da fixação da multa coercitiva autorizada pelo § 1º do art. 806, o direito do exequente não for satisfeito, é o caso de serem adotadas as técnicas executivas previstas para as obrigações de fazer e de não fazer (§ 3º do art. 538). As técnicas previstas pelos arts. 536 e 537, se bem empregadas, podem conduzir à descoberta de onde está o bem a ser entregue e, com isso, viabilizar sua busca e apreensão, inclusive, se for o caso, perante terceiros (art. 808). Nessa hipótese, eventual manifestação do terceiro pressupõe o prévio depósito da coisa[6].

A adoção das técnicas executivas previstas nos arts. 536 e 537 não significa o descarte de eventual (ou necessária, conforme o caso) conversão da obrigação em perdas e danos (art. 499). Pode ocorrer, com efeito, que a coisa acabe sendo entregue, a despeito da demora no cumprimento da decisão judicial. É hipótese em que muito provavelmente as perdas e danos serão fixadas em valor mais reduzido, no que é suficientemente claro o art. 809.

O valor das perdas e danos, de maneira expressa, será perseguido no mesmo processo, liquidando-se o valor respectivo (art. 809, § 2º) e *intimando-se* o executado para pagamento sob pena de multa de 10% sobre o total do valor, nos moldes dos arts. 513, § 2º; 520, I; 523 e 524, independentemente de se tratar de cumprimento *provisório* ou *definitivo*, sem prejuízo

---

5. De resto, cabe ao executado, querendo, arguir em impugnação a "cumulação indevida de execuções" nos termos do inciso V do § 1º do art. 525.

6. Essa discussão é exaustivamente feita por Paulo Eduardo d'Arce Pinheiro, Poderes executórios do juiz, esp. p. 279-320.

dos honorários advocatícios. A liquidação, nesses casos, observará a disciplina dos arts. 509 a 512, sendo muito provável (embora não necessário) que ela se desenvolva pelo procedimento comum, considerando a (provável) necessidade de prova de fato novo.

6. DIREITO DE RETENÇÃO

Os §§ 1º e 2º do art. 538, derivados do Projeto da Câmara[7], são fundamentais para o adequado diálogo entre "direito *material*" e "direito *processual*" porque regulamentam a forma de exercício do direito de retenção do executado sobre eventuais benfeitorias que tenham sido acrescentadas à coisa devida.

De acordo com o § 1º, a existência de benfeitorias deve ser *alegada* na etapa de conhecimento, em contestação, sendo discriminadas e se atribuindo a elas, sempre que possível e com as devidas justificativas, o respectivo valor. O § 2º, complementando a previsão anterior, estabelece que o direito de retenção (das benfeitorias) deve ser *exercido* na contestação a ser ofertada ainda na etapa de conhecimento. O exercício do direito de retenção, assegurado pelo § 2º do art. 538, deve ser compreendido como o direito de o réu não entregar a coisa enquanto o autor não depositar o valor das benfeitorias em juízo.

Os §§ 1º e 2º do art. 538 devem ser interpretados no sentido de que é ônus do réu alegar e exercer seu direito de retenção já na etapa de conhecimento para que a questão seja suficientemente resolvida pela sentença levando em conta, inclusive, eventuais compensações a serem efetuadas entre as partes. Será tardio deixar aquela iniciativa para a etapa de cumprimento, não prestando eventual impugnação que venha a apresentar para aquele fim[8]. Dadas as especificidades das regras para o cumprimento de *sentença* – compreendida a palavra, aqui, em sentido estrito, nos precisos termos do § 1º do art. 203 –, afasta-se sistematicamente a aplicação do inciso IV e dos §§ 5º e 6º do art. 917 à espécie[9].

---

7. Eles correspondem ao art. 552 do PL n. 8.046/2010.

8. É essa a razão pela qual Paulo Henrique dos Santos Lucon (*Comentários ao Código de Processo Civil*, v. 2, p. 764) salienta a ocorrência, na hipótese, de preclusão. No mesmo sentido é a lição de Fabiano Carvalho, *Comentários ao novo Código de Processo Civil*, p. 876, e de Guilherme Rizzo Amaral, *Breves comentários ao novo Código de Processo Civil*, p. 1567. Tratando do assunto na jurisprudência, v.: STJ, 3ª Turma, REsp 1.782.335/MT, rel. Min. Nancy Andrighi, j.un. 12-5-2020, *DJe* 18-5-2020.

9. "Art. 917. Nos embargos à execução, o executado poderá alegar: (...) IV – retenção por benfeitorias necessárias ou úteis, nos casos de execução para entrega de coisa certa; (...). § 5º Nos embargos de retenção por benfeitorias, o exequente poderá requerer a compensação de seu valor com o dos frutos ou dos danos considerados devidos pelo executado, cumprindo ao juiz, para a apuração dos respectivos valores, nomear perito, observando-se, então, o art. 464. § 6º O exequente poderá a qualquer tempo ser imitido na posse da coisa, prestando caução ou depositando o valor devido pelas benfeitorias ou resultante da compensação". Há importante monografia escrita sob a égide do CPC de 1973 sobre o assunto, que ainda prevalece para a solução de questões fundamentais. A referência é feita a *Embargos de retenção por benfeitorias*, escrita por Álvaro Manoel Rosindo Bourghignon.

Não há como entender, de qualquer sorte, que a desobediência aos §§ 1º e 2º do art. 538 acarrete a *perda* de eventual direito do executado com relação ao *valor* das coisas devidas[10]. Ele poderá, respeitados os prazos prescricionais, cobrar do autor a indenização que entender cabível.

O que é de ser criticado tendo presente o art. 538 como um todo é que ele não traga nenhuma previsão expressa para a alegação das benfeitorias e para o correlato exercício do direito de retenção nos casos (comuníssimos) em que a determinação de entrega tiver como fundamento decisão concessiva de tutela *provisória,* que pode, consoante o caso ser, ainda quando fundamentada em evidência, *liminar* (art. 311, III).

É importante, por essa razão, suprir a lacuna com interpretação ampla o suficiente do parágrafo único do art. 297, segundo o qual "A efetivação da tutela provisória observará as normas referentes ao cumprimento provisório da sentença, no que couber". Destarte, havendo concessão de tutela provisória com a determinação de entrega de bem, cabe ao réu (executado) indicar, desde logo, as benfeitorias e seu respectivo valor (art. 538, § 1º) e manifestar expressamente seu direito de retenção desde logo (art. 538, § 2º), *antecipando*, no processo, a discussão a seu respeito, independentemente de eventual segmento recursal inaugurado contra a decisão relativa à tutela provisória.

Aqui, a exemplo do que se dá com o § 1º do art. 520, aplicável à hipótese diante do § 5º daquele mesmo dispositivo, trata-se de necessária e sistemática *antecipação* da discussão sobre o assunto que, como tal, não pode ser alegada ou, pior, reiterada posteriormente. Bem entendida a questão na perspectiva do direito material, aliás, a alegação de benfeitorias indenizáveis pelo réu/executado poderá conduzir o magistrado a modificar eventual concessão anterior de tutela provisória, inclusive a propósito da apresentação do agravo de instrumento na primeira instância nos moldes do art. 1.018.

Por tais razões, distinguindo, como devem ser distinguidas, as hipóteses, é irrecusável, nesse caso, de cumprimento da decisão concessiva da tutela provisória, a incidência do inciso IV e dos §§ 5º e 6º do art. 917, que tratam dos chamados "embargos de retenção por benfeitorias".

De acordo com aqueles dispositivos, o autor (exequente) poderá requerer a compensação do valor das benfeitorias com o dos frutos ou dos danos considerados devidos pelo devedor (executado), hipótese em que o juiz poderá nomear perito para a apuração dos respectivos valores. Além disso, o credor (exequente) poderá a qualquer tempo ser imitido na posse

---

10. No REsp 1.278.094, rel. Min. Nancy Andrighi, noticiado por Theotonio Negrão, José Roberto F. Gouvêa, Luis Guilherme A. Bondioli e João Francisco N. da Fonseca em seu *Novo Código de Processo Civil e legislação processual em vigor*, p. 591, a 3ª Turma do STJ entendeu pelo descabimento de uma "ação autônoma de retenção, com pedido de antecipação de tutela".

da coisa, prestando caução ou depositando o valor devido pelas benfeitorias ou resultante da compensação.

7. IMPUGNAÇÃO

O executado pode, querendo, apresentar impugnação ao cumprimento de sentença que diga respeito às obrigações de entrega de coisa. É o que deriva do § 3º do art. 538, que faz remissão genérica ao § 4º do art. 536, que, por sua vez, especifica o art. 525, que é o dispositivo que disciplina a impugnação.

Quanto a esse ponto, importa destacar que o *prazo* para que o executado a apresente é de quinze dias após o encerramento do prazo que tiver para a entrega da coisa. Trata-se, também aqui, do que decorre da (necessária) interpretação conjugada do § 3º do art. 538, do § 4º do art. 536 e do *caput* do art. 525. É também, entendimento que se harmoniza com as técnicas executivas praticadas com fundamento em título executivo *extrajudicial* e com o direito de defesa exercitável em tais casos por intermédio dos embargos à execução (art. 915, *caput*).

As matérias a serem alegadas pelo executado são aquelas do § 1º do art. 525, não havendo, para cá, nenhuma peculiaridade a ser destacada, sendo suficientes, por isso mesmo, as discussões que ocupam o n. 5 do Capítulo 1 da Parte VI.

Cabe destacar, contudo, que não cabe ao executado alegar na impugnação eventuais benfeitorias sobre a coisa devida. Sua iniciativa será tardia, no que são claros suficientemente os §§ 1º e 2º do art. 538, e não se confunde com hipótese diversa, aventada no número anterior, em que a entrega da coisa é determinada antes da manifestação do réu no processo, por força de tutela provisória concedida liminarmente, capaz de antecipar, para todos os fins, os questionamentos que, desde o direito material, são cabíveis e exercitáveis pelo réu.

Cumpre destacar que a sistemática reservada pelo Código de Processo Civil às hipóteses aos pedidos de concretização da tutela jurisdicional executiva fundados em título executivo *extrajudicial* é diversa (art. 917, IV), justamente em razão da origem daquele título e da consequente (e adequada) ampliação do objeto dos embargos à execução (art. 917, VI).

Capítulo 2

Com base em título extrajudicial

1. CONSIDERAÇÕES INICIAIS

O Capítulo II do Título II do Livro II da Parte Especial do Código de Processo Civil disciplina a "execução para a entrega de coisa" fundada em título executivo *extrajudicial*.

A Seção I daquele Capítulo, onde estão localizados os arts. 806 a 810, volta-se à disciplina da execução das obrigações de entrega de coisa *certa* e a Seção II trata da disciplina da execução das obrigações de entrega de coisa *incerta* nos seus arts. 811 a 813.

2. OBRIGAÇÃO DE DAR COISA CERTA

O Código de Processo Civil distingue se o título executivo extrajudicial retrata uma obrigação de dar coisa *certa* ou uma obrigação de dar coisa *incerta*.

Por essa razão, os arts. 806 a 810 e os arts. 811 a 813 merecem exame separadamente, embora haja uma inegável e expressa complementaridade entre uns e outros.

2.1 Petição inicial e comportamentos possíveis do executado

O detentor de um título executivo *extrajudicial* precisa romper a inércia da jurisdição para buscar a satisfação de seu direito documentado no título. Para tanto, dirigirá ao juízo competente petição inicial, que, uma vez distribuída, passará pelo juízo de admissibilidade. Na petição, o exequente deverá observar o disposto no art. 793, isto é, se ele estiver, por direito de retenção, na posse de coisa pertencente ao devedor, não poderá requerer a prática de atos executivos sobre outros bens senão depois de requerida e concretizada a tutela jurisdicional executiva sobre a coisa ("excutida", como se lê daquele dispositivo) que está em seu poder.

Proferido juízo *positivo* de admissibilidade, o executado será *citado* para *entregar* o que é devido no prazo de quinze dias, consoante dispõe o *caput* do art. 806. A citação deve ser feita de acordo com as regras gerais, não havendo nenhuma peculiaridade para a espécie[1].

Os quinze dias para a entrega são prazo *processual*. Fluem, portanto, apenas em dias úteis (art. 219, parágrafo único). Não obstante, seu *dies a quo* não depende da juntada, aos autos, do comprovante de citação. À espécie tem aplicação o disposto no § 3º do art. 231. As dobras legais dos *capi* dos arts. 180, 183, 186 e 229 têm aplicação aqui, consoante se façam presentes as suas respectivas hipóteses de incidência.

Deverá constar do mandado respectivo a comunicação de que é de sua juntada aos autos, devidamente cumprido, que o executado terá o prazo de quinze dias (úteis) para apresentar seus embargos, isto é, voltar-se ao pedido de tutela jurisdicional executiva que lhe é formulado pelo exequente. As variações do *dies a quo* diante das hipóteses dos incisos do art. 231 devem ser indicadas também consoante o caso, dando aplicação escorreita ao *caput* do art. 915.

Também deve constar do mandado de citação, desde logo, a ordem de imissão na posse ou para entrega da coisa, no que é expresso o § 2º do art. 806.

De acordo com o § 1º do art. 806, o magistrado poderá fixar multa para compelir o executado a cumprir a *ordem de entrega* que lhe é dirigida no prazo de quinze dias. O dispositivo expressamente autoriza a modificação da multa, diminuindo ou aumentando o seu valor, consoante as necessidades de cada caso concreto e o comportamento a ser assumido pelo próprio executado. Justamente por isto que, embora haja menção expressa a que a multa seria fixada "por dia de atraso no cumprimento da obrigação", o melhor entendimento é o de que a multa é *periódica* e não necessariamente *diária*.

Sem prejuízo da multa, outras técnicas executivas de caráter coercitivo podem ser empregadas, inclusive de ofício pelo magistrado, desde o início do processo, o que encontra fundamento no inciso IV do art. 139. A finalidade da adoção de tais técnicas, tanto qual a própria multa, é a de viabilizar a efetiva entrega da coisa ou, desde que não entregue no prazo, para a obtenção de informações ou elementos que se façam necessários para a imissão na posse ou a sua busca e apreensão autorizada pelo § 2º do art. 806.

2.1.1 Honorários advocatícios

Também nos casos em que o fundamento do pedido de concretização da tutela jurisdicional executiva é título executivo extrajudicial que retrata obrigação de entrega de coisa, tem plena aplicação a dinâmica dos honorários advocatícios derivada do *caput* e do § 1º do art. 827. Trata-se de verdadeira regra subsidiária.

1. Não subsiste no CPC de 2015 a vedação da citação pelo correio no âmbito do "processo de execução" (art. 222, *d*, do CPC de 1973).

Assim, a determinação de citação do executado deve ser acompanhada de fixação de honorários advocatícios de 10% do valor indicado pelo exequente na petição inicial, que deve corresponder ao valor da coisa perseguida em juízo. Se o executado, no prazo, cumprir a obrigação, os honorários advocatícios são reduzidos pela metade, nos termos do § 1º do art. 827, o que como destacado em diversas passagens deste *Curso,* não deixa de ser técnica persuasiva em termos de cumprimento, ainda que em juízo, da obrigação pelo próprio executado[2].

Sem o cumprimento, a verba honorária poderá ser majorada até 20% do valor envolvido no processo devendo ser observada a efetiva prática de atos pelos advogados, inclusive a apresentação de eventuais embargos à execução, para subsidiaria a fixação final.

À falta de regras diferentes, inclusive na perspectiva do modelo constitucional, quando o executado for parte, a única peculiaridade reside nos percentuais dos honorários, que atraem os valores do § 3º do art. 85.

2.2 Entrega ou depósito da coisa

O CPC de 2015 não contém, diferentemente do que prescrevia o *caput* do art. 621 do CPC de 1973, nenhuma previsão para que o executado *deposite* a coisa, relacionando esta iniciativa à apresentação dos embargos à execução[3].

O dispositivo, como evidenciavam as edições anteriores deste *Curso* estava defasado com as profundas alterações promovidas em toda a sistemática da execução fundada em título extrajudicial pela Lei n. 11.382/2006, inclusive com relação aos embargos à execução. O *depósito* da coisa deixou de ser, com o advento daquelas modificações, pressuposto de *admissibilidade* dos embargos à execução, apenas uma das exigências para concessão do efeito *suspensivo* àquela iniciativa do executado.

Não obstante, sustentavam as edições anteriores deste *Curso*, não havia óbice para que o executado deixasse de *entregar* a coisa e a *depositasse* para que formulasse o pedido de atribuição de efeito suspensivo aos embargos à execução a serem apresentados[4].

---

2. É o entendimento constante também do Enunciado n. 451 do FPPC: "A regra decorrente do *caput* e do § 1º do art. 827 aplica-se às execuções fundadas em título executivo extrajudicial de obrigação de fazer, não fazer e entrega de coisa".

3. Era a seguinte a redação dada pela Lei n. 10.444/2002 àquele dispositivo: "O devedor de obrigação de entrega de coisa certa, constante de título executivo extrajudicial, será citado para, dentro de 10 (dez) dias, satisfazer a obrigação ou, seguro o juízo (art. 737, II), apresentar embargos".

4. Era o que estava escrito no n. 2.1 do Capítulo 2 da Parte IV do v. 3 das edições anteriores ao CPC de 2015 deste *Curso*: "A regra deve ser interpretada à luz das substanciais modificações trazidas pela Lei n. 11.382/2006, que não a modificou. A apresentação de 'embargos' pelo executado não depende mais, em qualquer situação, da 'garantia do juízo', isto é, do 'depósito da coisa devida'. É o que expressamente disciplina o *caput* do art. 736, mais ainda diante da expressa revogação do art. 737 por aquele diploma legislativo. O art. 621 deve, por

A orientação é plenamente válida para o CPC de 2015, não obstante a diferença *textual* entre o *caput* de seu art. 806 e o seu correspondente, o *caput* do art. 621.

Até porque a *entrega* do bem significa cumprimento da obrigação pelo executado, embora instado jurisdicionalmente a tanto. Trata-se de uma hipótese de cumprimento *voluntário*, para empregar a nomenclatura proposta por este *Curso*. Neste caso, a não ser que haja algum outro direito a ser perseguido pelo exequente, o processo deve ser extinto com base no inciso II do art. 924. É a hipótese pressuposta pelo art. 807: "Se o executado entregar a coisa, será lavrado o termo respectivo e considerada satisfeita a obrigação, prosseguindo-se a execução para o pagamento de frutos ou o ressarcimento de prejuízos, se houver".

A ressalva feita pela parte final do art. 807 é pertinente e está em ampla harmonia com os arts. 237, parágrafo único, e 242, parágrafo único, do Código Civil. Os valores respectivos serão apurados em liquidação, observando-se o que, a esse respeito, dispõem os arts. 510 ou 511, consoante o caso. Sendo suficiente a apresentação de meros cálculos aritméticos – é supor, apenas para ilustrar, que as perdas e danos estejam prefixados em cláusula penal do contrato que constitui o título executivo –, a prática dos atos executivos já poderá ter início imediato independentemente da etapa de liquidação.

O *depósito* da coisa, diferentemente, tende a significar que o executado pretende defender-se pela técnica típica para tanto, os embargos à execução. Não, vale a ênfase, que o prévio depósito seja pressuposto para o exercício da sua defesa, como se dava antes do advento da Lei n. 11.382/2006, que deixou de fazer aquela exigência para o CPC de 1973, mas porque o depósito pode se justificar para, junto com as demais exigências do § 1º do art. 919 do CPC de 2015, autorizar a concessão do efeito suspensivo[5].

---

conseguinte, ser lido *sistematicamente*: o executado é citado para, em *dez* dias, entregar a coisa, *ou* para, nos *quinze* dias que se seguirem à juntada, aos autos, do mandado de citação cumprido (art. 738), apresentar 'embargos à execução', *independentemente de garantia do juízo* (art. 736, *caput*). É importante destacar, com relação ao *prazo* para apresentação dos embargos, que o *caput* do art. 621, não alterado pela Lei n. 11.382/2006, não se ocupa do assunto, limitando-se a disciplinar o prazo em que o executado deve entregar a coisa reclamada pelo exequente ('satisfazer a obrigação'). Com relação aos embargos, deve prevalecer a atual disciplina do art. 738, que reserva para sua apresentação o prazo de *quinze* (e não de *dez*) dias contados da forma destacada pelo parágrafo anterior (v. n. 3.3 do Capítulo 2 da Parte V). Nesse sentido são as lições de Araken de Assis (*Manual da execução*, p. 1132) e de Humberto Theodoro Jr. (*Processo de execução e cumprimento da sentença*, p. 207). O que pode ocorrer é que o executado queira *depositar* a coisa para pleitear o recebimento dos seus embargos com efeito suspensivo (quando deverá demonstrar *também* os demais pressupostos exigidos pelo § 1º do art. 739-A; v. n. 5.1 do Capítulo 2 da Parte V) –, hipótese em que têm aplicação os arts. 622 e 623, também não alterados pela Lei n. 11.382/2006 –, para obstaculizar a prestação da tutela jurisdicional em prol do exequente (art. 582, parágrafo único) ou para, com base no art. 239 do Código Civil, deixar de ser responsável pela *guarda* e *conservação* da coisa, deixando de assumir, portanto, os riscos inerentes àquela condição. É importante, portanto, discernir, em cada caso concreto, o significado da manifestação do executado".

5. Também é indiferente para alcançar a conclusão do texto a circunstância de o CPC de 2015 não ter reproduzido o art. 622 do CPC de 1973 que, na redação da Lei n. 5.925/73, era assim enunciado: "O devedor poderá depositar a coisa, em vez de entregá-la, quando quiser opor embargos".

Tão mais correto o entendimento aqui sustentado porque, ainda que o executado apresente embargos à execução, pode ocorrer que a eles *não* seja concedido efeito suspensivo e, por isso, não há qualquer óbice para que o exequente requeira o levantamento da coisa[6].

Assim, é correto entender que o *depósito* da coisa é pressuposto para a atribuição de efeito suspensivo aos embargos à execução (art. 919, § 1º); não, contudo, para o seu *recebimento* e *processamento* (art. 914, *caput*)[7].

2.3 A não entrega da coisa

Pode acontecer, contudo, que o executado, devidamente citado – e, se for o caso, a necessidade de sua citação por edital ou por hora certa não pode ser descartada –, não *entregue* a coisa e, tampouco, *deposite-a* nos termos discutidos no número anterior.

Neste caso, tem aplicação o disposto no § 2º do art. 806, cumprindo-se de imediato a ordem de imissão na posse, em se tratando de bem imóvel, ou de busca e apreensão, em se tratando de bem móvel. Tal ordem já deve estar inserida no mandado de citação, expedido após o juízo positivo de admissibilidade da petição inicial.

A previsão, no particular, quer trazer a maior eficiência possível ao processo com eliminação de tempos inúteis em cartório ou em secretaria e no próprio gabinete do magistrado, sem prejuízo de desempenhar também o papel de estimular ao cumprimento *voluntário* da obrigação pelo executado quando citado para tanto[8]. Se, contudo, a citação foi efetivada pelo correio, não há como evitar que primeiro seja certificado *in albis* o prazo para entrega, para então ser cumprido o mandado de que trata o dispositivo em questão. Eventual demora na expedição de novo mandado pode levar o exequente a não fazer uso da citação pelo correio, optando pela sua realização, desde logo, pelo oficial de justiça.

Cumprido satisfatoriamente o mandado de imissão na posse ou de busca e apreensão, é o caso de verificar se a obrigação está satisfeita integralmente ou não, aplicando-se a mesma diretriz do precitado art. 807.

---

6. É outro caso em que a interpretação sistemática do CPC de 2015 torna inócua a falta de remissão de dispositivo expresso do CPC de 1973. A referência é feita ao art. 623, que tinha a redação da Lei n. 8.953/94: "Depositada a coisa, o exequente não poderá levantá-la antes do julgamento dos embargos".

7. É orientação que, mesmo para o CPC de 1973 após as modificações da Lei n. 11.382/2006, já era abraçada pelo STJ, na linha do que sustentavam as edições anteriores deste *Curso*. A esse respeito, v.: STJ, 3ª Turma, REsp 1.177.968/MG, rel. Min. Nancy Andrighi, j. un. 12-4-2011, *DJe* 25-4-2011. A orientação se mantém em julgados mais recentes, assim, por exemplo: STJ, 4ª Turma, AgInt no AREsp 1.672.219/GO, rel. Min. Raul Araújo, j.un. 28-9-2020, *DJe* 21-10-2020; STJ, 4ª Turma, AgInt no REsp 1.651.168/MT, rel. Min. Raul Araújo, j. un. 28-3-2017, *DJe* 18-4-2017, e STJ, 2ª Turma, REsp 1.731.508/PE, rel. Min. Herman Benjamin, j. un. 17-4-2018, *DJe* 24-5-2018.

8. A fórmula, nesse sentido, é superior à do art. 625 do CPC de 1973, que dava a entender que da omissão do réu haveria sempre e invariavelmente necessidade de conclusão dos autos para o magistrado, analisando a situação, determinada a expedição dos mandados.

Pode ocorrer de o executado ter alienado a coisa "quando já litigiosa", isto é, após o executado ter citado. Neste caso, de acordo com o art. 808, o mandado de imissão na posse ou de busca e apreensão, conforme o caso, será expedido contra terceiro adquirente que, para se manifestar no processo, deverá *depositar* a coisa. Trata-se de modalidade de intervenção de terceira característica do processo em que se pretende a concretização da tutela jurisdicional executiva.

A exigência feita pelo dispositivo não é agressiva ao modelo constitucional do direito processual civil. Com a citação do executado, a coisa, litigiosa, não podia ter sido alienada por ele, que, assim fazendo, pratica ato atentatório à dignidade da jurisdição (art. 774, I), patente a *fraude à execução* por ele praticada (art. 792, I). Trata-se, assim, de alienação *ineficaz* para o processo e a exigência legal quer, apenas e tão somente, viabilizar uma mais racional prestação jurisdicional, com a localização e apreensão efetiva do bem, finalidade última da concretização da tutela jurisdicional executiva em relação às obrigações de entrega de coisa. Ademais, a previsão se limita a *inverter* o exercício do contraditório e não a eliminá-lo.

Se, a despeito do mandado, a coisa não for depositada pelo terceiro, serão adotadas em face dele as técnicas executivas que se justifiquem (art. 139, IV) para viabilizar o conhecimento do paradeiro do bem e, oportunamente, a sua busca e apreensão.

2.4 Conversão em perdas e danos

Pode acontecer, contudo, de a coisa devida ter se deteriorado, não ser entregue, não ser encontrada ou que o exequente não pretenda obtê-la do terceiro, com fundamento no art. 808. Em todos esses casos, de acordo com o *caput* do art. 809, o exequente pode pretender do executado, além das perdas e danos (inclusive morais), o valor da coisa. A previsão do *caput* do art. 809 transporta para o plano do processo o disposto nos arts. 234, 236 e 239 do Código Civil[9]. É correto compreender incluído no conceito de *deterioração* da coisa, o seu perdimento também.

Se o valor da coisa não constar do título executivo e se for impossível sua avaliação, cabe ao exequente apresentar a estimativa correspondente, o que conduzirá o processo à liquidação por arbitramento (art. 809, § 1º). A adoção de tal modalidade liquidatória se justifica – o § 1º do art. 809 se refere a ela como "arbitramento judicial" – porque o valor da coisa é passível de ser encontrado pela realização de perícia nos termos do art. 464. Também os prejuízos, isto é, as "perdas e danos", é o § 2º do art. 809 quem o determina, serão objeto de liquidação, que observará, consoante as peculiaridades de cada caso concreto, as regras dos arts. 509 a 512.

---

9. Também é pertinente a lembrança do disposto no art. 499 e da noção, derivada do art. 498, ambos do CPC de 2015, de tutela específica. É exatamente o que ocorre, aqui, embora no ambiente da concretização da tutela jurisdicional executiva fundada em título extrajudicial: inviável a tutela *específica*, a obrigação converte-se em perdas e danos. O diálogo entre os planos material e processual não pode ser olvidado.

Sem prejuízo da textualidade do § 1º do art. 809, contudo, não há qualquer óbice para que a liquidação se desenvolva pelo procedimento comum, técnica que se justifica, ademais, quando houver necessidade de o exequente alegar e provar fato novo. De resto, não há razão para descartar aprioristicamente que a etapa de liquidação se mostre desnecessária quando o valor da coisa e as perdas e danos dependerem de meros cálculos aritméticos, o que é insinuado, aliás, pelo próprio § 1º do art. 809, quando se refere à "estimativa" feita pelo exequente.

A liquidação expressamente admitida pelos dispositivos referidos não significa uma "nova" ou "diversa" ação, nem um "novo" ou "diverso" processo, e não ensejará a formação de "novos" ou "diversos" autos. O exequente requererá a quantificação da coisa e/ou suas perdas e danos ao magistrado, que determinará a *intimação* do advogado do executado para acompanhar aquela etapa do processo, voltada precipuamente à descoberta daqueles valores em amplo contraditório. Uma vez encontrado o *quantum debeatur*, aplica-se o disposto no art. 523, intimando-se o executado, por intermédio de seu advogado, para realizar o pagamento do valor respectivo no prazo de quinze dias, sob pena de se sujeitar à incidência da multa prevista de 10% no § 1º daquele dispositivo.

A aplicação do art. 523 é justificável porque o título que dá supedâneo à prática dos atos executivo para perseguimento das perdas e danos, doravante uma "execução por quantia certa", é *judicial*; ele nasce do proferimento da decisão jurisdicional que fixa o *quantum debeatur* (uma *interlocutória*), embora a certeza e a exigibilidade da obrigação tenham origem *extrajudicial*[10].

Também o é a regra de competência do art. 516, sem prejuízo do disposto no art. 781, para viabilizar que a prática dos atos executivos que se fizerem necessários a partir daquele instante do processo sejam tomados com maior eficiência em face do executado à luz do princípio da *realidade* da execução.

2.5 Defesa do executado

A defesa do executado em se tratando de obrigações de entrega de coisa tem a peculiaridade de veicular matéria que lhe é própria, desde o plano material (art. 242 do CC): a retenção de benfeitorias.

O inciso IV do art. 917 e seus respectivos §§ 5º e 6º preveem expressamente a hipótese, regulando aquele direito como uma das matérias que o executado pode alegar em seus embargos à execução. Trata-se da forma que a lei processual civil dá àquele que sofre a prática

10. Há quem se refira, por isso mesmo, à hipótese como de título executivo *misto*. Assim, por exemplo: Teori Albino Zavascki, *Processo de execução*, p. 276, e Marcelo Abelha Rodrigues, *Manual de execução civil*, p. 121, nota 11.

de atos executivos nas obrigações de entrega de coisa para a proteção de seus direitos sobre a coisa reclamada pelo exequente. Os "embargos de retenção por benfeitorias", para empregar expressão consagrada, inclusive pelo § 5º do art. 917, são, em última análise, a forma que a lei processual civil disponibiliza para que o executado tutele (jurisdicionalmente) direitos (materiais) seus[11].

Faz-se pertinente, justamente em face dessa especificidade, tratar daqueles embargos no que eles têm de próprio neste Capítulo, em complementação ao que é exposto no Capítulo 2 da Parte VI.

Os embargos de "retenção por benfeitorias necessárias ou úteis, nos casos de execução para entrega de coisa certa" (art. 917, IV), têm, como finalidade última, a de, nas execuções para entrega de coisa, permitir ao executado exercer o seu direito (material) de posse (retenção) sobre a coisa enquanto não for devidamente indenizado pelas benfeitorias que, legitimamente, haja incorporado a ela.

As benfeitorias, de acordo com o art. 96 do Código Civil, podem ser *voluptuárias*, úteis ou *necessárias*. Sendo a posse de boa-fé, são indenizáveis todas aquelas benfeitorias, ainda que o direito de retenção só se verifique para as úteis e necessárias (arts. 242 e 1.219 do CC); no caso de a posse ser de má-fé, são indenizáveis as benfeitorias necessárias e não há direito à retenção da coisa (arts. 242 e 1.220 do CC).

A fórmula adotada pelo § 5º do art. 917 busca agilizar a produção da prova, que, em geral, faz-se necessária, nestes embargos, até porque a *qualidade* da benfeitoria e da posse do executado interfere diretamente na existência, ou não, do direito de retenção e, mais amplamente, no seu regime de direito material. Assim, o exequente, na resposta aos embargos a que faz menção o inciso I do art. 920, pode requerer a compensação do valor reclamado pelo executado com os frutos ou com os danos sofridos pela coisa devida e atribuídos ao executado (art. 1.221 do CC), cabendo ao magistrado, para apurar os respectivos valores, nomear perito, sendo observada, a propósito, as regras aplicáveis à prova pericial, que é o significado da remissão feita pelo § 5º do art. 917 ao art. 464.

Apesar de não haver regra expressa no CPC de 2015, importa interpretar o inciso IV do art. 917, máxime diante do § 5º do mesmo dispositivo no sentido de que cabe ao executado, na apresentação dos embargos à execução indicar se as benfeitorias são necessárias, úteis ou voluptuárias, o estado anterior e atual da coisa (sem o que não se pode conceber se há benfeitorias), o custo das benfeitorias e o seu valor atual e a valorização da coisa decorrente das benfeitorias. É diretriz que decorre diretamente dos arts. 96, 242 e 1.219 do Código Civil,

---

11. Antes da Lei n. 11.382/2006, o CPC de 1973 tratava da matéria separadamente, em seu art. 744, que foi revogado expressamente com o advento daquele diploma legislativo, que quis dar disciplina uniforme aos embargos à execução, transportando integralmente a disciplina daquele dispositivo para o art. 745 do CPC de 1973. Eliminou-se uma *forma* processual diferenciada, mas não se eliminou a *substância* da defesa a ser exercitada pelo executado. É esta a diretriz que também predominou no trato do tema pelo CPC de 2015.

que relacionam o exercício do direito de retenção pelo executado não apenas à *arguição*, mas também *à prova* daquelas circunstâncias[12].

Assim, o executado tem o ônus de fazer aquelas indicações e suas respectivas provas, sem o que dificilmente prosperarão seus embargos. A depender do caso concreto, é irrecusável, até mesmo, que o magistrado rejeite liminarmente os embargos à execução reputando-os "manifestamente protelatórios" (art. 918, III), diante da falta de seriedade das alegações do executado. De resto, é com base nas alegações e na prova feita pelo executado, desde a apresentação dos embargos à execução, que o exequente terá condições, na sua resposta, de se contrapor àquela pretensão, inclusive para os fins do § 5º do art. 917.

É nesse contexto que merece destaque o art. 810 do CPC de 2015, segundo o qual: "Havendo benfeitorias indenizáveis feitas na coisa pelo executado ou por terceiros de cujo poder ela houver sido tirada, a liquidação prévia é obrigatória". "Havendo saldo", prossegue seu parágrafo único: "I – em favor do executado ou de terceiros, o exequente o depositará ao requerer a entrega da coisa; II – em favor do exequente, esse poderá cobrá-lo nos autos do mesmo processo". A *liquidação prévia* referida pelo *caput* do art. 810 deve ser entendida à luz da sistemática dos embargos à execução e da prova pericial expressamente prevista na parte final do § 5º do art. 917.

Ademais, em consonância com o § 6º do art. 917, "O exequente poderá a qualquer tempo ser imitido na posse da coisa, prestando caução ou depositando o valor devido pelas benfeitorias ou resultante da compensação". Uma vez mais, ainda que por meios transversos, evidencia-se o ônus de o executado, nos seus embargos à execução, identificar e quantificar as benfeitorias que considera indenizáveis.

A incidência do § 6º do art. 917 antes do julgamento dos embargos à execução pressupõe alguma margem de incontrovérsia sobre os valores indicados pelo executado e pelo exequente. Caso contrário, a realização da prova pericial a que faz expressa menção o final do § 5º do art. 917 é imperiosa, não só para constatar a efetiva existência de benfeitorias e sua classe, mas também, seu respectivo valor para, a partir daí, ser promovida eventual compensação.

3. OBRIGAÇÃO DE DAR COISA INCERTA

Os arts. 811 a 813 regulam a concretização da tutela jurisdicional executiva relativa às obrigações de dar coisa *incerta* fundada em título extrajudicial.

12. A Lei n. 10.444/2002 deu nova redação ao art. 744 do CPC de 1973 e nele inclui três parágrafos, dentre os quais o § 1º fazia aquela exigência nos seguintes termos: "§ 1º Nos embargos especificará o devedor, sob pena de não serem recebidos: I – as benfeitorias necessárias, úteis ou voluptuárias; II – o estado anterior e atual da coisa; III – o custo das benfeitorias e o seu valor atual; IV – a valorização da coisa, decorrente das benfeitorias". Embora aquela regra tenha sido revogada pela Lei n. 11.382/2006 e não encontre equivalente no CPC de 2015, não há óbice para que se alcance a mesma conclusão em virtude da exposição do texto. Para a análise do impacto da revogação à época da Lei n. 11.382/2006, v., do autor deste *Curso*, seu *A nova etapa da reforma do Código de Processo Civil*, v. 3, p. 296-298.

Coisa incerta é aquela em que a identificação da coisa devida depende de um ulterior ato, do exequente ou do executado, chamado pela doutrina civilista de "concentração", "individuação" ou "especificação". A coisa incerta, bastante feliz no particular a redação do art. 811, que se harmoniza com o art. 243 do Código Civil, é aquela que determinada "pelo gênero e pela quantidade".

Superada a pesquisa relativa à descoberta do juízo competente (art. 781) e superado o juízo *positivo* de admissibilidade da petição inicial, o *caput* do art. 811, rente à peculiaridade de direito material colocada em evidência pelo parágrafo anterior, prevê a *citação* do executado para entregar a coisa já *individuada* quando a ele, desde o plano material, couber a escolha.

Se a escolha depender de manifestação de vontade do exequente (credor da obrigação, no plano material), cabe a ele indicar sua escolha na petição inicial, por imposição do parágrafo único do art. 811.

O prazo a ser fixado ao executado é de quinze dias (úteis), em função do estatuído pelo *caput* do art. 806, aplicável à espécie, por força do art. 813. Também por causa desse dispositivo, o magistrado poderá arbitrar multa para compelir o executado a acatar a *ordem* de cumprimento da obrigação, sem prejuízo da aplicação de outras técnicas executivas que se justifiquem, quando menos, para viabilizar o cumprimento do mandado de imissão na posse ou de busca e apreensão se a coisa não for entregue pelo executado (art. 806, § 2º).

Se a coisa for entregue e o exequente se mostrar satisfeito com a iniciativa, o processo deve ser extinto com fundamento no inciso II do art. 924 (art. 925), a não ser que o exequente requeira seu prosseguimento para apuração de eventuais frutos ou ressarcimento de prejuízos (art. 807), quando deverá ser observada a disciplina do art. 809 (art. 813).

3.1 Incidente de individualização da coisa

O art. 812 disciplina o que Araken de Assis[13] denomina, forte nas peculiaridades materiais da modalidade obrigacional cuja persecução processual é aqui discutida, "incidente de individualização da coisa".

De acordo com o dispositivo, "qualquer das partes poderá, em 15 (quinze) dias, impugnar a escolha feita pela outra, e o juiz decidirá de plano, ou, se necessário, ouvindo perito de sua nomeação".

A aplicação daquela regra significa que o executado, devidamente citado, terá quinze dias (úteis e, de acordo com a caso, com as dobras legais) para questionar a escolha feita pelo exequente em sua petição inicial (art. 811, parágrafo único) e que o exequente terá o mesmo prazo contado da entrega ou depósito da coisa pelo executado em juízo para voltar-se à sua escolha (art. 811, *caput*).

13. *Manual da execução*, p. 853.

O magistrado decidirá de plano o incidente, se entender que a prova documental aportada com suas respectivas manifestações pelas partes é suficiente. Se não, determinará a produção de prova, que entenda pertinente. Importa ressalvar que é o magistrado, consoante as peculiaridades de cada caso concreto, que determinará a produção da prova, não havendo como querer limitar sua cognição do caso à prova pericial, como insinua a textualidade do art. 812. Menos ainda, que eventual nomeação do perito será de sua "livre escolha", o que atrita com as regras do § 2º do art. 156, que impõe, como regra, a indicação de peritos a partir do cadastro existente perante os Tribunais respectivos.

Colhidas as provas que se justificarem e ouvidas as partes a seu respeito, o magistrado decidirá o incidente proferindo decisão *interlocutória* que é, em função da ampla previsão do parágrafo único do art. 1.015, agravável de instrumento.

Sobre a coisa só então *individuada*, recaem os atos executivos que se mostrarem necessários para a sua entrega, observando-se, a respeito o disposto nos arts. 806 a 810, consoante a diretriz do art. 813.

Importa entender, até em função da equivalência de prazos que o executado tem para *entregar* a coisa e para que questione a escolha feita pelo exequente na petição inicial quando lhe competir fazê-lo (art. 811, parágrafo único)[14], que se o executado tomar a iniciativa prevista no art. 812, fica *suspenso* o prazo para a entrega[15].

É que a questão relativa ao que deve ser entregue, nos casos em que a escolha cabe ao exequente – que deve fazê-la na petição inicial, vale enfatizar –, é verdadeiramente *prejudicial* ao acatamento daquela determinação. É imaginar a situação em que JIBM requer ao magistrado que determine a citação de SFT para que entregue um bem que não corresponde ao que foi ajustado contratualmente entre as partes. Entre não entregar o bem e sofrer a prática de atos executivo que reputa injusta, pode SFT valer-se do disposto no art. 812 para questionar a *escolha* feita por JIBM, até como forma de mostrar ao juízo sua boa-fé e sua predisposição de entregar o que é devido ou, quando menos, de *depositar* o que efetivamente foi ajustado entre as partes para questionar a pretensão executiva de JIBM em embargos à execução.

3.2 Aplicação subsidiária da disciplina da execução de dar coisa certa

Uma vez que seja individuada a coisa, ela passa a ser coisa *certa*. É o que expressamente prevê o art. 245 do Código Civil.

14. Cabe notar, apenas a título de curiosidade, que o prazo dado para aquela discussão pelo art. 630 do CPC de 1973, equivalente ao art. 812 do CPC de 2015, era de apenas quarenta e oito horas.

15. É o entendimento de Araken de Assis em seu *Manual da execução*, p. 855, e também em seus *Comentários ao Código de Processo Civil*, v. XIII, p. 150.

Coerentemente a essa peculiaridade da modalidade obrigacional compreendida, como deve ser, desde seu regime de direito material, dispõe o art. 813 que, a partir daquele instante do processo, passam a disciplinar a espécie as regras dos arts. 806 a 810, isto é, as regras processuais atinentes à concretização da tutela jurisdicional executiva relativas às obrigações de dar coisa certa, sendo suficientes, para tanto, as considerações dos n. 1 a 3.1, *supra*, inclusive na hipótese de se mostrar necessária sua conversão em perdas e danos (arts. 807 e 809).

3.3 Defesa do executado

Por força do disposto no art. 245 do Código Civil e diante do art. 813, o destino da obrigação de dar coisa *incerta* é se converter em obrigação de dar coisa *certa* ou, na sua impossibilidade, em obrigação de pagar, ensejando, no plano do processo, uma "execução por quantia certa".

Para um e para outro caso, contudo, os meios de defesa a serem apresentados pelo executado não trazem nenhuma peculiaridade, razão pela qual se fazem suficientes as considerações desenvolvidas no n. 2.5, *supra*, e as que ocupam o n. 3 do Capítulo 2 da Parte VI.

PARTE VI

Defesas do executado

Capítulo 1

Impugnação

1. CONSIDERAÇÕES INICIAIS

O art. 525 trata da impugnação, que deve ser compreendida como a *defesa* a ser apresentada pelo executado na etapa do cumprimento de sentença.

Trata-se de um dos dispositivos mais extensos de todo o CPC de 2015. Em número de parágrafos ele só perde para o art. 85, que trata dos honorários advocatícios, com dezenove. Não obstante, sua disciplina é lacunosa quanto ao *procedimento* da impugnação e questões correlatas, sendo necessário extrair do Livro II da Parte Especial, em função do *caput* do art. 513 e do *caput* do art. 771, e do próprio sistema processual civil, respostas a variadas questões que o tema coloca.

2. IMPUGNAÇÃO COMO DEFESA

O executado, que nada mais é do que o *réu* da etapa de cumprimento da sentença, pode se voltar contra a prática dos atos executivos destinados à satisfação do direito do exequente (o *autor* da etapa de cumprimento). O nome pelo qual ele exerce esse seu direito é *impugnação*.

Este *Curso* vem defendendo, desde o advento da Lei n. 11.232/2005, que a impugnação é, em qualquer caso, *defesa*[1], tanto quanto o são os embargos à execução.

Isto porque, para além das incontáveis e tão profundas transformações que a Lei n. 11.232/2005 trouxe não só para o CPC de 1973, mas também – e de forma mais ampla – para o direito processual civil brasileiro desde então, a questão merecia ser (re)examinada à luz do modelo constitucional do direito processual civil. Simplesmente porque não faz sentido,

1. Para a exposição original, v. o n. 1.1 do Capítulo 1 da Parte V do v. 3 das edições anteriores ao CPC de 2015 deste *Curso*. Antes, seu autor já havia se pronunciado acerca do tema em seu *A nova etapa da reforma do Código de Processo Civil*, v. 1, p. 125-128.

sem agredir aquele modelo, exigir (impor, verdadeiramente) que alguém, para *reagir* a um pedido de tutela jurisdicional formulado por outrem, tenha de tomar a iniciativa de romper a inércia da jurisdição para pedir uma tutela jurisdicional em sentido oposto ou, mais amplamente, que, de alguma forma, impeça que a iniciativa anterior surta seus regulares efeitos. A hipótese é, claramente, de *defesa* e não de *ação*. *Reage-se*; não se age.

É importante reiterar que, por força do direito positivo brasileiro, o que existe quando se pleiteia a concretização da tutela jurisdicional executiva, é uma rigorosa *inversão* na incidência do princípio da ampla defesa e não a sua *eliminação*. Vale insistir: entender que na concretização da tutela jurisdicional executiva (fundada em título executivo judicial ou extrajudicial, isso não faz diferença para fins da exposição) não há defesa, é agredir de morte o modelo constitucional do direito processual civil. O que é legítimo, à luz daquele modelo, é diferir o momento do exercício da (ampla) defesa, mas não eliminá-la. É autorizar a prática de atos em detrimento do patrimônio de alguém, mas não impedir que se reaja à altura da prática daqueles mesmos atos. Se o título executivo é o *documento* que autoriza a *legítima* atuação do Estado-juiz nesse sentido, isto é, antes de qualquer manifestação do executado em seu favor ou em seu desfavor, é impensável que aquele a sofrer os atos executivos não possa *reagir* como legítima resposta àquele *agir*. É pela impugnação que as matérias admitidas pelo legislador para se *contrapor* às atividades jurisdicionais executivas são trazidas para discussão, em amplo contraditório, perante o Estado-juiz, que as decidirá, admitindo-se, ou não, total ou parcialmente, seu prosseguimento. É a impugnação que viabiliza este *julgamento* pelo magistrado que legitimará o pedido de *satisfação* do exequente (concretização da tutela jurisdicional executiva) ou que, inversamente, prestará tutela jurisdicional para o executado, obstando a atuação jurisdicional para aquela finalidade.

A questão, nesse sentido, merece ser (re)examinada mais na perspectiva do direito positivo e de suas expressas escolhas (como a de que "ninguém será privado de seus bens sem o devido processo legal" – art. 5º, LIV, da CF) e menos a partir de engenhosas soluções teóricas que queriam impor, a todo custo, a "pureza" da dicotomia "condenação/execução" e o afastamento radical das atividades cognitivas e satisfativas em um mesmo processo que tanto marcaram a gênese e o desenvolvimento do CPC de 1973, ao menos até o advento das reformas legislativas de meados dos anos 1990[2].

Também não se mostra correto distinguir a natureza da impugnação a depender do tipo de fundamento em que ela se baseia ou do conteúdo que ela veicula[3]. O caráter de defesa da

---

2. Crítica aguda ao ponto é feita também por Heitor Vitor Mendonça Sica em seu *Cognição do juiz na execução civil*, esp. p. 48-89, e, em perspectiva um pouco diversa, mas não menos importante, por Leonardo Greco, *O processo de execução*, v. 2, p. 581-596, embora conclua pela natureza de *ação* dos embargos de mérito.

3. Nesse sentido: José Miguel Garcia Medina, Luiz Rodrigues Wambier e Teresa Arruda Alvim Wambier, Sobre a impugnação à execução de título judicial (arts. 475-L e 475-M do CPC), p. 398-403. Mais recentemente, o entendimento é defendido por Alexandre Minatti, *Defesa do executado*, p. 179-184, e também ganhou a simpatia de Heitor Vitor Mendonça Sica (*Comentários ao novo Código de Processo Civil*, p. 834), ao salientar que a tese

impugnação (tanto quanto dos embargos à execução) independe do que o executado venha a alegar ou, até mesmo, que nada alegue[4]. Essa concepção, cabe insistir, deriva diretamente do modelo constitucional do direito processual civil e não se relaciona com os possíveis conteúdos que o exercício daquele direito pode veicular. Seria o mesmo que deixar de entender a contestação como *defesa* sempre que o réu alegasse fatos novos (modificativos, extintivos ou impeditivos do direito do autor) ou, para quem sustenta que a reconvenção é *ação*, sempre que o réu reconviesse, já que o art. 343 impõe que a reconvenção seja apresentada *na* própria contestação.

Diante de tais considerações, a doutrina que recusa o caráter de *defesa* a tal iniciativa do executado – amplamente majoritária em se tratando dos embargos à execução[5] – precisa ser revista, porque incompatível com o modelo constitucional.

Não fosse pelas razões apontadas pelos parágrafos anteriores, e a natureza jurídica de *defesa* da impugnação seria decorrência natural da compreensão que este *Curso* quer dar ao direito de *ação*. O direito de ação não deve ser entendido somente como o direito subjetivo público de *romper* a inércia do Estado-juiz em busca de tutela jurisdicional, o "acionar". O direito de ação também é o *agir* em juízo, ao longo do *processo*, com vistas não só ao *reconhecimento*, mas também à *concretização* da tutela jurisdicional. No caso dos títulos executivos *judiciais*, o Estado-juiz já foi suficientemente provocado para reconhecer quem faz jus à tutela jurisdicional. Já se reconheceu que ela deve ser prestada para alguém, função precípua do título executivo, e o exequente também se manifestou no sentido de terem início os atos executivos, isto é, voltados à concretização da tutela jurisdicional executiva (art. 513, § 1º). Ao *agir* em juízo do exequente deve corresponder, desde o modelo constitucional, o agir do executado, daquele que sofre a prática dos atos executivos, com vistas ao exercício pleno da sua *defesa*. O especial *agir* do executado corresponde ao exercício da *ampla* defesa que lhe é garantida desde o inciso LV do art. 5º da Constituição Federal. Não há razão, também por esse motivo, que haja ou tenha de haver uma nova e diversa "ação", ainda que

---

"apresenta nítidas vantagens sobre as anteriores, pois compatibiliza a ideia de que a impugnação é meio de defesa, mas que pode veicular demanda (isto é, ativar o poder decisório do juiz no tocante ao direito material) a depender do seu conteúdo".

4. Nesse sentido é também o entendimento de Dorival Renato Pavan, *Comentários ao Código de Processo Civil*, v. 2, p. 697-699, de Luiz Henrique Volpe Camargo e Lauane Andrekowsk Volpe Camargo, Do cumprimento da sentença, p. 81, e, com ampla pesquisa sobre o tema, de Antonio Notariano Jr., *Impugnação ao cumprimento da sentença*, p. 33-50.

5. Exemplo seguro dessa construção encontra-se em Liebman, *Processo de execução*, p. 8-18, e também em seu *Embargos do executado*, p. 93-95. Nas letras nacionais, importa destacar as considerações de Paulo Henrique dos Santos Lucon em seu *Embargos à execução*, esp. p. 82-85; de Edson Ribas Malachini e Araken de Assis, *Comentários ao Código de Processo Civil*, v. 10, p. 27-76, e de Gelson Amaro de Souza, *Efeitos da sentença que julga os embargos à execução*, p. 89-98. Exceção àquele entendimento digno de nota é o pensamento de Haroldo Pabst em seu *Natureza jurídica dos embargos do devedor*. Para a compreensão da impugnação como ação, v. o escorço elaborado por Alexandre Minatti, *Defesa do executado*, p. 179-184, e por Heitor Vitor Mendonça Sica, Comentários *ao novo Código de Processo Civil*, p. 834.

no mesmo processo, para exercício daquele direito que a lei processual civil e, consequentemente, aqueles que se debruçam a estudá-la, não poderiam recusar ao executado. O que há é um *pedido* a ser formulado pelo executado para que seja prestada a ele e não ao exequente tutela jurisdicional.

O que se pode ter presente para melhor compreensão da impugnação como *defesa* é que o *processo* (o *mesmo* processo) passa, com a sua apresentação, a mais uma *etapa*, distinta das anteriores, que se voltará fundamentalmente ao *reconhecimento* de razões que possam, na perspectiva dos plano material e/ou processual, obstaculizar a concretização da tutela jurisdicional executiva em favor do exequente. Trata-se de etapa cognitiva, bem delineada no processo, e que se faz necessária para aquele objetivo.

Não parece ser por outra razão que a desistência, total ou parcial, do processo pelo exequente após a apresentação da impugnação pelo executado depende da concordância do executado quando questões relacionadas ao plano material fundamentarem aquela sua iniciativa. É o que expressamente prevê o parágrafo único do art. 775, a evidenciar o acerto do que aqui é propugnado.

Evidentemente que sustentar que a impugnação e que os embargos à execução são *defesa* e não *ação* convida a diversas reflexões sistemáticas, verdadeiros efeitos colaterais decorrentes daquela roupagem.

Assim, por exemplo, adotando o entendimento aqui proposto, é inquestionável que leis de custas processuais, federal ou estaduais não podem pretender taxar a apresentação da impugnação ou dos embargos à execução porque bateriam de frente com o princípio constitucional da ampla defesa[6].

Também o chamado "princípio do desfecho único da execução", nomenclatura adotada por Marcelo Abelha Rodrigues[7] para descrever a compreensão de que o "processo de execução" comporta uma única solução, a de concretizar a tutela jurisdicional executiva em favor do exequente, satisfazendo-o, deixa de ter aplicação quando aceitas as considerações dos parágrafos anteriores.

---

6. Tornando indiferente, portanto, discussão que, na perspectiva processual, é relevantíssima e que foi decidida como recurso especial repetitivo pela Corte Especial do STJ em acórdão assim ementado: "RECURSO ESPECIAL REPRESENTATIVO DE CONTROVÉRSIA. PROCESSUAL CIVIL. COMPLEMENTAÇÃO DE AÇÕES. CUMPRIMENTO DE SENTENÇA. CUSTAS DA IMPUGNAÇÃO. RECOLHIMENTO INTEMPESTIVO. POSSIBILIDADE DE CONVALIDAÇÃO. 1. Para fins do art. 543-C do CPC: 1.1. Cancela-se a distribuição da impugnação ao cumprimento de sentença ou dos embargos à execução na hipótese de não recolhimento das custas no prazo de 30 dias, independentemente de prévia intimação da parte. 1.2. Não se determina o cancelamento da distribuição se o recolhimento das custas, embora intempestivo, estiver comprovado nos autos. 2. Caso concreto: 2.1. (...) 2.2. Aplicação da tese 1.2 à espécie. 3. Recurso Especial desprovido" (REsp repetitivo n. 1.361.811/RS, rel. Min. Paulo de Tarso Sanseverino, j. m. v. 4-3-2015, *DJe* 6-5-2015).
7. *Manual de execução civil*, p. 51-53.

Isso porque pode acontecer de o processo de execução ser extinto sem dar ao exequente a satisfação que esperava atingir a partir do título executivo, inclusive porque, ao longo do *processo* em que busca a satisfação de seu direito, o Estado-juiz teve oportunidade de reconhecer que não subsiste mais razão para concretizar a tutela jurisdicional executiva em favor do exequente e sim, inversamente, ao *executado*. Basta, para ilustrar a hipótese, constatar a possibilidade de a "impugnação" do executado vir a ser acolhida por um dos motivos do § 1º do art. 525.

Uma última consideração é importante: ser, ou não, defesa não guarda nenhuma relação com a circunstância de o *caput* do art. 525 dispor que a impugnação seja apresentada nos mesmos autos em que têm lugar os atos da já iniciada etapa de cumprimento. Isso é mera forma de documentação de atos processuais – certamente a mais acertada em termos de eficiência e economia (de papel e de dinheiro, diga-se, ao menos para os casos em que os atos processuais ainda são praticados em autos físicos) –, e não interfere nas conclusões acima expostas.

3. PRAZO

O art. 525 trata da impugnação na perspectiva do cumprimento da sentença da obrigação de pagar quantia, até porque inserido no Capítulo respectivo, o Capítulo III do Título II do Livro I da Parte Especial do CPC de 2015. A iniciativa do legislador tem o condão de causar dificuldades ao intérprete e ao aplicador. Uma delas é com relação ao prazo.

O prazo para apresentação da impugnação, quando se tratar de cumprimento de sentença que reconhece a exigibilidade de obrigação de pagar quantia certa, consoante o *caput* do art. 525, é de quinze dias após os quinze dias que o executado tinha para pagamento voluntário (art. 523, *caput*).

O § 3º do art. 525 determina a aplicação do art. 229 na impugnação, o que significa dizer que, havendo mais de um executado representado por advogados de diferentes escritórios de advocacia, o prazo para a impugnação será computado em dobro – trinta dias, portanto –, a não ser que se trate de autos eletrônicos (art. 229, § 2º).

A despeito do silêncio do dispositivo, em se tratando de pessoas de direito público, da Defensoria Pública e, ao menos em tese, do Ministério Público, o prazo também deverá ser computado em dobro, em função do disposto nos *capi* dos arts. 183, 186 e 180, respectivamente[8].

8. Com relação à Defensoria Pública, cabe fazer menção ao Enunciado n. 90 da I Jornada de Direito Processual Civil do CJF: "Conta-se em dobro o prazo do art. 525 do CPC nos casos em que o devedor é assistido pela Defensoria Pública".

O início do prazo para que o executado oferte a impugnação, nesses casos, independe de intimação ou de qualquer outro ato ou fato processual. Ele tem início *automaticamente*, desde que estejam encerrados os quinze dias que o executado dispunha para pagamento. É correto entender, destarte, que, no primeiro dia útil que seguir ao décimo quinto dia para o pagamento, trate-se de cumprimento *provisório* ou *definitivo*, está deflagrado o prazo para que o executado apresente sua impugnação. Cabe frisar, por oportuno, o entendimento de que os dois períodos de quinze dias devem fluir apenas nos dias *úteis*, já que são prazos *processuais*, atraindo a incidência do *caput* do art. 219.[9] Não há maiores dúvidas em doutrina quanto a ser *processual* o prazo da impugnação, já que se trata de ato inequivocamente postulatório[10]. Há divergências, contudo, quanto ao prazo de *pagamento* ser ou não processual, tema versado no n. 9.8 do Capítulo 1 da Parte III a propósito do art. 523.

Importa destacar que o CPC de 2015 é expresso quanto à inaplicabilidade da moratória do art. 916 ao cumprimento de sentença, como se pode constatar do § 7º daquele dispositivo. A opção do legislador é infeliz e incoerente com a expressa aplicação daquele instituto quando se tratar de ação monitória, no que é expresso o § 5º do art. 701[11].

Discordar da opção feita pelo legislador, contudo, não é o bastante para recusar a aplicação da regra clara e inequívoca, à falta de qualquer contraste *constitucional* que pudesse justificar o seu afastamento[12]. A observação positiva quanto ao § 7º do art. 916 é que, com a expressa escolha agora feita pelo legislador, afasta-se a rica discussão que tomou conta da doutrina desde a introdução do antigo art. 745-A pela Lei n. 11.382/2006 no CPC de 1973 e toda a insegurança dela derivada[13].

Uma observação final é importante na perspectiva do direito intertemporal: como no CPC de 1973 o prazo para impugnação nos casos de pagamento de quantia pressupunha não só prévia garantia do juízo, mas também intimação para o executado apresentá-la a partir da lavratura do auto de penhora e de avaliação[14], importa que a transição para a fluência

9. A I Jornada de Direito Processual Civil do CJF conclui pela aplicação do art. 219 também ao cômputo do prazo para apresentação dos embargos à execução fiscal. Trata-se do Enunciado n. 20: "Aplica-se o art. 219 do CPC na contagem do prazo para oposição de embargos à execução fiscal previsto no art. 16 da Lei n. 6.830/80".

10. Nesse sentido: Alexandre Minatti, *Defesa do executado*, p. 248-249, e Dorival Renato Pavan, *Comentários ao Código de Processo Civil*, v. 2, p. 696.

11. A referência é feita ao *Novo Código de Processo Civil anotado*, p. 801 do autor deste *Curso*. Cabe anotar que não houve, naqueles trabalhos, a defesa de que a moratória deveria ser aplicada ao cumprimento de sentença "por interpretação sistemática" do referido § 5º do art. 701, sendo descabida, nesse sentido, a observação feita por Alexandre Minatti em seu *Defesa do executado*, p. 266.

12. Correta, no particular, a observação de Alexandre Minatti, *Defesa do executado*, p. 267.

13. Árduo defensor da inaplicabilidade da moratória do art. 745-A do CPC de 1973 ao cumprimento de sentença era Luiz Guilherme da Costa Wagner Jr., hoje Desembargador do Tribunal de Justiça do Estado de São Paulo, que tratou do tema com profundidade admirável em sua tese de Doutorado (O parcelamento do artigo 745-A do Código de Processo Civil) defendida na Faculdade de Direito da PUC-SP em 2008.

14. Nesse sentido: STJ, 4ª Turma, REsp 1.265.894/RS, rel. Min. Luis Felipe Salomão, j. un. 11-6-2013, *DJe* 26-6-2013; STJ, 3ª Turma, REsp 1.395.281/RJ, rel. Min. Nancy Andrighi, j. un. 12-11-2013, *DJe* 28-11-2013, e a

"automática" do prazo para a impugnação do CPC de 2015 seja precedida de intimação para que o executado, querendo, apresente-a. Se, é certo, com a intimação nada haverá de automático na fluência daquele prazo, a medida é harmônica com o princípio do contraditório e da ampla defesa e deve ser prestigiada[15].

3.1. Nos casos de obrigação de fazer, não fazer e entrega de coisa

Nada há de expresso no CPC de 2015 sobre o prazo para a oferta da impugnação quando o cumprimento da sentença (provisório ou definitivo) for de obrigação de fazer, de não fazer ou de entrega de coisa. Ocioso afirmar, a esse respeito, que o § 4º do 536, ao prever a aplicação do art. 525 ao "cumprimento de sentença que reconheça a exigibilidade de obrigação de fazer ou de não fazer" "no que couber", é, em rigor, disposição inócua. Ele nada acrescenta à discussão, dada a singularidade da regra criada pelo *caput* do art. 525, que se refere à fluência do prazo para a impugnação apenas quando se tratar de obrigação de pagar quantia. Tanto assim que, a despeito da inexistência de regra similar para as obrigações de entrega de coisa[16], não há nenhuma razão para duvidar que o executado também poderá exercer sua *defesa* nela, colocando-se igualmente para elas o problema do prazo para apresentação da impugnação.

O prazo para esses casos deve ser compreendido a partir do *caput* do art. 525: será de quinze dias (úteis) contados *automaticamente*, isto é, independentemente de nova intimação, do fim do prazo que o executado tiver para cumprir a obrigação de fazer, não fazer ou entregar coisa, consoante o caso. Trata-se de interpretação que se harmoniza também com o *caput* do art. 915, que trata do prazo dos embargos à execução fundada em título extrajudicial, reservando ao executado os mesmos quinze dias, independentemente da modalidade obrigacional.

É irrecusável, no particular, a incidência do art. 229 (art. 525, § 3º) e a dobra do prazo para as pessoas de direito público, representadas pela Defensoria Pública e, ao menos em tese, do Ministério Público.

---

decisão monocrática proferida pelo Ministro Ricardo Villas Bôas Cueva no REsp 1.504.761/SP, j. 29-6-2017, *DJe* 3-8-2017.

15. Nesse sentido, cabe lembrar do Enunciado n. 530 do FPPC: "Após a entrada em vigor do CPC-2015, o juiz deve intimar o executado para apresentar impugnação ao cumprimento de sentença, em quinze dias, ainda que sem depósito, penhora ou caução, caso tenha transcorrido o prazo para cumprimento espontâneo da obrigação na vigência do CPC-1973 e não tenha àquele tempo garantido o juízo". Acolhendo esse entendimento é o REsp 1.833.935/RJ, julgado pela 3ª Turma do STJ, rel. Min. Paulo de Tarso Sanseverino, j.un. 5-5-2020, *DJe* 11-5-2020.

16. O que há mais de próximo a respeito é o § 3º do art. 538, que se limita a prever a aplicação das disposições sobre o cumprimento de obrigação de fazer ou de não fazer ao "procedimento previsto neste artigo", e, mesmo assim, apenas "no que couber".

Também o é, a partir do *caput* do art. 525, o entendimento de que a *apresentação* da impugnação dispensa prévia garantia de juízo, que somente será exigida para a concessão de efeito suspensivo, nos termos do § 6º do art. 525.

4. PRÉVIA GARANTIA DE JUÍZO

A apresentação da impugnação independe de prévia garantia de juízo, no que é expresso o *caput* do art. 525. Trata-se de novidade trazida pelo CPC de 2015[17], considerando que, para o CPC de 1973, com as modificações da Lei n. 11.232/2005, o entendimento mais correto (e predominante) era no sentido de que a apresentação da impugnação pressuponha a prévia penhora e avaliação e, portanto, a prévia garantia de juízo[18].

A respeito do tema, o *caput* do art. 525 limita-se a se referir à penhora, por disciplinar o instituto na perspectiva do cumprimento das obrigações de pagamento de quantia certa. É correto, contudo, entender que a dispensa alcança também a impugnação a ser apresentada no cumprimento da sentença (provisório ou definitivo) das demais modalidades obrigacionais, com as devidas adaptações. Assim, para as obrigações de fazer ou de não fazer, o executado pode, querendo, apresentar impugnação independentemente de qualquer caução; nas obrigações de entrega de coisa, a impugnação independe do depósito da coisa.

Importa distinguir a desnecessidade de prévia garantia de juízo para a apresentação da impugnação do que, na perspectiva do § 6º do art. 525, é necessário para a atribuição de efeito suspensivo à sua tramitação.

5. MATÉRIAS ARGUÍVEIS NA IMPUGNAÇÃO

As matérias passíveis de serem arguidas na impugnação, de acordo com o § 1º do art. 525, são as seguintes:

---

17. Assim também é o entendimento de Sergio Shimura, *Breves comentários ao novo Código de Processo Civil*, p. 1.512, e de Bruno Garcia Redondo, *Comentários ao Código de Processo Civil*, p. 760.

18. É o que sustentavam Arruda Alvim, Araken de Assis e Eduardo Arruda Alvim, Comentários ao Código de Processo Civil, p. 716, e Nelson Nery Junior e Rosa Maria de Andrade Nery, *Código de Processo Civil comentado e legislação extravagante*, p. 913. Era o entendimento defendido pelo autor deste *Curso* em seu *A nova etapa da reforma do Código de Processo Civil*, v. 1, p. 150-151. Nas edições anteriores ao CPC de 2015, o tema era tratado pelo n. 1.1 do Capítulo 1 da Parte V do v. 3. Era esse também o entendimento predominante no STJ, como fazem prova, dentre tantos, os seguintes julgados, embora não repetitivos: STJ, 4ª Turma, AgInt no AREsp 737.358/SC, rel. Min. Raul Araújo, j. un. 20-6-2017, *DJe* 29-6-2017; STJ, CE, EREsp 1.415.522/ES, rel. Min. Felix Fischer, j. un. 29-3-2017, *DJe* 5-4-2017; e STJ, 3ª Turma, REsp 1.641.610/GO, rel. Min. Moura Ribeiro, j. un. 13-6-2017, *DJe* 21-6-2017. Nestes dois últimos julgados, o entendimento foi no sentido de que a ciência inequívoca da constrição pelo executado dispensava a necessidade de intimação para abrir o prazo para a apresentação da impugnação.

5.1 Falta ou nulidade da citação

A falta ou nulidade da citação é a primeira das matérias passíveis de serem arguidas pelo réu na impugnação. Trata-se de pressuposto processual cuja ausência ou defeito compromete a *existência* do processo e, por isso mesmo, subsiste mesmo após o trânsito em julgado da decisão que se quer cumprir[19].

O dispositivo faz expressa e pertinentíssima ressalva a esse propósito: a etapa de conhecimento do processo deve ter corrido à revelia. É que o comparecimento do réu naquela etapa, ainda que para arguir falta ou nulidade da citação, tem o condão de convalidar o vício e, destarte, afastar a pertinência dessa matéria para comprometer a formação do título executivo (art. 239, § 1º).

Também é correto entender que, se o executado apresenta a impugnação e nada alega a esse específico respeito, não obstante sua revelia na etapa de conhecimento do processo, o vício também resta suprido, por aplicação do *caput* do art. 239[20].

O dispositivo permite lembrar, pertinentemente, a legitimidade que o curador especial ostenta para apresentar a impugnação quando o executado, citado fictamente na etapa de conhecimento do processo, permanecer revel[21].

---

19. Referindo-se à ausência de citação como pressuposto processual de existência: Arruda Alvim, *Manual de direito processual civil*, p. 192-193, e Teresa Arruda Alvim, *Nulidades do processo e da sentença*, p. 293-299. A influência das lições daqueles mestres é evidente em diversos trabalhos do autor deste *Curso*, desde seu Sentença proferida em processo sem citação válida – Inexistência jurídica – Ausência de coisa julgada, publicado no v. 88 da *Revista de Processo* em 1997. Neste *Curso*, o tema é tratado no n. 4.3.1.3 do Capítulo 4 da Parte I do v. 1. O tema, contudo, é controvertido, máxime agora diante do *caput* do art. 239 do CPC de 2015, que sugere o entendimento de que a citação é pressuposto processual de *validade*. Para essa discussão específica, v. as observações de João Paulo Hecker da Silva (*Comentários ao Código de Processo Civil*, v. 1, p. 831-832) àquele dispositivo. Independentemente da compreensão acerca da catalogação do vício, contudo, a impugnação é veículo adequado para questioná-lo quando presentes os pressupostos indicados na regra em análise.
20. Nesse sentido, lembrando das lições de Pontes de Miranda, v., de Fredie Didier Jr., Leonardo Carneiro da Cunha, Paula Sarno Braga e Rafael Alexandria de Oliveira, *Curso de direito processual civil*, v. 5, p. 542.
21. É a orientação da Súmula 196 do STJ, que merece ser preservada no CPC de 2015, máxime diante da previsão do inciso IV do § 2º do art. 513. Eis seu enunciado: "Ao executado que, citado por edital ou por hora certa, permanecer revel, será nomeado curador especial, com legitimidade para apresentação de embargos". Embora o problema não tenha razão de ser no âmbito do CPC de 2015, a Corte Especial do STJ teve oportunidade de complementar o significado daquela Súmula evidenciando que o curador especial não precisaria 'garantir o juízo' para apresentar os embargos à execução. É a seguinte a ementa do julgado: 'RECURSO ESPECIAL REPRESENTATIVO DA CONTROVÉRSIA. ART. 543-C DO CPC. PROCESSUAL CIVIL. EXECUÇÃO. REVELIA. NOMEAÇÃO DE CURADOR ESPECIAL. DEFENSORIA PÚBLICA. GARANTIA DO JUÍZO, NOS TERMOS DO REVOGADO ART. 737, INCISO I, DO CPC. INEXIGIBILIDADE. 1. A teor da antiga redação do art. 737, inciso I, do Código de Processo Civil, 'Não são admissíveis embargos do devedor antes de seguro o juízo: pela penhora, na execução por quantia certa;' (Revogado pela Lei n. 11.382/2006). 2. 'Ao executado que, citado por edital ou por hora certa, permanecer revel, será nomeado curador especial, com legitimidade para apresentação de embargos' (Súmula 196 do STJ). 3. É dispensado o curador especial de oferecer garantia ao Juízo para opor embargos à execução. Com efeito, seria um contrassenso admitir a legitimidade do curador especial para a oposição de embargos, mas exigir que, por iniciativa própria, garantisse o juízo em nome do réu revel, mormente em se tratando de defensoria pública, na medida em que consubstanciaria desproporcional embaraço ao exercício

5.2 Ilegitimidade de parte

Embora seja comuníssima a correspondência das partes na etapa de conhecimento e na etapa de cumprimento, pode ocorrer, por variadíssimas razões, modificações nos polos do processo, como se dá, por exemplo, no caso de falecimento ou no de cessão de créditos.

Nestes casos, a conferência das partes na etapa de cumprimento é de rigor, e o momento adequado para tanto, na perspectiva do executado, é a impugnação.

Os arts. 778[22] e 779, embora tratem do assunto a partir da execução fundada em título executivo *extrajudicial*, merecem ser considerados, por força do que decorre dos *capi* dos arts. 513 e 771.

Outra questão que merece ser destacada diz respeito ao legitimado ativo para a etapa de cumprimento de sentença em relação aos honorários advocatícios fixados na etapa de conhecimento.

É correto, diante do que expressamente prevê o § 14 do art. 85, entender que o advogado (ou, na hipótese do § 15 do art. 85, a sociedade de advogados) detém legitimidade para conduzir a etapa de cumprimento de sentença, bem como, se este for o caso, a de liquidação. Até porque, em rigor, os honorários advocatícios, mesmo os de *sucumbência*, como o são os fixados judicialmente para os fins aqui discutidos, ostentam natureza *alimentar* (art. 85, § 14)[23], a reclamar, consoante o caso, a adoção de meios executivos diferenciados dos créditos não alimentares. É tema, aliás, que já ocupava, mesmo antes do CPC de 2015, posição de destaque na jurisprudência do STF, como faz prova suficiente sua Súmula Vinculante 47[24].

Tão mais correta essa conclusão diante do art. 23 da Lei n. 8.906/94, o Estatuto da Advocacia e da OAB, segundo o qual "Os honorários incluídos na condenação, por arbitramento ou por sucumbência, pertencem ao advogado, tendo este direito autônomo para executar

---

do que se constitui um *múnus público*, com nítido propósito de se garantir o direito ao contraditório e à ampla defesa. 4. Recurso especial provido. Observância do disposto no art. 543-C, § 7º, do Código de Processo Civil, c.c. os arts. 5º, inciso II, e 6º, da Resolução 08/2008'" (REsp repetitivo n. 1.110.548/PB, rel. Min. Laurita Vaz, j. un. 25-2-2010, *DJe* 2-4-2010).

22. De acordo com o § 2º do art. 778, a sucessão de crédito prevista nos incisos III e IV do § 1º do mesmo dispositivo independe do consentimento do executado colocando fim a interessante discussão existente sobre o tema à época do CPC de 1973. O autor deste *Curso* se voltou precisamente ao ponto em outro trabalho intitulado: Execução – Cessão de crédito – Sucessão e não substituição processual – Assunção no polo ativo reconhecida provisoriamente em agravo de instrumento – Consequências de eventual modificação da decisão antecipatória da tutela recursal, esp. p. 110-111.

23. E esse já era o entendimento correto antes do CPC de 2015, como o autor deste *Curso* teve oportunidade de demonstrar em outro trabalho, intitulado A natureza alimentar dos honorários advocatícios sucumbenciais, esp. p. 216-223.

24. Cujo enunciado é o seguinte: "Os honorários advocatícios incluídos na condenação ou destacados do montante principal devido ao credor consubstanciam verba de natureza alimentar cuja satisfação ocorrerá com a expedição de precatório ou requisição de pequeno valor, observada ordem especial restrita aos créditos dessa natureza".

a sentença nesta parte, podendo requerer que o precatório, quando necessário, seja expedido em seu favor".

Não obstante, é comuníssimo a prática forense não discernir a parte de seu advogado para esse fim, o que levou Flávio Cheim Jorge a sustentar, embora na perspectiva recursal, que o precitado dispositivo do EAOAB autoriza a compreensão de que há verdadeira regra de legitimação extraordinária, convidando ao entendimento de que o advogado poderia até atuar no processo na qualidade de assistente litisconsorcial ao lado da parte, invocando o parágrafo único do art. 18 do CPC de 2015[25].

A aceitar tal conclusão, eventual questionamento de ilegitimidade da *parte* para cobrar *também* honorários advocatícios na etapa de cumprimento de sentença será fadado ao insucesso. Caso contrário, entendendo que a situação legitimante é titularizada exclusivamente pelo advogado, a ilegitimidade da parte para aquele fim deve ser reconhecida com as consequências daí derivadas. Nada impede, contudo, que advogado (ou sociedade de advogados) litisconsorcie-se com a parte para promover, em conjunto, o cumprimento de sentença[26], o que encontra fundamento no § 1º do art. 24 do EAOAB[27].

5.3 Inexequibilidade do título ou inexigibilidade da obrigação

A inexequibilidade do título relaciona-se a eventuais defeitos do próprio título executivo, considerado em seu aspecto formal.

A inexigibilidade da obrigação nele retratada diz respeito, em harmonia com a previsão do art. 783, à falta de ao menos um dos atributos do título executivo e deve ser analisada na perspectiva do direito material.

Os §§ 12 a 15 do art. 525 tratam, mais minudentemente, da inexigibilidade da obrigação referida no inciso III do § 1º do mesmo dispositivo, na perspectiva do que acabou sendo rotulado por "coisa julgada inconstitucional". É o caso de analisar, desde logo, aquelas regras.

5.3.1 Inexigibilidade decorrente de pronunciamento de inconstitucionalidade

O § 12 do art. 525 prevê específica hipótese de inexigibilidade da obrigação. De acordo com o dispositivo, considera-se também inexigível a obrigação reconhecida em título executivo judicial fundado em lei ou ato normativo considerado inconstitucional pelo STF ou

---

25. *Teoria geral dos recursos cíveis*, p. 134-135.

26. A hipótese não é descartada por Flávio Cheim Jorge em seu *Teoria geral dos recursos cíveis*, p. 135-136, embora em perspectiva diversa.

27. Que está assim redigido: "Art. 24. A decisão judicial que fixar ou arbitrar honorários e o contrato escrito que os estipular são títulos executivos e constituem crédito privilegiado na falência, concordata, concurso de credores, insolvência civil e liquidação extrajudicial. § 1º A execução dos honorários pode ser promovida nos mesmos autos da ação em que tenha atuado o advogado, se assim lhe convier. (...)".

fundado em aplicação ou interpretação da lei ou do ato normativo tido pelo STF (e nenhum outro Tribunal) como incompatível com a CF, em controle de constitucionalidade concentrado ou difuso[28].

A descrição ampla do dispositivo vem para esclarecer diversas dúvidas decorrentes da mais acanhada redação do § 1º do art. 475-L do CPC de 1973[29] e, antes dele, da primeira

---

28. O Enunciado n. 58 do FPPC refere-se a decisão plenária do STF para ensejar a aplicação da regra ("As decisões de inconstitucionalidade a que se referem o art. 525, §§ 12 e 13, e art. 535, §§ 5º e 6º, devem ser proferidas pelo plenário do STF"). A orientação é correta na perspectiva de que decisões monocráticas proferidas naquele Tribunal com aquele conteúdo pressupõem anterior decisão plenária, sob pena de agressão ao art. 97 da CF e à "reserva de plenário" nele prevista. Na cautelar concedida monocraticamente na ADPF 615/DF pelo Min. Roberto Barroso do STF, foi aceita a tese de que o dispositivo (naquele caso, a referência se deu ao art. 535, §§ 5º a 8º, do CPC) abrange também o controle de constitucionalidade efetuado perante os Tribunais de Justiça dos Estados e do Distrito Federal.

29. Na doutrina, cabe rememorar os trabalhos de Eduardo Talamini (*Coisa julgada e sua revisão*, p. 404-485); Teresa Arruda Alvim Wambier e José Miguel Garcia Medina (*O dogma da coisa julgada*, p. 39-78); Luiz Dellore (*Estudos sobre coisa julgada e controle de constitucionalidade*, esp. p. 169-193); Luiz Guilherme Marinoni (*Coisa julgada inconstitucional*, p. esp. p. 55-92) e Carlos Valder do Nascimento (como autor em *Por uma teoria da coisa julgada inconstitucional*, esp. p. 93-186 e, como coordenador, em *Coisa julgada inconstitucional*), que muito contribuíram para o desenvolvimento e entendimento do tema, sem prejuízo das agudas e profundas críticas feitas por Nelson Nery Junior (*Princípios do processo na Constituição Federal*, p. 64-104), também em companhia de Rosa Maria de Andrade Nery (*Código de Processo Civil comentado e legislação extravagante*, p. 920-921), e por Leonardo Greco (Eficácia da declaração *erga omnes* de constitucionalidade ou inconstitucionalidade em relação à coisa julgada anterior, esp. p. 257-261) ao dispositivo equivalente do CPC de 1973. Na jurisprudência, é pertinente o destaque do recurso especial repetitivo julgado pela 1ª Seção do STJ e assim ementado: "PROCESSUAL CIVIL E ADMINISTRATIVO. RECURSO ESPECIAL REPRESENTATIVO DE CONTROVÉRSIA. ART. 543-C DO CPC E RESOLUÇÃO STJ N. 08/2008. FGTS. EXPURGOS. SENTENÇA SUPOSTAMENTE INCONSTITUCIONAL. EMBARGOS À EXECUÇÃO. ART. 741, PARÁGRAFO ÚNICO, DO CPC. EXEGESE. INAPLICABILIDADE ÀS SENTENÇAS SOBRE CORREÇÃO MONETÁRIA DO FGTS. EXCLUSÃO DOS VALORES REFERENTES A CONTAS DE NÃO OPTANTES. ARESTO FUNDADO EM INTERPRETAÇÃO CONSTITUCIONAL E MATÉRIA FÁTICA. SÚMULA 7/STJ. 1. O art. 741, parágrafo único, do CPC, atribuiu aos embargos à execução eficácia rescisória de sentenças inconstitucionais. Por tratar-se de norma que excepciona o princípio da imutabilidade da coisa julgada, deve ser interpretada restritivamente, abarcando, tão somente, as sentenças fundadas em norma inconstitucional, assim consideradas as que: (a) aplicaram norma declarada inconstitucional; (b) aplicaram norma em situação tida por inconstitucional; ou (c) aplicaram norma com um sentido tido por inconstitucional. 2. Em qualquer desses três casos, é necessário que a inconstitucionalidade tenha sido declarada em precedente do STF, em controle concentrado ou difuso e independentemente de resolução do Senado, mediante: (a) declaração de inconstitucionalidade com ou sem redução de texto; ou (b) interpretação conforme a Constituição. 3. Por consequência, não estão abrangidas pelo art. 741, parágrafo único, do CPC as demais hipóteses de sentenças inconstitucionais, ainda que tenham decidido em sentido diverso da orientação firmada no STF, tais como as que: (a) deixaram de aplicar norma declarada constitucional, ainda que em controle concentrado; (b) aplicaram dispositivo da Constituição que o STF considerou sem autoaplicabilidade; (c) deixaram de aplicar dispositivo da Constituição que o STF considerou autoaplicável; e (d) aplicaram preceito normativo que o STF considerou revogado ou não recepcionado. 4. Também estão fora do alcance do parágrafo único do art. 741 do CPC as sentenças cujo trânsito em julgado tenha ocorrido em data anterior à vigência do dispositivo. 5. 'À luz dessas premissas, não se comportam no âmbito normativo do art. 741, parágrafo único, do CPC, as sentenças que tenham reconhecido o direito a diferenças de correção monetária das contas do FGTS, contrariando o precedente do STF a respeito (RE 226.855-7, Min. Moreira Alves, *RTJ* 174:916-1006). É que, para reconhecer legítima, nos meses que indicou, a incidência da correção monetária pelos índices aplicados pela gestora do Fundo (a Caixa Econômica Federal), o STF não declarou a inconstitucionalidade de qualquer norma, nem mesmo mediante as técnicas de interpretação conforme a Constituição ou sem redução de texto. Resolveu, isto sim, uma questão de

formulação da regra naquele Código, o parágrafo único do art. 741, fruto da Medida Provisória n. 2.180-35/2001[30].

Chama a atenção, no particular, que também as decisões proferidas pelo STF no controle *difuso* da constitucionalidade possam ensejar a inexigibilidade da obrigação, a despeito de *não terem*, de acordo com o "modelo constitucional", efeitos vinculantes. E pior: independentemente de Resolução do Senado Federal que retire a norma jurídica declarada inconstitucional por aquele método do ordenamento jurídico. Essa específica previsão, destarte, é inconstitucional, por atritar com o § 2º do art. 102 da CF e também com o inciso X de seu art. 52, respectivamente.

O § 13 do art. 525 admite que, nos casos do § 12, os efeitos da decisão do STF sobre a inconstitucionalidade sejam "modulados no tempo, em atenção à segurança jurídica". A regra para trazer algo de novo para o ordenamento jurídico brasileiro deve ser interpretada no sentido de que é o juízo que conhecerá e julgará a impugnação que deverá fazer a modulação sempre que o STF, a despeito da expressa autorização constante do art. 27 da Lei n. 9.868/99, não o fizer[31]. Quando menos, que o § 13 está a autorizar, expressamente, que o STF module os efeitos da inconstitucionalidade também no controle *incidental* de inconstitucionalidade, providência não alcançada pelo precitado art. 27 da Lei n. 9.868/99, restrita ao controle *concentrado*. Pode acontecer de a modulação afastar do caso concreto a incidência da inconstitucionalidade reconhecida pelo STF, não permitindo a retroação dos efeitos da inconstitucionalidade para atingir decisão já transitada em julgado, justamente para preservar a segurança jurídica.

O § 14 do art. 525, por sua vez, quer resolver questão importante que vinha sendo respondida de variadas formas pela doutrina com base no precitado § 1º do art. 475-L do CPC de 1973. Para que a inexigibilidade da obrigação decorrente da decisão do STF (§ 12) seja

---

direito intertemporal (a de saber qual das normas infraconstitucionais – a antiga ou a nova – deveria ser aplicada para calcular a correção monetária das contas do FGTS nos citados meses) e a deliberação tomada se fez com base na aplicação direta de normas constitucionais, nomeadamente a que trata da irretroatividade da lei, em garantia do direito adquirido (art. 5º, XXXVI)' (REsp 720.953/SC, Rel. Min. Teori Zavascki, Primeira Turma, *DJ* de 22-8-2005). 6. A alegação de que algumas contas do FGTS possuem natureza não optante, de modo que os saldos ali existentes pertencem aos empregadores e não aos empregados e, também, de que a opção deu-se de forma obrigatória somente com o advento da nova Constituição, sendo necessária a separação do saldo referente à parte optante (após 5-10-88) do referente à parte não optante (antes de 5-10-1988) para a elaboração de cálculos devidos, foi decidida pelo acórdão de origem com embasamento constitucional e também com fundamento em matéria fática, o que atrai a incidência da Súmula 7/STJ. 7. Recurso especial conhecido em parte e não provido. Acórdão sujeito ao regime do art. 543-C do CPC e da Resolução STJ n. 08/2008" (REsp repetitivo n. 1.189.619/PE, rel. Min. Castro Meira, j. un. 25-8-2010, *DJe* 2-9-2010).

30. O autor deste *Curso* dedicou-se ao tema, na perspectiva daquela Medida Provisória e de todo seu histórico de edições e reedições, até sua (absurda) preservação pelo art. 2º da EC n. 32/2001, em seu *O poder público em juízo*, p. 304-314 e em "Coisa julgada inconstitucional": uma homenagem a Araken de Assis, esp. p. 150-157.

31. Contra, entendendo que somente o STF tem competência para a modulação, v. Dorival Renato Pavan, *Comentários ao Código de Processo Civil*, v. 2, p. 716, e José Miguel Garcia Medina, *Novo Código de Processo Civil comentado*, p. 827-828. Também o Enunciado n. 176 do FPPC, assim redigido: "Compete exclusivamente ao Supremo Tribunal Federal modular os efeitos da decisão prevista no § 13 do art. 525".

veiculada na impugnação, é mister que aquele Tribunal a tenha tomado *antes* do trânsito em julgado da decisão que se quer cumprir[32].

Se a decisão do STF for posterior ao trânsito em julgado da decisão exequenda, a hipótese deverá ser veiculada pelo executado em "ação rescisória", fundamentando-a no inciso V do art. 966[33]. A novidade, no caso, trazida pelo § 15 do art. 525, está em que o prazo para a rescisória flui do trânsito em julgado da própria decisão tomada pelo STF.

---

32. É o entendimento que o Pleno do STF já havia alcançado a partir das regras similares do CPC de 1973 na ADI 2.418/DF, rel. Min. Teori Albino Zavascki, j. m. v. 4-5-2016, *DJe* 17-11-2016, cujo acórdão foi, no que aqui importa, assim ementado: "CONSTITUCIONAL. LEGITIMIDADE DAS NORMAS ESTABELECENDO PRAZO DE TRINTA DIAS PARA EMBARGOS À EXECUÇÃO CONTRA A FAZENDA PÚBLICA (ART. 1º-B DA LEI 9.494/97) E PRAZO PRESCRICIONAL DE CINCO ANOS PARA AÇÕES DE INDENIZAÇÃO CONTRA PESSOAS DE DIREITO PÚBLICO E PRESTADORAS DE SERVIÇOS PÚBLICOS (ART. 1º-C DA LEI 9.494/97). LEGITIMIDADE DA NORMA PROCESSUAL QUE INSTITUI HIPÓTESE DE INEXIGIBILIDADE DE TÍTULO EXECUTIVO JUDICIAL EIVADO DE INCONSTITUCIONALIDADE QUALIFICADA (ART. 741, PARÁGRAFO ÚNICO E ART. 475-L, § 1º DO CPC/73; ART. 525, § 1º, III E §§ 12 E 14 E ART. 535, III, § 5º DO CPC/15). (...) 3. São constitucionais as disposições normativas do parágrafo único do art. 741 do CPC, do § 1º do art. 475-L, ambos do CPC/73, bem como os correspondentes dispositivos do CPC/15, o art. 525, § 1º, III e §§ 12 e 14, o art. 535, § 5º. São dispositivos que, buscando harmonizar a garantia da coisa julgada com o primado da Constituição, vieram agregar ao sistema processual brasileiro um mecanismo com eficácia rescisória de sentenças revestidas de vício de inconstitucionalidade qualificado, assim caracterizado nas hipóteses em que (a) a sentença exequenda esteja fundada em norma reconhecidamente inconstitucional – seja por aplicar norma inconstitucional, seja por aplicar norma em situação ou com um sentido inconstitucionais; ou (b) a sentença exequenda tenha deixado de aplicar norma reconhecidamente constitucional; e (c) desde que, em qualquer dos casos, o reconhecimento dessa constitucionalidade ou a inconstitucionalidade tenha decorrido de julgamento do STF realizado em data anterior ao trânsito em julgado da sentença exequenda. 4. Ação julgada improcedente".
33. É orientação que encontrava eco em recurso extraordinário julgado pelo Pleno do STF pouco após o CPC de 2015 ter sido promulgado. Trata-se do RE RG 730.462/SP, rel. Min. Teori Albino Zavascki, j. un. 28-5-2015, *DJe* 9-9-2015, assim ementado: "CONSTITUCIONAL E PROCESSUAL CIVIL. DECLARAÇÃO DE INCONSTITUCIONALIDADE DE PRECEITO NORMATIVO PELO SUPREMO TRIBUNAL FEDERAL. EFICÁCIA NORMATIVA E EFICÁCIA EXECUTIVA DA DECISÃO: DISTINÇÕES. INEXISTÊNCIA DE EFEITOS AUTOMÁTICOS SOBRE AS SENTENÇAS JUDICIAIS ANTERIORMENTE PROFERIDAS EM SENTIDO CONTRÁRIO. INDISPENSABILIDADE DE INTERPOSIÇÃO DE RECURSO OU PROPOSITURA DE AÇÃO RESCISÓRIA PARA SUA REFORMA OU DESFAZIMENTO. 1. A sentença do Supremo Tribunal Federal que afirma a constitucionalidade ou a inconstitucionalidade de preceito normativo gera, no plano do ordenamento jurídico, a consequência (= eficácia normativa) de manter ou excluir a referida norma do sistema de direito. 2. Dessa sentença decorre também o efeito vinculante, consistente em atribuir ao julgado uma qualificada força impositiva e obrigatória em relação a supervenientes atos administrativos ou judiciais (= eficácia executiva ou instrumental), que, para viabilizar-se, tem como instrumento próprio, embora não único, o da reclamação prevista no art. 102, I, 'l', da Carta Constitucional. 3. A eficácia executiva, por decorrer da sentença (e não da vigência da norma examinada), tem como termo inicial a data da publicação do acórdão do Supremo no Diário Oficial (art. 28 da Lei 9.868/99). É, consequentemente, eficácia que atinge atos administrativos e decisões judiciais supervenientes a essa publicação, não os pretéritos, ainda que formados com suporte em norma posteriormente declarada inconstitucional. 4. Afirma-se, portanto, como tese de repercussão geral que a decisão do Supremo Tribunal Federal declarando a constitucionalidade ou a inconstitucionalidade de preceito normativo não produz a automática reforma ou rescisão das sentenças anteriores que tenham adotado entendimento diferente; para que tal ocorra, será indispensável a interposição do recurso próprio ou, se for o caso, a propositura da ação rescisória própria, nos termos do art. 485, V, do CPC, observado o respectivo prazo decadencial (CPC, art. 495). Ressalva-se desse entendimento, quanto à indispensabilidade da ação rescisória, a questão relacionada à execução de efeitos futuros da sentença proferida em caso concreto sobre relações jurídicas de trato continuado. 5. No caso, mais de dois anos se passaram entre o trânsito em julgado da sentença no caso concreto reconhecendo,

Embora a distinção e a harmonia das regras dos §§ 14 e 15 do art. 525 sejam inequívocas, não há como deixar de indicar que a origem do § 15 não está clara no Parecer n. 956/2014 e nem no Parecer n. 1.099/2014, que antecederam a conclusão dos trabalhos legislativos relativos ao novo CPC no Senado, em dezembro de 2014. Ao que tudo indica, trata-se de regra acrescentada na revisão a que seu texto foi submetido antes de ser enviado à sanção presidencial e, nesse sentido, violadora dos limites impostos pelo art. 65 da CF ao processo legislativo naquela derradeira etapa. Sua inconstitucionalidade *formal*, portanto, pode e deve ser reconhecida, afastando, por essa razão, o diferencial com relação ao prazo da ação rescisória naqueles casos, prevalecendo, também para eles, a forma de contagem padrão do *caput* do art. 975.

Não fosse pelo aspecto formal, é questionável, do ponto de vista substancial, a constitucionalidade do § 15 do art. 525, diante da segurança jurídica, derivada inequivocamente do inciso XXXVI do art. 5º da CF. Em termos práticos, a ser observada a regra, nem sequer se sabe quando terá início o prazo da ação rescisória, que, ajuizada alguns ou muitos anos após o trânsito em julgado, quererá interferir em efeitos de um sem-número de situações plenamente consolidadas com o passar do tempo[34]. Em última análise, o dispositivo permite expressamente que decisão futura do STF seja, por si só, fator apto a desconstituir coisa julgada ocorrida anteriormente, na busca desenfreada, mas amplamente incentivada pelo CPC de 2015, de uma jurisprudência "estável, íntegra e coerente". Que tais valores, tão caros à segurança jurídica e à isonomia, merecem ser perseguidos pelo Estado, não há do que duvidar. Num modelo de Estado Constitucional, como o Brasil, há, contudo, *limites* para o atingimento daqueles fins, que merecem ser respeitados[35].

Sobre aqueles dois parágrafos, cabe lembrar da a regra de direito intertemporal do art. 1.057. Segundo aquele dispositivo, localizado no Livro Complementar do CPC de 2015, o disposto neles (e isso também é válido para os §§ 7º e 8º do art. 535, que trata da impugnação apresentada pela Fazenda Pública) só se aplica às decisões transitadas em julgado *após*

---

incidentalmente, a constitucionalidade do artigo 9º da Medida Provisória 2.164-41 (que acrescentou o artigo 29-C na Lei 8.036/90) e a superveniente decisão do STF que, em controle concentrado, declarou a inconstitucionalidade daquele preceito normativo, a significar, portanto, que aquela sentença é insuscetível de rescisão. 6. Recurso extraordinário a que se nega provimento". Mais recentemente, no âmbito da 2ª Turma do STJ, v.: REsp 1.861.550/DF, rel. Min. Og Fernandes, j.un. 16-6-2020, *DJe* 4-8-2020.

34. Para críticas similares, v.: Dorival Renato Pavan, *Comentários ao Código de Processo Civil*, v. 2, p. 716-723; Fredie Didier Jr. e Leonardo Carneiro da Cunha, *Curso de direito processual civil*, v. 3, p. 467-469 (com a expressa remissão feita na p. 546 do v. 5 daquele *Curso*), e José Rogério Cruz e Tucci, *Comentários ao Código de Processo Civil*, v. VIII, p. 307-307.

35. Consentâneo com o alerta do texto é o Enunciado n. 107 da I Jornada de Direito Processual Civil do CJF, que exclui da suspensão decorrente da instauração do IRDR os processos em que a etapa de cumprimento *definitivo* da sentença já tenha tido início. É lê-lo: "Não se aplica a suspensão do art. 982, I, do CPC ao cumprimento de sentença anteriormente transitada em julgado e que tenha decidido questão objeto de posterior incidente de resolução de demandas repetitivas".

a entrada em vigor do CPC de 2015[36], preservando, para as que transitaram em julgado anteriormente, o regime do § 1º do art. 475-L e do parágrafo único do art. 741, este para as execuções contra a Fazenda Pública, ambos do CPC de 1973[37]. O isolamento dos atos processuais nesse caso – medida excepcional no CPC de 2015 – é suficientemente revelador do alcance pretendido pelas novas regras.

O que os dispositivos não respondem de maneira expressa diz respeito às consequências que a declaração de inconstitucionalidade do STF deve ter para os efeitos futuros das decisões transitadas em julgado anteriormente. É supor, por exemplo, relações tributárias de trato continuado e o impacto que decisões posteriores do STF, sejam elas tomadas no controle incidental[38] ou no concentrado[39]. possam vir a ter quando emitirem comandos incompatíveis com decisão anterior e já transitada em julgado.

5.4 Penhora incorreta ou avaliação errônea

Sendo o caso, a impugnação deverá questionar também a realização indevida de penhora ou a avaliação errônea do bem penhorado (art. 525, § 1º, IV). A ressalva é importante porque, em rigor, a impugnação pode ser apresentada *antes e independentemente* de prévia penhora.

---

36. O tema é polêmico, como dá notícia o n. 5 do Capítulo 1 da Parte I do v. 1. Para este *Curso*, a data correta de entrada em vigor do CPC de 2015 é 17 de março de 2016, um ano após sua publicação no Diário Oficial, em sentido contrário à maioria que defende como marco temporal o dia seguinte, 18 de março de 2016.

37. O STJ teve oportunidade de analisar a incidência do parágrafo único do art. 741 do CPC de 1973, do qual descendem diretamente os dispositivos ora analisados, afastando-o das sentenças transitadas em julgado antes da sua vigência. É o seguinte o enunciado da Súmula 487 daquele Tribunal: "O parágrafo único do art. 741 do CPC não se aplica às sentenças transitadas em julgado em data anterior à da sua vigência".

38. É tema com repercussão geral reconhecida no STF em acórdão assim ementado: "DIREITO CONSTITUCIONAL E DIREITO TRIBUTÁRIO. SENTENÇA QUE DECLARA EXISTÊNCIA OU INEXISTÊNCIA DE RELAÇÃO JURÍDICA TRIBUTÁRIA. EFICÁCIA DAS DECISÕES DO SUPREMO TRIBUNAL FEDERAL EM CONTROLE DIFUSO. COISA JULGADA. EFEITOS FUTUROS. RELAÇÕES DE TRATO CONTINUADO. PRESENÇA DE REPERCUSSÃO GERAL. 1. Constitui questão constitucional saber se e como as decisões do Supremo Tribunal Federal em sede de controle difuso fazem cessar os efeitos futuros da coisa julgada em matéria tributária, quando a sentença tiver se baseado na constitucionalidade ou inconstitucionalidade do tributo. 2. Repercussão geral reconhecida" (STF, Pleno, RE RG 955.227/BA, rel. Min. Roberto Barroso, j. un. 1º-4-2016, *DJe* 27-4-2016).

39. Também aqui há repercussão geral do tema reconhecida pelo STF em acórdão ementado da seguinte forma: "RECURSO EXTRAORDINÁRIO. REPERCUSSÃO GERAL. PRELIMINAR. RECONHECIMENTO. DIREITO TRIBUTÁRIO. CONTRIBUIÇÃO SOCIAL SOBRE O LUCRO LÍQUIDO – CSLL. LEI 7.689/88. DIREITO PROCESSUAL CIVIL. COISA JULGADA. LIMITES. INEXISTÊNCIA DE RELAÇÃO JURÍDICA. INCONSTITUCIONALIDADE INCIDENTAL. DECLARAÇÃO DE CONSTITUCIONALIDADE EM CONTROLE ABSTRATO E CONCENTRADO. ADI 15. SÚMULA 239 DO STF. 1. A matéria constitucional controvertida consiste em delimitar o limite da coisa julgada em âmbito tributário, na hipótese de o contribuinte ter em seu favor decisão judicial transitada em julgado que declare a inexistência de relação jurídico-tributária, ao fundamento de inconstitucionalidade incidental de tributo, por sua vez declarado constitucional, em momento posterior, na via do controle concentrado e abstrato de constitucionalidade exercido pelo STF. 2. Preliminar de repercussão geral em recurso extraordinário reconhecida" (STF, Pleno, RE RG 949.297/CE, rel. Min. Edson Fachin, j. un. 24-3-2016, *DJe* 13-5-2016).

As regras aplicáveis à penhora são as dos arts. 831 a 869. As da avaliação são as constantes dos arts. 870 a 875.

Para a penhora ou para a avaliação do bem penhorado levadas a cabo posteriormente à apresentação da impugnação, cabe lembrar do art. 518, que permite ao executado, independentemente da impugnação, questionar os atos posteriores à sua apresentação.

5.5 Excesso de execução ou cumulação indevida de execuções

O inciso V do § 1º do art. 525 trata de dois fundamentos diversos para a impugnação.

O primeiro é o excesso de execução, que reside na circunstância de o exequente pretender valor superior ao que lhe é atribuído pelo título executivo.

Neste caso, a exemplo do que o § 3º do art. 917 exige do executado para os embargos à execução, cabe ao executado declarar, na própria impugnação, o valor que entende correto, apresentando demonstrativo discriminado e atualizado de seu cálculo (art. 525, § 4º). Se não indicar o valor correto e nem fizer a prova escorreita, a impugnação será liminarmente rejeitada, na hipótese de o excesso de execução ser seu único fundamento. Havendo outro fundamento, a impugnação será processada com relação aos demais, não merecendo análise o excesso de execução pelo magistrado (art. 525, § 5º).

A solução dada pelo § 5º pode parecer drástica, mas nada mais é do que a racionalização da ampla defesa a ser devidamente exercida pelo executado na impugnação. É ônus seu alegar o excesso de execução e fazer, desde logo, a prova respectiva[40].

Naqueles casos em que a indicação do valor exato e a demonstração dependerem de prova que vá além do mero cálculo aritmético ou documental em posse do executado ou, de forma mais ampla, passível de demonstração por prova pré-constituída, cabe a ele alegar justificadamente tais peculiaridades para que não incida a consequência prescrita para sua omissão. É imaginar o exemplo em que a comprovação do excesso de execução depende, tanto quanto a identificação do valor devido exato, da realização de prova pericial. Em casos

---

40. Há repetitivo da Corte Especial do STJ que versa sobre o tema. Eis sua ementa: "RECURSO ESPECIAL REPRESENTATIVO DA CONTROVÉRSIA. PROCESSUAL CIVIL. BRASIL TELECOM S/A. CONTRATO DE PARTICIPAÇÃO FINANCEIRA. COMPLEMENTAÇÃO DE AÇÕES. IMPUGNAÇÃO AO CUMPRIMENTO DE SENTENÇA. ILIQUIDEZ DO TÍTULO. MATÉRIA PRECLUSA. EXCESSO DE EXECUÇÃO. INDEFERIMENTO LIMINAR. CABIMENTO. ART. 475-L, § 2º, DO CPC. MULTA DO ART. 475-J DO CPC. ÓBICE DA SÚMULA 283/STF. 1. Para fins do art. 543-C do CPC: 'Na hipótese do art. 475-L, § 2º, do CPC, é indispensável apontar, na petição de impugnação ao cumprimento de sentença, a parcela incontroversa do débito, bem como as incorreções encontradas nos cálculos do credor, sob pena de rejeição liminar da petição, não se admitindo emenda à inicial'. 2. Caso concreto: 2.1. Impossibilidade de se reiterar, em impugnação ao cumprimento de sentença, matéria já preclusa no curso da execução. Precedentes. 2.2. (...). 3. Recurso Especial conhecido, em parte, e desprovido" (REsp repetitivo n. 1.387.248/SC, rel. Min. Paulo de Tarso Sanseverino, j. un. 7-5-2014, *DJe* 19-5-2014).

assim, cabe ao executado fornecer todos os elementos que permitam ao magistrado verificar a seriedade de sua alegação na própria impugnação – quiçá um trabalho técnico com base no art. 472 –, justificando a impossibilidade de produzir prova desde logo a seu respeito. Tudo se passa, portanto, na perspectiva do ônus da prova (art. 373, I) e, por isso, não apresenta nenhuma mácula ao princípio constitucional da ampla defesa.

Para tanto – e dada a gravidade da consequência do descumprimento do ônus acima destacado –, importa que o magistrado o advirta previamente ao indeferimento previsto na regra ora analisada, por força dos arts. 6º, 9º e 10[41].

A cumulação indevida de execuções, também referida no mesmo inciso V do § 1º do art. 525, não tem relação nenhuma com o excesso de execução. Trata-se da hipótese de o exequente pretender satisfazer dois ou mais direitos seus cuja cumulação em um único processo acaba por violar as regras do art. 780, por não ser idêntico o executado ou por não ser competente o mesmo juízo ou, ainda, por ser diverso o procedimento. O acolhimento da impugnação em tais casos terá o condão de determinar o desmembramento do cumprimento da impugnação, observadas as regras aplicáveis para cada caso e, se este for o caso, perante o juízo competente.

5.6 Incompetência absoluta ou relativa do juízo da execução

Similarmente às novidades que o CPC de 2015 trouxe à contestação e à viabilidade de, em preliminar, o réu arguir indistintamente a incompetência *absoluta* ou a *relativa* (art. 337, II), o inciso VI do § 1º do art. 525 permite que o executado, em impugnação, suscite a incompetência *absoluta ou relativa* do juízo perante o qual a etapa de cumprimento teve início.

Nos casos em que o exequente buscar a prática dos atos executivos em juízos diversos, com fundamento no art. 516, a alegação ganha maior importância, porque permitirá ao executado demonstrar que não ocorrem aqueles supostos fáticos a permitir o deslocamento da competência.

5.7 Causas modificativas ou extintivas da obrigação

O inciso VII do § 1º do art. 525 permite ao executado alegar "qualquer causa modificativa ou extintiva da obrigação como pagamento, novação, compensação, transação ou prescrição, desde que supervenientes à sentença".

---

41. É o entendimento que prevaleceu na I Jornada de Direito Processual Civil do CJF, nos termos de seu Enunciado n. 95: "O juiz, antes de rejeitar liminarmente a impugnação ao cumprimento de sentença (art. 525, § 5º, do CPC), deve intimar o impugnante para sanar eventual vício, em observância ao dever processual de cooperação (art. 6º do CPC)". Em sentido contrário é a orientação do Enunciado n. 55 da ENFAM: "Às hipóteses de rejeição liminar a que se referem os arts. 525, § 5º, 535, § 2º, e 917 do CPC/2015 (excesso de execução) não se aplicam os arts. 9º e 10 desse código".

São hipóteses em que, na perspectiva do direito material, o direito certificado no título executivo judicial está irreversivelmente esvaziado pela ocorrência de causas modificativas ou extintivas da obrigação no rol inequivocamente exemplificativo enunciado pelo precitado dispositivo. Desde que, contudo, sejam fatos "supervenientes à sentença"[42]. No caso da prescrição, é irrecusável a compreensão de que a impugnação é sede adequada para que o executado alegue a ocorrência da prescrição *intercorrente*, sem prejuízo de ela vir a ser levantada posteriormente, quando a inércia do exequente se verificar após o prazo para oferta da impugnação (art. 525, §§ 11)[43].

Essa exigência, de que os fatos sejam "*supervenientes* à sentença", deve ser compreendida de maneira mais ampla e sistemática. Na verdade, trata-se do último momento em que, na etapa de conhecimento, for possível à parte (no caso, ao réu) introduzir alegação de fato *novo* no processo (art. 493).

Assim, mesmo que já tenha sido proferida a sentença, sendo possível ao réu alegar aqueles fatos em sede de apelo (art. 1.014) para que o Tribunal, apreciando-os, verifique de que maneira sua ocorrência afeta o direito do autor, não poderá o executado lançar mão da iniciativa na impugnação.

Na impossibilidade de fazê-lo, é evidente que o executado poderá valer-se da impugnação para aquele fim. Importa, nesses casos, contudo, justificar por que, a despeito da previsão do art. 1.014, inclusive em grau recursal, deixou de alegar aqueles fatos[44]. Idêntica diretriz merece ser observada quando no âmbito recursal se nega ou se indefere a alegação dos fatos novos trazidos com fundamento naquele dispositivo.

5.8 Nulidade de sentença arbitral

Embora não referido no rol do § 1º do art. 525, a impugnação pode ser o veículo adequado para questionar a higidez da sentença arbitral nos moldes do art. 32 da Lei n. 9.307/96 quando ela for objeto de cumprimento com fundamento no inciso VII do art. 515.

---

42. No REsp 1.381.654, rel. Min. Paulo Sanseverino, noticiado por Theotonio Negrão, José Roberto F. Gouvêa, Luis Guilherme A. Bondioli e João Francisco N. da Fonseca em seu *Novo Código de Processo Civil e legislação processual em vigor*, p. 564, a 3ª Turma do STJ entendeu que "A prescrição acontecida antes do trânsito em julgado não pode ser apreciada por ocasião do cumprimento da sentença, sob pena de afronta à coisa julgada". No mesmo sentido, já sob a égide do CPC de 2015, é o Enunciado n. 57 do FPPC: "A prescrição prevista nos arts. 525, § 1º, VII, e 535, VI, é exclusivamente da pretensão executiva".

43. Nesse sentido é o entendimento de Beclaute Oliveira Silva e José Henrique Mouta Araújo, A prescrição no cumprimento de sentença no novo Código de Processo Civil, p. 124.

44. É orientação que se encontra em harmonia com o Enunciado n. 56 do FPPC: "É cabível alegação de causa modificativa ou extintiva da obrigação na impugnação de executado, desde que tenha ocorrido após o início do julgamento da apelação, e, uma vez alegada pela parte, tenha o tribunal superior se recusado ou omitido de apreciá-la".

Sobre o assunto, há acesa controvérsia doutrinária em torno da possibilidade de a impugnação com aquela finalidade ser apresentada *após* o prazo de noventa dias previsto no § 1º do art. 33 da Lei n. 9.307/96[45] em sede de impugnação ao cumprimento de sentença. Isso porque, de acordo com o § 3º do mesmo art. 33 da Lei n. 9.307/96, na redação que lhe deu o art. 1.061 do CPC de 2015: "A decretação da nulidade da sentença arbitral também poderá ser requerida na impugnação ao cumprimento da sentença, nos termos dos arts. 525 e seguintes do Código de Processo Civil, se houve execução judicial"[46].

De um lado, há aqueles que entendem que a iniciativa significaria inobservância do § 1º do art. 33 da Lei n. 9.307/96, porque a impugnação referida no § 3º desse mesmo artigo só poderia ser admitida se apresentada no prazo de noventa dias do precitado § 1º, justamente porque, em tais casos, a impugnação faria as vezes da "demanda para a declaração de nulidade da sentença arbitral"[47]. De outro, há os que entendem viável a iniciativa justamente porque é direito do executado manifestar-se contra a sentença arbitral apenas na hipótese de ela vir a ser exigida judicialmente pelo exequente, não havendo nada no sistema processual civil que obrigue o executado a tomar a iniciativa de se dirigir ao Estado-juiz para questionar a validade da sentença arbitral independentemente de haver seu cumprimento judicial[48]. Há também aqueles que não fazem a distinção aqui indicada, limitando-se a acen-

---

45. O dispositivo, que tem redação dada pela Lei n. 13.129/2015, tem o seguinte teor: "§ 1º A demanda para a declaração de nulidade da sentença arbitral, parcial ou final, seguirá as regras do procedimento comum, previstas na Lei n. 5.869, de 11 de janeiro de 1973 (Código de Processo Civil), e deverá ser proposta no prazo de até 90 (noventa) dias após o recebimento da notificação da respectiva sentença, parcial ou final, ou da decisão do pedido de esclarecimentos".

46. Cabe anotar que se trata da terceira versão redacional do dispositivo desde o advento da Lei n. 9.307/96, embora a regra dele extraída seja invariavelmente a mesma: a de permitir, primeiro em embargos à execução (redação original) e após em impugnação ao cumprimento de sentença (redação da Lei n. 13.129/2015, de curtíssima subsistência e a atual), que o executado alegue a nulidade da sentença arbitral. Mesmo com a referência à impugnação, contudo, o dispositivo preservou o emprego da "execução judicial" que, em rigor, deveria ter sido substituída por "cumprimento". Nada, contudo, que interfira na sua compreensão, como o autor deste *Curso* já havia escrito em seu *Novo Código de Processo Civil anotado*, p. 1018. Em sentido similar: Fredie Didier Jr., *Comentários ao Código de Processo Civil*, v. 4, p. 661; Guilherme Rizzo Amaral, *Comentários às alterações do novo CPC*, p. 1085; Teresa Arruda Alvim Wambier, Maria Lúcia Lins Conceição, Leonardo Ferres da Silva Ribeiro e Rogério Licastro Torres de Melo, *Primeiros comentários ao novo Código de Processo Civil*, p. 1545, e José Miguel Garcia Medina, *Novo Código de Processo Civil comentado*, p. 1478.

47. É o entendimento defendido, dentre outros, por Heitor Vitor Mendonça Sica, *Comentários ao novo Código de Processo Civil*, p. 830, e por Alexandre Minatti, *Defesa do executado*, p. 92-94. É também a orientação do Enunciado n. 17 do CEAPRO: "O pleito de decretação de nulidade de sentença arbitral em impugnação ao cumprimento de sentença está sujeito ao prazo decadencial de 90 (noventa) dias previsto no § 1º do art. 33 da Lei de Arbitragem". A questão já era conhecida antes e independentemente do CPC de 2015, havendo autores que já sustentavam ser o prazo de noventa dias único, não podendo ser "reaberto" na hipótese de haver cumprimento judicial. É o caso de Carlos Alberto Carmona, *Arbitragem e processo: um comentário à Lei n. 9.307/96*, p. 429-431, que, na 1ª edição anterior de seu trabalho (p. 278), chegou a manifestar opinião contrária, aqui abraçada.

48. É o entendimento defendido pelos seguintes autores: Luiz Guilherme Marinoni, Sergio Cruz Arenhart e Daniel Mitidiero, *Novo Código de Processo Civil comentado*, p. 997-998; Nelson Nery Junior e Rosa Maria de Andrade Nery, *Código de Processo Civil comentado*, p. 1299; Donaldo Armelin, Notas sobre a ação rescisória em matéria

tuar a pertinência da impugnação para veicular também as matérias do art. 32 da Lei n. 9.307/96 sem levantar, ao menos expressamente, qualquer óbice com relação ao § 1º do art. 33 do mesmo diploma legal[49].

A razão está com aqueles que sustentam a tempestividade da impugnação ainda quando apresentada após o prazo de noventa dias previsto no precitado § 1º do art. 33 da Lei n. 9.307/96, justamente diante da necessária coordenação que deve haver entre as regras e a compreensão de que o § 3º desse artigo excepciona o anterior § 1º, ao admitir que o regime da impugnação é aplicável à espécie *se* houver cumprimento judicial da sentença arbitral. Assim, o prazo e o respectivo início de sua fluência passam a ser os da impugnação (art. 525, *caput*) e não mais os noventa dias contados da notificação da própria sentença arbitral, que se refere a hipótese diversa, de *não* haver cumprimento judicial, nos termos do § 1º do art. 33 da Lei n. 9.307/96.

Com efeito, o § 3º do art. 33 da Lei n. 9.307/96 é muito claro ao determinar que a decretação da nulidade de sentença arbitral *também* poderá ser requerida na impugnação ao cumprimento de sentença, *nos termos* do art. 525 do CPC de 2015. Como se percebe da simples leitura do dispositivo, não é feita *qualquer* ressalva quanto ao prazo para pleitear o reconhecimento de alguma das nulidades listadas pelo art. 32 da Lei n. 9.307/96 em sede de impugnação.

Ademais, a distinção de prazos que merece ser extraída do trato da matéria pelos §§ 1º e 3º do art. 33 da Lei n. 9.307/96 é fator que inibe que eventual prazo para cumprimento *espontâneo* dado pela própria sentença arbitral coincida com o prazo que a parte teria para questionar sua nulidade perante o Estado-juiz. Mas não só: a distinção também evita que a parte vitoriosa na arbitragem possa deixar passar os noventa dias a que se refere o § 1º do referido art. 33 para ingressar em juízo visando a seu cumprimento judicial diante do não

---

arbitral, p. 912-913; Fernando da Fonseca Gajardoni, Aspectos fundamentais do processo arbitral e pontos de contado com a jurisdição estatal, p. 212; Joel Dias Figueira Jr., *Arbitragem, jurisdição e execução*, p. 271; Felipe Scripes Wladeck, Sobre o pleito de anulação da sentença arbitral nacional em sede de execução, p. 101-104; Paulo Fernando Silveira, *Tribunal arbitral: nova porta de acesso à justiça*, p. 279-280, e Luiz Fernando do Vale de Almeida Guilherme, *Manual de arbitragem*, p. 131-132.

49. Nesse sentido: Araken de Assis, *Manual da execução*, p. 246; Selma Ferreira Lemes, A sentença arbitral, p. 834-835; Fredie Didier Jr., Leonardo Carneiro da Cunha, Paula Sarno Braga e Rafael Alexandria de Oliveira, *Curso de direito processual civil*, v. 5, p. 284; Elpídio Donizetti, *Curso didático de direito processual civil*, p. 1.436; Daniel Amorim Assumpção Neves, *Novo Código de Processo Civil comentado artigo por artigo*, p. 1.062; Artur César de Souza, *Código de Processo Civil anotado, comentado e interpretado*, v. III, p. 1828; Clayton Maranhão, *Comentários ao Código de Processo Civil*, v. XVII, p. 154; Teori Albino Zavascki, *Defesas do executado*, p. 147-148; Diogo Albaneze Gomes Ribeiro, Cumprimento de sentença arbitral condenatória; Maria da Conceição Maranhão Pfeiffer, *Novo Código de Processo Civil comentado na prática da Fazenda Nacional*, p. 1311; João Bosco Won Held Gonçalves de Freitas Filho e Marcelo Pereira de Almeida, Algumas notas sobre o controle jurisdicional da arbitragem, p. 114-115; Paulo Osternak Amaral e Felipe Scripes Wladeck, Arbitragem no Brasil, p. 146-147; Carlos Mário da Silva Velloso, Arbitragem: a indispensabilidade do compromisso arbitral, p. 31, e José Carlos Barbosa Moreira, La nuova legge brasiliana sull'arbitrato, p. 285-287.

cumprimento espontâneo pela parte contrária, esvaziando, com sua atitude, a viabilidade de a impugnação veicular *também* as matérias do art. 32 da Lei n. 9.307/96[50].

Destarte, é correto fazer a distinção aqui proposta: o § 1º do art. 33 da Lei n. 9.307/96 ocupa-se em fixar o prazo para o devedor tomar, ele próprio, a iniciativa de buscar a nulidade da sentença arbitral perante o Estado-juiz independentemente da atuação ou de qualquer manifestação de vontade do credor. O § 3º do mesmo dispositivo, por sua vez, ocupa-se com a hipótese de haver o cumprimento judicial (de iniciativa do credor) e, consequentemente, viabilizar a *cumulação de questionamentos* em sede de impugnação, as "típicas" de qualquer impugnação (art. 525, § 1º) e as relacionadas no art. 32 da Lei n. 9.307/96, inerentes à sentença arbitral.

No mais, quanto ao procedimento e demais peculiaridades para veicular aquela arguição, o § 3º do art. 33, na redação que lhe deu o art. 1.061 do CPC de 2015, limita-se a dispor que ela deve ser feita *nos termos* do art. 525. Ou seja, o único *prazo* a ser observado para apresentar aquela defesa – que pressupõe o cumprimento judicial da sentença arbitral – é o de quinze dias (úteis) contados a partir do momento em que termina o prazo para pagamento voluntário a que se refere o art. 523. Não há, portanto, qualquer imposição legal de observância de um único prazo de noventa dias para apresentar alegação de nulidade da sentença arbitral na impugnação ao seu cumprimento. Nesse sentido, as matérias a serem arguidas em sede de impugnação encampam *também* as do art. 32 da Lei n. 9.307/96, sem prejuízo de a impugnação veicular outras questões nos moldes do § 1º do art. 525.

6. SUSPEIÇÃO E IMPEDIMENTO

O executado também poderá arguir a suspeição ou o impedimento do magistrado que preside a etapa de cumprimento de sentença. Nesse caso, de acordo com o § 2º do art. 525, deverá observar o disposto nos arts. 146 e 148, isto é, fazendo-o por mera petição e não por impugnação.

A alegação daquelas matérias em sede de impugnação é, em rigor, intempestiva, porque o prazo de quinze dias do fato que dá ensejo à suspeição e ao impedimento flui de seu conhecimento, o que, em rigor, dá-se no início da etapa, já com o prazo de que o executado dispõe para o pagamento (ou para fazer, não fazer ou entregar, consoante o caso) na forma do *caput* do art. 523.

---

50. O ponto foi especificamente abordado por Felipe Scripes Wladeck (*Os meios de controle judicial da sentença arbitral nacional previstos na Lei 9.307/96*, p. 284), que assim se manifestou: "Não fosse assim, a parte vitoriosa na arbitragem poderia, inclusive, facilmente impossibilitar o manejo dos embargos (com fulcro no art. 32), pela sucumbente. Bastar-lhe-ia iniciar a execução depois de passados os noventa dias. Contudo, não se afigura razoável ou mesmo legítimo que uma parte tenha acesso a um determinado regime de invalidação, ao qual – queira ou não queira, por expressa previsão legal – tem direito, tolhido pela conduta da outra".

Ademais, pode acontecer de o impedimento e a suspeição justificarem-se ao longo da etapa de cumprimento, não guardando, também nesse caso, nenhuma relação com o prazo ou com a dinâmica da impugnação. Prevalecem, pois, para essas situações, as regras específicas dos precitados arts. 146 e 148.

7. EFEITO SUSPENSIVO

A apresentação da impugnação não inibe a produção dos atos executivos, nem os de penhora e nem mesmo os de expropriação, o que equivale a dizer que ela não tem efeito suspensivo *ope legis* (1ª parte do § 6º do art. 525).

O executado pode, contudo, pleitear a concessão daquele efeito ao magistrado. Para tanto, precisará ocorrer, consoante a parte final do § 6º do art. 525, *concomitantemente* o seguinte: prévia garantia de juízo com penhora (em se tratando de obrigação de pagar quantia), caução (em se tratando de obrigação de fazer ou de não fazer) ou depósito (em se tratando de obrigação de entrega de coisa) suficiente; os fundamentos da impugnação serem relevantes, o que significa dizer que as teses arguidas pelo executado devem ter a probabilidade de serem acolhidas pelo magistrado e, por fim, o prosseguimento dos atos executivos deve ser manifestamente suscetível de causar ao executado grave dano de difícil ou incerta reparação[51].

Os referenciais cognitivos para a atribuição do efeito suspensivo à impugnação trazem à lembrança o disposto no art. 300 para a concessão de tutela provisória fundamentada na *urgência*, embora os *textos* dos dispositivos sejam diversos. Tal diversidade textual, aliás, reside também em sede recursal, como se pode verificar do parágrafo único do art. 995. É correto, não obstante, estabelecer um paralelo entre tais figuras, porque elas dizem respeito à concessão de tutelas *provisórias* incidentalmente no processo[52].

Justamente em face daquela necessária e sistemática aproximação, mostra-se pertinente indagar se o efeito suspensivo à impugnação pode ser atribuído *também* com fundamento na evidência, adotando-se o art. 311 como referencial normativo. A melhor resposta é a positiva[53]. Nessa hipótese, "*independentemente da demonstração de perigo de dano ou de risco ao resultado útil do processo*", o executado terá o direito de ver sustados os atos executivos diante

---

51. Reflexão importante acerca do tema é feita por Alexandre Minatti em seu *Defesa do executado*, p. 269-273. Para o autor, forte na análise dos direitos português e espanhol, o ideal seria que a suspensão dos atos executivos se desse tão somente com a garantia da execução, o que remonta, segundo sua exposição, a exigência *literal* do art. 737 do CPC de 1973, antes das modificações da Lei n. 11.382/2006, extremamente flexibilizado pela jurisprudência da época. Por isso, sua conclusão de que "é possível afirmar que a segurança do juízo é o requisito fundamental para que haja suspensão da execução, justamente porque, com a asseguração do resultado final, não há razão para o prosseguimento das atividades expropriatórias" (p. 273).

52. Nesse sentido é também o entendimento de Alexandre Minatti, *Defesa do executado*, p. 270.

53. No mesmo sentido é a lição de Luiz Henrique Volpe Camargo e Lauane Andrekowsk Volpe Camargo, Do cumprimento da sentença, p. 87.

da tão só probabilidade do direito que dá fundamento à sua impugnação. Não obstante a polêmica que caracteriza o tema, é irrecusável a harmonia que pode ser traçada entre o § 12 do art. 525 e o inciso II do art. 311.

Ainda que seja atribuído efeito suspensivo à impugnação – e o fundamento respectivo é, para tanto, indiferente –, prossegue o § 7º do art. 525, ele não impedirá a realização dos atos de substituição, de reforço ou redução da penhora tampouco a avaliação dos bens penhorados.

A regra deve ser compreendida no sentido de que, a despeito do efeito suspensivo, os atos executivos serão praticados até o ponto imediatamente anterior à alienação dos bens ou, em se tratando de penhora de dinheiro, seu levantamento ou transferência bancária para a conta do exequente. Tudo para que a satisfação do direito do exequente seja efetivada no menor tempo possível após a eventual rejeição da impugnação.

O § 10 do art. 525 apresenta uma variante à regra. De acordo com ele, mesmo nos casos em que seja dado efeito suspensivo à impugnação, pode o exequente requerer o prosseguimento dos atos executivos – além dos limites delineados no § 7º do art. 525 –, desde que ofereça e preste, nos mesmos autos, caução suficiente e idônea arbitrada pelo juiz.

A regra não pode ser interpretada na sua textualidade. A retomada dos atos executivos em busca da satisfação do exequente depende não apenas da prestação da caução a que se refere o dispositivo, mas também de inexistência de fundamento relevante conducente ao efeito suspensivo. Entendimento contrário seria prestigiar aquele que tem condições econômicas e/ou financeiras de prestar caução em detrimento daquele que tem direito mais provável de ser tutelado judicialmente[54].

Diante daquele quadro é que já sustentava que não havia como atrelar a concessão do efeito suspensivo à garantia do juízo àquele que conseguisse demonstrar de plano a relevância de sua fundamentação (além do grave dano de difícil ou incerta reparação), mas fosse despido de patrimônio suficiente para aquele fim[55]. A orientação é plenamente harmônica com o sistema do CPC de 2015[56], máxime quando se recorda do § 1º do art. 300 e de sua pertinente ressalva, a ensejo da concessão da tutela provisória, no sentido de que pode "... a caução ser dispensada se a parte economicamente hipossuficiente não puder oferecê-la", tudo a ser devidamente sopesado e justificado na decisão respectiva (art. 489, § 1º, I e II).

---

54. É entendimento que já era sustentado pelo n. 4.1 do Capítulo 1 da Parte V do v. 3 das edições anteriores ao CPC de 2015 deste *Curso*. Antes dele, o autor deste *Curso* se voltou ao tema em seu *A nova etapa da reforma do Código de Processo Civil*, v. 1, p. 146-149.

55. Era o entendimento já defendido pelo n. 4.1 do Capítulo 1 da Parte V do v. 3 das edições anteriores ao CPC de 2015 deste *Curso*.

56. Expresso quanto ao ponto, lembrando do direito processual italiano, é o entendimento de Alexandre Minatti, *Defesa do executado*, p. 273-274, que escreve: "É perceptível a relação de contrabalanceamento entre os requisitos. De um lado, se a caução elimina o risco de insucesso da execução, deixando os demais requisitos em segundo plano, a sua eventual ausência não pode significar a integral exposição do executado aos atos executivos, mas, para suspender a execução, sobrelevam-se os requisitos do risco de dano irreparável e a importância da fundamentação, a indicar um provável acolhimento da oposição do executado".

Se o efeito suspensivo disser respeito apenas a parte dos atos executivos (o questionamento de uma parcela do crédito, por exemplo), os atos executivos prosseguirão com relação aos demais (art. 525, § 8º). A previsão harmoniza-se com a assunção expressa, pelo CPC de 2015, de julgamentos *parciais* de mérito, que encontram sua regra matriz em seu art. 356.

Havendo mais de um executado, a concessão de efeito suspensivo à impugnação apresentada por um deles não interfere no prosseguimento dos atos executivos em relação aos que não impugnaram, a não ser que o fundamento da concessão diga respeito a fundamentos comuns dos atos executivos (art. 525, § 9º). Assim, por exemplo, se um executado consegue sensibilizar o magistrado a ponto de ser concedido efeito suspensivo à sua impugnação quanto ao excesso de execução de determinada parcela reclamada pelo exequente em relação a todos os executados, todos eles se beneficiarão daquele mesmo entendimento, ainda que não tenham apresentado impugnação em nome próprio. É regra que encontra eco no art. 117, que trata do litisconsórcio; no art. 345, I, para a revelia, e no art. 1.005, com relação aos recursos.

A decisão relativa à atribuição de efeito suspensivo à impugnação é imediatamente recorrível por agravo de instrumento, independentemente de seu conteúdo. A abrangência do parágrafo único do art. 1.015 sobre a recorribilidade das interlocutórias ao longo da etapa de cumprimento de sentença, sem exceções, é bastante para supedanear essa conclusão[57].

8. PROCEDIMENTO

O CPC de 2015 é silente sobre o *procedimento* a ser observado na impugnação. Ele sequer prevê, diferentemente do que fazia o CPC de 1973 no § 3º de seu art. 475-M[58], qual é o recurso cabível da decisão que a julga.

A melhor forma de preencher a lacuna é aplicar o disposto nos arts. 918 e 920, que tratam dos embargos à execução, o que encontra fundamento nos *capi* dos arts. 513 e 771. Assim, as mesmas causas de rejeição liminar dos embargos à execução do art. 918 devem ser em-

57. No âmbito dos embargos à execução, há aqueles que entendem que a decisão que *nega* a atribuição do efeito suspensivo é irrecorrível por não se amoldar à autorização do inciso X do art. 1.015. Sem razão, contudo, porque "*versar* sobre a *concessão*" daquele efeito é, indistintamente, concedê-lo e indeferi-lo e, ainda que não fosse assim, o efeito suspensivo é, para todos os fins, espécie de tutela provisória, apta a atrair a incidência do inciso I daquele mesmo dispositivo. Embora com fundamentação diversa, chegam à mesma conclusão: Luis Guilherme Aidar Bondioli, *Comentários ao Código de Processo Civil*, v. XX, p. 129-130, e William Santos Ferreira, *Comentários ao Código de Processo Civil*, v. 4, p. 452. Expresso quanto ao ponto é o Enunciado n. 71 da I Jornada de Direito Processual Civil do CJF: "É cabível o recurso de agravo de instrumento contra a decisão que indefere o pedido de atribuição de efeito suspensivo a Embargos à Execução, nos termos do art. 1.015, X, do CPC". Foi também nesse sentido que decidiu a 2ª Turma do STJ no REsp 1.694.667/PR, rel. Min. Herman Benjamin, j. un. 5-12-2017, *DJe* 18-12-2017.

58. Que tinha a seguinte redação: "§ 3º A decisão que resolver a impugnação é recorrível mediante agravo de instrumento, salvo quando importar extinção da execução, caso em que caberá apelação".

pregadas para repelir liminarmente a impugnação ao cumprimento de sentença[59]. Correto entender, nesse particular, que pode ser aplicada a multa prevista no parágrafo único daquele dispositivo diante de impugnação manifestamente protelatória[60].

Superado o juízo positivo de admissibilidade da impugnação, o exequente deverá ser *intimado* para se manifestar em quinze dias[61] – que, como prazo processual que são, fluirão apenas nos dias úteis –, seguindo-se, conforme o caso, a produção das provas que se façam necessárias (em audiência de instrução e julgamento ou fora dela, a depender do meio de prova a ser empregado) ou o julgamento antecipado (parcial ou total) do mérito, tudo nos termos do art. 920[62].

9. DECISÕES E RECURSOS

Com relação ao recurso, cabe fazer a seguinte consideração, a despeito do que se lê no inciso III do art. 920, que se refere (invariavelmente) ao proferimento de *sentença*. É que o CPC de 2015 não traz regra como a do § 3º do art. 475-M do CPC de 1973. Segundo aquele dispositivo, a decisão que resolvesse a impugnação era recorrível mediante agravo de instrumento, salvo quando extinguisse a execução, caso em que o recurso cabível seria a apelação.

A despeito do silêncio, aquela diretriz decorre do sistema processual civil em vigor, diante da distinção legal (mais clara, embora ainda incompleta) entre decisão interlocutória e sentença feita pelos §§ 1º e 2º do art. 203 e que precede, inclusive na perspectiva lógica, a identificação do recurso cabível. Assim, se a impugnação for acolhida totalmente, motivando a extinção da etapa do cumprimento de sentença (e do processo na primeira instância), o magistrado proferirá sentença, da qual o recurso cabível é a apelação (art. 1.009, *caput*). Se a impugnação for rejeitada, no todo ou em parte (e inclusive liminarmente, com base no art. 918), o "processo", ainda que parcialmente, prossegue na primeira instância na etapa de

59. Nesse sentido é o Enunciado n. 545 do FPPC ("Aplicam-se à impugnação, no que couber, as hipóteses previstas nos incisos I e III do art. 918 e no seu parágrafo único") e do Enunciado n. 94 da I Jornada de Direito Processual Civil do CJF: "Aplica-se o procedimento do art. 920 do CPC à impugnação ao cumprimento de sentença, com possibilidade de rejeição liminar nas hipóteses dos arts. 525, § 5º, e 918 do CPC".

60. Nesse sentido é o Enunciado n. 50 da ENFAM: "O oferecimento de impugnação manifestamente protelatória ao cumprimento de sentença será considerado conduta atentatória à dignidade da Justiça (art. 918, III, parágrafo único, do CPC/2015), ensejando a aplicação da multa prevista no art. 774, parágrafo único" e os Enunciados n. 545 e 586 do FPPC, respectivamente: "Aplicam-se à impugnação, no que couber, as hipóteses previstas nos incisos I e III do art. 918 e no seu parágrafo único" e "O oferecimento de impugnação manifestamente protelatória é ato atentatório à dignidade da justiça que enseja a aplicação da multa prevista no parágrafo único do art. 774 do CPC".

61. Nesse sentido é o Enunciado n. 39 do TJMG: "O exequente poderá se manifestar sobre a impugnação ao cumprimento de sentença no prazo de 15 dias, por analogia ao disposto no artigo 920, I".

62. Cabe colacionar mais uma vez, a propósito, o Enunciado n. 94 da I Jornada de Direito Processual Civil do CJF: "Aplica-se o procedimento do art. 920 do CPC à impugnação ao cumprimento de sentença, com possibilidade de rejeição liminar nas hipóteses dos arts. 525, § 5º, e 918 do CPC".

cumprimento. Por isso, está-se diante de decisão interlocutória e, como tal, agravável de instrumento (art. 1.015, parágrafo único)[63].

A ausência *ope legis* de efeito suspensivo do agravo de instrumento autoriza a incidência, aqui, das mesmas considerações que merecem ser feitas para a fase recursal dos embargos à execução, até mesmo diante da regra do inciso III do § 1º do art. 1.012, que retira o efeito suspensivo da apelação cabível da sentença que os rejeita: ainda que a impugnação tenha sido processada com efeito suspensivo, a retomada dos atos executivos não atrai a incidência do regime dos arts. 520 a 522, isto é, do cumprimento *provisório* da sentença[64]. O que pode ocorrer, mas é situação totalmente diversa, é que o executado consiga obter efeito suspensivo ao agravo de instrumento (art. 1.019, I), sustando, com isso – e na exata medida da concessão daquele efeito –, os atos executivos que beneficiariam o exequente.

10. HONORÁRIOS ADVOCATÍCIOS

Não é correto entender, na sistemática do CPC de 2015, que a impugnação enseje, ela própria, imposição de pagamento de honorários advocatícios. O que deve ocorrer em tais casos é que o trabalho desempenhado pelos advogados ao longo da etapa de cumprimento de sentença, inclusive na hipótese de haver impugnação, seja considerado como um todo para justificar a fixação daquela verba, que deverá observar os limites mínimo e máximo dos §§ 2º e 3º do art. 85. É essa a interpretação mais adequada para o § 1º do art. 85, ao se referir aos honorários de advogado "no cumprimento de sentença, provisório ou definitivo, na execução, resistida ou não ..."[65].

Por isso, aliás, não só os honorários advocatícios, mas, mais amplamente, as verbas de sucumbência, "... serão acrescidas no valor do débito principal, para todos os efeitos legais". O § 13 do art. 85, ao estatuir essa regra, fazendo referência expressa ao arbitramento daquelas verbas em "embargos à execução rejeitados ou julgados improcedentes e em fase de

---

63. É a orientação vencedora na I Jornada de Direito Processual Civil do CJF, como demonstra seu Enunciado n. 93: "Da decisão que julga a impugnação ao cumprimento de sentença cabe apelação, se extinguir o processo, ou agravo de instrumento, se não o fizer". O entendimento predominou no julgamento do REsp 1.698.344/MG pela 4ª Turma do STJ, rel. Min. Luis Felipe Salomão, j. un. 22-5-2018, *DJe* 1º-8-2018.

64. Trata-se de orientação vencedora no CPC de 1973 antes da nova redação que a Lei n. 11.382/2006 deu ao seu art. 587 e que, com o CPC de 2015, que não repetiu aquela regra, merece subsistir. Ilustrativa, a esse respeito, é a lembrança da Súmula 317 do STJ: "É definitiva a execução de título extrajudicial, ainda que pendente apelação contra sentença que julgue improcedentes os embargos".

65. Nesse mesmo sentido: Ronaldo Cramer, *Comentários ao Código de Processo Civil*, v. 1, p. 445, José Miguel Garcia Medina, *Novo Código de Processo Civil comentado*, p. 174, e Daniel Amorim Assumpção Neves, *Novo Código de Processo Civil comentado*, p. 157-158.

cumprimento de sentença", corrobora o entendimento aqui sustentado de que a etapa de cumprimento de sentença merece ser compreendida unitariamente para aquele fim[66].

Ademais, a especificidade da verba honorária na etapa de cumprimento de sentença, que deriva do art. 523, *caput*, não afasta a majoração de honorários prevista no § 2º do art. 827 em função do trabalho eventualmente desempenhado pelo advogado em embargos à execução. Pelo contrário, é regra que, em perspectiva sistemática, decorrente expressamente do *caput* do art. 513 e do *caput* do art. 771, confirma a orientação aqui proposta[67].

11. DESPESAS PROCESSUAIS

Com relação às despesas processuais, expressão ampla a ser interpretada em consonância com o art. 84, não há peculiaridade digna de destaque com relação à impugnação. Elas serão *adiantadas* pela parte interessada e sua responsabilização final será objeto de deliberação do magistrado na decisão que julgar a impugnação, aplicáveis as regras genéricas dos arts. 82, 86, 87 e 90 a 97.

A incidência de eventuais custas processuais exigidas na qualidade de *taxas* judiciárias depende do exame da legislação específica de cada Estado-membro. No plano federal, a Lei n. 9.289/96 não as prevê, nem sequer para os embargos; tampouco a Lei n. 11.608/2003, do Estado de São Paulo, que se limita a regular a incidência da taxa judiciária para os embargos. Para essa cobrança, é vedada a analogia entre os embargos à execução e a impugnação, por serem aquelas regras de natureza tributária, vedando, expressamente, o § 1º do art. 108 do Código Tributário Nacional interpretação daquela natureza para legitimar a cobrança de quaisquer tributos. Para *taxar* os serviços jurisdicionais voltados àquela *etapa* do processo, seria necessária, destarte, a alteração daquelas regras, em cada ente da federação.

Cabe uma consideração adicional a respeito do tema.

Mesmo que houvesse ou venha a haver previsão *expressa* de incidência de custas para a impugnação, a sua constitucionalidade é plenamente discutível porque, em última análise, o Estado-juiz estaria tributando para que alguém exercesse, em juízo, a sua *ampla defesa* constitucionalmente garantida.

---

66. Por essa razão, não há óbice para a orientação contida na Súmula 517 do STJ ("São devidos honorários advocatícios no cumprimento de sentença, haja ou não impugnação, depois de escoado o prazo para pagamento voluntário, que se inicia após a intimação do advogado da parte executada") subsistir incólume no CPC de 2015. A Súmula 519 ("Na hipótese de rejeição da impugnação ao cumprimento de sentença, não são cabíveis honorários advocatícios"), contudo, merece ser revista para que fique claro que a rejeição da impugnação ao cumprimento de sentença pode influenciar na quantificação dos honorários advocatícios devidos pela etapa de cumprimento.

67. A favor desse entendimento é o Enunciado 450 do FPPC: "Aplica-se a regra decorrente do art. 827, § 2º, ao cumprimento de sentença". Contra é o Enunciado n. 51 da ENFAM: "A majoração de honorários advocatícios prevista no art. 827, § 2º, do CPC/2015 não é aplicável à impugnação ao cumprimento de sentença".

O Pleno do Supremo Tribunal Federal já reconheceu a inconstitucionalidade de atos normativos que determinam o depósito prévio para o exercício da *ampla defesa* e do *contraditório*, aí incluída a hipótese de o particular ter de recolher previamente multa aplicada pelo Estado-administração para buscar tutela *jurisdicional* perante o Estado-juiz[68].

A *ratio* daqueles julgamentos tem plena aplicação para cá, sendo correto recusar, por esse motivo, constitucionalidade a quaisquer leis, estaduais ou federais, que imponham tributação para o exercício da *ampla defesa* no processo, inclusive para os fins que dizem respeito ao presente Capítulo, para apresentação da "impugnação".

12. MANIFESTAÇÕES DO EXECUTADO APÓS A IMPUGNAÇÃO

Questões relativas a fatos supervenientes ao término do prazo para apresentação da impugnação, assim como aquelas relativas à validade e à adequação da penhora, da avaliação e dos atos executivos subsequentes à apresentação da impugnação, devem ser arguidas pelo executado por "simples petição", observando, para tanto, o prazo de quinze dias (úteis) da ciência do fato ou da intimação do ato (art. 525, § 11)[69].

Para aplicação da regra, é indiferente que o executado tenha, ou não, apresentado a impugnação. O relevante é que a matéria que pretende arguir após a consumação do prazo de que dispunha para tanto seja *nova* em relação àquele momento[70]. O que não se pode admitir,

---

68. A referência é feita à ADI 1.976/DF, rel. Min. Joaquim Barbosa, j. un. 28-3-2007, *DJ* 18-5-2007, p. 64, ADI 1.079/DF, rel. Min. Eros Grau, j. un. 28-3-2007, *DJ* 25-5-2007, p. 63, e RE 389.383/SP, rel. Min. Marco Aurélio, j. m. v. 28-3-2007, *DJ* 29-6-2007, p. 31.

69. Referindo-se expressamente aos prazos em dias úteis é a lição de Renato Dorival Pavan, Comentários ao Código de Processo Civil, v. 2, p. 712.

70. Pertinente, a esse propósito, lembrar de recurso especial repetitivo julgado pela Corte Especial do STJ, assim ementado: "Processo civil. Recurso especial representativo de controvérsia. Artigo 543-C do CPC. Processo judicial tributário. Embargos do executado. Execução fiscal. Penhora do faturamento da empresa após a ocorrência de leilão negativo do bem anteriormente penhorado. Novos embargos. Possibilidade. Discussão adstrita aos aspectos formais da penhora. Artigo 538, parágrafo único, do CPC. Exclusão da multa imposta. Súmula 98/STJ. 1. A anulação da penhora implica reabertura de prazo para embargar, não assim o reforço ou a redução, posto permanecer de pé a primeira constrição, salvo para alegação de matérias suscitáveis a qualquer tempo ou inerente ao incorreto reforço ou diminuição da extensão da constrição. 2. É admissível o ajuizamento de novos embargos de devedor, ainda que nas hipóteses de reforço ou substituição da penhora, quando a discussão adstringir-se aos aspectos formais do novo ato constritivo (REsp 1.003.710/SP, rel. Min. João Otávio de Noronha, Quarta Turma, julgado em 12-2-2008, *DJ* 25-2-2008; AgRg na MC 13.047/MT, rel. Min. Nancy Andrighi, Terceira Turma, julgado em 9-8-2007, *DJ* 27-8-2007; REsp 257.881/RJ, rel. Min. Carlos Alberto Menezes Direito, Terceira Turma, julgado em 19-4-2001, *DJ* 18-6-2001; REsp 122.984/MG, rel. Min. Ari Pargendler, Terceira Turma, julgado em 15-9-2000, *DJ* 16-10-2000; REsp 114.513/RS, rel. Min. Cesar Asfor Rocha, Quarta Turma, julgado em 29-6-2000, *DJ* 18-9-2000; REsp 172.032/RS, rel. Min. Sálvio de Figueiredo Teixeira, Quarta Turma, julgado em 6-5-1999, *DJ* 21-6-1999; REsp 109.327/GO, rel. Min. Cesar Asfor Rocha, Quarta Turma, julgado em 20-10-1998, *DJ* 1º-2-1999; e REsp 115.488/GO, rel. Min. Nilson Naves, Terceira Turma, julgado em 9-6-1997, *DJ* 25-8-1997). 3. A penhora supostamente irregular é, hodiernamente, matéria passível de alegação em embargos, o que, outrora, reclamaria simples pedido. 4. A aplicação subsidiária do Código de Processo Civil (conjugada à inexistência de normatização em contrário na *lex specialis*) autoriza a

tanto que se dá a propósito do art. 518 e também no contexto da impugnação ofertada no cumprimento provisório da sentença (art. 520, § 1º), é que o § 11 do art. 525 seja empregado para burlar eventuais preclusões que tenham se consumado com a inércia ou com o silêncio do executado de arguir determinadas questões quando lhe competia, na impugnação. E isso mesmo nos casos geralmente rotulados de "ordem pública" e, por isso, passíveis de serem conhecidos de ofício e em qualquer instante procedimental[71]. É típico caso em que a boa-fé do art. 5º e, de forma mais ampla, o modelo cooperativo de processo incidem plenamente para afastar de vez práticas questionáveis do dia a dia do foro que mais pareciam nulidades de algibeira[72].

É fundamental que, diante daquelas *explicitações* do CPC de 2015, a doutrina reflita mais criticamente sobre as nulidades do processo – ou, mais corretamente, sobre as consequências dos vícios dos atos do processo[73] – e seu respectivo regime de questionamento e de reconhecimento. Não há como admitir que o executado simplesmente deixe de arguir vício passível de ser levantado já com a impugnação (porque preexistente ou, quando menos, contemporâneo ao prazo de sua apresentação) e venha posteriormente, com base no § 11 do art. 525 ou no art. 518, alegá-lo. Mesmo – a ênfase é fundamental – para as questões de ordem pú-

---

aplicação da aludida exegese aos embargos de devedor, intentados no âmbito da execução fiscal, os quais se dirigem contra a penhora de 20% (vinte por cento) do faturamento da empresa, que se realizou após resultarem negativos os leilões sobre o bem anteriormente penhorado, não se mantendo, portanto, a constrição inicialmente efetivada. 5. *In casu*, restou noticiado na inicial dos embargos do devedor que: 'A Fazenda do Estado de São Paulo propôs Execução Fiscal, amparada nas Certidões da Dívida Ativa n. 108.280.810 e 108.139.667, referentes a suposta dívida fiscal relativa ao Imposto sobre a Circulação de Mercadorias e Serviços declarado e não pago. Após a sua citação, foi efetuada a penhora sobre bem da empresa, ao que se seguiu a oposição de embargos à execução, julgados improcedentes, cujo trânsito em julgado já foi verificado. Em função da realização de leilões em que não houve licitantes, a Fazenda do Estado requereu a penhora sobre o faturamento da empresa, o que foi deferido até o limite de 20% (vinte por cento) do seu montante, contra qual foi interposto agravo de instrumento perante o E. Tribunal de Justiça do Estado de São Paulo (Processo n. 166.037-5/9), que se encontra em fase de embargos declaratórios visando o necessário prequestionamento para interposição de recursos aos Tribunais Constitucionais em face do v. acórdão que manteve o 'decisum'. Tendo sido lavrado o competente auto no dia 4 de setembro p.p., se insurge, agora, a Embargante, mediante a oposição desses embargos, dada a manifesta ilegalidade de sua realização'. 6. Consequentemente, não se revelam intempestivos os embargos de devedor ajuizados no trintídio que sucedeu a intimação da penhora de 20% (vinte por cento) sobre o faturamento da empresa, medida constritiva excepcional, cuja aplicação reclama o atendimento aos requisitos da (i) comprovação de inexistência de outros bens passíveis de penhora, (ii) nomeação de administrador (ao qual incumbirá apresentação das formas de administração e pagamento) e (iii) fixação de percentual que não inviabilize a atividade econômica empresarial. 7. (...) 9. Recurso especial provido para que, uma vez ultrapassado o requisito da intempestividade, o Juízo Singular prossiga na apreciação dos embargos do devedor que se dirigem contra a penhora do faturamento da empresa, devendo ser excluída a multa por embargos procrastinatórios. Acórdão submetido ao regime do artigo 543-C do CPC e da Resolução STJ 08/2008" (REsp repetitivo n. 1.116.287/SP, rel. Min. Luiz Fux, j. un. 2-2-2009, *DJe* 4-2-2010).

71. Como ressalva, por exemplo, José Rogério Cruz e Tucci em seus *Comentários ao Código de Processo Civil*, v. VIII, p. 309, lembrando, a propósito, do § 3º do art. 485.

72. Para esse ponto de vista, v. a fundamental contribuição de Antonio do Passo Cabral nos seguintes trabalhos: *Nulidades no processo moderno*, esp. p. 109-245; *Comentários ao novo Código de Processo Civil*, p. 432-440, e Teoria das nulidades processuais no direito contemporâneo, esp. p. 119 e 140.

73. A ressalva é feita pertinentemente por Antonio do Passo Cabral em seu *Nulidades no processo moderno*, p. 93-94.

blica e para as chamadas "nulidades absolutas"[74]. Situações excepcionais devem ser tratadas caso a caso. Não há como desprezar de forma generalizada, contudo, o sistema de preclusões estabelecido do CPC e 2015, máxime quando interpretado – como deve ser – levando em conta os precitados arts. 5º e 6º.

A despeito de todas essas considerações, o rol de questões mencionado no § 11 do art. 525 é, inequivocamente, exemplificativo, e, portanto, é correto entender que aquelas "petições" veiculam outros temas e outras matérias *desde que* supervenientes à apresentação da impugnação.

A regra vem para substituir o que, no CPC de 1973, era alcançado pelos chamados "embargos de segunda fase" ou "embargos à arrematação ou adjudicação", que, em rigor, sempre foram, a despeito das diversas e importantes modificações introduzidas pela Lei n. 11.382/2006, solenemente desconsiderados pela prática do foro, justamente em favor de petições avulsas tendentes a criticar os variados atos executivos, inclusive após a apresentação da impugnação mas antes, muito antes, do instante procedimental adequado para aqueles "segundos embargos" (art. 746 do CPC de 1973)[75]. A confirmar esse entendimento, o § 2º do art. 903 admite que a arrematação seja invalidada, considerada ineficaz ou resolvida por mera petição, desde que apresentada em até *dez* dias (úteis) do aperfeiçoamento daquele ato. A especificidade da regra e de seu prazo sobrepõe-se ao de *quinze* dias (também úteis) referido no § 11 do art. 525[76].

Todas as decisões proferidas a partir das petições avulsas previstas no precitado dispositivo são recorríveis imediatamente por agravo de instrumento, nos precisos termos do parágrafo único do art. 1.015.

Importa conjugar ainda o § 11 do art. 525 com o art. 518, segundo o qual todas as questões relativas à validade do procedimento de cumprimento da sentença e dos atos executivos subsequentes poderão ser arguidas pelo executado nos próprios autos e nestes serão decididas pelo juiz.

Que aquela regra quis normatizar (e moralizar) as chamadas "exceções ou objeções de pré-executividade" (que nada mais eram do que petições avulsas amplamente empregadas

74. O n. 8 do Capítulo 4 da Parte II do v. 1 do *Curso* apresenta, a exemplo do que já faziam suas edições anteriores, a devida crítica à usualíssima classificação doutrinária das nulidades em "absolutas"/"relativas" e "cominadas"/"não cominadas". O correto é enfatizar a necessidade de *convalidação* e de *saneamento* de quaisquer vícios processuais.

75. Aqueles embargos tinham como finalidade precípua o desfazimento da arrematação ou da adjudicação diante da ocorrência de vícios na prática daqueles atos. Para essa discussão, no CPC 1973, v. Celso Neves, *Comentários ao Código de Processo Civil*, v. VII, p. 301-307; Pontes de Miranda, *Comentários ao Código de Processo Civil*, t. XI, p. 147-152; Edson Ribas Malachini e Araken de Assis, *Comentários ao Código de Processo Civil*, v. 10, p. 582-585; Antonio Carlos Garcias Martins, *Dos embargos de segunda fase: aspectos relevantes*, p. 37-43, e Humberto Theodoro Júnior, *Processo de execução*, p. 452-453. Do autor deste *Curso*, v. seu *A nova reforma do Código de Processo Civil*, v. 3, p. 312.

76. Dorival Renato Pavan (*Comentários ao Código de Processo Civil*, v. 2, p. 645) trata a abolição dos referidos embargos na perspectiva do art. 518.

na prática do foro do CPC de 1973 para permitir ao magistrado apreciar questões passíveis de conhecimento oficioso ou que independiam de dilação probatória em sede de cumprimento de sentença ou de execução[77]), é conclusão à qual não se pode furtar. Ela, contudo, deve ser interpretada e aplicada no contexto do CPC de 2015: o executado deverá se voltar aos atos executivos pela *impugnação* no prazo que lhe é aberto nos moldes do *caput* do art. 525. Depois daquela oportunidade, deverá se valer das petições avulsas do § 11 do art. 525, observando o prazo nele exigido. Em rigor, não há (e não há razão para haver) uma terceira alternativa à disposição do executado, que em nada inibe ou obstaculiza seu exercício de *ampla* defesa também na etapa do cumprimento.

Como a impugnação, no CPC de 2015, independe de prévia garantia do juízo (art. 525, *caput*), não há como deixar de entender que as comuníssimas e já referidas "exceções ou objeções de pré-executividade" tenderão a cair em desuso[78]. Da mesma forma, o espaço do art. 518 deve ser compreendido dentro das manifestações destacadas e com necessária observância do prazo do § 11 do art. 525. Tudo em prol de maior eficiência processual também na etapa de cumprimento, o que se harmoniza, ademais, com a boa-fé objetiva do art. 5º e com o modelo de processo cooperativo do art. 6º, já trazidos à tona precedentemente.

Para que o máximo de aproveitamento seja alcançado pelas petições do § 11 do art. 525 (e, por identidade de motivos, também as que tenham fundamento no art. 518), é correto entender que possa haver nelas pedido de tutela provisória com vistas a assegurar o direito questionado pelo executado[79]. Os fundamentos do § 6º do art. 525 têm plena aplicação para tanto. Ademais, a "prévia garantia de juízo" referida naquele dispositivo harmoniza-se com o que, no ambiente da tutela provisória, pode ser exigido pelo magistrado (art. 300, § 1º). A "contracautela", como reconhece a doutrina, é exigência que, em última análise, decorre do princípio da ampla defesa[80], de estatura constitucional, e, nesse sentido, não pode ser apriorística e generalizadamente desconsiderada.

---

77. Cabe rememorar, aqui, a Súmula 393 do STJ: "A exceção de pré-executividade é admissível na execução fiscal relativamente às matérias conhecíveis de ofício que não demandem dilação probatória".

78. Contra é o entendimento manifestado por Renato Dorival Pavan, *Comentários ao Código de Processo Civil*, v. 2, p. 712-713, a propósito do § 11 do art. 525.

79. Em sentido similar é o Enunciado n. 531 do FPPC: "É possível, presentes os pressupostos do § 6º do art. 525, a concessão de efeito suspensivo à simples petição em que se alega fato superveniente ao término do prazo de oferecimento da impugnação ao cumprimento de sentença".

80. Nesse sentido: Araken de Assis, *Manual da execução*, p. 1770, e Marcelo Abelha, *Manual de execução civil*, p. 504-505.

Capítulo 2

Embargos à execução

1. CONSIDERAÇÕES INICIAIS

Até o advento das Leis n. 11.232/2005 e 11.382/2006, que tantas e tão profundas alterações trouxeram para o CPC de 1973, prevalecia o entendimento de que o devedor ou, mais precisamente, o executado defendia-se dos atos jurisdicionais executivos praticados contra o seu patrimônio valendo-se de uma *ação*, os chamados "embargos à execução". A disciplina dada a esta "*ação* de embargos à execução" era a mesma independentemente de a concretização da tutela jurisdicional executiva ter como fundamento título executivo *judicial* ou *extrajudicial*. Tal indistinção guardava estreita relação com a própria unificação da disciplina da execução fundada em título judicial ou extrajudicial proposta pelo CPC de 1973 na sua origem.

Uma peculiaridade do regime dos embargos à execução antes da Lei n. 11.382/2006 era que a sua apresentação dependia, na maior parte das vezes, de "prévia segurança do juízo", isto é, que bens do executado fossem penhorados *antes* de sua apresentação (nas execuções por quantia) ou, nos casos de execução para entrega de coisa, que a coisa devida fosse *depositada* em juízo. Em ambos os casos a regra, que então constava do art. 736 do CPC de 1973, era verdadeiro pressuposto de admissibilidade dos embargos[1]. A exceção do sistema anterior ficava por conta das obrigações de fazer ou não fazer. Para elas, os embargos dispensavam qualquer forma de garantia do juízo, contando-se o prazo para sua apresentação da juntada aos autos do mandado de citação cumprido (art. 737, c/c o art. 738, IV, na redação original do CPC de 1973)[2].

1. Que, antes da Lei n. 11.382/2006, tinha a seguinte redação: "O devedor poderá opor-se à execução por meio de embargos, que serão autuados em apenso os autos do processo principal".
2. Que eram as seguintes: "Não são admissíveis embargos do devedor antes de seguro o juízo; I – pela penhora, na execução por quantia certa; II – pelo depósito, na execução para entrega de coisa"; "O devedor oferecerá os embargos no prazo de dez (10) dias, contados: IV- da juntada aos autos do mandado de citação, na execução das obrigações de fazer ou de não fazer".

Sobretudo por força dessa peculiaridade do regime jurídico dos embargos à execução, embora não exclusivamente, ganhou força o entendimento de que o executado também poderia se voltar à concretização da tutela jurisdicional executiva *independentemente* de embargos em todos aqueles casos em que as atividades executivas apresentassem vícios de ordem pública, isto é, que desafiassem a atuação oficiosa do magistrado e que, a despeito disso, não tivessem sido adequadamente reconhecidos. De maneira menos uniforme, mas com amplo apoio da jurisprudência, inclusive do Superior Tribunal de Justiça, passou-se a admitir que, também em casos em que não se tolerava a atuação oficiosa do magistrado, mas em que era desnecessária a dilação probatória, atuasse o executado independentemente dos embargos à execução e, em consequência, sem prévia segurança do juízo. É o que, em geral, ficou conhecido com o nome de "exceção de pré-executividade" ou "objeção de pré-executividade".

Para cá, importa destacar que as Leis n. 11.232/2005 e 11.382/2006, além de alterarem – de forma substancial – o procedimento do "cumprimento de sentença" e do "processo de execução" no CPC de 1973, acabaram por criar novas e radicalmente diversas regras relativas aos embargos à execução. A feição que o direito processual civil brasileiro conhecia da iniciativa de o executado voltar-se contra a execução amplamente considerada e ao próprio título que a embasa foi reformulada em sua totalidade desde então.

A Lei n. 11.232/2005 criou a "impugnação" (arts. 475-L e 475-M do CPC de 1973) como a forma pela qual o executado poderia questionar o "cumprimento de sentença", isto é, a concretização da tutela jurisdicional executiva fundamentada em título *judicial*. A Lei n. 11.382/2006, preservando os "embargos à execução" como a forma pela qual o executado se poderia voltar à concretização da tutela jurisdicional fundamentada em título executivo *extrajudicial* (art. 745 do CPC de 1973), deu-lhe regime jurídico totalmente distinto.

O CPC de 2015 capturou, consolidou e desenvolveu essa dualidade.

2. NATUREZA JURÍDICA

É amplamente vencedor o entendimento de que os embargos à execução são verdadeira *ação* exercitada pelo executado em face do exequente. Ação no sentido de que o executado tem o ônus de romper a inércia da jurisdição requerendo lhe seja prestada tutela jurisdicional consistente no reconhecimento de algum vício ou defeito, localizado, no plano material ou no plano processual, no título executivo (extrajudicial) que fundamenta o pedido de concretização da tutela jurisdicional formulado pelo exequente ou na obrigação por ele representada de modo suficiente, ou, ainda, algum vício ou defeito localizado no próprio "processo de execução" amplamente considerado ou, de forma mais específica, em algum ato do processo que tenha sido praticado fora dos ditames legais.

Bem por isso, arremata essa forma de pensar, a ação de "embargos à execução" dá ensejo à formação e ao desenvolvimento de um outro "processo", um processo autônomo e incidental em relação àquele em que se desenvolvem os atos jurisdicionais executivos, a permitir o desenvolvimento amplo e profundo da cognição jurisdicional – "cognição jurisdicional *exauriente*" – acerca das questões levantadas pelo executado. Um *processo de conhecimento*, portanto.

Da mesma forma que referido em diversas outras passagens deste *Curso*, a conclusão acerca de serem os embargos verdadeira "ação" depende, antes de tudo, do entendimento *prévio* do que seja "ação" e do que seja "defesa". Para aqueles que reputam haver ação em qualquer pedido de tutela jurisdicional formulado pelas partes, mesmo que ao longo do processo, ao Estado-juiz, não há como recusar que, coerentemente, se entenda que os embargos à execução sejam exercício de direito de ação. Ação que, de resto, não se confunde com a chamada "ação de execução", que é aquela exercida pelo exequente em prol da concretização da tutela jurisdicional em seu favor em face do executado.

Para este *Curso*, contudo, a "ação" é conceito mais amplo, que não se confunde com a formulação de um pedido de tutela jurisdicional. Nele devem ser compreendidos não só o rompimento da inércia da jurisdição (o *agir* em juízo, portanto) mas também o *atuar* ao longo do processo em busca da concretização da tutela jurisdicional. É esse atuar que permite, ao longo da (indispensável) atuação do Estado-juiz, a *participação* das partes e, se for o caso, de eventuais terceiros.

Analisada a questão dessa perspectiva, não há como sustentar que os embargos sejam "ação", uma nova e substancial diversa "ação", exercitada por um novo e diverso processo. No máximo, mesmo naquela perspectiva, a compreensão seria de se tratar da *mesma* ação que já vem sendo exercitada ao longo do processo.

No caso dos embargos, contudo – e isso vale também para a impugnação –, a questão vai além. Não há sentido em sustentar que os embargos à execução sejam uma "ação" na qual o executado exerce em juízo a sua *defesa*. Trata-se, justamente por força desse seu objetivo principal, de *defesa* do executado em face do exequente. Não *ação*.

O entendimento sustentado por este *Curso* mostra-se tão mais pertinente diante da concepção da *defesa* como instituto fundamental do direito processual civil. Se a "defesa" significa, em última análise, a possibilidade de alguém voltar-se contra o pedido de tutela jurisdicional formulado em seu desfavor por outrem, não há razão para deixar de entender que os embargos, que se caracterizam por essa postura eminentemente *defensiva*, sejam "ação". Uma "ação" para que o executado se "defenda" é quase uma contradição nos próprios termos.

No particular, importa colocar em destaque o entendimento, amplamente minoritário nas letras do direito processual civil brasileiro, de Haroldo Pabst, que sustentava, mesmo antes das reformas da Lei n. 11.232/2005 e da Lei n. 11.382/2006 no CPC de 1973, serem os embargos *defesa* e não *ação*. Para o autor catarinense, sempre foi injustificável o entendimento de que os embargos fossem *ação* porque a iniciativa do executado em apresentar os embargos conduz o magistrado a proferir decisão que confirme ou não a presunção atestada no título executivo quanto à certeza, exigibilidade e liquidez da obrigação, transformando-a em "certeza legal". Para ele, a execução admite o desenvolvimento de cognição jurisdicional inclusive sobre a relação de direito material documentada no título executivo[3].

A reflexão sobre as considerações daquele autor, mais ainda quando aliadas ao exame das *novidades* trazidas desde a Lei n. 11.232/2005 e a Lei n. 11.382/2006, sempre convidaram este *Curso* a um renovado exame da matéria. Até porque a doutrina, que, em sua maioria, sempre admitiu o uso frequente das "exceções e objeções de pré-executividade", nunca se preocupou em explicar, a partir da premissa de que os embargos são "ação do executado em face do exequente", o que se dava (ou que continua a se dar) naqueles casos em que o magistrado atua de ofício para extinguir a execução por verificar questões de ordem processual ou, mais amplamente, extingue a execução porque reconhece o *pagamento* da dívida, quando apresentado o recibo de pagamento pelo executado *independentemente* dos embargos. Certamente, não há como admitir que o magistrado exerça ação para tanto.

O que importa colocar em destaque é que a *forma* de uma técnica concebida pela lei para a atuação ao longo do processo – nem poderia ser diferente sem ofensa ao modelo constitucional do direito processual civil – não pode se sobrepor ao seu exame, sobretudo quando outras *técnicas* admitidas para a *mesma* finalidade são largamente aceitas pela doutrina e pela jurisprudência sem quaisquer ressalvas. Uma das propostas sugeridas por este *Curso* é a *necessidade* de ser o direito processual civil da atualidade *sistematizado* a partir de um mesmo núcleo normativo fundamental (o modelo constitucional), com vistas a criar, do resultado daí decorrente, condições para sua plena funcionalidade e, na medida do possível, maior coerência.

Embora o CPC de 2015 não traga para esta específica discussão nenhum elemento *textual* novo (muito pelo contrário), as considerações aqui expostas continuam a ser plenamente válidas e pertinentes, mormente quando o tema é tratado, como todo e qualquer outro, aliás, na perspectiva do modelo constitucional. Como admitir que alguém seja privado de seus bens sem o *prévio* devido processo constitucional?

Por tudo isso, para este *Curso*, embargos à execução são – e têm de ser – *defesa* e não *ação*. *Defesa* a ser exercitada no *mesmo* processo em que se praticam os atos jurisdicionais executivos voltados à *satisfação* do exequente.

A compreensão dos embargos à execução como defesa tem a enorme vantagem, mais que justificável à luz do modelo constitucional, de permitir que o magistrado, ao longo do processo, exerça, quando necessário, atividade cognitiva, inclusive para negar, total ou parcialmente, a concretização da *tutela* jurisdicional executiva àquele que o título executivo atesta (presume) como credor da obrigação na perspectiva do plano material.

---

3. A referência é feita à tese desenvolvida em sua obra intitulada *Natureza jurídica dos embargos do devedor*.

Os embargos à execução são a forma pela qual o executado exerce a sua defesa, *postergada* por razões de ordem política, nos casos em que, a partir da apresentação de um título executivo *extrajudicial* ao Estado-juiz, legitimam-se, de plano – e independentemente de prévio contraditório ou prévia defesa –, a prática de atos executivos voltados a satisfazer o direito do exequente tal qual retratado no título.

Como este *Curso*, de resto, reconhece a possibilidade de *julgamento* de *mérito* mesmo no ambiente do "cumprimento de sentença" ou no "processo de execução", entender que os embargos à execução são, na verdade, *defesa* e não *ação* não significa negar que o seu acolhimento ou a sua rejeição deixariam exequente e/ou executado carentes de tutela jurisdicional. Pelo contrário, como imposição da legítima inversão da incidência da ampla defesa, os embargos à execução são forma de viabilizar ao magistrado o *conhecimento* de quaisquer questões que, de alguma forma, desde o plano material ou a partir do plano processual, podem obstaculizar a prestação da tutela jurisdicional executiva em prol do exequente. E tal conhecimento, cabe acentuar desde logo, é profundo (e amplo) o suficiente para transitar em julgado.

Diferentemente do que em geral se sustenta, não há razão para deixar de permitir a existência desse amplo incidente cognitivo no *mesmo* processo em que se desenvolvem os atos executivos. Trata-se, antes de tudo, de imposição do modelo constitucional e dos princípios do contraditório e da ampla defesa nele expressamente agasalhados.

As considerações anteriores não podem ser compreendidas como um devaneio, como também não podem sê-lo as conclusões que ocuparam diversos outros pontos deste *Curso*. O que elas querem evidenciar, apenas e tão somente, é que as novas luzes e novos matizes dados pelas modificações operadas no direito processual civil brasileiro desde o movimento das Reformas do CPC de 1973 e consolidadas pelo CPC de 2015, mormente quando interpretadas e compreendidas em seu devido contexto (o único), qual seja, a partir do modelo constitucional do direito processual civil, convidam a novas reflexões com base no direito *positivo* brasileiro atual e em vigor. O que vigia antes de seu advento, bem assim as razões políticas, ideológicas e científicas sobre as quais o sistema anterior se baseava, importam menos para essa finalidade. São muito mais influências ou, até mesmo, os caminhos que o direito processual civil tomou para chegar aonde chegou. Mas, aqui estando, diante do CPC de 2015, o direito processual civil brasileiro, tem vida própria, vida que deve satisfação, superiormente, ao modelo constitucional e às suas próprias regras de regência.

Como se tudo isso não fosse suficiente, importa evidenciar que a maior parte das considerações desenvolvidas ao longo deste Capítulo importa muito pouco – é esta a grande verdade – saber se "embargos" são "ação" ou "defesa".

O que realmente importa é saber, seja qual for a sua natureza jurídica, que os embargos à execução *ainda são a forma* (o uso da palavra é proposital para evitar a discussão dos parágrafos anteriores) pela qual o executado se volta ao pedido de concretização da tutela jurisdicional executiva que lhe é dirigido pelo exequente. Seja para questionar amplamente o que dá fundamento àquele pedido desde o plano material, a obrigação retratada no título executivo *extrajudicial*, sem prejuízo de quaisquer questionamentos sobre a própria higidez do título, seja para questionar a formação e a regularidade do próprio "processo de execução", seja, mais pormenorizadamente, para questionar a prática de específicos atos executivos. Em todos esses casos, são os embargos à execução a técnica que o Código de Processo Civil reserva para o executado se voltar contra a pretensão que lhe é dirigida pelo exequente. Seu acolhimento significará, na exata medida dos pedidos formulados pelo executado, tutela jurisdicional prestada em seu favor, obstaculizando, em idêntica proporção, a concretização da tutela jurisdicional em favor do exequente.

3. APRESENTAÇÃO DOS EMBARGOS À EXECUÇÃO

Os embargos à execução não dependem da *prévia* realização da penhora, de depósito ou, mais amplamente, de prestação de qualquer caução para serem apresentados. Eles podem ser apresentados independentemente da prévia segurança do juízo, que era exigência típica do sistema processual civil brasileiro anterior à Lei n. 11.382/2006.

Claríssimo, a respeito, o *caput* do art. 914, pelo qual: "O executado, independentemente de penhora, depósito ou caução, poderá se opor à execução por meio de embargos".

O § 1º daquele dispositivo estabelece que os embargos à execução serão "distribuídos por dependência" ao juízo da execução e autuados em *apartado*. A regra, que tem mais sentido em autos físicos (em papel), quer significar, mesmo no ambiente eletrônico, que os embargos à execução, mesmo dando ensejo à formação de autos próprios, ficam vinculados ao processo em que o exequente pretende a concretização da tutela jurisdicional executiva, mantendo com ele harmonia na prática dos atos processuais, sem haver, contudo, indevida interferência, a começar pela ausência de suspensão automática dos atos executivos diante de sua apresentação (art. 919, *caput*).

A mesma regra permite, certamente pensando em termos de processo de papel, que as cópias das peças que instruem a petição de apresentação dos embargos à execução sejam declaradas conformes às originais pelo próprio advogado, sob sua responsabilidade pessoal (art. 425, IV).

Importa acentuar que as peças relevantes não se circunscrevem necessariamente àquelas que já constam dos autos do processo em que o exequente pretende a concretização da tutela jurisdicional executiva. Podem ser outras, a serem providenciadas e apresentadas desde logo pelo próprio executado, porque é este o instante adequado para a produção da prova documental (art. 434, *caput*). A possibilidade de autenticação a ser feita pelo advogado quando se tratar de cópia (sempre sob sua responsabilidade pessoal) estende-se a qualquer peça, em função da regra genérica do inciso VI do art. 425.

Sobre a necessidade de os embargos à execução serem "distribuídos", como exige expressamente o § 1º do art. 914, bem assim sobre a insinuação de que eles são apresentados por uma "petição inicial", decorre a crítica, fácil, de que o CPC de 2015 manteve a natureza jurídica de "ação" dos embargos. Só se distribuem "ações" e só "ações" têm petições iniciais porque são elas, e não as *defesas*, que têm o condão de romper a inércia da jurisdição.

Pelas razões expostas de início, a crítica, calcada na *letra* da lei, é rejeitada por este *Curso*. O caráter de *defesa* dos embargos não repousa na *letra* da lei, mas, superiormente, no modelo constitucional do direito processual civil. Ademais, são diversos os dispositivos do Código de Processo Civil em que a disciplina dos embargos como "ação" não se mostra tão evidente, evidência esta que se prende, não há razão para duvidar, por ser aquele e não outro o entendimento amplamente vencedor na doutrina. Isso, contudo, vale a ênfase, não tem o condão de negar importância à exposição do número anterior e à necessidade de serem diversos temas do direito processual civil revisitados à luz das *novas* necessidades do sistema considerado como um todo e (re)construídos a partir do modelo constitucional.

Por idênticos motivos, forte na mesma tradição, é bastante comum que leis estaduais prevejam a apresentação de embargos como hipótese de incidência de "custas processuais". É o que se dá, por exemplo, no Estado de São Paulo, em que o inciso IV do art. 5º da Lei estadual n. 11.608/2003 prevê expressamente a incidência da taxa judiciária nos embargos à execução, desde a sua apresentação, a não ser que o executado comprove a "momentânea impossibilidade financeira de seu recolhimento, ainda que parcial", inovando, no particular, a disciplina pretérita, dada pelo inciso VI do art. 6º da Lei estadual n. 4.952/85, que dispensava o recolhimento naqueles casos. No âmbito federal, os embargos à execução não estão sujeitos a custas por força do art. 7º da Lei n. 9.289/96, que dispõe sobre as custas devidas à União nos processos que tramitam na justiça federal de primeira e segunda instâncias.

O que se põe a verificar com relação a essas leis é a *constitucionalidade* de recolhimento aos cofres públicos de valores para exercício da *defesa* constitucionalmente garantida. O questionamento se faz pertinente mesmo para quem sustenta a natureza de *ação* para os embargos, já que é naquela *ação* que o executado apresentará a sua *defesa*.

A interpretação correta (e coerente) para o impasse é reconhecer *inconstitucionais* tais regras, por violadoras do modelo constitucional do direito processual civil, inconstitucionalidade esta passível de ser reconhecida pelo magistrado em cada caso concreto, por força do controle *incidental* de constitucionalidade.

3.1 Competência

Os embargos à execução são apresentados ao juízo perante o qual tramita o "processo de execução", isto é, processo que teve início com o pedido do exequente de ver concretizada a tutela jurisdicional executiva fundamentada em título executivo extrajudicial.

Devem ser "distribuídos por dependência", como se lê do § 1º do art. 914. A regra traz à tona a chamada "prevenção por *acessoriedade*" e o art. 61[4].

O § 2º do art. 914, contudo, em consonância com o disposto no § 2º do art. 845, prevê a possibilidade de os embargos à execução serem oferecidos perante o juízo em que se realizou a penhora. São os chamados "embargos à execução por carta"[5].

De acordo com aquele dispositivo, os embargos à execução, naquela hipótese, podem ser oferecidos perante o juízo deprecante (que expediu a carta precatória) ou perante o juízo deprecado (para o qual a carta precatória foi expedida). A competência para seu julgamento é, contudo, do deprecante, salvo se versarem sobre vícios ou defeitos da penhora, da avaliação ou da alienação de bens efetuados no juízo deprecado.

A regra tende a ter aplicabilidade mais restrita porque o prazo para apresentação dos embargos à execução não tem nenhuma relação (e isto desde as modificações implementadas no CPC de 1973 pela Lei n. 11.382/2006) com a prévia realização de penhora de bens e com sua respectiva intimação ao executado, passando a correr da própria citação do executado para entregar, fazer, não fazer ou pagar.

Para que o dispositivo tenha aplicação, destarte, é necessário supor que a penhora, a avaliação e, eventualmente, a alienação do bem penhorado sejam realizadas por carta precatória antes do escoamento do prazo a que se refere o art. 915, *caput* – e a precatória justifica-se porque os bens penhorados estão fora do *território* em que o magistrado exerce sua competência –, e que o executado pretenda voltar-se contra aquele ato ou contra os que lhe são consequentes (avaliação e alienação) com observância do prazo que tem. Desde que o fundamento único dos embargos seja algum vício na penhora, na avaliação ou na alienação, tal qual realizada pelo juízo deprecado, a competência para a sua solução é a daquele juízo. Caso contrário, na hipótese de os embargos levantarem quaisquer outras questões que não sejam especificamente voltadas para o questionamento dos atos que levaram à penhora realizada pelo deprecado, a competência é do juízo deprecante.

Não há como deixar de notar, contudo, que o § 2º do art. 914 admite a mera *apresentação* dos embargos perante o juízo deprecado, embora a competência para julgamento seja do juízo deprecante. Nessa perspectiva, o dispositivo tem tudo para ter aplicação nos locais onde não existe o chamado "protocolo descentralizado" e onde os autos sejam físicos (em papel).

Questão interessante a propósito da regra é saber se após a apresentação dos embargos à execução – que, cabe frisar, é totalmente desvinculada da penhora – pode o executado se

---

4. A 3ª Turma do STJ, no REsp 1.807.228/RO, rel. Min. Nancy Andrighi, j.un. 3-9-2019, *DJe* 11-9-2019, entendeu (corretamente) que é plenamente sanável que os embargos à execução sejam protocolados no próprio âmbito da execução.

5. No CPC de 1973, mesmo com as profundas modificações introduzidas pela Lei n. 11.382/2006, a hipótese continuava a ser disciplinada sob aquele rótulo "Dos embargos na execução por carta" em Capítulo diferenciado dos demais, no qual estava um só dispositivo, o art. 747, que corresponde ao § 2º do art. 914 do CPC de 2015.

valer dela para fundamentar a competência do juízo que efetivou a penhora do bem para apreciar a petição apresentada apenas e tão somente para questionar a higidez daquele ato e, eventualmente, sua avaliação e sua alienação. A resposta, diante das regras de remissão do *caput* do art. 513 e do art. 771, é positiva, mormente diante da conjugação do disposto no art. 518, § 11, do art. 525 e no parágrafo único do art. 803.

4. LEGITIMIDADE

Mesmo sustentando serem os embargos *defesa* e não *ação*, o mínimo indispensável para seu regular exercício não pode ser olvidado. Importa analisar, sobretudo, a questão relativa à legitimidade no âmbito dos embargos à execução, isto é, quem pode apresentar os embargos à execução e em face de quem eles podem ser apresentados.

Os embargos à execução são apresentados pelo executado, isto é, por quem sofre a prática dos atos executivos. Executado é quem, nessa qualidade, figura no título executivo extrajudicial. Indiferente para essa finalidade que o executado corresponda mesmo ao *devedor*, isto é, que, no plano material, ele seja, por alguma razão, obrigado do credor ou, quando menos, *responsável* pelo adimplemento da obrigação.

A legitimidade do executado para os embargos à execução se justifica suficientemente porque é ele e nenhuma outra pessoa que consta do título executivo. Como toda legitimidade, ela se faz bastante para questionar a própria legitimidade para ostentar no processo.

Discute-se muito se o cônjuge do executado, sempre entendido como tal também o companheiro da união estável devidamente comprovada, tem legitimidade para embargar nos moldes aqui discutidos. A resposta varia consoante o cônjuge esteja ou não incluído no título executivo extrajudicial. Se sim, sua legitimidade para os embargos à execução é irrecusável. Se não, o cônjuge poderá voltar-se aos atos jurisdicionais executivos valendo-se dos "embargos de terceiro", encontrando fundamento para tanto no que dispõe o inciso I do § 2º do art. 674. Tal hipótese, contudo, pressupõe que algum bem do cônjuge (ou do companheiro) seja alcançado pela prática dos atos jurisdicionais executivos.

Nos casos em que a citação do executado se dá fictamente, isto é, por edital ou por hora certa, os embargos serão apresentados pelo "curador especial" a que se refere o art. 72, II[6], entendimento que sempre foi o predominante[7]. A razão bastante para nomeação do cura-

6. Também deve haver nomeação de curador especial ao executado que, não obstante citado pessoalmente, estiver preso. Assim, corretamente, já decidiram a 3ª Turma do STJ no REsp 897.682/MS, rel. Min. Nancy Andrighi, j. un. 15-5-2007, *DJe* 4-6-2007, e a 4ª Turma do STJ no REsp 1.032.722/PR, rel. Min. Marco Buzzi, j. un. 28-8-2012, *DJe* 15-10-2012.

7. Prova segura do acerto dessa afirmação está na Súmula 196 do STJ, assim enunciada: "Ao executado que, citado por edital ou por hora certa, permanecer revel, será nomeado curador especial, com legitimidade para apresentação de embargos".

dor especial nestes casos repousa nos princípios constitucionais do contraditório e da ampla defesa[8].

O curador especial tem a função de exercitar o contraditório invertido e a ampla defesa *invertidos*, que caracteriza, no direito processual civil brasileiro, o pedido de concretização da tutela jurisdicional executiva fundamentada em título executivo extrajudicial. É questão, este *Curso* não pode deixar de apontar, que a doutrina tradicional, com sua concepção de que os embargos são "ação", tem dificuldade para explicar.

Nos casos em que os atos jurisdicionais executivos são praticados em face do *responsável* pela dívida, importa verificar se ele consta, ou não, do título executivo extrajudicial. Se constar, a hipótese é de embargos à execução, ainda que a razão única de sua apresentação seja sua ilegitimidade para sofrer aqueles atos, dada alguma situação de direito material que impõe a prática dos atos executivos exclusivamente em detrimento do *devedor*. Caso contrário, isto é, quando não houver título executivo formado contra o responsável – nem mediante o incidente cognitivo a que se refere o n. 3.1 do Capítulo 2 da Parte V –, a hipótese é de embargos de terceiro, no que é suficientemente eloquente o disposto no art. 674.

O adquirente do bem alienado em fraude à execução é sempre *terceiro* diante da execução. Ele não consta e não passa a constar do título executivo. Sua forma de contraste de eventuais atos jurisdicionais executivos que se verifiquem sobre o bem, destarte, deve se dar pelos "embargos de terceiro" a que se referem os arts. 674 a 681. Elogiável, a propósito, o disposto no § 2º do art. 674, que acaba por permitir que o terceiro tome a iniciativa de atuar naquele sentido.

Independentemente de quem os apresenta, o "embargado", isto é, a "parte passiva" dos embargos, é o exequente, assim entendido aquele em favor de quem são praticados os atos jurisdicionais executivos, porque figura na qualidade de credor no título executivo extrajudicial. Se houver litisconsórcio ativo no âmbito do "processo de execução", os embargos à execução devem ser apresentados diante dos mesmos sujeitos.

5. PRAZO

É superada, por força da evolução do direito positivo processual civil brasileiro, qualquer vinculação entre prévia penhora e, mais amplamente, garantia de segurança de juízo, para apresentação dos embargos à execução.

8. Tanto assim que, no sistema anterior à Lei n. 11.382/2006, era pacífica a jurisprudência do STJ no sentido de que, a despeito da regra então existente, os embargos apresentados pelo curador não pressupunham prévia garantia do juízo. É o que em sede de recurso especial repetitivo decidiu a CE daquele Tribunal: REsp 1.110.548/PB, rel. Min. Laurita Vaz, j. un. 25-2-2010, *DJe* 26-4-2010.

Os embargos à execução – e isto desde a Lei n. 11.382/2006 e as amplas modificações por ela introduzidas no CPC de 1973 – devem ser apresentados no prazo de quinze dias. É a regra clara do *caput* do art. 915.

Trata-se de prazo *processual,* e, nessa qualidade, só serão computados os dias úteis (art. 219, parágrafo único).

O início do prazo deve observar o quanto disposto no art. 231, por força da expressa remissão que a ele faz o *caput* do art. 915.

Assim, "considera-se dia do começo do prazo: I – a data de juntada aos autos do aviso de recebimento, quando a citação ou a intimação for pelo correio; II – a data de juntada aos autos do mandado cumprido, quando a citação ou a intimação for por oficial de justiça; III – a data de ocorrência da citação ou da intimação, quando ela se der por ato do escrivão ou do chefe de secretaria; IV – o dia útil seguinte ao fim da dilação assinada pelo juiz, quando a citação ou a intimação for por edital; V – o dia útil seguinte à consulta ao teor da citação ou da intimação ou ao término do prazo para que a consulta se dê, quando a citação ou a intimação for eletrônica; VI – a data de juntada do comunicado de que trata o art. 232 ou, não havendo esse, a data de juntada da carta aos autos de origem devidamente cumprida, quando a citação ou a intimação se realizar em cumprimento de carta; (...)".

Importa colocar em evidência que, para os embargos à execução, não se põe o problema de que trata o n. 3 do Capítulo 1 a respeito do prazo para a impugnação. Isso porque o prazo para apresentação dos embargos, diferentemente do que se lê do *caput* do art. 525, *independe* do prazo que tenha sido fixado legal ou judicialmente para o cumprimento voluntário do executado e, tão só, da ocorrência de uma das hipóteses do art. 231. Inexiste, aqui, a sucessão automática de prazos que acabou por caracterizar a questão quando se trata do exercício de defesa do executado em face de título executivo *judicial*. Para os embargos à execução a citação faz as vezes portanto, de um marco inicial único para deflagrar o prazo para apresentação dos embargos, independentemente do prazo disponível para o executado acatar a determinação judicial de entregar, fazer, não fazer ou pagar.

É indispensável que o mandado de citação contenha, além da ordem para entregar, fazer, não fazer ou pagar, consoante o título executivo, a indicação do prazo de quinze dias (com a indicação de como se dá sua fluência e a referência de que o prazo só fluirá em dias úteis) para que o executado apresente seus embargos à execução[9]. No caso de obrigação de pagar quantia, o mandado de citação deve *também* indicar a moratória do art. 916 como alternativa viável para o executado.

---

9. É orientação que a 1ª Seção do STJ fixou em sede de execução fiscal no EREsp 1.269.069/CE, rel. Min. Herman Benjamin, j. un. 9-4-2014, *DJe* 17-6-2014. A observância de prazo erroneamente fixado, contudo, não pode justificar a intempestividade da manifestação do executado. É o que entendeu a 2ª Turma do STJ no AgInt no REsp 1.733.782/PB, rel. Min. Francisco Falcão, j. un. 11-9-2018, *DJe* 17-9-2018.

Há especificidades a serem observadas quanto ao prazo dos embargos à execução, em consonância com os parágrafos do art. 915.

5.1 Litisconsórcio passivo na execução

De acordo com o § 1º do art. 915, é indiferente que haja litisconsórcio passivo na execução.

O prazo para apresentação dos embargos à execução flui individualmente para cada um dos executados.

A finalidade do CPC de 2015, seguindo os mesmos passos já dados pela Lei n. 11.382/2006, é irrecusável: imprimir maior celeridade e eficiência aos atos executivos. Como a perspectiva usual – e é dela que partiu o legislador – é a de que cada um dos executados seja responsável pela *totalidade* da obrigação reclamada pelo exequente, a execução prosseguirá contra ele na hipótese de os prazos de citação dos demais coexecutados serem diversos, por exemplo, mais dilargados. Basta, para ilustrar, supor que o oficial de justiça tenha maior dificuldade em localizar um dos executados ou que, por residir em comarca diversa daquela em que tramita o processo, sua citação imponha a expedição de carta precatória.

A única exceção se dá nos casos em que os executados forem casos ou viverem em união estável. Nessa hipótese, em que ambos são executados, o início do prazo (único, em função do que estabelece o § 3º do art. 915) se dará com a juntada do último comprovante de citação nos autos. No silêncio da lei processual civil, de resto, não há espaço para distinguir qual o regime de casamento existente entre eles.

5.2 Execução por carta

O § 2º do art. 915 trata dos casos de execução "por carta precatória", a que se refere também o § 2º do art. 914.

A expressão "execuções por carta", neste contexto, quer significar os casos em que a *citação* do executado se dá por carta precatória, rogatória ou de ordem. Em tais hipóteses, o prazo para embargos será contado: "I – da juntada, na carta, da certificação da citação, quando versarem unicamente sobre vícios ou defeitos da penhora, da avaliação ou da alienação dos bens; II – da juntada, nos autos de origem, do comunicado de que trata o § 4º deste artigo ou, não havendo este, da juntada da carta devidamente cumprida, quando versarem sobre questões diversas da prevista no inciso I deste parágrafo". A ressalva final do dispositivo, tanto quanto o § 4º do art. 915, é mera repetição do disposto suficientemente no inciso VI do art. 231 e no art. 232, isto é: "Nos atos de comunicação por carta precatória, rogatória ou de ordem, a realização da citação será imediatamente informada, por meio eletrônico, pelo juiz deprecado ao juiz deprecante".

Em todos os casos alcançados pelo dispositivo, os embargos à execução podem ser ofertados, no prazo do § 2º do art. 915, perante o juízo deprecante ou deprecado em observância ao disposto § 2º do art. 914.

Sem penhora naquele prazo, contudo, não deve ter aplicação o disposto naquele § 2º do art. 9214, que é regra que só alarga a competência para o julgamento dos embargos nas execuções por carta nos casos em que se especifica[10]. É indiferente para a hipótese lá regulada, destarte, a mera citação do executado, regulada suficientemente pelo § 2º do art. 915.

5.3 Pluralidade de advogados

A contagem do prazo em dobro em função da diversidade de advogados nas condições do art. 229 é expressamente afastada pelo § 3º do art. 915[11].

Não há razão para entender que a exceção feita pelo § 1º do art. 915 com relação ao *início* do prazo para os embargos à execução no caso de os executados serem casados entre si ou viverem em união estável autorize interpretação diferenciada com relação à fluência e à contagem do prazo. Assim, ainda que cada um dos cônjuges ou companheiros tenha seu próprio advogado de escritórios diversos e que os autos sejam em papel, o prazo para embargos será único, ainda que sejam apresentadas duas petições diversas.

As demais dobras legais, contudo, devem ser observadas quando se tratar do Ministério Público (art. 180), de advogado público (art. 183)[12] e da Defensoria Pública (art. 186).

A circunstância de este *Curso* entender que embargos são *defesa* e não *ação* não interfere na compreensão da regra. Ela é de exceção ao regime do art. 229 e deve prevalecer.

6. REJEIÇÃO LIMINAR

O art. 918 trata das hipóteses de rejeição liminar dos embargos à execução.

A expressão "rejeição liminar dos embargos à execução" deve ser compreendida como significativa daqueles casos em que o magistrado, analisando a petição apresentada pelo

---

10. A orientação já era conhecida pela Súmula 46 do STJ, assim enunciada: "Na execução por carta, os embargos do devedor serão decididos no juízo deprecante, salvo se versarem unicamente vícios ou defeitos da penhora, avaliação ou alienação dos bens".

11. O extinto 1º Tribunal de Alçada Civil do Estado de São Paulo chegou a editar Súmula no mesmo sentido do dispositivo. Trata-se da sua Súmula 8, assim enunciada: "A lei processual civil não enseja prazo em dobro para embargar mesmo quando diversos os procuradores das partes".

12. Com a ressalva sistemática de que em se tratando de embargos a serem apresentados pela Fazenda Pública com relação à obrigação de pagar quantia o prazo para embargos de *trinta* dias é expressamente previsto pelo art. 910.

executado, descarta-a de plano, independentemente da oitiva do exequente. O dispositivo está a tratar, portanto, do juízo *negativo* de admissibilidade dos embargos à execução.

Pelas razões expostas pelo n. 2, *supra*, importa interpretar o dispositivo independentemente de ele sugerir que os embargos à execução são *ação* a ser exteriorizada em petição inicial que, diante das situações nele previstas, deve ser rejeitada de plano.

A referência a "petição inicial", destarte, deve ser compreendida como "petição" em que o executado apresenta a sua defesa. O fato de ela poder ser rejeitada de plano, diferentemente do que se dá com a *contestação* e similarmente ao que se dá com a *petição inicial*, é apenas indicativo de que os embargos são a *defesa* do executado, mas não são a *contestação* que o Código de Processo Civil regula em seus arts. 335 a 342, forma de defesa específica para a etapa de conhecimento do processo, que não existe, por definição, em se tratando de "processo de conhecimento".

O que há aqui, diferentemente, é a inversão procedimental colocada em prática pelo legislador para permitir que a ampla defesa do executado seja exercitada contra um título executivo extrajudicial que ostenta a presunção de que ele, o executado, é devedor da obrigação nele retratado. É o que basta para compreender a especialização da regra aqui comentada.

Os números seguintes voltam-se a estudar cada uma das hipóteses disciplinadas nos incisos do art. 918.

6.1 Embargos intempestivos

O inciso I do art. 918 impõe a rejeição liminar dos embargos à execução quando eles forem intempestivos, isto é, quando apresentados fora do prazo legal.

A observância desse prazo e das suas vicissitudes remonta às considerações que ocupam os desdobramentos do n. 5, *supra*, a propósito da análise do art. 915.

6.2 Indeferimento da petição inicial e improcedência liminar do pedido

A segunda causa de rejeição liminar dos embargos coincide com os casos em que a petição inicial da etapa de conhecimento do processo esbarra no juízo de admissibilidade *negativo*. Seja porque ela merece ser indeferida por questões de ordem processual (art. 330) ou porque o caso é de improcedência liminar do pedido (art. 332)[13].

13. O n. 4.4 do Capítulo 2 da Parte V do v. 3 das edições anteriores ao CPC de 2015 deste *Curso* já aceitava da hipótese, sustentando não ter sentido a restrição textual que fazia o inciso II do art. 739 do CPC de 1973 aos

Com a ressalva do n. 6, *supra*, não há nenhuma peculiaridade na espécie quanto à configuração de uma e de outra hipótese, analisadas nos n. 4.3.1 e 4.3.3 do Capítulo 2 da Parte I do v. 2.

A regra, em rigor, é inócua porque sua aplicação para o "processo de execução" decorre suficientemente do parágrafo único do art. 771, mormente para quem entende os embargos à execução como verdadeira *ação*. Ela se justifica, porém, para permitir expressamente a incidência dos arts. 330 e 332 a uma *defesa*. A rejeição liminar dos embargos à execução nos casos do art. 330, destarte, significa dizer que aquela defesa deve ser descartada de plano pelo magistrado por não ser apta ao desenvolvimento de um regular e escorreito contraditório com o exequente. Também porque as razões de mérito trazidas pelo executado esbarram nos indexadores jurisprudenciais aplicáveis ao caso (art. 332, I a IV) e, com isso, são incapazes de infirmar a presunção estampada no título executivo. Também quando se tratar do reconhecimento, ainda que oficioso, da prescrição ou da decadência do que é reclamado pelo executado (art. 331, § 1º).

A peculiaridade da aplicação daquelas regras é que não há como aceitar a "emenda" dos embargos à execução em função do disposto no art. 321 para superar os vícios do art. 330. O entendimento, contudo, não se confunde e não afasta o dever de o magistrado estabelecer o devido e prévio contraditório com o executado (e com o próprio exequente) ainda que o ato a ser praticado seja oficioso (arts. 6º, 9º e 10)[14].

Contudo, como o Código de Processo Civil reserva para a espécie o cabimento do recurso de apelação, é irrecusável entender aplicáveis as regras do art. 331 e dos §§ 3º e 4º do art. 332, inclusive no que diz respeito ao seu efeito *regressivo*.

6.3 Embargos manifestamente protelatórios

A hipótese do inciso III do art. 918 impõe a rejeição liminar dos embargos quando eles forem "manifestamente protelatórios".

Trata-se de regra ampla o suficiente para permitir ao magistrado que rejeite, de início, qualquer tentativa do executado de promover incidentes infundados que, de alguma forma,

---

casos de inépcia da petição inicial e não genericamente aos casos de seu indeferimento. Também já sustentava que os embargos à execução podiam ser liminarmente indeferidos por força do art. 285-A do CPC de 1973, que corresponde ao art. 332 do CPC de 2015.

14. É o entendimento, correto, que prevaleceu na I Jornada de Direito Processual Civil do CJF, como se verificar de seu Enunciado n. 95: "O juiz, antes de rejeitar liminarmente a impugnação ao cumprimento de sentença (art. 525, § 5º, do CPC), deve intimar o impugnante para sanar eventual vício, em observância ao dever processual de cooperação (art. 6º do CPC)", contra a orientação em sentido contrário do Enunciado n. 55 da ENFAM: "Às hipóteses de rejeição liminar a que se referem os arts. 525, § 5º, 535, § 2º, e 917 do CPC/2015 (excesso de execução) não se aplicam os arts. 9º e 10 desse código".

isto é, mesmo sem a *necessária* e *automática* suspensão da execução (art. 919, *caput*), poderiam trazer algum embaraço à concretização da tutela jurisdicional executiva.

Embargos manifestamente protelatórios devem ser entendidos como aqueles em que a mera leitura de sua petição revela não terem a menor possibilidade de êxito. É mais do que não observar as regras mínimas de intelecção que exige o § 1º do art. 330. É permitir ao magistrado verificar que não há razão nenhuma em prol do que sustenta o executado/embargante. É verificar que sua iniciativa não tem nada a acrescentar de útil para o contraditório e, consequentemente, para o exercício da "ampla defesa"; que é medida que busca, de alguma forma, ganhar tempo, evitar ou procrastinar a prática dos atos executivos e, por isto, que pode e *deve* ser evitada desde logo.

Um indicativo para a hipótese é os embargos não trazerem nenhum dos motivos que, de acordo com o art. 917, devem dar a eles seus respectivos fundamentos.

Este *Curso* não vê nenhuma agressão ao modelo constitucional na hipótese do inciso III do art. 918. Os princípios do contraditório, da ampla defesa, do devido processo constitucional não podem ser compreendidos sem levar em conta a necessária lealdade, a boa-fé e o mínimo de seriedade nas alegações e pretensões expostas perante o Estado-juiz (arts. 5º, art. 79 a 81 e 774, II). O que o dispositivo quer assegurar é esse mínimo de eticidade nas diversas investidas jurisdicionais. Ademais, não há como recusar que o executado/embargante apresente recurso da decisão que rejeita de plano seus embargos. A má-fé processual não é bastante para impedir o processamento do apelo, que, se não for acolhido, poderá, por isso, até elevar o valor das sanções anteriormente impostas pelo juízo *a quo*.

O que o sistema processual civil quer em tais casos é que os embargos à execução revelem o mínimo indispensável de *plausibilidade* que leve o magistrado a analisá-los à luz do contraditório para decidir o direito aplicável à espécie.

A hipótese não é ontologicamente diversa daquela que autoriza a concessão de tutela provisória fundamentada na *evidência* nos termos do inciso I do art. 311, isto é, quando "ficar caracterizado o abuso do direito de defesa ou o manifesto propósito protelatório da parte".

Aplicando aquela mesma diretriz em sede de concretização da tutela jurisdicional fundamentada em título executivo extrajudicial, à falta de qualquer elemento minimamente convincente para afastar a presunção do "direito aplicável à espécie" que, por definição, decorre do título executivo *extrajudicial*, a hipótese é de rejeição da defesa e admissão, por consequência, do prosseguimento dos atos jurisdicionais executivos fundados no título. É como se a falta de elementos sérios de defesa autorizasse o magistrado a declarar confirmada, para todos os fins, a presunção que justifica a prática dos atos executivos fundada no título apresentado ao Estado-juiz.

O parágrafo único do art. 918 completa a previsão do inciso III ao rotular expressamente a hipótese como atentatória à dignidade da justiça: "Considera-se conduta atentatória à dignidade da justiça o oferecimento de embargos manifestamente protelatórios".

A previsão atrai de maneira suficiente para a espécie o regime sancionador do parágrafo único do art. 774. O executado que apresenta embargos à execução rejeitados com fundamento no inciso III do art. 918 pode receber multa em montante não superior a vinte por cento do valor atualizado do débito em execução, a ser revertida em proveito do exequente, sendo exigível nos próprios autos do processo, sem prejuízo da aplicação de outras sanções de natureza processual ou material.

O recurso a ser interposto pelo executado pode se voltar, conforme o caso, unicamente, à sua apenação.

6.4 Outros casos

Há outro caso de rejeição liminar dos embargos à execução que está disciplinado alhures, no inciso I do § 4º do art. 917.

Trata-se da hipótese de o embargante alegar unicamente excesso de execução, sem indicar, de pronto, qual é o valor que entende devido ou, quando não menos, não apresentar o demonstrativo que dê supedâneo à sua alegação. Se houver outros fundamentos, o caso é de rejeição *parcial* (art. 917, § 4º, II).

Ao assunto se volta o n. 8.3, *infra*.

7. EFEITO SUSPENSIVO

A apresentação dos embargos à execução não tem, por si só, o condão de interferir na prática dos atos executivos dirigidos à concretização da tutela jurisdicional executiva em favor do exequente.

O *caput* do art. 919, no particular, consolida as importantes modificações que já haviam sido feitas no CPC de 1973 pela Lei n. 11.382/2006 (art. 739-A do CPC de 1973) e, antes dela, no âmbito do "cumprimento de sentença" para a impugnação (art. 475-M do CPC de 1973).

A regra em vigor é a de que os embargos, mesmo quando recebidos, isto é, quando não rejeitados liminarmente nos casos do art. 918, não suspendem o andamento do processo e nem a prática dos atos destinados à satisfação do direito do exequente tal qual retratado no título executivo.

O que pode ocorrer é que, consoante as características do caso concreto, o magistrado venha a atribuir efeito suspensivo aos embargos, a pedido do executado (art. 919, § 1º).

Coerentemente, o inciso II do art. 921, ao tratar da suspensão da execução, estatui que ela se dá "no todo ou em parte, quando recebidos com efeito suspensivo os embargos à execução". A previsão é suficiente para entender viável que a concessão de efeito suspensivo aos embargos à execução seja *parcial*.

Mesmo assim, contudo, o efeito suspensivo não paralisa todo e qualquer ato executivo, considerando que o § 5º do art. 919 autoriza, a despeito de sua concessão, a "efetivação dos atos de substituição, de reforço ou de redução da penhora e de avaliação dos bens".

7.1 Atribuição

O § 1º do art. 919 excepciona a regra do *caput* do dispositivo. Os embargos à execução não suspendem a execução, mas "o juiz poderá, a requerimento do embargante, atribuir efeito suspensivo aos embargos quando verificados os requisitos para a concessão da tutela provisória e desde que a execução já esteja garantida por penhora, depósito ou caução suficientes".

A expressão "requisitos para a concessão da tutela provisória" deve ser interpretada e aplicada de forma ampla para albergar indistintamente as hipóteses alcançadas pela tutela provisória fundamentada na *urgência* (art. 300, *caput*), mas também as que encontrem fundamento nos incisos do art. 311, que trata da tutela provisória fundamentada na *evidência*, independentemente de urgência, portanto.

Sem necessidade de repetir o que, a respeito, consta suficientemente do Capítulo 5 da Parte II do v. 1, cabe aplicar aqueles conceitos para concluir que o efeito suspensivo dos embargos à execução pode ser concedido "quando houver elementos que evidenciem a probabilidade do direito e o perigo de dano ou o risco ao resultado útil do processo" (art. 300, *caput*) e/ou quando "ficar caracterizado o abuso do direito de defesa ou o manifesto propósito protelatório da parte; as alegações de fato puderem ser comprovadas apenas documentalmente e houver tese firmada em julgamento de casos repetitivos ou em súmula vinculante; se tratar de pedido reipersecutório fundado em prova documental adequada do contrato de depósito, caso em que será decretada a ordem de entrega do objeto custodiado, sob cominação de multa; a petição inicial for instruída com prova documental suficiente dos fatos constitutivos do direito do autor, a que o réu não oponha prova capaz de gerar dúvida razoável" (art. 311).

Cabe ao executado, ao apresentar os embargos à execução, requerer ao magistrado que os embargos sejam recebidos com efeito suspensivo. Para tanto, deverá descrever *e demonstrar* a presença daqueles pressupostos. Se o magistrado entender que eles se fazem presentes na espécie, *deverá* atribuir o efeito suspensivo; caso contrário, *deverá* negá-lo. Não há uma terceira alternativa.

A "probabilidade do direito" relaciona-se com a juridicidade da tese ventilada pelo embargante à luz dos elementos de prova que apresenta desde logo, devendo passar ao largo das hipóteses que podem conduzir o magistrado ao indeferimento *liminar* dos embargos à execução nos casos que ecoam o art. 332 ou diante de seu caráter "manifestamente protelatório" (art. 918, II e III). Assim, o exame do pedido do embargante deve ser suficientemente esclarecedor de que suas alegações serão acolhidas pelo magistrado, pondo fim, total ou parcialmente, à prática dos atos executivos destinados à concretização da tutela jurisdicional executiva requerida pelo exequente[15].

O perigo de dano ou o risco ao resultado útil do processo, por sua vez, pressupõe que o prosseguimento dos atos executivos tenha o condão de acarretar algum dano ao executado. É importante ter presente na espécie que o legislador expressamente excepcionou da abrangência do efeito suspensivo – ao menos como regra – a substituição da penhora, o reforço ou a redução da penhora e a avaliação dos bens (art. 919, § 5º). A narrativa do executado tem de levar esses elementos em consideração ou demonstrar por que as escolhas abstratas do legislador são capazes, pela peculiaridade do caso concreto, de comprometer a fruição plena do direito que alega possuir em face do exequente em seus embargos à execução.

Com relação ao referencial da tutela provisória da evidência, cabe destacar que, independentemente da ocorrência de perigo de dano ou de risco ao resultado útil do processo – o que, pela sistemática da concretização da tutela jurisdicional executiva é pouco crível que possa ocorrer –, cabe ao executado demonstrar a ocorrência de ao menos uma das hipóteses dos incisos do art. 311.

Não há nenhum óbice para que o executado *cumule* os fundamentos relativos à tutela providência de urgência e da evidência para obtenção do efeito suspensivo.

A atribuição de efeito suspensivo para os casos de embargos à execução depende *também* de que "a execução já esteja garantida por penhora, depósito ou caução suficientes". É o que exige, com todas as letras, por isso as aspas, a parte final do § 1º do art. 919.

O executado, ao apresentar os seus embargos à execução, deverá, além de alegar *e demonstrar* a ocorrência dos pressupostos autorizadores da concessão da tutela provisória (de urgência e/ou de evidência), deverá *também* demonstrar que o juízo "está garantido", para fazer uso de conhecida expressão e suficientemente significativa.

Nos casos em que já houve penhora (obrigação de pagar) ou depósito (obrigação de entrega de coisa), basta ao executado fazer referência a essa circunstância pela indicação das páginas em que o auto ou termo respectivo está nos autos do processo, sendo bastante útil a apresentação de *cópia* daquele auto ou termo já com a inicial dos embargos. Em caso contrário, caberá ao executado *oferecer* bens à penhora, depositar os bens devidos ou, mais amplamente, apresentar caução (obrigação de fazer ou de não fazer), para que possa pretender a concessão do efeito suspensivo. Na normalidade dos casos, alterações na penhora para adequação ao valor devido (e, quiçá, ao que é efetivamente objeto de questionamento pelos

15. A circunstância de os fundamentos dos embargos serem passíveis de serem alegados também em sede da chamada "exceção de pré-executividade" nada diz, por si só, sobre o atendimento das exigências do § 1º do art. 919 para atribuição de efeito suspensivo. Nesse sentido: STJ, 3ª Turma, 1.772.516/SP, rel. Min. Nancy Andrighi, j.un. 5-5-2020, *DJe* 11-5-2020.

embargos à execução) e a avaliação dos bens penhorados não são obstadas pela concessão do efeito suspensivo (art. 919, § 5º).

É importante frisar que a apresentação e o recebimento dos embargos à execução não dependem de "garantia do juízo". A concessão de efeito suspensivo com a consequente suspensão da execução é que depende daquela providência (art. 919, § 1º). É por isso e para esse fim que o executado pode, nos casos em que, por qualquer motivo, ainda não há penhora, depósito ou caução, tomar a iniciativa de garantir o juízo.

A lei exige que a penhora, o depósito ou a caução sejam "suficientes". A suficiência, aqui, deve ser entendida consoante a modalidade de obrigação que se pretende satisfazer e em harmonia com o que é questionado pelo executado em seus embargos à execução.

Nos casos de obrigação de pagar, a *suficiência* só pode ser entendida como *bastante* para cobrir o valor da obrigação reclamada pelo exequente, atualizada monetariamente, as custas processuais (inclusive as relativas aos embargos) e os honorários de advogado, incluindo a majoração que se justifica pela apresentação dos embargos à execução. É a diretriz que decorre do art. 831. Se o caso for de apresentação da "fiança bancária ou seguro garantia judicial", a que se refere o § 2º do art. 835, o seu valor será o do crédito reclamado pelo exequente mais trinta por cento.

Nos casos em que a obrigação for de entrega de coisa, a garantia "suficiente" deve ser entendida como o "depósito" da coisa em juízo. O depósito, contudo, não pode ser entendido como pressuposto para o *cabimento* dos embargos; apenas, como pressuposto necessário e não suficiente para a atribuição do efeito suspensivo nos termos aqui discutidos[16].

A hipótese de caução suficiente se relaciona com as obrigações de fazer ou não fazer. Para elas, o que pretende o exequente não é o perseguimento *imediato* de seu valor, mas a própria prestação (ou omissão) a que se obrigou o executado. Como, contudo, há, por definição, valor *mediato* nestes casos, não há por que afastar para elas que seja este valor, o seu conteúdo *patrimonial*, apresentado a título de garantia do juízo para, além dos demais pressupostos legais, ensejar a atribuição do efeito suspensivo aos embargos à execução.

De resto, o oferecimento de "caução suficiente" como garantia do juízo, dada a regra do § 1º do art. 919, não pode ser afastado também para os casos de embargos à execução por quantia certa ou para entrega de coisa (certa ou incerta) quando, por qualquer razão, não pretenda o executado oferecer bens à penhora ou depositar a coisa. Para ilustrar a hipótese, basta supor que o executado não pretende ofertar bens à penhora, mas apenas demonstrar que tem patrimônio suficiente para pagar a dívida reclamada ou que a coisa reclamada pelo exequente se tenha destruído sem culpa do executado. Negar que o executado pudesse, em

16. Corretos no ponto: STJ, 2ª Turma, REsp 1680868/PE, rel. Min. Herman Benjamin, j. un. 22-8-2017, *DJe* 1º-2-2018, e 3ª Turma do STJ no REsp 1.177.968/MG, rel. Min. Nancy Andrighi, j. un. 12-4-2011, *DJe* 25-4-2011.

casos como este, obter efeito suspensivo aos embargos independentemente da *penhora* ou do *depósito* da coisa seria agredir o modelo constitucional do direito processual civil.

Nas hipóteses em que o executado tomar a iniciativa de caucionar o juízo para obter efeito suspensivo aos embargos, vem à tona o disposto no § 5º do art. 919. Mesmo que atribuído efeito suspensivo aos embargos, nem por isso ficará vedada a "a efetivação dos atos de substituição, de reforço ou de redução da penhora e de avaliação dos bens". A despeito do texto da regra, é irrecusável que, se o executado demonstrar que a prática daqueles atos pode lhe causar prejuízos, a sua suspensão deverá ser determinada também.

Pelas mesmas razões apresentadas a respeito da impugnação, e não obstante o disposto no § 2º do art. 919, não há por que recusar poder o executado pedir efeito suspensivo aos seus embargos mesmo depois de eles já terem sido recebidos. A necessidade *superveniente* daquele pedido não pode ser apequenada. Como a apresentação dos embargos à execução não tem, por si só, o condão de suspender a execução, pode ocorrer de "o perigo de dano ou o risco ao resultado útil do processo" em detrimento do executado só se mostrar presente em instante procedimental futuro, legitimando, assim, sua iniciativa, com a determinação da penhora de um bem impenhorável, por exemplo. O que não pode ser afastado é que, para aquela finalidade, o executado demonstre, *também* a *probabilidade do direito*. Mesmo que a hipótese não seja de ocorrência superveniente de urgência, caberá ao executado, ao longo do processamento dos embargos à execução, formular pedido de efeito suspensivo com base na tutela da evidência (art. 311).

Em qualquer dos casos, a decisão relativa à atribuição, ou não, do efeito suspensivo é *interlocutória* e dela cabe agravo de instrumento, o que encontra fundamento bastante no inciso X do art. 1015: trata-se de decisão que *versa* sobre a concessão daquele efeito, e, consequentemente, abrange também a hipótese de seu indeferimento, sendo indiferente que ela seja proferida desde logo (o que é mais comum) ou ao longo do processo, mas antes do julgamento os embargos à execução.

7.2 Prévia oitiva do exequente

A mesma diretriz sustentada com relação à impugnação quanto à *necessidade* de o exequente/embargado ser ouvido *previamente* à atribuição de efeito suspensivo aos embargos à execução, deve ser observada para os embargos à execução, a despeito do silêncio do art. 919.

Até porque a incidência do § 2º do art. 919 pressupõe, é lê-lo, a *concessão* do efeito suspensivo. A preocupação externada nessa sede diz respeito a instante procedimental diverso, *anterior* àquela concessão: exame da ocorrência dos pressupostos exigidos pelo § 1º do art. 919 em amplo (e *prévio*) contraditório.

A dispensa do *prévio* contraditório, contudo, é legítima nos casos em que o executado/embargante alegar *e demonstrar* que o dano que está na iminência de sofrer se consumará se o exequente for ouvido a respeito de seu pleito. Em nome do princípio da *efetividade* é correto, em tais casos, o *postergamento* do contraditório.

7.3 Efeito suspensivo parcial

É possível a concessão de efeito suspensivo *parcial* aos embargos.

O magistrado constata que os pressupostos exigidos pelo § 1º do art. 919 se fazem presentes apenas com relação a *parte* das alegações do embargante. A consequência da atribuição *parcial* do efeito suspensivo é que a prática dos atos executivos destinados à concretização da tutela jurisdicional executiva prosseguirá na parte em que, a despeito da apresentação dos embargos à execução, não houve concessão de efeito suspensivo.

O § 3º do art. 919 autoriza expressamente a hipótese, ao dispor que, "quando o efeito suspensivo atribuído aos embargos disser respeito apenas a parte do objeto da execução, esta prosseguirá quanto à parte restante". O inciso II do art. 921, ao tratar da suspensão da execução, também prevê essa situação.

Importa distinguir efeito suspensivo parcial de embargos à execução *parciais*, que não recebem disciplina própria no CPC de 2015, mas que derivam do sistema processual civil.

Assim, se o executado se voltar *parcialmente* ao pedido de concretização da tutela jurisdicional executiva fundamentada em título executivo extrajudicial do exequente – questionando, por exemplo, parcela da dívida, apenas o excesso de execução ou a prática de algum ato executivo –, não há óbice para que, naquilo que é objeto de questionamento, entenda o magistrado de atribuir efeito suspensivo (total) aos embargos à execução. Para tanto, é bastante que se veja diante dos pressupostos do § 1º do art. 919.

7.4 Revisão da decisão concessiva

O § 2º do art. 919 autoriza que a decisão relativa aos efeitos dos embargos seja, a requerimento da parte, modificada ou revogada, a qualquer tempo, quando não se fizerem mais presentes as circunstâncias que ensejaram o seu proferimento em decisão fundamentada.

A regra é digna de aplausos porque permite ao magistrado que profira decisões e as reveja de forma bastante aderente à realidade externa ao processo, ao longo de sua tramitação. É regra que reconhece expressamente a influência do "plano material" no "plano processual".

O dispositivo, de outra parte, lida bastante bem com o árduo tema relativo à preclusão, ao deixar claro que a revisão ou modificação da decisão proferida "a qualquer tempo" vincula-se ao desaparecimento dos fatos que levaram ao seu proferimento. Sempre que o magistrado se pronuncia sobre *novos* fatos, ele, a bem da verdade, profere *nova* decisão. É disso que se ocupa o § 2º do art. 919.

Tanto assim que, posto ser desnecessária a imposição porque decorrente de forma expressa do modelo constitucional do direito processual civil (art. 93, IX, da CF), sem falar das inúmeras vezes que o Código de Processo Civil, desde suas "normas fundamentais", trata do tema, a regra exige que a decisão seja *fundamentada*. A fundamentação, no contexto do dispositivo, quer significar que o magistrado deverá evidenciar o que é o novo e suficiente para ele proferir decisão em sentido contrário àquela que, anteriormente, proferiu.

Exige-se iniciativa da "parte" para o proferimento dessa nova decisão. Por "parte" deve ser entendido tanto o executado/embargante como o exequente/embargado. É que o desaparecimento das circunstâncias que ensejaram o proferimento da decisão anterior não deve ser entendido só como significativo da concessão do efeito suspensivo. A incidência do § 2º do art. 919 para a hipótese oposta não deve ser afastada. Assim, por exemplo, o executado/embargante pede e não obtém o efeito suspensivo. O pedido é indeferido porque não havia garantia suficiente para a execução (art. 919 § 1º). Se o executado oferecer penhora, depósito ou caução suficientes – e desde que ocorrentes as demais exigências do § 1º do art. 919 –, não há razão para indeferir o efeito suspensivo.

A hipótese regulada no § 2º do art. 919, outrossim, não se confunde com a de o executado formular pedido de efeito suspensivo aos seus embargos à execução depois de seu recebimento. A regra aqui examinada pressupõe que tal pedido já tenha sido formulado *e* deferido (quando o exequente pretenderá demonstrar que não subsistem as razões que levaram à sua concessão) ou a situação inversa, de o pedido ter sido indeferido, quando o executado poderá, diante de *novos* fatos, formulá-lo uma vez mais.

7.5 Efeito suspensivo e pluralidade de embargos

O § 4º do art. 919 trata das consequências da concessão de efeito suspensivo aos embargos de um dos executados com relação aos demais executados[17].

De acordo com a regra, tratando-se de pedido de concretização de tutela jurisdicional executiva requerido em face de mais de um executado, a concessão de efeito suspensivo aos embargos à execução de um dos executados não suspende a execução em relação aos demais quando o fundamento respectivo disser respeito unicamente ao embargante.

É correto acentuar que o dispositivo regula a *consequência* da concessão do efeito suspensivo a um dos embargos à execução, na pluralidade de executados: o efeito suspensivo concedido a um dos embargos à execução não se comunica *necessariamente* à prática dos atos executivos dirigidos aos demais executados. Para eles, a regra é a de que a prática dos atos executivos prossiga, a não ser que – a ressalva é o próprio § 4º do art. 919 quem faz – o fundamento dos embargos seja comum a todos os executados. É o que ocorre, por exemplo, quando houver

17. Trata-se de regra que descende do § 3º do art. 739 do CPC de 1973, acrescentado pela Lei n. 8.953/94 e preservado com modificações como § 3º do art. 739-A do CPC de 1973 pela Lei n. 11.382/2006.

alegação de algum vício no plano do próprio processo ou no título executivo que fundamenta a prática dos atos jurisdicionais executivos indistintamente a todos os executados litisconsortes.

Importa acentuar que esse verdadeiro *efeito expansivo subjetivo* dos embargos à execução regulado pelo § 4º do art. 919 não depende de os demais executados terem embargado. É suficiente que o fundamento dos embargos à execução seja comum a todos os executados. Se, por qualquer razão, houver vários embargos à execução e proferidas decisões diferentes entre si, ainda que sobre fundamento comum – o que não é desejável, mas, por inúmeras razões, não pode ser descartado aprioristicamente –, o correto é entender que deve prevalecer em relação a cada executado a resposta jurisdicional relacionada ao pedido de efeito suspensivo dos seus próprios embargos à execução.

7.6 Substituição, reforço e redução de penhora e avaliação de bens

O § 5º do art. 919 traz importante regra relativa ao efeito suspensivo dos embargos, digna de aplausos em prol de maior *eficiência* na prática dos atos jurisdicionais executivos: mesmo quando concedido efeito suspensivo, não há óbice para que sejam realizados os atos de substituição, de reforço ou de redução da penhora e de avaliação de bens.

A regra difere no plano da textualidade de seu par no CPC de 1973, o § 6º do art. 739-A, segundo a qual o efeito suspensivo não impedia os atos de penhora e de avaliação dos bens[18].

A interpretação de ambas, contudo, converge para o mesmo resultado. Embora os embargos à execução possam ser apresentados independentemente da realização da penhora (e, diante da sistemática do prazo que o executado tem para tanto, a hipótese tem tudo para ser a mais comum), a concessão de efeito suspensivo a pressupõe, no que é expresso o § 1º do art. 919. E, mesmo que concedido o efeito suspensivo, os atos relativos à penhora que são, por definição, preparatórios da alienação do bem penhorado, não são vedados diante da autorização do § 5º do art. 919. Assim, a sua substituição (art. 847), o seu reforço ou a sua redução (art. 850) e sua avaliação (art. 870).

É correto entender, portanto, que, a atribuição de efeito suspensivo aos embargos só impede a *alienação* do bem, mas não a prática de todos os atos imediatamente anteriores ao início da fase expropriatória (art. 875). Trata-se de regra harmônica com o princípio da eficiência processual, que quer permitir que os atos preparatórios de eventual avaliação sejam realizados para a hipótese de os embargos serem rejeitados, evitando, com isto, as chamadas "etapas mortas" do processo, isto é, aqueles longos espaços de tempo em que não há prática de nenhum ato processual, mesmo que, como no caso aqui examinado, a realização de alguns atos não tenha o condão de, por si só, causar qualquer dano ou prejuízo para quem quer que seja.

18. Era a seguinte a redação daquele dispositivo: "A concessão de efeito suspensivo não impedirá a efetivação dos atos de penhora e de avaliação dos bens".

Há uma exceção expressa à regra que merece ser evidenciada. Ela se refere às hipóteses reguladas nos incisos I e II do art. 852, que autorizam a alienação antecipada dos bens penhorados quando "se tratar de veículos automotores, de pedras e metais preciosos e de outros bens móveis sujeitos à depreciação ou à deterioração" e quando "houver manifesta vantagem".

A alienação do bem penhorado naqueles casos quer tutelar a utilidade da concretização da tutela jurisdicional executiva e, por isto, por ser regra mais específica, deve prevalecer. O valor obtido com a alienação, contudo, não pode ser levantado pelo exequente justamente em face do efeito suspensivo dos embargos à execução. A garantia de juízo, nestes casos, recai sobre o *produto* da alienação dos bens penhorados em verdadeiro caso assimilável à *substituição* da penhora, que encontra eco no § 5º do art. 919.

7.7 Recorribilidade da decisão relativa ao efeito suspensivo

Questão que não pode deixar de ser acentuada com relação ao Código de Processo Civil é sobre a recorribilidade da decisão relativa ao efeito suspensivo aos embargos à execução.

O Projeto da Câmara dos Deputados trazia um § 6º ao que se tornou o art. 919 do CPC de 2015 expresso sobre o ponto, evidenciando o cabimento daquele recurso contra a decisão que concedia, modificava ou revogada o efeito suspensivo, ou seja, dialogando com as hipóteses previstas no § 2º do art. 919[19].

A regra acabou sendo transportada pelo Senado Federal na derradeira etapa do processo legislativo para o inciso X do art. 1.015, segundo o qual: "Cabe agravo de instrumento contra as decisões interlocutórias que versarem sobre: (...) concessão, modificação ou revogação do efeito suspensivo aos embargos à execução".

A previsão é ampla o suficiente para reconhecer a recorribilidade imediata das decisões interlocutórias nela previstas – de *concessão*, *modificação* ou *revogação* do efeito suspensivo aos embargos à execução –, e, em função do *caput* do art. 1.015, é correto entender também a recorribilidade imediata da decisão que *indefere* o pedido de efeito suspensivo. Afinal, versar sobre o *deferimento* é, também, indeferir[20].

Ainda que não fosse esta a interpretação exata do alcance do inciso X do art. 1.015, a recorribilidade das decisões relativas ao efeito suspensivo dos embargos à execução – de todas elas – decorreria do reconhecimento da recorribilidade imediata das decisões que

---

19. A referência é feita ao § 6º do art. 935 do PL n. 8.046/2010, que tinha a seguinte redação: "Contra a decisão sobre concessão, modificação ou revogação do efeito suspensivo cabe agravo de instrumento".

20. Expresso nesse sentido é o Enunciado n. 71 da I Jornada de Direito Processual Civil do CJF: "É cabível o recurso de agravo de instrumento contra a decisão que indefere o pedido de atribuição de efeito suspensivo a Embargos à Execução, nos termos do art. 1.015, X, do CPC".

versarem sobre tutelas provisórias (art. 1.015, I), o que ganha ainda maior interesse diante da (adequada) equiparação de pressupostos feita pelo § 1º do art. 919.

E, se mesmo assim restasse alguma dúvida acerca da recorribilidade imediata daquela decisão, haveria espaço de sobra para extraí-la do parágrafo único do art. 1.015 e da admissão nele feita de agravo de instrumento de *todas* as decisões interlocutórias proferidas no "processo de execução", como é o caso dos embargos à execução, máxime para quem, como este *Curso*, que vê naquela iniciativa do executado exercício do direito de defesa (e não de ação) independentemente da formação de um *novo* processo (de conhecimento).

8. FUNDAMENTOS

O executado pode voltar-se à concretização da tutela jurisdicional executiva alegando questões que residem no plano *processual* ou no plano *material*. Os "embargos à execução" podem questionar atos jurisdicionais executivos praticados até então, como, por exemplo, a falta ou a nulidade de citação do executado, penhora indevida já realizada ou aspectos que dizem respeito ao plano material, assim, apenas a título de ilustração, algum defeito na constituição do título executivo extrajudicial, de acordo com suas específicas leis de regência ou, mais amplamente, a própria relação de direito material subjacente ao título executivo e por ele documentada, assim a inexistência de relação de crédito e débito entre exequente e executado ou o pagamento da dívida reclamada.

O art. 917 ocupa-se com as matérias passíveis de arguição nos embargos à execução indistintamente[21]. As hipóteses previstas no dispositivo, a bem da verdade, correspondem a possíveis "causas de *resistir*" dos embargos à execução e que dão fundamento aos possíveis *pedidos* a serem formulados pelo executado/embargante, tais como declaração de nulidade da obrigação retratada pelo título executivo; falta de um ou mais de um dos atributos daquela obrigação; algum defeito no "processo de execução" ou algum vício de um específico ato processual já praticado naquele processo até então.

É importante destacar, com o n. 2, *supra*, que a circunstância de haver "pedido" do executado/embargante que encontra fundamento em uma das "causas de *resistir*" admitidas pelo art. 917 não significa reconhecer que os embargos à execução sejam *ação*. Prevalece, aqui, a distinção defendida por este *Curso* entre "ação" (e sua concepção como direito não só para dar início ao processo, mas também a ser exercitado ao longo dele) e "pedido de tutela jurisdicional". Também o acolhimento da *defesa*, como são os embargos à execução, pode levar o magistrado a conceder tutela jurisdicional a quem a exercita, tutela jurisdicional esta que é

21. O dispositivo acabou por consolidar nos incisos do seu *caput* e nos seus sete parágrafos o que, no CPC de 1973, após a Lei n. 11.382/2006, ocupava quatro dispositivos distintos: o art. 745 (o principal), o art. 742 (exceção de incompetência, de suspeição e impedimento) e os arts. 743 e § 3º do art. 739-A (excesso de execução).

oposta e inibidora do pedido de concretização da tutela jurisdicional executiva que o sistema admite em favor do portador de um título executivo.

Tanto assim que o art. 775, ao tratar do chamado "princípio da disponibilidade", permite que o exequente desista de "toda a execução" ou de "apenas alguma medida executiva", desde que, quando já apresentados, seja observado o *conteúdo* dos embargos. Se os embargos disserem respeito apenas a questões de ordem *processual*, a desistência é possível, desde que o exequente pague as custas e os honorários do advogado do executado (art. 775, parágrafo único, I). Na hipótese de os embargos à execução veicularem questões de ordem *material*, a desistência depende da concordância do executado (art. 775, parágrafo único, II), regra em tudo similar à do § 4º do art. 485.

Dada a concepção sustentada por este *Curso* quanto aos embargos à execução, ademais, é irrecusável que tenham ampla aplicação para eles os princípios inerentes ao exercício da defesa. Assim, o "princípio da concentração da defesa" ou da "eventualidade" e o da "impugnação especificada" significam dizer que o executado/embargante deve formular todas as defesas possíveis em seus embargos, valendo-se do art. 917 como referência, sob pena de não poder suscitá-las posteriormente. As exceções são as mesmas aplicáveis a qualquer defesa: as questões de ordem pública e as relativas a direito superveniente (art. 303).

A doutrina em geral, ao entender que os embargos à execução são verdadeira *ação*, acaba por reconhecer que qualquer matéria não alegada pelo executado/embargante nos seus embargos pode ser apresentada ao Estado-juiz por *outra* "ação", sem que se possa falar em preclusão ou em fenômenos semelhantes, típicos do exercício da *defesa*. Não fosse pelas razões anteriormente expostas, em nome do princípio da eficiência (art. 4º) e da boa-fé (art. 5º), contudo, o que há para ser alegado por aquele que sofre os atos relativos à concretização da tutela jurisdicional executiva deve ser exposto de plano (e como um todo) ao Estado-juiz, na primeira oportunidade que há para se manifestar. As exceções são suficientemente capturadas pelo sistema – e sua aplicação para cá é irrecusável diante do parágrafo único do art. 771 – e devem, como tais, ser observadas.

Os números seguintes voltam-se ao exame de cada um dos fundamentos que legitimam a apresentação dos embargos pelo executado de acordo com o art. 917.

8.1 Nulidade da execução

A primeira *causa de resistir* que pode justificar a apresentação dos embargos à execução pelo executado é a do inciso I do art. 917. De acordo com a regra, cabe ao executado, se for o caso, alegar "inexequibilidade do título ou inexigibilidade da obrigação".

O dispositivo vem para substituir a previsão do inciso I do art. 745 do CPC de 1973 na redação da Lei n. 11.382/2006, que se referia à "nulidade da execução, por não ser executivo o título apresentado".

A despeito das diferenças textuais entre as duas regras, sua adequada interpretação converge para o mesmo resultado: a inexequibilidade do título *ou* a inexigibilidade da obrigação albergam qualquer defeito, de ordem material ou de ordem processual, que possa comprometer a presunção retratada no título executivo em favor do exequente, tanto quanto se dá, no plano da impugnação com relação ao inciso III do § 1º do art. 525.

No que diz respeito à inexequibilidade do título, cabe colocar em evidência quaisquer defeitos que possam comprometer a higidez do título executivo como tal desde o plano material, alcançando também – e nem poderia ser diferente – o plano processual. Assim, é inexequível o título executivo extrajudicial que não reúne as condições mínimas que, de acordo com sua lei de regência de direito material, exige para tanto. Mas também o é o título que não está definido como título executivo pelo Código de Processo Civil ou pela legislação extravagante ou, quando o está, deixa de preencher as exigências feitas pelas próprias leis processuais. Assim, por exemplo, a confissão de dívida assinada pelo executado e por apenas *uma* testemunha.

Nessa perspectiva, o inciso I do art. 917 evoca a *necessidade* de todo título executivo, mesmo extrajudicial, retratar obrigação líquida, certa e exigível, nos precisos termos dos arts. 786 e 783. Ademais, o inciso I do art. 803 trata como *nula* a execução se o título executivo extrajudicial não corresponder a obrigação certa, líquida e exigível".

O inciso III do art. 803 também se refere a execução nula quando "for instaurada antes de se verificar a condição ou de ocorrer o termo", típico caso de ausência de *interesse de agir* e, consequentemente, de *inexigibilidade* da obrigação, sem prejuízo do quanto disciplinado pelos arts. 787 e 788.

8.2 Penhora incorreta ou avaliação errônea

O inciso II do art. 917 autoriza os embargos à execução para questionar a penhora e a avaliação do bem penhorado.

A pressuposição da regra é a de que à realização da penhora siga-se a avaliação dos bens penhorados e que a prática desses dois atos *preceda* o prazo que o executado tem para embargar.

Dessa forma, tanto a penhora incorreta, isto é, a penhora que recai sobre bem *absolutamente* ou *relativamente* impenhorável (arts. 833 e 834), a penhora que não observa a ordem do art. 835, como também a avaliação errônea dos bens penhorados, o que seja, a má expressão do *valor* dos bens penhorados, devem ser tratadas no amplo contraditório dos embargos à execução.

Pode ocorrer, contudo, que o prazo para apresentação dos embargos se consume *antes* da realização da penhora ou, quando menos, da avaliação do bem já penhorado.

É o que se dá, por exemplo, quando a avaliação dos bens reclamar conhecimentos especializados, quando deverá ser instaurado o incidente disciplinado pelos arts. 870 e 872. Nestes casos, não há como recusar que os embargos sejam apresentados pelo executado desde logo – a não realização da avaliação *não é* causa suspensiva daquele prazo, que, como regra, flui desde a juntada, aos autos, do comprovante de citação do executado (art. 915, *caput*) –, deixando-se eventual questionamento da avaliação para o incidente disciplinado pelo art. 873.

De qualquer sorte, o que a lei pressupõe, na normalidade dos casos, até como forma de ir ao encontro de maior celeridade, otimização e, por isso mesmo, eficiência e racionalização da atividade jurisdicional, é que *todos* os atos executivos sejam questionados pelo executado de uma vez só. O instante procedimental adequado para tanto é, justamente, o dos embargos à execução.

Para a penhora e para a avaliação dos bens penhorados realizados *após* o término da oportunidade de o executado apresentar embargos à execução, o § 1º do art. 917 reserva expressamente o prazo de quinze dias (úteis e, conforme o caso, com as devidas dobras legais) contados da ciência do ato para o executado, por simples petição, os argua.

Inexiste qualquer vedação sistemática, muito pelo contrário, para que aquele pedido seja acompanhado de requerimento de concessão de tutela provisória (de urgência e/ou de evidência) para impedir a consumação de alguma lesão ou ameaça ao executado. É supor, sem nenhuma dificuldade, a hipótese em que o executado questione convincentemente a realização de penhora de bem de família e os riscos inerentes à sua oportuna alienação.

8.3 Excesso de execução ou cumulação indevida de execuções

O inciso III do art. 917 cuida de duas hipóteses diversas para serem arguidas nos embargos à execução, embora guardem alguma relação entre si. É o caso do "excesso de execução" e da "cumulação indevida de execuções".

É o § 2º do art. 917 que oferece o rol de situações que devem ser entendidas como excesso de execução. Ela se dá quando o exequente pleitear quantia superior à do título (inciso I); quando recair sobre coisa diversa daquela declarada no título (inciso II); quando se processar de modo diferente do que foi determinado no título (inciso III); quando o exequente pretender o adimplemento do executado sem, antes, ter cumprido a sua parte na obrigação (inciso IV); e quando o exequente não provar que a condição se realizou (inciso V).

Ainda que se queira enxergar que as hipóteses dos incisos IV e V do § 2º do art. 917 estariam mais bem alocadas no âmbito da *inexigibilidade* da obrigação, conducentes, portanto, à hipótese do inciso I do art. 917, o rol é claro o suficiente para identificar o que deve, nesses casos, guiar a arguição (e a respectiva prova) por parte do executado. A hipótese do inciso I

§ 2º do art. 917, por sua vez, indica os embargos à execução para questionar, se for o caso, a exatidão dos cálculos aritméticos elaborados pelo exequente para os fins do art. 798, I, *b*, e parágrafo único, e que devem ser apresentados com sua petição inicial.

Com relação ao "excesso de execução" é mister destacar ainda a previsão do § 3º do art. 917, segundo a qual "Quando alegar que o exequente, em excesso de execução, pleiteia quantia superior à do título, o embargante declarará na petição inicial o valor que entende correto, apresentando demonstrativo discriminado e atualizado de seu cálculo". Trata-se de regra que especifica a hipótese do inciso I do § 2º do mesmo art. 917.

Similarmente ao que exige o § 4º do art. 525 no âmbito da impugnação, o executado só pode alegar que há excesso de execução quando indicar qual é o valor que entende correto, apresentando demonstrativo discriminado e atualizado de seu cálculo. A consequência de não se desincumbir a contento desse ônus está no § 4º do art. 917. Segundo os incisos desse dispositivo, os embargos à execução "serão liminarmente rejeitados, sem resolução de mérito, se o excesso de execução for o seu único fundamento" ou "serão processados, se houver outro fundamento, mas o juiz não examinará a alegação de excesso de execução". Trata-se, não há por que duvidar, de mais um caso que autoriza a rejeição dos embargos, inclusive liminarmente, nos termos do art. 918.

A regra é afinada ao modelo constitucional do direito processual civil, encontrando, inclusive, eco no Código de Processo Civil, no ambiente da "ação de consignação em pagamento" (art. 544, parágrafo único[22]). É regra que, em última análise, apenas impõe ao executado o ônus de provar o acerto e a pertinência da pretensão que, em última análise, corporifica-se nos embargos à execução que apresenta para discussão, desde o primeiro instante procedimental que lhe cabe fazer isso, qual seja, a petição que materializa, perante o Estado-juiz, aquela sua manifestação. É exigência, destarte, que se harmoniza com as regras do ônus da prova (art. 373).

Importa ressalvar, contudo, aqueles casos em que a comprovação do excesso pelo executado não for possível de ser feito desde logo. Em tais situações, cabe a ele justificar aquela circunstância, indicado os meios de prova que se fazem indispensáveis para tanto, e, na medida das possibilidades, apresentando início de prova que ateste a seriedade de sua alegação, única forma de afastar o rigor do precitado dispositivo. É para situações acima que merecem as considerações feitas pelo n. 5.5 do Capítulo 1 acerca da impugnação.

Por fim, o mesmo inciso III do art. 917 admite os embargos quando houver "cumulação indevida de execuções", isto é, a formulação de mais de um pedido de tutela jurisdicional pelo exequente que viole os princípios informativos da cumulação de pedidos, expressamente admitida pelo art. 780.

22. De acordo com aquele dispositivo, a alegação do réu de que o depósito não é integral – o que justifica a improcedência do pedido do autor de extinguir a dívida em função da consignação – "somente será admissível se o réu indicar o montante que entende devido".

8.4 Retenção de benfeitorias

Porque os chamados "embargos por retenção de benfeitorias", previstos expressamente no inciso IV do art. 917, com as regras complementares dos §§ 4º e 5º do mesmo art. 917, justificam-se pelas especificidades das obrigações de entrega de coisa, sua análise é feita no n. 2.5 do Capítulo 2 da Parte IV, para dar ênfase às suas características próprias e à sua razão de ser diante daquelas específicas situações de direito material.

Naquilo em que aqueles embargos não guardam nenhuma especificidade à luz do direito material – e a disciplina específica para tanto é a dos referidos §§ 4º e 5º do art. 917 –, as regras discutidas ao longo deste Capítulo têm plena aplicação, quer no que diz respeito à sua natureza jurídica, quer ao seu prazo, ao seu procedimento, ao seu julgamento, aos seus recursos e à aptidão da decisão que os julga transitar em julgado, quando presentes os demais pressupostos autorizadores do sistema processual civil.

8.5 Incompetência

O art. 917 contém um inciso, o VII, segundo o qual os embargos à execução podem discutir a incompetência absoluta ou relativa do juízo da execução.

É regra que quer se harmonizar com a sistemática do CPC de 2015, bastante diferente, no particular, quando comparada com a do CPC de 1973, de que tanto a incompetência *absoluta* como a incompetência *relativa* são questionadas pelo réu como *preliminar* de contestação (art. 337, II). Em rigor, a previsão é desnecessária, porque decorre suficientemente da aplicação daquela regra ao "processo de execução", por força do disposto no parágrafo único do art. 771.

De qualquer sorte, a previsão vem para se sobrepor à previsão do art. 742 do CPC de 1973, que reservava para o executado que quisesse questionar a incompetência *relativa*, o direito de apresentar a respectiva *exceção* juntamente com os embargos à execução.

O tema estava desgastado no CPC de 1973, mesmo após as modificações introduzidas pela Lei n. 11.382/2006, quando já se mostrava mais correto sustentar, como faziam as edições anteriores deste *Curso*, que, se o executado arguisse a incompetência relativa nos próprios embargos, disso não decorreria nenhum vício formal à falta de qualquer prejuízo para o exequente[23].

---

23. É o que se lia do n. 6.6 do Capítulo 2 da Parte V do v. 3 das edições anteriores ao CPC de 2015 deste *Curso*: "... prevalece, para o caso, a regra do art. 742. Tais *exceções* devem ser veiculadas formalmente como tais, com observância das prescrições dos arts. 304 a 306, e não como matéria de embargos à execução, isto é, como *preliminares* (v. n. 3 do Capítulo 2 da Parte II do v. 2, tomo I). Sua arguição, contudo, em sede de embargos à execução, é mero vício formal que não deve levar, por este fundamento, à sua rejeição (idem). A exceção de incompetência, de resto, ganha interesse destacado na hipótese em função da nova regra

8.6 Outros fundamentos

O inciso VI do art. 917, por fim, admite que os embargos sejam fundamentados em qualquer matéria que o executado poderia "deduzir como defesa em processo de conhecimento".

O próprio papel desempenhado pelos embargos à execução, que é o de, amplamente, permitir ao executado contrapor-se a um título executivo *extrajudicial*, isto é, aquele que se forma *fora* e *independentemente* de prévio controle judicial, justifica a *necessidade* de previsão ampla e genérica como aquela que se lê do precitado dispositivo. Até para que não haja alguma restrição ao comando do inciso XXXV do art. 5º da Constituição Federal a sugerir que o executado não poderia se valer, como pode, de todas as alegações (com as respectivas provas) cabíveis para afastar a presunção irradiada em seu desfavor pela apresentação do título executivo extrajudicial.

O dispositivo refere-se a "processo de conhecimento". A expressão deve ser entendida como a indispensável atividade jurisdicional voltada ao reconhecimento judicial das razões pelas quais o executado quer afastar as consequências derivadas do título executivo extrajudicial. Atesta, por isso mesmo, o direito que o executado tem (ainda que, do ponto de vista procedimental, postergado, verdadeiramente invertido) de exercer sua *ampla* defesa para se contrapor ao pedido de concretização de tutela jurisdicional executiva apresentado pelo exequente.

É como se estivesse escrito no inciso VI do art. 917: os embargos à execução desempenharão o *mesmo* papel de uma *contestação*. Eles não são contestação, importante destacar, palavra técnica em direito processual civil, mas, para os fins aqui discutidos, é como se fossem. Eles, os embargos à execução, são a técnica de *defesa* (amplamente considerada) que o executado tem nos casos de execução fundada em título executivo *extrajudicial*.

Com relação à vastidão de matérias alegáveis a partir do dispositivo aqui examinado, cabe fazer as seguintes considerações.

O executado pode invocar em seus embargos à execução "qualquer causa modificativa ou extintiva da obrigação, como pagamento, novação, compensação, transação ou prescrição, desde que supervenientes à sentença", previsão que corresponde ao inciso VII do § 1º do art. 525 para a impugnação ao cumprimento de sentença. Trata-se de típica matéria de *defesa* no chamado "processo de conhecimento". Representam todas aquelas hipóteses verdadeiras

---

constante do art. 475-P, introduzida pela Lei n. 11.232/2005, cuja aplicação para os casos de título executivo *extrajudicial* não pode ser descartada (v. n. 2.1 do Capítulo 2 da Parte I). Com relação à incompetência absoluta – não há razão para descartá-la aprioristicamente –, ela deve ser arguida como 'preliminar' nos próprios embargos à execução, aplicando-se o disposto no art. 301, II. A interpretação decorre da amplitude do inciso V do atual art. 745".

exceções substanciais, e, por isso, são típicas matérias de embargos à execução, nos precisos termos do dispositivo em análise[24].

Importa destacar, contudo, pela própria sistemática dos embargos à execução, a parte final da regra "desde que supervenientes à sentença". Na verdade – e até em função do que decorre suficientemente do inciso I do art. 917 –, aquelas matérias podem ser arguidas pelo executado, como tantas outras, até *antes* da formação do título executivo. É supor, por exemplo, que o executado argua vício de consentimento ou outro vício na sua manifestação de vontade na celebração de acordo para consolidação de dívidas pretéritas.

Outra matéria que pode ser invocada pelo executado em sede de embargos à execução fundamentados no inciso VI do art. 917 é qualquer causa de nulidade da execução que não se subsuma ao inciso I do mesmo dispositivo, que se circunscreve, embora amplamente, à conformação do próprio título executivo em seu aspecto material e processual. É o caso, por exemplo, da falta ou nulidade de citação. Nesse caso, a despeito da higidez do título executivo e da obrigação nele documentada suficientemente, é o "processo" que padece de vício gravíssimo – qualificado por boa parte da doutrina como de *inexistência* jurídica – e que inspira a sua arguição em sede de embargos à execução. Não é por outra razão que o inciso II do art. 803 prevê a hipótese também como causa de "*nulidade da execução*".

No caso que ocupou o parágrafo anterior, bem assim em todos aqueles em que a nulidade da execução ou dos atos executivos *independe* do título executivo e da obrigação por ele representada, os embargos terão como fundamento, à falta de outra previsão mais específica no art. 917, a ampla previsão de seu inciso VI aqui analisada. Isso, contudo, não traz nenhuma relevância para o dia a dia do foro, e eventual "erro" na indicação do *inciso* em que os embargos à execução estão fundamentados não é motivo para o seu indeferimento (art. 918). O que releva para fins de identificação da pertinência da "causa de *resistir*" é a exposição de um fundamento admitido pela lei e não, propriamente, a sua previsão legal.

8.6.1 Embargos à execução e reconvenção

A doutrina em geral, ao entender os embargos à execução como verdadeira "ação" exercitável em "processo" autônomo, que não se confunde, uma e outro, com a iniciativa de o exequente ver seu direito satisfeito com a concretização da tutela jurisdicional executiva fundamentada no títu-

24. A 1ª Seção do STJ admitiu em sede de Recurso Especial Repetitivo (REsp 1.008.343/SP, rel. Min. Luiz Fux, j. un. 9-12-2009, *DJe* 1º-2-2010) que o embargante alegue compensação – direito subjetivo do contribuinte – desde que concorram os seguintes elementos: "(i) a existência de crédito tributário, como produto do ato administrativo do lançamento ou do ato-norma do contribuinte que constitui o crédito tributário; (ii) a existência de débito do fisco, como resultado: (a) de ato administrativo de invalidação do lançamento tributário, (b) de decisão administrativa, (c) de decisão judicial, ou (d) de ato do próprio administrado, quando autorizado em lei, cabendo à Administração Tributária a fiscalização e ulterior homologação do débito do fisco apurado pelo contribuinte; e (iii) a existência de lei específica, editada pelo ente competente, que autorize a compensação, *ex vi* do artigo 170 do CTN".

lo executivo extrajudicial que apresenta ao Estado-juiz, permite a conclusão de que o executado pode, na sua "ação de embargos", ir além de resistir à pretensão do exequente, pedindo, em seu favor, tutela jurisdicional que supere aquela postura eminentemente passiva.

A compreensão de que os embargos à execução são *defesa*, contudo, não é óbice para essa mesma iniciativa, que merece guarida diante da regra do parágrafo único do art. 771. A maior (embora não total) *desformalização* da reconvenção promovida pelo CPC de 2015 em seu art. 343 com relação à reconvenção só favorecem esse entendimento, que, de resto, já era o defendido por este *Curso*[25].

Assim, inexiste razão para excluir aprioristicamente a possibilidade de o executado, amparado nos fundamentos de sua *defesa*, pretender pleitear tutela jurisdicional *qualitativamente* diversa da inviabilização da execução contra ele direcionada. É exemplificar a hipótese com a alegação de pagamento arguida pelo executado, que, forte no art. 940 do Código Civil[26], pode pretender a apenação do exequente no pagamento em dobro dos valores injustamente cobrados ou com a pretensão do executado de compensar os valores devidos com valores já pagos, na esteira do que admite a Súmula 394 do Superior Tribunal de Justiça[27].

É interessante destacar que não se poderia negar ao executado tal iniciativa mesmo depois de extinta a execução pelo acolhimento de seus embargos, a partir da interpretação ampla que se dá, e com a qual este *Curso* concorda, ao art. 776. A proposta aqui sustentada, de tutelar o executado que experimentou uma "execução *injusta*", desde logo afina-se ao modelo constitucional do direito processual civil, em especial ao inciso LXXVIII do art. 5º da Constituição Federal, viabilizando, com a iniciativa, maior otimização e racionalização das atividades jurisdicionais respectivas com vistas à prestação da tutela jurisdicional à parte que tem, na perspectiva de direito material, direito em detrimento da outra[28].

9. IMPEDIMENTO OU SUSPEIÇÃO

De acordo com o § 7º do art. 917, "A arguição de impedimento e suspeição observará o disposto nos arts. 146 e 148".

25. A referência é feita ao n. 6.5.1 do Capítulo 2 da Parte V do v. 3 das edições anteriores ao CPC de 2015 deste *Curso*.

26. "Aquele que demandar por dívida já paga, no todo ou em parte, sem ressalvar as quantias recebidas ou pedir mais do que for devido, ficará obrigado a pagar ao devedor, no primeiro caso, o dobro do que houver cobrado e, no segundo, o equivalente do que dele exigir, salvo se houver prescrição".

27. Cujo enunciado é o seguinte: "É admissível, em embargos à execução, compensar os valores de imposto de renda retidos indevidamente na fonte com os valores restituídos apurados na declaração anual".

28. Bem ilustra o acerto (e os usos) do entendimento aqui sustentado acórdão da 4ª Turma do STJ (AgRg no REsp 1.149.694/PR, rel. Min. Aldir Passarinho Jr., j. un. 3-8-2010, *DJe* 27-8-2010) que reconheceu "... a pertinência do executado buscar a restituição dos valores pagos em excesso em execução, ou cumprimento de sentença, no mesmo processo, sem a necessidade de ação autônoma, bastando a apresentação de cálculos atualizados e a intimação da parte, na pessoa de seu advogado". A 3ª Turma do STJ (REsp 1.330.567/RS, rel. Min. Nancy Andrighi, j. un. 16-5-2013, *DJe* 27-5-2013), por sua vez, admitiu que os embargos sirvam à revisão do contrato que enseja a execução.

A previsão, em rigor despicienda diante das regras de remissão dos arts. 513 *caput* e 771, quer apenas evidenciar que, coerentemente com a sistemática estabelecida pelo CPC de 2015, cabe ao executado que pretender arguir o impedimento ou a suspeição do magistrado e dos demais sujeitos referidos nos incisos do *caput* do art. 148 fazê-lo não apenas de acordo com os fundamentos dos arts. 144 e 145, mas também – é o que mais importa destacar nesta sede – em consonância com a *forma* dos arts. 146 e dos parágrafos do 148, isto é, por mera petição endereçada ao juízo independentemente dos embargos à execução no prazo de quinze dias (úteis e, consoante o caso, passível de ser dobrado).

No caso dos embargos à execução, contudo, não ocorre a dificuldade temporal que deriva do § 2º do art. 525, exposta no n. 6 do Capítulo 1. Com isso, reduzido o risco de intempestividade de alegação daquelas questões, é menos relevante eventual descumprimento formal do executado e suscitação do impedimento ou da suspeição nos próprios embargos à execução.

A regra é genérica o suficiente para direcionar eventual arguição de suspeição ou de impedimento do exequente ao mesmo regime jurídico

10. PROCEDIMENTO

O art. 920 disciplina o procedimento dos embargos à execução, é dizer, qual é a sequência de atos e fatos processuais que deverá ser observada desde a sua apresentação até o proferimento da decisão respectiva.

Embora silente o dispositivo, uma vez que os embargos sejam *recebidos*, isto é, quando não ocorrente nenhuma das hipóteses do art. 918, proferido, portanto, seu juízo de admissibilidade *positivo*, o magistrado analisará eventual pedido de efeito suspensivo. Suspenderá ou não, total ou parcialmente, a execução na medida em que verifique a presença dos pressupostos do § 1º do art. 919 (art. 921, II).

Após, será determinada a oitiva do exequente para se manifestar no prazo de quinze dias (art. 920, I).

O prazo, processual, só fluirá em dias úteis (art. 219, parágrafo único). As dobras legais dos *capi* dos arts. 180, 183 e 183 devem ser observadas pela sua especificidade. A derivada do art. 229 é de rarefeita ocorrência, porque pressupõe que dois ou mais exequentes que se litisconsorciem sejam representados por advogados diversos de escritórios diferentes e que os autos do processo sejam em papel. Caso ocorra, contudo, a dobra naquele caso deve ser obstada por força do princípio constitucional da isonomia: não há sentido de o art. 915 negar aquele direito ao executado para apresentar seus embargos e admitir para o exequente se manifestar sobre eles.

Ademais, a fluência do prazo para a *resposta* do exequente depende de sua regular *intimação*, que se dará na pessoa de seu advogado devidamente constituído nos autos da execução (art. 274).

Com a resposta do exequente, o magistrado terá, consoante o inciso II do art. 920, duas alternativas: julgará os embargos à execução desde logo porque não há outras provas a serem produzidas, além daquelas que executado e exequente já tiverem eventualmente apresentado (art. 434) – verdadeiro caso de "julgamento antecipado do mérito" previsto no inciso II do art. 920 –, ou, entendendo que o caso comporta dilação probatória, determinará a produção da prova respectiva, circunstância que levará os embargos à execução a uma inegável "fase instrutória" a ser precedida da decisão de saneamento e organização do processo do art. 357.

Para além daquelas duas situações, é correto entender que os embargos à execução podem comportar julgamento antecipado *parcial* do mérito. Nessa hipótese, tem aplicação a disciplina do art. 356.

Pode acontecer também de o exequente/embargado não se manifestar acerca dos embargos à execução, restando silente a despeito da intimação determinada pelo inciso I do art. 920. A questão que se põe é saber qual é a consequência de sua omissão. Não se trata, propriamente, de "revelia". O exequente, por definição, atuou no processo, ainda que direcionado à concretização da tutela jurisdicional executiva com a prática de atos executivos para a satisfação do direito estampado em seu favor no título executivo. Ademais, dada a *presunção* que acompanha a certeza, a exigibilidade e a liquidez da obrigação retratada no título, é forçoso recusar, ainda que a hipótese pudesse ser compreendida como "revelia", que, de seu silêncio, os fatos alegados pelo executado/embargante pudessem ser tidos como verdadeiros. Não tem aplicação aos embargos à execução o disposto no art. 344, impondo, em qualquer caso, que o magistrado investigue a correção das questões levantadas pelo executado/embargante para proferir a sua decisão.

A redação do inciso II do art. 920, ademais, dá a entender que a única prova admissível nos embargos à execução é a *oral*, porque faz referência a "audiência". Tal orientação, contudo, não pode prevalecer na riqueza de situações do que pode ocorrer no dia a dia forense. Se o caso impuser a colheita de depoimentos pessoais ou de oitiva de testemunhas, sua produção será feita naquela audiência (arts. 385 e 453, respectivamente). Se o caso reclamar a realização de perícia contábil para verificação da exigibilidade ou da liquidez da obrigação retratada no título, por exemplo, não. A audiência, nesses casos, só se fará necessária se for deferida a oitiva do perito para os fins dos arts. 464, § 3º, ou 477.

Caso o magistrado entenda que a hipótese comporta conciliação ou mediação, independentemente da fase instrutória, pode promover audiência com aquela finalidade, o que encontra amplo fundamento nos parágrafos do art. 3º e, mais especificamente no inciso V do art. 139.

Finda a "fase *instrutória*", o magistrado proferirá *sentença*, o que é expressamente previsto no inciso III do art. 920.

11. JULGAMENTO

O inciso III do art. 920 refere-se à decisão que julga os embargos como *sentença*, com esteio na tradição da doutrina e da jurisprudência nacionais. Completa-o o inciso III do § 1º do art. 1.012, que reserva para a *sentença* que "extingue sem resolução do mérito ou julga improcedentes os embargos do executado" o recurso de apelação *sem* efeito suspensivo.

Fosse para desconsiderar as escolhas feitas de maneira expressa pelo legislador por força de construções teóricas e seria coerente entender, tanto quanto se dá no ambiente do cumprimento de sentença, que a hipótese de rejeição dos embargos à execução (sendo indiferente seus fundamentos) não é de proferimento de *sentença* (art. 203, § 1º), mas de decisão *interlocutória* (art. 203, § 2º). Sentença haveria, apenas e tão somente, se os embargos à execução fossem *integralmente* acolhidos acarretando a extinção do processo (arts. 924, III, e 925).

À falta de qualquer violação ao modelo constitucional do direito processual civil – é este, mais que qualquer outro, o guia da reconstrução dogmática e sistemática do direito processual civil –, tais construções, por mais coerentes que sejam, devem ser afastadas e ceder espaço ao sistema expressamente criado, com seus acertos e defeitos, pelo legislador processual civil. É o que, propõe este *Curso*, alterando, com isso, posição externada em suas edições anteriores[29].

Até porque, tendo o CPC de 2015 como pano de fundo da exposição (e nem poderia ser diferente), importa dar o devido destaque ao que consta do § 1º do art. 203, que ao conceituar sentença, ressalva expressamente as "disposições expressas dos procedimentos especiais". É o bastante para entender consciente a escolha do legislador ao identificar como sentença

29. A referência é feita aos n. 4.5 e 8 do Capítulo 2 da Parte V do v. 3 das edições anteriores ao CPC de 2015 deste *Curso*, em que se liam, a propósito do tema, entre outras, as seguintes formulações, suficientemente ilustrativas do entendimento então externado: "Forte na concepção tradicional da doutrina de que os 'embargos à execução' são verdadeira 'ação' que se desenvolve em novo e diverso 'processo', o art. 520, V refere-se à *sentença* que 'rejeitar liminarmente embargos à execução ou julgá-los improcedentes' para subtrair da *apelação* dela interponível efeito suspensivo. Do ponto de vista sistemático, a hipótese é de decisão *interlocutória*, contrastável por agravo de instrumento, porque o processo prossegue com vistas à concretização da tutela jurisdicional executiva. Diante da expressa previsão do art. 520, V, mais ainda quando lida em conjunto com os arts. 587 e 740, que também se referem à *sentença* proferida nos embargos, põe-se a questão de saber se a hipótese regrada pelo legislador deve ser aceita como excepcional no sistema processual civil, isto é, se a *letra* daqueles dispositivos deve, ou não, prevalecer sobre o *sistema* processual civil. A resposta dada por este *Curso* é negativa: a despeito do *texto* da lei, a hipótese é de decisão interlocutória" e "Fazem-se pertinentes, por isto mesmo, as mesmas considerações expostas pelo n. 4.5, *supra*: rigorosamente, a hipótese deveria ser regrada semelhantemente ao que o § 3º do art. 475-M reserva para a 'impugnação': a decisão seria *sentença* na hipótese de acolhimento *total* dos embargos; seria interlocutória na hipótese de sua rejeição ou acolhimento parcial, assunto ao qual se volta o n. 6 do Capítulo 1. A opção deste *Curso*, coerente com suas premissas inaugurais, é a de oferecer uma proposta de interpretação que, embora vá de encontro ao *texto* da lei, resulta em um sistema de direito processual civil mais coerente e, consequentemente, mais funcional e operante. Deve ter aplicação na espécie, portanto – e a despeito do que se lê nos arts. 520, V, 587 e 745 –, a mesma diretriz do § 3º do art. 475-M. Até porque, independentemente de se tratar de 'sentença' ou de 'decisão interlocutória', a decisão a ser proferida nos embargos, seja qual for o seu conteúdo, tem idêntico regime jurídico, a única exceção sendo o recurso dela cabível".

o ato que julga os embargos à execução que, não obstante, sua localização é típico caso de procedimento especial, como o próprio art. 920 revela.

Assim, a despeito de discordar do sistema criado pelo legislador no particular, incongruente com o que ocorre no âmbito da etapa de cumprimento de sentença, importa dar aplicação à expressa identificação do ato que julga os embargos à execução como *sentença* (art. 920, III), diretriz reiterada pelo próprio Código de Processo Civil ao retirar o efeito suspensivo da apelação dela cabível nos casos do inciso III do § 1º do art. 1.012.

O que importa sublinhar é que a decisão, independentemente de sua natureza jurídica, tem o condão de, acolhendo os embargos à execução, veicular ao executado/embargante a tutela jurisdicional por ele pedida, negando prosseguimento à execução por questões residentes no plano processual ou no plano material.

Reconhecerá a decisão, por exemplo, que o "processo de execução" não se constituiu e/ou não se desenvolveu validamente; que houve a prática de algum ato jurisdicional executivo violador dos direitos do executado; ou, ainda, apenas para ilustrar as situações, que o executado pagou a dívida reclamada. Em todos estes casos, a tutela jurisdicional pretendida pelo executado em seus embargos à execução será reconhecida a ele, formando-se coisa julgada sobre ela toda a vez que houver aprofundamento suficiente na cognição jurisdicional, quando esgotados ou não interpostos os recursos cabíveis. Na perspectiva deste *Curso*, a *sentença* dos embargos à execução pode, em tais casos, *também* fazer as vezes da *sentença* do art. 925 que porá fim ao processo ("de execução") com fundamento no inciso III do art. 924.

Pode acontecer, contudo, de a decisão ser favorável ao exequente, afastando toda e qualquer questão levantada pelo executado/embargante com fundamento no plano processual ou no plano material. A decisão a ser proferida com esse fundamento tem o condão de afastar, com ânimo de definitividade, os óbices levantados pelo executado/embargante, também transitando em julgado quando não interpostos ou julgados os recursos cabíveis. É para essa hipótese que a apelação cabível da *sentença* (art. 920, III) não tem efeito suspensivo legal (art. 1.012, § 1º, III).

A decisão a ser proferida em sede de embargos à execução, por outro lado, e, uma vez mais, independentemente de sua natureza jurídica, imporá ao "vencido", na devida proporção em que o seja, a responsabilidade pelo pagamento das despesas processuais e dos honorários advocatícios. Dada a sistemática do CPC de 2015, é correto entender que a hipótese deve levar em conta, necessariamente, a fixação inicial (art. 827, *caput*), majorando-a, consoante o caso, até o limite estabelecido nos §§ 2º e 3º do art. 85.

Cabe evidenciar, diante daquela mesma sistemática, em especial diante do que estatui o § 1º do art. 85, que não deve prevalecer o entendimento de que os embargos à execução dão ensejo a uma *nova* verba honorária independentemente da fixação dos honorários advocatícios devidos pelo próprio "processo de execução". O que se remunera com aquela verba não é o número de "processos" ou de "ações", mas, bem diferentemente, o efetivo trabalho dos advogados. Por isso, se trata da fixação de uma só verba que, fixada de início em dez por cento (art. 827, *caput*), pode ser majorada até o limite de vinte por cento com a ponderação de todo o trabalho feito até a extinção do processo nos moldes do art. 924, levando em consideração toda a atuação profissional que se justificou durante aquele espaço de tempo, *inclusive* o relativo aos embargos à execução[30].

Claríssimo a esse respeito é a previsão do § 2º do mesmo art. 827, segundo o qual "O valor dos honorários poderá ser elevado até vinte por cento, quando rejeitados os embargos à execução, podendo a majoração, caso não opostos os embargos, ocorrer ao final do procedimento executivo, levando-se em conta o trabalho realizado pelo advogado do exequente".

Ademais, a confirmar o acerto desse entendimento o disposto no § 13 do art. 85. De acordo com aquele dispositivo, as verbas de sucumbência arbitradas por força dos embargos à execução rejeitados ou julgados improcedentes serão acrescidas no valor do débito principal para todos os efeitos legais, isto é, trata-se de uma verba única a ser considerada como tal para todos os fins.

Eventuais penalidades a serem suportadas pelas partes, independentemente de se tratar de exequente ou executado, devem ser estabelecidas também na sentença. A previsão do parágrafo único do art. 918, específica para os casos em que a rejeição dos embargos à execução carrega a pecha de manifestamente protelatórios, não esgota as possibilidades e não afasta a incidência das regras gerais, inclusive a do parágrafo único do art. 774[31].

12. RECURSOS

Da *sentença* que julgar os embargos à execução cabe apelação. Se forem *acolhidos*, ela será recebida *com* efeito suspensivo. Se *rejeitados* ou julgados *improcedentes*, a hipótese é de apelação *sem* efeito suspensivo, por força do inciso III do § 1º do art. 1.012[32].

---

30. Embora tendo como pano de fundo o CPC de 1973, a CE do STJ teve oportunidade de fixar a seguinte tese a respeito do assunto que, pelas razões do texto, foi recepcionada pelo CPC de 2015: "Os embargos do devedor são ação de conhecimento incidental à execução, razão porque os honorários advocatícios podem ser fixados em cada uma das duas ações, de forma relativamente autônoma, respeitando-se os limites de repercussão recíproca entre elas, desde que a cumulação da verba honorária não exceda o limite máximo previsto no § 3º do art. 20 do CPC/73". Trata-se do REsp 1.520.710/SC (tema 587), rel. Min. Mauro Campbell Marques, j. un. 18-12-2018, *DJe* 27-2-2019.

31. Já era este o entendimento sustentado pelo n. 8.1 do Capítulo 2 da Parte V do v. 3 das edições anteriores ao CPC de 2015 deste *Curso*, a despeito da localização da regra, então alocada como parágrafo único do art. 740 do CPC de 1973, equivalente ao art. 920 do CPC de 2015.

32. O n. 9 do Capítulo 2 da Parte V do v. 3 das edições anteriores ao CPC de 2015 deste *Curso* chegavam a sustentar, diante da sucessão de modificações incorporadas ao CPC de 1973, a última delas, para o assunto que aqui interessa, a Lei n. 11.382/2006, que o inciso V do art. 520 do CPC de 1973, equivalente ao inciso III do § 1º do art. 1.012 do CPC de 2015, havia sido revogado diante da nova sistemática recursal que decorria do § 3º do art. 475-M do CPC de 1973, nele introduzido pela Lei n. 11.232/2005.

Questão interessante é saber se a rejeição ou a improcedência dos embargos autoriza a retomada dos atos executivos que tenham sido suspensos mercê da concessão de efeito suspensivo aos embargos. A melhor resposta para o CPC de 2015 é a positiva, não só diante do já mencionado inciso III do § 1º do art. 1.012, mas também – senão principalmente – por força do disposto no inciso V daquele mesmo dispositivo. Graças a ele, é correto entender que anterior concessão de efeito suspensivo, por fazer as vezes de uma "tutela provisória", perde *imediatamente* sua eficácia com o tão só proferimento de sentença contrária ao embargante, seja ela de cunho processual ou meritório (art. 1.012, § 2º). A suspensão de atos executivos a partir daquele instante procedimental deverá ser perseguida pelo embargante perante o Tribunal recursal competente, o que encontra fundamento nos §§ 3º e 4º do mesmo art. 1.012.

Dessa conclusão surgem outros questionamentos: a ausência do efeito suspensivo do recurso de apelação interposto nos embargos à execução transformaria a execução em "provisória", nos moldes do § 2º do art. 1.012? A retomada dos atos executivos, nesse sentido, atrairia a incidência do regime dos arts. 520 a 522?

A resposta mais adequada para ambas as perguntas é a negativa. Isso porque, aqui, diferentemente do que se dá com as hipóteses alcançadas pelo "cumprimento *provisório* da sentença", o título executivo é *extrajudicial* e, desde o início, a sua eficácia *independe* de prévia deliberação judicial. Não haveria sentido, por isso, *reduzir* a eficácia do título justamente no instante em que o Estado-juiz reafirma sua higidez, rejeitando a pretensão do executado/embargante[33]. Nesse contexto, a Súmula 317 do Superior Tribunal de Justiça[34] merece lembrança, já que o Código de Processo Civil não repetiu a regra do art. 587 do CPC de 1973, que, na redação da Lei n. 11.382/2006, convidava à reflexão quanto à perda do fundamento de validade daquela Súmula[35].

A recorribilidade imediata das decisões interlocutórias proferidas no âmbito dos embargos à execução depende de sua subsunção a alguma das hipóteses previstas nos incisos do *caput* do art. 1.015 – assim, por exemplo, a relativa ao efeito suspensivo independentemente de seu conteúdo –, afastada a generalização autorizada pelo parágrafo único do mesmo dispositivo[36].

Os demais recursos, inclusive os embargos de declaração, não trazem no contexto dos embargos à execução nenhuma peculiaridade para ser destacada neste Capítulo.

---

33. Trata-se de orientação clássica da doutrina que o autor deste *Curso* teve oportunidade de enfrentar em seu *Execução provisória e antecipação da tutela*, p. 120-134.

34. Cujo enunciado é o seguinte: "É definitiva a execução de título extrajudicial, ainda que pendente apelação contra sentença que julgue improcedentes os embargos".

35. Era o entendimento que o n. 5 do Capítulo 6 da Parte I do v. 3 das edições anteriores ao CPC de 2015 deste *Curso* sustentava em função daquele específico dispositivo codificado.

36. Nesse sentido: STJ, 3ª Turma, REsp 1.682.120/RS, rel. Min. Nancy Andrighi, j. un. 26-2-2019, *DJe* 1º-3-2019.

13. COISA JULGADA

O julgamento dos embargos pode ensejar a formação de coisa julgada com eficácia interna ou com eficácia externa, consoante o caso.

Nos casos em que a decisão dos embargos à execução enfrentar o mérito com cognição exauriente (a favor do exequente ou do executado, isto é indiferente), ela terá o caráter de imutabilidade desejado pelo sistema desde o princípio da segurança jurídica.

É o que ocorre, por exemplo, nos casos em que os embargos são *acolhidos* para declarar o pagamento da dívida pelo executado em face do exequente. A declaração de inexistência de relação jurídica de direito material subjacente ao título *impede* que aquela *mesma* questão seja rediscutida em outro processo, por força da coisa julgada, a não ser que haja sua prévia *desconstituição* a ser obtida por ação rescisória (art. 966).

A recíproca é verdadeira: quando *rejeitados* os embargos à execução, o reconhecimento jurisdicional de inexistência do direito reclamado pelo executado tende a transitar em julgado, impedindo, destarte, que ele provoque o Estado-juiz mais uma vez para o *mesmo* fim.

Importa discernir, contudo, que eventuais questionamentos *processuais* que possam dar fundamento aos embargos, assim, apenas para fins ilustrativos, a impenhorabilidade do bem ou algum defeito na sua avaliação (art. 917, II), embora conduzam o magistrado a proferir decisão apta a transitar em julgado, não impedem que um *novo* ato jurisdicional executivo seja praticado com vistas à satisfação do exequente, desde que não infirme o anterior julgamento.

Capítulo 3

Moratória

1. CONSIDERAÇÕES INICIAIS

A Lei n. 11.382/2006 inovou quando, ao introduzir o art. 745-A no CPC de 1973, passou a admitir verdadeira *moratória* a ser obtida jurisdicionalmente pelo executado como alternativa à apresentação dos embargos à execução.

De acordo com aquele dispositivo, no prazo que o executado tinha para embargar, ele podia manifestar sua concordância com o crédito reclamado pelo exequente e depositar 30% daquele valor (assim considerado o principal devidamente atualizado, as custas processuais e os honorários de advogado) e pretender pagar o restante em até seis parcelas mensais, a serem corrigidas monetariamente e acrescidas de juros de 1% ao mês.

O dispositivo gerou inúmeras discussões sobre sua dinâmica, considerando a economia dos seus dois parágrafos, bem assim sobre sua aplicabilidade, ou não, ao cumprimento de sentença.

As edições anteriores deste *Curso* tomaram partido em todas elas, enfatizando a necessidade, a despeito do silêncio do art. 745-A do CPC de 1973, de ser ouvido o exequente sobre o preenchimento, ou não, dos pressupostos do dispositivo para deferimento da moratório e, bem assim, sobre a sua aplicação ao cumprimento de sentença[1].

O CPC de 2015 regula o instituto em seu art. 916 e em seus sete parágrafos toma partido sobre as diversas questões aventadas em sede de doutrina e de jurisprudência acerca de seu antecessor.

2. NATUREZA JURÍDICA

Não obstante as diversas alterações da dinâmica trazidas pelo art. 916, a natureza do instituto restou incólume: trata-se de *moratória* a ser concedida judicialmente ao executado que preencher as exigências do *caput* do art. 916.

1. A referência é feita ao Capítulo 3 da Parte V do v. 3 das edições anteriores ao CPC de 2015 deste *Curso*. Antes, o autor já havia se dedicado ao tema em seu *A nova etapa da reforma do Código de Processo Civil*, v. 3.

Para a oposição ao entendimento externado acima é comum a lembrança do art. 314 do Código Civil, pois o que o exequente pretende quando formula pedido de concretização da tutela jurisdicional executiva não é obter pagamento parcelado, mas, bem diferentemente, obter o pagamento da dívida do executado e obtê-lo, se for o caso, à força. E é por isso que o direito processual civil coloca à sua disposição uma série de técnicas capazes de expropriar o patrimônio do executado independentemente de sua vontade e concordância.

O argumento é, em si mesmo considerado, correto. Ele, contudo, não condiz com a concepção de que o art. 916 é verdadeira moratória estabelecida pelo Código de Processo Civil em favor o executado.

O objetivo daquele dispositivo é buscar, a um só tempo, compatibilizar os direitos contrapostos do exequente e do executado em ampla consonância com o princípio da concretização equilibrada da tutela jurisdicional executiva do art. 805. Trata-se, nesse sentido, de regra pragmática porque uma das maiores dificuldades que se põe para a tão desejada "efetividade" da execução por quantia certa é a higidez patrimonial do executado. Por mais avanços que o direito processual civil tenha galgado a respeito do tema desde a Lei n. 11.382/2006 ao tempo do CPC de 1973, consolidando-as no CPC de 2015, aquela consideração é inegável.

A regra, por isso mesmo, é realista e digna de aplausos. Não há por que duvidar de sua ampla aplicação no dia a dia do foro principalmente por aquele executado (e antes de ser, para fins do direito processual civil, "executado", ele é, no plano material, *devedor*) que pretende pagar a dívida, mas que não tem patrimônio suficiente para tanto. A aplicação do art. 916 permite que, sem qualquer agressão *direta* ao patrimônio do executado, sejam estabelecidas condições concretas de satisfazer integralmente ao crédito reclamado pelo exequente ainda que em até sete parcelas, a primeira à vista e as demais em até seis meses consecutivos com as devidas compensações financeiras e garantias suficientes para o caso de descumprimento.

Em função das considerações até aqui apresentadas é que se mostra ser a melhor interpretação para o art. 916 a de entender a iniciativa do executado como *vinculante* para o exequente e para o próprio magistrado, é dizer: desde que sejam observados os pressupostos exigidos por aquele dispositivo, assunto ao qual se dedica o número seguinte, não há como o exequente deixar de aceitar a moratória. Idem para o próprio magistrado que, diante dos pressupostos legais, *deverá* deferir a medida.

Não se trata de impor um "acordo" ao exequente. A regra não opera no plano material da disponibilidade. Trata-se de um direito que o Código de Processo Civil reconhece ao executado, que, diante de seus respectivos pressupostos, não pode ser afastado por mera vontade pessoal do exequente. A atividade a ser prestada no caso concreto é eminentemente *jurisdicional* e, pois, *substitutiva* da vontade das partes e *imperativa*: ela deve prevalecer *independentemente* da vontade do exequente, cuja eventual oposição deve se limitar à indicação do não preenchimento, pelo executado, das exigências feitas pelo art. 916.

Importa, portanto, não distinguir duas realidades muito diferentes. Uma, que encontra fundamento bastante no art. 3º – e que é amplamente objetivada pelo Código de Processo Civil –, é viabilizar que exequente e executado cheguem a um consenso quanto ao pagamento da dívida, requerendo, inclusive, a suspensão do processo para tanto, no que é expresso o art. 922. Nesta hipótese, impera o princípio da disponibilidade, típica do plano material, sobre o plano processual. No caso do art. 916, a hipótese é contrária: a preponderância é de regras de direito *público* (de direito processual civil) sobre a vontade individualmente considerada dos litigantes.

Para viabilizar o devido aproveitamento da regra, é indispensável que o mandado de citação do executado *também* dê ciência a ele de que ele pode se valer do *direito* que lhe é garantido pelo dispositivo aqui destacado, como verdadeira *alternativa* à apresentação dos embargos à execução.

3. PRESSUPOSTOS

A concessão da moratória prevista no art. 916 depende do preenchimento, pelo executado, das exigências estabelecidas pelo *caput* do dispositivo.

Assim, o executado deverá reconhecer o crédito do exequente no prazo que dispõe para apresentação dos embargos à execução e comprovar o depósito e 30% do valor (total) da dívida reclamada acrescido de custas processuais e de honorários de advogado. Além disso, deverá requerer o pagamento dos restantes 70% da dívida total com os acréscimos indicados em até seis parcelas mensais, todas elas acrescidas de correção monetária e de juros de um por cento ao mês.

O reconhecimento do crédito do exequente só pode significar que a petição em que o executado requerer a moratória – a ser apresentada no prazo dos embargos à execução (art. 916) – conterá também a declaração de que o executado concorda com o valor reclamado pelo exequente. Esse valor deve corresponder ao valor do título ou dos títulos atualizados monetariamente, sem prejuízo da atualização que o exequente já terá feito e apresentado com a petição inicial da execução, em atenção ao art. 798, I, *b*. À falta de indicação, no título, de indexador monetário, a preferência deve ser dada aos índices oficiais que são adotados e usados pelos respectivos Tribunais, sem prejuízo da adoção de eventual padronização do Conselho Nacional de Justiça a este respeito (art. 837), não obstante a crítica que a respeito daquele dispositivo merece ser feito.

O valor de 30% a ser depositado pelo executado deve ser calculado sobre o valor da execução (o valor do título ou títulos que a fundamentam), devidamente atualizado monetariamente (atualização monetária não é acréscimo patrimonial, só conservação do poder aquisitivo da moeda ao longo do tempo), mais as custas processuais que o exequente desembolsou até aquele instante do processo (as custas da execução são *adiantadas* pelo exequente, consoante estabelece o art. 82), além dos honorários do advogado do exequente que são fixados com a determinação da citação do executado, que são de 10% sobre o total (art. 827, *caput*).

Com relação aos honorários advocatícios, não há como aplicar, para o art. 916, a redução da verba honorária prevista no § 1º do art. 827, mesmo que os 30% acima referidos sejam depositados nos três dias que se seguiram à citação do executado. Isso porque a redução lá autorizada depende de "integral pagamento" do crédito reclamado pelo exequente, o que não é a hipótese aqui discutida. Uma postura exclui necessariamente a outra. Se as partes realizarem, sobre o ponto, um *acordo*, é questão diversa, que não interfere na interpretação dos dispositivos destacados.

Eventuais juros de mora reclamados pelo exequente com base no título deverão ser levados em conta para a fixação do valor do "principal" devido a ser monetariamente corrigido. É porque a liquidez do título executivo pressupõe que conste da petição inicial um valor *certo*, com os juros já calculados na forma do art. 798, I, *b*, e parágrafo único, II a IV. No máximo, o que se poderá questionar, para fins da suficiência do depósito, é a incidência de mais alguma parcela dos juros de mora pelo transcurso do tempo até a citação do executado e a abertura do prazo para apresentação da *moratória*. Nesse caso, o novo percentual deve ser calculado e o total obtido com sua inclusão, corrigido monetariamente.

Assim calculados, aquele percentual deve ser efetivamente depositado no prazo de quinze dias contados, como regra, da juntada do comprovante de citação cumprido aos autos (art. 915, *caput*) e, no mesmo prazo, ser apresentado ao juízo com a manifestação de concordância do executado, já evidenciada.

A moratória *não* deve ser concedida nos casos em que o executado se limitar a, no prazo da lei, "protestar" pelo depósito ou, como é comum em alguns lugares por força das normas de organização judiciária estaduais, pedir, naquele prazo, a expedição da "guia de depósito" respectiva ao juízo da execução. Não é este o comportamento que, para os fins do art. 916, espera-se do executado. De resto, caso o magistrado perceba que o "protesto" do depósito pelo executado, em qualquer forma que ele possa assumir, seja uma tentativa de o executado procrastinar o andamento do processo e da prática dos atos executivos, deve sancioná-lo com fundamento no parágrafo único do art. 774 (art. 774, II).

4. OITIVA DO EXEQUENTE E DEFERIMENTO

O § 1º o art. 916, colmatando lacuna *textual* do art. 745-A do CPC de 1973, incluído pela Lei n. 11.382/2006, exige a prévia oitiva do exequente sobre o pedido do executado[2].

2. O n. 3 do Capítulo 3 da Parte V do v. 3 das edições anteriores ao CPC de 2015 deste *Curso* já sustentava a necessidade de prévia oitiva do exequente acerca da manifestação do executado, escrevendo o seguinte a respeito

O que se espera do exequente nesta oportunidade não é propriamente sua concordância com o pedido formulado pelo executado. Ela até pode haver e, consoante seja sua extensão, o incidente pode conduzir à solução consensual da controvérsia, o que é amplamente incentivado pelo Código de Processo Civil. O que, para os fins do art. 916, cabe ao exequente é se manifestar sobre o preenchimento ou não das exigências feitas pelo *caput* do dispositivo pelo executado.

Não há prazo legalmente estabelecido para tanto. No silêncio do magistrado, o prazo é de cinco dias (úteis e, consoante o caso, com as respectivas dobras legais), por força do disposto no § 3º do art. 218.

Com ou sem manifestação do exequente, segue-se a decisão do magistrado, para a qual o § 1º do art. 916 reserva o prazo de cinco dias (úteis).

Diante dos pressupostos legais, o parcelamento *deve ser* deferido. Na hipótese oposta, ausentes os pressupostos exigidos pelo art. 916, o pedido *deve ser* indeferido. Trata-se de decisão *interlocutória* que desafia agravo de instrumento (art. 1.015, parágrafo único) a ser interposto pelo exequente ou pelo executado, consoante se sintam, cada qual, prejudicados com o seu proferimento.

No caso de deferimento do pedido, isto é, caso concedida a *moratória*, os atos executivos serão suspensos e o exequente poderá levantar os 30% depositados de início pelo executado (arts. 916, § 3º, e 921, V).

Mas não só: o magistrado deverá também, em observância do que consta do *caput* do art. 916, fixar em quantas parcelas os restantes 70% deverão ser pagos. A lei diz que tal pagamento pode ser *até* em seis parcelas mensais. Como o magistrado deve decidir acerca desse ponto específico?

A melhor interpretação da regra é a de reservar ao executado, desde a apresentação do pedido regulado pelo dispositivo, o ônus de propor em quantos meses pretende pagar o total da dívida, observando, sempre, o *limite* de seis meses. O exequente, na sua manifestação, poderá questionar essa específica faceta do pedido do executado. Esse contraditório é mais que suficiente para municiar o magistrado com elementos seguros e *objetivos* para o proferimento de sua decisão. Os valores a serem pagos a cada parcela deverão ser corrigidos monetariamente, observada, quanto ao índice, a mesma consideração do n. 3, *supra*, a não ser que a decisão o estabeleça especificamente, e acrescidos de juros de 1% ao mês. É importante frisar que o total da dívida a ser parcelada deve levar em conta necessariamente a mesma

---

do tema: "A moratória deve ser concedida quando presentes os seus respectivos pressupostos, que constam do *caput* do art. 745-A, aos quais se voltou o número anterior. Isto, contudo, não significa dizer que o exequente não deva ser ouvido *antes* de sua apreciação pelo juízo, o que é irrecusável à luz do princípio do contraditório. Até porque o exequente terá condições mais do que adequadas de verificar o cumprimento das exigências legais pelo executado, sobretudo as que dizem respeito à *suficiência* do valor depositado, levando-se em conta todos os consectários legais: correção monetária, juros, custas processuais e honorários de advogado".

base de cálculo do depósito inicial de 30%, isto é, o valor atualizado da dívida reclamada pelo exequente, custas processuais e honorários de advogado.

Na hipótese oposta, de indeferimento da proposta, serão praticados os atos executivos que se fizerem necessários, sendo certo que o depósito que, eventualmente, tenha sido feito deverá ser convertido em penhora, não podendo, destarte, ser levantado pelo executado. A iniciativa, prevista expressamente no § 4º do art. 916 harmoniza-se com a ordem *prioritária* que o dinheiro ocupa no art. 835 com relação aos bens penhoráveis.

4.1 Demora no deferimento

Questão tormentosa à época do art. 745-A do CPC de 1973 era o de saber qual o comportamento a ser adotado pelo executado e pelo próprio exequente enquanto o pedido de moratória apresentado pelo executado não fosse apreciado.

Querendo colmatar aquela lacuna e assumir posição expressa sobre a questão, o § 2º do art. 916 estabelece que enquanto não apreciado o pedido, o executado terá de fazer o depósito das parcelas vincendas, podendo o exequente levantá-las.

Como ainda não há deliberação judicial a respeito da manifestação do executado, importa que os depósitos sejam feitos consoante a proposta originalmente feita e que o exequente, até mesmo em homenagem ao princípio da boa-fé, se manifeste, por ocasião de cada levantamento, sobre eventual discordância acerca dos valores, o que poderá, ainda que tardiamente, influenciar a decisão do magistrado sobre o deferimento ou o indeferimento do pedido.

Embora absolutamente indesejável, até mesmo em função do disposto no inciso LXXVIII do art. 5º da Constituição Federal, pode ocorrer de o pedido do executado só ser analisado após o deposito de duas ou mais parcelas. Admitindo, como é correto admitir, que o parcelamento em seis parcelas é o *máximo* a ser pretendido pelo executado, pode se dar que as parcelas com que se comprometeu o executado acabem antes da manifestação judicial.

O decurso do tempo nesses casos não pode ser desprezado até porque os depósitos serão computados no pagamento da dívida reclamada pelo exequente. O que não pode ocorrer é que a inércia da resposta judicial acabe funcionando como um deferimento tácito do pedido do executado para os fins do art. 916. Assim, mesmo que indeferido o pedido tardiamente, é irrecusável que à hipótese tenha plena aplicação o disposto no § 4º do art. 916 com a prática dos atos executivos que se justificarem para saldar a totalidade da dívida em favor do exequente, descontando os valores já depositados.

5. DESCUMPRIMENTO

O § 5º do art. 916 regula as hipóteses de descumprimento da moratória, pressupondo, destarte, que ela tenha sido deferida (art. 916, § 3º).

De acordo com o dispositivo, o não pagamento de qualquer das prestações significará cumulativamente o vencimento das prestações subsequentes e o prosseguimento do processo, com o imediato reinício dos atos executivos e a imposição de multa de dez por cento sobre o valor das prestações não pagas em desfavor do executado.

Dado o inadimplemento, portanto, cabe ao exequente, comunicando o ocorrido, requerer o reinício dos atos executivos, quando deverá apresentar o cálculo do valor em aberto, quando fará incidir a multa de 10% a que se refere o inciso I do § 5º do art. 916. Os atos executivos que serão praticados a partir daí tomarão como referência esta base de cálculo, em atenção ao art. 831.

A despeito do silêncio do Código de Processo Civil é indispensável que o executado tenha oportunidade de se manifestar previamente à retomada dos atos executivos sobre a alegação do exequente, seguindo-se *após* o devido contraditório a decisão (interlocutória) do magistrado, que fica sujeita ao seu contraste imediato pelo Tribunal competente por agravo de instrumento (art. 1.015, parágrafo único).

6. RENÚNCIA DO DIREITO DE APRESENTAR EMBARGOS À EXECUÇÃO

Questão que também dividia a doutrina e a jurisprudência à época do art. 745-A do CPC de 1973 era a relativa às relações entre os embargos à execução e a moratória. O § 2º daquele dispositivo só tratava da hipótese ao regular o não pagamento de qualquer das prestações, quando vedava a apresentação dos embargos à execução[3].

O § 6º do art. 916 do CPC de 2015 dá tratamento mais adequado à questão. Consoante aquele dispositivo, a formulação do pedido de moratória pelo executado significa sua renúncia ao direito de apresentar embargos à execução previsão que se harmoniza com a exigência do *caput* do art. 916 sobre caber ao executado *no prazo dos embargos reconhecer o crédito do exequente*.

Destarte, o problema não se põe especificamente para a hipótese de inadimplemento do pagamento de qualquer uma das parcelas com as quais se comprometeu o executado. A vedação dos embargos à execução é – e já era – imposição sistemática, plenamente adequada ao modelo constitucional de direito processual civil e que, com os olhos voltados para o art. 5º do CPC de 2015, evoca a boa-fé objetiva, a coerência nos comportamentos externados pelo executado ao longo do processo. Não pode o executado, em um primeiro momento, pretender ser beneficiar da moratória, sabendo que, para tanto, precisa se mostrar concorde,

3. Era a seguinte a redação do § 2º do art. 745-A do CPC de 1973, incluído pela Lei n. 11.382/2006: "§ 2º O não pagamento de qualquer das prestações implicará, de pleno direito, o vencimento das subseqüentes e o prosseguimento do processo, com o imediato início dos atos executivos, imposta ao executado multa de 10% (dez por cento) sobre o valor das prestações não pagas e vedada a oposição de embargos".

sem ressalvas, ao crédito reclamado pelo exequente para, em seguida, diante do seu próprio inadimplemento, querer adotar comportamento inequivocamente contraditório com aquele[4].

A renúncia a que se refere o § 6º do art. 916, contudo, não deve conduzir a interpretações que impeçam que o executado, na retomada da prática dos atos executivos que se justificam com o reconhecimento de seu inadimplemento (art. 916, § 5º, I), manifeste-se a respeito de todos eles. Ela deve ser entendida no seu devido contexto e no exato momento em que o executado formula o seu pedido: o que lhe é vedado é levantar questões que poderia ter levantado nos embargos à execução, mas que não fez pela preferência pela moratória. Assim, por exemplo, questões relativas à formação do título executivo e sobre a integridade da realidade de direito material nele retratada. Não, contudo, com relação aos atos executivos que ainda serão praticados e que merecerão, a tempo e modo oportunos, a consideração do executado, a começar pela nova memória de cálculo a ser apresentada pelo exequente ao ensejo da retomada dos atos executivos.

Ilustra suficientemente o alcance da distinção aqui proposta, a penhora, a avaliação e a consequente expropriação do que foi penhorado. Se aqueles atos não haviam ainda sido praticados quando da apresentação do pedido de moratória, eles são alheios à renúncia do § 6º do art. 916. Se sim, são alcançados por ela, não podendo o executado querer se voltar à sua regularidade.

7. MORATÓRIA E EMBARGOS PARCIAIS

Questão bastante pertinente e que não é regulada pelo Código de Processo Civil é a de saber se o executado pode requerer a moratória de parte da dívida reclamada pelo exequente e apresentar embargos à execução com relação à outra parte.

É fácil ilustrar a hipótese com algum caso de excesso de execução ou cumulação indevida de execuções (art. 917, III): o executado quer pagar o que entende devido com as inegáveis vantagens do art. 916, mas o valor total pretendido pelo exequente é superior ao que deve e,

4. Esta solução já era dada pelo n. 3 do Capítulo 3 da Parte V do v. 3 das edições anteriores ao CPC deste *Curso*, nos seguintes termos: "Pergunta que não pode deixar de ser formulada é sobre a constitucionalidade do dispositivo. É constitucional vedar que o executado se valha do mecanismo que a lei lhe reserva para voltar-se aos atos executivos, isto é, os embargos à execução? A resposta, lida a regra em seu devido contexto, é positiva. É importante destacar que a concessão da 'moratória' depende do *reconhecimento* do débito pelo executado. Não há por que, diante do não cumprimento da proposta que ele próprio tomou a iniciativa de formular, admitir que o executado pudesse valer-se dos embargos para questionar o que já não questionou porque não quis questionar. Ademais, a 'moratória' deve ser requerida no prazo para apresentação dos embargos (art. 745-A, *caput*; n. 1, *supra*). Assim, o inadimplemento se verificará já com a consumação integral daquele prazo. Admitir a oposição dos embargos à execução seria, por isto mesmo, admitir intolerável retrocesso no procedimento da execução. A hipótese deve ser tratada, por isto mesmo, como um caso de 'preclusão *consumativa*' (v. n. 4.5 do Capítulo 3 da Parte III do v. 1)".

por isso mesmo, quer questionar a posição de vantagem injustamente pretendida pelo exequente pelos embargos à execução.

A melhor solução é a positiva, evidenciando o executado, no prazo respectivo, o seu intento e a razão de fazer uso concomitantemente dos embargos à execução e do parcelamento do art. 916. Como as iniciativas ocupam-se com parcelas *distintas* da dívida, não há razão para recusar a possibilidade de seu uso concomitante nessas condições, sem que o executado incorra na vedação imposta pelo § 6º do art. 916[5].

Trata-se de mais uma das múltiplas aplicações que o desmembramento dos pedidos cumulados ou parcelas delas são viáveis na sistemática do Código de Processo Civil.

8. INAPLICABILIDADE AO CUMPRIMENTO DE SENTENÇA

As edições anteriores ao CPC de 2015 deste *Curso* sempre defenderam a aplicabilidade da moratória do então art. 745-A do CPC de 1973 ao cumprimento de sentença. Escreviam a propósito:

> "É irrecusável a aplicação do art. 745-A também para os casos de execuções fundadas em título judicial (art. 475-N). Trata-se de decorrência natural do art. 475-R (v. n. 2.1.1 do Capítulo 1 da Parte I).
>
> Contra este entendimento, poderia ser objetado, como faz, por exemplo, Humberto Theodoro Júnior (*A reforma da execução do título extrajudicial*, p. 217), que 'não teria sentido beneficiar o devedor condenado por sentença judicial com novo prazo de espera, quando já se valeu de todas as possibilidades de discussão, recursos e delongas do processo de conhecimento. Seria um novo e pesado ônus para o credor, que teve de percorrer a longa e penosa *via crucis* do processo condenatório, ter ainda de suportar mais seis meses para tomar as medidas judiciais executivas contra o devedor renitente'.
>
> Com as devidas vênias ao prestigiado processualista, têm cabimento, aqui, as mesmas considerações apresentadas pelo n. 1, *supra*: o art. 745-A está a regular, em última análise, a incidência do 'princípio da menor gravosidade da execução ao executado' e, por isto, a regra deve ser aplicada também para estes casos, nada havendo na *natureza* do título executivo judicial que afaste, por si só, a sua incidência. De mais a mais, o *tempo* necessário para a prática dos atos executivos, independentemente de eles terem fundamento em título executivo judicial ou extrajudicial, pode variar pelos mais diversos motivos, o principal deles o grau de solvabilidade do próprio executado e, por isso mesmo, a *alternativa* criada pelo art. 745-A pode-se mostrar satisfatória para o exequente. É o entendimento que acabou por prevalecer na 4ª Turma do STJ, REsp 1.264.272/RJ, rel. Min. Luis Felipe Salomão, j. un. 15-5-2012, *DJe* 22-6-2012, com honrosa citação deste *Curso*.

---

5. Já era esse o entendimento sustentado pelo n. 5 do Capítulo 3 da Parte V do v. 3 das edições anteriores ao CPC de 2015 deste *Curso*.

Para que a regra, no ambiente da execução fundada em título judicial, alcance a desejada efetividade, é importante que o mandado de intimação da penhora a que se refere o § 1º do art. 475-J – a partir da qual se abre o prazo para que o executado apresente a sua 'impugnação' *ou* a 'moratória' aqui discutida – evidencie para ele a existência desta alternativa. Aplicam-se aqui as mesmas considerações feitas pelo n. 3.1 do Capítulo 2 da Parte II com relação ao mandado de citação nas execuções fundadas em título extrajudicial"[6].

O tema, não obstante ter encontrado eco na jurisprudência do Superior Tribunal de Justiça, mostrava-se controvertido[7]. Para além da indicação bibliográfica feita no trecho copiado acima, cabe destacar a erudita defesa pela inaplicabilidade do instituto ao cumprimento de sentença feita pelo hoje Desembargador do Tribunal de Justiça do Estado de São Paulo Luiz Guilherme da Costa Wagner Junior, na tese com que obteve, perante a Faculdade de Direito da Pontifícia Universidade Católica de São Paulo, o título de Doutor e que o autor deste *Curso* teve o privilégio de orientar[8].

Foi aquela e não a posição defendida por este *Curso* a que predominou no CPC de 2015, como faz prova suficiente o § 7º do art. 916: "O disposto neste artigo não se aplica ao cumprimento da sentença".

A opção não parece, pelas razões expostas acima, a melhor e, no que dependesse da compreensão do instituto pelo autor deste *Curso,* não estaria no Código de Processo Civil[9].

---

6. O trecho transcrito integralmente estava no n. 6 do Capítulo 3 da Parte V do v. 3 das edições anteriores ao CPC de 2015 deste *Curso*.

7. Dentre vários julgados daquele Tribunal, cabe mencionar os seguintes: 3ª Turma, REsp 1.458.880/RS, rel. Min. Nancy Andrighi, j. un. 13-6-2017, *DJe* 22-6-2017; 4ª Turma, AgRg no AgRg no REsp 1.055.027/RS, rel. Min. Raul Araújo, j. un. 1º-9-2016, *DJe* 14-9-2016; 3ª Turma, AgRg no REsp 1.577.155/SP, rel. Min. Ricardo Villas Bôas Cueva, j. un. 12-4-2016, *DJe* 19-4-2016; 3ª Turma, AgRg no AREsp 209.947/RS, rel. Min. João Otávio de Noronha, j. un. 15-3-2016, *DJe* 28-3-2016; 3ª Turma, AgRg no REsp 1.375.092/MG, rel. Min. Marco Aurélio Bellizze, j. un. 22-9-2015, *DJe* 9-10-2015; 3ª Turma, REsp 1.194.020/SP, rel. Min. João Otávio de Noronha, j. un. 7-8-2014, *DJe* 25-8-2014 (admitindo a moratória em se tratando de obrigação alimentar), e 3ª Turma, AgRg no AREsp 22.312/RJ, rel. Min. Paulo de Tarso Sanseverino, j. un. 21-2-2013, *DJe* 26-2-2013.

8. A referência é feita ao seu *Parcelamento do artigo 745-A do Código de Processo Civil*, tese defendida no ano de 2008. Luiz Guilherme da Costa Wagner Junior também se voltou àquele entendimento e às razões de sua demonstração em seu *Processo civil: curso completo*, p. 818-829. Já como Desembargador, destacando que o art. 916 aplica-se apenas aos casos em que a concretização da tutela jurisdicional executiva fundamenta-se em título executivo *extrajudicial*, v., a título ilustrativo, os seguintes acórdãos relatados por ele, todos da 34ª Câmara de Direito Privado do TJSP: Apelação Cível 1004570-05.2019.8.26.0565, j.un. 30-9-2020, *DJe* 30-9-2020; AI 20201717-46.2020.8.26.000, j.un. 18-6-2020, *DJe* 18-6-2020 e AI 2189750-94.2017.8.26.0000, j.un. 5-7-2018, *DJe* 5-7-2018.

9. O PL n. 166/2010, cuja preparação contou com a participação do autor deste *Curso* como um dos quatro integrantes da Comissão nomeada para tanto no âmbito do Senado Federal, é silente a respeito do tema, como se pode verificar de seu art. 872. A regra que acabou predominando no CPC e 2015, sobre a inaplicabilidade do instituto ao cumprimento de sentença é a reprodução do § 7º do art. 932 do PL n. 8.046/2010, o Projeto aprovado na Câmara dos Deputados.

Todavia, nada há de inconstitucional na escolha feita pelo legislador, razão bastante para que ela seja acatada e cumprida, enquanto não for alterada por lei que estabeleça diferentemente.

Uma nota final é necessária, contudo, e de crítica ao Código de Processo Civil. Não obstante a tomada de partida expressa sobre o tema e a proscrição do art. 916 do cumprimento de sentença, sua aplicação à "ação monitória" é expressamente admitida pelo § 5º do art. 701, sendo certo que a concretização da tutela jurisdicional executiva naquele procedimento especial adota, em qualquer situação, o padrão procedimental do "cumprimento de sentença" e não do "processo de execução" (art. 701, § 2º e art. 702, § 8º). Trata-se, destarte, de (mais uma das incontáveis) perplexidade do Código de Processo Civil, mas que, vale repetir, não é bastante para justificar o descumprimento da regra expressa do § 7º do art. 916 que, boa ou má, mostra-se afinada ao modelo constitucional.

Capítulo 4

Outros meios de defesa do executado

1. CONSIDERAÇÕES INICIAIS

A impugnação e os embargos à execução, com suas variantes, consoante seja a natureza da obrigação e, até mesmo, aquele que a apresenta, como se dá no caso da Fazenda Pública, são os mecanismos *típicos* que o Código de Processo Civil reserva para a *defesa* do executado.

A doutrina e a jurisprudência, contudo, sempre reconheceram ao executado o direito de se voltar à concretização da tutela jurisdicional executiva, seja ela fundamentada em título executivo judicial ou em título executivo extrajudicial, por outros mecanismos diversos. São mecanismos *atípicos*, no sentido de que eles não são expressamente previstos pelo Código para aquela finalidade. Este Capítulo volta-se ao exame dessas figuras.

2. INSUBSISTÊNCIA DAS EXCEÇÕES E OBJEÇÕES DE PRÉ-EXECUTIVIDADE

As chamadas "exceção" e "objeção" de "pré-executividade" – todas as aspas são explicadas abaixo – são mecanismos de defesa do executado amplamente acolhidos pela doutrina, pela jurisprudência e de largo uso na prática forense, que as desenvolveu a partir do *sistema processual civil*[1].

Mesmo no CPC de 1973 antes das profundas reformas pelas quais ele atravessou sobretudo durante seus últimos vinte anos de vigência, sempre coube ao magistrado verificar, de ofício, isto é, independentemente da provocação das partes, a regularidade do *processo* e da *ação* nele exercida e exercitável. Por isso sempre foi amplamente vitorioso o entendimento

1. A concepção do instituto é, em geral, atribuída a Pontes de Miranda a partir da análise de um caso prático, um parecer por ele elaborado em favor da Companhia Siderúrgica Mannesmann em 1966. Para essa discussão, v., com proveito, os seguintes trabalhos: Rita Dias Nolasco, *Exceção de pré-executividade*, esp. p. 166-195; Marcos Valls Feu Rosa, *Exceção de pré-executividade: matérias de ordem pública no processo de execução*, esp. p. 15-30, e Geraldo da Silva Batista Júnior, *Exceção de pré-executividade: alcance e limites*, esp. p. 7-50.

de que, independentemente da apresentação dos embargos à execução, que antes das Leis 11.232/2005 e 11.382/2006 cabiam indistintamente para as execuções fundadas em título judicial e extrajudicial *e que* dependiam, sempre, de prévia segurança de juízo, o executado pudesse provocar a manifestação judicial sobre aquelas questões. Assim, os pressupostos processuais e as então chamadas condições da ação (o mínimo indispensável para o exercício do direito de ação), bem assim quaisquer matérias passíveis de apreciação de ofício pelo magistrado, passaram a ter aceito o seu questionamento *independentemente* dos embargos à execução.

Para essa ampla corrente de pensamento sempre houve consenso sobre não ser justo exigir do executado que comprometesse, em alguma medida, parcela de patrimônio seu para que o magistrado exercesse o *controle* que a lei lhe impunha de ofício. Era a situação, apenas para ilustrar, de o exequente ou o executado não constar do título executivo (ilegitimidade de parte); de a dívida exequenda ainda não ter vencido (falta de exigibilidade) ou de o documento apresentado para fundamentar a execução não ser definido na lei como título executivo (execução sem título). Estas, dentre muitas outras, eram hipóteses que, de acordo com o art. 618 do CPC de 1973, "nulificavam" a execução e aceitam a atuação oficiosa do juiz. Trata-se da mesmíssima diretriz que se mantém incólume no art. 803 do CPC de 2015 que continua a apontar, nos seus três incisos, hipóteses indicadas como de "execução nula", a saber: quando "o título executivo extrajudicial não corresponder a obrigação certa, líquida e exigível", quando o "o executado não for regularmente citado" ou quando "for instaurada antes de se verificar a condição ou de ocorrer o termo".

A evolução das "exceções e objeções de pré-executividade", contudo, foi além, ainda à época do CPC de 1973.

Gradativamente, não só questões passíveis de apreciação de ofício, mas também matérias que, embora dependessem de iniciativa da parte, não reclamassem produção de prova complexa, suficiente a apresentação de algum documento, passaram a ter sua veiculação ao juiz admitida independentemente dos embargos[2]. É supor, para fins ilustrativos, a dívida pretendida pelo exequente já ter sido paga e a *prova* do pagamento estar em mãos do executado, mero recibo ou a novação da dívida expressamente prevista em contrato firmado entre as partes.

Importa destacar que o uso desses mecanismos se deu e se desenvolveu largamente a despeito do entendimento predominante de que, no "processo de execução", não podia haver desenvolvimento de cognição relativa ao direito retratado no título executivo.

---

2. A orientação acabou consolidada na Súmula 393 do STJ, com o seguinte enunciado: "A exceção de pré-executividade é admissível na execução fiscal relativamente às matérias conhecíveis de ofício que não demandem dilação probatória".

Não obstante a distinção entre as palavras "objeção" (reservada para descrever questão passível de conhecimento de ofício pelo juiz) e "exceção" (reservada para descrever questão que exige, para conhecimento judicial, a iniciativa da parte), as iniciativas descritas acima foram amplamente divulgadas, não sem alguma crítica da doutrina, como *exceções* de pré--executividade.

A doutrina também criticou o emprego do prefixo "pré". Rigorosamente, como a execução já estava em curso, a iniciativa teria o condão, mais tecnicamente, de questionar os efeitos da executividade; daí sustentarem alguns que o melhor seria descrevê-la como "*não* executividade", "*pós*-executividade" ou, forte no seu largo uso forense *antes* da penhora (e como mecanismo para evitá-la), "pré-embargabilidade".

Independentemente do *nome* dado à iniciativa e da escolha por uma das suas variantes, este *Curso* nunca recusou que aquela técnica decorria do sistema processual civil, forte na concepção de maior racionalização da atividade jurisdicional (art. 5º, LXXVIII, da CF) e dos princípios do contraditório e da ampla defesa (art. 5º, LV, da CF), e que – mesmo para a doutrina amplamente majoritária de que os embargos seriam (e continuam a ser) "ação" – permitia que, concomitantemente à concretização da tutela jurisdicional executiva, o magistrado desenvolvesse cognição suficiente para, se fosse o caso, obstasse o prosseguimento dos atos executivos, inclusive por inexistência de fundamento calcado no direito material. Por isto, era irrecusável compreender as tais "exceções ou objeções de pré-executividade" como verdadeiros mecanismos ínsitos ao sistema processual civil e que subsistiram às Reformas feitas ao longo de toda a vigência do CPC de 1973. Tratava-se de instituto, vale insistir, decorrente do *sistema processual civil* como um todo e não de um específico dispositivo que possa ou tenha sido alterado por alguma lei reformadora.

Aquelas mesmas considerações são plenamente válidas para o CPC de 2015. Nada há nele que afaste a razão de ser das exceções ou objeções de pré-executividade. É dar o destaque devido ao art. 518[3] e ao parágrafo único de seu art. 803[4].

O que se põe para enfrentar nesta sede é verificar em que medida as modificações trazidas pelo CPC de 2015 sobre o tema podem afetar a *necessidade* do uso das exceções ou objeções de pré-executividade em função do regime jurídico dado à impugnação e aos embargos à execução e também com relação às diversas manifestações que o Código de Processo Civil permite que o executado faça independentemente de maiores formalidades ao longo do processo de execução.

3. Assim redigido: "Todas as questões relativas à validade do procedimento de cumprimento da sentença e dos atos executivos subsequentes poderão ser arguidas pelo executado nos próprios autos e nestes serão decididas pelo juiz".

4. Cuja redação é a seguinte: "A nulidade de que cuida este artigo será pronunciada pelo juiz, de ofício ou a requerimento da parte, independentemente de embargos à execução".

As edições anteriores deste *Curso* entendiam que o exame da questão para o CPC de 1973 com as modificações da Lei n. 11.232/2005 e da Lei n. 11.382/2006 merecia ser bifurcado. Isto porque, naquele Código, a impugnação ao cumprimento de sentença pressupunha "prévia garantia de juízo" para ser apresentado (art. 475-J, § 1º, do CPC de 1973, incluído pela Lei n. 11.232/2005), exigência que não era feita, em função da Lei n. 11.382/2006, para os embargos à execução (art. 746 do CPC de 1973).

Diante desse quadro, a conclusão alcançada era no sentido de que as exceções e as objeções de pré-executividade se mostravam necessárias quando o pedido de concretização da tutela jurisdicional executiva tivesse como fundamento título executivo *judicial*, isto é, como forma de contornar a exigência legal do precitado art. § 1º do art. 475-J do CPC de 1973[5]. Para os embargos à execução, a resposta ofertada era diversa, justamente pela desnecessidade de prévia garantia de juízo para sua apresentação[6].

Em ambos os casos, contudo, as edições anteriores deste *Curso* salientavam que "... não há como recusar a possibilidade de o executado valer-se dos expedientes aqui analisados

---

5. É o que se lia do n. 2 do Capítulo 6 da Parte V do v. 3 das edições anteriores ao CPC de 2015 deste *Curso*: "No que diz respeito ao 'cumprimento de sentença', importa destacar que, a despeito da ausência de efeito suspensivo àquele expediente como regra (art. 475-M, *caput*), a apresentação da impugnação ainda depende de *prévia* garantia de juízo e da tempestividade de sua apresentação (art. 475-J, § 1º; v. n. 3 do Capítulo 1). É o que basta para admitir a pertinência do uso da 'exceção' ou da 'objeção de pré-executividade' nestes casos, como corretamente já entendeu a 3ª Turma do STJ no REsp 1.061.759/RS, j. un. 21-6-2011, *DJe* 29-6-2011 e no REsp 1.148.643/MS, j. un. 6-9-2011, *DJe* 14-9-2011, ambos relatados pela Min. Nancy Andrighi. É que em tais situações, a mesma razão que levou a doutrina e a jurisprudência a desenvolverem aqueles expedientes para evitar uma 'execução *injusta*' quando o caso comportaria melhor solução, *independentemente* da observância das regras codificadas – em especial a *prévia* penhora –, subsiste no sistema. É irrecusável, destarte, que as exceções e as objeções prevalecerão no dia a dia do foro, independentemente das amplas modificações trazidas pela Lei n. 11.232/2005".

6. Consoante o que estava escrito no n. 2 do Capítulo 6 da Parte V do v. 3 das edições anteriores ao CPC de 2015 deste *Curso*: "A nova sistemática imprimida aos embargos à execução pela Lei n. 11.382/2006 dispensa a prévia garantia do juízo para seu oferecimento (art. 736, *caput*; v. n. 1 do Capítulo 2). Basta tal constatação para tirar a pertinência do uso constante das 'exceções' e das 'objeções de pré-executividade'. Muito do seu surgimento, desenvolvimento e ampla aplicação no dia a dia do foro – e foi nestas condições que ela recebeu aplausos da doutrina e da jurisprudência – deveu-se porque, em última análise, os expedientes eram formas eficazes de o executado voltar-se aos atos executivos *independentemente* de qualquer oneração de seu patrimônio com a penhora ou com o depósito da coisa devida, aplicação concreta, destarte, do 'princípio da menor gravosidade ao executado' do art. 620 (v. n. 3.7 do Capítulo 1 da Parte I). Se a Lei n. 11.382/2006, diferentemente do que se deu e que se justifica, com a Lei n. 11.232/2005, inova justamente neste ponto, e é ele que interessa para cá, a consequência da vivência da regra só será a de ser *desnecessário* o uso das 'exceções' e 'objeções de pré-executividade'. Se o problema que aqueles expedientes buscavam contornar era a não oneração do patrimônio do executado para se voltar a uma execução cujo controle de ofício pelo juiz ou, quando vedada sua atuação oficiosa, sem necessidade de dilação probatória – e foi nestes moldes que as 'exceções' e 'objeções de pré-executividade' sempre foram admitidas –, ele não existe mais. É aplicar adequadamente a regra que ocupa, doravante, o art. 736, *caput*. Ademais, o prazo para embargos começa a fluir a partir da juntada, aos autos, do mandado de citação devidamente cumprido. Aliando esta circunstância à possibilidade de atribuição de efeito suspensivo nos casos do § 1º do art. 739-A, é de colocar em dúvida a *necessidade* de o executado valer-se dos expedientes aqui examinados se o mecanismo *típico* pode lhe ocasionar melhor tutela jurisdicional sem, ao menos necessariamente, agressão ao seu patrimônio".

para questionar a regularidade, amplamente considerada, da atividade jurisdicional executiva, inclusive aquelas que se realizem *após* a penhora e a alienação do bem penhorado, isto é, com relação aos temas que desafiam, de acordo com o art. 746, os 'embargos de segunda fase' (...). Mais ainda porque as 'exceções e objeções de pré-executividade' decorrem – e continuam a decorrer – do sistema processual civil. Assim, em cada ponto do sistema processual civil em que houver algum 'estrangulamento', não obstante as amplas modificações empreendidas pela Lei n. 11.232/2005 e pela Lei n. 11.382/2006, é irrecusável a pertinência do emprego daqueles expedientes. (...) Foi para permitir ao executado um mecanismo eficaz de tutela de seus direitos *independentemente* de qualquer oneração sobre seu patrimônio que os expedientes aqui examinados ganharam o aplauso da doutrina e da jurisprudência. Desde que estas mesmas circunstâncias se façam presentes, não obstante as profundas alterações legislativas, é equivocado recusar a pertinência daquela mesma iniciativa".

Para o CPC de 2015, o entendimento que se mostra o mais adequado é o relativo à desnecessidade da adoção das chamadas exceções e objeções de pré-executividade. De um lado porque nem a impugnação e nem os embargos à execução pressupõem qualquer constrição patrimonial do executado para serem apresentados. De outro, porque o § 11 do art. 525, o art. 518, o parágrafo único do art. 803, e o § 2º do art. 903, cada um a seu modo, são claros quanto à diretriz de que, após o prazo que o executado tem para ofertar a impugnação ou o cumprimento de sentença, os fatos novos que ocorrerem ao longo do processo podem ser questionados pelo executado (e, em rigor, também pelo exequente) por meras petições sem maiores formalismos.

Os prazos estabelecidos pelo § 11 do art. 525 e pelo § 2º do art. 903, de quinze e de dez dias, respectivamente, são inerentes ao sistema processual civil e, mesmo se tratando de questões de ordem pública, merecem ser observados para, em estreita harmonia com o que irradia do art. 5º do CPC de 2015, racionalizar a atividade jurisdicional (art. 5º, LXXVIII, da CF).

Denominar as manifestações formuladas pelo executado com base nos precitados dispositivos codificados de "exceção ou de objeção de pré-executividade" é desconhecer a razão pela qual aquela técnica foi concebida e por que teve seu uso tão largamente difundido. No máximo o que este *Curso* pode aceitar é o entendimento de que aqueles dispositivos foram inspirados nos usos e costumes inerentes às exceções e objeções de pré-executividade e que foram introduzidos no Código de Processo Civil justamente para fazer as vezes delas, sobrepondo-se a elas. É como se a *tipicidade* daquelas manifestações absorvesse a *atipicidade* inerente às exceções e objeções de pré-executividade.

As previsões dos mencionados dispositivos, ademais, parecem ser amplas o suficiente para albergar qualquer hipótese de "estrangulamento" do sistema processual civil. Se, consoante o caso concreto, elas não forem capazes de evitar lesão ou ameaça a direito do executado e, nessa específica situação, a exceção ou objeção de pré-executividade poderá ser empregada.

As conclusões expostas pelos parágrafos anteriores[7] servem para embasar outras duas.

A primeira: na exata medida em que determinada questão exija iniciativa do executado (é o que se dá com as chamadas "exceções substanciais"), a não apresentação da impugnação e dos embargos à execução no prazo reservado pela lei acarreta a sua *preclusão*. Somente se o executado provar a impossibilidade de ter arguido aquela defesa tempestivamente ou, em se tratando de fato novo, devidamente justificado, é que o magistrado poderá apreciá-lo legitimamente pelas petições dos referidos dispositivos e, ainda que se queira, mesmo em sede de *exceção* de pré-executividade.

A segunda: não há como concordar com o entendimento de que as exceções ou objeções de pré-executividade tenham cabimento quando a *mesma* questão já tenha sido arguida e resolvida na impugnação, nos embargos à execução e, até mesmo, nas variadas petições que podem ser apresentadas pelo executado com base nos arts. 518; 525, § 1; 803, parágrafo único; e 903, § 2º. Sempre que já houver *decisão* judicial, o que deve ser feito para evitar preclusão ou coisa julgada é apresentar o recurso cabível na expectativa de modificar

7. O autor deste *Curso* teve oportunidade de se dedicar mais minudentemente ao art. 518 em seus *Comentários ao Código de Processo Civil*, v. X, p. 154-156, quando escreveu, em total harmonia com o texto: "A melhor compreensão para o art. 518 é entender que, *após* a apresentação, pelo executado, da impugnação, eventuais discussões a respeito da validade da etapa de cumprimento de sentença e dos atos executivos subsequentes poderão ser arguidas pelo próprio executado por petições avulsas, independentemente de maiores formalidades. Nesse sentido, a regra vem ao encontro da compreensão do modelo de processo *sincrético* inegavelmente adotado pelo CPC de 2015 e que permite a prática dos mais diversos atos cognitivos ao longo do processo sem as preocupações ou os rigores formais de outrora (v. n. 19, *supra*). Mas não só: a regra parece querer normatizar (e moralizar) de alguma forma a *prática* comum das chamadas 'exceções ou objeções de pré-executividade', que, em boa parte dos anos de vigência do CPC de 1973, foram usadas (e abusadas) sem maiores preocupações quanto a deverem ser compreendidas como medidas *excepcionais* e que não podiam conflitar e nem fazer as vezes das formas típicas disponíveis para a defesa do executado; menos ainda, importa acrescentar, querer burlar os prazos existentes para o exercício daquelas manifestações e o quanto decidido nelas. Que a afirmação do parágrafo anterior não soe crítica à concepção (genial) das chamadas exceções ou objeções de pré-executividade. Muito pelo contrário. Elas, no que importa evidenciar nesta sede e para os fins destes *Comentários*, já demonstravam quão sem sentido era o rigor do entendimento quanto ao necessário desenvolvimento de atividades cognitivas e satisfativas em processos (e ações) diversos, tão importante e difundida aos tempos do CPC de 1973, máxime antes das reformas posteriores a 1994. O que quero destacar é que a má prática do instituto acabou hipertrofiando os momentos defensivos do executado sem maiores (e indispensáveis) preocupações sistemáticas de outra ordem, inclusive com a existência de prazos preclusivos e a impossibilidade de o magistrado decidir diferentemente a cada novo pedido do executado questões já apreciadas, ainda que de ordem pública e, nesse sentido, passíveis de serem apreciadas de ofício. Foi essa a razão pela qual, desde o primeiro momento em que tive oportunidade de me manifestar acerca do dispositivo, escrevi que 'as alegações previstas no art. 518 não excluem a *necessidade* de o executado apresentar 'impugnação', que tem sua disciplina no art. 525'. Mas não só: também me pareceu – e continua a me parecer – indispensável, como destaque de início, tratar do art. 518 ao lado do § 11 do art. 525, que autoriza, pertinentemente, que as questões relativas a fato *superveniente*, assim entendidos aqueles que surjam após a apresentação da impugnação, bem como as relativas à correção da penhora, da avaliação e dos atos executivos *subsequentes*, 'podem ser arguidas por simples petição', desde que no prazo de quinze dias (úteis) da comprovada ciência do fato ou da intimação do ato. Importa entender, por isso, ambos os dispositivos em um mesmo contexto, até para que, diante da regra do art. 5º (boa-fé objetiva), eventuais nulidades e/ou irregularidades sejam arguidas a tempo por quem de direito".

o quanto decidido[8]. Não reavivar a questão posteriormente, ainda que por veículo processual diverso.

A *concorrência* que eventualmente pode haver entre os mecanismos *típicos* e *atípicos* de defesa do executado pressupõe o seu uso não concomitante e que o seu emprego não pretenda burlar insucessos de outras iniciativas. Não fosse suficiente a boa-fé expressamente estampada no art. 5º para coibir essas práticas, os incisos I e II do art. 774 são suficientemente amplos para tanto, com a viabilidade de serem aplicadas as sanções previstas em se parágrafo único[9].

2.1 Procedimento

A disciplina dada pelo Código de Processo Civil às manifestações fundamentadas nos arts. 518; 525, § 11; 803, parágrafo único; e 903, § 2º, é insuficiente. Importa, portanto, traçar as linhas mestras do *procedimento* a ser observada a seu respeito. A iniciativa é relevante também para quem, discordando da exposição do número anterior, entender que subsistem incólumes as exceções e as objeções de pré-executividade, ou, ainda, para quem sustentar que as manifestações apresentadas pelo executado com base naqueles dispositivos são a incorporação daquelas técnicas ou, quando menos, fazem as vezes daquelas medidas[10].

Em nome da boa-fé e do princípio da eficiência processual, é correto entender que o prazo de quinze dias contados do conhecimento do fato ou da intimação do ato que enseja a manifestação do executado nos termos do § 11 do art. 511 deve ser observado em qualquer situação. É prazo que se harmoniza com o que o Código de Processo Civil disponibilizar

8. Preciso nesse sentido é o acórdão da 3ª Turma do STJ no REsp 1.061.759/RS, rel. Min. Nancy Andrighi, j. un. 21-6-2011, *DJe* 29-6-2011, com base no quanto decidido pela 2ª Turma do mesmo Tribunal nos EDcl no REsp 795.764/PR, rel. Min. Castro Meira, j. un. 16-5-2006, *DJ* 26-5-2006, p. 248. No mesmo sentido: STJ, 4ª Turma, REsp 981.532/RJ, rel. Min. Luis Felipe Salomão, j. un. 7-8-2012, *DJe* 29-8-2012, e STJ, 3ª Turma, REsp 798.154/PR, rel. Min. Massami Uyeda, j. un. 12-4-2012, *DJe* 11-5-2012.

9. Correta, por isso mesmo, a diretriz estampada no Enunciado n. 148 da II Jornada de Direito Processual Civil do CJF: "A reiteração pelo exequente ou executado de matérias já preclusas pode ensejar a aplicação de multa por conduta contrária à boa-fé".

10. Em outra oportunidade, o autor deste *Curso* escreveu a respeito o seguinte: "Diante dessas considerações, poder-se-ia pensar que a prática e os usos das exceções e das objeções de pré-executividade continuarão. A melhor compreensão ao menos teórica é a negativa, no sentido de que as petições simples previstas no art. 518 e no § 11 do art. 525 vieram justamente para se sobrepor àquelas outras manifestações, que, a seu tempo, tiveram sua razão de ser. A prática, contudo, mostrará, o que, neste particular, prevalecerá. Se as petições autorizadas por aqueles dispositivos não se bastarem quando identificadas por "petições", ainda que com o adjetivo *simples*, mas forem (ou continuarem a ser) chamadas de 'exceções ou objeções de pré-executividade', nem por isso sua concepção sistemática ao lado da impugnação ou das manifestações previstas no § 11 do art. 525 como aqui propugno poderá ser desprezada. Até porque, também aqui, o *nome* dos requerimentos, das iniciativas, das 'ações', dos 'processos', das petições em geral, enfim, é de todo indiferente para sua compreensão e construção do respectivo regime jurídico" (*Comentários ao Código de Processo Civil*, v. X, p. 158).

para fins de impugnação e também para os embargos à execução. Ademais, como o prazo só é deflagrado com a ciência do fato pelo próprio executado, não é crível que possa haver para ele qualquer prejuízo para sua observância. Como se trata de prazo genericamente instituído, é correto entender que as dobras legais devem ser observadas consoante se façam presentes seus respectivos pressupostos e, por se tratar de prazo processual, tem incidência o parágrafo único do art. 219. Exceção, para tanto, é o prazo de *dez* dias previsto pelo § 2º do art. 903, que, por ser específico, deve prevalecer, sem prejuízo de também ser dobrado quando for o caso.

A ausência de previsão de "efeito suspensivo" para tais manifestações não é obstáculo para que o executado requeira alguma medida no amplo arsenal de medidas de viés satisfativo e conservativo dos arts. 294 a 311. É correto entender que, em tais casos, a decisão do magistrado pode, por interpretação analógica, exigir além dos pressupostos típicos daquelas medidas, quando fundamentadas na *urgência* e/ou na *evidência*, que haja "garantia de juízo". É medida que se harmoniza não apenas com o que o § 6º do art. 525 exige para a impugnação e o § 1º do art. 919 para os embargos à execução, mas também com a previsão genérica do § 1º do art. 300.

Como tudo o que se dá no plano do direito processual civil, o contraditório, que decorre diretamente do modelo constitucional, é inevitável, sendo possível, consoante as peculiaridades de cada caso concreto, a sua postergação para outro instante do processo (art. 9º). Assim, apresentada a manifestação do executado, deve ser intimado o exequente (e eventuais outros participantes do processo, como, por exemplo, outros credores participantes, mercê das intimações exigidas pelos arts. 799, 804 e 889) para se manifestar sobre ela. Na falta de qualquer prazo específico, deve prevalecer o de *quinze* dias, por força do princípio (constitucional) da isonomia. Também aqui se trata de prazo processual passível de ser dobrado consoante o caso. Na hipótese do § 2º do art. 903, o decêndio lá referido deve prevalecer pela especificidade.

Segue-se a decisão do magistrado ou, a depender do caso, à determinação de prova que se justifique para dar embasamento à sua decisão.

A não ser na hipótese de o acolhimento da manifestação gerar a extinção do processo, todas as demais situações são típicas manifestações de decisões interlocutórias, que, como tais, desafiam seu contraste imediato no âmbito do Tribunal competente, o que encontra fundamento bastante no parágrafo único do art. 1.015.

É irrecusável que a decisão proferida como resposta a tais manifestações, sejam no sentido de acolhê-las ou de rejeitá-las, podem, consoante o caso, transitar em julgado. Trata-se de nítido incidente cognitivo a ser desenvolvido na etapa de cumprimento de sentença e no processo de execução e que permite o desenvolvimento de cognição jurisdicional exauriente para aquela finalidade. Não faz sentido admitir que a defesa do executado assumisse esta forma sem emprestar-lhe o mesmo regime jurídico dos mecanismos *típicos* do Código de

Processo Civil. A decisão é apta a transitar em julgado independentemente da *forma* pela qual o magistrado é provocado para proferi-la[11].

O regime de custas observará, no que tange à sistemática processual civil, o disposto no art. 22, sem correspondência. Sua incidência, contudo, depende também da devida previsão por lei federal ou por leis estaduais, consoante o processo tramite perante a Justiça Federal ou perante a Justiça de algum Estado, respectivamente.

A sistemática do CPC de 2015 convida à revisão do entendimento sustentado à época do CPC de 1973 sobre o cabimento de honorários advocatícios por força do julgamento de tais incidentes[12]. É que os honorários advocatícios para a etapa de cumprimento de sentença e para o processo de execução correspondem a uma só verba, levando em conta para sua fixação todos os acontecimentos processuais, inclusive a impugnação e os embargos à execução. O que é certo, portanto, é que quaisquer manifestações do executado serão significativas da majoração dos honorários advocatícios fixados, desde início, no *piso* de dez por cento[13].

Sem prejuízo, a decisão pode apenar o executado ímprobo, observando, no particular, o disposto no parágrafo único do art. 774.

3. OUTRAS INICIATIVAS

Além das manifestações fundamentadas nos arts. 518; 525, § 11; 803, parágrafo único, e 903, § 2º – ou para quem preferir, para as exceções e objeções de pré-executividade –, importa indicar que há outras medidas *atípicas* para que as partes e até para que terceiros questionem a concretização da tutela jurisdicional executiva ou, mais especificamente, a prática de algum ato executivo.

---

11. A 3ª Turma do STJ no REsp 628.464/GO, rel. Min. Nancy Andrighi, j. un. 5-10-2006, *DJ* 27-11-2006, p. 275, admitiu "ação rescisória" de decisão de "mérito" proferida em sede de execução relativa à impenhorabilidade do bem de família.

12. O n. 2.1 do Capítulo 6 da Parte V do v. 3 das edições anteriores ao CPC de 2015 deste *Curso* propunha, a esse respeito, o cabimento dos honorários advocatícios nos seguintes termos: "Por se tratar de incidente processual, cabem honorários de advogado, tanto no acolhimento como na rejeição do pedido, desde que tenha havido exercício do contraditório. A 1ª Seção do STJ, mais recentemente, entendeu serem devidos os honorários advocatícios apenas em caso de *acolhimento* da 'exceção de pré-executividade', resultando na extinção da execução; rejeitada, são bastantes os honorários decorrentes da execução já ajuizada. Trata-se do REsp 1.185.036/PE, rel. Min. Herman Benjamin, j. un. 8-9-2010, *DJe* 1-10-2010 (Recurso Especial Repetitivo). Admitindo também os honorários no caso de acolhimento do incidente, é o entendimento da 3ª Turma do mesmo Tribunal no REsp 1.063.669/RJ, rel. Min. Nancy Andrighi, j. un. 18-8-2011, *DJe* 24-8-2011, e da 2ª Turma no REsp 1.256.724/RS, rel. Min. Mauro Campbell Marques, j. un. 7-2-2012, *DJe* 14-2-2012".

13. É o entendimento que o autor deste *Curso* já havia externado em seus *Comentários ao Código de Processo Civil*, v. X, p. 159-160.

São medidas atípicas porque elas não são disciplinadas pelo Código de Processo Civil ou pela legislação processual civil extravagante como a forma usual de o executado se voltar àqueles objetos. Sua aplicabilidade no foro, contudo, é indesmentível.

Para os fins presentes, basta a indicação de alguns desses mecanismos.

A chamada "ação anulatória" que encontra fundamento no § 4º do art. 966 busca a anulação de atos praticados pelas partes em juízo e que reclamam a homologação do juiz, inclusive quando "praticados no curso da execução", como se dispõe expressamente. Pode acontecer, por exemplo, de que o acordo aceito pelo exequente contenha algum vício de vontade e que, por isso mesmo, o exequente pretenda retomar a execução e os atos executivos. Como se pressupõe, em casos que tais, que haja ato do magistrado praticado a partir do quanto ajustado entre as partes – seja para suspender o processo nos termos do *caput* do art. 992 ou, até mesmo, para extingui-lo com base nos incisos III ou IV do art. 924 (art. 925) –, o § 4º do art. 966 exige a prévia anulação do ato das partes para aquela finalidade.

A ação rescisória prevista no art. 966 também pode desempenhar papel relevante no processo em que se busca a concretização da tutela jurisdicional executiva, na medida em que se ponha a necessidade de *desconstituição* de decisões transitadas em julgado. É o exemplo clássico da "sentença que reconheça a exigibilidade da obrigação" do inciso I do art. 515, já transitada em julgado, estar surtindo os seus regulares efeitos e o executado pretender questionar o título valendo-se daquela técnica. O art. 969 admite, até mesmo, a suspensão dos atos executivos.

As chamadas "ações" ou "defesas" heterotópicas, para fazer uso de nomenclatura largamente utilizada pelo saudoso Professor Donaldo Armelin da Faculdade de Direito da Pontifícia Universidade Católica de São Paulo, são todas aquelas "ações" ou, mais amplamente, iniciativas de que o executado pode se valer para questionar o crédito documentado no título executivo independentemente e, até mesmo, a despeito do uso da impugnação ou dos embargos à execução[14].

A elas se refere amplamente o § 1º do art. 784, segundo o qual "A propositura de qualquer ação relativa a débito constante de título executivo não inibe o credor de promover-lhe a execução". A ressalva final do dispositivo não pode e não deve ser confundida com a possibilidade, amplamente aceita pelo sistema processual civil (arts. 294 a 311), de ser determinada a suspensão da prática de algum ato executivo em face da relevância dos fundamentos apresentados pelo devedor e consoante a necessidade de proteção a situação de *ameaça* sua[15].

---

14. Dois orientandos do Professor Donaldo Armelin se dedicaram ao tema monograficamente. A referência é feita a Sandro Gilbert Martins com o seu *A defesa do executado por meio de ações autônomas*, publicado pela Editora Revista dos Tribunais, tendo sido publicada a 2ª edição em 2005, e a Rosalina P. C. Rodrigues Pereira e seu *Ações prejudiciais à execução*, publicado pela Editora Saraiva em 2001.

15. Para o assunto, v., da autoria de Antonio Adonias Aguiar Bastos, seu artigo "O art. 784, § 1º, do CPC/2015: limites e influência da ação de conhecimento relativa à inexistência, à invalidação ou à inexigibilidade do título ou da relação obrigacional sobre a execução fundada em título extrajudicial", publicado no v. 110 da *Revista Brasileira de Direito Processual*.

Essas iniciativas são de largo uso no foro e seguirão o procedimento comum ou algum procedimento especial, consoante as vicissitudes de cada caso concreto.

Os "embargos de terceiro" têm largo uso no contexto aqui debatido. Trata-se de modalidade de intervenção de terceiros destinada a afastar constrição patrimonial reputada indevida em seu próprio patrimônio determinada por decisão judicial. É ler o *caput* do art. 674, bastante ilustrativo a esse respeito: "Quem, não sendo parte no processo, sofrer constrição ou ameaça de constrição sobre bens que possua ou sobre os quais tenha direito incompatível com o ato constritivo, poderá requerer seu desfazimento ou sua inibição por meio de embargos de terceiro".

Bibliografia citada e consultada*

ABBOUD, Georges. Comentários ao art. 8º. In: SCARPINELLA BUENO, Cassio (Coord.). *Comentários ao Código de Processo Civil*. São Paulo: Saraiva, 2017. v. 1.

ABELHA RODRIGUES, Marcelo. *Manual de direito processual civil*. 6. ed. Rio de Janeiro: Forense, 2016.

ABELHA RODRIGUES, Marcelo. *Fundamentos da tutela executiva*. Brasília: Gazeta Jurídica, 2018.

_____. Penhora eletrônica de ativos financeiros no NCPC e defesa do executado: a mini-impugnação do § 3º do art. 854 do CPC. In: DIDIER JR., Fredie (Coord. geral); MACÊDO, Lucas Buril; PEIXOTO, Ravi; FREIRE, Alexandre (Org.). *Novo CPC doutrina selecionada*: execução. Salvador: JusPodivm 2015. v. 5.

ABRAHAM, Marcus. *Curso de direito financeiro brasileiro*. 3. ed. Rio de Janeiro: GEN/Forense, 2015.

ALMEIDA, Roberto Sampaio Contreiras de. Comentários ao artigo 139. In: WAMBIER, Teresa Arruda Alvim; DIDIER JR., Fredie; TALAMINI, Eduardo; DANTAS, Bruno (Coord.). *Breves comentários ao novo Código de Processo Civil*. 3. ed. São Paulo: RT, 2016.

ALMEIDA JÚNIOR, Jesualdo Eduardo de. Alimentos gravídicos. In: CAHALI, Yussef Said; CAHALI, Francisco José (Org.). *Doutrinas essenciais: família e sucessões*. São Paulo: RT, 2011. v. V.

ALVAREZ, Anselmo Prieto. Honorários advocatícios contra a Fazenda Pública e o novo CPC. In: COÊLHO, Marcus Vinicius Furtado; CAMARGO, Luiz Henrique Volpe (Coord.). *Honorários advocatícios*. Salvador: JusPodivm, 2015.

ALVIM, Eduardo Arruda. *Tutela provisória*. 2. ed. São Paulo: Saraiva, 2017.

ALVIM, Teresa Arruda. *Nulidades do processo e da sentença*. 8. ed. São Paulo: RT, 2017.

AMARAL, Guilherme Rizzo. *As astreintes e o processo civil brasileiro*. 2. ed. Porto Alegre: Livr. do Advogado Ed., 2010.

* As referências bibliográficas indicadas são aquelas mencionadas ao longo do volume.

______. *Comentários às alterações do novo CPC*. São Paulo: RT, 2015.

______. Comentários aos arts. 536 a 538. In: WAMBIER, Teresa Arruda Alvim; DIDIER JR., Fredie; TALAMINI, Eduardo; DANTAS, Bruno (Coord.). *Breves comentários ao novo Código de Processo Civil*. 3. ed. São Paulo: RT, 2016.

AMARAL, Paulo Osternack; WLADECK, Felipe Scripes. Arbitragem no Brasil. *Revista Brasileira de Direito Processual*, v. 74, Belo Horizonte: Fórum, 2011.

ANGELATS, Lluis Caballol. *La ejecución provisional en el proceso civil*. Barcelona: Bosch, 1993.

ARAÚJO, Luciano Vianna. *A natureza jurídica da liquidação do título executivo judicial a partir do modelo sincrético de processo*. Tese de doutorado apresentada à Faculdade de Direito da PUCSP. São Paulo, 2019.

______. *A liquidação do título executivo judicial*. São Paulo: Editora Direito Contemporâneo, 2020.

______. Comentários ao art. 655. In: SCARPINELLA BUENO, Cassio (Coord.). *Comentários ao Código de Processo Civil*. São Paulo: Saraiva, 2017. v. 3.

ARAÚJO FILHO, Luiz Paulo da Silva. Comentários ao art. 496. In: CABRAL, Antonio do Passo; CRAMER, Ronaldo (Coord.). *Comentários ao novo Código de Processo Civil*. 2. ed. Rio de Janeiro: GEN/Forense, 2016.

ARMELIN, Donaldo. *Embargos de terceiro*. São Paulo: Saraiva, 2017.

______. *Legitimidade para agir no direito processual civil brasileiro*. São Paulo: RT, 1979.

______. Notas sobre a ação rescisória em matéria arbitral. In: WALD, Arnoldo (Org.). *Doutrinas essenciais:* arbitragem e mediação. São Paulo: RT, 2014. v. III.

ARRUDA, Antonio Carlos Matteis de. *Liquidação de sentença:* a lide de liquidação. São Paulo: RT, 1981.

ARRUDA ALVIM. *Manual de direito processual civil*. 17. ed. São Paulo: RT, 2017.

______. *Novo contencioso cível no CPC/2015*. São Paulo: RT, 2016.

ARRUDA ALVIM; ASSIS, Araken de; ALVIM, Eduardo Arruda. *Comentários ao Código de Processo Civil*. Rio de Janeiro: GZ, 2012.

ASSIS, Araken de. *Comentários ao Código de Processo Civil*. Rio de Janeiro: Forense, 1999. v. VI.

______. *Comentários ao Código de Processo Civil*. São Paulo: RT, 2000. v. IX.

______. *Comentários ao Código de Processo Civil*. São Paulo: RT, 2016. v. XIII.

______. *Cumprimento da sentença*. Rio de Janeiro: Forense, 2006.

______. *Da execução de alimentos e prisão do devedor*. 5. ed. São Paulo: RT, 2001.

______. *Eficácia civil da sentença penal*. São Paulo: RT, 1993.

______. Execução da tutela antecipada. In: SHIMURA, Sergio; WAMBIER, Teresa Arruda Alvim (Coord.). *Processo de execução*. São Paulo: RT, 2001.

______. *Manual da execução*. 19. ed. São Paulo: RT, 2017.

_______. Sentença condenatória como título executivo. In: WAMBIER, Teresa Arruda Alvim (Coord.). *Aspectos polêmicos da nova execução*. São Paulo: RT, 2006. v. 3.

AURELLI, Arlete Inês. Comentários aos arts. 528 ao 533. In: SCARPINELLA BUENO, Cassio (Coord.). *Comentários ao Código de Processo Civil*. São Paulo: Saraiva, 2017. v. 2.

_______. Comentários ao art. 1.026. In: SCARPINELLA BUENO, Cassio (Coord.). *Comentários ao Código de Processo Civil*. São Paulo: Saraiva, 2017. v. 4.

AZEVEDO, Álvaro Villaça. *Prisão civil por dívida*. 2. ed. São Paulo: RT, 2000.

BARBOSA MOREIRA, José Carlos. *Comentários ao Código de Processo Civil*, v. V: arts. 476 a 565. 15. ed. rev. e atual. Rio de Janeiro: Forense, 2009.

_______. *Estudos sobre o novo Código de Processo Civil*. Rio de Janeiro: Liber Juris, 1974.

_______. La nuova legge brasiliana sull'arbitrato. In: *Temas de direito processual*: sexta série. São Paulo: Saraiva, 1997.

BARROS, Guilherme Freire de Melo. Honorários de sucumbência e a Defensoria Pública à luz do novo Código de Processo Civil. In: DIDIER JR., Fredie (Coord. geral). *Repercussões do novo CPC – Defensoria Pública*. Salvador: JusPodivm, 2015. v. 5.

BASTOS, Antonio Adonias Aguiar. Comentários aos arts. 509 a 512. In: ALVIM, Angélica; ASSIS, Araken de; ALVIM, Eduardo Arruda; LEITE, George Salomão (Coord.). *Comentários ao Código de Processo Civil*. São Paulo: Saraiva, 2016.

_______. Comentários ao art. 783. In: CABRAL, Antonio do Passo; CRAMER, Ronaldo (Coord.). *Comentários ao novo Código de Processo Civil*. 2. ed. Rio de Janeiro: GEN/Forense, 2016.

_______. O art. 784, § 1º, do CPC/2015: limites e influência da ação de conhecimento relativa à inexistência, à invalidação ou à inexigibilidade do título ou da relação obrigacional sobre a execução fundada em título extrajudicial. *Revista Brasileira de Direito Processual*, v. 110. Belo Horizonte: Fórum, 2020.

BATISTA JÚNIOR, Geraldo da Silva. *Exceção de pré-executividade: alcance e limites*. Rio de Janeiro: Lumen Juris, 2003.

BECHO, Renato Lopes. *Execução fiscal: análise crítica*. São Paulo: Noeses, 2018.

_____. *Responsabilidade tributária de terceiros*. São Paulo: Saraiva, 2014.

_____. *Sujeição passiva e responsabilidade tributária*. São Paulo: Dialética, 2000.

BEDAQUE, José Roberto dos Santos. Comentários ao art. 304. In: SCARPINELLA BUENO, Cassio (Coord.). *Comentários ao Código de Processo Civil*. São Paulo: Saraiva, 2017. v. 1.

BERALDO, Maria Carolina Silveira. *O comportamento dos sujeitos processuais como obstáculo à razoável duração do processo*. São Paulo: Saraiva, 2013.

BONDIOLI, Luis Guilherme Aidar. *Comentários ao Código de Processo Civil: dos recursos*. 2. ed. São Paulo: Saraiva, 2017. v. XX.

_______. *O novo CPC: a terceira etapa da reforma*. São Paulo: Saraiva, 2006.

BOURGHIGNON, Álvaro Manoel Rosindo. *Embargos de retenção por benfeitorias*. 1. ed. 2. tir. São Paulo: RT, 1999.

BRUSCHI, Gilberto Gomes. Comentários aos arts. 674 a 681. In: SCARPINELLA BUENO, Cassio (Coord.). *Comentários ao Código de Processo Civil*. São Paulo: Saraiva, 2017. v. 3.

BUENO, Júlio César. *Contribuição ao estudo do* contempt of court *e seus reflexos no processo civil brasileiro*. Tese de doutorado sob orientação do Prof. Titular José Ignácio Botelho de Mesquita. São Paulo: Universidade de São Paulo, 2001.

CABRAL, Antonio do Passo. A fixação do valor mínimo da indenização cível na sentença condenatória penal e o novo CPC. In: CABRAL, Antonio do Passo; PACELLI, Eugênio; CRUZ, Rogerio Schietti (Coords.). *Processo penal* (Coleção Repercussões do Novo CPC, v. 13; coordenador geral, DIDIER JR., Fredie). Salvador: JusPodivm, 2016.

______. Comentários aos arts. 276 a 283. In: CABRAL, Antonio do Passo; CRAMER, Ronaldo (Coord.). *Comentários ao novo Código de Processo Civil*. 2. ed. Rio de Janeiro: GEN/Forense, 2016.

______. *Nulidades no processo moderno:* contraditório, proteção da confiança e validade *prima facie* dos atos processuais. Rio de Janeiro: Forense, 2016.

______. Teoria das nulidades processuais no direito contemporâneo. *Revista de Processo*, v. 255, São Paulo: RT, 2016.

CALAMANDREI, Piero. Apuntes sobre la sentencia como hecho jurídico. Trad. Santiago Sentís Melendo. In: *Estudios sobre el proceso civil*. Buenos Aires: Editorial Bibliográfica Argentina, 1945.

CALMON FILHO, Petrônio. Execução contra a Fazenda Pública e penhora de bens públicos. Disponível em: <http://www.buscalegis.ufsc.br/revistas/files/anexos/32575-39747-1-PB.pdf>. Acesso em: 20 out. 2017.

CÂMARA, Alexandre Freitas. *A nova execução de sentença*. 4. ed. Rio de Janeiro: Lumen Juris, 2007.

______. Comentários ao art. 922. In: SCARPINELLA BUENO, Cassio (Coord.). *Comentários ao Código de Processo Civil*. São Paulo: Saraiva, 2017. v. 3.

______. *Lições de direito processual civil*. 21. ed. São Paulo: Atlas, 2012. v. 2.

______. *O novo processo civil brasileiro*. São Paulo: Atlas, 2015.

CAMARA, Marcelo de Faria. Comentários aos arts. 528 a 533. In: STRECK, Lenio Luiz; NUNES, Dierle; CUNHA (Org.); FREIRE, Alexandre (Coord. executivo). *Comentários ao Código de Processo Civil*. São Paulo: Saraiva, 2016.

CAMARGO, Luiz Henrique Volpe. Comentários ao art. 85. In: WAMBIER, Teresa Arruda Alvim; DIDIER JR., Fredie; TALAMINI, Eduardo; DANTAS, Bruno (Coord.). *Breves comentários ao novo Código de Processo Civil*. 3. ed. São Paulo: RT, 2016.

______; CAMARGO, Lauane Andrekowisk Volpe. Do cumprimento da sentença. In: INSTITUTO BRASILEIRO DE DIREITO PROCESSUAL; SCARPINELLA BUENO, Cassio (Org.).

PRODIREITO: Direito Processual Civil: Programa de Atualização em Direito: Ciclo 2. Porto Alegre: Artmed Panamericana, 2017 (Sistema de Educação Continuada a Distância, v. 3).

CAMBI, Eduardo; DOTTI, Rogéria; PINHEIRO, Paulo Eduardo d'Arce; MARTINS, Sandro Gilbert; KOZIKOSKI, Sandro Marcelo. *Curso de processo civil completo*. São Paulo: RT, 2017.

CAHALI, Francisco José. *Curso de arbitragem*. 3. ed. São Paulo: RT, 2013.

_______; CAHALI, Maria Elisabeth Schwerz. Comentários ao art. 3º. In: SCARPINELLA BUENO, Cassio (Coord.). *Comentários ao Código de Processo Civil*. São Paulo: Saraiva, 2017. v. 1.

CARMONA, Carlos Alberto. *Arbitragem e processo:* um comentário à Lei n. 9.307/1996. São Paulo: Malheiros, 1998.

_______. *Arbitragem e processo:* um comentário à Lei n. 9.307/1996. 3. ed. São Paulo: Atlas, 2009.

_______. Comentários ao art. 961. In: WAMBIER, Teresa Arruda Alvim; DIDIER JR., Fredie; TALAMINI, Eduardo; DANTAS, Bruno (Coord.). *Breves comentários ao novo Código de Processo Civil*. 3. ed. São Paulo: RT, 2016.

CARNEIRO, Athos Gusmão. *Cumprimento de sentença civil*. Rio de Janeiro: Forense, 2007.

CARPI, Federico. *La provvisoria esecutorietà della sentenza*. Milano: Giuffrè, 1979.

CARVALHO, Fabiano. Comentários aos arts. 536 a 538. In: CABRAL, Antonio do Passo; CRAMER, Ronaldo (Coord.). *Comentários ao novo Código de Processo Civil*. 2. ed. Rio de Janeiro: GEN/Forense, 2016.

CARVALHO FILHO, José dos Santos. *O estado em juízo no novo CPC*. São Paulo: GEN/Atlas, 2016.

CASTRO, Amílcar de. *Comentários ao Código de Processo Civil*. São Paulo: RT, 1976. v. VIII.

CENEVIVA, Walter. *Lei dos Registros Públicos comentada*. São Paulo: Saraiva, 2001.

CHAVES, Adriano Oliveira. Comentários aos arts. 534 e 535. In: CAMPOS, Rogério; SEEFELDER FILHO, Claudio Xavier; ADÃO, Sandro Brandi; GOMES, Leonardo Rufino de Oliveira; DAMBROS, Cristiano Dressler. *Novo Código de Processo Civil comentado na prática da Fazenda Nacional*. São Paulo: RT, 2017.

CIANCI, Mirna. Comentários ao art. 496. In: SCARPINELLA BUENO, Cassio (Coord.). *Comentários ao Código de Processo Civil*. São Paulo: Saraiva, 2017. v. 2.

_______; QUARTIERI, Rita de Cassia Conte. Comentários aos arts. 534 e 535. In: SCARPINELLA BUENO, Cassio (Coord.). *Comentários ao Código de Processo Civil*. São Paulo: Saraiva, 2017. v. 2.

_______; QUARTIERI, Rita de Cassia Conte. Comentários ao art. 910. In: SCARPINELLA BUENO, Cassio (Coord.). *Comentários ao Código de Processo Civil*. São Paulo: Saraiva, 2017. v. 3.

CIMARDI, Cláudia Aparecida. Comentários aos arts. 534 e 535. In: WAMBIER, Teresa Arruda Alvim; DIDIER JR., Fredie; TALAMINI, Eduardo; DANTAS, Bruno (Coords.), *Breves comentários ao novo Código de Processo Civil*. 3. ed. São Paulo: RT, 2016.

CINTRA, Lia Carolina Batista. Comentários aos arts. 113 a 118. In: SCARPINELLA BUENO, Cassio (Coord.). *Comentários ao Código de Processo Civil*. São Paulo: Saraiva, 2017. v. 1.

COLLUCCI, Ricardo. Comentários aos arts. 599 a 609. In: SCARPINELLA BUENO, Cassio (Coord.). *Comentários ao Código de Processo Civil*. São Paulo: Saraiva, 2017. v. 1.

_______. Interpretação normativa: o caso da "revisão" final do texto do novo Código de Processo Civil. *Revista de Processo*, v. 260, São Paulo: RT, 2016.

CONRADO, Paulo Cesar. *Execução fiscal*. 2. ed. São Paulo: Noeses, 2015.

COSTA, Ana Carolina Astafieff da Rosa. Comentários ao art. 526. In: CAMPOS, Rogério; SEEFELDER FILHO, Claudio Xavier; ADÃO, Sandro Brandi; GOMES, Leonardo Rufino de Oliveira; DAMBROS, Cristiano Dressler. *Novo Código de Processo Civil comentado na prática da Fazenda Nacional*. São Paulo: RT, 2017.

COSTA, Eduardo José da. Comentários ao art. 496. In: ALVIM, Angélica; ASSIS, Araken de; ALVIM, Eduardo Arruda; LEITE, George Salomão (Coord.). *Comentários ao Código de Processo Civil*. São Paulo: Saraiva, 2016.

_______. Comentários aos arts. 534 e 535. In: CABRAL, Antonio do Passo; CRAMER, Ronaldo (Coords.). *Comentários ao novo Código de Processo Civil*. 2. ed. Rio de Janeiro: Forense, 2016.

CRUZ E TUCCI, José Rogério. *Comentários ao Código de Processo Civil*. São Paulo: Saraiva, 2016. v. VII.

CUNHA, Guilherme Antunes da; SILVA, Jessica Zimmer da. Os efeitos civis da fixação de valor preparatório aos prejuízos da vítima na sentença criminal: a reforma do Código de Processo Penal, a interpretação conforme a Constituição e o contraditório no novo Código de Processo Civil. *Revista de Processo*, v. 247, São Paulo: RT, set. 2015.

CUNHA, Leonardo Carneiro da. *A Fazenda Pública em juízo*. 13. ed. Rio de Janeiro: GEN/Forense, 2016.

DELLORE, Luiz. *Estudos sobre coisa julgada e controle de constitucionalidade*. Rio de Janeiro: Forense, 2013.

_______. Liquidação no novo Código de Processo Civil. In: INSTITUTO BRASILEIRO DE DIREITO PROCESSUAL; SCARPINELLA BUENO, Cassio (Org.). *PRODIREITO: Direito Processual Civil*: Programa de Atualização em Direito: Ciclo 1. Porto Alegre: Artmed Panamericana, 2016 (Sistema de Educação Continuada a Distância, v. 4).

DIDIER JR., Fredie. *Curso de direito processual civil*. 18. ed. Salvador: JusPodivm, 2016. v. 1.

_______. Comentários aos arts. 1.045 e 1.061. In: SCARPINELLA BUENO, Cassio (Coord.). *Comentários ao Código de Processo Civil*. São Paulo: Saraiva, 2017. v. 4.

_______; CUNHA, Leonardo José Carneiro da. *Curso de direito processual civil*. 13. ed. Salvador: JusPodivm, 2016. v. 3.

______; CUNHA, Leonardo José Carneiro da; BRAGA, Paula Sarno; OLIVEIRA, Rafael. *Curso de direito processual civil*. 7. ed. Salvador: JusPodivm, 2017. v. 5.

DINAMARCO, Cândido Rangel. As três figuras da liquidação de sentença. In: WAMBIER, Teresa Arruda Alvim (Coord.), Atualidades *sobre liquidação de sentença*. São Paulo: RT, 1997.

______. *Execução civil*. 6. ed. São Paulo: Malheiros, 1998.

______. *Instituições de direito processual civil*. 7. ed. São Paulo: Malheiros, 2017. v. III.

______. *Instituições de direito processual civil*. 3. ed. São Paulo: Malheiros, 2009. v. IV.

DONIZETTI, Elpídio. *Curso didático de direito processual civil*. 20. ed. São Paulo: Atlas, 2017.

FACCIN, Miriam. *Estudo sobre as* astreintes: do direito francês ao direito brasileiro. Dissertação de mestrado sob orientação do Prof. Dr. João Batista Lopes. São Paulo: PUC-SP, 2014.

FAGUNDES, Cristiane Druve Tavares. O tratamento dispensado pelo NCPC à responsabilidade objetiva no cumprimento provisório da sentença. In: DIDIER JR., Fredie (Coord.); MACÊDO, Lucas Buril de; PEIXOTO, Ravi; FREIRE, Alexandre (Org.). *Novo CPC*: doutrina selecionada, v. 5: execução. Salvador: JusPodivm, 2015.

FARIAS, Cristiano Chaves de. Prisão civil por alimentos e a questão da atualidade da dívida à luz da técnica de ponderação de interesses: uma leitura constitucional da Súmula 309 do STJ: o tempo é senhor da razão. In: CAHALI, Yussef Said; CAHALI, Francisco José (Org.). *Doutrinas essenciais*: família e sucessões. São Paulo: RT, 2011. v. V.

______. Reconhecer a obrigação alimentar nas uniões homoafetivas: uma questão de respeito à Constituição da República. In: CAHALI, Yussef Said; CAHALI, Francisco José (Org.). *Doutrinas essenciais*: família e sucessões. São Paulo: RT, 2011. v. II.

FERNANDES, Luis Eduardo Simardi. Comentários aos arts. 520 a 522. In: STRECK, Lenio Luiz; NUNES, Dierle; CUNHA (Org.); FREIRE, Alexandre (Coord. executivo). *Comentários ao Código de Processo Civil*. São Paulo: Saraiva, 2016.

FERRARI, Sérgio. *Tribunal marítimo: natureza e funções*. Rio de Janeiro: Lumen Juris, 2017.

FERREIRA, William Santos. Comentários aos arts. 1.009 a 1.014. In: SCARPINELLA BUENO, Cassio (Coord.). *Comentários ao Código de Processo Civil*. São Paulo: Saraiva 2017. v. 4.

______. *Princípios fundamentais da prova cível*. São Paulo: RT, 2013.

______. Transições paradigmáticas, máxima eficiência e técnicas executivas típicas e atípicas no direito probatório. In: DIDIER JR., Fredie (Coord. geral); JOBIM, Marco Félix; FERREIRA, William Santos (Coord.). *Direito probatório*. 2. ed. Salvador: JusPodivm, 2016.

FERRIANI, Adriano. *Responsabilidade patrimonial e mínimo existencial*. São Paulo: IASP, 2017.

FIGUEIRA JR., Joel Dias. *Arbitragem, jurisdição e execução*. 2. ed. São Paulo: RT, 1998.

FONSECA, João Francisco N. da. *Comentários ao Código de Processo Civil*: da sentença e da coisa julgada. São Paulo: Saraiva, 2017. v. IX.

FRANÇA, Erasmo Valladão e Novaes; ADAMEK, Marcelo Vieira von. *Da ação de dissolução parcial de sociedade: comentários breves ao CPC/2015*. São Paulo: Malheiros, 2016.

FRANCO, Fernão Borba. *Execução em face da Fazenda Pública*. São Paulo: Juarez de Oliveira, 2002.

FREIRE, Alexandre; MARQUES, Leonardo Albuquerque. Comentários aos arts. 534 e 535. In: STRECK, Lenio Luiz; NUNES, Dierle; CUNHA (Org.); FREIRE, Alexandre (Coord. executivo). *Comentários ao Código de Processo Civil*. São Paulo: Saraiva, 2016.

FREITAS FILHO, João Bosco Won Held Gonçalves de; Almeida, Marcelo Pereira de. Algumas notas sobre o controle jurisdicional da arbitragem. *Revista Brasileira de Direito Processual*, v. 73, Belo Horizonte: Fórum, 2011.

GAJARDONI, Fernando da Fonseca. Aspectos fundamentais do processo arbitral e pontos de contato com a jurisdição estatal. *Revista de Processo*, v. 106, São Paulo: RT, 2002.

_______; DELLORE, Luiz; ROQUE, André Vasconcelos; OLIVEIRA JR., Zulmar Duarte de. *Processo de conhecimento e cumprimento de sentença: comentários ao CPC de 2015*. São Paulo: Método, 2016.

GARCIA, Gustavo Filipe Barbosa. Efeitos da sentença penal na jurisdição civil e trabalhista. *Revista Brasileira de Direito Processual*, v. 98, Belo Horizonte: Fórum, 2017.

GOMES, Fábio Luiz. *Responsabilidade objetiva e antecipação de tutela*. 2. ed. Porto Alegre: Livraria do Advogado, 2014.

GORDO, Alfonso Perez. *La ejecución provisional en el proceso civil*. Barcelona: Bosch, 1973.

GRECO, Leonardo. Eficácia da declaração *erga omnes* de constitucionalidade ou inconstitucionalidade em relação à coisa julgada anterior. In: DIDIER JR., Fredie (Org.). *Relativização da coisa julgada: enfoque crítico*. Salvador: JusPodivm, 2004.

_______. *O processo de execução*. Rio de Janeiro: Renovar, 2001. v. 2.

GRECO FILHO, Vicente. *Da execução contra a Fazenda Pública*. São Paulo: Saraiva, 1986.

GRINOVER, Ada Pellegrini; LUCON, Paulo Henrique dos Santos; CARMONA, Carlos Alberto; SCARPINELLA BUENO, Cassio. Exposição de motivos de "Projeto Substitutivo" [do IBDP]. In: SILVA, José Anchieta da (Coord.). *O novo processo civil*. São Paulo: Lex, 2012.

GUERRA, Marcelo Lima. *Direitos fundamentais e a proteção do credor na execução civil*. São Paulo: RT, 2003.

_______. *Execução forçada: controle de admissibilidade*. São Paulo: RT, 1995.

GUILHERME, Luiz Fernando do Vale de Almeida. *Manual de arbitragem*. 2. ed. São Paulo: Método, 2007.

HARTMANN, Rodolfo Kronemberg. Comentários aos arts. 528 a 533. In: CABRAL, Antonio do Passo; CRAMER, Ronaldo (Coords.). *Comentários ao novo Código de Processo Civil*. 2. ed. Rio de Janeiro: Forense, 2016.

HOFFMANN, Ricardo. *Execução provisória*. São Paulo: Saraiva, 2004.

JORGE, Flávio Cheim. *Teoria geral dos recursos cíveis*. 7. ed. São Paulo: RT, 2015.

_______; DIDIER JR., Fredie; RODRIGUES, Marcelo Abelha. *A nova reforma processual*. 2. ed. São Paulo: Saraiva, 2003.

LAMY, Eduardo. Comentários aos arts. 536 a 538. In: STRECK, Lenio Luiz; NUNES, Dierle; CUNHA (Org.); FREIRE, Alexandre (Coord. executivo). *Comentários ao Código de Processo Civil*. São Paulo: Saraiva, 2016.

LEMES, Selma Ferreira. A sentença arbitral. In: WALD, Arnoldo (Org.). *Doutrinas essenciais: arbitragem e mediação*. São Paulo: RT, 2014. v. III.

LIEBMAN, Enrico Tullio. *Embargos do executado*. Traduzido por J. Guimarães Menegale. 2. ed. São Paulo: Saraiva, 1968.

_______. *Processo de execução*. 4. ed. São Paulo: Saraiva, 1980.

LIMA, Alcides de Mendonça. *Comentários ao Código de Processo Civil*. 7. ed. Rio de Janeiro: Forense, 1991. v. VI.

LIMA, Lucas Rister de Sousa; CAZERTA, Natalia Vidigal Ferreira. *Astreinte* – A forma de intimação do obrigado e a (im)possibilidade de modificação do valor fixado no novo CPC. In: ALVIM, Eduardo Arruda; ABBOUD, Georges; GRANADA, Daniel Willian; ALVIM, Angélica Arruda (Coord.). *Novo Código de Processo Civil*. Rio de Janeiro: GZ, 2016.

LOPES, Bruno Vasconcelos Carrilho. *Comentários ao Código de Processo Civil*. São Paulo: Saraiva, 2017. v. II.

LOPES, João Batista. *Tutela antecipada no processo civil brasileiro*. 5. ed. São Paulo: Castro Lopes, 2016.

LUCON, Paulo Henrique dos Santos. Comentários aos arts. 497 ao 501 e aos arts. 536 a 538. In: SCARPINELLA BUENO, Cassio (Coord.). *Comentários ao Código de Processo Civil*. São Paulo: Saraiva, 2017. v. 2.

______. Comentários aos arts. 806 ao 823. In: SCARPINELLA BUENO, Cassio (Coord.). *Comentários ao Código de Processo Civil*. São Paulo: Saraiva, 2017. v. 3.

______. *Eficácia das decisões e execução provisória*. São Paulo: RT, 2000.

______. *Embargos à execução*. 2. ed. São Paulo: Saraiva, 2001.

MACHADO, Marcelo Pacheco. *Comentários ao Código de Processo Civil*: dos embargos de terceiro até da restauração de autos. São Paulo: Saraiva, 2017. v. XIII.

MAIDAME, Márcio Manoel. *Impenhorabilidade e direitos do credor*. Curitiba: Juruá, 2009.

MALACHINI, Edson Ribas; ASSIS, Araken de. *Comentários ao Código de Processo Civil*. São Paulo: RT, 2001. v. 10.

MARANHÃO, Clayton. *Comentários ao Código de Processo Civil*. São Paulo: RT, 2016. v. XVII.

MARINONI, Luiz Guilherme. *Coisa julgada inconstitucional*. São Paulo: RT, 2008.

______. *Tutela contra o ilícito*. São Paulo: RT, 2015.

______. *Tutela específica*. São Paulo: RT, 2000.

______. *Tutela inibitória*. 3. ed. São Paulo: RT, 2003.

______; ARENHART, Sérgio Cruz. *Execução*. 6. ed. São Paulo: RT, 2014. v. 3.

______; ARENHART, Sérgio Cruz; MITIDIERO, Daniel. *Novo Código de Processo Civil comentado*. São Paulo: RT, 2015.

MARINS, James. *Direito processual tributário brasileiro:* administrativo e judicial. 9. ed. São Paulo: RT, 2016.

MARTINS, Antonio Carlos Garcia. *Dos embargos de segunda fase: aspectos relevantes*. São Paulo: Livraria e Editora Universitária de Direito, 2000.

MARTINS, Sandro Gilbert. *A defesa do executado por meio de ações autônomas*. 2. ed. São Paulo: RT, 2005.

MAZZEI, Rodrigo. Comentários ao art. 1.026. In: WAMBIER, Teresa Arruda Alvim; DIDIER JR., Fredie; TALAMINI, Eduardo; DANTAS, Bruno (Coord.). *Breves comentários ao novo Código de Processo Civil*. 3. ed. São Paulo: RT, 2016.

______; MERÇON-VARGAS, Sarah. Comentários ao art. 854. In: CABRAL, Antonio do Passo; CRAMER, Ronaldo (Coord.). *Comentários ao novo Código de Processo Civil*. Rio de Janeiro: Forense, 2015.

______. Liquidação de sentença: breve ensaio a partir do CPC/15. In: DIDIER JR., Fredie (Coord. geral); MACÊDO, Lucas Buril de; PEIXOTO, Ravi; FREIRE, Alexandre (Coord.). *Novo CPC: doutrina selecionada,* v. 5: execução. Salvador: JusPodivm, 2015.

MEDINA, José Miguel Garcia. *Execução civil*. São Paulo: RT, 2002.

______. *Novo Código de Processo Civil comentado*. 3. ed. São Paulo: RT, 2015.

______; WAMBIER, Luiz Rodrigues; WAMBIER, Teresa Arruda Alvim. Sobre a impugnação à execução de título judicial (arts. 475-L e 475-M do CPC). In: WAMBIER, Teresa Arruda Alvim (Coord.). *Aspectos polêmicos da nova execução de títulos judiciais – Lei 11.232/2005*. São Paulo: RT, 2006. v. 3.

MELLO, Rogério Licastro Torres de. *Responsabilidade executiva secundária*. 2. ed. São Paulo: RT, 2015.

MENDES, Aluisio Gonçalves de Castro; TEMER, Sofia. Comentários ao artigo 1.026. In: CABRAL, Antonio do Passo; CRAMER, Ronaldo (Coords.). *Comentários ao novo Código de Processo Civil*. 2. ed. Rio de Janeiro: Forense, 2016.

MIRANDA, Gilson Delgado. Comentários aos arts. 831 a 869. In: SCARPINELLA BUENO, Cassio (coord.). *Comentários ao Código de Processo Civil*. São Paulo: Saraiva, 2017. v. 3.

MINATTI, Alexandre. *Defesa do executado*. São Paulo: RT, 2017.

MOREIRA, Alberto Camiña. *Defesa sem embargos do executado: exceção de pré-executividade*. 3. ed. São Paulo: Saraiva, 2001.

MOTTA, Fabrício. Administração pública e servidores públicos. In: DI PIETRO, Maria Sylvia Zanella (Coord.). *Tratado de direito administrativo*. São Paulo: RT, 2014. v. 2.

NASCIMENTO, Carlos Valder do. *Por uma teoria da coisa julgada inconstitucional*. Rio de Janeiro: Lumen Juris, 2005.

______ (Coord.). *Coisa julgada inconstitucional*. 3. ed. Rio de Janeiro: América Jurídica, 2003.

NASCIMENTO, Marcelo Fonseca do. A utilização do protesto judicial como forma alternativa à execução. Disponível em: <http://www.notariado.org.br/index.php?pG=X19leGliZV9ub3RpY2lhcw==&in=MzQyOQ==&filtro=9&Data=>. Acesso em: 2 out. 2017.

NEGRÃO, Theotonio; GOUVÊA, José Roberto F.; BONDIOLI, Luis Guilherme A.; FONSECA, João Francisco N. da. *Novo Código de Processo Civil e legislação processual em vigor*. 48. ed. São Paulo: Saraiva, 2017.

NEVES, Celso. *Comentários ao Código de Processo Civil*, v. VII: arts. 646 a 795. 6. ed. Rio de Janeiro: Forense, 1994.

NEVES, Daniel Amorim Assumpção. *Manual de direito processual civil*. 9. ed. Salvador: JusPodivm, 2017.

______. *Novo Código de Processo Civil comentado*. 2. ed. Salvador: JusPodivm, 2017.

NERY JUNIOR, Nelson. *Princípios do processo na Constituição Federal*. 12. ed. São Paulo: RT, 2016.

______; NERY, Rosa Maria de Andrade. *Comentários ao Código de Processo Civil*. São Paulo: RT, 2015.

NOGUEIRA, Antonio de Pádua Soubhie. *Execução provisória da sentença*. São Paulo: RT, 2005.

NOLASCO, Rita Dias. *Exceção de pré-executividade*. São Paulo: Método, 2003.

NORONHA, Carlos Silveira. *Do agravo de instrumento*. Rio de Janeiro: Forense, 1976.

NOTARIANO JUNIOR, Antonio. *Impugnação ao cumprimento de sentença*. São Paulo: Método, 2008.

OLIVEIRA, Evandro Carlos de. *Multa no Código de Processo Civil*. São Paulo: Saraiva, 2011.

OLIVEIRA, Guilherme Peres de. Comentários ao art. 1.045. In: CABRAL, Antonio do Passo; CRAMER, Ronaldo (Coord.). *Comentários ao novo Código de Processo Civil*. 2. ed. Rio de Janeiro: GEN/Forense, 2016.

OLIVEIRA NETO, Olavo de. Comentários ao art. 139. In: SCARPINELLA BUENO, Cassio (Coord.). *Comentários ao Código de Processo Civil*. São Paulo: Saraiva, 2017. v. 1.

______. *O poder geral de coerção*. São Paulo: Revista dos Tribunais, 2019.

______. *Poder geral de coerção*. Tese de livre-docência apresentada à Faculdade de Direito da Pontifícia Universidade Católica de São Paulo. São Paulo, 2018.

PABST, Haroldo. *Natureza jurídica dos embargos do devedor*. 2. ed. Rio de Janeiro: Forense, 2000.

PAVAN, Dorival Renato. *Comentários às Leis 11.187 e 11.232 de 2005 e 11.382 de 2006*. 2. ed. São Paulo: Pillares, 2007.

______. Comentários aos artigos 509 a 527. In: SCARPINELLA BUENO, Cassio (Coord.). *Comentários ao Código de Processo Civil*. São Paulo: Saraiva, 2017. v. 2.

PEREIRA, Luiz Fernando Casagrande. Comentários ao art. 854. In: WAMBIER, Teresa Arruda Alvim; DIDIER JR., Fredie; TALAMINI, Eduardo; DANTAS, Bruno (Coord.). *Breves comentários ao novo Código de Processo* Civil. 3. ed. São Paulo: RT, 2016.

PEREIRA, Rafael Caselli. *A multa judicial* (astreinte) *e o CPC/2015:* visão teórica, prática e jurisprudencial. Salvador: JusPodivm, 2017.

PEREIRA, Rosalina Pinto da Costa Rodrigues. *Ações prejudiciais à execução.* São Paulo: Saraiva, 2001.

PFEIFFER, Maria da Conceição Maranhão. Comentários ao art. 1.061. In: CAMPOS, Rogério; SEEFELDER FILHO, Claudio Xavier; ADÃO, Sandro Brandi; GOMES, Leonardo Rufino de Oliveira; DAMBROS, Cristiano Dressler. *Novo Código de Processo Civil comentado na prática da Fazenda Nacional.* São Paulo: RT, 2017.

PINHEIRO, Paulo Eduardo d'Arce. *Poderes executórios do juiz.* São Paulo: Saraiva, 2011.

PINTO, Edson Antônio Souza; FARIA, Daniela Lopes de. A tutela inibitória e os seus fundamentos no novo Código de Processo civil. *Revista de Processo*, v. 252, São Paulo: RT, 2016.

PINTO, Junior Alexandre Moreira. *Conteúdo e efeitos das decisões judiciais.* São Paulo: Atlas, 2008.

PONTES DE MIRANDA, Francisco Cavalcanti. *Comentários ao Código de Processo Civil.* 2. ed. Atualização legislativa de Sergio Bermudes. Rio de Janeiro: Forense, 2001. t. IX.

______. *Comentários ao Código de Processo Civil.* 2. ed. Atualização legislativa de Sergio Bermudes. Rio de Janeiro: Forense, 2002. t. XI.

QUARTIERI, Rita. *Tutelas de urgência na execução civil.* São Paulo: Saraiva, 2009.

QUEIROZ, Odete Novais Carneiro. *Prisão civil e direitos humanos.* São Paulo: RT, 2004.

REDONDO, Bruno Garcia. Comentários aos arts. 523 a 527. In: STRECK, Lenio Luiz; NUNES, Dierle; CUNHA (Org.); FREIRE, Alexandre (Coord. executivo). *Comentários ao Código de Processo Civil.* São Paulo: Saraiva, 2016.

RIBEIRO, Diogo Albaneze Gomes. Cumprimento de sentença arbitral condenatória. *Informativo de Justen, Pereira, Oliveira e Talamini*, Curitiba, n. 24, 2009. Disponível em: <http://www.justen.com.br//informativo.php?l=pt&informativo=24&artigo=855>. Acesso em: 27 jun. 2017.

RIBEIRO, Leonardo Ferres da Silva. *Execução provisória no processo civil.* São Paulo: Método, 2006.

RODRIGUES NETO, Nelson. *Tutela jurisdicional específica:* mandamental e executiva *lato sensu.* Rio de Janeiro: Forense, 2002.

ROSA, Marcos Valls Feu. *Exceção de pré-executividade.* Porto Alegre: Sergio Antonio Fabris Editor, 1996.

RUBIN, Fernando. *O novo Código de Processo Civil:* da construção de um novel modelo processual às principais linhas estruturantes da Lei n. 13.105/2015. 2. ed. São Paulo: LTr, 2017.

SANTOS, Evaristo Aragão. *Execução forçada e títulos de crédito.* Rio de Janeiro: Forense, 2007.

SANTOS, Welder Queiroz dos. Comentários aos arts. 513 a 519. In: STRECK, Lenio Luiz; NUNES, Dierle; CUNHA (Org.); FREIRE, Alexandre (Coord. executivo). *Comentários ao Código de Processo Civil*. São Paulo: Saraiva, 2016.

SAVARIS, João Antonio. Comentários aos arts. 513 a 527. In: ALVIM, Angélica; ASSIS, Araken de; ALVIM, Eduardo Arruda; LEITE, George Salomão (Coord.). *Comentários ao Código de Processo Civil*. São Paulo: Saraiva, 2016.

SCAFF, Fernando Facury; SCAFF, Luma Cavaleiro de Macedo. Comentários ao art. 100. In: CANTILHO, J. J. Gomes; MENDES, Gilmar Ferreira; SARLET, Ingo Wolfgang; STRECK, Lenio Luiz (Coord. científico); LEONCY, Léo Ferreira (Coord. executivo). *Comentários à Constituição do Brasil*. 1. ed. 6. tir. São Paulo: Saraiva, 2014.

SCARPINELLA BUENO, Cassio. A "execução provisória-completa" na Lei 11.232/2005 (uma proposta de interpretação do art. 475-O, § 2º, do CPC). In: FUX, Luiz; NERY JUNIOR, Nelson; WAMBIER, Teresa Arruda Alvim (Coord.). *Processo e Constituição*: estudos em homenagem ao Professor José Carlos Barbosa Moreira. São Paulo: RT, 2006.

______. A natureza alimentar dos honorários advocatícios sucumbenciais. In: ARMELIN, Donaldo (Coord.). *Tutelas de urgência e cautelares:* estudos em homenagem a Ovídio A. Baptista da Silva. São Paulo: Saraiva, 2010.

______. *A nova etapa da reforma do Código de Processo Civil:* comentários sistemáticos às Leis n. 11.187, de 19.10.2005, e 11.232, de 22.12.2005. 2. ed. São Paulo: Saraiva, 2006. v. 1.

______. *A nova etapa da reforma do Código de Processo Civil:* comentários sistemáticos à Lei n. 11.382, de 6.12.2006. São Paulo: Saraiva, 2007. v. 3.

______. *A nova lei do mandado de segurança*: comentários sistemáticos à Lei n. 12.016, de 7-8-2009. 2. ed. São Paulo: Saraiva, 2010.

______. A "revisão" do texto do novo CPC. Disponível em: <http://portalprocessual.com/a--revisao-do-texto-do-novo-cpc-2/>. Publicado em: 19 fev. 2015.

______. Ação de dissolução parcial de sociedade. In: COELHO, Fabio Ulhoa (Coord.). *Tratado de direito comercial*. São Paulo: Saraiva/Almedina, 2014. v. 8.

______. *Ainda a "revisão" do texto do novo CPC"*. Disponível em: <http://jota.info/ainda-sobre--a-revisao-do-novo-cpc>. Publicado em: 14 mar. 2015.

______. "Coisa julgada inconstitucional": uma homenagem a Araken de Assis. In: ALVIM, Arruda; ALVIM, Eduardo Arruda; BRUSCHI, Gilberto Gomes; CHECHI, Mara Larsen; COUTO, Mônica Bonetti (Coord.). *Execução civil e temas afins – do CPC/1973 ao novo CPC: estudos em homenagem ao Professor Araken de Assis*. São Paulo: RT, 2014.

______. Comentários ao art. 128. In: SCARPINELLA BUENO, Cassio (coord.). *Comentários ao Código de Processo Civil*. São Paulo: Saraiva, 2017. v. 1.

______. Comentários ao art. 132. In: SCARPINELLA BUENO, Cassio (coord.). *Comentários ao Código de Processo Civil*. São Paulo: Saraiva, 2017. v. 1.

______. Comentários ao art. 1º. In: SCARPINELLA BUENO, Cassio (coord.). *Comentários ao Código de Processo Civil*. São Paulo: Saraiva, 2017. v. 1.

______. Comentários ao art. 356. In: CABRAL, Antonio do Passo; CRAMER, Ronaldo (Coord.). *Comentários ao novo Código de Processo Civil*. 2. ed. Rio de Janeiro: GEN/Forense, 2016.

______. Comentários aos arts. 133 a 137. In: SCARPINELLA BUENO, Cassio (coord.). *Comentários ao Código de Processo Civil*. São Paulo: Saraiva, 2017. v. 1.

______. Comentários aos arts. 461, 461-A, 730 e 731 do Código de Processo Civil. In: MARCATO, Antônio Carlos (Coord.). *Código de Processo Civil interpretado*. 3. ed. São Paulo: Atlas, 2008.

______. Comentários aos arts. 520 a 522 do Código de Processo Civil. In: WAMBIER, Teresa Arruda Alvim; DIDIER JR., Fredie; TALAMINI, Eduardo; DANTAS, Bruno (Coord.). *Breves comentários ao novo Código de Processo Civil*. 3. ed. São Paulo: RT, 2016.

______. (In)devido processo legislativo e o novo Código de Processo Civil. *Revista do Advogado*, n. 126, Coord. José Rogério Cruz e Tucci e Heitor Vitor Mendonça Sica, São Paulo: AASP, mar. 2015. p. 39-46.

______. *Curso sistematizado de direito processual civil*, v. 1: teoria geral do direito processual civil. 8. ed. São Paulo: Saraiva, 2014.

______. *Curso sistematizado de direito processual civil*, v. 2, t. I: procedimento comum ordinário e sumário. 7. ed. São Paulo: Saraiva, 2014.

______. *Curso sistematizado de direito processual civil*, v. 3: tutela jurisdicional executiva. 7. ed. São Paulo: Saraiva, 2014.

______. *Curso sistematizado de direito processual civil*, v. 4: tutela antecipada, tutela cautelar e procedimentos cautelares específicos. 6. ed. São Paulo: Saraiva, 2014.

______. Ensaio sobre o cumprimento das sentenças condenatórias. *Revista de Processo*, v. 113, São Paulo: RT, 2004.

______. Esecuzione e ricerca delle cose da pignorare in Brasile. *Revista de Processo*, v. 258, São Paulo: RT, ago. 2016.

______. Execução – Cessão de crédito – Sucessão e não substituição processual – Assunção no polo ativo reconhecida provisoriamente em agravo de instrumento – Consequências de eventual modificação da decisão antecipatória da tutela recursal. *Revista Dialética de Direito Processual*, São Paulo: Dialética, v. 14, 2004.

______. *Execução contra a Fazenda Pública*. 2. ed. São Paulo: Curso Preparatório para Concursos, 2004.

______. Execução por quantia certa contra a Fazenda Pública: uma proposta atual de sistematização. In: SHIMURA, Sergio; WAMBIER, Teresa Arruda Alvim (Coord.). *Processo de execução*. São Paulo: RT, 2001.

______. Execução provisória contra a Fazenda Pública. *Revista de Processo*, v. 81, São Paulo: RT, 1996.

______. *Execução provisória e antecipação da tutela – dinâmica do efeito suspensivo da apelação e da execução provisória:* conserto para a efetividade do processo. São Paulo: Saraiva, 1999.

______. Execução provisória. In: LOPES, João Batista; CUNHA, Leonardo José Carneiro da. *Execução civil (aspectos polêmicos)*. São Paulo: Dialética, 2005.

______. Execução provisória: a caução e sua dispensa na Lei n. 11.232/2005. *Revista do Advogado*, São Paulo: Associação dos Advogados de São Paulo, n. 85, 2006.

______. Exibição de documento ou coisa, a Súmula 372 do STJ e o novo Código de Processo Civil. In: DIDIER JR., Fredie (Coord. geral); JOBIM, Marco Félix; FERREIRA, William Santos (Coord.). *Direito probatório*. 2. ed. Salvador: JusPodivm, 2016.

______. Honorários advocatícios e Poder Público em juízo: ensaio sobre o CPC de 2015. In: DIDIER JR., Fredie (Coord. geral); SCARPINELLA BUENO, Cassio; RODRIGUES, Marco Antonio (Coord.). *Coleção Repercussões do Novo CPC*: processo tributário, v. 16. Salvador: JusPodivm, 2016.

______. Honorários de advogado, execuções não embargadas e a Fazenda Pública (estudo sobre o art. 1º-D da Lei 9.494/97). *Revista Dialética de Direito Processual*, v. 8, São Paulo: Dialética, 2003.

______. *Liminar em mandado de segurança: um tema com variações*. 2. ed. São Paulo: RT, 1999.

______. Mandado de segurança e compensação em matéria tributária: uma análise das Súmulas 213 e 461 do STJ e da Súmula 271 do STF. In: CARVALHO, Paulo de Barros; SOUZA, Priscila de (Coord.) *X Congresso Nacional de Estudos Tributários:* Sistema tributário brasileiro e as relações internacionais. São Paulo: Noeses, 2013.

______. *Mandado de segurança: comentários às Leis n. 1.533/51, 4.348/64 e 5.201/66*. 5. ed. São Paulo: Saraiva, 2009.

______. *Manual de direito processual civil*. São Paulo: Saraiva, 2015.

______. *Manual de direito processual civil*. 3. ed. São Paulo: Saraiva, 2017.

______. *Manual de direito processual civil*. 4. ed. São Paulo: Saraiva, 2018.

______. Novas variações sobre a multa do art. 475-J do CPC. In: SCARPINELLA BUENO, Cassio; WAMBIER, Teresa Arruda Alvim (Coord.). *Aspectos polêmicos da nova execução*. São Paulo, RT, 2009. v. 4.

______. *Novo Código de Processo Civil anotado*. São Paulo: Saraiva, 2015.

______. *Novo Código de Processo Civil anotado*. 3. ed. São Paulo: Saraiva, 2017.

______. O art. 604 do Código de Processo Civil comporta objeção de pré-executividade? O excesso abusivo de execução na nova disciplina da liquidação por cálculo. In: WAMBIER, Teresa Arruda Alvim (Coord.). *Repertório de Jurisprudência e Doutrina*: atualidades sobre liquidação de sentença. São Paulo: RT, 1997.

______. *O Poder Público em juízo*. 5. ed. São Paulo: Saraiva, 2009.

______. Penhora *on line* no novo Código de Processo Civil brasileiro. Publicações da Escola da AGU: *Sistemi processuali a confronto: il nuovo Codice di Procedura Civile del Brasile tra tradizione e rinnovamento*. Brasília: Escola da Advocacia-Geral da União Ministro Victor Nunes Leal, v. 8, n. 1, jan./mar. 2016.

______. Poder Público em juízo: uma proposta de teoria geral. In: CARDOSO, José Eduardo Martins; QUEIROZ, João Eduardo Lopes; SANTOS, Márcia Walquíria Batista dos (Org.). *Curso de direito administrativo econômico*. São Paulo: Malheiros, 2006. v. III.

______. *Projetos de novo Código de Processo Civil comparados e anotados*: Senado Federal (PLS n. 166/2010) e Câmara dos Deputados (PL n. 8.046/2010). São Paulo: Saraiva, 2014.

______. Sentença proferida em processo sem citação válida – Inexistência jurídica – Ausência de coisa julgada. *Revista de Processo*, v. 88, São Paulo: RT, 1997.

______. Sentenças concessivas de mandado de segurança em matéria tributária e efeitos patrimoniais: estudo de um caso. In: SANTOS, Ernane Fidélis dos; WAMBIER, Luiz Rodrigues; NERY JUNIOR, Nelson; WAMBIER, Teresa Arruda Alvim (Coord.). *Execução civil*: estudos em homenagem ao Professor Humberto Theodoro Júnior. São Paulo: RT, 2007.

______. *Tutela antecipada*. 2. ed. São Paulo: Saraiva, 2007.

______. Tutela provisória contra o Poder Público no CPC de 2015. In: SCARPINELLA BUENO, Cassio; MEDEIROS NETO, Elias Marques de; OLIVEIRA NETO, Olavo; OLIVEIRA, Patricia Elias Cozzolino de; LUCON, Paulo Henrique dos Santos (Coord.). *Tutela provisória no novo CPC*. 2. ed. São Paulo: Saraiva, 2018.

______. Variações sobre a multa do *caput* do art. 475-J do CPC na redação da Lei n. 11.232/2005. In: WAMBIER, Teresa Arruda Alvim (Coord.). *Aspectos polêmicos da nova execução*. São Paulo: RT, 2006. v. 3.

SHIMURA, Sergio. Comentários aos artigos 513 a 519 e 523 a 527. In: WAMBIER, Teresa Arruda Alvim; DIDIER JR., Fredie; TALAMINI, Eduardo; DANTAS, Bruno (Coords.). *Breves comentários ao novo Código de Processo Civil*. 3. ed. São Paulo: RT, 2016.

______. Comentários ao artigo 783 do CPC. In: SCARPINELLA BUENO, Cassio (Coord.). *Comentários ao Código de Processo Civil*. São Paulo: Saraiva, 2017. v. 3.

______. *Título executivo*. 2. ed. São Paulo: Método, 2005.

SICA, Heitor Vitor Mendonça. A nova liquidação de sentença e suas velhas questões. In: SCARPINELLA BUENO, Cassio; WAMBIER, Teresa Arruda Alvim (Coords.). *Aspectos polêmicos da nova execução*. São Paulo: RT, 2008. v. 4.

______. *Cognição do juiz na execução civil*. São Paulo: RT, 2017.

______. Cognição e execução no sistema de tutela jurisdicional civil brasileiro: identificação e tratamento do objeto litigioso em sede executiva. Tese de Livre-Docência em Direito Processual Civil apresentada à Faculdade de Direito da Universidade de São Paulo. São Paulo, 2016.

______. Comentários aos arts. 513 a 527. In: CABRAL, Antonio do Passo; CRAMER, Ronaldo (Coords.). *Comentários ao novo Código de Processo Civil*. 2. ed. Rio de Janeiro: Forense, 2016.

______. *O direito de defesa no processo civil brasileiro*. São Paulo: Atlas, 2011.

SILVA, Beclaute Oliveira. Comentários aos arts. 509 a 538. In: CÂMARA, Helder Moroni (Coord.). *Código de Processo Civil comentado*. São Paulo: Almedina, 2016.

______; ARAÚJO, José Henrique Mouta. A prescrição no cumprimento de sentença no novo Código de Processo Civil brasileiro. *Revista Brasileira de Direito Processual*, v. 92, Belo Horizonte: Fórum, 2015.

SILVA, João Paulo Hecker da. Comentários aos arts. 246 e 247. In: SCARPINELLA BUENO, Cassio (Coord.). *Comentários ao Código de Processo Civil*. São Paulo: Saraiva, 2017. v. 1.

SILVA, Ovídio A. Baptista da. A ação cautelar inominada no direito brasileiro. Rio de Janeiro: Forense: 1991.

SILVA, Ricardo Perlingeiro Mendes da. *Execução contra a Fazenda Pública*. São Paulo: Malheiros, 1999.

SILVEIRA, Paulo Fernando. *Tribunal arbitral:* nova porta de acesso à justiça. Curitiba: Juruá, 2006.

SIQUEIRA, Thiago Ferreira. *A responsabilidade patrimonial no novo sistema processual civil*. São Paulo: RT, 2016.

SOBRINHO, Benedito Vicente. *Direitos fundamentais e prisão civil*. Porto Alegre: Sergio Antonio Fabris, 2009.

SOUZA, Artur César de. *Código de Processo Civil anotado, comentado e interpretado:* parte especial (arts. 318 a 692). São Paulo: Almedina, 2015. v. II.

______. *Código de Processo Civil anotado, comentado e interpretado:* parte especial II (arts. 693 a 1.072). São Paulo: Almedina, 2015. v. III.

SOUZA, Gelson Amaro de. *Efeitos da sentença que julga os embargos à execução*. São Paulo: MP, 2007.

SOUZA JÚNIOR, Adugar Quirino do Nascimento. *Efetividade das decisões judiciais e meios de coerção*. São Paulo: Juarez de Oliveira, 2003.

SPADONI, Joaquim Felipe. Comentários aos arts. 536 a 538. In: TUCCI, José Rogério Cruz e; FERREIRA FILHO, Manoel Caetano; APRIGLIANO, Ricardo de Carvalho; DOTTI, Rogéria Fagundes; MARTINS, Sandro Gilbert (Coords.). *Código de Processo Civil anotado*. 2. ed. Rio de Janeiro: LMJ Mundo Jurídico, 2017.

TALAMINI, Eduardo. Ainda sobre a prisão como "execução indireta": a criminalização da desobediência a ordens judiciais. In: SHIMURA, Sergio; WAMBIER, Teresa Arruda Alvim (Coord.). *Processo de execução*. São Paulo: RT, 2001.

______; *Coisa julgada e sua revisão*. São Paulo: RT, 2005.

______. *Tutela relativa aos deveres de fazer e de não fazer e sua extensão aos deveres de entrega de coisa*. 2. ed. São Paulo: RT, 2003.

______; MINAMI, Marcos Youji. *Medidas executivas atípicas*. Salvador: JusPodivm, 2018.

______; WLADECK, Felipe Scripes. Comentários ao art. 995. In: SCARPINELLA BUENO, Cassio (Coord.). *Comentários ao Código de Processo Civil*. São Paulo: Saraiva, 2017. v. 4.

TARTUCE, Fernanda. Comentários ao art. 693. In: SCARPINELLA BUENO, Cassio (Coord.). *Comentários ao Código de Processo Civil*. São Paulo: Saraiva, 2017. v. 3.

______; DELLORE, Luiz. Execução de alimentos: do CPC/73 ao novo CPC. In: DIDIER JR., Fredie (Coord.); MACÊDO, Lucas Buril de; PEIXOTO, Ravi; FREIRE, Alexandre (Org.). *Novo CPC*: doutrina selecionada, v. 5: execução. Salvador: JusPodivm, 2015.

TESSER, André Luiz Bäuml. Comentários ao art. 304. In: TUCCI, José Rogério Cruz e; FERREIRA FILHO, Manoel Caetano; APRIGLIANO, Ricardo de Carvalho; DOTTI, Rogéria Fagundes; MARTINS, Sandro Gilbert (Coords.). *Código de Processo Civil anotado*. 2. ed. Rio de Janeiro: LMJ Mundo Jurídico, 2017.

THEODORO JÚNIOR, Humberto. *A execução de sentença e a garantia do devido processo legal*. Rio de Janeiro: AIDE, 1987.

______. *As novas reformas do Código de Processo Civil*. Rio de Janeiro: Forense, 2007.

______. *Comentários ao Código de Processo Civil*: da execução em geral. São Paulo: Saraiva, 2017. v. XV.

______. *Processo de execução*. 18. ed. São Paulo: Livraria e Editora Universitária de Direito, 1997.

TUCCI, José Rogério Cruz e. Comentários aos arts. 485 ao 538. *Comentários ao Código de Processo Civil*. São Paulo: RT, 2016. v. VII.

VARGAS, Jorge de Oliveira. *As consequências da desobediência da ordem do juiz cível*. Curitiba: Juruá, 2001.

VASCONCELOS, Rita. *Impenhorabilidade do bem de família*. 2. ed. São Paulo: RT, 2015.

VASCONCELOS, Rita de Cássia Corrêa de. Comentários aos arts. 528 a 533. In: WAMBIER, Teresa Arruda Alvim; DIDIER JR., Fredie; TALAMINI, Eduardo; DANTAS, Bruno (Coords.). *Breves comentários ao Novo Código de Processo Civil*. 3. ed. São Paulo: RT, 2016.

VELLOSO, Carlos Mário da Silva. Arbitragem: a indispensabilidade do compromisso arbitral. *Revista Brasileira de Direito Processual*, v. 84, Belo Horizonte: Fórum, 2013.

VENOSA, Sílvio de Salvo (Org.). *Novo Código Civil*. São Paulo: Atlas, 2002.

VIANA, Juvêncio Vasconcelos. *Execução contra a Fazenda Pública*. São Paulo: Dialética, 1998.

WAGNER JR., Luiz Guilherme da Costa. O parcelamento do artigo 745-A do Código de Processo Civil. Tese de doutorado sob a orientação do Prof. Dr. Cassio Scarpinella Bueno. São Paulo: PUC-SP, 2008.

______. *Processo civil: curso completo*. 5. ed. Belo Horizonte: Del Rey, 2012.

WAMBIER, Luiz Rodrigues. Anotações sobre a liquidação de sentença depois da reforma do CPC. In: WAMBIER, Teresa Arruda Alvim (Coord.). *Atualidades sobre liquidação de sentença*. São Paulo: RT, 1997.

______. Comentários aos arts. 509 a 512. In: CABRAL, Antonio do Passo; CRAMER, Ronaldo (Coord.). *Comentários ao novo Código de Processo Civil*. 2. ed. Rio de Janeiro: GEN/Forense, 2016.

______. Comentários aos arts. 509 a 512. In: STRECK, Lenio Luiz; NUNES, Dierle; CUNHA (Org.); FREIRE, Alexandre (Coord. executivo). *Comentários ao Código de Processo Civil*. São Paulo: Saraiva, 2016.

______. Comentários aos arts. 509 a 512. In: WAMBIER, Teresa Arruda Alvim; DIDIER JR., Fredie; TALAMINI, Eduardo; DANTAS, Bruno (Coords.). *Breves comentários ao Novo Código de Processo Civil*. 3. ed. São Paulo: RT, 2016.

______. *Sentença civil: liquidação e cumprimento*. 3. ed. São Paulo: RT, 2006.

______; TALAMINI, Eduardo. *Curso avançado de processo civil*. 16. ed. São Paulo: RT, 2016. v. 2.

______; WAMBIER, Teresa Arruda Alvim. *Breves comentários à 2ª fase da reforma do Código de Processo Civil*. 2. ed. São Paulo: RT, 2002.

______; WAMBIER, Teresa Arruda Alvim; MEDINA, José Miguel Garcia. *Breves comentários à nova sistemática processual civil*. São Paulo: RT, 2006. v. 2.

WAMBIER, Teresa Arruda Alvim. *Os agravos no CPC brasileiro*. 4. ed. São Paulo: RT, 2006.

______; CONCEIÇÃO, Maria Lucia Lins; RIBEIRO, Leonardo Ferres da Silva; TORRES DE MELLO, Rogério Licastro. *Primeiros comentários ao novo Código de Processo Civil*. São Paulo: RT, 2015.

______; MEDINA, José Miguel Garcia. *O dogma da coisa julgada*. São Paulo: RT, 2003.

WLADECK, Felipe Scripes. Sobre o pleito de anulação da sentença arbitral nacional em sede de execução. In: WALD, Arnoldo. *Revista de Arbitragem e Mediação*, v. 16, São Paulo: RT, 2008.

ZANETI JR., Hermes. *Comentários ao Código de Processo Civil*. São Paulo: RT, 2016. v. XIV.

ZAVASCKI, Teori Albino. *Comentários ao Código de Processo Civil*. São Paulo: RT, 2000. v. VIII.

______. *Comentários ao Código de Processo Civil*. São Paulo: RT, 2016. v. XII.

______. Defesas do executado. In: BOTTINI, Pier Paolo; RENAULT, Sérgio (Coord.). *A nova execução de títulos judiciais:* comentários à Lei 11.232/05. São Paulo: Saraiva, 2006.

______. *Processo de execução:* parte geral. 3. ed. São Paulo: RT, 2004.

______. *Título executivo e liquidação*. São Paulo: RT, 1999.

Sites consultados

Câmara dos Deputados – www2.camara.leg.br

Conselho da Justiça Federal – www.cjf.jus.br

Conselho Nacional de Justiça – www.cnj.jus.br

Empresa Brasileira de Correios e Telégrafos – www.correios.com.br

Instituto Brasileiro de Direito Processual – www.direitoprocessual.org.br

Instituto Brasileiro de Protesto – www.protestodetitulos.org.br

Presidência da República – www2.planalto.gov.br

Senado Federal – www12.senado.leg.br

Superior Tribunal de Justiça – www.stj.jus.br

Supremo Tribunal Federal – www.stf.jus.br

Tribunal de Justiça do Estado do Paraná – www.tjpr.jus.br

Tribunal de Justiça do Estado de São Paulo – www.tjsp.jus.br

Tribunal Regional Federal da 4ª Região – www2.trf4.jus.br

Tribunal Superior do Trabalho – www.tst.jus.br